Compêndio de psicologia e educação

Coleção Avaliação Psicológica

Coordenador:
Makilim Nunes Baptista

Conselho editorial IBAP:
Alessandra Gotuzo Seabra
Ana Cristina Resende
Fabian Rueda
Fernanda Otoni da Silva
Josemberg Moura de Andrade
Lucas Francisco de Carvalho
Roberta Ekuni de Souza
Sandra Aparecida Pires Franco
Solange Weschler

Dados Internacionais de Catalogação na Publicação (CIP)
(Câmara Brasileira do Livro, SP, Brasil)

Compêndio de psicologia e educação : avaliação, prática e transculturalidade / organização de Katya Luciane de Oliveira...[et al.]. – Petrópolis, RJ : Vozes, 2025. – (Coleção Avaliação Psicológica)

Vários autores. Accountability
Outros organizadores: Leandro S. Almeida, Acácia Aparecida Angeli dos Santos, Evely Boruchovitch.
Bibliografia.

ISBN 978-85-326-7200-1

1. Avaliação psicológica 2. Psicoeducação 3. Transculturalidade I. Oliveira, Katya Luciane de. II. Almeida, Leandro S. III. Santos, Acácia Aparecida Angeli dos. IV. Boruchovitch, Evely. V. Série.

25-251724   CDD-370.15

Índices para catálogo sistemático:
1. Psicoeducação   370.15

Eliete Marques da Silva – Bibliotecária – CRB-8/9380

Compêndio de Psicologia e Educação

Avaliação, prática e transculturalidade

Katya Luciane de Oliveira

Leandro S. Almeida

Acácia Aparecida Angeli dos Santos

Evely Boruchovitch

(orgs.)

Petrópolis

© 2025, Editora Vozes Ltda.
Rua Frei Luís, 100
25689-900 Petrópolis, RJ
www.vozes.com.br
Brasil

Todos os direitos reservados. Nenhuma parte desta obra poderá ser reproduzida ou transmitida por qualquer forma e/ou quaisquer meios (eletrônico ou mecânico, incluindo fotocópia e gravação) ou arquivada em qualquer sistema ou banco de dados sem permissão escrita da editora.

CONSELHO EDITORIAL	PRODUÇÃO EDITORIAL
Diretor	Anna Catharina Miranda
Volney J. Berkenbrock	Eric Parrot
	Jailson Scota
Editores	Marcelo Telles
Aline dos Santos Carneiro	Mirela de Oliveira
Edrian Josué Pasini	Natália França
Marilac Loraine Oleniki	Priscilla A.F. Alves
Welder Lancieri Marchini	Rafael de Oliveira
	Samuel Rezende
Conselheiros	Verônica M. Guedes
Elói Dionísio Piva	
Francisco Morás	
Teobaldo Heidemann	
Thiago Alexandre Hayakawa	
Secretário executivo	
Leonardo A.R.T. dos Santos	

Editoração: Piero Kanaan
Diagramação: Guilherme Ayres
Revisão gráfica: Fernando Sergio Olivetti da Rocha/Nilton Braz da Rocha
Capa: Pedro Oliveira
Ilustração de capa: Franz Marc, 1913.

ISBN 978-85-326-7200-1

Este livro foi composto e impresso pela Editora Vozes Ltda.

Sumário

Apresentação, 9

Parte I, 11

1 Breves considerações históricas sobre a área psicoeducacional, 13
    Katya Luciane de Oliveira, Leandro S. Almeida, Acácia Aparecida Angeli dos Santos e Evely Boruchovitch

2 Pressupostos éticos no contexto educativo: da avaliação à prática, 22
    Jaqueline Portella Giordani, Aline Riboli Marasca, Denise Ruschel Bandeira e Clarissa Marceli Trentini

3 Competência do psicólogo no manejo da avaliação psicoeducacional, 34
    Katya Luciane de Oliveira, Amanda Lays Monteiro Inácio e Acácia Aparecida Angeli dos Santos

4 A interlocução do psicólogo e do professor na escola, 45
    Andréia Osti e Débora Cristina Fonseca

5 Serviços de orientação educacional no ensino superior: a transversalidade da psicologia e da educação, 56
    Marilda Aparecida Dantas Graciola, Michelle Cristine da Silva Toti, Soely Aparecida Jorge Polydoro e Adriane Martins Soares Pelissoni

6 Diálogos entre infância, literatura e humanização: fios que tecem a formação e o desenvolvimento de pequenos leitores, 68
    Cyntia Graziella Guizelim Simões Girotto, Ana Paula Munarim Ruz Lemos e Edson Rodrigo de Azevedo

7 A especialidade de avaliação psicológica e a articulação com o contexto escolar, 78
    Monalisa Muniz

8 A especialidade da neuropsicologia e a articulação com o contexto escolar, 91
    Izabel Hazin, Laura Aragão, Caroline Leôncio e Ronildo Coutinho

9 Considerações sobre a formação do psicólogo para atuação no contexto escolar, 102
    Marilda Gonçalves Dias Facci, Jacsiane Pieniak e Fabíola Batista Gomes Firbida

10 Psicologia escolar na educação básica: atribuições, desafios e conquistas, 114
    Roseli Fernandes Lins Caldas

11 A atuação do psicólogo no ensino superior, 126
    Leandro S. Almeida e Cláudia Patrocinio Pedroza Canal

12 Avanços e retrocessos para a compreensão do sucesso escolar/acadêmico, 139
    Bruna Casiraghi e Júlio Aragão

13 Dificuldades de aprendizagem no âmbito da educação básica, 150
    Karina da Silva Oliveira, Ana Carina Stelko-Pereira e Andreza Schiavoni

14 Dificuldades de aprendizagem no âmbito da educação superior, 161
    Adriana Satico Ferraz e Acácia Aparecida Angeli dos Santos

15 Fundamentos da avaliação da linguagem em crianças com necessidades especiais, 173
   Anabela Cruz-Santos

16 Estilos educativos parentais, 184
   Mariana Sousa e Orlanda Cruz

17 Quando escolas encaminham famílias para a psicoterapia: do sintoma da criança à demanda familiar compartilhada, 195
   Rebeca Nonato Machado, Renata Mello, Andrea Seixas Magalhães e Terezinha Féres-Carneiro

18 Necessidades educativas especiais e inclusão no ensino superior: entre a realidade e a utopia, 206
   Ana Pereira Antunes e Cláudia Patrocinio Pedroza Canal

19 A tecnologia e a inteligência artificial na educação, 216
   Víthor Rosa Franco e Felipe Valentini

20 Desafios e possibilidades da avaliação e da pesquisa psicoeducacional para estudantes com deficiência visual, 228
   Cassiana Saraiva Quintão e Thatiana Helena de Lima

21 Discutindo a avaliação educacional: perspectivas atuais e futuras, 238
   José Airton de Freitas Pontes Junior, Leandro Araujo de Sousa e Antônio Germano Magalhães Junior

22 Diálogos necessários na psicologia escolar: inclusão e acessibilidade, 247
   Alexandra Ayach Anache e Daniel Mendes da Silva Filho

23 Diálogos necessários na psicologia educacional: diversidade LGBTQIA+ – Poesias existenciais nas ficções políticas do educar – Rejuntar mosaicos dos estilhaços, 258
   Flávia Fernandes de Carvalhaes, Reginaldo Moreira e William Siqueira Peres

24 Diálogos necessários na psicologia escolar: o processo dialógico da psicologia escolar/educacional para proporcionar o pertencimento escolar a crianças negras e indígenas, 270
   Jefferson Olivatto da Silva

25 Diálogos necessários na psicologia escolar: escolas no contexto do campo (MST), 282
   Maria Fernanda Cunha, Katya Luciane de Oliveira e Jovana Cestille

26 Diálogos necessários na psicologia e na educação: um olhar para os refugiados, 291
   Cláudio Vaz Torres, Sérgio Eduardo Silva de Oliveira e Cristiane Faiad

27 Diálogos necessários na psicologia escolar: psicologia escolar e políticas públicas – O lugar da psicologia em debate, 305
   Rafael Bianchi Silva

Parte II, 317

28 Inteligência: práticas de avaliação e procedimentos de intervenção, 319
   Gina C. Lemos, Leandro S. Almeida, Argentil O. Amaral e Ricardo Primi

29 Evaluación de las competencias de pensamiento crítico en la educación superior, 331
   Silvia F. Rivas e Carlos Saiz

30 Inteligência emocional: manejos da avaliação e procedimentos interventivos, 346
   Fabiano Koich Miguel

31 Altas habilidades: manejos da avaliação e procedimentos interventivos, 354
   Tatiana de Cassia Nakano

32 Transtorno do espectro autista: manejos da avaliação e procedimentos interventivos, 365
   Daniela Sacramento Zanini, Karina da Silva Oliveira e Camila Costa e Silva

33 Motivação para aprender: manejos de avaliação e procedimentos interventivos, 376
   José Aloyseo Bzuneck, Sueli Édi Rufini e Paula Mariza Zedu Alliprandini

34 Autorregulação da aprendizagem: avaliação e procedimentos interventivos, 387
   Evely Boruchovitch, Ana Margarida da Veiga Simão, Natália Moraes Góes e Danielle Ribeiro Ganda

35 Crenças de autoeficácia: manejos da avaliação e procedimentos interventivos, 398
   Roberta Gurgel Azzi, Roberto Tadeu Iaochite e Daniela Couto Guerreiro Casanova

36 Perspectiva de tempo futuro e engajamento na universidade: manejos da avaliação e procedimentos interventivos, 410
   Francielle Pereira Nascimento, Katya Luciane de Oliveira e José Aloyseo Bzuneck

37 Estratégias de aprendizagem: manejos da avaliação e procedimentos interventivos, 420
   Patrícia Waltz Schelini

38 Estratégias autoprejudiciais à aprendizagem: procedimentos de avaliação e medidas de intervenção, 429
   Lúcia C. Miranda, Evely Boruchovitch e Leandro S. Almeida

39 Estilos intelectuais: manejos da avaliação e procedimentos, 441
   Amanda Lays Monteiro Inácio

40 Compreensão de leitura: manejos da avaliação e processamentos interventivos, 450
   Márcia Maria Peruzzi Elia da Mota e Neide de Brito Cunha

41 Motivação para a leitura: manejos da avaliação e procedimentos interventivos, 459
   Maria Aparecida Mezzalira Gomes e Evely Boruchovitch

42 Desempenho acadêmico: práticas de avaliação e procedimentos de intervenção, 470
   Gina C. Lemos, Isaura Pedro, Vera Monteiro e Natalie Nóbrega Santos

43 *Bullying, cyberbullying* e assédio moral: manejos da avaliação e procedimentos interventivos, 482
   Katya Luciane de Oliveira, Andrea Carvalho Beluce e Aline Oliveira Gomes da Silva

44 Suicídio: manejos da avaliação e procedimentos interventivos, 493
   Makilim Nunes Baptista, Sabrina Martins Barroso, Andrés Eduardo Aguirre Antúnez e Marina Kleinschmidt Leal Santos

45 Afetividade: manejos da avaliação e procedimentos interventivos, 504
   Sérgio Antônio da Silva Leite

46 Habilidades sociais: manejos da avaliação e procedimentos interventivos, 517
   Adriana Benevides Soares, Marcia Cristina Monteiro e Humberto Claudio Passeri Medeiros

47 Autoconceito e autoestima: manejos da avaliação e procedimentos interventivos, 527
   Francisco Peixoto e Joana Pipa

48 Criatividade: manejos da avaliação e procedimentos interventivos, 539
   Denise de Souza Fleith, Ema P. Oliveira e Cleyton Hércules Gontijo

49 Processos de atenção e de memória: manejos da avaliação e procedimentos interventivos, 550
   Rauni Jandé Roama-Alves, Carlos Eduardo Nórte e Patrícia Abreu Pinheiro Crenitte

50 Escolha profissional/de carreira: manejos da avaliação e procedimentos interventivos, 562
   Luciana Mourão, Luara Carvalho, Elisa Amorim-Ribeiro e Hugo Sandall

51 Depressão em contextos educativos: manejo da avaliação e procedimentos interventivos, 575
   Makilim Nunes Baptista, Bruno Bonfá-Araujo, Ricardo Franco de Lima e Altemir José Gonçalves Barbosa

52 Bem-estar subjetivo e otimismo: manejo da avaliação e procedimentos interventivos, 586
   Ana Paula Porto Noronha, Caroline Tozzi Reppold e Ana Paula Ozório Cavallaro

53 Abuso sexual infantojuvenil: estratégias práticas de avaliação e intervenção para o ambiente escolar, 597
   Maycoln Leôni Martins Teodoro e Patrícia de Cássia Carvalho-Campos

54 Perfeccionismo em crianças e adolescentes: estratégias de avaliação e procedimentos interventivos no contexto escolar, 607
   Marcela Mansur-Alves e Maria del Carmen Bento Teixeira

55 Exaustão para o trabalho em professores: manejos da avaliação e procedimentos interventivos, 619
   Hugo Ferrari Cardoso

56 Adaptação acadêmica: manejos da avaliação e procedimentos interventivos, 630
   Adriana Benevides Soares e Marcia Cristina Monteiro

57 Abandono acadêmico de estudantes do ensino superior: manejos de avaliação e procedimentos interventivos, 641
   Joana R. Casanova

58 Qualidade de vida: manejos da avaliação e procedimentos interventivos, 653
   Sabrina Martins Barroso

59 Aprendizagem na envelhecência: manejos da avaliação e procedimentos interventivos, 664
   Tatiana Quarti Irigaray, Irani de Lima Argimon, Heloísa Gonçalves Ferreira e Camila Rosa de Oliveira

60 Contributos da psicologia da educação: pensando um futuro mais humano a construir, 676
   Leandro S. Almeida, Katya Luciane de Oliveira, Acácia Aparecida Angeli dos Santos e Evely Boruchovitch

Índice, 683
Sobre os autores, 695

Apresentação

O *Compêndio de psicologia e educação: Avaliação, prática e transculturalidades* apresenta contribuições teóricas e práticas acerca da área psicoeducacional. A obra traz, por um lado, uma organização orgânica na qual se desenvolve discussões teóricas que permeiam o campo psicoeducacional de atuação de profissionais da psicologia e da educação e, por outro lado, colabora para o entendimento da avaliação e da intervenção acerca de diversos fenômenos que atravessam essa realidade. As contribuições oriundas das experiências são distribuídas em 60 capítulos, com o propósito de refletir acerca da transformação da prática profissional de pessoas com formação em psicologia, educação e áreas afins.

Esta obra reuniu pesquisadores e profissionais do campo prático, que contribuem para "além do trivial", compartilhando ações específicas que ajudam o leitor a reconhecer e a lidar com a complexidade de atuação proveniente do campo psicoeducacional. As discussões revelam uma compreensão sistêmica da realidade sob uma perspectiva material, social e histórica do contexto.

Frente a esse cenário, este compêndio foi cunhado com o intento de contribuir com o avanço da área psicoeducacional. A obra é dividida em duas partes. A primeira conta com 27 capítulos e tem como objetivo propiciar recursos e tecnologia teórico-prática para a compreensão do campo em sua extensão aos profissionais envolvidos com a atuação na área. A segunda parte conta com 33 capítulos que trazem a especificidade dos fenômenos que se manifestam nesse contexto. Sob essa perspectiva, essa segunda parte enriquece a obra, pois traz a tecnologia avaliativa-interventiva diante dos desafios que cada construto exige.

Ainda que existam obras na área, há uma lacuna significativa na qual as discussões trazidas não coadunam conhecimentos de psicólogos e educadores nacionais e estrangeiros acerca de um conjunto amplo de temáticas que atravessam a sociedade contemporânea. Por essa razão, este compêndio oferece ao leitor um amplo repertório de conhecimento psicológico, educacional e pedagógico no sentido de instrumentalizar os profissionais que atuam na realidade escolar e/ou acadêmica.

Posto isso, este livro agrega conhecimentos sobre teoria, prática, formação e transversalidades, proporcionando aos profissionais da psicologia, da educação e áreas afins, aos professores e aos alunos de graduação e pós-graduação uma obra abrangente e potente. Considera-se que esta obra se diferencia por oferecer uma contribuição acessível, apesar de demonstrar densidade nos diversos capítulos que a constituem. Também apresenta como novidade a discussão de temas polêmicos apresentados em diversos capítulos intitulados como "Diálogos necessários na psicologia escolar". Esses temas adentram os muros da escola, trazendo temáticas como acessibilidade e inclusão, diversidade LGBTQIA+, questões acerca do pertencimento escolar de crianças negras e indígenas, especificidade do aprendizado nas escolas no contexto do campo, educação de crianças refugiadas e políticas públicas estruturantes como forma de desenvolvimento na escola. Tais assuntos reafirmam o compromisso com os direitos humanos e a luta para que seja assegurado a todas as pessoas o direito de terem suas identidades e especificidades respeitadas.

Destaca-se que os autores que elaboraram a escrita desta obra apresentam *expertise* e reconhecimento em âmbito nacional e internacional acerca do fenômeno para o qual a escrita foi dedicada. Muitos desses pesquisadores são oriundos dos diferentes estados e regiões do Brasil. Além disso, este compêndio também conta com a parceria de pesquisadores de Portugal, Moçambique e Espanha. Essa pluralidade de diferentes olhares permite uma diversidade na forma com que se enxerga o contexto em suas fronteiras e também na direção para onde deveremos transpor barreiras e construirmos novas formas de compreensão para velhos paradigmas da psicologia e da educação.

Cabe elucidar que esta obra apresenta o "Selo de Qualidade Ibap", que atesta sua qualidade técnica. O compêndio é resultado de um esforço coletivo comprometido com a qualidade ética-técnica da informação trazida. Esse coletivo tem o alicerce de sua aliança cunhado no compromisso maior com os direitos humanos. Constituem esse coletivo os profissionais que integram o Instituto Brasileiro de Avaliação Psicológica (Ibap), os integrantes de diferentes grupos de avaliação psicológica da Associação Nacional de Pesquisa e Pós-graduação em Psicologia (Anpepp), com destaque para o grupo de trabalho "Pesquisa em avaliação psicológica" e os diversos pesquisadores da Associação para o Desenvolvimento da Investigação em Psicologia da Educação (Adipsieduc).

Por fim, ressalta-se a editoração da Vozes que coroou a qualidade gráfica desta obra. Diante do que foi apresentado, a obra se constitui como um compêndio psicoeducacional fundamental para aqueles que desejam iniciar, desenvolver e qualificar os conhecimentos e as competências necessárias para a atuação e a pesquisa em contextos psicoeducacionais. Desejamos a todos, todas e todes uma ótima leitura!

Os organizadores

Parte I

1
Breves considerações históricas sobre a área psicoeducacional

Katya Luciane de Oliveira
Leandro S. Almeida
Acácia Aparecida Angeli dos Santos
Evely Boruchovitch

> *Highlights*
> - A história da educação e da psicologia sob uma ótica geral apresenta comunalidades em Portugal e no Brasil;
> - A educação e a psicologia convergem na capacitação e no empoderamento de pessoas e instituições educativas;
> - A educação e a psicologia devem apresentar uma visão na qual se respeita a materialidade histórica de constituição do sujeito nesse contexto.

Este capítulo tem por finalidade apresentar os aspectos históricos e fundacionais da área psicoeducacional. Serão tecidas considerações que tratam tanto de uma discussão acerca dos marcadores históricos de constituição da área como também serão desveladas questões relacionadas aos aspectos sócio-históricos de atuação de psicólogos e educadores. Não sendo a escola o único contexto de afirmação da área psicoeducacional, é certo que, nas sociedades modernas, a escola centraliza as atenções. Assim, estaremos atentos à diversidade do contexto escolar, buscando as múltiplas interfaces com a psicologia. Nessa perspectiva, este capítulo traçará uma linha histórica geral, considerando os marcos de sua construção em Portugal e no Brasil, para, em seguida, problematizar a produção do conhecimento e da prática nesse campo.

A educação é uma área com marcadores que remetem aos primórdios civilizatórios da humanidade. Sua história encontra lugar nas universidades e nos cursos superiores por meio de conteúdos distribuídos por diversas áreas, como história da educação, fundamentos da educação, filosofia da educação ou teorias da educação (Gatti Júnior & Alves, 2023). Por um lado, embora esses conteúdos tratem da educação pela via dos sistemas educativos, da escola e do papel do professor, progressivamente incluem o contributo de outras áreas científicas e profissionais, como no caso dos psicólogos.

Do ponto de vista histórico, tanto no Brasil quanto em Portugal a educação apresenta suas especificidades. Ao se considerar a perspectiva independentemente da constituição política educacional de cada país, a educação e sua história representam um campo no qual profissionais educadores, psicólogos e outros encontram seu fazer prático (Gatti Júnior & Alves, 2023). Nesse sentido, a diversidade que permeia o contexto escolar leva a problematizar o quanto os estudos nesse meio podem agregar visões científicas e variedades de modalidades investigativas e práticas próprias desse contexto, o que se entende como proposta deste compêndio. Negreiros e Cardoso (2019) tecem considerações importantes sobre as conexões entre Brasil e Portugal pelas mãos de autores de ambos os países, retomando diálogos entre as duas áreas de psicologia e educação, trazendo à tona a importância de uma ampliação de suas bases culturais para a discussão de questões inerentes à intervenção psicológica nos espaços educativos.

Breves considerações históricas: Portugal

A escola, tal qual constituída atualmente em Portugal, está edificada em um processo de amadurecimento histórico e social do país e da Europa. A par das políticas educativas, o sistema educacional português abarca alunos e professores, edifícios próprios e programas de ensino apropriados para cada etapa escolar, por exemplo. Esse modelo, hoje consolidado, passou a ser cunhado a partir dos séculos XVII e XVIII na Europa (Moreira et al., 2021).

Inicialmente, a educação pública em Portugal voltava-se para atender a formação de crianças e jovens/adolescentes, conforme revelam Cabrito e Canário (2005), e Rodrigues (2014). De acordo com os autores, os troncos do conhecimento eram o ensino da leitura e da escrita, primando também por noções elementares de história e geografia. Havia, ainda, alguma ênfase no ensino religioso e na educação moral e cívica. Por outro lado, nessa altura, a educação também tinha um caráter seletivo na medida em que se direcionava para as crianças e jovens das classes sociais mais abastadas, associando os diplomas escolares a um *status* social mais elevado na sociedade. Para esses autores, no século XVII, Comenius apresentou as primeiras ideias de uma educação básica geral para a sociedade; enquanto, em 1792, Condorcet apontava a universalidade da educação, ou seja, a defesa de que a educação deveria ser universal, pública e gratuita em nível do ensino primário. Além disso, outros defensores da escola como forma de instrução geral e gratuita despontaram-se ao longo desse processo histórico, conforme apontam Moreira et al. (2021). A Lei de Bases do Sistema Educativo (Lei n. 46/1986) fixa em nove anos o ensino básico universal, obrigatório e gratuito.

O papel da educação no desenvolvimento do tecido social e econômico passa a ser considerado como motor de uma nova forma de conceber a educação. Para Moreira et al. (2021), no século XIX, houve a transição do antigo regime educacional caracterizado pelas amarras da autoridade real e do domínio feudal. Os novos rumos traziam as ideias de soberania popular, com vistas à expansão do tecido econômico (comercial e industrial), o que fortalecia a ampliação de novas castas, como a burguesia, e exigia mão de obra melhor qualificada (Magalhães, 2007). Moreira et al. (2021) destacam que, no momento transitório do século XIX para o XX, com o fortalecimento dos movimentos sociais populares crescentes na Europa, a ideia de uma educação básica que visava o desenvolvimento das sociedades liberais também encontraria resistência em parte da elite portuguesa. Ademais, as transformações sociais decorrentes da Revolução de 1974 promoveram grandes impactos na educação, culminando com o acesso progressivo dos estratos socioculturais mais desfavorecidos aos graus mais elevados de escolaridade, nomeadamente o ensino secundário e o ensino superior. A respeito, Moreira et al. (2021) complementam:

Na realidade, a maioria das pessoas que constituem a população portuguesa continua a integrar-se no que poderíamos designar por camadas populares e a expressar determinadas necessidades educativas/formativas. Mas, num tempo de complexidade crescente das sociedades, de alterações profundas no mundo do trabalho e nas sociabilidades, onde parece exigir-se dos indivíduos, e cada vez mais intensamente, novos conhecimentos e competências sociais e profissionais, a ideia da educação popular necessitaria certamente, para se manter eficaz, de uma (re)conceptualização (2021, p. 17).

Gatti Júnior e Alves (2023) observam que, em 1979, houve um marco importante no que diz respeito à qualificação de professores. A formação de professores para o ensino básico (1º e 2º ciclos) passa a ser feita em Escolas Superiores de Educação integradas aos Institutos Politécnicos, e a parte final do ensino básico (3º ciclo) e do ensino secundário (10º a 12º anos) lecionadas por professores formados nas universidades[1], por razões de eficiência dos recursos nacionais e especificidades de atuação e domínios científicos de formação. Por fim, o ensino superior, após a Declaração de Bolonha, está organizado em três ciclos sequenciais de formação: licenciatura ou graduação (três anos), mestrado (dois anos) e doutoramento (três anos), respectivamente designados 1º, 2º e 3º ciclos.

Tomando agora o desenvolvimento da psicologia (cursos de graduação foram autorizados nas universidades públicas apenas a partir da Revolução de 1974), e em particular da psicologia educacional, Mendes et al. (2015) descrevem que, em Portugal, a psicologia tem sua contribuição em contexto escolar regulamentado por meio da atuação nos Serviços de Psicologia e Orientação (SPO). Tais serviços são regulados por meio do Decreto 190, de 1991, que, além de definir as estruturas e o funcionamento do sistema escolar, descreve suas áreas de atuação, nomeadamente o apoio psicopedagógico, a orientação vocacional ou de carreira e a dinamização das interações na comunidade educativa, numa lógica de intervenções remediativas e preventivas voltadas a alunos, professores, família, escola e comunidade envolvente.

Embora o decreto que cria os SPO seja bastante abrangente na definição das áreas de atuação, Mendes et al. (2014) constatam uma concentração de psicólogos em atividades próximas dos papéis tradicionais que envolvem intervenções de caráter diagnóstico e remediativo, tendo como foco maior de atuação o aluno fragilizado em termos de aprendizagem ou desenvolvimento vocacional. Apesar de a educação se beneficiar com os serviços prestados por esse profissional, há ainda escassez de recursos humanos que consigam abarcar os muitos aspectos envolvidos na prática do psicólogo escolar. Assim, argumentam que tal prática deveria corresponder a formas interventivas mais preventivas e promocionais que assumissem uma perspectiva mais ecológica-sistêmica de intervenção. Embora haja críticas ao modelo praticado, é possível perceber que os avanços obtidos com a implementação do SPO são dinâmicos, morosos e tendencialmente prolongados no tempo, inclusive porque nele há a previsão de apoio à formação continuada de psicólogos escolares, por meio da celebração de convênios entre o Ministério da Educação, Instituições de Ensino Superior e Associações Científicas Profissionais, nomeadamente a Ordem dos Psicólogos Portugueses (criada em 2008).

---

1. Atualmente, o ensino em Portugal está estruturado em ensino básico geral unificado (1º, 2º e 3º ciclos), cobrindo os primeiros nove anos de escolaridade; e em ensino secundário (10º ao 12º anos), dividido em cursos científicos-humanísticos e cursos profissionais (Direção Geral da Educação da República Portuguesa, 2023).

Por fim, as considerações de Mendes et al. (2015) refletem que Portugal precisa avançar no estabelecimento de competências do psicólogo escolar, destacando:

> Em Portugal, a Psicologia Escolar é ainda uma área em desenvolvimento e afirmação. Presentemente, não está definido um perfil de competências para o exercício profissional da psicologia em contexto escolar, assim como também não existem diretrizes para a formação nessa especialidade. Nem mesmo a denominação escolar é consensual. Questões relativas ao perfil de formação desses profissionais ganham particular relevância frente à ausência de *guidelines*, coordenação e supervisão dos serviços. Acreditando que nos próximos anos essas lacunas serão progressivamente preenchidas, não se pode deixar de sublinhar a importância de, por um lado, garantir que os profissionais da área estejam capacitados para responder às necessidades e desafios dos contextos escolares contemporâneos e, por outro, assegurar a preparação da futura geração de psicólogos escolares, em áreas básicas e aplicadas, nos domínios da Psicologia e da Educação (2015, p. 414).

Breves considerações históricas: Brasil

Ao buscar as raízes da educação brasileira, para se compreender como a educação e a psicologia se encontram, em 1930 foi criado o Ministério dos Negócios da Educação e Saúde Pública. Em 1932 houve o movimento conhecido como Manifesto dos Pioneiros da Educação Nova, cuja proposta era uma escola pública, laica (sem interferências religiosas), obrigatória e gratuita. Um movimento crescente de discussão fez com que se realizassem reformas no ensino médio e no universitário à época (1934-1945), sendo implementada uma diretriz-base para a educação nacional nessa ocasião. Em 1953 foi criado o Ministério da Educação e Cultura (MEC) (Ministério da Educação [MEC], 2020), cuja construção histórica é analisada por Oliveira et al. (2022):

> Com certa pressão internacional, como a da Organização das Nações Unidas para a Educação, Ciência e Cultura (Unesco), e com a criação da Coordenação de Aperfeiçoamento de Pessoal de Nível Superior (Capes) e do Conselho Nacional de Desenvolvimento Científico e Tecnológico (CNPq) no ano de 1951, somada à pressão de setores da sociedade civil, foi elaborada a Lei de Diretrizes e Bases da Educação (LDB) (2022, p. 478).

Embora a LDB tenha sido citada na Constituição de 1934, somente em 1961 possibilitou maior autonomia de gestão dos órgãos estaduais e municipais. Uma década mais tarde, uma nova LDB tornou o ensino obrigatório para a faixa etária dos 7 aos 14 anos de idade. Quase que paralelamente, em 1968, o ensino superior também teve avanços, pois a lei direcionada a essa fase da educação permitiu autonomia didático-científica, administrativa, financeira e disciplinar às universidades (MEC, 2020).

Nesse cenário de movimento histórico constitutivo da educação brasileira, segundo Soares e Marinho-Araújo (2010), houve a inserção da psicologia no Brasil, na passagem dos séculos XIX e XX, especificamente na década de 1950, com o surgimento dos primeiros cursos de graduação em psicologia, a qual chega com um denso conteúdo da medicina e, também, da pedagogia. Assim, na década de 1960, após a publicação da Lei n. 4119/1962, a psicologia é, de fato, regulamentada como profissão. A área de psicologia escolar se desponta, portanto, como campo de atuação do psicólogo; desde então, a educação e a psicologia caminham como campos irmãos na escola.

Em 1996 houve a publicação mais recente da LDB, instituída pela Lei n. 9.394/1996, na qual a educação infantil se tornou parte da educação formal brasileira. No mesmo ano foi criado o Fundo de Manutenção e Desenvolvimento do Ensino Fundamental e de Valorização do Magistério (Fundef), o qual, em 2006, foi substituído pelo Fundo de Manutenção e Desenvolvimento da Educação Básica e de Valorização dos Profissionais da Educação (Fundeb) (MEC, 2020).

No ano de 2021 esteve em tramitação na Câmara dos Deputados Federais o novo Fundeb, com a proposta de aumento de 10% para 23% da participação da União/Governo Federal no fundo. Um outro marco importante foi a inclusão da Emenda Constitucional n. 108/2020, que prevê a ampliação do financiamento permanente da Educação Básica feita pela União. Em dezembro de 2021 houve a finalização do Projeto de Lei (PL) n. 3.418/2021, que alterou dispositivos do Fundeb, com um de seus dispositivos indicando que:

> Os recursos do Fundeb alocados na parcela de 30% podem ser utilizados pelos municípios, estados e o Distrito Federal para custear a remuneração de profissionais da Psicologia e do Serviço Social que atuem nas equipes multiprofissionais da rede pública de educação básica, conforme estabelece a Lei n. 13.935/2019 (Conselho Federal de Psicologia [CFP], 2021).

Esse importante marco histórico é o resultado de uma luta dos conselhos profissionais de classe da psicologia e da assistência social e entidades organizadas, quais sejam: a Associação Brasileira de Psicologia Escolar e Educacional (Abrapee), a Associação Brasileira do Ensino da Psicologia (Abep), a Federação Nacional dos Psicólogos (Fenapsi) e a Associação Brasileira de Ensino e Pesquisa em Serviço Social (Abepss). Com isso, espera-se que, de fato, nos próximos anos, o profissional de psicologia possa assumir em cada instituição de ensino no país um lugar de maior protagonismo ao lado dos educadores para ajudar a melhorar os rumos da educação no Brasil.

A escola como contexto de atuação psicoeducacional

A escola inegavelmente constitui-se em contexto primordial para a transmissão e a apropriação dos conhecimentos formais. Simultaneamente, na escola, ocorre o aprendizado dos conteúdos não formais, estabelecidos por meio de vivências e construções psicológicas que se desenvolvem nas relações entre professores, alunos, equipe pedagógica, pais e comunidade. Essas vivências ocorrem no contexto do currículo formal e informal, proporcionando aprendizagens escolares e o desenvolvimento de competências psicossociais mais amplas. Por isso, a relação estabelecida entre educação e psicologia não deve ser considerada como efêmera e transitória, mas sim como edificada em uma materialidade histórica e social da contribuição dos profissionais desse campo na escola (Oliveira et al., 2022). Neste sentido, Galvão (2019) afirma que a escola tem sido um território no qual se tem promovido a produção de conhecimento acerca de muitos fatores que atravessam essa realidade, entre os quais estão várias temáticas e problemáticas, por exemplo: ensino e aprendizagem, inclusão, deficiências, desigualdades sociais, formação docente, relação pais-filhos-escola, relação escola-comunidade, identidade estudantil ou tecnologias digitais, entre tantas outras. Tudo isso ocorre numa grande diversidade de instituições públicas e privadas, incluindo a rede de instituições e serviços de interface da comunidade, nomeadamente aquelas que atendem crianças e jovens com necessidades educativas específicas (Oliveira et al., 2022).

Nesse quadro amplo de instituições e respostas educativas, o profissional de psicologia assume o papel de análise e transformação dessa realidade por meio do emprego de suas bases científicas, técnicas e práticas que tangem a intervenções que consideram, de forma contextualizada, os fatores históricos, sociais, políticos e econômicos. Trata-se de um fazer que busca articular toda a comunidade escolar de modo a causar um impacto positivo nos processos de ensino, aprendizagem e desenvolvimento nesse universo (Almeida, 2003; Gaspar & Costa, 2011).

Mitjás-Martinez (2005) considera que, durante muito tempo, a atuação do psicólogo na escola e em todo contexto escolar tinha uma diretriz "higienista", a qual visava uma atuação pautada no modelo de saúde-doença ou "normal-anormal". Nas últimas décadas, o papel do psicólogo voltou-se para uma atuação que rompeu com essa referência paradigmática e trouxe uma atuação pautada em um modelo que busca integrar as visões do sujeito como construído a partir de um ponto de vista social e de sua materialidade histórica, que se integra ao contexto como protagonista não somente de sua própria história, mas também com protagonismo na construção histórica do coletivo escolar.

Na mesma linha, Marinho-Araújo e Almeida (2005a, 2005b) abordam que, desde sua constituição, a psicologia esteve ligada à educação e, por essa via, também incorpora as mudanças epistemológicas que permeiam a educação e a escola. Para os autores, inicialmente a psicologia na escola tinha uma forma de atuação reducionista, cuja estrutura determinística caminhava para uma visão normatizadora sobre as muitas causas envolvidas no não aprendizado nesse contexto: a relação entre a psicologia e a educação apresentava desarmonia em relação à visão que buscava compreender o ser humano em uma lógica que respeitasse sua história, o território onde vive e todas as facetas intrínsecas do sujeito (emoções e afetos, estados subjetivos, saúde mental, entre outros), bem como as variáveis relacionais com família, professores, equipe pedagógica etc. Assim, concluem que "A relação constituída historicamente entre a Psicologia e a Educação manteve-se distante de assumir uma forma harmônica e simétrica na tentativa de atender às demandas do contexto educacional" (2005a, p. 45).

Ainda nessa direção, Dias et al. (2014) argumentam que a psicologia, durante muito tempo, buscou historicamente usar uma metodologia que visava medidas capacitistas com foco em identificar transtornos e psicologizar a infância. Nas últimas décadas do século passado, as críticas a essa prática reducionista ganharam forma, pois reduziam o aluno a uma inabilidade ou um *deficit*, assumindo-o nessa condição de forma isolada (Lopes & Almeida, 2015). Nessa mesma época, ganhava força a visão de que os problemas enfrentados pelos alunos não eram exclusivamente atrelados a seus fatores individuais, mas se associavam a um contexto macro, incluindo questões socioeconômicas, de saúde (médica, mental, sanitária), de segurança alimentar, entre outras.

Embora historicamente a intervenção do psicólogo na escola tenha encontrado obstáculos que limitaram a potencialidade de sua prática, nas últimas décadas essa visão tem mudado. Sob esse aspecto, Coutinho et al. (2015) apontam que:

> As diferentes formas de se compreender a escola devem colaborar numa reflexão aprofundada sobre esse contexto de atuação. Portanto, devem ser levadas em consideração por psicólogos e educadores que buscam desenvolver intervenções assertivas no contexto escolar. Além disso, a forma-

ção dos professores, suas posturas diante das ações pedagógicas, bem como o contexto social em que vivem muitos alunos, não podem ser desconsiderados ao se pensar no trabalho a ser empreendido no contexto educativo (p. 105).

Assim, ainda que o imaginário da maior parte da sociedade continue a considerar o psicólogo como uma figura que trata dos alunos considerados problemas, o fazer psicológico demonstra ser possível tornar a escola um lugar melhor e mais proativo para favorecer o (des)envolvimento humano a toda a comunidade educativa, em que, a par dos alunos e professores, entram as famílias e as organizações e recursos da comunidade. Petroni e Souza (2017), referindo-se à forma como a atividade do psicólogo na escola ocorre em Portugal, identificaram o trabalho de Coimbra (1991), que apresenta um modelo de atuação do psicólogo denominado colaborativo, em contraposição ao de especialista. As autoras analisam esse modelo como aquele em que o psicólogo é considerado o profissional detentor de técnicas específicas que possibilitam a divisão de papéis entre o que caberia ao psicólogo e ao professor. Dessa forma, afirmam que esse modelo colaborativo é similar ao que tem sido defendido no Brasil como um modelo crítico de atuação, caracterizado por uma atuação em colaboração, na qual o psicólogo passa a ser integrante da equipe e necessita conhecer toda a complexidade que constitui o contexto em que ele atuará. Ambos os países, nesse sentido, têm uma visão similar do que seria esperado do psicólogo escolar.

O desafio que aguarda Portugal a curto e médio prazos passa por promover, de forma mais contundente, a formação continuada do psicólogo escolar e incentivar a mudança do paradigma estabelecido, com o psicólogo assumindo uma atuação mais estruturante e ativa-transformadora no contexto escolar e educativo. O Brasil, por sua vez, precisa fortalecer e fazer valer a presença efetiva dos psicólogos escolares em cada instituição de ensino (conforme a vitória obtida pelo Fundeb), de modo que, além de ampliar o campo de trabalho desses profissionais, também permita a cada instituição e sua população acadêmica atendimentos em sua própria especificidade.

Considerações finais

Este capítulo intencionou traçar, de forma necessariamente breve, o percurso histórico da relação da psicologia e da educação em Portugal e no Brasil, atentando para diferenças e semelhanças existentes nessa relação, bem como suas fragilidades e desafios futuros nesses dois países. A importância dessa relação é inegável, assim como a necessidade de psicólogos e outros técnicos de educação nos contextos escolares.

Destaca-se que a aproximação entre psicologia e educação tem desdobramentos importantes, como a emergência de áreas de saber e de atuação conjunta caracterizadas mais especificamente pela psicologia escolar e educacional, bem como pela psicopedagogia, entendidas como mediadoras do diálogo entre a psicologia e a educação. Em síntese, a psicologia educacional possibilita que conhecimentos psicológicos sejam aplicados na prática educacional, propiciando, segundo Goulart (1987), que o ato educativo atinja sua finalidade.

A democratização do acesso à educação e a busca de uma educação de qualidade exigem, sem dúvida, práticas pedagógicas que tenham, em seu cerne, o respeito pelas diferenças. Nesse sentido, a escola e as instituições educativas devem se constituir em contextos de proteção aos seres humanos para que alcancem seu desenvolvimento pleno e global, ultrapassando seu caráter remediativo. Para isso, a intervenção psicoeducativa deve adotar um enfoque preventivo e desenvolvimental, centrado no acolhimento e na promoção dos atributos positivos dos indivíduos, buscando sua realização pessoal e social.

Assim, este capítulo ressaltou a relevância do fortalecimento das relações da psicologia com a educação, bem como sua contribuição para que os compromissos políticos relacionados à educação como direito universal e dever do Estado se cumpram, de forma mais efetiva, nos dois países. Se o respeito às diferenças e o combate às desigualdades educacionais eram metas essenciais, tornam-se ainda mais imprescindíveis no atual momento histórico, marcado pelo agravamento de desigualdades, tensões e fenômenos de exclusão social.

Referências

Almeida, L. S. (2003). Psicologia escolar em Portugal. In S. N. Jesus (Org.), *Psicologia em Portugal: Balanço e perspectivas*. Quarteto.

Cabrito, B., & Canário, R. (2005). *Educação e formação de adultos: Mutações e convergências*. Educa.

Coimbra, J. L. (1991). O psicólogo face aos outros profissionais da educação: reflexões sobre a consultadoria psicológica. *Cadernos de Consulta Psicológica*, 7, 21-26. https://repositorio-aberto.up.pt/handle/10216/14871

Conselho Federal de Psicologia. (2021). *Profissionais da psicologia e do serviço social poderão ser custeados pelo FUNDEB*. https://site.cfp.org.br/profissionais-da-psicologia-e-do-servico-social-poderao-ser-custeados-pelo-fundeb/

Coutinho, A. F. J., Oliveira, K. S. A., & Barreto, M. A. (2015). A psicologia na escola: (re)pensando as práticas pedagógicas. *Psicologia da Educação*, 40, 103-114. http://pepsic.bvsalud.org/scielo.php?script=sci_arttext&pid=S1414-69752015000100008&lng=pt&tlng=pt

Dias, A. C. G., Patias, N. D., & Abaid, J. L. W. (2014). Psicologia escolar e possibilidades na atuação do psicólogo: Algumas reflexões. *Psicologia Escolar e Educacional*, 18(1), 105-111. https://doi.org/10.1590/S1413-85572014000100011

Direção Geral de Educação da República Portuguesa. (2023). *Matriz Curricular Base*. Recuperado de https://www.dge.mec.pt/curriculo-nacional-

Galvão, A. M. O. (2019). Pesquisa em educação. *Revista Brasileira de Educação Básica*, 4(13), 1-8. https://rbeducacaobasica.com.br/vocabulario-da-educacao-pesquisa-em-educacao/

Gaspar, F. D., & Costa, T. A. (2011). Afetividade e atuação do psicólogo escolar. *Psicologia Escolar e Educacional*, 15(1), 121-129. https://doi.org/10.1590/S1413-85572011000100013

Gatti Júnior, D., & Alves, L. A. M. (2023). O ensino de história da educação em Portugal e no Brasil: formação de professores, programas de ensino, manuais disciplinares e memórias (séculos XIX a XXI). *Cadernos de História da Educação*, 22, 1-32. https://doi.org/10.14393/che-v22-2023-193

Goulart, I. B. (1987). *Psicologia da educação: Fundamentos teóricos aplicados à prática pedagógica*. Vozes.

Lei n. 46/86, de 14 de outubro. (1986). Lei de Bases do Sistema Educativo. Assembleia da República. Recuperado de https://diariodarepublica.pt/dr/detalhe/lei/46-1986-222418

Lopes, J., & Almeida, L. S. (2015). Questões e modelos de avaliação e intervenção em psicologia escolar: o caso da Europa e América do Norte. *Revista Estudos de Psicologia*, 32(1), 75-85. https://doi.org/10.1590/0103-166X2015000100007

Magalhães, J. (2007). A história da educação em Portugal: temas, discursos e paradigmas. In J. Pintassilgo, L. A. Alvez, L. G. Correia & M. L. Felgueiras (Orgs.), *A história da educação em Portugal: balanço e perspectivas* (pp. 13-34). Asa.

Marinho-Araujo, C. M., & Almeida, S. F. C. (2005a). *Psicologia escolar: construção e consolidação da identidade profissional*. Alínea.

Marinho-Araujo, C. M., & Almeida, S. F. C. (2005b). Psicologia Escolar: recriando identidades, desenvolvendo competências. In A. M. Martínez (Org.), *Psicologia escolar e compromisso social* (pp. 243-259). Alínea.

Mendes, S. A., Abreu-Lima, I., Almeida, L. S., & Simeonsson, R. J. (2014). School psychology in Portugal: Practitioners' characteristics and practices. *International Journal of School & Educational Psychology*, 2(2), 115-125. http://dx.doi.org/10.1080/21683603.2013.863171

Mendes, S. A., Abreu-Lima, I., & Almeida, L. S. (2015). Psicólogos escolares em Portugal: perfil e necessidades de formação. *Estudos de Psicologia*, 32(3), 405-416. https://doi.org/10.1590/0103-166X2015000300006

Ministério da Educação. (2020). *História*. Recuperado de http://portal.mec.gov.br/conaes-comissao-nacional-de-avaliacao-da-educacao-superior/97-conhecaomec-1447013193/omec-1749236901/2-historia

Mitjás-Martinez, A. (2005). Práticas emergentes em psicologia escolar. In A. Mitjás-Martinez (Org.), *Psicologia escolar e compromisso social: Novos discursos, novas práticas* (pp. 25-37). Alínea.

Moreira, J., Correia, J. A., & Caramelo, J. (2021). Alfabetização e educação básica: uma dimensão central da educação de adultos em Portugal. *Trabalho & Educação*, 30(2), 11-31. https://periodicos.ufmg.br/index.php/trabedu/article/view/33775

Negreiros, F., & Cardoso, J. R. (2019). *Psicologia e educação: conexões Brasil – Portugal*. EDUFPI.

Oliveira, K. L., Inácio, A. M., & Santos, A. A. A. (2022). Pesquisa em contexto escolar. In S. M. Barroso (Ed.), *Pesquisa em psicologia e humanidades: Métodos e contextos contemporâneos* (pp. 477-499). Vozes.

Petroni, A. P., & Souza, V. L. T. (2017). Psicologia escolar: Análise sobre dificuldades e superações no Brasil e Portugal. *Psicologia Escolar e Educacional*, 21(1), 13-20. http://dx.doi.org/10.1590/2175-3539/2017/0211950

Rodrigues, M. L. (2014). *40 anos de políticas de educação em Portugal*. Almedina.

Soares, P. G., & Marinho-Araujo, C. M. (2010). Práticas emergentes em Psicologia Escolar: a mediação no desenvolvimento de competências dos educadores sociais. *Psicologia Escolar e Educacional*, 14(1), 45-54. https://doi.org/10.1590/S1413-85572010000100005

2
Pressupostos éticos no contexto educativo: da avaliação à prática

Jaqueline Portella Giordani
Aline Riboli Marasca
Denise Ruschel Bandeira
Clarissa Marceli Trentini

> *Highlights*
> - Nas escolas podemos identificar, pela primeira vez, sinais de transtornos de saúde mental;
> - Psicólogos escolares devem atuar de forma sinérgica com equipes multidisciplinares;
> - Existem desafios éticos na troca de informações entre equipe multidisciplinar e professores;
> - Importância de encaminhar demandas individuais que necessitam de atenção clínica;
> - Psicólogo clínico deve dar ciência à família das informações compartilhadas com a escola.

Questões éticas e a profissão de psicólogo no Brasil

O atual Código de Ética Profissional da Psicologia, terceiro da profissão no Brasil, foi publicado pelo Conselho Federal de Psicologia (CFP) em 2005. Foi construído com a participação direta de psicólogos, constituído por diversos espaços de discussão sobre as responsabilidades e os compromissos da psicologia com a promoção da cidadania (CFP, 2005). A principal missão de um código de ética profissional não consiste apenas em regulamentar aspectos técnicos do trabalho de uma categoria profissional, mas sim em garantir que, nos valores relevantes para a sociedade e as práticas profissionais, um padrão de comportamento seja estabelecido para fortalecer o reconhecimento social da respectiva categoria (CFP, 2005). Esses mesmos princípios servirão de critérios para avaliar e julgar as ações desse grupo em relação à sociedade, determinando se tais ações estão de acordo ou não com o Código (Amendola, 2014).

O conjunto de princípios contido no Código de Ética Profissional da Psicologia deve ser aplicado por profissionais de todas as áreas de especialização e atuação da psicologia no país, além de também contemplar, progressivamente, uma maior inserção em espaços institucionais e em equipes multiprofissionais (CFP, 2005), considerando a diversidade dessas possibilidades de ser psicólogo. A progressiva atuação em colaboração em equipes de comunidades, organizações não governamentais e diversas atividades ligadas a entidades públicas (Andrade & Morato, 2004; Pereira & Pereira Neto, 2003) traz desafios éticos complexos que, por vezes, se apresentam aos profissionais psicólogos – o que, por sua vez, pode instigar e incitar o repensar da prática. Essa situação tem ocorrido (como abordado na sequência) com a avaliação psicológica e a ação em contextos escolares e educativos, e na intersecção entre esses campos.

A fim de explorarmos possibilidades, limitações e desafios éticos do psicólogo no contexto educativo, este capítulo está dividido inicialmente entre a compreensão dos aspectos específicos de duas inserções possíveis desse profissional na educação: o atuante na instituição educacional e o clínico que realiza a avaliação psicológica das demandas advindas da escola. Em seguida, serão apresentados um fluxograma possível do entrelaço dessas atuações e os desafios que podem surgir para o futuro da prática na área.

A psicologia escolar como área de inserção profissional

A psicologia escolar e educacional insere-se no cotidiano das instituições escolares no país há algumas décadas. Embora a atuação do psicólogo escolar esteja prevista desde a regulamentação da profissão, em 1962, apenas em 2007 foi oficialmente reconhecida como uma especialidade pelo CFP (2007). A psicologia educacional é considerada um dos pilares científicos da educação e da prática pedagógica, enquanto a psicologia escolar é amplamente considerada como uma área específica da profissão do psicólogo. Assim, seu campo de atuação concentra-se no contexto da escolarização, com ênfase na instituição escolar e nas dinâmicas de relacionamento que ocorrem nesse ambiente.

Os ambientes escolares desempenham um papel central durante a infância e adolescência tanto no Brasil quanto em grande parte das culturas ao redor do mundo, nos quais ocorrem as primeiras e mais significativas interações sociais na infância e na juventude. Nesse espaço perpassa, ao longo da juventude, o desenvolvimento biopsicossocial de estudantes, em que podem ser identificados, pela primeira vez, sinais e sintomas de diversos quadros, síndromes e transtornos de diversos tipos, incluindo os de saúde mental. Nesse contexto, a atuação do psicólogo nas instituições escolares é bastante ampla e tem se reinventado ao longo de sua trajetória, podendo ser descrita, conforme a estruturação da especialidade pela Resolução n. 013 (CFP, 2007), como o profissional que:

> Atua no âmbito da educação formal realizando pesquisas, diagnóstico e intervenção preventiva ou corretiva em grupo e individualmente. Envolve, em sua análise e intervenção, todos os segmentos do sistema educacional que participam do processo de ensino-aprendizagem. Nessa tarefa, considera as características do corpo docente, do currículo, das normas da instituição, do material didático, do corpo discente e demais elementos do sistema. Em conjunto com a equipe, colabora com o corpo docente e técnico na elaboração, implantação, avaliação e reformulação de currículos, de projetos pedagógicos, de políticas educacionais e no desenvolvimento de novos procedimentos educacionais (p. 18).

Ao longo de sua história, a psicologia aplicada ao contexto educacional, por meio de suas pesquisas e teorias psicológicas, teve como objetivo compreender o desenvolvimento intelectual e as questões de aprendizagem, bem como suas conexões com a formação da personalidade. Entretanto, diferentemente da compreensão atual dessa atuação, esse modelo de intervenção profissional estava predominantemente focado na utilização de avaliações psicológicas, no atendimento individualizado, na elaboração de diagnósticos e no tratamento de crianças com dificuldades de aprendizado ou consideradas "alunos/as problemas" (Souza et al., 2014).

No cenário educativo atual, a área de psicologia escolar e educacional desempenha um papel de relevância no panorama brasileiro, estando mais voltada a uma atuação integral em relação aos aspectos de desenvolvimento e relacionais de estudantes e profissionais que atuam na escola. Profissionais psicólogos especializados nesse campo devem prezar pela atuação de maneira sinérgica com as equipes multidisciplinares (assistentes sociais, pedagogos e orientadores educacionais), a gestão escolar, o corpo docente, os alunos e suas famílias, visando a promoção do bem-estar emocional, social e cognitivo dos educandos, e a garantia de direitos de estudantes (Giordani et al., 2022). A contribuição desses profissionais também pode ser crítica para a identificação e o suporte às necessidades de indivíduos com necessidades educativas especiais, fomentando a inclusão educacional. Adicionalmente, podem ter participação significativa na avaliação de políticas educacionais e na pesquisa, influenciando a definição de práticas pedagógicas pautadas em evidências empíricas.

Nesse sentido, atuando de forma embasada cientificamente e politicamente crítica, considerando os aspectos éticos tanto basais para a psicologia quanto específicos para os espaços educacionais, a psicologia escolar e educacional pode desempenhar um papel central na potencialização da qualidade do sistema educacional e no fomento do desenvolvimento integral da juventude no Brasil (Rosa et al., 2019).

De acordo com as Diretrizes Técnicas para a atuação de psicólogos na educação básica (CFP, 2019, 2022a), não é possível compreender a educação sem considerá-la à luz das políticas públicas que sustentam o funcionamento desse espaço. Em outras palavras, é fundamental atuar nos ambientes socioeducacionais por meio da observação criteriosa do contexto social, cultural, político e econômico em que os indivíduos estão inseridos. Nesse contexto, o compromisso ético e político dos psicólogos atuantes em instituições educacionais e na política de educação envolve a garantia de uma escola participativa e comunitária, cujo objetivo é abordar e resolver os conflitos e as contradições presentes no ambiente educacional por meio do envolvimento de todos os indivíduos que fazem parte desse espaço.

Esses desafios são enfrentados pelos psicólogos no ambiente socioeducacional, ou seja, na promoção de um trabalho fundamentado em princípios éticos e políticos que favoreçam a democracia, contrariando abordagens individualistas e patologizadoras que, em algumas situações, embora possam representar as necessidades escolares mais evidentes, não tratam do objetivo maior da escola (Giordani et al., 2022; Rosa et al., 2019). Assim, as publicações na área da psicologia escolar e educacional têm se concentrado em apresentar e discutir práticas baseadas em uma abordagem crítica da área, a fim de promover alternativas no manejo de questões identificadas na escolarização (Souza et al., 2014), indo ao encontro de uma prática de ação coletiva voltada a toda a comunidade escolar.

As demandas da escola na avaliação psicológica clínica

Conforme a Resolução n. 031 (CFP, 2022b), a avaliação psicológica é definida como "um processo estruturado de investigação de fenômenos psicológicos, composto de métodos, técnicas e instrumentos, com o objetivo de prover informações à tomada de decisão, em âmbito individual, grupal ou institucional, com base em demandas, condições e finalidades específicas" (2022b, p. 1). É uma atividade que permeia a atuação do psicólogo em diferentes áreas, inclusive na psicologia escolar e educacional, entendendo o processo avaliativo como um passo inicial fundamental para que seja possível a intervenção no ambiente escolar (Giordani et al., 2022). No entanto, faz parte do histórico da avaliação psicológica no contexto escolar e educacional no Brasil uma crítica sobre o uso indiscriminado de testes psicológicos e o foco na psicopatologia clínica e no rendimento escolar: uma visão reducionista, mas superada na área (Dias et al., 2014; Santos et al., 2018). Portanto, a avaliação psicológica no contexto escolar e educacional, em um entendimento mais abrangente, deve buscar uma forma de atuação plural, voltada para questões individuais e coletivas, de modo a atender a uma prática baseada em evidências (Giordani et al., 2022). Quando se identifica que demandas individuais necessitam de uma atenção clínica sobre aspectos de desenvolvimento, comportamento ou outras situações, é dever do psicólogo escolar realizar o encaminhamento para uma avaliação específica.

Queixas escolares são frequentes motivos de encaminhamento para avaliação psicológica no contexto clínico, que podem incluir prejuízos de desempenho e problemas de comportamento na escola (Vagostello et al., 2017). Outras demandas comuns podem não se manifestar exclusivamente no ambiente escolar, como comportamento agressivo, problemas no controle de impulsos, ansiedade e insegurança, e dificuldades nos relacionamentos interpessoais. Em nossa experiência, sintomas não observados na escola, porém circunscritos ao âmbito familiar, sinalizam aspectos mais saudáveis do indivíduo e uma necessidade de intervenções centradas na família e nas relações. No entanto, o mais comum é que os sintomas estejam em evidência na escola, por ser um ambiente com maior número e intensidade de diligências que englobam a funcionalidade de processos cognitivos, gestão do comportamento e competências socioemocionais.

Estudos científicos de clínicas-escola vinculados a cursos de graduação em psicologia que oferecem avaliação psicológica clínica à comunidade sugerem que o perfil mais frequentemente atendido é o de crianças dos anos iniciais do ensino fundamental, com queixas escolares (Borsa et al., 2013; Vagostello et al., 2017). Contudo, tem sido observada uma discussão mais intensa sobre a importância de uma atuação precoce, direcionada à etapa da educação infantil, que se constitui como uma medida preventiva e protetiva fundamental para o desenvolvimento posterior. No âmbito escolar, o papel do psicólogo envolve reconhecer os marcadores do desenvolvimento e identificar possíveis atrasos, com o objetivo de propor estratégias de estimulação à equipe e encaminhar para avaliação específica, quando necessário (Mendonça-Filho et al., 2022). Nos casos de indicação de encaminhamento, o psicólogo escolar e educacional tem uma importante tarefa de sinalizar a ocorrência de atrasos ou dificuldades para a família, visto que, na escola, a criança está mais exposta ao contato com pares e a demandas de gestão da cognição e do comportamento, que podem não ser percebidas da mesma forma no espaço doméstico. Assim, percebemos um aumento da busca por avaliação psicológica clínica voltada para a investigação do neurodesenvolvimento em crianças de até 6 anos, em que a equipe de psicologia escolar e educacional fornece suporte para a identificação de dificuldades.

Em outra etapa do desenvolvimento observamos um aumento da busca por avaliações associadas a demandas de risco em adolescentes, entre as quais tem se destacado a presença de comportamentos autolesivos, que se constituem como uma estratégia reguladora de afetos negativos intensos entre adolescentes (Marrero et al., 2023). Por vezes, o comportamento é identificado primeiro na escola, seja pelo relato do próprio estudante ou de pares, pela observação de professores e técnicos de condutas atípicas ou pela detecção da reprodução de atitudes consonantes com o grupo, sendo necessário comunicar a família e encaminhar para avaliação específica (Santo et al., 2022).

Ainda é importante indicar as graves consequências derivadas do período pandêmico no país, com o fechamento das escolas, sobre o desenvolvimento de crianças e adolescentes. As experiências da pandemia de covid-19 foram diversas e particulares, mas também dependentes de variáveis contextuais, como idade, nível socioeconômico, estado de saúde física e mental prévio, habilidades de autorregulação, funcionamento familiar, suporte social ou pertencimento a grupos de risco de saúde (Wolf & Schmitz, 2023). No entanto, em diferentes níveis, foram identificados impactos duradouros que envolvem lacunas de aprendizagem (derivadas da situação de ensino remoto emergencial), *deficits* sobre habilidades sociais, aumento de sintomas de ansiedade e depressão, entre outros (Rao & Fisher, 2021; Wolf & Schmitz, 2023). Para os psicólogos que atuam na clínica tem sido difícil discriminar os efeitos do contexto pandêmico de quadros pré-mórbidos em crianças e adolescentes, embora seja perceptível que indivíduos com dificuldades prévias tenham apresentado prejuízos maiores decorrentes das limitações do período (Panagouli et al., 2021). Nesse sentido, é esperado que ocorra um aumento de demandas infladas por essas questões, sejam derivadas de quadros preexistentes ou de sintomas que perduraram após o período agudo da pandemia.

Questões éticas: o fazer do psicólogo na instituição escolar

Na atuação dos psicólogos nas instituições escolares tem havido um crescente e forte compromisso com a inclusão e a adaptação de crianças e adolescentes que experienciam vivências adversas e de risco e/ou vulnerabilidade, enfrentam dificuldades em seu processo educacional e têm dificuldades diversas de acesso e permanência escolar. Esses profissionais podem produzir saberes e contribuir com a formação que ocorre no espaço escolar, por meio da participação nas diversas tramas escolares que também se estabelecem dentro e fora do espaço de sala de aula, como identificação/avaliação/intervenção em situações de sofrimento psíquico, mediações de conflitos, auxílio nos planejamentos escolares, atendimentos individuais e coletivos, reuniões de equipes e com corpo pedagógico, manutenção de rede de cuidado com serviços e políticas da assistência social e da saúde, construção de projetos/oficinas/grupos com estudantes, famílias e equipe docente, formação continuada docente, encaminhamento e acompanhamento de situações de violação de direitos, promoção e prevenção em saúde mental (Camargo & Carneiro, 2020; Giordani et al., 2022). Logo, a diversidade de possibilidades, demandas, urgências, encontros, trocas com os diferentes atores da comunidade escolar e construção conjunta necessária a essa prática podem potencializar uma ação implicada e os fatores que mais geram dúvidas em relação às questões éticas no cotidiano dessa atuação.

Primeiramente, há os desafios éticos tanto em relação ao sigilo quanto ao registro dos atendimentos em equipes multidisciplinares, da mesma forma que em outros espaços institucionais em que a psicologia está inserida (como na saúde, no judiciário e na assistência social). Para o espaço escolar, a interdisciplinaridade é preconizada, já que, em 2019, houve a promulgação da Lei n. 13.935 (2019), que dispõe sobre a prestação de serviços de psicologia e serviço social nas redes públicas de educação básica. A atuação em equipe multidisciplinar em educação tem, portanto, respaldo na legislação; todavia, há de se considerar que a equipe de trabalho em uma escola também pode contar com pedagogos, orientadores educacionais, outros profissionais da saúde (como nutricionistas, enfermeiros e médicos) e de educação especial, monitores, além de docentes com formações em diversas áreas, para além do trabalho conjunto com assistentes sociais.

Pode ser bastante desafiador estabelecer uma relação de confiança e cumplicidade entre os diversos especialistas que compõem a equipe, fundamental para assegurar um trabalho coeso. Um dos pontos-base da atuação em quaisquer contextos possíveis é o sigilo do psicólogo, que, em uma equipe multidisciplinar, desempenha um papel crucial no processo de atendimento e acompanhamento. A confidencialidade das informações compartilhadas pelos estudantes e por suas famílias com o setor de psicologia é um princípio ético fundamental que deve ser mantido, mesmo quando integrado em uma equipe que inclui profissionais de diferentes áreas. Portanto, é essencial que o psicólogo na equipe multidisciplinar esteja ciente de sua responsabilidade em manter o sigilo das informações confiadas a ele e trabalhar em conjunto com os outros profissionais de educação de forma ética, respeitando os limites necessários para garantir o bem-estar e o desenvolvimento saudável dos estudantes.

Em muitas escolas utiliza-se um sistema de registro similar a um prontuário – com pasta física e/ou digital de cada estudante – contendo informações de todo seu percurso escolar e registros dos diferentes profissionais que o acompanham na orientação educacional e psicossocial. De acordo com a Resolução n. 001 (2009a), o CFP torna obrigatório o registro documental das atividades psicológicas e enfatiza que deve ser mantido de forma confidencial, compreendendo informações resumidas relacionadas ao trabalho prestado, à descrição e à evolução das atividades, bem como aos procedimentos técnicos e científicos adotados. Por outro lado, no Código de Ética Profissional do Psicólogo (CFP, 2005), é ressaltada a importância de compartilhar apenas informações pertinentes para aprimorar a qualidade do atendimento (educacional, no caso) prestado, enquanto deve ser mantida a confidencialidade das comunicações; para isso, o psicólogo deve destacar a responsabilidade daqueles que recebem essas informações em preservar o sigilo. O objetivo do registro deve ser assegurar a continuidade, a coordenação e o acompanhamento em longo prazo com o estudante na atuação escolar. Assim, a questão do sigilo das informações compartilhadas demanda uma discussão contínua e colaboração efetiva entre a equipe técnica e a equipe docente.

Então, o que se deve colocar nesses registros aos quais várias pessoas têm acesso? Antes de respondermos a essa questão precisamos entender que, no compartilhamento de quaisquer informações pertinentes para o manejo e a adaptação escolar de algum estudante, é primordial haver autorização tanto do aluno quanto de sua família. Isso ocorre tanto nos relatos de vivências familiares (incluindo vitimização intrafamiliar, encarceramento prisional, adoecimento psíquico parental) quanto nos acompanhamentos na rede e mesmo detalhes de laudos psicológicos e/ou médicos. Há algumas questões norteadoras para decidir o que compartilhar, como: (a) Em que essa informação poderá qualificar o trabalho docente com este estudante?; (b) Quais as informações de fato pertinentes para o devido manejo nesse caso?; (c) O relato sobre o estudante será a título de curiosidade para a equipe ou servirá para adequação de alguma prática escolar?; e (d) Essas informações permitirão uma ampliação na compreensão e no acolhimento da situação atual do estudante no espaço escolar? Ao responder essas indagações, facilita-se o processo de elucidação para o estudante e sua família da importância e das possíveis consequências da autorização do compartilhamento de informações com o restante da equipe escolar. Não romper o sigilo nem quando se contata a família, nem para com os docentes, é essencial para a construção de uma relação ética e de confiança com o corpo discente. O estudante precisa saber, independentemente de sua idade, que aquele espaço tem garantia de sigilo e em quais situações este poderá não ser mantido, além de quais informações serão reveladas e a quem. Logo, comunicar o que/a quem/porque deve estar na essência da atuação psicológica nesse espaço.

Essa prática modifica-se em casos de violação de direitos; há obrigatoriedade de notificação ao Conselho Tutelar e órgãos competentes em caso de suspeita e/ou confirmação de qualquer tipo de vitimização ou negligência. O Estatuto da Criança e do Adolescente (1990) indica que "Os casos de suspeita ou confirmação de maus-tratos contra criança ou adolescente serão obrigatoriamente comunicados ao Conselho Tutelar da respectiva localidade, sem prejuízo de outras providências legais" (artigo 13). Nessas situações, pode ser essencial, para proteger o discente e evitar agravamento do dano à criança ou ao adolescente, que essa notificação ocorra sem a comunicação prévia à sua família.

Ademais, há de se considerar os desafios ético-práticos adicionais advindos desde o contexto inicial da pandemia de covid-19, que provocou impactos significativos na atuação de profissionais na área da educação. Escolas em todo o mundo tiveram de se adaptar rapidamente, adotando métodos de ensino a distância, híbridos ou presenciais, com protocolos de segurança rigorosos. O distanciamento social e as medidas de higiene tornaram-se parte integrante do ambiente escolar, mesmo após retorno de atividades presenciais, afetando a interação entre alunos e professores (Pereira et al., 2020). Além disso, foram acentuadas as desigualdades no acesso à educação, destacando a necessidade de abordar questões de inclusão digital e equidade educacional para garantir que todos tenham oportunidades iguais de aprendizado (Camargo & Carneiro, 2020; Pereira et al., 2020).

Naquele período de crise, evidenciou-se a importância das escolas como locais essenciais de socialização, interação e suporte emocional para os alunos, além de lugar fundamental na proteção à violação de direitos da infância e juventude (Camargo & Carneiro, 2020; Conselho Nacional da Juventude [Conjuve], 2020). Entre as ações feitas pelos psicólogos desde o início desse período, destacam-se a elaboração e a disseminação de recursos informativos digitais, a divulgação de informações em plataformas *online*, assim como o atendimento remoto tanto de estudantes quanto de suas famílias. Apesar de o emprego das tecnologias de informação e comunicação (TICs) ter emergido como uma estratégia promissora para alcançar a comunidade escolar, também expôs, de maneira inequívoca, os desafios enfrentados pelos alunos de escolas públicas brasileiras, os quais se intensificaram durante a pandemia (Fiaes et al., 2021; Marinho-

-Araujo et al., 2022). Nesse sentido, a atuação dos psicólogos em espaços em que, muitas vezes, há o interesse de manutenção de atendimentos/acompanhamentos remotos, deve levar em consideração as condições do contexto em que a escola está inserida e das particularidades de cada família. É imperativo, portanto, direcionar atenção especial aos estudantes habitantes de zonas rurais, em situação de privação socioeconômica, sujeitos a medidas socioeducativas e outros grupos vulneráveis, a fim de assegurar seu acesso, retorno e continuidade no sistema educacional convencional (Marinho-Araujo et al., 2022).

Além das considerações ético-políticas, é imprescindível que, no uso de quaisquer ferramentas de atendimento remoto, o psicólogo preserve o sigilo e as condições de segurança dos dados, a partir do uso de ferramentas de comunicação com garantia de segurança para chamadas de vídeo. Outro ponto indispensável é a atenção às temáticas a serem abordadas nesse formato de atendimento, visto que há menor controle do psicólogo em relação ao ambiente em que o estudante está. Dessa forma, conteúdos relativos à vitimização intrafamiliar, por exemplo, podem demandar presencialidade.

Questões éticas: avaliação psicológica clínica no contato com o contexto escolar

O contato do psicólogo clínico com a equipe escolar é um dos momentos fundamentais do processo de avaliação psicológica com crianças e adolescentes, seja motivada ou não por um encaminhamento da escola. Como sinalizado, em geral, o espaço escolar tende a contar com demandas distintas daquelas percebidas no contexto familiar, de modo que o relato sobre como o aluno lida com essas exigências pode ser discrepante do que a família consegue observar em outros momentos. Além disso, na escola, é possível que a equipe escolar tenha uma ideia mais clara do desenvolvimento comparativo com os pares, algo que pode faltar no entendimento da família (Giacomoni & Bandeira, 2016). Já na fase de finalização da avaliação, os resultados esclarecem sobre o funcionamento do aluno e orientam a escola sobre o manejo com ele (Yates & Marasca, 2022). Nos casos de alunos com deficiência, transtornos do neurodesenvolvimento ou altas habilidades/superdotação, a avaliação psicológica clínica pode contribuir para a construção de plano de ensino individualizado e facilitar o acesso a direitos previstos nas leis brasileiras (Decreto n. 7.611, de 17 de novembro de 2011). Contudo, no contexto de avaliação psicológica, há alguns cuidados éticos importantes nessa relação entre clínica e escola que merecem ser descritos.

Inicialmente, quando o psicólogo clínico recebe uma demanda de avaliação em crianças e adolescentes que envolve aspectos escolares, o contato com a equipe da instituição de ensino tanto para fins de coleta de dados quanto para devolução dos resultados deve ser previsto no contrato feito com a família e a pessoa avaliada (Giacomoni & Bandeira, 2016). Cientes da importância do contato, devem ter clareza sobre o que será abordado em cada momento, como o procedimento auxiliará no processo de avaliação e quais os benefícios para a pessoa avaliada do compartilhamento dos resultados. Por exemplo, pode ser mencionado para a família que: (a) as impressões da equipe escolar ajudarão a conhecer o funcionamento da pessoa avaliada de maneira distinta como eles a conhecem em casa; (b) o psicólogo pode ter acesso a uma percepção complementar ao comportamento que observa no consultório; (c) ao ouvir informações qualificadas de um profissional da saúde, a equipe da escola pode ter uma visão nova sobre os manejos necessários ao aluno, a fim de buscar outras estratégias que contribuam para sua aprendizagem e para o desenvolvimento de novas habilidades.

Já no momento de contato com a escola para entrevistas de coleta de dados e de devolução dos resultados, o cuidado que o psicólogo deve ter ao repassar as informações é o mesmo para outros pontos do processo: manter apenas o conteúdo que seja essencial para a compreensão do caso. Conforme apontado, o Código de Ética Profissional do Psicólogo indica que o compartilhamento de informações, quando pertinente, deve se restringir aos dados relevantes sobre o caso em questão para qualificar o serviço prestado (CFP, 2005). Assim, ainda que a demanda de avaliação seja da escola, as comunicações verbais ou escritas devem se restringir ao que possa facilitar a compreensão da equipe escolar acerca das potencialidades e as dificuldades do aluno e orientar o tipo de suporte necessário. Recomenda-se que deve ser acordado com a família e, na medida do possível, com a criança e/ou o adolescente o conteúdo abordado com a escola. Entretanto, conforme preconiza o Código de Ética, ainda que a autorização para o repasse das informações seja cedida, é de responsabilidade do profissional fazer a seleção desses conteúdos, primando pelo sigilo e bem-estar da pessoa avaliada e de sua família (Yates & Marasca, 2022).

Especificamente sobre a emissão de documentos psicológicos, a modalidade indicada para ser produzida após uma avaliação psicológica clínica é o laudo psicológico, que deve ser baseado nas diretrizes da Resolução n. 006 (CFP, 2009b) e atentar para formalidades da linguagem escrita (baseada na norma culta da língua portuguesa e na escrita científica) (Yates & Marasca, 2022). É recomendado que a devolução escrita (o compartilhamento do laudo psicológico) seja acompanhada de uma entrevista devolutiva oral, a fim de esclarecer qualquer ponto do documento e outras dúvidas remanescentes (Ciochetta et al., 2023).

Quadro 1. Fluxo de encaminhamento, devolução e acompanhamento do estudante

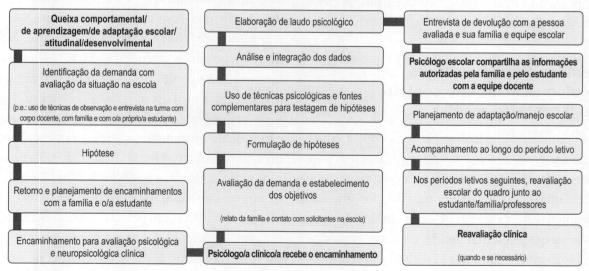

Fonte: elaborado pelas autoras.

Considerações finais: apontando desafios para o futuro

A escola é um dos principais locais de convívio de crianças e adolescentes; portanto, um local no qual suas dificuldades frequentemente serão manifestadas, demandando, por vezes, processos de avaliação psicológica conduzidos por psicólogos clínicos. Como se trata de um espaço multidisciplinar, a conduta ética do psicólogo escolar e do clínico são fundamentais no sentido de proteção de crianças e adolescentes, seguindo-se os princípios éticos do respeito a pessoas e da beneficência, na busca de seu bem-estar, conforme preconiza o Relatório de Belmont (National Commission for the Protection of Human Subjects of Biomedical and Behavioral Research, 1979).

Nesse sentido, este capítulo teve como foco contextualizar a realidade do fazer psicológico na intersecção entre a escola e a clínica, e trazer questões a serem refletidas por aqueles que atuam nessa área. Com o objetivo de auxiliar a prática profissional e facilitar o entendimento dos principais passos dessa intersecção, apresentamos um fluxo de encaminhamento, devolução e acompanhamento do estudante.

Mantém-se o desafio de garantir uma inserção profissional do psicólogo nos e com os contextos educacionais, voltada a direitos em educação, não patologizadora ou individualizante, a qual não desampare o olhar sobre questões individuais e familiares, que podem ser definidoras para o acesso e permanência de estudantes nesse espaço. O trabalho em equipes interdisciplinares deve ser progressivamente privilegiado, conforme previsto nas legislações da área; portanto urge a ampliação de práticas psicológicas integradoras com outras áreas e a comunidade escolar.

Referências

Andrade, Â. N. D., & Morato, H. T. P. (2004). Para uma dimensão ética da prática psicológica em instituições. *Estudos de Psicologia*, 9, 345-353. https://doi.org/10.1590/S1413-294X2004000200017

Amendola, M. F. (2014). História da construção do Código de Ética Profissional do Psicólogo. *Estudos e Pesquisas em Psicologia*, 14(2), 660-685. https://www.redalyc.org/articulo.oa?id=451844508016

Borsa, J. C., Oliveira, S. E. S. D., Yates, D. B., & Bandeira, D. R. (2013). Centro de Avaliação Psicológica – CAP: uma clínica-escola especializada em avaliação e diagnóstico psicológico. *Psicologia Clínica*, 25, 101-114. http://pepsic.bvsalud.org/pdf/pc/v25n1/07.pdf

Camargo, N. C., & Carneiro, P. B. (2020). Potências e desafios da atuação em psicologia escolar na pandemia de covid-19. *Cadernos de Psicologia*, 1, 1-10. https://cadernosdepsicologias.crppr.org.br/potencias-e-desafios-da-atuacao-em-psicologia-escolar-na-pandemia-de-covid-19/

Ciochetta, F. S., Portugal, P. N., & Yates, D. B. (2023). Devolução do psicodiagnóstico para contextos institucionais: um relato de experiência. *Diaphora*, 12(1), 18-23. http://www.sprgs.org.br/diaphora/ojs/index.php/diaphora/article/view/404/317

Conselho Federal de Psicologia. (2005). *Resolução n. 010, de 21 de julho de 2005*. Aprova o código de ética profissional do psicólogo. Brasília, DF. Recuperado de https://site.cfp.org.br/wp-content/uploads/2012/07/codigo-de-etica-psicologia.pdf

Conselho Federal de Psicologia. (2007). *Resolução n. 013, de 14 de setembro de 2007*. Institui a Consolidação das Resoluções relativas ao Título Profissional de Especialista em Psicologia e dispõe sobre normas e procedimentos para seu registro. Brasília, DF. Recuperado de https://site.cfp.org.br/wp-content/uploads/2008/08/Resolucao_CFP_nx_013-2007.pdf

Conselho Federal de Psicologia (2009a). *Resolução n. 001, de 30 de março de 2009*. Dispõe sobre a obrigatoriedade do registro documental decorrente da prestação de serviços psicológicos. Brasília, DF. Recuperado de https://www.legisweb.com.br/legislacao/?id=112145

Conselho Federal de Psicologia (2009b). *Resolução n. 006, de 19 de junho de 2009*. Define um novo prazo para o artigo 14 da resolução CFP n. 002/2003, publicada no DOU, Seção I, de 26 de março de 2003. Brasília, DF.

Conselho Federal de Psicologia. (2019). *Referências técnicas para atuação de psicólogas(os) na educação básica* (2a ed.). Brasília, DF. Recuperado de https://site.cfp.org.br/wp-content/uploads/2019/08/EducacaoBASICA_web.pdf

Conselho Federal de Psicologia (2022a). *Psicólogas(os) e Assistentes Sociais na rede pública de educação básica: orientações para a regulamentação da Lei 13.935/2019* (Versão 2022). Brasília, DF. Recuperado de https://site.cfp.org.br/wp-content/uploads/2020/08/manual_lei_13935-final-web.pdf

Conselho Federal de Psicologia (2022b). *Resolução n. 031, de 15 de dezembro de 2022*. Estabelece diretrizes para a realização de Avaliação Psicológica no exercício profissional da psicóloga e do psicólogo, regulamenta o Sistema de Avaliação de Testes Psicológicos – SATEPSI e revoga a Resolução CFP n. 009/2018. Brasília, DF. Recuperado de https://atosoficiais.com.br/cfp/resolucao-do-exercicio-profissional-n-31-2022-estabelece-diretrizes-para-a-realizacao-de-avaliacao-psicologica-no-exercicio-profissional-da-psicologa-e-do-psicologo-regulamenta-o-sistema-de-avaliacao-de-testes-psicologicos-satepsi-e-revoga-a-resolucao-cfp-no-09-2018?origin=instituicao

Conselho Nacional da Juventude. (2020). *Pesquisa Juventudes e a Pandemia do Coronavírus: Relatório de Resultados*. Recuperado de https://www.portaldeperiodicos.idp.edu.br/bee/article/view/4784/1884

Decreto n. 7.611, de 17 de novembro de 2011. (2011). Dispõe sobre a educação especial, o atendimento educacional especializado e dá outras providências. Brasília, DF. Recuperado de https://www.planalto.gov.br/ccivil_03/_Ato2011-2014/2011/Decreto/D7611.htm#art11

Dias, A. C. G., Patias, N. D., & Abaid, J. L. W. (2014). Psicologia escolar e possibilidades na atuação do psicólogo: Algumas reflexões. *Psicologia Escolar e Educacional, 18*, 105-111. https://doi.org/10.1590/S1413-85572014000100011

Fiaes, C. S., Ribeiro, K. D. O. D. C., Andrade, M. F., Souza, M. O. D., Tolentino, C. A., & Gonçalves, M. T. (2021). Psicologia escolar na pandemia por covid-19: Explorando possibilidades. *Psicologia Escolar e Educacional, 25*, e247675. https://doi.org/10.1590/2175-35392021247675

Giacomoni, C., & Bandeira, C. M. (2016). Entrevista com pais e demais fontes de informação. In C. S. Hutz, D. R. Bandeira, C. M. Trentini & J. S. Krug (Eds.), *Psicodiagnóstico* (pp. 206-210). Artmed.

Giordani, J. P., Bandeira, D. R., Hutz, C. S., & Trentini, C. M. (2022). Psicologia, educação e avaliação psicológica. In C. S. Hutz, D. R. Bandeira, C. M. Trentini & J. P. Giordani (Eds.), *Avaliação psicológica no contexto escolar e educacional* (pp. 17-26). Artmed.

Lei n. 8.069, de 13 de julho de 1990. (1990). Dispõe sobre o Estatuto da Criança e do Adolescente e dá outras providências. Brasília, DF. Recuperado de http://www.planalto.gov.br/ccivil_03/Leis/L8069.htm

Lei n. 13.935, de 11 de dezembro de 2019. (2019). Dispõe sobre a prestação de serviços de psicologia e de serviço social nas redes públicas de educação básica. Brasília, DF. Recuperado de http://www.planalto.gov.br/ccivil_03/_ato2019-2022/2019/lei/L13935.htm

Marinho-Araujo, C. M., Galvão, P., Nunes, L. D. A. C. B., & Nunes, L. V. (2022). Psicologia escolar no cenário da pandemia da covid-19: ressignificando tempos e espaços para a atuação institucional. *Estudos de Psicologia, 39*, e210079. https://doi.org/10.1590/1982-0275202239e210079

Marrero, R. J., Bello, M., Morales-Marrero, D., & Fumero, A. (2023). Emotion regulation difficulties, family functioning, and well-being involved in non-suicidal self-injury and suicidal risk in adolescents and young people with borderline personality traits. *Children, 10*(6), 1057. https://doi.org/10.3390/children10061057

Mendonça-Filho, E. J., Silva, M. A., Pereira, J. S., Silveira, P. P., & Bandeira, D. R. (2022). Identificação de atrasos do desenvolvimento nos primeiros anos escolares. In C. S. Hutz, D. R. Bandeira, C. M. Trentini & J. P. Giordani (Eds.). *Avaliação psicológica no contexto escolar e educacional* (pp. 39-52). Artmed.

National Commission for the Protection of Human Subjects of Biomedical and Behavioral Research. (1979). *The Belmont Report: Ethical Principles and Guidelines for the Protection of Human Subjects of Research* (Office of the Secretary Publication n. NIH 78-0012). Recuperado de https://www.hhs.gov/ohrp/regulations-and-policy/belmont-report/index.html

Panagouli, E., Stavridou, A., Savvidi, C., Kourti, A., Psaltopoulou, T., Sergentanis, T. N., & Tsitsika, A. (2021). School performance among children and adolescents during COVID-19 pandemic: a systematic review. *Children*, 8(12), 1134. https://doi.org/10.3390/children8121134

Pereira, A. J., Narduchi, F., & de Miranda, M. G. (2020). Biopolítica e Educação: os impactos da pandemia do covid-19 nas escolas públicas. *Revista Augustus*, 25(51), 219-236. https://observatoriodeeducacao.institutounibanco.org.br/cedoc/detalhe/tfr-biopolitica-e-educacao-os-impactos-da-pandemia-do-covid-19-nas-escolas-publicas,2abc7470-5ef3-4ad8-9cb7-b336605dc910

Pereira, F. M., & Pereira Neto, A. (2003). O psicólogo no Brasil: notas sobre seu processo de profissionalização. *Psicologia em Estudo*, 8, 19-27. https://doi.org/10.1590/S1413-73722003000200003

Rao, N., & Fisher, P. A. (2021). The impact of the COVID-19 pandemic on child and adolescent development around the world. *Child Development*, 92(5), e738. https://doi.org/10.1111/cdev.13653

Rosa, R. M., de Moraes Camargo, C. R., & Andrade, L. F. (2019). O que esperam de nós? Das expectativas individualizantes às práticas ético-políticas em psicologia escolar e educacional. *DOXA: Revista Brasileira de Psicologia e Educação*, 21(1), 135-147. https://doi.org/10.30715/doxa.v21i1.12048

Santo, M. A. S., Gehlen, G., & Giordani, J. P. (2022). Comportamento autolesivo e ideação suicida na adolescência. In C. S. Hutz, D. R. Bandeira, C. M. Trentini & J. P. Giordani (Eds.), *Avaliação psicológica no contexto escolar e educacional* (pp. 215-228). Artmed.

Santos, G. M. D., Silva, L. A. P. D., Pereira, J. L., Lima, Â. G. X., & Assis Neto, F. L. D. (2018). Atuação e práticas na psicologia escolar no Brasil: revisão sistemática em periódicos. *Psicologia Escolar e Educacional*, 22, 583-591. https://doi.org/10.1590/2175-35392018035565

Souza, M. P. R., Ramos, C. J. M., de Lima, C. P., Barbosa, D. R., Calado, V. A., & Yamamoto, K. (2014). Atuação do psicólogo na educação: análise de publicações científicas brasileiras. *Psicologia da Educação*, (38), 123-138. https://pepsic.bvsalud.org/scielo.php?script=sci_arttext&pid=S1414-69752014000100011

Vagostello, L., Albuquerque, D. S. M., Queiroz, F. T., Lopes, G. P., & Silva, L. V. (2017). Caracterização das demandas de psicodiagnóstico infantil em uma clínica-escola de São Paulo. *Psicologia Revista*, 26(1), 41-58. https://doi.org/10.23925/2594-3871.2017v26i1p.41-58

Wolf, K., & Schmitz, J. (2023). Scoping review: longitudinal effects of the COVID-19 pandemic on child and adolescent mental health. *European Child & Adolescent Psychiatry*, 1-56. https://doi.org/10.1007/s00787-023-02206-8

Yates, D. B., & Marasca, A. R. (2022). Escrita de documentos decorrentes de avaliação psicológica para o contexto escolar. In C. S. Hutz, D. R. Bandeira, C. M. Trentini & J. P. Giordani (Eds.), *Avaliação psicológica no contexto escolar e educacional* (pp. 26-36). Artmed.

3
Competência do psicólogo no manejo da avaliação psicoeducacional

Katya Luciane de Oliveira
Amanda Lays Monteiro Inácio
Acácia Aparecida Angeli dos Santos

Highlights
- A história da avaliação psicoeducacional teve de romper com um modelo que a inseria em uma lógica psicologizante;
- O contexto escolar e educacional exige competências específicas para que se possa compreender o sujeito em sua materialidade histórica e social;
- A avaliação psicoeducacional precisa cada vez mais avançar na direção de manejos que contemplem políticas estruturantes as quais permeiam ações de acessibilidade, inclusão e compreensão de toda a diversidade que atravessa o vasto contexto educativo.

Este capítulo tem por objetivo uma discussão acerca de aspectos teóricos e práticos da avaliação psicoeducacional. Inicialmente, aborda-se a avaliação no contexto escolar e educacional nas diferentes etapas da educação e amplia o olhar para situações não formais de aprendizagem, nas quais a avaliação psicoeducacional também se faz presente. Serão tratados e discutidos os manejos avaliativos, a importância de se compreender os beneficiários desse tipo de avaliação como sujeitos dotados de uma materialidade histórica e social e, sobretudo, os rumos da avaliação psicoeducacional no Brasil à luz de políticas estruturantes nas escolas, instituições e universidades.

Autores como Nunes et al. (2012), Noronha et al. (2022), Muniz (2017) e Oliveira et al. (2022), entre outros, têm refletido sobre as competências do psicólogo na realização da avaliação psicoeducacional. Há de se pensar, também, na formação desse profissional durante a graduação a fim de que consiga ser capacitado para oferecer um trabalho técnico com respaldo e qualidade (Ambiel et al., 2019). Segundo Nunes et al. (2012), é possível observar 27 competências necessárias que contemplariam uma formação de qualidade e deveriam, idealmente, ser trabalhadas nos cursos de formação de psicólogos. Assim, iniciaremos abordando os aspectos formativos que podem favorecer as competências profissionais desejadas.

Formação e competência em avaliação psicoeducacional

A base formativa para o profissional da avaliação psicoeducacional faz parte do mesmo tronco geral da formação necessária para o conteúdo de avaliação psicológica, qual seja: ser balizada pelo Código de Ética Profissional do Psicólogo e seguir as Resoluções do Conselho Federal de Psicologia (CFP), o histórico do Sistema de Avaliação de Testes Psicológicos (Satepsi) e as políticas do CFP para a avaliação psicológica em si. Além disso, uma boa formação implica conhecer os fundamentos da medida e as fontes fundamentais e complementares empregadas na avaliação psicológica; aplicar, corrigir e interpretar um teste psicológico e técnicas de entrevistas; bem como dominar a escrita de documento oriundo da avaliação psicológica.

As competências que devem ser desenvolvidas durante a formação do psicólogo foram exaustivamente elencadas por Nunes et al. (2012, p. 310-311) e, posteriormente, retomadas e explicadas por Muniz (2017): 1. Conhecer os aspectos históricos da avaliação psicológica em âmbito nacional e internacional; 2. Conhecer a legislação pertinente à avaliação psicológica (Resoluções do CFP, Código de Ética Profissional do Psicólogo, histórico do Satepsi e as políticas do CFP para a Avaliação Psicológica); 3. Considerar os aspectos éticos na realização da avaliação psicológica; 4. Analisar se há condições de espaço físico adequadas para a avaliação e estabelecer condições suficientes para tal; 5. Ser capaz de compreender a Avaliação Psicológica como processo, aliando seus conceitos às técnicas de avaliação; 6. Ter conhecimento sobre funções, origem, natureza e uso dos testes na avaliação psicológica; 7. Ter conhecimento sobre o processo de construção de instrumentos psicológicos; 8. Ter conhecimento sobre validade, precisão, normatização e padronização de instrumentos psicológicos; 9. Escolher e interpretar tabelas normativas dos manuais de testes psicológicos; 10. Ter capacidade crítica para refletir sobre as consequências sociais da avaliação psicológica; 11. Saber avaliar fenômenos humanos de ordem cognitiva, afetiva e comportamental em diferentes contextos; 12. Ter conhecimento sobre a fundamentação teórica de testes psicométricos e do fenômeno avaliado; 13. Saber administrar, corrigir, interpretar e redigir os resultados de testes psicológicos e outras técnicas de avaliação; 14. Selecionar instrumentos e técnicas de avaliação de acordo com objetivos, público-alvo e contexto; 15. Ter conhecimento sobre a fundamentação teórica de testes projetivos e/ou expressivos e do fenômeno avaliado; 16. Saber planejar uma avaliação psicológica de acordo com objetivo, público-alvo e contexto; 17. Planejar processos avaliativos e agir de forma coerente com os referenciais teóricos adotados; 18. Identificar e conhecer peculiaridades de diferentes contextos de aplicação da avaliação psicológica; 19. Saber estabelecer *rapport* no momento da avaliação; 20. Conhecer teorias sobre entrevista psicológica e conduzi-las com propriedade; 21. Conhecer teorias sobre observação do comportamento e conduzi-las adequadamente; 22. Identificar as possibilidades de uso e as limitações de diferentes técnicas de avaliação psicológica, analisando-as de forma crítica; 23. Comparar e integrar informações de diferentes fontes obtidas na avaliação psicológica; 24. Fundamentar teoricamente os resultados decorrentes da avaliação psicológica; 25. Elaborar laudos e documentos psicológicos, bem como ajustar sua linguagem e seu conteúdo de acordo com destinatário e contexto; 26. Comunicar resultados decorrentes da avaliação psicológica aos envolvidos no processo por meio de devolutiva verbal; 27. Realizar encaminhamentos ou sugerir intervenções de acordo com os resultados obtidos no processo de avaliação psicológica.

É importante informar que há um capítulo neste compêndio (capítulo 7) no qual se discorre exclusivamente sobre a especialidade em avaliação psicológica. Com o intuito de fornecer algumas informações básicas para continuar a linha de raciocínio, vale lembrar que, no ano de 2019, o CFP publicou a Resolução CFP n. 018 (CFP, 2019a), uma fronteira importante para a área de avaliação psicológica, pois a reconhece como especialidade da psicologia. Sob essa perspectiva, o profissional de psicologia pode, após completar sua graduação, obter o título de especialista após reunir as condições necessárias que atendam os dispositivos da resolução. Embora ela não restrinja a realização da avaliação psicológica por profissionais psicólogos sem a especialização, deixa evidente que há uma melhor qualificação profissional quando o psicólogo busca se especializar na área. A ampliação do conhecimento requerida para esse tão importante fazer psicológico representa, portanto, um ganho profissional na área, uma vez que o curso de formação de psicólogo, com caráter generalista, não tem como propósito trabalhar as 27 competências profissionais necessárias para a realização de uma boa avaliação psicológica.

Cabe destacar que as competências para a realização da avaliação psicológica podem ser consultadas na referida resolução que trata da especialidade em avaliação psicológica, entre as quais destacam-se: (a) reconhecer o caráter processual da avaliação psicológica; (b) conhecer a legislação referente à avaliação psicológica brasileira, entre as quais as resoluções do CFP e o Código de Ética Profissional do Psicólogo; (c) ter amplos conhecimentos dos fundamentos básicos da psicologia, entre os quais podemos destacar: desenvolvimento, inteligência, memória, atenção, emoção, entre outros; dos construtos avaliados por diferentes testes e em diferentes perspectivas teóricas; e dos problemas graves de saúde mental ao realizar diagnósticos; (d) ter conhecimentos de psicometria, mais especificamente sobre as questões de validade, precisão e normas dos testes, e ser capaz de escolher e trabalhar de acordo com os propósitos e contextos de cada teste; (e) ter domínio dos procedimentos para aplicação, levantamento e interpretação do(s) instrumento(s) e técnicas aplicadas na avaliação psicológica, bem como ter condição de planejar a avaliação com maestria, adequando-a ao objetivo, público-alvo e contexto; (f) integrar dados obtidos de fontes variadas de informação e fazer inferências a partir delas; (g) interpretar e fundamentar teoricamente os resultados oriundos da avaliação psicológica; (h) ser crítico e reflexivo, sabendo pensar de forma sistêmica em um caso individual ou grupal, bem como junto a equipes multidisciplinares; (i) elaborar documentos psicológicos decorrentes da avaliação psicológica; (j) saber comunicar os resultados advindos da avaliação por meio de entrevista devolutiva (CFP, 2019).

A avaliação psicoeducacional feita no contexto escolar é permeada de especificidades que exigem do psicólogo manejo e compreensão do macrocosmo escolar. Nesse contexto, há muitas realidades que se sobrepõem, como sua situação (entorno, comunidade e território), os integrantes e suas materialidades históricas (alunos, professores, pais, equipe pedagógica e demais funcionários), e as políticas e diretrizes que tornam a escola, também, um espaço de desenvolvimento regulado. Nessa direção, Oliveira et al. (2022) observam que a escola é o espaço fundamental, no qual serão constituídas noções de civilidade, empatia, urbanidade, auxiliando, ainda, a delimitação e o entendimento das regras sociais, sendo um espaço formativo humano da constituição psíquica do sujeito.

Autores como Pereira et al. (2021) consideram que depois do contexto familiar, a escola é o lugar no qual crianças, jovens e adolescentes passam a maior parte do tempo. Nesse espaço, em que muitas realidades se encontram, esses indivíduos se constituem como sujeitos sociais e psíquicos. Sob essa perspectiva, a escola assume um papel formativo, para além dos conteúdos escolares, contribuindo para a constituição das características pessoais (personalidade) desses alunos.

O psicólogo que atua na escola (ou com sujeitos dela oriundos) e realiza a avaliação psicoeducacional deve ter uma visão que considere toda a materialidade histórica dessa realidade, a fim de atuar frente a muitos atores (alunos, pais, professores, equipe pedagógica, território/comunidade, entre outros que possam constituir esse espaço). Sua atuação deve estar respaldada no Código de Ética Profissional do Psicólogo e nas resoluções do CFP (2022a), especialmente naquelas que norteiam os processos de avaliação psicológica, como a 031 (CPF, 2022b) e a 006 (CPF, 2019b), além de estar em consonância com o Satepsi, de modo a consultar os instrumentos aprovados para uso. Também, o psicólogo deve estar familiarizado com os documentos reguladores da educação brasileira, como os Parâmetros Curriculares Nacionais (PCN) e os documentos municipais e estaduais que regem especificidades em cada estado, com o objetivo de estar sempre atualizado a respeito das mudanças reguladoras tanto em âmbito governamental quanto na esfera da classe profissional. Deve, ainda, estar familiarizado com o território/entorno que circunda a escola e a realidade da comunidade escolar, de modo a respeitar esse ambiente diverso. Por fim, destacamos que esse profissional deve entender a avaliação psicológica como um processo, rompendo com o modelo psicologizante que produz estigmas e rótulos diagnósticos.

Diante do exposto, retomaremos na sequência as discussões acerca dos aspectos técnicos e práticos envolvidos na avaliação psicoeducacional. Para tanto, abordaremos os encaminhamentos, recepção da queixa, manejos avaliativos e planejamento interventivo.

Aspectos técnicos e práticos na avaliação psicoeducacional

Para trilharmos o caminho técnico da prática na avaliação psicoeducacional escolhemos a apresentação de um estudo de caso. Assim, na sequência, serão desvelados os conteúdos inerentes ao caso e, em seguida, tecidas as considerações teóricas subjacentes.

João (nome fictício), menino de 8 anos, foi encaminhado pela equipe pedagógica da instituição de ensino na qual cursava o terceiro ano do Ensino Fundamental, com a demanda de uma avaliação psicoeducacional em decorrência de dificuldades de aprendizagem[2]. A expectativa era a de que os resultados pudessem fornecer subsídios necessários para o trabalho pedagógico com o aluno. O encaminhamento foi direcionado a um serviço-escola do curso de psicologia de uma universidade pública do Sul do Brasil, que só atende demandas oriundas de encaminhamentos públicos e de pessoas em situação de vulnerabilidade social. Na ocasião, a avaliação foi feita em oito sessões, mediante supervisão de uma docente do curso, tendo sido o atendimento efetuado por dois estudantes do quinto ano do curso de psicologia.

Quanto aos procedimentos utilizados, as fontes fundamentais de informação foram: entrevistas clínicas com o avaliando, a genitora e uma professora; observações clínicas durante as sessões realizadas e aplicação dos instrumentos Escala Wechsler de Inteligência para Crianças (WISC-IV); Bateria Psicológica para Avaliação da Atenção (BPA); Escala de Maturidade Mental Colúmbia; Teste das Matrizes Progressivas Coloridas

---

2. Cabe elucidar que o caso estudado e os testes relatados refletem o momento histórico dos testes empregados, pois todos tinham aprovação para uso, conforme previsto pelo Conselho Federal de Psicologia (CFP), considerando que alguns instrumentos empregados atualmente apresentam edições revisadas.

de Raven (Raven); Teste de Desempenho Escolar (TDE) e Escala de Traços de Personalidade para Criança (ETPC). Como fontes complementares, foram solicitados os cadernos escolares de João.

No que tange às entrevistas clínicas, a mãe da criança informou que a gravidez foi normal; quando questionada quanto aos marcos de desenvolvimento, nenhuma característica especial foi citada. Mencionou o fato de que a família sempre teve muitas dificuldades financeiras, mas que fez tudo o que podia para que nada faltasse à criança. A avó materna cuidava de João durante o dia desde os quatro meses de idade para que a genitora pudesse trabalhar e, no período da tarde, ele frequentava a escola. A mãe relatou que a separação dela com o marido ocorreu após grandes conflitos, pelo fato de ele traficar drogas. Segundo o relato materno, João pareceu compreender a situação no início, mas percebeu comportamentos diferentes do filho após a separação, como isolamento social e tristeza.

A professora de João mencionou que o conhece desde o ingresso na instituição (no primeiro ano do Ensino Fundamental) e que sempre foi um menino esperto e falador. Apesar de não ter muitos amigos, ele se dava bem com os colegas de classe e tirava notas boas. Assim, ficou surpresa quando, na reunião pedagógica, ouviu dizer que o garoto estava apresentando dificuldades em algumas disciplinas. Além disso, também aludiu às dificuldades financeiras da família, destacando que já aconteceu de os próprios professores a ajudarem com itens de higiene e de alimentação em determinadas ocasiões.

No tocante às observações clínicas, João mostrou-se bastante tímido no primeiro atendimento, respondendo apenas quando questionado sobre algo; afirmou não saber o motivo de ir ao psicólogo. Foram feitas diversas atividades lúdicas para que ele ficasse mais confiante e à vontade. A partir da segunda sessão, foi possível notar maior responsividade para as atividades e espontaneidade nas falas e ações. O garoto relatou que tem dois melhores amigos e que a escola *já foi mais legal*. Em relação ao pai, afirma que gostaria de vê-lo com mais frequência, mas que sabe o quanto ele é ocupado com o trabalho, pois *sempre foi assim*.

Em termos de avaliação cognitiva de João, inicialmente foi aplicado o WISC-IV, cujo desempenho apurou um coeficiente intelectual (QI) total de 108, classificado conforme a média esperada para sua idade, conferindo ao avaliando um percentil 70. Tal resultado indica que, em termos cognitivos, ele supera 70% da população de mesma faixa etária que a sua. Em relação ao Índice de Compreensão Verbal (que avalia a capacidade de raciocínio verbal e recuperação de conhecimento adquirido e armazenado na memória), João apresentou QI de 108, desempenho classificado como "médio", obtendo percentil 70, o que indicou que seu desempenho supera o de 70% da população de mesma faixa etária. Em relação ao índice de Memória Operacional (que avalia a capacidade de armazenar temporariamente informações e manipulá-las mentalmente para solucionar problemas diversos), o avaliando obteve QI de 120, classificado como acima da média, com percentil 91, superando assim 91% da população de mesma faixa etária. Nos índices de Organização Perceptual (que constitui a capacidade de atenção para detalhes e integração visomotora ou a integração da percepção visual e do comportamento motor, que pode ser resumida como olhar e fazer), João apresentou QI de 106, desempenho classificado como médio de percentil 66, superando assim 66% da população de mesma faixa etária. Já em Velocidade de Processamento (que avalia a capacidade de processar as informações ambientais com rapidez e eficiência, envolvendo planejamento, organização e desenvolvimento de estratégias), ele obteve um desempenho classificado como média inferior, com QI de 92 e percentil 30, superando assim 30% da população de mesma faixa etária.

Na Bateria Psicológica para Avaliação da Atenção (BPA), o avaliando obteve atenção geral classificada como média superior, com percentil 60, superando 60% da população de mesma faixa etária. Nas provas isoladas, obteve resultado médio superior em atenção concentrada (percentil 75, superando 75% das crianças de mesma faixa etária); já em atenção dividida, a classificação foi superior (percentil 80, superando 80% das crianças de mesma faixa etária); e em atenção alternada, superior (percentil 90, superando 90% das crianças de mesma idade). Diante dos números apresentados, conclui-se que João não apresenta dificuldades em relação à avaliação da atenção, pois obtete resultados acima da média em todos os aspectos avaliados.

A fim de melhor investigar os aspectos cognitivos do avaliando, utilizou-se a Escala de Maturidade Mental Colúmbia (CMMS): o garoto apresentou um resultado acima da média para sua idade, com pontuação de 134 e percentil 96 (superou 96% das crianças de sua faixa etária em termos da capacidade de raciocínio geral). O instrumento também avalia o índice de Maturidade Mental (IM) da criança: João obtete índice acima de 91, que corresponderia a crianças de 9 anos e 6 meses até 9 anos e 11 meses, estando acima de sua idade cronológica.

Foi feito, em seguida, o Teste das Matrizes Progressivas Coloridas de Raven para avaliar a capacidade intelectual não verbal de João (importante para investigar a capacidade intelectual da criança sem se relacionar com a compreensão e a habilidade verbal). Nele, o avaliando demonstrou uma capacidade intelectual considerada acima da média, com um percentil 95, ou seja, superou 95% das crianças da mesma faixa etária.

Para avaliar o desempenho escolar da criança, utilizou-se o Teste de Desempenho Escolar (TDE), que busca oferecer de forma objetiva uma avaliação das capacidades fundamentais para o desempenho escolar, mais especificamente: escrita, aritmética e leitura. O teste indica, de forma abrangente, quais áreas da aprendizagem escolar estão preservadas ou prejudicadas no examinando. Como resultado, João apresentou desempenho geral considerado inferior, com pontuação bruta de 93 pontos, sendo o esperado acima de 102. Em dois dos três subtestes, o aluno apresentou desempenho abaixo do esperado para sua escolaridade (desempenho inferior), com pontuação bruta de 19 pontos no subteste de escrita, sendo o esperado acima de 24; 15 pontos em aritmética, pontuação considerada na média, já que o esperado é acima de 15; e pontuação bruta de 59 em leitura, com o esperado sendo acima de 66. Assim, a hipótese era a de que João apresentava dificuldade moderada nas áreas de escrita e leitura avaliadas pelo teste.

Buscando compreender características do temperamento da criança, foi utilizada a Escala de Traços de Personalidade para Crianças (ETPC), um instrumento de autoavaliação da personalidade. Com base nos resultados, o avaliando autodescreveu-se como uma pessoa otimista e aberta a se relacionar com os demais, demonstrando, além disso, uma preocupação com os outros e certa sensibilidade afetiva. João também se mostrou com uma boa estabilidade de humor, não demonstrando traços de ansiedade e sendo respeitoso frente às regras sociais.

Em face ao exposto, a conclusão da avaliação de João indicou uma habilidade cognitiva, memória operacional e organização perceptual dentro do esperado para as crianças de sua faixa etária. Ele apresentou problemas específicos nos testes de velocidade de processamento, o que pode estar relacionado com o índice de compreensão verbal, no qual revelou maiores dificuldades. A compreensão verbal e o vocabulário empobrecido podem dificultar a aprendizagem e a realização de tarefas, em razão de serem habilidades muito requeridas para a aprendizagem da escrita e do código numérico. Seus resultados nos testes de atenção demonstraram que o aluno não apresentava dificuldades para se concentrar e realizar as tarefas. Em relação à capacidade intelectual não verbal e à maturidade mental, João obteve desempenho superior em ambos os testes, superando grande parte das crianças de sua faixa etária no teste de capacidade intelectual e apresentando uma maturidade superior à idade cronológica. O teste de desempenho escolar revelou que o avaliando tem dificuldade moderada nas áreas de escrita e leitura, consideradas imprescindíveis para o aprendizado e a progressão escolar do aluno. Além disso, há a hipótese de que as dificuldades relacionadas às questões emocionais também podem influenciar as dificuldades relatadas pela escola, confirmadas pelos resultados obtidos com o TDE. Tais dificuldades se referem principalmente ao autoconceito e a demais aspectos de identificação pessoal/familiar, cujos aspectos apareceram em diversos momentos durante as sessões: João relata a saudade do pai e da família reunida, e sente-se sozinho e triste, conforme relatou.

Tendo em vista que os resultados da avaliação sugerem que o possivelmente baixo desempenho escolar de João não é gerado por dificuldades cognitivas, considerando que o desempenho escolar de um aluno é o reflexo de sua interação com a escola, seu território, sua relação familiar e as relações de amizade com os pares (colegas da mesma faixa etária, por exemplo), e também pela noção que tem de si próprio, o encaminhamento sugerido foi o de que o avaliando poderia ser beneficiado com atendimento psicoterápico.

O objetivo foi que, a partir desse atendimento, João pudesse lidar melhor com as questões emocionais decorrentes do âmbito familiar, visto que elas parecem atravessar sua materialidade histórica nesse momento, além de refletirem em seu progresso na escola. O encaminhamento sugerido também considerou que João já realizava atividades no contraturno escolar, o que deveria ser mantido a fim de favorecer seu aprendizado.

Considerando o caso em questão, há de serem mencionados os aspectos inerentes à tomada de decisão da avaliação psicológica e imprescindíveis à prática no caso de avaliações no contexto psicoeducacional. Inicialmente, destacamos que grande parte das demandas que chegam até o serviço-escola de psicologia se refere à queixa de desempenho escolar no público infantil, sobretudo para os meninos (Sei et al., 2019; Vivan et al., 2013). Além disso, muitas vezes, o próprio encaminhamento escolar inclui a solicitação de atendimento psicoterápico. Conforme destacam Campezatto e Nunes (2007), os professores constantemente identificam as demandas de seus alunos em sala de aula, agindo como intermediários no encaminhamento de crianças com dificuldades e solicitando o pedido de ajuda. Ocorre ainda, com frequência, que somente em um momento posterior os pais e/ou responsáveis tomam conhecimento da iniciativa dos professores.

Como se sabe, as demandas são investigadas com base em hipóteses diagnósticas as quais lançam mão de instrumentos e técnicas psicológicas que fundamentam a tomada de decisão. No caso de João, as fontes fundamentais e complementares estão de acordo com o preconizado pela Resolução n. 31 (CFP, 2022b) e foram escolhidas considerando a faixa etária do avaliando, os construtos a serem investigados e a aprovação dos testes referentes ao Satepsi.

O manejo avaliativo contempla, para além dos testes psicológicos, as entrevistas com o avaliando, os familiares e a professora, cujo objetivo é conhecer a realidade do indivíduo a fim de considerá-lo como sujeito biopsicossocial. Nessa ocasião, são comuns entrevistas com outros profissionais que perpassam pela vida da criança, como médicos, fonoaudiólogos, psicólogos, entre outros. Ainda, a interpretação da realidade inclui a observação clínica das condições físicas da pessoa, no que tange ao modo de se vestir, às condições de higiene e aos comportamentos. Por vezes, incluem-se visitas à escola, à casa, ou a outros locais relevantes para a especificidade de cada caso. Em suma, a observação e as entrevistas são importantes por contemplarem o aspecto qualitativo (e salutar) de uma avaliação, que pode ou não fazer uso de testes psicológicos (conforme previsto em resolução), mas que deve essencialmente ocupar-se da pessoa à qual se destina. Cabe destacar o fato de que a infância não pode sofrer com uma psicologização, na qual o diagnóstico pode servir de subterfúgio para um rótulo. Por essa perspectiva, as autoras deste capítulo defendem que um processo bem planejado de avaliação psicológica é essencial, por um lado para garantir o direito de acompanhamento/atendimento na especificidade que o aluno precisa (aprendizagem, psicológica, dentre outras); e, por outro, um processo bem-feito, pois ajuda a desconstruir rótulos que muitas crianças ganham ao longo do seu percurso escolar.

Por fim, cabem considerações quanto ao planejamento interventivo, ou seja, a partir das conclusões feitas, quais encaminhamentos devem ser sugeridos em cada caso, observando a conclusão/o encaminhamento com cada profissional pertinente, como questões neurológicas (neurologista), psicológicas (psicólogo) e assim por diante. Contudo, acreditamos ser essencial indicar ao leitor que todo e qualquer encaminhamento deve ser feito considerando a realidade daquele que receberá o documento (e respeitando a materialidade histórica e social), ou seja, o laudo psicológico deve contemplar tudo isso. Nesse sentido, por mais que o "trabalho da avaliação" finde com a devolutiva ao avaliando e aos seus familiares, no caso de crianças como o João, é essencial que todo e qualquer encaminhamento seja apresentado e discutido com a família, apresentando opções, explicando a importância e os caminhos, principalmente no âmbito público, que podem ser percorridos para se ter acesso a informações e ao atendimento necessitado.

Vale mencionar o fato de que as competências do psicólogo no manejo da avaliação psicoeducacional devem ser desenvolvidas durante sua formação, ou seja, devem ser iniciadas na graduação em psicologia e percorrer a formação continuada, primordial no âmbito da avaliação psicológica. O conjunto de disciplinas que formam a base do curso, para além daquelas que versam sobre a avaliação psicológica, deve fornecer subsídios para a compreensão do desenvolvimento humano, da farmacologia, do psicólogo nas instituições e do olhar psicológico ao contexto escolar, assim como o conhecimento advindo da psicologia social, de políticas públicas, da psicologia da saúde e de outros (que proporcionam uma visão ampliada do público infantojuvenil), de questões de saúde mental e da organização da sociedade na qual o indivíduo está inserido, conforme mencionado no início deste capítulo.

Por fim, salienta-se que, apesar de o estudo de caso mencionar um exemplo característico da educação formal, mais precisamente na educação básica, as competências retratadas também contemplam outras dimensões de atuação do psicólogo na avaliação psicoeducacional, tais quais o ensino superior e a educação não formal. Contudo, em todas essas modalidades, deve ser garantida uma visão integral do indivíduo e articuladas as diferentes facetas que interagem constantemente em sua vida, fazendo com que uma única demanda seja investigada por diversos vértices e os encaminhamentos consigam ser efetivados, a fim de produzir sentido para a vida do estudante.

Desafios para o futuro

Falar sobre o futuro da avaliação psicoeducacional implica pensar nos rumos da própria avaliação psicológica como uma ciência consolidada e cada vez mais presente no cotidiano das pessoas. Com isso, aventa-se para uma realidade na qual a categoria profissional esteja articulada e use seu potente e frutífero espaço na sociedade para repensar seu papel frente à educação em seus mais variados formatos.

Há de se mencionar o exponencial problema dos diagnósticos prematuros, da medicalização exacerbada e do uso desenfreado das tecnologias como meio de consumo dos objetos de desejo e de comparação. É uma realidade posta que evidencia a lógica acelerada dos tempos em que vivemos. Esse retrato aventa para uma saúde mental fragilizada, para crianças e adolescentes com baixa autoestima, para o *bullying* e para os demais tipos de violência nas escolas. Com isso, as competências dos psicólogos que trabalham com avaliação psicoeducacional precisam, mais do que nunca, estarem fundamentadas em teorias científicas e, ao mesmo tempo, na prática profissional, conhecida nesse âmbito como o jargão *chão de escola*, lugar singular que possibilita uma imersão de conhecimentos que ultrapassam livros e artigos científicos.

Um outro tipo de desafio, não menos importante, é a continuidade de produção científica sobre as questões inerentes à avaliação educacional. As publicações abastecem os profissionais da área com considerações sobre as temáticas pesquisadas, e as reflexões trazidas são essenciais para a continuidade de nossas práticas, assim como os conteúdos teóricos são fundamentais para alicerçá-las. Revisões de literatura sobre o tema têm apontado para os caminhos de cunho teórico e prático que têm sido percorridos. Com um recorte realizado nos últimos dez anos, podemos identificar vários trabalhos nacionais que permitem nos atualizar em termos do que, em um primeiro momento, tem sido escrito; logo, a literatura sobre o tema deve ser a fonte que nos alimenta nessa caminhada. Nessa direção, as publicações dos últimos dez anos, como as de Ambiel et al. (2015), Piovesan e Cardoso (2015), Polydoro et al. (2016), Suehiro e Lima (2016), e Lima et al. (2019) complementam e ampliam o conhecimento divulgado em muitas outras obras publicadas na década anterior. Em termos de insumos para a ampliação e atualização dos conhecimentos sobre a avaliação psicológica no contexto escolar e educacional, é relevante considerar como obra de apoio o texto escrito por Hutz et al. (2022).

Considerações finais

Este capítulo propôs discorrer sobre as competências do psicólogo no manejo da avaliação psicoeducacional, cujas bases estão na formação ética e regulada oferecida pelos ideais regulatórios da profissão de psicólogo. As 27 competências necessárias a uma atuação qualificada, somadas àquelas competências inerentes à especialidade em avaliação psicológica, tornam esse profissional um protagonista importante que realiza o percurso do processo de avaliação psicológica, a fim de integrar a materialidade histórica do sujeito, seu território e as condições sociais, afetivas e orgânicas que constituem a queixa escolar/acadêmica.

Esse caminho rompe com o modelo psicologizante que, durante muito tempo, foi praticado por aqueles profissionais que atuavam com avaliação psicoeducacional. Tais avaliações, muitas vezes, serviam para "rotular" ou criar estigmas por meio da prática diagnóstica. Aqueles que têm sua prática na avaliação psicoeducacional necessitam se conscientizar e se responsabilizar com a complexidade desse contexto, de modo a considerar todas as nuanças que ele oferece. Por essa via, o processo de avaliação psicoeducacional pode ser uma forma de se averiguar a queixa, sem, contudo, gerar culpabilizações ao aluno, à família ou à escola. Na realidade, por meio de um bom diagnóstico (observando todo o contexto), deverá propor formas mais salutares para que ações interventivas, remediativas ou desenvolvedoras possam ser desenvolvidas, não de modo massificado, mas sempre procurando atender o sujeito em suas especificidades. Sob essa perspectiva, o processo de avaliação psicoeducacional contribui, em muito, para a compreensão ampla e diversa do sujeito.

Quando bem-feita e realizada dentro dos parâmetros preconizados pelo CFP e por entidades representativas da área, como o Instituto Brasileiro de Avaliação Psicológica (Ibap) (2024), a Associação Brasileira de Rorschach e outros Métodos Projetivos (ASBRo, 2024), a avaliação psicoeducacional permite funcionar como uma ação estruturante e inclusiva que repudia qualquer forma de estigmatização ou psicologização da infância e da adolescência. Embora haja críticos insistentes em afirmar que sua utilidade seria a de criar rótulos, há cada vez mais profissionais que buscam fazer desse campo de atuação um espaço de transformação da realidade escolar, por meio de uma atuação séria e comprometida com a comunidade escolar.

Referências

Ambiel, R. A. M., Pereira, C. P. S., & Moreira, T. C. (2015). Produção científica em avaliação psicológica no contexto educacional: enfoque nas variáveis socioemocionais. *Avaliação Psicológica*, *14*(3), 339-346. http://dx.doi.org/10.15689/ap.2015.1403.05

Ambiel, R. A. M., Zuanazzi, A. C., Sette, C. P., Costa, A. R. L., & Cunha, F. A. (2019). Análise das Ementas de Disciplinas de Avaliação Psicológica: novos tempos, velhas questões. *Avaliação Psicológica*, *18*(1), 21-30. https://doi.org/10.15689/ap.2019.1801.15229.03

Associação Brasileira de Rorschach e outros Métodos Projetivos. (2024). Recuperado de https://www.asbro.org.br

Campezatto, P. M., & Nunes, M. L. T. (2007). Caracterização da clientela das clínicas-escola de cursos de Psicologia da região metropolitana de Porto Alegre. *Psicologia: Reflexão e Crítica*, *20*(3), 376-388. https://dx.doi.org/10.1590/S0102-79722007000300005

Conselho Federal de Psicologia. (2005). *Resolução CFP n. 010/2005*. Aprova o Código de Ética Profissional do Psicólogo. Brasília, DF. Recuperado de https://site.cfp.org.br/wp-content/uploads/2005/07/resolucao2005_10.pdf

Conselho Federal de Psicologia. (2019a). *Resolução CFP n. 018/2019*. Reconhece a Avaliação Psicológica como especialidade da Psicologia e altera a Resolução CFP n. 13, de 14 de setembro de 2007, que institui a Consolidação das Resoluções relativas ao Título Profissional de Especialista em Psicologia. Brasília, DF. Recuperado de https://atosoficiais.com.br/cfp/resolucao-do-exercicio-profissional-n-18-2019-reconhece-a-avaliacao-psicologica-como-especialidade-da-psicologia-e-altera-a-resolucao-cfp-n-13-de-14-de-setembro-de-2007-que-institui-a-consolidacao-das-resolucoes-relativas-ao-titulo-profissional-de-especialista-em-psicologia

Conselho Federal de Psicologia. (2019b). *Resolução CFP n. 006, de 29 de março de 2019*. Institui regras para a elaboração de documentos escritos produzidos pela(o) psicóloga(o) no exercício profissional e revoga a Resolução CFP n. 015/1996, a Resolução CFP n. 007/2003 e a Resolução CFP n. 004/2019. Brasília, DF. Recuperado de https://atosoficiais.com.br/cfp/resolucao-do-exercicio-profissional-n-6-2019-institui-regras-para-a-elaboracao-de-documentos-escritos-produzidos-pela-o-psicologa-o-no-exercicio-profissional-e-revoga-a-resolucao-cfp-no-15-1996-a-resolucao-cfp-no-07-2003-e-a-resolucao-cfp-no-04-2019?q=006/2019

Conselho Federal de Psicologia. (2021). *Profissionais da Psicologia e do Serviço Social poderão ser custeados pelo FUNDEB*. Brasília, DF. Recuperado de https://site.cfp.org.br/profissionais-da-psicologia-e-do-servico-social-poderao-ser-custeados-pelo-fundeb/

Conselho Federal de Psicologia (2022a). *Cartilha avaliação psicológica*. Brasília, DF. Recuperado de https://site.cfp.org.br/publicacao/cartilha-avaliacao-psicologica-2022/

Conselho Federal de Psicologia-CFP (2022b). *Resolução CFP n. 031/2022*. Estabelece diretrizes para a realização de Avaliação Psicológica no exercício profissional da psicóloga e do psicólogo, regulamenta o Sistema de Avaliação de Testes Psicológicos – SATEPSI e revoga a Resolução CFP n. 09/2018. Brasília, DF. Recuperado de https://atosoficiais.com.br/cfp/resolucao-do-exercicio-profissional-n-31-2022-estabelece-diretrizes-para-a-realizacao-de-avaliacao-psicologica-no-exercicio-profissional-da-psicologa-e-do-psicologo-regulamenta-o-sistema-de-avaliacao-de-testes-psicologicos-satepsi-e-revoga-a-resolucao-cfp-no-09-2018?origin=instituicao

Hutz, C. S., Bandeira, D. R., Trentini, C. M., & Giordani, J. P. (2022). *Avaliação psicológica no contexto escolar e educacional*. Artmed.

Instituto Brasileiro de Avaliação Psicológica. (2024). Recuperado de https://www.ibapnet.org.br

Lima, T. H., Suehiro, A. C. B., & Cunha, N. B. (2019). Produção científica em avaliação psicológica no contexto escolar/educacional. *Psicologia Escolar e Educacional*, 23, e178897, 1-9. https://doi.org/10.1590/2175-35392019018897

Muniz, M. (2017). Competências e cuidados para a administração da avaliação psicológica e dos testes psicológicos. In M. R. C. Lins & J. C. Borsa (Orgs.), *Avaliação psicológica: aspectos teóricos e práticos* (pp. 100-114). Vozes.

Noronha, A. P. P., Reppold, C. T., Baptista, M. N., & Muniz, M. (2022). Instituto Brasileiro de Avaliação Psicológica (IBAP): quem somos e o que fazemos [Editorial]. *Avaliação Psicológica*, 21(1), 1-126. http://pepsic.bvsalud.org/pdf/avp/v21n1/01.pdf

Nunes, M. F. O., Muniz, M., Reppold, C. T., Faiad, C., Bueno, J. M. H., & Noronha, A. P. P. (2012). Diretrizes para o ensino de avaliação psicológica. *Avaliação Psicológica*, 11(2), 309-316. http://pepsic.bvsalud.org/pdf/avp/v11n2/v11n2a16.pdf

Oliveira, K. L., Inácio, A. M., & Santos, A. A. A. (2022). Pesquisa em contexto escolar. In S. M. Barroso (Org.), *Pesquisa em psicologia e humanidades: métodos e contextos contemporâneos* (pp. 477-499). Vozes.

Pereira, B. C., Zanon, C., & Dellazzana-Zanon, L. L. (2021). Influência dos contextos escolar e familiar nos projetos de vida de adolescentes. *Psicologia: Ciência e Profissão*, 41, e227915, 1-14. https://doi.org/10.1590/1982-3703003227915

Piovezan, N. M., & Cardoso, L. M. (2015). Metaciência e cientometria da área de avaliação psicológica e educacional. *Educare: Revista Científica de Educação*, 1(1), 33-52. https://doi.org/10.19141/2447-5432/lumen.v1.n1.p.29-42

Polydoro, S. A. J., Oliveira, K. L., Mercuri, E. N. G. S., & Santos, A. A. A. (2016). Uso de instrumentos de avaliação na produção científica envolvendo universitários brasileiros. *Avaliação Psicológica*, 15(esp.), 45-55. http://dx.doi.org/10.15689/ap.2016.15ee.05

Sei, M. B. Skitnevsky, B., Trevisan, F. M., & Tsujiguchi, I. (2019). Caracterização da clientela infantil e adolescente de um serviço-escola de Psicologia paranaense. *Revista de Psicologia da Unesp*, 18(2), 19-36. http://pepsic.bvsalud.org/scielo.php?script=sci_arttext&pid=S1984-90442019000300002&lng=pt&tlng=pt

Suehiro, A. C. B., & Lima, T. H. (2016). Instrumentos usados na avaliação cognitiva no ensino fundamental: análise da produção científica. *Avaliação Psicológica*, 15(esp.), 67-76. http://dx.doi.org/10.15689/ap.2016.15ee.07

Vivian, A. G., Timm, J. S., & Souza, F. P. (2013). Serviço-escola de psicologia: caracterização da clientela infantojuvenil atendida de 2008 a 2012, em uma universidade privada do RS. *Aletheia*, (42), 136-152. http://www.periodicos.ulbra.br/index.php/aletheia/article/view/3288/2469

4
A interlocução do psicólogo e do professor na escola

Andréia Osti
Débora Cristina Fonseca

> *Highlights*
> - A educação básica deve garantir o direito humano de aprendizagem e assegurar o ensino dos conteúdos curriculares aos alunos;
> - A escola tem dupla função: é lugar de acolhimento social e de apoio aos estudantes, é lugar de conhecimento e de aprendizagem.

A educação pública no Brasil tem passado por transformações significativas nos últimos tempos, muitas das quais impulsionadas por uma compreensão mais profunda das necessidades das equipes escolares e dos estudantes, bem como de toda a comunidade escolar face a questões emergentes no cotidiano das escolas em geral e principalmente nas públicas. Entre essas necessidades, emergem as violências, as defasagens e o chamado fracasso escolar, em geral, tomado como um problema individual dos sujeitos.

Este texto busca dialogar sobre o papel do psicólogo e do professor na escola, e sobre a interlocução entre esses dois fazeres. Entende-se que o papel e a atuação desses dois profissionais nas instituições educacionais se fortalecem quando há um trabalho em parceria, e repercutem de forma positiva para toda a comunidade escolar. O professor tem a responsabilidade de ensinar, avaliar e observar seus alunos. Tem de cumprir com o conteúdo determinado para o ano letivo, precisa abordá-lo de forma didática, procurando sempre assegurar a aprendizagem e o entendimento do estudante. Há inúmeros desafios que compõem a atividade do professor, segundo Gatti et al. (2019), que envolvem desde o planejamento, execução e avaliação de tudo que é ensinado, até lidar com questões burocráticas da escola, orientar os alunos em questões que escapam os conteúdos, assim como também acolhê-los, além de investir na própria formação.

O psicólogo escolar tem variadas atribuições que incluem a avaliação em relação às necessidades educacionais dos alunos, orientação à equipe escolar, aos estudantes, professores e pais. O psicólogo, portanto, é um profissional fundamental para orientar toda a comunidade escolar sobre temas relevantes que impactam e interferem no ambiente educacional, desde as dificuldades escolares a temas como *bullying* e diferentes conflitos sociais que adentram o cotidiano em questão.

O campo da psicologia escolar e educacional tem uma trajetória rica e significativa na interação, na pesquisa e na proposição de ações que modifiquem e cuidem dos estudantes, professores e comunidade, bem como com contribuições analíticas sobre as políticas públicas que afetam os sujeitos da educação. Com base nesses estudos, partimos do pressuposto de que o que faz a psicologia escolar não é o seu lugar de trabalho, mas seu compromisso teórico e prático com as questões da escola (Meira, 2003). Contudo, defendemos a escola como um lugar potente e privilegiado para essas interações, principalmente quando falamos das relações a serem construídas entre os psicólogos e os professores.

Nas últimas décadas observou-se uma produção e diálogo substancial entre as duas áreas de conhecimento, pedagogia e psicologia, o que influenciou e levou à promulgação da Lei 13.935/2019, que determina a presença obrigatória de psicólogos(as) e assistentes sociais nas escolas públicas. Esse marco legislativo não apenas reflete a importância atribuída à saúde mental e ao bem-estar emocional dos alunos e professores, mas também representa um capítulo fundamental na história da psicologia escolar e educacional no país como avanço para políticas públicas efetivas.

Nesse contexto, propõe-se neste texto explorar não apenas as interações colaborativas entre psicólogos, assistentes sociais e professores nas escolas públicas, mas também a evolução histórica e as possibilidades e/ou potencialidades dessa aproximação, tendo como foco um melhor ambiente escolar e de saúde mental para todos. Começamos por apontar que a colaboração interdisciplinar pode criar um ambiente educacional mais enriquecedor e eficiente em sua missão primordial, de produção de conhecimentos significativos e mediados com a realidade social de cada sujeito.

Mezzalira et al. (2019) destacam que entre as contribuições da psicologia para as questões educacionais estão: a construção de práticas educativas coletivas e colaborativas; a problematização das demandas concretas de cada unidade educacional; a promoção de espaços de acolhimento e escuta dos sujeitos partícipes dos processos educativos; a promoção de vínculos afetivos e rompimento dos estereótipos relacionados à psicologia escolar. No entanto, essa forma de compreender o papel da psicologia na escola, conforme destaca Tessaro et al. (2023), ainda não se efetivou, sendo escassas as produções literárias que evidenciem esse compromisso.

Tomamos por referência, como papel fundamental da escola, o que Duarte (2007) aponta como sendo de mediação entre a vida cotidiana e não cotidiana, bem como nos apoiamos nos estudos vigotskianos. Dessa forma, este capítulo se propõe não apenas a examinar as interações dialógicas e colaborativas entre os profissionais nas escolas públicas, mas também a destacar como a teoria de Vigotski tem fornecido uma base sólida para entender o processo de escolarização na infância e para a atuação crítica, ética e política nos contextos escolares (Proença, 2002; Facci & Silva, 2014). Nessa perspectiva teórica, a ênfase está no ambiente social, nas interações e na linguagem como ferramentas cruciais no desenvolvimento das habilidades cognitivas das crianças. Nesse sentido, há necessidade de transformar a maneira como encaramos o ensino e o aprendizado nas escolas públicas. Essas ideias têm sido particularmente relevantes ao considerar o papel crucial dos psicólogos e dos professores na promoção do desenvolvimento dos estudantes.

O contexto profissional do professor

Refletir sobre a interlocução do professor na escola remete a primeiro refletir sobre a própria escola. Libâneo (2012) discute sobre o dualismo presente nas escolas brasileiras. Tomando como base algumas de suas considerações, iniciamos com a afirmativa de que a escola é lugar de acolhimento e de conhecimento. Esse espaço tem dupla função. De um lado, deve ser um lugar de acolhimento social, de inclusão e de apoio aos estudantes; e, de outro lado, deve ser um lugar de conhecimento e de aprendizagem. Essas duas funções são indissociáveis, irredutíveis e complementares, ou deveriam ser. Acolher, ensinar, aprender, dialogar, interpretar e refletir – são tantas as palavras que compõem a complexa função da educação que ocorre dentro de uma sala de aula. O ensino ocorre dentro da sala de aula, mas não somente, sendo toda a vida da criança espaços de aprendizagem. Mas é a escola o espaço que deve oportunizar a todos que lá estão melhores condições de aprendizagem, de apropriação dos conhecimentos sistematizados, proporcionando, assim, melhores condições de vida.

Para Oliveira et al. (2013), a escola é uma instituição capaz de oportunizar melhores condições de igualdade social em virtude de uma formação de caráter científico e de uma aprendizagem real para aquele que a recebe. E, nesse contexto, há de se considerar que professores, gestores e comunidade escolar, segundo os autores, devem cuidar de vários aspectos da formação da pessoa, sem negligenciar o seu papel essencial que é conservar, ensinar e produzir conhecimento científico. A finalidade da escola encontra-se nessa assertiva, que é transmitir conhecimento, tornar a pessoa capaz de deter o conhecimento científico produzido pela sociedade e saber conviver com o outro, segundo princípios de civilidade e de ética.

Na Declaração Mundial sobre Educação para Todos (Conferência Mundial de Educação para Todos, 1990) foram definidos dez artigos, entre eles destacam-se as seguintes ações: (1) satisfazer as necessidades básicas de aprendizagem, (2) universalizar o acesso à educação e promover a equidade, (3) concentrar a atenção na aprendizagem, (4) ampliar os meios e o raio de ação da educação básica, (5) propiciar um ambiente adequado à aprendizagem. Todas essas ações direcionam o olhar para a escolarização entendendo a dualidade já citada do acolhimento e da aprendizagem.

Entende-se a função de acolhimento aqui como uma educação humanizada, que se refere a um ensino em que o caminho a ser trilhado é o da afetividade e da socialização, do diálogo e do respeito. Mangini (2008) ressalta sobre a importância de o aluno se sentir pertencente ao ambiente de aprendizagem. É preciso se sentir bem na escola, ter amigos, sentir-se pertencente e confortável. Isto é, não deve ser lugar de medo e de violência. O sentimento de pertencimento vai se desenvolvendo por meio das relações entre alunos e seus pares, entre alunos e professores, entre todos que cotidianamente se encontram.

A questão do "pertencimento" é debatida por Guimarães (2004) e Mangini (2008), assim como da afetividade por Vera e Ferreira (2010), Ribeiro (2010), Osti e Brenelli (2011), Osti (2014), Osti e Tassoni (2019), quando afirmam que a vinculação com as pessoas do ambiente escolar e com sentimentos de pertencer podem contribuir para maior sucesso nas atividades e na aprendizagem e que, nas interações cotidianas com seus professores, os alunos vão construindo e produzindo interpretações sobre o mundo, e concepções ou percepções sobre si, as quais são compartilhadas com seus pares e contribuem para a própria formação e noção (ou não) do ambiente escolar.

A partir dessas considerações, abordar sobre a interlocução do professor direciona a considerar sobre a sua formação e sobre o currículo. A Base Nacional Comum Curricular (BNCC) (2018) traz em sua fundamentação a perspectiva de uma escola mais dialógica e humanizada. Ela destaca as competências socioemocionais no contexto escolar que devem ser trabalhadas, elas estão presentes em todas as dez competências gerais a serem desenvolvidas e que deveriam ser contempladas em todos os currículos escolares brasileiros até o ano de 2020.

Ribeiro (2010) afirma que, apesar da temática ser abordada em documentos oficiais, a efetivação de uma formação docente para o trabalho com essas competências ainda está distante da realidade. Ao fazer uma análise entre a dimensão afetiva no discurso oficial e a característica dos professores em exercício no Brasil, Ribeiro (2010) sugere, a partir de resultados de pesquisas feitas, que uma das principais características do professor brasileiro é a impulsividade, entendida como uma ação movida pela crença na possibilidade de transformar o destino dos alunos. No entanto, a demanda que envolve todo o trabalho docente nos dias atuais, que inclui, para além do domínio dos conhecimentos curriculares, a capacidade em motivar e incentivar os estudantes; a atenção a suas dificuldades, necessidades e ao seu progresso; o reconhecimento da riqueza da diversidade cultural dos alunos sob todas as suas formas; a articulação de todas as competências e habilidades que devem ser trabalhadas; as especificidades tecnológicas, somadas à complexidade dos problemas que emergem na prática cotidiana de sala de aula, quando impossibilitam a total concretização de tantas exigências, gera no professor sentimentos de ansiedade, insatisfação e frustração.

Como afirma Ribeiro (2010), a negligência da dimensão afetiva tem repercussão direta na prática do ensino e indica a importância de os formadores desenvolverem outros saberes e práticas. Disso decorre a necessidade de rever a concepção de formação inicial e continuada, os conteúdos e os processos de formação, para melhor adaptá-los às atuais exigências escolares e profissionais.

Pimenta et al. (2017) afirmam que a formação dos pedagogos, em sua maioria, se mostra frágil, superficial, generalizante, sem foco na formação de professores, fragmentada e dispersiva. Isso porque essa formação dificilmente estará em condição de conduzir processos de ensinar e de aprender que contribuam para uma qualidade formativa emancipatória de todas as crianças, jovens e adultos que frequentam os anos iniciais da educação básica. Essa assertiva conduz para a especificidade da formação do professor que, segundo a afirmação de Cagliari (2022), o lugar da formação do docente é na universidade porque ela lidera o avanço da ciência, sem esquecer o passado. A universidade deve ensinar os conteúdos de forma específica e adequada para que diferentes professores tenham uma formação especializada e, ao mesmo tempo, humanística e científica.

De acordo com Parisotto e Massini-Cagliari (2017), é na licenciatura que o futuro professor deve adquirir conhecimentos que formarão seus referenciais para o desempenho da profissão docente. Para tanto, a universidade deve prepará-lo para o entendimento dos problemas advindos da realidade escolar que vivenciará com seus alunos quando se tornar de fato professor.

A pesquisa de Gontijo (2001) aponta três aspectos para os quais os professores devem estar atentos. Primeiro, necessitam avaliar a importância de sua atuação na sala de aula; segundo, o professor que atua diretamente com crianças deve observar os esforços delas na busca da apropriação do conteúdo e, por fim, a qualidade das relações que são construídas em sala de aula. Em relação a este último aspecto, podemos enfatizar o quanto é importante a relação estabelecida entre o professor e o aluno. Se essa relação for pautada pela confiança e respeito, a criança certamente não temerá o erro, e se a relação for oposta, baseada no medo e na punição, a criança poderá não conseguir progredir no desenvolvimento de sua aprendizagem, pois se sentirá insegura ao realizar as atividades e em tirar dúvidas. Nesse sentido, é importante que o professor demonstre carinho e aceitação ao aluno para que este passe a confiar mais em si mesmo, sobretudo aqueles que apresentam dificuldades em seu processo de aprendizagem.

Como assinala Toro (2002), a afetividade está ligada estreitamente à ética e constitui um dos seus principais componentes. Para ele, os fatores que integram a afetividade são a capacidade de identificação, a abertura à diversidade, o altruísmo e a capacidade de estabelecer laços e relações. Menciona-se o aspecto afetivo, pois Osti e Brenelli (2011), Osti (2014), Osti e Tassoni (2019) têm afirmado que não se pode negar que o vínculo afetivo entre professor e aluno seja uma faceta do processo de ensino e aprendizagem que influencia as relações em sala de aula, tornando o ato de aprender e de ensinar um processo harmonioso ou desastroso, dependendo das relações construídas entre professores e alunos no espaço da sala de aula. Reitera-se ainda que crianças, no início do ensino fundamental, requerem mais atenção do professor, normalmente, em virtude da própria faixa etária em que se encontram, pois ainda são muito dependentes da orientação do professor e necessitam continuamente de sua supervisão e estímulo. Diferentemente, os alunos mais velhos têm maior autonomia para as atividades, no entanto, ainda requerem a mediação e intervenção do professor. Essa questão da mediação, intervenção e diálogo com o professor é essencial em todos os níveis de ensino.

Assim, uma das contribuições desse texto é apontar para uma reflexão acerca dos aspectos e temas necessários à formação do professor. Destaco como necessários à formação do docente conhecimentos referentes às diferentes áreas, tais quais: fundamentos da educação, psicologia, psicopedagogia, conhecimentos metodológicos e didáticos específicos sobre o processo de aprendizagem, e todas as variáveis que participam e podem vir a influenciar esse processo. Nessa perspectiva, é preciso rever a formação inicial de professores de modo a privilegiar os aspectos ligados à importância da relação estabelecida em sala de aula, trazer a discussão sobre as dificuldades de aprendizagem de alunos, os métodos e as metodologias a serem adotados (ou não), os instrumentos e tipos de atividades que podem auxiliar o trabalho do professor, refletir sobre os problemas de aprendizagem identificados em algumas crianças durante esse processo, bem como tornar o professor capaz de compreender e enfrentar as dificuldades inerentes ao processo de aprendizagem.

Gatti et al. afirmam que a

> [...] docência deixou de ser uma ação espontânea e se tornou uma atividade com base em fundamentos filosófico-sociais, histórico-psicológicos e fundamentados de práticas específicas que demandam domínio de conhecimentos integrados a conhecimentos científicos e humanistas para a ação educacional voltada às novas gerações, em que linguagens, tecnologias e estruturas interpretativas constituem seu cerne (2019, p. 19).

A questão da formação de professores é tema recorrente na atualidade, isso porque é um dos fatores que se relaciona com as medidas para melhoria da educação (Gatti, 2017). Na atual legislação brasileira, o trabalho do professor se configura como uma atividade conjunta, em que é necessária formação científica e cultural apropriada, formação didática e pedagógica sólida e uma atuação ética e respeitosa em relação às diversidades.

O exercício da docência é uma atividade complexa, realizado em um ambiente definido – a sala de aula, com alunos –, tendo intencionalidades baseadas em um ano escolar e em um currículo para essa turma, e planejamentos de como os conteúdos serão trabalhados e quais atividades serão desenvolvidas. No bojo dessas atividades de responsabilidade do professor, há, segundo Gatti et al. (2019), inúmeros desafios a serem superados, são eles: (1) pensar na formação dos alunos considerando aspectos do desenvolvimento cognitivo, social e emocional e os conteúdos a serem ensinados; (2) integrar a formação teórica com a prática, criando mediações de forma consciente e clara; (3) integrar fundamentos da educação e dos processos de aprendizagem com as metodologias, dominando os conhecimentos da profissão; (4) utilizar formas de comunicação didática levando em conta novos meios tecnológicos; (5) valorizar o trabalho coletivo. Todos esses aspectos são integrantes do trabalho docente nas escolas e salas de aula, e evidenciam a demanda de trabalho dos professores, que, para além desses aspectos, exigem a organização, o planejamento e a sistematização de todo o trabalho.

O saber do professor, segundo Schwartz (2006), está constituído de experiências, crenças, convicções, valores, ideias, princípios, teorias, estratégias de atuação que utiliza para planejar, organizar, executar e justificar sua ação profissional. Já para Tardif (1999), boa parte do que os professores sabem sobre o ensino provém de sua própria história de vida e, sobretudo, de sua história de vida escolar, tendo a tendência de repetir o método que lhes foi ensinado. Nesse caso, um grande desafio para a formação de professores é superar essas crenças anteriores.

Para planejar e organizar os procedimentos da aula, a atuação docente geralmente está mediada por quatro fatores, segundo Schwartz (2012): (a) o que o professor sabe sobre o ensino e a aprendizagem; (b) o que ele acredita que pode conseguir com seus alunos – suas crenças e convicções nos limites e possibilidades dos alunos; (c) as metas que pretende atingir: Que tipo de sujeito deseja formar? Acredita que é possível ensinar a todos e que todos aprendam?; (d) a percepção, no momento específico, de que o esforço envolvido na tarefa é produtivo, conforme os objetivos que se propõe e que percebe como possíveis de alcançar.

Nesse contexto, a organização do trabalho pedagógico precisa estar em sintonia com o que é próprio da idade, considerando a experiência prévia das crianças em seus espaços familiares e sociais. Assim, é preciso criar contextos significativos, trabalhando com temas de interesse, sem perder de vista os conteúdos que se pretende atingir. Em um plano geral, isso significa a criação de contextos significativos tais quais: roda de conversa, brincadeiras, discussão sobre lugares, viagens, hábitos familiares, assembleias de turma, conversas espontâneas, acontecimentos, entre outros; e favorecer o contato com textos variados (avisos de sala, cartazes, eventos da escola, correspondências, notícias lidas em sala, murais da escola) que se articulem com os conteúdos curriculares.

De acordo com Nery (2007), o tempo pedagógico pode ser organizado em quatro modalidades de atividades, são elas: atividade permanente, sequências didáticas, projetos e atividades de sistematização. A atividade permanente é o trabalho regular, diário, semanal ou quinzenal. Envolve a rotina, momentos de brincadeira, roda de leitura e conversa, envolve a sistematização das atividades. A sequência didática pressupõe um trabalho pedagógico organizado em uma determinada sequência durante um determinado período estruturado pelo professor. O projeto prevê um produto final cujo planejamento tem objetivos claros: dimensionamento de tempo, divisão de tarefas e, por fim, avaliação em função do que se pretendia. A última categoria – atividades de sistematização – é destinada aos alunos para fixarem conteúdos que estão sendo trabalhados.

Ao longo dos últimos trinta anos tivemos várias propostas e programas de formação de professores. De forma breve podemos citar: Parâmetros Curriculares Nacionais (PCN) (1997), Diretrizes Curriculares Nacionais (2013), a Resolução CNE/CP 1/2002, que tratou pela primeira vez das Diretrizes Curriculares Nacionais para a Formação de Professores, a Resolução CNE/CP 2/2015, a BNCC (2018) e a BNCC para formação de professores (2019). Desse modo, constata-se diversas ações governamentais, nas esferas estaduais e federais, que buscam junto às suas secretarias de educação formas de melhorias na educação. Claro que esse não é o objetivo deste texto, nem haverá tempo para abordar tal questão específica das políticas públicas, mas é fundamental mencionar aqui, pois se constitui uma faceta do trabalho do professor.

Psicologia escolar e educacional no campo da educação

A psicologia escolar surgiu como uma disciplina ou especialidade voltada para compreender o comportamento e o desenvolvimento das crianças no ambiente educacional. Com o tempo, os estudos permitiram expandir o escopo de sua especificidade para incluir não apenas a avaliação do desempenho acadêmico, mas também a promoção do desenvolvimento integral dos estudantes. No contexto da educação pública, essa evolução foi especialmente relevante, dadas as diversas realidades sociais e emocionais enfrentadas pelos alunos e pelo corpo docente nas escolas públicas.

O contexto social e econômico, bem como as diferentes formas neoliberais que afetam as escolas, impondo a lógica meritocrática como valor estabelecido nas relações escolares, tem produzido sofrimentos psicossociais que desafiam as escolas públicas no Brasil, assim como marcam a experiência educacional dos alunos e influenciam seu desempenho acadêmico e desenvolvimento integral.

A busca por soluções que abordem essas questões de maneira integral é essencial para criar um ambiente educacional mais equitativo e inclusivo. Portanto, esse desafio só pode ser enfrentado de maneira interdisciplinar. Com base na Resolução do Conselho Federal de Psicologia (CFP) (2007), que trata da especialidade do psicólogo escolar ou educacional, podemos compreender que a atuação desse profissional deve ser de forma interdisciplinar, juntamente com a equipe que trabalha com os processos educacionais nas instituições de educação, assim como podem integrar uma rede de atenção aos indivíduos, famílias e comunidades (Cassins et al., 2007). Mas, principalmente em sua atuação, o psicólogo não pode se esquecer das questões econômicas e políticas envolvidas nesses processos de ensino-aprendizagem.

Nesse contexto, emerge a importância das interações colaborativas e práticas entre psicólogos e professores, bem como de outros profissionais. Essas parcerias não são apenas uma resposta a exigências legais, mas também um caminho para se oferecer uma educação que atenda às necessidades integrais dos estudantes. Ao unir a *expertise* do psicólogo na compreensão dos aspectos emocionais, comportamentais e sociais ao conhecimento e experiência dos professores, cria-se um repertório e ambiente educacional rico e inclusivo.

A psicologia em interface com a educação e o cotidiano das escolas

Os psicólogos escolares, com sua formação especializada, desempenham um papel crucial na identificação dos elementos que estão presentes nas situações cotidianas estressoras, por vezes violentas, estabelecidas no cotidiano escolar. Podem ainda, de maneira preventiva, atuar no manejo de questões emocionais e comportamentais que emergem nas relações entre estudantes e professores, assim como na abordagem daquelas questões advindas do contexto externo, seja família ou comunidade. Em algumas situações, quando necessário, podem oferecer suporte individualizado e encaminhamentos para outros serviços psicossociais, principalmente em situações de crise, reduzindo sofrimentos, auxiliando na expectativa de melhora no quadro geral das relações escolares e sugerindo estratégias coletivas para promover a saúde mental dos estudantes e dos professores. Nesse sentido, o profissional precisa estar comprometido com um fazer inclusivo, de defesa de políticas públicas e de educação que atenda às classes populares (Antunes, 2008).

O trabalho conjunto com a equipe escolar, atuando na abordagem pedagógica e nas intervenções psicológicas, cria uma sinergia importante, permitindo que os alunos alcancem seu máximo potencial acadêmico e emocional, beneficiando também a dinâmica da sala de aula como um todo. A promoção da empatia, do respeito mútuo e da compreensão é fundamental para cultivar um ambiente de aprendizado, fortalecendo os laços na comunidade escolar. A vivência dessas experiências colaborativas não apenas ajuda a superar obstáculos, mas também contribui para a criação de um ambiente acolhedor e seguro.

Dessa forma, tal vivência provoca impacto duradouro na vida dos alunos e dos professores, bem como da equipe escolar. Entretanto, não basta a presença dos psicólogos no contexto educacional, é preciso enfrentar alguns outros obstáculos que passam por questões estruturais e culturais. Entre alguns podemos destacar: a diversidade de sujeitos e suas diferentes histórias de vida e necessidades emocionais que coabitam esse cotidiano, que se encontram e nem sempre se entendem, o que pode ser desafiador, especialmente em escolas com grandes populações estudantis e imersas em contextos socioeconômicos empobrecidos e com poucos recursos estruturais em termos de políticas públicas.

Estruturalmente, a ausência de recursos pode ser impeditiva ao trabalho colaborativo, haja vista que psicólogos encontram uma alta demanda de trabalho, o mesmo acontecendo com os professores. Para uma atuação efetiva dos psicólogos nas escolas brasileiras é fundamental que se tenha investimentos na formação e contratação de profissionais qualificados, melhora na infraestrutura das escolas, assim como a promoção da conscientização sobre a importância da abordagem psicológica de forma colaborativa com pedagogos e demais professores da escola. Não se trata de um trabalho clínico individualizado, mas sim de um trabalho coletivo implicado com o processo educativo.

Do ponto de vista cultural é preciso superar estigmas e rotulações historicamente presentes nas sociedades e consequentemente nas escolas. A resistência em aceitar discutir questões de saúde mental precisa ser abordada coletivamente, o que requer uma abordagem sensível e cuidadosa por parte dos psicólogos e dos professores, com apoio das equipes gestoras e de políticas estruturantes.

Em síntese, compreendemos que a função de maior relevância e com melhores resultados do psicólogo escolar ou educacional se constitui em seu papel político e mediador, como tem sido discutido entre os principais pesquisadores do campo (Guzzo et al. 2010, Martinez, 2010, Dias et al., 2014, Proença, 2002). Entendemos assim que suas funções vão além do suporte emocional e do aconselhamento individual, assumindo a responsabilidade de atuar como mediador em questões complexas e desafiadoras que envolvem alunos, professores, famílias e a instituição escolar como um todo. Promover, portanto, uma cultura de compreensão, empatia e apoio dentro das escolas.

Esse modo de atuar passa pela dimensão ético-afetiva e pela promoção de direitos humanos, conforme previsto no Código de Ética dos Psicólogos. O fazer comprometido pode se dar de diferentes formas como, por exemplo: (1) provocar diálogos que tragam em evidência os direitos dos alunos, especialmente aqueles com necessidades especiais ou que enfrentam desafios significativos, isto é, o psicólogo deve atuar para garantir que esses alunos recebam acomodações e apoio adequados para terem uma experiência educacional justa e equitativa; (2) mediar conflitos, seja entre alunos e professores, seja entre escola e família, por meio de uma postura que promova a compreensão mútua e ajude a encontrar soluções que beneficiem todas as partes envolvidas; (3) implementar políticas públicas e intercâmbios/diálogos com a rede de proteção aos direitos das crianças e dos adolescentes. Nesse caso, os psicólogos educacionais podem ajudar a implementar políticas educacionais, adaptando-as para atender às necessidades específicas dos alunos e orientando a equipe escolar sobre como aplicar tais políticas de maneira eficaz; (4) orientar e dar apoio às famílias, promovendo o diálogo que permita compreender as preocupações, bem como orientando na busca por caminhos fora da escola e dentro do sistema educacional; (5) prevenir problemas relacionados a preconceitos, violências, *bullying*, entre outros, promovendo conversas que abordem diretamente essas questões no cotidiano das escolas, além de apoiar aqueles que porventura venham a sofrer qualquer forma de violência.

Um outro aspecto a ser considerado diz respeito à formação do psicólogo para atuar no contexto da educação. Ainda que tenham ocorrido mudanças importantes, a formação geralmente é deficiente e não contempla as especificidades presentes nos processos educacionais e no contexto escolar (Guzzo et al., 2010; Facci & Silva, 2014).

Desafios para o futuro

Em relação à educação, apesar das inúmeras pesquisas e discussões teóricas quanto às políticas públicas que vêm sendo organizadas, ainda falta uma política nacional que considere as necessidades educacionais de cada região. A BNCC é um currículo nacional, mas ainda é preciso que os professores recebam uma formação mais direcionada à sua atuação, que efetivamente conheçam o currículo a ser ensinado e as diferentes metodologias a serem adotadas para a melhoria de sua prática. O ensino engloba um universo de possibilidades pedagógicas, e é salutar que os professores tenham consciência desse universo de possibilidades para definirem estratégias de ensino que melhor atendam ao perfil dos seus alunos e não sejam obrigados a seguir um único caminho.

Cabe ainda destacar que a implementação da lei que prevê a presença de psicólogos e assistentes sociais na escola, como profissionais da educação, deve ser uma busca importante para que se altere em um futuro próximo o quadro aqui discutido. A participação do psicólogo na escola potencializa o diálogo e a busca por metodologias mais inclusivas e na mediação de conflitos. Assim, se pretendemos mudanças qualitativas no contexto da educação escolar, o diálogo colaborativo entre psicólogos e professores deve ser o foco da política educacional e de formação docente.

Considerações finais

Este capítulo buscou refletir sobre a articulação entre o psicólogo e o professor na escola. Assim, uma das suas contribuições reside em apontar aspectos que fazem parte da atividade docente cotidiana, incluindo uma articulação com as políticas públicas e as demandas que são incorporadas à formação do professor, bem como sobre a atuação do psicólogo na escola. O cenário atual educacional revela de um lado a necessidade de se repensar e atualizar a formação de professores, a fim de buscar uma segurança didática a esse profissional e uma melhoria na qualidade do ensino. De outro lado, mostra-se a necessidade do psicólogo escolar atuando nas instituições de ensino como forma de prevenção e mediação de inúmeros problemas da rotina educacional, bem como sua atuação no sentido de orientar e auxiliar a escola a tornar-se um ambiente mais acolhedor e democrático.

Referências

Antunes, M. A. M. (2008). Psicologia escolar e educacional: história, compromissos e perspectivas. *Psicologia Escolar e Educacional*, 12(2), 469-475. https://doi.org/10.1590/S1413-85572008000200020

Cagliari, L. C. (2022). Práticas de alfabetização de crianças e formação de alfabetizadores. In E. Faria & W. R. Rodrigues (Eds.), *AlfabetizAções* (pp. 1-10). Pontes Editores.

Cassins, A. M., Paula Jr., E. P., Voloschen, F. D., Conti, J., & Haro, M. E. N., Escobar, M., Barbieri, V., & Schmidt, V. (2007). Manual de Psicologia escolar-educacional. Conselho Regional de Psicologia do Paraná. Gráfica e Editora Unificado.

Conferência Mundial de Educação para Todos. (1990). *Declaração mundial sobre educação para todos e plano de ação para satisfazer as necessidades básicas de aprendizagem*. Jomtien, Tailândia.

Conselho Federal de Psicologia. (2007). *Resolução CFP n. 013/2007*. Brasília, DF. Recuperado em janeiro de 2011, de http://www.pol.org.br/pol/export/sites/default/pol/legislacao/legislacaoDocumentos/resolucao2007_13.pdf

Dias, A. C. G., Patias, N. D., & Abaid, J. L. W. (2014). Psicologia escolar e possibilidades na atuação do psicólogo: algumas reflexões. *Psicologia Escolar e Educacional*, 18(1), 105-111. https://doi.org/10.1590/S1413-85572014000100011

Duarte, N. (2007). *Educação escolar, teoria do cotidiano e a escola de Vigotski*. Autores Associados.

Facci, M. G. D., & Silva, S. M. C. (2014). Por uma formação para uma atuação crítica em Psicologia Escolar e Educacional. In M. P. R. Souza, S. M. C. Silva & K. Yamamoto (Eds.), *Atuação do psicólogo na educação básica: Concepções, práticas e desafios* (pp. 275-282). Edufu.

Gatti, B. A. (2017). Formação de professores, complexidade e trabalho docente. *Revista Diálogo Educacional*, 17(53), 721-737. https://doi.org/10.7213/1981-416x.17.053.ao01

Gatti, B. A., Barreto, E. S. S., André, M. E. D. A., & Almeida, P. C. A. (2019). *Professores no Brasil: novos cenários de formação*. Unesco.

Gontijo, C. M. M. (2001). *Alfabetização: políticas mundiais e movimentos nacionais*. Autores Associados.

Guzzo, R., Mezzalira, A., Moreira, A., Tizzei, R., & Silva Neto, W. (2010). Psicologia e Educação no Brasil: uma visão da história e possibilidades nessa relação. *Psicologia: Teoria e Pesquisa*, 26, 131-141. https://doi.org/10.1590/S0102-37722010000500012

Lei n. 13.935, de 11 de dezembro de 2019. (2019). Dispõe sobre a prestação de serviços de psicologia e de serviço social nas redes públicas de educação básica. Brasília, DF: Presidência da República. Casa Civil. Subchefia para Assuntos Jurídicos. Recuperado de http://www.planalto.gov.br/ccivil_03/_ato2019022/2019/lei/L13935.htm-

Libâneo, J. C. (2012). O dualismo perverso da escola pública brasileira: escola do conhecimento para os ricos, escola do acolhimento social para os pobres. *Educação E Pesquisa*, 38(1), 13-28. https://doi.org/10.1590/S1517-97022011005000001

Martinez, A. M. (2010). O que pode fazer o psicólogo na escola? *Em Aberto*, 23(83), 39-56.

Meira, M. E. M., & Tanamachi, E. R. (2003). A atuação do psicólogo como expressão do pensamento crítico em psicologia e educação. In M. E. M. Meira & M. A. M. Antunes (Eds.), *Psicologia escolar: práticas críticas* (pp. 11-62). Casa do Psicólogo.

Mezzalira, A., Weber, M., Beckman, M., & Guzzo, R. (2019). O psicólogo escolar na educação infantil: uma proposta de intervenção psicossocial. *Revista de Psicologia da IMED*, 11(1), 233-247. https://doi.org/10.18256/2175-5027.2019.v11i1.3051

Nery, A. (2007) Modalidades Organizativas Do Trabalho Pedagógico: Uma Possibilidade. In S. Beauchamp, S. D. Pagel & A. R. Nascimento (Eds.), *Ensino Fundamental de nove anos: orientações para a inclusão da criança de seis anos de idade*. Ministério da Educação, Secretaria da Educação Básica.

Oliveira, T., Viana, A. P. S., Boveto, L., & Sarache, M. V. (2013). Escola, conhecimento e formação de pessoas: considerações históricas. *Políticas Educativas*, 6(2), 145-160. https://seer.ufrgs.br/index.php/Poled/article/view/45662

Osti, A. (2014). Representações no contexto escolar: palavras, gestos e sentimentos. In M. R. R. M. Camargo, C. D. P. Leite & L. N. Chaluh (Eds.), *Linguagens e imagens: Educação e políticas de subjetivação* (pp. 139-158). De Petrus.

Osti, A., & Brenelli, R. P. (2011). Representações de alunos (com e sem dificuldades de aprendizagem) sobre experiências de aprendizagem e ambientes significativos. *Revista Schème*, 2(4), 50-81. https://doi.org/10.36311/1984-1655.2009.v2n4.1981

Osti, A., & Tassoni, E. C. M. (2019). Afetividade percebida e sentida: representações de alunos do ensino fundamental. *Cadernos de Pesquisa*, 49, 204-220. https://doi.org/10.1590/198053146575

Parisotto, A. L. V., & Massini-Cagliari, G. (2017). Formação docente inicial e ensino de ortografia: Saberes necessários (Initial teacher education and teaching of spelling: Required knowledge). *Revista Eletrônica de Educação*, 11(1), 185-200 https://doi.org/10.14244/198271991470

Pimenta, S. G., Fusari, J. C., Pedroso, C. C. A., & Pinto, U. de A. (2017). Os cursos de licenciatura em pedagogia: fragilidades na formação inicial do professor polivalente. *Educação e Pesquisa*, 43(1), 15-30. https://doi.org/10.1590/S1517-9702201701152815

Proença, M. (2002). Problemas de aprendizagem ou problemas de escolarização? Repensando o cotidiano escolar à luz da perspectiva histórico-crítica em Psicologia. In M. K. Oliveira, D. T. Souza & T. C. Rego (Eds.), *Psicologia, educação e as temáticas da vida contemporânea* (pp. 177-195). Moderna.

Resolução n. 4, de 17 de dezembro de 2018. (2018). Institui a Base Nacional Comum Curricular na Etapa do Ensino Médio (BNCCEM), como etapa final da educação básica, nos termos do artigo 35 da LDB, completando o conjunto constituído pela BNCC da Educação Infantil e do Ensino Fundamental, com base na Resolução CNE/CP n. 2/2017, fundamentada no Parecer CNE/CP n. 15/2017. Brasília, DF. Recuperado de http://portal.mec.gov.br/conselho-nacional-de-educacao/base-nacional-comum-curricular-bncc

Tessaro, M., Trevisol, M. T. C., & D'Auria-Tardeli, D. (2023). Entre a expectativa e a prática do profissional da psicologia na escola. *Psicologia em Estudo*, 8, e53458. https://doi.org/10.4025/psicolestud.v28i0.53458

Toro, R. (2002). *Biodanza*. Olavobrás.

5
Serviços de orientação educacional no ensino superior: a transversalidade da psicologia e da educação

Marilda Aparecida Dantas Graciola
Michelle Cristine da Silva Toti
Soely Aparecida Jorge Polydoro
Adriane Martins Soares Pelissoni

> *Highlights*
> - Acesso ao ensino superior e demandas estudantis no processo educacional;
> - Contribuições da psicologia e da educação no contexto universitário;
> - Desenvolvimento e ações dos serviços de apoio ao estudante no ensino superior;
> - Reflexões sobre práticas e desafios a profissionais do ensino superior.

O objetivo deste capítulo é apresentar e discutir questões recentes do ensino superior brasileiro, no que tange à transversalidade da psicologia e educação. A literatura tem apontado diversas possibilidades de diálogo e interface no campo da psicologia e educação, tanto para a formação de professores (Boruchovitch et al., 2017) quanto para a formação de psicólogos (Azzi & Gianfaldoni, 2011), discutindo aproximações teóricas e contribuições a partir de diferentes óticas.

Este trabalho parte do contexto do ensino superior e dos serviços de orientação educacional aos estudantes, com contribuições de diferentes áreas como a psicologia e a educação. A sua escrita foi elaborada a partir das experiências de profissionais e pesquisadoras que se deparam diariamente com as questões aqui abordadas.

Diante do cenário universitário e das demandas educacionais emergentes dos estudantes que ingressam no ensino superior, considerando as políticas públicas implantadas, este capítulo estrutura-se apontando variáveis psicológicas (afetivas, cognitivas e emocionais), pedagógicas (conhecimento prévio, processos de ensino-aprendizagem) e contextuais que resultam em uma trajetória acadêmica de sucesso discente. Em uma perspectiva histórica, discute-se sobre orientação pedagógica/educacional no ensino superior, contextualizando diferentes momentos dessa área, destacando a sua evolução ao longo do tempo. São apresentadas intervenções desenvolvidas com estudantes universitários, os respectivos resultados, bem como temáticas que fundamentam ações a fim de contribuir no processo educacional.

Por fim, elegeu-se uma gama de desafios futuros como forma de antecipar reflexões, ampliar diálogos e intersecções entre diferentes áreas e profissionais envolvidos, como forma de fomentar planos e estratégias as quais poderiam mitigar barreiras, fortalecer a ciência, as práticas e sensibilizar redes. Espera-se que a leitora e o leitor interessados na temática sintam-se provocados a aprofundar seu conhecimento.

Contexto universitário e demandas educacionais no Brasil

Não é novidade que as mudanças substanciais de acesso ao ensino superior no Brasil nas últimas décadas têm trazido desafios significativos para as gestões das instituições, tanto as públicas quanto as privadas. Por um lado, temos um cenário considerável de aumento no número de estudantes que ingressam no ensino superior (Dias & Sampaio, 2020; Nascimento & Santos, 2021); por outro, temos desafios relevantes para dar manutenção ao aumento no acesso e, sobretudo, possibilitar a continuidade no percurso de formação acadêmica, bem como sua conclusão bem-sucedida (Heringer, 2020).

Com a expansão do acesso ao ensino superior, ampliaram-se as possibilidades de continuidade de estudos para esse nível de ensino, embora não obrigatório, em especial para uma população anteriormente preterida (Heringer, 2020; Nascimento & Santos, 2021), o que era necessário pela potencialidade de mudanças socioeconômicas estruturais no país. E, em decorrência da ampliação do acesso e de políticas afirmativas, nota-se a mudança do perfil dos estudantes que passaram a ingressar no ensino superior, tendo como característica uma maior diversidade socioeconômica, de raça, de etnia etc.; realidade que exigiu das instituições um novo olhar para os seus alunos (Nascimento & Santos, 2021).

Conforme projetada por Cabrera (2023), a trajetória imaginária percorrida pelo estudante, ou seja, padrão de rendimento exemplar, preferências claras e conhecidas, aprovação ininterrupta do plano de estudo, conclusão certa do curso e emprego pertinente nos primeiros seis meses após a conclusão do curso, ainda está distante de ser concretizada de forma tão linear. Isso porque o processo de aprendizagem está para além da dimensão cognitiva, pois é também influenciado pela afetividade (Osti et al., 2023), autorregulação da aprendizagem, crenças de autoeficácia, motivação para aprender e estratégias de aprendizagem (Casiraghi et al., 2023), regulação emocional (Noronha et al., 2023), além das especificidades que esse nível de ensino proporciona.

Entre os aspectos heterogêneos destacam-se os estudantes de primeira geração, ou seja, os primeiros em sua família a frequentar um curso de nível superior e, muitas vezes, pertencentes a grupos com vulnerabilidade social e econômica (Felicetti et al., 2019) ou outras vulnerabilidades. A literatura tem se atentado aos novos estudantes no ensino superior; que, de modo multidimensional, são reconhecidos como refugiados, imigrantes, mulheres trabalhadoras, mães, pessoas com deficiência, diferentes origens étnico-raciais ou de gênero, entre outros. A diversidade estudantil certamente enriquece o ambiente universitário, mas também é muitas vezes marcada por condições prévias de formação menos favoráveis, o que implica pensar ações sobre a permanência pedagógica e simbólica, e a promoção do sucesso acadêmico dos estudantes (Alves & Casali, 2021; Canal & Almeida, 2023; Faria & Almeida, 2020; Fior & Martins, 2021; Ganam & Pinezi, 2021; Silva et al., 2021).

Outro grupo também sensível ao abandono do ensino superior, e que merece ser observado, é o dos ingressantes (Almeida & Casanova, 2019; Casanova et al., 2021; Cervero et al., 2021). As primeiras experiências desses estudantes e como se configuram ao ingressar na universidade podem gerar subsídios importantes e decisivos para continuar ou não no ensino superior. Tais experiências dependerão da relação do aluno com o novo contexto universitário e a satisfação com a graduação. Assim, quanto mais satisfeitos se percebem com a escolha da graduação, maior a probabilidade de permanecerem nos estudos (Casanova et al., 2021; Cervero et al., 2021; Osti et al., 2023).

A transição e a adaptação acadêmica no ensino superior se referem a um processo complexo e que interfere em diferentes dimensões da vida do estudante, requerendo o desenvolvimento de inúmeras habilidades para o enfrentamento das demandas acadêmicas, tais quais: enfrentar problemas e demandas, estabelecer relações sociais de apoio, gerenciar emoções, gerir o comportamento de estudo etc. (Sahão & Kienen, 2020). O momento de transição é reconhecido como algo muito esperado e comemorado pelo sujeito e sua família, porém demandas contextuais e pessoais ao longo do primeiro ano podem tornar o processo difícil (Fior & Almeida, 2023). A mudança de casa, distanciamento da família, troca de ambiente escolar, rotinas acadêmicas mais exigentes, entre outros, associados à baixa autonomia, escolha de curso baseada em informações superficiais, divergências entre expectativa e realidade encontrada, recursos cognitivos e motivacionais escassos podem impactar na qualidade no processo de transição (Fior & Almeida, 2023).

Estudantes ingressantes que não estão no curso de sua primeira opção também podem ser sensíveis à evasão (Arantes, 2022), principalmente quando questões de construção de carreira são marcadas por um cenário de flexibilidade, volatilidade, ambiguidade, transformações digitais e desigualdades sociais, por exemplo (Andrade et al., 2023). Além disso, estudantes mais satisfeitos com a escolha de suas carreiras universitárias e que apresentaram uma maior percepção de autoeficácia tendem a apresentar menor probabilidade de abandono (Ambiel et al., 2021). Outras variáveis psicológicas como: ansiedade e desgaste emocional, dificuldades interpessoais, tendem a impactar na decisão (Cervero et al., 2021; Casanova et al., 2021; Arantes, 2022), além das experiências avaliativas que podem desencadear dificuldades emocionais e motivacionais (Panadero et al., 2022).

Debates sobre a promoção do sucesso do estudante no ensino superior destacam a importância de inúmeras variáveis, ainda que o sucesso não possa ser compreendido de forma unilateral, como um resultado direto do esforço, pois outros fatores pessoais, sociais, econômicos, institucionais e culturais interferem no que se entende por sucesso, bem como as formas de alcançá-lo e de avaliá-lo (Casiraghi et al., 2023). No modelo apresentado por Tinto (1997), percebe-se uma complexidade de fatores que estão associados a experiências anteriores à universidade como *background* familiar, atributos individuais, experiências educacionais anteriores, metas e compromissos com o curso e a instituição, que por sua vez se associam a experiências institucionais, impactando na integração, esforço e resultados educacionais e a decisão de permanecer ou não.

Em outra perspectiva, Tinto (2023) destaca o envolvimento do estudante como um fenômeno complexo e multifacetado, no qual espera-se que estudantes mais envolvidos tenham maior probabilidade de sucesso. As percepções dos estudantes e o significado atribuído às demandas acadêmicas impactam em seu envolvimento. As redes estudantis são estabelecidas pelas experiências dos alunos promovidas em cruzamentos institucionais em sala de aula, cursos, atividades extracurriculares e ao longo do tempo. Esse compromisso dos estudantes com outros estudantes com maior envolvimento pode mudar a rota de muitas histórias.

A literatura tem apontado que não há uma resposta pronta para amenizar e favorecer todas as variáveis como facilitadoras do processo de transição, mas se reconhece que o envolvimento de diversos atores da instituição, desde docentes, equipes de serviços de apoio ao estudante, administração até a comunidade acadêmica como um todo, pode fazer a diferença, em especial no primeiro ano de ingresso (Almeida & Casanova, 2019; Fior & Almeida, 2023; Kohls-Santos, 2022). Assim, o primeiro ano torna-se um recorte temporal muito importante, sobretudo as primeiras semanas, para promover apoios diferenciados aos estudantes, uma vez que apresenta perfis diferenciados e recursos pessoais e contextuais para gerenciar a transição (Casanova et al., 2020; Panadero et al., 2022).

Complementando ainda no que se refere às redes estudantis, as instituições, docentes, equipe gestora e equipes de assuntos estudantis podem identificar padrões de envolvimento mais favoráveis, não deixando as relações meramente ao acaso (Tinto, 2023). A oferta de atividades curriculares e extracurriculares como apoio e preparo de docentes para que as avaliações tenham um efeito positivo nos estudantes é uma iniciativa importante para o processo de transição (Panadero et al., 2022).

Como posto, sobretudo em virtude das questões relacionadas ao processo educacional no ensino superior em relação às demandas, desafios, complexidades e atores envolvidos, percebe-se a multifatorialidade e a necessidade de bases científicas sólidas de conhecimento, bases educacionais e psicológicas, bem como sociais, políticas e econômicas.

Orientação pedagógica/educacional no ensino superior

No Brasil, o apoio ao estudante do ensino superior se desenvolveu privilegiando, por muito tempo, apenas o aspecto material da permanência dos alunos economicamente vulneráveis, que chegavam à universidade em um sistema público de ensino superior tradicionalmente seletivo e elitista. Assim, nosso tardio sistema de ensino superior foi caracterizado por ações pulverizadas de apoio ao estudante, já que dependiam da iniciativa das próprias instituições; monetarizadas, pois eram marcadas pelo aspecto financeiro/material do apoio ao estudante; e focalizadas, pois atendiam a um pequeno grupo entre aqueles que precisavam das ações.

Nosso modelo se diferenciou do modelo estadunidense, por exemplo, que teve desde o início do seu sistema de ensino superior uma concepção universal de ações de apoio ao estudante (para todos os estudantes) e que não se limitavam ao apoio material (Toti & Polydoro, 2020). Assim, o apoio ao estudante no Brasil esteve, por muito tempo, desvinculado de outras dimensões da permanência, como a acadêmica/pedagógica. Zadorosny (1981, p. VII) elaborou uma pesquisa sobre os serviços de orientação e assistência aos estudantes do, então, terceiro grau (ensino superior), com o objetivo de "fornecer subsídios para que se possa verificar a conveniência e a oportunidade da implantação de um Centro de Orientação Educacional na Faculdade de Educação da Universidade do Amazonas". A autora fala da crise de qualidade pela qual passava o ensino superior, após mais de uma década da Reforma de 1968, atribuída, entre outras causas, ao aumento nas matrículas, a expansão desordenada, a forma de seleção e a baixa qualidade do ensino secundário (Ensino Médio).

Naquele momento, pós-reforma, os cursos eram organizados em ciclos, tendo o primeiro deles uma função orientadora para a escolha profissional a ser feita, mas, também, para as questões de motivação e aconselhamento. No período analisado por Zadorosny, havia a orientação de que as universidades contassem com serviços de orientação educacional. A autora identificou, em 1981, universidades federais que tinham serviços de orientação educacional criados na década de 1970: Universidade Federal do Pará (UFPA), Universidade Federal da Paraíba (UFPB), Universidade Federal do Rio Grande do Norte (UFRN), Universidade Federal de Juiz de Fora (UFJF), Universidade Federal do Espírito Santo (UFES), Universidade Federal do Rio de Janeiro (UFRJ), Universidade Federal do Paraná (UFPR) e Universidade Federal de Santa Maria (UFSM). Esses serviços eram desenvolvidos por docentes, geralmente vinculados às faculdades de educação, adotavam o modelo de tutoria professor-aluno, ações especializadas e desenvolviam orientação educacional, vocacional, de carreira e acadêmica. A autora considerou o serviço da UFSM o mais viável e, de fato, tendo passado por mudanças desde lá, o serviço continua em funcionamento (Fiorin, 2018).

Outro serviço longevo é o da Universidade Estadual de Campinas (Unicamp), que foi criado em 1976 e, ajustando-se às demandas estudantis, tem mantido sua atuação nas dimensões material, acadêmica e simbólica.

No entanto, a maioria dos serviços que tinha ações pedagógicas, chamadas de orientação educacional, perdeu essa atuação. Isso se deve, em muito, às mudanças na carreira do pedagogo, que deixou de ter a possibilidade de habilitação em orientação educacional (o que afetou a disponibilidade dessa ação para a formação dos graduandos) e, também, pela desvalorização da orientação educacional no país. Assim, a orientação educacional/pedagógica para estudantes do ensino superior foi ficando escassa.

Podemos afirmar que foi a publicação da Portaria Normativa 39/2007, instituindo o Programa Nacional de Assistência Estudantil (Pnaes), que possibilitou a retomada de ações e serviços com foco na questão pedagógica nas Instituições Federais de Ensino Superior (Ifes), pois definiu o apoio pedagógico como uma das áreas desse programa. Em 2010 foi promulgado o Decreto 7.234, que dispõe sobre o Pnaes, mantendo a mesma organização da portaria, conferindo-lhe maior legitimidade. Devido ao caráter provisório de um decreto, entidades como o Fórum Nacional de Pró-Reitores de Assuntos Comunitários e Estudantis (Fonaprace) lutavam há vários anos para que a política de assistência estudantil fosse transformada em lei. E, recentemente, o Pnaes foi reconhecido como Política Nacional de Assistência Estudantil pela Lei 14.914, de 3 de julho de 2024. O apoio pedagógico permanece na lei, agora como área de um dos seus programas. As implicações das mudanças no texto aprovado ainda serão analisadas.

Cruz e Houri (2017), ao defenderem que as ações para a permanência aconteçam nas dimensões material, simbólica e pedagógica, definiram esta última dimensão como aquela que interviria em situações nas quais os estudantes não conseguem acompanhar adequadamente o desenvolvimento das disciplinas, apresentando desempenho acadêmico insuficiente para a aprovação. Toti (2022a, p. 21) definiu o apoio pedagógico como uma das áreas da política de permanência no ensino superior, sendo aquela que "abrange as intervenções institucionais que visam a produzir impactos positivos na aprendizagem dos estudantes por meio de ações planejadas e intencionais, nas quais se articulam teorias advindas das ciências da educação e ciência de interface e prática".

A mesma autora, em sua pesquisa de doutorado, realizou uma revisão de literatura com o objetivo de mapear e analisar a produção científica sobre o apoio pedagógico para os estudantes nas universidades federais. A autora analisou trabalhos selecionados nas bases de pesquisa Catálogo de Teses e Dissertações Capes, Scientific Electronic Library Online (SciELO), Portal de Periódicos da Capes e o Portal de Periódicos Eletrônicos de Psicologia (PePSIC), em dezembro de 2017 e atualizou em setembro de 2021. Não se definiu um recorte temporal *a priori*, mas todos os trabalhos selecionados haviam sido publicados após 2007, ou seja, após a instituição do Pnaes. É essencial relembrar que o Pnaes, pela primeira vez na história da educação superior brasileira, destinou recursos federais para a assistência estudantil nas Ifes e apresentou uma concepção de assistência estudantil que contempla outras dimensões da permanência, além da dimensão material.

Toti (2022a) encontrou 31 trabalhos que foram organizados de acordo com a concepção de apoio pedagógico que apresentavam. A análise permitiu identificar como o apoio pedagógico vem se constituindo como área de atuação e de pesquisa no ensino superior. Com base nas concepções apresentadas nos trabalhos analisados, a autora elaborou quatro categorias que sintetizam as perspectivas adotadas, com base nas ações desenvolvidas, público atendido e responsabilidade institucional. Dessa forma, temos o apoio pedagógico apresentado como uma ideia genérica, sem definição de ações e profissionais, avançando para uma concepção mais complexa, que abarca várias ações (individuais e coletivas) sob responsabilidade de um órgão ou mais da universidade e, ainda, a ideia de apoio pedagógico como ações que impactam diretamente o ensino: metodologias, relação professor-aluno, avaliação, currículo etc. Nessa última concepção, o objetivo das intervenções é melhorar o ensino na sala de aula e intermediar as dificuldades de ensino e aprendizagem específicas das disciplinas.

Para a autora, os resultados mostraram que a concepção de permanência, entre profissionais de apoio ao estudante e pesquisadores do tema, "implica pensar o processo pedagógico de forma ampla e institucionalmente, contemplando as questões de ensino e a aprendizagem dos estudantes e, não somente, as suas condições materiais de permanência" (Toti, 2022b, p. 60). Por outro lado, para que essa concepção se concretize, alguns aspectos ainda são vistos como desafios, por exemplo a "atuação articulada entre Apoio Pedagógico aos discentes e a formação continuada dos docentes" (Toti, 2022b, p. 60).

Como ressaltado anteriormente, os serviços de apoio ao estudante no ensino superior transcendem as questões materiais para subsídio e perpassam pelos processos educacionais de ensino e aprendizagem. A seguir, apresenta-se um breve levantamento de trabalhos que avaliaram resultados de intervenções no ensino superior promovidos por profissionais de serviços de apoio ao estudante e/ou por pesquisadores da área.

Impactos da orientação educacional no ensino superior brasileiro

Ações institucionais de acolhimento ao ingressante, adaptação curricular, programas de assistência, envolvimento docente e desenvolvimento de carreira (Dantas & Brissac, 2020; Pelissoni et al., 2020a), programas para desenvolvimento de habilidades sociais (Gouveia & Polydoro, 2020), por exemplo, podem ser implementadas, com o apoio da comunidade acadêmica, para mitigar a evasão do ensino superior (Canal & Almeida, 2023) e fortalecer políticas públicas. A literatura brasileira tem apresentado diversas iniciativas importantes de apoio ao estudante universitário quanto ao seu processo de aprendizagem e, em especial, intervenções que balizam o fortalecimento da autorregulação da aprendizagem. Ao procurar nas respostas dos profissionais do apoio pedagógico informações sobre a fundamentação teórica para o seu trabalho, Toti (2022a) constatou que a autorregulação da aprendizagem foi a mais citada.

Com intuito de reforçar a autonomia e o protagonismo do estudante no seu processo de estudo, e ainda considerando as questões de permanência estudantil, Pelissoni et al. (2020b) apresentam diferentes formatos de um programa de intervenção em autorregulação da aprendizagem baseado no livro *Cartas do Gervásio ao seu umbigo*. Os resultados dessas intervenções são avaliados continuamente e o que se percebe é um movimento crescente de estudantes que se inscrevem para participar das atividades. Em termos de aplicação, os relatos dos estudantes indicam reflexões sobre mudanças do processo de estudo, bem como ampliação no conhecimento e no uso das estratégias de autorregulação após cursarem a disciplina (Fior et al., 2022a; Polydoro et al., 2015). Os estudantes reconheceram como fatores que propiciaram a mudança no processo de autorregulação, ações que fortaleceram o relacionamento entre pares, o conhecimento de estratégias de estudo, a instrumentalidade ao gerenciar os estudos, percepção de capacidade e agência e o exercício da autorreflexão (Polydoro et al., 2015).

Percebe-se que ao considerar as variáveis pessoais, psicológicas, acadêmicas e de carreira como as citadas, entende-se a complexidade de se fortalecer o processo de autorregulação no ensino superior. De todo modo, espera-se que intervenções dessa natureza contribuam para mitigar a evasão, mesmo sabendo que esse fenômeno é multifacetado, e, sobretudo, contribuam para o senso de pertencimento dos estudantes à universidade, em especial quando se contextualiza quem é o estudante que busca apoio (Fior et al., 2022b; Polydoro et al., 2023). A busca de apoio pode ser obtida nas relações entre pares inclusive, segundo Tinto (2023), a função das redes estudantis pode impactar no sucesso do estudante, conhecê-las implica ações na política e na prática das instituições. O que fortalece propostas de intervenção em mentoria entre pares ofertada para ingressantes no ensino superior, com a finalidade de promover o exercício da reciprocidade, da aprendizagem experiencial colaborativa, entre estudantes de diferentes etapas de formação, de melhores habilidades de comunicação; e de maior integração e bem-estar (Pelissoni et al., 2022b; Wargas et al., 2023).

Outras estratégias de intervenção sobre autorregulação da aprendizagem com estudantes ingressantes foram desenvolvidas de modo online (Alliprandini et al., 2023), e em parceria com docentes do curso. Um modelo desse tipo de intervenção teve a colaboração docente como o incentivo à participação dos estudantes, e também a promoção de estratégias discutidas durante a intervenção na disciplina curricular em questão e que teve duração de cinco encontros semanais. A avaliação dos resultados, segundo os relatos dos estudantes, foi de que auxiliaram na organização dos estudos, no controle socioemocional e na socialização acadêmica, principalmente por ter ocorrido no período pandêmico (Casale et al., 2023). Mais recentemente no Brasil, intervenções sobre autorregulação da aprendizagem com o uso de tecnologias como a inteligência artificial foram relatadas por Silva e Alliprandini (2023). A ferramenta consistiu no uso de diários de aprendizagem digital para regular a motivação, no qual o estudante participante da intervenção pudesse receber *feedbacks* a partir do uso de *prompts* personalizados, o que favoreceu o monitoramento do estudante quanto ao seu processo de estudos.

Intervenções sobre autorregulação não se limitam aos discentes e se expandem para os docentes, e em diferentes níveis de ensino, assim espera-se ampliar recursos mediadores no processo de ensino e aprendizagem do estudante (Tortella et al., 2018). Em especial, no ensino superior, nem todos os professores tiveram oportunidades de formação para a docência, muitos acabam tendo uma formação bastante intensa na pesquisa e em outras atividades da sua área do conhecimento. Entende-se que uma formação docente que perpassa pela compreensão de processos de aprendizagem e mecanismos de atuação certamente será mais bem qualificada. O que também é reconhecido pelos relatos de docentes ao se depararem com desafios da docência. Desse modo, desafios para gestores das instituições abrem caminhos para a formação continuada profissional do corpo docente, assim como já experienciado por Magalhães et al. (2023) e, conforme relatado por Toti (2022b), essas ações podem se articular com as demandas apresentadas pelos discentes nos serviços de apoio pedagógico aos estudantes.

Em termos de ações globais que podem nortear o trabalho de profissionais que atuam no suporte aos estudantes, Dias (2020), a partir da publicação da Organização das Nações Unidas para a Educação, a Ciência e a Cultura (Unesco) intitulada *Student Affairs and Services in Higher Education: Global Foundations, Issues and Best Practices*, organizou o material ilustrando intervenções e qualificando sobre a importância, finalidade e atividades. O material pode ser considerado uma referência de consulta sobre aprendizagem e sucesso do estudante, atendimento a estudantes adultos e trabalhadores, apoio a entidades estudantis, apoio para estudantes com necessidades especiais, apoio financeiro, alimentação, saúde, alojamento, estudantes LGBTQIAP+, minorias étnicas, entre outros.

Nessa breve apresentação, observa-se a amplitude de ações necessárias e o impacto delas na trajetória acadêmica dos estudantes do ensino superior. Embora não tenha sido ressaltado alguma abordagem teórica, percebe-se a necessidade da junção/pareamento da psicologia e da educação em atuações que versam sobre a avaliação de contexto e resultados impactados. A seguir são apontados alguns desafios que merecem reflexões considerando o atual cenário brasileiro.

Desafios para o futuro

Numa perspectiva otimista quanto ao cenário brasileiro do ensino superior em relação ao acesso a esse nível de ensino, espera-se que continue sendo ampliado e oferecendo oportunidades de formação profissional e educacional a diferentes grupos sociais, em especial aos grupos minoritários. Nessa direção, almeja-se que sejam munidas ações (Heringer, 2020) de permanência simbólica e pedagógica nas instituições. Para tanto, um fator de impacto a considerar é o reconhecimento das ações de apoio, que podem ser mais valorizadas por meio de avaliações contínuas e longitudinais (Toti, 2022a), de modo a legitimar a atuação de profissionais da psicologia e da educação.

Alguns desafios são postos para os profissionais que atuam/atuarão no ensino superior e pode-se citar questões relacionadas à própria formação na área em questão, com embasamento teórico e prático fortalecido na psicologia e na educação, ou seja, uma formação consolidada para o enfrentamento de adversidades. Por outro lado é necessário considerar os limites e possibilidades de atuação por meio de definições claras e objetivas sobre o que é esperado desse profissional (Toti, 2022b), como também construir alianças de compromisso com o objetivo final de formação estudantil.

O que tem se observado também é, cada vez mais, a heterogeneidade do perfil de estudantes que ingressam no ensino superior, o que requer a não padronização de ações, mas sim a flexibilização e multifatorialidade delas. Ainda que não colocado anteriormente de modo profundo, uma frente forte de demandas tem surgido em relação à saúde mental dessa população estudantil, e que deve ser acompanhada, bem como discutida nos diferentes ambientes.

Desafios tecnológicos também têm sido colocados, desde a falta de acesso, de conhecimento e de potencial de uso. Pode-se considerar o uso da tecnologia como uma ferramenta estratégica de apoio e inclusão para a formação dos estudantes, ainda que não se saiba exatamente os impactos negativos da inteligência artificial.

Para além das ações deliberadas no âmbito do ensino superior que envolvem alunos e professores, vale ressaltar a necessidade do comprometimento de toda a comunidade acadêmica. Nota-se que tanto em relação aos estudantes quanto aos docentes/profissionais impera a coletividade para contribuir no planejamento e execução das ações e, sobretudo, construir novas percepções de possibilidades de crescimento e aprimoramento institucional, mitigando práticas excludentes (Kohls-Santos, 2022).

Considerações finais

Apresentado um breve panorama das demandas do ensino superior quanto aos serviços de apoio aos estudantes, percebe-se que o diálogo entre psicologia e educação alicerça a compreensão dessa complexa rede, não só alicerça como também fundamenta intervenções que possibilitam enfrentar barreiras históricas. Espera-se que a transversalidade entre psicologia e educação se fortaleça como área de atuação e pelas contribuições sociais emergentes. Vale ressaltar a necessidade de investimentos na área para fomentar a pesquisa, a extensão e o ensino como possibilidade de avanços educacionais, sociais, políticos e econômicos.

Referências

Alliprandini, P. M. Z., Góes, N. M., & Santos, D. A. (2023). Programa de intervenção em aprendizagem autorregulada: uma proposta online para estudantes universitários. In P. M. Z., Alliprandini, D. A. Santos & S. E. Rufini. (Eds.), *Autorregulação da aprendizagem e motivação em diferentes contextos educativos: teoria, prática e intervenção* (pp. 255-276). Eduel.

Almeida, L. S., & Casanova, J. R. (2019). Desenvolvimento psicossocial e sucesso acadêmico no Ensino Superior. In F. H. Veiga (Ed.), *Psicologia da Educação: Temas de Aprofundamento Científico para a Educação XXI* (pp. 101-128). Climepsi.

Alves, V. K., & Casali, C. (2021). Condições de permanência material e simbólica de estudantes negros na universidade. *Revista Contemporânea de Educação*, 16(37), 28-45. https://doi.org/10.20500/rce.v16i37.45110

Ambiel, R. A. M., Cortez, P. A., & Salvador, A. P. (2021). Predição da potencial evasão acadêmica entre estudantes trabalhadores e não trabalhadores. *Psicologia: Teoria e Pesquisa*, 37, e37305. http://doi.org/10.1590/0102.3772e37305

Andrade, A. L., Marianelli, A. D., Loss, C. C., Cruz, T. M., & Costa, R. (2023). Desenvolvimento de carreira para universitários: Particularidades do Brasil e Países do Sul Global. In A. Osti, C. Fior, C. Canal & L. S. Almeida (Eds.), *Ensino superior: Mudanças e desafios na perspectiva dos estudantes* (Vol. 1, pp. 239-254). Pedro & João.

Arantes, A. M. (2022) *Ingresso em curso de opção preferencial, autoeficácia e percepção de desempenho acadêmico em universitários*. [Dissertação]. Universidade Estadual de Campinas.

Azzi, R. G., & Gianfaldoni, M. H. T. A. (2011). *Psicologia e Educação*. Casa do Psicólogo.

Boruchovitch, E., Azzi, R. G., & Soligo, A. F. (2017). *Temas em Psicologia Educacional: Contribuições para a Formação de Professores*. Mercado de Letras.

Cabrera, A. (2023). Caminos a la universidad. *Conferência inaugural*. XII CLABES – Congresso Latinoamericano sobre el Abandono en la Educación Superior. Temuco.

Canal, C. P. P., & Almeida, L. S. (2023). Estudantes não tradicionais no ensino superior: desafios pessoais e institucionais. In A. Osti, A. C. Fior, C. P. P. Canal & L. S. Almeida (Eds.), *Ensino superior: mudanças e desafios na perspectiva dos estudantes* (v. 1, pp. 41-58). Pedro & João.

Casale, K. R., Bettioli, A. L., Santos, D. A. S., Graciola, M. A. D., Pelissoni, A. S. M., Consoni, J. B., & Marcondes, F. K. (2023). Estratégias para Promover a Adaptação de Alunos Ingressantes à Universidade, no Ensino Remoto Emergencial: Oficinas de Autorregulação da Aprendizagem e Plataforma Online Lt-kuraCloud. *Revista de Graduação da USP*, 7(1), 33-42. https://doi.org/10.11606/issn.2525-376X.v7i1p33-42

Casanova, J. R., Araújo, A. M., & Almeida, L. S. (2020). Dificuldades na adaptação acadêmica dos estudantes do 1º ano do Ensino Superior. *Revista E-Psi*, 9(1), 165-181.

Casanova, J., Bernardo, A. B., & Almeida, L. S. (2021). Dificultades de adaptación académica e intención de abandono de estudantes de primer año de Educación Superior. *Revista de Estudios e Investigación en Psicología y Educación*, 8(2), 211-228. https://doi.org/10.17979/reipe.2021.8.2.8705

Casiraghi, B., Boruchovitch, E., & Almeida, L. (2023). Aprendizagem e rendimento acadêmico no ensino superior: um olhar da Psicologia da Educação. In A. Osti, C., Fior, C. P. P. Canal & L. S. Almeida (Eds.), *Ensino superior: Mudanças e desafios na perspectiva dos estudantes* (Vol. 1, pp. 77-102). Pedro e João.

Cervero, A., Galve-González, C., Blanco, E., Casanova, J. R., & Bernardo, A. B. (2021). Vivencias Iniciales En La Universidad, ¿cómo Afectan Al Planteamiento de Abandono? *Revista de Psicología y Educación*, 16(2), 161-172. https://doi.org/10.23923/rpye2021.02.208

Cruz, A. G., & Houri, M. S. (2017). Centralidade nas ações de permanência para enfrentar as taxas de evasão na educação superior. *Poiésis*, 11(9), 173-187. https://doi.org/10.19177/prppge.v11e192017173-187

Dantas, M. A., & Brissac, R. (2020). Intervenções de carreira com estudantes da Unicamp: De bem com meu curso refletindo sobre a escolha. In A. Knabem, C. S. C. Silva & M. P. Bardagi (Eds.), *Orientação, desenvolvimento e aconselhamento de carreira para estudantes universitários no Brasil* (pp. 216-246). Brasil Publishing.

Decreto 7.234, de 19 de julho de 2010. Dispõe sobre o Programa Nacional de Assistência Estudantil – PNAES. Brasília, DF. Recuperado de https://www.planalto.gov.br/ccivil_03/_ato2007-2010/2010/decreto/d7234.htm

Dias, C. E. S. B. (2020). Serviços e assuntos estudantis no ensino superior: fundamentos globais, questões e boas práticas. In C. E. S. Burgos Dias, M. C. S. Toti, H. Sampaio & S. A. J. Polydoro (Eds.), *Os serviços de apoio pedagógico aos discentes no ensino superior brasileiro* (Vol. 1, pp. 393-472). Pedro & João.

Dias, C. E. S. B., & Sampaio, H. (2020) Serviços de apoio a estudantes em universidades federais no contexto da expansão do ensino superior no Brasil. In C. E. S. Burgos Dias, M. C. S. Toti, H. Sampaio & S. A. J. Polydoro (Eds.), *Os serviços de apoio pedagógico aos discentes no ensino superior brasileiro* (Vol. 1, pp. 27-60). Pedro & João.

Faria, A. A. G. B., & Almeida, L. S. (2020). Adaptação Acadêmica de Estudantes do 1º ano: Promovendo o Sucesso e a Permanência na Universidade. *Revista Internacional de Educação Superior*, 7, 1-17. https://doi.org/10.20396/riesup.v7i0.8659797

Felicetti, V. L., Morosini, M. C., & Cabrera, A. F. (2019). First-Generation Students (F-Gen). *Cadernos De Pesquisa*, 49(173), 28-43. https://doi.org/10.1590/198053146481

Fior, C. A., & Almeida, L. S. (2023). Transição e adaptação acadêmica dos estudantes ao ensino superior. In A. Osti, C. Fior, C. P. P. Canal & L. S. Almeida (Eds.), *Ensino superior: Mudanças e desafios na perspectiva dos estudantes* (Vol. 1, pp. 59-76). Pedro & João.

Fior, C. A., Graciola, M. A. D., Pelissoni, A. M. S., & Polydoro, S. A. J. (2022a). Contribuições de uma disciplina na promoção da autorregulação da aprendizagem de universitários egressos da rede pública. *Revista Docência Do Ensino Superior*, 12, 1-21. https://doi.org/10.35699/2237-5864.2022.39772

Fior, C. A., & Martins, M. J. (2021). Experiências de escolarização de jovens de camadas populares que ingressam no ensino superior. *Cadernos de Aplicação*, 34(2), 34, 1-26. https://doi.org/10.22456/2595-4377.111286

Fior, C. A., Polydoro, S. A. J., Pelissoni, A. M. S., Graciola, M. A. D., Martins, M. J., & Almeida, L. da S. (2022b). Impacto da autoeficácia e do rendimento acadêmico no abandono de estudantes do Ensino Superior. *Revista Psicologia Escolar E Educacional*, 26, e235218.

Fiorin, B. P. A. (2018). *Reestruturação da Educação Superior e ações direcionadas à permanência e diplomação do estudante com necessidades educacionais especiais*. [Tese]. Universidade Federal de Santa Maria.

Ganam, E. A. S., & Pinezi, A. K. M. (2021). Desafios da permanência estudantil universitária: um estudo sobre a trajetória de estudantes atendidos por programas de assistência estudantil. *Educação em Revista*, 37(1), e228757. http://dx.doi.org/10.1590/0102-4698228757

Gouveia, T. G., & Polydoro, S. A. J. (2020). Programas de habilidades sociais para universitários: uma revisão de literatura. *Revista Educação, Psicologia e Interfaces*, 4, 160-174.

Heringer, R. R. (2020). Políticas de ação afirmativa e os desafios da permanência no ensino superior. In C. E. S. B. Dias, M. C. S. Toti, H. Sampaio & S. A. J. Polydoro (Eds.), *Os serviços de apoio pedagógico aos discentes no ensino superior brasileiro* (pp. 61-78). Pedro & João.

Kohls-Santos, P. (2022). Permanência estudantil e sucesso acadêmico: a voz dos atores. *Revista Educação*, 45, e43977.

Lei n. 14.914, de 3 de julho de 2024. Institui a Política Nacional de Assistência Estudantil (PNAES). Brasília, DF. Recuperado de https://www.planalto.gov.br/ccivil_03/_ato2023-2026/2024/lei/L14914.htm

Magalhães, C. R., Santos, A. C. F., Fior, C. A., & Polydoro, S. A. J. (2023). Formação de professores e a autorregulação da aprendizagem na universidade: experiências em duas instituições públicas brasileiras. In J. C. B. Tortella, S. A. J. Polydoro, C. R. Magalhães, A. S. Lins e Mello, C. Zanatta & P. Rosário (Eds.), *Autorregulação da aprendizagem: Teoria e Prática* (pp. 147-174). Letra1.

Nascimento, L. M., & Santos, B. S. (2021). Procesos motivacionales de los estudiantes del curso de Pedagogía y sus relaciones para la permanencia en la universidad. *InterCambios. Dilemas y Transiciones de la Educación Superior*, 8(1), 80-89. https://doi.org/10.29156/inter.8.1.9

Noronha, A. P. P., Baptista, M. N., & Bonfá, B. (2023). Regulação Emocional: Definição e Avaliação. In A. Osti, C. Fior, C. Canal & L. S. Almeida (Eds.), *Ensino superior: Mudanças e desafios na perspectiva dos estudantes* (Vol. 1, pp. 123-140). Pedro & João.

Osti, A., Nogueira, B. L. C., & Pissinatti, I. (2023). A afetividade e a satisfação como elementos intervenientes do contexto de aprendizagem. In A. Osti, C. Fior, C. Canal & L. S. Almeida (Eds.), *Ensino superior: Mudanças e desafios na perspectiva dos estudantes* (Vol. 1, pp. 103-122). Pedro & João.

Panadero, E., Fraile, J., & García Pérez, D. (2022). Transición a educación superior y evaluación: un estudio longitudinal anual [Transition to higher education and assessment: a one year longitudinal study]. *Educación XXI*, 25(2), 15-37. https://doi.org/10.5944/educxx1.29870

Pelissoni, A. M. S., Dantas, M. A., & Carneiro, A. M. (2020a). Apoio à escolha de curso em programa de educação geral interdisciplinar. In M. C. P. Lassance & R. A. M. Ambiel (Eds.), *Desafios e oportunidades atuais do trabalho e da carreira* (pp. 245-254). ABOP.

Pelissoni, A. M. S., Dantas, M. A., Martins, M. J., Wargas, B. M., Altmann, H., & Polydoro, S. A. J. (2020b). Serviço de apoio ao estudante: contribuições para a permanência acadêmica e aprendizagem. In C. E. S. Burgos Dias, M. C. S. Toti, H. Sampaio & S. A. J. Polydoro (Eds.), *Os serviços de apoio pedagógico aos discentes no ensino superior brasileiro* (pp. 238-318). Pedro & João.

Pelissoni, A. M. S., Graciola, M. A. D., Polydoro, S. A. J., Consonni, J. B., & Coelho, L. R. (2022). Mentoria entre pares na universidade: implantação, re-construção do programa e ações iniciais. In *Anais do XI Congresso Latino-americano sobre Abandono da Educação Superior*, Brasília, DF.

Polydoro, S. A. J., Fior, C. A., Graciola, M. A. D., Martins, M. J., Pelissoni, A. M. S., Magalhães, C. R., & Santos, A. C. F. (2023). Cartas do Gervásio ao seu umbigo: experiências de universidades públicas brasileiras no fortalecimento da autorregulação da aprendizagem em estudantes. In J. C. B. Tortella, S. A. J. Polydoro, C. R. Magalhães, A. S. L. Mello, C. Zanatta & P. Rosário (Eds.), *Autorregulação da aprendizagem: Teoria e práticas* (pp. 125-145). Letra1.

Polydoro, S. A. J., Pelissoni, A., Carmo, M. C., Emilio, E. R. V., Dantas, M. A., & Rosário, P. (2015). Promoção da autorregulação da aprendizagem na universidade: percepção do impacto de uma disciplina eletiva. *Revista de Educação PUC-Campinas*, 20, 201-213.

Portaria Normativa 39, de 12 de dezembro de 2007. Institui o Programa Nacional de Assistência Estudantil – PNAES. Brasília, DF. Recuperado de chrome-extension://efaidnbmnnnibpcajpcglclefindmkaj/http://portal.mec.gov.br/arquivos/pdf/portaria_pnaes.pdf

Sahão, F. T., & Kienen, N. (2020). Undergraduate student's adaptive behaviors facing university adjustment difficulties. *Cuadernos de Psicología*, 22, 1-28. https://doi.org/10.5565/rev/qpsicologia.1612

Silva, M. A. R., & Alliprandini, P. M. Z. (2023). Diário de aprendizagem digital: reflexões sobre o potencial do instrumento para a promoção da autorregulação da motivação no contexto do Ensino Superior. In P. M. Z. Alliprandini, D. A. Santos & S. É. Rufini (Eds.), *Autorregulação da aprendizagem e motivação em diferentes contextos educativos: teoria, prática e intervenção* (pp. 211-232). Eduel.

Silva, N. N., Santos, A. P., & Reis, J. M. S. (2021). Assistência estudantil e ações afirmativas: Um estudo das condições materiais e simbólicas. *Educação & Sociedade*, 42, e254841. https://doi.org/10.1590/ES.254841

Tinto, V. (1997). Classrooms as communities: Exploring the educational character of student persistence. *Journal of Higher Education*, 68(6), 599-623. https://doi.org/10.2307/2959965

Tinto, V. (2023). Reflections: Rethinking engagement and student persistence. *Student Success*, 14(2), 1-7. https://doi.org/10.5204/ssj.3016

Tortella, J. C. B., Rosário, P., & Polydoro, S. A. J. (2018). A autorregulação da aprendizagem: formação de docentes e discentes no contexto educacional. *Revista de Educação Puc-Campinas*, 23, 329. https://doi.org/10.24220/2318-0870v23n3a4326

Toti, M. C. S. (2022a). *Apoio pedagógico nos serviços de assuntos estudantis das universidades federais brasileiras: mapeamento, tendências e desafios.* [Tese de Doutorado]. Universidade Estadual de Campinas.

Toti, M. C. S. (2022b). Apoio à Aprendizagem de Estudantes Universitários: Aspectos Institucionais e Perfil Profissional. In C. E. S. B. Dias (Ed.), *Apoio pedagógico e assistência estudantil* (pp. 14-22). Atena Editora.

Toti, M. C. S., & Polydoro, S. A. J. (2020). Serviços de apoio a estudantes nos Estados Unidos da América e no Brasil. In C. E. S. B. Dias, M. C. S. Toti, H. Sampaio & S. A. J. Polydoro (Eds.), *Os serviços de apoio pedagógico aos discentes no ensino superior brasileiro.* Pedro & João.

Wargas, B. M. S., Graciola, M. A. D., Pelissoni, A. M. S., Andrade, S. C., & Nery, M. F. (2023). Permanência estudantil na Unicamp: reflexões sobre as transformações de uma política institucional. In P. Kohls--Santos & P. Estrada Mejía (Eds.), *Permanência estudantil: perspectivas emergentes* (Vol. 2, pp. 167-188). CRV.

Zadorosny, L. (1981). *A orientação educacional no 3º grau de ensino: subsídios para a implantação de um centro de orientação educacional na Faculdade de Educação da Universidade do Amazonas.* [Dissertação de Mestrado]. Fundação Getulio Vargas.

6
Diálogos entre infância, literatura e humanização: fios que tecem a formação e o desenvolvimento de pequenos leitores

Cyntia Graziella Guizelim Simões Girotto
Ana Paula Munarim Ruz Lemos
Edson Rodrigo de Azevedo

Highlights
- Infância, esse termo transcende o passado;
- O processo de humanização se constitui na relação dialética entre apropriação e objetivação;
- Aproximar da literatura como linguagem é uma das fontes de humanização, também nos convida a rever concepções.

Para introduzir o tema trazendo um mote do tempo e da infância, Malaguzzi, conforme citado por Hoyuelos (2015), escreve:

> Fernando Pessoa diz que a medida do relógio é falsa. E é realmente falsa em relação ao relógio das crianças, das experiências infantis, das experiências subjetivas e das situações de aprendizagem e ensino. Respeitar os tempos de amadurecimento, de desenvolvimento, dos instrumentos do fazer e do entender, da plena, lenta, extravagante, lúcida e mutável imersão das capacidades infantis, é uma medida de sabedoria biológica e cultural. Se a natureza predispôs que a longitude da infância humana seja a mais longa (infinita, dizia Tolstoi), é porque sabe quantos vaus tem que atravessar, quantos caminhos deve percorrer, quantos erros podem ser corrigidos, tanto por crianças quanto por adultos, e quantos preconceitos são necessários superar. E quantas infinitas vezes as crianças têm que tomar ar para restaurar sua imagem, a de seus amigos, a de seus pais, a de seus educadores e a do conhecimento dos mundos possíveis. Se hoje estamos em uma época em que o tempo e os ritmos das máquinas e do benefício são modelos contrapostos aos tempos humanos, então se faz necessário saber de que lado está a psicologia, a pedagogia e a cultura (2015, p. 39).

Nesse instante, o tempo para ao contemplarmos a beleza das palavras de Malaguzzi, citadas por Houyelos (2015), as quais ultrapassam verdades absolutas quando se referem à infância e suas especificidades. Ao citarem Fernando Pessoa "a medida do relógio é falsa", não nos contemplam apenas com uma reflexão, mas, sobretudo, nos transportam para o tempo da infância, um tempo não cronológico, a fim de apontar direções para olharmos as crianças e aprendermos com elas sobre um tempo que é fugaz e ao mesmo tempo moroso.

Assim, na parede da memória, o tempo da infância transcende o passado, dá sentido ao presente e olha para o futuro por meio do olhar de muitos pesquisadores e educadores que se propuseram a pensar a infância. E de qual infância estamos falando? Falamos daquela que nunca deixa de existir em nós, uma infância como a do poeta Manoel de Barros, conforme as palavras de Silveira e Axt (2015, p. 177) "Barros trabalha com suas memórias de infância afirmando a infância que ele ainda é, que nunca deixou de ser, infância sobre a qual ele escreve, assim como infância que se inscreve, que se anuncia".

Junto ao tempo da infância em Malaguzzi e Barros (2003), traçamos um paralelo com o conceito de tempo em Bakhtin (2019), o cronotopo, conceito que vai além, abrangendo não só o tempo histórico do momento vivido, mas também o espaço e sua relação com o tempo. Mediante estudos feitos por Bakhtin (2010a) sobre a obra de François Rabelais, o conceito de tempo, para aquele autor, passa a ter um papel prioritário (Silveira & Axt, 2015), perpassando pelas questões do sujeito coletivo de um tempo que é coletivo e, conforme aponta Bakhtin, (2018b):

> [...] é diferenciado e medido apenas pelos acontecimentos da vida coletiva, e tudo o que existe nessa vida existe apenas para a coletividade. [...] Trata-se de um tempo centrado ao máximo no futuro. É o tempo do cuidado laboral coletivo com o futuro: semeia-se para o futuro, colhem-se os frutos para o futuro (2018b, p. 169-170).

O tempo da infância em Malaguzzi e Barros encontra o cronotopo de Bakhtin (2019) em meio ao tempo da infância, e projeta-se com isso uma concepção de homem em um tempo e espaço histórico, em meio às relações entre as crianças e os adultos. Assim, um convite à partilha é feito, um encontro de gerações acontece, as crianças, mais do que qualquer outro ser, necessitam do "outro" – parceiro mais experiente – para serem e estarem no mundo; seus desenvolvimentos: intelectual, emocional e físico florescem passo a passo com os parceiros mais experientes; e o adulto, mais do que qualquer outra figura, tem a responsabilidade de cultivar esses encontros e, por meio deles, promover inúmeras vivências, contribuindo assim para o desenvolvimento das máximas capacidades humanas.

Todavia, para se ter vivências é preciso que haja um meio onde as crianças sintam-se afetadas e, por consequência, se humanizem; um meio onde possam experienciar, sentir, constatar, refutar, apropriar e objetivar seus aprendizados, e com isso perpetuar e transformar a atividade humana em todos os seus traços e percursos. Nesse nosso projeto de dizer tramado no decorrer dessas páginas, dialogaremos com pesquisadores que nos convidam a alargar nossas discussões sobre a humanização, e que, para além das vivências com o meio, também nos aproximam da relação das crianças com os livros, objetos da cultura humana e suas tantas narrativas com a infância.

Assim, o tempo da infância torna-se primordial para o desenvolvimento humano; é preciso ter e dar tempo para que os encontros possam constituir relações. Com isso, entender essa infância e o desenvolvimento geral do psiquismo infantil nos ajuda a pensar qual tempo de infância queremos para as crianças e, por consequência, para a perpetuação das futuras gerações. Para isso, Mello (2007) argumenta ser necessário "considerar a dialética do desenvolvimento psíquico da criança no processo em que se formam estruturas psíquicas qualitativamente novas". E destaca, como estratégia para reflexão, três elementos desse processo:

> [...] a formação por etapas da personalidade humana, cujo processo se inicia na infância; o caráter sistêmico desse processo e a compreensão que o desenvolvimento psíquico da criança, condicionado pela apropriação da experiência social, tem, ao mesmo tempo, uma base orgânica que cria as premissas indispensáveis para esse desen-

volvimento. Sem considerar essa dinâmica, não é possível dimensionar a importância da infância – de um modo geral – e dos períodos iniciais da infância – de modo particular – para a formação da personalidade humana (2007, p. 91).

Dessa forma, Mello (2007) nos elucida e instiga a compreender a importância da infância – de 0 a 6 anos – como potência e propulsora do desenvolvimento humano; e nos ajuda a buscar, na própria infância, as ferramentas necessárias para compreendê-la. Posto isso, será o que faremos agora.

O desenvolvimento da criança e o seu entorno: premissas para uma infância potente

A história da humanidade renasce a cada nova geração. Com o nascimento biológico e social do ser humano iniciam-se os primeiros passos desse indivíduo, carregados de ancestralidade. Tudo começa com a espécie humana ao longo de sua filogênese – termo usado para conceituar a origem e a evolução da vida –, tendo a herança hereditária e os fatores biológicos inatos do indivíduo como fatores determinantes para o processo de evolução da espécie; e, ao longo desse processo, transformando suas características morfológicas até chegar no que somos hoje: *Homo sapiens*, o que em latim significa "homem sábio" ou "homem que sabe".

Concomitantemente à evolução da espécie, segundo Leontiev (1978), surge um fator relevante nesse processo, um fator transformador, gerador de mudanças qualitativas no desenvolvimento do indivíduo: o aparecimento da sociedade humana e a capacidade do sujeito de criar e produzir que decorrem do trabalho. Com isso, ao explicitar o pensamento de Engels, para Leontiev (1978):

> [...] [a] hominização resultou da passagem à vida numa sociedade organizada na base do trabalho; que esta passagem modificou a sua natureza e marcou o início de um desenvolvimento que, diferentemente do desenvolvimento dos animais, estava e está submetido não às leis biológicas, mas às leis sócio-históricas (1978, p. 261).

Por esse viés, Volóchinov (2019), filósofo russo da linguagem, comenta a importância do nascimento do ser humano, e argumenta: não basta ao indivíduo o seu nascer biológico (com certeza tem um papel importante), só esse nascimento não o coloca como parte da história humana, é preciso um segundo nascimento: o nascimento social.

> Uma pessoa isolada, agindo em nome próprio, por sua conta e risco, não pode de modo algum ter relação com a história. Somente como parte do todo social, na sua classe e por meio da sua classe, a pessoa torna-se historicamente real e ativa. Para entrar na história não é suficiente o nascer físico – assim nasce um animal, mas ele não entra para a história –, é preciso uma espécie de segundo nascimento, social (Volóchinov, 2019, p. 60).

Com isso, as leis que determinam o desenvolvimento humano passam a ser determinadas pelas leis sócio-históricas, pela herança social e pelas relações sociais, o que faz com que as leis da hereditariedade se findem como determinantes e a humanidade dê o primeiro passo – de muitos – rumo às futuras gerações e suas criações. Por essa via, segundo Luria (1988, p. 26): "nós precisamos, por assim dizer, caminhar para fora do organismo objetivando descobrir as fontes das formas especificamente humanas".

Assim, de geração em geração, o ser humano produz e cria instrumentos que o auxiliam em sua tarefa de adaptar-se ao mundo e suas novas demandas, perpetuando e renovando-se a cada geração, entre elas: os livros, conversa que teremos adiante. É, sobretudo, nessa perspectiva que o homem se constitui por meio da história de seus antepassados e, principalmente, por meio da linguagem iminente nas relações sociais compartilhadas no meio social, seja pela escola, família, trabalho etc. Em contrapartida, o indivíduo constitui e ressignifica a sociedade, apropriando-se, produzindo e reproduzindo conhecimentos, aptidões e as formas tipicamente humanas cristalizadas, ou não, em seus produtos e relações.

Quando uma criança nasce, nasce com ela uma ancestralidade biológica, social e cultural, nasce um mundo de possibilidades, as quais podem se tornar, ou não, aprendizado e desenvolvimento ao longo de sua existência. Isso tudo fica ainda mais pungente no tempo da infância, no qual o desenvolvimento humano em cada criança está em um processo que é potente à medida que é impulsionado; perpassando, assim, por alguns períodos ou idades de desenvolvimento, as quais não coincidem em sua totalidade com a idade cronológica da criança (Mukhina, 1996), e sim, com uma idade conforme o próprio processo de humanização[3].

Por essa perspectiva, conhecer os períodos de desenvolvimento infantil pode nos ajudar a compreender a importância da infância no processo de humanização do sujeito e o peso que ela tem nesse processo. Para isso, a teoria histórico-cultural e seus estudiosos: Vigotski (1988, 2006, 2018); Leontiev (1988); Mukhina (2022)

---

[3]. O processo de humanização se constitui na relação dialética entre apropriação e objetivação. Numa breve definição desses conceitos e pensando essa dinâmica na educação infantil, podemos entender a apropriação como assimilação da experiência humana e a objetivação como a expressão ou a produção da cultura que se torna possível a partir da apropriação da experiência humana.

e Facci (2004) nos ajudam a elucidar esses períodos, tais quais: nascimento – primeiro ano de vida –, primeira infância – entre 1 a 3 anos –, idade pré-escolar – entre 4 a 7 anos –, períodos esses considerados como estáveis em cada estágio e relativamente graduais no que tange à dinâmica com que acontecem.

Nessa perspectiva, em cada período de desenvolvimento apresentado surge uma nova atividade, uma atividade principal no sentido de direcionar e conduzir todo o desenvolvimento durante determinado estágio ou período. Dessa forma, Leontiev, conforme citado por Mello (2007), conceitua por atividade principal:

> [...] a atividade cujo desenvolvimento governa as mudanças mais significativas no conhecimento do mundo, nos processos psíquicos e nos traços da personalidade da criança. A atividade é constituída por situações em que o motivo que leva a criança a agir é o próprio resultado da atividade, o que garante um profundo envolvimento emocional e cognitivo da criança na atividade (2007, p. 101).

Nesse sentido, e concordando com Vigotski (2006), a relação entre a criança e o seu entorno social tem suas especificidades e, por isso, é única e irrepetível em cada idade. Essa relação, a que chamamos de situação social de desenvolvimento, é o início das mudanças dinâmicas ocorridas durante cada período de desenvolvimento. Porém, como ocorrem essas mudanças? O que as impulsionam?

Conforme a criança vai se desenvolvendo, sua relação com o meio também vai mudando. Como argumenta Leontiev (1988), essa mudança ocorre porque muda a relação que a criança vem estabelecendo com sua realidade de vida social. A criança percebe que seu lugar no mundo das relações humanas já não corresponde às suas potencialidades e, com isso, faz um esforço para modificá-las. Sendo assim, torna-se "consciente das relações sociais estabelecidas, e essa conscientização a leva a uma mudança na motivação de sua atividade; nascem novos motivos, conduzindo-a a uma reinterpretação de suas ações anteriores" (Facci, 2004, p. 73).

Assim, no primeiro ano de vida, a "comunicação emocional dos bebês" é a atividade principal a reger o desenvolvimento das crianças e, conforme vão se desenvolvendo, sua relação com o meio também vai mudando. Antes, seu interesse era se relacionar emocionalmente com o adulto; posteriormente, essa atividade deixa de ser uma relação preponderante, passando para uma nova atividade: a manipulação dos objetos. Com isso, as crianças caminham rumo a um novo estágio do seu desenvolvimento, os saltos qualitativos apresentados anteriormente formaram a base para uma nova atividade principal, conhecida na primeira infância como atividade objetal manipulatória.

A atividade objetal manipulatória possibilita às crianças uma nova forma de relação com os objetos, as pessoas e, por consequência, o mundo. É por meio dessa relação que a função social destinada ao objeto se revela numa ação colaborativa com o adulto ou um parceiro mais experiente, proporcionando às crianças a função do objeto e como utilizá-lo socialmente, assimilando seu significado permanente.

Paralelamente às ações com os objetos, outra atividade se torna importante nesse processo: a linguagem oral, sendo esse o período mais sensível para o seu desenvolvimento, conforme afirma Mukhina (2022, p. 127): a "linguagem converte-se paulatinamente na principal via de acesso para a experiência social. Com a assimilação da linguagem, muda a percepção, a mentalidade, a memória e, de forma geral, todos os processos psíquicos da criança". Mello (2007) também aponta a importância da linguagem para mudanças significativas na percepção da criança, argumentando que esta, ao trocar a percepção sem palavras pela percepção verbal, muda significativamente o próprio desenvolvimento.

No final da primeira infância aparecem novas necessidades nas crianças. A atividade objetal perde sua força, dando lugar a uma nova formação, uma nova atividade principal: o jogo de papéis como forma de reprodução das relações sociais.

É no período pré-escolar que o jogo de papéis se torna a atividade principal, e as necessidades das crianças se voltam para as relações estabelecidas entre os adultos e seus respectivos papéis na sociedade, o que antes bastava a ações com os objetos e suas funções; agora, converte-se em imitar o adulto em suas relações de convívio social. Por isso, a ação lúdica, o jogo de papéis, se torna importante nesse processo, a criança não pode realizar as mesmas ações dos adultos: usar o telefone, cozinhar, ler; porém, por meio do brincar, saciará as necessidades de viver a vida adulta e ampliará significativamente o seu conhecimento de mundo e o seu psiquismo. Facci (2004) afirma que:

> [...] [o] principal significado do jogo, para Elkonin (1987), é permitir que a criança modele as relações entre as pessoas. O jogo é influenciado pelas atividades humanas e pelas relações entre as pessoas e o conteúdo fundamental é o homem – a atividade dos homens e as relações com os adultos (2004, p. 69).

É nesse período que é formada a função simbólica da consciência do psiquismo infantil, como também a ampliação da linguagem, tornando-se mais complexa, pois será pré-requisito para a interação das crianças nas brincadeiras com os amigos, compreendendo a dinâmica do papel a ser executado por ela, assim como a compreensão do conteúdo do jogo. No jogo, a criança desenvolve sua memória, sua atenção, sua imaginação e o controle da sua conduta, respeitando as regras do jogo de papéis em função de realizar um brincar cada vez mais sofisticado e o mais aproximado possível de suas vivências cotidianas com os adultos próximos de seu convívio (Facci, 2004; Leontiev, 1988; Mello, 2007).

Embora as atividades principais de cada estágio sejam as atividades norteadoras e o desenvolvimento dessas atividades impulsionem mudanças qualitativas nos processos psíquicos da criança (Leontiev, 1988), paralelamente outras atividades se desenvolvem influenciando muitas outras funções psíquicas e formas de conduta superior. E ainda vale salientar que, apesar de se constituírem em processos independentes, estão interligadas entre si.

Diante do exposto acima, podemos entender a real importância em compreender as regularidades do desenvolvimento infantil, a fim de oferecer à criança um entorno, ou meio, que promova o desenvolvimento ao longo da infância. Contudo, surge uma questão: Qual é o papel do meio no desenvolvimento infantil? E como ele pode impulsionar esse desenvolvimento?

Vigotski (2010) pode nos ajudar a responder. Para o autor, o meio tem um papel fundamental no desenvolvimento da criança, é por meio da relação estabelecida entre a criança e o meio – escola, elementos da cultura e natureza, relações –, em uma determinada etapa do desenvolvimento, que este servirá como fonte ao longo do processo do desenvolvimento infantil. Para defender essa ideia, Vigotski (2010) aborda algumas considerações que tratamos a seguir.

Para Vigotski (2010, p. 682), "o papel de quaisquer elementos do meio se distingue de acordo com as diferentes faixas etárias". Isso porque podemos oferecer à criança a leitura de um determinado livro de literatura infantil, por exemplo, sempre nas mesmas condições, sem alterar nada no meio e esse livro ser lido para a criança em diferentes idades durante sua infância – 8 meses, 3 anos ou 6 anos –, em cada fase, a percepção será diferente, ou seja, a percepção da criança aos 8 meses não será a mesma aos 3 anos, muito menos aos 6 anos quando suas percepções de mundo estão muito mais desenvolvidas.

Apesar de a história continuar sendo a mesma – elemento do meio – a cada faixa etária, a criança atribui diferentes sentidos para a narrativa, mesmo que o meio possa ter se mantido. O que mudou foi a relação da criança com o meio, a depender se tinha 8 meses, 3 ou 6 anos. Assim, "cada idade possui seu próprio meio, organizado para a criança de tal maneira que o meio, no sentido puramente exterior dessa palavra, se modifica para a criança a cada mudança de idade" (Vigotski, 2010, p. 682).

Ademais, o autor acrescenta a essa consideração mais um fator: o conceito de vivência, pois salienta que não basta apenas a criança se relacionar com o meio, é preciso vivenciar as situações, atribuindo-lhes sentido. No exemplo acima, destacamos que a cada faixa etária as crianças atribuem sentidos diferentes ao livro, é justamente o que Vigotski (2010) conceitua:

> A vivência é uma unidade na qual, por um lado, de modo indivisível, o meio, aquilo que se vivencia está representado – a vivência sempre se liga àquilo que está localizado fora da pessoa – e, por outro lado, está representado como eu vivencio isso, ou seja, todas as particularidades da personalidade e todas as particularidades do meio são apresentadas na vivência, tanto aquilo que é retirado do meio. Todos os elementos que

têm relação com dada personalidade, como aquilo que é retirado da personalidade, todos os traços de seu caráter, traços constitutivos que possuem relação com dado acontecimento (Vigotski, p. 686, 2010).

Desse modo, cada criança, dentro de sua singularidade, vivenciará de forma única as diferentes situações do meio e suas relações, exemplificando: não basta apenas ter livros nas prateleiras de casa, nas escolas e bibliotecas, é preciso que as crianças vivenciem de forma significativa a leitura desses livros como suportes mediadores do conhecimento. Sendo assim, o ser humano em sua trajetória apresenta-se como aquele que constitui a humanidade e que por ela é constituído. Partindo desse pressuposto, entendemos que o indivíduo, ao longo de sua ontogênese, cria e aperfeiçoa a materialidade da cultura humana – material (instrumentos e objetos) e não material (ciência, arte, linguagem, valores, crenças e costumes) – perpetuada entre gerações. Nesse viés, Leontiev (1978) registrou que:

> O indivíduo é colocado diante de uma imensidade de riquezas acumuladas ao longo dos séculos por inumeráveis gerações de homens, os únicos seres, no nosso planeta, que são criadores. As gerações humanas morrem e sucedem-se, mas aquilo que criaram passa às gerações seguintes que multiplicam e aperfeiçoam pelo trabalho e pela luta as riquezas que lhes foram transmitidas e "passam o testemunho" do desenvolvimento da humanidade (1978, p. 264).

Dessa forma, a criança como sujeito histórico e social, por meio da relação estabelecida com parceiros mais experientes, atribui sentidos às materialidades criadas pelo ser humano; e, com isso, significa e ressignifica o mundo. Nessa perspectiva, entendemos a importância do adulto, principalmente pais e professores, como aqueles responsáveis por oferecer junto às novas gerações a riqueza da essência humana.

> A infância é o tempo em que a criança deve se introduzir na riqueza da cultura humana histórica e socialmente criada, reproduzindo para si qualidades especificamente humanas. Isso permite às novas gerações subir nos ombros das gerações anteriores para superá-las no caminho do desenvolvimento tecnológico, científico e do progresso social. Desse ponto de vista, a luta pela infância – pelo direito a um tempo despreocupado com a produção da sobrevivência – e contra sua abreviação e sua exploração tem sido parte da luta histórica dos homens e mulheres que nos antecederam para melhorar a vida em sociedade (Mello, 2007, p. 90).

Por esse destaque, cabe afirmar que a infância tem um papel precípuo no desenvolvimento humano e a criança, ao longo de seu processo de desenvolvimento e na relação com seu meio, vai se apropriando da cultura humana, aprendendo e se desenvolvendo em uma relação dialética e dialógica, conforme o entorno se apresente rico em ofertas. Quanto mais elaborado, diverso e abundante o meio for em cultura, mais a criança se apropriará e se desenvolverá diante das oportunidades oferecidas nesse contexto. Sendo assim, esse é o tempo de infância que queremos, um tempo no qual as crianças sejam respeitadas e impulsionadas no direito de ser criança.

A infância e os livros: objetos da cultura humana

Como anunciado no início do diálogo que propomos neste texto, alargaremos nossas reflexões acerca da infância nos aproximando de pesquisadores que, ao longo dos anos, têm se debruçado sobre a relação entre os livros e as crianças, reiterando a compreensão da infância e as crianças em toda a sua inteireza, defendendo também que, ao se apropriarem da cultura humana, elas se desenvolvem e se humanizam.

Assim sendo, conforme Girotto e Leite (2022):

> É a partir da humanização que nos tornamos sujeitos, assim, quando a criança tem a possibilidade de entrar em contato com o livro-objeto damos a ela a oportunidade de apreciar a cultura nele presente. Se apresentado na mais tenra idade, maiores possibilidades serão criadas para seu desenvolvimento e sua formação como futuros leitores, cabe ao adulto propiciar esse encontro, a princípio, no seio familiar, em seguida no meio escolar (2022, p. 480).

Desse modo, as relações com a infância e os livros, objetos da cultura da humanidade, são formas genuínas de humanização. A partir das tantas vozes, culturas e mundos, tão presente nas páginas dos livros, as crianças vão adentrando em universos outros, labirintos inimagináveis; e, a cada nova história, vão entrelaçando-a em suas narrativas de vida tão singulares.

Partir desse pressuposto e se aproximar da literatura como linguagem e uma das fontes de humanização também nos convida a rever concepções.

> Conceber a humanização na infância por meio da literatura é saber que cada um se torna humano, também a partir dessas aprendizagens, já que as qualidades típicas do gênero humano estão "encarnadas" nos objetos culturais materiais ou não materiais, cujas características impulsionam o desenvolvimento sociocultural das crianças (Girotto & Aguiar, 2013, p. 3).

Assim, os diálogos entre infância e literatura emergem neste texto trazendo vozes outras que constituem os estudos e pesquisas acerca das relações entre os livros e as crianças. O poeta mineiro Bartolomeu Campos de Queirós, uma voz outra encharcada de tantas vivências literárias, ensina-nos em um dos seus escritos que a "liberdade, espontaneidade, afetividade e fantasia são elementos que fundam a infância. Tais substâncias são também pertinentes à construção literária. Daí, a literatura ser próxima da criança" (Queirós, 2012, p. 27). Ademais, essas marcas de humanização que inauguram a vida (afeto, liberdade etc.) são indispensáveis ao desenvolvimento de processos emancipatórios. Sobre isso, a pesquisadora e educadora argentina López (2016) salienta que:

> Todas as crianças leem desde o exato momento em que chegam ao mundo, leituras "emancipatórias", poderíamos dizer, uma imersão na língua materna que permite começar a construir sentidos aos infinitos estímulos que as rodeiam e ninam nos efeitos da cultura e da vida biológica (2016, p. 6).

E ainda reforça:

> Os livros são enormes estímulos para vivência afetiva. Um livro une a criança ao adulto, envolve-a em uma manta protetora comum, feita de ficções, palavras, tempos compartilhados e, portanto, garantidores, assim são tão importantes e transcendentes essas primeiras aproximações dos bebês aos livros, tantas vezes quanto as peçam, sem ordem de páginas, muitas vezes livros-brinquedos, que são lambidos, sacudidos, lidos, amados e interiorizados (2016, p. 35).

Vejamos, as palavras de López nos convocam a um olhar ainda mais cuidadoso na relação entre as crianças e os livros. É fundante que esses objetos da cultura humana habitem o cotidiano das crianças desde muito cedo, pois é nessa intimidade que livro e leitor comungam de um banho de palavras e se encharcam de histórias, culturas, tempos e espaços. Ainda ancorados nas pesquisas de Girotto (2016), o acesso e garantia dos livros aos pequenos configura-se num território necessário e imprescindível, uma vez que:

> [...] os pequenos e os pequenininhos usam, manuseiam, tocam, sentem, cheiram, brincam com os livros em sua materialidade gráfica ou via suportes e dispositivos digitais; vão imitando os adultos; vão buscando significar os gestos relacionados ao ato de ler, aos modos de ser leitor, já desde pequenininhos, cristalizados neste objeto da cultura humana – o livro (Girotto, 2016, p. 37).

Assim, vamos tentando com esta reflexão fechar o diálogo desta seção pegando emprestado o que Queirós (1999) nos diz sobre os livros como objetos da cultura humana: "o livro é passaporte, é bilhete de partida" e alargando nosso projeto de dizer aqui tramado, vale a pena algumas reflexões-mantras que nos acompanham durante nosso percurso lítero-acadêmico: Por quais travessias as crianças, que há tão pouco habitam este mundo, têm trilhado por meio dos livros? Como estamos sendo anfitriões desse mundo literário para os que aqui chegam e vivem suas infâncias nos mais diversos territórios? Desafio-intimação para todos nós!

Considerações finais

Como vimos, a infância, em sua essência, tem um papel fundamental no desenvolvimento humano: toda a sua potência requer e precisa de um meio organizado e direcionado para que possa pulsar e, assim, desenvolver a humanidade que há em todos nós. Os adultos, ou parceiros mais experientes – crianças maiores –, têm um papel fundamental nesse processo, pois é o principal enunciador de todos os traços que nos traduz como espécie e como seres sociais, porém, é preciso ressaltar a importância do papel do professor e da escola nesse processo, cuja principal função é ensinar "intencionalmente" e, com isso, impulsionar o desenvolvimento infantil e a apropriação da cultura humana por parte das crianças.

A literatura, por sua vez, se torna um rico instrumento nas mãos dos adultos – professor –, pois porta em sua essência a riqueza da cultura da humanidade e transporta as crianças a patamares de possibilidades, estimulando a criatividade, a memória ativa, a apropriação de infinitas formas de ver e compreender o mundo e suas relações. Ofertar a literatura como portadora de um conjunto semiótico[4] mediador (Arena, 2021) da cultura humana desde a mais tenra idade, é possibilitar à criança conhecer-se como ser histórico e social e, assim, ajudá-la em sua caminhada rumo ao esplendor de uma vida adulta mais humanizada.

Por fim, pretendemos com este texto enunciar aos leitores a responsabilidade que todos nós adultos temos em relação às futuras gerações. Temos um papel fundamental e um compromisso com nossas crianças e suas muitas infâncias, sendo assim, podemos asseverar: "Humanizar é preciso!" Desde esse ponto de vista, concluímos nosso projeto de dizer com as palavras de Bakhtin (2020c): "Não há álibi para nossa existência" e, por ocuparmos um lugar único e singular no evento de nossas vidas, devemos ser responsáveis por aquilo que pensamos, dizemos e fazemos no mundo; ninguém mais, além de nós mesmos, pode pensar, dizer e fazer por nós, humanizar é nossa prerrogativa, sendo assim, não temos álibi: humanizemos, humanizando-nos, no movimento dialógico da vida!

---

4. Ao entender a literatura para crianças e os modos como os indivíduos a criam, a usam e a transmitem como um conjunto semiótico, queremos compreender que as gerações humanas em uma cultura determinada, em um espaço histórico-geográfico determinado, tomam esse conjunto como o mediador de suas relações. Esse conjunto mediador porta, em seu núcleo, a materialidade, a imaterialidade e os atos culturais humanos. Os signos medeiam as relações, por isso os atos humanos também compõem esse universo sígnico.

Referências

Aguilera, M. I. C., Cabanellas; M. C. E., Cabanellas, J. J. E., & Rubio, R. P. (2020). *Ritmos infantis: Tecidos de uma paisagem interior*. Pedro & João.

Arena, D. B. (2021). Mediadores e literatura para crianças. *Revista do Programa de Pós-Graduação em Letras da Universidade de Passo Fundo, 17*(1), 7-21. https://doi.org/10.5335/rdes.v17i01.11554

Bakhtin, M. (2010). *A cultura popular na Idade Média e no Renascimento: O contexto de François Rabelais* (Y. F. Vieira, Trad.). Hucitec.

Bakhtin, M. (2018). *Teoria do romance II: As formas do tempo e do cronotopo*. Editora 34.

Bakhtin, M. (2020). *Para uma filosofia do ato responsável* (3a ed.). Pedro & João.

Facci, M. G. D. (2004). A periodização do desenvolvimento psicológico individual na perspectiva de Leontiev, Elkonin e Vigotski. *Cadernos Cedes, 24*(62), 64-81. https://doi.org/10.1590/S0101-32622004000100005

Girotto, C. G. G. S. (2016). *A criança, o livro e a literatura: a identidade leitora em constituição na infância*. [Tese de Livre-docência]. Universidade Estadual Paulista.

Girotto, C. G. G. S., & Aguiar, B. C. L. (2013). *A educação literária na primeira infância: livros e crianças pequenas*. In II Jornada de Didática. Londrina, PR.

Hoyuelos, A. (2015). Os tempos da infância. In M. L. R. Flores & S. S. Albuquerque (Orgs.), *Implementação da proinfância no Rio Grande do Sul. Perspectivas políticas e pedagógicas*. EdiPUCRS.

Leite, I. F., & Girotto, C. G. G. S. (2018). Os pequenininhos e o objeto-livro: a importância da Leitura no processo de humanização das crianças. *Educação em Análise, 7*(2), 477-493. https://doi.org/10.5433/1984-7939.2022v7n2p477

Leontiev, A. (1978). *O desenvolvimento do psiquismo*. Horizonte.

Leontiev, A. (1988). Princípios psicológicos da brincadeira pré-escolar. In L. S. Vigotski, A. R. Luria & A. N. Leontiev (Eds.), *Linguagem, desenvolvimento e aprendizagem* (M. da P. Villalobos, Trad.). Ícone.

López, M. E. (2016). *Os bebês, as professoras e a literatura: um triângulo amoroso*. Coleção Leitura e escrita na educação infantil. MEC/SEB.

Luria, A. R. (1988). Desenvolvimento da escrita na criança. In L. S. Vigotski, A. R. Luria & A. N. Leontiev (Eds.), *Linguagem, desenvolvimento e aprendizagem* (M. da P. Villalobos, Trad.). Ícone.

Mello, S. (2007). Infância e humanização: algumas considerações na perspectiva histórico-cultural. *Perspectiva, 25*(1), 83-104. https://doi.org/10.5007/%25x

Mukina, V. (2022). *Psicologia da idade pré-escolar*. Martins Fontes.

Queirós, B. C. (1999). *Os cinco sentidos*. Miguilim.

Queirós, B. C. (2012). Dossiê Bartolomeu Campos de Queirós. *Palavra: Literatura em Revista, 4*(46), 32-33.

Silveira, P. D., & Axt, M. (2015). Mikhail Bakhtin e Manoel de Barros: entre o cronotopo e a infância. *Revista Bakhtiniana, 10*(1), 176-192.

Vigotski, L. S. (2006). *Obras escogidas: Psicologia infantil* (2a ed). A. Machado Livros.

Vigotski, L. S. (2010). Quarta aula: a questão do meio na pedologia. *Psicologia USP, 21*(4), 681-701. https://doi.org/10.1590/S0103-65642010000400003

Vigotski, L. S. (2018). *Imaginação e criação na infância* (Z. Prestes & E. Tunes, Trads.). Expressão Popular.

Vigotski, L. S., Luria, A. R., & Leontiev, A. (1988). *Linguagem, desenvolvimento e aprendizagem* (M. da P. Villalobos, Trad.). Ícone.

Volóchinov, V. (2019). *A palavra na vida e a palavra na poesia* (S. Grillo & E. V. Américo, Trads.). Editora 34.

7
A especialidade de avaliação psicológica e a articulação com o contexto escolar

Monalisa Muniz

> *Highlights*
> - Avaliação psicológica e psicologia escolar e educacional são áreas que se entrelaçam desde o início da psicologia;
> - Avaliação psicológica e psicologia escolar e educacional em constante transformação, objetivando o compromisso social e a promoção dos direitos humanos;
> - A especialidade em avaliação psicológica qualifica os processos avaliativos no contexto escolar.

Este capítulo abordará a importância da avaliação psicológica para o contexto escolar, destacando a prática desse processo a partir de um especialista. Para uma melhor compreensão da importância do especialista em avaliação psicológica para se realizar processos avaliativos no contexto escolar (e em qualquer outro contexto), inicialmente se abordará a construção da relação entre a psicologia escolar e educacional com a prática da avaliação no contexto escolar. Esse histórico é relevante, pois avaliações mal-conduzidas e com embasamentos equivocados foram feitas por psicólogos não qualificados para essa prática, o que levou à suspeição da contribuição da avaliação para o contexto escolar e educacional.

Na construção dessa relação, que é permanente, os caminhos, que foram sendo percorridos nas áreas da avaliação psicológica e da psicologia escolar e educacional, foram mostrando a necessidade de mudanças e qualificação profissional, o que também interferiu na relação entre essas duas grandes áreas. Aqui no Brasil, uma ação que impulsiona essa qualificação é a Resolução CFP n. 03/2022 (Conselho Federal de Psicologia [CFP], 2022a), que institui as condições para concessão e registro de psicóloga e psicólogo especialista, e revoga as Resoluções CFP n. 13/2007, 03/2016 e 08/2019. O capítulo em tela tratará especificamente da especialidade em avaliação psicológica e como ela se articula para contribuir significativamente para o contexto escolar.

A psicologia escolar e educacional e a avaliação psicológica

Primeiro se faz necessário distinguir a psicologia escolar e a psicologia educacional. A escolar se refere ao campo prático de atuação do psicólogo e a educacional é uma área de conhecimento sobre fenômenos psicológicos no processo educativo (Antunes, 2008). Apesar dessa distinção, as duas se relacionam para a atuação do psicólogo na escola ao se fazer uso das teorias e dos saberes construídos pela psicologia educacional (Antunes, 2008; Giordani et al., 2022). As práticas avaliativas e interventivas do psicólogo que atua direta ou indiretamente no contexto escolar precisam se fundamentar na ciência produzida pela psicologia educacional.

No entanto, esse entrosamento entre a psicologia escolar e a educacional se distanciou ao longo dos anos de 1950 e 1960, ficando nítida uma incoerência por volta de 1970. A psicologia educacional tem como uma das suas bases a área da educação e produz conhecimentos também para as práticas pedagógicas, propiciando um corpo teórico e sistematizado para psicólogos e educadores que incorpora aos processos educativos fatores históricos, sociais, culturais, políticos, econômicos e pedagógicos. Porém, nos anos mencionados, a psicologia escolar, ou seja, os psicólogos que atuavam nesse ambiente, se apropriaram de forma equivocada das teorias e técnicas psicológicas e realizaram práticas reducionistas, culpabilizando as crianças e suas famílias pelas dificuldades escolares, e com compreensões pautadas apenas nos processos psicológicos (Antunes, 2008).

Uma das explicações para esse movimento reducionista está atrelada à regulamentação da profissão e da abertura de cursos de psicologia. Os profissionais da psicologia tiveram uma predileção aos campos da clínica e da organizacional, que importaram um modelo médico sustentando as práticas em uma modalidade clínico-terapêutica (Antunes, 2008). É nesse cenário que a crítica desse tipo de atuação se estendeu à avaliação psicológica, na verdade, aos testes psicológicos, mas que eram confundidos como práticas iguais. Nessa época, o objetivo das ações nas escolas era adaptar o indivíduo ao contexto na tentativa de normalizá-lo, e uma das ações para esse objetivo foi o uso indiscriminado de psicodiagnóstico (Giordani et al., 2022).

Anache e Reppold (2010) trazem um percurso histórico que nos ajuda na compreensão desse movimento reducionista. As autoras discorrem sobre o quanto a psicologia e outras ciências, em especial entre os anos de 1940 e 1970 aqui no Brasil (o que já estava ocorrendo nos países desenvolvidos há um maior tempo), estiveram vinculadas ao processo de industrialização e urbanização do país, que tinha o objetivo de se firmar no mundo capitalista. No caso da psicologia, para se organizar dentro desse novo modelo de funcionamento da sociedade, teorias e metodologias foram elaboradas para a adaptação ("homem certo no lugar certo") das pessoas nos diferentes espaços de atuação, como nas empresas e nas escolas. Dessa forma, e pautadas por concepções higienistas, condutas hoje inaceitáveis eram praticadas ao se estigmatizar, segregar e culpabilizar crianças que fracassavam nas escolas, trabalhadores que não apresentassem um determinado resultado em um teste ou pessoas com transtornos mentais (Anache & Reppold, 2010). Diante disso, a formação e prática em psicologia seguiu esse modelo, inclusive nas escolas conforme mencionado no parágrafo anterior.

No entanto, a partir de 1980, a psicologia brasileira se encontrava mais estabelecida na ciência e na profissão, com o Conselho Federal de Psicologia (CFP) instituído para a proteção da sociedade e com novos debates acontecendo. A ênfase nas discussões e proposições foi justamente os impactos sociais na vida da sociedade, condenando as discriminações e segregações, ou seja, um movimento crítico ao que se estava sendo construído na psicologia. Nessa época, a avaliação psicológica sofreu duras críticas, mas relacionadas aos testes psicológicos e a consequência dos resultados para a vida das pessoas, ainda mais por serem testes que não tinham qualidades psicométricas para a população brasileira (Anache & Reppold, 2010).

Quanto à psicologia escolar e educacional, que também estava imbuída do modelo reducionista e discriminatório, a crítica se fez presente e mais firme à prática do psicólogo escolar dentro de um formato clínico-terapêutico, individualizante e patologizante. Com isso, alguns trabalhos surgiram trazendo uma perspectiva mais abrangente, interdisciplinar, multifatorial, preventiva e coletiva do processo educacional. A psicologia educacional na construção de suas teorias e metodologias deve compreender a dimensão psicológica dentro de uma totalidade do fenômeno a ser estudado, já a psicologia escolar deve se fundamentar nessa concepção para o desenvolvimento dos processos interventivos (Antunes, 2008). Acrescenta-se aqui os processos avaliativos, que também são funções do psicólogo escolar.

A partir desse movimento crítico à psicologia, as teorias e metodologias vêm se modificando cada vez mais nesse entendimento integrador de variáveis que conjuntamente interferem na construção do ser humano, das relações e da sociedade. O mesmo ocorre com os processos e contextos de atuação dos psicólogos, nos quais as condutas profissionais devem considerar essa perspectiva integradora e se pautar no Código de Ética Profissional do Psicólogo (CEPP) (CFP, 2005). Esse código tem como base a Declaração Universal dos Direitos Humanos, prezando pela proteção e promoção dos direitos, da justiça, da igualdade, da liberdade, do respeito às diferenças e da democratização.

Como resultado desse novo cenário, as atuações dentro do contexto escolar estão em constante transformação. Hoje, a atuação do psicólogo escolar e educacional (em um entendimento que esses conhecimentos devem caminhar juntos) está voltada aos grupos, às relações construídas nesse contexto, ao coletivo e às variáveis biopsicossociais que podem interferir no processo pedagógico. Tem-se uma percepção ampliada sobre o desenvolvimento, a aprendizagem, a avaliação desses fenômenos (Giordani et al., 2022) e as propostas interventivas.

Apesar das mudanças ocorridas na psicologia, na atuação do psicólogo escolar e educacional, quando nos referimos à avaliação psicológica no contexto escolar (e em qualquer outro contexto), ainda é necessário cuidarmos dessa prática. Avaliação psicológica também vem se transformando, é uma área intrínseca à psicologia desde o início desta ciência que busca compreender os indivíduos e suas relações, e isso se faz avaliando, ou seja, coletando dados e analisando. Então, pode-se afirmar que a avaliação psicológica se transforma junto com a psicologia, com a psicologia escolar e educacional e com a sociedade numa relação dialética. A avaliação psicológica é uma área de pesquisa e atuação que considera todos os condicionantes psicológicos, sociais, biológicos, culturais, históricos, institucionais, políticos e econômicos. Assim como se pauta nos direitos humanos, contribuindo inclusive para a garantia e promoção desses direitos.

No entanto, enquanto área, a avaliação psicológica resguarda todas essas características supramencionadas, mas o mesmo não se pode afirmar dos profissionais que a praticam. Ainda há muita atuação equivocada e esse cenário precisa ser enfrentado para cada vez mais termos práticas qualificadas, éticas, técnicas e científicas. Diante disso, o maior aliado para essa luta é a formação básica e continuada, esta última tendo como exemplo a especialidade em avaliação psicológica.

A especialidade em avaliação psicológica qualificando a atuação do profissional

A avaliação psicológica é inerente à atuação do psicólogo (Nunes et al., 2012). O avaliar possibilita compreender a demanda, a pessoa, o grupo, o contexto e as relações para que se possa intervir de forma sustentada e orientada.

> A avaliação psicológica é um processo estruturado de investigação de fenômenos psicológicos, composto de métodos, técnicas e instrumentos, com o objetivo de prover informações à tomada de decisão, no âmbito individual, grupal ou institucional, com base em demandas, condições e finalidades específicas (CFP, 2022b, p. 1).

Conforme a Resolução CNE/CES, de 1 de outubro de 2023, que discorre sobre as Diretrizes Curriculares Nacionais dos cursos de graduação da psicologia no Brasil, entre as onze competências profissionais básicas, encontra-se a de:

> Realizar avaliação psicológica, buscando: a) identificar a necessidade de avaliações em indivíduos, grupos, famílias, comunidades, organizações ou sociedades; b) utilizar os diversos métodos e estratégias de avaliação em psicologia: entrevistas, observação, testes psicológicos, entre outros; c) selecionar, planejar e desenvolver avaliações utilizando métodos apropriados aos objetivos e aos propósitos das atividades; e d) integrar métodos, análises, sínteses e interpretação dos dados coletados (2023, p. 5).

Na sequência dessa competência está a de realizar intervenções psicológicas e psicossociais. Para a qual é apontada a necessidade de o profissional planejar as intervenções considerando e integrando informações de avaliação e intervenções psicológicas com indivíduos, grupos, comunidades, organizações e sociedade.

Com essas elucidações, pode-se afirmar que a avaliação psicológica é parte fundamental do trabalho do psicólogo e, por isso, a importância de cuidar dessa área na formação desse profissional. O zelo na formação se intensifica pela complexidade da área, a avaliação exige um conjunto de conhecimentos específicos da sua e de demais campos de estudo da psicologia. Por exemplo, além de o psicólogo ter que conhecer sobre diversos métodos, técnicas e testes de coleta de informação, é imprescindível saber sobre desenvolvimento humano, psicopatologias, teorias da personalidade e da inteligência, psicologia social, entre outros conhecimentos. Para além do saber, o profissional-psicólogo tem que apresentar a habilidade de como fazer uso das diversas informações no processo avaliativo.

Diante dessas considerações, entende-se o quanto a formação básica em psicologia precisa se comprometer a desenvolver habilidades mínimas para a prática da avaliação. Porém, somente com a continuidade do aprimoramento dessas habilidades, em uma formação continuada, é que o profissional terá maior probabilidade de desenvolver sua competência para realizar esse processo. A formação continuada é consenso para se desenvolver as competências, ainda mais frente ao cenário geral que se tem nos cursos de graduação, o qual pouco valoriza as disciplinas relacionadas à avaliação psicológica ou o ensinamento transversal nas demais disciplinas. Henklain e Muniz (2022) sugerem que algumas competências para a avaliação psicológica, como: saber o histórico da avaliação e ética em avaliação, podem ser ministradas em outras disciplinas, respectivamente história e ética da psicologia. Isso aproximaria da avaliação professores de diversas disciplinas e contemplaria o caráter transversal dessa área. Ainda, conforme Oliveira et al. (2021), todo psicólogo deveria saber fazer um processo de avaliação psicológica em sua área de atuação, o mesmo espera-se dos professores das diversas disciplinas da psicologia. Em específico sobre a temática deste capítulo, o professor de psicologia escolar e educacional precisaria conhecer sobre avaliação psicológica e usar esse conhecimento na formação dos futuros psicólogos, levando em consideração o contexto escolar, as especificidades desse ambiente, as demandas e a população desse contexto.

A formação em avaliação psicológica no Brasil é tema de diversas produções científicas, nas quais relatam poucas disciplinas, mínima quantidade de horas, conteúdo escasso para o desenvolvimento das competências e muitas vezes equivocados, falta de estrutura e de professores qualificados, alunos e profissionais com conhecimentos inadequados (Ambiel et al., 2019; Bardagi et al., 2015; Bueno & Peixoto, 2018; Mendes et al., 2013; Muniz, 2017; Noronha et al., 2002; Noronha & Santos, 2021; Nunes et al., 2012; Oliveira et al., 2021; Padilha et al., 2007; Reppold et al., 2020). Inclusive, conforme mencionado por Noronha e Santos (2021), ainda permanece intenso o equívoco em conceber teste psicológico e avaliação psicológica como sinônimos, demonstrando um profundo desconhecimento sobre o processo da avaliação e uma ferramenta possível de ser utilizada nesse processo, que é o teste. Como uma das consequências dessa formação insuficiente e/ou inadequada são as denúncias aos conselhos regionais de psicologia relacionadas a condutas de psicólogos que tendem a infringir a ética da profissão, sendo muitas delas comprovadas posteriormente. Esses dados podem ser visualizados nos trabalhos de Frizzo (2004), Reppold e Noronha (2010), Zaia et al. (2018) e Muniz (2018).

Após todas essas reflexões, nesse momento se faz necessário elucidar que a avaliação psicológica no Brasil nos últimos vinte anos passou por uma verdadeira revolução. É uma área que cresceu exponencialmente, ocupa os diversos campos de atuação do psicólogo, é reconhecida e respeitada pela categoria profissional e pela sociedade, e temos sim: práticas mais qualificadas; quantidade maior e mais significativa de psicólogos mais bem formados, em especial devido à formação continuada (especializações e pós-graduações *stricto sensu*); milhares de pesquisas que foram e são desenvolvidas; mais de sessenta laboratórios de pesquisa em avaliação localizados nas cinco regiões do país; inúmeras e permanentes produções científicas traduzidas em livros, capítulos, artigos, teses, dissertações e uma revista científica de alta qualidade especializada na área; eventos e associações científicas estritamente da área; resoluções e comissões permanentes do Conselho Federal de Psicologia para a avaliação psicológica e que fazem parte da maior conquista da área que é o Sistema de Avaliação de Testes Psicológicos, o Satepsi.

Esse desenvolvimento precisa ser uma luta permanente e o pensar e repensar a formação deve ser constante. Hoje a área da avaliação psicológica é forte e atuante, mas sabemos que ainda é necessário evoluir e qualificar cada vez mais os psicólogos para oferecerem à sociedade um trabalho ético, técnico, científico e de qualidade. Noronha e Santos (2021) apontam que as reflexões sobre a formação em psicologia (e pode-se estender para a avaliação psicológica) mostram uma preocupação com a qualidade dos profissionais, e isso não é um sinal de fragilidade, mas sim de exigência para permanente melhoria. Então, entende-se que a formação básica é crucial e a continuada é fundamental. Concordando com Reppold e Noronha (2021), a formação continuada, seja para fins acadêmicos ou atuação profissional, qualifica as práticas profissionais dos psicólogos que atuam *na ponta*, dentro dos variados campos em que a psicologia (logo a avaliação psicológica também) se insere. A ampliação dos conhecimentos técnicos e teóricos fundamenta a prática e contribui para reflexões das consequências, limitações e possibilidades de seu trabalho (Reppold & Noronha, 2021).

Reppold e Noronha (2021) também destacam que os psicólogos tendem a atuar com maior propriedade, segurança e efetividade ao conhecer os limites e avanços da área, o que refletirá em especial ao atuar interdisciplinarmente. Esse maior conhecimento se alcança com a formação continuada. A preocupação com a área e a formação dos psicólogos para atuarem com avaliação se traduziu em um movimento de profissionais, professores, pesquisadores e associações científicas da avaliação psicológica para que essa prática fosse reconhecida como uma especialidade (Reppold & Noronha, 2021). Essa segunda grande conquista está implementada por meio da Resolução CFP n. 18/2019 (CFP, 2019), sendo a 13º especialidade contida na Resolução CFP n. 03/2022 (CFP, 2022a), que institui condições para concessão e registro de psicóloga e psicólogo especialistas, e reconhece as especialidades da psicologia. Fazendo uso de um termo cunhado por Denise Bandeira, em 2011, a especialidade é significativa para se ter "psicólogos válidos", que fundamentem suas práticas na ciência psicológica e que compreendam a avaliação psicológica como um processo amplo, dinâmico, considerando a pessoa ou grupo avaliado e sua demanda como resultante de aspectos sociais, culturais e biológicos, contextualizando essa prática (Reppold & Noronha, 2021). A seguir será exposto na íntegra a parte sobre a avaliação psicológica contida na Resolução CFP n. 03/2022 (CFP, 2022a). É importante essa transcrição, pois o capítulo é mais um veículo de acesso a essa informação tão importante para a categoria profissional da psicologia e para a sociedade, já que muitos profissionais e cidadãos nunca tiveram contato.

Avaliação psicológica é a área de atuação profissional da psicologia referente à avaliação especializada em fenômenos psicológicos de ordem cognitiva, afetiva, comportamental e social, conforme o uso de métodos, técnicas e instrumentos psicológicos validados para obter informações fundamentais ou complementares. A psicóloga especialista em avaliação psicológica:

(a) Escolhe diferentes métodos, técnicas e instrumentos que empregará para realizar o processo de avaliação psicológica, conforme solicitações apresentadas, demandas identificadas e contextos do público-alvo a serem avaliados;

(b) Estabelece *rapport* no momento da avaliação psicológica para fins de planejamento e análise dos dados;

(c) Obtém informações mediante observação, descreve-as e analisa-as para complementar o processo de avaliação psicológica;

(d) Emprega métodos, técnicas e instrumentos psicológicos para investigar e registrar fenômenos, processos e construtos psicológicos de modo planejado e estruturado;

(e) Distingue, define, formula, elabora e conduz inquéritos para aprimorar o processo e o resultado de avaliações psicológicas;

(f) Administra, corrige e realiza aplicação de técnicas psicológicas, bem como aplicação e correção de instrumentos psicológicos conforme os respectivos manuais técnicos;

(g) Emprega, quando necessário, métodos, técnicas, relatórios e instrumentos validados e não privativos de outras profissões como fontes complementares de subsídio para a avaliação psicológica;

(h) Considera o aspecto circunstancial, dinâmico e multifacetado dos fenômenos e construtos psicológicos avaliados, bem como os alcances, limitações, condicionantes históricos, culturais e sociais e os impactos das consequências de avaliações psicológicas;

(i) Serve-se das informações obtidas na avaliação psicológica para proceder à devolutiva, com o objetivo de orientar demandantes e pautar o próprio exercício profissional frente ao avaliado;

(j) Compreende a teoria da medida e a psicometria aplicada à lógica da elaboração de instrumentos e da interpretação de dados;

(k) Desenvolve e atualiza testes com consistência técnico-científica, fundamentação teórica, objetivos, pertinência teórica, evidências empíricas, método objetivo de interpretação e correção, uniformidade processual.

É importante elucidar que o registro de especialista concedido pelo CFP é mediante comprovação acumulativa de exercício profissional efetivo, nos termos dos artigos 7º ao 9º da resolução sobre as especialidades. Além disso, é necessário apresentar conhecimento teórico-metodológico mediante conclusão de curso de especialização cursado à época e reconhecido pelo Ministério da Educação (MEC), ou aprovação em prova de especialista promovida pelo Conselho Federal de Psicologia. O psicólogo pode registrar em sua carteira de identidade profissional até duas especialidades.

Especialidade em avaliação psicológica: prática qualificada no contexto escolar

Como pode ser observado até o presente momento, a escola é um dos contextos de atuação do psicólogo que faz uso de avaliação psicológica para orientar intervenções. No entanto, o leitor também pode identificar que essa articulação entre a atuação e o contexto não teve um percurso histórico simples. Na história da psicologia e das áreas da psicologia educacional e escolar e da avaliação psicológica, diversos foram os enfrentamentos, tendo momentos nos quais a prática da psicologia escolar era predominantemente teórica, mas mesmo nesse contexto a avaliação psicoeducacional sempre se fez presente na prática do psicólogo dentro do âmbito escolar, pois as dificuldades e transtornos de aprendizagem e tantas outras facetas que permeiam essa realidade sempre estiveram presentes e, por essa via, também havia necessidade de se averiguar o que estava acontecendo. As duas áreas, assim como a própria psicologia, foram se transformando para evoluírem ao encontro de um comprometimento social com os direitos humanos, considerando os indivíduos, os grupos e suas relações como uma construção dinâmica e fruto de condicionantes psicológicos, sociais, biológicos, culturais, históricos, institucionais, políticos e econômicos.

Referente à avaliação psicológica, a especialidade reconhecida pelo CFP é uma das ações batalhadas pela área para que esse comprometimento social tivesse maior probabilidade de se estabelecer na atuação dos psicólogos ao realizar as avaliações. Não é uma garantia, pois não há como controlar toda atuação, mas coloca em destaque esse objetivo e faz com que a categoria e a sociedade possam se atentar para as práticas qualificadas. No mais, como já apontado, a especialidade tende a aprimorar a prática do psicólogo de maneira individual e coletiva, melhorando a atuação interdisciplinar, que é fundamental no contexto escolar.

O especialista em avaliação psicológica pode ser um profissional que esteja dentro do contexto escolar ou que desenvolve sua prática fora, mas que por vezes é solicitado a realizar avaliações vinculadas a esse contexto. Embora não tenha concordância de que o psicólogo escolar deva fazer avaliação psicológica dentro da escola, ainda assim pelas muitas demandas existentes nesse contexto, o psicólogo escolar, mas que também é especialista em avaliação psicológica, por exemplo, seria capaz de executar essa importante prática. Cabe ressaltar que independentemente de um ou outro tipo de atuação, caso o psicólogo seja especialista, a probabilidade de elaborar uma avaliação mais bem fundamentada, ética, técnica e científica é maior. Essa afirmação decorre dos requisitos supramencionados para se obter o título de especialista. A competência que deve ser comprovada se faz muito relevante diante de um contexto tão complexo como é o escolar. Giordani et al. (2022) mencionam que os psicólogos nas instituições educacionais devem considerar família, amigos, prática docente, variáveis institucionais e aspectos sociais. Sendo que os processos avaliativos não se restringem a avaliar questões de aprendizagem, assim como as intervenções devem objetivar o melhor para todos os envolvidos nesse contexto. Nessa perspectiva, a avaliação psicológica feita nesse contexto há muito já rompeu com o modelo "psicologizante", no qual buscava de forma mais restrita "diagnosticar" o aluno. Na atualidade, a avaliação psicológica busca olhar o aluno, os pais, os professores, a equipe pedagógica, a comunidade escolar, o entorno escolar, entre outros, com uma visão na qual atribui materialidade histórica e cultural a esses interlocutores. O êxito ou o insucesso escolar não devem ser vistos como parâmetros, pois cada sujeito reúne em si muita potencialidade, mas também pode reunir alguma condição que necessite de cuidado e atenção, de forma que esse aluno siga de forma mais tranquila seu desenvolvimento escolar. Posto isso, o papel da avaliação psicológica nesse contexto é assegurar que, por meio de uma análise pormenorizada, empregando fontes fundamentais e complementares, o aluno seja assistido em sua especificidade.

Posto isso, apesar de o especialista em avaliação psicológica contribuir com mais qualidade e maior significância para o contexto escolar, é importante refletir sobre as limitações de quem não está no dia a dia, no cotidiano escolar. Propõe-se aqui duas categorias para discorrer sobre o especialista em avaliação psicológica e seu papel para o contexto escolar: o especialista em avaliação psicológica que tem conhecimento sobre temáticas e demandas escolares e o especialista em avaliação psicológica que atua diretamente no contexto escolar e que tem os requisitos para ser ou é um especialista em psicologia escolar e educacional. Apesar de a especialidade em avaliação psicológica ser um diferencial de qualidade nos dois casos, é relevante se fazer algumas ponderações.

No primeiro caso, o especialista em avaliação psicológica, que tem conhecimento sobre o contexto escolar, poderá ser procurado para realizar avaliações com o objetivo de averiguar, por exemplo, quais motivos estão interferindo para uma pessoa não conseguir acompanhar os conteúdos que estão sendo ensinados. Giordani et al. (2022) apontam, a partir de suas experiências quanto às queixas escolares, que há as solicitações de: professores devido ao não acompanhamento de um aluno referente a um conteúdo que é esperado que consiga absorver; familiares por questões comportamentais, relacionais, socialização, adaptação, aprendizagem, marcos desenvolvimentais ou saúde; e do próprio aluno ou colegas quanto ao comportamento de risco, autopercepção da aprendizagem ou problemas que levem a sofrimento psíquico intenso e recorrente que envolva o contexto escolar.

Dentro desse universo de solicitações que tendem a ser mais individuais, mas sem deixar de considerar o amplo espectro de variáveis externas, o psicólogo pode se deparar com a investigação referente a diversas hipóteses, como transtornos de aprendizagem, deficiência ou altas habilidades da inteligência, habilidades sociais, ansiedade escolar, comportamento de risco como autolesões e suicídio, entre outros. Para cada demanda, de acordo com a pessoa a ser avaliada, o psicólogo especialista com conhecimento do contexto escolar saberá (assim se espera) quais os melhores métodos de investigação, como conduzir o processo, quem será envolvido na coleta de informações, como relatar aos interessados que tenham o direito a uma devolutiva e qual o encaminhamento mais adequado. Mas antes de iniciar ou continuar o processo, o especialista saberá (deveria saber) se tem competência para aquela demanda em específico, caso não tenha, deverá repassar a outro especialista.

Essas avaliações de características mais individuais voltadas ao contexto escolar, mesmo sendo feitas por profissional-psicólogo que tenha sua atuação, por exemplo, na clínica, deverão ser desenvolvidas envolvendo variáveis contextuais do campo escolar e dos demais atores desse ambiente. O especialista em avaliação psicológica ao ter (deveria ter) essa práxis, pautada em uma avaliação ampla, obterá melhores resultados para contribuir com intervenções a serem implementadas, objetivando a aprendizagem e o bem-estar da pessoa avaliada.

Ainda, quando se pensa nessas questões mais individuais que demandam avaliação, parece ser mais proveitoso quando feita por um psicólogo especialista em avaliação que não atue dentro do ambiente escolar. Essa reflexão se dá em função do que se espera de um psicólogo escolar educacional, segundo a especialidade dessa área. Assim como feito para a especialidade em avaliação psicológica, também será mencionado na íntegra a descrição da especialidade em psicologia escolar e educacional contida na Resolução CFP n. 03/2022 (CFP, 2022a).

A psicologia escolar e educacional é uma área de atuação profissional da psicologia referente à educação e ao processo de ensino-aprendizagem em todas as modalidades do sistema educacional e processos formativos em espaços de educação não formal. A psicóloga especialista em psicologia escolar e educacional:

(a) Analisa e propõe intervenções psicológicas em processos de ensino-aprendizagem, de acordo com características de docentes, discentes, normativas e materiais didáticos usados em instituições de ensino e intervenções em processos formativos em outros espaços educacionais;

(b) Promove, por meio de atividades específicas, o desenvolvimento cognitivo e afetivo de discentes, considerando as relações interpessoais no âmbito da instituição de ensino, da família e da comunidade;

(c) Contribui com a promoção dos processos de aprendizagem, buscando, juntamente com as equipes multiprofissionais, garantir o direito à inclusão de todas as crianças e adolescentes; promovendo ações voltadas à escolarização do público-alvo da educação especial;

(d) Avalia os impactos das relações entre os segmentos do sistema de ensino no processo de ensino-aprendizagem e elabora, ouvindo professores e equipe técnica, procedimentos educacionais adequados à individualidade de discentes;

(e) Oferece programas de orientação e de escolha profissional;

(f) Trabalha de modo interdisciplinar com equipes de instituições de ensino, a fim de desenvolver, implementar e reformular currículos, projetos pedagógicos, políticas e procedimentos educacionais;

(g) Usa métodos e técnicas e instrumentos adequados para subsidiar a formulação e o replanejamento de planos escolares, bem como para avaliar a eficiência de programas educacionais;

(h) Propõe e implementa intervenções psicológicas junto às equipes de instituições de ensino, a fim de realizar objetivos educacionais;

(i) Orienta programas de apoio administrativo e educacional, bem como presta serviços a agentes educacionais;

(j) Atua considerando e buscando promover a qualidade de vida da comunidade escolar, a partir do conhecimento psicológico;

(k) Atua nas ações e projetos de enfrentamento dos preconceitos e da violência na escola, orientando as equipes educacionais na promoção de ações que auxiliem na integração família, educando e escola, e nas ações necessárias à superação de estigmas que comprometam o desempenho escolar dos educandos.

Essa descrição do psicólogo escolar e educacional comunga com uma avaliação psicológica voltada para o coletivo, para processos que envolvem todos os atores do contexto escolar. Caso ocorra alguma avaliação individual, essa será feita em função de uma demanda coletiva que assim será analisada, ou seja, uma avaliação a ser integrada com diversas outras avaliações de demais indivíduos, relações, processos educativos, pedagógicos e institucionais. Diante disso, é imprescindível lembrar que a avaliação psicológica não é apenas para demandas individuais, o que vale retomar a definição:

> Avaliação psicológica é um processo estruturado de investigação de fenômenos psicológicos, composto de métodos, técnicas e instrumentos, com o objetivo de prover informações à tomada de decisão, no âmbito individual, grupal ou institucional, com base em demandas, condições e finalidades específicas (CFP, 2022a, p. 1).

O especialista em avaliação psicológica, também especialista – ou tendo os requisitos para ser – em psicologia escolar e educacional, saberá (é o que se espera) fazer uso conjunto dos conhecimentos específicos das duas áreas para realizar avaliações psicológicas que contribuirão com diversas atuações no contexto escolar e, junto com uma equipe multidisciplinar, demonstrar a relevância da avaliação psicológica para as tomadas de decisões. Ao se propor intervenções, programas e projetos, conforme destacado nas variadas atuações referentes ao psicólogo escolar e educacional, é necessário que se faça uma análise, uma avaliação a partir da ciência psicológica. Sim, considerando todos os condicionantes sociais, históricos, institucionais, biológicos, culturais, políticos, econômicos, mas de uma perspectiva da psicologia, que é a grande área de conhecimento e diferencial do profissional-psicólogo.

Desafios para o futuro

Ao se debruçar nos desafios para o futuro, ainda há um caminho a se percorrer na avaliação psicológica para que de fato a realidade escolar seja contemplada nos seus inúmeros aspectos. A especialidade aliada ao conhecimento do contexto escolar pode ser um caminho para que diagnósticos mais precisos sejam feitos.

Em todos os casos nos quais o profissional pode se inserir na realização da avaliação psicológica, conforme discutido anteriormente, quais sejam, pela via da especialidade, pela via da psicologia escolar ou ainda pelo contexto clínico; em todas essas inserções, o profissional não pode perder de vista que está atendendo um sujeito no qual seu território, sua construção social e afetiva com sua família, amigos, escola constituem essa avaliação. A avaliação psicológica para aqueles que atuam fora dos muros da escola deve ser construída também nessa realidade (ou seja, na escola).

Dessa forma, há um grande desafio para o psicólogo que realiza avaliação psicológica e que não está imerso na realidade escolar. Este deve buscar na escola, por meio de conversas/entrevistas feitas com os professores, outros alunos, equipe pedagógica, uma melhor compreensão do território em que essa criança vive, para então, com todos esses elementos, compor sua avaliação. A avaliação, ao mesmo tempo que está para além dos muros escolares (território/entorno/relações familiares), também está dentro dele (relações professor/aluno, aluno/equipe pedagógica, aluno/comunidade escolar, aluno/colegas da escola). Com esse olhar problematizador e não psicologizante do fenômeno, poderemos elaborar avaliações psicológicas estruturantes, atendendo de forma mais leal ao princípio da justiça social em avaliação psicológica dentro do contexto escolar.

Considerações finais

A especialidade em avaliação psicológica foi uma grande conquista da área da avaliação, tendo como protagonistas pesquisadores, professores, profissionais e associações de avaliação psicológica. A luta pela especialidade se justifica pela compreensão de que a avaliação psicológica reúne conhecimentos específicos e de que é necessário que o profissional apresente algumas competências para realizar avaliação, mesmo sendo esse processo inerente ao trabalho do psicólogo. Ou seja, ser psicólogo não indica que o profissional saiba fazer uma avaliação com qualidade.

Também é importante elucidar que a especialidade é generalista, ou seja, abrange competências fundamentais, mas que devem ser conciliadas com o conhecimento de um campo de atuação ou uma temática de atuação, como é o caso do contexto escolar. Posto isso, é verdade que a especialidade em avaliação psicológica não garante que o psicólogo saiba fazer todos os tipos de avaliação, independentemente de contexto e demanda. No entanto, unir especialidades potencializa favoravelmente o processo de avaliação psicológica, conforme discutido neste capítulo.

Esse entendimento vai ao encontro de outro motivo pela batalha quanto à especialidade, que é justamente a conscientização dos limites e possibilidades de atuação em avaliação psicológica proporcionada pelo maior conhecimento da área e de suas especificidades. A especialidade em avaliação psicológica se torna ainda mais fundamental diante do novo cenário, a conquista da Lei n. 13.935/2019, que garante a psicologia e o serviço social nas redes públicas de educação básica. É imperativo que se tenham profissionais qualificados para que os processos de avaliação psicológica sejam feitos de maneira ética, técnica e científica, com o objetivo de garantir e promover os direitos humanos e considerando e respeitando os condicionantes psicológicos, sociais, biológicos, culturais, históricos, institucionais, políticos e econômicos.

Referências

Ambiel, R. A. M., Zuanazzi, A. C., Sette, C. P., Costa, A. R. L., & Cunha, F. A. (2019). Análise das ementas de disciplinas de avaliação psicológica: Novos tempos, velhas questões. *Avaliação Psicológica*, *18*(1), 21-30. https://dx.doi.org/10.15689/ap.2019.1801.15229.03

Anache, A. A., & Reppold, C. T. (2010). Avaliação psicológica: Implicações éticas. In A. A. Santos, A. A. Anache, A. E. Villemor-Amaral, B. S. V. Welang, C. T. Reppold, C. H. S. Nunes et al. (Eds.), *Avaliação psicológica: Diretrizes para a regulamentação da profissão* (pp. 57-86). Conselho Federal de Psicologia.

Antunes, M. A. M. (2008). Psicologia escolar e educacional: história, compromissos e perspectivas. *Psicologia Escolar e Educacional*, *12*(2), 469-475. https://doi.org/10.1590/S1413-85572008000200020

Bardagi, M. P., Teixeira, M. A. P., Segabinazi, J. D., Schelini, P. W., & Nascimento, E. (2015). Ensino da avaliação psicológica no Brasil: Levantamento com docentes de diferentes regiões. *Avaliação Psicológica*, *14*(2), 253-260. https://doi.org/10.15689/ap.2015.1402.10

Bueno, J. M. H., & Peixoto, E. M. (2018). Avaliação psicológica no Brasil e no mundo. *Psicologia: Reflexão e Crítica*, *38*(3), 108-121. https://doi.org/10.1590/1982-3703000208878

Conselho Federal de Psicologia. (2005). *Resolução CFP n. 010/2005*. Brasília, DF. Recuperado de http://site.cfp.org.br/wp-content/uploads/2012/07/codigo_etica.pdf

Conselho Federal de Psicologia. (2019). *Resolução CFP n. 018/2019*. Brasília, DF. Recuperado de https://www.in.gov.br/web/dou/-/resolucao-n-18-de-5-de-setembro-de-2019-216322849

Conselho Federal de Psicologia (2022a). *Resolução CFP n. 03/2022*. Brasília, DF. Recuperado de https://www.in.gov.br/en/web/dou/-/resolucao-n-3-de-16-de-marco-de-2022-386760566

Conselho Federal de Psicologia (2022b). *Resolução CFP n. 31/2022*. Brasília, DF.

Conselho Nacional de Educação. (2023). Resolução CNE/CES n. 1, de 11 de outubro de 2023. Institui as Diretrizes Curriculares Nacionais para os cursos de graduação em Psicologia. Brasília, DF. Recuperado de https://www.in.gov.br/en/web/dou/-/resolucao-cne/ces-n-1-de-11-de-outubro-de-2023-518120795

Frizzo, N. P. (2004). *Infrações éticas, formação e exercício profissional em psicologia*. [Dissertação de Mestrado]. Universidade Federal de Santa Catarina.

Giordani, J. P., Bandeira, D. R., Hutz, C. S., & Trentini, C. M. (2022). Psicologia, educação e avaliação psicológica. In C. S. Hutz, D. R. Bandeira, C. M. Trentini & J. P. Giordani (Eds.), *Avaliação Psicológica no Contexto Escolar e Educacional* (pp. 17-26). Artmed.

Henklain, M. H. O., & Muniz, M. (2022). Proposição de objetivos de aprendizagem para uma disciplina introdutória de avaliação psicológica. *Avaliação Psicológica*, *21*(2), 215-226. https://dx.doi.org/10.15689/ap.2022.2102.19477.09

Lei n. 13.935, de 11 de dezembro de 2019. (2019). Dispõe sobre a prestação de serviços de psicologia e de serviço social nas redes públicas de educação básica. Brasília, DF. Recuperado de https://www.planalto.gov.br/ccivil_03/_ato2019-2022/2019/lei/l13935.htm

Mendes, L. S., Nakano, T. C., Silva, I. B., & Sampaio, M. H. L. (2013). Conceitos de avaliação psicológica: Conhecimento de estudantes e profissionais. *Psicologia: Ciência e Profissão*, *33*(2), 428-445. https://doi.org/10.1590/S1414-98932013000200013

Muniz, M. (2017). Competências e cuidados para a administração da avaliação psicológica e dos testes psicológicos. In M. R. C. Lins & J. C. Borsa (Eds.), *Avaliação Psicológica: Aspectos teóricos e práticos* (pp. 100-114). Vozes.

Muniz, M. (2018). Ética na avaliação psicológica: Velhas questões, novas reflexões. *Psicologia: Ciência e Profissão*, *38*(spe), 133-146. https://doi.org/10.1590/1982-3703000209682

Noronha, A. P. P., Castro, N. R., Ottati, F., Barros, M. V. C., & Santana, P. R. (2013). Conteúdos e metodologias de ensino de avaliação psicológica: um estudo com professores. *Paidéia*, *23*(54), 129-139. https://doi.org/10.1590/1982-43272354201315

Noronha, A. P. P., & Reppold, C. T. (2010). Considerações sobre a avaliação psicológica no Brasil. *Psicologia: Reflexão e Crítica*, *30*(número especial), 192-201. https://doi.org/10.1590/S1414-98932010000500009

Noronha, A. P. P., & Santos, A. A. A. (2021). Histórico da formação em avaliação psicológica no Brasil. In K. L. Oliveira, M. Muniz, T. H. de Lima, D. S. Zanini & A. A. A. dos Santos (Eds.), *Formação e estratégias de ensino em avaliação psicológica* (pp. 13-20). Vozes.

Noronha, A. P. P., Ziviani, C., Hutz, C. S., Bandeira, D. R., Custódio, E. M., Alves, I. B., Alchieri, J. C., Borges, L. O., Pasquali, L., Primi, R., & Domingues, S. (2002). Em defesa da avaliação psicológica. *Avaliação Psicológica*, *1*(2), 173-174. https://pepsic.bvsalud.org/scielo.php?script=sci_arttext&pid=S1677-04712002000200010

Nunes, M. F. O., Muniz, M., Reppold, C. T., Faiad, C., Bueno, J. M. H., & Noronha, A. P. P. (2012). Diretrizes para o ensino de avaliação psicológica. *Avaliação Psicológica*, *11*(2), 309-316.

Oliveira, K. L., Muniz, M., & Inácio, A. L. M. (2021). O que ensinar na disciplina de Avaliação Psicológica I? In K. L. Oliveira, M. Muniz, T. H. de Lims, D. S. Zanini & A. A. A. dos Santos (Eds.), *Formação e estratégias de ensino em Avaliação Psicológica* (pp. 85-108). Vozes.

Padilha, S., Noronha, A. P. P., & Fagan, C. Z. (2007). Instrumentos de avaliação psicológica: uso e parecer de psicólogos. *Avaliação Psicológica*, *6*(1), 69-76. https://pepsic.bvsalud.org/scielo.php?script=sci_arttext&pid=S1677-04712007000100009

Reppold, C. T., & Noronha, A. P. P. (2021). Especialidade e formação continuada em Avaliação Psicológica. In K. L. Oliveira, M. Muniz, T. H. de Lims, D. S. Zanini & A. A. A. dos Santos (Eds.), *Formação e estratégias de ensino em Avaliação Psicológica* (pp. 158-166). Vozes.

Reppold, C. T., Wechsler, S. M., Almeida, L. S., Elosua, P., & Hutz, C. S. (2020). Perfil dos psicólogos brasileiros que utilizam testes psicológicos: Áreas e instrumentos utilizados. *Psicologia: Ciência e Profissão*, *40*(201348), 1-14. https://doi.org/10.1590/1982-3703003201348

Zaia, P., Oliveira, K. S., & Nakano, T. C. (2018). Análise dos processos éticos publicados no Jornal do Federal. *Psicologia: Ciência e Profissão*, *38*(1), 8-21. https://doi.org/10.1590/1982-3703003532016

8
A especialidade da neuropsicologia e a articulação com o contexto escolar

Izabel Hazin
Laura Aragão
Caroline Leôncio
Ronildo Coutinho

Highlights
- A neuropsicologia escolar é uma especialidade da neuropsicologia que objetiva contribuir com o complexo processo ensino-aprendizagem;
- O neuropsicólogo escolar pode atuar em duas direções complementares, a saber, o enriquecimento e a remediação;
- Na atualidade, é possível identificar programas de intervenção neuropsicológica validados e destinados ao contexto escolar brasileiro.

A aprendizagem caracteriza-se enquanto processo complexo, contínuo e contextualizado que envolve distintas dimensões, entre as quais destacam-se: a afetividade, a cognição e a corporeidade, essas necessariamente precisam ser compreendidas no interior da história, da sociedade e de práticas culturais. Entretanto, não é possível construir conhecimento contemplando simultaneamente todos esses aspectos, o que constitui um desafio para a psicologia, que pode por um lado ser aprisionada numa perspectiva reducionista, na qual um único elemento explicaria a aprendizagem humana ou, por outro lado, resvalar para o ecletismo, no qual a consideração de uma vasta gama de aspectos é igualmente contraproducente, já que se torna impossível a compreensão da participação específica de determinado domínio no curso do processo de aprendizagem.

Isso posto, o objetivo deste capítulo é abordar as contribuições oriundas da neuropsicologia escolar para a compreensão da aprendizagem infantil. Assume-se aqui a prerrogativa de que os conhecimentos provenientes das neurociências precisam chegar ao chão da escola, ou seja, precisam garantir a proposição de rotas de aprendizagem que contemplem todas as crianças em suas formas qualitativamente distintas de ser e estar no mundo. Para tanto, vale ressaltar que alguns princípios norteadores são essenciais nessa empreitada.

O primeiro aspecto a ser admitido é que a criança não é uma ilha, as dificuldades de aprendizagem não podem ser consideradas numa dimensão individual, como parte integrante e responsabilidade única da criança. Para Vigotski (1989), os déficits apresentados por uma criança são secundários, uma vez que as causas primárias são as limitações impostas pela sociedade. Para o autor, a realização das possibilidades da criança não é definida pelo déficit, mas pelas condições sociopsicológicas a ela oferecidas.

O segundo aspecto refere-se à forma de atuação do profissional, essa precisa ser crítica e politizada, necessita considerar as dimensões sociais constituintes da criança. A dimensão da interseccionalidade não pode ser esquecida, ou seja, faz-se imprescindível abordar a aprendizagem a partir da consideração de aspectos como raça, gênero, presença de deficiência, entre outros determinantes históricos e sociais.

Por fim, como defendem Guzzo e Ribeiro (2019), a educação deve se constituir enquanto processo que promova o desenvolvimento de sujeitos autônomos e conscientes. Buscando contribuir com esse processo, este capítulo foi estruturado a partir de dois eixos articulados: caracterização da neuropsicologia escolar, objetivos e princípios teórico-metodológicos, e cenários de atuação e práticas neuropsicológicas, com ênfase na dimensão do enriquecimento.

Neuropsicologia escolar: princípios teórico-metodológicos

A neuropsicologia escolar é uma especialidade da neuropsicologia que se caracteriza pela aplicação dos conhecimentos teórico-metodológicos dessa área aos contextos da educação, da aprendizagem e da escola, com fins de contribuir com o complexo processo ensino-aprendizagem (Fonseca, 2019). Para tanto, integra o campo da neuropsicologia clínica e da psicologia escolar a partir da aplicação de saberes que envolvem as relações entre cérebro e comportamento, abrangendo dimensões desenvolvimentais e cognitivas, bem como a incorporação de conhecimentos dos sistemas escolares, leis de educação especial e neurociência educacional. Assim, a neuropsicologia escolar promove ações de avaliação e intervenção preventiva e remediativa junto a diversos membros da comunidade educacional, com foco no aprendizado efetivo (Fonseca et al., 2020; Miller et al., 2022).

A área enfrenta um desafio intrínseco a campos interdisciplinares: articular de forma coerente contribuições de diferentes especialidades e perspectivas epistemológicas para sua própria constituição enquanto disciplina. A pluralidade teórico-epistemológica tanto da educação quanto da neuropsicologia torna necessária a busca por evidências científicas para embasar as práticas educacionais e escolares. Em síntese, podemos pensar a neuropsicologia escolar como área emergente, mergulhada em tensões epistemológicas, que tem construído modelos teóricos e interventivos cada vez mais robustos e orientados para intervenção no campo escolar.

Neuropsicologia escolar: cenários de atuação e práticas

A primeira referência à neuropsicologia escolar, enquanto domínio específico de produção de conhecimento e prática, data do ano de 1981, na publicação de Hynd & Obrzut no *Journal of School Psychology*. Para os autores, trata-se da articulação entre princípios da neuropsicologia e da educação, mas destaca-se aqui que as suas práticas não estão limitadas aos processos de avaliação e intervenção individuais, mas englobam, especial e preferencialmente, ações que envolvem a comunidade escolar e as famílias. O profissional da neuropsicologia escolar atua em diferentes cenários, desenvolve e realiza distintas práticas (Miller & Maricle, 2019).

Segundo Miller (2007), a neuropsicologia escolar pode ser definida por quatro pilares centrais de atuação: (1) integração dos princípios neuropsicológicos e educacionais; (2) desenvolvimento e aplicação de processos incorporados de avaliação e intervenção; (3) facilitação dos processos de aprendizagem e de comportamento nos sistemas escolar e familiar; e (4) proposição e implementação de ambientes ideais de aprendizagem. Nessa direção, o neuropsicólogo escolar pode atuar em distintos cenários, tais como ambiente escolar, clínico ou secretarias, exercendo práticas de avaliação, pesquisa, capacitação, reinserção escolar e interconsulta (Miller, 2007), em duas direções complementares, a saber, o enriquecimento, foco central deste capítulo; e a remediação, ambas envolvendo o conjunto dos atores que compõem a comunidade acadêmica.

No que se refere ao enriquecimento, é importante destacar que cada estágio do desenvolvimento infantil é acompanhado da prontidão potencial de um sistema funcional dinâmico, constituído por fatores cerebrais específicos que oferecem suporte para a sua efetividade. Porém, esse processo não acontece de forma automática e biologicamente determinada, faz-se necessária a demanda externa, oriunda da sociedade, para que haja o aumento constante da maturação dos fatores psicológicos integrantes do sistema funcional. A ausência dessa demanda pode ocasionar fragilidades no funcionamento do sistema, enquanto a estimulação pertinente pode potencializar esse mesmo funcionamento (Sushchenko et al., 2021).

Por sua vez, na remediação, crianças com dificuldades de aprendizagem podem apresentar comprometimento em componentes sensório-motores, cognitivos e comportamentais. Nesse sentido, a neuropsicologia escolar pode contribuir com a proposição de rotas alternativas de aprendizagem, notadamente por meio da proposição de metodologias que considerem as peculiaridades do desenvolvimento de cada criança, com ajuda de abordagem individualizada (Sushchenko et al., 2021). Como esse não é o foco específico deste capítulo, sugere-se o texto de Miller e colaboradores para aprofundamento em termos de avaliação e intervenção junto a crianças com alterações do neurodesenvolvimento (Miller et al., 2022).

Em resumo, é possível identificar, portanto, que o neuropsicólogo escolar exerce funções em diferentes frentes as quais envolvem: (1) participação na gestão escolar por meio do planejamento, acompanhamento de métodos e instrumentos de aprendizagem; (2) avaliação de desempenho do aluno de acordo com o desenvolvimento neurocognitivo; (3) participação no planejamento de ações e políticas públicas; (4) intervenção precoce-preventiva em nível de grupo para estimulação de funções cognitivas e acadêmicas; (5) intervenção remediativa individual ou em pequenos grupos de alunos com dificuldades de aprendizagem primária ou secundária; (6) avaliação de alunos em grupo e individualmente de forma a traçar um perfil cognitivo; e (7) avaliação neuropsicológica institucional escolar com fins de análise dos métodos de aprendizagem. A seguir são descritas práticas específicas da neuropsicologia escolar nos âmbitos da remediação, enriquecimento e outros domínios de ação.

Avaliação neuropsicológica escolar no âmbito da saúde

No que se refere ao contexto brasileiro, os campos de atuação do neuropsicólogo escolar são limitados, uma vez que não há vagas ofertadas a esse profissional em instituições educacionais. Em função disso, a prática avaliativa do neuropsicólogo escolar permanece predominantemente inserida no âmbito do *setting* clínico, concentrando-se na avaliação neuropsicológica clínica das queixas de aprendizagem. Dessa forma, consiste no exame de diversos processos cognitivos (tais quais desenvolvimento intelectual, atenção, memórias, linguagem, praxias, funções executivas, leitura, escrita e matemática) e do desenvolvimento socioemocional do indivíduo, contextualizados a partir da história de vida e das relações estabelecidas com fatores ambientais e acadêmicos com a finalidade de promover um processo de aprendizagem bem-sucedido (Fonseca et al., 2020; Miller, 2022).

O profissional pode fornecer serviços de avaliação e interpretação neuropsicológica às escolas, não obstante o foco maior do processo avaliativo não seja o diagnóstico ou o entendimento de danos estruturais ou funcionais do cérebro, mas sim a compreensão do impacto de possíveis alterações para o funcionamento diário das crianças, bem como no desenvolvimento de sugestões prescritivas, e não diagnósticas (Miller, 2007). Sendo assim, pode-se concluir que as avaliações neuropsicológicas escolares e de desenvolvimento enfatizam o conceito de validade ecológica (Dooley, 2010).

Dooley (2010) preconiza que alguns conceitos e teorias básicas da neuropsicologia escolar possibilitam a identificação de déficits sutis no funcionamento cognitivo. Torna-se essencial retomar aqui que a avaliação neuropsicológica escolar, realizada no âmbito da saúde, tem como objetivo maior identificar processos relacionados a: funções sensório-motoras; funções atencionais; funções visuoespaciais; funções da linguagem; funções de memória; funções executivas; velocidade de processamento; habilidades cognitivas globais; desempenho acadêmico; e funções socioemocionais.

Diante do exposto, uma pergunta se faz constante: Qual a peculiaridade dessa modalidade de avaliação? Se mantém constante a necessidade de investigação do desenvolvimento em duas dimensões, a saber: a vertical, ou nomotética, e a horizontal, ou idiográfica (Hale & Fiorello, 2004). Na primeira, o desempenho da criança é compreendido a partir daqueles marcos esperados para a sua faixa etária (norma), ou no caso da escola, em função do desenvolvimento e desempenho de seus pares. Na segunda, a criança é compreendida nela e por ela mesma, ou seja, são estabelecidos os pontos de fragilidade e de força. Ressalta-se que, mesmo diante de déficits significativos, toda criança sempre terá habilidades mais fortes se comparadas a suas próprias zonas de fragilidade.

A partir das análises obtidas por meio desse complexo processo, o profissional da neuropsicologia escolar se mune de informações cruciais sobre a compreensão das manifestações funcionais, bem como das potencialidades e fragilidades do indivíduo, as quais subsidiam a proposição de recomendações direcionadas a ambientes domésticos, comunitários e acadêmicos, de modo a orientar acerca das práticas educacionais a serem utilizadas e que contribuam efetivamente para os processos de desenvolvimento e aprendizagem do aluno (Fonseca, 2019; Miller et al., 2022).

Intervenções de enriquecimento em neuropsicologia escolar

Na atualidade é possível identificar alguns programas de intervenção neuropsicológica validados e destinados ao contexto escolar brasileiro, os quais se caracterizam prioritariamente por promover estratégias de enriquecimento, ou seja, que visam potencializar o desenvolvimento dos alunos. Tais programas unem-se a um conjunto de atividades já realizadas em contexto escolar e que precisam ser compreendidas em toda a sua potencialidade, com destaque para brincadeiras e jogos largamente utilizados na escola desde há muitos anos atrás.

Destaca-se, como exemplo dos conteúdos supracitados, a cartilha: "Aprimorando e praticando habilidades de funções executivas com crianças e adolescentes". Trata-se de material desenvolvido pelo Centro de Desenvolvimento da Criança, da Universidade de Harvard, traduzido e adaptado pelo Laboratório de Neuropsicologia Cognitiva e Escolar da Universidade Federal de Santa Catarina (UFSC)[5].

No que tange aos programas estruturados, merecem destaque as intervenções preventivas voltadas para o desenvolvimento das funções executivas, quais sejam, o Programa de Intervenção em Autorregulação e Funções Executivas (Piafex), o Programa de Estimulação Neuropsicológica da Cognição em Escolares: ênfase nas funções executivas (PENcE) e a intervenção com a Regulação Emocional (RePENcE).

Esses programas têm como propósito proporcionar meios e oportunidades para a prática e, consequentemente, o desenvolvimento das funções executivas. Diante desse objetivo, essas iniciativas visam preparar os estudantes para enfrentar os crescentes desafios acadêmicos e sociais. Nessa perspectiva, não apenas propiciam o desenvolvimento de competências essenciais para o êxito na aprendizagem, mas também fomentam a integralidade do desenvolvimento dos alunos, ampliando suas capacidades de aprendizado e prevenindo possíveis dificuldades e transtornos.

Programa de Intervenção em Autorregulação e Funções Executivas (Piafex)

O Piafex (Dias & Seabra, 2013) desponta como um programa inovador, concentrando-se na promoção e estimulação do desenvolvimento das funções executivas em crianças da educação infantil e do 1º ano do Ensino Fundamental. Com indicação para aplicação pelo professor em sala de aula e, preferencialmente, em grupos, o programa complementar ao currículo escolar compreende 43 atividades organizadas em dez módulos básicos e um complementar. Esses módulos abordam desde a organização de materiais e rotinas até estratégias para o planejamento, a gestão de conflitos, a regulação emocional e a flexibilidade cognitiva. Vale ressaltar que quatro princípios fundamentais orientam o Piafex, destacando a interação professor-criança, o uso de mediadores externos, a fala privada e o estímulo à heterorregulação.

Os módulos-componentes do Piafex são os seguintes: Módulo 1 – Organização de materiais/Rotina e manejo do tempo; Módulo 2 – Organização de ideias, estabelecimento de objetivos e planos: estratégias para o dia a dia; Módulo 3 – Organização de ideias, estabelecimento de objetivos e planos: atividades de estimulação; Módulo 4 – Funções executivas nas atividades físicas/motoras; Módulo 5 – Comunicação e gestão de conflitos; Módulo 6 – Regulando as emoções; Módulo 7 – Trabalhando com colegas: oportunidade de exercitar a heterorregulação e a autorregulação; Módulo 8 – Jogando com os significados das palavras; Módulo 9 – Conversando sobre as atividades; Módulo 10 – A brincadeira planejada; Módulo complementar – O diário de Nina.

Programa de Estimulação Neuropsicológica da Cognição em Escolares: ênfase nas funções executivas (PENcE)

Desenvolvido por Cardoso e Fonseca (2016), o PENcE configura-se como um programa de intervenção neuropsicológica precoce e preventiva voltado para estimular e potencializar as funções executivas em alunos dos anos iniciais do Ensi-

---

5. Cf.: https://lance.paginas.ufsc.br/files/2020/05/Cartilha-Fun%C3%A7%C3%B5es-Executivas-Lance-Vol.-2.pdf

no Fundamental. Organizado em quatro módulos, cada um composto por etapas específicas, o PENcE visa ensinar estratégias cognitivas e metacognitivas por meio de atividades lúdicas, cognitivas e escolares. Exemplificando, por meio da condução de uma narrativa e de uma variedade de atividades lúdicas e cognitivas, as crianças são instigadas a refletir sobre seus próprios processos cognitivos. Nesse contexto, elas se apropriam das estratégias ensinadas, capacitando-se para aplicá-las em diferentes situações do cotidiano e em diversas disciplinas escolares. O programa foi estruturado em quatro módulos, cada qual composto por três etapas distintas: Módulo 1 – Planejamento e organização; Módulo 2 – Controle inibitório; Módulo 3 – Memória de trabalho; e Módulo 4 – Flexibilidade cognitiva.

Os princípios orientadores do PENcE incluem o ensino sistemático e explícito das funções executivas, o professor como modelo gradualmente retirado para promover autonomia, atividades lúdicas e cognitivas com diferentes níveis de complexidade, a fim de promover o aprimoramento das funções executivas, inclusão de estratégias de funções executivas nas atividades escolares e no conteúdo e a reflexão sobre as estratégias aprendidas e a consciência metacognitiva (Cardoso & Fonseca, 2016).

Intervenção com a Regulação Emocional (RePENcE)

A intervenção com a Regulação Emocional (RePENcE) tem como objetivo estimular a habilidade de regulação emocional em crianças em idade escolar. Busca proporcionar estratégias metacognitivas para que as crianças possam aprender a nomear e reconhecer emoções, identificar emoções em diferentes contextos e situações cotidianas, além de melhorar a capacidade de regulá-las. Essa intervenção pode ser usada como uma extensão do Programa PENcE, ou de forma independente (Cardoso et al., 2020).

Adicionalmente, no âmbito das intervenções direcionadas à aprendizagem escolar, o modelo que se baseia na resposta à intervenção (RTI, do inglês: *response to intervention*) destaca-se como um eficaz instrumento de intervenção preventiva, especialmente no contexto da leitura e escrita nas fases iniciais (Batsche et al., 2006; Miranda et al., 2017). Esse modelo fundamenta-se na implementação de um sistema integrado de triagem inicial, possibilitando a identificação precoce de estudantes cujo desenvolvimento e aprendizagem encontram-se aquém do esperado, além de proporcionar medidas preventivas e de remediação para superar as dificuldades de aprendizagem, por meio de distintos níveis ou camadas de intervenção (Fletcher & Vaughn, 2009).

No cenário brasileiro, pesquisadores têm investigado o modelo RTI, ressaltando sua eficácia comprovada no contexto da educação (Andrade et al., 2014; Brito et al., 2018; Fukuda, 2016). Essa abordagem não apenas possibilita a identificação precoce das dificuldades, mas também oferece estratégias eficazes para promover o desenvolvimento acadêmico, alinhando-se às necessidades específicas dos estudantes e contribuindo para a construção de uma base sólida no processo de aprendizagem.

Programa Heróis da Mente

O Programa Heróis da Mente (Carvalho & Abreu, 2023) foi desenvolvido para crianças de 7 a 10 anos dos anos iniciais do Ensino Fundamental, com o objetivo de desenvolver as funções executivas. Nesse programa, professores, neuropsicólogos e profissionais da infância se tornam catalisadores essenciais ao promoverem as funções executivas e a autorregulação emocional.

O núcleo inovador do Heróis da Mente reside em personagens cativantes que foram criados para envolver as crianças no desenvolvimento de habilidades cognitivas e emocionais. Esses heróis servem como modelos para as crianças, fornecendo orientação e táticas para aprimorar a autorregulação, o planejamento, o controle das ações e escolhas das crianças. O programa é dividido em quatro módulos temáticos: 1 – Organização e planejamento; 2 – Atenção, controle inibitório e flexibilidade cognitiva; 3 – Memória de trabalho e prospectiva; e 4 – regulação emocional. O programa foi inicialmente concebido para ser aplicado por professores em ambiente escolar, mas também pode ser utilizado em ambientes clínicos. Além disso, seis capítulos teóricos são disponibilizados fornecendo as bases teóricas para a aplicação do programa, sendo eles: Capítulo 1 – Conhecendo as funções executivas; Capítulo 2 – A narrativa e a importância do uso de histórias na infância; Capítulo 3 – Organização e planejamento; Capítulo 4 – Atenção, controle inibitório e flexibilidade cognitiva; Capítulo 5 – Memória de trabalho e prospectiva; e Capítulo 6 – Emoções e autorregulação.

Coleção Neuropsi Pró-Academics

A Coleção Neuropsi Pró-Academics é um material destinado à intervenção em funções executivas em estudantes universitários e em estudantes do Ensino Médio. É composta de três volumes, a saber:

O volume 1, intitulado *Funções executivas e aprendizagem acadêmica no Ensino Médio e Superior: Desenvolvimento do πFex-Academics e súmula de evidências* (Dias & Cardoso, 2023), apresenta cinco capítulos: "Habilidades essenciais no Ensino Superior: Leitura, escrita e o papel das funções executivas"; "Desenvolvimento e sumário de evidências do programa πFex-Academics aplicado a universitários"; "Processo de adaptação e relato de experiência da primeira aplicação do programa πFex-Academics para o Ensino Médio"; "Construção do módulo de resolução de problemas matemáticos do programa de intervenção em funções executivas pró-aprendizagem acadêmica"; "Por que estimular compreensão leitora e produção textual em estudantes adolescentes e adultos?"

O volume 2, intitulado πFEx-Academics: Programa de intervenção em funções executivas pró-aprendizagem acadêmica para universitários (Dias et al. 2023), apresenta os módulos e respectivas atividades do programa de intervenção aplicado à população universitária e, posteriormente, adaptado para estudantes do Ensino Médio. Este volume apresenta:

Por fim, o volume 3, intitulado πFEx-Academics-EM: Programa de intervenção em funções executivas pró-aprendizagem acadêmica – adaptação para Ensino Médio (Steffen, et al., 2023), consiste em módulos e respectivas atividades complementares ao programa voltado ao Ensino Médio e apresenta cinco módulos: Módulo 1: Competências básicas de estudo; Módulo 2: Compreensão de leitura e estratégias de estudo; Módulo 3: Trabalhos e projetos; Módulo 4: Produção escrita; Módulo 5: Resolução de problemas matemáticos.

Outras práticas em neuropsicologia escolar

Entre as práticas desenvolvidas pela neuropsicologia escolar está o âmbito da pesquisa. O neuropsicólogo escolar pode envolver-se em investigações baseadas em evidências para testar a eficácia de intervenções de base neuropsicológica. Adicionalmente, esse profissional desempenha um papel igualmente importante no desenvolvimento curricular, na concepção da sala de aula e na integração de um ensino diferenciado que também se pauta na literatura neuropsicológica e/ou educacional, a fim de proporcionar um ambiente de aprendizado ideal para cada criança, sobretudo em contexto de neurodiversidade (Miller, 2007).

Nesse aspecto, Carvalho et al. (2020) sumarizam o modelo de Resposta à Intervenção (RTI) como proposta articulada de pesquisa e intervenção, cujo objetivo é prevenir e lidar com dificuldades de aprendizagem (Arrimada, 2023). Trata-se do método com suporte empírico mais difundido no escopo de avaliação de práticas em neuropsicologia escolar.

O modelo RTI está estruturado numa lógica hierárquica, com três camadas que geram um fluxo de especialização. Como apontado pelos autores, a primeira camada tem foco preventivo e é direcionada para todos os estudantes. A segunda camada é orientada para formação de grupos, centrados na semelhança das dificuldades. A terceira camada, finalmente, é estruturada para intervenções mais específicas com ênfase nas dificuldades individuais.

Primeiramente, as intervenções do RTI são necessariamente acionadas por triagem universal inicial, cujo objetivo é a identificação a princípio de alunos com dificuldades. Em segundo lugar, são implementados programas direcionados para a aquisição de habilidades e conteúdos específicos como, por exemplo, a escrita. O neuropsicólogo escolar deve acompanhar a resposta dos alunos à intervenção para tomar decisões instrucionais. Em terceiro lugar, o neuropsicólogo estabelece diretrizes metodológicas para aumentar a intensidade da intervenção e superar as possíveis dificuldades ainda apresentadas por um grupo específico de alunos. Em quarto lugar, o neuropsicólogo pode encaminhar os alunos que ainda apresentem dificuldades para a instrução de alta qualidade, sendo esse o último princípio do RTI (Arrimada, 2023).

Na mesma linha, Flanagan et al. (2022), em consonância com o exposto, apontam esse modelo como um dos marcos para o desenvolvimento da área, conjuntamente com articulação entre teorias neuropsicológicas com a psicometria e a ampliação do modelo CHC (Cattell-Horn-Carroll). Tal processo desloca o foco do aluno e da escola para os modelos de aprendizagem e o currículo. Outros pontos relevantes para o campo são a ênfase no comportamento adaptativo, na identificação de problemas de aprendizagem (Cartwright & Dryden, 2022; Weller et al., 1994) e no papel das funções executivas para o aprendizado (Loureiro et al., 2023).

Assim, os profissionais formados em neuropsicologia escolar trazem conhecimento e compreensão dos sistemas escolares, leis e procedimentos de educação especial, bem como de técnicas de intervenção escolar. Com base nesses conhecimentos, consiste importante prática do neuropsicólogo escolar promover formação continuada para educadores e pais sobre os fatores neuropsicológicos relacionados com as dificuldades de aprendizagem comuns na infância. Destaca-se ainda o papel do neuropsicólogo escolar ao atuar como elo entre a escola e profissionais de saúde para a reinserção de alunos que apresentem condições clínicas específicas, ou mesmo estando à frente de interconsultas, a fim de auxiliar na interpretação de dados neuropsicológicos provenientes de profissionais externos (Miller, 2007).

Considerações finais

A pandemia de covid-19 ocasionou significativos impactos para muitos setores, assim como uma das maiores interrupções no processo de aprendizagem da história, decorrente do fechamento das escolas. Na atualidade, dados de 2022 do Programa Internacional de Avaliação de Estudantes (Pisa), publicados pela Organização para a Cooperação e Desenvolvimento Econômico (Ocde), apontam que o Brasil tem um dos piores desempenhos tanto em matemática quanto em leitura e ciências. Tais dados, apesar de não serem uma novidade, trazem para a escola o desafio premente de reinvenção. Nessa direção, a neuropsicologia escolar desponta como domínio de problematização e intervenção que pode somar-se a outras disciplinas e práticas que atuam junto à comunidade escolar.

No entanto, para alcançar tal objetivo faz-se necessário o enfrentamento de alguns pontos nevrálgicos. A neuropsicologia escolar, assim como qualquer outro domínio científico e profissional, precisa estar atenta a questões constituintes da diversidade humana, tais quais gênero, raça, deficiência, entre outras. É preciso assumir o compromisso com a equidade, diversidade, inclusão e justiça social, de modo a contribuir efetivamente para a construção de rotas alternativas de aprendizagem que garantam a compensação das fragilidades que podem emergir a partir de diferentes contextos.

O profissional da neuropsicologia escolar precisa debruçar-se sobre o contexto de produção dos instrumentos de avaliação e intervenção, comumente desenvolvidos fora do Brasil ou, ainda que em contexto nacional, raramente considerando as variáveis culturais que participam do processo dialético de organização funcional cerebral e da emergência das funções mentais superiores. Adicionalmente, é imprescindível problematizar e investigar o impacto desses contextos adversos na manifestação de condições neurológicas e alterações de desenvolvimento. Apenas dessa maneira, a neuropsicologia escolar cumprirá com a mudança necessária, a saber, a mudança de perspectiva, que para os psicólogos da libertação significa atender finalmente aos de baixo e não apenas aos de cima, conforme preconizado por Holzkamp (Oliveira & Guzzo, 2022).

Referências

Arrimada, M. (2023). Response to intervention as a framework to implement writing interventions: opportunities and challenges. In M. Arrimada (Ed.), *Conceptualizing, designing, implementing, and evaluating writing interventions*. Series: Studies in Writing. Brill. https://doi.org/10.1163/9789004546240_010

Andrade, O. V. C., Andrade, P. E., & Capellini, S. A. (2014). *Modelo de resposta à intervenção – RTI: como identificar e intervir com crianças de risco para os transtornos de aprendizagem*. Pulso Editorial.

Batsche, G., Elliot, J., Graden, J. L., Grimes, J., Kovaleski, J. F., Prasse, D., & Tilly, W. D. (2006). *Response to intervention: Policy considerationsand implementation*. National Association of State Directors of Special Education.

Becker, F. (2012). Modelos pedagógicos e modelos epistemológicos. In F. Becker (Ed.), *Educação e construção do conhecimento* (2a ed.). Penso.

Brito, G. R., Seabra, A. G., & Macedo, E. C. (2018). Implementação do modelo de resposta à intervenção em uma classe de 5º ano do ensino fundamental da rede pública de ensino: Relato de experiência. *Revista Psicopedagogia, 35*(106), 82-93.

Cardoso, C. O., & Fonseca, R. P. (2016). *Programa de estimulação neuropsicológica da cognição em escolares: Ênfase nas funções executivas*. Book Toy.

Cardoso, C. de O., Serra, R. G., & Fonseca, R. P. (2020). *Repence regulação emocional*. Book Toy.

Cartwright, J., & Dryden, M. (2022). Assessing and Intervening with Children with Developmental Delays. In D. C. Miller, D. E. Maricle, C. L. Bedford & J. A. Gettman (Eds.), *Best practices in school neuropsychology: Guidelines for effective practice, assessment, and evidence-based intervention* (2a ed., pp. 87-119). John Wiley & Sons.

Carvalho, C. F., & Abreu. N. (2023). *Heróis da mente*. Vetor.

Carvalho, C. F., Neiva, A. C. L., Mello, V. O., & Andrade, N. C. (2020). *Modelos em neuropsicologia escolar e educacional no mundo*. In R. P. Fonseca, A. G. Seabra & M. C. Miranda (Eds.), *Neuropsicologia Escolar* (pp. 121-143). Pearson.

Dias, N. M., & Seabra, A. G. (2013). *Programa de intervenção sobre a autorregulação e funções executivas – PIAFEx*. Memnon.

Dias, N. M., Gomes, C. M. A., Reppold, C. T., Bastos, A. C. M. F., Pires, E. U., Carreiro, L. R. R., & Seabra, A. G. (2015). Investigação da estrutura e composição das funções executivas: Análise de modelos teóricos. *Psicologia - Teoria e Prática*, 17(2), 140-152. https://doi.org/10.15348/1980-6906/psicologia.v17n2p140-152

Dias, N. M., & Cardoso, C. de O. (2023). *Funções executivas e aprendizagem acadêmica no ensino médio e superior: Desenvolvimento do πFex-Academics e súmula de evidências* (Coleção Neuropsi Pró-Academics). Memnon.

Dias, N. M., Cardoso, C. de O., Colling, A. P. C., & Fonseca, R. P. (2023). πFEx-Academics: Programa de intervenção em funções executivas pró-aprendizagem acadêmica para universitários (Coleção Neuropsi Pró-Academics). Memnon.

Dooley, C. (2010). Assessing and intervening with children with developmental delays. In D. C. Miller (Ed.), *Best practices in school neuropsychology: Guidelines for effective practice, assessment, and evidence-based intervention* (pp. 329-357). John Wiley & Sons.

Fletcher, J. M., & Vaughn, S. (2009). Response to intervention: Preventing and remediating academic difficulties. *Child Development Perspectives*, 3(1), 30-37. https://doi.org/10.1111/j.1750-8606.2008.00072.x

Fonseca, R. P. (2019). Neuropsicologia escolar. In N. M. Dias & C. O. Cardoso (Eds.), *Intervenção neuropsicológica infantil: aplicações e interfaces* (pp. 217-240). Pearson.

Fonseca, R. P., Seabra, A. G., & Miranda, M. C. (2020). Neuropsicologia escolar: revisitando conceitos e práticas. In R. P. Fonseca, A. G. Seabra & M. C. Miranda. (Orgs.), *Neuropsicologia escolar* (pp. 55-96). Pearson.

Fukuda, M. T. M. (2016). *Modelo de Resposta à Intervenção (RTI) para desenvolvimento das habilidades fonológicas com tutoria instrucional em contexto escolar: elaboração e controle de eficácia*. [Dissertação de Mestrado]. Universidade Estadual Paulista.

Gottfredson, L. S. (1997). Mainstream science on intelligence: An editorial with 52 signatories, history, and bibliography. *Intelligence*, 24(1), 13-23. https://doi.org/10.1016/S0160-2896(97)90011-8

Guzzo, R., & Ribeiro, F. (2019). Psicologia na Escola: construção de um horizonte libertador para o desenvolvimento de crianças e jovens. *Estudos e Pesquisas em Psicologia*, 19(1), 298-312. https://pepsic.bvsalud.org/scielo.php?script=sci_arttext&pid=S1808-42812019000100017

Haase, V. (2008). Um sistema nervoso conceitual para o diagnóstico neuropsicológico. *Contextos Clínicos*, 1(2), 125-138. https://doi.org/10.4013/ctc.20082.08

Hale, J. B., & Fiorello, C. A. (2004). *School neuropsychology: A practitioner's handbook*. The Guilford Press.

Loureiro, V. D. S., Oikawa, K. D. C., & Cardoso, F. B. (2023). Mind, brain and education: Neuropsychological contributions to executive function training in the classroom with students with ADHD. *Concilium*, 23(21), 194-218. https://doi.org/10.53660/CLM-2448-23S42

Miller, D. C. (2007). *Essentials of school neuropsychological assessment*. John Wiley & Sons.

Miller, D., & Miracle, D. (2019). *Essentials of school neuropsychological assessment* (3a ed.). John Wiley & Sons.

Miller, D. C., Maricle, D. E., Bedford, C. L., & Gettman, J. A. (2022). *Best practices in school neuropsychology: Guidelines for effective practice, assessment, and evidence-based intervention*. John Wiley & Sons.

Miranda, M. C., Capellini, S., & Seabra, A. (2017). RTI como abordagem de identificação da dislexia de desenvolvimento. In J. Salles & A. L. Navas (Eds.), *Dislexias do desenvolvimento e adquiridas* (pp. 51-63). Pearson.

Oliveira, L., & Guzzo, R. (2022). *Martin-Baró & Klaus Holzkamp: um encontro necessário para a psicologia*. Dialética.

Steffen, L., Sperafico, Y. L. S., Cardoso, C. de O., & Dias, N. M. (2023). *πFEx-Academics-EM: Programa de intervenção em funções executivas pró-aprendizagem acadêmica – adaptação para ensino médio* (Coleção Neuropsi Pró-Academics). Memnon.

Sushchenko, L., Lysohor, L., Pavlyk, O., Shvets, O., Kulesha-Liubinets, M., & Pavlenko, V. (2021). Neuropsychological support of education and creative activity of primary school age children with special educational needs. *BRAIN. Broad Research in Artificial Intelligence and Neuroscience*, *12*(3), 105-126. https://doi.org/10.18662/brain/12.3/223

Schelini, P. W. (2006). Teoria das inteligências fluida e cristalizada: Início e evolução. *Estudos de Psicologia*, *11*(3), 323-332. https://doi.org/10.1590/S1413-294X2006000300010

Solovieva, Y., Rojas, L. Q., Akhutina, T., & Hazin, I. (2020). Historical-cultural neuropsychology: A systemic and integral approach of psychological functions and their cerebral bases. *Estudos de Psicologia*, *24*(1), 65-75. https://doi.org/10.22491/1678-4669.20190008

Vigotski, L. S. (1989). *Obras completas. Tomo cinco: Fundamentos de defectologia*. Editorial Pueblo Y Educación.

Weller, C., Watteyne, L., Herbert, M., & Crelly, C. (1994). Adaptive behavior of adults and young adults with learning disabilities. *Learning Disability Quarterly*, *17*(4), 282-295. https://doi.org/10.2307/1511125

9
Considerações sobre a formação do psicólogo para atuação no contexto escolar

Marilda Gonçalves Dias Facci
Jacsiane Pieniak
Fabíola Batista Gomes Firbida

> *Highlights*
> - Em 2019 tivemos a aprovação da Lei n. 13.935/2019 (2019). Essa Lei dispõe sobre a prestação de serviços de psicologia e de serviço social nas redes públicas de educação básica;
> - Podemos constatar que esse estudante tem potencialidades para serem desenvolvidas e que essas não estão dadas *a priori* e não podem ser adquiridas espontaneamente;
> - Na formação dos psicólogos escolares e educacionais o tema da avaliação pode instrumentalizar os estudantes para enxergarem a totalidade e complexidade de fatores que interferem no processo ensino-aprendizagem;
> - O desenvolvimento não deve ser aferido somente pela quantidade de conhecimentos adquiridos, mas sim por "sua capacidade de usar objetos em seu mundo externo e, acima de tudo, usar racionalmente seus próprios processos psicológicos" (Vigotski & Luria, 1996, p. 237).

Em 2019 houve a aprovação da Lei n. 13.935/2019 (2019), que dispõe sobre a prestação de serviços de psicologia e serviço social nas redes públicas de educação básica. Um marco significativo no cenário educacional do país e para a formação em psicologia, dada a necessidade de profissionais para atuar nesse contexto. Entretanto, os profissionais que optam por atuar no âmbito escolar devem possuir a compreensão aprofundada de sua singularidade, visto que isso é essencial para que possam desempenhar suas funções em conformidade com os objetivos fundamentais da escola.

A promulgação da lei implica o reconhecimento da importância das relações entre a esfera singular, social, emocional e cognitiva. Revela, ainda, a necessidade de abordagens multiprofissionais que contribuam para a melhoria do processo educacional, considerando a complexidade e a diversidade de aspectos que influenciam o desenvolvimento integral dos indivíduos no ambiente escolar, incluindo fundamentalmente aspectos psíquicos, em especial a respeito do processo ensino-aprendizagem.

A trajetória que culminou na aprovação da Lei foi de pelo menos 19 anos entre a primeira proposta do Projeto de Lei n. 3688/2000 e a aprovação da versão final da Lei n. 13.935/2019. Participando da diretoria da Associação Brasileira de Psicologia Escolar e Educacional (Abrapee), tivemos a oportunidade de acompanhar a tramitação até sua aprovação. Durante esse período, surgiram vários questionamentos, críticas e desconhecimentos sobre a atuação do psicólogo no âmbito educacional. Muitas discussões também foram travadas acerca da necessidade de uma formação que instrumentalizasse os futuros psicólogos para atuar na educação e os desafios que se tem pela frente para que a psicologia, nesse campo de atuação, tenha um compromisso com a emancipação humana.

Considerando esses pontos, o objetivo deste capítulo é apresentar algumas considerações sobre a formação do psicólogo destinada à atuação na educação. Pretendemos contribuir para que a formação permita aos profissionais de psicologia desenvolverem práticas que efetivamente colaborem com o desenvolvimento de todos os participantes do processo educativo: professores, pais ou responsáveis, estudantes e funcionários. As discussões apresentadas neste capítulo serão embasadas na psicologia histórico-cultural, alicerçada nos princípios do materialismo histórico e dialético.

A especificidade da atuação no campo escolar: foco no processo ensino-aprendizagem

De acordo com as Diretrizes Curriculares Nacionais para os Cursos de Graduação em Psicologia (Resolução CNE/CES n. 1, de 11 de outubro de 2023), as competências esperadas para a formação em psicologia devem ser desenvolvidas com a finalidade de mobilizar conhecimentos da ciência psicológica, habilidades e atitudes, articulando-as com o contexto. Essas capacidades devem permitir a realização de atuações eficazes diante dos desafios profissionais que a realidade apresentar. Dessa maneira, a formação deve assegurar consistência em relação aos conhecimentos científicos da psicologia, capacitando os graduados a ingressarem em diversas áreas de atuação, pois a formação destinada aos profissionais é generalista.

A atuação dos profissionais em psicologia no campo escolar brasileiro não é um assunto recente, se tomarmos como base a constituição da profissão e seu desenvolvimento na área educacional, porque foi iniciada nos cursos de medicina e nas escolas normais para formação de professores, no início do século XIX. No entanto, foi no interior da educação que a psicologia desenvolveu sua autonomia como área específica do saber.

Até a década de 1970, conforme mencionam Antunes, Santos e Barbosa (2021), a intervenção em psicologia seguia um modelo clínico, mas a partir de 1981 críticas foram feitas a uma psicologia que se centrava na criança-problema. Essa psicologia ideológica se desdobrou a partir de uma visão patologizante, por meio da qual se fazia diagnóstico com base na psicometria, depositando no aluno a culpa pelo "não aprender" (Patto, 2000).

Após a década de 1980, uma concepção crítica, com fundamentos no materialismo histórico e dialético, começou a ser desenvolvida, segundo Tanamachi e Meira (2003), tendo como foco a análise crítica da sociedade capitalista. Essa concepção implica compreender as condições histórico-sociais que permeiam os processos de ensino e aprendizagem e a responsabilização pela construção de uma nova organização social, capaz de assegurar a todos os homens condições dignas na condução da vida. Todas as atividades que o psicólogo realiza na escola, em nosso ponto de vista, precisa contribuir para que o professor possa ensinar e o estudante possa se apropriar dos conteúdos curriculares.

Na área escolar, a formação precisa levar os graduandos de psicologia a compreenderem que toda a intervenção feita está direcionada à contribuição para que a escola cumpra com sua função social, que, de acordo com Saviani (2003), consiste em socializar os conhecimentos produzidos pela humanidade por meio da transmissão e da apropriação dos conteúdos curriculares. Para que os psicólogos tenham compreensão da finalidade do seu trabalho, é precípuo conhecer sobre conteúdos relacionados à história da educação, às políticas educacionais, à metodologia de ensino, à formação de professores e a outros temas/conteúdos que orientam a prática pedagógica.

Na trajetória da aprovação da Lei n. 13.935/2019, e agora nas ações da implantação, foram organizadas em 2013, com revisão em 2019, pelo Centro de Referências Técnicas em Psicologia e Políticas Públicas (Crepop), do Conselho Federal e Conselhos Regionais de Psicologia, as Referências Técnicas para Atuação de Psicólogas(os) na Educação Básica. Esse documento é disponibilizado aos profissionais da área educacional, com o intuito de "construir referência sólida para a atuação da Psicologia na área" (CFP, 2013, p. 13), considerando uma concepção crítica. É um documento importante para compreender como o serviço de psicologia pode ocorrer no espaço educativo, pois o futuro profissional precisa entender as finalidades de seu trabalho na educação, visto que isso é essencial para fornecer argumentos claros sobre suas atribuições.

Outro documento importante na construção da educação por psicólogos e assistentes sociais intitula-se: Psicólogas(os) e assistentes sociais na rede pública de educação básica: orientações para regulamentação da Lei n. 13.935, de 2019 (CFP, 2021), organizado pelo Conselho Federal de Psicologia (CFP) e o Conselho Federal de Serviço Social (CFESS), no qual fica registrada a luta pelo acesso de todos à educação emancipatória.

Mesmo após quase cinquenta anos de busca por uma abordagem crítica em psicologia, persiste a expectativa, por parte de alguns gestores e professores, de uma intervenção clínica centrada no atendimento terapêutico e desvinculada do contexto escolar. Conforme Meira et al. (2021), essa perspectiva crítica continua sendo um desafio, pois forças ideológicas frequentemente levam à psicologização e à biologização dos problemas escolares, incluindo as dificuldades no processo de escolarização. Como consequência, observamos a individualização dos problemas, enquanto acreditamos que a análise deve se estender à estrutura da sociedade, conforme será abordado no próximo item.

A superação da patologização e da medicalização das queixas

Entre professores, e mesmo entre muitos psicólogos, ainda persistem as concepções acerca do aluno pertencente à classe trabalhadora, que se baseiam em abordagens individualizantes, patologizantes e medicalizantes (Antunes et al., 2021). Essas representações tendem a neutralizar e se opor a uma visão crítica na área de psicologia escolar, desconsiderando fatores sociais mais amplos que influenciam o desempenho educacional, sustentando uma visão fragmentada do ser humano, na qual a ênfase no biológico prevalece sobre as influências sociais.

Durante o processo de implementação da Lei n. 13.935/2019, muitos argumentos têm sido apresentados para a não contratação de profissionais de psicologia, afirmando que se os psicólogos estiverem nas escolas eles vão patologizar as crianças e contribuir para o diagnóstico de dificuldades e aprendizagem, seguindo uma matriz biológica e, consequentemente, para a medicalização na escola.

Esses argumentos ignoram os avanços já feitos e as pesquisas dedicadas ao tema das queixas escolares e da medicalização, ressaltando a importância de incorporar esse conhecimento à formação em psicologia para atuar na escola. Os estudos sobre as queixas escolares, em uma perspectiva crítica, superam a ideia de que as dificuldades no processo de escolarização se concentram na compreensão biológica do desenvolvimento, e que essas sejam causadas por uma má-formação neurológica ou por problemas de ordem interna, oriunda de vivências familiares traumáticas e de ambientes pouco favoráveis ao desenvolvimento – ambientes de privação cultural.

A partir da década de 1990, muitas dificuldades no processo de escolarização começaram a ser relacionadas com disfunções neurológicas. Os estudantes passaram a receber diagnósticos de condições como dislexia, transtorno de déficit de atenção e hiperatividade (TDAH), transtorno do espectro autista (TEA), transtorno de oposição desafiante (TOD), entre outros, por meio de atuações e discursos medicalizantes, levados por explicações biologizantes sobre o fato de o aluno não aprender, caracterizando-se como uma patologização na educação.

Essa patologização, segundo Collares e Moysés (1994), significa a ampliação da explicação médica para outras áreas do saber, entre elas a psicologia. Essas autoras afirmam ainda que o termo medicalização advém da área médica, que transforma problemas de ordem social e política em problemas de ordem médica, com centralidade na explicação do processo saúde-doença no indivíduo.

Portanto, qualquer indicativo de "anormalidade", nessa perspectiva, fundamenta sua explicação de forma reducionista na figura do sujeito, excluindo qualquer explicação que ultrapasse esse sujeito e sua família. Dessa forma, deparamo-nos com o que as autoras vão chamar de "culpabilização da vítima" e "reducionismo biológico", em que o indivíduo é o único responsável por seu fracasso escolar. O trabalho de reflexão e mudança da perspectiva medicalizante em relação ao aluno que não aprende, em direção à compreensão da essência dos fatos humanos, vai na contramão dessa visão biológica das causas do não aprender e, por isso, é tão importante uma atuação crítica do psicólogo escolar, como propõe o documento que confere referência à sua atuação na educação básica (CFP, 2010).

A literatura é vasta quando falamos do uso de medicamentos pelos alunos. Consideramos que é relevante reconhecer que, além de discutir sobre a medicalização dos estudantes, torna-se necessário abordar a medicalização dos professores; pois alguns estudos, tais quais os de Facci e Urt (2017, 2020), dão mostra do quanto esses profissionais podem estar em sofrimento/adoecimento psíquico ou mesmo como esse adoecimento impacta no processo ensino-aprendizagem. Esse que também é um conteúdo que precisa ser contemplado na formação de futuros psicólogos escolares, mas que não abordaremos neste momento.

Em pesquisas relacionadas a tal uso na interseção psicologia e educação, exemplificadas por trabalhos como os de Franco et al. (2022); Leonardo et al. (2021) e Mezzari et al. (2023), há uma ampla discussão sobre o uso abusivo de medicamentos na escola, culminando em um processo de medicalização.

Nessa discussão sobre a medicalização da escola não podemos deixar de levar em conta que ela está ocorrendo de forma ampla na sociedade e que o uso excessivo de medicamentos, conforme analisam Barroco et al. (2017), está atrelado à necessidade de ampliar a fabricação e a comercialização de fármacos, de gerar lucro, impedindo o uso racional dessas substâncias. Além disso, Almeida e Gomes (2014, p. 169) analisam que as contradições sociais, em uma sociedade de classe, são transferidas para o campo do patológico e do biológico, ocultam e naturalizam as verdadeiras causas do sofrimento e, no caso do ambiente escolar, as causas das dificuldades no processo de escolarização.

As dificuldades escolares são resultado da reprodução dos conflitos da sociedade de classes, que sempre privilegia os mais capazes, os mais aptos, os mais abastados. Para Zucoloto (2007), a psicologia precisa entender a realidade escolar analisando a estreita relação entre escola e sociedade de classes, para não se apoiar na explicação reducionista de que as dificuldades de aprendizagem são problemas oriundos das crianças e de suas famílias pobres.

Portanto, quando compreendemos o aluno e sua relação com o processo ensino-aprendizagem a partir dos pressupostos da psicologia histórico-cultural, podemos constatar que esse estudante tem potencialidades para serem desenvolvidas, que não estão dadas *a priori* e não podem ser adquiridas espontaneamente. Para que essas potencialidades se desenvolvam são necessárias mediações que ofereçam o conhecimento para além do cotidiano, o conhecimento científico, conforme propõe Vigotski[6] (2000). Significa estudar o desenvolvimento das funções psicológicas superiores como ponto central na construção de um indivíduo que seja capaz de transformar a si mesmo e a sua realidade.

Conforme Rubinstein (1976), a psicologia é a ciência dos fenômenos psíquicos, em outras palavras, das funções cerebrais que refletem a realidade. Entre elas estão as sensações e as percepções, as representações e os pensamentos, os sentimentos e os desejos, interesses e necessidades, entre outras. Todavia os fenômenos psíquicos estão conectados com os fenômenos do mundo material. As sensações, percepções, representações, pensamentos, sentimentos etc. são produtos da atividade de um órgão material, o cérebro, que transforma o externo em um fato de consciência.

A psicologia histórico-cultural postula que as condições materiais determinam as possibilidades de formação humana e, no caso da sociedade capitalista, existe uma limitação de acesso a bens materiais e culturais que criam obstáculos para o desenvolvimento. Sob essa perspectiva, compreendemos que as características psicológicas que identificamos como funções psicológicas superiores (FPS), tais quais memória, atenção concentrada, pensamento, entre outras funções, são desenvolvidas social e historicamente e estão em contraste com as funções psicológicas elementares (FPE), que são naturais/biológicas.

Luria (1979) e Leontiev (2004) afirmam que a atividade consciente do ser humano é decorrente de novas formas histórico-sociais de atividade-trabalho. Para os autores, é evidente a crescente complexidade do agir no mundo, estabelecendo uma relação entre aspectos materiais e intelectuais. Para Luria (1979), ao contrário do comportamento animal, que busca a satisfação de necessidades imediatas, o comportamento humano adquire essa complexidade estrutural. Ele se manifesta como uma ação especial que ganha sentido posteriormente, indicando uma mudança fundamental na natureza da atividade humana em comparação com a simples satisfação de necessidades imediatas.

As características biológicas são garantidas pela evolução da espécie, mas as FPS são produzidas na história de cada indivíduo singular, resultantes da internalização dos signos, conforme explicado por Vigotski (1995). A interiorização de signos, da cultura, da ciência, concebida como ferramenta psíquica, evidencia a natureza social

---

6. É possível encontrar variações nas escritas de nomes russos para o alfabeto latino. Embora existam várias possíveis grafias, tais como: Vygotsky, Vygotski. Neste texto optamos por padronizar o uso de "Vigotski", exceto em caso de citação direta do autor, respeitamos a grafia utilizada pelo tradutor original.

do desenvolvimento do psiquismo, em que a sociedade contém os signos e o ser social precisa internalizá-los para que se humanize. A consequência dessa internalização são as transformações nos processos psíquicos, refletindo a complexificação da vida em sociedade em cada ser singular.

A instituição escolar, dentro desse entendimento, emerge como uma das formas criadas pela sociedade para fomentar o desenvolvimento de habilidades e funções essenciais à perpetuação do gênero humano. Quando a escola oferece aos alunos a aprendizagem da cultura humana, da ciência, da filosofia e das artes, as formas mais avançadas de objetivações humanas, ela desempenha um papel categórico na humanização e contribui para o desenvolvimento histórico, coletivo e individual. No entanto, quando a escola se limita a perpetuar o senso comum, favorece um sistema que explora os indivíduos, e acaba contribuindo para o afastamento dos alunos daquilo que poderia humanizá-los (Ozorio, 2022).

Quando se medicaliza a criança com dificuldades na escolarização, deixa-se de analisar a totalidade que envolve o processo ensino-aprendizagem, e se desconsidera as contradições sociais. Quando o foco da explicação do fracasso escolar direciona exclusivamente ao aspecto biológico, as condições histórico-sociais deixam de ser anunciadas, ocorre um recuo da crítica, contribuindo para a disseminação da ideologia dominante, que insiste em afirmar que está no aluno a culpa do não aprender, que ele não tem condições de se apropriar dos conteúdos curriculares.

Vigotski (2000) verificou na psicologia de sua época, por volta de 1930, que as explicações sobre o desenvolvimento infantil frequentemente se concentravam nos aspectos negativos do comportamento. O autor elucidou que o importante é estudar o comportamento da criança a partir de um ponto de vista positivo, entendendo o desenvolvimento como um processo dialético complexo, caracterizado pela periodicidade, considerando mudanças quantitativas e qualitativas, levando em conta fatores internos e externos no desenvolvimento.

A psicologia histórico-cultural tem uma visão contextualizada do sujeito, considerando a relação de classes, o que muda substancialmente a forma de compreender o desenvolvimento dos estudantes, pois isso não é algo que está internamente em descompasso com a realidade. Na sociedade capitalista, nem todos os indivíduos têm acesso igualitário aos bens materiais e culturais. Os filhos das classes trabalhadoras, e que frequentam as escolas públicas, espaço de atuação dos psicólogos escolares e educacionais, não podem ser abstraídos da realidade social. Conforme afirma Saviani (2004), não podemos considerar o ser humano abstrato nos bancos escolares, mas sim considerar o ser humano concreto, síntese de múltiplas determinações, síntese das relações sociais.

Esses aspectos, brevemente considerados neste capítulo, indicam uma direção de atuação da psicologia escolar e educacional que supera essa visão patologizante das queixas escolares e propõe um processo de avaliação que leve em conta os determinantes histórico-sociais que contribuem para o fracasso escolar. Essa visão necessita estar presente nos conteúdos trabalhados na formação do psicólogo para atuar na educação.

Avaliação das queixas escolares

Como abordamos neste capítulo, a partir de uma visão fundamentada na psicologia histórico-cultural, muitas críticas foram feitas ao entendimento das queixas escolares e mesmo ao processo de avaliação psicológica na escola. Tais críticas foram importantes, mas levaram muitos psicólogos a considerarem que não deveriam mais fazer avaliação das queixas escolares, ou mesmo o entendimento de que fazer tal avaliação é uma ação relacionada apenas a uma intervenção clínica.

A discussão sobre a avaliação psicológica necessita estar presente na formação dos psicólogos para atuar na educação. Ao chegar à escola, o psicólogo frequentemente é recebido com uma lista de estudantes que estão aguardando avaliação. Nesse contexto, é essencial que o profissional esteja preparado para atender os alunos que, muitas vezes, devido à sua espera para avaliação, têm recebido pouco investimento no processo pedagógico.

Quando abordamos o tema da avaliação psicológica na escola não estamos na defesa da psicometria. Orientamos nossa prática utilizando o método instrumental proposto por Vigotski (1996). Dessa forma, o desenvolvimento não deve ser aferido somente pela quantidade de conhecimentos adquiridos, mas sim por "sua capacidade de usar objetos em seu mundo externo e, acima de tudo, usar racionalmente seus próprios processos psicológicos" (Vigotski & Luria, 1996, p. 237).

Nesse sentido, o fundamental é identificar como os indivíduos conseguem controlar seus recursos naturais de desenvolvimento e como criam ou aplicam dispositivos culturais para realizar as tarefas cognitivas. A partir dessa perspectiva, a conquista do autocontrole da conduta precisa ser analisada, considerando que esse processo ocorre de maneira progressiva e ascendente, caracterizado pela superação, por meio de contradições, do simples em direção ao complexo (Luria, 1979).

Vigotski e Luria (1996) observam que os testes psicométricos, geralmente, avaliam somente o grau de conhecimento das crianças e não o seu talento. Os autores partem da ideia de que o homem é "uma criatura social, e as condições socioculturais o modificam profundamente, desenvolvendo toda uma série de novas formas e técnicas em seu comportamento" (1996, p. 220). Por esse ponto de vista, o desenvolvimento afetivo e cognitivo ocorre como uma unidade, mediando a apropriação dos conteúdos curriculares.

Vigotski (1996), ao tratar da periodização, compreende que cada período de desenvolvimento é caracterizado por uma neoformação. Não vamos nos estender sobre o estudo da periodização do desenvolvimento humano neste capítulo, mas não podemos deixar de mencionar que na formação do psicólogo esse conteúdo é fundamental. As características de cada período de desenvolvimento, constituído, conforme propõe Leontiev (2004) e Elkonin (2017), por atividades principais, devem ser levadas em conta no processo de avaliação psicológica das queixas escolares. Em seu desenvolvimento, a criança passa por mudanças qualitativas que não são decorrentes somente da maturação de qualidades inatas. A criança inicia o uso de diversos "instrumentos" e signos como recursos, realizando tarefas com notável sucesso em comparação com fases anteriores (Vigotski & Luria, 1996).

Elkonin (2017) discorre sobre os seguintes períodos de desenvolvimento: atividade emocional direta, atividade objetal manipulatória, jogo de papéis, atividade de estudo, comunicação íntima pessoal e atividade profissional/estudo. Na avaliação é preciso investigar a presença, ou não, das neoformações características de cada período, para identificar qual a forma de relação que a criança está estabelecendo com a realidade.

Vigotski (1996) compreende as neoformações como uma nova estrutura da personalidade e das atividades, bem como as transformações psíquicas e sociais que ocorrem pela primeira vez na história da pessoa e que determinam a vida interna e externa, a consciência e sua relação com o meio, provocando assim transformações no desenvolvimento do período de desenvolvimento vivenciado.

São essas neoformações que podem auxiliar na compreensão do desenvolvimento cognitivo e afetivo dos estudantes e que necessitam fazer parte da formação profissional de psicologia para atuar no contexto escolar – tanto para o processo de avaliação quanto para a instrumentalização dos professores acerca do desenvolvimento humano. Essa compreensão sobre a periodização do desenvolvimento humano tem implicações para o desenvolvimento da prática pedagógica (Facci et al., 2023).

Em uma proposta de avaliação, a partir da psicologia histórico-cultural, ainda é necessário analisar o desenvolvimento infantil de modo prospectivo, indicando as noções e conceitos que estão no nível de desenvolvimento próximo. Para Vigotski (2000) há dois níveis de desenvolvimento: o real ou efetivo – relacionado a atividades que a criança pode realizar de modo independente –; e o nível de desenvolvimento próximo – referente a atividades que as crianças realizam com ajuda. Ao propor as atividades, a tarefa mediadora do psicólogo é fundamental na identificação desses dois níveis de desenvolvimento, considerando sua importância na proposição de atividades que auxiliem o estudante e o professor a superarem as dificuldades no processo de escolarização.

Cabe ao profissional analisar as formas superiores de comportamento, tal como evidenciamos neste capítulo. Vigotski (2021) expõe que se deve considerar três pontos determinantes sobre os quais se apoia a análise das formas superiores de comportamento. A seguir comentaremos sobre cada proposição do autor.

(1) *Diferenciar a análise do objeto da análise do processo*. Isso implica entender as queixas escolares como decorrentes de um processo de interação social e apropriação de conhecimentos, que pode ter colaborado de forma diferenciada, dependendo do acesso à cultura, para o desenvolvimento cognitivo e afetivo do estudante. Interessa também compreender a interfuncionalidade das FPS (Vigotski, 2021), considerando o movimento de formação e funcionamento dessas funções, sem centrar-se em aspectos isolados. Tal avaliação almeja observar as relações dinâmico-causais e sua relação com os indícios externos que estão desagregando a possibilidade de apropriação dos conhecimentos;

(2) *Contraposição entre as tarefas descritivas e explicativas da análise*. Para Vigotski (2021), o mais importante é explicar o que está criando obstáculos para que o processo ensino-aprendizagem não esteja ocorrendo de forma a levar o estudante a se apropriar dos conteúdos curriculares. O autor considera a importância de superar a análise fenotípica (manifestações externas dos objetos, tais como pode ser visto) e encaminhar para a genotípica, não baseando o diagnóstico apenas na aparência externa, mas indo à essência;

(3) *Análise genética*. No que diz respeito à avaliação das queixas escolares, não podemos nos restringir à análise de comportamentos fossilizados, já cristalizados, automatizados e mecanizados. Muitas vezes, quando um estudante é encaminhado para avaliação psicológica, ele carrega consigo um número elevado de preconceitos e estigmas em relação a sua capacidade intelectual. Como afirma Vigotski (2021), a aparência exter-

na muitas vezes não revela sua capacidade de desenvolvimento. Portanto, é necessário estudar as funções psicológicas superiores (FPS), considerando o percurso para seu desenvolvimento, identificando as interações sociais que contribuem, ou não, para seu desenvolvimento e levando em conta o processo de sua aparição ou estabelecimento.

Considerando esses pontos, o método de análise psicológica proposto por Vigotski destaca o estudo da totalidade, das propriedades e funções das partes que a integram. Não como uma somatória das partes, mas possuindo propriedades particulares que a determinam e se relacionam. De forma geral, conhecer as potencialidades do aluno torna-se tão fundamental quanto considerar a prática social na qual se desenvolve o trabalho educativo, que produz o sucesso e o insucesso escolar. Ao abarcar as múltiplas relações que constituem o desenvolvimento do psiquismo humano, o psicólogo escolar e educacional pode contribuir para a superação da patologização do ensino.

Vieira (2022) e Vieira e Facci (2022), com base na psicologia histórico-cultural, relatam uma pesquisa acerca da avaliação psicológica na escola. As autoras partem do pressuposto de que a avaliação é intervenção, pois, ao envolver pais, professores, equipe pedagógica e estudantes, acaba provocando alterações na relação estabelecida com o estudante com queixas escolares. Além disso, o próprio processo de avaliação, mediado pelo psicólogo, acaba interferindo no desenvolvimento cognitivo e afetivo dos estudantes[7].

---

7. Vieira (2022) e Vieira e Facci (2022) apresentam as seguintes etapas do processo de avaliação psicológica: (1) conversa com a professora; (2) entrevista com pais; (3) observação do material escolar; (4) avaliação individual ou em grupo com alunos; (5) avaliação pedagógica; (6) diagnóstico; (7) devolutiva para alunos, pais e escola; (8) propostas de encaminhamento.

Na formação dos psicólogos escolares e educacionais, o tema da avaliação auxilia na instrumentalização dos estudantes para enxergarem a totalidade e a complexidade de fatores que interferem no processo ensino-aprendizagem, que podem, muitas vezes, influenciar a apropriação dos conhecimentos pelos estudantes e, consequentemente, o desenvolvimento da unidade afeto-cognição. É necessário ir desenvolvendo, nos futuros profissionais, a empatia com o sofrimento do professor, pais ou responsáveis e estudantes, quando o processo pedagógico não está sendo desenvolvido com potencialidades que promovam o processo de apropriação dos conhecimentos e formação humana. Essa formação necessita, do nosso ponto de vista, ser o norte do processo de formação de psicólogos.

Avançando no caminho da emancipação humana: algumas considerações finais e perspectivas futuras

Como considerações finais e perspectivas para o futuro, enfatizamos que, no âmbito da formação em psicologia voltada para o processo de humanização, buscamos destacar uma abordagem educacional concebida para impulsionar o desenvolvimento integral do indivíduo. Essa abordagem visa proporcionar uma perspectiva que vai além da simples satisfação das necessidades biológicas, culminando na expressão plena das faculdades psíquicas superiores. Esse enfoque não apenas afeiçoa a formação acadêmica, mas também influencia positivamente a prática profissional, contribuindo para um contexto educacional mais enriquecedor e significativo. À medida que avançamos, vislumbramos um futuro no qual a integração desses princípios na formação em psicologia poderá desempenhar um papel significativo na promoção de uma sociedade mais humanizada e equitativa.

Nessa direção, para Luria (1979), o psiquismo humano não está obrigatoriamente ligado a motivos biológicos, mas é influenciado por necessidades complexas, denominadas superiores ou intelectuais, conforme já apresentamos neste capítulo. Entre as complexas necessidades desenvolvidas pelos seres humanos, o autor destaca a busca por novos conhecimentos, a necessidade de comunicação e o desejo de ser útil à sociedade e ocupar uma posição específica dentro dela.

No contexto da atuação da psicologia no âmbito escolar e educacional, damos especial atenção ao que Marinho Filho (2022) expressou sobre a formação humana e o processo de humanização. O autor destaca que tornar-se humano é um processo educativo, sendo importante que as instituições escolares desempenhem um papel fundamental ao inserir os indivíduos na atividade de estudo. Essa atividade é considerada como um dos períodos essenciais do desenvolvimento humano, para o avanço do pensamento dos estudantes.

Os conteúdos educacionais abrangem uma ampla diversidade de objetos, exigindo um método analítico que capacite os estudantes a dominarem os meios de generalização conceitual do conhecimento. Assim, o pensamento é um processo que envolve a análise, a abstração e a síntese da relação ativa do sujeito tanto em níveis práticos quanto teóricos. Os conteúdos curriculares apresentados aos estudantes no contexto do processo educativo permitem a aquisição da cultura, compreendida como a totalidade das produções humanas materiais e não materiais. Eles possuem aspectos objetivos que permitem ao pensamento orientar as ações por meio da atividade intelectual e da análise da realidade concreta. Mas também se volta para a interioridade da subjetividade, na interação ativa dos indivíduos com os objetos do mundo. Funciona como um meio pelo qual o indivíduo constrói sentidos afetivos, emocionais e cognitivos a partir da experiência social. Dessa forma, se trata de um processo reflexivo intrinsecamente vinculado à formação da personalidade, à formação humana (Marino Filho, 2022).

Pelo acesso às objetivações historicamente desenvolvidas por outros indivíduos, o sujeito realiza a apropriação delas e a sua humanização. Todavia, os indivíduos também se objetivam no mundo, contribuindo para sua própria humanização e de outros. Assim, em suma, por que devemos ter uma formação em psicologia que priorize o processo de humanização? Porque a formação humanizada significa a formação de uma consciência transformadora da realidade e, no caso específico deste texto, remete ao desenvolvimento das potencialidades afetivo-cognitivas a partir do conhecimento científico (não intuitivo), que leva o estudante a aprender e utilizar o que aprendeu na coletividade, e desenvolver ações para transformar a realidade. Por isso, investir na formação em psicologia a partir de uma perspectiva crítica significa o rompimento com o modelo biológico de entendimento da criança que não aprende e oferecer as possibilidades de superação.

Como afirma o documento Referências Técnicas para Atuação de Psicólogas(os) na Educação Básica, que orienta a atuação do psicólogo na educação básica, cabe a este profissional desenvolver uma prática "que conduza a criança e o jovem a descobrir o seu potencial de aprendizagem, auxiliando na utilização de mediadores culturais (música, teatro, desenho, dança, literatura, cinema, grafite, e tantas outras formas de expressão artísticas) que possibilitam expressões da subjetividade" (CFP, 2019, p. 45). Portanto, não podemos ignorar a importância do profissional de psicologia na educação e o seu papel em contribuir para o desenvolvimento de uma educação democrática e de qualidade. Por isso, torna-se demasiadamente necessário uma formação em psicologia que priorize conteúdos diretamente relacionados ao âmbito educacional e ao papel do psicólogo nesse espaço. Tais aspectos orientaram as estratégias desenvolvidas para a aprovação da Lei n. 13.935/2019 e direcionam as ações voltadas para a implementação dessa legislação nos estados e municípios do país.

Referências

Antunes, M. A. M., Santos, R. C. dos, & Barbosa, D. R. (2021). Psicologia e educação: sobre as raízes da Lei n. 13.935/2019 e os desafios para a psicologia escolar. In M. G. D. Facci, A. A. Anache & R. Caldas (Eds.), *Por que a psicologia na educação? Em defesa da emancipação humana no processo de escolarização* (Vol. 1). CRV.

Collares, C. A. L., & Moysés, M. A. A. (2011). Preconceitos no cotidiano escolar: a medicalização do processo ensino-aprendizagem. In C. A. L. Collares & M. A. A. Moysés (Eds.), *Medicalização de crianças e adolescentes: conflitos silenciados pela redução de questões sociais a doença de indivíduos* (pp. 193-214). Casa do Psicólogo.

Conselho Federal de Psicologia. (2013). *Referências técnicas para atuação de psicólogas(os) na educação básica*. Brasília, DF. Recuperado de http://site.cfp.org.br/publicacao/referencias-tecnicas-para-atuacao-de-psicologas-os-na-educacao-basica/

Conselho Federal de Psicologia. (2019). *Referências técnicas para atuação de psicólogas(os) na educação básica* (2a ed.). Brasília, DF. Recuperado de https://site.cfp.org.br/wp-content/uploads/2019/08/EducacaoBASICA_web.pdf

Conselho Federal de Psicologia. (2021). *Psicólogas(os) e assistentes sociais na rede pública de educação básica: orientações para regulamentação da Lei n. 13.935* (2a ed.). Brasília, DF. Recuperado de https://site.cfp.org.br/wp-content/uploads/2020/08/psicologas-os-e-assistentes-sociais-na-rede-publica-de-educacao-basica.pdf

Elkonin, D. B. (2017). Sobre o problema da periodização do desenvolvimento psíquico na infância. In A. M. Longarezi & R. V. Puentes (Eds.), *Ensino desenvolvimental: Antologia livro 1*. Edufu.

Facci, M. G. D., Leonardo, N. S. T., & Franco, A. F. (2023). *Implicações da periodização do desenvolvimento humano para a prática pedagógica: em destaque a psicologia histórico-cultural*. Edufatecie.

Facci, M. G. D., & Urt, S. C. (2017). *Precarização do trabalho, adoecimento e sofrimento do professor*. EDUFPI.

Facci, M. G. D., & Urt, S. C. (2020). *Quando os professores adoecem: demandas para a psicologia e a educação*. Editora UFMS.

Franco, A. F., Tuleski, S. C., & Mendonça, F. W. (2022). Enfrentando a medicalização no chão da escola: pesquisa, teoria e prática. *Obutchénie*, 6, 177-197.

Lei n. 13.935, de 11 de dezembro de 2019. (2019). Dispõe sobre a prestação de serviços de psicologia e de serviço social nas redes públicas de educação básica. Brasília, DF. Recuperado de https://www.planalto.gov.br/ccivil_03/_ato2019-2022/2019/lei/l13935.htm

Leonardo, N. S. T., Silva, S. M. C., & Leal, Z. F. R. G. (2021). *A (des)patologização do processo de escolarização: contribuições da Psicologia Histórico-Cultural*. Eduem.

Leontiev, A. N. (2004). *Desenvolvimento do psiquismo*. Centauro.

Leontiev, A. N. (2021). *Atividade, consciência e personalidade*. Mireveja.

Luria, A. R. (1979). *Introdução evolucionista à psicologia* (Curso de Psicologia Geral). Civilização Brasileira.

Marino Filho, A. (2022). O problema da abstração na Atividade de Estudo. *Educação em Análise*, 7(1), 58-77. https://doi.org/10.5433/1984-7939.2022v7n1p58

Martins, L. M. (2013). *O desenvolvimento do psiquismo e a educação escolar: contribuições à luz da psicologia histórico-cultural e da pedagogia histórico-crítica. Autores Associados.

Meira, M. E. M. (2012). Para uma crítica da medicalização na educação. *Psicologia Escolar e Educacional*, *16*(1), 136-142. https://doi.org/10.1590/S1413-85572012000100014

Meira, M. E. M., Bulhões, L. F. S. S., & Asbahr, F. S. F. (2021). Uma proposta de intervenção em psicologia escolar no Sistema Municipal de Educação de Bauru: Projeto Educação Sem Fronteiras. In M. G. D. Facci, A. A. Anache & R. Caldas (Eds.), *Por que a psicologia na educação? Em defesa da emancipação humana no processo de escolarização* (pp. 131-148). CRV.

Mezzari, D. P. S., Leonardo, N. S. T., & Facci, M. G. D. (2023). El sufrimiento/padecimiento y la medicalización en la enseñanza universitaria: perspectivas de profesores. *Eureka-Revista Cientifica de Psicologia*, *20*, 158-175.

Ozorio, J. C. (2022). O processo de humanização na psicologia histórico-cultural: Contribuições para o trabalho educativo. *Revista GESTO-Debate*, *6*, 1-31. https://doi.org/10.55028/gd.v6i01-24.17169

Patto, M. H. S. (2000). *A produção do fracasso escolar. Histórias de submissão e rebeldia*. Casa do Psicólogo.

Resolução CNE/CES n. 1, de 11/10/2023. (2023). Institui as Diretrizes Curriculares Nacionais para os cursos de graduação em Psicologia. Brasília, DF. Recuperado de http://portal.mec.gov.br/index.php?option=com_docman&view=download&alias=252621-rces001-23&category_slug=outubro-2023-pdf&Itemid=30192

Rubinstein, S. L. (1976). Objeto, problemas y métodos de la psicología. In A. A. Smirnov (Ed.), *Psicología* (16a ed., pp. 13-36). Editorial Grijalbo.

Saviani, D. (2003). *Pedagogia histórico-crítica: primeiras aproximações* (8a ed.). Autores Associados.

Saviani, D. (2004). Perspectiva marxiana do problema subjetividade-intersubjetividade. In N. Duarte (Ed.), *Crítica ao fetichismo da individualidade* (pp. 1-11). Autores Associados.

Tanamachi, E. R., & Meira, M. E. M. (2003). A atuação do psicólogo como expressão do pensamento crítico em psicologia e educação. In E. R. Tanamachi & M. E. M. Meira (Eds.), *Psicologia escolar: práticas críticas* (pp. 11-62). Casa do Psicólogo.

Vieira, A. P. A. (2022). *Avaliação psicológica de crianças que enfrentam dificuldades escolares: Proposta a partir da psicologia histórico-cultural*. Edufacetie.

Vieira, A. P. A., & Facci, M. G. D. (2022). A prática da avaliação psicológica das queixas escolares fundamentada na psicologia histórico-cultural. *Interação em Psicologia*, *26*, 273-285. https://doi.org/10.5380/psi.v26i0.63504

Vigotski, L. S. (2021). *História do desenvolvimento das funções psíquicas superiores* (S. C. Afeche, Trad.). WMF Martins Fontes.

Vigotski, L. S., & Luria, A. R. (1996). *Estudos sobre a história do comportamento: símios, homem primitivo e criança*. Artes Médicas.

Vigotski, L. S. (1995). Historia del desarrollo de las funciones psíquicas superiores. In L. S. Vigotski (Ed.), *Obras escogidas* (Tomo III). Visor.

Vigotski, L. S. (1996). *Obras escogidas* (Tomo IV. Psicologia infantil). Visor.

10
Psicologia escolar na educação básica: atribuições, desafios e conquistas

Roseli Fernandes Lins Caldas

> *Hightlights*
> - Psicóloga(o) escolar/psicologia escolar um campo vasto e de riqueza de olhares;
> - Educação básica como espaço de desenvolvimento;
> - Teoria histórico-cultural como fonte e base para a compreensão dos fenômenos da educação básica.

Este texto tem como objetivo apresentar uma síntese do processo histórico da psicologia escolar no Brasil e os principais espaços de atuação da(o) psicóloga(o) escolar na educação básica, considerando os seguintes públicos-alvo: estudantes, educadores e comunidade, tendo como fundamentação a teoria histórico-cultural. Serão apresentadas algumas das principais conquistas da área, bem como os desafios a serem enfrentados, considerando a Lei n. 13.935, que dispõe sobre a prestação de serviços de psicologia e serviço social nas redes públicas de educação básica.

Este texto se inicia com alguns questionamentos, quais sejam: Psicologia faz parte da educação? Desde quando? Psicóloga(o) na educação faz o quê? Tais questionamentos serão desvelados ao longo deste capítulo. Para tanto, ilustrativamente abaixo apresenta-se um trecho de diálogo entre a professora e as estagiárias.

Estagiárias de psicologia escolar, em uma sala de 3º ano do Ensino Fundamental I, de uma escola da rede pública paulista, estabelecem o seguinte diálogo com a professora.

> Profª.: "Vocês são estagiárias de pedagogia?"
> Estagiárias: "Não, de psicologia".
> Profª.: "Então é um pouco melhor, só pega as crianças, né? Aqui tem uns 12 alunos para psicólogo pegar".
> (Vale lembrar que ao todo havia 23 alunos na turma)

Como supervisora de estágio em psicologia escolar, o diálogo acima, relatado pelas estagiárias, é apenas um exemplo da grande dificuldade de compreensão a respeito da atuação da(o) psicóloga(o) escolar e da concepção de psicologia escolar, ainda presente, de intervenção clínica, de atendimento a estudantes. Afinal, o que é o campo da psicologia escolar? Qual o seu público-alvo? Quais objetivos tem a psicologia na educação? A relação psicologia e educação é recente?

Este texto intenta apontar as conquistas nessa jornada de parceria entre psicologia e educação ao longo da história e as possibilidades e desafios para o exercício da psicologia escolar em nosso país. Importante iniciar pelo processo histórico.

A educação brasileira tem sido objeto de estudo da psicologia desde os seus primórdios. Segundo Antunes (2008), a relação entre psicologia e educação no Brasil remonta ao Período Colonial, quando os saberes da psicologia foram apropriados pela pedagogia, em uma relação que Bock (2003) denomina de *cumplicidade ideológica*, pois a educação necessitava do respaldo científico da psicologia para a compreensão das dificuldades nos processos de aprendizagem das(os) estudantes, em especial daqueles que "não conseguiam aprender". As muitas mudanças ocorridas na Primeira República exigiam novas explicações para a seleção de quem poderia, ou não, pertencer à escola, uma vez que não havia lugar para todas as crianças. Entender quem era capaz de aprender e quem não era, quem era talhado para liderança e quem era destinado à obediência (Patto, 2003), era opção inquestionável em uma sociedade de classes, na qual a desigualdade seria, assim, "justificada" cientificamente pela psicologia.

Profissionais de psicologia na educação por muito tempo tiveram como foco a criança que não aprende, fenômeno denominado de fracasso escolar, conforme Patto (2022a, 2022b, 2022c). As investigações, avaliações e intervenções de profissionais da psicologia se davam, em geral, contemplando a criança e sua família, sob uma perspectiva clínica de atendimento a estudantes com dificuldades de aprendizagem. A partir da década de 1980, Maria Helena de Souza Patto passa a apontar outras possibilidades, denunciando práticas da psicologia escolar brasileira que culpabilizavam crianças e suas famílias, especialmente as de baixa renda, pelo rendimento escolar tido como insuficiente. Começam a ser questionadas as razões de por que crianças fracassavam na escola, motivos, até então, diretamente relacionados às condições econômicas precárias, à alimentação deficitária, às famílias, tidas como desestruturadas, entre outras explicações individualizantes. Iniciava-se assim uma ruptura a respeito da atuação da psicologia na educação, com a crítica a um conhecimento e a uma prática que legitimavam e justificavam a exclusão e a desigualdade, intentando-se uma nova psicologia escolar comprometida com a educação dos filhos das classes populares.

Novas perguntas passavam a fazer parte da análise educacional, ampliando o foco a partir de uma visão institucional, em busca de novos rumos para a psicologia escolar brasileira. Outras indagações passavam a fazer parte da investigação e intervenção da psicologia na educação: Que estudante é este? Mora em qual bairro da cidade? Qual a condição social de sua família? Quais saberes traz para a escola? Qual a sua história educacional? Como a instituição lida com a diversidade? Quais preconceitos permeiam as relações? Quem são e como são formadas(os) as(os) educadoras(es)? Sob quais condições de trabalho as(os) profissionais de educação atuam? Como se constituíram as dificuldades nos processos de escolarização? Quais políticas educacionais têm sido aplicadas? Entre tantos outros questionamentos que passavam a tirar das vítimas a culpabilização pelas dificuldades de aprendizado na escola.

As contribuições da psicologia escolar são inegáveis por descortinarem um novo modo de estudar os processos de escolarização, buscando referenciais teórico-metodológicos que possibilitassem uma compreensão mais fiel à sua complexidade. As concepções que, ora entendiam a educação como principal responsável pelas transformações sociais, ora como simples reprodutora das distorções da estrutura social, davam lugar a outra compreensão de educação, tida como determinada social e economicamente, mas com certo grau de autonomia que a tornava um caminho de grande valia na busca de uma sociedade mais justa (Caldas, 2021).

Depois da ruptura com o que se fazia em termos de psicologia escolar, era preciso desenvolver novas possibilidades que anunciassem perspectivas de compreensão e transformação dos processos escolares produtores de crianças que não aprendiam. Somente as denúncias não eram mais suficientes, era preciso avançar e desenvolver anúncios, conforme nos ensina Freire

(2019). A psicologia escolar e educacional passa, então, a buscar fundamentação para esse novo olhar sobre a escolarização e diversas/os estudiosas/os e pesquisadoras(es) dedicam-se a uma construção teórica que vem se solidificando de modo extraordinário em nosso país. Publicações e pesquisas na psicologia sobre temas educacionais passam a ser alvo dos trabalhos de especialização, mestrado e doutorado, ampliando de modo notável o desenvolvimento de saberes na intersecção psicologia/educação.

Muitos pesquisadores brasileiros passam a dedicar-se a buscar novos rumos, tornando-se referências e alargando os caminhos da psicologia escolar brasileira. Surgem novas orientações a respeito das queixas escolares, as dificuldades de aprendizagem e os problemas de indisciplina passam a ser considerados a partir da análise das estruturas educacionais. As avaliações passam a ser feitas considerando as diversas versões envolvidas nas dificuldades escolares. Intensificam-se os estudos sobre políticas públicas de educação a partir dos conhecimentos desenvolvidos na psicologia, pois ir à gênese dos eventos que ocorrem nos espaços escolares implicará necessariamente defrontar-se com as políticas públicas (Cruces & Caldas, 2021). Aprofundam-se as discussões, ampliando de modo significativo as publicações científicas, dissertações e teses no eixo psicologia-educação, indicando, assim, que as políticas educacionais são elementos de suma importância na compreensão das contradições presentes nos processos escolares, e que tal conhecimento também é de interesse da psicologia, uma vez que as relações estabalecidas na escola são constituintes da subjetividade das pessoas, tanto as relações com a aprendizagem quanto as interpessoais (Souza, 2021). Muito do que somos se alicerça nas experiências vivenciadas na escola. Souza (2006) considera impossível pesquisar temas voltados a questões escolares sem se atentar para o modo como as políticas educacionais efetivamente as afetam. A autora escreve:

> As opções teórico-metodológicas para esta aproximação com a escola têm se dado na direção de analisar o miúdo desta instituição educacional, ou seja, a vida diária escolar, as formas, maneiras, estratégias e processos que constituem o dia a dia da escola e suas relações. É nesse espaço contraditório, conflituoso, esperançoso, utópico que as políticas educacionais se materializam, que de fato acontecem (2006, p. 232).

Desse modo, vislumbrar as políticas públicas em educação como assunto que também diz respeito à psicologia escolar vai se tornando indispensável, tendo-se em conta os efeitos da materialização dos planos e metas oficiais na constituição das pessoas, atores sociais da escola, com os quais a psicologia tem sempre estreito compromisso. Assim, pouco a pouco vai se consolidando o imperativo de que política pública em educação seja assunto a ser discutido na interlocução entre as searas da educação, da saúde e da psicologia escolar. Não de qualquer concepção de psicologia escolar, mas da que compreende o ser humano como sendo constituído pelas mais variadas relações sociais, econômicas, culturais, históricas, muitas delas fortemente marcadas pelas bagagens e histórias produzidas na instituição escolar. Afinal, é nesse espaço que as políticas educacionais se concretizam, que de fato acontecem, e é no chão da escola que nos cabe, como psicólogos, identificar e denunciar o "hiato entre a intenção e a realidade" (Souza, 2006, p. 235), ou seja, entre o que as políticas públicas de educação trazem em suas letras e o que sucede na escola.

Corroborando Souza (2006) e Dimenstein (2011), citados por Leonardo et al. (2016), embora as políticas públicas visem garantir interesses e direitos sociais da população e provocar transformação social ao longo do processo de implantação, podem não conseguir "abolir conflitos e diferenças sociais e, ainda, contribuírem por reforçar as desigualdades socioculturais" (2016, p. 47). Políticas públicas educacionais devem assegurar a apropriação da cultura historicamente elaborada, garantindo que a escola cumpra sua função social e propicie a apropriação dos conteúdos escolares, fundamentais para a humanização dos indivíduos (Souza, 2021). Para Saviani (1997, p. 13) "o trabalho educativo é o ato de produzir, em cada indivíduo singular, a humanidade que é produzida histórica e coletivamente pelo conjunto de homens".

Contribuições da psicologia histórico-cultural

A psicologia histórico-cultural, preconizada pela tríade Vigotski, Luria e Leontiev (2016), nos oferece base teórica do caminho a ser trilhado para a compreensão da atuação de profissionais da psicologia na educação e do sentido por eles atribuído à sua práxis. Na concepção da teoria histórico-cultural, compreender o sentido só é possível quando se busca entender as determinações que o constituíram, fruto de compreensões, interpretações e percepções dos acontecimentos e experiências vividas, considerando que a construção do sentido próprio se dá a partir da riqueza das vivências emocionais presentes na consciência de cada um em relação a construções sociais e a atividades. Os conceitos de sentido e significado, explicitados a partir de Vigotski e de Leontiev, apresentam concepções que encarnam diferenciações, fundamentações específicas que devem ser discutidas separadamente.

Para Vigotski (1935), o significado é o princípio organizador de desenvolvimento da consciência, voltado a determinado conceito compartilhado pelo grupo social e é inseparável da palavra. Sentido, por outro lado, é a integração dos eventos psicológicos despertados por determinada palavra na consciência de cada pessoa, uma vez que qualquer acontecimento ou situação no entorno de uma pessoa surtirá efeito específico, dependendo do sentido que ela lhe imprime.

Leontiev (2004) compreende que o ser humano, ao nascer, encontra um sistema de *significações* pronto, elaborado historicamente, e toma posse dele. Entretanto, o modo como esse sujeito se apropria ou não, e em que grau assimila ou não determinada significação, ou o efeito que esse significado tem em sua personalidade, depende do *sentido pessoal* atribuído por ele.

Asbahr (2005) elucida com bastante precisão esses conceitos:

> A passagem do mundo social ao mundo psíquico não se dá de maneira direta, o mundo psíquico não é cópia passiva do mundo social, isto é, as significações sociais compartilhadas por meio da linguagem não são apropriadas imediatamente pelos homens. Essa apropriação depende do sentido pessoal atribuído às significações sociais. Dessa forma, a relação entre significação social e sentido pessoal é componente central da consciência humana (2005, p. 15).

Pode-se deduzir que o sentido pessoal em relação às experiências vividas enquanto psicóloga(o) escolar está ligado às particularidades psicológicas da atividade desenvolvida, ou seja, experiências produzidas a partir tanto de suas interações com o trabalho, com os pares, gestores, seu embasamento teórico, quanto pela maneira de perceber sua função, compreender os efeitos de sua atuação na educação, conceber-se como agente transformador, entre outros fatores. O modo como esses diversos processos afetam sua vida psíquica imprimirá o sentido pessoal ao exercício da profissão, enquanto psicóloga(o) escolar.

Tal concepção tem como um dos principais pressupostos a compreensão de que a análise de qualquer fenômeno precisa ser balizada pela cultura e pelo momento histórico em que o fenômeno se dá. O psiquismo é desenvolvido e estruturado na atividade social dos indivíduos e se dá a partir da apropriação da cultura, ou seja, a atuação humana só é possível na relação com outros humanos. O pensamento é culturalmente mediado e os processos intelectuais e afetivos são inseparáveis.

A teoria histórico-cultural ancora-se na compreensão de que "a grande maioria dos conhecimentos, habilidades e procedimentos do comportamento de que dispõe o homem não são o resultado de sua experiência própria, mas adquiridos pela assimilação da experiência histórico-social de gerações" (Luria, 1979, p. 73). A psicologia histórico-cultural nos possibilita refletir sobre questionamentos a respeito do significado e sentido da profissão de psicóloga(o) escolar e sobre a apropriação dos conhecimentos e práticas sociais enquanto estruturantes dos processos intelectuais e ações coletivas e individuais.

Tais conceituações parecem fundamentais para a compreensão de como se dão as intervenções das e dos profissionais de psicologia na educação em diferentes realidades, levando-se em conta que em nosso país há considerável distinção entre o que ocorre na rede escolar pública e as propostas para a rede privada de educação. Para Vigotski (2016), a educação desempenha papel central na transformação do indivíduo e deve ser a base para a transformação histórica.

Nossos tempos têm sido palco de grandes transformações, vivenciamos nos últimos anos distintos processos sociais, que certamente produzem novas necessidades educacionais e psicológicas. Compreender a relação entre psicologia e educação a partir do contexto histórico-cultural nos remete à compreensão dos processos históricos aqui descritos, das transformações sofridas em termos conceituais e da práxis de psicólogas(os) na educação.

Desafios para a atuação de psicólogas(os) na educação

Há que se considerar algumas razões, entre tantas outras, que justificam a presença de psicólogas(os) na educação e, ao mesmo tempo, apresentam-se como grandes desafios que denotam a urgência de tornar nacional a participação de psicólogas(os) na educação. Apontamos a seguir alguns exemplos:

- Falta de clareza sobre a função da psicologia na educação. Expectativas, ainda por grande parte da sociedade, incluindo educadores, famílias e estudantes, de que a atuação da(o) psicóloga(o) se dê na vertente clínica, atendendo os chamados "alunos problemas", numa concepção individualizada, concebendo os problemas e as soluções no indivíduo.

Um outro exemplo são os devastadores efeitos da pandemia na educação brasileira, evidenciando ainda mais as desigualdades que há muito têm nos assolado, trazendo graves consequências a estudantes, educadores e familiares. Na educação, isso ficou evidente, pois a lacuna entre aqueles que tiveram acesso e aqueles que não tiveram se alargou de modo descomunal. Foi notória a dificuldade para participação no Exame Nacional de Ensino Médio (Enem) de quem não teve acesso à educação, a ampliação da distância de acesso à educação em termos de desigualdade social e os altos índices de evasão de estudantes do Ensino Médio; retrocessos nos direitos à educação durante o governo Bolsonaro, com tantos escândalos no Ministério da Educação (MEC) e desqualificação da ciência; tentativas de manutenção de políticas públicas, evidenciando propostas absurdas como: (a) escolas militares, implantação do "Novo" Ensino Médio, (b) insistência de regulamentação de *homeschooling*, (c) vozes ainda propagando a importância da suposta ideia de escolas sem partido, (d) questionamentos sobre a inserção da palavra *"gênero"* no Plano Nacional de Educação, (e) tentativa de retorno às classes especiais para crianças com deficiência, (f) expansão de medicalização. Crianças que não tiveram acesso à alfabetização sendo vistas como disléxicas; estudantes que ficaram isolados em casa e que agora chegam à escola não conseguindo mais ficar sentados, querem correr, brincar, se levantar, são diagnosticados como hiperativos; jovens que ficaram sem encontros com seus pares, agora com dificuldade de relacionamento interpessoal e coletivo, tidos como autistas, entre outras questões.

Todos esses desafios foram e continuam sendo enfrentados por todos e todas nós, enquanto profissionais da psicologia escolar e educacional. Além disso, há outros fatores como o horror de atos de violência que têm invadido escolas brasileiras, trazendo para perto de nós o que antes apenas assistíamos em outros países. Problema grave que resultou inclusive em documento produzido, a pedido do Governo Federal, por um grupo de trabalho de especialistas em violência nas escolas, denominado Ataques às escolas no Brasil: Análise do fenômeno e recomendações para a ação governamental[8]. Nesse sentido, a sicologia, por meio de várias universidades federais, com apoio do Conselho Federal de Psicologia (CFP), elaborou uma pesquisa de grande monta sobre violência na escola, que resultou no livro, de acesso livre, denominado *Violência e preconceitos na escola: contribuições da psicologia*[9]. Os índices educacionais nacionais e internacionais a respeito da educação brasileira demonstram que é preciso agir com celeridade para que a qualidade de nossa educação tenha avanços, oportunizando direitos a todas as crianças e jovens brasileiras(os).

Dados da Organização das Nações Unidas para a Educação, Ciência e Cultura (Unesco) (2023), órgão que defende a educação como direito primordial, têm revelado grande preocupação com os baixos níveis educacionais brasileiros. O índice de 2021 para os anos iniciais do ensino fundamental ficou em 5,8 em uma escala de 1 a 10 (Ideb)[10]. Outro importante órgão, a Organização para a Cooperação e Desenvolvimento Econômico (OCDE), cuja principal frente é o Comitê de Políticas Educacionais (*Education Policy Committe*), tem parceria desde o ano 2000 no Brasil com o MEC, a fim de auxiliar na análise do sistema educacional, por meio do Programa Internacional de Avaliação de Estudantes (Pisa) (2000)[11]. Lamentavelmente, nosso país tem obtido posições bastante preocupantes, ficando abaixo de países com menor projeção internacional.

Conquistas na relação psicologia e educação

Entretanto, concordamos com Freire (2019) quando afirma que, "num país como o Brasil, manter a esperança viva é em si um ato revo-

---

8. Cf.: https://www.gov.br/mec/pt-br/acesso-a-informacao/participacao-social/grupos-de-trabalho/prevencao-e-enfrentamento-da-violencia-nas-escolas/resultados/relatorio-ataque-escolas-brasil.pdf

9. Cf.: https://site.cfp.org.br/wp-content/uploads/2019/07/violencia-e-preconceitos-na-escola.pdf

10. Cf.: http://portal.mec.gov.br/conheca-o-ideb

11. Cf.: https://www.gov.br/inep/pt-br/areas-de-atuacao/avaliacao-e-exames-educacionais/pisa

lucionário". A psicologia escolar tem ocupado esse lugar de se insurgir contra os retrocessos, valendo-se dos desafios como impulsos à busca de conquistas e avanços, e tem se mostrado presente num processo histórico que revela grandes contribuições à educação.

A recuperação escolar (Caldas, 2021) parece ser um alvo de suma importância e a presença das equipes multiprofissionais na educação brasileira torna-se, sem sombra de dúvida, crucial neste momento. A psicologia tem grande *expertise* diante das queixas escolares, com alternativas para que os processos de aprendizagem sejam efetivos tanto no trabalho com os estudantes como na formação de professores

Entre as pesquisas, eventos e documentos produzidos, merece destaque a pesquisa intitulada Atuação do psicólogo na educação básica: concepções, práticas e desafios (Souza et al., 2014), elaborada em 2009, sob orientação da Professora-doutora Marilene Proença Rebello de Souza, no Departamento de Psicologia Escolar e do Desenvolvimento Humano da Universidade de São Paulo. Tal projeto envolveu pesquisadores de oito estados brasileiros, que investigaram a atuação dos profissionais de psicologia vinculados às secretarias da educação, entre os anos de 2005 e 2010, revelando a importância de equipes multiprofissionais que atuassem na perspectiva institucional de atendimento às demandas escolares, de modo a garantir direitos, compreendendo as dificuldades escolares como sendo constituídas histórica e culturalmente nos processos de escolarização.

Outro destaque se dá para as Referências técnicas para a atuação de psicólogas na educação básica, documento produzido pelo Centro de Referência Técnica em Psicologia e Políticas Públicas (Crepop) (CFP, 2013, 2019), do Conselho Federal de Psicologia, cujo objetivo é fornecer orientações a partir de princípios éticos e políticos que sejam norteadores do trabalho de profissionais da psicologia no campo da educação. Compõe-se de quatro eixos, a saber, (1) dimensão ético-política da atuação da(o) psicóloga(o) na educação básica; (2) a psicologia e a escola; (3) possibilidades de atuação da(o) psicóloga(o) na educação básica e (4) desafios para a prática da(o) psicóloga(o). Material de extrema importância, que estabelece parâmetros com fundamentação teórico-prática sobre a atuação de profissionais de psicologia na educação. Estudos vêm sendo realizados de modo a comparar a produção acadêmica de práticas da psicologia escolar às orientações indicadas nas referências técnicas (Vieira & Caldas, 2022).

O grande destaque entre os avanços é a aprovação da Lei n. 13.935/2019[12], que dispõe sobre a prestação de serviços de psicologia e serviço social nas redes públicas de educação básica, descrita na sequência.

> Art. 1º) As redes públicas de educação básica contarão com serviços de psicologia e de serviço social para atender às necessidades e prioridades definidas pelas políticas de educação, por meio de equipes multiprofissionais.
>
> § 1º) As equipes multiprofissionais deverão desenvolver ações para a melhoria da qualidade do processo de ensino-aprendizagem, com a participação da comunidade escolar, atuando na mediação das relações sociais e institucionais.
>
> § 2º) O trabalho da equipe multiprofissional deverá considerar o projeto político-pedagógico das redes públicas de educação básica e dos seus estabelecimentos de ensino.

---

12. https://presrepublica.jusbrasil.com.br/legislacao/791720123/lei-13935-19

Art. 2º) Os sistemas de ensino disporão de 1 (um) ano, a partir da data de publicação desta Lei, para tomar as providências necessárias ao cumprimento de suas disposições.

Art. 3º) Esta Lei entra em vigor na data de sua publicação.

Brasília, 11 de dezembro de 2019; 198º ano da Independência e 131º ano da República.

Sua aprovação foi vitória coletiva conquistada a duras penas pelas mãos de colegas de diversas entidades e associações da psicologia e do serviço social, fruto da luta de quase vinte anos de um Projeto de Lei (2000)[13] que teve idas e vindas em câmaras municipais e assembleias legislativas, apoios e discordâncias de parlamentares, veto presidencial e, finalmente, a derrubada do veto pelo Congresso Nacional em 2019.

Desde 2020, mesmo durante o horror e distanciamento, fruto da pandemia de covid-19, tão mal administrada em nosso país, uma coordenação nacional[14], da qual tenho o privilégio de participar, composta por diversas entidades da psicologia e do serviço social foi constituída para a aprovação e regulamentação da lei. Foram realizadas inúmeras reuniões remotas e, posteriormente, presenciais com parlamentares, entidades da educação e sociedade civil, a fim de prestar esclarecimentos sobre a lei e suas implicações, elucidando diligentemente as atribuições desses(as) profissionais e sua contribuição para a educação brasileira. Documentos foram elaborados, de modo a amparar os parlamentares, entre os quais destacamos: a minuta e o subsídio[15] para a implementação e regulamentação da Lei n. 13.935/2019. A inserção desses profissionais no Fundo de Manutenção e Desenvolvimento da Educação Básica (Fundeb)[16] foi outra significativa vitória. Entre as principais condições para a regulamentação da Lei nos municípios é primordial que sejam compostas equipes multiprofissionais, cuja contratação deva ocorrer por meio de concurso público. Embora seja uma Lei Federal, a concretização e regulamentação deverá se dar em cada município.

Sobre a Abrapee

Cabe aqui ressaltar a importância da Associação Brasileira de Psicologia Escolar e Educacional (Abrapee)[17], nesse processo. A Abrapee foi fundada em 1990 por um grupo de psicólogos interessados em congregar os estudiosos e profissionais da área, visando o reconhecimento legal da necessidade do psicólogo escolar nas instituições de ensino, bem como estimular e divulgar pesquisas nas áreas de psicologia escolar e educacional.

Entre seus objetivos, destacam-se: o incentivo à melhoria da qualificação e serviços dos psicólogos escolares e educacionais, assegurando padrões éticos e profissionais; o estímulo à realização de estudos científicos nas áreas da psicologia escolar e educacional; a promoção a condições para o reconhecimento legal da necessidade do psicólogo nas instituições ligadas ao ensino; e a divulgação das atividades práticas e de pesquisa dos psicólogos escolares e educacionais.

---

13. Cf.: https://www.camara.leg.br/proposicoesWeb/prop_mostra rintegra?codteor=1359998&filename=Avulso+-

14. Conselho Federal de Psicologia (CFP); Conselho Federal de Serviço Social (CFESS), Associação Brasileira de Psicologia Escolar e Educacional (Abrapee), a Associação Brasileira de Ensino de Psicologia (Abep), Federação Nacional de Psicólogos (Fenapsi); Associação Brasileira de Ensino e Pesquisa em Serviço Social (Abepss), entre outras.

15. Cf.: https://abrapee.files.wordpress.com/2020/09/minuta_0242142_ minuta_de_decreto_que_regulamenta_a_lei_n__13.935_2019

16. Cf.: https://jbnoticia.com/2021/12/senado-aprova-projeto-que-altera-lei-do-fundeb.html

17. Cf.: https://abrapee.wordpress.com/

A Abrapee tem reiterado que a psicologia escolar e educacional se constitui historicamente como importante campo de atuação da psicologia. Psicólogos escolares e educacionais são profissionais que atuam em instituições escolares e educativas, bem como dedicam-se ao ensino e à pesquisa na interface psicologia e educação. As concepções teórico-metodológicas que norteiam a prática profissional no campo da psicologia escolar são diversas, conforme as perspectivas da Psicologia enquanto área de conhecimento, visando compreender as dimensões subjetivas do ser humano. Algumas das temáticas de estudo, pesquisa e atuação profissional no campo da psicologia escolar são: processos de ensino e aprendizagem, desenvolvimento humano, escolarização em todos os seus níveis, inclusão de pessoas com deficiências, políticas públicas em educação, gestão psicoeducacional em instituições, avaliação psicológica, história da psicologia escolar, formação continuada de professores, entre outros.

Psicóloga(o) na educação básica para fazer o quê?

As orientações construídas afirmam que compete à psicóloga e ao psicólogo, em sua área de atuação, considerar os contextos sociais, escolares, educacionais e o projeto político-pedagógico das unidades educacionais atendidas, em articulação com as áreas da saúde, da assistência social, dos direitos humanos e da justiça. Buscando orientar os profissionais, foram elencadas nos documentos construídos pela Coordenação Nacional para a implantação da Lei n. 13.935/2019 as diversas atribuições dos profissionais de psicologia e serviço social na educação, entre as quais destacamos aqui as relativas às(aos) psicólogas(os):

1. Subsidiar a elaboração de projetos pedagógicos, planos e estratégias a partir de conhecimentos da psicologia do desenvolvimento e da aprendizagem;

2. Participar da elaboração, execução e avaliação de políticas públicas voltadas à educação;

3. Contribuir para a promoção dos processos de aprendizagem, buscando juntamente com as equipes pedagógicas garantir o direito à inclusão de todas as crianças e adolescentes;

4. Orientar nos casos de dificuldades nos processos de escolarização;

5. Realizar avaliação psicológica ante as necessidades específicas identificadas no processo de ensino-aprendizado;

6. Auxiliar equipes da rede pública de educação básica na integração comunitária entre a escola, o estudante e a família;

7. Contribuir na formação continuada de profissionais da educação;

8. Contribuir em programas e projetos desenvolvidos na escola;

9. Colaborar com ações de enfrentamento à violência e aos preconceitos na escola;

10. Propor articulação intersetorial no território, visando à integralidade de atendimento ao município, o apoio às unidades educacionais e o fortalecimento da rede de proteção social;

11. Promover relações colaborativas no âmbito da equipe multiprofissional e entre a escola e a comunidade;

12. Promover ações voltadas à escolarização do público da educação especial;

13. Promover ações de acessibilidade;

14. Propor ações, juntamente com professores, pedagogos, alunos e pais, funcionários

técnico-administrativos e serviços gerais e a sociedade de forma ampla, visando melhorias nas condições de ensino, considerando a estrutura física das escolas, o desenvolvimento da prática docente, a qualidade do ensino, entre outras condições objetivas que permeiam o ensinar e o aprender;

15. Avaliar condições sócio-históricas presentes na transmissão e apropriação de conhecimentos.

A parceria entre psicologia escolar e educacional e o serviço social pode trazer grandes contribuições, e o empenho pela regulamentação da lei em cada município do nosso país é nossa maior demanda. Várias cidades brasileiras já a regulamentaram. São Paulo, cidade referência no país, está em tramitação para a regulamentação (Cruces & Caldas, 2021).

Considerações finais

Este capítulo pretendeu contribuir para a compreensão a respeito da atuação da(o) psicóloga(o) na educação. Buscou evidenciar o processo histórico de parceria entre psicologia e educação, as contribuições da psicologia histórico-cultural, os desafios e conquistas no campo de atuação e, em especial, elencar possibilidades da práxis da(o) profissional de psicologia nas unidades educacionais, sempre tendo em conta que a(o) psicóloga(o) é parte de uma equipe multiprofissional, conforme preconiza a Lei n. 13.935/2019.

Concluímos, reafirmando nosso compromisso, descrito no site do Conselho Federal de Psicologia[18], com uma educação pública de qualidade, laica, acessível e promotora de humanização e emancipação humana, que garanta direitos a crianças, jovens e educadoras(es) brasileiras(os). A psicologia é a profissão, conforme salienta o site do CFP, "que promove a liberdade, dignidade, igualdade e integridade do ser humano e contribui para a eliminação de qualquer forma de negligência, discriminação, exploração, crueldade e opressão" (s.d.).

Assim, partilhar os bens culturais produzidos ao longo da história e lutar por uma sociedade mais justa são incumbências primordiais da educação e da psicologia. Como país, estamos distantes desse ideal, mas unimo-nos aos educadores na luta para alcançá-lo, pois temos uma grande responsabilidade diante das novas gerações, conforme afirma Arendt (2000):

> A educação é o ponto em que decidimos se amamos o mundo o bastante para assumirmos a responsabilidade por ele. A educação é, também, onde decidimos se amamos nossas crianças o bastante para não as expulsar de nosso mundo e abandoná-las a seus próprios recursos e tampouco arrancar de suas mãos a oportunidade de empreender alguma coisa nova e imprevista para nós, preparando-as, em vez disso, com antecedência, para a tarefa de renovar um mundo comum (2000, p. 247).

Nessa perspectiva, é vital a esperança professada por Freire (1992), pois "esperançar é se levantar, esperançar é ir atrás, esperançar é construir, esperançar é não desistir! Esperançar é levar adiante, esperançar é juntar-se com outros para fazer de outro modo" (Freire, 1992, p. 110-111).

Sigamos, pois, na luta, sem omitir os obstáculos e reveses, mas com a certeza de que podemos contribuir como protagonistas para o desenvolvimento educacional em nosso país.

---

18. Cf.: https://site.cfp.org.br/

Referências

Antunes, M. A. M. (2008). Psicologia escolar e educacional: história, compromissos e perspectivas. *Psicologia Escolar e Educacional*, 12(2), 469-475. https://doi.org/10.1590/S1413-85572008000200020

Arendt, H. (2000). *Entre o passado e o futuro* (5a ed.). Perspectiva.

Asbahr, F. S. F. (2005). *Sentido pessoal e projeto político-pedagógico: análise da atividade pedagógica a partir da psicologia histórico-cultural.* [Dissertação de Mestrado]. Universidade de São Paulo.

Bock, A. M. B. (2003). Psicologia da educação: Cumplicidade ideológica. In M. E. Meira & M. A. M. Antunes (Eds.), *Psicologia Escolar: teorias críticas* (pp. 79-103). Casa do Psicólogo.

Caldas, R. F. L. (2021). *Recuperação escolar: será que recupera? Um estudo a partir da psicologia escolar.* Appris.

Conselho Federal de Psicologia. (2008). *Ano da psicologia na educação*. Temas geradores. Brasília, DF. Recuperado de http://www.crpsp.org.br/educacao/ano_eixo3.aspx

Conselho Federal de Psicologia. (2013). *Referências técnicas para a atuação de psicólogas na educação básica*. Brasília, DF. (Documento de Referência Técnica Profissional). Recuperado de https://site.cfp.org.br/publicacao/referencias-tecnicas-para-atuacao-de-psicologasos-na-educacao-basica/

Conselho Federal de Psicologia. (2019). *Referências técnicas para a atuação de psicólogas na educação básica*. (Documento de Referência Técnica Profissional). (2a ed). Brasília, DF. Recuperado de https://site.cfp.org.br/publicacao/referencias-tecnicas-para-atuacao-de-psicologasos-na-educacao-basica/

Cruces, A. V. V., & Caldas, R. F. L. (2021). A psicologia escolar e educacional em São Paulo: sua história, suas lutas e suas conquistas. In M. G. D. Facci, A. A. Anache & R. F. L. Caldas (Eds.), *Por que psicologia na educação? Em defesa da emancipação humana no processo de escolarização* (pp. 79-103). Editora CRV.

Decreto Lei 13.935, de 11 de dezembro de 2019. (2019). Dispõe sobre a prestação de serviço de psicologia e serviço social nas redes públicas de educação básica. Brasília, DF. Recuperado de https://www.planalto.gov.br/ccivil_03/_ato2019-2022/2019/lei/l13935.htm

Freire, P. (1992). *Pedagogia da esperança: um reencontro com a pedagogia do Oprimido*. Paz e Terra.

Freire, P. (2019). *Pedagogia do oprimido*. Paz e Terra.

Freire, P. (2021). *Pedagogia da esperança* (29a ed.). Paz e Terra.

Leonardo, N. S. T., Rossato, S. P. M., & Constantino, E. P. (2016). Políticas públicas em educação e fracasso escolar: As interlocuções com a psicologia. In H. R. Campos, M. P. R. Souza & M. G. D. Facci (Eds.), *Psicologia e Políticas Educacionais* (pp. 79-103). EDUFRN.

Luria, A. R. (1979). *Curso de psicologia geral*. Civilização Brasileira.

Patto, M. H. S. (2003). O que a história pode dizer sobre a profissão do psicólogo: a relação Psicologia-Educação. In A. M. B. Bock (Ed.), *Psicologia e compromisso social* (pp. 29-35). Cortez.

Patto, M. H. S. (2022a). *Psicologia e ideologia: uma introdução crítica à psicologia escolar*. Instituto de Psicologia da Universidade de São Paulo. https://doi.org/10.11606/9786587596341

Patto, M. H. S. (2022b). *A produção do fracasso escolar: histórias de submissão e rebeldia*. Instituto de Psicologia da Universidade de São Paulo. https://doi.org/10.11606/9786587596334

Patto, M. H. S. (2022c). *Exercícios de indignação: escritos de educação e psicologia*. Instituto de Psicologia da Universidade de São Paulo. https://doi.org/10.11606/9786587596310

Saviani, D. (1997). *Pedagogia histórico-crítica: primeiras aproximações* (6a ed.). Autores Associados.

Saviani, D. (2022). *Escola e democracia* (44a ed.). Autores associados.

Souza, M. P. R. (2006). Políticas públicas e educação: problemas e possibilidades. In L. Viégas & C. B. Angelucci (Eds.), *Políticas públicas em educação – Uma análise crítica a partir da psicologia* (pp. 229-243). Casa do Psicólogo.

Souza, M. P. R. (2021). *Psicologia escolar e políticas públicas para a educação básica na América Latina: pesquisas, impasses e desafios*. Instituto de Psicologia. https://doi.org/10.11606/9786587596129

Souza, M. P. R., Silva, S. M. C., & Yamamoto, K. (2014). *Atuação do psicólogo na educação básica: concepções, práticas e desafios*. Edufu.

Vieira, D., & Caldas, R. F. L. (2022). Psicologia escolar: interlocução entre as referências técnicas e publicações de práticas. *Psicologia Escolar e Educacional*, 26, e241884. http://dx.doi.org/10.1590/2175-35392022-241884

Vigotski, L. S. (1935). El problema del entorno. In Vigotski, L. S. (Ed.), *Fundamentos de la podologia – 4ª conferência publicada em Vigotski, Lev Semionovich*. Izdanie Instituto.

Vigotski, L. S., Luria, A. R., & Leontiev, A. (2016). *Linguagem, desenvolvimento e aprendizagem* (14a ed.). Ícone.

11
A atuação do psicólogo no ensino superior

Leandro S. Almeida
Cláudia Patrocinio Pedroza Canal

> *Highlights*
> - O trabalho do psicólogo tem como público-alvo toda a comunidade acadêmica do ensino superior;
> - O modelo de atuação do psicólogo deve ser mais educacional e ecológico do que centrado no estudante e na superação de um problema;
> - O psicólogo deve conhecer necessidades do ensino superior para planejar seu trabalho;
> - O psicólogo precisa de formação contínua e especializada para trabalhar no ensino superior.

Iniciamos este capítulo aludindo a três circunstâncias que afetam o ensino superior (ES) nos tempos atuais: a democratização do acesso, a evolução do mercado de trabalho e o impacto crescente das novas tecnologias de informação e comunicação. O reconhecimento de uma relação entre desenvolvimento econômico de um país e o grau de alfabetização da sua população levaram os governos a um investimento na área da educação. No ES, esse investimento traduziu-se em políticas de democratização do acesso, por exemplo aumentando o número de instituições e de cursos, ampliando o número de vagas ou criando cotas de acesso específicas para estudantes socialmente afastados, por tradição, da formação terciária. Com isso, ingressam hoje no ES estudantes ditos não tradicionais, com conhecimentos, expectativas e projetos vocacionais bem diferenciados dos estudantes da pequena elite que, logicamente, continua a subsistir (Canal & Almeida, 2023).

Em segundo lugar, o mercado de trabalho também tem se complexificado nos últimos anos, tendência essa que parece se acentuar nos próximos tempos. Desaparecem profissões e surgem novas para as quais os jovens não foram preparados na sua formação. A formação acadêmica superior é, hoje, um quesito para o exercício profissional de um número crescente de atividades nos diversos setores. Os diplomados do ES têm mais e melhores oportunidades de emprego e as famílias e os governos justificam, assim, os investimentos feitos; tudo isso sem querer conceber que a missão do ES é atender às necessidades da economia e ao emprego dos egressos (Sin et al., 2019). Ainda nos dias de hoje, o diploma continua a ser entendido como passaporte para alguma mobilidade social ascendente, sobretudo nos grupos socioeconômicos mais desfavorecidos, mesmo que muitos dos estudantes desses grupos façam formações com fraca correspondência profissional no mercado de trabalho e, cada vez mais, os empregos conseguidos não asseguram os retornos de *status* social almejados e antes auferidos.

Por último, as tecnologias de informação e comunicação (TICs) invadiram a nossa vida pessoal e social, assim como o mundo das empresas e demais instituições, complexificando bastante os contextos em que vivemos (Bernardo et al., 2023). A pandemia de covid-19 ajudou a consolidar a sua onipresença nas instituições de ensino. O confinamento decretado para dificultar a propagação da doença apenas foi minorado ou superado por meio do ensino-aprendizagem online (à distância). Uma utilização incipiente da internet e redes sociais nas práticas de ensino teve um desenvolvimento exponencial com a pandemia, permanecendo forte vitalidade no presente e em tempos próximos. Estima-se que, em 2022, havia 4,95 bilhões de pessoas a utilizar a internet, ou seja, 62,5% da população mundial, com 4,62 bilhões usando as redes sociais (Hootsuite & We Are Social, 2022). Esse aumento não é apenas feito em nível do número de utilizadores, mas também do número de horas diárias de uso e na tipologia de serviços e de equipamentos envolvidos, ajudando a entender como as TICs fazem hoje parte do nosso quotidiano (Bayer et al., 2020). Nessa linha, as práticas tradicionais de um ensino-aprendizagem na base da relação presencial professor-aluno, mediadas pelos manuais e textos impressos, desapareceram ou tornaram-se apenas uma das vias de prossecução da formação, aliás discutindo-se a forma e a magnitude do seu espaço de complementaridade. Por outro lado, e mais recentemente, ganha espaço e acentua-se o debate acerca das oportunidades e efeitos das ferramentas de inteligência artificial no processo de ensino-aprendizagem, assim como na produção científica e tecnológica realizada dentro das universidades (Parreira et al., 2021; Vicari, 2021).

Outras mudanças sociais poderiam ser mencionadas, mas essas três são suficientes para documentar que as instituições de ensino superior (IES), aliás como as demais instituições sociais e a própria sociedade, experienciam tempos pautados por transformações, tensões e desafios. Os conhecimentos e os fenômenos são complexos e imprevisíveis, gerando grandes incertezas e favorecendo em certos contextos a competição, e não a colaboração. Antecipa-se que apenas os mais fortes, inclusive as instituições de ensino superior (IES), sobrevivem, gerando uma situação de luta isolada, procurando o melhor lugar nos *rankings* e na opinião pública, reformulando os cursos e os próprios *currículos* e usando estratégias de *marketing* para atrair mais e melhores estudantes, professores e investigadores e, logicamente, contratos financeiros que viabilizem o desenvolvimento ou, então, a simples subsistência. Reconhecendo o forte impacto dessas transformações e os constantes desafios na vida das instituições e das pessoas, importa equilibrar as exigências inerentes com os apoios facultados (Almeida, 2019).

É nesse contexto histórico e cultural de existência das IES que merece ser pensado o papel do psicólogo no ES. Que pode um profissional formado em psicologia trazer de específico e útil às IES nesse contexto de mudança? Responderemos tomando três grandes áreas de intervenção: (i) os estudantes e as suas necessidades; (ii) os agentes e os processos de formação; e (iii) a instituição na sua organização e missão.

Intervenção psicológica em estudantes

A justificação da generalidade dos serviços de psicologia, ou a atuação do psicólogo no ES, prendeu-se, aliás, ainda nos nossos dias, às necessidades de apoio aos estudantes (Bisinoto et al., 2014). A massificação do ES trouxe para esse nível de ensino, conforme se aludiu anteriormente, estudantes menos preparados, menos maduros e com um conjunto diverso de características e necessidades a que tais serviços procuram responder (Fernandes et al., 2015). O prolongamento da escolaridade obrigatória ao ensino secundário/médio aumentou a porcentagem de alunos que, uma vez ali chegados, procuram o ES para continuar a sua formação. Nem sempre tais estudantes têm os conhecimentos e competências para enfrentarem com sucesso as exigências do ES, contudo assume-se que, se a instituição os acolheu, deve então providenciar formas de apoio que os ajudem a superar as dificuldades encontradas.

Os serviços de psicologia, nomeadamente em estudantes do 1º ano, são mais bem entendidos, e justificados, com o apoio que presta a um número crescente de estudantes que ingressam no ES sem as condições pessoais necessárias ao sucesso, podendo essas necessidades irem bastante além dos decorrentes problemas sensoriais e motores mais usualmente enquadrados nas necessidades educativas especiais (Fernandes et al., 2015). A intervenção passará, não pela substituição ou infantilização do estudante ou por requerer uma descida demasiadamente elevada das exigências da IES, mas pela ajuda e capacitação dos alunos no assumir as escolhas vocacionais feitas e superar as exigências desse novo nível de ensino, com autonomia crescente (Almeida, 2019). A não superação das dificuldades sentidas pelos estudantes na sua integração acadêmica tem sido apontada como determinante nas taxas mais elevadas de abandono em alunos do 1º ano (Casanova et al., 2019).

A resposta tradicional nesses casos seguia o modelo médico, ou seja, assumia-se que por detrás das dificuldades estariam déficits ou deficiências a superar (Bisinoto et al., 2011). Hoje, com modelos mais educacionais e ecológicos de intervenção psicológica, e inclusive pelo impacto da psicologia positiva, a par dessa resposta centrada nas "casuísticas individuais", os serviços avançam com programas de promoção de competências antecipadamente sentidas como necessárias (autonomia, gestão do tempo, suporte social, resiliência, métodos de estudo) (Ramos et al., 2018). Nesses programas, diferenciados nos seus objetivos e atividades em atenção a subgrupos de estudantes já identificados na literatura como prioritários, participam estudantes em crise, ou sem crise, acreditando que o desenvolvimento da autonomia, estratégias de enfrentamento, resiliência ou autoeficácia, por exemplo, são sempre necessárias a um percurso acadêmico de sucesso ou a um desenvolvimento psicossocial do jovem a caminho da idade adulta. Assim, de uma lógica remediativa, a intervenção psicológica passou a contemplar medidas preventivas e promocionais, alargando os seus públicos e âmbitos de atuação. De alguma centralidade que teriam as "dificuldades de aprendizagem" e os "transtornos de personalidade" nas respostas dos serviços de psicologia, passamos às dimensões pessoais e interpessoais de desenvolvimento (separação da família, autonomia na gestão do cotidiano, rede de colegas e amigos, relacionamento com professores, competências transversais e de empregabilidade, entre outras), ou seja, um conjunto alargado de competências que importa promover (Bisinoto et al., 2011; Marinho-Araujo, 2016).

Se em alunos do 1º ano a intervenção psicológica está particularmente atenta às dinâmicas, dificuldades e desafios com a transição e adaptação dos estudantes ao ES, nos anos mais avançados da formação pode enveredar por programas de apoio ao desenvolvimento psicossocial dos estudantes e, em particular, ao desenvolvimento de carreira e de competências de empregabilidade. Falamos, então, do desenvolvimento de recursos profissionais entendidos como suporte aos estudantes a alcançarem os seus objetivos profissionais (Hirschi et al., 2018). Seguramente outras dificuldades pessoais, em termos de satisfação com a vida e o bem-estar psicológico, podem surgir no decurso da adolescência e podem merecer a atenção dos serviços de psicologia. Com o aproximar do final do curso, a antecipação da transição para o mercado de trabalho tem também sido uma das áreas de afirmação interventiva por parte dos serviços de psicologia em estudantes do ES. Mais concretamente, os programas de desenvolvimento de carreira, procura de emprego, organização dos currículos e preparação de entrevistas de recrutamento ilustram algumas das iniciativas desses serviços em resposta a necessidades específicas dos estudantes finalistas.

Lógico que entre a transição de ingresso e a transição de saída pela conclusão da formação existe um amplo campo de contextos e de oportunidades para a intervenção dos psicólogos no ES. Deixando outros âmbitos para os pontos seguintes, e mantendo-nos à mesma altura dos estudantes, importa conhecer como os alunos criam hábitos de vida saudável, como aproveitam oportunidades do *campus* para o seu desenvolvimento pessoal e social, como crescem em autonomia e em cooperação com os outros, no sentido de uma pessoa adulta comprometida com as questões sociais, a cidadania e a sua formação contínua, por exemplo. Igualmente, os cursos comportam opções curriculares ou vias mais ou menos profissionalizantes ou científicas de formação que o estudante terá que escolher. De novo, as questões vocacionais e de desenvolvimento da carreira ganham espaço nessas escolhas curriculares por parte dos alunos e podem merecer a atenção dos serviços de psicologia (Ramos et al., 2018). A organização do estágio ou a primeira saída para o mercado de trabalho, mesmo como estudante-estagiário, pode gerar alguma ansiedade e algumas competências prévias a desenvolver quando a formação do ES está organizada em dois ciclos (por exemplo uma graduação de três anos, que se segue por um mestrado de dois anos, conforme proposto na Declaração de Bolonha). Maior relevância podem ter as questões da carreira e do emprego numa fase intermediária da formação superior dos estudantes, até porque questões de identidade vocacional, ou incertezas entre formação auferida e expectativas de realização profissional, podem surgir. Sendo as transições períodos por excelência para a intervenção psicológica em prol do desenvolvimento da autonomia das pessoas, facilmente a preparação para tais transições se configura como contexto relevante da intervenção psicológica. Nesses casos, são oportunidades para uma intervenção mais de cariz preventiva e promocional (educacional), assim existem recursos humanos em quantidade e qualidade suficientes para a sua concretização.

A mudança de perfil dos estudantes que ingressam na universidade, com maior presença especialmente de estudantes negros, de grupos socioeconômicos desfavorecidos e com deficiência também impacta na oferta dos serviços de maneira a que possam construir canais de diálogo e trocas com esses estudantes. Tais impactos se fazem perceber, por exemplo, na inserção maior de discussões acerca de combate ao racismo, reforço da inclusão social e acessibilidade nas universidades, justificando respostas mais institucionais por parte dos serviços de psicologia em alternativa às respostas mais tradicionais centradas nos estudantes singulares e suas dificuldades (Bisinoto et al., 2011, 2014). Os novos públicos (alunos com deficiência, grupos étnicos e socioculturais desfavorecidos, estudantes internacionais, estudantes mais velhos...) tornaram-se tão frequentes que isolar formas de intervenção individualizadas faz pouco sentido diante da necessidade de intervenções mais abrangentes e institucionais, muitas vezes assessoradas pelos psicólogos, mas não os tendo diretamente vinculados aos serviços prestados.

Desafios do campo da saúde mental também são demandas que surgem para o trabalho do psicólogo no contexto das IES, em função da identificação significativa de sintomas relacionados à ansiedade, ao estresse e à depressão entre universitários (Jardim et al., 2020; Ramos et al., 2018). É importante compreender as questões da saúde mental dos universitários a partir da interação entre variáveis biológicas, psicossociais e contextuais, decorrendo daí dificuldades pessoais no âmbito da integração e do desempenho acadêmico (Barros & Peixoto, 2022). Possivelmente, situações de crise de saúde mental dos estudantes podem ser mais bem atendidas por meio do recurso protocolado aos serviços especializados existentes na comunidade, como aliás se foi instituindo como prática por parte de vários serviços e instituições (Serpa & Santos, 2001), assunto que voltaremos mais à frente.

Intervenção psicológica em professores

Além de demandas e possibilidades de atuação em estudantes, os psicólogos também têm espaços de intervenção no corpo docente e técnico das IES. Podemos pensar a intervenção psicológica em professores no ES tomando vários enfoques. Um primeiro pode assumir o grupo dos professores como pessoas que podem precisar e se beneficiar do aconselhamento e apoio psicológico no quadro das dificuldades pessoais e interpessoais sentidas no exercício de suas funções e desafios inerentes. Um segundo foco passa pela capacitação do professor na melhoria do exercício da sua atividade docente, podendo a eficácia do seu ensino beneficiar do melhor conhecimento de si próprio e dos seus estudantes, dos processos de aprendizagem e das teorias psicológicas sobre o comportamento humano em geral e a adolescência/jovem adulto em particular. Um terceiro foco é assumir o professor como mediador de mudanças desenvolvimentais dos estudantes, podendo a intervenção psicológica orientar essa atuação promocional e preventiva por parte dos professores. Essa situação pode ficar particularmente evidenciada se o professor exerce funções de diretor de turma ou de curso e se dedica algumas horas ao acompanhamento de estudantes, por exemplo, horas de mentoria ou tutoria, podendo a intervenção psicológica instituir-se na retaguarda e assumir a forma de consultadoria.

O ES coloca desafios não apenas aos estudantes, mas também aos professores. O desenvolvimento do ES nos últimos anos está associado à complexificação das funções dos docentes (ensino, investigação, interação com a sociedade, internacionalização, gestão acadêmica), aumentando as áreas de atuação e colocando patamares elevados de exigência, por vezes decorrentes de parâmetros internacionais de avaliação os quais, nem sempre, atendem aos níveis de desenvolvimento das próprias instituições e realidades nacionais. Tendencialmente, as carreiras dos docentes no ES são exigentes, em que o número de vagas ou de oportunidades de progressão na carreira é reduzido. Nesse quadro, podem os professores deixarem de cooperar entre si para melhor poderem competir pelas poucas vagas e oportunidades disponíveis, acentuando o isolamento e a inexistência de redes de suporte social assentes nos colegas de profissão.

Um volume elevado de responsabilidades e áreas de atuação, salários baixos e poucas possibilidades de estabilidade e de progressão na carreira podem gerar níveis elevados de ansiedade e insatisfação profissional, afetando a saúde mental dos professores. O fenômeno do *burnout* docente, também no ES, ocorre frequentemente, traduzindo um estado de exaustão prolongada conducente ao elevado desgaste físico, mental e emocional. A insatisfação, o acúmulo de frustrações, as exigências permanentes do mundo acadêmico ou um futuro profissional pautado por incertezas complicam a conciliação com outras responsabilidades sociais e familiares. Nessa altura, situações de estresse permanente colocam em causa o bem-estar e a saúde mental dos professores, evidenciando necessidades de ajuda psicológica.

A intervenção psicológica em docentes pode tomar uma lógica remediativa, na forma de consulta psicológica, às dificuldades experienciadas, mas pode ser bem mais eficaz se feita numa lógica preventiva, por exemplo promovendo competências de resiliência, estratégias de *coping*, trabalho em grupo e outras fortalezas pessoais. Alguns desses focos interventivos aparecem hoje mais valorizados em virtude da implantação e do reconhecimento de dados da investigação numa lógica da psicologia positiva (Reppold et al., 2018). A vivência recente da pandemia colocou os professores em ambientes de maior tensão, tendo aumentado a consciência sobre as suas condições de trabalho e a necessidade de apoio psicológico diante das tensões e dificuldades do seu cotidiano profissional.

Um segundo foco da intervenção psicológica em professores passa pela sua habilitação para uma melhor docência e uma melhor aprendizagem dos seus estudantes. Esse foco de atuação dos psicólogos aumenta com as várias mudanças operadas no ES, como a introdução das tecnologias nos processos de ensino-aprendizagem-avaliação, a percepção social de que os conhecimentos e competências desenvolvidas nos estudantes devem ser mais orientadas para as necessidades do mundo laboral e social ou, ainda, as próprias necessidades de alguma diferenciação pedagógica por parte dos estudantes cada vez mais heterogêneos e alguns deles acedendo ao ES sem as bases de conhecimento, motivações e metodologias de trabalho que os professores esperavam que já tivessem. A massificação do ingresso e a maior diferenciação do corpo estudantil justificam novas formas de ensinar para não se condenar um número expressivo de estudantes ao insucesso. Por exemplo, a ampliação de estudantes com deficiência nas IES, no quadro de políticas de reserva de vagas para democratização do acesso aos estudantes não tradicionais, trouxe a necessidade de compreensão sobre especificidades de construção do conhecimento de pessoas com deficiência visual, auditiva, dislexia e transtornos do desenvolvimento, assim como estudantes com características de superdotação e altas habilidades. Tais debates, antes quase circunscritos à educação básica, tornam-se hoje mais urgentes na educação superior, incluindo considerações sobre aspectos cognitivos, afetivos e sociais.

Diversos organismos relacionados ao ES apontam a necessidade de inovação das práticas pedagógicas docentes, alertando para a falta de formação pedagógica específica para o exercício da docência, dado o seu recrutamento e progressão estarem, sobretudo, associados à visibilidade dos projetos de investigação e publicação. Uma das mudanças pedagógicas reclamadas passa pela substituição das aulas assentes nos saberes enciclopédicos para aulas voltadas para a aquisição de conhecimentos e desenvolvimento de competências por parte dos estudantes. Mais ainda, a par das competências curriculares, a formação assegurada pelos professores deve garantir o desenvolvimento de um conjunto alargado de competências transversais por parte dos estudantes, por exemplo criatividade, tomada de decisão, pensamento crítico, pensamento reflexivo ou trabalho em equipe. Nesse quadro de mudança, facilmente reconhecemos que as práticas clássicas de ensino, muito assentes nas aulas magistrais, não cumprem esses objetivos de aprendizagem e de desenvolvimento. Correntes pedagógicas mais recentes, de fundo cognitivo-construtivista, destacam o papel ativo dos estudantes na aprendizagem, exigindo aulas mais participativas e dinâmicas por parte dos professores (Almeida et al., 2022). Falamos, por exemplo, em organizar e monitorar as aprendizagens dos estudantes a partir da resolução de problemas, elaboração de projetos, aulas invertidas ou comunidades de aprendizagem. A própria prática de *feedback* aos estudantes, parecendo tarefa simples, tem a sua complexidade e justifica formação dos professores, de forma a converter-se numa oportunidade de desenvolvimento da autoavaliação e autorregulação dos estudantes, assim como de facilitação do diálogo professor-estudante e entre estudantes em torno da aprendizagem (Almeida et al., 2022; Nicol & Macfarlane, 2006).

A intervenção psicológica pode ajudar a organizar a formação pedagógica dos professores e o seu desenvolvimento socioprofissional. Inclui-se aqui o envolvimento dos professores no crescimento profissional e a motivação para mudanças nas suas atitudes e práticas, questionando e pesquisando inclusive aquelas que podem ser as melhores práticas pedagógicas em função da natureza dos cursos e das populações estudantis que os frequentam (Almeida et al., 2022). Em síntese, a inovação pedagógica requer processos de ensino-aprendizagem mais dinâmicos e integrados pelos estudantes, tornando esses processos tendencialmente mais complexos e multivariados, carecendo os professores de formação e atualização contínua para a sua devida implementação, podendo a intervenção psicológica ter aqui algum papel de orientação e sistematização.

Em terceiro lugar, melhores professores do ponto de vista psicopedagógico podem contribuir para um papel proativo e promocional de seus alunos. Com melhor formação, o professor pode saber escutar os estudantes, disponibilizar-se para essa escuta e intervenção inerente. A diversidade crescente de alunos pode acentuar esse papel de ajuda por parte do professor, podendo a intervenção dos psicólogos estar na retaguarda desse apoio. Essa disponibilidade qualificada pode, inclusive, favorecer o encaminhamento dos estudantes para apoios institucionais ou externos mais especializados, pois nem sempre estão conscientes das suas dificuldades e necessidades ou, outras vezes, desconhecem os serviços ofertados pela sua instituição.

Intervenção psicológica em nível institucional

Uma lógica interventiva voltada para a promoção do desenvolvimento psicossocial ou para um enfrentamento preventivo dos fatores de risco faz pensar numa intervenção mais em nível da instituição do que particularmente das pessoas ou de grupos (Marinho-Araujo, 2016). Instituições mais evoluídas são igualmente mais saudáveis, acautelando riscos e desenvolvendo as fortalezas dos colaboradores e usuários. Uma análise dos planos estratégicos e de desenvolvimento institucional permite verificar se tais orientações estão presentes nos regulamentos e nas práticas, qualificando o desenvolvimento institucional no ensino superior. Por exemplo, pode determinada IES afirmar que favorece o desenvolvimento dos estudantes e dos professores por meio do trabalho em cooperação, trabalho em grupo ou implementação de comunidades de aprendizagem, contudo podemos questionar se as carreiras profissionais valorizam tais aspectos ou se os espaços físicos, os equipamentos e os horários disponibilizados pela instituição permitem a prossecução de tais objetivos.

A intencionalidade por parte da instituição na implementação de algumas práticas pedagógicas pode ilustrar o grau de compromisso da instituição com a inovação, os seus professores e os seus estudantes. O sistema de tutorias e mentorias, por exemplo, difere na sua eficácia consoante se organiza numa lógica compulsiva (obrigatória) ou se estrutura em função do diagnóstico de necessidades e da diversidade de respostas ou práticas. O clima institucional como tais práticas são instituídas e ancoradas pode fazer toda a diferença na respectiva eficácia. Por exemplo, se a inovação das práticas pedagógicas pelos docentes é um objetivo institucional, então a formação dos docentes, a avaliação do seu desempenho e as suas promoções na carreira devem atender a esse objetivo. Um outro exemplo se dá para as tecnologias de informação e comunicação (TICs). As instituições investem bastante na área, contudo, a mera incorporação das TICs não melhora necessariamente os processos de ensino-aprendizagem (Coll & Monereo, 2010). Não é suficiente a existência e difusão dessas tecnologias, tampouco o seu manuseio por professores e estudantes. Com efeito, a intencionalidade educativa e as transformações das práticas fazem toda a diferença.

Um exemplo de disfuncionamento apontado entre prática pedagógica instituída e intencionalidade pedagógica conquistada tem a ver com a relativa generalização dos inquéritos pedagógicos por meio dos quais, no final de cada semestre, os estudantes avaliam a prestação pedagógica dos seus professores. Com bastante frequência, os estudantes se queixam que as suas avaliações e opiniões não são consideradas pela instituição na implementação de algumas mudanças, desmotivando-os da participação consciencosa nesses processos avaliativos e fazendo diminuir o potencial valor pedagógico de uma prática instituída (Harvey, 2003; Morais et al., 2006). Essas críticas não têm necessariamente a ver com as classificações ou com os métodos de avaliação usados pelos professores, pois professores e estudantes convergem bastante quanto à relevância ou ao espaço da "prova dissertativa individual" para a avaliação das aprendizagens no ES (Oliveira & Santos, 2005). Voltando aos inquéritos de avaliação da prestação dos docentes pelos estudantes, os serviços de psicologia podem apoiar a organização desse processo avaliativo, assegurando-lhe maior credibilidade entre alunos e professores, por exemplo (i) acrescentando itens aos questionários que abordem as condições institucionais de funcionamento das aulas (salas, equipamentos, horários, pontualidade e presença efetiva dos estudantes), não ficando esses questionários adstritos a uma avaliação descontextualizada das competências pedagógicas dos professores; e (ii) tomando parte na análise e interpretação dos resultados, fazendo o necessário enquadramento institucional da informação recolhida e propondo medidas institucionais de melhoria nas práticas de ensino e funcionamento das aulas e dos cursos.

No presente, as instituições diversificam a sua população estudantil, respondendo dessa forma à pressão social de atender a públicos não tradicionais, por exemplo, estudantes provenientes de grupos étnicos e socioculturais menos favorecidos; pessoas com deficiência sensorial ou motora; mais velhas ou estrangeiras. Na lógica de promover a adaptação, permanência e conclusão dos cursos por esses estudantes, pode a instituição criar observatórios de recolha e tratamento de informação sistemática sobre tais perfis e seus percursos ou trajetórias ao longo da formação acadêmica e, inclusive, transição posterior para o mercado de trabalho. A análise e o monitoramento dos resultados acadêmicos desses grupos estudantis podem se beneficiar do olhar dos psicólogos que servem à instituição, por exemplo, integrando nessas análises as expectativas acadêmicas, os projetos vocacionais e os níveis de satisfação e engajamento dos estudantes (Castro & Almeida, 2016).

Em síntese, tomando uma perspectiva mais institucional que individual de intervenção, nas palavras de Marinho-Araujo:

> [...] o psicólogo escolar poderá participar, acompanhar ou coordenar algumas outras ações, como: processo de gestão institucional e indicadores de compromisso social presentes nas relações entre instituição e sociedade (projetos, campanhas, ações); projetos de acolhimento e informações aos calouros; programas de ambientação a novos docentes e funcionários; assessoria à definição e reformulação dos perfis docentes, discentes e técnicos; programas de formação continuada para docentes, coordenadores de cursos e funcionários técnico-administrativos; e políticas internas de apoio ao desenvolvimento individual ou institucional (2016, p. 207).

Depreende-se que, mesmo quando se tem o estudante ou o professor como alvo último da sua intervenção, essa perspectiva mais ecológica e institucional assume objetivos mais desenvolvimentais e educativos do que remediativos, de fato. Nessa altura, diante da multiplicidade e diversidade de atribuições dos serviços de psicologia, destaca-se mais a consultadoria que a intervenção direta por parte do psicólogo, rentabilizando-se outros agentes e recursos institucionais para fazer a intervenção psicológica ocorrer e atender a públicos e situações ou problemas mais amplos.

Esse nível mais institucional de intervenção está fortemente dependente do grau de estruturação e maturidade institucional do serviço de apoio psicológico. Só após alguns anos de sua institucionalização e reconhecimento pode um serviço de psicologia ter uma intervenção no nível do planejamento e desenvolvimento curricular dos cursos, da criação de espaços interdisciplinares de aprendizagem ou na construção de oportunidades de flexibilização de percursos de aprendizagem, nomeadamente por meio da diversificação das formas de avaliação ou oferta de unidades curriculares opcionais. Essa intervenção psicológica pode sair reforçada pela tendência recente de se valorizar, na formação dos estudantes, as competências transversais, que devem estar alinhadas com o perfil dos diplomados e as especificidades dos cursos, enfatizando uma aprendizagem baseada na investigação, na resolução de problemas e em projetos, assim como no trabalho colaborativo. Temos nessa altura uma intervenção psicológica via consultoria, ou seja, apoiando os responsáveis institucionais pela implementação de políticas e de medidas que sirvam à comunidade acadêmica um clima de inclusão e de respeito aos valores humanos.

Por último, mesmo no ES, podemos falar da existência de um "currículo oculto", ou currículo informal, que resulta das interações entre os vários membros da academia, com ênfase especial nos seus sentimentos, atitudes e comportamentos (Ornstein & Hunkins, 2018). Temas diversos, por exemplo multiculturalidade, inclusão, liderança, sustentabilidade, ecologia, resolução de conflitos, xenofobia, empreendedorismo, gênero ou antirracismo podem estar mais presentes em iniciativas extracurriculares no *campus*. Uma lógica preventiva e promocional de atuação, por parte da IES, infere-se facilmente quando tais oportunidades educativas são devidamente implementadas e divulgadas na sua ocorrência, ou quando cartazes estrategicamente colocados alertam a comunidade acadêmica para a existência e os contornos de tais problemas.

Considerações finais

Os serviços de psicologia nas instituições de ES assumem objetivos e formatos diversos, reconhecendo-se que o seu âmbito e forma de atuação diferem em função do seu estatuto e maturidade institucional atingidos. As formas mais usuais centram-se no apoio direto aos estudantes em situação de crise, em particular a ajuda para superar problemas nas aprendizagens e dificuldades no âmbito pessoal (Ludeman & Schreiber, 2020). Ampliando os seus objetivos e formas de organização, esses serviços podem contemplar um grande leque de ações e assumir uma atuação multidisciplinar, nem sempre na forma de prestação direta de serviços, pois podem também ser feitos, de forma indireta ou mediada, recorrendo a professores e a outros agentes da academia. Nessa lógica de extensão das atividades dos serviços, e em função da teia de relações e parcerias com a comunidade envolvente, podem os estudantes recorrer a condições mais favoráveis e, seguramente mais eficazes, a serviços de saúde mental na comunidade para superarem transtornos e crises na área da personalidade, libertando os recursos do serviço de psicologia para uma intervenção mais preventiva e promocional e de âmbito mais geral, servindo a estudantes, docentes, técnicos e à própria instituição.

Importa, para o bom funcionamento institucional do serviço de psicologia, cuidar da sua inserção e apoio institucional. Cabe notar que o planejamento e o desenvolvimento das suas ações precisam ser feitos a partir da escuta ativa das demandas da comunidade acadêmica e pela análise do contexto em que a IES está inserida, bem como a sua dinâmica funcional. O âmbito de atuação desses serviços e o próprio modelo de atuação do psicólogo devem atender ao momento histórico e grau de desenvolvimento da própria instituição e, sempre que possível, tomar como referência uma intervenção que possa impactar nos contextos e nas condições de vida da academia, considerando ainda que tais espaços estão interligados a diversos outros nos quais vivem cada estudante, professor, funcionário e demais agentes da IES.

Atentos a essas questões, a formação contínua dos próprios psicólogos deve ser considerada em sua importância, visto a necessidade de acompanhar as transformações pelas quais passa o ES, assim como a própria ciência psicológica. Só uma formação contínua e especializada assegura ao psicólogo as competências necessárias para a prestação de serviços com a qualidade técnica e ética exigida. Uma vertente mais educacional da sua intervenção requer uma formação especializada (Serpa & Santos, 2001) que "instrumentalize para usar os recursos científicos da psicologia para o desenvolvimento dos indivíduos".

No entanto, importa reconhecer, conforme discutido por Dias e Toti (2023), a falta de formação específica prévia desses profissionais quando vão trabalhar em contextos educacionais no ensino superior. Essa situação deve ser levada em consideração pelas instituições, pois, apenas investindo na formação desses profissionais, poderão progressivamente ter serviços de psicologia mais bem organizados e mais eficientes na sua intervenção. A qualidade da intervenção passa pelo desenvolvimento profissional do psicólogo, sendo que as oportunidades de formação contínua muito contribuirão, segundo Nunes e Marinho-Araujo (2020, p. 17), para a construção do seu perfil profissional "entendido como um conjunto de conhecimentos, competências, habilidades, características pessoais, valores, percepções e construções subjetivas desenvolvido historicamente", necessariamente enquadrado na realidade histórica e sociocultural das próprias instituições.

As questões colocadas para atuação do profissional de psicologia nos serviços das IES mostram ainda que o trabalho desse profissional deve acontecer em rede integrada por outras carreiras que atuam em colaboração, como assistência social, pedagogia e medicina, para citar apenas algumas. A rede também precisa ser composta por outros serviços de referência com os quais a psicologia possa manter diálogo e atuação conjunta, por exemplo, unidades de saúde, centros de atenção psicossocial e centros de referência em assistência social existentes na comunidade. Uma intervenção voltada para a prevenção e a promoção de competências, tendo em vista a maturidade, a autonomia e o desenvolvimento de competências acadêmicas e transversais, torna-se mais eficaz se multidisciplinar; por outro lado, para certas situações de crise, há serviços mais especializados e apetrechados em termos de recursos na comunidade, não fazendo sentido a sua replicação nas IES pelos custos inerentes.

Por último, a intervenção psicológica deve integrar a estratégia de desenvolvimento da IES, em particular na área do ensino-aprendizagem. Essa integração traduz reconhecimento e favorece o desenvolvimento sustentável do serviço de psicologia e seus profissionais. Com o tempo e estruturação, os psicólogos no ES podem apoiar o desenvolvimento de uma cultura de inovação pedagógica, ajudando as instituições no desenvolvimento de estruturas de apoio à formação e inovação pedagógica, apoiando a avaliação do funcionamento dos cursos e a eficácia dos diferentes métodos de ensino, e favorecendo, por meio da investigação e formação, o desenvolvimento dos processos de ensino-aprendizagem que melhor sirvam às necessidades dos seus estudantes.

Referências

Almeida, L. S. (2019). Ensino superior: Combinando exigências e apoios. In L. S. Almeida (Ed.), *Estudantes do ensino superior: Desafios e oportunidades* (pp. 17-33). Adipsieduc.

Almeida, L., Gonçalves, S., Ramos do Ó., J., Rebola, F., Soares, S., & Vieira, F. (2022). *Inovação pedagógica no ensino superior: Cenários e caminhos de transformação*. Agência de Avaliação e Acreditação do Ensino Superior. A3ES Readings.

Barros, R. N., & Peixoto, A. de L. A. (2022). Integração ao ensino superior e saúde mental: um estudo em uma universidade pública federal brasileira. *Avaliação*, 27(3), 609-631. http://dx.doi.org/10.1590/S1414-40772022000300012

Bayer, J. B., Triêu, P., & Ellison, N. B. (2020). Social media elements, ecologies, and effects. *Annual Review of Psychology*, 71(1), 471-497. https://doi.org/10.1146/annurev-psych-010419-050944

Bernardo, A. B., Castro-Lopez, A., Almeida, L. S., & Fernandez-Rivas, S. (2023). Challenges of higher education in turbulent environments. *Sustainability*, 15, 2965. https://doi.org/10.3390/su15042965

Bisinoto, C., Marinho-Araujo, C. M., & Almeida, L. S. (2011). A atuação da psicologia escolar na educação superior: algumas reflexões. *Revista Portuguesa de Pedagogia*, *45*, 39-55. https://doi.org/10.14195/1647-8614_45-1_3

Bisinoto, C., Marinho-Araujo, C. M., & Almeida, L. S. (2014). Serviços de psicologia na educação superior: Panorama no Brasil e em Portugal. *Revista Galego-Portuguesa de Psicoloxía e Educación*, *1*, 82-90.

Canal, C. P. P., & Almeida, L. S. (2023). Estudantes não tradicionais no Ensino Superior: desafios pessoais e institucionais. In A. Osti, C. Fior, C. P. P. Canal & L. S. Almeida. (Eds.), *Ensino superior: mudanças e desafios na perspectiva dos estudantes* (pp. 41-58). Pedro & João.

Casanova, J. R., Bernardo, A., & Almeida, L. S. (2019). Abandono no ensino superior: Variáveis pessoais e contextuais no processo de decisão. In L. S. Almeida (Ed.), *Estudantes do ensino superior: Desafios e oportunidades* (pp. 233-256). Adipsieduc.

Castro, R. V. de, & Almeida, L. S. (2016). Ser estudante no ensino superior: observatório dos percursos acadêmicos dos estudantes da Uminho. In L. S. Almeida & R. V. de Castro. Livro de Atas do 1º Seminário Ser Estudante no Ensino Superior: o Caso dos Estudantes do 1º Ano (pp. 1-14). https://repositorium.sdum.uminho.pt/bitstream/1822/42317/3/2016_Livro%20de%20Atas%20Ser%20Estudante%20no%20Ensino%20Superior%202016_S%c3%b3%20DeG%c3%b3is.pdf

Coll, C., & Monereo, C. (2010). Educação e aprendizagem no século XXI: novas ferramentas, novos cenários, novas finalidades. In C. Coll & C. Monereo (Eds.), *Psicologia da educação virtual: aprender e ensinar com as tecnologias da informação e da comunicação* (pp. 15-93). Artmed.

Dias, C. E. S. B. (2020). Serviços e assuntos estudantis no ensino superior: fundamentos globais, questões e boas práticas. In C. E. S. B. Dias, M. C. da S. Toti, H. Sampaio & S. A. J. Polydoro (Eds.), *Os serviços de apoio pedagógico aos discentes no ensino superior brasileiro* (pp. 27-60). Pedro & João Editores.

Dias, C. E. S. B., & Toti, M. C. S. (2023). Serviços de assuntos estudantis no Brasil: fundamentos e profissionalização. In A. Osti, C. Fior, C. P. P. Canal & L. S. Almeida. (Eds.), *Ensino superior: mudanças e desafios na perspectiva dos estudantes* (pp. 209-238). Pedro & João.

Fernandes, A. R., Oliveira, M. L., & Almeida, L. S. (2015). Inclusão no ensino superior: Modelos de atuação e contributos dos serviços de apoio em Portugal. *Revista de Psicologia, Educação e Cultura*, *19*(2), 89-104.

Harvey, L. (2003). Student feedback. *Quality in Higher Education*, *9*(1), 3-20. https://doi.org/10.1080/13538320308164

Hirschi, A., Nagy, N., Baumeler, F., Johnston, C. S., & Spurk, D. (2018). Assessing key predictors of career success. *Journal of Career Assessment*, *26*(2), 338-358. https://doi.org/10.1177/1069072717695584

Hootsuite & We Are Social. (2022). *Digital 2022: Global overview report*. Recuperado de https://datareportal.com/reports/digital-2022-global-overview-report.

Jardim, M. G. L., Castro, T. S., & Ferreira-Rodrigues, F. (2020). Sintomatologia depressiva, estresse e ansiedade em universitários. *Psico-USF*, *25*(4), 645-657. https://doi.org/10.1590/1413/82712020250405

Ludeman, R. B., & Schreiber, B. (Eds.) (2020). *Student affairs and services in higher education: Global foundations, issues, and best practices* (3a ed.). International Association of Student Affairs and Services.

Marinho-Araujo, C. M. (2016). Inovações em psicologia escolar: O contexto da educação superior. *Estudos de Psicologia*, *33*(2), 199-211. https://doi.org/10.1590/1982-02752016000200003

Morais, N., Almeida, L. S., & Montenegro, I. (2006). Percepções do ensino pelos alunos: Uma proposta de instrumento para o Ensino Superior. *Análise Psicológica*, 1 (XXIV), 73-86.

Nicol, D., & Macfarlane, D. (2006). Formative assessment and self-regulated learning: a model and seven principles of good feedback practice. *Studies in Higher Education*, *31*(2), 199-218. https://doi.org/10.1080/03075070600572090

Nunes, L. V., & Marinho-Araujo, C., M. (2020). Indicadores para o perfil profissional do psicólogo escolar. In C. M. Marinho-Araujo & I. M. Sant'Ana (Eds.), *Políticas exitosas em psicologia escolar crítica* (Vol. 2, pp. 11-29). Alínea.

Oliveira, K. L., & Santos, A. A. A. (2005). Avaliação da aprendizagem na universidade. *Psicologia Escolar e Educacional*, *9*(1), 37-46. https://doi.org/10.1590/S1413-85572005000100004

Ornstein, A., & Hunkins, F. (2018). *Curriculum, foundations, principles, and issues* (7a ed.). Pearson.

Parreira, A., Lehmann, L., & Oliveira, M. (2021). O desafio das tecnologias de inteligência artificial na Educação: percepção e avaliação dos professores. *Ensaio: Avaliação e Políticas Públicas em Educação*, *29*(113), 975-999. https://doi.org/10.1590/S0104-40362020002803115

Pavlina, K., Zorica, M. B., & Pongrac, A. (2011). Student perception of teaching quality in higher education. *Procedia Social and Behavioral Sciences*, *15*, 2288-2292. https://doi.org/10.1016/j.sbspro.2011.04.095

Pelissoni, A. M. S., Dantas, M. A., Martins, M. J., Wargas, B. M. S., Altmann, H., & Polydoro, S. A. J. (2020). Serviço de apoio ao estudante: contribuições para a permanência acadêmica e aprendizagem. In C. E. S. B. Dias, M. C. S. Toti, H. Sampaio & S. A. J. Polydoro (Eds.), *Os serviços de apoio pedagógico aos discentes no ensino superior brasileiro* (pp. 283-318). Pedro & João Editores.

Ramos, F. P., Andrade, A. L. de, Jardim, A. P., Ramalhete, J. N. L., Pirola, G. P., & Egert, C. (2018). Intervenções psicológicas com universitários em serviços de apoio ao estudante. *Revista Brasileira de Orientação Profissional*, *19*(2), 221-232. https://dx.doi.org/1026707/1984-7270/2018v19n2p221

Reppold, C. T., Kaiser, V., & Almeida, L. S. (2018). Intervenções de psicologia positiva no contexto da psicologia escolar. In T. Nakano (Ed.), *Psicologia Positiva Aplicada à Educação* (pp. 7-18). Vetor Editora.

Serpa, M. N. F., & Santos, A. A. A. (2001). Atuação no ensino superior: um novo campo para o psicólogo escolar. *Psicologia Escolar e Educacional*, *5*(1), 27-35. https://doi.org/10.1590/S1413-85572001000100004

Sin, C., Tavares, O., & Amaral, A. (2019). Accepting employability as a purpose of higher education? Academics' perceptions and practices. *Studies in Higher Education*, *44*(6), 920-931. https://doi.org/10.1080/03075079.2017.1402174

Toti, M. C. S. (2022). *Apoio Pedagógico nos serviços de assuntos estudantis das universidades federais brasileiras*. [Doutorado]. Universidade Estadual de Campinas. http://repositorio.unicamp.br/acervo/detalhe/1242232

Vicari, R. M. (2021). Influência das tecnologias de inteligência artificial no ensino. *Estudos Avançados*, *35*(101), 73-84. https://doi.org/10.1590/s0103-4014.2021.35101.006

12
Avanços e retrocessos para a compreensão do sucesso escolar/acadêmico

Bruna Casiraghi
Júlio Aragão

> *Highlights*
> - Sucesso e fracasso acadêmicos são polaridades que moldam a percepção de realizações pessoais e coletivas;
> - Erros e fracassos são componentes cruciais no processo de aprendizagem e desenvolvimento humano;
> - Rendimento acadêmico é uma métrica limitada do sucesso acadêmico, não refletindo completamente nem o conceito nem o potencial do estudante;
> - A garantia do sucesso acadêmico passa pela democratização da educação e pela inclusão plena.

O sucesso acadêmico, frequentemente polarizado pelo conceito de fracasso, é um tema a ser abordado a partir de múltiplos pontos de vista e profundamente relevante no âmbito educacional. A busca por uma compreensão abrangente do sucesso envolve não apenas a celebração das conquistas, mas também a valoração dos erros e fracassos como componentes cruciais do processo de aprendizagem. Neste capítulo será feita uma análise crítica de possíveis dimensões do sucesso escolar, desde a perspectiva histórica até os desdobramentos atuais, fundamentada por estudos pioneiros como os de Maria Helena Souza Patto e as recentes contribuições de Stuart Firestein.

A abordagem inicial concentra-se na complexidade do rendimento acadêmico, considerando as variáveis institucionais, as práticas docentes e as características discentes. A influência de fatores como condições econômicas, capital cultural e saúde mental dos estudantes no desempenho escolar é apresentada e discutida. Especial atenção será dada aos processos cognitivos, metacognitivos e motivacionais subjacentes ao aprendizado autorregulado, fundamentais para a compreensão do sucesso acadêmico. Por fim, este capítulo destaca a necessidade de uma visão mais integral e inclusiva da educação, que reconheça o sucesso acadêmico além das métricas tradicionais, como notas, e valorize o desenvolvimento do estudante em competências diferenciadas em nível pessoal e interpessoal, profissional e social.

Fracasso e sucesso: oposição ou complementaridade?

O estudo do sucesso se desenrola a partir da compreensão do que pode ou não ser designado a partir desse termo. Afinal, como definir sucesso dentro de uma multitude de sociedades, famílias, classes e vivências pessoais diante das possíveis conquistas e oportunidades da vida? O sucesso de uma pessoa pode ser visto como algo trivial para outra, e ainda como algo indesejável para uma terceira. O que é considerado sucesso vai depender da etapa da vida, das expectativas pessoais e sociais para uma determinada atividade e, de certa forma, implica a possibilidade iminente, e quiçá majoritária, do insucesso ou fracasso.

Focando nos processos de ensino e aprendizagem, há mais de trinta anos, Maria Helena Souza Patto elaborou um estudo, reeditado em 2022, que se tornou um marco na reflexão sobre o fracasso escolar e que denuncia que a psicologia contribuiu para o estabelecimento da visão classificatória nas escolas e para que a responsabilização do fracasso fosse atribuída aos estudantes e suas famílias. Esse paradigma isenta as instituições de assumirem a sua responsabilidade em fornecer soluções de ensino para o que ficou conhecido como "dificuldades de aprendizagem", submetendo os estudantes ao mesmo processo malsucedido e levando à reprodução dos problemas escolares (Patto, 2022).

O sucesso escolar ou acadêmico, para além da dualidade sucesso e fracasso, é frequentemente moldado pelo contraponto entre acerto e erro, atingido e não atingido, aprovado e reprovado. O sucesso, assim como os comportamentos e realizações que o compõem e/ou resultam, passa a ser percebido como o padrão ou a norma, ao mesmo tempo que aquilo que se opõe a esse modelo, e todos os comportamentos a isso relacionados, passam a ser reconhecidos como errados, indesejados, inadequados. Compreender processos de ensino e aprendizagem nessa perspectiva implica desconsiderar a complexidade envolvida nesse fenômeno e a função essencial do erro, e porque não dizer do fracasso, para o desenvolvimento humano.

A tradução do livro de Firestein (2023), lançado recentemente no Brasil, intitulado *Fracasso: Por que a ciência é tão bem-sucedida*, defende o papel central do fracasso para o desenvolvimento do conhecimento humano e a necessidade de garantir o espaço para que o fracasso possa acontecer sem que seja considerado uma catástrofe. Os autores clássicos da psicologia da educação também apontam o papel central do erro para o desenvolvimento e a aprendizagem dos indivíduos.

Piaget, por exemplo, defende que o desenvolvimento ocorre por meio de processos de equilibração, ou seja, é indispensável que aconteça o desequilíbrio, o "não conseguir", para que o sujeito busque novas formas de resolver problemas (Pulaski, 1983). Poderíamos citar ainda Vigotski (2018), que enfatiza que o que consideramos erro é, na verdade, uma forma de compreensão do mundo, e salienta sua importância para direcionar as ações de instrução e reconhecer o que a criança é capaz de realizar sozinha ou com ajuda; ou, em uma perspectiva sociocognitiva, destaca-se a relevância de analisar os erros e acertos para o desenvolvimento da capacidade autorregulatória (Boruchovitch & Gomes, 2019).

Começar a falar do sucesso enfatizando a importância do fracasso permite ressaltar as múltiplas dimensões e fatores relacionados a esse conceito. Especificamente sobre sucesso acadêmico, pode-se dizer que, pelo menos até o momento, falhamos ao buscar uma convergência a respeito do tema (Araújo, 2017). A complexidade do termo se multiplica e se desenrola em uma miríade de possibilidades a serem consideradas. A maioria dos estudos que se dedicam a desvelar o assunto utiliza o rendimento acadêmico, expresso em número, nota ou conceito, como o parâmetro principal; no entanto, alguns autores salientam que o sucesso envolve a solidificação de uma conquista, o que poderia ser concretizado no ingresso ao ensino superior ou, em uma abordagem mais utilitarista, na entrada no mercado de trabalho (Casiraghi et al., 2023; Gonçalves & Ramos, 2019).

Rendimento acadêmico como *proxy* do sucesso

Considerando as dificuldades na definição do conceito de sucesso acadêmico e a necessidade de compreender os fatores que influenciam os percursos escolares, o rendimento acadêmico, expresso por notas e conceitos atribuídos ou obtidos pelos estudantes, configura-se como um recurso de inegável relevância e validade. No entanto, é essencial ter em mente que o rendimento não representa fielmente a aprendizagem ou os conhecimentos adquiridos. Deve-se levar em conta as complexidades relacionadas à conceituação e mensuração da aprendizagem, que presume que a aquisição e a consolidação do conhecimento sejam duradouras e envolvam a transferência para diferentes contextos. Ao utilizar a nota como uma medida da aprendizagem, é essencial ponderar a ampla gama de estudos no âmbito da avaliação da aprendizagem, apontando suas fragilidades e potencialidades.

Estudos feitos nas diferentes etapas educativas apontam para elementos fundamentais para a compreensão do rendimento: as instituições, os professores e os estudantes. Na perspectiva das instituições, fatores como estrutura física, equipamentos disponíveis, equipes de apoio voltadas para a aprendizagem e o bem-estar dos estudantes e colaboradores, assim como variáveis de gestão, clima organizacional e políticas institucionais, influenciam na qualidade do ensino ministrado, nas oportunidades oferecidas aos estudantes e na satisfação que estudantes e professores sentem nesse ambiente (Araújo, 2017; Caliatto & Almeida, 2020; Vasconcelos et al., 2020).

Os professores, como os profissionais responsáveis por organizar e promover as atividades de ensino, têm papel primordial em todos os processos que resultam no rendimento dos estudantes. É o professor que implementa os objetivos de aprendizagem, planeja a disposição dos conteúdos, apresenta os elementos conceituais, explicando e contextualizando o conhecimento no cotidiano, propõe atividades e, em última análise, verifica os resultados obtidos. Esse processo não se dá em uma câmara estéril e isenta de valores, sentimentos, vivências e relações interpessoais, sendo, na realidade, permeado por todos esses aspectos na convivência diária do professor com os estudantes. Nesse contexto, as estratégias elencadas pelos professores para propor atividades de ensino e acompanhar os resultados, amalgamadas pela convivência em sala de aula, resultam em maior ou menor engajamento dos estudantes nas atividades acadêmicas e, consequentemente, no desempenho dos alunos (Sá et al., 2015).

Na perspectiva do estudante, fatores sociais, familiares, financeiros e características pessoais ou psicológicas são indicados como preditores importantes do rendimento acadêmico. Esses e outros fatores modulam, de forma sinérgica, a composição do cenário no qual o desempenho acadêmico se estabelece. Bourdieu e Passeron (2018) marcaram a discussão sobre rendimento acadêmico a partir da década de 1960, apontando que as desigualdades sociais se perpetuavam no desempenho acadêmico. Nessa perspectiva, obter sucesso implica atender às expectativas da escola, que valoriza padrões e comportamentos advindos das classes dominantes, enfatizando o papel do capital cultural. A mesma escola justifica o fracasso como uma decorrência da carência cultural, da desestrutura familiar e de dificuldades de aprendizagem (Silva et al., 2022). Recentemente, alguns autores têm questionado o papel determinante do capital cultural ou da "alta cultura" no desempenho escolar, argumentando que as novas formas de produção, disseminação e valorização da cultura e da informação, o desenvolvimento e acesso a novas plataformas tecnológicas, assim como os novos modelos parentais e familiares levaram a uma conjuntura na qual o favorecimento econômico tem se mostrado mais relevante para impulsionar e facilitar o sucesso (Nogueira, 2021).

Diversos estudos atuais sobre o rendimento acadêmico buscaram identificar possíveis relações com as condições econômicas, notadamente no ensino superior, em que existe maior heterogeneidade nas instituições e cursos e em estudos com dados de avaliações em larga escala, como Sistema de Avaliação da Educação Básica (Saeb), Exame Nacional do Ensino Médio (Enem) e Exame Nacional de Desempenho dos Estudantes (Enade). A condição financeira tem sido identificada como um fator de influência ambígua no desempenho acadêmico, com evidências alternadas sugerindo tanto associações positivas quanto negativas. No entanto, outras questões também relacionadas à condição financeira, como tipo de escola (pública ou particular), acesso a ferramentas (celular e computadores, por exemplo) e à internet também são analisadas e funcionam como preditores do rendimento dos estudantes. Similarmente, a escolaridade dos pais apresenta resultados divergentes; enquanto algumas pesquisas sugerem uma correlação direta entre o nível de escolaridade dos pais e o desempenho dos estudantes, outras destacam a relevância da formação educacional da mãe, embora essa relação não seja uniformemente observada ou apresente montantes expressivos (Casiraghi et al., 2021; Gonçalves & Dias, 2018; Souza et al., 2021).

A diferença de rendimento entre homens e mulheres é uma variável bastante considerada quando se procura compreender o rendimento acadêmico, levando a resultados inconstantes. As pesquisas apontam, em algumas situações, para melhores desempenhos entre mulheres (Alemán et al., 2011; Ballester, 2012; Oyarzún Iturra et al., 2012), mas os resultados podem variar de acordo com a disciplina ou curso, sendo que homens podem apresentar melhores resultados em matemática e em cursos de engenharia (Casiraghi et al., 2021; Gonçalves & Dias, 2018; Souza et al., 2021). Cabe destacar que tais diferenças parecem estar mais relacionadas ao papel social atribuído aos meninos e meninas, indicando que as expectativas comportamentais ou características valorizadas socialmente tendem a favorecer as mulheres, que apresentam tendências comportamentais mais benéficas para o bom desempenho acadêmico, ao contrário dos homens, cujas proezas sexuais e atléticas costumam ser mais valorizadas que as notas (Hubbard, 2005; Verbree et al., 2023). Discussões que incluam questões mais amplas a respeito de gênero e que extrapolem o modelo binário hegemônico ainda não são uma realidade nos trabalhos da área, apresentando-se como um desafio para estudos futuros.

As condições de vida e de saúde dos indivíduos também podem interferir no rendimento dos estudantes. As horas de sono por noite, a qualidade da alimentação, a prática regular de exercício físico, frequência das atividades de convívio social e de lazer ou a saúde mental são fatores que favorecem ou atrapalham o desempenho (Matta et al., 2017; Urrutia-Aguilar et al., 2019). Nesse sentido, a qualidade de vida, embora componente fundamental da saúde mental, é frequentemente negligenciada em favor de uma abordagem patologizante e medicalizante, focada em terapias farmacológicas, percebidas como panaceia e desvinculadas de outras intervenções. A medicalização tem ultrapassado a sua função original de reduzir danos associados a situações de sofrimento, passando a ser empregada como um potencializador de desempenho, uma tendência que já suscita preocupações no contexto da saúde. Remédios empregados para aumentar a atenção de pessoas com déficit de atenção diagnosticado estão sendo utilizados por estudantes dos anos finais do ensino médio, do ensino superior e até profissionais para ampliar o tempo de concentração e de estudo, com o objetivo de alcançar melhores resultados, a aprovação em provas e concursos ou atingir objetivos acadêmicos (Trigueiro & Leme, 2020). O "*doping* intelectual", como tem sido chamado, desconsidera a possibilidade de efeitos deletérios das medicações para a saúde, podendo, além disso, causar alterações bioquímicas relevantes, impactar negativamente no estilo de vida dos usuários, com reflexos negativos no desempenho acadêmico, criando um ciclo de retroalimentação (Schifano et al., 2022).

Especificamente sobre variáveis assumidas como psicológicas, o desempenho relaciona-se a aspectos relativos aos processos cognitivos, metacognitivos, afetivos e comportamentais. Nessa perspectiva, a teoria social cognitiva e, mais especificamente, os conceitos pertinentes aos processos autorregulatórios oferecem reflexões profícuas para a compreensão dos problemas de aprendizagem e do rendimento acadêmico. O aprendizado autorregulado implica estabelecer metas realistas, assumir responsabilidades, empregar diversas estratégias e manter a motivação. Os processos autorregulatórios envolvem três fases: a antecipação, que compreende a definição de metas e o planejamento de estratégias; o autocontrole volitivo, que engloba a auto-observação e a concentração na tarefa; e a autorreflexão, na qual ocorre a autoavaliação dos resultados para orientar novos planejamentos, configurando um processo cíclico. Diversos pesquisadores defendem a importância da autorregulação na aprendizagem e, consequentemente, no desempenho acadêmico, destacando que estudantes autorregulados tendem a demonstrar maior motivação, organização e persistência diante de desafios (Bzuneck, 2018; Ganda & Boruchovitch, 2018; Zimmerman & Schunk, 2011).

No contexto da autorregulação, algumas variáveis psicológicas são destacadas como fortemente relacionadas ao desempenho: autoeficácia; motivação para aprender; estratégias de aprendizagem e as estratégias autoprejudiciais. Cada um desses construtos será abordado em capítulo próprio neste livro, por isso, agora, não cabe extensa explicação individual, mas se ressalta a relevância deles para o rendimento acadêmico.

A autoeficácia refere-se à convicção do indivíduo em sua capacidade de executar uma atividade ou na avaliação de suas competências. O reconhecimento da própria capacidade de enfrentar desafios e superar dificuldades influencia diretamente o esforço investido nas tarefas de aprendizagem. Quando os estudantes acreditam em seu potencial para executar tarefas com sucesso, a tendência é que se sintam mais motivados e engajados, contribuindo para uma abordagem ativa nas atividades acadêmicas. Por outro lado, aqueles que enfrentam dúvidas em relação às suas habilidades podem apresentar uma menor disposição para se envolver plenamente nas tarefas e desafios educacionais. Assim, a autoeficácia pode impactar diretamente a participação em atividades, a confiança e controle emocional durante as avaliações, a motivação para a realização de tarefas e a persistência diante de desafios, estabelecendo um ciclo dinâmico essencial para o desempenho acadêmico (Bandura et al., 1996; Castellanos Páez et al., 2017; Véliz et al., 2020). Entre os fatores relacionados ao rendimento acadêmico, um aspecto bastante consolidado é o efeito do desempenho pregresso na performance dos estudantes. Estudantes com histórico de boas notas na educação básica, e bons resultados em exames ou processos de admissão, tendem a ter melhores resultados no ensino superior, por exemplo. Esse aspecto está intimamente relacionado às crenças de autoeficácia, já que as experiências anteriores de sucesso reforçam a autopercepção positiva (Almeida et al., 2007; Rodríguez-Hernández et al., 2020).

A motivação, estreitamente vinculada às crenças de autoeficácia, pode ser compreendida como a disposição para dedicar esforço, seja ele físico ou mental, em direção a um objetivo ou resultado específico. Essa motivação varia em graus, abrangendo desde a desmotivação, passando por diferentes estágios da motivação extrínseca até a motivação intrínseca. A motivação intrínseca está associada à realização de atividades por interesse próprio, pelo prazer inerente à atividade ou pelo benefício pessoal. A motivação extrínseca corresponde a uma categoria diversificada e abrangente, sendo organizada em quatro subtipos principais: integrada, identificada, introjetada e externa. A desmotivação se manifesta pela ausência de intencionalidade e é considerada um indicador negativo para o aprendizado, envolvimento e bem-estar. No âmbito do rendimento acadêmico, estudantes motivados intrinsecamente são aqueles movidos pelo prazer de aprender, enquanto os motivados extrinsecamente podem mobilizar-se pelo crescimento pessoal, pela possibilidade de bons resultados ou ainda para evitar os impactos negativos ou castigos. Em termos práticos, apesar da motivação intrínseca favorecer aprendizados mais consistentes e duradouros, estudantes focados em obter bons resultados podem apresentar melhor desempenho em notas ou provas (Bzuneck & Boruchovitch, 2019; Deci & Ryan, 2014; Rufini & Bzuneck, 2019).

As estratégias de aprendizagem estão diretamente conectadas à perspectiva dos estudantes sobre a aprendizagem e o ensino, bem como à sua motivação para estudar, e dizem respeito à habilidade de selecionar abordagens apropriadas, técnicas, processos ou atividades para execução de uma tarefa ou para atingir objetivos de aprendizagem estabelecidos. O uso consciente dessas estratégias – saber quando, como e onde utilizá-las – impacta o processamento da informação, facilitando uma aprendizagem mais profunda e transferível. Em resumo, as estratégias de aprendizagem representam operações autorreguladas cognitivas, metacognitivas, emocionais e motivacionais, contribuindo para a criação de memória significativa dos conteúdos de aprendizagem (Boruchovitch & Santos, 2006; Panadero & Alonso-Tapia, 2014; Weinstein & Acee, 2018). A maioria dos estudos aponta que o comportamento estratégico impulsiona a aquisição de conhecimento e contribui para um desempenho acadêmico mais eficaz. Contudo, o uso consciente das estratégias de aprendizagem também está condicionado aos métodos e ferramentas de avaliação empregados pelos educadores. Isso implica que as estratégias adotadas pelos estudantes, especialmente aqueles em busca de alta performance, serão influenciadas pelos estímulos e exigências estabelecidos pelos docentes.

No processo de ensino e aprendizagem, os indivíduos muitas vezes adotam comportamentos que visam preservar sua autoestima e percepção de competência, podendo beneficiar ou prejudicar seu desempenho. O conjunto de estratégias adotadas que possibilitam justificar um possível desempenho insatisfatório, e que acabam por induzir comportamentos contraproducentes, são denominadas de estratégias autoprejudiciais. Tais estratégias representam padrões de comportamento autodestrutivo moldados pela interação complexa entre fatores cognitivos e sociais e refletem uma autopercepção negativa, influenciada por crenças sobre as próprias capacidades e o autovalor. Reduzir a importância da atividade, alegar má sorte, fadiga, problemas de saúde ou ainda investir pouco esforço na tarefa são formas de desqualificar a atividade, justificar o baixo desempenho ou evitar que o resultado seja atribuído à falta de capacidade. É importante ressaltar que as estratégias autoprejudiciais são utilizadas antes do desempenho da tarefa e fornecem as bases para as atribuições causais. Dessa forma, planejar um passeio ou festa com amigos na época dos exames ou deixar para estudar na véspera da prova podem caracterizar comportamentos que, caso resultem em resultados abaixo do esperado, servirão de justificativa para o mau desempenho (Boruchovitch et al., 2022; Casiraghi, 2021; García-Pérez et al., 2020; Miranda & Ganda, 2017; Weinstein & Acee, 2018).

Embora o rendimento seja frequentemente utilizado como um indicador de sucesso, nem sempre ele reflete completamente o potencial e as habilidades dos aprendizes e frequentemente nos deparamos com estudantes com notas baixas que se destacam em outras áreas importantes para seu desenvolvimento. O rendimento acadêmico é utilizado como uma *proxy*, ou seja, uma medida substituta, na tentativa de capturar outras dimensões do sucesso. Embora existam outros aspectos a serem considerados, como a participação em atividades extracurriculares, o desenvolvimento de habilidades socioemocionais, a capacidade de identificar e propor solução para situações complexas e pensar criticamente, entre outros, o rendimento continua sendo o parâmetro determinante para a aprovação e conclusão das diferentes etapas de ensino.

Por tudo isso, é fundamental adotar uma visão mais abrangente do sucesso acadêmico, levando em consideração diferentes indicadores e valorizando as diversas formas de talento e realização dos estudantes. As instituições e seus docentes devem assumir a missão de identificar, apresentar, desenvolver e acompanhar a aquisição de competências por diferentes meios no sentido de atingir um sucesso que ultrapasse o âmbito acadêmico e se transponha para o compromisso de igualdade, solidariedade e justiça social.

Desafios para o futuro

A educação desempenha um papel fundamental no desenvolvimento das nações e no crescimento individual. O acesso e a produção de conhecimento promovem o desenvolvimento de habilidades e valores, criando alicerces para o progresso econômico, social e cultural, que se estabelecerão como catalisadores para a promoção da igualdade, redução da pobreza e construção de sociedades mais justas. Para os indivíduos, a educação é um expressivo recurso que amplia as oportunidades, ao mesmo tempo que possibilita às pessoas se tornarem cidadãos informados e críticos. Nesse contexto, alcançar êxito no cenário educativo implica a formação de indivíduos capazes de compreender os contextos e superar adversidades, propondo soluções adequadas que contribuam para a melhoria da qualidade de vida das pessoas.

O sucesso do processo educativo implica o sucesso dos indivíduos que dele participam. A democratização do ensino, garantindo o acesso, a permanência e a conclusão, é condição obrigatória para uma sociedade bem-sucedida. A impossibilidade de ingressar nos estudos ou o abandono pela não adaptação, por exemplo, refletem o fracasso do sistema educativo e da sociedade, assim como das suas instituições de ensino. Para além da visão que reforça a importância do esforço individual na superação dos desafios, a escola precisa garantir um ambiente inclusivo e recursos adequados para atender à diversidade de necessidades dos estudantes, promovendo, assim, a equidade educacional. O sucesso do processo educativo, nesse sentido, está intrinsecamente ligado à criação de condições que permitam a todos os participantes atingir seu potencial máximo, independentemente de suas origens ou circunstâncias.

No âmbito das instituições e salas de aula, a reflexão sobre os processos avaliativos e os padrões esperados dialogam diretamente com a necessidade de uma visão verdadeiramente inclusiva da educação. A real inclusão requer uma revisão profunda e reflexiva dos objetivos e instrumentos utilizados, muitos dos quais continuam a reforçar o sucesso para aqueles que já estão bem-sucedidos, ao mesmo tempo em que contribuem para o fracasso daqueles que se encontram fora do padrão estabelecido.

Em um contexto de ampla divulgação e acesso às informações, que exige uma reformulação nas formas e métodos de ensino, competências como a capacidade de manter a motivação e a persistência na realização das atividades, encontrar estratégias adequadas para resolver problemas, identificar e regular comportamentos prejudiciais, pensar de forma crítica e autônoma são esperadas e indicativos de comportamentos exitosos. Dessa forma, tais práticas devem ser diretamente fomentadas por meio de estratégias adequadas, privilegiando o desenvolvimento da cidadania, de raciocínios complexos e da aprendizagem ao longo da vida.

Considerações finais

Encarar o sucesso acadêmico como algo unidimensional é limitar ou desmembrar um fenômeno dotado de múltiplos componentes, fatores determinantes e influências sociais diversas e relevantes. O objetivo deste capítulo foi trazer uma reflexão que identifique tais componentes e suas relações com o cotidiano escolar e universitário. Nesse sentido, foi proposta uma discussão por meio de diferentes dimensões de influência sobre o rendimento de estudantes. Gostaríamos de deixar bem claro que as opções aqui feitas não exaurem as possibilidades de estudo, mas refletem enfoques abordados nas últimas décadas.

Reconhecer a complexidade do construto sucesso acadêmico implica ampliar os critérios de avaliação para além das notas, considerando o desenvolvimento de competências diversas que são essenciais no mundo contemporâneo. Instituições de ensino e educadores têm a responsabilidade de fomentar um ambiente que nutra não somente o conhecimento acadêmico, mas também características como solidariedade, pensamento crítico e empatia. Tais atributos são indispensáveis para que os estudantes se tornem não apenas profissionais qualificados, mas também cidadãos conscientes e atuantes em uma sociedade cada vez mais complexa e interconectada.

Referências

Alemán, M. J., Trías, D., & Curione, K. (2011). Orientaciones motivacionales, rendimiento académico y género en estudiantes de bachillerato. *Ciencias Psicológicas*, 5(2), 159-166. http://www.scielo.edu.uy/scielo.php?script=sci_abstract&pid=S1688-42212011000200004&lng=es&nrm=iso&tlng=es

Almeida, L. S., Soares, A. P., & Guisande Couñago, M. A. (2007). Rendimento acadêmico no ensino superior: Estudo com alunos do 1º ano. *Revista Galego-Portuguesa de Psicoloxía e Educación*, 14, 207-220. https://dialnet.unirioja.es/servlet/articulo?codigo=2354442

Araújo, A. M. (2017). Sucesso no ensino superior: Uma revisão e conceptualização. *Revista de*

Estudios e Investigación en Psicología y Educación, 4(2), 132-141. https://dialnet.unirioja.es/servlet/articulo?codigo=6241243

Ballester, C. P. M. (2012). Análisis de los factores que influyen en el desempeño académico de los alumnos de contabilidad financiera a través de modelos de elección binaria. *Revista Brasileira de Gestão de Negócios*, 14(45), 379-399. https://doi.org/10.7819/rbgn.v14i45.1080

Bandura, A., Barbaranelli, C., Caprara, G. V., & Pastorelli, C. (1996). Multifaceted Impact of Self-Efficacy Beliefs on Academic Functioning. *Child Development*, 67(3), 1.206-1.222. https://doi.org/10.2307/1131888

Boruchovitch, E., & Gomes, M. A. M. (2019). *Aprendizagem autorregulada: Como promovê-la no contexto educativo?* Vozes.

Boruchovitch, E., Rufini, S. E., Ganda, D. R., Miranda, L. C., & Almeida, L. S. (2022). Self-handicapping strategies in educational context: Construction and validation of the Brazilian Self-Handicapping Strategies Scale (Eeaprej). *Psicologia: Reflexão e Crítica*, 35, 8. https://doi.org/10.1186/s41155-022-00210-6

Boruchovitch, E., & Santos, A. A. D. (2006). Estratégias de aprendizagem: Conceituação e avaliação. In A. P. Noronha, F. F. Sisto & A. A. D. Santos (Eds.), *Facetas do fazer em avaliação psicológica* (pp. 107-124). Vetor.

Bourdieu, P., & Passeron, J.-C. (2018). *Os herdeiros: Os estudantes e a cultura*. Editora UFSC.

Bzuneck, J. A. (2018). Emoções acadêmicas, autorregulação e seu impacto sobre motivação e aprendizagem. *ETD Educação Temática Digital*, 20(4), 1.059-1.075. https://doi.org/10.20396/etd.v20i4.8650251

Bzuneck, J. A., & Boruchovitch, E. (2019). Motivação de estudantes no ensino superior: Como fortalecê-la? In L. S. Almeida (Ed.), *Estudantes do ensino superior: Desafios e oportunidades* (pp. 137-157).

Caliatto, S. G., & Almeida, L. S. (2020). Aprendizagem e rendimento acadêmico no ensino superior. *Revista Ibero-Americana de Estudos em Educação*, 15(4), p. 1.855-1.876. https://doi.org/10.21723/riaee.v15i4.12670

Casiraghi, B. (2021). *Fundamentação e avaliação de variáveis psicológicas da aprendizagem em estudantes universitários: Prevendo o sucesso acadêmico no ensino superior*. [Tese de Doutorado]. Universidade do Minho. http://repositorium.sdum.uminho.pt/

Casiraghi, B., Almeida, L. S., Boruchovitch, E., & Aragão, J. C. S. (2021). Rendimento acadêmico no Ensino Superior: Variáveis pessoais e socioculturais do estudante. *Revista Práxis*, 12(24), p. 95-104. http://revistas.unifoa.edu.br/index.php/praxis/article/view/3373

Casiraghi, B., Boruchovitch, E., & Almeida, L. S. (2023). Aprendizagem e rendimento acadêmico no Ensino Superior: Um olhar da Psicologia da Educação. In A. Osti, C. Fior, L. S. Almeida & C. P. P. Canal (Eds.), *Ensino superior: Mudanças e desafios na perspectiva dos estudantes* (pp. 77-102). Pedro & João. https://doi.org/10.51795/9786506950

Castellanos Páez, V., Latorre Velásquez, D. C., Mateus Gómez, S. M., & Navarro Roldán, C. P. (2017). Modelo Explicativo del Desempeño Académico desde la Autoeficacia y los Problemas de Conducta. *Revista Colombiana de Psicología*, 26(1), 149. https://doi.org/10.15446/rcp.v26n1.56221

Deci, E. L., & Ryan, R. M. (2014). Autonomy and Need Satisfaction in Close Relationships: Relationships Motivation Theory. In N. Weinstein (Ed.), *Human motivation and interpersonal relationships* (pp. 53-73). Springer. https://doi.org/10.1007/978-94-017-8542-6_3

Firestein, S. (2023). *Fracasso: Por que a ciência é tão bem-sucedida* (L. A. Araújo, Trad.). Editora Unesp.

Ganda, D. R., & Boruchovitch, E. (2018). A autorregulação da aprendizagem: Principais conceitos e modelos teóricos. *Psicologia da Educação*, (46), p. 71-80. https://revistas.pucsp.br/index.php/psicoeduca/article/view/39147

García-Pérez, D., Fraile, J., & Panadero, E. (2020). Learning strategies and self-regulation in context: How higher education students approach different courses, assessments, and challenges. *European Journal of Psychology of Education*. https://doi.org/10.1007/s10212-020-00488-z

Gonçalves, F. B., & Dias, B. C. C. (2018). Um estudo da relação entre traço latente e variáveis contextuais no Saeb e Enem. *Examen: Política, Gestão e Avaliação da Educação*, 2(2), p. 152-172. https://examen.emnuvens.com.br/rev/article/view/91

Gonçalves, F. G., & Ramos, M. P. (2019). Sucesso no campo escolar: Condicionantes para entrada na universidade no Brasil. *Educação & Sociedade*, 40, e0188393. https://doi.org/10.1590/ES0101-73302019188393

Hubbard, L. (2005). The role of gender in academic achievement. *International Journal of Qualitative Studies in Education*, 18(5), 605-623. https://doi.org/10.1080/09518390500224887

Matta, C. M. B., Lebrão, S. M. G., Heleno, M. G. V., Matta, C. M. B. da, Lebrão, S. M. G., & Heleno, M. G. V. (2017). Adaptação, rendimento, evasão e vivências acadêmicas no ensino superior: Revisão da literatura. *Psicologia Escolar e Educacional*, 21(3), 583-591. https://doi.org/10.1590/2175-353920170213111118

Miranda, L., & Ganda, D. R. (2017). Contributos para a validação da escala de estratégias autoprejudiciais em alunos do ensino secundário português. *AMAzônica*, 19(2), 8-22. https://dialnet.unirioja.es/servlet/articulo?codigo=6534700

Nogueira, M. A. (2021). O capital cultural e a produção das desigualdades escolares contemporâneas. *Cadernos de Pesquisa*, 51, e07468. https://doi.org/10.1590/198053147468

Oyarzún Iturra, G., Estrada Goic, C., Pino Astete, E., & Oyarzún Jara, M. (2012). Habilidades sociales y rendimiento académico: Una mirada desde el género. *Acta Colombiana de Psicología*, 15(2), 21-28. http://www.scielo.org.co/scielo.php?script=sci_abstract&pid=S0123-91552012000200003&lng=en&nrm=iso&tlng=es

Panadero, E., & Alonso-Tapia, J. (2014). ¿Cómo autorregulan nuestros alumnos? Modelo de Zimmerman sobre estrategias de aprendizaje. *Anales de Psicología*, 30(2), 450-462. https://doi.org/10.6018/analesps.30.2.167221

Patto, M. H. S. (2022). *A produção do fracasso escolar: Histórias de submissão e rebeldia*. Instituto de Psicologia da Universidade de São Paulo. https://doi.org/10.11606/9786587596334

Pulaski, M. A. S. (1983). *Compreendendo Piaget. Uma introdução ao desenvolvimento cognitivo da criança*. Zahar.

Rodríguez-Hernández, C. F., Cascallar, E., & Kyndt, E. (2020). Socio-economic status and academic performance in higher education: A systematic review. *Educational Research Review*, 29, 100305. https://doi.org/10.1016/j.edurev.2019.100305

Rufini, S. É., & Bzuneck, J. A. (2019). A relação entre motivação e a autorregulação das aprendizagens. *Educação em Análise*, 4(1), 82. https://doi.org/10.5433/1984-7939.2019v4n1p82

Sá, M. J., Ferreira, E., & Ramos, K. M. C. (2015). Saberes e fazeres docentes: Uma reflexão sobre autonomia e sucesso no ensino superior. *Educação*, 38(2), 280-288. https://doi.org/10.15448/1981-2582.2015.2.16498

Schifano, F., Catalani, V., Sharif, S., Napoletano, F., Corkery, J. M., Arillotta, D., Fergus, S., Vento, A., & Guirguis, A. (2022). Benefits and harms of 'smart drugs' (nootropics) in healthy individuals. *Drugs*, 82(6), 633-647. https://doi.org/10.1007/s40265-022-01701-7

Silva, J. S., Silva, K. N., & Cândido, R. M. (2022). Convergências: Pensar ensino e desigualdade com Scheffler, Patto, Bourdieu e Passeron. *Estudos Avançados*, 36, 237-253. https://doi.org/10.1590/s0103-4014.2022.36105.014

Souza, A. E., Santos, L. M. S., Larruscaim, I. de M., & Besarria, C. N. (2021). Determinantes do desempenho no ENEM na Região Nordeste: Uma análise de dados em painel do período de 2015 a 2019. *Revista Brasileira de Estudos Regionais e Urbanos*, 15(4), p. 690-711. https://doi.org/10.54766/rberu.v15i4.915

Trigueiro, E. S. O., & Leme, M. I. S. (2020). Estudantes e o doping intelectual: Vale tudo na busca do sucesso no vestibular? *Psicologia Escolar e Educacional*, 24, e219948. https://doi.org/10.1590/2175-35392020219948

Urrutia-Aguilar, M. E., Ponce-Rosas, E. R., Ortiz-León, S., Peñaloza-Ochoa, L., & Guevara-Guzmán, R. (2019). El rendimiento académico de los estudiantes de las licenciaturas de médico cirujano y fisioterapia determinado por análisis predictivo. *Gaceta de Mexico*, *153*(92), 157. https://doi.org/10.24875/GMM.M17000012

Vasconcelos, C. R. D., Leal, I. O. J., & Araújo, J. A. Q. D. C. (2020). Nexos entre gestão, avaliação e o índice de desenvolvimento da educação básica (Ideb) em escolas públicas. *Revista On Line de Política e Gestão Educacional*, *24*(1), 55-70. https://doi.org/10.22633/rpge.v24i1.12865

Véliz, A., Dorner, A., & Sandoval, S. (2020). Relación entre autoconcepto, autoeficacia académica y rendimiento académico en estudiantes de salud de Puerto Montt, Chile. *Journal of Education – EDUCADI*. http://repositoriodigital.uct.cl/handle/10925/2214

Verbree, A. R., Hornstra, L., Maas, L., & Wijngaards-de Meij, L. (2023). Conscientiousness as a predictor of the gender gap in academic achievement. *Research in Higher Education*, *64*(3), 451-472. https://doi.org/10.1007/s11162-022-09716-5

Vigotski, L. S. (2018). *Imaginação e criação na infância*. Expressão Popular.

Weinstein, C. E., & Acee, T. W. (2018). Study and learning strategies. In R. F. Flippo (Ed.), *Handbook of college reading and study strategy research* (3a ed., pp. 227-240). Routledge.

Zimmerman, B. J., & Schunk, D. H. (2011). Self-regulated learning and performance: An introduction and an overview. In B. J. Zimmerman & D. H. Schunk (Eds.), *Handbook of self-regulation of learning and performance* (pp. 1-12). Routledge.

13
Dificuldades de aprendizagem no âmbito da educação básica

Karina da Silva Oliveira
Ana Carina Stelko-Pereira e Andreza Schiavoni

> *Highlights*
> - As dificuldades de aprendizagem são quadros que se diferem dos quadros de transtornos de aprendizagem;
> - As dificuldades de aprendizagem são heterogêneas, multifatoriais e de difícil operacionalização, podendo ou não ser transitórias;
> - O contexto (micro e macro) pode auxiliar na compreensão da presença das dificuldades de aprendizagem;
> - Ações de enfrentamento ao *bullying* e a promoção de competências socioemocionais podem colaborar para a superação de quadros de dificuldades de aprendizagem;
> - Há desafios contextuais relacionados ao momento histórico atual (pós-pandêmico) que devem ser considerados na compreensão das dificuldades de aprendizagem.

Os problemas de aprendizagem são experiências relativamente frequentes no contexto escolar. Segundo Corso e Meggiato (2019), há duas formas de compreender e classificar tais problemas. A primeira diz respeito a dificuldades de aprendizagem, que se referem ao baixo rendimento escolar e podem se dar em função de influências ambientais diversas, por problemas experimentados no sistema educacional ou, ainda, por diferentes características dos indivíduos (Santos & Marturano, 1999). A segunda classificação se refere aos transtornos de aprendizagem, que se caracterizam por serem alterações nos padrões esperados para o processo de aquisição da aprendizagem. Esses padrões são observados ao longo do desenvolvimento e frequentemente são justificados por questões relacionadas ao neurofuncionamento (Becker et al., 2022).

Considerando a complexidade desses quadros e seus impactos na experiência escolar, neste capítulo daremos atenção a compreensões relacionadas às dificuldades de aprendizagem, descrevendo-as e refletindo sobre os desafios presentes na educação básica. Ainda, buscaremos descrever aspectos e condições ambientais que podem estar associados à presença das dificuldades de aprendizagem, dando foco sobre a qualidade das relações interpessoais no contexto escolar, o *bullying*, o uso excessivo de telas e aspectos relacionados à pandemia de covid-19.

Dificuldades de aprendizagem: compreensões e domínios

As dificuldades de aprendizagem são problemas experimentados ao longo do processo de escolarização (Carneiro et al., 2003). São diversas as razões que podem justificar a apresentação desses quadros, podendo-se citar: problemas presentes no sistema educacional, como o alto padrão de exigência e/ou inadequação metodológica ou, ainda, aspectos ambientais como a qualidade das relações entre pares no contexto escolar ou mesmo características individuais, tais quais falta de interesse, baixa motivação, níveis elevados de estresse e dificuldades de regulação emocional (Corso & Meggiato, 2019; Santos & Marturano, 1999). Em geral, as dificuldades de aprendizagem que têm origem nessas razões tendem a ser transitórias e a serem superadas quando as condições que são causadoras do quadro são sanadas (Marturano, 1999). Complementando essas reflexões, Morbach e Krahl (2020) também incluem nas justificativas para a apresentação das dificuldades de aprendizagem condições de saúde, de adoecimento e de alterações sensoriais. A título de exemplo, podemos citar problemas auditivos e visuais, excesso de faltas escolares por tratamentos de saúde prolongados e uso de medicamentos que alterem processos perceptuais. Ainda segundo essas autoras, as dificuldades, resultantes dessas condições, podem acompanhar os alunos por toda a vida, sem nunca se caracterizarem como um transtorno de aprendizagem.

Considerando os diferentes cenários que podem resultar nos quadros de dificuldades de aprendizagem, Zucoloto e Sisto (2002) afirmam que as razões e as expressões do quadro são, portanto, heterogêneas, multifatoriais e de difícil operacionalização. Ainda assim, o consenso possível recai sobre o fato de serem caracterizadas pelo desempenho abaixo do potencial, indicando déficits funcionais que podem alterar o processo de aprendizagem da linguagem, do raciocínio lógico e/ou de outros componentes escolares e educacionais. Dada a amplitude de componentes, daremos foco às dificuldades de aprendizagem da linguagem e do raciocínio lógico.

São dificuldades de aprendizagem ligadas à linguagem aquelas que envolvem a aquisição de habilidades relacionadas à leitura e à escrita (Santos et al., 2022). Essas dificuldades podem se manifestar como desempenhos aquém do esperado nos processos de alfabetização, notadamente no que diz respeito aos processos construtivos relacionados à elaboração, à interpretação e à construção de significado (Bartholomeu et al., 2006). Embora seja mais intuitivo pensar na presença da dificuldade de aprendizagem no momento da escolarização, Aguiar et al. (2016) argumentam que a linguagem é uma competência humana que propicia a interação e que faz a mediação entre a criança e o mundo ao seu redor. Assim, a estimulação das competências de linguagem é influenciada pelas habilidades dos familiares, e dos cuidadores da criança, desde o nascimento. Dessa forma, elementos que podem fazer parte da rotina familiar como conversas, jogos, brincadeiras, exposição à leitura, disponibilidade de livros são ações que podem colaborar para a estimulação da linguagem na infância (Alves et al., 2016). Isso porque a linguagem envolve a recepção e a expressão de habilidades de comunicação que podem se manifestar de forma não verbal e verbal. Por sua vez, essas habilidades propiciarão o desenvolvimento da linguagem escrita e da leitura ao longo do desenvolvimento escolar. Além das características familiares, podemos refletir que, a depender das características do contexto escolar, o quadro de dificuldades de aprendizagem pode se manifestar. Dentre essas características, pode-se citar o emprego de estratégias de alfabetização de forma descontextualizada e/ou equivocada, contexto de altíssima exigência, de estimulação indiscriminada da competitividade entre alunos, e desvalorização das competências destes (Santos et al., 2022).

Por sua vez, existem dificuldades de aprendizagem que são associadas a conteúdos acadêmicos relacionados ao raciocínio lógico, notadamente à matemática, podendo relacionar-se, também, a outros conteúdos dessa ciência, como a física, por exemplo (Kuhn, 2020). Os quadros relacionados às dificuldades de aprendizagem em matemática são frequentemente justificados por frustrações decorrentes de falhas no processo de aprendizagem, como a compreensão incompleta de um conceito, falha em seguir o raciocínio indutivo e, ainda, dificuldades na compreensão e interpretação dos problemas (Masola & Allevato, 2019). Schwanz e Felcher (2020) argumentam que os mitos existentes sobre a matemática propiciam medos e o fortalecimento de crenças de que os conteúdos sejam de difícil compreensão, favorecendo bloqueios e aversão à matéria.

Para além das variáveis individuais e os mitos que envolvem o ensino da matemática, Viana et al. (2021) ainda ponderam sobre o papel da formação dos professores que ministram conteúdos matemáticos ao longo da educação básica. Os autores defendem que a matemática é um conhecimento que compõe o patrimônio cultural da humanidade, e que a didática de ensino desses conteúdos deve explorar não somente as fórmulas, mas também demonstrar o uso e a aplicação desses conhecimentos como estratégia de intervenção no mundo. Ainda, no que tange a essas dificuldades, Martins e Fernandes (2021) refletem sobre a importância da literacia matemática. Esse conceito diz respeito à capacidade de formular, de aplicar e de interpretar a matemática em diferentes contextos e situações, raciocinando e empregando os conceitos matemáticos para descrever, explicar e prever diversos fenômenos do cotidiano (Organização para a Cooperação e Desenvolvimento Econômico [OCDE], 2023)[19].

Portanto, a construção de uma cultura de acesso ao raciocínio lógico desde o início da infância, que promova a aplicação dos conceitos matemáticos, mas que também utilize as ferramentas para atuar sobre o mundo, pode ser uma estratégia importante para diminuir a apresentação da dificuldade de aprendizagem matemática. Ainda, é importante destacar que existem estudos voltados às dificuldades de aprendizagem em conteúdos específicos como a química (Melo & Silva, 2019), a física (Nascimento & Nascimento, 2020), a biologia (Lemos, 2020), entre outros. Porém, é importante refletir que, dada a complexidade do tema, não é possível esgotá-lo em todas as suas formas de manifestação.

Assim, neste capítulo, buscou-se apresentar compreensões e domínios de expressão das dificuldades de aprendizagem, evidenciando que esses quadros estão intimamente relacionados à manifestação das características contextuais. Isso porque, diante da vivência de dificuldade de aprendizagem, é comum que se busquem explicações que responsabilizem a criança ou que sejam fundamentadas em diagnósticos específicos (Simões, 2020). Entretanto, cabe retomar que os quadros de dificuldade de aprendizagem estão associados ao baixo rendimento escolar em função de influências ambientais. Tais quadros se diferenciam dos quadros de transtornos de aprendizagem, pois estes últimos são caracterizados pela alteração dos padrões esperados no processo de aquisição da aprendizagem em função de quadros relacionados ao neurodesenvolvimento (Becker et al., 2022; Santos & Marturano, 1999). Portanto, tão importante quanto verificar se há alguma alteração do neurodesenvolvimento, é fundamental compreender o contexto em que as dificuldades de aprendizagem se manifestam. Novamente, é importante ressaltar

---

19. Cf.: https://pisa2022-maths.oecd.org/pt/index.html

que, dada a diversidade de condições de vulnerabilidade, não será possível esgotar o tema, de modo que traremos foco sobre o impacto do *bullying* nas experiências de aprendizagem no ensino básico.

As dificuldades de aprendizagem e as experiências de vulnerabilidade: o impacto do *bullying* nos processos de aprendizagem

Não é novidade que a qualidade das relações interpessoais na escola, seja entre os próprios discentes, seja entre discentes e funcionários, impacta na aprendizagem dos estudantes. Contudo, conhecer a amplitude e a intensidade desse impacto pode favorecer mais investimentos de recursos financeiros, humanos e esforço pessoal para que essas relações interpessoais sejam saudáveis e felizes. Nesse sentido, cabe mencionar alguns estudos de alto nível de evidência científica sobre o assunto.

Samara et al. (2021) elaboraram uma metanálise, agregando onze estudos, com um total de 257.247 crianças (com 10 anos ou menos) e adolescentes (com 11 anos ou mais), sobre a associação entre *bullying* e aprendizagem. *Bullying* escolar se refere à situação em que um discente é perseguido por outro(s) discente(s) de modo intencional, por meio de agressões físicas, verbais e/ou de exclusão proposital, sendo que a vítima apresenta menos poder, não conseguindo impedir os ofensores. Samara et al. (2012) perceberam que os estudantes vítimas de *bullying*, quando comparados com os não envolvidos, tinham menos chances de engajamento acadêmico (OR = 0,571, IC 95% [0,43, 0,77], p = 0,000) e de bom desempenho acadêmico (OR = 0,62, IC 95% [0,46, 0,82], p = 0,001). Ademais, conforme Samara et al (2021), a influência de ser vítima de *bullying* impacta no rendimento acadêmico por meio do desenvolvimento de um baixo autoconceito (OR = 0,26, IC 95% [0,16, 0,42], p = 0,001), autoeficácia (OR = 0,64, IC 95% [0,61, 0,68], p = 0,000), motivação (OR = 0,86, IC 95% [0,81, 0,91], p = 0,000) e alto sofrimento psicológico (OR = 0,69, IC 95% [0,49, 0,96], p = 0,001). Conforme Samara et al. (2011), a repercussão negativa no rendimento acadêmico de sofrer *bullying* se relaciona ao fato de que a vitimização diminui a aspiração para atingir um objetivo específico, aumenta a sensação de desvalia e a crença de se ser incapaz, aumenta os sintomas ansiosos e depressivos, o que se relaciona a problemas de memorização e de concentração e exacerba a busca por isolamento, o absenteísmo e a evasão escolar, pois o estudante pode se sentir mais seguro fora da escola.

Desse modo, programas para prevenir o *bullying* podem auxiliar no processo de ensino-aprendizagem. Existem diferentes tipos de programas, alguns voltados para a formação docente, outros para o empoderamento das testemunhas, outros para o treinamento em habilidades sociais e, mesmo ainda, os programas relativos ao treinamento de pais ou responsáveis. Para mais informações sobre estratégias preventivas, veja Gomide e Stelko-Pereira (2020), Stelko-Pereira et al. (2022), Valle et al. (2022) e Williams e Stelko-Pereira (2013).

Para além do envolvimento em *bullying* se relacionar com dificuldades de aprendizagem, as competências socioemocionais devem ser consideradas. Existem diferentes maneiras de conceituar as competências socioemocionais, sendo uma das mais conhecidas a do Collaborative for Academic, Social, and Emotional Learning (Casel) (2003), que se refere a uma organização sem fins lucrativos para a Colaboração para

Aprendizado Acadêmico, Social e Emocional. Essa organização postula como essencial cinco conjuntos de competências socioemocionais, sendo estas: Autoconhecimento: compreender as próprias emoções, forças, limitações e valores; Autogerenciamento: ser capaz de regular as próprias emoções, estabelecer metas, tomar decisões responsáveis e lidar eficazmente com o estresse; Consciência social: desenvolver empatia e compreender as perspectivas e sentimentos dos outros, promovendo relacionamentos saudáveis e colaborativos; Habilidades de relacionamento: estabelecer e manter relacionamentos interpessoais positivos, incluindo comunicação eficaz, trabalho em equipe e resolução de conflitos; Tomada de decisão responsável: fazer escolhas éticas e responsáveis com base em considerações sociais e emocionais.

MacCann et al. (2019) revisaram estudos que investigaram a relação entre rendimento acadêmico e inteligência emocional, termo esse que engloba as competências socioemocionais. Os pesquisadores notaram mais de 150 estudos, os quais indicaram haver correlação de 0,14 entre inteligência emocional e rendimento acadêmico, sendo essa associação mais forte para quando se mede a inteligência emocional por meio de teste com tarefas (0,24, k = 50) do que por meio de autoavaliações (0,12, k = 33) ou uma combinação entre tarefas e autoavaliações (0,19, k = 90). A inteligência emocional foi percebida como importante para o rendimento acadêmico, assim como nível de inteligência geral e consciensiosidade (capacidade de cumprir prazos, organizar-se, honrar com metas, entre outros). Os autores indicam que a inteligência emocional é importante para a aprendizagem acadêmica por meio da regulação das emoções ao se expor a conteúdos acadêmicos, da oportunidade de relacionamentos sociais na escola que auxiliam na aprendizagem e por meio de conteúdos acadêmicos que requerem o uso de habilidades de inteligência emocional.

Em direção semelhante, Corcoran et al. (2018) revisaram estudos que avaliaram o efeito das intervenções em aprendizagem socioemocional (SEL) nas competências de leitura, matemática e ciências, tendo notado um efeito positivo, ainda que pequeno (respectivamente: ES = +0,25, +0,26 e +0,19), e que pode ser mais intenso conforme a intervenção seja mais ampla e implementada com maior fidelidade ao planejamento no ambiente escolar.

Para melhorar as competências socioemocionais ou inteligência emocional, diversos caminhos são possíveis. Há a possibilidade de programas escolares, conforme mencionado anteriormente (Corcoran et al., 2018), terapia em grupo e individual, leitura de livros autoinstrucionais, entre outros. Sugere-se que se conheça as produções do Grupo de Pesquisa, Ensino e Extensão Relações Interpessoais e Habilidades Sociais (RIHS/UFSCar)[20] e do Instituto Ayrton Senna[21].

Se as relações entre estudantes são importantes para o rendimento acadêmico, a dos estudantes com os docentes também o são. Um estudo de Göktaş e Kaya (2023) revisou dezessete estudos de metanálise, e indicou um efeito positivo pequeno no rendimento acadêmico de um relacionamento afetuoso entre estudante e docente, mas um efeito médio negativo quando se trata de um relacionamento ruim. Notou-se também um efeito grande quando a qualidade da relação entre docente e comunidade escolar é boa, de modo que quando professores, professores e ou-

---

20. Cf.: https://www.rihs.ufscar.br/
21. Cf.: https://institutoayrtonsenna.org.br/

tros funcionários e professores e pais bem se relacionam, maior é a aprendizagem do estudante.

Assim, saber como melhorar a relação entre discentes e discentes e funcionários se faz essencial. Nessa direção, Kincade et al. (2020) fizeram uma revisão sistemática da literatura sobre estratégias para melhorar o relacionamento entre alunos e docentes, tendo indicado que as que são proativas, antes de os problemas ocorrerem, alcançam os melhores resultados. Algumas das estratégias mencionadas pelos autores são: (a) utilizar efetivamente elogios na sala de aula, incluindo elogios específicos de comportamento, em relação a um produto final alcançado seja pelo processo de ensino-aprendizagem, para indivíduos; seja por toda a turma, como "Parabéns por ter copiado toda a tarefa"; (b) empregar uma interação positiva em maior quantidade do que interações negativas para cada aluno, idealmente na proporção de 5:1; (c) dedicar tempo em interações um a um apenas com o propósito de se conectar com o estudante; (d) validar as emoções dos alunos e auxiliá-los a nomear essas emoções, como: "Você parece que está cansado hoje"; (e) expressar cuidado e afeto pelo estudante, como "Você contribui muito para a minha aula"; (f) demonstrar respeito verbal e não verbal pela criança por meio do contato visual, voz calorosa e calma, e boas maneiras (por exemplo, "Por favor" e "Obrigado"); (g) realizar atividades orientadas pela criança, como quando esta indica como será a brincadeira ou a atividade de imaginação; (h) questionar sobre os interesses dos alunos, revisar informações para combater o esquecimento e depois encontrar oportunidades para fazer referência a essas informações; (i) compartilhar informações sobre si mesmo; (j) cumprimentar positivamente os alunos todos os dias, incluindo as boas-vindas aos alunos e mostrando que valorizam sua presença; e (k) despedidas positivas, agradecendo pelo trabalho árduo e mostrando que valorizam sua presença ao longo do dia.

Diante desses dados, evidencia-se que a identificação de características contextuais são uma estratégia relevante de enfrentamento das experiências de dificuldades de aprendizagem. De modo que ações que diminuam a frequência da prática do *bullying*, associadas ao desenvolvimento de competências socioemocionais dos discentes e docentes, são referidas na literatura como boas estratégias de enfrentamento. Ainda no que se refere à compreensão de situações contextuais e à experiência das dificuldades de aprendizagem, entendemos que, atualmente, a humanidade vivencia desafios decorrentes dos anos de enfrentamento da pandemia de covid-19 e o crescimento do uso de telas. Tendo em vista os impactos desses eventos para o desenvolvimento e a aprendizagem, aprofundaremos essas reflexões na próxima seção.

Desafios para o futuro: os impactos da pandemia e do uso excessivo de telas na aprendizagem

A pandemia de covid-19 foi um evento de proporções mundiais que afetou a vida e o cotidiano humano em diferentes esferas. Conforme apontado por Oliveira et al. (2024), as características de contaminação pela covid-19 exigiram da sociedade diferentes ações para o enfrentamento da pandemia. Entre as ações possíveis, foram recomendadas pela Organização Mundial da Saúde (OMS) (2020) o distanciamento social, a quarentena e o isolamento social. Embora essas estratégias tenham sido eficazes para o enfrentamento da pandemia, é necessário refletir que o emprego dessas medidas trouxe alterações importantes para o funcionamento social dos indivíduos e para os processos de aprendizagem (Duarte et al., 2020; Faro et al., 2020; Moretti et al., 2020).

Segundo dados da Organização das Nações Unidas para a Educação, a Ciência e a Cultura (Unesco) (2020), o isolamento físico e social impediu o acesso às instituições escolares de mais de 2 bilhões de estudantes ao redor do mundo e de 52 milhões no Brasil. O que representou impactos negativos na aprendizagem e dificuldades decorrentes desse afastamento. Assim como o fenômeno conhecido na literatura como Summer Learning Loss (SLL), referente a perdas na aprendizagem escolar, em consequência da falta de estimulação cognitiva durante as férias de verão (Cooper et al., 1996), pesquisadores têm se debruçado para conhecer as dificuldades de aprendizagem apresentadas por estudantes da educação básica, em decorrência da pandemia de covid-19, embora estima-se que todos os impactos só serão observados a longo prazo (Fitzgerald et al., 2020).

Com a pandemia de covid-19, houve a necessidade de intensificação do uso de telas não apenas por crianças e adolescentes, mas também por eles, uma vez que, além do isolamento físico e social, houve a adoção do modelo remoto de ensino, substituindo o formato presencial (Lima et al., 2022). Cada vez mais a interação com a tecnologia tem substituído as interações sociais, o que pode acarretar prejuízos nos processos de desenvolvimento e aprendizagem (Tana & Amâncio, 2023), muito embora a recomendação da Sociedade Brasileira de Pediatria (2020) seja de, no máximo, duas horas diárias de exposição às telas para crianças entre 6 e 10 anos de vida, e de duas a três horas por dia para a faixa etária de 11 a 18 anos. Em pesquisa realizada pela parceria entre as empresas Kaspersky e Corpa, verificou-se que, no Brasil, quase metade das crianças utilizou um dispositivo eletrônico antes dos 6 anos de idade, e que mais de 70% delas ganhou um *tablet* ou um *smartphone* antes dos 10 anos (Kaspersky, 2020).

Estudos como os realizados por Lin et al. (2019) e Schaan et al. (2019) demonstram o uso excessivo de telas. Os primeiros autores verificaram, entre crianças de 2 a 5 anos, a média diária de 3,98 horas em contato com telas (Lin et al., 2019). Por sua vez, em uma revisão sistemática e metanálise conduzida por Schaan et al. (2019), considerando estudos brasileiros de 1980 a 2017, com participantes de 10 a 19 anos de idade, constatou-se o tempo excessivo de telas (70,9%) e de tempo de televisão (58,8%) entre os adolescentes brasileiros, levando os autores a concluírem que intervenções para a redução desse tempo são necessárias e urgentes.

Entre os prejuízos decorrentes do uso excessivo de telas por crianças e adolescentes, encontram-se: atividade física insuficiente (Piola et al., 2020), qualidade do sono prejudicada, parassonia e risco de privação crônica do sono a longo prazo (Bezerra et al., 2018; Schaan et al., 2019; Silva et al., 2017), baixa autoestima, fatores de risco à depressão e tendência suicida (Lissak, 2018), ocorrência de *cyberbullying* nas redes sociais, acarretando inúmeros comprometimentos à saúde mental das vítimas (Oliva et al., 2021), e prejuízos associados ao desenvolvimento de fatores fundamentais ao aprender. A respeito disso, sabe-se que o uso de telas torna as crianças mais sedentárias, tirando delas as oportunidades de práticas motoras e de comunicação, considerando que as interações verbais e não verbais com os cuidadores ficam prejudicadas, aspectos que influenciam negativamente no desenvolvimento infantil (Madigan et al., 2019).

Os desafios atuais estão relacionados à substituição do tempo excessivo em telas por atividades que contribuam para o desenvolvimento humano saudável (Hutton et al., 2018), tendo em vista que parece impossível o retorno ao momento em que elas não faziam parte do cotidiano das pessoas com tanta veemência. Além disso, os prejuízos apontados em diferentes pesquisas, tendo sido alguns indicados neste capítulo, se referem ao uso excessivo das telas, e não especificamente às interações com as telas. Isso porque as tecnologias podem não ser totalmente prejudiciais ao desenvolvimento, e até contribuir com oportunidades educacionais que podem ser importantes, desde que utilizadas no tempo adequado e sob supervisão dos responsáveis (Moon et al., 2019). Diante dessas reflexões, é importante ponderar que a sociedade e as ciências psicológicas e da educação têm desafios importantes quanto à compreensão dos impactos decorrentes da pandemia, notadamente, no que tange ao emprego benéfico das telas para os processos de aprendizagem.

Considerações finais

Tendo em vista o exposto, ao ponderar sobre as vivências de dificuldades de aprendizagem experimentadas ao longo do ensino básico, é relevante que sejam identificadas as condições em que esses quadros se manifestam, ou mesmo que esses quadros revelam sobre as experiências e realidades vivenciadas pelos discentes. Ou seja, é fundamental compreender quais situações pessoais (como a motivação, o interesse, as lacunas de aprendizagem, por exemplo) e contextuais (tais quais a qualidade das relações interpessoais, as metodologias pedagógicas, o contexto histórico) podem atuar sobre a dificuldade observada. Considerando, ainda, que as dificuldades de aprendizagem apresentam prognósticos positivos, dado o fato de potencialmente serem transitórias, a identificação das razões que justifiquem a apresentação das dificuldades de aprendizagem, a intervenção sobre essas razões e o monitoramento de boas práticas no contexto escolar e educacional poderão colaborar para o bom desenvolvimento dos discentes.

Por fim, é importante destacar que o tema das dificuldades de aprendizagem é amplo, complexo e diverso (Zucoloto & Sisto, 2002), e pode se manifestar em diferentes subsistemas dos indivíduos (Bronfenbrenner, 1979). Assim, o escopo deste capítulo não teve a intenção de esgotar todos os tipos, as expressões, os contextos nos quais as dificuldades de aprendizagem podem se manifestar. Desse modo, recomenda-se o aprofundamento em temas específicos desses quadros.

Referências

Aguiar, J. S. R., Silva, A. I. P., Aguiar, C. S. R., Torro-Alves, N., & Souza, W. C. (2016). A influência da intensidade emocional no reconhecimento de emoções em faces por crianças brasileiras. *Universitas Psychologica*, *15*(5), 1-10. http://dx.doi.org/10.11144/Javeriana.upsy15-5.iier

Alves, A. F., Lemos, G. C., Brito, L., Martins, A. A., & Almeida, L. S. (2016). Desempenho cognitivo na infância: A mãe e o meio urbano fazem a diferença. *Psicologia: Teoria e Pesquisa*, *32*(3), e32317. http://dx.doi.org/10.159/00102-3772e323217

Bartholomeu, D., Sisto, F. F., & Marin Rueda, F. J. (2006). Dificuldades de aprendizagem na escrita e características emocionais de crianças. *Psicologia em Estudo*, *11*(1), 139-146. https://doi.org/10.1590/S1413-73722006000100016

Becker, N., Prando, M. L., & Salles, J. F. (2022). Transtornos de aprendizagem: como identificar e intervir. In M. R. C. Lins, C. M. Minervino & M. A. Silva (Eds.), *Avaliação cognitiva: Princípios e técnicas* (pp. 520-545). Hogrefe.

Bezerra, M. A. A., Lopes, G. G. D. O., Rodrigues, C., & Bottcher, L. B. (2018). Tempo de tela, qualidade do sono e fatores de risco cardiovasculares de escolares. *Revista Interfaces: Saúde, Humanas e Tecnologia*, Várzea Alegre, 6(17), 119-128. https://doi.org/10.3895/rbqv.v10n1.7646

Bronfenbrenner, U. (1979). Contexts of child rearing: Problems and prospects. *American Psychologist*, 34(10), 844-850. https://doi.org/10.1037/0003-066X.34.10.844

Carneiro, G. R. S., Martinelli, S. C., & Sisto, F. F. (2003). Autoconceito e dificuldades de aprendizagem na escrita. *Psicologia: Reflexão e Crítica*, 16(3), 427-434. https://doi.org/10.1590/S0102-79722003000300002

Collaborative for Academic, Social, and Emotional Learning. (2003). *Safe and sound: An educational leader's guide to evidence-based social and emotional learning (SEL) programs*. Casel.

Corcoran, R. P., Cheung, A. C. K., Kim, E., & Xie, C. (2018). Effective universal school-based social and emotional learning programs for improving academic achievement: A systematic review and meta-analysis of 50 years of research. *Educational Research Review*, 25, 56-72. https://doi.org/10.1016/j.edurev.2017.12.001.

Cooper, H., Nye, B., Charlton, K., Lindsay, J., & Greathouse, S. (1996). The effects of summer vacation on achievement test scores: a narrative and meta-analytic review. *Review of Educational Research*, 66(3), 227-268. https://doi.org/10.3102/00346543066003227

Corso, L. V., & Meggiato, A. O. (2019). Quem são os alunos encaminhados para acompanhamento de dificuldades de aprendizagem? *Revista Psicopedagogia*, 36(109), 57-72.

Duarte, M. Q., Santo, M. A. S., Lima, C. P., Giordani, J. P., & Trentini, C. M. (2020). COVID-19 e os impactos na saúde mental: Uma amostra do Rio Grande do Sul. *Ciência & Saúde Coletiva*, 25(9), 3401-3411. https://doi.org/10.1590/1413-81232020259.16472020

Faro, A., Bahiano, M. A., Nakano, T. C., Reis, C., Silva, B. F. P., & Vitti, L. S. (2020). COVID-19 e saúde mental: a emergência do cuidado. *Estudos de Psicologia*, 37, 1-14. https://doi.org/10.1590/1982-0275202037e200074

Fitzgerald, D. A., Nunn, K., & Isaacs, D. (2020). Consequences of physical distancing emanating from the COVID-19 pandemic: An Australian perspective. *Paediatric Respiratory Reviews*, 35, 25-30. https://doi.org/10.1016/j.prrv.2020.06.005

Göktaş, E., & Kaya, M. (2023). The effects of teacher relationships on student academic achievement: a second order meta-analysis. *Participatory Educational Research*, 10(1), 275-289. https://doi.org/10.17275/per.23.15.10.1

Gomide, P. I. C., & Stelko-Pereira, A. C. (2020). Bullying – Perspectivas e propostas nacionais de intervenção. Juruá.

Hutton, J. S., Lin, L., Gruber, R., Berndsen, J., DeWitt, T., Ginkel, J. B. V., & Ammerman, R. T. (2018). Shared reading and television across the perinatal period in low-SES households. *Clinical Pediatrics*, 57(8), 904-912. https://doi.org/10.1177/0009922817737077

Kaspersky, E. (2020). *70% das crianças brasileiras têm celular antes dos 10 anos*. Recuperado de https://www.kaspersky.com.br/blog/criancas-smartphones-brasil-pesquisa-dicas/15595/#:~:text=A%20pesquisa%20revela%20tamb%C3%A9m%20que,antes%20de%20completar%2010%20anos

Kincade, L., Cook, C., & Goerdt, A. (2020). Meta-analysis and common practice elements of universal approaches to improving student-teacher relationships. *Review of Educational Research*, 90(5), 710-748. https://doi.org/10.3102/0034654320946836

Kuhn, M. C. (2020). Dificuldades de aprendizagem em matemática: percepções de professores do ensino médio de uma escola estadual do Rio Grande do Sul. *Perspectivas em Educação Matemática*, 13(32), 1-22. https://doi.org/10.46312/pem.v13i32.9650

Lemos, P. B. M. (2020). Auxiliando dificuldades de aprendizagem apontadas por alunos do ensino médio por meio de objetos virtuais de aprendizagem. *Revista de Ensino de Biologia da SBEnBio*, 3-21. https://doi.org/10.46667/renbio.v13i1.265

Lima, G. C., Cavalcante, K. L., Monteiro, M. V. C., & Costa, D. R. (2022). Análise do impacto de exposição às telas durante o período pandêmico da COVID-19: implicações na saúde. *Scientific Journal of Tocantins*, 2(2), 1-13.

Lin, J., Magiati, I., Chiong, S. H. R., Singhal, S., Riard, N., Ng, I. H.-X., Muller-Riemenschneider, F., & Wong, C. M. (2019). The relationship among screen use, sleep, and emotional/behavioral difficulties in preschool children with neurodevelopmental disorders. *Journal of Developmental & Behavioral Pediatrics*, 40(7), 519-529. https://doi.org/10.1097/DBP.0000000000000683

Lissak, G. (2018). Adverse physiological and psychological effects of screen time on children and adolescents: Literature review and case study. *Environmental Research*, 164, 149-157. https://doi.org/10.1016/j.envres.2018.01.015

MacCann, C., Jiang, Y., Brown, L. E. R., Double, K. S., Bucich, M., & Minbashian, A. (2020). Emotional intelligence predicts academic performance: A meta-analysis. *Psychological Bulletin*, 146(2), 150-186. https://doi.org/10.1037/bul0000219

Madigan, S., Browne, D., Racine, N., Mori, C., & Tough, S. (2019). Association between screen time and children's performance on a developmental screening test. *JAMA Pediatrics*, 173(3), 244-250. https://doi.org/10.1001/jamapediatrics.2018.5056

Martins, S., & Fernandes, E. (2021). Literacia matemática: contributos do *design* de cenários de aprendizagem na formação inicial de professores. *Literacia Científica: Ensino, Aprendizagem e Quotidiano*, 1(1), 73-87. https://doi.org/10.34640/universidademadeira2021martinsfernandes

Marturano, E. M. (1999). Recursos no ambiente familiar e dificuldades de aprendizagem na escola. *Psicologia: Teoria e Pesquisa*, 15(2), 135-142. https://doi.org/10.1590/S0102-37721999000200006

Masola, W., & Allevato, N. (2019). Dificuldades de aprendizagem matemática: algumas reflexões. *Educação Matemática Debate*, 3(7), 52-67. https://doi.org/10.24116/emd.v3n7a03

Melo, M. S. D., & Silva, R. R. D. (2019). Os três níveis do conhecimento químico: dificuldades dos alunos na transição entre o macro, o submicro e o representacional. *Revista Exitus*, 9(5), 301-330. https://doi.org/10.24065/2237-9460.2019v9n5id1109

Moon, J. H., Kim, K. W., & Moon, N. J. (2016). Smartphone use is a risk factor for pediatric dry eye disease according to region and age: a case control study. *BMC Ophthalmology*, 16, 1-7. https://doi.org/10.1186/s12886-016-0364-4

Morbach, A. A., & Krahl, A. (2020). Percepção de dificuldades de aprendizagem em ensino de língua estrangeira: estratégias de professores para professores. *Revelli – Revista de Educação Linguagem e Literatura*, 12, E-202040. https://doi.org/10.51913/revelli.v12i0.10183

Moretti, S. A., Guedes-Neta, M. L., & Batista, E. C. (2020). Nossas vidas em meio a pandemia da COVID-19: incertezas e medos sociais. *Revista de Enfermagem e Saúde Coletiva*, 5(1), 32-41.

Nascimento, A., & Nascimento, G. S. (2020). Dificuldades na aprendizagem escolar, atraso motor e prática de atividade física: Revisão sistemática. *Arquivos de Ciências da Saúde da UNIPAR*, 24(1). https://doi.org/10.25110/arqsaude.v24i1.2020.6907

Oliva, S., Russo, G., Gili, R., Russo, L., Di Mauro, A., Spagnoli, A., & Manti, F. (2021). Risks and protective factors associated with mental health symptoms during COVID-19 home confinement in Italian children and adolescents: the# understandingkids study. *Frontiers in Pediatrics*, 9, 664702. https://doi.org/10.3389/fped.2021.664702

Oliveira, K. S., Costa, F. B., & Peixoto, E. M. (2024). Indicadores de saúde mental e de enfrentamento diante da covid-19. *Psicologia em Pesquisa*, 18(2), 1-23. https://doi.org/10.34019/1982-1247.2024.v18.37476

Organização das Nações Unidas para a Educação, a Ciência e a Cultura. (2020). *COVID-19 Educational Disruption and Response*. Recuperado de https://en.unesco.org/covid19/educationresponse

Organização Mundial da Saúde. (2020). *Infection prevention and control during health care when novel coronavirus (nCoV) infection is suspected*. OMS.

Recuperado de https://www.who.int/publications-detail/infection-prevention-and-control-during-health-care-when-novel-coronavirus-(ncov)-infection-is-suspected-20200125

Organização para a Cooperação e Desenvolvimento Econômico. (2023). *Pisa 2022 – Quadro conceitual de matemática*. Recuperado de https://pisa2022-maths.oecd.org/pt/index.html

Piola, T. S., Bacil, E. D. A., Pacífico, A. B., Camargo, E. M. D., & Campos, W. D. (2020). Nível insuficiente de atividade física e elevado tempo de tela em adolescentes: impacto de fatores associados. *Ciência & Saúde Coletiva, 25*, 2803-2812. https://doi.org/10.1590/1413-81232020257.24852018

Samara, M., Nascimento, B. S., El-Asam, A., Hammuda, S., & Khattab, N. (2021). How can bullying victimisation lead to lower academic achievement? A systematic review and meta-analysis of the mediating role of cognitive-motivational factors. *International Journal of Environmental Research and Public Health, 18*(5), 2209. http://dx.doi.org/10.3390/ijerph18052209

Santos, J. S., Barby, A. A. O. M., & Vestena, C. L. B. (2022). Consciência fonológica no ensino da leitura a estudantes com dificuldade de aprendizagem nos anos iniciais. *Revista Psicopedagogia, 39*(118), 14-26. https://dx.doi.org/10.51207/2179-4057.20220002

Santos, L. C., & Marturano, E. M. (1999). Crianças com dificuldade de aprendizagem: um estudo de seguimento. *Psicologia: Reflexão e Crítica, 12*(2), 377-394. https://doi.org/10.1590/S0102-79721999000200009

Schaan, C. W., Cureau, F. V., Sbaraini, M., Sparrenberger, K., Kohl, H. W., & Schaan, B. D. (2019). Prevalência de tempo excessivo de tela e tempo de TV em adolescentes brasileiros: revisão sistemática e metanálise. *Jornal de Pediatria, 95*, 155-165. https://doi.org/10.1016/j.jped.2018.04.011

Schwanz, C. B., & Felcher, C. D. O. (2020). Reflexões acerca dos desafios da aprendizagem matemática no ensino remoto. *Redin – Revista Educacional Interdisciplinar, 9*(1), 91-106. http://seer.faccat.br/index.php/redin/article/view/1868

Silva, A. O. D., Oliveira, L. M. F. T. D., Santos, M. A. M. D., & Tassitano, R. M. (2017). Tempo de tela, percepção da qualidade de sono e episódios de parassonia em adolescentes. *Revista Brasileira de Medicina do Esporte, 23*, 375-379. https://doi.org/10.1590/1517-869220172305163582

Simões, E. D. F. (2020). As dificuldades de aprendizagem e a vulnerabilidade social. *Brazilian Journal of Development, 6*(1), 3037-3046. http://dx.doi.org/10.34117/bjdv6n1-220

Sociedade Brasileira de Pediatria. (2020). *SBP atualiza recomendações sobre saúde de crianças e adolescentes na era digital*. Recuperado de https://www.sbp.com.br/imprensa/detalhe/nid/sbp-atualiza-recomendacoes-sobre-saude-de-criancas-e-adolescentes-na-era-digital/

Stelko-Pereira, A. C., Alves, D. L. G., Delari, L. C., Watanabe, T. M., Rodrigues, L. F., & Marcelino, J. C. G. (2022). *Vivências socioemocionais para o enfrentamento do bullying*. Editora UFPR.

Tana, C. M., & Amâncio, N. D. F. G. (2023). Consequências do tempo de tela na vida de crianças e adolescentes. *Research, Society and Development, 12*(1), e11212139423. https://doi.org/10.33448/rsd-v12i1.39423

Valle, J. E., Alves, D. L. G., & Stelko-Pereira, A. C. (2022). Educar para a convivência nos ambientes virtuais: conhecimentos elementares para superar o cyberbullying. In H. K. M. Muniz, B. C. S. Sena & A. S. G. Pessoa. (Eds.), *Violência em Tela: Crimes Virtuais e Digitais Contra Crianças e Adolescentes* (pp. 1-20). Appris.

Viana, M. N. G., Marques, W. R., Costa, F. D. C. S., da Silva Trindade, C., & de Freitas, M. D. (2021). Dificuldade de aprendizagem matemática no ensino fundamental com aporte em representação semiótica. *Brazilian Journal of Development, 7*(2), 14.439-14.454. https://doi.org/10.34117/bjdv7n2-187

Williams, L. C. D. A., & Stelko-Pereira, A. C. (2013). "Psiu, repara aí!": avaliação de fôlder para prevenção de violência escolar. *Psico-USF, 18*(1), 329-331. https://doi.org/10.1590/S1413-82712013000200016

Zucoloto, K. A., & Sisto, F. (2002). Dificuldades de aprendizagem em escrita e compreensão de leitura. *Interação em Psicologia, 6*(2), 157-166. http://dx.doi.org/10.5380/psi.v6i2.3303

14
Dificuldades de aprendizagem no âmbito da educação superior

Adriana Satico Ferraz
Acácia Aparecida Angeli dos Santos

> *Highlights*
> - Intersecções entre o baixo desempenho acadêmico e as dificuldades de aprendizagem;
> - Desdobramentos das dificuldades de aprendizagem para a formação de nível superior;
> - Adaptação acadêmica como um fator protetivo das dificuldades de aprendizagem;
> - Conexões entre a baixa qualidade motivacional e as dificuldades para aprender;
> - Avaliação psicológica: investigação e assistência às dificuldades de aprendizagem.

Este capítulo aborda os desdobramentos das dificuldades de aprendizagem no ensino superior. Inicialmente é apresentado um aporte introdutório sobre o tema. Na sequência são demarcadas as mobilizações institucionais que tratam desse tema, considerando principalmente o baixo desempenho acadêmico. Nesse sentido, enfatiza-se a função dos núcleos de apoio estudantil dentro das instituições de ensino superior (IES). O capítulo segue com a indicação de construtos associados às queixas de dificuldades de aprendizagem. Em seguida, é feita uma exposição sobre os impactos nos processos de ensino e aprendizagem decorrentes das atualizações nas configurações do ensino superior, bem como a sugestão de ações interventivas. O tópico seguinte fornece orientações para a condução do processo de avaliação psicológica direcionado à investigação de quadros que envolvem as dificuldades de aprendizagem. Por fim, são feitas ressalvas sobre a validade das formas de acesso ao ensino superior e a sua capacidade de prever as competências dos estudantes ingressantes.

As dificuldades de aprendizagem aludem aos problemas de aquisição e de domínio de conteúdos e competências em uma ou mais disciplinas da grade curricular do curso (Cancian & Malacarne, 2019; Sampaio, 2020). Elas podem ser pontuais e transitórias ou persistirem ao longo do tempo, principalmente se associadas a transtornos específicos de aprendizagem, cujos prejuízos são identificados na baixa proficiência da leitura, escrita e matemática. Todavia, nesse último caso, as limitações costumam se manifestar em uma gama de prejuízos mais ampla, que afetam a vida social e cívica. Nesse cenário, os estudantes também apresentam déficits na comunicação e nas relações interpessoais, além do desempenho acadêmico insuficiente (Associação Americana de Psicologia [APA], 2022).

O baixo desempenho acadêmico atrelado às dificuldades de aprendizagem é visível na apresentação recorrente de notas baixas, na compreensão deficitária de conceitos necessários para estruturar argumentações escritas e orais, o que revela a falta de domínio dos temas trabalhados em aula, entre outros. Esse problema também afeta a rotina dos estágios, a partir de atuações em campo destituídas da articulação entre a teoria e a prática, muitas vezes evidenciando a realização de ações interventivas pautadas no senso comum. Soma-se a esse contexto a produção de relatórios de estágio contendo análises superficiais dos fenômenos observados.

A falta de aptidões decorrente das dificuldades de aprendizagem também pode causar prejuízos no desempenho dos estudantes no final do curso. Muitos alunos demonstram dificuldades para desenvolver e apresentar o Trabalho de Conclusão de Curso (TCC), cuja tarefa consiste em trabalhar um tema por meio da execução de um projeto de pesquisa com supervisão de um professor orientador. Esse tipo de empreendimento exige habilidades que deveriam ser desenvolvidas ao longo do curso. Alguns desses pré-requisitos aludem a noções sobre o método de pesquisa, à realização de buscas por referenciais de caráter científico por meio do acesso à base de dados, à escrita científica, cujo conteúdo deve ser condizente com as seções do relatório de pesquisa – fundamentação teórica, descrição e discussão dos resultados, elaboração de resumos, entre outras. É, ainda, altamente desejável que os estudantes sejam capazes de estabelecer um paralelo entre os aspectos teóricos e práticos sobre o assunto investigado, exposto na relevância científica, prática e social da pesquisa.

Os prejuízos causados pelas dificuldades de aprendizagem para a formação de nível superior reverberam na qualificação dos futuros profissionais que acabam ingressando no mercado de trabalho, mesmo apresentando déficits significativos em termos técnicos e científicos para exercerem suas funções. Ademais, é bastante preocupante pensar que muitas das atribuições desses profissionais são decisivas, como é o caso dos médicos para a manutenção da vida; dos psicólogos, no atendimento de demandas emocionais; dos engenheiros civis, na construção e certificação de segurança das edificações, entre outros. Portanto, não se deve subestimar as dificuldades de aprendizagem no ensino superior, pois os efeitos negativos desses quadros têm potencial para ultrapassar o ambiente acadêmico e atingir a sociedade, muitas vezes de forma irreversível.

O papel das instituições de ensino superior no atendimento às dificuldades de aprendizagem

Adverte-se que a educação superior é efetiva quando consegue formar pessoas cientes dos princípios da beneficência que regem a atuação profissional e, ao mesmo tempo, que se posicionam crítica e proativamente no exercício da cidadania. Isso requer investimentos sobre os aspectos deontológicos na formação e, ao mesmo tempo, que os conteúdos dessa natureza não sejam encarados como de menor importância pelos estudantes e docentes. A par da necessidade de suplantar as dificuldades de aprendizagem dos estudantes, as instituições de ensino superior (IES) devem firmar o compromisso de transmitir os preceitos básicos da deontologia inerente às categorias profissionais (Muniz, 2018). Como consequência, por estarem cientes das responsabilidades adquiridas com as habilitações que lhe serão concedidas com a obtenção do diploma de graduação, espera-se que os estudantes reivindiquem junto à coordenação de curso e aos docentes uma formação de qualidade.

Nesse sentido, um dos propósitos do núcleo de apoio aos estudantes dentro das IES é demonstrar os benefícios de dialogar abertamente sobre as dificuldades de aprendizagem, a fim de tratá-las adequadamente. Portanto, as iniciativas de mapeamento desses estudantes podem partir da própria IES, assim como a formulação de ações interventivas, aplicadas em nível individual ou coletivo. Para que esse objetivo seja alcançado é preciso que a equipe do núcleo de apoio seja composta por psicólogos, pedagogos, entre outros profissionais graduados em áreas correlatas à educação, e que tenham capacitação técnica para lidar com as demandas ligadas às dificuldades de aprendizagem (Dias et al., 2020).

A partir da atuação do núcleo de apoio é comumente identificado que os problemas de aprendizagem detectados no ensino superior decorrem de uma educação básica deficitária (Alvez et al., 2021; Becker & Mendonça, 2021). À vista disso, são oferecidas aulas de nivelamento em língua portuguesa, matemática, informática, entre outras. Esse empreendimento é implementado com base na demanda observada a partir do mapeamento feito junto aos estudantes, cujos resultados apontam para aqueles que se beneficiariam desse apoio. Não obstante, a crescente heterogeneidade dos ingressantes no ensino superior tem indicado a necessidade de tornar esse tipo de ação um recurso contínuo para a promoção da adaptação acadêmica em nível institucional, sendo ofertada aos estudantes desde o primeiro ano do curso (Almeida, 2019).

Em situações que se constata a impossibilidade do núcleo de apoio de suprir as necessidades psicoeducacionais relacionadas às dificuldades de aprendizagem, cabe orientar os estudantes a procurarem por serviços especializados fora das dependências da instituição. Nesse contexto, incentiva-se a adoção de uma política de conscientização sobre os problemas da realização do autodiagnóstico. Essa prática é comum entre os jovens adultos, cuja faixa etária de 18 e 34 anos compreende grande parte dos estudantes universitários. O autodiagnóstico é comumente feito com o auxílio das Tecnologias de Informação e Comunicação (TICs), mediante buscas feitas em páginas da *web* e/ou em perfis profissionais difundidos nas redes sociais. Esse tipo de pesquisa costuma ser realizado de forma solitária, sendo destituída de critérios técnicos e científicos, e os resultados não têm respaldo algum quanto à sua eficácia diagnóstica (Silva et al., 2022).

Os desdobramentos negativos do autodiagnóstico podem ser observados na ausência de tratamento adequado e na possibilidade de agravo dos problemas de aprendizagem, visto que a sua aplicação inviabiliza a detecção de possíveis comorbidades e, tampouco, a avaliação do diagnóstico diferencial (Silva et al., 2022). Esse cenário reforça a importância de as IES estarem atentas em fornecer orientações que demonstrem a diferenciação entre usar as TICs para aumentar o repertório do conhecimento sobre um tema como, por exemplo, conhecer mais sobre as dificuldades de aprendizagem; e as limitações subjacentes ao autodiagnóstico.

A contribuição das pesquisas na área da avaliação psicológica e educacional

Uma investigação ampliada sobre os desdobramentos das dificuldades de aprendizagem requer a exploração de construtos que permeiam o contexto acadêmico, como é o caso da adaptação ao ensino superior, da evasão acadêmica e da motivação para aprender. A avaliação da adaptação acadêmica permite averiguar a presença de fatores externos interagindo com aspectos internos (psicológicos e emocionais) nas vivências e na integração dos estudantes no âmbito do ensino superior. Problemas de adaptação acadêmica são associados às dificuldades de aprendizagem, principalmente no primeiro ano do curso, em que se destacam desvios nas dimensões: estudo, emocional, social e institucional (Casanova et al., 2021).

Na adaptação à rotina de estudos, busca-se analisar as percepções dos estudantes acerca da efetividade das estratégias utilizadas para executar as tarefas acadêmicas (por exemplo: métodos de estudo, gerenciamento do tempo) e a autoavaliação do desempenho acadêmico global e específico. Na dimensão emocional, o foco são as oscilações de humor, a confiança na própria capacidade e a presença de esgotamento físico e mental (Casanova et al., 2021; Sahão & Kienen, 2021). A adaptação social é crucial para o sucesso acadêmico devido ao grande número de atividades feitas em grupo e, também, por se configurar em uma rede de apoio que exerce auxílio na superação das adversidades. A associação das dificuldades de aprendizagem com essa dimensão da adaptação acadêmica pode ser acessada pelo nível de satisfação dos estudantes com as relações interpessoais, o que envolve a integração com os colegas que frequentam as mesmas disciplinas, ter companhia nos momentos vagos entre as aulas, entre outros (Soares et al., 2021).

Na esfera institucional, busca-se compreender o quanto os estudantes conhecem e acessam os espaços e serviços ofertados pela IES. Um aspecto relevante dessa dimensão é a forma como os estudantes percebem o corpo docente. O professor exerce o papel central na indicação de meios para que os estudantes se tornem aptos a desenvolver as suas potencialidades, reconhecendo e respeitando o público heterogêneo que compõe uma sala de aula (Almeida, 2019; Sampaio, 2020). Muitas vezes, os problemas para aprender não se restringem unicamente às dificuldades de aprendizagem dos estudantes, pois em muitos casos os docentes podem apresentar falhas em sua didática, mais especificamente na desarticulação dos conteúdos teóricos e práticos, com a incidência de aulas fundamentadas somente com base na vivência prática desses profissionais (Alves et al., 2021).

A apresentação de dificuldades de aprendizagem atreladas à desadaptação em uma ou mais dimensões da adaptação ao ensino superior também pode repercutir nos motivos para a evasão acadêmica, sobretudo no início do curso. Esse fenômeno é multidimensional e detém conexões entre os aspectos intrínsecos e extrínsecos do estudante (Almeida, 2019; Casanova et al., 2021). No cenário em que prevalecem as dificuldades de aprendizagem é pertinente investigar os motivos para a evasão, pois eles podem comprometer a permanência dos estudantes no curso. À vista disso, sugere-se considerar as dimensões que denotam uma relação mais próxima com o desempenho acadêmico, expressas por problemas para aprender as matérias das disciplinas e para executar as tarefas acadêmicas. As esferas institucional, social e relativas ao bem-estar físico e psicológico, bem como ao corpo docente, também se configuram em eventuais motivos para a evasão. Adicionalmente, a depender do nível de comprometimento do estudante em relação às dificuldades de aprendizagem, pondera-se sobre o aspecto financeiro como um motivo em potencial para a evasão (Almeida et al., 2019).

As implicações negativas das dificuldades de aprendizagem aliadas aos motivos para a evasão acadêmica têm relação com a motivação para aprender. De natureza multideterminada, esse construto é concebido tanto de modo quantitativo como qualitativo (Sommet et al., 2021). Na perspectiva quantitativa, baixos níveis motivacionais têm ligação com a desadaptação acadêmica, o absenteísmo e o abandono no ensino superior (Ferraz et al., 2020, 2021; Soares et al., 2021). Na esfera qualitativa se tem as metas de realização pessoais, que descrevem os padrões de comportamento dos estudantes observados na rotina acadêmica, os quais são oriundos das suas crenças acerca dos resultados que se pretende alcançar (Sommet et al., 2021). A meta *performance*-evitação compõe o rol das subclassificações das metas de realização, cuja orientação motivacional é demarcada pelo comportamento sistemático de esquiva de atividades mais complexas e que demandam exposição ao público, sendo que essas características são comumente identificadas em estudantes com dificuldades de aprendizagem (APA, 2022; Sommet et al., 2021). A meta *performance*-aproximação também tem relação com os motivos para a evasão acadêmica, mais especificamente com as dimensões acadêmica e saúde e bem-estar (Ferraz et al., 2021).

Em contrapartida, a identificação das subclassificações das metas de realização, meta aprender e meta *performance*-aproximação fornecem indicativos de que a qualidade da motivação se encontra preservada. A meta aprender é caracterizada pela preocupação em obter conhecimento ao frequentar o curso, o que repercute em uma aprendizagem de profundidade. Por sua vez, a meta *performance*-aproximação é inclinada à conquista de altas classificações e de reconhecimento acadêmico (Sommet et al., 2021). A aderência por essas metas pressupõe que as dificuldades de aprendizagem aparentemente não afetaram a disposição e o empenho dos estudantes em termos de aquisição de conhecimento (meta aprender) e de desempenho (meta *performance*-aproximação) (Alves et al., 2021; APA, 2022), sendo que ambas se associam com a adaptação acadêmica na rotina aos estudos (Ferraz et al., 2020). Ademais, referente à orientação pela meta aprender, é identificada a diminuição na apresentação dos motivos para a evasão nas dimensões acadêmica e social (Ferraz et al., 2021).

Outro construto atrelado à qualidade da motivação para aprender afere as atribuições de causalidade intrapessoais, que se centralizam na elaboração de explicações para a vivência de resultados de êxito e de fracasso, principalmente aqueles que são inesperados. A atribuição de causas a essas situações centraliza-se nas crenças sobre a inteligência, o esforço, a dificuldade da tarefa e a sorte, e que são inerentes às dimensões psicológicas, a saber, localidade, que classifica a causa como mais ou menos interna em relação à pessoa; estabilidade – julgamento de que determinada causa é mais ou menos estável ao longo do tempo; e controlabilidade, que pressupõe o grau de controle autopercebido sobre os desfechos (Graham, 2020). Avaliá-las permite acessar o nível de responsabilização, controle e de expectativas que os estudantes têm em relação ao desempenho acadêmico, visto que esses aspectos podem levar a uma diminuição na apresentação de dificuldades de aprendizagem (APA, 2022; Ferraz et al., 2021; Graham, 2020; Sampaio, 2020).

Uma característica das atribuições de causalidade são as emoções subjacentes às crenças atribucionais. Conhecê-las permite compreender alguns segmentos ligados ao autoconceito dos estudantes que possuem dificuldades de aprendizagem, notadamente a culpabilização, a ausência de mérito, a desesperança e a percepção de incapacidade (Graham, 2020). Esses elementos encontram-se interligados com o absenteísmo, a intenção de abandonar o curso e o abuso de álcool e outras substâncias entre os estudantes

(Sampaio, 2020). Alguns desses aspectos ainda são identificados na rotulação dos estudantes que apresentam problemas de aprendizagem, os quais são classificados pelas pessoas como incapazes e são culpabilizados por não alcançarem bons resultados. Esse movimento é, em parte, procedente das atribuições de causalidade interpessoais, que consiste na apresentação de causas que justificam o desempenho dos estudantes partindo do ponto de vista de outrem e que gradativamente vão sendo internalizadas pela pessoa, que passa por esse tipo de julgamento (Graham, 2020).

As repercussões das mudanças na configuração do ensino superior e a proposição de intervenções

Outro tópico que deve ser levado em conta na avaliação das dificuldades de aprendizagem é a configuração do ensino. Principalmente a partir de 2020, passou-se a considerar os reflexos do ensino remoto, pois essa modalidade foi amplamente implementada em caráter emergencial nos cursos presenciais como uma medida de distanciamento social ampliado para contenção da pandemia de covid-19. Mesmo com o retorno para o formato presencial, cada vez mais se identifica a incorporação do ensino remoto a essa modalidade, configurando-se no ensino híbrido, em que parte do conteúdo das disciplinas é ministrado em ambiente virtual (Ferraz et al., 2023; Flores et al., 2021).

As experiências com o ensino remoto emergencial permitem traçar um panorama acerca das possíveis dificuldades de aprendizagem que podem também emergir no ensino híbrido. Em princípio é preciso verificar se as aulas remotas acontecem em tempo real (síncronas) ou ocorrem de forma assíncrona, quando os estudantes acessam o conteúdo a qualquer momento. Conhecer sobre essas particularidades favorece a precisão na avaliação de estudantes que apresentam problemas de desempenho acadêmico. Recomenda-se, ainda, que seja investigada a adaptação aos ambientes de ensino, o que inclui o suporte das IES e as habilidades dos estudantes no manejo das TICs.

Também é importante perceber se existem impeditivos para o acesso ao conteúdo e para a execução das tarefas. Como características mais gerais, analisa-se a incidência de distração recorrente (Flores et al., 2021). A infraestrutura física para frequentar as aulas remotas é altamente dependente da organização dos estudantes. Isso inclui o estabelecimento de um local adequado para acompanhar as aulas e realizar as atividades, sendo que esse aspecto nem sempre está sob o total controle dos estudantes, pois nem todos possuem condições de ter um espaço ideal para essa finalidade. Outro ponto a ser avaliado é se existe algum comprometimento nas devolutivas dos professores. Em caso afirmativo, é certificada a presença de proatividade dos estudantes para solicitar explicações adicionais sobre o seu desempenho, de modo que esses *feedbacks* sejam construtivos para situá-los sobre os pontos que podem ser melhorados. Outras características individuais também devem ser averiguadas por terem conexão com o ensino remoto, a saber, a incidência de aumento da ansiedade, a percepção de impotência, problemas de concentração e gerenciamento do tempo, interações restritas com os professores e colegas de turma, e a apresentação de fadiga devido ao excesso de horas na frente das telas (computador, *tablet*, celular etc.).

A identificação de certas características nos estudantes que acompanham as aulas na modalidade remota fornece indícios de um prognóstico positivo no tratamento das dificuldades de aprendizagem. Nesse sentido, o hábito de rever os conteúdos possibilitado na modalidade assíncrona demonstra a autonomia dos estudantes para acessar as aulas, bem como uma estratégia para se aprofundar nas matérias. A percepção de apoio por parte dos colegas, professores e equipe técnica da IES reflete na adaptação acadêmica, especificamente nas dimensões social, rotina de estudos e emocional (Ferraz et al., 2023; Flores et al., 2021).

Na maioria dos casos, a recomendação de intervenções com foco para o desenvolvimento da autorregulação para aprendizagem demonstra ser eficaz para remediar problemas vinculados às dificuldades de aprendizagem, assim como para evitar o seu agravamento, e podem ser aplicadas nas modalidades de ensino presencial, ensino à distância e ensino híbrido. Esse tipo de empreendimento pode ser feito dentro e fora das IES e envolver múltiplos atores, como a equipe técnica do núcleo de apoio estudantil, os docentes, os estudantes que recebem treinamento para atuar como monitores e até mesmo o próprio estudante, alvo de intervenção por meio do formato de autoinstrução. Os componentes da autorregulação para aprendizagem podem ser desenvolvidos na perspectiva das habilidades metacognitivas para melhorar a aquisição da aprendizagem; em treinamentos que utilizam as TICs para fomentar o uso de estratégias cognitivas, como o planejamento, a elaboração de metas de curto prazo e a busca por materiais suplementares (Ganda & Boruchovitch, 2019).

No que concerne à conferência de protagonismo à figura do estudante, a monitoria é um serviço comumente ofertado pelas IES, servindo como apoio pedagógico que beneficia os professores e os alunos. Exercer as funções de monitor pode auxiliar na superação de dificuldades internalizadas, como é o caso da autoatribuição de incapacidade. Essa atividade também estimula a aprendizagem de conhecimentos teóricos e procedimentos técnicos, de modo que seja possível explicá-los para os colegas. Por sua vez, os estudantes auxiliados por monitores são beneficiados por esse modelo relacional e interativo, que contribui para o estímulo de habilidades cognitivas dos estudantes que procuram pela monitoria, favorecendo a superação de problemas ligados a dificuldades para tirar dúvidas, ampliar os conhecimentos sobre a matéria, consolidar competências aprendidas em atividades práticas, entre outros (Gonçalvez et al., 2021).

Orientações gerais para a investigação das dificuldades de aprendizagem

Uma das formas de se aprofundar nas implicações associadas ao baixo desempenho acadêmico é o encaminhamento para o serviço de avaliação psicológica. É importante que essa indicação não seja acompanhada de hipóteses diagnósticas prévias, estabelecidas sem que haja indícios suficientes para fundamentá-las. A precaução adotada nesse tipo de prescrição serve para evitar a apresentação de possíveis resistências entre os estudantes tanto em buscar pelo serviço como para evitar interferências no processo de avaliação psicológica como, por exemplo, na coleta de dados, sobretudo na utilização de técnicas de entrevistas. Sugere-se, ainda, que os estudantes busquem por psicólogos habilitados para conduzir esse tipo de atendimento e que possuam *expertise* para avaliar demandas psicoeducacionais em uma dimensão cognitiva (APA, 2022). É possível acessar o atendimento em avaliação psicológica na rede particular e pública de assistência à saúde, bem como em algumas clínicas-escola das IES que ofertam o curso de graduação em Psicologia.

A avaliação psicológica voltada à investigação das dificuldades de aprendizagem segue os princípios da Resolução CFP n. 31/2022 (Conselho Federal de Psicologia [CFP], 2022). Nesse sentido, recomenda-se que o profissional esteja sempre a par da versão mais recente das resoluções do Conselho Federal de Psicologia para não incorrer em falta ética, pois de tempos em tempos essas diretrizes são atualizadas.

A Resolução CFP n. 31/2022 (CFP, 2022) orienta sobre os aspectos básicos para a realização da avaliação psicológica, que deve ser pautada nas fontes fundamentais e complementares de informação. Nas demandas envolvendo a suspeita de dificuldades de aprendizagem atreladas a déficits no desempenho acadêmico, sugere-se que os psicólogos se atentem para alguns aspectos para determinar a seleção dos métodos, técnicas e instrumentos que serão utilizados na condução do processo seletivo.

O primeiro ponto é traçar a coleta de dados e a sua análise com base no período da vida adulta em que o estudante se encontra, devido às diferenças no funcionamento cognitivo e de outros aspectos ligados à aprendizagem, como é o caso das emoções, do humor, do convívio social, dos papéis exercidos simultaneamente à formação (por exemplo: trabalhador, ser pai/mãe, dentre outros) (Sampaio, 2020). Por conseguinte, sugere-se avaliar a associação das dificuldades de aprendizagem com um possível quadro de transtorno específico de aprendizagem. Essa verificação pode partir de entrevistas semiestruturadas, com ênfase para o desempenho acadêmico atual e pregresso dos estudantes, considerando o seu histórico escolar e a qualidade das relações interpessoais estabelecidas na educação básica. Nessa etapa podem ser acionados informantes, que são pessoas próximas do avaliando. Elas são entrevistadas com o objetivo de complementar os dados sobre a vida escolar e social do estudante (APA, 2022).

Se pertinente, também é recomendada a análise documental de boletins, do coeficiente de rendimento acadêmico e das produções intelectuais. Como fonte complementar de informação, podem ser utilizados na investigação documentos técnicos elaborados por equipes multiprofissionais (por exemplo: pedagogos, neurologistas, psiquiatra, fonoaudiólogo etc.). É altamente indicado o uso de medidas padronizadas para a avaliação de componentes cognitivos, como a memória, a atenção, as funções executivas etc.; da inteligência, podendo ser a verbal e/ou não verbal; de construtos como a regulação emocional, as habilidades sociais, a motivação para aprender, a ansiedade etc.; e as habilidades linguísticas, metalinguísticas e numéricas (APA, 2022; CFP, 2022).

Um indício de que o baixo desempenho acadêmico tem conexões com as dificuldades de aprendizagem é a verificação de que as habilidades cognitivas se encontram preservadas. Na análise do contexto acadêmico, observa-se que as exigências impostas pelo curso são percebidas pelo estudante como altas e excedem os seus limites. Constata-se, ainda, a persistência do quadro mesmo mediante o esforço pessoal e o incentivo das pessoas que convivem com o estudante, como familiares, amigos, professores etc. Outra característica é a incidência de episódios de ansiedade ou de transtorno de ansiedade, bem como a identificação de manifestações somáticas e ataques de pânico. Outros tópicos que podem ser avaliados referem-se à presença da habilidade para apoiar a aprendizagem de novos conteúdos a partir de conhecimentos e experiências prévias; o nível de proatividade para lidar com as demandas presentes na rotina acadêmica; e a prontidão na resolução de problemas, considerando-se o potencial analítico, a formulação de hipóteses e de ações (APA, 2022; Sampaio, 2020).

É importante que a avaliação englobe o maior número possível de construtos desde que haja ligação com a queixa, pois a análise minuciosa do caso repercute em resultados que possibilitam a formulação de um prognóstico devidamente fundamentado. A análise detalhada dos dados permite a realização de encaminhamentos condizentes com as necessidades de aprendizagem dos estudantes. Portanto, é preciso ter conhecimento sobre as intersecções e desdobramentos dos fenômenos psicológicos abordados nos atendimentos, pois isso refletirá na qualidade da integração dos dados, sendo que essa etapa da avaliação psicológica é considerada a mais complexa e desafiadora, principalmente para os graduandos de Psicologia que realizam essa modalidade de atendimento no estágio, para os psicólogos recém-formados e os profissionais iniciantes nessa área de atuação. Também é imprescindível deixar nítido na entrevista devolutiva, que compõe a finalização do processo avaliativo, que os resultados da avaliação provêm de uma natureza dinâmica e não cristalizada, e que seguir as orientações feitas pelo psicólogo contribui para uma melhora ou, até mesmo, para a superação das dificuldades de aprendizagem, caso seja essa a evidência constatada.

Desafios para o futuro

Um ponto de discussão sobre as dificuldades de aprendizagem recai sobre a efetividade das múltiplas formas de acesso dos estudantes ao ensino superior. Esse aspecto amplia a discussão sobre a indicação da defasagem do ensino básico brasileiro ao tratar do baixo desempenho acadêmico e das dificuldades de aprendizagem (Alves et al., 2021; Becker & Mendonça, 2021). No caso dos vestibulares, questiona-se em que medida o conteúdo dessas provas e o estabelecimento dos pontos de corte das pontuações alcançadas são capazes de prever o êxito dos candidatos aprovados em termos de qualidade de aprendizagem no decorrer da sua trajetória acadêmica. Uma metanálise feita com base em estudos com amostras do ensino profissionalizante da área da tecnologia indicou que as relações lineares entre as pontuações obtidas nos vestibulares e o desempenho acadêmico oscilam entre magnitude fraca e moderada, devido à sua variabilidade. Portanto, considerar a nota do vestibular como determinante para o sucesso acadêmico aparenta não ser a variável mais adequada, ao menos a partir de modelos de regressão (Silva et al., 2021).

Questões análogas são levantadas a respeito do ingresso dos estudantes nas IES por meio da nota do Exame Nacional do Ensino Médio (Enem). Essa prática em torno do Enem configura-se em uma política de democratização do acesso dos estudantes de baixa renda, com destaque para o Programa Universidade para Todos (Prouni). As IES particulares que aderem ao Prouni disponibilizam bolsas de estudo integral ou parcial e, em contrapartida, recebem isenções fiscais (Ministério da Educação, 2023a). Em termos de ação afirmativa, é identificado, entre os estudantes que recebem a bolsa integral pelo Prouni, um aumento no desempenho médio entre homens e pessoas negras e, ao considerar os anos finais do curso, os ganhos maiores são observados entre as mulheres (Silva et al., 2020). Também entre os estudantes com bolsa integral do Prouni é constatado um impacto positivo no

Exame Nacional de Desempenho dos Estudantes (Enade), avaliação educacional de larga escala que afere a qualidade do ensino superior brasileiro (Becker & Mendonça, 2021).

A implantação do Sistema de Seleção Unificada (Sisu) é outra forma de ação destinada à democratização da educação superior, que utiliza a nota do Enem em substituição parcial ou total dos vestibulares para o ingresso em IES públicas (Ministério da Educação, 2023b). Os estudos têm apontado para resultados díspares, que indicam tanto a ausência de interferência desse tipo de acesso ao ensino superior no desempenho dos estudantes concluintes (Pires, 2021) quanto o decréscimo do rendimento durante o curso, resultado observado mesmo com o controle das características do processo de seleção (Amaral & Golgher, 2022).

O exposto demarca que as justificativas que relacionam as dificuldades de aprendizagem apresentadas no ensino superior como uma consequência do ensino básico deficitário não devem ser formuladas de forma rasa, acrítica e indiscriminada. Considerando que os formatos de avaliação supracitados são as principais portas de entrada para a educação superior, cabe maior investimento em pesquisas que analisem a sua efetividade, em termos da evidência de validade preditiva, considerando a acurácia desses processos para detectar dificuldades de aprendizagem em potencial. Também é essencial a investigação da evidência de validade consequencial, com ênfase para a promoção de justiça social direcionada ao âmbito educacional. Conjectura-se que, se implementadas, o resultado dessas iniciativas tem potencial para aprimorar tanto os procedimentos de inserção dos estudantes no ensino superior quanto para fornecer subsídios que confiram melhorias para o ensino básico, com destaque para os anos finais do segundo ciclo do Ensino Fundamental e o Ensino Médio como um todo.

Considerações finais

O intuito deste capítulo foi trazer um panorama acerca dos desdobramentos das dificuldades de aprendizagem, que permeiam os problemas de desempenho acadêmico, a saúde mental, a qualidade na formação e, consequentemente, a atuação responsável dos futuros profissionais. Ressalta-se, ainda, a função primordial da educação superior na elevação dos atributos intelectuais, sociais, educacionais e econômicos, que refletem em benefícios à sociedade. Os profissionais da psicologia e de outras áreas correlatas à educação devem atuar nesse contexto de forma articulada, a fim de acolher de modo responsável as necessidades inerentes às dificuldades de aprendizagem.

Tratando-se da investigação das dificuldades de aprendizagem, a função da avaliação psicológica e educacional não é disseminar estereótipos negativos a partir do diagnóstico desses quadros. O papel desse campo de produção científica, cujo conhecimento também é aplicado à prática profissional, é fornecer proposições que avancem no entendimento sobre formas mais adequadas para facultar assistência a esse fenômeno, compreendido como multideterminado e dinâmico. Portanto, importa para o seu crescimento agregar os conhecimentos de múltiplas áreas, com o objetivo de manter a ascensão do seu desenvolvimento no ensino superior. Nos moldes da avaliação diagnóstica, cabe aos debates sobre esse tema a conferência de maior protagonismo aos estudantes; e, aos docentes, a disponibilização de recursos para a reflexão e análise sobre a eficiência do seu trabalho quanto às repercussões das dificuldades de aprendizagem.

Referências

Almeida, L. S. (2019). *Estudantes do ensino superior: Desafios e oportunidades*. Adipsieduc.

Almeida, L. S., Casanova, J. R., Gutiérrez, A. B. B., Fernández-Castañón, A. C., dos Santos, A. A. A., & Ambiel, R. A. (2019). Construção de um questionário transcultural de motivos de abandono do ensino superior. *Avaliação Psicológica*, 18(2), 201-209. http://dx.doi.org/10.15689/ap.2019.1802.17694.11

Alves, N. B., Sangiogo, F. A., & Pastoriza, B. D. S. (2021). Dificuldades no ensino e na aprendizagem de química orgânica do ensino superior-estudo de caso em duas universidades federais. *Química Nova*, 44(6), 773-782. https://doi.org/10.21577/0100-4042.20170708

Amaral, I., & Golgher, A. B. (2022). Diferenças no desempenho acadêmico na UFMG: entre ingressantes via vestibular e via Enem. *Educação e Pesquisa*, 48, e237939. https://doi.org/10.1590/S1678-4634202248237939por

Associação Americana de Psicologia. (2022). *DSM-5-TR: Manual diagnóstico e estatístico de transtornos mentais*. Artmed.

Becker, K. L., & de Mendonça, M. J. C. (2021). Avaliação do impacto do Prouni na nota Enade dos estudantes. *Economia Aplicada*, 25(4), 521-544. https://doi.org/10.11606/1980-5330/ea161118

Cancian, Q. G., & Malacarne, V. (2019). Diferenças entre dificuldades de aprendizagem e transtornos de aprendizagem. In VII Congresso Internacional de Educação da FAG, Cascavel, PR.

Casanova, J. R., Bernardo, A. B., & Almeida, L. S. (2021). Dificuldades na adaptação acadêmica e intenção de abandono de estudantes do 1º ano do Ensino Superior. *Revista de Estudios e Investigación en Psicología y Educación*, 8(2), 211-228. https://doi.org/10.17979/reipe.2021.8.2.8705

Conselho Federal de Psicologia. (2022). *Resolução n. 31, de 15 de dezembro de 2022*. Brasília, DF. Recuperado de https://atosoficiais.com.br/cfp/resolucao-do-exercicio-profissional-n-31-2022-estabelece-diretrizes-para-a-realizacao-de-avaliacao-psicologica-no-exercicio-profissional-da-psicologa-e-do-psicologo-regulamenta-o-sistema-de-avaliacao-de-testes-psicologicos-satepsi-e-revoga-a-resolucao-cfp-no-09-2018?origin=instituicao

Dias, C. E. S. B., Toti, M. C. D. S., Sampaio, H., & Polydoro, S. A. J. (2020). *Os serviços de apoio pedagógico aos discentes no ensino superior brasileiro*. Pedro & João.

Ferraz, A. S., Inácio, A. L. M., Bathaus, J. K. D. O. B., & Santos, A. A. A. D. (2023). Academic adaptation to remote higher education questionnaire: Adaptation and psychometric study with universities. *Paideia*, 33, e3307. https://doi.org/10.1590/1982-4327e3307

Ferraz, A. S., Lima, T. H. D., & Santos, A. A. A. D. (2020). O papel da adaptação ao ensino superior na motivação para aprendizagem. *Educação: Teoria e Prática*, 30(63), 1-18. https://doi.org/10.18675/1981-8106.v30.n.63.s14692

Ferraz, A. S., Santos, A. A. A., Ambiel, R. A., & Dalbosco, S. N. P. (2021). Motives for Dropout and Learning Motivation in Higher Education. *Estudos de Psicologia*, 26(3), 229-241.

Flores, M. A., Simão, A. M. V., Barros, A., Flores, P., Pereira, D., Fernandes, E. L., & Costa, L. (2021). Ensino e aprendizagem a distância em tempos de COVID-19: um estudo com alunos do Ensino Superior. *Revista Portuguesa de Pedagogia*, 55, e055001. https://doi.org/10.14195/1647-8614_55_1

Ganda, D. R., & Boruchovitch, E. (2019). Intervenção em autorregulação da aprendizagem com alunos do Ensino Superior: análise da produção científica. *Estudos Interdisciplinares em Psicologia*, 10(3), 3-25. https://doi.org/10.5433/2236-6407.2019v10n3p03

Gonçalves, M. F., Gonçalves, A. M., Fialho, B. F., & Gonçalves, I. M. F. (2021). A importância da monitoria acadêmica no ensino superior. *Práticas Educativas, Memórias e Oralidades – Rev. Pemo*, 3(1), e313757. https://doi.org/10.47149/pemo.v3i1.3757

Graham, S. (2020). An attributional theory of motivation. *Contemporary Educational Psychology*, 61, Article 101861. https://doi.org/10.1016/j.cedpsych.2020.101861

Ministério da Educação (2023a). *Fazer o Exame Nacional do Ensino Médio (Enem)*. Brasília, DF.

Recuperado de https://www.gov.br/pt-br/servicos/fazer-o-exame-nacional-do-ensino-medio

Ministério da Educação (2023b). *Portal Único de Acesso ao Ensino Superior: SISU*. Brasília, DF. Recuperado de https://portal-acesso-unico.hmg.acessounico.apps.mec.gov.br/sisu

Muniz, M. (2018). Ética na avaliação psicológica: velhas questões, novas reflexões. *Psicologia: Ciência e Profissão*, 38(esp), 133-146. https://doi.org/10.1590/1982-3703000209682

Sahão, F. T., & Kienen, N. (2021). Adaptação e saúde mental do estudante universitário: revisão sistemática da literatura. *Psicologia Escolar e Educacional*, 25, e224238 http://dx.doi.org/10.1590/2175-35392021224238

Sampaio, S. (2020). *Transtornos e dificuldades de aprendizagem: entendendo melhor os alunos com necessidades educativas especiais*. WAK Editora.

Silva, R. M. D., & Cunha, M. S. D. (2020). Impacto do Prouni no desempenho acadêmico: uma análise de gênero e raça. *Estudos em Avaliação Educacional*, 31(76), 164-194. https://doi.org/10.18222/eae.v31i76.6929

Silva, L. S., Silva, J. G. S., & Santos, M. S. (2021). *Investigando a relação entre a nota no vestibular com o desempenho em introdução à programação*. In Anais do Simpósio Brasileiro de Educação em Computação (pp. 66-71). Porto Alegre.

Silva, O. C., Silva, L. B. B., & Vietta, G. G. (2022). Motivos envolvidos no diagnóstico presuntivo de TDAH e a sua associação com o ASRS-18 em estudantes de medicina. *Revista Brasileira de Neurologia e Psiquiatria*, 26(2), 30-41.

Soares, A. B., Monteiro, M. C., Medeiros, H. C. P., Maia, F. D. A., & Barros, R. D. S. N. (2021). Adaptação acadêmica à universidade: Relações entre motivação, expectativas e habilidades sociais. *Psicologia Escolar e Educacional*, 25, e226072 https://doi.org/10.1590/2175-35392021226072

Sommet, N., Elliot, A. J., & Sheldon, K. M. (2021). Achievement goal complexes: integrating the "what" and the "why"of achievement motivation. In O. P. John & R. W. Robins (Eds.), *Handbook of personality: theory and Research* (pp. 104-121). Guilford Press.

15
Fundamentos da avaliação da linguagem em crianças com necessidades especiais

Anabela Cruz-Santos

> *Highlights*
> - Os fundamentos da avaliação da linguagem e o seu contributo para a identificação de dificuldades da linguagem em alunos com necessidades especiais;
> - Os contributos da avaliação da linguagem para uma intervenção eficaz em contextos escolares inclusivos;
> - A educação inclusiva e a psicologia convergem na formação dos profissionais de educação e da saúde no âmbito da avaliação da linguagem numa perspectiva holística.

O fenômeno da linguagem humana é extremamente complexo. No seu estudo, desde a perspectiva da avaliação à intervenção, é desejável envolver diferentes especialistas de vários domínios do saber. A variedade de campos do conhecimento envolvidos no estudo da linguagem (a educação, a psicologia, a linguística, a sociologia, a audiologia etc.) permite-nos compreender a sua complexidade e diversidade, fornecendo-nos informações acerca da sua definição, modelos de aquisição e seu desenvolvimento na criança. Apesar de existir alguma variabilidade na progressão e no desenvolvimento linguístico, estes apresentam fases claras e distintas que podem ser organizadas de modo a ter em conta as competências específicas da linguagem, na qual todas as suas componentes: sintaxe, morfologia, semântica, fonologia e pragmática interagem de forma a envolverem-se gradualmente até atingirem as competências da linguagem oral na idade adulta (Reed, 2018). Quando estudamos o desenvolvimento da linguagem, por vezes nos deparamos com crianças que não apresentam um desenvolvimento similar ao dos seus pares e, apesar de considerarmos uma variabilidade no desenvolvimento da linguagem, poderá ser fonte de preocupação quando as crianças não seguem os seus pares em termos desenvolvimentais. Referimo-nos a crianças que apresentam perturbações da linguagem enquadradas no âmbito das necessidades especiais, tornando-se, assim, necessário a identificação e avaliação dessa condição. A avaliação da linguagem das crianças poderá consequentemente determinar se existe perturbação ou risco nessa área do desenvolvimento, com base nos comportamentos que representam as competências linguísticas específicas (Cruz-Santos, 2018). Torna-se, assim, relevante clarificar os propósitos, os objetivos e o significado da avaliação no desenvolvimento da linguagem.

Consideramos nesta abordagem três propósitos para a avaliação da linguagem: a identificação de crianças com perturbações de linguagem ou em risco, a elaboração de programas de intervenção de linguagem apropriados e a monitorização das mudanças resultantes da intervenção em crianças com necessidades especiais (Pierangelo & Giuliani, 2023; Taylor, 2019). Iniciamos este capítulo dando destaque à identificação de crianças com perturbações de linguagem que inclui dois passos.

1º passo: identificação

A identificação implica testar um grande número de crianças, de forma a identificar os tipos de serviços necessários para a maioria. Os instrumentos utilizados deverão ser relativamente pequenos e fáceis de administrar e interpretar. Dessa forma, as crianças que foram possivelmente identificadas com perturbações de linguagem podem ser avaliadas de forma intensiva.

2º passo: determinação do tipo de perturbação

Na determinação do tipo de problema, o avaliador tenta identificar se a criança tem, de fato, uma perturbação e, se a apresenta, qual o tipo e severidade da perturbação.

No sentido de elaborar programas de intervenção de linguagem apropriados, os professores e outros profissionais de educação e da saúde têm de ter informações específicas sobre as competências linguísticas e dificuldades da criança. Assim, algumas questões surgem de imediato: Quais os aspectos da linguagem que estão envolvidos? Qual o atraso/desvio efetivo da criança no desenvolvimento da linguagem? A criança apresenta dificuldades tanto na compreensão como na produção da linguagem?

Informações sobre como a criança aprende melhor e quais métodos de ensino-aprendizagem foram até ao momento de maior sucesso e eficácia são de grande apoio na elaboração de programas de intervenção de linguagem (McCormick et al., 1997; Santos, 2002; Owens, 2016).

Outra questão importante a realçar diz respeito ao fato de os resultados dos programas serem também sujeitos à avaliação, porque apenas assim podemos saber se um determinado método de ensino é eficaz e que tipo de objetivos serão modificados, ou não, no programa de intervenção (Pierangelo & Giuliani, 2023).

Questões relacionadas à avaliação

A seleção dos instrumentos para avaliar a linguagem deveria ser conduzida pelas questões que lideram o processo da avaliação (Acosta et al., 2003; Shipley & McAfee, 2004), pois questões diferentes podem originar escolhas de instrumentos diferentes. Observa-se frequentemente que há uma reversão do processo, ou seja, um instrumento é aplicado porque está disponível e na maioria das vezes o utilizador verifica que o instrumento revelou pouca ou nenhuma informação útil acerca da criança porque estava desenhado para responder a outros tipos de questões ou questões de menor relevância (Pierangelo & Giuliani, 2023). Uma das questões pertinentes para esse processo assenta na possível identificação de um problema de linguagem na criança. Essa questão, de uma forma geral, é respondida com referência ao desvio em relação às competências de um determinado grupo, tendo por base uma abordagem normativa. Em alguns casos, a observação inicial da criança conduz à identificação de perturbações da linguagem porque a linguagem é produzida numa forma diferente ou denota um atraso/desvio relativamente ao que é esperado numa criança para a sua idade cronológica (Pierangelo & Giuliani, 2023; Prelock & Hutchins, 2018; Reed, 2018; Shipley & McAfee, 2004). O conhecimento do desenvolvimento leva-nos a criar certas expectativas acerca do que é padronizado, com o qual comparamos o desenvolvimento de uma determinada criança (Reed, 2018). Quando efetuamos uma comparação entre a norma/padrão normativo e um desvio, um dos métodos consiste na utilização de uma lista de verificação (*checklist*), sendo possível aos profissionais comparar a criança que está a ser avaliada a outras da mesma idade cronológica, ou obter uma equivalência da idade para uma determinada criança (Bernstein & Levey, 2009; Taylor, 2019). No entanto, a decisão final acerca dessa questão é bastante subjetiva, cabendo aos profissionais, frequentemente, considerar se os comportamentos observados constituem, ou não, desvios consideráveis ou atrasos no desenvolvimento da linguagem. Algumas considerações gerais a ter em conta determinam a escolha do instrumento de avaliação (Bernstein, 2022; Bernstein & Levey, 2009; Salvia et al., 2017; Taylor, 2019).

Alguns investigadores apresentaram fortes argumentos contra a utilização de testes formais na avaliação da linguagem em crianças em idades precoces (Duchan, 1982; Pierce, 1982; Siegel & Broen, 1976, apud Lund & Duchan, 1993) pelo fato de a situação de aplicabilidade dos testes formais terem uma intenção e contexto artificiais, e a linguagem produzida ser frequentemente diferente da linguagem expressa diariamente em trocas comunicativas (Lund & Duchan, 1993). Ao longo das últimas décadas têm surgido estudos, em nível internacional e nacional, apontando as vantagens do uso de relatos parentais e de outros tipos de instrumentos apropriados para essas faixas etárias (Ferreira et al., 2023; Guimarães et al., 2013; Paul, 2018; Viana et al., 2017). Em Portugal também já foram desenvolvidos e validados para a população portuguesa instrumentos de rastreio/avaliação da comunicação, linguagem e literacia emergente, que permitem reconhecer crianças portuguesas em idades precoces em risco de terem perturbações da linguagem ou comunicação, como: o Early Communication Indicator (ECI-Portugal) (Ferreira et al., 2019); o Rastreio de Literacia Emergente Pré-Escolar (RaLEPE) (Sapage & Cruz-Santos, 2023); o Rastreio de Linguagem e Fala (Ralf) (Mendes et al., 2015); os Inventários de Desenvolvimento Comunicativo MacArthur-Bates (PT IDC): PT IDC I – Palavras e Gestos; PT IDC II – Palavras e Frases (Viana et al., 2017); e o Language Use Inventory-Portugal (LUI) (Guimarães & Cruz-Santos, 2020).

Os investigadores da área, apesar desses argumentos, salientam que os testes são instrumentos úteis, funcionais e poderosos, desde que se entenda as suas limitações e se considere as informações que permitem interpretações relevantes para o processo avaliativo (Lund & Duchan, 1993; Paul, 2018; Shipley & McAfee, 2004).

Objetivo de um instrumento de avaliação

O objetivo geral de um instrumento é providenciar um conjunto de comportamentos para análise, dependendo estes do objetivo específico do instrumento/prova/medida (Salvia et al., 2017; Taylor, 2019). Alguns desses instrumentos são descritos como escalas, listas de verificação ou *checklists*, provas, medidas, rastreios, em que são listados comportamentos específicos ou capacidades e o avaliador terá de indicar a presença ou ausência do comportamento, ou terá de utilizar uma escala subjetiva para adequar os comportamentos (Salvia et al., 2017). Como o objetivo desses testes é identificar comportamentos que a criança apresenta, torna-se apropriado intervir nos comportamentos que não estão adquiridos (Taylor, 2019). Quando esses instrumentos são utilizados como suplemento da análise estrutural da linguagem espontânea, podem ter uma contribuição extrema para a identificação dos objetivos para uma intervenção adequada (Lund & Duchan, 1993; Shipley & McAfee, 2004).

O que deverá ser incluído na avaliação da linguagem

Para além das características específicas da criança, objetivos de outras áreas serão também incluídos na maioria das avaliações. Porém, nessa questão específica, em quaisquer avaliações da linguagem deverão estar presentes as cinco componentes, ou aspectos da linguagem: fonologia, morfologia, sintaxe, semântica e pragmática. Tanto a compreensão quanto a produção de cada um desses aspectos ou componentes deverão ser considerados durante o processo de avaliação (Mendes et al., 2013, 2014; Reed, 2018; Silva, 2022; Sim-Sim et al., 2008; Shipley & McAfee, 2004; Taylor, 2019).

Alguns exemplos referentes à avaliação dos componentes da linguagem (morfologia, fonologia, sintaxe, semântica e pragmática) estão resumidos e apresentados no Quadro 1.

Quadro 1. Componentes da linguagem

Componentes	Linguagem expressiva	Linguagem receptiva
Fonologia	Produção dos sons da fala. Alterações fonológicas: inversão, substituição, omissão e assimilação.	Consciência fonológica. Rimar, divisão das palavras em sons, adicionar/retirar sons iniciais e finais.
Morfologia	Utilização dos morfemas gramaticais em palavras concretas e figurativas.	Identificação dos morfemas gramaticais.
Sintaxe	Utilização de determinadas palavras na frase (substantivo, verbo etc.). Utilização de tipos de frases diferentes (simples, compostas). Utilização de regras nas frases (interrogação, exclamação).	Compreensão e interpretação de frases (simples, complexas).
Semântica	Utilização do vocabulário: quantidade e tipos de vocábulos. Velocidade da "rechamada" da palavra. Utilização de linguagem figurativa.	Identificação de palavras. Compreensão do humor linguístico, provérbios etc.
Pragmática	Utilização de atos da fala (pedidos, agradecimentos, respostas etc.). Utilização de regras de conversação (tomar a vez, manter o tópico etc.).	Compreensão dos atos da fala (diretos e indiretos).

Fonte: elaborado pela autora.

Quando planejamos o processo de avaliação da linguagem temos de ter em conta a avaliação de competências em outras áreas do desenvolvimento como, por exemplo, as competências sociais, emocionais e cognitivas da linguagem (Bernstein & Levey, 2009). A observação de rotinas de comunicação com os pais; a avaliação do desenvolvimento cognitivo da criança (aquisição do jogo simbólico, estabelecimento do conceito de permanência do objeto etc.); a avaliação das capacidades do processamento da fala (examinar o aparelho fonador, com o objetivo de observar a sua funcionalidade, poderá ser necessário); a avaliação neurológica (para determinar se a criança é capaz de compreender e produzir linguagem), são alguns exemplos de informações/procedimentos necessários e que devem integrar o processo de avaliação (Shipley & McAfee, 2004).

Decisões a tomar na avaliação

Quando existem vários elementos possíveis de incluir na avaliação, por vezes, temos dificuldade em selecionar os mais adequados. A escolha pode ser determinada por vários fatores (Taylor, 2019), tendo em conta os objetivos da avaliação, que podem ser diferentes (por exemplo, a identificação das dificuldades da criança ou a elaboração do programa educativo individual), e a idade da criança. As crianças mais novas e com níveis funcionais baixos podem necessitar de mais instrumentos e de diferentes modalidades para avaliar a compreensão, nomeadamente no nível do desenvolvimento fonológico, morfológico, pragmático, enquanto as crianças mais velhas e em estádios de desenvolvimento mais avançados poderão ser avaliadas na linguagem figurativa, frases complexas e no nível das competências pragmáticas.

É importante considerarmos o histórico linguístico e de desenvolvimento da criança e da sua família, tendo em consideração igualmente os resultados das observações da linguagem em casa, na escola e na comunidade, quando temos de tomar decisões acerca da avaliação da linguagem da criança (Bailey & Wolery, 1992; Beech et al., 1993; Lund & Duchan, 1993; Reed, 2018).

Os depoimentos dos pais sobre o desenvolvimento da criança, ainda que por vezes imprecisos, fornecem-nos informações gerais da aquisição e do desenvolvimento da linguagem (Lund & Duchan, 1993; Kuder, 1997).

O objetivo final será o de incluir todas as componentes apropriadas na avaliação, tendo em conta que, se forem demasiados os elementos para avaliar, a criança poderá ficar cansada e desmotivada, não contribuindo assim para a elaboração do programa com a informação das suas reais capacidades linguísticas (Shipley & McAfee, 2004).

Métodos de avaliação

Existem dois tipos de procedimentos de avaliação de linguagem – a formal e a informal. Contudo, em Portugal, poucos instrumentos (avaliação formal) estão validados e aferidos para a população portuguesa (Sapage & Cruz-Santos, 2021) tanto no nível da idade pré-escolar quanto escolar (comparativamente com os países anglo-saxônicos), de forma a avaliarem todas as componentes da linguagem (fonologia, morfologia, semântica, sintaxe e pragmática). O processo de avaliação formal da linguagem pressupõe que temos de ter em conta algumas questões importantes: (a) os testes-padrão poderão não refletir de forma correta as capacidades de linguagem espontânea da criança; (b) os testes-padrão têm de ser administrados de um modo particular, logo, não permitem a expressão espontânea da linguagem; (c) a criança pode falar incessantemente antes e depois da sessão, mas essas produções não poderão ser quantificadas como fazendo parte da administração do teste; (d) muitos testes de linguagem não são facilmente traduzidos em objetivos de intervenção; (e) os profissionais podem ser tentados a ensinar de forma a melhorar os escores do teste, em vez de focalizar a sua avaliação nas competências necessárias à criança na sala de aula e comunidade; (f) os testes poderão não avaliar adequadamente as crianças provenientes de meios sociais e culturais diversos, sendo esse aspecto especialmente importante durante a avaliação, pelo fato de a linguagem estar tão intimamente ligada à diversidade sociocultural.

Formas de avaliação informal

Inúmeros investigadores referenciados em publicações da área sugerem que a avaliação informal seja incluída na avaliação extensiva da linguagem (Pierangelo & Giuliani, 2023). Taylor (2019) sugere que os propósitos da avaliação informal dos componentes da linguagem são o despiste e a identificação de problemas de linguagem, a determinação informal de objetivos, estratégias de ensino e a análise de produção espontânea da linguagem. Assim, os procedimentos da avaliação vão desde a recolha de amostras de linguagem espontânea em contextos naturais, que são considerados procedimentos pouco estruturados (Lund & Duchan, 1993; Taylor, 2019), até às tarefas de imitação, identificadas como procedimentos muito estruturados (Shipley & McAfee, 2004). Esses procedimentos de avaliação informal deverão ser utilizados por professores, educadores e profissionais especializados em fala e linguagem, porque permitem a seleção dos objetivos e métodos do processo ensino-aprendizagem mais apropriados para a criança (Taylor, 2019; Shipley & McAfee, 2004).

Amostras de linguagem espontânea

A recolha e análise de uma amostra de linguagem espontânea é uma forma bastante válida de obter informação acerca das capacidades linguísticas da criança, sendo considerada como um instrumento muito importante na avaliação da linguagem (Reed, 2018). Porém, pode ser vista como intimidante e muito difícil pelos profissionais, sendo imprescindível saber se há efetivamente métodos para recolher e analisar as amostras dentro dos diversos contextos escolares (Reed, 2018).

Owens (2016) salienta que as amostras de linguagem não ocorrem de forma simples e espontânea. Mas, sim, resultam de um cuidado de planificação e intervenção. Sendo o objetivo do processo de amostragem o de recolher uma amostra representativa da linguagem da criança, não podemos simplesmente sentar a criança numa mesa, ligar o gravador e esperar que uma boa amostra surja. A atividade exige uma planificação do contexto, materiais e estratégias de ensino-aprendizagem a serem utilizadas (Shipley & McAfee, 2004).

O melhor contexto para obter a gravação da amostra é o mais realista possível, ou seja, a sala de aula, a casa, o refeitório etc. (Shipley & McAfee, 2004). Investigações mostraram que crianças mais novas produzem frases maiores quando a amostra de linguagem oral é recolhida em sua casa, ao contrário das frases coletadas num contexto clínico (Shipley & McAfee, 2004).

No entanto, para recolhermos as amostras nos contextos escolares, temos de ter em conta os seguintes aspectos: por um lado, o fato de poderem existir ruídos de fundo e outras distrações na sala de aula e refeitório, sendo necessário, por vezes, adaptar o contexto, de forma a tornar a gravação possível, por exemplo, solicitar aos pais que estejam presentes, organizar na sala um espaço com algumas peças de mobiliário colocadas de maneira similar à casa da criança ou selecionar uma parte da sala de aula apenas para a recolha da linguagem (Shipley & McAfee, 2004).

Por outro lado, a seleção dos materiais utilizados é um critério fundamental em relação à obtenção dos resultados (Kuder, 1997). Para crianças mais novas, os brinquedos com várias peças de encaixe são geralmente os materiais mais eficazes (Kuder, 1997). Owens (2016) sugere alguns exemplos de materiais para algumas fases etárias e dá como exemplo que sejam utilizados blocos, pratos e bonecas para crianças com 2 anos, enquanto as crianças de 3 anos preferem livros, roupas, bonecos e pelúcias. Alguns estudos (McCormick et al., 1997) indicaram que as crianças produziam mais conversações centradas no aqui e agora quando brincavam com um hospital de bonecas, por exemplo, do que quando brincavam com Legos (Wanska et al., 1986, apud por Kuder, 1997).

Outros tipos de materiais a utilizar podem ser figuras cuidadosamente selecionadas que mostrem ações em vez de figuras estáticas que apenas conduzem a uma resposta descritiva (Reed, 2018), uma narração de um vídeo etc. Quaisquer que sejam os materiais usados, o essencial é que os conceitos se revelem interessantes, apropriados, portanto, para a idade da criança e eficazes na solicitação linguística (Kuder, 1997). McCormick et al. (1997) salientam que temos de ter em conta que a escolha das técnicas a se utilizar é também essencial, conjuntamente com a escolha do contexto e materiais. Por exemplo, podemos gravar durante as situações de linguagem espontânea, durante atividades estruturadas ou até durante uma entrevista. Cada uma dessas técnicas tem vantagens e limitações (Reed, 2018).

Investigações indicam que a utilização de uma variedade de técnicas pode tornar-se mais proveitosa no nível da intervenção. Por exemplo, em tarefas pouco estruturadas, as crianças produziram poucas respostas espontâneas; enquanto em tarefas mais estruturadas produziram inúmeras respostas (Shipley & McAfee, 2004). Outros autores (Evans & Craig, 1992, apud Kuder, 1997) apresentam as suas investigações feitas com crianças mais velhas que demonstravam perturbações da linguagem e da fala e salientam que, com perguntas abertas como, por exemplo: O que é que me podes dizer sobre a tua família? ou O que é que gostas de fazer depois da escola?, as crianças produziram mais frases e respostas mais completas, comparativamente com questões: Como é que te chamas? ou Quantas pessoas vivem na tua casa?, que conduz a respostas curtas, de uma ou poucas palavras.

Procedimentos para obter uma amostra de linguagem espontânea

As amostras de linguagem podem ser gravadas em imagem ou áudio, ou transcritas, à medida que decorrem (Reed, 2018; Taylor, 2019). Alguns investigadores sugerem que a gravação em áudio e registros adequados sobre comportamentos não verbais – expressões faciais, um determinado olhar – são procedimentos eficazes e apropriados. Esses não permitem comportamentos disruptivos como o que poderá acontecer durante a gravação em suporte vídeo, mesmo sendo vantajoso gravar as conversações entre as várias pessoas e as interações importantes que tenham decorrido no contexto (Shipley & McAfee, 2004). Alguns autores sugerem a obtenção de uma amostra entre 50 e 100 frases, enquanto outros sugerem 30 minutos de conversação (Shipley & McAfee, 2004), dependendo em parte da capacidade da criança para produzir linguagem oral, do tamanho das frases e do número de trocas conversacionais (Reed, 2018). Cole et al. (1989), citados por Kuder (1997), salientam que é importante obter mais do que uma amostra e um conjunto de várias amostras com extensões pequenas em diversos dias e horários diversificados, visto permitirem um quadro mais representativo da linguagem da criança.

Depois da amostra de linguagem ter sido recolhida, deverá ser transcrita. Esse processo deve ser feito de forma precisa, completa e consistente, transcrevendo-se as frases conforme foram produzidas, sem interpretações ou correções, com as paragens, os recomeços e as saídas do tópico. Uma das tarefas mais complicadas das transcrições refere-se às decisões a tomar sobre quando se considera o fim de uma frase e o início de outra (Shipley & McAfee, 2004). O passo seguinte na avaliação da linguagem é a análise dos resultados. Iniciamos a descrição pela análise da sintaxe e morfologia e que geralmente se inicia com o cálculo do Mean Length of Utterance (MLU), na língua portuguesa designado por Extensão Média do Enunciado (EME). O MLU é calculado por meio da adição dos morfemas produzidos na amostra, dividindo-se pelo número de enunciados – por exemplo, se a criança produziu 125 morfemas em 50 enunciados, o MLU será de 2.5. Brown (1973), citado por Menyuk (1986), desenvolveu um conjunto de procedimentos para calcular o MLU que foram adotados pela maioria dos investigadores do desenvolvimento da linguagem até à atualidade, sendo esses os seguintes: contam como morfemas separados as inflexões; as palavras repetidas só contam uma vez; só contam as palavras como "*umm*", "*oh*", "*eh*", se tiverem um significado específico e forem sempre usadas em qualquer contexto; as palavras compostas contam como um morfema; os diminutivos só contam como um morfema ("kikas"); os nomes próprios só contam como uma palavra ("Maria João").

Segundo Brown (1973), citado por Menyuk (1986), esses procedimentos só são considerados razoáveis para MLU aproximados de 4. Depois desse valor, o uso das estruturas sintáticas complexas pela criança pode até reduzir em vez de aumentar o MLU (Menyuk, 1986). Apesar de o uso do MLU ser criticado por alguns investigadores (Johnston & Kamhi, 1984; Lund & Duchan, 1988, citados por Kuder, 1997), outros autores salientam que essa técnica é amplamente utilizada para medir a complexidade sintática, e muito vantajosa para crianças pequenas e crianças com perturbações da linguagem (Reed, 2018). Tal como o MLU permite uma análise da sintaxe e morfologia, o Type-Token Ratio (TTR) permite a análise do desenvolvimento semântico (Shipley & McAfee, 2004). Calcula-se o TTR contando o número de palavras diferentes utilizado e dividindo pelo número total de palavras na amostra. Por exemplo, numa amostra de 100 palavras com 50 palavras diferentes, o TTR é 0,50. Quanto maior for o TTR, maior a variedade de palavras utilizada pela criança na amostra, sendo esse um indicador de um vocabulário alargado (Reed, 2018; Shipley & McAfee, 2004). Outra forma possível de analisar a semântica é procurar as sobre-extensões (a criança utiliza algumas palavras para nomear categorias, por exemplo, "cão" para todos os animais domésticos) e subextensões (por exemplo, utiliza a palavra copo apenas para um tipo de copo em particular) (Reed, 2018; Rigolet, 2006). Em simultâneo, podemos analisar o uso da linguagem figurativa (metáforas e humor) e o uso variado de funções semânticas (a ação, o ator, o papel do personagem etc.). É fundamental analisar se as palavras foram utilizadas apropriadamente, isto é, com um significado correto e no contexto adequado, e verificar se houve algum tipo de alteração nas regras que regem as relações semânticas na elaboração de frases sem conteúdo semântico como, por exemplo, "o solteiro casado está aqui" (Reed, 2018; Rigolet, 2006).

No contexto escolar, e de acordo com a legislação atual que regula a educação inclusiva, todas as crianças deverão receber uma educação de qualidade e apoio especializado conforme as suas necessidades especiais. Os profissionais que integram a equipe multidisciplinar, nomeadamente, professores, educadores, terapeutas, psicólogos, e outros, terão como objetivo desenvolver e implementar planos de intervenção apropriados ao aluno.

Com as diretrizes mais recentes (Pierangelo & Giuliani, 2023), pretende-se que os profissionais, além de prestarem apoio direto e ensinar em equipe, também participem nas decisões de avaliação, planificação, coordenação e monitorização do desenvolvimento linguístico da criança, partilhando a responsabilidade de ensinar para toda a turma, em colaboração com o professor do ensino regular. Além de compartilharem as responsabilidades de ensinar, essa equipe divide igualmente as resoluções de problema e as tomadas de decisão para todas as crianças. Os problemas que surgem nas crianças no nível da linguagem são diversos e, assim, requerem o apoio de profissionais das áreas da psicologia, da educação especial, da audiologia etc. (Shipley & McAfee, 2004). Ao intervir de uma forma colaborativa, apresentam-se as seguintes linhas orientadoras (Shipley & McAfee, 2004):

– Formação de uma equipe multidisciplinar constituída por profissionais, pais e a própria criança (em determinadas fases etárias);
– Os objetivos, métodos de avaliação e procedimentos da intervenção são planejados por todos os integrantes da equipe;
– Os membros da equipe partilham a responsabilidade da implementação de um plano educacional individualizado, sendo que as atividades e estratégias devem ocorrer dentro da sala de aula.

Desafios para o futuro

Tendo em conta as diretrizes legislativas atuais e tendências futuras no que diz respeito à avaliação, intervenção e monitorização na linguagem, gostaríamos de apontar alguns desafios que se colocam no contexto escolar. Um dos grandes desafios na educação especial nos últimos anos tem sido uma melhor compreensão acerca da problemática das perturbações da linguagem para que, a partir disso, sejam desenvolvidas e implementadas, pelos profissionais, estratégias adequadas na avaliação e na intervenção com o aluno.

Com a regulação da educação inclusiva, toda a comunidade educativa teve de lidar com as mudanças que surgiram e que vieram de alguma forma alterar a dinâmica instalada, exigindo cada vez mais uma formação contínua e em contexto, atualizada e baseada na investigação. Pretende-se, portanto, que o apoio especializado a crianças com perturbações da linguagem, cuja prevalência já é considerada elevada na idade pré-escolar e nos primeiros anos da educação básica, seja de qualidade, a fim de proporcionar um desenvolvimento e uma educação adequada num contexto inclusivo.

Considerações finais

O processo de identificação e avaliação de uma criança com suspeitas de perturbações de linguagem, ou em risco, envolve a obtenção de informações de várias fontes e por meio de diversos procedimentos, sendo considerado um processo contínuo ao longo do ano letivo e do percurso escolar do aluno. A intervenção apropriada a ser implementada no estudante com perturbações da linguagem e a sua eficácia vai depender largamente desse processo inicial. Nessa perspectiva, o apoio adequado a crianças com perturbações da linguagem não passa só pela inserção desta na sala de aula, mas também pela promoção de práticas de avaliação e intervenção apropriadas, pela melhoria da qualidade dos apoios prestados, no nível dos recursos humanos, materiais e outros, incluindo o grau de adequação aos interesses e necessidades das crianças com perturbações da linguagem.

Como vimos, entre muitos outros determinantes das práticas de avaliação e intervenção, as inter-relações e responsabilidades dos profissionais de educação, da saúde, e a participação dos pais desempenham cada vez mais um papel muito importante, merecendo também uma atenção relevante por serem fundamentais à mudança e eficácia dessas práticas de forma a contribuírem para uma educação inclusiva.

Agradecimentos

Este trabalho foi financiado por Fundos Nacionais com ajuda da Fundação para a Ciência e a Tecnologia (FCT), no âmbito dos projetos do Centro de Investigação em Estudos da Criança da Universidade do Minho (CIEC), com as referências UIDB/00317/2020 e UIDP/00317/2020.

Referências

Acosta, V. M., Moreno, A., Ramos, V., Quintana, A., & Espino, O. (2003). *Avaliação da linguagem: Teoria e prática do processo de avaliação do comportamento linguístico infantil*. Livraria Santos.

Beech, J., Harding, L., & Hilton-Jones, D. (1993). *Assessment in speech and language therapy*. Routledge.

Bernstein, D. K. (2002). The nature of language and its disorders. In D. K. Bernstein & E. Tiegerman-Farber (Eds.), *Language and communication disorders in children* (5a ed., pp. 2-26). Pearson.

Bernstein, D. K., & Levey, S. (2009). Language development: A review. In D. K. Bernstein & E. Tiegerman-Farber (Eds.), *Language and communication disorders in children* (6a ed, pp. 28-100). Allyn and Bacon.

Cruz-Santos, A. (2018). Perturbações da linguagem: Uma revisão do conceito. In L. M. Correia (Eds.), *Educação inclusiva e necessidades especiais* (Vol. 2, pp. 93-120). Editora Flora.

Ferreira, S., Cruz-Santos, A., & Almeida, L. (2019). *Early Communication Indicator – Portugal (ECI-Portugal): Manual*. Centro de Investigação em Estudos da Criança (CIEC), Instituto de Educação-Universidade do Minho.

Ferreira, S., Cruz-Santos, A., & Almeida, L. (2023). Early Communication Indicator (ECI) – Portuguese version: An analysis of three Portuguese toddlers. *Revista de Investigación en Logopedia*, *13*(2), e81142. https://doi.org/https://dx.doi.org/10.5209/rlog.81142

Guimarães, C., & Cruz-Santos, A. (2020). *LUI – Português (Portugal)*. Knowledge in Development.

Guimarães, C., Cruz-Santos, A., & Almeida, L. (2013). Adaptation of the Parent Report Language Use Inventory for 18- to-47-months-old children to European Portuguese: A pilot study. *Audiology – Communication Research*, *18*(4), 332-338. https://doi.org/10.1590/S2317-64312013000400015

Kuder, S. J. (1997). *Teaching students with language and communication disabilities*. Allyn and Bacon.

Lund, N., & Duchan, J. (1993). *Assessing children's language in naturalistic contexts*. Prentice-Hall.

McCormick, L., Loeb, D., & Schiefelbusch, R. (1997). *Supporting children with communication difficulties in inclusive settings*. Allyn and Bacon.

Mendes, A. P., Afonso, E., Lousada, M., & Andrade, F. (2013). *Teste fonético-fonológico ALPE*. Edubox.

Mendes, A. P., Afonso, E., Lousada, M., & Andrade, F. (2014). *Teste de linguagem ALPE*. Edubox.

Mendes, A., Lousada, M. L., & Valente, A. R. (2015). *Rastreio de linguagem e fala (RALF)*. Edubox.

Menyuk, P. (1988). *Language development: Knowledge and use*. Scott, Foresman and Company.

Owens, R. (2016). *Language development: An introduction* (9a ed.). Pearson Education.

Paul, R. (2018). *Language disorders from infancy through adolescence: Assessment and intervention* (5a ed.). Mosby.

Pierangelo, R., & Giuliani, G. (2023). Assessment in speech and language. In R. Pierangelo & G. Giuliani (Eds.), *Assessment in special education: A practical approach* (pp. 213-226). Pearson.

Prelock, P. A., & Hutchins, T. L. (2018). *Clinical guide to assessment and treatment of communication disorders*. Springer. https://doi.org/10.1007/978-3-319-93203-3

Taylor, R. L. (2019). *Assessment of exceptional students: Educational and psychological procedures*. Allyn and Bacon.

Reed, V. (2018). *An introduction to children with language disorders* (5a ed.). Pearson.

Rigolet, S. (2006). *Para uma aquisição precoce e otimizada da linguagem* (2a ed.). Porto Editora.

Sapage, S. P., & Cruz-Santos, A. (2023). *Rastreio de literacia emergente pré-escolar (RaLEPE®): Instrumento*. Centro de Investigação em Estudos da Criança (Ciec), Instituto de Educação-Universidade do Minho.

Salvia, J., Ysseldyke, J. E., & Witmer, S. (2017). *Assessment in special and inclusive education* (13a ed.). Cengage Learning.

Santos, A. C. (2002). Problemas de comunicação em alunos com necessidades especiais: Um contributo para a sua compreensão. *Inclusão*, *3*, 21-38.

Sapage, S. P., & Cruz-Santos, A. (2021). Portuguese early literacy screening tool – RaLEPE: A pilot study. *Revista de Investigación en Logopedia*, *11*(2), e71711. https://dx.doi.org/10.5209/rlog.71711

Shipley, K., & McAfee, J. (2004). *Assessment in speech-language pathology: A resource manual*. (3a ed.). Delmar Learning.

Silva, A. C. (2022). Consciência fonológica e conhecimento das letras. In R. A. Alves & I. Leite (Eds.), *Ensino da leitura e da escrita baseado em evidências* (pp. 173-193). Fundação Belmiro de Azevedo.

Sim-Sim, I., Silva, A. C., & Nunes, C. (2008). *Linguagem e comunicação no jardim de infância*. Direção Geral de Inovação e Desenvolvimento Curricular.

Viana, F. L., Cadime, I., Silva, C., Santos, A. L., Ribeiro, I., Santos, S., Lima, R., Costa, J., Acosta, V., Meira, A., Santos, A. S., Lucas, M. I., & Monteiro, J. (2017). *Os inventários de desenvolvimento comunicativo de MacArthur-Bates: Manual técnico*. Lusoinfo Multimédia.

Viana, F. L., Silva, C., Ribeiro, I., & Cadime, I. (2017). Instrumentos de avaliação da linguagem: Uma perspetiva global. In M. J. Freitas & A. L. Santos (Eds.), *Aquisição de língua materna e não materna: Questões gerais e dados do português* (pp. 333-357). Language Science Press.

16
Estilos educativos parentais

Mariana Sousa
Orlanda Cruz

> **Highlights**
> - Apesar de amplamente estudados, os estilos educativos parentais continuam a ser foco de atenção na investigação atual;
> - A literatura aponta no sentido de o estilo educativo autorizado ser o estilo mais benéfico para o ajustamento psicológico e para o desempenho acadêmico de crianças e jovens;
> - Os instrumentos de avaliação dos estilos educativos e das dimensões educativas parentais são relevantes no contexto da investigação e da prática profissional, sendo fundamentais para a avaliação dos efeitos dos programas parentais;
> - A evidência acumulada da investigação no domínio da parentalidade tem sido traduzida no desenho e implementação de programas parentais baseados na evidência, os quais têm revelado ferramentas cruciais na promoção de uma parentalidade positiva e na prevenção de problemas de comportamento de crianças e jovens.

A parentalidade é um dos grandes desafios da idade adulta. O seu impacto na determinação, a curto e longo prazos, do desenvolvimento harmonioso de crianças e jovens encontra-se amplamente documentado na evidência empírica. Sendo um conceito complexo, tem sido abordado sob diversas perspectivas, entre as quais se destaca a dos estilos educativos parentais. Neste capítulo, que se encontra estruturado em seis seções, será apresentado o enquadramento histórico-conceitual para a já longa, mas ainda atual, investigação sobre estilos educativos parentais. As abordagens tipológica e dimensional serão objeto de reflexão, sendo discutidos os resultados dos estudos mais recentes sobre as dimensões de controle e de afeto. Serão, de igual modo, introduzidos os instrumentos de avaliação dos estilos educativos e das dimensões educativas que recorrem a pais e filhos/as como informantes. Um dos domínios em que a evidência científica sobre estilos educativos tem tido maior impacto é a validação da base conceitual dos programas de intervenção na parentalidade, que serão abordados neste capítulo. Finalmente, serão projetados alguns desafios para o futuro da investigação sobre os estilos educativos parentais e as suas implicações para a prática.

Enquadramento histórico-conceitual do conceito de estilos educativos parentais

As primeiras investigações empíricas sobre estilos educativos parentais foram feitas nos Estados Unidos da América, entre as décadas de 40 a 60 do século XX. Destacam-se os trabalhos de Baldwin (1948), de Sears et al. (1957) e de Schaefer (1965). Da análise desses estudos, realizada à distância de quase um século, percebemos a importância atribuída a procedimentos sistemáticos e variados de recolha de dados, à identificação de padrões educativos e de dimensões educativas, bem como à análise do seu impacto no decurso da trajetória de desenvolvimento das crianças, com recurso a planos de investigação longitudinais (Cruz, 2013).

Todavia, a autora mais consensualmente referida como tendo tido um papel pioneiro no estudo dos estilos educativos parentais é Diana Baumrind (1927-2018). Os estudos longitudinais e contributos conceituais, publicados no decurso de cerca de 50 anos de vida ativa, continuam a fornecer o suporte conceitual para a investigação conduzida em países com características socioculturais diversificadas como os países europeus, asiáticos e sul-americanos.

Com base no cruzamento de duas dimensões ortogonais, que designou como exigência e responsividade, nos seus primeiros estudos com pais de crianças de idade pré-escolar, Baumrind consolida a sua proposta de uma tipologia que integra três estilos educativos parentais: autoritário, autorizado e permissivo (Baumrind, 1967, 1971; Baumrind & Black, 1967). Os pais autoritários apresentam níveis elevados de exigência e reduzidos de responsividade, exercendo um alto nível de controle coercitivo sobre as crianças. Valorizam a obediência à autoridade enquanto virtude que as crianças devem aprender, recorrendo a comportamentos punitivos, que desencorajam a criança a exprimir os seus desejos e inibem a sua autonomia e individualidade. Os pais autorizados apresentam níveis elevados de exigência e de responsividade, exercendo um nível elevado de controle assertivo sobre as crianças. Encorajam as trocas verbais que permitem às crianças integrar, de forma racional, as normas e os valores por eles veiculados. Respeitam, também, a vontade, autonomia e individualidade das crianças. Os pais permissivos apresentam níveis baixos de exigência e níveis elevados de responsividade. Evitam exercer qualquer tipo de controle junto das crianças, fazem reduzidas exigências de maturidade, mas mantêm elevados níveis de aceitação dos comportamentos por elas evidenciados. Ao longo do seu estudo longitudinal, designado Family Socialization and Developmental Competence Project, Baumrind (1989, 1991) testou novos padrões de estilos educativos parentais, à medida que as crianças passavam para a idade escolar e para a adolescência. Aos três estilos anteriormente identificados são acrescentados o estilo parental não envolvido, identificado em pais de crianças em idade escolar, que assentam em reduzidos níveis de exigência e responsividade, a par do estilo educativo médio, identificado nos pais de adolescentes, caracterizado por valores médios nas duas dimensões.

Os estudos desenvolvidos pela autora revelam uma tendência clara para as crianças oriundas de famílias com pais autorizados apresentarem níveis mais elevados em assertividade social e de responsabilidade social (isto é, níveis superiores de competência social), quando comparadas com as crianças oriundas das famílias com pais autoritários, permissivos ou não envolvidos (Baumrind, 1971, 1989, 1991).

Impacto do conceito de estilos educativos parentais na investigação posterior

Uma rápida pesquisa nas bases bibliográficas da EBSCO, disponibilizadas pela Universidade do Porto, utilizando como palavras-chave "*parenting styles*" e "Baumrind", viabiliza a identificação de cerca de 500 referências publicadas apenas em língua inglesa, entre 1981 e 2023. Esse número, mesmo calculado de forma grosseira e não contemplando as publicações em outras línguas, demonstra bem o impacto que o conceito de estilos educativos parentais teve na investigação sobre os processos de socialização de crianças e jovens. Os estilos e as dimensões propostos por Baumrind (1967, 1971) foram identificados em estudos com pais de crianças de diversas idades, baseados na percepção de diferentes informantes (isto é, pais e filhos) e realizados em diversos países e culturas (Cruz, 2013).

A investigação sobre o impacto dos estilos parentais no desenvolvimento infantil mostra que o estilo autorizado está associado a efeitos positivos no desenvolvimento, contribuindo para promover o processo maturacional da criança, assim como a sua resiliência, otimismo, autoconfiança, competência social, autoestima e desempenho escolar (Masud et al., 2019; Pinquart & Gerke, 2019; Ruiz-Hernández et al., 2018). Os pais autorizados tendem a ser mais eficazes na promoção da internalização de valores morais e na modelagem de comportamentos congruentes com os padrões e normas sociomorais vigentes (Pinquart & Fischer, 2022). Por esse motivo, as crianças apresentam um estilo atribucional prevalentemente interno, exibem menos problemas de externalização e são menos permeáveis a influências negativas do grupo de pares, o que as leva a conquistar uma aceitação social acrescida (Berge et al., 2016; Llorca et al., 2017).

Por seu turno, o estilo autoritário está associado à presença de problemas de internalização e de externalização, a estratégias de *coping* menos eficazes, a dificuldades no domínio social e da aprendizagem, bem como a um desempenho escolar frágil nas crianças (Marcone et al., 2020; Pinquart, 2016; Tsela et al., 2022; Wong et al., 2021).

Quanto ao estilo permissivo, a evidência disponível não suporta, de forma conclusiva, a existência de uma associação desse estilo, quer com resultados desenvolvimentais positivos (isto é, competências sociais, a resolução de problemas e autoconfiança), quer com vulnerabilidades na esfera socioemocional (Kuppens & Ceulemans, 2019). Porém, em alguns estudos, foi observada uma associação do estilo permissivo com o desempenho escolar frágil (Pinquart, 2016) e a presença de problemas de externalização (Pinquart, 2017a; Pinquart & Gerke, 2019; Wittig & Rodriguez, 2019).

O estilo não envolvido é aquele que exerce um efeito mais nocivo no desenvolvimento da criança. Quando os pais apresentam esse estilo, as crianças tendem a desenvolver competências que lhes permitem ser autossuficientes, dada a sua experiência continuada de ausência de apoio por parte dos pais. No entanto, tendem a apresentar severas dificuldades na autorregulação, baixa autoconfiança, competências sociais frágeis, além de frequentes problemas de externalização e de internalização (Pinquart, 2017b, 2017a).

Em síntese, a investigação realizada nesse domínio mostra que o estilo educativo autorizado é o estilo mais benéfico para o ajustamento psicológico e para o desempenho acadêmico de crianças e jovens, por contraposição ao estilo autoritário. Contudo, é crucial salvaguardar que a força da associação entre os estilos educativos autorizado e autoritário e os resultados observados em crianças e jovens não é tão evidente em amostras de pais de origem não europeia, nomeadamente em amostras de pais afro-americanos (Pinquart & Kauser, 2018; Sorkhabi & Mandara, 2013). Na sua revisão sistemática, Pinquart e Kauser (2018) concluem que as associações do estilo autorizado com o desempenho acadêmico eram mais fortes nas famílias de origem europeia do que nas famílias de origem asiática, e que as associações do estilo autoritário com o desempenho acadêmico eram menos fortes nas famílias de origem hispânica do que nas não hispânicas. No caso dos pais com origens afro-americanas e asiático-americanas, o estilo autoritário parece não ter um efeito tão negativo como o observado nas amostras de origem europeia (Sorkhabi & Mandara, 2013).

Apesar de a evidência mais recente apoiar a existência de mais semelhanças do que diferenças no impacto que os vários estilos educativos parentais exercem no ajustamento de crianças e jovens (Pinquart & Kauser, 2018), esses resultados levantam um conjunto de questionamentos diante da adequação da abordagem tipológica que será objeto de discussão na seção seguinte.

Abordagem tipológica *versus* abordagem dimensional

Os estudos conduzidos por Baumrind (1967, 1971) lhe permitiram identificar padrões complexos de comportamentos, crenças e valores parentais, com base no cruzamento de dimensões educativas globais, avaliadas com recurso a diversos instrumentos de observação e de relato dos pais. Essa abordagem é designada como tipológica, ou centrada na pessoa, porque a avaliação dos estilos educativos parentais, operacionalizada nesses moldes, possibilita a identificação de grupos de pessoas. Por contraposição, a abordagem das dimensões educativas, sejam elas mais globais ou mais específicas, subjacentes a determinadas áreas de atuação parental (por exemplo, disciplinar, alimentação, atividade física), é denominada abordagem dimensional, ou centrada na variável. A discussão sobre as vantagens e limitações dessas abordagens mantém-se atual.

A abordagem tipológica assenta no pressuposto de que os estilos educativos parentais são definidos com base no cruzamento das dimensões utilizadas, ou em análises de *clusters*. A abordagem tipológica tem a vantagem de permitir obter uma visão compreensiva da complexidade inerente aos diferentes tipos de famílias. As várias dimensões educativas interagem entre si e os efeitos de uma dimensão dependem dos valores, mais ou menos elevados, na outra dimensão (por exemplo, o efeito do exercício do controle parental sofre oscilações em função dos níveis de afeto parental). Contudo, a definição de grupos de pessoas implica decidir, por exemplo, qual o número de grupos a selecionar e qual o ponto de corte que define quem pertence a cada grupo. Por conseguinte, a arbitrariedade que pode permear esse processo de decisão configura-se como uma das limitações dessa abordagem (Power, 2013).

A abordagem dimensional implica a construção de variáveis contínuas, que, usualmente, são avaliadas com recurso a escalas de Likert. Essa abordagem viabiliza o uso de procedimentos analíticos mais flexíveis, de base correlacional, que permitem formular inferências sobre a associação entre variáveis e analisar os preditores em modelos de regressão com diferentes graus de complexidade. Porém, baseiam-se no princípio de que a covariação das variáveis é a mesma para cada pessoa ou família, descurando o impacto diferencial de cada dimensão educativa nos valores, mais ou menos elevados, observados nas restantes dimensões. Se, por um lado, a abordagem dimensional permite identificar a contribuição única das dimensões educativas discretas para o desenvolvimento de crianças e jovens; por outro, essas dimensões educativas não podem ser analisadas de forma isolada e só adquirem significado quando integradas em padrões mais amplos (Power, 2013).

As tipologias possibilitam uma leitura compreensiva das interações educativas. Todavia, mascaram variáveis que estão na base de sua construção, o que dificulta a identificação dos processos específicos que explicam os efeitos dos estilos educativos em crianças e jovens. O fato de a força da associação entre os estilos educativos parentais e os resultados desenvolvimentais ser algo variável consoante o *background* sociocultural das famílias aponta para a necessidade de identificar as dimensões educativas com maior impacto no desenvolvimento e ajustamento de crianças e jovens.

Numa tentativa de integração dos aspectos críticos, Darling e Steinberg (1993) propuseram uma redefinição do conceito de estilos educativos parentais, distinguindo-o do conceito de práticas educativas. Segundo os autores, as práticas educativas são variáveis moleculares relativas aos comportamentos específicos, utilizados em situações específicas, para atingir determinados objetivos educativos. São avaliadas em termos de conteúdo e frequência, e não em função de sua qualidade. Por exemplo, elogiar a criança, por ter obtido uma boa classificação num momento de avaliação escolar, é uma prática educativa mobilizada numa situação específica, com vista a promover a manutenção do comportamento. Por contraposição, os estilos educativos parentais definem a qualidade das interações entre pais e filhos, num espectro amplo de situações, e são independentes do conteúdo dos comportamentos parentais. Os estilos educativos traduzem uma constelação de atitudes educativas e de expectativas diante das crianças, que são veiculadas por meio de características sutis dos comportamentos parentais (por exemplo, tom de voz, linguagem corporal, expressão emocional, foco da atenção). Segundo essa perspectiva, os estilos educativos moldam o clima emocional em que as práticas educativas parentais são expressas. O enfoque passa, pois, a ser como os pais fazem, em lugar de apenas aquilo que fazem (Power, 2013).

As limitações imputadas à abordagem tipológica estimularam a investigação sobre as dimensões parentais que integram a tipologia, em particular as dimensões inicialmente consideradas por Baumrind, agora designadas como controle e afeto parental (Morris et al., 2013). O controle parental tem sido alvo de esforços de clarificação, dada a multiplicidade de conceitos que lhe estão associados. Por exemplo, disciplina, monitorização, estrutura, supervisão, exigências de maturidade, a par dos diversos adjetivos associados a controle (por exemplo, autoritário, firme, coercivo, assertivo, psicológico, comportamental), são apenas alguns dos termos usados na literatura. Salientaremos, neste capítulo, a diferença entre controle psicológico e controle comportamental, dada a sua relevância conceitual para a definição de estilos educativos (Barber & Xia, 2013).

O controle psicológico inclui estratégias de manipulação emocional, como a indução da culpa, a retirada do afeto, o menosprezo, a restrição da autonomia e a invalidação dos sentimentos das crianças. É transmitida à criança a mensagem de que o afeto parental é contingente ao seu "bom" comportamento, o que promove a conformidade com a vontade parental. No entanto, a investigação tem mostrado que o controle psicológico está associado a uma maior prevalência de comportamentos internalizados (por exemplo, ansiedade, depressão) e externalizados (por exemplo, delinquência, agressão). Dada a robustez da sua base conceitual, é entendida como um marco diferenciador dos estilos autoritário e autorizado (Barber & Xia, 2013).

O controle comportamental pode ser operacionalizado por meio da mobilização de diversas estratégias associadas à definição de regras de conduta, o cumprimento de limites e a monitorização do comportamento de crianças e jovens. Os níveis mais elevados, ou reduzidos, de controle comportamental são, amiúde, conceitualizados de formas distintas. Por exemplo, um nível elevado pode ser enquadrado como controle firme, ou controle assertivo, e um nível baixo pode ser entendido como controle inconsistente, ou permissividade. Na adolescência, em particular, o controle parental é exercido de forma mais distanciada, tendo sido avançados os conceitos de monitorização (isto é, esforços que os pais encetam para saber onde, com quem e o que fazem os filhos, quando não estão com eles) e de conhecimento (isto é, o que os pais efetivamente sabem acerca de onde, com quem e o que fazem os filhos, quando não estão junto deles), para espelhar a especificidade das práticas parentais mobilizadas com adolescentes (Stattin & Kerr, 2000). A investigação mostra que o ajustamento comportamental dos jovens está significativamente associado ao conhecimento parental, e não à monitorização parental (Barber & Xia, 2013).

A dimensão referente ao afeto parental, enquanto eixo estruturante na conceitualização dos estilos educativos, tem sido alvo de abordagens distintas. Entre essas, destaca-se a teoria da vinculação, que enfatiza a importância da construção de relações de afeto consistentes e responsivas no desenvolvimento do sentimento de segurança das crianças, desde idades muito precoces (Bretherton, 1994). Mais recentemente, emergiram e disseminaram-se modelos que enquadram o clima emocional que pauta a relação pais-criança e a socialização parental das emoções. A evidência mostra que o clima emocional positivo e as práticas parentais de treino emocional (isto é, reconhecimento, nomeação e validação das emoções das crianças) estão positivamente associadas à regulação emocional e ao ajustamento escolar e socioemocional das crianças (Morris et al., 2013).

A avaliação dos estilos educativos e das dimensões educativas parentais

Os estilos educativos e as dimensões educativas parentais têm sido preponderantemente avaliados com recurso a questionários de autorrelato cujos itens são aferidos numa escala de Likert. Tratando-se de instrumentos de autorrelato, centram-se na percepção dos pais sobre a frequência dos comportamentos por eles adotados, tendo por referência um período específico (por exemplo, no último ano, ou no último mês). O processo de resposta a esses itens assenta num exercício de introspecção, que requer que os pais possuam um nível de literacia adequado, a par de competências cognitivas que viabilizem a abstração de um nível concreto de pensamento. Com pais com nível de literacia muito reduzido, os questionários podem ser administrados sob a forma de entrevista. Os questionários são instrumentos relativamente econômicos, já que, num curto período de tempo, é possível recolher uma quantidade razoável de informação. A principal crítica apontada aos questionários de avaliação dos estilos educativos e das dimensões educativas, que é extensível à maioria dos questionários, prende-se com o fato de serem permeáveis ao efeito de desejabilidade social (isto é, enviesamento dos dados obtidos, que decorre da tendência para transmitir uma imagem positiva de si próprio/a) (Cruz, 2013).

A investigação atual privilegia uma perspectiva multi-informantes na avaliação da parentalidade, uma vez que a exploração das percepções de pais e filhas/os permite analisar, de forma mais fina e compreensiva, as dinâmicas relacionais, bem como predizer eventuais problemas de ajustamento psicológico nas crianças (Cho et al., 2020). Frequentemente, os questionários de avaliação dos estilos educativos e das dimensões educativas são respondidos por filhos/as, sobretudo, a partir da idade escolar. Nesse caso, os questionários avaliam a sua percepção sobre os comportamentos dos pais. A investigação mostra que as respostas de pais e filhos/as nem sempre são convergentes, o que é interpretado como uma falha na acuidade das respostas. Alguns/mas autores/as consideram que essa heterogeneidade pode dever-se ao fato de as crianças terem mais dificuldades em manter a atenção e/ou em compreender o conteúdo dos itens, enquanto outros/as consideram que as respostas das crianças podem ser menos permeáveis ao viés de desejabilidade social. Não obstante, a descontinuidade entre os comportamentos avaliados por meio de medidas de autorrelato e heterorrelato é transversal a diversas áreas de estudo em Psicologia, traduzindo diferentes experiências subjetivas (Dalimonte-Merckling & Williams, 2020). Adicionalmente, diversos estudos mostram que as avaliações de adolescentes podem ser mais fidedignas do que as avaliações dos pais, na medida em que têm maior valor preditivo dos indicadores do desenvolvimento e ajustamento em adolescentes (Pinquart, 2016).

Na literatura internacional, um espectro amplo de instrumentos que avaliam os estilos educativos e as dimensões educativas parentais, com base na perspectiva de pais e de filhos/as, é utilizado tanto com objetivos de investigação como com objetivos de avaliação dos efeitos de intervenções parentais. Alguns desses instrumentos estão disponíveis em língua portuguesa. Como a lista é longa, salientamos, a título ilustrativo, o Parenting Styles and Dimensions Questionnaire – Short Form (Robinson et al., 2001), que avalia a percepção de pais e mães (Miguel et al., 2009; Oliveira et al., 2018) e o Parenting Scales (Lamborn et al., 1991), que avalia a percepção de adolescentes sobre as dimensões de responsividade e de exigência parentais, e permite identificar os quatro estilos educativos (Costa et al., 2000; Cruz et al., 2018).

Implicações para intervenção parental baseada na evidência

Os programas parentais baseados na evidência são formas estruturadas de intervenção que têm como objetivo promover mudanças nas práticas educativas parentais, bem como melhorar o sentido de autoeficácia e satisfação face ao exercício do papel parental. Esses programas têm como marca distintiva o fato de a sua elaboração ter sido informada por modelos teórico-conceituais que descrevem e explicam a parentalidade e os seus efeitos em crianças e jovens. Os programas parentais que se têm revelado mais eficazes a cumprir os objetivos acima enunciados são os programas baseados na teoria da aprendizagem social. Nesse âmbito, um dos modelos conceituais referido como informando um conjunto importante de programas parentais baseados na evidência é o dos estilos educativos parentais e das dimensões educativas associadas (Asmussen, 2012).

O estilo educativo autorizado corresponde à *coligação sincrética* de duas dimensões, o controle e o afeto (Baumrind, 2013). A investigação mostra que a combinação de elevados níveis de afeto com níveis moderados a elevados de controle, ajustados diante da idade e do nível de competência de crianças e jovens, é uma componente da parentalidade competente, essencial para um desenvolvimento adequado de crianças e jovens (Teti et al., 2017). Diversos programas parentais promovem, junto dos pais, a mobilização de práticas educativas associadas ao estilo educativo autorizado (por exemplo, expressão de aceitação e afeto, recurso a um estilo de comunicação aberta, partilha de responsabilidades na tomada de decisão, controle firme, promoção da autonomia) (Asmussen, 2012).

Em Portugal, nos últimos anos, têm sido implementados alguns programas parentais baseados na evidência. A European Family Suport

Network (EurofamNet) é uma rede europeia que integra acadêmicos/as e representantes de entidades profissionais e políticas ligadas ao apoio familiar, provenientes de 35 países. No âmbito dessa rede, foi desenvolvido um catálogo de programas de apoio familiar[22], em que constam treze programas parentais baseados na evidência utilizados em Portugal, alguns dos quais com forte implantação em nível internacional. Entre esses, destacam-se o Incredible Years (Anos Incríveis) e o Triple P – Positive Parenting Program (Triplo P – Programa de Parentalidade Positiva), que se apoiam no conceito de estilos educativos. No Brasil, têm também sido implementados programas parentais baseados na evidência, como o Triple P, o Strengthening Families 10-14 (Famílias Robustas) e o Adults and Children Together (ACT) – Raising Safe Kids Program, que se escoram no modelo conceitual dos estilos educativos parentais.

Desafios para o futuro

Num exercício de projeção sobre o futuro dos programas parentais, Bornstein et al. (2022) sublinham que o reconhecimento do papel central da parentalidade no desenvolvimento e ajustamento das crianças tem conduzido à conciliação de esforços para preparar pais e futuros pais para as responsabilidades associadas à educação de crianças. Essas mobilizações acontecem, quer em nível microssistêmico, quer macro e mesossistêmico, e são protagonizadas por entidades governamentais e não governamentais, decisoras/es políticas/os, profissionais da educação e de outras áreas, assim como pelos próprios pais. Verifica-se uma procura crescente da evidência sobre a promoção do desenvolvimento infantil e o modo como a sociedade pode contribuir para uma melhor parentalidade, que tenha um impacto positivo no ajustamento da criança. O conhecimento acrescido nesse domínio tem-se materializado no desenho e na implementação de programas parentais baseados na evidência, inscritos na esfera preventiva e remediativa.

Afigura-se, pois, crucial dar continuidade a esses esforços, por meio do planejamento, desenvolvimento, implementação e avaliação de programas parentais que promovam, de forma efetiva, a parentalidade positiva enquanto ingrediente fundamental do desenvolvimento e ajustamento da criança e do bem-estar das famílias. O enfoque em diferentes eixos da intervenção (isto é, promocional, preventivo e remediativo) é, de igual modo, prioritário, porque permite potencializar a estruturação de fatores de proteção que promovam a organização, estabilidade e resiliência das famílias na gestão de potenciais adversidades (isto é, doença crônica, psicopatologia, precariedade econômica, maus-tratos), e viabilizar o fornecimento de respostas adequadas às famílias em função do seu nível de risco.

Considerações finais

O estilo educativo autorizado, correspondendo à coligação sincrética das dimensões de controle comportamental e de afeto, pode marcar indelevelmente uma trajetória desenvolvimental de sucesso. Estimular o cumprimento de normas e limites, mantendo um contexto relacional positivo, é o grande desafio com que os pais se confrontam. A investigação nesse domínio, inspirada pelos contributos pioneiros de Diana Baumrind, tem evoluído no sentido de identificar, de forma mais precisa, práticas educativas eficazes que possam ser transferidas para a promoção de uma parentalidade positiva, por meio da elaboração e validação de programas parentais baseados na evidência adequados a características das famílias e das crianças.

---

22. Cf.: https://eurofamnet.eu/toolbox/catalogue-family-support-programmes

Referências

Asmussen, K. (2012). *The evidence-based parenting practitioner's handbook*. Routledge. https://doi.org/10.4324/9780203815731

Baldwin, A. L. (1948). Socialization and the parent-child relationship. *Child Development*, *19*, 127-136.

Barber, B. K., & Xia, M. (2013). The centrality of control to parenting and its effects. In R. E. *Larzelere*, A. S. *Morris* & A. W. *Harrist* (Eds.), *Authoritative parenting: Synthesizing nurturance and discipline for optimal child development* (pp. 61-87). American Psychological Association. https://doi.org/10.1037/13948-004

Baumrind, D. (1967). Child care practices anteceding three patterns of preschool behavior. *Genetic Psychology Monographs*, *75*(1), 43-88.

Baumrind, D. (1971). Current patterns of parental authority. *Developmental Psychology*, *4*(1, Pt.2), 1-103. https://doi.org/10.1037/h0030372

Baumrind, D. (1989). Rearing competent children. In W. Damon (Ed.), *Child development today and tomorrow* (pp. 349-378). Jossey-Bass/Wiley.

Baumrind, D. (1991). The influence of parenting style on adolescent competence and substance use. *The Journal of Early Adolescence*, *11*(1), 56-95. https://doi.org/10.1177/0272431691111004

Baumrind, D. (2013). Authoritative parenting revisited: History and current status. In R. E. Larzelere, A. S. Morris & A. W. Harrist (Eds.), *Authoritative parenting: Synthesizing nurturance and discipline for optimal child development* (pp. 11-34). American Psychological Association. https://doi.org/10.1037/13948-002

Baumrind, D., & Black, A. E. (1967). Socialization practices associated with dimensions of competence in preschool boys and girls. *Child Development*, *38*(2), 291-327. https://doi.org/10.2307/1127295

Berge, J., Sundell, K., Öjehagen, A., & Håkansson, A. (2016). Role of parenting styles in adolescent substance use: Results from a Swedish longitudinal cohort study. *BMJ Open*, *6*(1), e008979. https://doi.org/10.1136/bmjopen-2015-008979

Bornstein, M. H., Kotler, J. A., & Lansford, J. E. (2022). The future of parenting programs: An introduction. *Parenting*, *22*(3), 189-200. https://doi.org/10.1080/15295192.2022.2086808

Bretherton, I. (1994). The origins of attachment theory: John Bowlby and Mary Ainsworth. In R. D. Parke, P. A. Ornstein, J. J. Rieser & C. Zahn-Waxle (Eds.), *A century of developmental psychology* (pp. 431-471). American Psychological Association. https://doi.org/10.1037/10155-029

Cho, J., Ha, J. H., & Jue, J. (2020). Influences of the differences between mothers' and children's perceptions of parenting styles. *Frontiers in Psychology*, *11*. https://doi.org/10.3389/fpsyg.2020.552585

Costa, F. T., Teixeira, M. A. P., & Gomes, W. B. (2000). Responsividade e exigência: duas escalas para avaliar estilos parentais. *Psicologia: Reflexão e Crítica*, *13*(3), 465-473. https://doi.org/10.1590/S0102-79722000000300014

Cruz, O. (2013). *Parentalidade*. Livpsic.

Cruz, O., Canário, C., & Barbosa-Ducharne, M. (2018). Questionário de Estilos Educativos Parentais revisto (QEEP-r): Estudo psicométrico e análise da invariância da medida para mães e pais. *Análise Psicológica*, *36*(3), 383-407. https://doi.org/10.14417/ap.1453

Dalimonte-Merckling, D., & Williams, J. M. (2020). Parenting styles and their effects. In M. M. Haith & J. B. Benson (Eds.), *Encyclopedia of Infant and Early Childhood Development* (pp. 470-480). Elsevier. https://doi.org/10.1016/B978-0-12-809324-5.23611-0

Darling, N., & Steinberg, L. (1993). Parenting style as context: An integrative model. *Psychological Bulletin*, *113*(3), 487-496. https://doi.org/10.1037/0033-2909.113.3.487

Kuppens, S., & Ceulemans, E. (2019). Parenting styles: A closer look at a well-known concept. *Journal of Child and Family Studies*, *28*(1), 168-181. https://doi.org/10.1007/s10826-018-1242-x

Lamborn, S. D., Mounts, N. S., Steinberg, L., & Dornbusch, S. M. (1991). Patterns of competence and adjustment among adolescents from authoritative, authoritarian, indulgent, and neglectful families.

Child Development, 62(5), 1049-1065. https://doi.org/10.1111/j.1467-8624.1991.tb01588.x

Llorca, A., Cristina Richaud, M., & Malonda, E. (2017). Parenting, peer relationships, academic self-efficacy, and academic achievement: Direct and mediating effects. *Frontiers in Psychology*, 8. https://doi.org/10.3389/fpsyg.2017.02120

Marcone, R., Affuso, G., & Borrone, A. (2020). Parenting styles and children's internalizing-externalizing behavior: The mediating role of behavioral regulation. *Current Psychology*, 39(1), 13-24. https://doi.org/10.1007/s12144-017-9757-7

Masud, H., Ahmad, M. S., Cho, K. W., & Fakhr, Z. (2019). Parenting styles and aggression among young adolescents: A systematic review of literature. *Community Mental Health Journal*, 55(6), 1015-1030. https://doi.org/10.1007/s10597-019-00400-0

Miguel, I., Valentim, J. P., & Carugati, F. (2009). Questionário de Estilos e Dimensões Parentais – Versão Reduzida: Adaptação portuguesa do Parenting Styles and Dimensions Questionnaire – Short Form. *Psychologica*, 51, 169-188. https://doi.org/10.14195/1647-8606_51_11

Morris, A. S., Cui, L., & Steinberg, L. (2013). Parenting research and themes: What we have learned and where to go next. In R. E. Larzelere, A. S. Morris & A. W. Harrist (Eds.), *Authoritative parenting: Synthesizing nurturance and discipline for optimal child development* (pp. 35-58). American Psychological Association. https://doi.org/10.1037/13948-003

Oliveira, T. D., Costa, D. de S., Albuquerque, M. R., Malloy-Diniz, L. F., Miranda, D. M., & de Paula, J. J. (2018). Cross-cultural adaptation, validity, and reliability of the Parenting Styles and Dimensions Questionnaire – Short Version (PSDQ) for use in Brazil. *Revista Brasileira de Psiquiatria*, 40(4), 410-419. https://doi.org/10.1590/1516-4446-2017-2314

Pinquart, M. (2016). Associations of parenting styles and dimensions with academic achievement in children and adolescents: A meta-analysis. *Educational Psychology Review*, 28(3), 475-493. https://doi.org/10.1007/s10648-015-9338-y

Pinquart, M. (2017a). Associations of parenting dimensions and styles with externalizing problems of children and adolescents: An updated meta-analysis. *Developmental Psychology*, 53(5), 873-932. https://doi.org/10.1037/dev0000295

Pinquart, M. (2017b). Associations of parenting dimensions and styles with internalizing symptoms in children and adolescents: A meta-analysis. *Marriage & Family Review*, 53(7), 613-640. https://doi.org/10.1080/01494929.2016.1247761

Pinquart, M., & Fischer, A. (2022). Associations of parenting styles with moral reasoning in children and adolescents: A meta-analysis. *Journal of Moral Education*, 51(4), 463-476. https://doi.org/10.1080/03057240.2021.1933401

Pinquart, M., & Gerke, D. C. (2019). Associations of parenting styles with self-esteem in children and adolescents: A meta-analysis. *Journal of Child and Family Studies*, 28(8), 2017-2035. https://doi.org/10.1007/s10826-019-01417-5

Pinquart, M., & Kauser, R. (2018). Do the associations of parenting styles with behavior problems and academic achievement vary by culture? Results from a meta-analysis. *Cultural Diversity and Ethnic Minority Psychology*, 24(1), 75-100. https://doi.org/10.1037/cdp0000149

Power, T. G. (2013). Parenting dimensions and styles: A brief history and recommendations for future research. *Childhood Obesity*, 9(s1), S-14-S-21. https://doi.org/10.1089/chi.2013.0034

Robinson, C., Mandleco, B., Olsen, S., & Hart, C. (2001). The Parenting Styles and Dimensions Questionnaire (PSDQ). In B. F. Perlmutter, J. Touliatos & G. W. Holden (Eds.), *Handbook of family measurement techniques. Vol. 3. Instruments & index* (pp. 319-321). Sage.

Ruiz-Hernández, J. A., Moral-Zafra, E., Llor-Esteban, B., & Jiménez-Barbero, J. A. (2018). Influence of parental styles and other psychosocial variables on the development of externalizing behaviors in adolescents: A systematic review. *The European Journal of Psychology Applied to Legal Context*, 11(1), 9-21. https://doi.org/10.5093/ejpalc2018a11

Schaefer, E. S. (1965). Children's reports of parental behavior: An inventory. *Child Development*, 36(2), 413-434. https://doi.org/10.2307/1126465

Sears, R. R., Maccoby, E. E., & Levin, H. (1957). *Patterns of child rearing*. Row, Peterson and Co.

Sorkhabi, N., & Mandara, J. (2013). Are the effects of Baumrind's parenting styles culturally specific or culturally equivalent? In R. E. Larzelere, A. S. Morris & A. W. Harrist (Eds.), *Authoritative parenting: Synthesizing nurturance and discipline for optimal child development* (pp. 113-135). American Psychological Association. https://doi.org/10.1037/13948-006

Stattin, H., & Kerr, M. (2000). Parental monitoring: A reinterpretation. *Child Development*, 71(4), 1.072-1.085. https://doi.org/10.1111/1467-8624.00210

Teti, D. M., Cole, P. M., Cabrera, N., Goodman, S. H., & McLoyd, V. C. (2017). Supporting parents: How six decades of parenting research can inform policy and best practice. *Social Policy Report*, 30(5), 1-34. https://doi.org/https://doi.org/10.1002/j.2379-3988.2017.tb00090.x

Tsela, D., Tsela, R. D., & López, I. G. (2022). Relations between parenting style and parenting practices and children's school achievement. *Social Sciences*, 12(1), 5. https://doi.org/10.3390/socsci12010005

Wittig, S. M. O., & Rodriguez, C. M. (2019). Emerging behavior problems: Bidirectional relations between maternal and paternal parenting styles with infant temperament. *Developmental Psychology*, 55(6), 1199-1210. https://doi.org/10.1037/dev0000707

Wong, T. K. Y., Konishi, C., & Kong, X. (2021). Parenting and prosocial behaviors: A meta-analysis. *Social Development*, 30(2), 343-373. https://doi.org/10.1111/sode.12481

17
Quando escolas encaminham famílias para a psicoterapia: do sintoma da criança à demanda familiar compartilhada

Rebeca Nonato Machado
Renata Mello
Andrea Seixas Magalhães
Terezinha Féres-Carneiro

> *Highlights*
> - Na clínica-escola trabalha-se com famílias em condição de vulnerabilidade social, com diferentes modos de encaminhamentos como "demandas por mandato" e elasticidade técnica diante da complexidade dos vínculos familiares em sofrimento;
> - A avaliação familiar depende de um cuidadoso trabalho do psicoterapeuta, pois exige a compreensão da dinâmica intersubjetiva de cada família e manejo técnico para passar da queixa inicial para a demanda compartilhada;
> - Ressalta-se o desafio para os profissionais da educação estarem atentos às manifestações de cunho emocional dos alunos que, muitas vezes, impedem as crianças e adolescentes de aprenderem o conhecimento a ser transmitido;
> - É preciso estabelecer segurança para se desprender do ambiente familiar em direção ao contexto escolar, rumo à autonomia, ou seja, os membros da família precisam confiar no vínculo – e no mundo – para poderem sustentar o processo de separação.

São desenvolvidos na Pontifícia Universidade Católica do Rio de Janeiro (PUC-Rio), desde a década de 1970 até o presente momento, pesquisas e trabalhos clínicos na área de avaliação familiar. Houve a precursora criação do instrumento denominado Entrevista Familiar Estruturada (EFE) (Féres-Carneiro, 1975, 1981, 1983, 1997, 2005), desenvolvido pela Professora Terezinha Féres-Carneiro, que também se preocupou com a difusão de instrumentos pouco conhecidos no Brasil, como o Arte-Diagnóstico Familiar (ADF) (Kwiatkowska, 1975, 1977, 1978). Com a implementação da linha de pesquisa no campo de estudos de família, no programa de pós-graduação em psicologia clínica da PUC-Rio, denominada Família, casal e criança: teoria e clínica, busca-se ampliar investigações em avaliação familiar, entre outros eixos temáticos.

O material clínico utilizado nas pesquisas é extraído de casos atendidos na clínica social do Serviço de Psicologia Aplicada (SPA) da PUC-Rio, nas equipes de psicoterapia de família e casal, os quais são supervisionados semanalmente. Entende-se que a experiência clínica no espaço universitário seja impulsionadora para a reflexão sobre diversidade no manejo em psicoterapia de família e para a interlocução com outras áreas de conhecimento.

Por ser uma clínica-escola, trabalha-se com famílias em condição de vulnerabilidade social, com diferentes modos de encaminhamentos como "demandas por mandato", e elasticidade técnica face à complexidade dos avaliandos em sofrimento. Etimologicamente, a palavra "demanda" origina-se do latim *demandare*, cujo significado é recomendar, entregar, confiar. Na língua portuguesa, passou a significar a ação de ir em busca, de dirigir-se para ou requerer algo. Na psicologia clínica não há uma formalização teórica sobre o termo, sendo muito mais uma noção pragmática, utilizada pelos psicoterapeutas ao se referirem ao fator motivacional da procura de um paciente, de uma família ou de um casal para o início do tratamento.

Na visão de Rocha (2011), no período de entrevistas, é preciso "situar-se diante do tipo de demanda que lhe faz o entrevistado" (2011, p. 30), buscando compreender o motivo latente e a presença do desejo de transformação psíquica. A "demanda por mandato" corresponderia ao movimento de busca por tratamento inicialmente devido ao desejo de alguém que impõe o encaminhamento – esse tipo de encaminhamento é, sobretudo, utilizado por profissionais da escola (Ferraz, 2012; Rocha, 2011). Tais questões exigem uma continuidade de estudos sobre a avaliação familiar, por meio da qual há a elucidação de sintomas geralmente associados a um dos membros da família, mas que representam sofrimentos compartilhados e sinalizam conflitos familiares.

A avaliação da família se estrutura a partir de entrevistas preliminares. Nesse período, podem ser aplicados um ou mais instrumentos de avaliação psicológica que são selecionados pelo psicólogo, dependendo da necessidade de compreensão de uma dimensão específica da dinâmica familiar. Diante da enorme quantidade de informações em pouco tempo, pensa-se ser fundamental haver a construção de uma análise dinâmica, ou seja, em constante construção. Dessa maneira, a formulação de um raciocínio clínico subsidia as intervenções mais profundas ao longo de todo o processo psicoterápico.

Entre as diversas origens de encaminhamentos para a psicoterapia de família, frequentemente os profissionais do campo da educação identificam problemas em alunos, por vezes, até conseguindo visualizar o transbordamento de conflitos no âmbito familiar. As famílias que procuram a psicoterapia motivadas por uma demanda da escola (demanda por mandato), apresentam queixas difusas, pouco implicadas na consciência da produção do sofrimento compartilhado.

Portanto, nesse tipo de encaminhamento, frequentemente, depara-se com um movimento conjunto que deposita exclusivamente sobre o filho a vulnerabilidade emocional. Diante do cenário apresentado, temos como objetivo neste capítulo discutir desdobramentos da avaliação familiar, cuja motivação de encaminhamento para a psicoterapia de família tenha partido do contexto escolar. Para atingir tal objetivo foi necessário fazer um recorte da problemática familiar desencadeadora de sofrimento, culminando em sintomas na criança.

A importância de um recorte é justificada porque diferentes sintomas emergem de diversas situações, como segredos, lutos, conflitos conjugais, violências, doenças, precariedades na relação parento-filial, entre outras. Porém, observamos que um sintoma muito comum emergido das situações citadas é a clássica dificuldade de aprendizagem. Partiremos desse tipo de queixa inicial para pensar entraves no impulso por conhecimento que é estruturante do psiquismo. Para ilustrar a discussão teórica sobre avaliação familiar em situações de "demanda por mandato" escolar, lançaremos mão de um caso atendido por uma das Equipes de Psicoterapia de Família e Casal, no SPA da PUC-Rio. Consideraremos o período de avaliação familiar, durante o qual dois instrumentos de diagnóstico foram utilizados: a Entrevista Familiar Estruturada (EFE) e o Arte-Diagnóstico Familiar (ADF).

Fundamentação teórica

A avaliação familiar depende de um cuidadoso trabalho do psicoterapeuta, porque exige a compreensão da dinâmica intersubjetiva de cada família. O manejo técnico é fundamental para pensar as intervenções necessárias e realizar interpretações iniciais para saída da queixa inicial para a demanda compartilhada, que promove o envolvimento da família no sofrimento conjunto.

Eiguer (2007) pontua que no período de avaliação familiar, diferentemente de uma psicoterapia individual, há a possibilidade de serem necessárias determinadas intervenções, a fim de se criarem condições para o início de um trabalho de identificação do desejo de iniciar a psicoterapia. Destaca-se que, nos casos de encaminhamentos de escola, esse trabalho de elaboração do sintoma, para identificar o sofrimento latente, é fundamental. Esse processo estabelece a responsabilidade da família com o tratamento.

Outra especificidade possível, em casos encaminhados por escolas, é a expectativa da família de encontrar uma rápida solução para a remissão do sintoma. Com frequência, o sintoma é envolvido em uma narrativa de patologização de conflitos que pertencem à dimensão emocional. O sofrimento psíquico transbordado no ambiente escolar constitui uma tripla "ferida", no aluno, nos pais e na escola. Por isso, encontrar explicações mais simples e ações mais concretas de solução do sintoma acaba sendo um destino menos doloroso, pois a realidade complexa do sofrimento familiar exige encarar a dor psíquica mascarada.

Esse é um desafio em casos de "demandas por mandato", pois a família não busca se tratar, busca soluções e espera dos psicoterapeutas respostas para sintomas que se tornam incógnitas. Atualmente, o desejo de respostas rápidas apoia-se em diagnósticos psiquiátricos e em tratamentos medicamentosos, em busca de aplacar a angústia do "não saber", da incoerência da condição humana. Nesse processo inicial do tratamento, a aplicação de instrumentos de avaliação pode trazer benefícios complementares na formulação de uma compreensão clínica do caso.

Os dados dos instrumentos de avaliação devem ser articulados com outros obtidos ao longo das entrevistas preliminares, para viabilizar uma análise das recorrências e as convergências dos conteúdos latentes da psicodinâmica familiar. O uso de um instrumento, também, pode ajudar a criar uma oportunidade "artificial" de estimular associações livres e *insight* sobre a realidade psíquica do grupo familiar. Assim, provoca-se na família a saída de uma posição passiva de receber "explicações" para uma posição ativa e envolvida na tarefa de pensar.

Um dos sintomas mais comuns e de reflexão mais complexa é a queixa difusa de dificuldades de aprendizagem. Muitas vezes, nessas situações, a família e a criança já passaram por médicos e avaliações diversas. Quando chegam à psicoterapia de família, demonstram esgotamento, impaciência e desesperança, tornando o trabalho do psicoterapeuta ainda mais desafiador e sensível.

Não podemos perder de vista que conflitos humanos são de natureza enigmática e subjetiva (Machado et al., 2019). Por isso, precisam da ajuda de alguém que facilite o processo de metabolização diante de manifestações de sofrimento. Os sintomas que se manifestam no contexto escolar convocam todos os membros da família a repensarem e reconhecerem o histórico geracional (Foulkes, 1948). Uma das funções da psicoterapia de família é promover a identificação do compartilhamento dos conflitos emocionais e a produção de comportamentos interacionais de modo cristalizado (Anzieu & Martin, 1968, 2013; Popper-Gurassa, 2016).

Um dos exemplos desse compartilhamento invisível aos olhos da família é a situação na qual a dificuldade de aprendizagem da criança tem como base a ansiedade frente ao movimento psíquico de "conhecer". É importante que os profissionais da educação possam reconhecer que existe uma proposição, na perspectiva psicanalítica, de que há uma tendência humana ao rastreamento do saber, que encontra um destino nas atividades de aprendizagem.

Os enigmas de si mesmo, da família e do mundo ativam o prazer ligado ao impulso pelo conhecimento, representante do impulso epistemofílico (Klein, 1998), favorecendo a força de buscar o saber. Conforme postulado por Klein, essa força psíquica humana alimenta as curiosidades do sujeito em torno das origens e dos sentidos. Ainda segundo a autora, com o predomínio da boa experiência relacional, a criança consegue se permitir ser curiosa e capaz de explorar com confiança seus questionamentos. Se houver medo e culpa diante da força epistemofílica, ocorre a inibição da atividade de pensar, tanto direcionada à própria realidade interna quanto à realidade externa (Klaube, 2009).

Klein (1998) postula que, para o desenvolvimento da competência intelectual das crianças, é essencial os adultos responderem com franqueza e adequadamente à capacidade de compreensão das mesmas. Por isso, os conflitos familiares negados, dissociados, provocam repercussões sem rastros evidentes. A autora afirma que se o impulso de inquirir fatos e fenômenos desconhecidos encontrar resistência externa, são inibidas também a capacidade de pensar e a de criar questionamentos mais profundos. Desse modo, acaba sendo impedida a vivência da curiosidade de conhecer as diferentes dimensões da vida. Como outra possível consequência, surge a aversão à realidade externa, à expansão do conhecimento para crescer e à reflexão acerca das experiências de vida em profundidade (Machado et al., 2022).

Muitas famílias vivenciam situações que estão entrelaçadas à inibição do impulso epistemofílico para negar o sofrimento ou verdades não ditas. Tanto o campo da psicoterapia de família como o escolar são espaços privilegiados para problematizar o sofrimento da família a partir dessa perspectiva. O congelamento do desejo infantil de decifrar incógnitas é um forte sinal de sofrimento. O prazer de aprender permanece paralisado, ficando evidenciado na dificuldade com aprendizagem formal da escola, fixado em segredos e vulnerabilidades psíquicas da família. A ideia implícita de não poder perceber os conflitos acaba sendo disseminada para várias áreas da vida.

Desafios para o futuro

A compreensão do sintoma escolar como um deslocamento do sofrimento familiar e a produção de conhecimento sobre esse tema favorecem a articulação de saberes de diferentes campos, criando uma abertura e expansão do necessário entendimento sobre fenômenos relacionados ao mundo interno afetivo das pessoas. É um desafio construir um olhar não sectário em constante diálogo com outras disciplinas, e entendemos que é fundamental a observação do impulso epistemofílico, devendo haver um questionamento sobre as dificuldades emocionais que são manifestadas como impedimentos de aprendizagem ou de convivência no ambiente escolar. Assim, ressaltamos a importância desafiadora de os profissionais da educação estarem atentos às manifestações de cunho emocional dos estudantes que, muitas vezes, impedem as crianças e adolescentes de apreenderem o conhecimento a ser transmitido.

Tem sido notório, na contemporaneidade, o excesso de busca por tratamentos pela via de diagnósticos psiquiátricos. É, muitas vezes, surpreendente e assustador o modo como a infância tem sido, hoje, medicalizada em busca de uma normatização. Sair da lógica simplista de rotulações, para serem criados espaços de reflexão, de busca de conhecimento dos eventos da vida, que encontram pouco espaço e tempo para serem metabolizados, é um grande desafio para o futuro. O espaço escolar é privilegiado no contato com as famílias e por oferecer um mundo externo construtor da mente no qual a criança deposita suas esperanças de ser ouvida em seu sofrimento.

No momento atual, a dor psíquica no contexto familiar encontra-se aguda. É um desafio a necessidade de abrirmos espaços de diálogos e reflexões sobre novos campos de intervenção que se proponham mais a buscar conhecer o outro e seu ambiente, suportando o lugar do "não saber", para não reduzirmos a dor psíquica à solução do diagnóstico e da medicação.

Ilustração clínica

Descreve-se aqui um caso clínico, cujo trabalho psicoterapêutico foi desenvolvido no SPA da PUC-Rio. Por meio dele, buscou-se apresentar um exemplo de "demanda por mandato" do ambiente escolar para uma aluna de 10 anos, filha de uma mãe solo, ou seja, que exerce uma monoparentalidade. Como estruturação da ilustração, resumimos conteúdos emergidos no processo de avaliação familiar, que foi composto por um total de sete sessões, nas quais foram utilizados os seguintes instrumentos de avaliação: a elaboração da linha da vida, a aplicação da EFE e duas sessões para a realização do ADF. A análise do caso foi delimitada na reflexão sobre as especificidades do manejo técnico com famílias em situação de dificuldades escolares, abordando também o impacto dos conflitos familiares relacionados ao impulso espistemofílico.

Portanto, focalizou-se no movimento de passagem da queixa manifesta relacionada ao sintoma da aluna, identificado pela escola, para a construção da percepção de um sofrimento conjunto. Esse movimento de passagem denominou-se de demanda familiar compartilhada, compreendendo-a como o motivo inconsciente, pertencente à realidade psíquica familiar, que faz parte da intervenção cabível durante o processo de avaliação familiar. Essa intervenção visa à implicação do grupo no tratamento.

Primeira entrevista

Mãe e filha chegaram pontualmente ao SPA, a primeira era uma mulher de cabelos brancos e na faixa dos 50 anos, enquanto a filha tinha 10 anos de idade. Foi possível identificar que se tratava de uma maternidade tardia. A mãe, que chamaremos de Vina, começou mencionando que a filha, Maria Cecília, havia feito um tratamento infantil por um curto tempo. Contudo, nesse momento de vida buscava psicoterapia de família por sugestão da psicóloga da escola da menina. A referida profissional recomendou que seria importante as duas serem atendidas conjuntamente. Tanto mãe como filha em um primeiro momento não relataram nenhum impasse envolvendo a relação delas ao longo da sessão.

Vina explicou que Maria Cecília, desde o final do ano anterior, reclamava da escola. A mãe apresentava-se confusa diante da insatisfação e queria uma orientação: se ela deveria atender ao desejo da filha de sair da escola ou se precisaria ajudá-la a enfrentar os medos, tentando persuadi-la a permanecer. Foi mencionado que ela solicitava uma resposta imediata para o sofrimento das duas, como se existisse um caminho certo e outro errado.

Narram que a turma de Maria Cecília é extremamente caótica e barulhenta, o que incomoda a menina, provocando desânimo em estudar, em prestar atenção às aulas e até mesmo de ir à escola. Quando tentava pedir aos colegas para se acalmarem, era chamada de "chata". Alguns dos colegas faziam chacota, alegando que ela era desengonçada. A mãe foi chamada na escola, em virtude de reclamações direcionadas a Maria Cecília, por estar empurrando os colegas. Maria Cecília alegou que os colegas a tratavam como uma "empregada", solicitando-a a fazer coisas para eles. Ela complementou que sempre os atendia por receio de pararem de gostar dela, ou de reclamarem com a professora e acabar sendo chamada à atenção.

Depois de centrar o discurso nessa queixa inicial, associada às observações de profissionais da escola, Vina achou importante contar outros episódios que ela e a filha tinham vivenciado recentemente. Mencionou que um dia precisou deixar a filha na casa do tio materno, e durante esse período ele teve um Acidente Vascular Cerebral (AVC) presenciado por Maria Cecília. Desde então, a menina demonstrava muito medo que algo ocorresse com a mãe. No final da entrevista, Vina contou que outro momento difícil foi quando ficou desempregada, situação que deixou a filha muito preocupada com a situação financeira delas.

A primeira entrevista aqui descrita ilustra o quanto, ao oferecer um espaço de escuta quando há um desejo de mudança apoiado no impulso epistemofílico (de saber o que se passa psiquicamente), é possível construir em uma evolução da narrativa. Esta última começa com a descrição da "demanda por mandato", mas segue um curso de expansão, trazendo à tona eventos mobilizadores de intensidade afetiva. O desejo de mudança da escola parece ser um deslocamento do desejo de modificar o padrão vincular, de sair do lugar de empregada/salvadora da mãe, do tio e de si mesma como uma filha que não precisa envolver-se com a vida adulta da mãe.

Segunda entrevista

Foi observado que Maria Cecília não estava com o uniforme da escola como da primeira vez. A menina comentou que não tinha ido à escola, pois era dia de conselho de classe. A mãe ressaltou que, por serem apenas as duas, os dias sem aula eram difíceis, já que trabalhava o dia todo. Foi proposta a criação da linha da vida, como parte do processo de avaliação, para elas pontuarem momentos significativos da vida delas. Questões importantes sobre a vida das duas ainda não tinham sido mencionadas, como o pai da menina, a gestação dela, a vida individual da mãe. Era sentido pelas psicoterapeutas que a força epistemofílica estava sendo impedida ali na sessão, ou seja, parecia haver alguns entraves que dificultavam a busca pelo conhecimento.

Após a proposta de realização da tarefa, Maria Cecília perguntou se os acontecimentos apontados deveriam ser bons ou ruins e foi explicado que elas poderiam decidir sobre o que destacar, desde que considerassem acontecimentos importantes na vida delas. Maria Cecília escreveu, no papel da linha da vida, a ida com a mãe a um parque de diversões quando tinha 4 anos. A mãe acrescentou que nesse período estavam em um bom ano financeiramente. A mãe escreveu sobre o nascimento da filha e se emocionou. Contou que a gravidez não fora planejada e que por isso a notícia foi um susto, além de não ter sido muito bem recebida "pela outra parte". Ela assumir a gravidez e mencionou que a chegada da filha a fez muito feliz. Foi investigado se Maria Cecília tinha contato com o pai e elas responderam que sim. A menina demonstrou insatisfação quando lembrou que os colegas da escola lhe perguntavam coisas relacionadas ao pai dela e que não tinha conhecimento, pois não era uma figura presente.

Maria Cecília desejou marcar na linha da vida que seus colegas nunca queriam brincar com ela, mesmo que ela comentasse com a professora. A mãe ressaltou que mudara a filha várias vezes de escola ao longo da vida, devido a mudanças de emprego e de moradia. Aos nove meses de Maria Cecília, a avó materna faleceu, deixando Vina sem rede de apoio. Maria Cecília, quase no final da sessão, desenhou várias carinhas expressando felicidade e tristeza. Foi interpretado que os eventos, compartilhados ali, descreviam situações felizes e tristes, perdas e ganhos, separação e apoio, movimentos de saber sobre a história delas e de desconhecimentos também.

Terceira entrevista

Nessa entrevista, Vina revelou que a "agitação" da filha a incomodava por ser uma característica bem diferente da dela: "olha só, isso que me irrita!", disse apontando para a filha que havia se levantado do chão onde desenhava para se sentar na cadeira, mudando de posição. Disse que tentava ensiná-la a se controlar para que não tivesse "problemas no futuro". Maria Cecília acreditava que seu futuro seria bom, achava-se inteligente, tirava boas notas, gostava de estudar, mas era muito desatenta. Segundo Vina, os erros da filha eram por falta de atenção nos deveres e nas provas.

Percebeu-se uma cobrança idealizada da mãe relacionada à postura acadêmica da filha, mas, por outro lado, parecia incomodar-se com o futuro da menina e de suas mudanças maturacionais que exigiriam "agitação" na relação simbiótica entre elas, agitação compreendida como uma possível busca por movimento e relativa separação. Esse raciocínio clínico foi fortalecido com a narrativa de um sonho da menina. Maria Cecília contou que estava com a mãe e pegava um rolo de papel higiênico e olhava para o céu, como se fosse um telescópio. Via sua professora e pedia para ela colocar uma lente para que pudesse ver melhor as constelações. Após essa cena, Maria Cecília no sonho encontrava uma nova constelação, tendo a oportunidade de dar um nome à constelação, ampliando, assim, o seu horizonte de perspectivas.

Quarta entrevista

Nessa sessão foi feita a aplicação da EFE. Esse instrumento é composto de seis tarefas, sendo cinco respostas verbais e uma não verbal. Duas das tarefas são propostas à família como um grupo e as demais são direcionadas a cada membro individualmente. Cada tarefa privilegia investigar específicas dimensões da dinâmica familiar (comunicação, hierarquia, demonstração de afetos, entre outras). Porém, em todas as propostas, de forma geral, pretende-se avaliar padrões de funcionamento da família. De todas as respostas, destacamos alguns momentos que foram muito significativos para pensarmos a proposição deste trabalho.

Na primeira tarefa é proposto à família imaginar como seria a mudança de casa no prazo de um mês. Nessa etapa, busca-se verificar como a família funciona quando necessita fazer, em conjunto, algo que lhe é solicitado com certa pressão externa. Após muitas aplicações em diferentes famílias, percebemos que ela é disparadora para ansiedades latentes emergirem, assim como possibilita identificar aspectos da demanda de ajuda compartilhada. Maria Cecília começou mencionando que ficariam muito nervosas, pois tudo teria que ser rápido, deixando de fazer muitas coisas para arrumar tudo de que se gosta na casa. Vina destacou que a maior preocupação seria montar todas as caixas, precisando de ajuda para encaixotar tudo no prazo. Comentou que eram muito apegadas a tudo que tinham e não queriam perder nada. É interessante pensar que o processo de crescimento e as conquistas do desenvolvimento não se dão sem algumas perdas e lutos para mãe e filha. Porém, para serem estruturantes, é preciso que sejam pertencentes ao lugar geracional de cada uma.

Para a construção da compreensão clínica do caso, considerou-se importante refletir sobre a resposta de Maria Cecília, na terceira tarefa, que indaga a cada um dos membros da família de que coisas eles mais gostam neles mesmos. Com essa tarefa, investiga-se a autoestima e em que medida cada pessoa consegue perceber coisas boas em si mesma. A menina, curiosamente, falou que gostava de estudar, de fazer amizades e de sua imaginação.

Quinta entrevista

Nessa sessão havia sido combinado a aplicação do ADF, porém como mãe e filha chegaram atrasadas, foi necessário fazer uma sessão de associação livre. A mãe, espontaneamente com lágrimas nos olhos, disse que estava triste e que desejava sumir. Brigou muito com a filha naquela semana. Por outro lado, a menina contou que estava em meio às olimpíadas escolares e estava se divertindo bastante. Falou que suas insatisfações com os colegas tinham cessado, pois eles passaram a ter receio de implicar com ela e de serem chamados pela diretoria. Maria Cecília mencionou ter refletido sobre o fato de que gostava muito de estudar, não conseguia se interessar por aulas que a professora revisava conteúdos antigos.

As psicoterapeutas interpretaram que Maria Cecília estava demandando viver coisas novas, conhecer para amadurecer, mas isso parecia deixar Vina frágil e sem rumo. A agitação da Maria Cecília, de que a mãe tanto reclama, parecia cada vez mais estar ligada a um impedimento de a filha dar lugar ao impulso epistemofílico que a levaria a novas experiências, não permanecendo emaranhada à mãe. Além disso, foi interessante perceber que cada uma delas poderia estar vivendo um estado emocional diferente, não coincidindo as emoções, apontando para uma diferenciação. O vínculo entre as duas parecia, inclusive, sustentar agora conflitos e diferenças.

Sexta entrevista

Essa foi a última sessão de coleta de dados para uma avaliação e análise do caso, a fim de verificar a adequação da indicação de uma psicoterapia de família, um processo de implicação da mãe e da filha no tratamento a partir de uma devolução apontando as principais fontes de sofrimento de ambas. Por isso, para complementar a Entrevista Familiar Estruturada, foi decidido também aplicar o ADF, tendo em vista que uma das defesas da mãe era a intelectualização dos afetos. Esse instrumento é composto por seis desenhos realizados por todos os membros da família, em uma única sessão, que tem duração de uma hora e meia a duas horas. A elaboração dos seis desenhos segue a seguinte ordem: um *desenho livre*, depois um *retrato da família*, um *retrato da família abstrata*, uma figura derivada de um *rabisco individual*, uma figura derivada de um *rabisco em conjunto* e, por fim, um segundo *desenho livre*. É muito importante que a ordem determinada seja seguida, pois cada tema produz afetos específicos, os quais são mobilizados também no desenho subsequente (Kwiatkowska, 1977). Assim como com o material emergido na aplicação da EFE, foi feito aqui um recorte dessa sessão, apresentando os desenhos que corroboraram significativamente o que estava sendo compreendido como a demanda compartilhada da família.

Destacou-se o primeiro desenho livre da mãe, cujo título era "O paraíso". Vina descreveu que havia desenhado uma praia, pois era um passeio que as duas gostavam de fazer juntas. A partir de todo o material que tinha sido mencionado, foi trabalhado com elas o quanto esse desenho, no qual as duas estavam viradas uma para a outra, remetia à devoção de Vina à filha e o quanto esse vínculo simbiótico entre as duas poderia estar dificultando o crescimento de Maria Cecília, seu desejo de crescer, desejar viver e conhecer coisas novas, e impedindo, assim, seu amadurecimento e levando-a a permanecer também devotada à mãe. Considerando isso, o cenário de maior ansiedade da filha era a escola, espaço promotor de muitas vivências rumo ao amadurecimento.

Figura 1. Ilustração desenvolvida na sessão

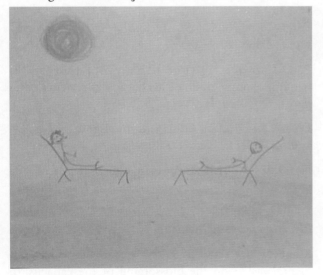

Fonte: registro feito pelas autoras.

No desenho do rabisco conjunto, Maria Cecília e a mãe desenharam uma terra onde uma flor estava plantada, para mostrar que era uma planta viva e o título foi "Crescimento da rosa". Quando foi falado que elas deveriam assinar o desenho, optaram por assinar com nome que era a junção do nome das duas. Em tom jocoso disse que a filha parecia não estar frequentando as aulas de português, porém a filha não compreendeu a piada da mãe. A partir desse desenho, foi proposto a Vina que ela pensasse sobre a ansiedade de ver a filha crescer, desabrochar. A mãe discordou, disse que até estimulava a filha a colocá-la em um abrigo de idosos, pois era uma "mãe velha".

Figura 2. Ilustração desenvolvida na sessão

Fonte: registro feito pelas autoras.

Considerações finais

Na ilustração clínica descrita acima é possível que a queixa inicial relacionada aos sintomas escolares da filha tenha se tornado secundária, dando lugar a questões primárias mais associadas ao relacionamento entre mãe e filha, como a sobrecarga diária de Vina e seu desamparo no exercício da função materna, deslocando para a filha uma posição de apoio/auxiliar. Também foi possível notar as inseguranças da mãe em relação ao lugar materno e ao medo de se separar da filha, diante do amadurecimento desta última. O crescimento dos filhos exige um remanejamento na relação parento-filial, mas isso só é possível quando se elaboram posições infantis de dependência entre pais e filhos, abrindo espaço para uma relativa autonomia e independência da criança. Muitas vezes os pais apresentam dificuldades para aceitar o crescimento dos filhos, pois experimentam sentimentos de rejeição e solidão, sem considerar certa liberdade para si próprios e para estabelecer outras relações. No caso de Vina, isso se intensifica em função da sua fragilidade e falta de rede de apoio, tornando o crescimento e a separação da filha uma ameaça de abandono e perda afetiva. Com relação à experiência de isolamento de Maria Cecília em relação aos colegas de classe, propõe-se pensar que essas situações propiciaram à aluna reviver o sentimento de ter sido "rejeitada" pelo pai. O lugar de desamparo parental (tanto materno, em relação a determinadas características mencionadas, como pela ausência do pai) parece ter sido inconscientemente transferido para o ambiente escolar por Maria Cecília, não podendo contar com amigos, professores e o próprio ambiente coletivo da escola. Além disso, entendemos que, em virtude das vivências traumáticas experimentadas em sua linha da vida, Maria Cecília tinha dificuldades em se entregar às brincadeiras infantis espontaneamente, tornando-se sem pertencimento ao grupo de amigos da sua idade.

Sem dúvida, é preciso estabelecer segurança para se desprender do ambiente familiar em direção ao contexto escolar, rumo à autonomia, ou seja, mãe e filha precisam confiar no vínculo – e no mundo – para poderem sustentar o processo de separação. Em algumas situações, como no caso de Vina e Maria Cecília, o movimento regressivo dos pais apresenta entraves ao movimento progressivo dos filhos. Nesse sentido, o trabalho de psicoterapia buscou a elaboração dos lutos de Vina e Maria Cecília, a consideração do fortalecimento da rede de apoio familiar e a construção da confiabilidade no ambiente, necessárias para a separação e o crescimento. E, como diria o poeta e músico Arnaldo Antunes, "toda gente tem que não ter cabimento para crescer".

Referências

Anzieu, D., Martin, J. Y. (2013). *La Dynamique des Groupes Restreints*. Presses Universitaires de France (Original publicado em 1968).

Eiguer, A. (2007). *La Parente Fantasmatique: Transfert et Contre-transfert en Thérapie Familiale*. Bordas Editions.

Féres-Carneiro, T. (1975). *Um novo instrumento clínico de avaliação das relações familiares*. [Dissertação de Mestrado]. Pontifícia Universidade Católica do Rio de Janeiro.

Féres-Carneiro, T. (1981). *Entrevista Familiar Estruturada: sua consistência, validade e aplicabilidade em psicologia clínica*. [Tese de Doutorado]. Pontifícia Universidade Católica de São Paulo.

Féres-Carneiro, T. (1983). *Família: Diagnóstico e terapia*. Zahar.

Féres-Carneiro, T. (1997). Entrevista Familiar Estruturada: um método de avaliação das relações familiares. *Temas em Psicologia, 3*, 63-94.

Féres-Carneiro, T. (2005). *Entrevista Familiar Estruturada (EFE)*. Casa do Psicólogo.

Ferraz, F. C. (2012). As entrevistas iniciais e a escolha da técnica. *Revista Brasileira de Psicanálise, 46*(4), 48-56.

Foulkes, S. H. (1948). *Introduction to Group Analytic Psychotherapy*. Heinemann.

Klauber, T. (2009). Early experience, developmental tasks and the blossoming of the capacity to learn. *Infant Observation: The International Journal of Infant Observation and it's Applications*, *12*(3), 305-318.

Klein, M. (1998). *Narrative of a Child Analysis: The Conduct of the Psycho-analysis of Children as Seen in the Treatment of a Ten Year Old Boy*. Vintage.

Kwiatkowska, H. Y. (1975). Instruções para conduzir sessões de Arte-Diagnóstico Familiar. *Apostila do Curso de Intervenção Familiar*. Pontifícia Universidade Católica do Rio de Janeiro.

Kwiatkowska, H. Y. (1977). Family art therapy. *Family Process*, 6(1), 37-55.

Kwiatkowska, H. Y. (1978). *Family therapy and evaluation through art*. Charles C Thomas.

Machado, R. N., Féres-Carneiro, T., Magalhães, A. S., & Mello, R. (2019). The myth of origin in adoptive families. *Psicologia USP*, *30*, e160102.

Machado, R. N., Mello, R., Pinna, C., Nunes, R., Magalhães, A. S., & Féres-Carneiro, T. (2022). Family Psychotherapy in the Context of Adoption: Parental Suppression of Adopted Children's Epistemophilic Drive in the Pursuit of Their Origins. *Psychology*, *13*(8). https://doi.org/10.4236/psych.2022.138083

Popper-Gurassa, H. (2016). Les groupes emboîtés, une ressonance convoquée. *Revue de Psychothérapie Psychanalytique de Groupe*, *1*(66), 187-196.

Rocha, F. J. B. (2011). *Entrevistas preliminares em psicanálise*. Casa do Psicólogo.

18
Necessidades educativas especiais e inclusão no ensino superior: entre a realidade e a utopia

Ana Pereira Antunes
Cláudia Patrocinio Pedroza Canal

> *Highlights*
> - Os/as estudantes com necessidades educativas especiais (NEE) e com deficiência têm direito à formação no ensino superior;
> - O ensino superior deve ser inclusivo e responder às necessidades dos/as estudantes;
> - O/a psicólogo/a (da educação) pode contribuir para a efetivação da inclusão;
> - O capacitismo também existe no ensino superior e deve ser combatido;
> - A formação é crucial para a mudança de atitudes face aos estudantes com NEE e com deficiência.

Ao longo deste capítulo vamos abordar a temática da inclusão no ensino superior (ES), focando-nos, de forma mais específica, nos/as estudantes com necessidades educativas especiais (NEE) e com deficiência, tomando como referência políticas, práticas e estudos elaborados em Portugal e no Brasil. Na referência ao contexto português, usaremos a designação NEE porque ainda é a mais usual em Portugal.

Por outro lado, no contexto brasileiro, a designação mais utilizada para se referir ao público-alvo do atendimento educacional especializado (AEE) tem sido: pessoa com deficiência, transtornos globais do desenvolvimento e altas habilidades/superdotação (Baptista, 2019). O uso de tais expressões busca assegurar uma compreensão ampliada dos estudantes a serem atendidos pelas políticas que visam promover a inclusão, as quais muitas vezes são referenciadas somente ao grupo de estudantes com deficiência, numa perspectiva de reconhecimento exclusivo de suas limitações. Ao longo deste capítulo, que busca trazer considerações sobre os contextos português e brasileiro, utilizaremos de forma indistinta as duas nomenclaturas mais usuais de cada um desses países.

Apesar de a educação inclusiva ser relativa em todos os níveis de ensino, Oliveira et al. (2016), em estudo de revisão integrativa de literatura, concluíram que esse tema é mais estudado no período da infância; e que entre adultos, público-alvo do ES, as temáticas mais presentes são sobre assistência em saúde e não propriamente sobre a inclusão no ES. Nesse panorama, facilmente se compreende a pertinência da atenção à inclusão no ensino superior no âmbito da formação e da educação, bem como da atuação da psicologia, nomeadamente, da psicologia da educação. O perfil profissional dos/as psicólogos/as da educação caracteriza-se pela diversidade de atuação, junto de públicos diversificados também, incluindo-se neles os estudantes com NEE e com deficiência (Dos-Santos & Peixoto, 2022; Ordem dos Psicólogos Portugueses [OPP], 2017a; Miranda & Ribeiro, 2018). Dessa forma, a psicologia, em nível do ensino superior, também pode ser uma agência promotora da inclusão, por exemplo, aquando da realização de prática direta com os/as estudantes (Ciantelli et al., 2017; Ciantelli & Leite, 2022) ou indireta, nomeadamente, por meio de ações de consultoria ou elaboração de pareceres (por exemplo, parecer sobre iniciativas para estudantes com NEE no ensino superior emanado pela OPP, 2017b).

Diante da realidade que se vive e do paradigma de garantir a igualdade de acesso à educação e à formação das pessoas com NEE, importa que a psicologia da educação reflita sobre as suas formas de atuação e as valide, procurando desenvolver boas práticas baseadas em evidência, fato que também deve acontecer sobre a inclusão no ensino superior, ou seja, investigar sobre a efetivação dessa inclusão. De fato, essa é uma área cuja população tem sido objeto de preocupação crescente tanto em nível internacional quanto nacional (Antunes et al., 2015; Borges et al., 2017; Ferreira et al., 2016; Guedes, 2020; Leišytė et al., 2021; Pérez-Esteban et al., 2023; Sépulchre, 2023).

Este capítulo, partindo das realidades portuguesa e brasileira, mas não se cingindo a elas, procura proporcionar o desenvolvimento do conhecimento sobre os/as estudantes com NEE e com deficiência no ensino superior e, consequentemente, o desenvolvimento de atuação facilitadora da inclusão nesse nível de ensino. Assim, está organizado em quatro tópicos, em que se debatem as condições de acesso e de permanência no ensino superior, discutindo-se concepções e práticas inclusivas, bem como desafios para o futuro, terminando com algumas considerações finais.

A igualdade de oportunidades e o acesso ao ensino superior

Em Portugal

Atualmente, o ensino superior depara-se com uma diversidade crescente de estudantes desafiando assim as instituições de ensino superior a responder a essa diversidade (Leišytė et al., 2021). Uma das medidas fundamentais prende-se a condições de acesso ao ensino superior, pois sem essa não se poderá falar da presença de estudantes nesse nível de ensino. Mas, se por um lado o acesso ao ensino superior parece contribuir para a igualdade de oportunidades; por outro lado, importa assegurar, paralelamente, que não contribui para a manutenção das desigualdades e fomenta as condições necessárias ao sucesso dos/as estudantes de grupos minoritários (Canal & Almeida, 2023). Desses grupos de estudantes, destacamos os/as estudantes com NEE, que são o foco deste capítulo.

Efetivamente, a presença de estudantes com NEE tem sido uma realidade cada vez mais comum também nas instituições de ensino superior portuguesas (universidades e institutos politécnicos). Segundo os dados publicados pela Direção-Geral de Estatísticas da Educação e Ciência (DGEEC) (2023a), o número de estudantes com NEE tem vindo a crescer nos últimos anos (no ano letivo 2017-2018 houve 1644 estudantes com NEE inscritos e no ano letivo 2022-2023 houve 3.753 inscritos).

Atualmente, em Portugal, no sentido de criar igualdade de oportunidades no acesso ao ensino superior dos/as estudantes com NEE existe o *Contingente Prioritário para Candidatos com Deficiência* (conforme publicado na página online da Direção-Geral do Ensino Superior [DGES]), enquadrado legalmente pela Portaria n. 104/2023, de 13 de abril, em que se explicita o Regulamento do Concurso Nacional de Acesso e Ingresso no Ensino Superior Público para a Matrícula e Inscrição no Ano Letivo de 2023-2024.

Importante referir que esse contingente prioritário, conforme alínea e) do artigo 10º da mesma portaria, contempla para candidatos/as com deficiência "4% das vagas fixadas para a 1ª fase ou duas vagas e 2% das vagas fixadas para a 2ª fase ou uma vaga" (DGES, s.d., p. 6), assumindo o maior dos valores que se venha a registar nessas possibilidades.

Ao concorrer por esse contingente prioritário os/as candidatos/as, além de outras condições que são semelhantes à dos/as restantes candidatos/as, têm de ser titulares "do Atestado Médico de Incapacidade Multiusos igual ou superior a 60% ou os estudantes admitidos ao contingente por decisão favorável da Comissão de Peritos, de acordo com os requisitos e nos termos fixados no anexo II do regulamento" (DGES, s.d.). Além disso, no anexo II do referido regulamento, ou seja, a Portaria n. 104/2023, de 13 de abril, apresentam-se também, no artigo 2º, as orientações genéricas para a avaliação funcional da deficiência.

Vemos assim que as instituições de ensino superior (IES) podem acolher estudantes com NEE por meio de contingente específico. Depreende-se também, considerando as condições de admissão ao concurso referidas anteriormente, que o/a estudante com NEE já tenha sido sinalizado e tenha se beneficiado de medidas educativas no sistema de ensino previamente ao ingresso no ensino superior. Nesses níveis de escolaridade importa referir o papel preponderante dos/as psicólogos/as de Educação no processo de inclusão, não só pela atuação em nível de avaliação, mas também em nível de intervenção, preventiva e/ou remediativa, podendo contribuir para o esbater de práticas discriminatórias para com os/as alunos/as que não correspondem ao padrão considerado normativo (Dos-Santos & Peixoto, 2022; OPP, 2017a).

No Brasil

Especificamente no Brasil, o ingresso no ES público federal de estudantes com deficiência é regulado atualmente pela Lei n. 14.723 (2023), que garante percentual de reserva de vagas em todos os cursos ofertados nas universidades e institutos federais para estudantes com deficiência. Tal política de reserva de vagas, com finalidade de democratizar o acesso ao ES, inclui também estudantes pretos, pardos e indígenas, assim como os provenientes de escolas públicas; e foi implementada em nível nacional no país a partir de 2012, pela Lei n. 12.711 (2012). Entretanto, apenas a partir de 2016, a Lei n. 13.409 (2016) foi promulgada, alterando o texto da normativa legal anterior a fim de incluir os estudantes com deficiência como público atendido pela reserva de vagas.

Estudos de acompanhamento elaborados por diferentes pesquisadores mostram o impacto dessa política afirmativa na democratização do acesso ao ES no Brasil, tendo repercussão na ampliação do ingresso de públicos não tradicionais no contexto da educação superior (Martins et al., 2015). Canal e Almeida (2023), numa análise de números de ingresso no período de dez anos (2011 a 2021), mostram que houve um aumento no número de estudantes público-alvo das políticas de inclusão educacional, apesar de ainda ser pequeno em relação ao total de estudantes matriculados.

No contexto brasileiro, o relatório mais recente divulgado pelo Instituto Nacional de Estudos e Pesquisas Educacionais Anísio Teixeira (Inep) sobre o Censo de Educação Superior 2022 mostra que nesse ano estiveram matriculados 79.262 estudantes com deficiência no ES brasileiro, representando 0,8% do total de matrículas (Instituto Nacional de Estudos e Pesquisas Educacionais Anísio Teixeira [Inep], 2023). A tendência de aumento se mantém em comparação ao ano anterior (2021), no qual estavam matriculados 63.404 estudantes com deficiência no ES brasileiro.

O aumento de ingresso, entre outras coisas, pressionou as IES para o desenvolvimento de ações visando maior acessibilidade e inclusão em seus contextos educacionais. Nesse sentido, psicólogos/as têm sido profissionais importantes, integrando equipes multidisciplinares para a proposição, planejamento e execução dessas ações (Ciantelli et al., 2017). A psicologia é uma carreira prevista dentro do rol de profissionais das universidades federais, entretanto a descrição dos cargos costuma ser muito generalista, carecendo grande parte dos profissionais aprovados em concurso de formação específica para atuarem nas áreas que ingressarão nas universidades, incluindo o apoio às políticas de inclusão educacional (Toti & Polydoro, 2020).

A equidade e a frequência do ensino superior: mapeamento dos estudantes com NEE ingressantes

Em Portugal

No último Inquérito às Necessidades Especiais de Educação nos Estabelecimentos de Ensino Superior (DGEEC – 2022-2023) – caracterização da situação educativa do aluno –, verificamos que se adota a designação de Necessidades Especiais de Educação (NEEd) e que existiram 1.158 estudantes na condição de inscritos no ensino superior português em 2022-2023. Além disso, verificamos diversas condições de saúde apresentadas pelos/as estudantes com NEEd, a saber: várias condições de sáude (incluindo anemia falciforme, aneurisma cerebral, bronquiolite obliterante, nanismo acondroplásico, Síndrome de Down, Síndrome de Usher e Síndrome de Rubinstein-Taybi); perturbação de déficit de atenção/hiperatividade; doença crônica; limitação motora; perturbação da aprendizagem; perturbação do espectro do autismo; doença mental; limitação auditiva ou surdez; doença oncológica; limitação visual ou cegueira; perturbação neurocognitiva; limitação da fala; e perturbação do desenvolvimento intelectual (DGEEC, 2023b, folha QIII.1).

Quanto ao tipo de adaptação no processo de ensino/aprendizagem para os estudantes com NEEd inscritos no ensino superior em 2022-2023, registaram-se: adaptação do tempo para execução de trabalhos/provas/exames; época especial de exames; outra adaptação (incluiu situação de não ocorrência de adaptação ou aguardar resposta à solicitação); adaptação do regime de frequência de aulas; adaptação de espaços; prioridade nos atos administrativos; adaptação dos instrumentos de avaliação; adaptação das respostas em provas/exames; autorização de gravação de aulas; alteração do plano de estudos; autorização para ser acompanhado por uma terceira pessoa; e alteração dos conteúdos curriculares (DGEEC, 2023b, folha QIII.1).

Ao considerar o tipo de apoio individualizado para os estudantes com NEEd inscritos em 2022-2023, encontrou-se: psicólogo; tutor; outro apoio (incluindo, por exemplo, situações como apoio externo à instituição ou tutoria); intérprete de língua gestual; assistente pessoal; apoio de voluntário; técnico de mobilidade; e técnico de braille (DGEEC, 2023b, folha QX.1).

No Brasil

Em relação ao Brasil, no último ano do censo da Educação Superior, em 2022, os estudantes atendidos pelas políticas de atendimento educacional especializado estavam distribuídos da seguinte maneira, ressaltando que um mesmo estudante poderia apresentar mais de uma condição: deficiência física; baixa visão; deficiência auditiva; deficiência intelectual; transtornos globais do desenvolvimento; cegueira; altas habilidades – superdotação; surdez e surdocegueira (Inep, 2023).

No Brasil, os estudantes com altas habilidades/superdotação também são público-alvo das ações que visam promover inclusão no contexto educacional do ES. Entretanto, cabe distinguir que esses estudantes não fazem parte do grupo contemplado por políticas afirmativas para o ingresso, mas sim das políticas educacionais de inclusão que visam a permanência e conclusão do ensino (Moreira et al., 2023).

A respeito da permanência, esse tem sido um dos grandes desafios discutidos no âmbito das políticas públicas voltadas ao ES, reconhecendo a necessidade de atenção à multidimensionalidade de fatores complexos envolvidos nessa questão. Quanto aos estudantes-alvo das políticas de inclusão, têm sido identificados diversos desafios, entre os quais citamos alguns: formação de professores e de profissionais de atendimento especializado, consolidação dos núcleos de acessibilidade nas instituições de ES, conhecimento sobre as diferentes condições de saúde, de altas habilidades/superdotação e de transtornos do neurodesenvolvimento, eliminação de barreiras de acessibilidade (Pletsch & Leite, 2017).

Medidas e práticas educativas inclusivas

Em Portugal

No ensino superior português não existe legislação nacional que regule as medidas inclusivas que podem ser adotadas para responder às idiossincrasias dos/as estudantes com NEE. Na verdade, cada IES organiza a sua regulamentação para esse enquadramento, podendo assumir formato e conteúdos diferenciados (Antunes et al., 2020, 2023).

Além da diversidade do conceito de estudante com NEE adotado, também o processo de atribuição de estatuto de estudante com NEE parece decorrer de forma específica dentro de cada IES (Antunes et al., 2020, 2023). E, nessa linha, os serviços de atendimento também são diferenciados, encontrando-se IES ou com um gabinete mediador do apoio, ou uma comissão de acompanhamento, ou uma pessoa/serviço responsável pelo apoio, ou a ausência de referência a esse tipo de serviço (Antunes et al., 2020, 2023). Do ponto de vista das medidas de apoio, que também são organizadas especificamente para cada IES, procuram sobretudo assegurar as condições de acessibilidade e de mobilidade dentro do *campus*, bem como as condições de frequência das aulas e de avaliação nas unidades curriculares (Antunes et al., 2020, 2023).

À semelhança do que ocorre nos anos escolares do ensino básico e secundário, os/as psicólogos/as também podem exercer um papel no ensino superior na efetivação da inclusão (OPP, 2023a, 2023b). A psicologia da educação/escolar pode facilitar o desenvolvimento do/a estudante com NEE em várias áreas (por exemplo: em nível pessoal, social e acadêmico), contribuindo para o seu empoderamento e participação ativa (Ciantenelli & Leite, 2022).

No Brasil

No Brasil, desde 2005, o Ministério da Educação (MEC) instituiu o Programa de Acessibilidade na Educação Superior (Incluir), com objetivo de apoiar por meio de recursos financeiros políticas de acessibilidade nas Instituições Federais de Ensino Superior (Ifes). Até 2011, os recursos eram distribuídos por meio de chamadas públicas nas quais as instituições deveriam apresentar projetos relacionados a seus núcleos de acessibilidade para obtenção de financiamento. Entretanto, a partir de 2012, o MEC passou a destinar diretamente recursos para todas as Ifes para estruturar ações de acessibilidade em quatro eixos: (a) infraestrutura; (b) currículo, comunicação e informação; (c) programas de extensão; e (d) programas de pesquisa (Ministério da Educação, 2013).

Em função das demandas e necessidades específicas de cada IFES, e atendendo à legislação nacional sobre a pessoa com deficiência, cada instituição pode distribuir esses recursos de acordo com seu planejamento. Tal programa tem contribuído no enfrentamento de desafios relacionados à acessibilidade nas Ifes brasileiras, assim como no apoio a propostas e projetos inovadores para ação e investigação acerca dos estudantes com deficiência no ES. Entretanto, com finalidade de fortalecer todos os núcleos de acessibilidade, é preciso a proposição de programas que abranjam as demais esferas do ES, não restritos apenas ao universo das IFES (Ciantelli & Leite, 2016), responsáveis por 14,24% do total de matrículas no ES no Brasil (Inep, 2023).

Em pesquisa feita com coordenadores de núcleos de acessibilidade de universidades brasileiras, Ciantelli et al. (2017) identificaram que os participantes relataram como ações mais relevantes a serem realizadas pelos psicólogos/as: (a) oferta de suporte psicológico aos estudantes; (b) trabalhos de sensibilização, conscientização, palestras, campanhas com a comunidade acadêmica com finalidade de contribuir na eliminação de barreiras atitudinais, assim como na afirmação da diversidade; (c) promoção de estratégias para o processo de ensino e aprendizagem; (d) realização de intervenções para promover a independência, autonomia e autoestima dos estudantes com deficiência.

Desafios para o futuro

A presença e plena participação dos/as estudantes com NEE no ensino superior criam a oportunidade para a revisão de crenças e estereótipos que subjazem às atitudes face a esses/as alunos/as (Buettgen et al., 2023). Então, um dos grandes desafios para o futuro, que já é presente, configura precisamente o desenvolvimento de uma cultura de inclusão no ensino superior, considerando a diversidade de alunos ditos não tradicionais, em que se incluem, claro está, os/as estudantes com NEE (Canal & Almeida, 2023).

Nesse sentido, alguns estudos apontam a necessidade de trabalhar no nível da mudança de atitudes dos estudantes com NEE e sem NEE, dos docentes e da resposta institucional (Antunes et al., 2015; Borges et al., 2017; Nogueira et al., 2023; Oliva Ruiz et al., 2020). Sendo que, aqui, a intervenção dos/as psicólogos/as pode ser um recurso valioso na construção da resposta institucional em nível mais direto e/ou indireto com o/a estudante com NEE.

Importante será também a aposta crescente na formação dos/as psicólogos/as e futuros/as psicólogos/as em inclusão e NEE, pois essa realidade caracteriza sobremaneira o exercício da profissão, sobretudo dos/as psicólogos/as da educação (Mendes et al., 2015). Acresce a essa importância a mediação da transição entre o ensino secundário e o ensino superior, pois nem sempre os/as estudantes estão preparados para lidar com essa mudança (OPP, 2023a, 2023b). A esse propósito, as palavras dos jovens, na Declaração de Lisboa (European Agency for Special Needs and Inclusive Education, 2007), expressam, entre outras, a necessidade de acompanhamento vocacional, sensível às necessidades individuais, enfatizando também o desconhecimento da comunidade educativa sobre a deficiência, o que condiciona a interação.

Ora, este último parágrafo remete-nos para o capacitismo (*ableism*), um desafio premente também no ensino superior (Brown & Ramlackhan, 2022). Esse conceito remete a um conjunto de crenças que orientam as práticas culturais e institucionais, atribuindo valores negativos às pessoas com deficiência, em comparação às pessoas sem deficiência, consideradas como normais e, assim, superiores (Brown & Ramlackhan, 2022; Sassaki, 2014). Dessas crenças resultam muitas vezes discursos estereotipados que evidenciam a importância da formação para eliminar as barreiras que persistem no ensino superior (Lorandi & Gesser, 2023) em que, de alguma forma, se vivencia uma naturalização da ideologia capacitista (Sempertegui, 2021).

Sabendo que uma das demandas de atuação do/a psicólogo/a no processo de inclusão refere-se ao processo de ensino-aprendizagem, podemos antever que num futuro próximo um dos grandes desafios poderá estar ligado à educação a distância. No Brasil, no ano de 2022, 45,9% das matrículas estavam situadas na educação a distância (Inep, 2023). Grande parte do conhecimento construído até os dias atuais sobre a educação inclusiva no ES é relativa à modalidade presencial e sabemos que a modalidade à distância não é uma simples transposição do processo para o ambiente virtual, mas sim que possui seus próprios determinantes. Dessa maneira, apesar de ainda não haver números específicos, é possível inferir que essa será uma importante questão a ser pensada pelos psicólogos/as e demais profissionais que compõem as equipes de atendimento educacional especializado.

Outra questão do presente, mas que ainda se constitui como um desafio, refere-se à atuação na equipe multidisciplinar. É reconhecido que a atuação no contexto educacional não pode ser realizada pelo profissional psicólogo/a de maneira separada, mas que ele deve estar em interação com equipe de outros profissionais de educação, muitas vezes também de saúde, para atingir os objetivos pretendidos com as ações realizadas. No entanto, criar espaços de trabalho de trocas e diálogos entre diferentes profissões ainda é um desafio, o qual certamente precisa ser enfrentado no sentido de alcançar práticas efetivas de educação inclusiva (Silva, 2020).

Ademais, pode-se ainda identificar outras duas questões relevantes: uma relacionada à expectativa que se tem a respeito da atuação do profissional em psicologia, muitas vezes ainda restrita ao contexto clínico individual e a resolução de problemas complexos. Uma segunda diz respeito à ampliação da diversidade dos novos públicos que chegam ao ES (Silva, 2020). Por exemplo, ao falarmos do estudante com deficiência, há outras características de pertencimento identitário e de grupo social que também podem estar presentes, como ser negro, ser proveniente de grupo de baixa renda, possuir questões relacionadas à saúde mental. Todos esses fatores inter-relacionados não podem ser ignorados pelo profissional de psicologia, o qual deve buscar compreender e acolher o ser humano em sua complexidade.

Um desafio ainda pouco discutido diz respeito à transição para o mundo do trabalho. Além de contribuir para os processos de adaptação, para o qual é relevante a articulação com a educação básica, e permanência na universidade, o psicólogo/a também pode desenvolver orientação profissional com estudantes com NEE, considerando a complexa relação entre os contextos de ensino e de trabalho, dentro de uma perspectiva biopsicossocial (Morgado & Cabral, 2020).

Considerações finais

A diversidade de estudantes a frequentar o ensino superior requer cada vez mais diversidade de abordagens e práticas pedagógicas (Canal & Almeida, 2023). Nesse sentido, ações de formação devem ser um investimento das IES tanto em Portugal quanto no Brasil, em que se possa aprofundar não só conhecimento sobre as NEE, mas também rever crenças de forma a combater o capacitismo, sendo que os/as psicólogos/as da educação podem assumir, conforme explicitado, um papel importante nesse processo (Lorandi & Gesser, 2023; OPP, 2023a, 2023b).

Os/as estudantes com NEE no ensino superior são uma realidade. Então, as IES devem trabalhar de forma a que o contexto em que vivem se caracterize por uma distância cada vez menor entre o real e a utopia.

Referências

Antunes, A. P., Almeida, L. S., Rodrigues, S. E., Faria, C. P., & Abreu, M. (2015). Diversity in Portuguese higher education: Perception of the inclusion of disabled students. The *International Journal of Diversity in Education*, 14(3-4), 13-22. https://doi.org/10.18848/2327-0020/CGP/v14i3-4/40126

Antunes, A. P., Rodrigues, D., Almeida, L. S., & Rodrigues, S. E. (2020). Inclusão no ensino superior português: Análise do enquadramento regulamentar dos alunos com necessidades educativas especiais. *Revista Fronteiras: Journal of Social, Technological and Environmental Science*, 9(3), 397-422. http://dx.doi.org/10.21664/2238-8869.2020v9i3.p397-422

Antunes, A., Sousa, F. M., Rodrigues, F. M., Rodrigues, S. E., & Almeida, L. S. (2023). Regulamentação sobre os alunos com necessidades educativas especiais: Análise documental no ensino superior privado português. *Brazilian Journal of Education, Technology and Society*, 16(se1), 113-122. http://dx.doi.org/10.14571/brajets.v16.nse1.113-122

Baptista, C. R. (2019). Política pública, educação especial e escolarização no Brasil. *Educação e Pesquisa*, 45, e217423. https://doi.org/10.1590/S1678-4634201945217423

Borges, M. L., Martins, M. H., Lucio-Villegas, E., & Gonçalves, T. (2017). Desafios institucionais à inclusão de estudantes com necessidades educativas especiais no ensino superior. *Revista Portuguesa de Educação*, 30(2), 7-31. https://doi.org/10.21814/rpe.10766

Brown, N., & Ramlackhan, K. (2022). Exploring experiences of ableism in academia: a constructivist inquiry. *Higher Education*, 83, 1225-1239. https://link.springer.com/article/10.1007/s10734-021-00739-y

Buettgen, A., Fontes, F., & Eriksson, S. (2023). Editorial: Disabled people and the intersectional nature of social inclusion. *Social Inclusion*, 11(4), 287-290. https://doi.org/10.17645/si.v11i4.7798

Canal, C. P. P., & Almeida, L. S. (2023). Estudantes não tradicionais no ensino superior: Desafios pessoais e institucionais. In A. Osti, C. Fior; C. P. P. Canal & L. S. Almeida (Orgs.), *Ensino superior: Mudanças e desafios na perspectiva dos estudantes* (pp. 41-58). Pedro & João.

Ciantelli, A. P. C., & Leite, L. (2016). Ações exercidas pelos núcleos de acessibilidade nas universidades federais brasileiras. *Revista Brasileira de Educação Especial*, 22(3), 413-428. http://dx.doi.org/10.1590/S1413-65382216000300008

Ciantelli, A. P. C., & Leite, L. (2022). Psicologia e inclusão: Uma proposta de intervenção aos estudantes com deficiência no ensino superior. *Educação e Filosofia*, 36, 97-132. https://doi.org/10.14393/REVEDFIL.v36n76a2022-60803

Ciantelli, A. P. C., Leite, L. P., & Nuernberg, A. H. (2017). Atuação do psicólogo nos "núcleos de acessibilidade" das universidades federais brasileiras. *Psicologia Escolar e Educacional*, 21(2), 303-311. https://doi.org/10.1590/2175-3539201702121119

Direção-Geral de Estatísticas da Educação e Ciência (2023a). Inquérito às necessidades especiais de educação nos estabelecimentos de ensino superior 2022/2023. *Info DGEEC: Boletim Informativo Trimestral da DGEEC*, 3, 10. Recuperado em 10 de julho de 2023, de https://info.dgeec.medu.pt/3/10/

Direção-Geral de Estatísticas da Educação e Ciência (2023b). *Inquérito às Necessidades Especiais de Educação nos Estabelecimentos de Ensino Superior – 2022/2023*. Recuperado em 4 de dezembro, 2023, de http://www.dgeec.mec.pt

Direção-Geral do Ensino Superior. (s.d.). *Contingente Prioritário para Candidatos com Deficiência*. Recuperado em 3 de outubro de 2023, de https://www.dges.gov.pt/pt/pagina/contingente-especial-para-candidatos-com-deficiencia#instr

Dos-Santos, E. M., & Peixoto, K. N. (2022). Atuação do(a) psicólogo(a) escolar frente a alunos com necessidades especiais de educação. In F. A. Almeida (Ed.), *Psicopedagogia clínica e institucional: Teorias e práticas* (pp. 43-55). Editora Científica Digital.

European Agency for Special Needs and Inclusive Education. (2007). *Declaração de Lisboa*. Recuperado em 5 de novembro de 2023, de https://www.european-agency.org/sites/default/files/lisbon-declaration-young-people2019s-views-on-inclusive-education_declaration_pt.pdf

Ferreira, J., Fonseca, H., Santos, L., & Ambrósio, S. (2016). Boas práticas de ensino e de inclusão dos estudantes com necessidades educativas especiais na Universidade de Aveiro. Boas práticas no ensino superior. In S. Gonçalves, P. Fonseca & C. Malça (Eds.), *Inovação no ensino superior* (Vol. 2, pp. 67-86). Edição CINEP.

Guedes, L. C. (2020). Luta por dignidade e inclusão da pessoa com deficiência no ensino público superior: Uma experiência de construção de acessibilidades na perspectiva da gestão inclusiva no nordeste brasileiro. *Revista Portuguesa de Pedagogia*, 24, 1-22. https://doi.org/10.14195/1647-8614_54_5

Instituto Nacional de Estudos e Pesquisas Educacionais Anísio Teixeira. (2023). *Censo da Educação Superior 2022*. Divulgação dos resultados. Recuperado de https://download.inep.gov.br/educacao_superior/censo_superior/documentos/2022/apresentacao_censo_da_educacao_superior_2022.pdf

Lei 12.711, de 29 de agosto de 2012. (2012). Dispõe sobre o ingresso nas universidades federais e nas instituições federais de ensino técnico de nível médio e dá outras providências. Brasília, DF. Recuperado de https://www.planalto.gov.br/ccivil_03/_ato2011-2014/2012/lei/l12711.htm

Lei 13.409, de 28 de dezembro de 2016. (2016). Altera a Lei n. 12.711, de 29 de agosto de 2012, para dispor sobre a reserva de vagas para pessoas com deficiência nos cursos técnico de nível médio e superior das instituições federais de ensino. Brasília, DF. Recuperado de https://www.planalto.gov.br/ccivil_03/_ato2015-2018/2016/lei/l13409.htm

Lei 14.723, de 13 de novembro de 2023. (2023). Altera a Lei n. 12.711, de 29 de agosto de 2012, para dispor sobre o programa especial para acesso às instituições federais de educação superior e de ensino técnico de nível médio de estudantes pretos, pardos, indígenas e quilombolas e de pessoas com deficiência, bem como daqueles que tenham cursado integralmente o ensino médio ou fundamental em escola pública. Brasília, DF. Recuperado de https://www.planalto.gov.br/ccivil_03/_Ato2023-2026/2023/Lei/L14723.htm

Leišytė, L., Deem, R., & Tzanakou, C. (2021). Editorial: Inclusive universities in a globalized world. *Social Inclusion*, 9(3), 1-5. https://doi.org/10.17645/si.v9i3.4632

Lorandi, J. M., & Gesser, M. (2023). A produção científica sobre o capacitismo no ensino superior: uma revisão integrativa de literatura. *Revista Educação Especial*, 36(1), e30/1-25. https://doi.org/10.5902/1984686X68635

Martins, D. A., Leite, L. P., & Lacerda, C. B. F. de. (2015). Políticas públicas para acesso de pessoas com deficiência ao ensino superior brasileiro: Uma análise de indicadores educacionais *Ensaio: Avaliação e Políticas Públicas em Educação*, 23(89), 984-1014. https://doi.org/10.1590/S0104-40362015000400008

Mendes, S. A., Abreu-Lima, I., & Almeida, L. S. (2015). Psicólogos escolares em Portugal: Perfil e necessidades de formação. *Estudos de Psicologia*, 32(3), 405-416. https://doi.org/10.1590/0103-166X2015000300006

Ministério da Educação. (2013). *Documento orientador Programa Incluir – Acessibilidade na Educação Superior SECADI/ SESu*. Recuperado de http://portal.mec.gov.br/index.php?option=com_docman&view=download&alias=12737-documento-orientador-programa-incluir-pdf&category_slug=marco-2013-pdf&Itemid=30192

Miranda, F. D., & Ribeiro, E. B. V. (2018). Psicologia e inclusão social de alunos com deficiência: A atuação do psicólogo na educação inclusiva. *DOXA: Revista Brasileira de Psicologia e Educação*, 20(2), 133-149. https://doi.org/10.30715/doxa.v20i2.11409

Moreira, L. C., Rech, A. J. D., & Negrini. T. (2023). A permanência de estudantes com altas habilidades/superdotação na universidade. In A. Osti, C. Fior, C. P. P. Canal & L. S. Almeida (Eds.), *Ensino superior: Mudanças e desafios na perspectiva dos estudantes* (pp. 183-208). Pedro & João.

Morgado, L. A. S., & Cabral, L. S. A. (2020). Orientação profissional para estudantes universitários com deficiências: conceitos, políticas e práticas. *Revista Educação Especial*, *33*, 1-20. https://doi.org/10.5902/1984686X53123

Nogueira, J. M., Querido, L., Nunes, N., Ortiz, A., & Botelho, M. C. (2023). Alunos com deficiência no ensino superior em Portugal. *Revista Educação e Políticas em Debate*, *12*(3), 1000-1018. https://doi.org/10.14393/REPOD-v12n3a2023-69998

Oliva Ruiz, P., Gonzalez-Medina, G., Salazar Couso, A., Jiménez Palomares, M., Rodríguez Mansilla, J., Garrido Ardila, E. M., & Merchan Vicente, M. N. (2020). Attitude towards people with disability of nursing and physiotherapy students. *Children*, *7*(10), 191. https://doi.org/10.3390/children7100191

Oliveira, R. Q. de, Oliveira, S. M. D. de, Oliveira, N. A. de, Trezza, M. C. S. F., Ramos, I. B., & Freitas, D. A. (2016). A inclusão de pessoas com necessidades especiais no Ensino Superior. *Revista Brasileira de Educação Especial*, *22*(2), 299-314. http://dx.doi.org/10.1590/S1413-65382216000200011

Ordem dos Psicólogos Portugueses (2017a). *As/os psicólogas/os valorizam a educação e os contextos escolares: Perfil das/os psicólogas/os da educação*. OPP. Recuperado em 3 de outubro de 2023, de https://www.ordemdospsicologos.pt/ficheiros/documentos/perfil_psicologos_educaa_aao.pdf

Ordem dos Psicólogos Portugueses. (2017b). *Parecer sobre iniciativas para Estudantes com NEE no Ensino Superior*. OPP. Recuperado em 3 de outubro de 2023, de https://recursos.ordemdospsicologos.pt/files/artigos/parecer_sobre_iniciativas_para_estudantes_com_nee_no_es.pdf

Ordem dos Psicólogos Portugueses. (2023a). *Perfil dos psicólogos nas instituições de ensino superior*. OPP. Recuperado em 3 de dezembro de 2023, de https://www.ordemdospsicologos.pt/ficheiros/documentos/opp_perfildospsicologos_ensinosuperior.pdf

Ordem dos Psicólogos Portugueses. (2023b). *Parecer OPP – Recomendações do Conselho de Especialidade de Psicologia da Educação sobre a organização e funcionamento dos serviços de psicologia na escola*. OPP. Recuperado de https://www.ordemdospsicologos.pt/ficheiros/documentos/01_23_recomendaa_a_es_sobre_a_organizaa_a_o_e_funcionamento_dos_servia_os_de_psicologia_nas_escolas_v1.pdf

Pérez-Esteban, M. D., Carrión-Martínez, J. J., & Jiménez, L. O. (2023). Systematic review on new challenges of university education today: Innovation in the educational response and teaching perspective on students with disabilities. *Social Sciences*, *12*, 245. https://doi.org/10.3390/socsci12040245

Pletsch, M. D., & Leite, L. P. (2017). Análise da produção científica sobre a inclusão no ensino superior brasileiro. *Educar em Revista*, *33*(3), 87-106. https://doi.org/10.1590/0104-4060.51042

Portaria n. 104/2023, de 13 de abril de 2023. (2023). Ciência, Tecnologia e Ensino Superior. Regulamento do Concurso Nacional de Acesso e Ingresso no Ensino Superior Público para a Matrícula e Inscrição no Ano Letivo de 2023-2024. *Diário da República, n. 73*, 1ª Série, pp. 3-31. Brasília, DF. Recuperado de https://files.dre.pt/1s/2023/04/07300/0000300031.pdf

Sassaki, R. K. (2014). Capacitismo, incapacitismo e deficientismo na contramão da inclusão. *Reação: Revista Nacional de Reabilitação*, *96*(7), 10-12. Recuperado em 20 de novembro de 2023, de https://revistareacao.com.br/wp-content/uploads/2018/05/ED96.pdf

Sempertegui, M. (2021). El capacitismo y su expresión en la educación superior. *RAES*, *13*(23), 24-43. Recuperado em 20 de novembro de 2023, de https://dialnet.unirioja.es/servlet/articulo?codigo=8247039

Sépulchre, M. (2023). Intersectional praxis and disability in higher education. *Social Inclusion*, *11*(4), 362-372. https://www.cogitatiopress.com/socialinclusion/article/view/7085

Silva, T. F. C. (2020). Desafios da atuação do psicólogo na assistência estudantil em uma universidade federal. *Pesquisas e Práticas Psicossociais*, *15*(4), 1-17.

Toti, M. C. da S., & Polydoro, S. A. J. (2020). Serviços de apoio a estudantes nos Estados Unidos da América e no Brasil. In C. E. S. B. Dias, M. C. da S. Toti, H. Sampaio & S. A. J. Polydoro (Eds.), *Os serviços de apoio pedagógico aos discentes no ensino superior brasileiro* (pp. 79-101). Pedro & João.

19
A tecnologia e a inteligência artificial na educação

Víthor Rosa Franco
Felipe Valentini

> *Highlights*
> - Definimos *machine learning* e apresentamos os principais métodos usados em pesquisa;
> - Definimos IA a partir de uma discussão de seus potenciais e limitações;
> - Apresentamos o que são os *transformers* e modelos fundacionais;
> - Discutimos potenciais de avaliação que minimizam custos operacionais e de pessoas;
> - Discutimos potenciais intervenções que maximizam resultados educacionais.

O avanço dos modelos computacionais tem provocado transformações significativas em diversos aspectos da sociedade, incluindo a educação e a avaliação educacional. Atualmente, aprendemos e ensinamos utilizando ferramentas tecnológicas cada vez mais sofisticadas. Entre essas ferramentas, a inteligência artificial (IA) e o *machine learning* (aprendizado de máquina) se destacam por sua capacidade de transformar a forma como avaliamos e promovemos o aprendizado.

Esses avanços têm gerado tanto impactos positivos quanto desafios no contexto educacional. Por exemplo, o ChatGPT facilita a revisão de textos e a geração de conteúdo, já o Duolingo oferece recursos para o aprendizado remoto de novas línguas e testes de proficiência. No entanto, o uso indiscriminado dessas tecnologias pode levar a uma redução na diversidade de opiniões, à homogeneização dos conteúdos e ao empobrecimento da compreensão do mundo real, conforme destacado pela Organização das Nações Unidas para a Educação, a Ciência e a Cultura (Unesco) (2023).

Neste capítulo, exploraremos as definições e aplicações de IA e *machine learning* (ML), começando com uma explicação sobre o que é cada conceito e como se diferenciam. Em seguida, abordaremos o impacto dessas tecnologias na educação, analisando métodos modernos de avaliação e as potencialidades dos modelos de *deep learning* e processamento de linguagem natural. Por fim, refletiremos sobre as oportunidades e desafios que essas inovações trazem para a prática educacional, destacando como a psicometria computacional pode redefinir a forma como entendemos e medimos o desempenho e o desenvolvimento dos alunos.

O que é *machine learning*? Conceitos e métodos

Machine learning, *deep learning*, inteligência artificial, *big data*, ciência de dados são termos frequentemente usados de forma intercambiável, embora representem conceitos distintos, muitas vezes com sobreposições. Antes de discutirmos modelos e aplicações, é crucial esclarecer alguns conceitos básicos.

Inteligência artificial (IA) é um termo abrangente que se refere à automação de tarefas intelectuais normalmente executadas por seres humanos. Isso inclui tanto tarefas altamente estruturadas quanto tarefas complexas que envolvem inúmeras interações de regras e resultados. Nos primórdios da IA, os modelos e aplicações focavam em programações rigorosas, com regras bem definidas para a solução de tarefas específicas, como analisar o melhor movimento em um jogo de xadrez com base em regras predefinidas. Recentemente, no entanto, os modelos de *machine learning* evoluíram para "aprender" a realizar uma tarefa específica por conta própria. Diferentemente dos métodos tradicionais, *machine learning* não depende de regras rigorosamente estabelecidas pelos programadores, mas sim de identificar padrões subjacentes em um conjunto de dados e aplicá-los em novas tarefas. Portanto, *machine learning* é uma das aplicações modernas da inteligência artificial – um conceito mais amplo que engloba outras aplicações além do *machine learning* (Chollet, 2021).

Figura 1. Comparação entre os modelos clássicos de programação de inteligência artificial e o novo paradigma de *machine learning*

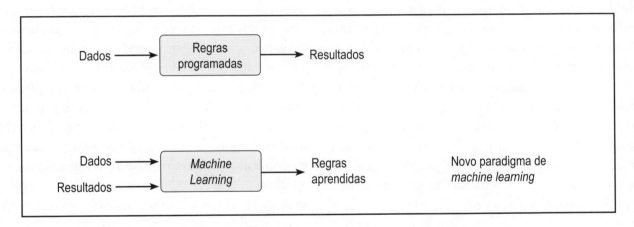

Fonte: elaborado pelos autores.

No diagrama da Figura 1, é nítida a diferença entre os paradigmas. No clássico, os resultados são obtidos após o processamento de dados por meio de programações muito bem estabelecidas *a priori*. A grande limitação é que pequenas variações nos dados, não contempladas pelas programações, podem inviabilizar o processamento. Nos modelos de *machine learning*, as regras tendem a maior generalização, pois são estabelecidas pela própria máquina a partir da observação de um grande conjunto de dados e de resultados. Um exemplo simples de *machine learning* é a análise automática de respostas de provas. Um sistema de *machine learning* pode ser treinado para identificar padrões nas respostas dos alunos e, com base nesses padrões, diagnosticar áreas em que o aluno tem dificuldades, como dificuldades específicas em leitura.

Você pode estar se perguntando: "Modelos tradicionais de regressão logística também fazem isso, não?" Se você pensou assim, está correto. De fato, a regressão logística busca identificar relações entre variáveis em um banco de dados estruturado para prever a classificação da variável resultado (*outcome*). Por essa razão, a regressão logística é considerada uma das abordagens tradicionais em *machine learning* (James et al., 2013). Por exemplo, regressões logísticas podem ser usadas para identificar se um estudante enfrenta dificuldades de leitura, com base em uma série de indicadores, como o tempo necessário para completar a leitura, fluidez, confusão entre sílabas, entre outros.

Embora as regressões logísticas sejam úteis para classificações simples, elas assumem uma relação linear (ou log-linear, para ser mais preciso) entre o resultado e as variáveis preditoras. Essa abordagem pode ser eficaz em muitos casos, mas as variáveis no contexto educacional são frequentemente complexas, envolvendo uma rede intrincada de interações e efeitos variados em diferentes níveis da mesma variável. Por exemplo, para um aluno que já tem uma boa base em matemática, uma pequena adição de tempo de estudo pode levar a uma melhoria significativa no desempenho. Em contraste, para um aluno que está lutando com conceitos básicos, um aumento similar no tempo de estudo pode ter um efeito mais modesto ou até mesmo nulo, devido a dificuldades mais profundas que não são resolvidas apenas com mais tempo de estudo.

Para lidar com essa limitação, modelos modernos de *machine learning* adotam abordagens não lineares para aprender as classificações. Um exemplo é o Support Vector Machine (SVM), que classifica os dados ao encontrar limiares, ou margens, ótimos entre as variáveis preditoras. Outro grupo de técnicas relacionadas inclui os modelos de árvore de decisão, Random Forests e Gradient Boosting (como o XGBoost). Esses modelos também são projetados para capturar padrões complexos e não lineares nos dados, oferecendo maior flexibilidade e precisão na classificação. Modelos de árvores buscam classificar um resultado a partir de divisões das variáveis preditoras em subconjuntos com uma base em um limiar, formando uma estrutura de árvore, em que cada nó representa uma decisão baseada em um critério (James et al., 2013).

Modelos de decisão baseados em árvores buscam identificar um limiar ideal de uma variável preditora que maximize a separação entre dois grupos de participantes, gerando a maior diferença possível na variável de resultado. Após essa primeira divisão, os subconjuntos resultantes são novamente separados com base em novos limiares, seja da mesma variável preditora ou de outras variáveis, conforme ilustrado na Figura 2. Por exemplo, considere um modelo que identifica crianças com dificuldades de leitura. Inicialmente, o modelo pergunta: "A criança fica nervosa ao ler em voz alta na sala de aula?", e separa as crianças com base na resposta. Em seguida, o modelo pergunta: "Quantas vezes por semana a criança lê em casa?", utilizando as respostas para refinar ainda mais a identificação.

Modelos como Random Forest e XGBoost são métodos mais sofisticados e robustos de construção iterativa de árvores de decisão. No treinamento de um modelo XGBoost, por exemplo, as limitações (ou resíduos) de uma árvore são usadas para construir a próxima árvore, que, por sua vez, se baseia nas limitações da anterior, e assim por diante, em um processo sucessivo de aprimoramento (Chen & Gestrin, 2016).

Contudo, modelos de decisão em árvore e de regressão logística exigem dados estruturados, coletados por meio de questionários, *surveys*,

Figura 2. Modelos de árvore de decisão

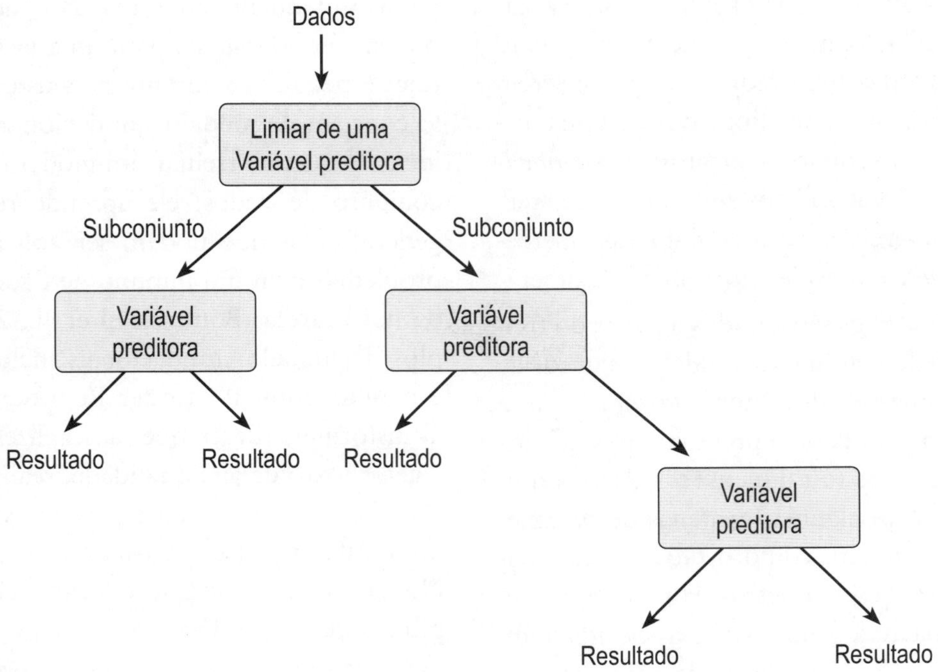

```
                    Dados
                      │
                      ▼
           ┌──────────────────────┐
           │   Limiar de uma      │
           │ Variável preditora   │
           └──────────────────────┘
         Subconjunto      Subconjunto
              │                │
              ▼                ▼
       ┌───────────┐    ┌───────────┐
       │ Variável  │    │ Variável  │
       │ preditora │    │ preditora │
       └───────────┘    └───────────┘
         │      │         │         │
         ▼      ▼         ▼         ▼
     Resultado Resultado Resultado  ┌───────────┐
                                    │ Variável  │
                                    │ preditora │
                                    └───────────┘
                                       │      │
                                       ▼      ▼
                                  Resultado Resultado
```

Fonte: elaborado pelos autores.

provas, entre outros. Recentemente, modelos de *machine learning* avançaram para lidar com dados não estruturados, como textos e imagens, para prever resultados. Esses modelos, pertencentes ao campo do *deep learning*, são especificamente projetados para processar e aprender com esses dados complexos. Um exemplo de aplicação de *deep learning* na avaliação educacional é a análise automática de respostas escritas de alunos em provas de redação.

Deep learning, processamento de linguagem natural e modelos fundacionais

Enquanto os modelos tradicionais de *machine learning* utilizam algoritmos que aprendem a partir de dados estruturados, os modelos de *deep learning* empregam redes neurais profundas para lidar com dados altamente complexos e não estruturados, como imagens, áudio e texto. O termo "*deep*" (profundo) refere-se ao processamento de dados por meio de múltiplas camadas, cada uma transformando os dados de entrada em representações mais abstratas (Chollet, 2021; LeCun et al., 2015). Essa estrutura permite que a rede aprenda padrões e relações complexas de forma progressiva.

Na área educacional, uma das aplicações mais recorrentes de *deep learning* é no processamento de textos. Modelos de *deep learning* para processamento de linguagem natural (NLP) utilizam várias camadas para realizar a tarefa central de converter textos em conjuntos de dados numéricos, chamados *embeddings* (Mikolov et al., 2013). Esses são vetores que mapeiam palavras ou frases em um espaço dimensional, onde palavras semanticamente similares tendem a ter *embeddings* próximos. Por exemplo, as palavras "rei" e "rainha" geralmente possuem *embeddings* semelhantes. O mais interessante é que, por serem numéricos, podem ser manipulados matematicamente. Se, por exemplo, subtrairmos o *embedding* da palavra "realeza" dos *embeddings* de "rei" e "rainha", obteremos vetores numéricos semelhantes aos *embeddings* de "homem" e "mulher".

Esses *embeddings* são gerados a partir do treinamento da rede neural em grandes conjuntos de dados, e o tamanho do vetor *embedding* varia de acordo com o modelo, representando a quantidade de parâmetros (ou dimensões). Alguns modelos operam com algumas centenas de parâmetros, enquanto outros, como o GPT-3, têm centenas de bilhões de parâmetros. Por exemplo, no GPT-3, cada palavra processada é associada a um vetor *embedding* de 175 bilhões de números.

Os primeiros modelos de NLP, como o Word2Vec, utilizavam *embeddings* estáticos, ou seja, cada palavra tinha um vetor fixo após o treinamento do modelo. Por exemplo, a palavra "educação" era representada pelo mesmo vetor, independentemente de se referir ao sistema de ensino-aprendizagem ou à cortesia de uma pessoa. Recentemente, a introdução dos *transformers* trouxe uma revolução ao NLP, pois esses modelos conseguem captar o contexto em que uma palavra é utilizada. Os *transformers* empregam um mecanismo chamado "atenção", que permite ao modelo analisar todas as partes de uma entrada de dados (como uma frase) simultaneamente, independentemente da distância entre elas no texto. Simplificando, os *embeddings* das palavras são ajustados em função dos *embeddings* do restante do texto (Vaswani et al., 2017).

Os *transformers* iniciaram o caminho rumo ao desenvolvimento dos "modelos fundacionais". Esses são modelos de grande escala, treinados em quantidades massivas de dados, que podem ser adaptados para uma variedade de tarefas específicas com mínimo ajuste (*fine tuning*). O conceito de modelos fundacionais se baseia na ideia de que, ao treinar um modelo em um vasto conjunto de dados, ele aprende representações generalizadas que podem ser aplicadas a novos problemas com um mínimo de dados específicos da nova tarefa (Bommasani et al., 2021). Exemplos de modelos fundacionais incluem o GPT-4 e o Bidirectional Encoder Representations from Transformers (Bert), que são capazes de entender e gerar texto de alta qualidade, realizar tarefas de classificação, responder a perguntas e até mesmo fazer inferências contextuais com alta precisão. No campo da avaliação educacional, por exemplo, modelos fundacionais podem ser utilizados para analisar respostas escritas e oferecer *feedback* detalhado aos alunos. Isso representa um avanço significativo, em que os modelos não são apenas treinados para tarefas específicas, mas funcionam como plataformas amplas e flexíveis, adaptáveis a uma ampla gama de aplicações.

O que é a "inteligência" na inteligência artificial?

A partir da popularização das técnicas de *machine learning*, novas tecnologias foram sendo desenvolvidas, tecnologias essas que eram ditas como capazes de "aprender". Diferentemente das "inteligências artificiais" das décadas de 1980 e 1990, a mudança trazida pela prática de *machine learning* permitiu que sistemas mais complexos fossem desenvolvidos com menor esforço humano, usando o maior potencial computacional que surgiu a partir dos anos 2000. A partir dessas mudanças, as inteligências artificiais (IAs) têm se tornado uma presença constante em nossas vidas, desde assistentes virtuais (como a Siri, da Apple; e o Google Assistant, da Google) até sistemas de recomendação em plataformas de *streaming* (como o sistema de ranqueamento de melhores filmes para o seu perfil na Netflix). Entretanto, antes de nos aprofundarmos no entendimento do que são, de fato, as IAs mais modernas, é necessário que nos aprofundemos em uma análise que vá além das meras aplicações tecnológicas. Em particular, a psicologia cognitiva e a filosofia da mente oferecem análises formais e empíricas que nos ajudam a entender as capacidades e limitações das inteligências artificiais.

Podemos iniciar tal discussão tentando definir o que seria a inteligência artificial. Uma definição ampla, que busca atender às necessidades modernas desse campo (Russell & Norvig, 2021), compreende que a inteligência artificial é o campo da ciência da computação e das ciências cognitivas dedicado à criação de sistemas que executam tarefas que, se executadas por seres humanos, exigiriam algum nível de "inteligência". Esses sistemas são capazes de, em uma compreensão ampla dos termos, aprender, tomar decisões e, em certos casos, interagir com humanos de maneiras que simulam processos cognitivos humanos. No entanto, é fundamental compreender que os processos cognitivos, bem como a definição de "inteligência", na área de IA são bastante distintos de como tais processos são compreendidos sob uma perspectiva psicológica (Van Rooij et al., 2023). De forma geral, a inteligência humana tem sido sistematicamente relacionada ao processamento simbólico (ou seja, a capacidade de processar informações a partir de módulos mentais específicos) e pelo fenômeno da consciência, a qual geralmente é atrelada a muitas das tarefas consideradas como "inteligentes" (Franco & Primi, 2022). A inteligência artificial, por outro lado, é avaliada pela sua capacidade de imitar, ou até mesmo superar, o desempenho humano em tarefas específicas que, a princípio, exigem o uso da inteligência conforme definida no contexto da psicologia (Simon, 1983).

No entanto, diversas pesquisas na área de psicologia cognitiva computacional, mesmo aquelas inspiradas em sistemas biológicos, demonstram que, sistematicamente, processamento simbólico e consciência não são condições necessárias para que computadores sejam capazes de apresentar *performance* similar ao comportamento humano (Franco, 2021, 2024; Petersen & Sporns, 2015; Thivierge et al., 2024; Van Rooij et al., 2023). Sob uma perspectiva filosófica, o argumento do "zumbi filosófico" é comumente utilizado para compreender essa ideia (Chalmers, 1995). O argumento sustenta, a partir de experimentos mentais, que é possível imaginar um ser idêntico ao ser humano, com a única diferença de que o ser hipotético não apresenta experiência consciente. Dessa forma, por exemplo, ao comer um doce, o ser hipotético não sentiria o sabor doce de um bolo de chocolate branco. Por outro lado, seu comportamento seria idêntico ao de um humano que de fato sente a experiência qualitativa da doçura ao saborear tal sobremesa. Apesar dos diversos argumentos contrários ao "zumbi filosófico" (Lynch, 2006), este parece fazer sentido quando se avalia, por exemplo, comportamentos "inteligentes", mas automáticos, de animais (Stanovich, 2013; Zorina, 2005). O que não significa que animais não tenham alguma forma de inteligência, mas sim que *nem todos os comportamentos que parecem inteligentes podem ser classificados como tal*.

Outro argumento comumente utilizado para contextualizar o significado de "inteligência" conforme utilizado no termo IA, foi proposto por Searle (1980). Esse argumento é conhecido como o experimento mental do "Quarto Chinês". Para entendê-lo, suponha que tenha se desenvolvido um sistema de IA para se comportar como se entendesse chinês. O sistema recebe caracteres chineses como entrada, executa cada instrução do programa passo a passo e, em seguida, produz caracteres chineses como saída. A máquina faz isso de forma tão perfeita que ninguém consegue perceber que está se comunicando com uma máquina e não com um ser humano escondido. Agora, suponha que alguém que não entende nada de chinês, mas que tenha uma versão em sua língua do programa usado pela IA, junto com lápis, papel, borrachas e arquivos suficientes, esteja preso dentro de um quarto. Para essa pessoa, caracteres chineses são entregues por debaixo da porta, sendo que a pessoa segue o programa passo a passo, o que eventualmente o instrui a deslizar outros caracteres chineses de volta por debaixo da porta. Nesse ponto, deve estar claro que a pessoa não entende nada de chinês, mas se o desempenho da IA faz parecer com que ela é capaz de entender chinês, então a pessoa também enganaria o receptor das mensagens.

Nesse ponto, o que podemos, então, dizer que é inteligência artificial? Enfatizamos que uma postura mais cética compreende a terminologia de IA de uma forma mais operacionalista ou pragmática, indicando que se define como "inteligente" a capacidade do sistema computacional de gerar resultados "impressionantes" em relação ao que seria esperado por uma máquina (Van Rooij et al., 2023). Essa perspectiva mais de "engenharia" de IA não minimiza suas potencialidades para aplicações e intervenções, mas busca também deixar claro suas possíveis limitações. Por isso, apesar de ser comum falarmos que ferramentas como o ChatGPT "entendem" os nossos comandos, ou que o tipo de arquitetura computacional que eles usam tem mecanismos de "atenção" (Vaswani et al., 2017), deve-se compreender que tais nomenclaturas servem mais como metáforas para os tipos de processos que as ações do sistema parecem emular.

Possibilidades de avaliação

Métodos de avaliação derivados de *machine learning* e IA têm sido chamados de psicometria computacional (Franco & Primi, 2022). A psicometria computacional é definida como uma abordagem da psicometria que combina métodos da ciência da computação orientados a dados (como o *machine learning*, IA e a mineração de dados) e teoria psicométrica para medir construtos psicológicos (Von Davier, 2017). Muitas aplicações desse tipo de método foram desenvolvidas recentemente (principalmente desde o lançamento do ChatGPT, no final de 2022, até agosto de 2024), sendo impossível apresentar uma lista dessas aplicações. No entanto, já existem publicações, manuais e *handbooks* que tentam sintetizar algumas aplicações exitosas no contexto da avaliação educacional (Yaneva & Von Davier, 2023). Podemos classificar, de forma geral, as aplicações em avaliação em pelo menos três categorias: (i) otimização de testes; (ii) pontuações automáticas; e (iii) criação e validação automatizada de itens.

A otimização de testes já vem de uma tradição antiga de pesquisa na psicometria, principalmente no que se conhece como testes adaptativos computadorizados (*computerized adaptive testing* (CAT); Franco, 2021). Um CAT envolve o uso de um banco de questões pré-testadas, bem como de um algoritmo de decisão, que cria um teste ou avaliação conforme o respondente provê suas respostas. Métodos tradicionais são baseados, principalmente, em teoria psicométrica. Métodos mais modernos, os quais se fundamentam mais em métodos de *machine learning*, têm apresentado potenciais interessantes de aplicação (Gonzalez, 2020). Em particular, uma abordagem interessante envolve o uso de métodos discretos de otimização para a seleção de itens de forma a atender objetivos específicos. Apesar de não serem estritamente métodos de *machine learning*, e sim de programação matemática, métodos como os algoritmos genéticos (*genetic algorithm* [GA]) e colônia de formigas (*ant colony algorithm* [ACO]) permitem que itens sejam selecionados de acordo com critérios mais diversos do que apenas validade da estrutura fatorial.

Uma aplicação interessante ao contexto educacional foi proposta por Yuhana et al. (2024). Nesse trabalho, os autores propuseram uma combinação de técnicas de teoria de resposta ao item com o ACO para o desenvolvimento de caminhos personalizados de aprendizagem (*personalized learning paths* [PLP]). PLPs têm ganhado destaque em pesquisas educacionais devido à capacidade de atender às necessidades individuais dos alunos, promovendo um ambiente de ensino mais eficaz e engajador. Para fundamentar essa abordagem é necessário que a cada etapa seja feita uma avaliação fidedigna do nível de conhecimento do estudante, para que o caminho seja atualizado a cada conquista. No estudo de Yuhana et al. (2024), propõe-se justamente um método que permite criar testes personalizados para cada aluno, a depender de seu desempenho progressivo no seu caminho de aprendizagem. Assim, esse método se difere de métodos tradicionais de CAT, que buscam apenas otimizar a estimativa do nível adequado de conhecimento, mas também incorpora análises preditivas que tentam avaliar o ritmo que um aluno domina novos conhecimentos e, a partir disso, gerar testes que são desafiadores, mas não de forma que possa desmotivá-lo.

Além da capacidade de otimizar testes para objetivos específicos, métodos baseados em modelos contemporâneos de processamento de linguagem natural têm oferecido novas possibilidades para a pontuação automatizada de questões abertas (Gao et al., 2024). Entre essas possibilidades, os sistemas de *feedback* automatizado são projetados para fornecer retornos em tempo real aos estudantes sobre suas respostas em questões abertas. Um exemplo destacado em Gao et al. (2024) é o HASbot, um sistema que utiliza técnicas de NLP para avaliar argumentações científicas em respostas textuais. No entanto, os potenciais de avaliação vão além: o HASbot não apenas avalia a resposta do estudante, mas também oferece sugestões de como melhorar a argumentação. Isso é particularmente útil em disciplinas que requerem pensamento crítico e elaboração de respostas complexas, como ciências e humanidades, ou também em disciplinas que envolvem cálculos que precisam ser claramente apresentados e justificados. O *feedback* instantâneo oferecido por esses sistemas ajuda os estudantes a identificar rapidamente suas áreas de melhoria e a aprimorar suas habilidades de escrita e argumentação, o que pode levar a um melhor desempenho acadêmico.

Outro tipo de sistema que pode ser interessante para avaliação são os classificadores automáticos. Em provas de avaliação em larga escala, como o Exame Nacional do Ensino Médio (Enem), um dos principais custos envolve a contratação de corretores para avaliar as redações e questões abertas (Silva, 2023). Sistemas de classificadores automáticos podem oferecer uma alternativa, sendo que sua principal capacidade é categorizar respostas abertas em diferentes rótulos ou categorias, facilitando a análise de grandes volumes de dados textuais. Gao et al. (2024) discutem um sistema que utiliza modelagem de tópicos para classificar respostas textuais de questionários de autoavaliação de professores. Esse tipo de sistema pode identificar automaticamente os temas principais nas respostas, economizando tempo e recursos que seriam necessários para uma análise manual. Além disso, esses classificadores podem ser utilizados em diversas disciplinas para identificar padrões de pensamento dos estudantes, apoiar o desenvolvimento de novos métodos de ensino e melhorar a qualidade das avaliações. Apoiados em outros métodos de *machine learning*, como as redes neurais profundas e os modelos de decisão em árvores, esse tipo de sistema pode ser também estendido para dar notas automaticamente aos estudantes.

Finalmente, em relação à criação e validação automatizada de itens, os procedimentos de Mitkov et al. (2023) e de Guenole et al. (2024) parecem apresentar a tendência futura da área. Em Mitkov et al. (2023), os autores apresentam métodos de NLP que podem ser usados para criar perguntas a partir do material didático utilizado para ensinar os estudantes. Em particular, os autores propõem que parágrafos ou trechos específicos de texto podem ser manipulados a partir de sistemas de IA generativa de textos para gerar questões de diversos formatos. Dessa forma, tendo um material de fonte, é possível garantir a validade da informação e, portanto, ter a criação automática de questões que atendam às demandas que são apresentadas no contexto específico de avaliação. Isso significa que, por exemplo, o processo de criação de bancos de questões pode ser completamente automatizado, diminuindo a necessidade de processos complexos de criação de itens. Esses itens, em etapa posterior, podem ser usados em sistemas de otimização de testes para aplicações diversas no contexto educacional.

No entanto, é possível se perguntar: Como avaliar a qualidade dos itens criados automaticamente? Afinal, a partir de uma perspectiva psicométrica tradicional, mesmo tendo os itens, é necessário coletar dados e realizar as análises de dimensionalidade e ajuste fatorial desses itens. Guenole et al. (2024) seguem uma linha de pesquisa em crescimento que tem aplicado análises fatoriais às representações numéricas geradas a partir de modelos largos de linguagem para tentar estimar a estrutura fatorial dos itens. Em particular, os autores aplicaram análises fatoriais aos *embeddings* de itens que compunham instrumentos para os quais eles também dispunham de dados reais coletados com pessoas. Ao compararem as cargas fatoriais dos *embeddings* com as cargas fatoriais de dados reais, os autores identificaram que as estimativas eram bastante próximas, indicando que os modelos largos de linguagem parecem codificar o tipo de informação que também se avalia a partir de análises psicométricas tradicionais. O potencial dessas aplicações tem como uma de suas consequências a possibilidade de criar testes de forma instantânea, permitindo a criação de novas medidas de conhecimento e de construtos psicológicos para cada contexto.

Possibilidades de intervenção

A grandeza dos impactos que as IAs têm tido na avaliação educacional tem sido também muitas vezes diretamente relacionada às possibilidades de intervenção. Como apresentado anteriormente, a otimização automática de testes para atender demandas únicas de cada estudante permite a implementação de PLPs mais eficientes, facilitando a concretização de estratégias de avaliação formativa e de avaliação contínua (Carrillo-de-la-Peña & Perez, 2012). De forma complementar, sistemas de pontuação (e *feedback*) automatizada permitem que os estudantes tenham "tutores" personalizados que lhes ajudem a compreender a forma correta de pensar sobre determinados assuntos, oferecendo a possibilidade de personalizar, também, a forma que um estudante pode tentar buscar como entender as falhas que pode apresentar no processo de aprendizagem e, a partir disso, desenvolver um plano de ensino específico para suas demandas.

Sob a perspectiva dos professores, as tecnologias de IA podem automatizar tarefas administrativas como a correção de provas e a gestão de registros acadêmicos, liberando tempo para que educadores se concentrem em atividades mais criativas e interativas com os alunos (Ali et al., 2024). Isso, por sua vez, pode melhorar a eficiência e a eficácia do ambiente educacional. Contudo, a dependência excessiva dessas tecnologias pode resultar em uma diminuição da interação humana e no surgimento de problemas relacionados à privacidade de dados. Dessa forma, é essencial que se compreenda as limitações da IA e o papel dos professores como atores ativos na aprendizagem dos alunos, sendo responsáveis por guiar as ações gerais do contexto de aprendizagem em favor de um objetivo comum para todos os estudantes. Apesar da potencialidade da IA de avaliações precisas, tais avaliações devem ter um objetivo claramente definido, o qual, idealmente, não deve depender apenas de demandas tão específicas do estudante; ou ao menos de demandas que não estão alinhadas aos objetivos pedagógicos conforme definidos pelos professores.

Outra importante possibilidade de intervenção está relacionada com a educação a distância. Com a pandemia de covid-19, o uso de IA em plataformas de ensino a distância se intensificou, permitindo maior flexibilidade no aprendizado. No entanto, as principais ferramentas de IA, aquelas baseadas em modelos fundacionais, vieram a existir apenas a partir do ano de 2023. Dessa forma, há ainda um grande potencial de aprimoramento. Em particular, a IA pode fornecer um meio de suporte contínuo aos alunos, otimizada para manter o engajamento em contextos de aprendizagem autônoma e, até mesmo, incorporando princípios de *gamificação* (Kujala et al., 2010). Esse tipo de estratégia tem se mostrado eficiente para manter o nível adequado de motivação para estudar, balanceando, em nível individual, o quanto a dificuldade de uma tarefa afeta o engajamento dos estudantes. Tais questões são ainda mais fundamentais no contexto de ensino a distância, dado que essa modalidade também pode acentuar desigualdades tecnológicas e sociais, sobretudo em países com grande desigualdade social como o Brasil (Ali et al., 2024).

Por fim, embora a IA ofereça inúmeras possibilidades de intervenção no contexto educacional, a eficácia e efetividade dessas intervenções vai depender da superação de desafios técnicos, éticos e operacionais. Como argumenta a Unesco (2023), o uso dessas ferramentas deve ser centrado nas pessoas, e não nos negócios ou nos objetivos. Nesse sentido, é necessário um esforço conjunto entre educadores, desenvolvedores de tecnologias e formuladores de políticas para garantir que essas ferramentas sejam aplicadas de forma ética, inclusiva, justa e eficaz. Portanto, ecoamos a sugestão da Unesco de que a melhor estratégia não é evitar, ou tentar proibir o uso dessas ferramentas, mas sim ensinar aos estudantes como o uso delas pode ser feito de forma ética e criativa, buscando maximizar o aprendizado e a exploração da criatividade e raciocínio crítico.

Considerações finais

O avanço rápido das tecnologias de IA, particularmente os modelos de geração de linguagem como o ChatGPT, tem gerado impactos significativos no campo educacional. Esses modelos utilizam técnicas avançadas de processamento de linguagem natural (NLP) para gerar conteúdos que imitam a linguagem humana, o que tem levado à sua adoção em diversas áreas, incluindo a educação. Técnicas de ML, incluindo *deep learning* e processamento de linguagem natural, têm demonstrado um potencial significativo para aprimorar a avaliação educacional, ao permitir a análise automática de dados complexos e não estruturados, como textos. Além disso, esses modelos de IA são ferramentas valiosas na elaboração de itens de avaliação, otimização de testes e fornecimento de *feedback* automatizado. No entanto, a integração dessas tecnologias em ambientes educacionais apresenta desafios substanciais que precisam ser abordados para que suas potencialidades sejam plenamente exploradas e que a aprendizagem seja inclusiva.

Referências

Ali, O., Murray, P. A., Momin, M., Dwivedi, Y. K., & Malik, T. (2024). The effects of artificial intelligence applications in educational settings: Challenges and strategies. *Technological Forecasting and Social Change*, *199*, 123076. https://doi.org/10.1016/j.techfore.2023.123076

Bommasani, R., Hudson, D. A., Adeli, E., Altman, R., Arora, S., Von Arx, S., & Liang, P. et al. (2021). On the opportunities and risks of foundation models. *arXiv preprint arXiv:2108.07258*. Recuperado de https://arxiv.org/abs/2108.07258

Carrillo-de-la-Peña, M. T., & Perez, J. (2012). Continuous assessment improved academic achievement and satisfaction of psychology students in Spain. *Teaching of Psychology*, *39*(1), 45-47. https://doi.org/10.1177/0098628311430312

Chalmers, D. J. (1995). Facing up to the problem of consciousness. *Journal of Consciousness Studies*, *2*(3), 200-219. https://www.ingentaconnect.com/content/imp/jcs/1995/00000002/00000003/653

Chen, T., & Guestrin, C. (2016). XGBoost: A Scalable Tree Boosting System. In *Proceedings of the 22nd ACM SIGKDD International Conference on Knowledge Discovery and Data Mining* (pp. 785-794). São Francisco, CA.

Chollet, F. (2021). *Deep learning with Python*. Simon and Schuster.

Franco, V. R. (2021). Aprendizado de máquina e psicometria: Inovações analíticas na avaliação psicológica. *Avaliação Psicológica*, *20*(3), A-C. http://dx.doi.org/10.15689/ap.2021.2003.ed

Franco, V. R. (2024). Modelos largos de linguagem e arquiteturas cognitivas: Em rumo à humanização das máquinas. In A. A. Santos & M. S. Torres (Orgs.), *Ciberpsicologia e humanidades digitais: Diálogos e perspectivas contemporâneas* (pp. 1-21) (Livro não publicado).

Franco, V. R., & Primi, R. (2022). O futuro das avaliações por meio das redes sociais. *Avaliação Psicológica*, *21*(4), 437-445. https://doi.org/10.15689/ap.2022.2104.24170.07

Gao, R., Merzdorf, H. E., Anwar, S., Hipwell, M. C., & Srinivasa, A. (2024). Automatic assessment of text-based responses in post-secondary education: A systematic review. *Computers and Education: Artificial Intelligence*, 100206. https://doi.org/10.1016/j.caeai.2024.100206

Gonzalez, O. (2021). Psychometric and *machine learning* approaches to reduce the length of scales. *Multivariate Behavioral Research*, *56*(6), 903-919. https://doi.org/10.1080/00273171.2020.1781585

Guenole, N., D'Urso, E. D., Samo, A., & Sun, T. (2024). *Pseudo factor analysis of language embedding similarity matrices: New ways to model latent constructs*. https://doi.org/10.31234/osf.io/vf3se

James, G., Witten, D., Hastie, T., & Tibshirani, R. (2013). *An introduction to statistical learning* (Vol. 112, p. 18). Springer.

Kujala, J. V., Richardson, U., & Lyytinen, H. (2010). A Bayesian-optimal principle for learner-friendly adaptation in learning games. *Journal of Mathematical Psychology*, *54*(2), 247-255. https://doi.org/10.1016/j.jmp.2009.10.001

LeCun, Y., Bengio, Y., & Hinton, G. (2015). Deep learning. *Nature*, *521*, 7553.

Lynch, M. P. (2006). Zombies and the case of the phenomenal pickpocket. *Synthese*, *149*, 37-58. https://doi.org/10.1007/s11229-004-6241-3

Mitkov, R., Ha, L. A., Maslak, H., Ranasinghe, T., & Sosoni, V. (2023). Automatic generation of multiple-choice test items from paragraphs using deep neural networks. In V. Yaneva & M. von Davier (Orgs.), *Advancing natural language processing in educational assessment* (pp. 77-89). Taylor & Francis.

Mikolov, T., Sutskever, I., Chen, K., Corrado, G. S., & Dean, J. (2013). Distributed representations of words and phrases and their compositionality. In S. Koyejo, S. Mohamed, A. Agarwal, D. Belgrave, K. Cho & A. Oh. *Advances in neural information processing systems* (pp. 3.111-3.119.). NeurIPS.

Organização das Nações Unidas para a Educação, a Ciência e a Cultura. (2023). *Guidance for generative AI in education and research*. Unesco Publishing.

Petersen, S. E., & Sporns, O. (2015). Brain networks and cognitive architectures. *Neuron*, *88*(1), 207-219. https://doi.org/10.1016/j.neuron.2015.09.027

Russell, S., & Norvig, P. (2021). *Artificial intelligence: A modern approach*. Pearson.

Searle, J. R. (1980). Minds, brains, and programs. *Behavioral and Brain Sciences*, *3*(3), 417-424. https://doi.org/10.1017/S0140525X00005756

Silva, R. R. D. (2023). *Análise da aderência semântica de redações do ENEM ao tema: uma abordagem baseada no BERTimbau*. [Trabalho de Conclusão de Curso]. Universidade Federal de Santa Catarina. https://repositorio.ufsc.br/handle/123456789/253391

Simon, H. A. (1983). Why should machines learn? In J. G. Carbonell, R. S. Michalski & T. M. Mitchell (Eds.), *Machine learning* (pp. 25-37). Elsevier.

Stanovich, K. E. (2013). Why humans are (sometimes) less rational than other animals: Cognitive complexity and the axioms of rational choice. *Thinking & Reasoning*, *19*(1), 1-26. https://doi.org/10.1080/13546783.2012.713178

Thivierge, J. P., Giraud, É., & Lynn, M. (2024). Toward a brain-inspired theory of artificial learning. *Cognitive Computation*, *16*(5), 2.374-2.381. https://doi.org/10.1007/s12559-023-10121-y

Van Rooij, I., Guest, O., Adolfi, F. G., de Haan, R., Kolokolova, A., & Rich, P. (2023). Reclaiming AI as a theoretical tool for cognitive science. *Computational Brain & Behavior*, *7*, 616-636. https://doi.org/10.31234/osf.io/4cbuv

Vaswani, A., Shazeer, N., Parmar, N., Uszkoreit, J., Jones, L., Gomez, A. N., & Polosukhin, I. (2017). *Attention is all you need*. NeurIPS.

Von Davier, A. A. (2017). Computational psychometrics in support of collaborative educational assessments. *Journal of Educational Measurement*, *54*(1), 3-11. https://doi.org/10.1111/jedm.12129

Yaneva, V., & Von Davier, M. (2023). *Advancing natural language processing in educational assessment*. Taylor & Francis.

Yuhana, U. L., Djunaidy, A., & Purnomo, M. H. (2024). Enhancing students performance through dynamic personalized learning path using ant colony and item response theory (ACOIRT). *Computers and Education: Artificial Intelligence*, *7*, 100280. https://doi.org/10.1016/j.caeai.2024.100280

Zorina, Z. A. (2005). Animal intelligence: Laboratory experiments and observations in nature. *Entomological Review*, *85*(Suppl 1), S42-S54.

20
Desafios e possibilidades da avaliação e da pesquisa psicoeducacional para estudantes com deficiência visual

Cassiana Saraiva Quintão
Thatiana Helena de Lima

> *Highlights*
> - Avaliação psicoeducacional se faz necessário, pois se dá de forma ampla e utiliza diferentes ferramentas e dispositivos, sejam individuais ou coletivos;
> - Pesquisa psicoeducacional pode, inclusive, contribuir para o desenvolvimento e adaptação de instrumentos para pessoas com deficiência que virão a ser utilizados nas avaliações psicoeducacionais;
> - Estudantes com deficiência visual: destaca-se alguns parâmetros médicos e legais para garantia do direito ao acesso à educação em todos os níveis;
> - Educação especial como modalidade da educação escolar. Organiza-se de modo a considerar a aproximação sucessiva dos pressupostos e da prática pedagógica social da educação inclusiva.

Este capítulo tem por objeto explorar a avaliação e pesquisa psicoeducacional em estudantes com deficiência visual. Para tanto, está estruturado em uma introdução que parte de uma simples explicação sobre a avaliação psicológica, em seguida discorre sobre como se dá a avaliação psicoeducacional, trata da educação especial e dos direitos dos estudantes com deficiência visual na escola, perpassa pelas possibilidades da avaliação e da pesquisa nesse contexto com esses alunos, apresentando alguns desafios atuais e futuros para a área e, por fim, se encerra apontando as considerações finais.

Segundo a Resolução 31/2022 do Conselho Federal de Psicologia (CFP), a avaliação psicológica é um processo que busca investigar os mais diversos fenômenos, podendo a(o) psicóloga(o) utilizar de métodos, técnicas e instrumentos, com o intuito de tomar decisões, seja no âmbito individual, coletivo ou institucional, tendo por base demandas, condições e finalidades específicas (CFP, 2022).

A psicologia pode abarcar diferentes áreas de atuação, que exigem do psicólogo compreensão teórica específica sobre os sujeitos incluídos em cada um desses contextos e o uso de instrumentos psicológicos também necessita desse conhecimento. Assim, também é imprescindível buscar entender as questões éticas envolvidas no uso das medidas e conhecimentos sobre psicometria (Evans & Finn, 2016; Muniz, 2017).

Para a avaliação psicoeducacional, isso também se faz necessário, pois, segundo Giordani et al. (2022), ela se dá de forma ampla e utiliza diferentes ferramentas e dispositivos, sejam individuais ou coletivos. Os autores chamam a atenção para que a avaliação no contexto escolar não tenha como objetivo achar "o problema do aluno desviante" ou "promover seu ajustamento" à escolarização, mas sim buscar avaliar as questões transversais à escolarização. Para isso, é importante o uso de instrumentos, entre eles: os testes psicológicos e psicopedagógicos, que devem apresentar estudos que demonstrem sua qualidade, com resultados fidedignos.

A pesquisa nesse contexto, em especial, possui algumas especificidades que são importantes de serem discutidas, pois se trata de uma área cheia de singularidades. A escola é um lugar de pluralidades e de constante transformação na vida do sujeito que a frequenta. O que não é diferente quando o indivíduo adentra a universidade. Questões que buscam entender o que faz o aluno permanecer e não desistir do curso são constantes, assim como quais são os mecanismos que os fazem interagir em busca da aquisição de conhecimento. Ao refletir sobre isso, vários são os construtos que podem ser estudados para entender a dinâmica do universitário como, por exemplo, a motivação, a satisfação, os motivos para evasão, aspectos ligados à vivência acadêmica e também elementos mais ligados ao aprendizado das disciplinas frequentadas.

Atualmente, a chegada de estudantes com deficiência ao ensino superior, mesmo que de forma incipiente, tem mobilizado a área e indicado a necessidade de se pesquisar aspectos psicológicos e educacionais para o entendimento de quais são as particularidades desses estudantes no contexto universitário, para que assim haja maior adesão deles ao contexto. Essa necessidade é enviesada quando os dados apresentados pelo Instituto Brasileiro de Geografia e Estatística (IBGE) (2022) apontam que, no Brasil, há 18,6 milhões de pessoas com algum tipo de deficiência. No que tange ao acesso ao ensino superior, a taxa de participação é de 54,7% para pessoas com deficiência e, considerando a faixa etária de 18 a 24 anos, apenas 15% frequentavam o âmbito universitário. E, por isso, esse tema é tratado neste capítulo, explorando-se a seguir a educação especial e o direito ao acesso por estudantes com deficiência visual.

Neste capítulo, também, serão pontos centrais os desafios e possibilidades da pesquisa e da avaliação psicoeducacional do estudante com deficiência visual, tendo em vista que um dos fatores que tornam a avaliação dos profissionais de psicologia comprometida é a ausência de recursos e adaptações necessárias nos instrumentos utilizados. No entanto, para que sejam garantidas adaptações confiáveis e com qualidades psicométricas, é importante que haja pesquisas rigorosas envolvendo a adaptação e construção de instrumentos para essa população e que os profissionais busquem entender as particularidades e o modo de vida das pessoas com essa condição, não mudando apenas os estímulos e instruções de testes desenvolvidos para pessoas sem deficiência (Campos, 2022).

A educação especial e o direito de acesso aos estudantes com deficiência visual no âmbito educacional

No âmbito educacional, a mobilização para incluir pessoas com deficiência na rede regular de ensino foi expandindo-se lentamente. No início da década de 1940 os serviços públicos eram prestados pelas escolas regulares, que ofereciam classes especiais para atender os alunos com deficiência. Somente em 1957 a educação especial foi nacionalmente assumida pelo Governo Federal e até hoje esta é uma das áreas da educação que mais tem desenvolvido pesquisas científicas para melhor atender os estudantes que compõem o seu público-alvo e precisam de recursos, equipamentos e especializações conforme a condição física, sensorial e intelectual (Campbell, 2009; Lei n. 13.146, de 06 de julho de 2015).

Contribuindo para essa evolução, na Conferência Mundial de Educação Especial, ocorrida na cidade de Salamanca, na Espanha, entre 7 e

10 de junho de 1994, delegados do Brasil e demais 88 governos e 25 organizações internacionais reafirmaram o compromisso para com a educação para todos, por meio da assinatura da Declaração de Salamanca (1994), sobre Princípios, Políticas e Práticas na Área das Necessidades Educativas Especiais. O documento reconhece a necessidade e urgência de se providenciar a educação para as crianças, jovens e adultos, público-alvo da educação especial, dentro do sistema regular de ensino e reafirma a estrutura de ação em educação especial.

A partir desse documento foi abarcada, nas diretrizes curriculares brasileiras, uma proposta para garantir a inclusão de crianças com deficiência e necessidades educativas especiais no sistema de ensino regular. Foi aprovada, em 1996, a Lei n. 9.394 de Diretrizes e Bases da Educação Nacional (LDBEN), que destina o capítulo V à educação especial (1996).

Nessa perspectiva, a educação especial como modalidade da educação escolar organiza-se de modo a considerar a aproximação sucessiva dos pressupostos e da prática pedagógica social da educação inclusiva, que prevê um conjunto de recursos e serviços educacionais especiais organizados institucionalmente para apoiar, complementar e suplementar e, em alguns casos, substituir os serviços educacionais comuns, de modo a garantir a educação escolar e promover o desenvolvimento das potencialidades dos alunos, público-alvo da educação especial em todos os níveis e etapas da educação (Mazzota, 1998).

Nesse contexto, a fim de cumprir os dispositivos legais e políticos presentes na Lei n. 9.394/1996, que estabelece as diretrizes e bases da educação nacional, em seu capítulo V: "Garante atendimento educacional especializado aos alunos com deficiência, preferencialmente, na rede regular de ensino, bem como o acesso obrigatório e gratuito ao ensino em todos os seus níveis, da pesquisa e da criação artística, segundo a capacidade de cada um" (1996).

Com o intuito de buscar atender à legislação e às diretrizes nacionais para a educação especial na educação básica, elaborada pela Secretaria de Educação Especial em 2001, o Ministério da Educação prevê, dentro da modalidade da educação especial, conforme especificado na LDBEN e no Decreto n. 3.298, de 20 de dezembro de 1999, Artigo 24, § 1º. Contribuindo também para o avanço do processo de inclusão nas escolas regulares, o Ministério da Educação elaborou, em 2008, o documento intitulado Política Nacional de Educação Especial na Perspectiva da Educação Inclusiva (PNEE-PEI), no qual estabeleceu que a educação inclusiva fosse prioridade para as escolas em todo Brasil. Esse documento propõe que os sistemas de ensino devem matricular todos os alunos, cabendo às escolas organizarem-se para o atendimento aos alunos com necessidades especiais, assegurando as condições necessárias para uma educação de qualidade para todos. O conteúdo desse material trouxe consigo mudanças que permitiram a oferta de vagas na educação básica, valorizando as diferenças e atendendo às necessidades educacionais de cada aluno (Política Nacional de Educação Especial na Perspectiva da Educação Inclusiva, 2008).

Nesse material foi definido como público-alvo da educação especial os alunos com deficiência, transtornos globais do desenvolvimento e altas habilidades/superdotação, permitindo o acesso, a participação e a aprendizagem desses alunos nas escolas regulares. A PNEE-PEI orienta os sistemas de ensino a promoverem respostas às necessidades educacionais especiais, garantindo a transversalidade da educação especial desde a educação infantil até a educação superior. O atendimento educacional especializado, a escolarização nos níveis mais elevados do ensino, a formação de professores para os atendimentos educacionais especializados e demais profissionais da educação para a inclusão, a participação da família e da comunidade, a acessibilidade urbanística, arquitetônica, nos mobiliários e equipamentos, nos transportes, na comunicação e informação e a articulação intersetorial na implementação das políticas públicas são outros pontos abordados no referido documento (Política Nacional de Educação Especial na Perspectiva da Educação Inclusiva, 2008).

Para que isso seja colocado em prática esse documento ainda ressalta que os sistemas de ensino devem organizar as condições de acesso aos espaços, aos recursos pedagógicos e à comunicação que favoreçam a promoção da aprendizagem e a valorização das diferenças, a fim de atender às necessidades educacionais de todos os alunos. Dessa forma, a acessibilidade deve ser assegurada mediante a eliminação de barreiras arquitetônicas, urbanísticas, na edificação incluindo instalações, equipamentos e mobiliários e nos transportes escolares, bem como as barreiras nas comunicações e informações (Política Nacional de Educação Especial na Perspectiva da Educação Inclusiva, 2008).

Em se tratando especificamente dos estudantes com deficiência visual, destaca-se alguns parâmetros médicos e legais para garantia do direito ao acesso à educação em todos os níveis. Conforme a Classificação Internacional de Doenças – Para Estatísticas de Mortalidade e de Morbidade (CID-11) (OMS, 2019), em vigor desde janeiro de 2022, uma pessoa é considerada com deficiência visual quando ocorre uma condição ocular que afeta o sistema visual e uma ou mais de suas funções de visão. Pode ser categorizada como deficiência visual leve, moderada ou grave ou cegueira e deficiência visual de perto, conforme a gravidade.

A respeito dos parâmetros legais, ainda está em vigor o Decreto n. 5.296/2004, que regulamenta as leis 10.048/2000 e 10.098/2000, Artigo 84, § IV, da Constituição Federal de 1988, que define a deficiência visual como:

> Cegueira, na qual a acuidade visual é igual ou menor que 0,05 graus no melhor olho com a melhor correção óptica. Já a baixa visão significa acuidade visual entre 0,3 e 0,05 no melhor olho com a melhor correção óptica, e os casos nos quais a somatória da medida do campo visual em ambos os olhos for igual ou menor que 60° ou a ocorrência simultânea de quaisquer das condições anteriores (1988).

Dito isso, todos os alunos que se enquadram nesses parâmetros são considerados legalmente pessoas com deficiência visual e fazem parte do público-alvo da educação especial. Consequentemente, essas pessoas possuem o direito de acesso pleno em todo âmbito educacional, incluindo a acessibilidade e equidade no processo de avaliação e pesquisa psicoeducacional, bem como no processo de ensino e aprendizagem em qualquer nível ou espaço formativo. Nessa direção, com o objetivo de auxiliar professores, pesquisadores e demais profissionais da área da psicologia e da educação, que trabalham com alunos com deficiência visual na educação básica ou no ensino superior, será apresentado, no tópico a seguir, algumas estratégias para possibilitar a avaliação e pesquisa psicoeducacional para estudantes com deficiência visual.

Possibilidades da avaliação e da pesquisa psicoeducacional para estudantes com deficiência visual

Existem algumas possibilidades para tornar a avaliação e pesquisa psicoeducacional mais acessíveis aos estudantes com deficiência visual. No entanto é imprescindível ressaltar que não há um único caminho para todos os estudantes e que, dependendo da necessidade do aluno, os professores, juntamente com a equipe pedagógica, precisarão usar da sua criatividade e conhecimento a respeito das especificidades da deficiência para elaborar a avaliação psicoeducacional e, posteriormente, adaptar os recursos tornando-os apropriados. Além disso, é importante estabelecer um diálogo constante com a família e com o aluno em particular e pedir a colaboração deles na tomada de decisão sobre qual o melhor recurso para atendê-lo nas avaliações e atividades curriculares.

É fundamental destacar também a importância de os professores trabalharem em conjunto com outros profissionais na desconstrução de preconceitos e barreiras atitudinais, como, por exemplo, a superproteção e o capacitismo, e ficarem atentos às necessidades de avaliação e às potencialidades de seus alunos com deficiência, fornecendo a eles as estratégias e recursos que darão o devido suporte. Vale elucidar que os caminhos elencados neste capítulo são gerais e a sua aplicação precisa ser estudada e planejada pelos professores e demais membros da equipe escolar conforme a especificidade de cada estudante, mesmo que porventura mais de um estudante apresente o mesmo diagnóstico de acordo com a Classificação Internacional de Doenças, em sua décima primeira edição (OMS, 2019). Isso se faz relevante para que seja considerada a individualidade de cada aluno no processo avaliativo.

Ressalta-se também que todos os materiais utilizados podem sofrer adaptações, modificações e ajustes necessários e adequados às especificidades de cada estudante, a fim de assegurar que ele possa gozar ou exercer, em igualdade de condições e oportunidades com as demais pessoas, todos os direitos e liberdades fundamentais, tendo assim acessibilidade plena aos materiais previstos. Esse direito é garantido por meio do Artigo 3º, § VI, da Lei Brasileira de Inclusão da Pessoa com Deficiência (2015).

Nessa direção, serão apresentadas a seguir algumas possibilidades que podem auxiliar tanto a avaliação quanto a pesquisa psicoeducacional de estudantes com deficiência visual. Primeiramente, a utilização de arquivos ou materiais em formato digitalizado ou informatizado que permita a alteração do formato, tamanho de fonte, alto-contraste e o uso de programas para leitura de tela são uma boa alternativa para tornar a pesquisa e os processos avaliativos mais acessíveis aos estudantes com deficiência visual. Em segundo lugar, o uso de textos e outros materiais em formato PDF editável, Word, PowerPoint, que tenham texto alternativo ou aba com audiodescrição, em caso de figuras ou recursos audiovisuais também podem favorecer a acessibilidade nesse contexto (Selau et al., 2017; Silva & Pimentel, 2021; Sales & Torres, 2022; Silva & Costa, 2023).

Tais recursos também podem ser empregados para garantir o acesso aos instrumentos de avaliação psicoeducacional e outras técnicas. A impressão ampliada de todos os instrumentos e técnicas de avaliação também pode ser feita com uma diagramação previamente programada, com cuidado para que não falte informações relevantes e a compreensão seja comprometida. Em alguns casos, pode-se ainda ser necessária a alteração de cores e o uso do Braille, conforme a necessidade do estudante.

Ainda em relação à aplicação de instrumentos no processo de avaliação e pesquisa psicoeducacional, uma estratégia possível é o uso de instrumentos já construídos e adaptados para essa população, ou o emprego de instrumentos padronizados e formatados para a aplicação e correção online com uso de plataformas específicas para correção informatizada. No entanto, apesar do avanço na produção científica, voltada para a construção e adaptação de instrumentos psicológicos para pessoas com deficiência no Brasil (Campos, 2022; Oliveira & Nunes, 2019; Quintão et al., 2021; Vieira, 2018), bem como o uso da tecnologia suporte nesses processos, o acesso pleno das pessoas com deficiência visual à maior parte dos instrumentos ainda não é garantido, pois mesmo com ajuda da tecnologia muitos testes ainda não são construídos e adaptados com base no modelo de testagem universal e apresentam uma interface ou *layout* pouco acessível (Zanfelici & Oliveira, 2013; Campos & Oliveira, 2019; Oliveira & Nunes, 2015, 2019; Vaz & Melo, 2022).

Diante desse cenário, apesar da carência de instrumentos destinados a avaliar essa população, os profissionais que atuam nas áreas de avaliação e pesquisa psicoeducacional podem buscar outras alternativas e recursos acessíveis que sejam capazes de fornecer informações sobre o perfil social, cognitivo e acadêmico dos alunos com deficiência visual. Entre essas alternativas estão: a realização de entrevistas com familiares ou responsáveis e o emprego de técnicas de observação e registros dos comportamentos dos alunos no contexto escolar.

Desafios atuais para o acesso de estudantes com deficiência visual à avaliação e à pesquisa psicoeducacional

Apesar de alguns avanços em relação à garantia de direitos das pessoas com deficiência na educação, alunos com deficiência visual, por exemplo, ainda encontram inúmeros desafios que inviabilizam ou dificultam o acesso dessa população à avaliação e à pesquisa psicoeducacional. Nessa direção, os principais desafios atuais são: a dificuldade na efetivação de políticas públicas que garantam às pessoas com deficiência condições adequadas de avaliação e ensino. De acordo com Siqueira e Santana (2010), uma política inclusiva e que cumpra o acesso à educação de forma efetiva envolve a criação de condições equitativas para todas as pessoas, efetivando o direito à educação. Isso implica a necessidade de que o ambiente esteja preparado para receber a pessoa em suas particularidades, o que requer formação do corpo docente, investimento de recursos financeiros, conscientização e preparação dos demais funcionários e alunos, entre outros aspectos, para que as barreiras atitudinais também sejam rompidas, favorecendo a inclusão plena desses estudantes (Estácio & Almeida, 2016; Silva & Barreto, 2016).

Outro desafio atual, que dificulta bastante o acesso de estudantes com deficiência visual à avaliação psicoeducacional, é a falta de conhecimento dos professores sobre o processo de identificação e avaliação dos alunos que apresentam alguma necessidade específica (Broday, et al., 2022). Além disso, há uma grande preocupação dos professores e demais agentes educacionais com o produto final do conhecimento, em vez de se atentarem ao processo de aprendizagem. De acordo com Luckesi (2005), os professores muitas vezes dão uma maior importância às avaliações baseadas em medidas quantitativas, não considerando o processo de aprendizagem como um todo e, consequentemente, a avaliação como processo contínuo também. Percebe-se aqui a ênfase para o produto final do aprendizado escolar, no caso, a nota. O autor critica a avaliação da aprendizagem com o único objetivo de aferir o rendimento escolar do aluno por meio de notas.

Por fim, um outro desafio atual apontado na pesquisa de Broday et al. (2022) é o pouco ou nenhum conhecimento dos professores regentes e demais membros da equipe pedagógica sobre o processo de avaliação psicoeducacional. Nesse estudo, um dos professores entrevistados, que lecionava em classe comum, afirmou que a avaliação psicoeducacional no contexto escolar é de responsabilidade dos professores da sala de recursos multifuncionais e que ele não tem o domínio suficiente para tal tarefa.

Outros dois professores entrevistados nesse mesmo estudo disseram que na avaliação psicoeducacional: "cabe o levantamento das dificuldades apresentadas pelo aluno, não considerando que esse aluno faz parte do contexto da sala de aula regular e ali demonstra suas dificuldades e potencialidades" (Broday et al., 2022, p. 80). Percebe-se um conhecimento muito superficial desses professores sobre a avaliação psicoeducacional no contexto escolar. Inclusive, novamente, recai a incumbência da avaliação no professor especialista. Apenas um professor entrevistado no estudo demonstrou saber parte do processo de avaliação psicoeducacional no contexto escolar, mas enfatizou de forma negativa que a avaliação demanda muito trabalho e também reforçou o professor de atendimento educacional especializado (AEE) como o responsável pela avaliação.

É notável a dificuldade de muitos professores se colocarem dentro desse processo de avaliação psicoeducacional no contexto escolar e se enxergarem como atores fundamentais na elaboração e aplicação da avaliação juntamente com outros profissionais e a família dos alunos. Essa omissão de responsabilidade por parte de alguns professores, sem dúvida, é uma barreira que ainda precisa ser vencida na área da psicologia e educação.

Desafios para o futuro

Diante das dificuldades atuais apresentadas, pode-se pensar o que deve ser um desafio para o futuro nessa área. A pesquisa psicoeducacional pode, inclusive, contribuir para o desenvolvimento e adaptação de instrumentos para pessoas com deficiência que virão a ser utilizados nas avaliações psicoeducacionais, proporcionando um número maior de técnicas com estudos científicos para a tomada de decisões.

Ainda, é possível refletir sobre a quantidade de alunos com deficiência visual que frequentam e se formam no ensino superior, pensando em como as avaliações podem ajudar na entrada e permanência desses sujeitos na universidade. Talvez, a proposta de núcleos especializados que atendam aos alunos e apresente um sistema de avaliação psicoeducacional possa garantir dados que demonstrem os elementos necessários para a eficiência da graduação, bem como propostas de acompanhamento desses alunos para que sejam auxiliados nas dificuldades enfrentadas por eles.

Por fim, mas não no intuito de fechar as possibilidades futuras, falta o incentivo das universidades. Essas instituições de ensino precisam da estrutura necessária a fim de garantir a efetividade do ensino para todos os alunos, sem diferenças entre eles. Com isso, nas universidades públicas, é importante o investimento por parte do governo, de modo que esses alunos não se sintam excluídos e acabem evadindo não só o curso, mas também a universidade.

Considerações finais

A avaliação psicoeducacional no contexto escolar pode ser entendida dentro do mesmo viés da avaliação do processo escolar em si, ou seja, deve servir como um instrumento de tomada de consciência das conquistas, dificuldades e possibilidades dos alunos. Nessa perspectiva, a avaliação e pesquisa psicoeducacional voltada para alunos com deficiência visual, por exemplo, deve ser coletiva, sendo de responsabilidade de todos os profissionais das instituições de ensino, e não apenas dos profissionais da equipe multidisciplinar de forma isolada, sem considerar os aspectos analisados dentro do contexto escolar. A avaliação de outros profissionais externos ao contexto da escola deve ser vista como uma contribuição a mais no processo e não algo isolado, feito dentro de um consultório, sem considerar os aspectos pedagógicos.

Dessa forma, a partir da avaliação e da pesquisa psicoeducacional no contexto escolar, os professores terão acesso ao conhecimento e ao diagnóstico de como seu aluno se encontra dentro do processo de aprendizagem, quais potencialidades e particularidades devem ser consideradas. Com isso, poderá promover as intervenções necessárias para que o processo de ensino-aprendizagem ocorra de fato, ou seja, fazer as adaptações curriculares necessárias para que o aluno tenha condições de compreender o conteúdo trabalhado, tendo respeitadas essas particularidades. Nesse sentido, a avaliação e pesquisa psicoeducacional no contexto escolar promove e sustenta as adaptações curriculares e, consequentemente, repercute na prática pedagógica dos professores.

Em relação à pesquisa em avaliação psicoeducacional, ainda há poucas informações sobre aspectos relacionados ao ensino superior, com alunos que possuem deficiências, incluindo aqueles com deficiência visual mais especificamente. Por isso, é importante investimentos em pesquisas nessa área, que possam contribuir com instrumentos de medida confiáveis e, subsequentemente, com estudos de variáveis que implicam permanência com qualidade do estudante na instituição de ensino.

Referências

Broday, E. R., Cruz, G. C., & El Tassa, K. O. M. (2022). Inclusão educacional: a avaliação psicoeducacional no contexto escolar e as adaptações curriculares de pequeno porte. *Revista Diálogos e Perspectivas em Educação Especial, 9*(1), 71-88. https://revistas.marilia.unesp.br/index.php/dialogoseperspectivas/article/view/10519/9852

Campbell, S. I. (2009). *Múltiplas faces da inclusão*. Wak.

Campos, C. R. (2022). Deficiência visual: Possibilidades e desafios em avaliação psicológica. *Revista Interinstitucional de Psicologia, 15*(1), e17330. http://dx.doi.org/10.36298/gerais202215e17330

Campos, C. R., & Oliveira, C. M. (2019). Desenvolvimento de instrumentos psicológicos para população com deficiência. In C. R. Campos & T. C. Nakano (Orgs.), *Avaliação psicológica direcionada a populações específicas: Técnicas, métodos e estratégias* (Vol. 2, pp. 9-29). Vetor.

Conselho Federal de Psicologia. (2022). *Resolução CFP 31/2022*. Estabelece diretrizes para a realização de Avaliação Psicológica no exercício profissional da psicóloga e do psicólogo, regulamenta o Sistema de Avaliação de Testes Psicológicos – SATEPSI e revoga a Resolução CFP n. 09/2018. Brasília, DF. Recuperado de https://atosoficiais.com.br/cfp/resolucao-do-exercicio-profissional-n-31-2022-estabelece-diretrizes-para-a-realizacao-de-avaliacao-psicologica-no-exercicio-profissional-da-psicologa-e-do-psicologo-regulamenta-o-sistema-de-avaliacao-de-testes-psicologicos-satepsi-e-revoga-a-resolucao-cfp-no-09-2018?origin=instituicao

Constituição da República Federativa do Brasil de 1988. (1988). Brasília, DF. Recuperado de https://www.planalto.gov.br/ccivil_03/constituicao/constituicao.htm

Declaração de Salamanca sobre Princípios, Política e Práticas na Área das Necessidades Educativas Especiais. (1994). Unesco. Recuperado de https://unesdoc.unesco.org/ark:/48223/pf0000139394

Estácio, M. A. F., & Almeida, D. A. R. (2016). Pessoas com deficiência no ensino superior. *Journal of Research in Special Educational Needs*, 16(1), 836-840. https://nasenjournals.onlinelibrary.wiley.com/doi/epdf/10.1111/1471-3802.12223

Evans, F. B., & Finn, S. E. (2016). Training and consultation in psychological assessment with professional psychologists: Suggestions for enhancing the profession and individual practices. *Journal of Personality Assessment*, 99(2), 175-185. https://doi.org/10.1080/00223891.2016.1187156

Giordani, J. P., Bandeira, D. R., Hutz, C. S., & Trentini, C. M. (2022). Psicologia, educação e avaliação psicológica. In C. S. Hutz, D. R. Bandeira, C. M. Trentini & J. P. Giordani (Eds.), *Avaliação psicológica no contexto escolar e educacional* (pp. 17-26). Artmed.

Instituto Brasileiro de Geografia e Estatística. (2022). *Pessoas com deficiência têm menor acesso à educação, ao trabalho e à renda*. IBGE (Nota Técnica). Recuperado de https://agenciadenoticias.ibge.gov.br/agencia-noticias/2012-agencia-de-noticias/noticias/37317-pessoas-com-deficiencia-tem-menor-acesso-a-educacao-ao-trabalho-e-a-renda

Lei n. 9.394, de 20 de dezembro de 1996. (1996). Estabelece as diretrizes e bases da educação nacional. Brasília, DF. Recuperado de https://www.planalto.gov.br/ccivil_03/leis/l9394.htm

Lei n. 13.146, de 06 de julho de 2015. (2015). Institui a Lei Brasileira de Inclusão da Pessoa com Deficiência (Estatuto da Pessoa com Deficiência). Brasília, DF. Recuperado de http://www.planalto.gov.br/ccivil_03/_Ato2015-2018/2015/Lei/L13146.htm

Luckesi, C. C. (2005). *Avaliação da aprendizagem escolar: Estudos e proposições*. Cortez.

Muniz, M. (2017). Competências e cuidados para a administração da avaliação psicológica e dos testes psicológicos. In M. R. C. Lins & J. C. Borsa (Eds.), *Avaliação psicológica: Aspectos teóricos e práticos* (pp. 100-114). Vozes.

Oliveira, C. M., & Nunes, C. H. S. S. (2015). Instrumentos para avaliação psicológica de pessoas com deficiência visual: Tecnologias para desenvolvimento e adaptação. *Psicologia: Ciência e Profissão*, 35(3), 886-899. https://www.scielo.br/j/pcp/a/LTrpbm5qXnwJpNzYKWs6pWJ/?lang=pt

Oliveira, C. M., & Nunes, C. H. S. S. (2019). Testagem universal: avaliação psicológica a pessoas com deficiência. In M. N. Baptista, M. Muniz, C. T. Reppold, C. H. S. S. Nunes, L. F. Carvalho, R. Primi, A. P. P. Noronha, A. G. Seabra, S. M. Wechsler, C. S. Hutz & L. Pasquali (Orgs.), *Compêndio de avaliação psicológica* (pp. 75-88). Vozes.

Organização Mundial da Saúde. (2019). *International Classification of Diseases- ICD-11 for Mortality and Morbidity Statistics* (11a ed.). Recuperado de https://icd.who.int/browse/2024-01/mms/en

Política Nacional de Educação Especial na Perspectiva da Educação Inclusiva. (2008). Brasília, DF. Recuperado de http://portal.mec.gov.br/arquivos/pdf/politicaeducespecial.pdf

Quintão, C. S., Aiello, A. L., & Gil, M. S. C. de A. (2021). Avaliação do desenvolvimento de crianças com baixa visão: Adaptação preliminar do Inventário Portage Operacionalizado. *Revista Benjamin Constant*, 27, 1-15. http://revista.ibc.gov.br/index.php/BC/issue/view/122

Sales, I. H., & Torres, J. P. (2022). Inclusão de estudantes com deficiência visual em uma universidade federal mineira. *Revista Educação Especial*, 35, 1-23. https://doi.org/10.5902/1984686X66425

Selau, B., Damiani, M. F., & Costa, F. A. T. (2017). Estudantes cegos na educação superior: o que fazer com os possíveis obstáculos? *Acta Scientiarum Education*, 39(4), 431-440. http://periodicos.uem.br/ojs/index.php/ActaSciEduc/article/view/28915

Silva, C. B., & Barreto, D. B. M. (2016). Estratégias de acessibilidade de alunos com deficiência no ensino superior: relatos de alunos com deficiência visual. *Pesquisa em Psicologia*, 53-64. https://editora.unoesc.edu.br/index.php/pp_ae/article/view/12004/6435

Silva, J. C. G., & Costa, C. S. L. (2023). Atividades acadêmicas de estudantes com deficiência visual: Ensino Superior no contexto de ensino remoto emergencial. *Revista Ibero-americana de Estudos em Educação, 18*, e023125 https://doi.org/10.21723/riaee.v18i00.16631

Silva, J. C., & Pimentel, A. M. (2021). Inclusão educacional da pessoa com deficiência visual no ensino superior. *Cadernos Brasileiros de Terapia Ocupacional, 29*, e2904. https://doi.org/10.1590/2526-8910.ctoAR2193

Siqueira, I. M., & Santana, C. S. (2010). Propostas de acessibilidade para a inclusão de pessoas com deficiências no ensino superior. *Revista Brasileira de Educação Especial, 16*(1), 127-136. https://doi.org/10.1590/S1413-65382010000100010

Vaz, L. A., & Melo, D. M. (2022). Avaliação psicológica em pessoas com deficiência visual: Uma revisão de literatura. *Cadernos de Psicologia, 4*(8), 267-282. https://seer.uniacademia.edu.br/index.php/cadernospsicologia/article/view/3415

Vieira, V. (2018). Avaliação psicológica em pessoas com deficiência: análise da literatura brasileira. *Revista Especialize On-line IPOG, 15*(1), 1-14. https://ipog.edu.br/wp-content/uploads/2020/11/viviane-vieira-psflo002-4691016.pdf

Zanfelici, T. O., & Oliveira, S. L. M. (2013). Ensino de testes psicológicos a alunos com deficiências sensoriais: expectativas e experiências. *Avaliação Psicológica, 12*(3), 369-378. http://pepsic.bvsalud.org/pdf/avp/v12n3/v12n3a12.pdf

21
Discutindo a avaliação educacional: perspectivas atuais e futuras

José Airton de Freitas Pontes Junior
Leandro Araujo de Sousa
Antônio Germano Magalhães Junior

> *Highlights*
> - O conceito de avaliação educacional não é consensual e apresenta diferentes paradigmas teóricos;
> - A avaliação educacional é um tema central nas discussões sobre política educacional no Brasil, à medida que seus resultados são utilizados em políticas de *accountability*;
> - As tecnologias da informação e comunicação podem contribuir significativamente para a avaliação educacional, mas é necessário seguir alguns princípios;
> - A área de avaliação educacional ainda possui desafios técnicos e sociais a serem enfrentados.

A avaliação educacional, nos seus diversos âmbitos, tem a finalidade de buscar informações sobre um determinado objetivo para que docentes e gestores possam tomar decisões. Essa é uma visão ampliada de avaliação educacional que visa contribuir com as melhores práticas de ensino e de gestão tanto na educação básica quanto no ensino superior.

A avaliação educacional é uma área de conhecimento interdisciplinar devido ao fato de recrutar competências, habilidades e atitudes, principalmente, da educação, da psicologia, da estatística, das tecnologias, da pesquisa científica, da gestão e das políticas públicas. Tudo isso com o objetivo de interpretar a realidade avaliada e fornecer informações para contribuir com as tomadas de decisões e a intervenção em três grandes campos, seja na educação básica ou no ensino superior: avaliação da aprendizagem, avaliação institucional e avaliação de programas.

Avaliação da aprendizagem está relacionada a analisar o nível de aprendizagem discente. Já a avaliação institucional visa compreender as diversas dimensões das instituições educacionais. Por fim, a avaliação de programas objetiva identificar as repercussões de programas educacionais e suas políticas públicas e sociais vinculadas.

Neste capítulo tratamos especificamente da avaliação como disciplina específica da educação, restrita especificamente à avaliação da aprendizagem. Assim, apresentamos alguns conceitos e fundamentos para compreensão da avaliação educacional e de sua relação com a política, tecnologia e formação de professores.

Em um primeiro momento, apresentamos algumas concepções teóricas que embasam a avaliação educacional, assim como tipologias de avaliação importantes para compreensão das práticas avaliativas do cotidiano educacional, seja na educação básica ou no ensino superior. Discutimos como essa se insere na política educacional, principalmente no que é denominado na literatura de política de *accountability*, em que apontamos possíveis impactos decorrentes dessa política tanto na educação básica quanto no ensino superior. Realizamos uma discussão da possível relação entre tecnologia e avaliação educacional, sobretudo em como esta se beneficia daquela. Por fim, apresentamos alguns desafios para o campo da avaliação educacional que visualizamos para o futuro. Também ressaltamos a necessidade de a avaliação educacional integrar a formação docente, de modo que o docente possa se apropriar de um instrumental básico para sua atuação.

Panorama conceitual de avaliação educacional

Avaliação educacional é um conceito que não apresenta uma definição consensual ou predominante na literatura. Podem ser encontradas algumas definições de avaliação que se diferenciam na ênfase dada ao objeto avaliado e nos paradigmas teóricos que embasam essa definição, o que impacta nos objetivos, instrumentos, modelos e usos da avaliação (Silva & Gomes, 2018). Essas concepções de avaliação foram organizadas por Guba e Lincoln (2011) em gerações, a saber: (i) mensuração, (ii) descrição, (iii) juízo de valor e (iv) construtivista responsiva.

A primeira geração da avaliação, denominada de *geração da mensuração*, compreende o ato avaliativo como um ato de mensurar algo. A avaliação estava relacionada à aplicação de testes e a função do avaliador era técnica. Para tanto, era necessário o desenvolvimento e utilização de instrumentos adequados, com evidências de validade e fidedignidade, que estivessem relacionados à qualidade do que se pretende medir com o máximo de precisão, respectivamente. É importante destacar, como apontam Guba e Lincoln (2011), que essa concepção de avaliação, com ênfase em instrumentos, ainda persiste atualmente.

Na segunda geração, *geração da descrição*, o objeto de avaliação é comparado com objetivos previamente estabelecidos. Diante dessa tarefa, a função do avaliador é de "descritor" dos objetivos que foram ou não alcançados. Ressaltamos, em nossa compreensão, que essa concepção de avaliação é predominante na educação básica e ensino superior de muitos países, desde a avaliação da aprendizagem feita em sala de aula por docentes, também chamada de avaliação interna ou microavaliação, até avaliações educacionais feitas por agentes e/ou órgãos do governo municipal, estadual e/ou nacional, também conhecidas como avaliação externa, macroavaliação ou em larga escala.

A terceira, *geração do juízo de valor*, caracteriza-se pela necessidade de se atribuir juízos de valor, mérito do objeto avaliado (seu valor intrínseco), assim como sua importância (valor extrínseco ou contextual). Nessa concepção, deve ser avaliado inclusive os próprios objetivos, em uma tentativa de avaliação livre de crenças e concepções prévias.

Em crítica a essas concepções teóricas de avaliação anteriores, Guba e Lincoln (2011) propõem uma alternativa, uma avaliação *construtivista responsiva*, conhecida como avaliação de quarta geração. Nesse modelo, segundo os autores, a avaliação é responsiva porque "estabelece os limites por meio de um processo interativo e negociado que envolve os grupos de interesse" (2011, p. 47). Em outras palavras, a avaliação é responsiva aos interesses dos envolvidos com o objeto de avaliação. O termo construtivista se refere ao método de condução da avaliação, que segue o paradigma construtivista, no qual considera que o investigador (avaliador) e investigado (avaliado) estão entrelaçados, portanto, não há possibilidade de neutralidade do primeiro em relação ao segundo. Nesse sentido, a avaliação é um processo de construção que se desenvolve ao longo do processo avaliativo.

Para além das gerações há duas interpretações que fazem muita diferença na condução das informações geradas para a tomada de decisões aos objetivos traçados. A primeira interpretação é quanto ao parâmetro de temporalidade dos dados coletados para a geração das informações sobre o ente avaliado e as tomadas de decisões atreladas no início, durante e no final de um determinado objetivo educacional. Como exemplo no contexto da aprendizagem, tem-se a exigência de que cada discente produza um texto no início de um período letivo para identificar as demandas de aprendizagem da turma (avaliação diagnóstica). Durante as aulas, as tarefas de sala e de casa são planejadas pela professora, com vistas ao aprimoramento dos problemas identificados na turma, corrigidos no cotidiano das aulas e oferecendo orientação a cada discente para sua melhoria (avaliação formativa). No final do período letivo é feita nova produção textual a fim de identificar se o objetivo educacional preestabelecido foi atingido ou não e em que nível (avaliação somativa).

A segunda interpretação é quanto ao parâmetro de comparatividade do ente avaliado ser referenciado conforme critérios preestabelecidos e/ou referenciado conforme outros entes avaliados, sendo avaliação referência o critério e avaliação referenciada a norma, respectivamente. Retomando o exemplo anterior, é dado como critério que cada discente tem que realizar determinada produção textual para finalizar um período letivo (avaliação referenciada ao critério). Além disso, a turma terá a divulgação das três melhores notas (avaliação referenciada à norma).

Atualmente, é fundamental que docentes e gestores da educação básica e do ensino superior compreendam que a avaliação da aprendizagem está relacionada à formação discente e à inclusão para transformação social, e isso parte, inevitavelmente, da postura de docentes e gestores. Hadji (2001, p. 20) declara que "a avaliação torna-se formativa na medida em que se inscreve em um projeto educativo específico, o de favorecer o desenvolvimento daquele que aprende".

Política de avaliação educacional

Para compreendermos o que significa política educacional devemos, primeiramente, saber que os humanos são seres políticos e também sociais, utilizando cotidianamente a política para realizar ações, em que o diálogo se faz necessário para a argumentação e discussão em constante exercício de luta por interesses que podem ser individuais ou coletivos. Bobbio et al. (1998) compreendem que política é uma possibilidade de resolução para conflitos de forma pacífica, mas o exercício da política envolve uma prática humana que conduz, consequentemente, ao exercício de poder. Compreender política como prática humana nos conduz a pensar no conceito de poder. O poder estaria ligado à ideia de posse dos meios para se obter vantagem (ou para fazer valer a vontade) de um indivíduo sobre outros.

A política pública educacional não se exime do exercício e luta pelo poder, sendo que as ações e intenções dos governantes repercutem no ambiente educacional da educação básica e/ou do ensino superior como espaço político em que acontece o processo de ensino e aprendizagem. Então, a política pública educacional pode ser considerada como processo que deveria existir quando a educação assume de forma organizada, sequencial, ditada e definida conforme as finalidades e os interesses que se pretende em relação aos aprendizes envolvidos na ação educativa.

A avaliação educacional, principalmente avaliação externa implementada por órgãos de governos, tem ganhado centralidade no debate relacionado à política educacional no Brasil. Isso ocorre muito porque o orçamento da área está vinculado aos resultados das avaliações em muitos municípios e estados. Em decorrência disso, profissionais da educação, que exercem atividades de docência e gestão nos sistemas educacionais, têm empreendido esforços na melhoria dos indicadores escolares aferidos a partir dessas avaliações. Nesse sentido, a avaliação tem papel nuclear no que se denomina como política de *accountability* na educação.

O termo *accountability* refere-se a uma denominação técnica e burocrática de prestação de contas, em que o enfoque está nas consequências negativas, e às vezes autoritárias, de responsabilização dos resultados seja das instituições, organizações ou indivíduos (Afonso, 2012). Para Scriven (2018), a prestação de contas está relacionada à responsabilização do sujeito por despesas e resultados que tenha alcançado e ainda completa que "afirma-se com frequência que os gerentes de programas e professores devem, em última instância, prestar contas por seus salários e despesas, além de seu tempo, ou serem responsabilizados pelas conquistas dos alunos, ou ambos" (2018, p. 422). Scriven (2018) julga essas afirmações comumente utilizadas como "inapropriadas", pois a contribuição de cada docente e gestor que presta conta é apenas uma parte de vários fatores internos e externos às instituições educacionais que repercutem no desempenho discente.

É importante destacar que é errôneo considerar as denominações de prestação de contas ou responsabilização como sinônimos de *accountability* (Afonso, 2018). A ausência de um termo equivalente preciso em português conduz muitas vezes a esse equívoco. O que se denomina como política de *accountability*, segundo Afonso (2009a), refere-se a um conceito que envolve a articulação entre três dimensões ou pilares: (a) avaliação, (b) prestação de contas e (c) responsabilização.

O pilar da avaliação envolve a coleta e análise de informações com finalidade de produção de juízos de valor sobre uma realidade a partir de um processo fundamentado em uma perspectiva teórica e metodológica. A avaliação pode ocorrer antes ou depois da prestação de contas. O pilar da prestação de contas refere-se à obrigação de responder a solicitações e que, no caso da educação, em geral, está relacionada ao desempenho discente e taxas de evasão. Assim, é uma atividade comunicativa e discursiva, mas também coercitiva dependendo da forma de abordagem daqueles que a utilizam. O pilar da responsabilização está relacionado à imposição de sanção negativa e de responsabilidade pelos atos praticados; mas que, por outro lado, podem envolver reconhecimento informal do mérito como recompensas materiais (principalmente bonificações) e simbólicas (prêmios e títulos).

Nesse sentido, políticas de *accountability* em educação podem se apresentar de três formas (Afonso, 2009a): *formas parcelares de accountability*, que são aquelas ações que envolvem apenas algumas dimensões de prestações de conta ou responsabilização; *modelo de accountability*, que se refere a uma estrutura mais complexa, mas adaptável, aberta e dinâmica, em que diferentes dimensões podem estar integradas e; *sistema de accountability*, que é uma estrutura congruente de modelos e formas parcelares de *accountability*, responsabilização, participação, transparência, argumentação e contradição, e fundada em valores e princípios.

Nessa perspectiva, a avaliação educacional tem servido a uma visão gerencial e de controle que se distancia de fundamentos mais democráticos e participativos, em que gera efeitos indesejáveis nas instituições da educação básica e do ensino superior e nos profissionais da educação (Costa & Vidal, 2020). Entre esses efeitos, podemos apontar, por exemplo, as alterações nos currículos escolares, no clima organizacional, nas relações humanas e com a comunidade, com os fins do ensino e aprendizagem, entre outros.

Como aponta Afonso (2018, p. 16), é necessário refletir sobre a construção de sistemas alternativos de *accountability*, ou seja, "modelos e sistemas que sejam democráticos, participativos, transparentes e justos, e que articulem de forma consistente e criativa as dimensões da avaliação, da prestação de contas e da responsabilização". Ainda, segundo o mesmo autor (Afonso, 2009b), é importante que modelos de *accountability*, portanto, que imputam alguma forma de responsabilização, tenham procedimentos de avaliação com processos claros que se fundamentem em valores como a justiça, a transparência, o direito à informação, a participação, a cidadania.

A avaliação educacional, como objeto de discussão e implementação de políticas educacionais, pautadas numa perspectiva de *accountability* educacional, tem sido utilizada para aferir a qualidade educacional, principalmente nas avaliações padronizadas em larga escala na educação básica (Costa & Vidal, 2020) e no ensino superior (Bwetenga et al., 2020). Em diversos países, as instituições de educação básica e de ensino superior são impactadas com essa prática. Na maioria das vezes, profissionais de educação de docência são responsabilizados pelo sucesso ou fracasso discente e do sistema educacional. Essa é uma tendência que muitos sistemas educacionais estão implementando há tempos (Afonso, 2009b), e vem se ampliando ainda mais. Cabe continuar qualificando o corpo docente tanto técnica quanto politicamente para lidar com essas demandas sociais.

Tecnologia na avaliação educacional

O uso de tecnologia na educação no Brasil, especificamente o computador, remonta à década de 1970, inicialmente em algumas universidades. Iniciativas de inserção das tecnologias da informação e comunicação (TICs) na educação básica ocorrem um pouco depois, nos anos de 1980 (Valente & Almeida, 2020). Atualmente, sobretudo após a pandemia de covid-19, a temática das TICs na educação ganhou força. Há uma tensão sobre os sistemas educacionais em se adaptar e implementar ferramentas tecnológicas e legislação para o ensino híbrido nas instituições de educação básica e ensino superior, de modo a auxiliar os docentes e alunos na rotina escolar e universitária. Há várias discussões em torno dessa temática que vão desde a necessidade de investimentos e de formação docente para o uso pedagógico dessas ferramentas.

Em vários países, a implementação de TICs na educação básica e no ensino superior como política educacional em escala nacional ainda é um grande desafio, já que em muitas regiões as instituições ainda não possuem sequer conexão com a internet e não contam com infraestrutura adequada de espaços e equipamentos para um uso integrado e efetivo no ensino, principalmente para ensino a distância e ensino híbrido com qualidade mínima. Dessa forma, compreendemos que a atualidade do tema tecnologia em educação parece, em certa medida, distante em muitos países do Sul Global.

Compreendemos que a avaliação educacional, especificamente a avaliação da aprendizagem, tem muito para se beneficiar das TICs. Por um lado, no que se refere à possibilidade de criação de novos instrumentos, a utilização de inteligência artificial (IA), por outro, na automatização de alguns processos que permite ao professor economizar tempo e esforço para se dedicar às atividades intelectuais relacionadas à sua função.

Com o avanço no desenvolvimento de recursos de IA, nos últimos anos, a educação, particularmente a avaliação educacional, pode se beneficiar bastante. Recursos de IA têm sido amplamente utilizados tanto na automatização de processos quanto em avaliações formativas (Gardner et al., 2021; González-Calatayud et al., 2021). Quando se trata de automatização de processos, podem ser utilizados para criar itens de avaliação, corrigir e apresentar os resultados das avaliações, por exemplo. Em avaliações formativas, o uso de IA já consegue fornecer análises personalizadas para cada discente de acordo com as especificidades individuais na avaliação.

No entanto, o uso da tecnologia na educação precisa, em nossa visão, seguir alguns princípios. Nesse sentido, consideramos *Four in Balance* um modelo interessante. Criado na Holanda, esse modelo descreve os requisitos para o uso das TICs em educação de forma efetiva (Kennisnet, 2022). Esse modelo sistematiza em procedimentos teóricos que apontam para a necessidade de um equilíbrio entre os eixos visão, competência, conteúdo e recursos digitais, e infraestrutura, articulados com o currículo, avaliação e pesquisa no uso das TICs na educação (Almeida & Valente, 2016).

O eixo da visão está relacionado a perspectivas e finalidades que embasam o processo de uso da TICs na educação. A competência refere-se à capacidade de ação frente a uma situação complexa, em que é necessária a mobilização de recursos e conhecimentos pedagógicos e teóricos no planejamento, na prática e na reflexão do uso das TICs de forma efetiva. Os conteúdos e recursos digitais estão relacionados a informações, conhecimentos e materiais didáticos disponíveis de modo integrado com uma proposta pedagógica. Assim, são incluídos recursos de aprendizagem, materiais digitais de aprendizagem, software educativo, games, entre outros. Por fim, a infraestrutura diz respeito a condições de acesso aos recursos, conteúdos e ferramentas digitais.

Esses quatro eixos devem estar em equilíbrio para que possa haver articulação entre currículo, avaliação e pesquisa (Almeida & Valente, 2016). Dessa forma, a avaliação da aprendizagem realizada e mediada por recursos digitais passa a ter sua proposta vinculada à concepção de uso das TICs na educação. A partir disso, a avaliação educacional pode se apropriar de recursos digitais apenas para a verificação de memorização de determinadas informações ou pode auxiliar o professor e o próprio discente em um panorama da sua aprendizagem, de modo que a avaliação passa a assumir uma função de acompanhamento e orientação da aprendizagem. Vianna (2000, p. 161-162) traz a reflexão de que a "avaliação, assim como a ação educacional, exige constante reflexão sobre o ente avaliado e as implicações do ato de avaliar", considerando que "sofre o impacto de diferentes tecnologias e, dessa forma, vem refinando cada vez mais os seus procedimentos de análise e interpretação, no campo quantitativo e qualitativo".

Para que isso ocorra, é necessário infraestrutura física e recursos, docentes com formação para uso das ferramentas, conteúdos e recursos apropriados para proporcionar aprendizagem e uma determinada concepção pedagógica do uso das TICs na educação.

Desafios para o futuro

Temos dois grandes conjuntos de desafios para o futuro da avaliação educacional, sendo um no campo técnico e outro social. No entanto, essa divisão é meramente didática, pois estão intimamente interligadas por suas repercussões.

Do ponto de vista técnico, elencamos a necessidade de ampliar a visão de validade dos instrumentos para a viabilidade técnico-pedagógica de seu uso e do bom-senso de suas evidências. O engessamento de critérios de validade para determinados instrumentos não ajuda na atuação docente na educação básica e no ensino superior. Com isso, o uso de ferramentas qualitativas e quantitativas para a avaliação da aprendizagem se torna um apoio para o trabalho docente, atendendo a demandas de análise das aprendizagens, mas estando também coerentes com a rotina da instituição. Outro elemento com potencial para a área da avaliação é o auxílio da inteligência artificial com ênfase no acompanhamento do desempenho discente.

Nesse ponto de vista técnico, Brown (2022) argumenta que a área de avaliação educacional pode ter uma perspectiva transdisciplinar com base em seu levantamento histórico e contextual da avaliação educacional em vários países, com ênfase em aspectos psicométricos e tecnológicos para avaliações mais confiáveis. Do ponto de vista social, é importante que se coloque sob análise as políticas de *accountability* que tenham como parâmetro apenas os resultados desses testes, considerando seus possíveis impactos, conforme já discutimos anteriormente neste capítulo.

Compreendemos que os testes podem ser uma boa fonte de informação, embora limitada, visto que indicam uma amostra do conhecimento, mas não indicam como se atingiu tal resultado. Após a pandemia de covid-19, as avaliações no contexto do ensino remoto e ensino híbrido se tornaram um dos desafios pela falta de legislação e complexidade de realização com resultados confiáveis.

Para ambos os desafios, entendemos que a aprendizagem é um fenômeno complexo e multifatorial. Dessa forma, é frágil a mensuração da aprendizagem mediante testes padronizados. Em decorrência disso, imputar responsabilidade ao professor é igualmente frágil, pois não se sustenta uma possível relação de causa e efeito.

Por último, e desafio mais importante para a avaliação educacional, é, sem dúvida, a formação de avaliadores. A avaliação do ensino e da aprendizagem é apresentada nos cursos de formação de professores em apenas algumas disciplinas de seus currículos, e vários deles propõem apenas discutir as possibilidades sobre a teoria e a prática da avaliação no contexto da educação básica e do ensino superior, o que pode limitar a formação docente em relação aos conhecimentos fundamentais para processo de avaliação da aprendizagem, implicando sua futura atuação profissional. Em cursos de bacharelado isso é quase inexistente.

Uma vez que os conhecimentos teóricos acerca da avaliação são necessários na formação docente, mas para além dessa compreensão teórica, também é necessário a prática das ações avaliativas no cotidiano educacional, passando assim a compreender sobre seus conceitos para a efetivação na prática docente. As práticas avaliativas constituem-se parte integrante do processo de ensino e aprendizagem durante a formação de futuros professores, visto que a avaliação é uma das práticas fundamentais para a atuação profissional docente.

Desse modo, compreende-se que é necessário desenvolver competências, habilidades e atitudes sobre os processos avaliativos durante a formação inicial e continuada, colaborando com a estruturação das práticas pedagógicas de profissionais da educação básica e do ensino superior coerentes com a transformação social e politicamente referenciada.

Considerações finais

Ao apresentarmos a avaliação educacional como área de conhecimento interdisciplinar, ampliam-se as possibilidades de interpretação dos resultados das avaliações da aprendizagem e de tomada de decisões por docentes e gestores, seja na educação básica ou no ensino superior. Entre essas interpretações dos resultados, o uso das tecnologias pode potencializar o acompanhamento do desempenho discente. Além disso, as políticas educacionais, principalmente as de *accountability*, estão entre as grandes repercussões da avaliação.

Indubitavelmente, os desafios para o futuro estão vinculados à formação de avaliadores coerentes com a transformação social e com as avaliações politicamente referenciadas na educação. Seja pelo uso adequado de ferramentas técnicas, seja pelo compromisso social como docente de compreender que avaliar é algo complexo e multifatorial.

Referências

Afonso, A. J. (2009a). Políticas avaliativas e *accountability* em educação – Subsídios para um debate ibero-americano. *Sísifo. Revista de Ciências da Educação*, 9, 57-70. http://sisifo.ie.ulisboa.pt/index.php/sisifo/article/viewFile/148/251

Afonso, A. J. (2009b). Nem tudo o que conta em educação é mensurável ou comparável. Crítica à *accountability* baseada em testes estandardizados e *rankings* escolares. *Revista Lusófona de Educação*, 13, 13-29. https://www.redalyc.org/articulo.oa?id=34912395002

Afonso, A. J. (2012). Para uma conceitualização alternativa de *accountability* em educação. *Educação & Sociedade*, 33(119), 471-484. https://doi.org/10.1590/S0101-73302012000200008

Afonso, A. J. (2018). Políticas de responsabilização: equívocos semânticos ou ambiguidades político-ideológicas? *Revista de Educação PUC-Campinas*, 23(1), 8-18. https://periodicos.puc-campinas.edu.br/reveducacao/article/view/4052

Almeida, M. E. B., & Valente, J. A. (2016). *Políticas de tecnologia na educação brasileira. Histórico, lições aprendidas e recomendações*. CIEB. http://www.cieb.net.br/cieb-estudos-politicas-de-tecnologia-na-educacao-brasileira-historico-licoes-aprendidas-e-recomendacoes

Bobbio, N., Matteucci, N., & Pasquino, G. (1998). *Dicionário de política I* (C. C. Varriale, Trad.). Editora UnB.

Brown, G. T. L. (2022). The past, present and future of educational assessment: A transdisciplinary perspective. *Fronties in Education*, 7, 1-8. https://doi.org/10.3389/feduc.2022.1060633

Bwetenga, T. R., Abreu, M. C. A., & Pontes Junior, J. A. F. (2020). Assessment of teacher training in the Brazilian educational context. *Revista Diálogo Educacional*, 20(65), 653-669. https://doi.org/10.7213/1981-416X.20.065.DS07

Costa, A. G., & Vidal, E. M. (2020). Concepções e implicações da *accountability* educacional no Brasil: o estado da questão (2006-2018). *Revista Tempos E Espaços Em Educação*, 13(32), e-13903. http://dx.doi.org/10.20952/revtee.v13i32.13903

Gardner, J., O'Leary, M., & Yuan, L. (2021). Artificial intelligence in educational assessment: 'Breakthrough? Or buncombe and ballyhoo?' *Journal of Computer Assisted Learning*, 37(5), 1.207-1.216. https://doi.org/10.1111/jcal.12577

González-Calatayud, V., Prendes-Espinosa, P., & Roig-Vila, R. (2021). Artificial intelligence for student assessment: A systematic review. *Applied Sciences*, *11*(12), 5467. https://doi.org/10.3390/app11125467

Guba, E. G., & Lincoln, Y. S. (2011). *Avaliação de quarta geração*. Editora da Unicamp.

Hadji, C. (2001). *Avaliação desmistificada*. Artmed.

Kennisnet. (2022). *Four in balance: A reliable support tool when deciding on the use of ICT resources*. Kennisnet.

Scriven, M. (2018). *Avaliação: um guia de conceitos*. Paz e Terra.

Silva, A. L., & Gomes, A. M. (2018). Avaliação educacional: concepções e embates teóricos. *Estudos em Avaliação Educacional*, *29*(71), 350-384. https://doi.org/10.18222/eae.v29i71.5048

Valente, J. A., & Almeida, M. E. B. (2020). Políticas de tecnologia na educação no Brasil: Visão histórica e lições aprendidas. *Arquivos Analíticos de Políticas Educativas*, *28*(94), 1-35. https://doi.org/10.14507/epaa.28.4295

Vianna, H. M. (2000). *Avaliação educacional: teoria, planejamento e modelos*. Ibrasa.

22
Diálogos necessários na psicologia escolar: inclusão e acessibilidade

Alexandra Ayach Anache
Daniel Mendes da Silva Filho

> *Highlights*
> - A psicologia escolar é atuante na organização de processos e práticas pedagógicas inclusivas;
> - A acessibilidade é um direito humano necessário para ampliar a qualidade da participação das pessoas com deficiência. Logo, a psicologia escolar pode contribuir na emergência desse direito na escola;
> - A avaliação psicoeducacional é dinâmica e interventiva, oportunizando a expressão do estudante.

A psicologia escolar é um campo de conhecimento que vem protagonizando ações que visam assegurar os processos inclusivos, os quais sustentam possibilidades educacionais de pessoas que apresentam alguma necessidade específica decorrente da atipicidade de seu desenvolvimento e que, a depender das condições sociais, experimentam situações incapacitantes, seja em decorrência dos obstáculos arquitetônicos, comunicacionais, curriculares, entre outros. Paradoxalmente, a psicologia escolar está sustentada no discurso de que todos são diferentes e, portanto, devem ser aceitos sem distinção, sobretudo quando se trata de estudantes com deficiências, altas habilidades/superdotação, os quais são considerados o público da educação especial, conforme a Política Nacional de Educação Especial na Perspectiva da Educação Inclusiva (2008). No entanto, a alusão à diferença nem sempre considera que esses estudantes apresentam necessidades específicas, situando-os em lugares distintos dos demais. Sobre isso, Martínes Mitjáns e González Rey (2017) sugerem:

Nesse modo de conhecer a diferença, os alunos com deficiências não são vistos naquilo que eles têm em comum com os outros alunos. Assim, o discurso das diferenças, em muitos casos, é um elemento não apenas de reconhecimento do diferente, mas como também de segregação (2017, p. 103-104).

O respeito à diferença requer uma outra organização do trabalho pedagógico e, sobretudo, mudanças na gestão acadêmica para que o público da educação especial receba condições de acesso ao currículo com mais possibilidades de aprendizagem. Anache e Nantes (2021) identificaram em pesquisa que os estudantes com deficiências não recebiam os apoios colaterais necessários para acessarem o programa curricular; muitas vezes ficavam à margem do processo, fazendo atividades que não estavam relacionadas ao tema da aula.

A Lei Brasileira de Inclusão (2015) assegura que todas as pessoas com deficiências deverão ter acesso aos bens e serviços que estão disponíveis na sociedade, garantindo, com isso, o direito de ir e vir e, sobretudo, de pertencer. Nesse documento, considera-se pessoa com deficiência aquela que possui:

> [...] impedimento de longo prazo de natureza física, mental, intelectual ou sensorial, o qual, em interação com uma ou mais barreiras, pode obstruir sua participação plena e efetiva na sociedade em igualdade de condições com as demais pessoas (2015, p. 8).

E em seu parágrafo 1º, sugere-se que:

> [...] a avaliação, quando necessária, será biopsicossocial, realizada por equipe multiprofissional e interdisciplinar e considerará: I – os impedimentos nas funções e nas estruturas do corpo; II – os fatores socioambientais, psicológicos e pessoais; III – a limitação no desempenho de atividades; e IV – a restrição de participação (2015, p. 8).

A acessibilidade é requisito fundamental para que a inclusão seja possível, uma vez que ela está na base de toda a ação, devendo ser viabilizada para todas as pessoas, conforme assegurado na referida lei:

> I – possibilidade e condição de alcance para utilização, com segurança e autonomia, de espaços, mobiliários, equipamentos urbanos, edificações, transportes, informação e comunicação, inclusive seus sistemas e tecnologias, bem como de outros serviços e instalações abertos ao público, de uso público ou privados de uso coletivo, tanto na zona urbana como na rural, por pessoa com deficiência ou com mobilidade reduzida (2015, p. 8).

Nesse sentido, as orientações da Lei n. 13.935 (2019), que assegura a presença do profissional da psicologia e do serviço social na rede de educação básica, alinha-se com os princípios da educação inclusiva, não se restringindo apenas ao público da educação especial. Ela assume o compromisso de colaborar com as ações que visam promover as condições de acessibilidade e a remoção de barreiras que possam dificultar a vida acadêmica dos estudantes que estão em situação de dificuldade escolar.

Vale ressaltar que o quantitativo de estudantes que se encaixam na modalidade de educação especial vem aumentando nos últimos anos, conforme os dados do Instituto Brasileiro de Geografia e Estatística (IBGE) (2020), pois estima-se que 45,6 milhões apresentam algum tipo de deficiência. O Censo Escolar de 2022 registrou 1 milhão de alunos com deficiência matriculados no ensino básico. Houve um aumento de 63,56% de crianças na Educação Infantil se compararmos com o ano anterior. No Ensino Fundamental, 8,84%; e no Ensino Médio, 17,49%.

Ao longo de cinco anos, orientando estágios e realizando extensão universitária juntos aos psicólogos e professores da rede de educação básica, as dúvidas que movimentaram os encaminhamentos desses estudantes foram recorrentes, sobretudo quando se aborda os princípios da acessibilidade ao currículo e a outros bens e serviços que é direito constituído. Assim, tornou-se oportuno apresentar as reflexões resultantes dos diálogos construídos no percurso de nossas ações, pois consideramos que a "linguagem não paira sobre o homem, é uma produção humana que carrega todo o caráter subjetivo de sua configuração e da trama viva da relação com o outro" (González Rey, 2017, p. 23). Entendemos também que na voz dos comunicantes, outras vozes estão implicadas, entrelaçadas pela produção subjetiva dos interlocutores (Madeira-Coelho, 2022).

A subjetividade se constitui na relação social, onde se compartilham os conhecimentos, princípios e valores sociais, mobilizadores da ação do sujeito como ser simbólico-emocional. Esse processo é complexo por estar implicado na trama das vivências dos seres humanos. É nesse movimento que eles constroem os seus valores éticos que se expressam nas atitudes, sobretudo quando se trata de proporcionar condições de acessibilidade para todos os indivíduos. Nesse sentido, é necessário ressaltar esse assunto para contribuir para que os princípios da educação inclusiva se consolidem.

Martínez Mitjáns e González Rey (2017) apresentaram um conjunto de fatores que dificultam a construção de uma escola inclusiva, entre as quais se destacaram as concepções dominantes sobre as impossibilidades de aprendizagens dos estudantes com deficiência, homogeneização das turmas e de seus objetivos, resistência para assumir as mudanças e inovações, formação pessoal e científica do corpo docente, entre outras. Concordamos com esses autores quando afirmam que essas atitudes implicam produções subjetivas limitantes para aqueles que apresentam alguma deficiência. Nesse sentido, entendemos que a psicologia escolar e educacional poderá contribuir com o debate sobre as condições de acessibilidade que os ambientes escolares oferecem para esses estudantes.

Desse modo, organizamos este capítulo em dois eixos temáticos que abordarão os assuntos que depreenderam dos diálogos com os profissionais que atuam no campo da educação especial: (1) acessibilidade pela perspectiva da Lei Brasileira de Inclusão, com o objetivo de apresentar o contexto e reflexões sobre esse tema; (2) avaliação psicoeducacional pela perspectiva da educação inclusiva, que se sustenta nos princípios da acessibilidade.

Acessibilidade pela perspectiva da Lei Brasileira de Inclusão

A acessibilidade é um fenômeno histórico-social que vem fomentando debates acerca da (re)organização dos ambientes públicos e/ou privados de uso coletivo; problematizando, com isso, a elaboração de formas mais democráticas de acesso aos bens culturais, conforme demarcado na legislação nacional (Lei n. 13.146, de 6 de julho de 2015) e na documentação elaborada pela Organização Mundial da Saúde (OMS, 2008) e pela Organização das Nações Unidas (ONU, 2006).

É importante reconhecer que a definição de acessibilidade, amalgamada no ideário nacional, e revelada na arena social, política e econômica dos estados, das cidades, das escolas e, especificamente, nas salas de aula, pode contribuir ou não para a qualidade das experiências de aprendizagem da pessoa com deficiência, potencializando, assim, o florescimento de cenários inclusivos e/ou contraditoriamente reforçando processos excludentes. Tais processos podem ocorrer, sobretudo, pela falta de investimentos nas escolas públicas, inexpressividade da política de acessibilidade no âmbito federal e/ou quando princípios científicos, filosóficos e políticos, que justificam a participação de todos nas classes comuns, são ignorados na prática cotidiana.

Segundo Silva Filho e Anache (2023), o censo escolar de 2022 revelou que apenas 42% das escolas públicas foram declaradas com acessibilidade, o que corresponde a 57.188 unidades das 137.335 existentes nesse período. Considerando o crescimento das matrículas de estudantes com deficiência no país, o direito de ir e vir com autonomia e segurança pode estar comprometido em diversas escolas.

Camargo (2010) aponta que a inserção de estudantes com deficiência nas classes comuns fomentou discussões sobre bases físicas e atitudinais nas escolas brasileiras. Esse autor alerta que a chegada desses discentes à escola por si só não garante a inclusão, porém, ele vê nessa movimentação a promoção de descontentamentos e crises no contexto educacional, o que vem tensionando esses espaços a se adequarem à realidade que se apresenta. Por outro lado, Camargo assevera que deve haver o reconhecimento de que essa "crise que se estabelece não deve ser analisada de forma unilateral, ou seja, são necessários investimentos nos campos investigativo, de formação docente e de acessibilidade" (2010, p. 260). A necessidade da formação docente também é apontada por Oliva (2010) e Siqueira e Santana (2010), sendo que estas chamam a atenção para o fato de que:

> A efetivação da inclusão educacional requer clareza sobre a própria condição da pessoa com deficiência, suas habilidades e fragilidades, e neste sentido a CIF nos convida a olhar outros aspectos que estão envolvidos na qualidade de vida das pessoas com deficiência, tirando o foco das alterações das funções e estruturas do corpo e pensando os fatores ambientais e pessoais que influenciam a realização de atividades e participação e permitem a funcionalidade (2010, p. 128).

A Classificação Internacional de Funcionalidade (CIF) da OMS, mencionada pelas autoras, especifica que:

> Os fatores ambientais interagem com as funções do corpo, como nas interações entre a qualidade do ar e a respiração, a luz e a visão, os sons e a audição, estímulos que distraem a atenção, a textura do solo e o equilíbrio, temperatura ambiental e a regulação da temperatura corporal (2010, p. 25).

Logo, na organização dos cenários educacionais, tanto na educação básica quanto na educação superior, é preciso avaliar as condições de participação. Há que reconhecer que a qualidade da experiência de cada indivíduo é resultante da interação com o ambiente e interlocutores.

Cantorani e Pilatti (2015, p. 184), no estudo "Acessibilidade na Universidade Tecnológica Federal do Paraná: análise a partir de relatórios do Inep e do olhar do gestor1", constataram a ineficiência no processo de avaliação da acessibilidade. Segundo os autores, tal situação pode ter como origem a "falta de treinamento e/ou de sensibilização dos avaliadores em relação ao referido tema" acessibilidade. Com isso, os autores concluem que:

> Os relatórios, não obstante, em nada contribuem para a identificação da realidade referente à acessibilidade na Instituição, pois não há menções sobre os indicadores direcionados a essa avaliação. Os campos destinados a este fim foram negligenciados. Para tal propósito, a entrevista com o gestor é mais esclarecedora que o conjunto dos 21 relatórios analisados. A ação dos avaliadores se restringiu – e de forma ínfima – aos aspectos físicos e arquitetônicos dos "Requisitos Legais e Normativos", os quais não acrescentam valoração para o cálculo do conceito (2015, p. 184).

Avaliar a acessibilidade, centrando-se apenas nos aspectos arquitetônicos, desconsidera outras dimensões que coexistem e podem gerar impedimentos à participação da pessoa com deficiência.

A falta de sensibilidade, ou melhor, a indiferença relacionada à amplitude do princípio da acessibilidade pode estar relacionada à falta de (in)formação, mas também pode materializar condutas preconceituosas, pautadas numa perspectiva capacitista sobre a participação da pessoa com deficiência. Isso pode potencializar a emergência de modos de segregação e isolamento; silenciando, na sala de aula, aqueles que divergem do padrão hegemônico e elitista.

É urgente romper com toda forma de preconceito que modula o pensamento capacitista e (re)produz um sistema educacional deficiente. Como destaca Piccolo (2022), a vida humana importa. E, ressignificando essa ideia, na cena escolar, é responsabilidade coletiva "apontar" que todo aluno importa, desafiando, com isso, a lógica da exclusão daqueles que demandam mais investimentos para ter assegurado o direito à aprendizagem e oportunizar condições favoráveis para a sua emergência como sujeito.

O verbo apontar, nesse contexto, não é tomado no sentido de indicar, simplesmente o "alvo" do desenvolvimento de uma ação política; mas, sim, no sentido de enxergar, de ouvir, de conversar com pessoas com deficiência, transtornos globais do desenvolvimento, altas habilidade e/ou superdotação, para que registrem o próprio nome na (re)organização do catálogo da acessibilidade, garantindo, portanto, adequações razoáveis que impactarão na sua experiência dia após dia na escola.

Silva e Ferreira (2017), por meio da técnica de sombreamento na pesquisa sobre acessibilidade, colocaram em evidência a voz de um acadêmico cego e descreveram sua convivência diária com uma série de barreiras nas dependências externas e internas do *campus* universitário. Percebe-se que a pesquisa possibilitou a construção de informações sobre os pontos de atenção que precisam ser tratados na política de acessibilidade da educação superior. O estudo mostrou, por exemplo, a presença de entulhos nas calçadas, falta de piso tátil, de livros em Braille e de audiodescrição nas aulas expositivas, de acessibilidade às informações listadas nos murais, entre outros problemas.

A acessibilidade é um direito humano, conforme definiram Silva Filho e Kassar (2019). Logo, a gramática que constitui esse direito, compreendida como o conjunto de ações, procedimentos, atitudes e adequações sistemicamente planejadas, deve viabilizar a participação social, o exercício da aprendizagem e o cumprimento do currículo acadêmico.

Oliva (2016), ao investigar o contexto vivenciado por uma estudante com deficiência visual na educação básica, coloca em evidência uma série de contradições alimentadas diariamente no campo empírico estudado pela falta de conhecimento, planejamento, acessibilidade e preconceito. O preconceito é referenciado pela autora como uma barreira que ocasiona prejuízo social ao estudante em situação de inclusão.

Conforme a Convenção sobre Direitos das Pessoas com Deficiência (CDPCD) (ONU, 2006), cabe ao Estado implantar estratégias que promovam a conscientização de todos, com vistas a combater estereótipos, preconceitos e práticas nocivas à participação da pessoa com deficiência, contribuindo, assim, para a desconstrução de barreiras. A Lei 13.146, de 6 de julho de 2015, define barreiras como:

> [...] qualquer entrave, obstáculo, atitude ou comportamento que limite ou impeça a participação social da pessoa, bem como o gozo, a fruição e o exercício de seus direitos à acessibilidade, à liberdade de movimento e de expressão, à comunicação, ao acesso à informação, à compreensão, à circulação com segurança, entre outros.

Nessa direção, a supressão das barreiras culturalmente estabelecidas é uma condição necessária para que as pessoas com deficiência gozem, experienciem e exerçam uma série de direitos, inclusive, o da acessibilidade. A violação desse direito (acessibilidade) pode colocar em destaque os impedimentos causados por uma lesão ou condição genética, reproduzindo a exclusão e atentando contra a dignidade da pessoa humana.

Segundo Ciantelli e Leite (2016), a Lei Brasileira de Inclusão da Pessoa com Deficiência (LBI) positivou o modelo social da deficiência na legislação nacional, reafirmando a CDPCD (ONU, 2006), reconhecida com o *status* de Emenda Constitucional em 2009. Esse modelo, para Piccolo, configura-se "como um novo campo epistemológico no estudo da deficiência. Sua origem não fora forjada nos corredores da academia, mas por atos de resistência promovidos no seio da política ativista" (2022, p. 199). Complementa o autor que:

> É um movimento de fora para dentro, da sociedade para as universidades, o que denota uma característica muito peculiar no exato sentido em que se propõe, sobretudo, engenhar novas práticas e entendimentos sobre o fenômeno perquirido a partir da própria experiência das pessoas com deficiência (2022, p. 200).

O modelo social da deficiência procura superar a perspectiva médica, deslocando as discussões para o contexto social e político. Nessa direção, a CIF (OMS, 2008) declara que a deficiência, também compreendida nesse documento como incapacidade:

> [...] não é um atributo de um indivíduo, mas sim um conjunto complexo de condições, muitas das quais criadas pelo ambiente social. Assim, o enfrentamento do problema requer ação social e é responsabilidade coletiva da sociedade fazer as modificações ambientais necessárias para a participação plena das pessoas com incapacidades em todas as áreas da vida social (2008, p. 32).

Isso demonstra um salto qualitativo significativo, pois, criticamente, a qualidade da experiência da pessoa com deficiência na cena social não depende apenas das condições individuais de existência, mas dos múltiplos determinantes que concorrem para garantir o direito à acessibilidade, materializando, assim, a inclusão social e/ou escolar. Almeida e Ferreira corroboram esse entendimento ao afirmarem que "a inclusão tem sido significada pelos pesquisadores da área e em políticas públicas mais recentes, como a promoção de condições de acesso e permanência em igualdade de condições, especialmente sob o prisma de promoção da acessibilidade" (2018, p. 72).

A acessibilidade é um princípio dinâmico e, nesse sentido, sua definição não deve ser apreendida como universal e imutável. É produto histórico, ontologicamente, situado na tecitura da experiência vivida por pessoas com algum tipo de deficiência ou mobilidade reduzida, o que inclui, também, nesse contexto, indivíduos que, por algum motivo, temporariamente, têm sua expressão cotidiana afetada pela existência de barreiras. Logo, sua construção demanda o reconhecimento e diálogo com essas identidades. Na sala de aula, por exemplo, a expressão da aprendizagem do estudante com deficiência, em alguns casos, pode ser facilitada por meio da reelaboração de padrões consolidados de ensino e avaliação, utilização de tecnologias assistivas e/ou, simplesmente, pelo reconhecimento da necessidade de adequação da própria geografia da sala de aula e/ou reposicionamento do estudante nesse espaço, o que pode ser alcançado a partir do diálogo professor-aluno.

Conforme indicam Silva Filho e Anache (2023):

> Garantir condições de acessibilidade na escola é condição *sine qua non* para que o princípio da inclusão seja alcançado na sociedade democrática brasileira e, com isso, um número expressivo de estudantes consiga protagonizar a aprendizagem, apropriando-se dos conhecimentos sistematizados e produzidos pela coletividade (2023, s.p.).

A acessibilidade nesse contexto não deve ser apreendida como uma relação de causa e efeito meramente técnica. É preciso compreendê-la numa perspectiva biopsicossocial e dialética, pois sua afirmação como princípio se concretiza pelo reconhecimento de fatores biológicos, psíquicos, emocionais, culturais, econômicos, políticos, religiosos, entre outros configuradores das subjetividades humanas e das convenções sociais. Logo, a unidade gerada pelo reconhecimento da dimensão humana e sua relação com a cultura potencializa melhores condições de participação na cena escolar, marcando a emergência do próprio princípio da inclusão. Nesse sentido, não há hierarquização entre acessibilidade e inclusão, mas uma relação de coexistência de princípios dinâmicos que contribuem no orquestramento de condições de aprendizagem e na atuação de estudantes com deficiência na sala de aula.

Além do mais, ações a serem implementadas no contexto escolar devem contar com o trabalho colaborativo das comunidades interna e externa. Com isso, é possível, sistemicamente, ressignificar e elaborar melhores condições de participação de todos nas atividades curriculares. Nesse processo, é preciso tensionar a ideia de "público-alvo", deslocando o entendimento de que essas pessoas ocupam a posição de espectadores e/ou alvo da ação, conforme apontado por Cabral (2020), para se posicionarem como participantes ativos da organização da política de acessibilidade, fazendo ecoar no contexto educacional a expressão "Nada sobre nós, sem nós", inclusive, no planejamento do cotidiano escolar.

Assim, reconhecendo as implicações e impactos desse conceito na qualificação das condições de participação da pessoa com deficiência, o 10º Congresso Brasileiro de Educação Especial (CBEE, 2023), em nota direcionada à comunidade científica, reafirma a ONU (2006), fez referência à concepção de acessibilidade demarcada no artigo 112, da Lei n. 13.146, de 6 de junho de 2015, porém, avançou ao defender a perspectiva biopsicossocial da acessibilidade.

Avaliação psicoeducacional pela perspectiva da educação inclusiva

A avaliação psicoeducacional se insere na dinâmica da aprendizagem estabelecida no âmbito da escola, nesse sentido, ela deve ser processual e explicativa, considerando os fatores envolvidos no desenho curricular da proposta pedagógica, visando guiar o planejamento e as ações das atividades que serão desenvolvidas em sala de aula. Ela deve estar em consonância com as orientações e preceitos éticos do Conselho Federal de Psicologia. O processo avaliativo, para ser acessível, deve ser singular e interativo com os estudantes e respectivos grupos, visando conhecer os interesses dos alunos e, sobretudo, as suas peculiaridades para aprender, observando os apoios colaterais necessários para que as experiências acadêmicas sejam exitosas.

Sempre que um estudante com deficiência é matriculado na escola, sugere-se que a avaliação psicoeducacional faça estudos sobre as suas características de aprendizagem, aludindo ao que ele já conseguiu aprender – desenvolvimento real e o que ele pode aprender com os apoios necessários para isso (potencial para aprender). Nesse sentido, precisa-se analisar os registros sobre a história escolar do estudante, por meio de entrevistas formais e informais, identificando os instrumentos mediadores adequados, e com atitude colaborativa com os envolvidos nesse processo para planejamento da avaliação, conforme afirmaram Vigotski e Luria (1996) sobre a importância de avaliar o desenvolvimento proximal.

> A tarefa do psicólogo é estudá-las (formações psicológicas) com precisão suficiente e determinar o coeficiente desse "desenvolvimento cultural" em cada um dos indivíduos examinados. O programa de estudos sobre o talento individual deve constituir

do seguinte: primeiro, o grau de tendências naturais, o nível de idade da atividade neuropsicológica, toda a base da neurodinâmica natural e a seguir, o estágio e a estrutura do processo cultural, o grau de informação e a riqueza das habilidades (1996, p. 238).

Quando os citados autores não consideraram "tendências naturais" como predeterminismo, mas como um processo que se constitui ao longo do desenvolvimento em uma relação dialética, mobilizado entre a filogênese e a ontogênese, em que se envolve as necessidades advindas do contexto histórico-cultural, geradas no trabalho. Portanto, as funções psicológicas superiores referem-se aos processos mentais complexos aos quais envolvem formas avançadas de pensamento, como raciocínio abstrato, resolução de problemas, planejamento futuro, atenção voluntária e memória consciente. Elas não são inatas, mas são adquiridas nas relações sociais, por meio das mediações dos instrumentos culturais, como linguagem, símbolos e ferramentas.

O método instrumental empregado por Vigotski (2004) consiste em analisar os processos e não exclusivamente o resultado, quando é possível observar a capacidade que o estudante tem para empregar os recursos, os instrumentos, entre outros artefatos culturais como, por exemplo, o domínio da leitura e da escrita. É fundamental conhecer a cultura em que o estudante com deficiência está inserido, observando a sua dinâmica relacional e sua configuração subjetiva, uma vez que, ao longo da vida, essas pessoas podem ter experimentado situações incapacitantes, fundamentadas em baixas expectativas sobre as suas possibilidades de aprendizagem escolar. Em tempo, as configurações subjetivas são descritas por Mitjáns Martínez e González Rey (2017):

[...] são organizações dinâmicas de sentidos subjetivos que têm adquirido uma relativa estabilidade no percurso da história do indivíduo e que, mesmo que organizem e se reorganizem de formas diversas perante as situações que o indivíduo vive, ocupa, pela sua força, um lugar importante na subjetividade individual (2017, p. 56).

Portanto, o planejamento da avaliação psicoeducacional nessa perspectiva deve ser acessível para os estudantes que apresentam deficiências, requerendo, com isso, a elaboração de instrumentos adequados para compreendê-los em contextos variados. O primeiro passo, antes de abordar o aluno, sugere-se entrevistar os seus familiares e os demais envolvidos com a sua educação.

Conhecer a situação social de desenvolvimento, aspectos relacionados à história pessoal, é fundamental para se observar a relação entre defeito primário (dimensões orgânicas) e secundário (impactos do ambiente) (Vigotski, 1997). Anache et al. (2022) alertaram para o fato de que mesmo reconhecendo que as condições externas não impactam diretamente nas decisões assumidas pelos indivíduos que estão envolvidos nas tramas sociais, é no movimento vivo das relações entre indivíduos/grupos que essas tramas se constituem mobilizadas pelos afetos, os quais são capazes de fomentar novas produções para os enfrentamentos que as limitações decorrentes do defeito secundário impõem.

A relação entre aprendizagem e desenvolvimento é uma unidade complexa e interdependente; e requer do profissional *(inter)ações* que promovam ao estudante expressar suas necessidades, motivações, objetivos, modos de agir no mundo, afinal a aprendizagem é um processo individual e sociorrelacional (Mitjáns Martínez & González Rey, 2017) e, por isso, requer atenção tanto do professor quanto do psicólogo. Nesse processo, ambos participam tanto da realização dos diagnósticos das condições de aprendizagem do estudante quanto da elaboração de estratégias educacionais e, sobretudo, do acompanhamento e avaliação dos resultados (Anache et al., 2022; Mitjáns Martínez & González Rey, 2017; Vieira, 2022).

A avaliação psicoeducacional é dinâmica e interventiva porque coloca o estudante em ação, observando as características de suas expressões de pensamento, mediante ao que lhe foi proposto. Nesse sentido, é importante planejar instrumentos acessíveis, considerando a idade e as condições para se envolver nas atividades que lhe serão propostas. Esses devem ser adequados às características e a cada pessoa.

A tecnologia assistiva pode ser uma forte aliada para identificar os processos psicológicos que estão presentes e aqueles que precisam ser desenvolvidos no percurso da aprendizagem, uma vez que pode mobilizar o desenvolvimento do estudante, sobretudo quando as estratégias sejam assertivas ao intento. Contudo, não há uma prescrição única para todas as pessoas com deficiência. Vale ressaltar que nem todos os surdos fazem uso da Libras para se comunicar, ou ainda aqueles que possuem deficiência visual podem priorizar os *softwares* para realizarem as atividades acadêmicas, e não o Braille, e assim por diante. Esses exemplos mostram que as necessidades específicas de cada ser humano com deficiência podem variar de acordo com as suas características singulares.

Os encontros com a família, com o estudante e com a escola são necessários para compreender os recursos que o estudante com deficiência usa para regular os seus processos psíquicos mediante as demandas do seu meio, que é expressado por intermédio das linguagens externas e internas. Esses aspectos são fundamentais para o planejamento dos instrumentos de avaliação acessíveis.

Vieira (2022), baseada em Vigotski (2006), construiu um fluxo para avaliar a Zona de Desenvolvimento Proximal ou Iminente. Assim, ao planejar uma avaliação, considere a idade cronológica e as características da fase em que a pessoa se encontra, identificando os seus interesses e motivações. Ao propor a atividade, deve-se observar se o estudante consegue desenvolvê-la com autonomia (Zona de Desenvolvimento Real), se precisa que a instrução seja repetida ou transmitida de forma diferente, valendo-se de exemplos ou executando a atividade junto com o estudante (Zona de Desenvolvimento Proximal). Ou ainda se não consegue realizar a atividade mesmo com ajuda, o que estaria distante da Zona de Desenvolvimento Proximal. Os resultados dos processos avaliativos devem explicitar as possibilidades de aprendizagem, identificando as funções psicológicas que estão presentes, as neoformações que estão por desenvolver, desde que os apoios colaterais estejam disponíveis para que o processo de compensação seja exitoso.

Desse modo, avaliação psicoeducacional acessível ao estudante com deficiência precisa romper com os padrões hegemônicos de condução desse processo, os quais, em sua maioria, são fundamentados nos déficits e concepções universalistas sobre a deficiência. Entendemos que o estudante com deficiência, para aprender, precisa que apoios colaterais sejam planejados junto com os professores tanto da educação especial quanto do ensino comum. Portanto, a avaliação deve ser sensível à diversidade cultural, social e individual dos estudantes.

Considerações finais

O(a) psicólogo(a) escolar e educacional, como agente fundamental no entendimento do desenvolvimento e aprendizagem dos estudantes, desempenha um papel crucial na promoção de práticas inclusivas e na identificação de estratégias que atendam às necessidades individuais, contribuindo para um ambiente escolar mais equitativo e acolhedor. Na condução das avaliações psicoeducacionais, ele(a) pode identificar as características individuais, as potencialidades e as dificuldades dos estudantes, contribuindo para a implementação de práticas pedagógicas diferenciadas e adaptadas, garantindo que todos tenham oportunidades igualitárias de aprendizagem.

Nesse contexto, ganha importância a existência de condições de acessibilidade para que todos possam participar das atividades propostas no cenário escolar inclusivo. Reafirma-se neste estudo a acessibilidade como um direito humano inegociável. Trata-se de um princípio dinâmico que deve ser orquestrado no diálogo com as pessoas com deficiência, com vistas a qualificar a experiência social vivida.

Referências

Almeida, J. G. A., & Ferreira, E. L. (2018). Sentidos da inclusão de alunos com deficiência na educação superior: olhares a partir da Universidade Federal de Juiz de Fora. *Psicologia Escolar e Educacional, 22,* 67-75.

Anache, A. A., Lustosa, A. V. F., & Santos, G. C. S. (2023) O valor heurístico da teoria da subjetividade para o estudo do desenvolvimento atípico. In L. O. Campolina & G. C. S. Santos (Orgs.), *Desenvolvimento e aprendizagem: contribuições atuais da teoria cultural-histórica da Subjetividade* (pp. 105-127). CRV.

Anache, A. A., & Nantes, D. P. (2021). Inclusão escolar de estudantes com deficiência intelectual: as práticas pedagógicas em foco. In W. C. S. Nozu, A. M. Silva & C. S. T. Agrelos (Orgs.), *Pesquisas em educação especial em Mato Grosso do Sul* (pp. 217-232). Pedro & João.

Cabral, S. A., Maior, I. L. (2020, nov.). *Avaliação biopsicossocial da deficiência por meio do Índice de Funcionalidade Brasileiro Modificado* [vídeo]. Palestra. https://www.youtube.com/watch?v=A1eNcjB-Lag

Camargo, E. P. (2010). A comunicação como barreira à inclusão de alunos com deficiência visual em aulas de mecânica. *Ciência & Educação, 16*(1), 258-275. https://doi.org/10.1590/S1516-73132010000100015

Cantorani, J. R. H., & Pilatti, L. A. (2015). Acessibilidade na Universidade Tecnológica Federal do Paraná: análise a partir de relatórios do Inep e do olhar do gestor1. *Educar em Revista,* (57), 171-189.

Ciantelli, A. P. C., & Leite, L. P. (2016). Ações exercidas pelos núcleos de acessibilidade nas universidades federais brasileiras. *Revista Brasileira de Educação Especial, 22,* 413-428.

Lei n. 13.146, de 6 de julho de 2015. (2015). Institui a Lei Brasileira de Inclusão da Pessoa com Deficiência (Estatuto da Pessoa com Deficiência). Recuperado de http://www.planalto.gov.br/ccivil_03/_Ato2015-2018/2015/Lei/L13146.htm

Lei n. 13.409, de 28 de dezembro de 2016. (2016). Altera a Lei n. 12.711, de 29 de agosto de 2012, para dispor sobre a reserva de vagas para pessoas com deficiência nos cursos técnico de nível médio e superior das instituições federais de ensino. Recuperado de https://www.planalto.gov.br/ccivil_03/_ato2015-2018/2016/lei/l13409.htm

Lei n. 13.935, de 11 de dezembro de 2019. (2019). Dispõe sobre a prestação de serviços de psicologia e de serviço social nas redes públicas de educação básica. Brasília, DF. Recuperado de https://www.planalto.gov.br/ccivil_03/_ato2019-2022/2019/lei/l13935.htm

Madeira-Coelho, C. M. O. (2015). Conceito de diálogo na teoria da subjetividade e epistemologia qualitativa: Sobre o que estamos falando? In A. M. Martínez, M. C. V. R. Tacca & R. V. Puentes (Eds.), *Teoria da subjetividade como perspectiva crítica: Desenvolvimento, implicações e desafios atuais* (pp. 230-231). Alínea.

Mitjáns Martínez, A., & González Rey, F. (2017). *Psicologia, educação e aprendizagem: avançando nas contribuições da leitura cultural-histórica*. Cortez.

Oliva, D. V. (2016). Barreiras e recursos à aprendizagem e à participação de alunos em situação de inclusão. *Psicologia USP*, 27, 492-502.

Organização Mundial da Saúde. (2008). *Classificação Internacional de Funcionalidade, Incapacidade e Saúde*. Centro Colaborador da Organização Mundial da Saúde para a Família de Classificações Internacionais em Português. Recuperado de https://iris.who.int/bitstream/handle/10665/42407/9788531407840_por.pdf

Organização das Nações Unidas. (1948). *Declaração Universal dos Direitos Humanos*.

Organização das Nações Unidas. (2006). *Convenção sobre os Direitos das Pessoas com Deficiência*. Recuperado de https://brasil.un.org/pt-br/186941-conven%C3%A7%C3%A3o-sobre-pessoas-com-defici%C3%AAncia-refor%C3%A7a-inclus%C3%A3o-e-acessibilidade

Piccolo, G. M. (2022). *O lugar da pessoa com deficiência na história: uma narrativa ao avesso da lógica ordinária*. Appris.

Silva Filho, D. M., & Anache, A. A. (2023). *Condições materiais de participação: o que apontam as produções sobre acessibilidade na educação básica?* In Anais do 10º Congresso Brasileiro de Educação Especial, São Carlos, SP.

Silva Filho, D. M., & Kassar, M. C. M. (2019). Acessibilidade nas escolas como uma questão de direitos humanos. *Revista Educação Especial*, 32, 1-19.

Silva, J. S. S. da, & Ferreira, W. B. (2017). Sombreando a pessoa com deficiência: aplicabilidade da técnica de sombreamento na coleta de dados em pesquisa qualitativa. *Revista Brasileira de Educação Especial*, 23, 185-200.

Siqueira, I. M., & Santana, C. S. (2010). Propostas de acessibilidade para a inclusão de pessoas com deficiências no ensino superior. *Revista Brasileira de Educação Especial*, 16, 127-136.

Vieira, A. P. A. (2022). *Avaliação Psicológica de crianças que enfrentam dificuldades escolares: proposta a partir da psicologia histórico-cultural*. EduFatecie.

Vigotski, L. S., & Luria, A. R. (1996). *Estudos sobre a história do comportamento: Símios, home primitivo e criança*. Artes Médicas.

Vigotski, L. S. (1997). *Obras escogidas* (Tomo V. Fundamentos de defectología). Visor.

Vigotski, L. S. (2004). *Teoria e método em psicologia*. Martins Fontes.

Vigotski, L. S. (2006). *Obras escogidas* (Tomo IV. Psicologia infantil). Visor.

23
Diálogos necessários na psicologia educacional: diversidade LGBTQIA+ – Poesias existenciais nas ficções políticas do educar – Rejuntar mosaicos dos estilhaços

Flávia Fernandes de Carvalhaes
Reginaldo Moreira
William Siqueira Peres

> *Highlights*
> - Carta caleidoscópio, por Flávia Carvalhaes, analisa a importância dos exercícios de desaprender, desobedecer e fabular como modos de resistência aos imperativos coloniais e produtivistas de produção científica;
> - Carta caleidoscópio, por William Peres, problematiza a respeito do compromisso ético-estético-político da pesquisa e da formação acadêmica, buscando promover atrizes/atores engajades com o compromisso social e político de enfrentamento das desigualdades sociais, raciais, étnicas, sexuais e de gênero;
> - Por uma pedagorgia desobediente, por Reginaldo Moreira, propõe um desaprender decolonial, coletivo, libertário e de cura, em que os afetos e os prazeres possam ser criados em desobediência aos academicismos impostos. Reivindica a validação dos saberes teóricos por quem os vive e os escreve a partir das experiências.

Partilhamos neste capítulo sobre a importância de situar os estudos sobre sexualidades e gênero em interfaces com as interseccionalidades e a decolonialidade na formação acadêmica. Logo, relatamos nosso compromisso ético, estético e político em sermos docentes-pontes, construindo modos de produzir ciência em aliança a saberes e existências que insistem em desobedecer às perspectivas científicas civilizatórias eurocêntricas e brancas. Trata-se de um compromisso coletivo de afirmação da diferença.

O texto tem como inspiração os estilhaços anunciados pela pesquisadora Mombaça (2021) e, principalmente, a possibilidade de estabelecer conexões entre esses fragmentos na configuração de mosaicos, que se referem às nossas trajetórias como docentes e pesquisadores/as de gênero no cenário acadêmico. Seguimos, então, em uma escrita que se pretende cartográfica, inspirades na perspectiva da cartografia sentimental de Rolnik (2007). Tal proposta metodológica bebe da fonte de Deleuze e Guattari (1995), possibilitando a validação das subjetividades como verdade científica a partir dos afetos, dos corpos vibráteis e dos processos rizomáticos que produzem sentidos a partir do experimentar na própria pele. Essa proposta, portanto, não pressupõe hipóteses, nem objetos, nem início ou fim, mas acompanhar processos subjetivos que vão sendo vivenciados a partir do olhar/pele do/a pesquisador/a sobre o campo, num percurso que implica a produção de novos sentidos, eixos e conexões.

Este capítulo retrata parte das afetações de nossas corpas pesquisadoras e docentes de gênero no cenário acadêmico. Ledo engano a pesquisa que se propõe isenta, imparcial e distante, como se esse falso rigor a fortalecesse ou que a verdade científica estivesse atrelada a distanciamentos de um/a pesquisador/a observador/a não implicado/a. A validação da verdade por meio do saber militante (Merhy, 2004) e implicado, portanto, possibilita a existência da subjetividade na construção da ciência, por meio da proposta metodológica da cartografia sentimental, que é necessariamente teórica, pragmática e poética.

Apresentamos a seguir três cartografias sentimentais que nomeamos como mosaicos: duas *Cartas caleidoscópios*, mosaicos de Flávia Fernandes de Carvalhaes e William Siqueira Peres, e o mosaico *Por uma pedagogia desobediente*, de Reginaldo Moreira. Logo, este capítulo se tece no intuito de fazer circular vistas de pontos dos estilhaços, mosaico e rejuntes das quebras que vivenciamos cotidianamente.

Carta caleidoscópio, por Flávia Carvalhaes

Londrina, 28 de outubro de 2023. Tarde de ventania.

Uma aluna me contou esses dias que se um beija-flor for preso, ele morre. Seu coração e metabolismo são rápidos demais para qualquer gaiola. Seu corpo precisa de espaço, precisa de movimento. Tenho respirado, por vezes, como beija-flor engaiolado na universidade; então, na dificuldade de construir moradas possíveis nesse espaço, escolho transitar como pesquisadora de gênero que se afirma desde o lugar da quebra anunciada por Mombaça (2021), desde o lugar do fracasso de Halberstam (2019), desde o lugar do estilhaço, desde o lugar de uma mulher que aposta na literatura, mais especificamente na escrita de cartas, como um modo coletivo de produzir ciência localizada e encarnada. Ciência poesia.

Considero a escrita desta carta como um modo de produção de conhecimento que se articula as experiências, escrita desde o corpo, nas encruzilhadas. Sigo, então, em aliança com as pesquisadoras Oliveira e Batistelli (2021), que situam as cartas como exercícios de cumplicidade subversiva para a escrita acadêmica. Esta carta reivindica o Sul como inspiração e lócus das opressões cruzadas, Sul como modo de produção acadêmica. Escrevo de modo mais intuitivo do que pretensamente acadêmico, embora eu acredite que essas dimensões estejam necessariamente enlaçadas.

Acho importante, em um primeiro momento, considerar os estilhaços em si para, em um segundo momento, pensar e sentir esses estilhaços em movimento, considerando mosaicos possíveis que nos possibilitem respirar e lutar. Para mim, a experiência do estilhaço reivindica silêncio, caminhar sem o movimento das palavras e sem rastreamentos possíveis. Momento logo após a pedrada na janela, cacos entre lugares, zumbido no ouvido. O que pode um corpo estilhaçado? Tentar, inicialmente, se manter vivo.

É desde esse lugar impossível de ser nomeado, desde a imagem de cacos sem supostamente conexão, desde os estilhaços, que venho articulando pesquisa/extensão/vida na universidade. Reconheço em meu corpo o "movimento abrupto, errático e desordenado do estilhaçamento" que Mombaça (2021, p. 24) anuncia, contudo, inicio esta carta dizendo do momento em que a pedra transpassou o vidro e que este se espedaçou. Sento-me entre os estilhaços e permaneço por algum tempo. Tento localizar em meu corpo as feridas, entendo que há que politizar os cacos e os cortes. Entendo, mais lentamente, que há que fazer caleidoscópios dos estilhaços.

Problematizar gênero e sexualidades de modo interseccional no cenário universitário implica, necessariamente, repensarmos a lógica acadêmica que se sustenta em processo de hierarquização e competitividade entre saberes, linguagens, memórias e práticas consideradas superiores ou subalternas. Situar, portanto, modos e rituais de produção acadêmica que se engendram em uma dimensão não securitária, ao enlaçar dinâmicas da branquitude (Bento, 2022) e de uma masculinidade necropolítica (Valencia, 2021). Imprescindível situar desse modo, afinal, como brada Mombaça (2021), é fundamental nomear a norma.

Refletir criticamente sobre matrizes coloniais de poder/saber que sustentam grande parte da dinâmica acadêmica contribui para visibilizar sistemas de opressão (como o racismo e a cisheteronormatividade) que fundaram (e, ainda hoje, fundam) o Estado brasileiro. Assim, a colonialidade se atualiza em processos de comparação, classificação e hierarquização dos diferentes grupos humanos e não humanos. Nessa conjuntura, me chama a atenção os rituais acadêmicos que insistem em tentar cortar línguas insubmissas, insistem em interditar modos de pensar e sentir, que demarcam a centralidade de uma produtividade esgotante entre os imperativos dos Qualis, da internacionalização, da Sucupira, enfim, produzir a qualquer custo sem considerar a precariedade das condições de trabalho nas universidades públicas brasileiras, aliás, ao custo, muitas vezes, das tecnologias de controle como, por exemplo, o uso excessivo de medicações psiquiátricas.

Aposto, então, que há que desestabilizar modos normativos de produção de conhecimento no cotidiano institucional, desestabilizar perspectivas científicas que operam em convergência a dinâmicas neoliberais. Me parece urgente reivindicar na academia o direito ao silêncio, o direito ao descanso, o direito à literatura, o direito ao prazer, o direito ao fracasso, aliás, assumir o fracasso como posição política, politizar o fracasso, enfim, reivindicar a quebra, juntes.

Assim, me remeto à importância do desaprender e do desobedecer como exercícios que possibilitam deslocamentos epistemológicos e metodológicos. Convido-nos a pensar com o pesquisador indígena Bruno Ferreira, que me ensina que para o povo Kaingang a relação de aprendizagem entre professor/a e estudante se configura na perspectiva do aprender – aprender. Todes ensinam, todes aprendem, humanos e não humanos.

Considerando esse panorama, destaco a importância de articularmos saberes/ações que se movimentem como resistência e que articulem práticas comunitárias de cuidado. Saberes/ações que se organizam como práticas dissidentes, contrapondo-se e denunciando racismos genderizados, machismos, LGBTIfobias, capacitismos, produtivismos, etarismos, entre outras políticas violentas discriminatórias que circulam no cenário acadêmico.

Em diálogo com Leal (2021), considero a urgência de fabularmos mundos outros, práticas outres, modos outres de agir, pensar, sentir e produzir ciência e cuidados coletivos. Considerar perspectivas feministas, transfeministas, pretas e indígenas que partem de epistemologias e cosmovisões localizadas. Modos outres de agir, pensar, sentir e produzir ciência que se afirmam desde a consciência *mestiza* que Anzaldua (2005) nos oferece.

Assim, transito como pesquisadora de gênero, tecendo coletivamente práticas micropolíticas de produção de conhecimentos teóricos, escritas, participações em bancas, ações nos territórios, entre outros exemplos, considerando, sobretudo, afetos que circulam em nossos corpos e a importância de desobedecer, como brada Maria Galindo, sem romantizar a desobediência-dissidência, pois essa implica muita violência aos que desobedecem a um estado de coisas, assim como me ensina o amigo pesquisador Rafael Guimarães.

Considerar, portanto, o movimento dos estilhaços. Considerar que temos um corpo. Ação de *okupação* de corpos que respiram nas trincheiras e que estabelecem alianças subterrâneas nas universidades. Alianças que possibilitam construir mosaicos das línguas sudacas estilhaçadas. Alianças que nos convidam a desaprender o fracasso nomeado como improdutividade, desaprender modos coloniais de ensinar. Desaprender como um modo de fazer ciência que seja de fato implicado, localizado, sensível e, sobretudo, com sabor. Reivindicar o prazer no processo de produção acadêmica!

Por fim, considero que a partilha de pequenos gestos de delicadeza entre espinhos tem sido um modo de eu respirar como pesquisadora de gênero. Tecer delicadezas nas relações acadêmicas como estratégia de construção de moradas possíveis entre galhos finos, como um modo de *okupar* a universidade com pipas coloridas. Detalhes que me sorriem de canto de boca, como o relato de uma aluna que encontra em nosso grupo de pesquisa a possibilidade de fracassar. Construir, portanto, possibilidades de comum e caminhar com Ailton Krenak e sua convocação sobre a importância do *"viver o agora"*.

Carta caleidoscópio, por William Peres

Londrina, 30 de outubro de 2023 – Tarde nublada anunciando a chuva e, que, com certeza um novo dia de sol virá. Lembranças de experiências docentes.

Após 35 anos de magistério e 5 anos pós-aposentadoria, puxo pela memória por discursos, imagens e sensações que embora vividas, em muitas temporalidades passadas, ainda vibram em meu corpo como se fossem em tempo presente. Considero essas experiências como relações amorosas, como relações muito prazerosas.

Quando colocamos em análise a relação entre ensino e aprendizagem, precisamos considerar os contextos em que essa relação se desenvolve. Primeiramente há o contexto anterior à chegada de alunas/os/es, considerando que essas pessoas já chegam subjetivadas por sistemas de pensamentos que trazem em seus bojos valores, crenças, discursos e imagens sob influências de ideais capitalistas cujo objetivo está associado à ideia de produção e sucesso.

O ato de ensinar, a relação com a docência, a conexão possível entre ensino e aprendizagem, a troca estabelecida pelos diálogos em sala de aula, ou ainda nos encontros paralelos com alunes nos corredores, na cantina e outras atividades paralelas, tais quais grupos de pesquisa, encontros de extensão com pitadas de artes e bom humor. Essas conexões desenham um mosaico ampliado de jogos de forças impregnados por afetos que potencializam a experiência acadêmica que é atravessada pela estética, pela ética e pela política.

Nossas vivências enquanto docência, pesquisa e extensão universitária acompanham uma linha do tempo que se inicia com os estudos das grupalidades e da análise institucional propostas entre tantos por Lapassade (1977), Guattari (1985), Riviére (2005), Barros (2009), seguindo de muita influência da filosofia da diferença deleuziana.

Com o advento da Aids e a emergência das oficinas de prevenção e cuidados, a experiência com grupos é incrementada com a necessidade de outros estudos e pesquisas a respeito das sexualidades, sobre a pobreza, os usos de drogas ilícitas, as condições insalubres da periferia, as condições alimentares, educação, lazer e acesso às instituições de saúde. Tais estudos foram muito influenciados por Parker (2000).

No contato com as demandas das populações vulnerabilizadas diante da infeção com o vírus HIV e o desenvolvimento da Aids, inicio uma série de oficinas de prevenção junto à população LGBTQIA+, e, entre a diversidade sexual e de gênero, me aproximo mais intensamente de grupos de travestis e transexuais, seus modos de existências, os processos de estigmatização vividos por essas pessoas. Isso me levou a contatar o Movimento Nacional das Travestis e Pessoas Transexuais, quando comecei a participar do Encontro Nacional de Travestis e Transexuais e a luta contra Aids (Entlaids), que era organizado pela atual Articulação Nacional de Travestis e Transexuais (Antra).

Essa experiência me permitiu desenvolver meu doutorado no Instituto de Medicina Social da Universidade do Estado do Rio de Janeiro (Uerj), culminando na publicação do livro *Travestis: dos estigmas à cidadania*, editado pela Editora Juruá de Curitiba, em 2015. E, a partir do doutorado, começo a acessar os estudos sobre interseccionalidades produzidos por Crenshaw (2012), Akotirene (2020), Lugones (2008), Quijano (1992), Mignolo (2008), Kilomba (2019), Vergès (2020), entre muites outres.

Essas influências teórico-político-conceituais passaram a nos acompanhar em todas as nossas atividades de docência tanto na graduação como na pós-graduação, alimentando nossas análises de pesquisas, intervenção e extensão, assim como em nossas falas em conferências e mesas-redondas por todo Brasil.

O que concebo como trajetória acadêmica me remete a pensar as implicações que podemos ter com o exercício cotidiano comprometido em produzir uma cartografia do presente, na forma como é problematizado por Galli e Kirst (2003), sem nos desconectar com nossa ancestralidade teórica, de modo a problematizar as demandas contemporâneas que se apresentam como urgências, as demandas vividas no território em que todos nós estamos implicados, pois, em convergência com proposições apresentadas por Haraway (1995), os saberes são sempre situados e, por isso, interessados em demarcar posicionamentos políticos por meio das temáticas e bibliografias escolhidas, assim como a didática que utilizamos para transmitir saberes que se distanciem dos reducionismos das binarizações conceituais, das sedimentações e universalizações conceituais que, como bem aponta Deleuze (1976), participam da construção dos sistemas de pensamentos.

Esse posicionamento diante do ato de ensinar, e de aprender, se apresenta como um grande desafio para que não caiamos na armadilha da reprodução de modelos comprometidos com a lógica capitalista. Como a de produção em série de corpos úteis e dóceis gerados pelos dispositivos da disciplina, do controle e da norma (Foucault, 1987).

Na minha trajetória docente pude perceber, e acho que muites outres devam perceber, que quando recebemos nosses alunos, eles não chegam simplesmente como um "saco vazio" disponível para serem enchidos de conhecimentos. Eles já chegam impregnados de informações e de desejos que foram produzidos pelos processos de subjetivação capitalísticos e cristãos, ou seja, já chegam com expectativas de sucesso, de aprimoramento para o mercado de trabalho, para serem congratulados como vencedores.

Porém, esse modelo para o sucesso não é produzido para todos; o que percebemos é que existe uma ementa hegemônica acadêmica que é atravessada pela lógica da colonização eurocêntrica branca, cisheteronormativa e cristã, que filtra e define quais são as corporalidades que importam e que "merecerão" alcançar o apogeu da fama, do sucesso e da realização pessoal. As corporalidades fora da ordem e da modelagem colonizada, tais quais, populações periféricas, negras, LGBTQIA+, indígenas, restará a conformação de caírem na armadilha das crenças de inadequação, insuficiência e fraqueza diante do modelo hegemônico imposto pela interseccionalidade da classe, da raça, do sexo, da sexualidade, do gênero, da etariedade e outros marcadores sociais da diferença.

Essas constatações nos colocam na encruzilhada da escolha de que tipo de docente desejamos ser. Se nos tornaremos docentes comprometidos com a manutenção da colonização, da higienização mental e desejantes do *status quo*, do *welfare state*, ou se promoveremos a contracolonização e o compromisso com a inclusão e defesa da igualdade de direitos para todes, potencializando a máxima anunciada por Mignolo (2008): desaprender para aprender.

Apostamos em um compromisso político em nossas práticas acadêmicas que valoriza a troca dialógica de conhecimentos. Tal prática não se reduz à formação de escolhides para o sucesso em detrimento dos fracassades, pois, fracasso, como problematiza Halberstam (2020), nada tem a ver com inferioridades e inadequações dos modelos padronizados pela lógica binária, higienista e normativa, mas com a subversão da ordem universal capitalista, uma posição anticapital que transforma o fracasso em potência de vida, em invenção de novos campos existenciais, no qual, para além da repetição do mesmo, se valoriza a borda do território onde habita as diferenças, onde explode as multiplicidades.

Se o embate entre sucesso e fracasso produz estilhaços, estilhaçar nada tem a ver com destruição, com aniquilamento, mas como uma miríade de possibilidades de recomposição ampliada da vida que não exclui as variações interseccionais, mas as incluem como paisagens potentes e de alegrias de viver. Como um rizoma, cada estilhaço se traduz como uma linha que, ao se emaranhar com outras linhas, compõe uma nova territorialidade que nada exclui, mas que inclui para a defesa da vida em que nenhuma expressão seja polícia da outra.

Essa pequena cartografia existencial apresentada desenha meu posicionamento político presente em minha trajetória acadêmica, e que também se mantém na minha trajetória de vida *out* muros da universidade. O que se traduz por meu compromisso com a vida como valor maior.

Por uma pedagorgia desobediente, por Reginaldo Moreira

A partir dos afetos de minhas quebras, no movimento dos encontros dos estilhaçares, com os estilhaçados outres, relato minha inserção em gênero na universidade pública, na tentativa de mosaicar os pedaços num rejunte colorido, diverso e (re)significador de vidas. A cartografia sentimental de Rolnik (2007), os movimentos de quebras, mas juntas, de Mombaça (2021), nas perspectivas espilares de Martins (2021), dos perigos de uma história única alertados por Adichie (2019) e dos motivos de que levaram hooks (2013) a teorizar, em *Ensinando a transgredir: a educação como prática da liberdade*, sigo a escrever essas próximas linhas. A autora hooks (2013) escreve:

> Eu cheguei à teoria, porque eu estava sofrendo. A dor em mim era tão intensa, que não poderia continuar vivendo. Eu cheguei à teoria desesperada, querendo compreender, entender o que estava acontecendo ao meu redor, acima de tudo, porque eu que-

ria fazer a dor ir embora, e por isso cheguei à teoria. Eu vi na teoria um local para a cura (2013, p. 59).

Kilomba cita e contextualiza a fala de hooks (2013) numa de suas palestras, escrevendo assim:

> O que ela fala é que, geralmente, o conhecimento que habita as instituições é um conhecimento violento, colonial, discriminatório. Ela começou a escrever porque queria que a escrita e a teoria fossem um lugar de pertencimento e libertação. Isso é decolonizar o conhecimento. Decolonizar o conhecimento começa quando a biografia se junta à teoria e a teoria à biografia (2013, s.p.).

Graduação, mestrado, doutorado, concurso e enfim chego à docência da universidade pública, após longa trajetória em comunicação, saúde mental e envelhecimento humano. Ao chegar no departamento de uma cidade do interior do Paraná, um susto: era o único professor *gay* declarado entre os docentes e servidores (um universo aproximado de 50 pessoas). Enquanto o curso comemorava 40 anos, questionava-me dos motivos de somente agora um professor LGBT declarado ter sido aprovado num concurso. Não haveria outros candidatos anteriores? Existiriam eles enclausurados nos armários da sobrevivência?... Enfim, todas as possibilidades me levavam para os processos de preconceito e estigmatização que uma pessoa LGBT sofre na academia ainda branca, elitista e cisheteronormativa. LGBTQIAPN+ somente os muitos estudantes, que me viam como possibilidade de orientação e participação em bancas dos seus projetos que versavam sobre sexualidade e gênero. Não era meu campo de conhecimento, a não ser pela vivência generificada de meu corpo vida afora... mas se não eu, quem? E desse modo acabava aceitando os convites e seguindo ao lado a jornada com os estudantes, mesmo sem ter estudado a área específica. Esse encontro me mobilizava enquanto pesquisador *in-mundo* que sou. Fazer ciência implicada, encarnada, visceral, da pele, sangue, suores é o que me interessa. E os encontros me suscitavam esse novo lugar, apesar de toda minha formação anterior ter ido numa outra direção... me arriscava e seguia, ainda que timidamente.

Receoso com possíveis assédios institucionais durante o estágio probatório, fui fazendo do meu corpo uma guerrilha de trincheira, com camisas estampadas coloridas, tênis flúor, enfim, um arco-íris estético, que espantasse a caretice. E tão logo me senti seguro, desenvolvi um projeto de extensão com as travestis e mulheres transexuais da cidade de Londrina, pois se eu, com todos os meus privilégios, me sentia oprimido, como viviam essas mulheres, desejava saber. Assim desenvolvemos uma produção do programa "É Babado, Kyrida!", com treze *podcasts*, de travestis para travestis, disponíveis no acervo da Rádio Alma Londrina, que podem ser acessados pelo link: https://almalondrina.com.br/programas/babado-kyrida/ Além disso, produzimos seis documentários "Meu amor, Londrina é trans e travesti", com as travestis longevas da cidade, em que registraram o legado de ativismo no pioneirismo da cidade de Londrina, no projeto que pode ser acessado pelo canal do *YouTube*: https://www.youtube.com/watch?v=cM_DDzZsbZU Vale ressaltar que todas as produções foram feitas envolvendo os estudantes da graduação e pós-graduação de comunicação, numa matéria que leciono, chamada Comunicação Popular e Comunitária, como também estudantes monitores de projeto de extensão universitária.

Mas no campo da pesquisa ainda faltava me embrenhar, até que um dia, um estudante *gay*, monitor de um projeto de extensão que desenvolvia com idosos, chegou para mim ao final da reunião e perguntou por que não tinha um projeto de pesquisa na área de sexualidade e gênero, pois ele desejava pesquisar. Expliquei racionalmente, elenquei todos os motivos, mas aquela pergunta reverberou em mim para além daquele momento. Disparou em mim uma leitura que me colocava em xeque: – se não for você, quem será? Deixe de ser medroso, canalha. Nós estudantes queremos estudar sexualidade e gênero... E essas reverberações continuaram em mim e me levaram a desenvolver projetos de pesquisa e, posteriormente, ingressei num *pós-doc* sobre gênero, sexualidade e perspectivas *queer*.

A partir dessa imersão bibliográfica, uma vez que o *pós-doc* se deu na pandemia, vários convites para cursos e palestras surgiram. Destaco dois encontros que me afetaram. Primeiro o convite pela Secretaria Municipal do Idoso para falar de sexualidade aos gestores de Instituições de Longa Permanência (ILPI), em sua maioria administradas por grupos religiosos. Preparei a aula e falei à turma como se estivesse falando com minha mãe de 81 anos. Somente um homem sentiu-se incomodado (imagino), filmou vários trechos e saiu. Após a explanação, o debate que se deu foi de uma riqueza, pois as pessoas idosas estavam vivenciando suas sexualidades, apesar das estruturas, inclusive arquitetônicas dos espaços, não contribuírem com essa vivência, separando-as em alas femininas e masculinas, não permitindo que casais heterossexuais pudessem vivenciar a experiência de namoro ou casamento. Por outro lado, facilitava encontros homossexuais, apesar de quartos coletivos partilhados com idosos incomodados com as práticas sexuais.

Outro encontro marcante foi o curso de formação para os recrutas da Polícia Militar do Paraná, num módulo sobre gênero. Todos fardados, com armas na cintura. Tive certo incômodo com os uniformes. Já na primeira aula, em parceria com a Professora Flávia Carvalhaes, tratamos sobre sistema sexo-gênero, feminilidades e masculinidades frágeis. A partir da abertura para as falas, aqueles homens sisudos foram se revelando seres sensíveis, também vítimas de um sistema capitalista, neoliberal e necropolítico que os oprimia. Foram falas sensíveis e espaço de partilhas intensas. Um dos frutos desse módulo foi um dos PMs, também artista visual, ofertar três de suas obras para serem sorteadas numa sessão do Cine Diversidade – uma ação extensionista que exibe filmes LGBTQIAPN+, seguidos de rodas de conversa, no Sesc da cidade. O espaço de cine e debate tem se revelado um "aqueerlombamento" de proteção, produção de saúde e (re)existência para as pessoas da cidade, uma vez que as exibições mensais são gratuitas e abertas a toda população. E as obras do artista PM ali estavam, compondo esse encontro de produção de vidas em suas diversidades. Uma riqueza plural e necessária.

Com minha entrada no programa de mestrado em comunicação, da Universidade Estadual de Londrina (PR), propus uma ementa em que considerei aspectos decoloniais e suas encruzilhadas, a partir da antiproposta metodológica da cartografia sentimental (Rolnik, 2007), pensando nas construções coletivas de saberes a partir do pressuposto de que todes, professor e estudantes, são especialistas em gênero, uma vez que nossas corpas são generificadas desde antes do nascimento. A insurgência do "especialista" em gênero, geralmente delegada ao docente, aqui tomou outros contornos, numa proposta indisciplinar, em que não lemos as obras, us autores, mas elus nos leram, por meio de conceitos que tentam expressar nossas vivências. O termo aula foi substituído por encontro. Em vez de conteúdos esquematizados, a realização de rodas de falatórios transversais da vivência dus estudantes, que experienciam o conceito. A desobediência do desaprender clássico para o aprender com a própria vivência levou-nos em processos cartográficos sentimentais, a partir do que as leituras nos afetaram, estabelecendo trocas e questionamentos tanto dos conceitos quanto de nossas experiências. A antimetodologia de ensino tem como perspectiva a horizontalidade das relações entre docente e discentes. Desde a estética da sala, sempre organizada em roda, até os modos de condução do conteúdo de cada encontro. O objetivo foi desobedecer e desaprender antigas regras pedagógicas, conceitos e teorias. As novas fabulações em ato (Imarisha, 2016), a partir de como as obras nos leram, criaram possibilidades de nomear sentimentos, sofrimentos e projetar outros futuros, criando fabulações de novas possibilidades de outros mundos, em que todas as vidas importem (Butler, 2020), e caibam em sua plenitude e diversidade.

O movimento da quebra, dos estilhaçares, de Jota Mombaça (2021), trouxeram-me a cor dos olhos de minha mãe (Evaristo, 2016), que reconheci nos seus, a cada encontro, não pelo fato dos pesares, mas pelos (re)pensares, (re)sentires, (re)significares, num movimento que nos estilhaça e muitas vezes fazem nos enxergar cacos, fracassados (Halberstam, 2020), porém, ao mosaicarmos juntes, viramos a chave do fracasso como incapacidade, para potência em nós, a fragilidade em força motriz, as lógicas desqualificadoras da passividade, numa passividade das políticas anais em movimento, desestabilizadora da ordem e dos poderes estabelecidos, disparadores de novas possibilidades existenciais. A partilha dos ebós encantados (Simas, 2022) dos existires contemporâneos indisciplinares, que nos fez mais, nos tocou, nos atravessou.

A grande surpresa foi me dar conta, desde o princípio, que ao propor cartografias me colocaria também exposto aos afetos, numa postura contracolonial de corpa aberta. Nossas corpas multidão cuir (Preciado, 2011) colocaram-se políticas anais (Sáez & Carrascosa, 2016), pelo "cu" filosófico de Linn da Quebrada, no filme *Bixa Travesty* (2018), documentário sobre a multiartista Linn da Quebrada, lançado em 2019, com direção de Claudia Priscilla e Kiko Goifman; o documentário *Para onde voam as feiticeiras* (2023), lançado em 2023, com direção de Eliane Caffé, Carla Caffé e Beto Amaral; e o documentário *O nome das coisas* (2023), em que encontramos todas as fases da Lua (Lua Lamberti de Abreu), dirigido por Victor Duarte Faria e Thayse Fernandes. Lua foi convidada de um dos encontros, em nós constelações, galáxias, poeira cósmica, para adiar o fim do mundo, como propõe Krenak (2020).

As disrupturas discursivas (Butler, 2020) generosas e postas em construções de fabulações outras (Leal, 2021), sobre outres mundos possíveis, em que todas as corpas importem, nas discursividades que emerjam das ruas, em rede, em assembleia (Butler, 2018), como máquinas de guerra (Butler, 2020), em *intensogramas* múltiplos, em que caibam nossas corpas em movimento e em plenitude.

Sim, somos corpas generificadas, especialistas em viver na própria pele, com as dores e delícias dos sentires disparadores. Não sei bem ao certo, não sei bem o quanto, e não saber me encanta, na pedagogia das incertezas e contradições, e do processo do desaprender contracolonial, no que está por vir e no que será, foi, virá, veio, vulcão, hora em erupção e outras calmarias (quando?). Pesquisas encarnadas, que doem no osso, pulsa em corpos vibráteis (Rolnik, 2007), rizomáticos (Deleuze & Guattari, 1995), poéticos. Quebrar as grades curriculares, talvez essa seja a meta, metaverso, metamorfose, para uma pedagogia desobediente. Metamo-nos a seguir em frente, logo ali, mais um pouco, para além do horizonte, na busca incessante, com os corações aflitos e calmos, das risadas e lágrimas que produzimos vida afora. E o que é o tempo para seres em outras lógicas dos ponteiros, para além do cronológico, do cronometrável, cronogramas esfacelados em intensidades diárias, coloridas, plurais e para sempre.

Desafios para o futuro

Ponderamos sobre a importância da criação de mundos e contextos universitários que tenham o compromisso social e político da educação inclusiva e da potencialização do acesso a direitos de modo amplo. Outro desafio é construir uma lógica acadêmica que valide saberes teóricos pautada nas experiências de quem vive a universidade; ciência em que todas, todos e todes tenham lugar de fala, independentemente das marcas interseccionais de classe, raça, etnia, sexo, sexualidade, gênero, etaridade, corporalidade, localização geopolítica e suas variações existenciais.

Considerações provisórias

Destacamos, provisoriamente, sobre a importância de educar e pesquisar nas encruzilhadas, o que, necessariamente, nos convida a assumir como Sul a pluriversalidade dos saberes e a valorização dos modos locais de pensar, de sentir e de se relacionar. A perspectiva da encruzilhada reivindica mundos diversificados, multilíngues, que se tecem em coalisão à oferenda analítica da noção de interseccionalidade, bem como tenciona guerrilhas linguísticas que coexistem em disputa nas universidades.

A noção de guerrilha linguística, portanto, nos remete à imagem de um campo de forças, em que pressupostos científicos articulados nas geografias binárias da colonialidade do saber, construídos em referência a experiências brancas, cisheteronormativas e eurocentradas, coexistem com saberes bordados por línguas *mestizas* indomáveis, que reivindicam se deslinguar dos parâmetros coloniais e fazer dançar modos decoloniais de pensar, de sentir, de pesquisar e de educar. Em aliança a essa prerrogativa, destacamos a importância de dialogarmos com epistemologias cuir, afro-diaspóricas e indígenas, sobretudo latino-americanas.

Defender a vida em sua diversidade implica, necessariamente, sustentar uma perspectiva pedagógica que intersecciona a dimensão epistemológica do conhecimento a saberes poéticos, em destaque aqueles que foram subalternizados e circunscritos como descartáveis. Educar e pesquisar nas *em-cruzilhadas* abre também caminhos para uma dimensão ética, política e estética de reinvenção da vida, para que configurações existenciais plurais possam nascer e respirar de modos justos e igualitários. Desse modo, conhecimento, arte e vida se encontram no umbigo do mundo, afirmando a educação em sua potência de transgressão, de criação e de construção de um mundo para todes. Fazer mosaicos dos estilhaços, é isso que reivindicamos como professores/as e pesquisadores/as pontes! Axé!

Referências

Adichie, C. N. (2019). *O perigo de uma história única*. Companhia das Letras.

Akotirene, C. (2020). *Interseccionalidade*. Jandaíra.

Anzaldúa, G. (2005). La consciencia de la mestiza. Rumo a uma nova consciência. *Estudos Feministas*, Florianópolis, *13*(3), 704-719.

Barros, R. B. (2009). *Grupo: a afirmação de um simulacro*. Editora da UFRGS.

Batistelli, B., & Oliveira, E. (2021). CARTAS: um exercício de cumplicidade subversiva para a escrita acadêmica. *Currículo sem Fronteiras, 21*(2), 679-701.

Bento, C. (2022). Autoritarismo, masculinidade branca e nacionalismo. In C. Bento (Ed.), *O pacto da branquitude* (pp. 43-67). Companhia das Letras.

Butler, J. (2020). *Corpos que importam. Os limites discursivos do "sexo"*. n-1.

Butler, J. (2020). *Quadros de guerra: quando a vida é passível de luto?* Civilização Brasileira.

Butler, J. (2018). *Corpos em aliança e a política das ruas: notas para uma teoria performativa de assembleia*. Civilização Brasileira.

Crenshaw, K. (2012). Cartografiando los márgenes. Interseccionalidad, políticas identitárias, y violencia contra las mujeres de color. In M. L. Platero (Ed.), *Intersecciones: cuerpos y sexualidades em la encrucijada – Temas contemporâneos* (pp. 87-122). Bellaterra.

Deleuze, G. (1976). *Nietsche e a filosofia*. Editora Rio.

Deleuze, G., & Guattari, F. (1995). *Mil platôs: Capitalismo e esquizofrenia* (Vol. 1). Editora 34.

Evaristo, C. (2016). *Olhos D'água*. Pallas.

Foucault, M. (1987). *Vigiar e punir: História da violência nas prisões/nascimento da prisão*. Vozes.

Galli, T., & Kirst, P. (2003). *Cartografias e devires: a construção do presente*. Editora da UFRGS.

Guattari, F. (1985). *Revolução molecular: pulsações políticas do desejo*. Brasiliense.

Halberstam, J. (2019). *A arte queer do fracasso* (S. R. G. Almeida, Trad.). Autêntica.

Haraway, D. (1995). Saberes localizados: a questão da ciência para o feminismo e o privilégio da perspectiva parcial. *Cadernos Pagu, 5*, 7-41.

hooks, b. (2013). *Ensinando a transgredir: a educação como prática de liberdade*. Martins Fontes.

Imarisha, W. (2016). *Reescrevendo o futuro: usando a ficção científica para rever a justiça*. Fundação Bienal de São Paulo.

Kilomba, G. (2019). *Memórias da plantação: episódios de racismo cotidiano*. Cobogó.

Kilomba, G. (2016). *Palestra performance descolonizando o conhecimento*. Centro Cultural São Paulo. [Palestra]. Recuperado de https://youtu.be/iLYGbXewyxs?si=va5QnqZMRzNoIVp3

Krenak, A. (2020). *Ideias para adiar o fim do mundo*. Companhia das Letras.

Lapassade, G. (1977). *Grupos, organizações e instituições*. Francisco Alves.

Leal, D. (2021) Fabulações travestis sobre o fim. *Conceição, 10*, 1-19.

Lugones, M. (2008). *Colonialidad y Género. Tabula Rasa, 9*, 73-101.

Martins, L. M. (2021). *Performances do tempo espiralar, poéticas do corpo-tela*. Cobogó.

Merhy, E. (2004). O conhecer militante no sujeito implicado: o desafio em reconhecê-lo como saber válido. In T. B. Franco & A. B. Caldas (Eds.), *Acolher Chapecó: uma experiência de mudança do modelo assistencial, como base no processo de trabalho* (pp. 34-47). Hucitec.

Mignolo, W. (2008). Desobediência epistêmica: a opção descolonial e o sifnificado de identidade em política. Niterói, *Cadernos de Letras da UFF – Dossiê: Literatura, Língua e Identidade, 34*, 287-324.

Mombaça, J. (2021). *Não vão nos matar agora*. Cobogó.

Parker, R. (2000). *Na contramão da AIDS*. Editora 34.

Peres, W. S. (2015). *Travestis brasileiras: dos estigmas à cidadania*. Juruá.

Pichon-Rivière, E. (2005). *O processo grupal*. Martins Fontes.

Preciado, P. B. (2011). Multidões queer: notas para uma política dos "anormais". *Estudos Feministas, 19*(1), 11-20.

Quijano, A. (1992). Colonialidad y modernidad/racionalidad. *Perú Indígena, 13*(29), 11-20.

Rolnik, S. (2007). *Cartografia sentimental: transformações contemporâneas do desejo*. Editora da UFRGS.

Sáez, J., & Carrascosa, S. (2016). *Pelo cu: políticas anais*. Letramento.

Simas, L. A. (2022). *O corpo encantado das ruas*. Civilização Brasileira.

Valencia, S. (2021, maio 13). Uma masculinidade necropolítica. *Resista! Oservatório de resistências plurais*.

Vergès, F. (2000). *Um feminismo decolonial*. Ubu.

Referências filmográficas

Caffé, E., Caffé, C., & Amaral, B. (Diretores). (2023). *Para onde voam as feiticeiras* [Mídia digital]. Ecofalante.

Faria, V. D., & Fernandes, T. (Diretores). (2023). *O nome das coisas* [Mídia digital]. Produtora independente. Recuperado de https://www.youtube.com/@Onomedascoisas/featured

Priscilla, C., & Goifman, K. (Diretores). (2018). *Bixa Travesty* [Mídia digital]. Paleotv; Canal Brasil; Válvula Produções.

24
Diálogos necessários na psicologia escolar: o processo dialógico da psicologia escolar/educacional para proporcionar o pertencimento escolar a crianças negras e indígenas

Jefferson Olivatto da Silva

Highlights
- O recorte racial proporciona aos/às profissionais de psicologia escolar o debruçar-se sobre os processos de aprendizagem e práticas pedagógicas sem as barreiras do formalismo técnico e arcaico da profissão;
- O não pertencimento contingencia a trajetória escolar de crianças negras e indígenas;
- O desafio da profissão é contribuir para aprendizagens que se ramificam para formação de redes de apoio por meio de ambientes e aprendizagens afirmativas.

Pensar a práxis psicológica em uma instituição escolar é estar diante da complexidade social em termos de políticas públicas em suas dimensões federais, estaduais e municipais, além das atuais relações com o setor privado educacional, histórias psicossociais da cidade e bairro, inserção de ideologias religiosas nas práticas administrativo-pedagógicas, entre outras.

Esse cenário delimita a atuação de psicólogas/os, ainda mais quando consideramos, além das problemáticas da formação profissional voltadas à educação, qual o foco de sua atuação. Em outras palavras, pensar a atuação profissional nas instituições escolares formais ou não formais depende não somente da capacidade profissional para a área quanto do seu contrato de trabalho. Esse problema se amplia em cidades de pequeno porte em que a atuação em psicologia geralmente depende de um/a único/a profissional. Por isso, pensar a práxis em psicologia escolar/educacional precisa de um enquadramento espaçotemporal ao qual sua efetivação corresponda a condições concretas circunstanciadas para um possível compromisso social da área.

Com efeito, essa compreensão condiciona estratégias institucionais favoráveis, ou não, ao pertencimento de determinados grupos sociais. Nesse caso, refletimos a maneira com a qual a psicologia escolar/educacional pode ser um instrumental da prática profissional para desenvolver um pertencimento afirmativo de crianças negras e indígenas em instituições escolares formais. Porquanto, as pesquisas evidenciaram os aspectos traumáticos ao se tratar da trajetória escolar de pessoas negras e indígenas (Amaral, 2010; Gomes, 2002; Silva, 2024) no ensino regular, refletimos a relevância da discussão sobre o pertencimento racial para a práxis psicológica.

Contudo, convidamos as/os leitoras/es para uma discussão sobre a efetivação de nossa proposição afirmativa a partir da psicologia escolar/educacional, em vista da educação infantil a partir de três pressupostos de interdependência analítica: interdisciplinar, intercultural e de demanda social. Essa atitude analítico-interpretativa se institui para entendermos o compromisso social que a área precisa realizar em diálogo com as populações envolvidas. Nesses termos, ultrapassa a anterior atitude profissional cuja realização acontece para o outro, ou então, em uma compreensão do que é melhor para essa ou aquela criança sem a interlocução com a experiência ou as vivências de pessoas racializadas. Por diferentes relatos sobre a trajetória escolar de pessoas negras e indígenas, constatamos que a racialidade é imputada à criança no cotidiano escolar, se não foi feito antes, visto que esse ambiente reproduz o imaginário social predominante das instituições que, por sua vez, são racializadas (Silva, 2019).

Felizmente podemos nos inspirar em produções como as do Centro de Referências Técnicas de Psicologia e Políticas Públicas (Crepop), do Conselho Federal de Psicologia, ao tecer sobre a atuação profissional a respeito das relações raciais (2017), comunidades tradicionais (2019) e povos originários (2022). Ora, a referência técnica (2019) sobre a atuação na educação básica (2019) faz menção à primeira e citando a questão étnico-racial sete vezes ao longo do documento (ao lado de relações de gênero e sexualidade). Já sobre os povos do campo (em contraste com a cidade), nomeados de rural, menciona o referencial na atuação relativa à terra (2013). Assim, o uso do pressuposto analítico se explica em virtude do que apresentaremos sobre a nossa práxis com as instituições escolares do centro-oeste paranaense e sobre esse estado representar uma grande parcela de seus estudantes oriundos do campo.

Historicamente, a psicologia escolar/educacional no Brasil, ainda em construção, foi motivada pelas perspectivas do papel da psicologia brasileira e a função social da escola (Guzzo, 2002, 2005; Patto, 2022). Assim, a atuação do/a profissional acompanhou aquele início com práticas psicométricas para avaliar as dificuldades de aprendizagem, conforme uma perspectiva clínico-terapêutica de conserto e adaptação do aluno-problema. Em seu desenvolvimento teórico-metodológico houve a inserção da responsabilização da família como cerne do problema de impossibilidades de aprendizagens e do desenvolvimento humano, graças ao trabalho de Patto (2022) sobre o fracasso escolar, que levou a psicologia a se aproximar de entendimentos para além da sala de aula e até mesmo dos muros das escolas. Graças a esse novo olhar, a práxis psicológica engendrou diálogos com a psicologia social latino-americana e com a discussão seminal de 1974 de Paulo Freire, em *Pedagogia do oprimido*, já que o contexto e a manutenção do *status quo* ocorre conjuntamente com a escola – esta não pode transformar o mundo se mantiver sua função de reprodutora das estruturas sociais (Mészáros, 2008). Ainda mais que, pelo processo de redemocratização culminante com a Constituição (Constituição da República Federativa do Brasil, 1988), tivemos na sequência a nova Lei de Diretrizes e Bases da Educação Nacional (1996), que influenciou a configuração da escola em suas especificidades e níveis (lidando agora com a implicação da Base Nacional Comum Curricular [BNCC], 2017).

Por isso, avaliamos ser a práxis na escola um diálogo em que as crianças, familiares, professoras/es e direção sejam ouvidos e entendidos a partir de suas interações institucionais e sociais. Nessa linha, compartilhamos um caminho para se debruçar de forma interdisciplinar e intercultural na prática escolar aliada à demanda social de crianças negras e indígenas, que foi a razão pela qual propusemos experimentações dialógicas entre educação e antropologia para desenhar outras matizes interpretativas, por meio do instrumental analítico-interpretativo que denominamos de constelações de aprendizagem. Esta tem sua origem a partir da ideia de constelações de categorizações, de Fredrik Barth (2000); e de cultura com aspas, de Manuela Carneiro da Cunha (2010). Para Barth (2000), as interações interculturais delineiam quais aprendizagens sociais e seus construtos passam a ter valor de destaque no grupo para falarem de sua identidade coletiva. Nessa linha de interações, Cunha (2010) utiliza o termo cultura com aspas segundo o qual o grupo especifica tipos de pertencimentos ocorridos diante de momentos de interações e formação de fronteiras identitárias.

Constatando traços de aprendizagem recorrentes em diferentes grupos e povos tradicionais, pudemos interpretar interações significativas em conformidade com a historicidade e contextos locais das populações negras e indígenas atendidas nas escolas. Assim, podemos reiterar nossa narrativa inicial sobre o desenvolvimento desse instrumental, pois, conforme salienta Silva (2016):

> Já que essas constelações representam processos cognitivos que coordenam pensamentos e atitudes, levantamos como tese que poderiam ser interpretadas enquanto constelações de aprendizagens a partir de uma visão da Antropologia da Educação. Esses grupos configuraram dinâmicas identitárias modelando-os em comunidades, cuja justificativa para manusearem saberes aconteceria pela reprodução de processos culturais. Portanto, os rituais e as práticas cotidianas operariam por aprendizagens reconhecíveis na comunidade como legítimas por seu poder de prestígio e de *status*. Ademais, novos elementos seriam atraídos para orbitar no interior dessas constelações por conta de interesses oriundos do contato com novos grupos ou indivíduos (2016, p. 85).

Por sua vez, reiteramos que a psicologia escolar/educacional desnuda a iteração de pontos cegos educacionais, ao mesmo tempo em que assegura ações racializadas positivas no ambiente escolar. Em outros termos, à medida que a práxis psicológica dimensionar suas ações balizadas pelo diálogo e pela interpretação das populações negras e indígenas atendidas nas instituições, poderá implementar seu compromisso social condicionado ao amparo comunitário para uma práxis antirracista e afirmativa.

Pelo acompanhamento de pesquisas e preocupações de profissionais da educação na região, é comum a esquiva do recorte étnico-racial produzir problemáticas psicoeducacionais relativas a diferentes formas de exclusão do processo pedagógico equitativo (Silva et al., 2020, 2023). Com efeito, verificamos que, por meio do recorte étnico-racial, outras dimensões sociais presentes no ambiente institucional são silenciadas por diferentes práticas profissionais. Por exemplo, quando a/o profissional olhar para o público atendido por serviços com características inclusivas e notar a prevalência de determinado tom de pele (fenótipo), poderá inquirir outras razões que pedagógicas às dificuldades de aprendizagem. Ao problematizar nossa área, vejamos essa situação. Em determinados municípios em que as crianças são encaminhadas para instituições ou ambientes inclusivos (escolas especializadas em deficiência intelectual ou visual, sala de recurso ou multifuncional), observamos um comportamento comum atribuído a elas que convergia para o seguinte desdobramento ou interpretação pedagógica: queixa sobre o comportamento da criança relatada por professoras/es sob um viés de dificuldade de aprendizagem ou comportamento atípico. Esse julgamento conduz para respostas que vão desde o encaminhamento de um profissional de psicologia do município (em raros casos uma equipe multiprofissional) até a obtenção do laudo médico para as crianças serem atendidas nos referidos ambientes ou serviços inclusivos. Ora, esse protocolo pedido pelas secretarias de educação não nos causa estranheza, mas salta aos olhos quando municípios pequenos têm unidades escolares que encaminham em torno de oitenta alunos/ano com suspeita, por exemplo, de transtorno do espectro autista (TEA). A problemática não é a discussão do diagnóstico de TEA, mas este se configurar em uma explicação comum na escola pela queixa de comportamento inadequado da criança. Profissionais que atendem à área precisam prestar atenção em outras interações que, talvez, indiquem a prevalência de alguns sinais envolventes, como a representação de professoras/es e familiares sobre diagnósticos específicos, possíveis benefícios educacionais ou de afeto conquistado por familiares e/ou crianças com esses encaminhamentos, territorialidade da criança, pertencimento étnico-comunitário, bem como a qualidade de trabalho refletida em saúde mental das/dos profissionais da instituição, em vista da quantidade de licenças. Tanto isoladamente quanto em relação, tais sinais podem indicar outras circunstâncias psicoeducacionais que exigem, pelo menos, uma interlocução com mais áreas e profissionais envolvidos.

Embora essa primeira atitude não baste, já podemos acompanhar a possibilidade de esquivas argumentativas sobre os efeitos de diferentes ordens institucionais. Assim, de forma mais específica, quando a racialidade escolar está distante dessas indagações, em alguns casos, a imputação de dificuldades de aprendizagem sobre uma criança pode justificar quaisquer barreiras pedagógicas de ordem cultural, institucional ou até de conflitos psicossociais em regiões com disputas territoriais. Frisamos que a racialidade é uma atribuição social delineante de pessoas não brancas e compõe nosso imaginário social. Ser negra/o ou indígena é uma condição presente no desenvolvimento integral (Fanon, 1968). Após a promulgação da Lei n. 10.639 (2003) sobre o ensino e história afro-brasileira, alterando a Lei de Diretrizes e Bases (depois alterada pela Lei n. 11.645/2008 ao se incluir a temática indígena), houve um gradativo interesse em pesquisas e práticas profissionais, que observamos o quanto o recorte racial nos auxilia a entender exclusões cotidianas interpretadas por outros marcadores como classe social e religião. Ressaltamos que a práxis psicológica deve considerar o racismo como um estruturante da realidade brasileira, ainda mais após a III Conferência de Durban (2001), na África do Sul. No Brasil, o Conselho Federal de Psicologia aderiu a importância de evidenciar que a prática psicológica também combata o racismo pela Resolução 018 (2002) (nesse momento sendo aprimorada).

Brevemente, mas nos parece relevante insistir em uma aparente digressão fomentadora do racismo estrutural por cinco séculos de sistemática violência social (Almeida, 2019). Graças ao recorte étnico-racial, a pesquisa de Maria Patto (2022) sobre o fracasso escolar evidenciou o recorte étnico-racial das crianças envolvidas nessa problemática, ou mesmo a pesquisa jornalística de Daniela Arbex (2019), em *O holocausto brasileiro*, acerca das 60 mil pessoas que ali morreram sob o diagnóstico de sofrimento psicológico, e serem na maioria absoluta de descendentes de escravizados para o enriquecimento de empresas e nobres ingleses e portugueses pela extração de minérios. Ou como retratou o Mapa da Violência (Faculdade Latino-americana de Ciências Sociais [Flacso], 2016), que os homicídios entre os anos de 2003 e 2014 apresentaram uma queda de 26,1% de vítimas brancas por arma de fogo – de 13.224 vítimas para 9.776, enquanto as vítimas negras tiveram um aumento de 46,9% – de 20.291 vítimas para 29.813 por armas de fogo. Ou até que as taxas de suicídio da população indígena são 2,7 vezes maiores do que da população geral – inclusive com casos de crianças (Souza et al., 2020).

Nesse sentido, ao observarmos a complexidade do ambiente escolar, precisamos analisar o quanto o pertencimento é uma categoria significativa para a ocorrência do desempenho estudantil. Em outros termos, é uma demanda crucial para o desempenho da criança negra e indígena. A convivência nesse ambiente gera aprendizagens que sustentam traços identitários e podem ser atrativos ou refratários a seu pertencimento em vista da historicidade, da qualidade do tempo e da experiência dos envolvidos (professoras/es, pais, administradoras/es e alunas/os). Para explicar nosso argumento, lembramos a origem latina do termo pertencer, *pertinere*, "denotar ser", "propriedade de", em que *per* indica "completude", e *tenere* indica "ter" e "possuir" (Cunha, 2010). A referência anglo-saxônica arcaica do inglês refere-se a *langain*, "pertencer a" ou "acompanhar"; já em meados do século XIV o termo foi alterado para o sentido de "acompanhar" e apropriadamente "relacionado a algo". Dessa forma, os termos em seu parâmetro ocidental ilustram o valor positivo de ser parte de um grupo em vista de uma extensão temporal (*longing*). Isso remete à relevância do trabalho do tanzaniano Abdulrazak Gunah, ganhador do Prêmio Nobel de Literatura de 2021, pois reflete o pensamento do grupo (nesse caso, críticos literários europeus) em recusar pensar a partir de problemáticas alheias (imigrantes africanos) como relevantes, isto é, há a prevalência de uma tensão silenciada em lidar com a alteridade de narrativas em detrimento da agonia pela manutenção de um imaginário prevalente de comportamento.

Outro ponto que nos interessa sobre o pertencimento escolar decorre da configuração do racismo em seus efeitos psicossociais. Podemos nos apoiar em Nobles (2013), psicólogo estadunidense e leitor de Abdias Nascimento (1978), para trazer para a discussão o racismo enquanto metáfora do descarrilhamento psíquico em decorrência de contexto social omisso e restritivo e que responde pelo contingenciamento da experiência humana de manifestações psíquicas, emocionais e cognitivas, relativas a quaisquer heranças de seu pertencimento negro. Por isso, os efeitos psicossociais do racismo precisam estar em concordância à amplitude de trauma coletivo. Pensar, a partir de um campo científico, a construção de propostas afirmativas é estarmos cientes da condição intersubjetiva responsável pela geração e manutenção de um trauma coletivo específico: o racismo. Em sua sintomatologia, podemos observar similaridades aparentes com o transtorno de estresse pós-traumático (TEPT): hipervigilância, estresse, depressão, distúrbios de humor, insônia etc., frente a estressores relativos ao evento gerador. Outros elementos do diagnóstico do trauma coletivo pelo Manual Diagnóstico e Estatístico de Transtornos Mentais (DSM-V) diagnosticam sua sintomatologia por ser acumulativa, partilhada em grupo e intergeracional. Reforço que tais similaridades são tão somente aparentes em vista dos condicionantes para um trauma coletivo, ocasionado por desastres naturais ou humanos – guerras e genocídios ou etnocídios.

Porém, o racismo tem um outro elemento em sua composição psicossocial: ele é de longa duração e permanece ativo após vários séculos de sua gênese. Se examinarmos, na linha de Guzzo et al. (2010), o caráter ontológico da profissão, há que ser desempenhada por uma dimensão crítica e política para intervenções eficazes a partir de historicidades e culturas correspondentes à tecitura do pertencimento escolar de estudantes negros/as e indígenas. Por isso, Dias et al. (2014, p. 109) reforçam que o/a profissional "deve atuar como um pesquisador e reprodutor de conhecimentos". De forma ousada, diríamos que não apenas reprodutor/a, mas produtor/a e interlocutor/a de conhecimentos, tendo em vista outras habilidades que em diálogo podem tecer com diferentes atores, saberes e práticas sociais.

Assim é que um dos motivos para a interdisciplinaridade ser um pilar para uma práxis comprometida recai sobre a compreensão de trajetórias escolares de negros/as e indígenas terem a percepção do sentido social de raça a partir dos primeiros anos escolares (Silva, 2017, 2024). Em regiões onde há a presença de comunidades quilombolas e indígenas, a violência da sociedade circunvizinha parece ser muito mais acentuada até antes da escolarização. Ora, a revisão de Rodrigo Souza et al. (2020) apresenta as justificativas dos estudos que atribuem a relação com o uso de álcool e a presença de transtornos mentais juntos às altas taxas de suicídio indígena. Porém, esses contextos apresentam também a constante da violência em decorrência das disputas territoriais e do racismo sofrido por crianças indígenas que se suicidam. Logo, esses condicionantes sociais manifestam o quanto o racismo interfere no desenvolvimento e desempenho escolar da criança. Por isso, debruçar-se sobre um processo de aprendizagem ou práticas pedagógicas sem o recorte racial é reduzir histórica e culturalmente nossa práxis educacional a um formalismo técnico e arcaico.

Para compreendermos o peso do racismo nas instituições devemos estar atentos aos seus efeitos psicossociais e seu contágio nas práticas pedagógicas. Se a primeira leitura parece um argumento duro ou até fatalista, devemos notar que os mecanismos da colonialidade, iniciado no século XV, em classificar grupos sociais com direito à vida ou serem foco de extermínios sistemáticos ainda é atuante (Almeida, 2023; Mignolo, 2017). Em outros termos, a possibilidade de uma práxis humanizadora da psicologia escolar/educacional depende da atitude profissional segundo a qual desvela as atitudes racistas em sua constituição de violência social contra crianças negras e indígenas na educação, conforme a própria referência técnica relativa à atuação na educação básica (2019) faz menção ao documento das relações raciais (Conselho Federal de Psicologia [CFP], 2017). Assim, o argumento da publicação do CFP (2017) elucida que:

> O racismo perpetua o(a) negro(a) [e o indígena] como pobre, subalterno(a), inferior e o(a) branco(a) como ideal, portanto, o racismo coloca em xeque a noção de mérito: não é simplesmente por esforço pessoal que a população branca ocupa esse lugar, ela o tem herdado historicamente (2017, p. 26).

Se na educação já entendemos a necessidade de interlocução entre a atuação de profissionais da pedagogia e da psicologia, esse debate precisa ser enriquecido com outras áreas. Felizmente, a Lei n. 13.935 (2019) já estima a presença de práticas psicológicas e de assistência social, ainda assim faz-se necessário expandir para as demais áreas da licenciatura e bacharelado atuantes na comunidade escolar.

Outrossim, os conhecimentos das áreas de história, literatura e antropologia, por exemplo, podem qualificar uma práxis transformadora na educação. Explanando, pudemos a partir dessa interface nos imbricar nos processos psicossociais e educacionais da região centro-oeste do Paraná, que abriga o maior número de comunidades tradicionais do estado, isto é: quilombolas, povo de terreiros, Guarani, Kaingang, benzedeiras, raizeiras, faxinalenses, além de ilhéus e ribeirinhos que estão localizados em outras regiões (Silva et al., 2020). Para centros ou regiões metropolitanas ou urbanas há uma tendência em manter o silenciamento sobre o racismo sob o pretexto de distanciamento territorial e desconhecimento do tema; porém esse argumento revela-se fraco, pois se repete em profissionais da educação que trabalham em escolas da região com essas comunidades. Entendemos o silenciamento da violência com a qual as crianças e seus familiares são tratados converter-se em falas de desconhecimento, desprezo ou demérito pessoal (Amaral, 2010; Cavalleiros, 2017). Dessa forma, qualquer comportamento atípico será conduzido nessa linha interpretativa, que individualiza o fracasso escolar.

Se de um lado a presença dessas comunidades poderia favorecer o mútuo entendimento, isso seria verdade se as instituições escolares fomentassem uma aproximação humanizadora. Ao contrário, a segregação urbana e do campo de pessoas negras e indígenas constituinte da história psicossocial dessa região demonstra ser o racismo um mecanismo no conjunto das práticas pedagógicas, que ideologicamente convertem o distanciamento de afeição para com essas crianças pela atribuição de elas apresentarem comportamentos defensivos ou distantes – isto é, o efeito da exclusão vivenciada pelas crianças traduz-se na causa de um suposto comportamento atípico. De outra maneira, à medida que se propõe práticas pedagógicas capazes de desconstruir essas refrações psicossociais, observamos o quão transformador é a aproximação com as comunidades. Em uma pesquisa de mestrado acompanhamos a mudança do imaginário infantil de crianças de maioria branca (e assim autodeclaradas pelas famílias) pela aproximação com crianças indígenas em um projeto pedagógico de jogos e brincadeiras na disciplina de Educação Física do quinto ano que as levou até uma comunidade indígena para brincarem juntas (Shereiber, 2021). Narrativas e ilustrações discriminatórias das crianças da escola contra os indígenas reproduzidas pelo imaginário social herdado antes da experiência manifestaram-se assim: "Eles tinham que trabalhar para ter uma melhor condição de vida" (Participante 3, diário de pesquisa n. 11, 10 de julho de 2019). "Eu acho que eles não deviam vir para a cidade, deveriam ficar na aldeia deles, aqui eles vivem como mendigos, se estivessem na aldeia deles teriam uma vida melhor; lá que é o lugar deles" (Participante 4, diário de pesquisa n. 11, 10 de julho de 2019). Após a intervenção pedagógica com a explicação da historicidade da região e a visita à escola indígena, as narrativas infantis transformaram-se em compreensão afetuosa e positiva sobre a indigeneidade: "Eles têm costumes diferentes, brincadeiras como arrancar mandioca, corrida com tora, jogo da onça, cama-de-gato, arco e flecha, cabo de força... Eles têm casas iguais às pessoas da cidade, mas têm sua religião e sua cultura que devem ser respeitadas" (Participante 5, diário de pesquisa n. 11, 5 de dezembro de 2019), e "Eu aprendi muito sobre eles, gostei das brincadeiras, o jogo da onça, corrida com tora, cama-de-gato, arco e flecha, peteca arrancar mandioca entre outros. Eles só querem plantar para ter alguma coisa para comer e sobreviver, não desmatar a natureza e só vender balaios, filtro dos sonhos, brincos, chaveiros. Eles foram massacrados, torturados pelo homem branco e até hoje eles morrem por causa das terras e do agronegócio" (Participante 13, diário de pesquisa n. 11, 5 de dezembro de 2019).

Dessa maneira, a formação e a atuação profissional precisam atentar-se para os processos de aprendizagem inseridos na escola, que perpassam as práticas pedagógicas (Bourdieu, 2007): isto é, processos ideológicos manifestados por tipos de conhecimentos, saberes e interações exercidas na cultura escolar sem aparecer pelo discurso oficial ou escrito em algum planejamento ou documento.

Assim, para uma prática desideologizante, nas palavras de Martin-Baró (1989), as/os profissionais em municípios de pequeno porte devem atentar-se para as dinâmicas da cultura escolar que colaboram com os interesses políticos e sociais compartilhados pelas instituições do território – mesmo as instituições que aparentam ser distintas comungam de práticas de exclusão retroalimentada por parâmetros patriarcais, raciais e de classe (Almeida, 2019). Por outro lado, há práticas pedagógicas e projetos escolares superando essas fronteiras excludentes, mas o trabalho de alterá-las continua sendo a efetivação do esperançar freireano, isto é, uma transformação social pela via da construção coletiva (Freire, 1987).

Dias et al. (2004, p. 107) reforçam que: "é preciso pensar em um psicólogo que se ocupe dos processos educacionais ao longo da vida, uma vez que estes não ocorrem apenas no contexto escolar, nem se encontram restritos a alguma etapa específica do desenvolvimento humano". Incluem-se nesse ínterim os diferentes atores envolvidos nos contextos educacionais. Se Valle (2003) justifica o foco por ações preventivas e de promoção da saúde do ambiente escolar, observamos ser o racismo um fator que precisa ser incluído nessa dimensão interpretativa.

Desafios para o futuro

Caminhos possíveis para um desenvolvimento escolar antirracista

Em vista de um desenvolvimento escolar sadio, antirracista e afirmativo, por exemplo, é possível, por caminhos pedagógicos, inserir a contação de histórias pelo seu caráter lúdico para desenvolver aprendizagens afirmativas de elementos indígenas, africanos e afro-brasileiros para a totalidade das crianças negras, indígenas, amarelas e brancas (Silva et al., 2023). Esse tipo de ação pedagógica oportuniza às crianças o acesso a experiências, histórias familiares e aspectos culturais restritos ao seu meio social. Por outro lado, observamos na formação profissional de professoras/es da educação infantil a falta de instrumentalização para a habilidade de contação de história. Tratar o tema no processo formativo de professoras/es para o desenvolvimento infantil é um passo nessa direção, mas é preciso um ambiente para o exercício dessa prática pedagógica. No entanto, é um desafio que não precisa ser um impedimento à sua execução. Além disso, a partir de uma atitude comprometida com o combate ao racismo e de valorização de elementos, saberes e experiências negras e indígenas de forma afirmativa, profissionais da psicologia podem auxiliar educadoras/es a selecionar histórias infantis em conformidade com os objetivos do planejamento ou colaborar com ações diretamente com as crianças nesses termos (atividades extracurriculares, clube de leitoras/es, roda de leitura etc.). Graças ao incentivo dos editais do Ministério da Educação pelo Programa Nacional do Livro e Leitura (2006), várias editoras (Vozes, Paulinas, selo Companhia das Letrinhas, Ciranda Cultural, entre outras) abriram o campo editorial à temática étnico-racial e outras estabelecerem o foco de sua política de publicação (Mazza, Malê, Nandyala, Pallas, entre outras).

Por isso, a atitude intercultural pode acontecer desde que haja a aproximação com os familiares e, quando possível, com a comunidade em questão. A título de ilustração podemos mencionar algumas pesquisas que foram desenvolvidas com esse enfoque nessa região em escolas que atendiam crianças quilombolas e indígenas (Cavalheiro, 2016; Shreiber, 2021) ou mesmo que relatavam essa dinâmica de pertencimento ao longo do ensino regular de pessoas negras e indígenas. A aproximação com as comunidades proporciona à/ao profissional entender a dinâmica em que estudantes e familiares estão envolvidos, bem como a qualidade de interação com a escola. É dessa forma que conseguimos balizar nossa prática às demandas próprias das famílias: o motivo de faltas, a dificuldade de interação com colegas de turma, a incompreensão da lógica escolar em contraste com a escola, a importância de as mães estarem presentes com as crianças no ambiente familiar e, inclusive, dificuldades com a língua portuguesa e outras cosmopercepções.

Segundo Muyolema (2019), outras dimensões da experiência devem fazer parte desse cenário por meio da aprendizagem de epistemologias por diferentes formas de sensibilidade, por outras formas de escuta, de participação coletiva, pela experiência de partilha de percepção a respeito de seus territórios e sua construção identitária em torno da ancestralidade. Em outras palavras, à luz da etnografia de Mato (2009) sobre a proximidade com o cotidiano comunitário, dialogar com a comunidade propicia as condições de se estar diante de processos próprios de aprendizagem aos quais delimitam a cosmopercepção de crianças negras e indígenas, assim como o desenvolvimento de processos cognitivos e emocionais que podem ser distintos e em conformidade com o grupo de pertencimento. Conforme nos apresentou a filósofa nigeriana Oyewumi (2002), a cosmopercepção refere-se à abertura de outros sentidos e não apenas a visão que as comunidades iorubanas e outras tradicionais – referenciadas aqui pelas comunidades negras e indígenas do centro-oeste paranaense – consideram em suas tomadas de decisão individuais e coletivas.

Nesses termos, podemos balizar as ações psicológicas se de fato implicarem o fazer educativo por meio de partilhas na tomada de decisão com o protagonismo da comunidade para que aconteçam mais caminhos de transformação da realidade.

Considerações finais

A construção de medidas afirmativas, em grande parcela, justifica-se pelas constatações de diferentes trajetórias negras que admitem o valor significativo de comunidades e vínculos sociais para o desenvolvimento do pertencimento escolar, já que pelo letramento racial de familiares a trajetória escolar tende a percorrer a experiência de não lugar. Essa experiência ensina a criança a estar em alerta em diferentes situações ao ser posta em evidência por sua racialidade pela percepção de chacotas, olhares, comentários, contingenciadores de seu estar ali.

Por sua vez, instituir aprendizagens que se ramificam para a formação de tecituras de uma práxis humanizadora na forma de redes de apoio por meio de ambientes e aprendizagens afirmativas sustentam a relevância do processo dialógico com outras cosmopercepções, em outras palavras, que a/o profissional de psicologia tenha a capacidade de interpretar a falta de coleguismo com determinadas crianças, ficar isolada em sala de aula e no recreio ou recusada nas brincadeiras da turma sem ser *a priori* um comportamento atípico de sua constituição psíquica. É coerente lembrar que nossa atuação escolar deve entender o aviso de Petronilha Beatriz Gonçalves e Silva em seu trabalho de livre-docência, *Entre o Brasil e a África: construindo caminhos e militância*: enquanto houver uma criança que sofra racismo na escola o ensino das relações étnico raciais precisa acontecer.

Nessa linha, ao considerar as relações raciais presentes na escola, conforme as referências do Crepop para esse foco, observamos a existência de um apelo dos grupos que desenharam essas três referências para o sentido de uma práxis psicológica comprometida se e somente se houver uma aproximação com a experiência coletiva desses grupos. Isso foi refletido pelas próprias narrativas de psicólogas/os negras/os, indígenas e de comunidades tradicionais apontarem tal ponto cego da profissão, mas ser viável sua superação pela proposta de uma atitude interdisciplinar e intercultural a favor da demanda emergente do pertencimento escolar negro e indígena.

Referências

Almeida, S. (2019). *Racismo estrutural*. Pólen.

Amaral, W. R. (2010). *As trajetórias dos estudantes indígenas nas universidades estaduais do Paraná: sujeitos e pertencimentos*. [Tese de Doutorado]. Universidade Federal do Paraná.

Arbex, D. (2019). *Holocausto brasileiro – Genocídio: 60 mil mortos no maior hospício do Brasil*. Intrínseca.

Barth, F. (2000). *O guru, o iniciador e outras variações antropológicas*. Contra Capa.

Bourdieu, P. (2007). *Economia das trocas simbólicas*. Perspectiva.

Cavalheiro, R. M. (2016). *A trajetória da educação escolar e a reafirmação dos saberes indígenas na aldeia kaingang da terra indígena de marrecas*. [Dissertação de Mestrado]. Universidade Estadual do Centro-Oeste.

Conselho Federal de Psicologia. (2017). *Relações raciais: referências técnicas para a atuação de psicólogas/os*. Brasília, DF. Recuperado de https://site.cfp.org.br/wp-content/uploads/2017/09/relacoes_raciais_baixa.pdf

Conselho Federal de Psicologia. (2019). *Referências técnicas para atuação de psicólogas(os) com povos tradicionais*. Brasília, DF. Recuperado de https://crepop.cfp.org.br/wp-content/uploads/sites/34/2022/10/016-Crepop-Referencias-Tecnicas-para-Atuacao-de-Psicologasos-com-Povos-Tradicionais.pdf

Conselho Federal de Psicologia. (2022). *Referências técnicas para atuação de psicólogas(os) junto aos povos indígenas*. Brasília, DF. Recuperado de https://site.cfp.org.br/wp-content/uploads/2022/07/crepop_indigenas_web.pdf

Constituição da República Federativa do Brasil de 1988. (1988). Brasília, DF. Recuperado de https://www.planalto.gov.br/ccivil_03/constituicao/constituicao.htm

Cunha, M. C. (2010). *Cultura com aspas e outros ensaios*. Cosac Naify.

Declaração de Durban. (2001). III Conferência Mundial contra o Racismo, Discriminação Racial, Xenofobia e Intolerância Correlata. Wcar. https://www.oas.org/dil/port/2001%20Declaração%20e%20Programa%20de%20Ação%20adotado%20pela%20Terceira%20Conferência%20Mundial%20

contra%20o%20Racismo,%20Discriminação%20Racial,%20Xenofobia%20e%20Formas%20Conexas%20de%20Intolerância.pdf

Dias, A. C. G., Patias, N. D., & Abaid, J. L. W. (2014). Psicologia escolar e possibilidades na atuação do psicólogo: algumas reflexões. *Psicologia Escolar e Educacional, 18*(1), 105-111. https://doi.org/10.1590/S1413-85572014000100011

Faculdade Latino-americana de Ciências Sociais. (2016). *Homicídios de mulheres no Brasil: mapa da violência 2016: homicídios por armas de fogo no Brasil.* Flacso. https://flacso.org.br/files/2016/08/Mapa2016_armas_web-1.pdf

Fanon, F. (1968). *Os condenados da terra.* Civilização Brasileira.

Freire, P. (1987). *Pedagogia da esperança.* Paz e Terra.

Guzzo, R. S. L. (2005). Escola amordaçada: compromisso do psicólogo com este contexto. In A. M. Martinez (Ed.), *Psicologia escolar e compromisso social: novos discursos, novas práticas* (pp. 17-29). Alínea.

Guzzo, R. S. L. (2010). Psicologia e educação no Brasil: uma visão da história e possibilidades nesta relação. *Psicologia Teoria e Pesquisa, 26*(Spe.), 131-141. https://doi.org/10.1590/S0102-37722010000500012

Guzzo, R. S. L., Mezzalira, A., Moreira, A., Tizzei, R., & Silva Neto, W. (2010). Psicologia e educação no Brasil: uma visão da história e possibilidades nessa relação. *Psicologia: Teoria e Pesquisa, 26,*131-141. https://doi.org/10.1590/S0102-37722010000500012

Lei n. 9394, de 20 de dezembro de 1996(1996). Estabelece as diretrizes e bases da educação nacional. Ministério da Educação. Brasília, DF. Recuperado de https://www.planalto.gov.br/ccivil_03/leis/l9394.htm#:~:text=L9394&text=Estabelece%20as%20diretrizes%20e%20bases%20da%20educa%C3%A7%C3%A3o%20nacional.&text=Art.%201%C2%BA%20A%20educa%C3%A7%C3%A3o%20abrange,civil%20e%20nas%20manifesta%C3%A7%C3%B5es%20culturais.

Lei n. 10.639 de 9 de janeiro de 2003. (2003). Altera a Lei n. 9.394, de 20 de dezembro de 1996, que estabelece as diretrizes e bases da educação nacional, para incluir no currículo oficial da rede de ensino a obrigatoriedade da temática "História e Cultura Afro-Brasileira", e dá outras providências. Brasília, DF. Recuperado de https://www.planalto.gov.br/ccivil_03/Leis/2003/ L10.639.htm

Lei n. 13.935, de 11 de dezembro de 2019. (2019). Dispõe sobre a prestação de serviços de psicologia e de serviço social nas redes públicas de educação básica. Brasília, DF. Recuperado de https://pesquisa.in.gov.br/imprensa/jsp/visualiza/index.jsp?jornal=515&pagina=7&data=12/12/2019

Mato, D. (2009) *Instituiciones interculturales de educación superior en America Latina.* IESALC-UNESCO. https://unesdoc.unesco.org/ark:/48223/pf0000185698

Mészárós, I. (2008). *Educação para além do capital* (2a ed.). Boitempo.

Mignolo, W. D. (2017). Colonialidade: o lado mais escuro da modernidade. *Revista Brasileira de Ciências Sociais, 32*(94), e329402. https://doi.org/10.17666/329402/2017

Muyolema, A. (2019). Interculturalidad, Sumak Kawsay y diálogo de saberes. *Estado & comunes, Revista de Políticas y Problemas Públicos, 1*(1), 15. https://doi.org/10.37228/estado_comunes.v1.n1.2013.8

Nascimento, A. (1978). *O genocídio do negro brasileiro, processo de um racismo mascarado.* Paz e Terra.

Nobles, W. (2013). Natural/Man-Made disaster and the derailment in African worldview. *Journal of Black Psychology, 39*(3), 252-256. https://doi.org/10.1177/0095798413478066

Patto, M. H. S. (2022). *A produção do fracasso escolar: histórias de submissão e rebeldia* (5a ed.). Instituto de Psicologia da Universidade de São Paulo. https://www.livrosabertos.abcd.usp.br/portaldelivrosUSP/catalog/download/932/844/3069?inline=1

Resolução 018/2002. (2002). Estabelece normas de atuação para os psicólogos em relação ao preconceito e à discriminação racial. Brasília, DF. Recuperado de https://site.cfp.org.br/wp-content/uploads/2002/12/resolucao2002_18.PDF

Shreiber, C. (2021). *Jogos e brincadeiras indígenas no ensino da educação física: desafios e perspectivas nos anos iniciais do ensino fundamental.* [Dissertação de Mestrado]. Universidade Estadual do Centro-Oeste. https://www2.unicentro.br/ppge/dissertacoes-2021/

Silva, J. O. (2016). Aprendizagens comunitárias africanas de longa duração e em larga escala segundo a expansão banta. *Relegens Thréskeia*, *5*(1), 84-107. http://dx.doi.org/10.5380/rt.v5i1.45660

Silva, J. O. (2017). Dimensões da psicologia social comunitária diante de questões étnico-raciais. *Semina: Ciências Sociais e Humana*, *38*(1), 63-80.

Silva, J. O. (2024). *O pertencimento negro no ensino superior: uma investigação das aprendizagens sociais na trajetória escolar*. EDUEPG.

Silva, J. O., Santos, T. R., & Dias, M. D. L. (2020). Contribuições à reflexão afrocêntrica: aprendizagens matricentrais em processos de longa duração. In M. C. Alves & A. C. Alves (Eds.), *Epistemologias e metodologias negras, descoloniais e antirracistas* (pp. 176-189). Rede UNIDA.

Silva, J. O., Dias, M. D. L., & Almeida, J. G. C. (2023). Tu te tornas eternamente responsável pela literatura infantil que cativas: letramento racial na infância. *Revista Cocar*, (22). https://periodicos.uepa.br/index.php/cocar/article/view/6798

Silva, P. B. G. (2010). *Entre Brasil e África: construindo conhecimentos e militância*. Mazza.

Souza, R. S. B., Alvares-Teodoro, J. C., Teodoro, J., & Martins, M. L. (2020). Suicídio e povos indígenas brasileiros: revisão sistemática. *Revista Panamericana de Salud Pública*, *44*, e58. https://doi.org/10.26633/RPSP.2020.58

Valle, L. E. L. R. (2003). Psicologia escolar: um duplo desafio. *Psicologia: Ciência e Profissão*, *23*(1), 22-29. https://doi.org/10.1590/S1414-98932003000100004

25
Diálogos necessários na psicologia escolar: escolas no contexto do campo (MST)

Maria Fernanda Cunha
Katya Luciane de Oliveira
Jovana Cestille

> *Highlights*
> - O Movimento dos Trabalhadores Rurais Sem Terra (MST) é um movimento que percebe na educação uma forma de melhoria das condições de vida;
> - O MST tem buscado construir referências teóricas e práticas, construindo uma escola aberta para a vida;
> - Educação como um processo de formação e transformação humana.

Este capítulo busca trazer algumas considerações históricas acerca da realidade da escola do campo, sendo parte dele produto de uma pesquisa de doutorado da primeira autora (Maria Fernanda da Cunha). Pretende-se elucidar, aqui, como o Movimento dos Trabalhadores Rurais Sem Terra (MST) percebe na educação uma forma de melhoria das condições de vida tanto de trabalhadores campesinos como também da sociedade de um modo geral. A complexidade dessa realidade escolar será apresentada e, para que o olhar possa se aproximar da realidade daqueles que vivenciam cotidianamente esse ambiente, também será apresentado um estudo de caso, produto de entrevista com uma mãe que tem seu filho matriculado na escola do campo, permitindo, assim, de um modo bastante crítico e norteador, a elaboração da discussão deste texto.

A Constituição Federal de 1988 e a Lei de Diretrizes e Bases da Educação Nacional (LDBEN) n. 9.394 de 1996 estabelecem que a educação tem como finalidade o pleno desenvolvimento do indivíduo, proporcionando sua qualificação para o ingresso no mercado de trabalho e para o exercício da cidadania (LDBEN, 1996). Todavia, ao compreender a educação como um direito humano, torna-se urgente repensar as estruturas políticas, pedagógicas e sociais (Nunes, 2019). Como profissionais da educação, da psicologia e da sociologia, as autoras deste capítulo compreendem que há diversos contextos em que os processos de ensinar, aprender e conviver se fazem presentes. Conforme indica a Constituição Federal (1988), a educação de qualidade é um bem comum e um direito de todos, porém a realidade demonstra que essa mesma educação, dada como um direito, nem sempre chega a todos com a mesma qualidade e com as mesmas oportunidades. Por essa razão, escrever sobre a educação em escolas do campo é um diálogo pertinente à educação brasileira como um todo.

MST – A educação em movimento na luta pela terra

O Movimento dos Trabalhadores Rurais Sem Terra, também conhecido como Movimento dos

Sem-Terra ou MST, é fruto de uma questão agrária, estrutural e histórica no Brasil. Nasceu da articulação das lutas pela terra, que foram retomadas a partir do final da década de 1970, especialmente na região Centro-Sul do país e, aos poucos, expandiu-se pelo Brasil inteiro (MST, 2023). O MST começou a ser pensado no período de 1979 a 1984, porém foi instituído formalmente no primeiro Encontro Nacional dos Trabalhadores Rurais Sem Terra, realizado de 21 a 24 de janeiro de 1984, em Cascavel, no Estado do Paraná.

O MST está organizado e seus principais objetivos são: lutar pela terra, pela reforma agrária e pela construção de uma sociedade mais justa, sem explorados nem exploradores. A educação no movimento se iniciou antes mesmo da fundação oficial, em 1984, pois a presença de crianças acampadas com as famílias sempre foi uma realidade para esse contexto, porém, nessa data, o MST teve a sua primeira escola reconhecida pelo poder público, com o nome de Margarida Maria Alves, no assentamento de Nova Ronda Alta (RS).

De acordo com Caldart (2012), a educação se insere no MST pela via da infância, com uma preocupação quanto ao cuidado pedagógico e formativo das crianças dentro do acampamento. O conhecimento pela Constituição Federal é um direito de todos.

Já na década de 1990, em busca pela organização dos primeiros assentamentos e acampamentos, houve a necessidade de alfabetizar jovens e adultos para a criação das cooperativas. Com o trabalho coletivo mais organizado, surgiram também as primeiras creches. Nesse contexto, em 1996, o ensino médio e técnico foram implementados. Os cursos de graduação e pós-graduação são mais recentes. A luta pela terra e pela reforma agrária não se limita à conquista da terra e, sim, é uma das primeiras lutas que se faz, e muito árdua para garantir a sobrevivência e o direito do trabalhador do campo. Nesse processo, o movimento procura construir uma educação vinculada à vida humana e vem desenvolvendo ações em vários setores, entre os quais se destacam os projetos educacionais, como elemento tático para a construção do projeto histórico-socialista. O trabalho de educação no MST tem buscado construir referências teóricas e práticas, desenvolvendo uma escola aberta para a vida, em todas as dimensões sociais e políticas dos trabalhadores e trabalhadoras do campo (MST, 2013).

Projeto político-pedagógico

O projeto político-pedagógico de educação do MST está vinculado ao seu projeto político, que tem por objetivos a luta pela terra, a luta pela reforma agrária e a luta pela transformação da sociedade, procurando potencializar todas as práticas educativas presentes na luta cotidiana, constituindo-se na grande escola formadora da consciência de classe para emancipação humana. Com isso, o MST almeja uma educação que tenha no seu centro a pessoa humana, uma educação preocupada com várias dimensões desse sujeito, voltada para a cooperação, para os valores humanistas e socialistas e com profunda crença no seu processo de formação e transformação. A proposta de educação do MST expressa uma concepção de educação orientada conforme os interesses da classe trabalhadora e está ligada a uma concepção de mundo. Assim, faz-se necessário ressaltar que o projeto educacional do MST está delineado, mas não se encontra pronto e acabado, e sim em permanente construção, sendo vivenciado e recriado no dia a dia nos seus espaços educativos.

Conforme mostra o MST (2023), os processos educativos da sua base social norteiam-se por seu projeto educativo alicerçado nos princípios filosóficos e pedagógicos do movimento, compondo assim sua proposta de educação. Os princípios são convicções e referências para o trabalho de educação no MST. Os princípios filosóficos dizem respeito à visão de mundo que o movimento defende, à sua concepção de sociedade, de pessoa humana e educação que pretende e quer construir. São eles: educação para a transformação social; educação para o trabalho e a cooperação; educação voltada para as várias dimensões da pessoa humana; educação com/para valores humanistas e socialistas e educação como um processo de formação e transformação humana. Já os princípios pedagógicos referem-se ao modo de pensar e pôr em prática os princípios filosóficos da educação do movimento, ou seja, é basicamente a reflexão metodológica dos processos educativos que acontecem nos assentamentos e acampamentos.

Os princípios pedagógicos são essenciais para a implementação da proposta de educação, especialmente na parte metodológica dos processos educativos desenvolvidos. São eles: relação entre teoria e prática; combinação metodológica entre processos de ensino e de capacitação; realidade como base da produção do conhecimento; conteúdos formativos socialmente úteis; educação para o trabalho e pelo trabalho; vínculo orgânico entre processos educativos e processos políticos; vínculo orgânico entre processos educativos e processos econômicos; vínculo orgânico entre educação e cultura; gestão democrática; auto-organização dos/das estudantes; criação de coletivos pedagógicos e formação permanente dos educadores/educadoras; atitude e habilidade de pesquisa; combinação entre processos pedagógicos coletivos e individuais, entre outros. Para o MST (2013), um dos papéis primordiais da educação é o de contribuir para a transformação da sociedade, com base nos pilares da justiça social e dos valores humanistas.

Dessa maneira, seu projeto educativo apresenta algumas características como: educação de classe; educação de qualidade; educação organicamente vinculada ao movimento social; educação aberta ao mundo; educação para a ação e educação aberta ao novo. Além das características citadas, a proposta de educação do MST tem sua centralidade no trabalho como princípio educativo, alimentando as várias dimensões da pessoa humana. Com esse entendimento, o MST foi traçando sua concepção de educação que ocorre em diversos espaços como, por exemplo, nas marchas, assembleias, escolas, ocupações, compreendendo que cada espaço desse é educativo e cada escola conquistada é resultado das lutas e mobilizações que o movimento vem desenvolvendo ao longo da sua história. Nesse contexto, assim como realizar pesquisas nas escolas urbanas, olhar para os estudantes de assentamentos da zona rural assume importância, visto o histórico e os seus enfrentamentos diários no espaço educativo (Silva & Sousa, 2018).

Contexto: escola pública do campo

A definição do contexto é de suma importância, pois alicerça e direciona as reflexões. A escola pública selecionada para este estudo é vinculada ao MST e está localizada na zona rural de uma cidade de grande porte do Estado do Paraná. Foi construída com materiais reaproveitados e, apesar do empenho dos profissionais e da comunidade, dispõe de condições muito precárias para que o processo de aprendizagem aconteça efetivamente. A escola apresenta-se em forma circular, demonstrando a filosofia do movimento em relação à igualdade. As salas de aula são cercadas por uma grande horta, pois o ofício dos pais é ensinado desde cedo aos pequenos. As frestas entre a madeira, tanto das paredes quanto da cobertura, permitem a passagem do frio, da chuva e dos odores externos.

Nesse espaço, quando chove, a lama de fora entra para a sala de aula. Como não há uma quadra, os alunos fazem as atividades físicas sob o sol ou dentro da sala de aula. Nos horários de intervalo eles não têm um banco sequer para se sentarem na área externa da escola. Em relação aos professores, vale ressaltar que parte do grupo é do próprio assentamento, graduados em pedagogia ou licenciatura em educação do campo; e outra parte, do município. Os educadores são contratados pela prefeitura, concursados ou por processo seletivo simplificado (PSS), o que acaba provocando rotatividade. Alguns professores moram no assentamento, mas aqueles que vêm de fora, em dias de chuva, devido às péssimas condições das estradas, não conseguem ministrar as aulas, já que não há transporte nem para os alunos nem para os professores, logo, também não há aulas.

No contexto da pesquisa, essa comunidade buscava desenvolver os princípios da agroecologia, qual seja, uma forma de produção que preserve o meio no qual a agricultura está sendo desenvolvida. Muitas vezes não emprega defensivos agrícolas agressivos ao meio ambiente no qual a agricultura irá se desenvolver, permite uma forma sustentável de se relacionar com a natureza, utilizando princípios ecológicos básicos para se trabalhar com o ecossistema (Santos & Chalub-Martins, 2012).

Tratava-se de um lugar que, na época deste estudo, precisava ser provido com artefatos educacionais. Isso geraria mais conforto e condições profícuas de aprendizagem, ainda assim era um lugar no qual a aprendizagem estava totalmente imbricada ao campo e à relação com a terra, desde a horta e os espaços rurais do entorno da escola até a vivência e partilha de experiências em comum daquela realidade do campo. Um lugar denso e ao mesmo tempo leve e repleto de natureza.

Relato de caso: pelo olhar de um enxerguei a visão da árida realidade

O vento gelado do outono anunciava o inverno, foram nesses dias frios que uma mãe do MST aceitou participar de uma entrevista na qual pudesse desvelar a realidade sob a ótica de quem vivencia cotidianamente aquela realidade. Explicitou-se os objetivos da entrevista (que vale ressaltar fez parte de uma pesquisa aprovada pelo Comitê de Ética em Pesquisa com Seres Humanos ao qual as pesquisadoras estavam vinculadas). O objetivo anunciado para a entrevistada foi levantar a percepção materna a respeito das principais dificuldades de manter um aluno matriculado em uma escola da zona rural de assentamento do MST. Foi feita uma entrevista e, nesse caso, cabe elucidar que somente uma mãe quis participar deste estudo. A mãe participante é moradora de um assentamento, ela e o marido têm renda proveniente do trabalho com a terra/agricultura familiar. Trata-se de uma mulher com graduação e mestrado realizados em universidades públicas e que, apesar de ter tido oportunidades para sair do campo, por opção pessoal, permaneceu nesse contexto e dele tem grande orgulho, tirando assim seu ganha-pão. Na sequência as questões norteadoras serão explanadas e as respectivas respostas:

P. Quais são as maiores dificuldades encontradas para manter seu(sua) filho(a) matriculado(a) em uma escola da zona rural, de assentamento do MST, e quais são as formas que você encontra para enfrentá-las?

R. Uma das dificuldades para manter nossos filhos na escola do campo é os dias de chuva, né, como as nossas estradas não foram readequadas, assim quando sai um assentamento algumas das coisas que está prevista em lei, é que deve ter uma infraestrutura mínima tanto para a escoação da produção e para a circulação, para gente poder ir ao médico e ir para a escola. Então aqui, se não me engano, são quase cem quilômetros de estrada que precisam ser readequadas.

Atualmente, só a estrada principal que foi feito não como deveria ser feito, mas a prefeitura fez de uma forma que já melhorou bem, mas aí quando chove não tem transporte para as crianças, *pra* escola e tem lugares que fica intransitável quando chove. Então acaba essa dificuldade de manter nossos filhos na escola do campo porque como as estradas não estão adequadas, intransitável, não tem transporte escolar. A forma que a gente já se movimentou foi ocupar a prefeitura uma vez, aí a gente tenta pressionar para que essa obra seja feita porque teve um recurso liberado pelo Governo Federal em 2014 e, daí, em 2017, esse recurso retornou para Brasília, então, a prefeitura perdeu o recurso que era destinado à obra das estradas. Então, a gente faz uma pressão em cima da prefeitura, em alguns casos, as próprias famílias se reuniram, se organizaram e tiraram o dinheiro do bolso, muitas vezes, sem ter condição para poder melhorar a estrada e garantir que os filhos possam ir para a escola.

Assim como as estradas não foram readequadas, as escolas não foram construídas assim dentro do projeto que já existe dentro da prefeitura. A escola é a mesma que as famílias se organizaram e construíram de forma coletiva reaproveitando vários materiais de construção, conseguindo algumas doações e trabalho voluntário. As salas de aula não têm iluminação adequada, não tem uma quadra de esporte, não tem um pátio para as crianças poderem brincar, uma sombra no dia de calor. Então, as crianças sofrem muito com calor, com falta de iluminação e não ter um espaço para desenvolver as atividades de educação física. Mas, a escola, junto com os professores e a coordenação pedagógica e as famílias, vem fazendo um trabalho em que, periodicamente, acontecem assembleias. Em períodos normais de aula, no mínimo a cada semestre, acontece uma assembleia com todos os pais para discutir as questões da escola. Conforme vai resolvendo os problemas, então, quando faz festa, faz algum bingo também para arrecadar dinheiro para a gente ir melhorando a estrutura dessa escola que hoje é onde funciona até se viabilizar a construção da escola que vai ser definitiva.

P. Quais são as maiores dificuldades encontradas em relação à aprendizagem e quais são as estratégias para superá-las?

R. O meu filho teve muita dificuldade para aprender, que ele tinha dificuldade de concentração. Outras crianças também já apresentaram alguma dificuldade para aprender. Mas o acesso do aluno de uma escola do campo a serviços que possam atender e ver o que há para ser feito de modo a remediar a situação é algo mais complicado. Muitas vezes a família não tem como levar a criança ao centro urbano para atendimento, isso implica, a depender do caso, *em* viajar o dia todo e isso compromete o trabalho na lavoura. Falta atendimento especializado para os alunos das escolas, não sei a realidade de outras escolas, mas a realidade daqui está assim.

P. Você acredita que seu(sua) filho(a) sente-se pertencido(a) no ambiente escolar? De que forma consegue perceber isso?

R. O meu filho, ele tem sim um sentimento de pertença à escola, agora mesmo que não está tendo aula ele sempre faz referência à escola, ao nome da escola. Então, lá é um ambiente que ele tem os amiguinhos dele. Ele faz as apresentações também, é uma coisa que ele gosta muito. Então, sempre tem umas apresentações em datas especiais e em alguns momentos que no movimento a gente chama de "mística", que celebra algum lutador ou dia histórico da luta.

Ele é muito tímido, mas nesses momentos ele gosta de se apresentar. Já teve momentos assim de ele fazer uma apresentação sozinho, dele dançar *hip-hop* na frente de todos da escola, porque é uma coisa que ele gosta, então, ele sente à vontade para fazer isso sendo que ele é uma criança tímida, mas nessa hora ele se solta.

P. Qual é a sua percepção acerca da motivação para aprender do(a) seu(sua) filho(a)?

R. A equipe pedagógica é uma equipe que entendeu o que é a educação do campo, então tem alguns professores que são aqui do assentamento mesmo, mas mesmo os que vêm da região urbana da cidade, eles entenderam esse processo do que é a educação do campo e qual a importância da educação do campo para MST e *pro* assentamento.

Apesar de todas as limitações de infraestrutura de logística, eles tentam implementar essa proposta e isso ajuda muito as crianças a se entender dentro do assentamento e dentro da escola. Isso ajuda tanto na aprendizagem quanto na motivação da criança ir para a escola e permanecer na escola.

P. Qual é a sua percepção acerca da escola da zona rural de assentamento do MST vinculada a um movimento social?

R. No Brasil nunca se valorizou a educação para as famílias que estão no campo e, muito menos, uma escola no campo e do campo, mas há uma mentalidade no povo campesino de que a educação é fundamental para a melhoria das condições. Se a gente for ver, na história da educação, sempre a escola do campo ela foi menosprezada. É sempre assim: "ah! O trabalhador rural só aprender a ler e escrever já está de bom tamanho"; aí quem mora no campo não precisa estudar... sempre se trabalhou muito isso.

A partir de 1990 que o MST, junto com outros movimentos sociais, com a Igreja Católica e com algumas universidades públicas, começa um movimento na educação do campo, começa a entender, de uma outra forma, a importância de quem está no campo também ter acesso a uma educação de qualidade que hoje para você viver do campo e ter uma qualidade de vida você precisa ter acesso à educação. Isso muda toda a história da educação dentro do MST, nos assentamentos e nos acampamentos.

Num processo longo que há mais de vinte anos que o movimento vem construindo isso junto com outros movimentos, tem muita pesquisa hoje sobre isso então isso vai mudar muito dentro do movimento e a percepção das famílias. Então, as famílias começam a perceber essa importância de estudar, muitos voltam para se alfabetizar, outros, mesmo já na fase adulta, conseguem fazer até ensino médio, muitas vezes até uma faculdade e isso incentiva os filhos a estudar.

O jovem que está no campo se ele quiser ir para a cidade ele pode ir para a cidade, mas essa não pode ser a única opção de vida para ele. Ele tem que ter oportunidade também se ele quiser permanecer no campo, e sem estudo dificilmente o jovem vai permanecer no campo (muitos deles vão para a cidade sem grandes perspectivas e são muitas vezes subvalorizados).

Agora, quando ele tem uma possibilidade de estudar, de fazer uma faculdade, para depois ele voltar *pra* o assentamento e trabalhar como agrônomo, como veterinário, ou como assistente social, ou como professor, ou mesmo que ele faça uma graduação que ele não exercite aquela profissão, mas que com o conhecimento que ele tem isso vai valorizar ele dentro assentamento, então existe a possibilidade de ele permanecer no campo. Agora quando ele não tem a possibilidade de estudar geralmente ele acaba indo para a cidade.

P. Na sua percepção, quais são os principais fatores que levam seu(sua) filho(a) a superar os desafios diários e a continuar frequentando a escola?

R. Então, a educação do campo dentro do assentamento, ela vai contribuir tanto na formação das crianças que estão na escola, porque ela vai ter uma educação voltada para as questões do dia a dia dela e vai desenvolver esse interesse para ela continuar estudando. Ela vai entendendo a importância de ela estudar mesmo que ela esteja no campo, na zona rural, que ela pode e deve continuar estudando.

O movimento tem muitas parcerias que hoje, com o Governo Federal cortando os recursos do Pronera [Programa Nacional de Educação na Reforma Agrária], eu não sei como vai ficar isso para frente, mas hoje os professores que estão na escola que são do assentamento todos estudaram pelo Pronera, então eu não saberia dizer hoje quantos professores têm na nossa escola que estudaram pelo Pronera, mas assim os professores que estão aqui na escola hoje e que são do assentamento estudaram pelo Pronera por uma luta e conquista do MST. São milhares pelo Brasil inteiro que fizeram diversos cursos tanto na área da educação como na área da saúde, na área das agrárias, então são vários cursos diferentes, diferentes universidades que o movimento conseguiu. Alguns de nível médio, técnicos, de graduação, inclusive pós-graduação. Isso eleva o nível de conhecimento da militância do movimento e gera oportunidade para a juventude e para outras pessoas também permanecerem no movimento com uma qualificação maior. A educação pode ser transformadora.

Desafios para o futuro

Mesmo com todas as dificuldades encontradas nesse contexto como, por exemplo, condições precárias de estrutura física para desenvolver as atividades de sala de aula e extraclasse, quadro reduzido de professores, falta de material e recursos pedagógicos, dificuldade no transporte, entre tantos outros desafios enfrentados por essa população escolar do campo, parece que ainda assim a resiliência e a esperança são constitutivas das comunidades escolares dessa realidade. Esses atores insistem em resistir e acreditar em dias melhores.

O MST faz uma importante fronteira na qual as adversidades adubam a esperança por condições melhores para os alunos, ou seja, o desafio futuro é, de fato, uma educação que verdadeiramente ofereça as mesmas condições para todos. Mesmo em condições vulneráveis desde muito cedo, a força e a liderança do movimento inspiram a vida dessas crianças e da comunidade escolar.

Conforme citado anteriormente, os princípios da educação do campo para o MST tangem aspectos como: *educação para a transformação social; educação para o trabalho e cooperação; educação voltada para as várias dimensões da pessoa humana; educação com/para valores humanistas e socialistas e educação como um processo de formação e transformação humana.* Dessa forma, parece salutar que um desafio para o futuro seria que as escolas urbanas pudessem aprender com a educação das escolas do campo. Para que mais crianças pudessem lidar com a terra, a ecologia, o ecossistema de forma mais orgânica, respeitando a natureza e a terra.

Nesse momento, pode-se dizer que os desafios futuros permeiam questões que serão solucionadas somente com políticas públicas estruturantes como aquelas que asseguram acesso a uma edificação mais confortável, que ofereçam transporte e vias pavimentadas, ou ainda aquelas que garantam as mesmas condições das escolas urbanas, com professores permanentes (baixa rotatividade) e todos os equipamentos tecnológicos necessários ao desenvolvimento formativo escolar. Pois a garra e a insistência em persistir nesse desafio já foram há muito superadas por essa comunidade escolar.

Considerações finais

Pode-se afirmar que a educação é o meio de mudança daquela realidade, no entanto, vale ressaltar que o mesmo fato é também um grande desafio, porquanto os jovens que terminam seus estudos, na maioria das vezes, optam por viver na cidade e abandonando o campo. Esse fato dificulta e atrasa a mudança que tanto buscam, uma vez que a mão de obra mais qualificada acaba se concentrando na cidade. De acordo com Melo e França-Carvalho (2020), é fato que a educação do campo aparece, muitas vezes, como forma de resistência ao modelo de desenvolvimento econômico capitalista, fundamentada em seus objetivos de luta, necessidades e anseios. Nessa direção, ao considerar as diferentes formas de enfrentar situações de vulnerabilidade, aprender é um ato de luta e coragem, pois a educação voltada para as escolas do campo ainda enfrenta muitas dificuldades para sua (sub)existência. Ensinar em contextos de assentamentos ultrapassa os limites pedagógicos e perpassa temas como saúde, segurança, políticas públicas, dignidade e vida humana. Constatou-se que, muitas vezes, o que é legalmente garantido como direito de todos, nem sempre está presente e assegurado na realidade atual. Esse fator torna-se ainda mais grave quando o assunto é a criança em formação.

Assim sendo, é preciso compreender que a escola também é influenciada e determinada pelas questões econômicas, políticas e sociais. É, ainda, uma das principais instituições sociais capaz de preparar cidadãos para o convívio social. A busca por melhores condições e a esperança num futuro melhor são pilares fundamentais para aqueles que vivenciam essa realidade escolar. Assim, há que se pensar em políticas públicas que contemplem a igualdade tanto para as escolas do campo quanto para as escolas da cidade.

Financiamento

Conselho Nacional de Desenvolvimento Científico e Tecnológico/CNPq.

Referências

Caldart, R., Pereira, I. B., Frigotto, G., & Alentejano, P. (2012). *Dicionário da Educação do Campo*. Expressão Popular.

Constituição da República Federativa do Brasil de 1988. (1988). Brasília, DF. Recuperado de https://www.planalto.gov.br/ccivil_03/constituicao/constituicao.htm

Lei n. 9.394, de 20 de dezembro de 1996. (1996). Estabelece as diretrizes e bases da educação nacional. Brasília, DF. Recuperado de https://www.planalto.gov.br/ccivil_03/leis/l9394.htm

Melo, R. A., & França-Carvalho, A. D. (2020). Educação rural e educação do campo: desafios da formação de professores no brasil e no Piauí. *Caderno Cajuína*, 5(3) 8-27. http://dx.doi.org/10.52641/cadcaj.v5i3.409

Movimento dos Trabalhadores Rurais Sem Terra. (2013). Movimento Programa agrário do MST: natureza, fundamentos, proposta e lema de luta. *Revista InSURgência*, 1(1), 247-279.

Movimento dos Trabalhadores Rurais Sem Terra. (2023). *Apresentação do movimento*. Recuperado de https://mst.org.br/quem-somos/

Nunes, E. (2019). *A gramática política do Brasil*. Garamond.

Santos, F. P., & Chalub-Martins, L. (2012). Agroecologia, consumo sustentável e aprendizado coletivo no Brasil. *Educação e Pesquisa*, 38(2), 469-484. https://doi.org/10.1590/S1517-97022011005000008

Silva, J. J. B., & Sousa, M. L. P. (2018). A educação no MST: um instrumento de luta revolucionária no campo. *Revista de Políticas Públicas*, 22, 1.213-1.230. https://doi.org/10.18764/2178-2865.v22nEp1213-1230

26
Diálogos necessários na psicologia e na educação: um olhar para os refugiados

Cláudio Vaz Torres
Sérgio Eduardo Silva de Oliveira
Cristiane Faiad

> *Highlights*
> - O Brasil é um dos países que mais acolhe refugiados na América Latina;
> - Identidade é parte do autoconceito derivado da pertença a um grupo social;
> - Choque cultural reflete a ansiedade após a mudança para uma nova sociedade;
> - A aculturação é um processo dinâmico de mudança social/cultural e exige apoio da sociedade anfitriã;
> - Educação focada na dignidade humana cuida das especificidades de refugiados.

A pobreza e as violências, em suas mais variadas formas, estão associadas à migração de pessoas, famílias e comunidades de seus territórios de origem para outros países e culturas. As pessoas que deixam seus países devido a perseguições por questões raciais, religiosas, de nacionalidade, de pertencimento a um grupo social ou de opinião política, assim como em situações em que há uma violação dos direitos humanos e conflitos armados são consideradas refugiadas. Nesse contexto, a psicologia transcultural se destaca como área do conhecimento que busca investigar os aspectos psicológicos relacionados a esse fenômeno. As contribuições dessa área podem subsidiar ações de diferentes categorias profissionais, como a política, direito, assistência social, saúde, educação, entre outras. Especificamente no contexto educacional, o acolhimento de crianças, adolescentes, jovens e adultos na escola, assim como o processo de ensino-aprendizagem de pessoas refugiadas deve considerar as contribuições da psicologia transcultural.

Desde o início das ciências sociais, as identidades sociais têm sido um tópico crucial para explicar as diferenças pessoais e grupais (Tajfel & Turner, 1979). Elas desempenharam um papel significativo não apenas na psicologia, mas também na sociologia, antropologia e outros campos relacionados, incluindo a economia (Jones et al., 2016). Smith et al. (2013) indicam que o *background* cultural dos indivíduos tem um impacto crucial nas suas identidades, valores, crenças, decisões e comportamentos. Isso porque a socialização cultural se dá por diversos meios, como família, educação, religião, mídia e estabelecimentos sociais, entre outros que afetam a visão e a conduta de um indivíduo. Como resultado, as identidades culturais podem emergir e moldar a forma como os indivíduos se percebem e se envolvem com os outros (de Mooij, 2017). De acordo com Sagiv e Schwartz (2022), fatores genéticos que as pessoas herdam de seus pais, assim como as necessidades pessoais, a socialização em diferentes culturas, a família e pares, e os fatores institucionais como escolas e instituições religiosas, todos são elementos decisivos no desenvolvimento de visões de mundo das pessoas. É importante mencionar que diversos estudiosos têm apontado a presença de uma lacuna ecológica quando se trata de entender os comportamentos individuais em nível cultural (Fischer & Poortinga, 2012; Torres, et al., 2022). Conhecida como falácia ecológica, um erro de pesquisa comum que ocorre quando são tiradas conclusões sobre indivíduos com base em dados coletados no nível cultural, ela leva erroneamente os pesquisadores a assumirem que todas as pessoas de uma nação têm a mesma identidade cultural, dentro de uma mesma cultura. E nem vamos começar a discutir a confusão conceitual muitas vezes feita entre cultura e nação! Tirar conclusões com base na falácia ecológica pode resultar em avaliações errôneas do comportamento individual (Smith & Bond, 2019). Chamando a atenção do leitor para a falácia ecológica, e não pretendemos tirar conclusões ou fazer sugestões sobre indivíduos com base em informações culturais, abordamos neste capítulo as peculiaridades associadas a um grupo mais negligenciado desde recentemente: os refugiados.

Como recorte cultural, este capítulo apresentará o fenômeno dos refugiados sírios no Brasil. Os refugiados são considerados um grupo vulnerável, pois tendem a deixar seu país de origem involuntariamente, vivenciando traumas em seu país e durante a sua jornada para o novo destino (Young & Chan, 2015). Para tanto, são discutidas as questões específicas das condições de refugiados, ilustrando as culturas síria e brasileira. Em seguida, são abordados conceitos-chave do processo de migração e aculturação, perpassando a dimensão da identidade social (Tajfel & Turner, 1979). As semelhanças e especificidades das culturas síria e brasileira são apontadas para então discutir uma educação focada na dignidade humana e que considera os processos de migração e aculturação. Assim, a expectativa é que este capítulo possa ampliar os conhecimentos acerca de um fenômeno complexo, político, social e global, e, a partir da casuística Brasil e Síria, ilustrar dimensões importantes a serem consideradas nesse cenário.

Refugiados: Síria e Brasil

O Brasil tem sido considerado como um país aberto a diferentes grupos sociais (Freyre, 1933/2003), sendo a sua população reconhecida como heterogênea em termos culturais (Torres & Pérez-Nebra, 2014). Devido à sua ampla extensão territorial e ao seu processo de colonização no século XVI, a formação da nação brasileira foi composta por diversos grupos, entre os quais escravizados negros e descendentes de origem africana, indígenas de várias nações e brancos de origem europeia. Assim, pode-se assumir que historicamente o Brasil tem recebido grande número de imigrantes, voluntários ou não, e refugiados. O Brasil também é signatário da Convenção das Nações Unidas sobre o Estatuto dos Refugiados de 1951. Em 1997, o país promulgou a chamada Lei dos Refugiados (Lei n. 9.474/1997). Aliada à Lei n. 13.445, de 2017, também conhecida como Lei de Migração, elas garantem, até certo ponto, aos migrantes igualdade de condições com os brasileiros em termos de direito à vida, à liberdade, à igualdade, à segurança e à propriedade. Além disso, estabelecem um visto temporário para assistência humanitária, concedido aos apátridas e refugiados.

Infelizmente, porém, a integração desses refugiados na sociedade brasileira tem sido dificultada por inúmeras limitações na chegada (por exemplo, questões de moradia, socioculturais, legais e psicológicas) (Bógus & Rodrigues, 2011). Considerando os obstáculos que os refugiados encontram em seu processo de adaptação cultural e os desafios significativos que o país de assentamento enfrenta para atender os grupos de refugiados, propomos que a identificação dos refugiados com as culturas nacionais e étnicas tem impacto na sua saúde psicológica e física (Torres et al., 2021).

Pesquisas sugeriram que os problemas de saúde mental e física são maiores entre os refugiados do que na população em geral (Whittaker et al., 2005). Boa parte dos estudos sobre refugiados se concentrou no movimento de refugiados do Sul Global (Brasil) para o Norte Global (Estados Unidos da América). Contudo, pouco é discutido sobre a experiência dos refugiados do Sul para o Sul, como sírios para o Brasil, por exemplo. Este capítulo foca nesse grupo específico de refugiados dentro da sociedade brasileira. Em particular, vamos nos concentrar em suprir a falta de informação sobre o tecido social e cultural do mundo árabe (Harb, 2016), lançando alguma luz sobre aspectos das características que distinguem os povos sírio e brasileiro. Para tanto, discutimos as diferenças entre os imigrantes sírios no Brasil, incluindo sua cultura, identidade e características.

O Brasil é um dos países que mais acolhe refugiados na América Latina. O maior número de refugiados vivendo no Brasil era da Síria até 2018 e representava cerca de um terço da população refugiada no Brasil. Dados oficiais (Agência Brasil, 2019) sugerem que até o final daquele ano haviam sido reconhecidos 11.231 refugiados. Desse total, 36% eram sírios; 15% congoleses; 9% angolanos; 7% colombianos e 3% venezuelanos, sendo que houve um aumento substancial de pedidos de reconhecimento da condição de refugiado no Brasil desde então. O número de refugiados venezuelanos aumentou, em parte, por políticas instituídas pelo governo brasileiro para facilitar a entrada desses migrantes no território nacional. As evidências mais recentes sugerem que o número oficial de refugiados em 2020 atingiu 168.074, um aumento de 152% no número de refugiados em relação a 2018 (Alto Comissariado das Nações Unidas para Refugiados [Acnur], 2022). Os imigrantes árabes no Brasil são cerca de 11,6 milhões, a maioria libaneses (27% dos imigrantes no país) e sírios (14%). Entre os imigrantes que aqui chegaram e seus descendentes, 10% são da segunda geração (filhos) e 41% são netos de imigrantes (Agência Brasil, 2021; Câmara de Comércio Árabe-Brasil [CCAB], 2021).

A chamada Primavera Árabe, que teve início em 2010 e se tornou cenário de violentos conflitos em diversos países, fez com que muitos refugiados se afastassem da área afligida, principalmente Líbia, Iêmen e Síria, como resultado de toda a região estar cada vez mais instável durante o período de conflito. Sem precedentes desde a Segunda Guerra Mundial, a agitação causou grandes ondas de pessoas fugindo de suas casas para evitar a violência resultante (Buber-Ennser et al., 2016). Devido ao crescente número de refugiados despejados de suas residências, tornou-se importante entender como essas pessoas podem se integrar com sucesso em seu novo ambiente (Hanel et al., 2022). Cerca de 90% da população desse grupo é formada por indivíduos entre 18 e 45 anos (Acnur, 2022). O número estimado de refugiados sírios no Brasil é superior a 15 mil, representando o maior número de solicitações aprovadas (Acnur, 2022).

A identidade social, a migração e a aculturação

Ao discutirmos sobre o papel da identidade na relação de refugiados na cultura anfitriã, é central o argumento trazido pela teoria da identidade social (TIS) (Tajfel & Turner, 1979), que coloca que a identidade é parte do autoconceito derivado da identificação e sentimento de pertença a um grupo social particular (Tajfel, 1978). De acordo com a TIS, as pessoas compreendem o mundo a partir de uma perspectiva de categorização de seu entorno social (Hogg & Abrams, 1998; Tajfel & Turner, 1979). Esse processo de categorização leva à identificação das pessoas em categorias grupais de *"nós* versus *eles"*. Pertencer a um grupo e, consequentemente, não pertencer a outros é importante na satisfação de um vasto leque de necessidades humanas (Myers, 2014). No entanto, quando a identidade que alguém forma de seu grupo cultural leva à percepção de ser discriminado em um outro grupo, por diferenciação grupal, favoritismo intergrupal ou percepção de hierarquia intergrupos (Hogg & Abrams, 1998), há consequências extremamente negativas para as relações intergrupais (Alfinito & Corradi, 2011) e também para a pessoa que se identifica com uma nacionalidade ou cultura. Uma pesquisa apresentada no *American Psychological Association Monitor* (Bethune, 2016) indica que indivíduos com identidade hispânica nos Estados Unidos, que relatam perceber discriminação rotineira, dizem que sentem que devem ter muito cuidado com sua aparência para evitar assédio, o que aumenta seu estado de vigilância em um esforço para se preparar para os insultos dos outros. Sawyer et al. (2012) também observaram que os indivíduos que antecipam a interação com um cidadão da cultura anfitriã percebido como sendo preconceituoso com relação à sua identidade cultural (por exemplo, conceber, em vezes de maneira absurdamente jocosa, que um árabe é enganador ou estelionatário por natureza) apresentam uma resposta de estresse exacerbada quando comparados com aqueles que interagem com uma pessoa não preconceituosa.

Para algumas pessoas, o processo de migração pode ser tranquilo e rápido, enquanto para outras pode levar mais tempo, ou até mesmo ser difícil e representar uma fonte de desafios psicológicos e físicos. Essas diferenças individuais parecem estar relacionadas a fatores demográficos, como idade; fatores intrapessoais, como atitudes; e fatores interpessoais, como contextos sociais e culturais. O processo de migração pode trazer dificuldades e sofrimento psicológico, mas também pode representar oportunidades para se desenvolver novas estratégias de enfrentamento e soluções criativas, bem como promover a resiliência (Wiese & Burhorst, 2007).

Historicamente, a pesquisa sobre migração tem conceituado a adaptação dos migrantes ao seu novo ambiente cultural e social como um processo complexo, que envolve diferentes padrões e estratégias (Titzmann & Fuligni, 2015; Ward et al., 2001). O termo "choque cultural" foi cunhado por Oberg (1960) para descrever o sentimento de ansiedade que surge após a mudança para uma nova sociedade como resultado da perda de sinais e símbolos de relações sociais que incluem palavras, gestos, expressões faciais, costumes ou normas adquiridos no curso natural do desenvolvimento. Em avaliações de pesquisas empíricas sobre choque cultural, Miller (1986) sugeriu dez causas para isso: clima, código de vestimenta, idioma, educação, hábitos alimentares, infraestrutura, crença religiosa, entretenimento, vida familiar e relações românticas. A maioria delas, principalmente as mais relacionadas socialmente, pode estar associada à discriminação por parte dos membros da cultura de acolhida. O choque cultural e as ameaças à confiança e autoestima têm um impacto negativo na adaptação cultural (Kohls, 2001). A extensão do choque cultural pode depender de muitos fatores, desde a identificação com a própria cultura até a motivação da migração e a percepção de discriminação no novo país.

Vários modelos de aculturação apareceram na literatura que examina os fatores associados à adaptação dos recém-chegados. O modelo de aculturação de diferença individual multidimensional (reconhecido pela sigla Mida, do inglês *Multidimensional Individual Difference Acculturation*) (Safdar et al., 2009, 2012) é um dos modelos contemporâneos que traçam o processo de aculturação, incluindo variáveis-chave que preveem a adaptação bem-sucedida de refugiados. O modelo Mida foi originalmente desenvolvido com imigrantes iranianos de primeira geração que vivem no Canadá por Safdar e colaboradores (2003). Posteriormente, foi testado empiricamente com imigrantes iranianos que vivem no Reino Unido, Holanda e Estados Unidos (Safdar et al., 2009), com imigrantes russos e indianos no Canadá (Safdar et al., 2012) e com estudantes internacionais na Espanha (Berger et al., 2019). O modelo Mida deriva elementos de uma série de abordagens para a pesquisa de aculturação que são relevantes aqui, incluindo a estrutura de estresse (Lazarus & Folkman, 1984), recursos psicológicos (Ryff & Singer, 1996), identidade étnica (Phinney, 2003) e o modelo de manutenção da cultura patrimonial e adoção da cultura receptora de Berry et al. (2006).

O modelo de Berry, extremamente influente na compreensão das condições dos refugiados em outro país, diferencia as razões para a migração entre os fatores de atração (*pull factors*) e de expulsão (*push factors*) (Berry et al., 2006). Os primeiros são relacionados aos motivos que atraem os migrantes para o país anfitrião e são relacionados à demanda econômica, uma vez que grande parte desses indivíduos são atraídos para países economicamente mais bem desenvolvidos do que os de origem. Outro fator de atração é associado aos desequilíbrios demográficos entre os países envolvidos, com a melhoria de condições de sobrevivência no país anfitrião. Fatores de expulsão são aspectos que incentivam os migrantes a deixarem seus países para se esquivarem de uma situação aversiva (Berry et al., 2006). Estão relacionados a questões de governança persecutória ou de baixa qualidade na prestação de serviços públicos básicos (International Organization for Migration [IOM], 2013); estagnação econômica (Liu et al., 2011); e aos motivos relacionados à fuga de conflitos religiosos, raciais ou étnicos, como perseguição de grupos étnicos ou *cleansing* de determinados grupos (Liu et al., 2011).

Berry (2006) propõe ainda duas questões básicas para a manutenção ou adoção de aspectos da cultura original e/ou da cultura anfitriã: O quão importante é para o refugiado a manutenção da própria cultura e identidade? E o quão importante é a busca de relacionamento entre os grupos? Respostas a essas perguntas resultam em quatro estratégias a serem desenvolvidas por indivíduos ou grupos, a saber: a assimilação, a separação, a integração e a marginalização. A assimilação ocorre quando os indivíduos optam por não manter sua identidade cultural original e escolhem adotar prioritariamente aspectos da outra cultura. A separação acontece quando os indivíduos valorizam manter a cultura de origem e evitam a interação e adoção de características da cultura anfitriã. Já quando os indivíduos escolhem por manter as características da cultura original como também adotam aspectos do outro grupo, resulta-se em integração e a última estratégia, a marginalização, é caracterizada pelo pouco interesse em manter a cultura original e pela desvalorização do contato e interação com a cultura anfitriã (Berry, 2006). Essa última é comumente observada em indivíduos sem-teto, migrantes de regiões do Brasil menos favorecidas economicamente, que são ignorados ou tornados invisíveis nas grandes cidades. Além do próprio indivíduo e as condições nas quais a migração ocorreu, na definição dessas estratégias há também a influência dos aspectos relacionados às políticas nacionais para migrantes. Elas podem variar de um perfil de integração, que incentiva a cultura local e aceita e promove a manutenção de aspectos da cultura de origem do imigrante; de assimilação, caracterizado pela criação de mecanismos estratégicos para que o imigrante adote a cultura anfitriã; até àquelas políticas caracterizadas pela marginalização, uma vez que manifestam a exclusão e não aceitação desses grupos em sua cultura e na cultura original.

Os diferentes modelos de aculturação ajudam pesquisadores e formuladores de políticas públicas a entenderem como atender melhor a crescente população de migrantes e refugiados em todo o mundo. Infelizmente, a maioria das pesquisas é baseada em padrões de migração de países menos desenvolvidos para países ocidentais desenvolvidos (por exemplo, Canadá, Estados Unidos, Alemanha) – a chamada migração "Sul-Norte" (Castles et al., 2014). No Brasil, começam a surgir pesquisas sobre adaptação e aculturação de imigrantes (Galina et al., 2017; Torres et al., 2022). No entanto, poucos estudos abordam o fenômeno mundial decorrente da migração síria sob a ótica brasileira, ou numa perspectiva de migração Norte-Sul, ou outros grupos que não são originários do Ocidente ou migrando para o Ocidente, conhecidos como países Weird – o acrônimo em inglês para *Western, Educated, Industrialized, Rich, and Democratic* (Ocidentais, Educados, Industrializados, Ricos e Democráticos) (Henrich et al., 2010).

As culturas síria e brasileira: proximidades e especificidades

Para enriquecer esta discussão, vamos agora mergulhar em algumas das caracterizações das culturas síria e brasileira. Os povos árabes são frequentemente caracterizados como conservadores e hierarquicamente estruturados. Tradição, moralidade, gentileza e cuidado com o grupo parecem ser os principais motivadores do povo árabe (Harb, 2016). A pesquisa de Hofstede é a primeira exploração verdadeiramente rigorosa e multicultural de diferenças culturais entre os povos a incluir uma amostra da região árabe (Harb, 2016). De acordo com Hofstede (1980), o individualismo e o coletivismo como dimensões culturais determinam se as pessoas em uma sociedade priorizam objetivos e interesses individuais ou objetivos e interesses coletivos. As culturas individualistas destacam a realização pessoal, a autonomia e a independência, enquanto as culturas coletivistas se concentram na harmonia, cooperação e interdependência do grupo. Hofstede concluiu, em sua classificação das 66 culturas nacionais pesquisadas à época, que a "região árabe" ocupa o 26º lugar na dimensão de individualismo. Isso indica que há uma cultura relativamente coletivista, significando que os árabes dão maior importância ao interesse coletivo do que ao individual (Harb, 2016).

Dessen e Torres (2019) mencionam que em sociedades que priorizam o individualismo, as pessoas tendem a se ver como independentes e enfatizam a racionalidade, ao mesmo tempo em que dão grande importância às suas atitudes pessoais. Por outro lado, os indivíduos em sociedades coletivistas tendem a priorizar os relacionamentos com os outros, se veem como interdependentes de seus grupos e sentem a necessidade de se conformar às normas do grupo em relação aos comportamentos esperados dentro da comunidade. Hofstede (1980) propôs que, no Brasil e na Síria, as pessoas têm uma cultura coletivista, em que se percebem mais como parte de um grupo do que como indivíduos. Historicamente, a Síria tem uma localização geográfica significativa, pois constitui um elo entre as rotas comerciais asiáticas e os portos do Mar Mediterrâneo, o que a tornou um centro comercial e cultural internacional (Standish & Standish, 2012). Essa localização estratégica na encruzilhada das três religiões, islamismo, cristianismo e judaísmo, e sendo um elo entre os três mundos, Europa, Ásia e África, resultou em uma multiplicidade de culturas, religiões e correntes intelectuais (Abhyankar, 2020). Torres et al. (2022) afirmam que a Síria pode ser compreendida como uma cultura muito coletivista, de modo que os sírios costumam ter uma pontuação mais alta em interdependência em relação a outros cidadãos das nações ocidentais.

A Síria é identificada como uma cultura rígida (Gelfand et al., 2011), caracterizada por uma abundância de normas sociais robustas e uma tolerância limitada para a inconformidade. Em culturas rígidas, segundo o entendimento de Gelfand et al. (2011), espera-se que os indivíduos cumpram as normas e regras estabelecidas pela sociedade, deixando pouco espaço para desvios (Boldt, 1978; Gelfand et al., 2011). Em outras palavras, são as normas e expectativas sociais arraigadas nessas culturas que ditam o comportamento adequado para os indivíduos, deixando espaço limitado para que os indivíduos expressem suas características pessoais (Sagiv & Roccas, 2021). Embora isso possa gerar um senso de ordem e previsibilidade nas interações sociais, também pode cultivar inflexibilidade e austeridade (Pelto, 1968). Culturas rígidas são um componente de um conjunto mais amplo de fatores que abrange pressões ecológicas e históricas, instituições sociais, situações comuns e recursos psicológicos (Elster & Gelfand, 2020). Deve-se enfatizar que esses são padrões gerais culturais e não se espera que todos os indivíduos ou subgrupos dentro de uma cultura particular adiram a eles.

Em outra tentativa de categorizar as culturas em dimensões (Smith et al., 2021), a noção de *"facework"* (ou manutenção da imagem social) descreve as formas que os indivíduos empregam para lidar com suas próprias identidades (ou faces sociais) e dos outros em diferentes ambientes. Essas formas abrangem as maneiras pelas quais as pessoas se apresentam aos outros e respondem às suas representações, a fim de prevenir a vergonha e manter conexões sociais favoráveis (Merkin, 2006a, 2006b). Merkin e Ramadan (2010) compararam o *facework* entre os sírios e os estadunidenses usando o *Value Survey Module* (VSM) de Hofstede, sugerindo que os sírios tendem a usar estratégias de comunicação indireta, cooperativa e ritualística em comparação com as pessoas nos Estados Unidos. Isso indica que a cultura síria valoriza o coletivismo, a alta distância do poder, a masculinidade e a evitação da incerteza extrema. Tais resultados são consistentes com os resultados dos estudos de

Hofstede (1980, 2001). Segundo a afirmação de Harb (2016), os sírios priorizam a moralidade, que engloba ter um caráter virtuoso e defender os princípios éticos, bem como a hospitalidade, que envolve ser abertos e generosos para com visitantes ou pessoas desconhecidas. O povo sírio também dá grande importância a valores como benevolência, tradição e conformidade com as normas sociais.

O Brasil é uma nação caracterizada por suas vastas dimensões e notável variedade ambiental, não apenas no que diz respeito aos diversos grupos e sociedades que o compõem, mas também aos inúmeros biomas e ecossistemas que estão ligados aos seus territórios e costumes (Costa, 2020). Segundo o Banco Mundial, a proporção do número de brasileiros alfabetizados em 2021 é de 94% da população e 33,02% da população brasileira têm entre 0 a 14 anos (Baron, 2023). O Brasil é uma nação com uma rica tapeçaria cultural, tecida com diversos fios de influências culturais portuguesas, africanas, indígenas, italianas, francesas, holandesas, árabes, japonesas e inúmeras outras ao longo de sua história. Ao contrário do Reino Unido, onde as comunidades de imigrantes não estão totalmente incorporadas, o Brasil pode ser entendido um autêntico caldeirão cultural, o que torna impraticável descrever um perfil étnico brasileiro dominante (Silveira & Crubelatte, 2007). De acordo com os estudos de Porras e Robertson (1992) e Fischer e Schwartz (2011), as culturas podem diferir mais dentro de um país do que entre países. No caso do Brasil, já se observou que as pessoas das regiões Nordeste e Sul apoiam mais os valores de conservação do que as da região Centro-Oeste (Torres et al., 2015). Além disso, os brasileiros da região Sul mostraram maior apoio aos valores de proteção da natureza do que os da região Centro-Oeste. Esses dados sugerem que existem culturas distintas no Brasil que podem ter crenças diferentes.

Segundo Hofstede (1980, 2001), ambas as culturas, síria e brasileira, têm dimensões próximas. Por exemplo, em relação à distância do poder, a Síria pontuou 80 na sua classificação, indicando ser uma sociedade bastante hierárquica. Já o Brasil obteve 69 pontos, refletindo uma sociedade que também valoriza a hierarquia e está disposta a aceitar as desigualdades (Hofstede Insights, s.d.). Nesse contexto, vale ressaltar que ambos exibem certas práticas informais distinguíveis que não são formalizadas ou codificadas, mas baseadas em normas e relacionamentos sociais, chamadas de práticas informais (Torres & Nascimento, 2022).

A sociedade brasileira apresenta uma forte hierarquia social e tende a favorecer relacionamentos informais e afetivos. Embora essa informalidade não possa ser considerada uma característica única do país, talvez tenha levado o Brasil a ser compreendido como uma "grande família" com poucas regras formais, mas de ênfase na conformidade com as normas sociais. Como resultado, crescer na cultura brasileira envolve ser socializado de uma maneira particular, vivenciar um ambiente distinto e adotar um conjunto específico de valores (Smith et al., 2012). O termo "jeitinho" por exemplo, frequentemente observado como um traço comportamental em diversos setores da sociedade brasileira, abrange o emprego de métodos imaginativos e práticos para resolver prontamente as dificuldades de curto prazo. Isso pode envolver descobrir maneiras de contornar os regulamentos burocráticos ou lidar com possíveis obstáculos com os superiores dentro de um ambiente fortemente hierárquico. A utilização do "jeitinho" muitas vezes requer um trabalho em pé de igualdade com outras pessoas, independentemente de terem ou não um relacionamento preexistente. Como a hierarquia social é amplamente reconhecida na cultura brasileira, o uso do "jeitinho" entre as diferentes classes sociais varia principalmente em grau e não em frequência (Torres & Nascimento, 2022).

Já *"wasta"* é um termo usado nas culturas árabes do Oriente Médio que se refere a conexões e redes informais e interpessoais. É uma poderosa influência nos resultados sociais, econômicos e políticos da região, e opera com base no princípio da reciprocidade, que é fundamental para as relações sociais nas sociedades árabes. Essas redes sociais promovem valores, atitudes e comportamentos que sustentam determinados códigos de conduta baseados na confiança e obrigação mútuas, conduzindo à reciprocidade. *"Wasta"* é caracterizado por sua natureza informal, dependência de relacionamentos pessoais e capacidade de contornar os canais formais. Sua estrutura é baseada em um sistema hierárquico de relacionamentos onde quem está no topo detém o maior poder e influência. O propósito da *"wasta"* é facilitar o acesso a recursos, informações e oportunidades, ao mesmo tempo que oferece proteção e apoio aos seus membros (ALHussan & AL-Husan, 2022). Tais manifestações de influências informais sugerem a proximidade das duas culturas.

Escola, psicologia e refugiados

O conhecimento acerca dos processos que envolvem a pessoa refugiada, muitas vezes marcados por violências e vulnerabilidades, é fundamental para o cuidado e atenção global oferecidos a ela. Os marcadores culturais e os processos violentos vividos acompanham a pessoa refugiada e estão presentes em sua "bagagem" psicológica. Desse modo, diferentes tipos de atenção podem ser necessários, como o da assistência social, o da saúde, o da cidadania e o da educação, por exemplo.

No contexto educacional, oportunizar o acesso de pessoas refugiadas à educação brasileira vai muito além da possibilidade de aquisição de conhecimentos formais, mas também de várias outras perspectivas de desenvolvimento pessoal, social, ocupacional etc. Ademais, o benefício não é somente do refugiado, mas de toda a comunidade escolar que ganha a oportunidade de conhecer e conviver com uma pessoa que vem de uma cultura diferente e que tem muito a ensinar (Silva e Cardozo, 2020). Entre alguns dos desafios encontrados no contexto escolar, tem-se o racismo (Russo et al., 2022), necessidade de um melhor preparo dos professores (Horst & Bertiotti, 2019), xenofobia, garantia à educação do básico ao ensino superior, escassez de estudos sobre o processo de escolarização de refugiados (Giroto & Paula, 2020), entre outros. Amparado pelo que consta na Lei de Diretrizes e Bases da Educação Nacional (LDB) (1996), do direito ao acesso a uma educação pública, cabe a todo o sistema educacional se mobilizar para o alcance de melhorias. O processo de inclusão do refugiado no contexto escolar deve ser cercado de cuidados e a psicologia pode contribuir com isso.

Desafios para o futuro

No reconhecimento do Brasil como um país identificado por sua pluralidade de origens nacionais e reconhecido como um lugar a ser escolhido como destino para refugiados, muitos são os desafios que acompanham esse panorama. Afinal, no ano de 2022 atingiu-se o maior número de solicitações e aceitação de migrantes da década, definidos por uma população com 46,8% de crianças, adolescentes e jovens com até 24 anos, que em sua maioria foram reconhecidos pela condição de agravada violação dos direitos humanos, seguido de desafios diante da opinião política (Silva et al., 2023). Tais dados passam a ser essenciais para a formulação de políticas públicas que precisam ser formuladas de forma a atender às necessidades desse grupo de refugiados. Como proposto por Silva e Cardozo (2020), para além de recebê-los, cabe o desafio da oferta de acolhimento, participação, integração e inclusão.

Para a ampliação de uma educação intercultural, faz-se necessário um maior investimento na política do combate ao racismo; política de diversidade de gênero, incluindo ações de prevenção de violência contra a mulheres refugiadas; maior promoção à tolerância e construção de espaços com diferentes identidades; acolhimento da diversidade cultural; sensibilização à diversidade; criação de salas de aula multilíngues e multiculturais (Horst & Bertiotti, 2019); investimento em pesquisas sobre a realidade linguística; combate ao preconceito linguístico; preparação da comunidade escolar para recepção dos alunos refugiados; revisão e reorganização curricular; aplicação de atendimentos complementares e compensatórios previstos em lei; ensino da língua de acolhimento; criação de maiores oportunidades para se expressarem e, ainda importante, afirmação para que não se esqueçam da língua-mãe. As diferentes realidades de continuidade e descontinuidade do estudo trazem como necessária a avaliação do impacto dos currículos em vigência (Silva & Cardozo, 2020). Nesse sentido, é fundamental que sejam construídas políticas que valorizem a identidade e a cultura dessa população.

Considerações finais

Passados 26 anos da promulgação da lei, muitos foram os avanços que possibilitaram que o Brasil assegurasse maior reconhecimento dos pedidos de refugiados no país. Contudo, esse crescimento não foi acompanhado, necessariamente, pela formulação de políticas que ampliassem o acesso dessa população a condições mais favoráveis de vida, por vezes reforçando um processo de marginalização. Nesse sentido, o conhecimento acerca dos processos que envolvem a pessoa refugiada, muitas vezes marcados por violências e vulnerabilidades, é fundamental para o cuidado e atenção global oferecidos a ela. Os marcadores culturais e os processos violentos vividos acompanham a pessoa refugiada e estão presentes em sua "bagagem" psicológica. Desse modo, inúmeros são os investimentos que precisam ser pensados, de forma que esse grupo passe a ter acesso a diferentes serviços como o da assistência social, o da saúde, o da cidadania e o da educação, entre tantos outros que permitam uma vida mais humanizada e digna no país que os acolhe.

Referências

Abhyankar, R. M. (2020). *Why Syria matters*. Palgrave Macmillan.

Agência Brasil. (2019). *Brazil has recognized more than 11,000 refugees by 2018*. Brasília, DF. Recuperado de https://agenciabrasil.ebc.com.br/direitos-humanos/noticia/2019-07/brasil-ja-reconheceu-mais-de-11-mil-refugiados-ate-2018-diz-conare

Agência Brasil. (2021). *"Sou brasisírio": conheça refugiados de uma guerra que já dura 10 anos*. Brasília, DF. Recuperado de https://agenciabrasil.ebc.com.br/direitos-humanos/noticia/2021-03/sou-brasisirio-conheca-refugiados-de-uma-guerra-que-ja-dura-10-anos

Alto Comissariado das Nações Unidas para Refugiados. (2022). *Deslocamento forçado em números – Brasil*. Recuperado de https://www.acnur.org/br/sobre-o-acnur/

dados-refugiados-no-brasil-e-no-mundo#:~:text=Deslocamento%20for%C3%A7ado%20em%20n%C3%BAmeros%20%2D%20Brasil,refugiado%2C%20provenientes%20de%20150%20pa%C3%ADses

Alfinito, S., & Corradi, A. A. (2011). *Contato intergrupal: conflito realístico, privação relativa e equidade*. ArtMed.

ALHussan, F. B., & AL-Husan, F. B. (2022). Conceptual Complexity and Cultural Embeddedness of Wasta in the Middle East. *Informal Networks in International Business*, 129-146. https://doi.org/10.1108/978-1-83982-878-220221014

Baron, C. (2023). *Syria: Age structure from 2011 to 2021* [Online]. Recuperado de https://www.statista.com/statistics/326601/age-structure-in-syria/

Berger, R., Safdar, S., Spieß, E., Bekk, M., & Font, A. (2019). Acculturation of Erasmus students: Using the multidimensional individual difference acculturation model framework. *International Journal of Psychology*, 54(6), 739-749. https://doi.org/10.1002/ijop.12526

Berry, J. W., Phinney, J. S., Sam, D. L., & Vedder, P. (2006). Immigrant youth: Acculturation, identity, and adaptation. *Applied Psychology: An International Review*, 55(3), 303-332.

Bethune, S. (2016). *Discrimination linked to stress, poorer health*. APA Monitor. Recuperado de https://www.apa.org/news/press/releases/2016/03/impact-of-discrimination

Bógus, L. M., & Rodrigues, V. (2011). Os refugiados e a políticas de proteção e acolhimento no Brasil: História e Perspectivas. *UFES Dimensões*, 27, 101-114. http://www.periodicos.ufes.br/dimensoes/article/view/2585/2081.

Boldt, E. D. (1978). Structural Tightness and Cross-Cultural Research. *Journal of Cross-Cultural Psychology*, 9(2), 151-165. https://doi.org/10.1177/002202217892003

Buber-Ennser, I., Kohlenberger, J., Rengs, B., Al Zalak, Z., Goujon, A., Striessnig, E., Potančoková, M., Gisser, R., Testa, M. R., & Lutz, W. (2016). Human Capital, Values, and Attitudes of Persons Seeking Refuge in Austria in 2015. *PLOS ONE*, 11(9), e0163481. https://doi.org/10.1371/journal.pone.0163481

Câmara de Comércio Árabe-Brasil. (2021). *Comunidade árabe é 6% da população brasileira*. Recuperado de https://anba.com.br/comunidade-arabe-e-6-da-populacao-brasileira-diz-pesquisa/#:~:text=S%C3%A3o%20Paulo%20%E2%80%93%20Em%20levantamento%20in%C3%A9dito,formada%20por%20%C3%A1rabes%20e%20descendentes

Castles, S., De Haas, H., & Miller, M. J. (2014). *The age of migration: International population movements in the modern world* (5a ed.). Guilford Press. https://doi.org/10.1007/978-0-230-36639-8

Costa, A. (2020). Traditional peoples and communities in Brazil: the work of the anthropologist, political regression and the threat to rights. *Vibrant: Virtual Brazilian Anthropology*, 17, e17450. https://doi.org/10.1590/1809-43412020v17d450

de Mooij, M. (2017). Comparing dimensions of national culture for secondary analysis of consumer behavior data of different countries. *International Marketing Review*, 34(3), 444-456. https://doi.org/10.1108/IMR-02-2016-0047

Dessen, M. A., & Torres, C. V. (2019). Family and socialization factors in Brazil: An overview. *Online Readings in Psychology and Culture*, 6(3). https://doi.org/10.9707/2307-0919.1060

Elster, A., & Gelfand, M. J. (2020). When guiding principles do not guide: The moderating effects of cultural tightness on value-behavior links. *Journal of Personality*, 89(2), 325-337. https://doi.org/10.1111/jopy.12584

Fischer, R., & Poortinga, Y. H. (2012). An examination of similarities in personal, social and cultural value structures. *International Journal of Cross-Cultural Management*, 12(2), 157-170. https://doi.org/10.1177/1470595812439867

Fischer, R., & Schwartz, S. (2011). Whence differences in value priorities? Individual, cultural, or artifactual sources. *Journal of Cross-Cultural Psychology*, 42(7), 1.127-1.144. https://doi.org/10.1177/0022022110381429

Galina, V. F., Silva, T. B. B. D., Haydu, M., & Martin, D. (2017). A saúde mental dos refugiados: Um olhar sobre estudos qualitativos. *Interface-Comunicação, Saúde, Educação*, 21, 297-308. https://doi.org/10.1590/1807-57622016.0929

Gelfand, M. J., Raver, J. L., Nishii, L., Leslie, L. M., Lun, J., Lim, B. C., Duan, L., Almaliach, A., Ang, S., Arnadottir, J., Aycan, Z., Boehnke, K., Boski, P., Cabecinhas, R., Chan, D., Chhokar, J., D'Amato, A., Subirats Ferrer, M., Fischlmayr, I. C., Fischer, R., & Yamaguchi, S. (2011). Differences between tight and loose cultures: a 33-nation study. *Science, 332*(6033), 1100-1104. https://doi.org/10.1126/science.1197754

Giroto, G., & Paula, E. M. A. T. (2020). Imigrantes e refugiados no Brasil: uma análise sobre escolarização, currículo e inclusão. *Revista Espaço do Currículo, 13*(1), 164-175. https://doi.org/10.22478/ufpb.1983-1579.2020v13n1.43867

Hanel, P. H. P., Beier, M., & Wolfradt, U. (2022, Maio 16). *The role of human value congruencies for the acculturation of refugees.* https://doi.org/10.31234/osf.io/tf4pw

Harb, C. (2016). The Arab region: Cultures, values, and identity. In M. M. Amer & G. H. Awad (Eds.), *Handbook of Arab American Psychology* (pp. 3-18). Routledge.

Henrich, J., Heine, S. J., & Norenzayan, A. (2010). The weirdest people in the world? *Behavioral and Brain Sciences, 33*(1), 61-135. https://doi.org/10.1017/S0140525X0999152X

Hofstede, G. (1980). *Culture's consequences.* Sage.

Hofstede, G. (2001). *Culture's consequences: Comparing values, behaviors, institutions and organizations across nations* (2a ed.). Sage.

Hofstede, G. H. (1980). *Culture's consequences: International differences in work-related values.* Sage.

Hofstede Insights (s.d.). Country comparison – Syria and Brazile. Recuperado de https://www.hofstede-insights.com/country-comparison-tool?countries=brazil%2Csyria*

Hogg, M. A., & Abrams, D. (1998). *Social identifications: A social psychology of intergroup relations and group processes.* Routledge.

Horst, C., & Bertiotti, J. N. (2019). Multilinguismo na escola: crenças e atitudes linguísticas de professores de língua para/com imigrantes refugiados em escolas públicas de Chapecó. *Muiraquitã: Revista de Letras e Humanidades, 7*(2), 61-79. https://doi.org/10.29327/212070.7.2-6

Jones, S. E., Buerkle, M., Hall, A., Rupp, I., & Matt, G. (2016). Work group performance measurement and feedback: An integrated comprehensive system for a manufacturing department. *Group and Organization Management, 18*, 269-291. https://doi.org/10.1177/1059601193183002

Kohls, R. L. (2001). *Survival kit for overseas living: For Americans planning to live and work abroad.* Intercultural Press.

Lazarus, R. S., & Folkman, S. (1984). *Stress, appraisal and coping.* Springer.

Lei n. 9394, de 20 de dezembro de 1996. (1996). Estabelece as Diretrizes e Bases da Educação Nacional. Brasília, DF. Recuperado de https://www.planalto.gov.br/ccivil_03/leis/l9394.htm

Liu, S., Volcic, Z., & Gallois, C. (2011). *Introducing intercultural communication: Global cultures and contexts.* Sage.

Merkin, R. S. (2006a). Power Distance and Facework Strategies. *Journal of Intercultural Communication Research, 35*(2), 139-160. https://doi.org/10.1080/17475750600909303

Merkin, R. S. (2006b). Uncertainty avoidance and facework: A test of the Hofstede model. *International Journal of Intercultural Relations, 30*(2), 213-228. https://doi.org/10.1016/j.ijintrel.2005.08.001

Merkin, R., & Ramadan, R. (2010). Facework in Syria and the United States: A cross-cultural comparison. *International Journal of Intercultural Relations, 34*(6), 661-669. https://doi.org/10.1016/j.ijintrel.2010.05.006

Miller, E. J. (1986). Culture shock: A student's perspective of study abroad and the importance of promoting study abroad programs. In *10th Annual Conference of Intercultural and International Communication.* Miami, FL.

Myers, D. G. (2014). Preconceito. In D. G. Myers (Ed.), *Psicologia Social* (pp. 246-278). AMGH.

Oberg, K. (1960). Cultural shock: Adjustment to new cultural environments. *Practical Anthropology, 7*(4), 177-182. https://doi.org/10.1177/009182966000700405

Pelto, P. J. (1968). The differences between "tight" and "loose" societies. *Trans-Action*, 5(5), 37-40. https://doi.org/10.1007/BF03180447

Phinney, J. (2003). Ethnic identity and acculturation. In K. Chun, P. Organista & G. Marin (Eds.), *Acculturation: Advances in theory, measurement, and applied research* (pp. 63-81). American Psychological Association.

Porras, J. I., & Robertson, I. (2003). Organizational development: theory, practice and research. In M. D. Dunnettte & L. M. Hough (Orgs.), *Handbook of industrial and organizational psychology*. Consulting Psychologists Press.

Russo, K., Mendes, L., & Borri-Anadon, C. (2022). Crianças em situação de imigração na escola pública: percepções de docentes. *Cadernos de Pesquisa*, 50(175), https://doi.org/10.1590/198053146943

Ryff, C. D., & Singer, B. (1996). Psychological well-being: meaning, measurement, and implications for psychotherapy research. *Psychotherapy and Psychosomatics*, 65(1), 14-23, 252-176. https://doi.org/10.1159/000289026

Safdar, S., Calvez, S., & Lewis, J. R. (2012). Multigroup analysis of the MIDA model: Acculturation of Indian and Russian immigrants in Canada. *International Journal of Intercultural Relations*, 36(2), 200-212.

Safdar, S., Lay, C., & Struthers, W. (2003). The process of acculturation and basic goals: Testing Multidimensional Individual Difference Acculturation Model with Iranian immigrants in Canada. *Applied Psychology: An International Review*, 52(4): 555-579.

Safdar, S., Struthers, W., & Van Oudenhoven, J. P. (2009). Acculturation of Iranians in the United States, the United Kingdom, and the Netherlands: A Test of the Multidimensional Individual Difference Acculturation (Mida) Model. *Journal of Cross-Cultural Psychology*, 40(3), 468-491. https://doi.org/10.1177/0022022108330990

Sagiv, L., & Roccas, S. (2021). How do values affect behavior? Let me count the ways. *Personality and Social Psychology Review*, 25(4), 295-316. https://doi.org/10.1177/10888683211015975

Sagiv, L., & Schwartz, S. H. (2022). Personal values across cultures. *Annual Review of Psychology*, 73(1), 517-546. https://doi.org/10.1146/annurev-psych-020821-125100

Sawyer, P. J., Major, B., Casad, B. J., Townsend, S. S., & Mendes, W. B. (2012). Discrimination and the stress response: Psychological and physiological consequences of anticipating prejudice in interethnic interactions. *American Journal of Public Health*, 102(5), 1.020-1.026. https://doi.org/10.2105/AJPH.2011.300620

Silva, G. J., Cavalcanti, L., Lemos, S. S., Tonhati, T., & Costa, L. F. L. (2023). *Observatório das Migrações Internacionais*. OBMigra.

Silva, V. A., & Cardozo, P. F. (2020). Os desafios das práticas curriculares em contextos diversificados: o caso dos refugiados sírios nas escolas brasileiras. *Revista Exitus*, 10, e020015. https://doi.org/10.24065/2237-9460.2020v10n0id1137

Silveira, R. A., & Crubelatte, J. (2007). The notion of Brazilian organizational culture: Questionable generalizations and vague concepts. *Critical Perspectives on International Business*, 3(2), 150-169. https://doi.org/10.1108/17422040710744953

Smith, P. B., & Bond, M. H. (2019). Cultures and persons: Characterizing national and other types of cultural difference can also aid our understanding and prediction of individual variability. *Frontiers in Psychology*, 10, Article 2689. https://doi.org/10.3389/fpsyg.2019.02689

Smith, P. B., Easterbrook, M. J., Koc, Y., Lun, V. M.-C., Papastylianou, D., Grigoryan, L., Torres, C., Efremova, M., Hassan, B., Abbas, A., Ahmad, A. H., al-Bayati, A., Selim, H. A., Anderson, J., Cross, S. E., Delfino, G. I., Gamsakhurdia, V., Gavreliuc, A., Gavreliuc, D., & Chobthamkit, P. (2021). Is an Emphasis on Dignity, Honor and Face more an Attribute of Individuals or of Cultural Groups? *Cross-Cultural Research*, 55(2-3), 95-126. https://doi.org/10.1177/1069397120979571

Smith, P. B., Fischer, R., Vignoles, V. L., & Bond, M. H. (2013). *Understanding social psychology across cultures: engaging with others in a changing world* (2a ed.). Sage.

Smith, P. B., Torres, C. V., Leong, C. H., Budhwar, P., Achoui, M., & Lebedeva, N. (2012). Are indigenous approaches to achieving influence in business organizations distinctive? A comparative study of guanxi, wasta, jeitinho, svyazi, and "pulling strings". *International Journal of Human Resource Management*, 23, 333-348. https://doi.org/10.1080/09585192.2011.561232

Standish, C. D., & Standish, R. R. (2012). *Keepers of the faith*. McGraw-Hill.

Tajfel, H. (Ed.). (1978). *Differentiation between social groups: Studies in the social psychology of intergroup relations*. Academic Press.

Tajfel, H., & Turner, J. C. (1979). An integrative theory of intergroup conflict. In W. G. Austin & S. Worchel (Eds.), *The social psychology of intergroup relations* (pp. 33-48). Brooks.

Titzmann, P. F., & Fuligni, A. J. (2015). Immigrants' adaptation to different cultural settings: A contextual perspective on acculturation: Introduction for the special section on immigration. *International Journal of Psychology*, 50, 407-412. https://doi.org/10.1002/ijop.12219

Torres, C. V., & Nascimento, T. G. (2022). Informal Practices in Brazil: Insights Form the Brazilian *Jeitinho*. *Informal Networks in International Business*, 165-179. https://doi.org/10.1108/978-1-83982-878-220221017

Torres, C. V., & Pérez-Nebra, A. R. (2014). Diversidade cultural no contexto organizacional. In J. C. Zanelli & J. E. Borges-Andrade (Eds.), *Psicologia, organizações e trabalho no Brasil* (pp. 526-546). ARTMED.

Torres, C. V., Porto, J. B., Vargas, L. M., & Fischer, R. (2015). Meta-analysis of basic human values in Brazil: Observed differences within the country. *Revista Psicologia Organizações e Trabalho*, 15(1), 89-102. https://doi.org/10.17652/rpot/2015.1.356

Torres, C. V., Neiva, E. R., & Glazer, S. (2022). Values in Organizations: Theory, Measurement, and Theoretical Reflections. In M. O. Macambira, H. Mendonça & Paz, M. G. T. (Eds.), *A critical analysis of measuring instruments* (pp. 191-217). Springer.

Torres, C. V., Safda, S., Oliveira, S. E. S., Adaid-Castro, B. G., Faiad. C., Rodrigues-Marçulo, A., & Nofal, B. (2021). Refugees in Brazil: an investigation of Syrian refugees' psychological experiences. *International Journal of Psychology*, 57(2), 1-9. https://doi.org/10.1002/ijop.1281

Ward, C., Bochner, S., & Furnham, A. (2001). *The psychology of culture shock*. Routledge. https://doi.org/10.1177/0022022101032005007

Whittaker, S., Hardy, G., Lewis, K., & Buchan, L. (2005). An exploration of psychological well-being with young Somali refugee and asylum-seeker women. *Clinical Child Psychology and Psychiatry*, 10(2), 177-196.

Wiese, E. B. P., & Burhorst, I. (2007). Transcultural psychiatry: A mental health program for asylum seeking and refugee children and adolescents in The Netherlands. *Transcultural Psychiatry*, 44(1), 596-561. https://doi.org/10.1177/1363461507083900

Young, M., & Chan, K. J. (2015). The psychological experience of refugees: A gender and cultural analysis. In S. Safdar & N. Kosakowska-Berezecka (Eds.), *Psychology of gender through the lens of culture, theories and applications* (pp. 17-36). Springer.

27
Diálogos necessários na psicologia escolar: psicologia escolar e políticas públicas – O lugar da psicologia em debate

Rafael Bianchi Silva

> *Highlights*
> - O trabalho da psicologia no contexto escolar precisa romper com uma visão individualizante de modo a reconhecer a(o) profissional psicóloga(o) como construtor de políticas públicas, o que inclui a política educacional;
> - Parte-se da noção da educação como um direito social a ser garantido para todos, o que implica um debate sobre o papel da escola e os meios para a garantia desse processo;
> - Nesse contexto, a psicologia precisa cumprir seu compromisso social e atuar a partir da perspectiva da garantia de direitos. Isso nos leva à necessidade de se posicionar como agente político que realiza uma análise crítica sobre o papel do Estado.

Encontra-se amplamente disseminado no contexto social atual que o trabalho feito pela psicologia em sua relação com o contexto escolar está atrelado a ações e intervenções a serem planejadas e executadas junto aos estudantes que compõem a unidade escolar. Tal ideia deriva da noção de que a psicologia é hegemonicamente entendida como uma área voltada para e a partir do indivíduo. Essa mesma concepção inclui, ainda que de forma ampliada, a ação junto às famílias dos estudantes, sendo estas também componentes do que se entende por comunidade escolar. Vê-se, nesses dois casos, a delimitação de um alvo ou objeto específico para a ação psicológica.

Porém, para além disso, é possível observar que a psicologia também atua em ao menos outros dois níveis. O primeiro se refere ao trabalho com as equipes que compõem os serviços escolares, conferindo uma dimensão de análise tanto em nível institucional quanto pedagógico, em que, por meio da execução e planejamento de diferentes formas de ação, mostra as possibilidades de intervenção e de diálogos possíveis a serem feitos com outros profissionais, em uma relação interdisciplinar com a população atendida pela instituição escolar.

Por sua vez, em um segundo nível, a psicologia problematiza, pensa e produz as próprias políticas públicas que delineiam a educação escolar. Não se trata de uma demanda menor, visto que, considerando a complexidade inerente ao contexto social, tornam-se necessárias a criação de novas práticas, as quais, por sua vez, demandam a revisão do que se encontra previsto como diretriz e parametrização do trabalho. Assim, a partir da coleta e análise dos dados provenientes da atuação nos diferentes espaços relativos às políticas públicas, a psicologia esquadrinha o que foi e vem sendo realizado e oferece diferentes olhares para pensar o que pode, o que é necessário e o que deve ser feito no futuro, não apenas em termos individuais ou nucleares (com alunos, família ou bairro em específico), mas em toda a comunidade que compõe o que chamamos de dimensão pública.

Este capítulo pretende discutir essa esfera de atuação que também pode ser chamada de política educacional. Segundo Mainardes (2018), trata-se de um campo em expansão que aborda diferentes temas que circulam desde estudos teóricos (que versam, em especial, sobre a relação do Estado com o modo de produção vigente e as instituições que o sustentem), passando por análises das políticas vigentes e a legislação educacional, além de temas como financiamento da educação, políticas curriculares e formação docente.

Nesse contexto, Souza e Rocha (2012, p. 317), ao analisarem a incidência das políticas educacionais nos processos escolares vivenciados pelos psicólogos, afirmam que "entender as políticas públicas é compreender como os educadores, alunos e gestores vivenciam sua implantação e participam de sua concepção". Assim, compreender como são construídas as condições para sua implementação e os efeitos desse processo passa a ser algo fundamental para o profissional da psicologia que atua no campo da educação.

Ou, para além disso, ao considerar que a educação é um fenômeno humano por excelência e que sua institucionalização nos inclui desde muito cedo na tenra infância, compreender os atravessamentos sociais e políticos referentes à produção da escola é uma tarefa importante para o profissional da psicologia, independentemente da área específica de atuação. Assim, a educação se configura como uma temática que transversa o trabalho da(o) psicóloga(o), seja na produção de práticas, nas análises realizadas ou enquanto campo específico em que se demanda o saber psicológico.

A princípio, é importante ressaltar que, historicamente, a formação inicial em psicologia tem tratado o debate relativo às políticas públicas como uma questão secundária, ou mesmo irrelevante dentro dos currículos regulares. Estudos como de Silva e Simcic (2021) e Seixas et al. (2016) identificaram que, mesmo com a presença nos cursos, o debate sobre as políticas públicas é tratado de modo isolado, como componente curricular com pequena carga horária, indicando a escassez de discussões transversais relativas ao tema nas demais disciplinas.

Como consequência disso, dois dados são interessantes. Em pesquisa elaborada por Costa e Oliveira (2022, p. 4), "quando questionados sobre seu fazer, os psicólogos que estão em ação direta voltada para a promoção social da população pobre, explicitam um saber insuficiente para lidar com questões vitais de seu trabalho". Como desdobramento disso, Rudá, Coutinho e Almeida Filho (2019) identificaram que na busca de soluções para os problemas que enfrentam no cotidiano do trabalho, o profissional tende a adaptar práticas de outros campos (em especial, a clínica), afastando-se, em certa medida, do debate em torno do compromisso social da psicologia.

Vê-se, portanto, ser necessária uma aproximação da psicologia com esse universo temático. Assim, para melhor compreensão da relação entre a psicologia escolar e o debate em torno das políticas educacionais, como forma de aproximação com a problemática aqui em debate, pretende-se definir, por um lado, o que entendemos por políticas públicas e; por outro, como a educação se estabelece como um direito social no contexto brasileiro.

Sobre as políticas públicas

A Constituição Federal de 1988 pode ser considerada um marco na proposição e construção de políticas públicas no país, sendo que, por meio e a partir dela, observa-se uma ampliação do ingresso de profissionais de diferentes áreas para atuação e trabalho junto às diferentes populações de nosso país, o que inclui o campo da educação escolar.

Como modo de delimitação, Andrade et al. (2020) afirmam que as políticas públicas se referem a ações do Estado planejadas e intencionais as quais, pela organização de planos, programas e projetos, repercutem na vida das pessoas. Esse processo é feito, comumente, a partir da promulgação de leis e normativas que especificam o modo como esse trabalho será executado. Essas normativas determinam, por um lado, as obrigações do Estado e, por outro, os direitos e deveres daqueles que são o público-alvo da referida ação.

Como um desdobramento, as políticas sociais são uma das modalidades de políticas públicas baseadas e construídas a partir do princípio de justiça social e garantia de direitos. Por essa razão, tem como proposição uma modificação das condições de existência dos sujeitos-alvo da política para, a partir de uma intervenção na realidade, assegurar direitos sociais como educação, saúde, trabalho, moradia, lazer, seguridade social, entre outros (Viegas et al., 2020).

De forma sintética, Costa e Oliveira (2022) pontuam diferença entre os dois tipos de modos de intervenção do Estado:

> Um entendimento corrente é que as políticas públicas se referem a qualquer iniciativa de regulamentação e oferta de serviços por parte do Estado, seja de corte social, seja com outros objetivos (como no campo da comunicação, transporte e relações internacionais). Política social, por outro lado, refere-se às intervenções (públicas ou privadas, a exemplo do que ocorre com as iniciativas do "terceiro setor") que incidem diretamente nas sequelas da já discutida "questão social" (2022, p. 11).

A partir do exposto até o momento, podemos nos perguntar com que objetivo tais ações (ou políticas) seriam colocadas em movimento. A resolução de situações-problemas parte da capacidade que os agentes do Estado têm para identificá-las ao mesmo tempo em que produzem meios para a operacionalização de possíveis resoluções. Segundo Yamamoto e Oliveira (2010), nesse processo não é possível separar a construção de políticas de intervenção no campo social com a análise das condições concretas que as produzem.

Desse modo, como premissa, em nosso contexto atual, a expansão das políticas públicas se encontra intimamente vinculada ao desenvolvimento e expansão do modo de produção capitalista. Por essa razão, é necessário realizar uma mudança de foco nas análises feitas: o que comumente é considerado como problema a ser resolvido trata-se de um efeito e, por essa razão, seu enfrentamento implica análise dos determinantes de existência dispostos a partir da especificidade social em determinado tempo histórico. Isso nos leva ao debate em torno do que é chamado de questão social e suas manifestações.

Enquanto definição, trata-se de materializações do capitalismo no cotidiano vivenciadas de modo particular (em intensidade e extensão) por toda a população. Costa (2020) aponta como possíveis manifestações e desdobramentos da questão social desde fenômenos como a desigualdade, o desemprego estrutural, a pobreza, a violência e criminalidade, além de outros que comumente não estão correlacionados a ela, porém, que são de extrema importância para a psicologia, até a adoção de determinados modos de conduta, produção de formas vinculares, processos de saúde-doença (incluindo a saúde mental), entre outros.

É possível observar que esses fenômenos se distribuem na população assimetricamente, sendo intimamente relacionados com as relações sociais – em suas múltiplas dimensões (econômicas, políticas, culturais, religiosas etc.) –, relações de poder estabelecidas, capacidade de atuação e intervenção decisória nas diferentes instituições sociais, além de diferenças de classe e acesso a condições de existência. Esses pontos nos auxiliam na análise das dimensões da vida social, do cotidiano até as determinações estruturais, de modo que a análise ultrapasse o campo puramente individual.

Ao tomar o papel do Estado como foco, Mandelli et al. (2023) afirmam que este adota uma maneira de atuação difusa: por um lado, produzindo meios para minimizar os efeitos deletérios do capital e, por outro, atuando na reprodução dos interesses de uma classe dominante. Por essa razão, é importante reconhecer as contradições do próprio Estado que perpetra a oposição "entre aquilo que é de interesse do modo de produção capitalista e o que é da necessidade de todos os cidadãos" (Zaniani & Borges, 2020, p. 11).

Em outras palavras, as políticas públicas, colocadas em movimento por diferentes programas e serviços, funcionam como uma espécie de "válvula" que regula as tensões sociais. Elas têm o potencial de produzir modificações na vida dos sujeitos, ao mesmo tempo em que não se propõem efetivamente ao enfrentamento da condição produtora da condição de vulnerabilidade, visto que não visa a superação do sistema que as produz. Como bem pontua Carretero:

> As políticas sociais são respostas parciais e fragmentadas ao problema, não superando as contradições entre capital/trabalho, por outro lado, são mediações importantes para construção de novas formas de sociabilidade e condições de vida, sendo importantes apesar de suas limitações (2021, p. 90).

Conforme indicado na citação acima, as políticas públicas voltadas ao social, mesmo com suas limitações, têm um papel importante para uma ampla camada populacional, sobretudo em relação ao acesso a bens e serviços essenciais e, por isso, garantidos legalmente de modo universal (como a saúde e a educação). Elas garantem a provisão do que é considerado como essencial, sendo a garantia legal a condição para o enfrentamento das desigualdades.

Nesse contexto, as leis que materializam e direcionam as políticas públicas também apresentam essa mesma contradição e ambiguidade, reflexo e efeito de lutas pelo poder (Souza, 2016), sendo, portanto, necessário estabelecer processos de análise que incluam o debate sobre o papel do Estado e sua relação com as dimensões públicas e privadas. Essa proposição nos leva à problematização da educação.

Educação como direito

A construção de uma sociedade mais justa e democrática passa necessariamente pela ação direta de diferentes grupos sociais que fomentam e executam, por meio de estratégias específicas, o que chamamos de política. No que diz respeito às políticas educacionais, o direito e o acesso à educação escolar são pontos de partida para as nossas análises.

Trata-se de um direito social garantido por lei no Artigo 6º da Constituição Federal de 1988. O atendimento à concepção de Estado quanto democrático e social impõe, para sua efetiva concretização, a realização dos direitos sociais que incluem o direito à educação. No artigo 205, a educação é tratada como um direito de todos, garantindo assim a sua universalidade, o que significa apontar para a existência de um respaldo legal para a efetivação do acesso à escola, sem preconceitos de origem, raça, sexo, cor, idade e quaisquer outras formas de discriminação.

O Estatuto da Criança e do Adolescente – Lei n. 8.069/1990 – no Artigo 53, em vista do desenvolvimento pleno e exercício da cidadania, dispõe sobre o direito à educação, estabelecendo igualdade de condições de acesso. Na mesma direção, a Lei de Diretrizes e Bases da Educação Brasileira (LDB) – Lei n. 9.394/1996 –, no título III, estabelece o dever do Estado em assegurar sua efetivação mediante a oferta de diferentes modalidades de educação (da educação infantil ao ensino médio), além de especificidades para diferentes públicos (de pessoas portadoras de deficiência à educação de jovens e adultos).

A partir do exposto, é importante nos perguntarmos o que é um direito social. Morais (2022) retoma historicamente o conceito, indicando seu aparecimento como um desdobramento dos direitos fundamentais listados na Declaração dos Direitos do Homem e do Cidadão de 1789. Diferentemente da carta que buscava pela garantia da liberdade dos indivíduos e uma suposta necessária ingerência do Estado na vida comum, ao longo do tempo foi-se percebendo a necessidade de ações estatais voltadas em prol dos seus cidadãos. Nessa direção, o dever do Estado passa a ser a incorporação à vida pública, de modo a promover condições de igualdade.

Sob esse prisma, a educação não se configura como propriedade de um indivíduo, mas sim como um bem compartilhado por toda a comunidade. Ou seja, envolve interesses supraindividuais e imprime a preocupação social não apenas com o momento presente, como também com um projeto de geração futura. Mais do que isso, prevista como direito fundamental, reposiciona-se a instituição escolar para além da transmissão dos conhecimentos ou para o desenvolvimento humano de forma integral, como também espaço de proteção de direitos.

Nos anos seguintes à promulgação da Constituição Federal, a escola passou, no contexto brasileiro, a fazer parte dos serviços públicos essenciais, componente da rede de proteção social que inclui outras políticas públicas como a saúde e a assistência social, por exemplo. Assim, segundo Santos (2019), produz-se uma nova concepção de educação e de escola que tem como ponto de partida três premissas:

> [...] a primeira delas é que crianças e adolescentes se apresentam à escola como sujeitos de direitos, e não indivíduos menores (de acordo com o então vigente código de menores), em suas capacidades cidadãs, que demandam objetivamente serviços de qualidade; a segunda delas define a escola como um espaço privilegiado de proteção dos direitos desse segmento da população, que em articulação com outras instituições estrutura o Sistema de Garantia de Direitos e fortalece a rede social protetiva de direitos; e a terceira premissa, derivada das duas anteriores, é a necessidade de se forjar um novo paradigma de educação enquanto direito humano subjetivo, no qual os seus princípios primordiais (totalidade, disponibilidade, acessibilidade, aceitabilidade e adaptabilidade) ganham contornos de efetivação de política pública demandada pela sociedade civil (2019, p. 8-9).

Destaca-se, porém, que a previsão legal não significa necessariamente sua materialização imediata (Guerra et al., 2020); o que, considerando o caráter ambivalente do Estado em relação às políticas sociais, não excluiria a educação desse processo. Isso pode ser observado, por exemplo, que mesmo 35 anos após a promulgação da Constituição ainda se luta pelo cumprimento integral das premissas cidadãs nela contidas.

Como forma de compreender os desafios de luta, Sousa (2016) afirma que o debate em torno da questão do acesso à escola precisa contemplar a análise de três esferas que se encontram relacionadas, podendo ocorrer, ou não, de forma sucessiva quanto a sua realização. A primeira diz respeito à condição material para o funcionamento da escola e a abertura de vagas, o que implica garantir o espaço físico e contratação de professores, por exemplo. A segunda, remete ao modo como será feita a gestão da escola e do sistema de ensino, além dos métodos que serão utilizados para tanto no cotidiano do trabalho. E, por fim, mas não menos importante, a discussão da atividade pedagógica propriamente dita.

Essas esferas nos indicam eixos sob os quais o trabalho da psicologia escolar poderia estar pautado. Ainda que comumente recebemos demandas voltadas à última esfera descrita (que envolve temas como a relação professor-aluno e questões relativas ao estudante como produtor do conhecimento e objeto da aprendizagem), nada disso seria possível sem modos de organização do trabalho pedagógico (gestão) e, claro, sem a existência do próprio equipamento escolar. Tal reconhecimento nos leva à produção de ações que contemplem tais temáticas dentro das premissas ético-políticas que partem da noção da educação como direito.

Ao avançarmos sobre a importância de desenvolver um maior entendimento acerca dos atravessamentos políticos que produzem a escola, Souza (2016) aponta que, por tratar-se de uma discussão complexa, para a sua melhor compreensão, é necessário nos debruçar sobre o que constitui a agenda política de nosso país, as decisões que são instituídas a partir das disputas internas e externas ao poder governamental (por exemplo, a pressão das organizações internacionais e a judicialização da educação), assim como a implementação e os resultados desse processo, o que nos fornece a base de dados para análise das condições materiais concretas a partir das quais ocorrem as atividades escolares propriamente ditas.

Desse modo, entendemos que o trabalho da psicologia no âmbito escolar, ainda que possa partir de intervenções junto a atores específicos, contempla todo esse universo que ultrapassa a dimensão imediata, não podendo ser circunscrita sob um debate puramente técnico. Sob esse apontamento vê-se um importante papel que reposiciona o profissional da psicologia enquanto agente político.

Psicologia e defesa de direitos

Conforme discutimos anteriormente, os direitos sociais representam a luta por parte da sociedade no enfrentamento dos efeitos deletérios promovidos pelo modo de produção capitalista em prol de um ideal de igualdade. Para além da busca das garantias legais, a questão que se impõe, especialmente a partir da década de 1990, é a produção de meios para que, conforme os termos indicados por Bauman (2013), aquilo que foi conquistado *de jure* (ou seja, na letra da lei) seja efetivamente realizado *de facto* (materializado no campo social).

Nesse sentido, o trabalho no campo das políticas públicas não pode menosprezar ou negligenciar que, como bem pontuam Aiexe e Dias (2019, p. 190), "cabe ao Estado (leia-se Poder Executivo), por meio da sua rede de serviços, efetivar a promoção e defesa de direitos das pessoas que se encontram em situação de vulnerabilidade, e que sua função primordial é exatamente fiscalizar e pressionar para que ele as cumpra". Insere-se aqui um novo papel a ser aprendido e executado pelo profissional da psicologia.

Enquanto agente de políticas públicas, o profissional de psicologia passa a atuar como participante efetivo do Sistema de Garantia de Direitos da Criança e do Adolescente (SGDCA), responsável pela defesa, promoção e controle de efetivação do que se encontra previsto na Constituição no que tange a esse público. Enquanto proposição, está relacionado com a execução da proteção social, responsabilização jurídica em caso de direito violado e desenvolvimento de estratégias que evitem o surgimento de situações de violação.

O sistema se materializa na noção de rede. A partir do entendimento de que o usuário das políticas públicas é um sujeito de direitos, o termo remete à aproximação, articulação e interligação de diferentes serviços (educação, saúde, assistência social, habitação etc.), realizados por diferentes agentes (esfera governamental, não governamental, entidades e organizações sociais), "formando um campo interdisciplinar entre os profissionais, favorecendo uma visão integrada das condições vividas pelos indivíduos assistidos pela política" (Silva & Osawa, 2020, p. 3). Conforme pontua Fabiano (2016), é dentro desse escopo que deve ser garantido o exercício de cidadania que pressupõe igualdade de direitos entre os diferentes integrantes da nação. Isso inclui o princípio de acesso a uma educação pública de qualidade.

A participação da psicologia nesse campo de lutas remete a um contexto anterior e culmina com sua inclusão no debate em torno da noção de compromisso social. Bock et al. (2022) elaboraram uma revisão acerca da relação da psicologia a partir da relação com a realidade brasileira, que culmina na problematização sobre o papel social da psicologia em si. Ainda que tal discussão remeta ao final dos anos de 1970, ela é potencializada a partir da Constituição Federal de 1988, com a entrada e participação da psicologia em diferentes espaços de atuação que ultrapassam, em especial, o espaço clínico tradicional e sua inspiração médica.

Mas o que significa a adoção pela psicologia de um compromisso social? Cordeiro (2018), ao fazer uma revisão sobre como o conceito é trabalhado no campo psicológico desde a década de 1970, aponta uma aproximação e correlação, ainda que tendo pontos de partida diferentes, com a ideia de transformação social. Ou seja, reconhecimento de que o enfrentamento de uma situação-problema implica modificação das condições em que ela se encontra circunscrita. Para tanto, tornou-se necessário à psicologia identificar modos de ação e produzir ferramentas diferentes daquelas que então possuía.

Com esse movimento é possível observar uma aproximação da psicologia com as camadas populares que se encontravam excluídas das intervenções psicológicas, ao mesmo tempo em que se passa a ter maior envolvimento teórico-conceitual com a pobreza e desigualdade, fenômenos que remetem ao debate da questão social, conforme indicado (Costa et al., 2023). De modo a evitar aproximações com uma perspectiva puramente militante na qual se posiciona como possível salvação para os problemas do país, consideramos fundamental ao psicólogo(a) perceber a concepção de sociedade que orienta nossas ações, sendo que essa clareza "é de suma importância para que possamos adotar uma postura crítica diante de nossa prática profissional" (Cordeiro, 2018, p. 8).

De modo geral, tais questionamentos feitos pela psicologia ocorreram em dois movimentos simultâneos: por um lado, desenvolvendo um olhar mais ampliado em espaços nos quais já se encontrava de algum modo comprometida (como a saúde e a educação, por exemplo) e, por outro, aproximando-se de temas que se tornavam recorrentes pela atuação em novos campos de atuação (como, por exemplo, a violência contra a mulher, proteção da criança e do adolescente, debate sobre gênero etc.). Bock et al. (2022) argumentam que:

> Nesse processo, então, vai se configurando uma perspectiva ampla de atuação, mas conectada a um projeto ético-político, ligada a serviços em políticas públicas voltadas à garantia de direitos. Dessa maneira, se configura uma nova inserção da psicologia no campo social. Os direitos humanos como referência básica; os direitos sociais como sua expressão em diferentes âmbitos da vida; as políticas públicas sociais como oferta de serviços e atendimentos voltados à garantia de direitos; e as psicólogas atuando em múltiplas frentes, mas com essa perspectiva (2022, p. 13).

Ao considerarmos a especificidade da psicologia escolar ao longo das últimas três décadas, percebe-se que foram sendo produzidas diferentes agendas de pautas que envolvem as diferentes esferas sob as quais transita e sustenta a instituição escolar. Se em meados da década de 1990 a importância da implementação de uma nova Lei de Diretrizes e Bases para a Educação (promulgada na Lei n. 9.394/1996) era de extrema relevância; ao longo dos anos questões como a formação de professores, inclusão das pessoas com deficiência, a violência escolar e o debate em torno do currículo (como, por exemplo, a discussão da BNCC) tornaram-se temas de relevância para a construção de análises e práticas interventivas.

Ao estar vinculada a questões que emergem no seu tempo, nos últimos anos, o trabalho da psicologia escolar também tratou de preocupar-se com os efeitos pós-pandêmicos que impactaram os diferentes agentes que atuam na realidade escolar. A partir de uma condição de crise sanitária e inoperância no direcionamento do Estado à gestão da mesma, a vivência no campo da educação escancarou a ampla desigualdade de condições e oportunidades vivenciadas diariamente pelos estudantes brasileiros.

Por exemplo, sob a tentativa de implementação de estratégias pedagógicas emergenciais, a expansão do ensino remoto em seus mais diferentes formatos mostrou diferentes tipos de precarizações, desde problemas de conectividade e acesso desigual à internet até a necessidade de se repensar uma política para a formação docente para o uso de tecnologias da informação e comunicação (TICs). Conforme diagnóstico feito por Camargo e Carneiro (2020, p. 5), produziu-se "[...] um ensino repleto de improvisos, no qual as dificuldades vão sendo percebidas e remendadas quase que diariamente, de forma descontextualizada ao que acontece na vida da comunidade educativa, causando mal-estar a todas(os) envolvidas(os)".

Por fim, somado a isso, a pandemia também acelerou o processo de ampliação de um discurso gerencial que localiza a questão pedagógica em segundo plano. Discursos que remetem à meritocracia, busca de resultados e sucesso individual ampliam o caráter de competitividade, o que tem por efeito a precarização da socialização do conhecimento e da cooperação no contexto escolar. Conforme afirmam Silva e Lelis (2022, p. 7), "nessa lógica, a escola é vista como uma empresa na qual deve apresentar resultados quantitativos, indo de encontro a legislação atual e as diretrizes nacionais que evidenciam os aspectos qualitativos em detrimento dos quantitativos". Aqui insere-se as críticas em torno da BNCC e de análises puramente numéricas e comparativas feitas a partir do Índice de Desenvolvimento da Educação Básica (Ideb). Observa-se que tais pressupostos prescritivos minimizam o papel dos diferentes sujeitos, excluindo-os dos processos decisórios do planejamento escolar e, por decorrência, dos próprios processos de desenvolvimento.

Assim, é possível ver materialização e atualização de um grande paradoxo. Segundo Andrade (2022, p. 137), a Constituição de 1988, de um lado, "possibilitou a extensão dos direitos sociais, especialmente nas áreas de educação, seguridade social e saúde e, de outro, as frequentes crises econômicas e o desmonte da estrutura de gestão pública favorecem e acentuam as desigualdades sociais". Trabalhar a partir do tensionamento dessa contradição se configura como uma tarefa importante para a psicologia, materializando, assim, um papel ampliado ao que hegemonicamente se produziu no âmbito de suas práticas.

Temos ainda grandes desafios a serem enfrentados no campo das políticas públicas, tanto no que diz respeito como também na manutenção do estudante no contexto escolar. Para além disso, ainda é fundamental para a psicologia produzir problematizações sobre temas como financiamento, estrutura e organização escolar, tópicos que muitas vezes escapam das análises realizadas. Por fim, a inserção da psicologia no contexto escolar, direito garantido por lei, impõe a necessidade de construir espaços de formação inicial e continuada e potencializar a direção de um trabalho que contemple estratégias e práticas que auxiliem os diferentes agentes escolares a cumprirem o que se encontra previsto como direito.

Considerações finais

Este capítulo visou discutir a inserção da psicologia escolar no contexto das políticas educacionais a partir da concepção de educação enquanto um direito social. Nesse cenário, a(o) psicóloga(o) atua como construtor e promotor de políticas públicas, tornando-se um agente de garantia de direitos.

Considerando a educação como uma questão que age de modo transversal em relação à formação humana e a escola como equipamento fundamental para a proteção social da criança e do adolescente, torna-se fundamental a psicologia fazer-se presente em espaços de produção e deliberação de políticas públicas, o que inclui, claramente, a política educacional.

Em tempos de previsão legal para a inserção do profissional da psicologia nas escolas de educação básica (Lei n. 13.935/2019), implica não apenas uma aproximação com esse universo como também problematizar as formas de fazer psicologia no espaço escolar, realizando um deslocamento de elementos para além da dimensão individual (o que inclui campo afetivo, emocional ou mesmo dificuldades em geral no que tange à aprendizagem) para construir práticas interseccionais a partir de demandas complexas que colocam o debate de desenvolvimento sob um olhar ampliado.

Para tanto, a construção de análises críticas sobre as diretrizes educacionais e os modos de gestão e trabalho escolar precisam partir de leituras que incluem a realidade concreta vivida, sem perder de vista a centralidade da dimensão pedagógica sob a qual toda a estrutura institucional precisa encontrar-se em função. Assim, podemos nos reconhecer e atuar como agentes efetivamente políticos.

Referências

Aeixe, E. M. A., & Dias, A. L. F. (2019). Maternagens violadas e redes de cuidado e atenção em direitos humanos. In A. M. Lima, T. R. Lino, L. F. V. Cardoso & M. C. Marra (Eds.), *Psicologia social crítica: tecendo redes e articulando resistências em contextos de retrocesso* (pp. 183-194). Abrapso.

Andrade, A. K., Almeida, C. G. F., Miani, L. F., Ribeiro, P. C. I., & Silva, R. B. (2020). Direitos humanos e diversidade cultural: a psicologia no âmbito da Política Nacional de Assistência Social. In F. F. Carvalhaes, M. B. Sei & R. B. Silva (Eds.), *Pesquisa em psicologia: Traçados iniciais* (pp. 173-191). EdUEL.

Andrade, F. R. B. (2022). Políticas educacionais em tempos de pandemia: os desafios de repensar a dinâmica da construção do conhecimento escolar no brasil. *Humanidades & Inovação*, 9, 128-141. http://www.educacaobasicarevista.com.br/index.php/ebr/article/view/82/75

Bauman, Z. (2013). *Danos colaterais*. Zahar.

Bock, A. M. B., Rosa, E. Z., Amaral, M. M., Ferreira, M. R., & Gonçalves, M. da G. M. (2022). O Compromisso social da psicologia e a possibilidade de uma profissão abrangente. *Psicologia: Ciência e Profissão*, 42(spe), e262989. https://doi.org/10.1590/1982-370300326298

Camargo, N. C., & Carneiro, P. B. (2020). Potências e desafios da atuação em psicologia escolar na pandemia de COVID-19. *Cadernos de Psicologia*, 1. https://cadernosdepsicologias.crppr.org.br/potencias-e-desafios-da-atuacao-em-psicologia-escolar-na-pandemia-de-covid-19

Carretero, G. H. (2021). Particularidades históricas e sociais do entrelaçamento entre capitalismo, questão social e políticas públicas no Brasil. *Revista Gestão & Políticas Públicas*, 11, 81-97. https://www.revistas.usp.br/rgpp/article/view/176372/180522

Cordeiro, M. P. (2018). Reflexões sobre o uso da noção de compromisso social da ciência: o caso da psicologia brasileira. *Athenea Digital*, 18(3), e2086, 1-27. https://atheneadigital.net/article/view/v18-n3-prioli/2086-pdf-pt

Costa, A. L. F., & Oliveira, I. F. (2022). Psicologia e políticas sociais: uma análise marxista. *Arquivos Brasileiros de Psicologia*, 74, 1-23. http://doi.org/10.36482/1809-5267.ARBP-2022v74.19679

Costa, P. H. A. (2020). A questão social na psicologia social: Uma revisão da literatura. *Psicologia: Ciência e Profissão*, 40, e209277. https://doi.org/10.1590/1982-3703003209277

Costa, P. H. A., Mendes, K. T., & Pinto, M. A. (2023). Psicologia e compromisso social: junção importante, problematização necessária e atual. *Psicologia USP*, 34, e190117. https://www.scielo.br/j/pusp/a/YxMYjdSYtvRq64s5fCqR6CL/?format=pdf&lang=pt

Fabiano, E. (2016). O sistema de garantia de direitos da criança e do adolescente: limites e desafios históricos no reconhecimento da cidadania. *Revista Escrita da História*, 3(6), 249-277. https://www.escritadahistoria.com/2024/01/o-sistema-de-garantia-de-direitos-da.html

Guerra, D., Figueiredo, I. M. Z., & Zanardini, I. M. S. (2020). Políticas sociais e o direito à educação. *Revista Ibero-Americana de Estudos em Educação*, 15 (n. esp. 3), 2.188-2.203. https://doi.org/10.21723/riaee.v15iesp3.14425

Mainardes, J. (2018). Reflexões sobre o objeto de estudo da política educacional. *Laplage em Revista*, 4(1), 186-201

Mandelli, J. P., Capalbo, L. S., & Silva, R. B. Considerações sobre a questão social: a psicologia em articulação com os processos de proteção social. In J. F. Leite, J. A. A. Inzunza, M. Lelis, R. B. Silva & S. Mozobancyk (Eds.), *Psicologia, políticas públicas e comunidades: Pesquisa, experiências e reflexões* (pp. 266-289). EdUEL.

Morais, C. C. I. (2022). Educação como direito social. *Revista de Ciências Humanas*, 22(2), 267-291. https://periodicos.ufv.br/RCH/article/view/14415/7595

Rudá, C., Coutinho, D., & Almeida Filho, N. (2019). Formação em psicologia: uma análise curricular de cursos de graduação no brasil. *Revista e-Curriculum*, 17(2), 419-440. https://doi.org/10.23925/1809-3876.2019v17i2p419-440

Santos, E. (2019). A educação como direito social e a escola como espaço protetivo de direitos: uma análise à luz da legislação educacional brasileira. *Educação e Pesquisa*, *45*, 1-15. https://doi.org/10.1590/S1678-4634201945184961

Seixas, P. S., Coelho-Lima, F., Fernandes, S. R. F., Andrade, L. R. M., & Yamamoto, O. H. (2016). As políticas sociais nos fundamentos dos projetos pedagógicos dos cursos de Psicologia. *Psicologia Escolar e Educacional*, *20*(3), 437-446. https://www.scielo.br/j/pee/a/xrxBFZ45CQC8Km83thZfBCj/?format=pdf&lang=pt

Silva, G., & Lelis, C. R. S. (2022). As orientações da política educacional e suas interfaces na escola pública. *Educação Básica Revista*, *8*(1), 3-13. http://www.educacaobasicarevista.com.br/index.php/ebr/article/view/82/75

Silva, R. B., & Osawa, R. N. T. (2020). Psicologia e a questão do trabalho em rede na Política de Assistência Social no Brasil. *Psicoperspectivas: Individuo y Sociedad*, *19*(2), 1-13. https://www.scielo.cl/pdf/psicop/v19n2/0718-6924-psicop-19-02-129.pdf

Silva, R. B., & Simcic, J. V. B. (2021). As políticas públicas e a atuação para o SUAS na formação do psicólogo no Paraná. *Revista de Psicologia UFC*, *12*(2), 75-90. https://doi.org/10.36517/revpsiufc.12.2.2021.5

Souza, A. R. (2016). A política educacional e seus objetos de estudo. *Revista de Estúdios Teóricos y Epistemológicos en Política Educativa*, *1*(1), 75-89. https://revistas.uepg.br/index.php/retepe/article/view/10450/5906

Souza, M. P. R., & Rocha, M. L. (2012). Políticas educacionais: legislação, formação profissional e participação democrática. In M. Facci, M. Meira & S. Tuleski (Eds.), *A exclusão dos "incluídos": uma crítica da psicologia da educação à patologização e medicalização dos processos educativos* (pp. 315-334). EdUEM.

Viegas, E. R. D. S., Santana, C. F. P. Ávila, & Noda, C. M. C. (2020). O conceito de política pública e suas ramificações: alguns apontamentos. *Brazilian Journal of Development*, *6*(7), 43.415-43.425. https://doi.org/10.34117/bjdv6n7-091

Yamamoto, O. H., & Oliveira, I. F. D. (2010). Política social e psicologia: uma trajetória de 25 anos. *Psicologia: Teoria e Pesquisa*, *26*, 9-24. https://www.scielo.br/j/ptp/a/vBxzfyFsdLYrqSJFXNw8j9b/

Zaniani, E. J. M., & Borges, R. F. (2020). Apresentação. In E. J. M. Zaniani & R. F. Borges (Eds.), *Psicologia e políticas públicas: perspectivas e desafios para a formação e atuação* (pp. 11-19). EdUEM.

Parte II

28
Inteligência: práticas de avaliação e procedimentos de intervenção

Gina C. Lemos
Leandro S. Almeida
Argentil O. Amaral
Ricardo Primi

Highlights
- A inteligência humana é uma capacidade relevante para o indivíduo e para o coletivo;
- Avaliar um constructo interno por meio de comportamentos expressos é uma tarefa psicologicamente exigente;
- A avaliação da inteligência centra-se no potencial intelectual e/ou no funcionamento cognitivo;
- A inteligência humana é suscetível de treino por meio de programas de promoção cognitiva.

Uma definição convencional de inteligência é que esta representa a capacidade de uma pessoa se adaptar a ambientes novos e em mudança e, por conseguinte, pensa-se que as pessoas variam nessa capacidade. Se substituíssemos "inteligência" por um novo termo, a maioria das pessoas leria a frase anterior e pensaria que esse termo soa como uma construção científica útil (Holden & Hart, 2021, p. 1).

Como se o motivo científico não fosse suficiente para argumentar a relevância do estudo da inteligência, econômica e socialmente as capacidades e competências que lhes estão associadas (por exemplo: pensamento analítico; pensamento criativo; flexibilidade e agilidade; motivação e autoconsciência; curiosidade e aprendizagem ao longo da vida) são reconhecidas como essenciais para uma vida mais equitativa e inclusiva (Fórum Econômico Mundial [FEM], 2023).

Este capítulo, ciente do caráter necessariamente restrito da explanação, propõe-se a explorar a polimorfia da inteligência humana e suas abordagens teóricas, a natureza estrutural ou funcional que a sua avaliação pode assumir e a plasticidade ou modificabilidade da inteligência. Assim, este capítulo encontra-se organizado em torno de três conjuntos de questões. O primeiro centrado no conceito de inteligência: *O que é a inteligência humana e o que melhor a representa? Para que serve ou qual a utilidade da inteligência humana? Como se revela a inteligência humana ou que desempenhos são mais representativos dos processos e das capacidades e competências que lhes estão associadas?* O segundo focado na avaliação da inteligência: *Como pode ser a inteligência humana avaliada nos seus elementos estruturais e funcionais? Quais exigências, potencialidades e fragilidades apresentam os instrumentos de avaliação mais frequentemente utilizados?* O terceiro dedicado à intervenção na inteligência: *Como pode ser a inteligência humana potencializada ou promovida? Quais exigências apresentam os programas de treino entendidos como mais eficazes nesse objetivo?* Fechamos o capítulo com uma breve nota de considerações finais.

(Re)definições e teorias da inteligência

Definir *inteligência* é uma inevitabilidade para a compreensão da humanidade. É a inteligência que nos faz humanos e dela dependemos para lidar com os desafios da realidade. Como podemos explicar que o século XX registre um incrível crescimento médio de trinta pontos no QI em todo o mundo (isto é, dois desvios-padrão) (Sternberg et al., 2023); e hoje guerras, mudanças climáticas, desigualdades socioeconômicas, terrorismo, crescimento de autocracias e ditaduras... terríveis catástrofes são criadas pelo próprio ser humano? Qual é o sentido da inteligência humana?

Muitos são os que, em algum momento, avançaram com a sua definição do termo *inteligência*. Apresentamos algumas definições atribuídas a pessoas reconhecidas em campos distintos do conhecimento. Na literatura "A inteligência revela-se na capacidade de perceber o extraordinário no comum" (Emily Dickinson, 1830-1886); "Inteligência é a capacidade de pensar criticamente e procurar a verdade, mesmo perante o desconhecido" (Simone de Beauvoir, 1908-1986). Já na medicina "A inteligência é a capacidade de aplicar o conhecimento de forma prática e significativa para o bem-estar humano" (Virginia Apgar, 1909-1974); "Inteligência é a habilidade de integrar conhecimento científico com compaixão para promover a saúde e o bem-estar" (Paula Johnson, 1959-...). Também na física contamos com outras definições: "A inteligência é a habilidade de fazer conexões incomuns e perceber padrões escondidos na natureza" (Emmy Noether, 1882-1935); "Inteligência é a capacidade de desafiar paradigmas estabelecidos e abrir novos caminhos" (Lisa Randall, 1962-...). Por seu turno, na matemática: "A inteligência é a capacidade de resolver problemas complexos através da lógica e da intuição" (Ada Lovelace, 1815-1852); "A inteligência é a capacidade de resolver problemas matemáticos complexos e comunicar essas soluções de forma acessível" (Maryam Mirzakhani, 1977-2017). Do ponto de vista da sociologia: "Inteligência é a habilidade de analisar a dinâmica social e encontrar maneiras de melhorar a vida em comunidade" (Jane Addams, 1860-1935); "Inteligência é a habilidade de analisar as estruturas de poder e desafiar as desigualdades sociais para promover a inclusão e a justiça" (Patricia Hill Collins, 1948-...). As definições são curiosas na filosofia: "A verdadeira inteligência reside na capacidade de questionar, duvidar e procurar conhecimento além das aparências" (Mary Wollstonecraft, 1759-1797); "Inteligência é a disposição para explorar ideias novas e complexas, mantendo um olhar crítico sobre o mundo" (Donna Haraway, 1944-...). Ainda, nas artes: "Inteligência é a habilidade de olhar o mundo sob diferentes perspectivas e transmitir essa visão única" (Frida Kahlo, 1907-1954); "Inteligência é a habilidade de criar obras que inspiram diálogo e transformação na sociedade" (Shirin Neshat, 1957-...).

Independentemente da área em que tais pessoas se tornaram particularmente eminentes, há um aspecto que perpassa as suas prismadas definições: a inteligência é referida como uma capacidade ou habilidade relevante. Foi precisamente a relevância da inteligência que esteve na origem do seu estudo e é a própria relevância que a coloca como um conceito à prova da linha do tempo (Almeida & Lemos, 2021).

A discussão em torno da inteligência humana tem acontecido em três ordens de razão.

A primeira diz respeito à discussão tradicional sobre a natureza unitária ou compósita da inteligência e a sua organização estrutural.

Spearman (1904) concebeu a inteligência como uma força mental comum a todas as habilidades cognitivas, o *fator g*, melhor definido pela capacidade de compreender situações, estabelecer relações entre a informação disponível e aplicar tais relações inferidas na resolução de novas tarefas. Ao contrário dessa concepção unitária da inteligência, Thurstone (1938) propôs uma visão multifatorial ou compósita: a inteligência constituída por sete aptidões primárias, diferenciadas e autônomas entre si, a saber: a compreensão verbal (V); a fluência verbal (W); a aptidão numérica (N); a aptidão espacial (S); a memória (M); a velocidade perceptiva (P); e o raciocínio (R). Numa perspectiva conciliadora entre esses dois polos teóricos emergiu a teoria hierárquica da inteligência fluida (*Gf*) e inteligência cristalizada (*Gc*), de Horn e Cattell (1966). A inteligência fluida, de natureza inata, refere-se à capacidade de raciocinar e resolver problemas em situações novas, independentemente do conhecimento prévio adquirido. Já a inteligência cristalizada refere-se aos conhecimentos e às habilidades adquiridas por meio da experiência e educação. Ainda numa lógica conciliadora, Carroll (1993) concebeu a inteligência numa estrutura hierarquizada de três camadas ou estratos de habilidades cognitivas: na base, ou estrato I, encontram-se cerca de 65 fatores específicos ou primários; no estrato II, fatores básicos ou aptidões mais gerais (isto é, raciocínio, conhecimento-linguagem, memória-aprendizagem, percepção visual, percepção auditiva, produção de ideias, velocidade de processamento cognitivo e velocidade de decisão); por fim, no nível mais amplo ou geral, o estrato III, o fator *g*, que influencia todas as atividades mentais (Carroll, 1997).

Acolhendo esses dois modelos psicométricos proeminentes das habilidades cognitivas, Kevin McGrew e seus colegas apresentam o modelo de Cattell-Horn-Carroll – CHC (Schneider & McGrew, 2018). O modelo CHC integra sete dezenas de fatores específicos tradicionalmente avaliados por meio dos testes disponíveis e outras tarefas cognitivas (fatores de 1ª ordem), que se inter-relacionam e de onde emergem uma dezena de habilidades progressivamente mais amplas (fatores de 2ª ordem) e, no vértice dessa estrutura, emerge o fator *g* (fator de 3ª ordem). Os dez fatores intermediários, ligados a áreas amplas do funcionamento cognitivo relativamente consensualizadas na literatura, reportam-se a conteúdos e a processos cognitivos que descrevem e diferenciam os desempenhos individuais (Primi, 2023; Schneider & McGrew, 2018), cujas nomenclaturas por que se optou referem-se às mais clássicas: *Gf* ou inteligência fluida, isto é, capacidade ligada às operações mentais de raciocínio em situações novas minimamente dependente de conhecimentos adquiridos, ou seja, refere-se à capacidade de relacionar ideias, induzir conceitos abstratos, compreender implicações, extrapolar e reorganizar informações, apreender e aplicar relações; *Gc* ou inteligência cristalizada, isto é, extensão e profundidade dos conhecimentos adquiridos de uma determinada cultura e a aplicação efetiva desse conhecimento no cotidiano, ou seja, é uma habilidade de raciocínio adquirida pelo investimento da capacidade geral em experiências de aprendizagem, conhecimentos assentes em linguagem; *Gq* ou conhecimento quantitativo, isto é, conjunto de conhecimentos declarativos e procedimentais na matemática, ou seja, capacidade de usar informação quantitativa e manipular símbolos numéricos; *Grw* ou leitura e escrita, isto é, conhecimento adquirido em competências básicas da compreensão de textos e expressão escrita, ou seja, inclui desde habilidades elementares como descodificação até habilidades mais complexas como a compreensão e a elaboração de textos; *Gwm* ou memória de trabalho, isto é, capacidade associada à manutenção de informações na consciência por um curto espaço de tempo para poder recuperá-las logo em seguida e ao mesmo tempo manipular essas informações usando a capacidade de atenção voluntária; *Gv* ou processamento visual, isto é, capacidade de gerar, perceber, armazenar, analisar e transformar imagens visuais, ou seja, os processos cognitivos específicos de processamento mental de imagens (geração, transformação, armazenamento e recuperação); *Ga* ou processamento auditivo, isto é, capacidade associada à percepção, análise e síntese de padrões sonoros, ou seja, capacidade de discriminar padrões sonoros (incluindo a linguagem oral), particularmente quando apresentados em contextos mais complexos como, por exemplo, a percepção de *nuances* em estruturas musicais complexas; *Glr* ou fluência de recuperação da memória, isto é, extensão e fluência que itens de informação ou conceitos são recuperados ou produzidos por associação das informações armazenadas na memória a longo prazo; *Gs* ou velocidade cognitiva geral, isto é, capacidade de manter a atenção e realizar tarefas simples de forma rápida, com acuidade e velocidade, ou seja, está geralmente associada a situações em que há um intervalo fixo definido para que a pessoa execute o maior número possível de tarefas simples e repetitivas (sustentabilidade); e *Gt* ou velocidade de processamento, isto é, rapidez em reagir ou tomar decisões envolvendo processamentos mais complexos, ou seja, refere-se à reação rápida a um problema envolvendo processamento e decisão (imediaticidade).

A segunda ordem de razão da discussão sobre a inteligência humana refere-se à perspectiva contemporânea em torno da natureza funcional ou instrumental da inteligência. Ou seja, a inteligência serve um propósito concreto e é isso que sustenta a relevância *per se*. Na atualidade, a conceitualização da inteligência como capacidade de resolução de problemas complexos e reais tem assumido uma posição de destaque. Entre as teorias e abordagens proeminentes destacam-se a inteligência adaptativa de Sternberg (2019) e a inteligência integrativa de Halpern e Butler (2018). Para Sternberg (2019, p. 2), a adaptação ao ambiente é a premissa central: "a inteligência é utilizada para servir o objetivo da adaptação biológica, que, no caso dos seres humanos, ocorre sempre num contexto cultural e é, portanto, mediada por ele". Para Halpern e Butler (2018), a inteligência é holística e inclui um conjunto complexo e abrangente de habilidades, não só a capacidade de resolver problemas abstratos, mas também a capacidade de lidar com situações do mundo real, interagir socialmente, regular emoções e adaptar-se a diferentes contextos. Ambas as abordagens reconhecem a importância de estratégias práticas, adaptativas e analíticas na resolução de problemas do mundo real. Porém, enquanto Sternberg destaca componentes criativos e práticos, enfatizando a adaptabilidade como essencial, Halpern e Butler, para além da resolução de problemas práticos, destacam o pensamento crítico, as habilidades sociais e emocionais como componentes cruciais da inteligência (Halpern & Butler, 2018).

Por fim, a terceira ordem de razão prende-se com a discussão em função do nível das realizações ou desempenhos, atribuídos aos componentes ou competências e aos processos. A título exemplificativo, refira-se o modelo diferenciado de sobredotação e talento, de Gagné (2004). Nele é proposto um modelo de desenvolvimento de talento que assenta na transformação de habilidades inatas excepcionais – herdadas geneticamente e que se expressam de forma espontânea em algum domínio da atividade humana – em competências sistematicamente treinadas e desenvolvidas – marcadas pelos interesses progressivamente diferenciados e as experiências de aprendizagem – as quais determinam a excelência ou talentos superiores, numa determinada área de realização.

Práticas de avaliação

Como ao nível da definição, a avaliação da inteligência tem sido alvo de posições diversas e nem sempre facilmente conciliáveis. Permanecendo a inteligência como constructo interno da mente, a sua medida é geralmente concretizada por meio de inferências a partir dos comportamentos manifestos, em particular os desempenhos em tarefas de aprendizagem e de resolução de problemas.

Duas perspectivas podem ser consideradas na avaliação da inteligência: a estruturalista e a funcionalista (Sternberg, 2018). De forma necessariamente breve, na abordagem estruturalista procura-se entender e avaliar a inteligência na sua estrutura, nos seus elementos fundacionais, na sua organização e na sua estabilidade. Na abordagem funcionalista, o foco vai mais para os processos que os indivíduos mobilizam quando estão aprendendo e resolvendo problemas, ou seja, as funções cognitivas utilizadas quando assumimos que a sua realização recorre à inteligência.

A abordagem estruturalista centra-se na avaliação do potencial de inteligência, assumindo esse potencial de forma unitária (QI, fator *g*, inteligência fluida) ou de forma plural ou multifatorial (aptidões, capacidades, inteligência cristalizada). Também nessa perspectiva podemos incluir a abordagem piagetiana de entendimento da inteligência, no seu desenvolvimento, como esquemas operatórios sucessiva e cognitivamente mais complexos, em função do mecanismo de equilibração entre assimilação e acomodação das estruturas cognitivas implementadas na resolução de problemas.

Os instrumentos de avaliação da inteligência mais conhecidos e usados internacionalmente integram-se na abordagem estruturalista, sendo genericamente conhecidos por testes ou escalas de inteligência. Em alguns desses testes – veja-se as escalas de Wechsler nas suas várias versões por ciclos etários como exemplo – podemos inferir a capacidade cognitiva dos indivíduos analisando os seus níveis de desempenho num conjunto alargado (diverso) de tarefas ou provas (Almeida et al., 2009). Por norma, o nível de desempenho atingido é comparado com amostras de indivíduos com características similares (nomeadamente idade e escolarização) para, a partir daí, se inferir se o indivíduo obtém um desempenho acima, abaixo ou na média do seu grupo de referência. O Quociente de Inteligência (QI) é ainda hoje usado em várias situações da prática psicológica e uma taxonomia dos níveis atingidos é assumida pela Organização Mundial da Saúde e partilhada por diferentes profissionais (vide níveis propostos por Groth-Marnat, 2003, p. 142-143).

Ainda no âmbito de uma concepção unitária ou de potencial de inteligência, podemos mencionar os testes avaliando o fator *g* ou inteligência fluida. O trabalho pioneiro de Spearman (1927) fez chegar até nossos dias um conceito e uma proposta de avaliação da inteligência assente na centralidade do fator *g* (também designado "inteligência geral"). Para além da fundamentação estatística assente nas intercorrelações dos resultados nos vários testes, importa entender aqui o fator *g* como a capacidade de apreender o significado das situações e de inferir e aplicar relações tomando a informação que descreve as tarefas ou problemas. Entre os testes propostos para essa avaliação, tal qual as Matrizes Progressivas de Raven, que, nas suas várias versões, reúnem: itens figurativos para evitar o impacto das aprendizagens, escolarização e linguagem; itens pautados pela novidade para evitar a experiência anterior, o treino ou a memória; e itens centrados nos processos cognitivos envolvidos em tarefas de raciocínio indutivo-dedutivo, ou seja, processos de apreensão e generalização de relações inferidas (Almeida et al., 2009).

Uma alternativa às medidas unitárias do potencial intelectual está representada nas baterias multifatoriais de inteligência (Guilford, 1967; Thurstone, 1938). Sobretudo a partir da adolescência, em situações de orientação de carreira, escolha de cursos ou seleção profissional, os psicólogos habitualmente recorrem a testes de inteligência que assegurem um perfil intelectual individual, que diferencie o desempenho cognitivo por habilidades distintas, numa análise quer intraindividual (consigo próprio), quer interpessoal (comparando com os outros) (Almeida & Simões, 2004). Nesse perfil podemos incluir as aptidões mais clássicas de raciocínio, compreensão verbal, aptidão numérica, aptidão espacial, aptidão mecânica, fluência, velocidade perceptiva [...], como podemos ainda antecipar um perfil intelectual diferenciado se recorremos à teoria das múltiplas inteligências (Gardner, 1983), embora nesse caso as provas disponíveis possam ser usadas desde a primeira infância.

Na abordagem funcionalista da inteligência, a sua avaliação incide nas funções e processos cognitivos envolvidos, diríamos mais diretamente, na resolução das tarefas ou problemas. A perspectiva cognitivista da inteligência (Sternberg, 1977) procurou isolar e avaliar os processos ou componentes cognitivos envolvidos na realização dos testes de inteligência. O próprio conceito de memória de trabalho (Baddeley, 2007) ultrapassa as concepções mais clássicas de memória (memória a curto e a longo prazos), passando a entender-se mais como uma memória operativa que, inclusive, alguns autores propõem como melhor definição do conceito de inteligência geral, proposto por Spearman (1904). Também o modelo PASS (planificação, atenção, processamento simultâneo e processamento sucessivo), proposto por Das et al. (1994) – nesse caso com a particularidade de introduzir uma ligação neurológica das funções cognitivas às regiões do cérebro e formulando uma proposta de avaliação e de intervenção a partir dessas quatro funções cognitivas, respectivamente "Cognitive Assessment System" (CAS) (Naglieri & Das, 1997) e PASS Reading Enhancement Program (PREP; Das, 2000).

A abordagem funcionalista torna o psicólogo mais central na avaliação. A par de variáveis internas do indivíduo (estilos cognitivos, funções cognitivas, componentes e metacomponentes cognitivos) importa selecionar devidamente os contextos e as tarefas a recorrer na avaliação. Nesse quadro, por exemplo, em nível da avaliação de crianças e adolescentes, o currículo escolar pode ser um recurso interessante para a identificação de tarefas a utilizar na avaliação cognitiva. Isso pode até favorecer a aplicabilidade dos resultados da avaliação nas práticas educativas que possam ser recomendadas.

A relevância dessa abordagem funcionalista da inteligência está bem presente na importância hoje atribuída às funções executivas e sua avaliação. Não sendo unânimes as posições dos autores, podemos entender "funções executivas" como as funções cognitivas responsáveis pelo planejamento, monitorização e avaliação da própria cognição, ou conjunto de processos envolvidos no controle consciente do pensamento e da resolução de problemas. Entre tais funções executivas, maior destaque tem sido dado ao controle atencional da informação, à memória operatória ou memória de trabalho, ao controle inibitório, à tomada de decisões e à flexibilidade cognitiva (Diamond, 2013). As funções executivas caracterizam-se por um conjunto de processos cognitivos que envolvem o controle consciente do pensamento, do comportamento e da afetividade, como a memória operacional, o controle atencional, o controle inibitório e a tomada de decisões (Stelzer et al., 2010). Dessa forma, as funções executivas envolvem uma série de operações complexas, como alternância de tarefas, geração de hipóteses, resolução de problemas, formação de conceito, planejamento, organização, estabelecimento de metas e objetivos, controle inibitório, flexibilidade e autorregulação (Diamond, 2013; Stelzer et al., 2010).

Nessa linha, a par dos testes de inteligência (mais próximos da abordagem estrutural), importa complementar a avaliação da inteligência com procedimentos capazes de fazer emergir os processos, as estratégias, as destrezas, os conhecimentos e os estilos cognitivos que as pessoas utilizam na resolução dos problemas. Essa leitura complementar – em algumas situações da prática bem relevante dos psicólogos – permite contrapor a uma análise mais quantitativa do potencial intelectual da pessoa, uma análise mais qualitativa, ou seja, como funciona a inteligência. Também aqui a análise interindividual é interessante pela fundamentação que assegura em relação às funções e processos considerados; contudo, nessa perspectiva mais funcional ou operativa da inteligência humana, a pessoa acaba por ser mais valorizada ou reconhecida na sua individualidade.

Algumas críticas e formas complementares de avaliação da inteligência foram emergindo. Uma via relativamente bem-instituída e fundamentada é chamada "avaliação dinâmica ou assistida da inteligência" (Emuno et al., 2006). Recorrendo ao conceito de zona real e potencial (próxima) de desenvolvimento, na linha de Vigotski (1962), a avaliação dinâmica compara aquilo que o sujeito realiza autonomamente (isto é, sem ajuda) com aquilo que consegue realizar com apoio (isto é, ajudado ou por meio da mediação do "outro"). A discrepância entre as duas medidas permite-nos inferir o seu potencial de desenvolvimento ou de aprendizagem, assegurando uma avaliação do seu potencial cognitivo (Emuno et al., 2006). Nas situações estandardizadas de avaliação, algumas vezes observa-se uma discrepância entre o desempenho que o indivíduo explicita (ou manifesta) e a competência avaliada, e que por norma se entende erroneamente como a competência possuída. Situações extremas dessa discrepância ocorreram quando indivíduos, apresentando déficit cognitivo avaliado pelos testes de QI, se revelaram cientistas e pensadores extraordinários na idade adulta (Mackintosh, 2011). Na avaliação dinâmica converge avaliação, contextualização e aprendizagem, antecipando-se que essa discrepância entre desempenho e competência se encontra diminuída em virtude das instruções ou ajuda dada ao indivíduo (Grigorenko & Sternberg, 1998). Assumindo que a avaliação é uma situação de aprendizagem, diversos procedimentos ou metodologias podem ser seguidos na avaliação dinâmica da inteligência como, por exemplo: solicitar ao indivíduo uma justificativa de suas respostas ou a explicitação do processo que seguiu na resolução de cada item, dar *feedback* quando a resposta está correta ou incorreta, ilustrar as regras ou princípios inerentes às situações ou itens da prova e mediar verbalmente a resolução progressiva do indivíduo (Simões, 1995).

As críticas mais frequentes aos testes clássicos de inteligência assentam no recurso a conteúdo escolar (verbal, quantitativo, figurativo) e à situação tradicional "papel-lápis" ainda dominante, sugerindo algum artificialismo e abstracionismo dos itens ou a sua fraca validade ecológica (itens afastados da resolução de problemas do cotidiano). Acresce a inclusão usual de um tempo-limite para execução, podendo confundir competência com velocidade de desempenho. Além disso, também é apontada a pouca atenção atribuída aos processos individuais de resposta, a própria penalização da singularidade e criatividade nas respostas, a pontuação e a interpretação do desempenho muito assentes no número de itens respondidos corretamente ou na sua mera soma aritmética, o fraco diagnóstico diferencial por subgrupos e problemas, a incidência em aprendizagens acadêmicas e na produção convergente, assumindo-se uma única forma de ser inteligente (Mackintosh, 2011). Por último, apontam-se algumas fontes de enviesamentos na avaliação da inteligência por meio dos testes clássicos, associados ao conteúdo dos mesmos testes, à fragilidade das amostras de normalização, à iniciativa do avaliador e às especificidades cognitivas de certos grupos étnicos (Reynolds & Lowe, 2009). Atrás mencionamos a avaliação dinâmica como uma das formas de superar alguns desses enviesamentos, apontando em alguns autores o interesse em dosear o uso de provas apelando a *gf* e a *gc*, ou seja, diversificar os conteúdos e processos avaliados recorrendo a diferentes baterias de testes tomando por referência a teoria CHC como ocorre na Cross-Battery Assessment (XBA; Flanagan et al., 2007), ou recorrendo a uma avaliação centrada no currículo ensinado (cf. *curriculum-based assessment*; Suzuki et al., 2011).

Procedimentos de intervenção

Não se tendo respondido por completo à questão *"nature* versus *nurture"* na explicação da inteligência, um grupo de especialistas na área sistematizam a investigação disponível, afirmando que na inteligência convergem, de forma interativa, fatores genéticos e fatores ambientais (Primi, 2023). Essa postura permite-nos pensar na promoção da inteligência, em particular na infância, rentabilizando a plasticidade do próprio cérebro e suas regiões envolvidas nas funções cognitivas. Por outras palavras, mesmo que se afirme a estabilidade do nível do QI no indivíduo (visão nada consensual), a generalidade dos autores assume que se pode aumentar a eficiência do trabalho intelectual da pessoa se essa aprender a realizar as funções cognitivas, por exemplo, as funções envolvidas na atenção, percepção e memória. A pessoa mais inteligente capta e mobiliza a informação pertinente para um dado problema, evitando distratores ou elementos irrelevantes, define uma estratégia e monitoriza a realização, ponderando e decidindo que resposta dar, e todas essas destrezas podem ser ensinadas.

Falando de programas de treino ou promoção da inteligência, e procurando assegurar aos leitores alguma sistematização da informação, falaremos dos programas implementados nos Estados Unidos a partir da década de 70 do século passado; em seguida apresentaremos exemplos de programas próximos da concepção da inteligência como conjunto de funções de processamento da informação e de resolução de problemas; e, por último, exemplos de programas assentes em concepções mais abrangentes e propondo, inclusive, múltiplas inteligências ou formas de se ser inteligente.

No quadro das políticas públicas dos "direitos cívicos" e procurando prever dificuldades escolares das crianças provenientes de grupos socioculturais e étnicos em situações de vulnerabilidade, nos Estados Unidos foram construídos e implementados diversos programas de promoção da inteligência. Referimo-nos nomeadamente ao programa *Head Start* e ao *Carolina Abecedarian Project*. Mais tarde, e com os mesmos objetivos, é implementado na Venezuela o *Project Intelligence* (Harvard University, 1983), com um referencial teórico mais claro e próximo da teoria do processamento de informação. Nesse quadro, o *Instrumental Enrichment Program* (em português conhecido por PEI ou programa de enriquecimento instrumental), de autoria de Feurstein et al. (1980), é o mais conhecido internacionalmente e visa apoiar as crianças com problemas na aprendizagem em razão de déficits cognitivos. Tais problemas traduzem fraco manuseio das funções cognitivas, por vezes acumulando falta de motivação e baixa autoeficácia percebida.

Mais recentemente, outros programas de treino cognitivo emergiram associados aos modelos teóricos dos seus autores. Robert Sternberg, no quadro da sua teoria triádica da inteligência, elaborou o *Applied Intelligence* e, mais difundido internacionalmente, podemos mencionar o *Project Spectrum*, decorrente dos trabalhos de Howard Gardner, em torno da teoria das inteligências múltiplas (Gardner et al., 1998). Nesse último caso, assume-se que classe escolar ou centro educativo pode ser entendido como um laboratório pedagógico em que todas as crianças são desafiadas a manifestar os seus interesses e a aprender fazendo. As atividades propostas pelos educadores e professores levam em consideração os interesses e as capacidades da criança (atendendo às várias inteligências), ou seja, consideram a singularidade e diversidade de cada criança, implementando-se tais atividades em sala de aula por meio da aprendizagem e resolução cooperativa das crianças (Prieto-Sánchez & Martínez, 2003). Por último, estudos experimentais na área das funções cognitivas têm dado origem a programas ou tarefas de treino cognitivo, em que se explicita a própria inteligência. Por exemplo, verificando-se uma acentuada correlação entre medidas da capacidade de memória de trabalho e testes de inteligência fluida (gf), alguns avançam com programas de melhoria da inteligência por meio do treino da memória de trabalho, sugerindo resultados positivos (Jaeggi et al., 2008).

A capacitação cognitiva conseguida com ajuda de programas específicos de treino sugere alguma "modificabilidade cognitiva" (Feuerstein et al., 1980; Nickerson et al., 1985). Por exemplo, a aplicação do *Programa de Enriquecimento Instrumental* a jovens portugueses de um curso profissional explicitou melhorias no teste das Matrizes Progressivas de Raven (Fonseca et al., 1995). De qualquer modo, a avaliação da eficácia desses programas permanece como área frágil, pois nem sempre é elaborada nas condições de um plano experimental (Sternberg & Bhana, 1986). Mesmo assim, os resultados disponíveis apontam que a eficácia aumenta à medida que os participantes têm iniciativa e aprendem agindo ou fazendo, ou ainda quando o treino assenta na interação com os pares, por exemplo "conflito sociocognitivo", e moderado por meio da qualidade do "Outro" (professor, psicólogo). A interação com os pares favorece a discussão e descentralização, induzindo a reestruturação intelectual e a mudança cognitiva de cada participante (Mugny & Doise, 1978). Os conceitos de "zona de desenvolvimento próximo" e de "mediadores de aprendizagem", propostos por Vigotski (1962), ajudam também a identificar alguns determinantes da efetiva promoção cognitiva.

A eficácia dos programas depende, ainda, da duração do treino (por exemplo, o EPI pode ter um ou mais anos de aplicação e também por isso se considera bastante eficaz) e da ligação do programa ao currículo escolar. Tendencialmente, uma maior ligação aos conteúdos curriculares e às atividades de sala de aula favorece a eficácia do programa, a consolidação das aquisições e sua generalização; aliás, alguns programas de treino cognitivo estão "infundidos" no currículo. Por último, a eficácia dos programas aumenta se o treino ajudar os participantes a desenvolverem outras características pessoais relevantes para a aprendizagem e a realização cognitiva, como a motivação, as percepções de autoeficácia e o controle da impulsividade.

Considerações finais

A inteligência permanece como elemento distintivo da espécie humana, estando associada à sua evolução e diferenciação. Ainda hoje ela faz *a* diferença, qualificando as nossas aprendizagens e níveis de desempenho. Como cientistas da mente e do comportamento, os psicólogos são os profissionais mais bem preparados para definir, avaliar e promover a inteligência. A sua responsabilidade na área não decorre, apenas, do conhecimento adquirido, mas da forma como o utiliza e partilha. Ao longo da história houve quem tomasse as diferenças interindividuais de forma perversa e imoral. Respeito pela dignidade e direitos da pessoa, competência, responsabilidade, integridade, e beneficência e não maleficência são os cinco princípios que devem guiar a prática – avaliativa, interventiva, investigativa – dos psicólogos.

A humanidade vive hoje tempos inéditos, de amplas transformações sociais e econômicas, e acentuada polarização e desigualdade. Não sendo algo novo, a incerteza apresenta-se na atualidade em camadas acumuladas que interagem, desequilibrando a vida de um modo excepcional (Programa das Nações Unidas para o Desenvolvimento [Pnud], 2023). As mudanças geopolíticas e econômicas e o rápido avanço da inteligência artificial (IA) e outras tecnologias acentuam o risco de aumentar essa incerteza.

Resolver as necessidades das pessoas tanto nos países desenvolvidos como nos países em desenvolvimento é uma preocupação de fundo das agendas globais para o desenvolvimento humano (Pnud, 2023). É essencial olhar a IA com lucidez, em prol de uma sociedade próspera, até porque existem mais possibilidades para a inteligência artificial aumentar a atividade humana do que para automatizar tarefas existentes (WEF, 2023). Reconhecer o valor das capacidades cognitivas sólidas na resolução dos complexos problemas da humanidade é um imperativo evidente. Identificar e promover o desenvolvimento da inteligência humana por um propósito maior – contribuir para a vida e o bem-estar coletivo – uma demanda necessária.

Financiamento

A primeira autora contou com o apoio do Centro de Investigação em Educação (CIEd), do Instituto de Educação da Universidade do Minho, projetos UIDB/01661/2020 e UIDP/01661/2020, por meio de fundos nacionais da FCT/MCTES-PT.

Referências

Almeida, L. S., & Lemos, G. C. (2021). Avaliação da inteligência: Uma necessidade atemporal no contexto educativo. In A. Gaspar, J. Carneiro Pinto & R. Francisco (Eds.), *A psicologia em movimento* (pp. 31-39). Universidade Católica Editora.

Almeida, L. S., Guisande, M. A., & Ferreira, A. I. (2009). *Inteligência: Perspectivas teóricas*. Livraria Almedina.

Almeida, L. S., & Simões, M. R. (2004). Os testes de inteligência na orientação vocacional. In L. M. Leitão (Ed.), *Avaliação psicológica em orientação escolar e profissional* (pp. 79-100). Quarteto.

Baddeley, A. D. (2007). *Working memory, thought, and action*. Oxford University Press.

Carroll, J. B. (1993). *Human cognitive abilities: A survey of factor-analytic studies*. Cambridge University Press.

Carroll, J. B. (1997). The three-stratum theory of cognitive abilities. In D. P. Flanagan & P. L. Harrison (Eds.), *Contemporary intellectual assessment: Theories, tests and issues* (2a ed., pp. 122-130). Guilford Press.

Das, J. P. (2000). PREP: A cognitive remediation program in theory and practice. *Developmental Disabilities Bulletin*, 28(2), 83-95.

Das, J. P., Naglieri, J. A., & Kirby, J. R. (1994). *Assessment of cognitive processes: The P.A.S.S. theory of intelligence*. Allyn and Bacon.

Diamond, A. (2013). Executive functions. *Annual Review of Psychology*, 64, 135-168. https://doi.org/101146/annurev-psych-113011-143750

Emuno, S. R. F., Ferrão, E. S., Motta, A. B., Moraes, E. O., & Linhares, M. B. M. (2006). Um panorama das pesquisas sobre a avaliação assistida no Brasil. *Psicologia e Educação*, V(2), 7-23.

Feuerstein, R., Rand, Y., Hoffman, M., & Miller, R. (1980). *Instrumental enrichment*. University Park Press.

Flanagan, D. P., Ortiz, S. O., & Alfonso, V. C. (2007). *Essentials of cross-battery assessment* (2a ed). John Wiley & Sons.

Fonseca, V., Santos, F., & Cruz, V. (1995). Avaliação dos efeitos do programa de enriquecimento cognitivo (PEI) em jovens pescadores integrados num processo de formação em alternância. *Revista Portuguesa de Educação*, 8(2), 117-130.

Fórum Econômico Mundial. (2023). *Future of jobs report 2023: Insight report May 2023*. FEM.

Gagné, F. (2004). Transforming gifts into talents: The DMGT as a developmental theory. *High Ability Studies*, 15, 119-147. http://dx.doi.org/10.1080/1359813042000314682

Gardner, H. (1983). *Frames of mind: The theory of multiple intelligences*. Basic Books.

Gardner, H., Fieldman, D., & Krechevsky, M. (1998). *Project spectrum: Early learning activities*. Teachers College Press.

Grigorenko, E. L., & Sternberg, R. J. (1998). Dynamic testing. *Psychological Bulletin*, 124(1), 75-111. https://doi.org/10.1037/0033-2909.124.1.75

Groth-Marnat, G. (2003). *Handbook of psychological assessment* (4a ed.). John Wiley & Sons.

Guilford, J. P. (1967). *The nature of human intelligence*. McGraw-Hill.

Halpern, D. F., & Butler, H. A. (2018). Is critical thinking a better model of intelligence? In R. J. Sternberg (Ed.), *The nature of human intelligence* (pp. 183-196). Cambridge University Press. https://doi.org/10.1017/9781316817049.013

Harvard University. (1983). *Project intelligence: The development of procedures to enhance thinking skills*. Ministry of Education.

Holden, L. T. R., & Hart, S. A. (2021). Intelligence can be used to make a more equitable society but only when properly defined and applied. *Journal of Intelligence*, 9, 57. https://doi.org/10.3390/jintelligence9040057

Horn, J. L., & Cattell, R. B. (1966). Refinement and test of the theory of fluid and crystallized general intelligences. *Journal of Educational Psychology*, 57(5), 253-270. https://doi.org/10.1037/h0023816

Jaeggi, S. M., Buschkuehl, M., Jonides, J., & Perrig, W. J. (2008). Improving fluid intelligence with training on working memory. *Proceedings of the National Academy of Sciences*, 105(19), 6829-6833. https://doi.org/10.1073/pnas.0801268105

Mackintosh, N. J. (2011). History of theories and measurement of intelligence. In R. J. Sternberg & S. B. Kaufman (Eds.), *The Cambridge handbook of intelligence* (pp. 3-19). Cambridge University Press.

Mugny, G., & Doise, W. (1978). Socio-cognitive conflict and structure of individual and collective performance. *European Journal of Social Psychology, 8*, 181-192. https://doi.org/10.1002/ejsp.2420080204

Naglieri, J. A., & Das, J. P. (1997). *Cognitive Assessment System (CAS): Interpretive handbook*. Riverside Publishing.

Nickerson, R. S., Perkins, D. N., & Smith, E. E. (1985). *Ensenar a pensar: Aspectos de la aptitud intelectual*. Paidós.

Prieto-Sánchez, M. D., & Martínez, P. B. (2003). *Las inteligências múltiples. Diferentes formas de enseñar y aprender*. Pirámide.

Primi, R. (2023). Maleabilidade da inteligência: Estudos da genética comportamental. In Instituto Ayrton Senna, R. Primi, T. C. Nakano, K. McGrew & J. Schneider (Orgs.), *Educação no século XXI: Inteligência, pensamento crítico e criatividade* (pp. 99-137). Hogrefe.

Programa das Nações Unidas para o Desenvolvimento. (2023). *Tempos incertos, vidas instáveis: Construir o futuro num mundo em transformação*. PNUD.

Reynolds, C. R., & Lowe, P. A. (2009). The problem of bias in psychological assessment. In T. B. Gutkin & C. R. Reynolds (Eds.), *The handbook of school psychology* (4a ed., pp. 332-374). Wiley.

Schneider, W. J., & McGrew, K. S. (2018). The Cattell-Horn-Carroll theory of cognitive abilities. In D. P. Flanagan & E. M. McDonough (Eds.), *Contemporary intellectual assessment: Theories, tests and issues* (3a ed., pp. 73-120). Guilford Press.

Simões, M. M. R. (1995). Contributos e limites da avaliação dinâmica ou interactiva para a avaliação psicológica em contextos educativos. *Revista Galega de Psicopedagoxia, 8*, 59-76.

Spearman, C. (1904). General intelligence objectively determined and measured. *American Journal of Psychology, 15*, 201-293. https://doi.org/10.2307/1412107

Spearman, C. (1927). *The abilities of man*. Macmillan.

Stelzer, F., Cervigni, M. A., & Martino, P. (2010). Bases neurales del desarrollo de las funciones ejecutivas durante la infancia y adolescencia. Una revisón. *Revista Chilena de Neuropsicologia, 5*(3), 176-184.

Sternberg, R. J. (1977). *Intelligence, information processing, and analogical reasoning: The componential analysis of human abilities*. Lawrence Erlbaum.

Sternberg, R. J. (1986). *Intelligence applied: Understanding and increasing your intellectual skills*. Harcourt Brace Jovanovich.

Sternberg, R. J. (Ed.). (2018). *The nature of human intelligence*. Cambridge University Press.

Sternberg, R. J. (2019). A theory of adaptive intelligence and its relation to general intelligence. *Journal of Intelligence, 7*(4), 23. https://doi.org/10.3390/jintelligence7040023

Sternberg, R. J., & Bhana, K. (1986). Synthesis of research on the effectiveness of intellectual skills program: Snake-oil remedies or miracle cures? *Educational Leadership, 44*(2), 60-67.

Sternberg, R. J., Conway, A. R. A., & Halpern, D. F. (2023). *How intelligence can be a solution to consequential world problems*. MDPI. https://doi.org/10.3390/books978-3-0365-3650-7

Suzuki, L. A., Short, E. L., & Lee, Ch. S. (2011). Racial and ethnic group differences in intelligence in the United States: multicultural perspectives. In R. J. Sternberg & S. B. Kaufman (Eds.), *The Cambridge handbook of intelligence* (pp. 273-292). Cambridge University Press.

Thurstone, L. L. (1938). *Primary mental abilities*. University of Chicago Press.

Vigotski, L. S. (1962). *Thought and language*. MIT Press.

29
Evaluación de las competencias de pensamiento crítico en la educación superior

Silvia F. Rivas
Carlos Saiz

> *Highlights*
> - Entre las habilidades cognitivas relevantes en la sociedad del conocimiento de hoy día destaca el pensamiento crítico (PC);
> - El pensamiento crítico está cobrando especial interés en la enseñanza superior en diferentes países;
> - No es fácil lograr que todos los sujetos consigan la misma calidad de aprendizaje.

La formación universitaria en el siglo XXI está cada vez más enfocada en el desarrollo del estudiante no sólo en el plano de los conocimientos, sino también en la adquisición de otras competencias. Entre las habilidades cognitivas relevantes en la sociedad del conocimiento de hoy día destaca el pensamiento crítico (PC). Estas competencias permiten a las personas ser autónomas, lo que se traduce por ser capaz de tomar decisiones y resolver problemas de manera eficaz. En este sentido, al hablar de la calidad de la educación se proponen, cada vez con más frecuencia, sistemas educativos que sean capaces de desarrollar tales competencias en los estudiantes (Heard et al., 2020; Rivas et al., 2020; Saiz, 2020; Uribe et al., 2017).

El buen desenvolvimiento de la vida del estudiante universitario requiere que éste se adapte a las exigencias, lo que conlleva adquirir una postura crítica ante la frecuente interacción con los conocimientos, retos, puntos de vista diferentes, valores y modos alternativos de actuar. En este sentido, se hace necesario desde la institución universitaria, y del propio estudiante, desarrollar un pensamiento autónomo y crítico, que implica una capacidad adecuada para el desarrollo personal, profesional y social.

La modernidad fluida en la que vivimos se define por el carácter atemporal de todo lo que antes considerábamos inamovible o cierto. Y esta incertidumbre nos obliga a adaptarnos, a reaccionar ante situaciones impredecibles y a afrontar constantemente nuevos desafíos. El pensamiento crítico también se incluye entre las capacidades esenciales que los jóvenes deben adquirir para participar plenamente en la sociedad y gestionar con éxito su transición al mercado laboral y a las responsabilidades de vivir en sociedad.

Por tanto, la relevancia del pensamiento crítico es ampliamente reconocida por las instituciones de Educación Superior, tanto a nivel nacional como internacional, que identifican el fomento de pensadores críticos como una de sus razones de ser. Dada su relevancia académica, pero principalmente por su transversalidad en los diversos ámbitos de la vida en los que se mueve cada individuo, todos los esfuerzos por evaluar el pensamiento crítico de los estudiantes de Educación Superior, con el fin de mejorarlo siguen siendo una gran aportación ya que sirve para tomar decisiones pedagógicas que se ajusten mejor a las características de los estudiantes y los orienten mejor en su aprendizaje. Además, su relación con otras áreas de la vida cotidiana de estos individuos, que van más allá de la académica, abre un sinfín de posibilidades en el campo de la evaluación cognitiva y el bienestar personal y social. Y aunque todavía son escasos, está aumentado el desarrollo de programas que mejoren estas habilidades dentro de diferentes áreas de estudio universitaria. Pero de todos es sabido, que a la implementación de cualquier metodología o programa de acción le debe seguir necesariamente la evaluación de su eficacia, pues ésta es la que nos permite mejorarla y cambiarla, y esto no siempre se hace. Y para ello no debe valernos cualquier instrumento. La evaluación debe caminar de la mano de la intervención. Necesitamos sistemas de evaluación eficaces y válidos que nos permitan evaluar de la manera más precisa las habilidades de pensamiento crítico y que se ajusten a los objetivos de nuestras intervenciones. Para ello se debe comprobar si el rendimiento de los alumnos mejora después de recibir la instrucción en comparación al momento antes de la intervención, es decir, estamos valorando la eficacia en función de la magnitud del efecto de la intervención. Las investigaciones en este campo se centran fundamentalmente en comprobar si los programas de instrucción son eficaces y, por tanto, si los alumnos mejoran después de los mismos. Son muchas las iniciativas de instrucción que ponen de manifiesto resultados de eficacia (Rivas & Saiz, 2015). Por citar los trabajos más clásicos, Perkins y Grotzer (1997) hacen una extensa revisión sobre iniciativas de instrucción de programas generales como "Filosofía para niños" de Lipman (1976), el de "Pensamiento productivo" de Covington et al. (1974), o el de "Enriquecimiento instrumental" de Feuerstein et al. (1980), con resultados positivos que muestran la eficacia de estos programas en la mejora de las habilidades de pensamiento crítico. Al respecto existen revisiones extensas sobre los programas de enseñar a pensar, que el lector interesado puede consultar (Maclure, 1994; Maclure & Davies, 1994; Nickerson et al., 1987; Saiz, 2024; Segal et al., 1985). Por otra parte, Halpern y Dunn (2023), presenta una revisión más actual de estudios que abordan los mecanismos específicos del pensamiento crítico, todos ellos con resultados también positivos después de una instrucción. En todos estos estudios, estamos valorando la eficacia de los programas en función de la magnitud del efecto de la intervención y en muchos de ellos también la transferencia de las habilidades a nuevos contextos y dominios de conocimiento o a largo plazo. Sin embargo, uno de los mayores inconvenientes en este tipo de estudios sigue siendo la falta de instrumentos confiables y válidos que permitan evaluar con certeza los logros en las distintas propuestas de intervención.

Por todo esto, de nada nos sirve una buena iniciativa de intervención sin una adecuada herramienta de evaluación. Es en este punto donde existe un gran vacío, sobre todo es castellano y portugués. Por esta razón, nuestros esfuerzos en investigación van encaminados en llenar esta laguna en el ámbito de la evaluación del pensamiento crítico.

De lo primero que tenemos que ocuparnos es de las necesidades y dificultades de la propia evaluación, con el fin de proponer una, que cumpla con los objetivos que se buscan y que además sea rigurosa. A continuación, debemos tratar el origen de toda evaluación, los programas de intervención, con el propósito de dejar muy claro que toda medida depende de ellos, o que sin ellos no tiene sentido. Una medida de aprendizaje, cuando no lo hay, es un contrasentido. Por último, nos centraremos en exponer nuestro sistema de evaluación.

Necesidad, importancia y dificultades de la evaluación

Cuando se pone en funcionamiento una metodología, es necesario evaluar su eficacia, con el fin de mejorarla o cambiarla; sin embargo, pocas veces se lleva a cabo tal evaluación ya que exige muchos recursos materiales y humanos, y disponer de instrumentos adecuados de medida. Pero la necesidad de conocer el fruto de una intervención educativa es ineludible. Por ello, es importante utilizar procedimientos de evaluación eficaces. El medir competencias intelectuales (como el razonamiento o creatividad) exige herramientas muy específicas que permitan captar esos mecanismos cognoscitivos tan complejos.

La necesidad e importancia de la evaluación del pensamiento crítico en la vida diaria procede de si social o personalmente se desea que estas competencias se mejoren. Sin esta condición, nada importa. Reflexionar de un modo eficaz exige mejorar dicha capacidad, y saber si existe dicha mejora impone cuantificar o cualificarla de algún modo. En definitiva, tener como objetivo el desarrollo de nuestras habilidades de pensamiento obliga a medir o valorarlas, con el fin de constatar algún cambio o progreso en esas competencias. Pero la importancia de pensar críticamente supone que esto nos hace más eficaces a la hora de lograr nuestras metas o simplemente que nos adaptemos bien a nuestro entorno. Por su parte, su necesidad asume que no pensamos tan bien como pudiéramos. Hay pues dos ideas que conviene separar, una, que pensar bien nos beneficia, y otra, que podemos hacerlo mejor.

El por qué evaluar nuestra capacidad intelectual, y en particular estas habilidades de pensamiento, siempre tiene un mayor interés desde el ámbito de la educación. Un objetivo importante de la enseñanza es evaluar sus resultados. En lo referente al desarrollo de las habilidades de pensamiento, también es necesario medir de qué modo una forma de enseñanza funciona o no. El beneficio estaría en ver si el rendimiento de las personas mejora después de recibir un programa de instrucción para tal fin, en comparación al momento anterior a recibirlo. El propósito sería saber si una intervención educativa es eficaz. Y ésta sería la necesidad más inmediata para evaluar las habilidades de pensamiento. Si dicho rendimiento es mejor después de la intervención que antes de ella, podríamos pensar que, probablemente, esa mejora se deba a nuestras enseñanzas. Este sería el fin de la mayoría de los proyectos de evaluación del pensamiento: demostrar la eficacia de una intervención. Pero este no es o al menos no debería ser la única necesidad de una medida del pensamiento.

El pensamiento crítico está cobrando especial interés en la enseñanza superior en diferentes países, especialmente cuando el sistema de enseñanza superior permanece muy tradicional y no dando la debida atención a los retos de la sociedad actual. Parece razonable pensar que los ciudadanos con responsabilidades en el futuro en la sociedad deberían poseer un buen desarrollo de sus capacidades de argumentación o de tomar buenas decisiones, esto es, deberían manifestar un buen rendimiento en las habilidades que definen al pensamiento crítico. La preocupación social de por qué los dirigentes de la misma sean personas capaces de tomar buenas decisiones o de resolver problemas parece perfectamente razonable. De este modo, podemos observar que el empeño por medir la capacidad de reflexión crítica no es exclusivo de los estudiosos de las "aulas", sino una preocupación social importante.

En la actualidad se están tomando iniciativas para evaluar las competencias intelectuales de los estudiantes universitarios. Una de las propuestas más generalizadas es la de evaluar las habilidades fundamentales de pensamiento crítico, como capacidad de argumentar, de plantear hipótesis, de emitir juicios de probabilidad, de decidir o resolver bien problemas complejos. El interés que muestran los responsables de la enseñanza superior en varios países radica en asegurarse que la enseñanza universitaria, aparte de ofrecer una buena formación de contenidos para una profesión, favorezca un adecuado desarrollo de las habilidades de pensamiento crítico. Desde esta perspectiva, los test de pensamiento crítico serían una herramienta de *diagnóstico y de pronóstico*. En el primer caso, nos permitirían saber si un sistema educativo logra lo que se espera de él, formar buenos pensadores. En el caso de no lograrse este objetivo, se pueden tomar medidas para la mejora y que el sistema lo consiga en el futuro. La evaluación, pues, sirve para identificar deficiencias del sistema y mejorarlo. En cuanto a la función de pronóstico, las pruebas nos posibilitan saber quién posee ciertas capacidades necesarias, para asumir determinadas responsabilidades en la sociedad. El buen juicio y la capacidad de decidir de manera razonada parecen muy convenientes, cuando se tiene el compromiso de resolver problemas que afectan a muchos ciudadanos. En este segundo caso, una prueba de esta clase crítico nos proporciona un perfil individual muy pormenorizado del nivel que se posee en las competencias fundamentales de pensamiento crítico.

Parece, pues, necesario fomentar el buen pensar en los ciudadanos en general y en nuestros estudiantes en particular. Este deseo obliga a valorar esas aptitudes deseables, para saber si se poseen de manera razonable o para ver qué programa educativo las desarrolla adecuadamente. En definitiva, el deseo es conocer qué sistema educativo, institucional o no, funciona, qué programa de intervención fomenta las habilidades que forman parte de lo que se considera reflexión crítica. Éste parece ser el punto de partida de la evaluación del pensamiento crítico, la necesidad de saber en qué medida un colectivo posee estas capacidades.

Ya hemos justificado lo necesario e importante que es pensar críticamente, y su valoración. Y ahora procede tratar las dificultades a la hora de evaluarlo. Las dificultades en la evaluación del pensamiento crítico son de dos tipos, conceptuales y metodológicas. Las primeras, provienen de las diferentes formas que hay de entender lo que es pensar críticamente. Lo que nosotros entendemos como pensamiento crítico es un proceso de búsqueda de conocimiento, a través de las habilidades de razonamiento, solución de problemas y toma de decisiones que nos permite lograr con la mayor eficacia los resultados deseados. Más concretamente proponemos que pensar críticamente es alcanzar la mejor explicación para un hecho, fenómeno o problema con el fin de saber resolverlo eficazmente (Saiz, 2024, p. 19). Esta es la idea con la que estamos trabajando en intervención y evaluación. Esta definición intenta recoger lo común a todo proceso de pensar, buscar conocimiento (Halpern, 2003), junto con sus mecanismos fundamentales, encaminados al logro de nuestras metas. Por consiguiente, razonar, decidir y resolver problemas son procesos que consideramos como habilidades fundamentales del pensamiento crítico. Para nuestros fines, consideramos suficiente hacer explícita nuestra concepción sobre lo que es pensar críticamente.

Las dificultades metodológicas en la evaluación del pensamiento crítico (Ennis, 2003) tienen su origen principalmente en el uso de pruebas con un formato de respuesta cerrado. Una prueba que solo pida a quien la responda que marque unas casillas que se dan como opciones de respuesta impide captar lo esencial del pensamiento, esto es, los procesos que llevamos a cabo para realizar una buena reflexión. Se sacrifica el conocimiento a la rapidez en la corrección. Ya se sabe que es muy costoso, en tiempo, corregir los formatos de respuesta abiertos, pero es el único modo de conseguir adentrase en la mente de quien responde. Si realmente deseamos saber, si estamos midiendo pensamiento, debemos dar la oportunidad de que se exprese. Una marca en una casilla difícilmente puede lograr esto. Son pocas las iniciativas de evaluación en esta dirección. Una de las más recientes es la de Halpern. Esta autora ha desarrollado el test HCTA (Halpern, 2018). Esta prueba se centra precisamente en la eficacia del aprendizaje, en los procesos. En ella, se plantean problemas que se deben resolver y explicar. Se pide que se expresen los pasos que se siguen para afrontar esos problemas, que se detallen las estrategias o procesos seguidos. Esta medida, muy innovadora, junto con la que hemos desarrollado y que describiremos después, son las únicas pruebas de pensamiento crítico, enfocadas hacia los procesos de pensamiento. La razón obvia ya se ha dicho, el coste tan grande de tiempo en su corrección.

Evaluación de programas

Mejorar nuestra capacidad de pensar, como cualquier otra habilidad, se aprende. Y los procesos de aprendizaje necesitan evaluarse para conocer si se está consiguiendo desarrollar las competencias adiestradas. Pensar es nuestra herramienta esencial de adaptación. Su importancia y necesidad son difíciles de cuestionar. La razón de ser de la evaluación del pensamiento crítico es cuantificar el proceso de aprendizaje, sea este reglado o no. En nuestro caso, llevamos un tiempo desarrollando y aplicando el programa de instrucción Diaprove (Rivas & Saiz, 2023; Saiz & Rivas, 2016), lo que nos ha obligado a evaluarlo. Sin embargo, conviene saber que este proceso de evaluación es de naturaleza conceptual y empírica.

Lo primero a considerar en toda evaluación es el momento en el que se realiza. La evaluación debe tener lugar normalmente durante el proceso de elaboración de los programas de instrucción y después de ésta. Estos dos tipos de evaluación son los que Nickerson et al. (1987) denominan evaluación formativa y de recapitulación. La primera se lleva a cabo con la finalidad de desarrollar un programa, con el propósito de mejorar su construcción. Sin embargo, en la evaluación de recapitulación se busca probar la eficacia del programa ya construido, es decir, si el programa tiene algún efecto o no, esto es, si es o no eficaz.

Lo que debemos tener en cuenta en estas dos clases de evaluación es su naturaleza. La evaluación que se realiza durante la fase de desarrollo de un programa es fundamentalmente cualitativa, esto es, una evaluación conceptual, en la que se considera y decide sobre los elementos que se deben incluir en el programa o sobre qué habilidades se deben trabajar. Esta clase de evaluación se puede utilizar también para elegir un programa. Por el contrario, la otra, la que se lleva a cabo una vez aplicado el programa es esencialmente cuantitativa, empírica. En ella, normalmente, se comparan grupos que han recibido la instrucción con otros que no la han recibido. Con esta comparación se observa si el programa produce algún efecto o no.

La evaluación conceptual, decíamos, se lleva a cabo durante la elaboración de un programa. De lo contrario, cuando estamos seleccionando uno, la realizamos a posteriori. Los criterios seguidos en estos dos casos son los mismos. Esta evaluación permite apostar por la mayor eficacia. Sin embargo, esto no es suficiente, necesitamos de los datos para verificar tales propuestas. Esta comprobación es posible mediante la evaluación empírica, que es la que nos proporciona la línea de actuación que debemos seguir.

Vamos a darle mayor atención a la evaluación empírica, puesto que la conceptual está muy vinculada a la construcción o selección de un programa de intervención y es, sobre todo, cualitativa. Además, la evaluación conceptual se realiza durante el proceso de elaboración de un programa, y tiene que ver con la conceptualización que se haga del pensamiento crítico, algo ya descrito previamente. La evaluación empírica es la que exige una mayor atención por nuestra parte. Ésta es de naturaleza cuantitativa y va dirigida a probar la eficacia de la instrucción, esto es, si después de la enseñanza se ha conseguido algún cambio. Es, pues, cuantitativa y se realiza después de que la intervención haya terminado. Dediquemos algo de tiempo a su descripción.

Una evaluación empírica necesita de un instrumento que nos permita cuantificar los cambios que una instrucción ha producido. Estos cambios son los que nos permitirán afirmar si una iniciativa de intervención como Diaprove (Rivas & Saiz, 2023, 2016; Rivas et al., 2016; Saiz & Rivas, 2011, 2012, 2016; Saiz et al., 2015), u otras, son eficaces, es decir, consiguen que pensemos mejor, después de ese proceso de aprendizaje. Pero el punto de partida de una evaluación de esta naturaleza, empírica y del aprendizaje, impone un diseño singular.

Lo primero que debemos tener presente es que aprender o adquirir habilidades mediante un método, temporalmente, nos exige que conozcamos el nivel de destreza antes del aprendizaje. Una vez que dispongamos de una medida anterior a la instrucción (se puede entender como una línea base), ya sí podremos cuantificar el cambio. Sin embargo, aún no estamos en condiciones de poder concluir si ese cambio se debe al programa. Para esto, debemos disponer de un nivel de pericia frente a una misma prueba en personas que hayan pasado por la instrucción y en personas que no. Esta medida, que se obtiene después de la enseñanza en el grupo de la instrucción, y en otro (que llamaremos control) que no ha pasado por ella, es lo que ya nos va a permitir concluir que, de haber una mejora en el primer grupo y no en el control, será fruto de esa instrucción. La organización de la medida de evaluación que conviene realizar aquí, se denomina diseño antes-después con grupo control.

El diseño que hemos descrito es nuestro campo de acción, pero en él conviene introducir elementos que nos permitan cuantificar la eficacia del aprendizaje. Estos elementos deben recoger todos los aspectos esenciales del proceso de adquisición de las habilidades instruidas. Téngase en cuenta que no estamos hablando de destrezas sencillas. Se trata de competencias que son la base del funcionamiento humano más singular, como lo es conocer o explicar el mundo o a nosotros mismos. Estas capacidades están presentes en casi todo lo que hacemos, por lo tanto, debemos ser capaces de ver si ese cambio que produzca el aprendizaje se aplica en todos los ámbitos. Pensar no es dependiente de un dominio, es independiente, de modo que es deseable que se refleje en cualquiera de ellos. Cuando uno se esfuerza por mejorar sus capacidades, lo primero que debemos saber es que se ha dado un cambio, que después de un aprendizaje se posee una mayor competencia que antes. A este cambio se le denomina magnitud del efecto. Este es uno de los tres indicadores de eficacia que tenemos que conocer y obtener. Si hacemos las cosas mejor después del aprendizaje que antes, en principio, algo ha cambiado. Y si ese cambio sucede en quien ha pasado por la instrucción y no se observa en los que no la han recibido, ya podemos concluir que esa magnitud del efecto se debe a nuestra intervención. Ahora se puede apreciar mejor la importancia del diseño que hemos descrito antes. Ahora bien, si se pone en marcha algo tan costoso por esfuerzo y tiempo como es mejorar los procesos de pensamiento, deseamos que los resultados de este empeño se mantengan o permanezcan el mayor tiempo posible. No termina la evaluación empírica cuando conseguimos un cambio; cuando logramos, lo que hemos denominado la magnitud del efecto, necesitamos que esta magnitud perdure, a este criterio de eficacia lo denominamos grado de persistencia del efecto. Trascurrido un tiempo, medimos de nuevo esas competencias, después de seis meses, uno o dos años, por ejemplo. Si obtenemos el mismo o parecido efecto de la magnitud podemos estar satisfechos. Aunque este indicador de eficacia es sencillo de cuantificar, pues consiste en repetir la medida después de un tiempo, en la práctica no es fácil de obtener, pues exige el que se utilicen estudios longitudinales difíciles de realizar por problemas de muestra.

Ya tenemos dos indicadores de los tres que necesitamos para una buena evaluación empírica: magnitud del efecto y grado de persistencia o permanencia. El último es el más interesante pero también el más difícil de obtener, la transferencia. Este último criterio hace referencia a la capacidad de transferir o generalizar unas habilidades a otros ámbitos distintos del de su adquisición. Y esto es realmente difícil como se ha venido demostrando en la investigación de las últimas décadas.

Estos criterios de eficacia que hemos descrito y que han sido propuestos por Perkins y Grotzer (1997), los hemos medido con la prueba desarrollada para tal fin: Pencrisal (Rivas & Saiz, 2012; Saiz & Rivas, 2008a, 2008b). La magnitud del efecto, el grado de persistencia, y la transferencia, todos se evalúan con este test. Antes de pasar a la exposición de nuestro sistema de evaluación conviene reflexionar sobre el problema central de la evaluación: la transferencia. Si tuviéramos que quedarnos con un índice de eficacia, de los tres que se necesitan, sin lugar a duda, sería la transferencia. Lograrla nos permitiría olvidarnos de la magnitud del efecto y de hasta la persistencia del mismo. Es tal su naturaleza, que recoge muy bien todo lo relevante de la evaluación, entre otras razones, por una cuestión de lógica, no es posible generalizar lo que no se tiene. Si fuéramos radicales, hablaríamos solo de este criterio. Sin embargo, debemos ser cautos, puesto que lograr la tan deseada transferencia es un reto difícil de conseguir y, si fracasamos, de modo que mejor medir la magnitud del efecto y después apostar por el reto de la generalización. No obstante, lograr que pensemos en cualquier ámbito o dominio es una tarea muy difícil.

Las reflexiones que hemos realizado sobre la evaluación no recogen todas las razones que nos ayuden a entender por qué las pruebas sobre la eficacia de los programas son tan costosas de obtener. Existen problemas adicionales que explican esta situación y que describimos seguidamente (Nickerson et al., 1985, 1987).

La mayor parte de ellos tiene que ver con la dificultad que supone el control de la evaluación en el ámbito educativo. El primero consiste en lograr la homogeneidad de la intervención cuya eficacia se desea medir. No es fácil lograr que todos los sujetos consigan la misma calidad de aprendizaje. El segundo es cómo conseguir igualar al grupo control con el del tratamiento en todo menos en esto, en el tratamiento. En tercer lugar, necesitamos elegir una cuantificación de la transferencia que sea susceptible de compararse con la de otros estudios. Sabemos que se utilizan medidas muy diversas que pueden arrojar índices muy diferentes para los mismos efectos.

Además, es necesario conseguir que los grupos que se vayan a utilizar sean comparables. Existen muchos factores que provocan el fracaso de esta tarea comparativa en la mayoría de las veces. Por otra parte, no debemos olvidar todas las diferencias introducidas como consecuencia de la distinta duración de la intervención, siendo cierto que no todos los miembros del grupo experimental participan del total de sesiones del programa, por ejemplo.

Por último, nos encontramos con el problema de la medida de la eficacia. Cuál es la prueba más adecuada para registrar el rendimiento de los grupos de comparación. Y cuáles son las medidas dependientes que vamos a emplear: test convencionales, pruebas desarrolladas para tal fin etc. Si la elección no es correcta, estamos midiendo simplemente otra cosa que no tiene nada que ver con lo que se está investigando. Este es uno de los problemas más serios de la evaluación: conseguir medir los efectos de la instrucción y no otra cosa. Además, dada la naturaleza de toda evaluación, aquí es especialmente importante, no sólo conseguir medidas válidas, sino también fiables y sensibles.

Hay otro tipo de dificultades que tampoco debemos olvidar. La primera es polarizar la evaluación hacia la significación estadística solamente. Para los estudios de intervención es además fundamental, conseguir una magnitud del mismo que sea relevante para la práctica. Puede darse el caso de que obtengamos un efecto significativo, pero tan pequeño que resulte intrascendente desde un punto de vista práctico. Por otro lado, un cambio puede ser muy valorado por los participantes, aunque estadísticamente sea considerado muy pequeño.

Una última dificultad es la relacionada con la duración de los efectos. La permanencia, como ya hemos indicado, es de suma importancia, ya que sería muy poco interesante una intervención cuyos efectos fueran pasajeros. Nuestro interés tiene que ir encaminado a que estos efectos perduren en el tiempo una vez terminado el tratamiento. Por lo tanto, es imprescindible evaluar la duración de los efectos a largo plazo. Y relacionada con la duración, está la necesidad de diferenciar la ausencia de efectos a largo plazo debida a la ineficacia del tratamiento de la que se ha de atribuir a la práctica insuficiente de la intervención. Es posible que el efecto no se logre simplemente porque la instrucción no ha sido aplicada durante el tiempo necesario.

Como se puede observar, no es pequeño el esfuerzo que debemos realizar para estimar correctamente la eficacia de la intervención. No obstante, se logran resultados positivos cuando se aplican las recomendaciones que se están considerado anteriormente.

Pruebas de evaluación

El PC se encuentra ya en los orígenes de la filosofía; sin embargo, podemos situar su nacimiento moderno en el trabajo de Robert Ennis de 1956 (Ennis, 1956), en el que desarrolla su primera concepción sobre el PC, para consolidarla más tarde en su libro ampliamente referenciado cuatro décadas después (Ennis, 1996). El trabajo de Ennis de 1956 nos interesa más aquí porque es la investigación que va a dar lugar a la primera prueba estandarizada de PC. El desarrollo de este instrumento es el objeto de su tesis doctoral que se publica tres años más tarde basándose en esas primeras reflexiones sobre lo que él entiende por PC (Ennis, 1959). Después vendrán otros test, por parte de este autor, como el popular test Cornell (Ennis et al., 1985).

Esa primera prueba de Ennis fue una apuesta novedosa y arriesgada. En aquellos años, el intentar medir procesos cognitivos de tal complejidad era un proyecto para el que aún ni había suficiente conocimiento ni sensibilidad científica; esto segundo, entre otras razones, por una fundamental, porque competía directamente con la medida de la inteligencia que se encontraba en su máximo esplendor, de la mano del cociente intelectual (CI). Sin embargo, Ennis logró desarrollar esta prueba y otras, inaugurando una trayectoria muy fructífera, gracias al aprovechamiento que hizo de la tradición psicométrica muy influyente por aquel entonces. Este contexto reforzaba las medidas cuantitativas exclusivamente, algo que llevó quizás al desarrollo de pruebas de formato cerrado, principalmente de elección múltiple. La influencia positiva de este entorno psicométrico sobre la objetividad y el rigor de medida tiene un precio en el ámbito de los procesos cognitivos superiores, a saber, su mirada limitada.

Las pruebas objetivas y cerradas ofrecen una gran ventaja respecto a la consecución de la fiabilidad de la medida, pues la garantizan con bastante facilidad. Medir bien lo que se quiere medir se asegura mejor con un formato cerrado que con otros. No obstante, medir lo que se dice que uno mide, no tanto. La validez siempre es muy escurridiza cuando se trata de la cognición de orden superior, como es todo lo que podamos entender por argumentación, explicación, pensamiento profundo o crítico (Wechsler et al., 2018). Un formato de respuesta cerrado nos devuelve unas marcas, una elección de una opción de entre otras simples y explícitas. Las respuestas de elección múltiple en las pruebas de PC, nos ofrecen muy poco o nada de los pasos o andadura mental que recorre quien las contesta; esto es una limitación grave para saber realmente qué es lo que estamos midiendo. Decir que mido PC solo por las marcas de opción que nos devuelve quien responde a la prueba es demasiado ingenuo. La validez nos exige demostrar qué proceso mental está aconteciendo cuando se elige una opción de las que se ofrecen, y esto, no se puede saber con solo marcar esa opción. Las respuestas que se dan pueden ser fruto de diferentes estrategias o mecanismos, pero no tenemos forma de averiguar cuál es de esos posible, y lo más grave, de saber si son de pensamiento y no de otra cosa. Con este tipo de pruebas, no podemos decir con certeza que medimos lo que decimos. Esta forma de evaluar no nos da todo lo que necesitamos para entender y medir bien procesos como los de argumentar, explicar, decidir o resolver.

Décadas después, un proyecto de medida, llevado a cabo por una experta y referente en este campo dio respuesta a esta cuestión. Halpern (2003, 2018) fue consciente de este problema y desarrolló el test HCTA – Halpern Critical Thinking Assessment (y probado en español, en Nieto & Saiz, 2008). Esta prueba posee varias virtudes que conviene mencionar. El test HCTA es de formato mixto: abierto y cerrado, sus ítems son problemáticas cotidianas, y su sistema de puntuación en la versión cerrada es sencillo y claro (Butler et al., 2017; Halpern & Dunn, 2021). El formato abierto permite solucionar el problema de validez mencionado antes al permitir a quien realiza el test explicar por qué responde del modo que lo hace. De este modo, podemos averiguar qué mecanismos o procesos está empleando para dar su respuesta, de forma que nos aseguramos de si está procediendo como se espera que lo haga o, por el contrario, elige un modo diferente para responder. De esta manera, podemos saber si contesta, por ejemplo, a los ítems de argumentación con los procesos correspondientes, y no con otros, con independencia del acierto o error de su respuesta. Esto sí nos permite asegurar la validez con rigor. La segunda peculiaridad de la prueba consiste en emplear problemáticas cotidianas, como ítems del test. Este rasgo contribuye a que la prueba sea enormemente ecológica, o cercana para quien responde, pues se le pide que afronte esta clase de situaciones para las que se encuentra muy familiarizado y le resultan muy cercanas. Emplear situaciones-problema tiene una relevancia fundamental, que debemos enfatizar, para que no pase desapercibida su trascendencia, en comparación a lo que se ha venido haciendo hasta ahora. La mayoría de las pruebas de PC los ítems son autoinformes, o petición de valoraciones o calibraciones que se solicitan como respuesta a los participantes, algo de escaso valor a la hora de evaluar esta clase de competencias. Pero, además, cuando esto no es así, lo que los ítems de esas pruebas plantean son problemas escasamente relevantes o acertijos triviales, para los que difícilmente necesitaremos responder empleando los procesos cognitivos que pretendemos medir. Sin embargo, cuando utilizamos problemáticas cotidianas presentamos situaciones relevantes que hay que resolver empleando lo que corresponda en cada ocasión, es decir, se nos pide que digamos cómo actuaríamos en esas circunstancias, qué haríamos ahí. Lo que se está pidiendo son conductas, acciones, no pareceres, ni impresiones, ni valoraciones. Lo que esta clase de ítems capta, y en esto descansa su trascendencia, son resultados, los cambios que habría que realizar para solucionar la situación (Saiz, 2020). En realidad, la naturaleza de este instrumento aporta algo insustituible por imprescindible: enfrenta al que realiza la prueba a realidades relevantes para las que hay que ofrecer conductas que la modifiquen o la cambien.

Para nosotros, es esencial esta forma de evaluar por resultados, por conductas que cambien la realidad y resuelvan realmente los problemas que importan. Y esto sí se logra con esta clase de problemáticas y formato de respuestas abiertas. En su momento, contemplamos el HCTA como una prueba idónea para la evaluación del PC, y desarrollamos un proyecto encaminado a su validación en español. Sin embargo, fracasamos en nuestro objetivo (Nieto et al., 2009). Al no poder disponer de un test adecuado en nuestro idioma para medir el PC, estudiamos con mayor profundidad la prueba HCTA. Seguimos convencidos de sus excelencias, como el formato abierto y, sobre todo, la naturaleza de los ítems, tal como acabamos de justificar. Sin embargo, encontramos una debilidad importante: la forma de corrección de algunas dimensiones. Por ejemplo, algunos ítems de solución de problemas se puntuaban como correctos, con solo indicar que se iba a buscar información para solucionar la situación, pero no por emplear una estrategia de solución adecuada. En su día, publicamos esta revisión de la prueba y nuestra propuesta de solución a esta limitación (Saiz & Rivas, 2008). Nuestra forma de resolver esta importante dificultad consistió en emplear una vieja metodología muy olvidada, el análisis de tareas (Donders, 1868/1969). Brevemente, lo que Donders propone es realmente ingenioso: utilizar tareas concretas para poner en marcha procesos concretos. En toda tarea de Donders, se fijan los estímulos que se deben presentar y las respuestas que se deben emitir (Saiz & Rivas, 2008b).

A raíz de estos dos problemas, el fracaso en la validación del test de Halpern y de los problemas de validez indicados, tomamos la decisión de construir una prueba para evaluar el PC. Este instrumento conservó la gran aportación del HCTA, a saber, emplear ítems que sean problemáticas cotidianas y, además, optar solo por un formato de respuesta abierto. Se construyeron y seleccionaron situaciones problemas que fueran adecuados a nuestras características culturales, con el fin de lograr familiaridad y motivación. Este proyecto comenzó en Saiz y Rivas (2008b), y se publicó la validación de la prueba Pencrisal, en Rivas y Saiz (2012). Adicionalmente, se realizó una adaptación peruana en Rivas et al. (2014). El Pencrisal consta de 35 problemáticas cotidianas, de formato abierto, que se corrigen de un modo sencillo, puntuando 0, 1 y 2: incorrecta, correcta, pero sin adecuada justificación, y correcta. Estos ítems se estructuran en 5 dimensiones: deducción, inducción, argumentación o razonamiento práctico, toma de decisiones, y solución de problemas. Cada una de las dimensiones está compuesta por 7 ítems (para más detalles, en Rivas & Saiz, 2012). Del mismo modo que sucede con la mayoría de las pruebas de evaluación del PC, en esta se encuentran las dimensiones más consensuadas y aceptadas del PC. De hecho, Ennis (2003) revisa las 21 pruebas existentes por aquel entonces y en todas ellas aparecen estas dimensiones que son las realmente representativas de este complejo constructo cognitivo.

El test Pencrisal, actualmente, es la única prueba de estas características en español. Desde su validación, se ha aplicado a cientos de participantes en diferentes países de Iberoamérica. Este instrumento es adecuado para un diagnóstico completo del PC, al poder evaluar cinco factores con un número de ítems que recogen la mayoría de los procesos implicados en cada uno ellos. Sin embargo, siempre lo extenso tiene su inconveniente en la duración. Esta prueba necesita de entre 90 y 115 minutos de media para completarse. Por esta razón, nos plateamos elaborar una versión reducida con la finalidad de disponer de una medida más corta del pensamiento crítico, que nos permita evaluar con más rapidez a muestras más amplias en proyectos que solo necesiten de un indicador global del nivel de pensamiento crítico, y que no busquen efectuar diagnósticos pormenorizados del mismo. De este modo, podemos obtener con relativa facilidad medidas de poblaciones difíciles de conseguir con pruebas cuya duración sea muy extensa. Llevamos un tiempo estudiando y aplicando una versión reducida del Pencrisal en dos idiomas, en español y en portugués, por el problema antes señalado de falta de instrumentos.

Expondremos en primer lugar la versión abreviada del Test Pencrisal en español (Saiz et al., 2021). La primera versión abreviada con la que trabajamos constaba de 20 ítems de esos 35, 4 ítems por dimensión. Los criterios de selección empleados fueron: a) representatividad de los ítems en cada dimensión, b) familiaridad, y c) nivel de dificultad. Con la experiencia acumulada de multitud de aplicaciones de la versión completa del test, podemos saber qué ítems mantienen un mejor equilibrio por dimensión, cuáles son más cercanos a las situaciones cotidianas de las personas, y cuáles más asequibles (Rivas

& Saiz, 2012; Rivas et al., 2014; Saiz & Rivas, 2008b). Como es lógico, es importante que los ítems seleccionados sean la mejor muestra de cada dimensión, esos cuatro elegidos deben ser los más relevantes dentro de cada una de ellas. Además, los ítems seleccionados deben recoger problemáticas diarias familiares y frecuentes, con el fin de lograr una mejor activación de los procesos cognitivos implicados. Fruto de nuestra experiencia, hemos visto que el test completo es de una dificultad muy alta, lo que hace que la variabilidad de las respuestas sea baja, de modo que puede dificultar captar ciertos mecanismos de pensamiento por un efecto de fatiga de los sujetos. Por ello, se ha optado por seleccionar también los ítems de menor dificultad de respuesta, dado que la prueba posee un cierto efecto de suelo. No fue fácil esta selección debido a la interacción de los tres criterios. Sin embargo, los datos no nos permitieron validarla y después de un estudio detenido de esos datos, pasamos a indagar la posibilidad de una versión más corta de la prueba, buscando una configuración que fuera conceptualmente coherente y psicométricamente consistente.

Esta versión breve consta de 2 factores, con 3 ítems cada uno. Un factor evalúa argumentación general, y el otro las formas de razonamiento más empleadas a diario. Además, ambos factores evalúan indirectamente la toma de decisiones y la solución de problemas, gracias a la naturaleza de los ítems, en los que se plantean problemas cotidianos que se deben resolver y, en ocasiones, hay que tomar decisiones. El análisis factorial confirmatorio nos ofrece índices de ajuste adecuados que avalan la estructura de la versión breve del test presentado ($\chi 2$ = 4.31; CFI=.99; TLI =.98; RMSEA =.02; y WRMR =.051). A su vez, los restantes coeficientes de fiabilidad y validez estimados son razonablemente robustos, lo que hace que esta prueba sirva a los objetivos de investigación establecidos.

Como ya hemos mencionado anteriormente existe una diversidad de instrumentos que permiten la evaluación del pensamiento crítico. Sin embargo, la mayoría de estos instrumentos fueron creados en los EE.UU. y no fueron traducidos, adaptados y validados para la población portuguesa, o para los lusoparlantes, ni pensados y diseñados para esta cultura y lengua. Dada la ausencia de una prueba fiable y validada para evaluar el PC de las personas de habla portuguesa (nos referimos no sólo a los ciudadanos de Portugal, sino también a los brasileños y a los de países africanos que hablan portugués), de la que puedan surgir datos de comparación con los datos de evaluación del PC en otros países realizamos un estudio de traducción, adaptación y validación de la prueba de evaluación abreviada que acabamos de describir (Pencrisal breve Español) con una muestra portuguesa (Rivas et al., 2023). Se procedió a la traducción lingüística y cultural del test a la lengua y cultura portuguesas. Portuguesa, siguiendo las recomendaciones de la literatura en este ámbito (Borsa et al., 2012; International Test Commission, 2017; Polit & Beck, 2014; Regmi et al., 2010).

Tras la traducción lingüística, y a pesar de la adaptación cultural de los ítems, se constató que un grupo de ítems podía no resultar familiar en la cultura portuguesa (Williams et al., 2010). En consecuencia, por acuerdo inter-jueces decidió mantener un conjunto de 20 ítems de la versión original del Pencrisal test, por ser los más representativos de cada factor/dimensión y, simultáneamente, los más adecuados a la cultura portuguesa. Esta versión reducida incluye los seis ítems de la versión corta en español para validar en Portugal.

Antes de comprobar la estructura factorial de los seis ítems de la versión corta, se realizó un análisis exploratorio de los datos para apreciar la varianza o dispersión de las puntuaciones de los alumnos en cada ítem. Este análisis mostró que en varios ítems los alumnos no contestaban correctamente, ni siquiera parcialmente, y obtenían cero puntos. Por ello, fue necesario sustituir el ítem 3 (razonamiento práctico/argumentación) de la versión corta española ya que no mostraba suficiente variación entre los estudiantes portugueses. A partir de este análisis descriptivo, se eligió el ítem 15 (resolución general de problemas) para sustituir al ítem 3 (razonamiento/argumentación práctica). (razonamiento práctico/argumentación). En la Tabla 1 se presentan los seis ítems de las versiones española y portuguesa a evaluar. Como podemos ver, los tres ítems del factor razonamiento general son los mismos en ambas versiones, y en el factor de resolución de problemas y razonamiento práctico el ítem 03 (razonamiento práctico) en la versión española fue sustituido por el ítem 15 (resolución de resolución de problemas) en la versión portuguesa. Los resultados obtenidos permitieron replicar la versión reducida española en Portugal (cambiando sólo uno de los seis ítems), y el análisis factorial confirmatorio permite identificar dos factores interrelacionados entre sí y legitimando la combinación de los seis ítems en una puntuación global.

Consideraciones finales

Como conclusión, el test breve de PC que hemos presentado y validado, tanto en lengua española como portuguesa, es novedoso porque permite una evaluación del nivel general del PC de forma rápida y a poblaciones amplias, algo que es necesario en la mayoría de las investigaciones del campo, y para lo cual no se disponía hasta ahora de una prueba de estas características en ambas lenguas. Esta versión breve cubre necesidades importantes, como son poder valorar el nivel general de pensamiento crítico en la educación superior, en investigaciones donde el pensamiento crítico sea un factor determinante del desempeño en diferentes ámbitos, o en aquellos estudios en los que se necesite ver el papel o lo relación que él tiene con otras variables importantes, como motivación, metacognición, expectativas y demás. Sin embargo, si los objetivos de la investigación requieren un diagnóstico en cuanto al nivel de las diferentes habilidades fundamentales de pensamiento crítico, debemos recurrir a la versión completa del test, porque esta versión breve solo puede evaluar un nivel general de pensamiento crítico, pero no puede captar los niveles del mismo en todas sus dimensiones o en todas sus competencias.

El poder establecer un nivel de PC antes y después de cualquier intervención destinada a mejorar esas competencias, por ejemplo, nos permite realizar mucha más investigación aplicada de la que se viene realizando, al reducir los problemas de obtención de muestra y el tiempo de evaluación de la misma. Es una herramienta de detección útil para profesores e investigadores interesados en conocer las características cognitivas de sus alumnos y cómo desarrollar sus habilidades de pensamiento crítico a lo largo de su formación académica o ser utilizadas en la promoción de prácticas pedagógicas que respondan a las necesidades de los estudiantes. Por último, esta versión corta puede utilizarse como prueba de cribado, y se señala su potencial para evaluar el pensamiento crítico de los estudiantes con el fin de apoyar la enseñanza y la investigación en el ámbito de la educación superior.

Referências

Borsa, J., Damásio, B., & Bandeira, D. (2012). Adaptação e validação de instrumentos psicológicos entre culturas: Algumas considerações. *Paideia, 22*, 423-432. https://doi.org/10.1590/S0103-863X2012000300014

Butler, H. A., Pentoney, C., & Bong, M. P. (2017). Predicting real-world outcomes: Critical thinking ability is a better predictor of life decisions than intelligence. *Thinking Skills and Creativity, 25*, 38-46. https://doi.org/10.1016/j.tsc.2017.06.005

Covington, M. V., Crutchfield, R. S., Davies, L. D., & Olton, R. M. (1974). The productive thinking program: A course in learning to think. O. H. Merril.

Donders, F. C. (1969). On the speed of mental processes. *Acta Psychologica, 30*, 412-431 (Original publicado em 1868).

Ennis, R. H. (1956). Critical thinking: More on its motivation. *Progressive Education, 33*, 75-78.

Ennis, R. H. (1959). *The development of a critical thinking test* [Doctoral Dissertation]. University of Illinois.

Ennis, R. H. (1996). *Critical thinking*. Prentice-Hall.

Ennis, R. H. (2003). Critical thinking assessment. In D. Fasko (Ed.), *Critical thinking and reasoning. Current research, theory, and practice* (pp. 293-313). Hampton Press.

Ennis, R. H., Millman, J., & Tomko, T. N. (1985). *Cornell Critical Thinking Test, Level X & Level Z-Manual* (3a ed.). Midwest.

Feuerstein, R., Rand, Y., Hoffman, M. B., & Miller, R. (1980). *Instrumental Enrichment: an intervention program for cognitive modifiability*. University Park Press.

Halpern, D. F. (2003). The "how" and "why" of critical thinking assessment. In D. Fasko (Ed.), *Critical thinking and reasoning. Current research, theory, and practice* (pp. 355-366). Hampton Press.

Halpern, D. F. (2018). *Halpern critical thinking assessment*. Schuhfried Test Publishers.

Halpern, D. F., & Dunn, D. S. (2021). Critical thinking: a model of intelligence for solving real-world problems. *Journal of Intelligence, 9*(22), 1-7. https://doi.org/10.3390/jintelligence9020022

Halpern, D. F., & Dunn, D. S. (2023). *Thought and knowledge. An introduction to critical thinking* (6a ed.). Taylor & Francis.

Heard, J., Scoular, C., Duckworth, D., Ramalingam, D., & Teo, I. (2020). *Critical thinking: Skill development framework*. Australian Council for Educational Research.

International Test Commission. (2017). *The ITC guidelines for translating and adapting tests*. Recuperado de www.InTestCom.org

Lipman, M. (1976). Filosofía para niños. *Metafilosofía, 7*(1), 17-39.

Maclure, S. (1994). Introducción: Panorama general. In S. Maclure & P. Davies (Eds.), *Aprender a pensar, pensar en aprender* (pp. 11-32). Gedisa.

Nickerson, R. S., Perkins, D. N., & Smith, E. E. (1987). *Enseñar a pensar. Aspectos de la aptitud intelectual*. Paidós.

Nieto, A. M., & Saiz, C. (2008). Evaluation of Halpern's "structural component" for improving critical thinking. *The Spanish Journal of Psychology, 11*(1), 266-274.

Nieto, A. M., Saiz, C., & Orgaz, B. (2009). Análisis de las propiedades psicométricas de la versión española del HCTAES-Test de Halpern para la evaluación del pensamiento crítico mediante situaciones cotidianas. *Revista Electrónica de Metodología Aplicada, 14*(1), 1-15.

Perkins, D. N., & Grotzer, T. A. (1997). Teaching intelligence. *American Psychologist, 52*(10), 1.125-1.133.

Polit, D., & Beck, C. (2014). *Study guide for essentials of nursing research: appraising evidence for nursing practice*. Wolters Kluwer.

Regmi, K., Naidoo, J., & Pikington, P. (2010). Understanding the processes of translation and transliteration in qualitative research. *International Journal Qualitative Methods, 9*, 16-26.

Rivas, S. F., Morales, P., & Saiz, C. (2014). Propiedades psicométricas de la adaptación peruana de la prueba de pensamiento crítico Pencrisal. *Avaliação Psicológica, 13*(2), 257-268.

Rivas, S. F., Franco, A., Vieira, R. M., Almeida, L. S., & Saiz, C. (2023). Assessing higher education students' critical thinking with the Pencrisal test – Portuguese short version: A psychometric study. *Frontiers in Psychology*, 14(1196794), 1-6. https://doi.org/10.3389/fpsyg.2023.1196794

Rivas, S. F., & Saiz, C. (2012). Validación y propiedades psicométricas de la prueba de pensamiento crítico Pencrisal. *Revista Electrónica de Metodología Aplicada*, 17, 18-34.

Rivas, S. F., & Saiz, C. (2015). ¿Perduran en el tiempo las habilidades de pensamiento crítico adquiridas mediante instrucción? In C. Domínguez (Ed.), *Pensamento crítico na educação: Desafios atuais* (pp. 137-144). UTAD.

Rivas, S. F., & Saiz, C. (2016). The effects of teaching critical thinking persist over time. *Journal of Education and Human Development*, 5(1), 240-248. https://doi.org/10.15640/jehd.v5n1a24

Rivas, S. F., & Saiz, C. (2023). Evaluation of the effectiveness of the ARDESOS-DIAPROVE critical thinking training programme. *Thinking Skills and Creativity*, 48(101306), 1-12. https://doi.org/10.1016/j.tsc.2023.101306

Rivas, S. F., Saiz, C., & Almeida, L. S. (2020). Pensamiento crítico y el reto de su evaluación. *Educação: Teoria e Prática*, 30(63), 1-14. http://dx.doi.org/10.18675/1981-8106.v30.n.63.s14706

Rivas, S. F., Saiz, C., & Olivares, S. (2016). Increasing critical thinking through motivation and metacognition intervention. *Revista Psicologia, Educação e Cultura*, 10(1), 304-328.

Saiz, C. (2024). *Pensamiento crítico y cambio* (2a ed). Pirámide.

Saiz, C. (2020). *Pensamiento crítico y eficacia* (2a ed). Pirámide.

Saiz, C., Almeida, L. S., & Rivas, S. F. (2021). ¿Puede ser evaluado el pensamiento crítico de forma breve? *Psico-USF*, 26(esp), 139-148. https://doi.org/10.1590/1413-8271202126nesp13

Saiz, C., & Rivas, S. F. (2008a). Evaluación del pensamiento crítico: una propuesta para diferenciar formas de pensar. *Ergo Nueva Época*, 22, 25-66.

Saiz, C., & Rivas, S. F. (2008b). Intervenir para transferir en pensamiento crítico. *Praxis*, 10(13), 129-149.

Saiz, C., & Rivas, S. F. (2011). Evaluation of the Ardesos program: an initiative to improve critical thinking skills. *Journal of the Scholarship of Teaching and Learning*, 11(2), 34-51.

Saiz, C., & Rivas, S. F. (2012). Pensamiento crítico y aprendizaje basado en problemas. *Revista de Docencia Universitaria*, 10(3), 325-346.

Saiz, C., & Rivas, S. F. (2016). New teaching techniques to improve critical thinking. The Diaprove methodology. *Educational Research Quarterly*, 40(1), 3-36.

Saiz, C., Rivas, S. F., & Olivares, S. (2015). Collaborative learning supported by rubrics improves critical thinking. *Journal of the Scholarship of Teaching and Learning*, 15(1), 10-19.

Segal, J. W., Chipman, S. F., & Glaser, R. (Eds.). (1985). *Thinking and learning skills. Vol. 1: Relating instruction to research*. Erlbaum.

Regmi, K., Naidoo, J., & Pikington, P. (2010). Understanding the processes of translation and transliteration in qualitative research. *International Journal Qualitative Methods*, 9, 16-26.

Uribe, E. O. L., Uribe, E. D. S., & Vargas, M. D. P. (2017). Pensamiento crítico y su importancia en la educación: algunas reflexiones. *Rastros Rostros*, 19(34), 78-88. https://doi.org/10.16925/ra.v19i34.2144

Wechsler, S., Saiz, C., Rivas, S. F., Vendramini, C., Almeida, L. S., Mundim, C. M., & Franco, A. (2018). Creative and critical thinking: Independent or overlapping components? *Thinking Skills and Creativity*, 27, 114-122. https://doi.org/10.1016/j.tsc.2017.12.003

30
Inteligência emocional: manejos da avaliação e procedimentos interventivos

Fabiano Koich Miguel

> *Highlights*
> - Conceituar inteligência emocional e suas várias formulações teóricas;
> - Conhecer os principais métodos de avaliação da inteligência emocional e aspectos relacionados;
> - Compreender como desenvolver inteligência emocional em intervenções.

As emoções desempenham um papel importante em todos os aspectos da vida, estando presentes nas interações com outras pessoas e o mundo ao redor, influenciando nas percepções, comportamentos e decisões. Assim como muitos processos psicológicos básicos, as emoções não são vistas como um fenômeno singular, mas sim como um conjunto complexo de atividades mentais e fisiológicas. De acordo com as definições mais atuais, as emoções são consideradas respostas que preparam o organismo para se adaptar a eventos tanto internos quanto externos (Niedenthal et al., 2006; Plutchik, 2002).

Ademais, a ativação emocional está intimamente ligada à maneira como a pessoa percebe o que está acontecendo ao redor, o que faz com que uma mesma situação possa evocar diferentes emoções em pessoas diferentes. Por exemplo, uma situação pode ser vista como engraçada por uma pessoa, desencadeando a emoção de alegria; enquanto a mesma situação pode ser interpretada como ofensiva por outra pessoa, levando à emoção de raiva. As experiências passadas influenciam a forma como o indivíduo percebe novas situações, o que pode levar a experiências emocionais mais frequentes. Essas influências decorrem dos aspectos mais estáveis da personalidade, desenvolvidos ao longo da vida (Miguel, 2015). Portanto, a ativação emocional é resultado da percepção dos eventos, que, por sua vez, é reflexo da história de vida individual.

Por outro lado, é importante notar que as reações emocionais também geram aprendizagem e contribuem para a história de vida, influenciando as percepções futuras. Nesse ponto é necessário distinguir entre o funcionamento emocional automático e os esforços conscientes de adaptação. O primeiro diz respeito às disposições emocionais e reações espontâneas na interação com o mundo, muitas vezes ocorrendo sem a participação da consciência (frequentemente representadas pelos traços de personalidade). No segundo caso trata-se da reflexão consciente sobre a ativação emocional, envolvendo o raciocínio sobre o que a pessoa está sentindo e a escolha das ações apropriadas em seguida. Esse segundo tipo é comumente denominado na literatura como inteligência emocional.

Dada a importância da compreensão e manejo das emoções em todos os contextos que a pessoa está inserida, este capítulo fará uma revisão das conceituações teóricas acerca da inteligência emocional. Em seguida, apresentará possibilidades de avaliação para a realidade brasileira e diretrizes para intervenção psicológica e educacional.

Inteligência emocional

Embora o termo inteligência emocional (IE) tenha sido formulado teoricamente na década de 1990 (Salovey & Mayer, 1990), não se trata de um conceito novo. A capacidade de raciocinar e tomar decisões com base nas informações emocionais há muito é estudada pela psicologia. O que a definição de IE propõe é a integração de habilidades relacionadas à identificação, compreensão e gerenciamento das emoções e do humor. Devido à sua natureza ampla e à sua popularidade fora do meio acadêmico, não é de se surpreender que existam diversos modelos teóricos para esse conceito.

A proposta original da IE (Salovey & Mayer, 1990) constitui o que hoje é chamado de "modelo cognitivo", em que se destaca o aspecto do raciocínio consciente sobre o funcionamento emocional, distinto das disposições (ou seja, traços de personalidade). Portanto, de acordo com esse modelo, a IE envolve metacognições que uma pessoa desenvolve sobre suas próprias experiências emocionais, usando esse raciocínio para tomar decisões – é nesse sentido que a IE é formalmente considerada um tipo de inteligência (Schneider & McGrew, 2018). Após revisões e atualizações, a definição mais atual propõe que a IE é composta por quatro principais áreas: percepção, facilitação, compreensão e gerenciamento.

A *percepção emocional* envolve a capacidade de reconhecer estados emocionais, seja em si mesmo ou nos outros (Mayer et al., 2016). A percepção em si mesmo diz respeito à habilidade de identificar sentimentos, pensamentos e respostas fisiológicas de maneira precisa, bem como a capacidade de comunicar esses estados por meio de palavras ou expressões não verbais. Já no que se refere à percepção nas outras pessoas, trata-se da capacidade de interpretar manifestações como expressões faciais, tons de voz, postura corporal e uso da linguagem, entre outros, a fim de compreender o estado emocional da outra pessoa. Além disso, a percepção emocional também inclui a capacidade de entender os contextos sociais, ou seja, identificar se uma determinada expressão emocional é apropriada em um ambiente específico. Por exemplo, rir com colegas de sala pode ser aceitável (e até mesmo encorajado) durante o intervalo, mas não durante uma reunião com os diretores.

A segunda área da IE, chamada *facilitação do pensamento*, diz respeito à capacidade de reconhecer como os estados emocionais afetam o pensamento e o comportamento (Mayer et al., 2016). Por exemplo, quando alguém está de bom humor, é mais propenso a tratar os outros com cordialidade, a abordar os problemas com otimismo e a ser mais produtivo; no entanto, quando alguém está com raiva, tende a ser menos paciente, a se irritar facilmente com pequenos contratempos e a criar um ambiente desagradável. Nesse mesmo sentido, a utilização dessa área de IE pode ajudar a desenvolver estratégias de estudo. Por exemplo, para algumas pessoas, escutar música instrumental e suave gera um estado de relaxamento e concentração, o que auxilia a executar um trabalho escolar.

A terceira área da IE é a *compreensão emocional*, que diz respeito à capacidade de raciocinar sobre o funcionamento das emoções (Mayer et al., 2016). Enquanto a percepção envolve o reconhecimento do estado emocional, a compreensão envolve o entendimento das causas das emoções e das possíveis consequências a longo prazo. Isso requer um conhecimento mais profundo sobre como as pessoas experimentam emoções e os motivos por trás delas. Por exemplo, alguém que compreende as emoções pode reconhecer que está com raiva porque ouviu uma piada ofensiva de um amigo, e pode antecipar que, se o amigo continuar fazendo esse tipo de piada, a raiva pode aumentar e levar a confrontos. Assim como na primeira área de IE, a compreensão emocional diz respeito ao funcionamento em si e nos outros. A compreensão das emoções em si requer autoconhecimento e atenção aos eventos que ocorrem; já a compreensão das emoções em outras pessoas envolve empatia, ou seja, a capacidade de se colocar no lugar da outra pessoa para entender o que ela está sentindo (Brackett et al., 2006).

A quarta e última área do modelo cognitivo de IE é o *gerenciamento emocional*. É comum encontrar na literatura o termo regulação emocional, que pode parecer sinônimo, mas é importante ressaltar que, na IE, o gerenciamento se refere ao raciocínio consciente sobre as informações emocionais e às decisões tomadas com base nelas (Mayer et al., 2016), enquanto a regulação emocional abrange uma gama mais ampla de estratégias tanto de raciocínio quanto de disposições para responder emocionalmente (esta última se aproximando mais de traços de personalidade e do fator neuroticismo). Assim, o gerenciamento emocional envolve o trabalho intelectual sobre as informações fornecidas pelas áreas anteriores – o que a pessoa está sentindo, o que os outros estão sentindo, como isso afeta a situação, por que a experiência emocional está ocorrendo e o que tende a acontecer a partir dali. É a capacidade de monitorar a situação e suas respostas emocionais e de ajustar seu estado emocional para buscar soluções mais adaptativas. Por exemplo, alguém que se sente irritado com uma piada preconceituosa pode optar por suprimir impulsos agressivos e abordar a situação por meio de uma atitude amigável, comunicando ao amigo que esse tipo de humor é ofensivo, buscando uma resolução pacífica e construtiva.

Deve-se observar que o gerenciamento emocional é altamente dependente do contexto e da história de vida de uma pessoa, o que faz com que estratégias eficazes em um contexto possam não funcionar tão bem em outro. Por exemplo, comemorar que o time ganhou um jogo na frente do adversário pode ser apropriado, mas comemorar que foi bem em uma prova pode não ser eficaz, uma vez que outros colegas foram mal e precisam ser tratados com respeito e cuidado. Portanto, a eficácia do gerenciamento emocional está intrinsecamente ligada à compreensão do contexto em que ocorre e à previsão das reações das pessoas com base nas ações tomadas, ou seja, informações transmitidas pelas outras áreas da IE.

Além disso, ao se tratar a inteligência emocional como um conjunto de habilidades de raciocínio (isto é, uso do pensamento consciente), percebe-se a semelhança com outros tipos de inteligência no que diz respeito à distribuição normal dos níveis daquela capacidade. Nesse sentido, algumas pessoas podem ser mais proficientes na capacidade de perceber as emoções, enquanto outras podem ter mais dificuldades em entender e comunicar suas próprias emoções e ler as expressões dos outros.

Conforme mencionado anteriormente, além do modelo cognitivo, vários outros modelos teóricos de IE foram propostos. Provavelmente o primeiro modelo alternativo foi apresentado por Goleman (1995), em seu livro voltado para o público em geral. Apesar de sua popularidade, esse modelo demonstrou poucas evidências científicas desde a publicação original e tem sido pouco estudado recentemente. Além disso, o autor incluiu traços de personalidade, fatores motivacionais e morais, clima organizacional e outros elementos em sua definição de IE. Essa abordagem levou ao surgimento dos chamados "modelos mistos", nos quais a IE não se limita ao raciocínio, mas abrange vários aspectos do funcionamento psicológico, incluindo a personalidade (Mayer, 2001). Essa tendência persiste até hoje, com o público em geral entendendo a IE como uma combinação de vários elementos, além do raciocínio consciente sobre as emoções.

Outro modelo alternativo foi inicialmente chamado de "traço IE" e, mais recentemente, tem sido renomeado como autoeficácia emocional (AE) (Petrides et al., 2016). Esse modelo não descarta o modelo cognitivo original, mas propõe que as pessoas têm percepções de suas próprias habilidades emocionais e que é importante complementar a avaliação das capacidades de raciocínio com a avaliação das autopercepções (daí o termo "autoeficácia"). Portanto, esse modelo trata das autopercepções, especialmente em relação à autoestima. A AE é dividida em quatro áreas principais: bem-estar, sociabilidade, emocionalidade e autocontrole.

A área de *bem-estar* envolve o nível de satisfação que uma pessoa sente em relação às suas habilidades emocionais (Andrei et al., 2016). Níveis elevados estão associados a um maior otimismo, maior experiência de emoções positivas como felicidade e autoconfiança, resultando em uma visão mais positiva de si mesmo. Níveis mais baixos estão ligados a uma menor autoestima e à percepção de inabilidade para enfrentar desafios, o que reflete uma personalidade mais pessimista e desesperançosa.

A *sociabilidade* está relacionada à qualidade percebida das interações sociais de uma pessoa (Andrei et al., 2016). Níveis elevados indicam um senso de pertencimento, com habilidade para comunicar-se, expressar opiniões e discordar de forma assertiva, mantendo relacionamentos interpessoais saudáveis. Níveis mais baixos refletem a percepção de não ser capaz de se comunicar eficazmente ou influenciar os outros, levando a atitudes de submissão ou resignação diante dos desafios.

A *emocionalidade* reúne autopercepções sobre a qualidade da experiência emocional de uma pessoa (Andrei et al., 2016). Em níveis elevados, as pessoas relatam facilidade em compreender o que as outras pessoas desejam e sentem, conseguem se expressar e ser compreendidas, demonstrando empatia. Níveis mais baixos estão associados a dificuldades na interação, dificuldade em compreender o que os outros estão expressando e em colocar em palavras os próprios sentimentos.

Por fim, a área de *autocontrole* diz respeito à percepção da capacidade da pessoa para gerenciar suas emoções (Andrei et al., 2016). Níveis elevados indicam que a pessoa se sente no controle das situações da vida, mesmo diante de desafios, demonstrando confiança de que as coisas vão melhorar. Níveis mais baixos levam a sentimentos de angústia, ansiedade ou depressão, experimentando sobrecarga das emoções e frequentemente se sentindo perdida em relação ao que fazer.

Possibilidades de avaliação

Conforme os modelos teóricos de IE foram se desenvolvendo, métodos de avaliação foram desenvolvidos de forma a operacionalizar o construto e permitir a sua medição. Nesse ponto, é possível encontrar duas diferenças principais entre o modelo cognitivo e de autoeficácia: o primeiro modelo propõe a mensuração das habilidades por meio de instrumentos de desempenho máximo, enquanto o segundo propõe a mensuração das autopercepções por meio de inventários de autorrelato. Trata-se de uma diferenciação esperada, uma vez que tradicionalmente se avalia capacidades cognitivas por meio de testes que requerem colocar em prática aquele raciocínio para solucionar um problema. No caso de IE, as questões se apresentam no formato de rostos em que se deve identificar a emoção sendo expressa, sequências de emoções dentro de uma situação em que se deve identificar qual a seguinte, atitudes que personagens devem tomar para gerenciar os estados emocionais etc. Já no caso da AE, os itens dos inventários se apresentam em formato bastante semelhante aos traços de personalidade, isto é, por meio de frases representando situações da experiência emocional, em que a pessoa deve responder a uma escala tipo Likert o quanto ela discorda ou concorda, ou quão frequentemente aquilo acontece.

Os instrumentos desenvolvidos de acordo com os modelos têm mostrado adequados índices psicométricos, assim como validade de construto em diversos contextos (como qualidade de vida, qualidade das relações interpessoais, satisfação no trabalho, manejo do estresse, consumo de substâncias, sintomas psicopatológicos), mostrando que pessoas com nível maior de IE e AE tendem a vivenciar mais experiências positivas, sentindo-se menos angustiadas (para uma revisão, cf. Mayer et al., 2016; Miguel & Bueno, 2016; Petrides et al., 2016). Apesar das duas categorias de instrumentos preverem essas características de vida de maneira semelhante, entre si os índices de correlação tendem a ser baixos ou próximos do nulo. Esse resultado mostra que, embora próximos, os conceitos de IE e AE são relativamente independentes, isto é, não necessariamente uma pessoa consegue fazer uma leitura correta das suas próprias capacidades. É por esse motivo que se considera que uma avaliação que inclua ambos os formatos seria mais completa, pois se teria uma apreciação tanto das capacidades do indivíduo quanto da percepção que se tem sobre elas.

Existem instrumentos para avaliação da IE utilizados internacionalmente e que contam com estudos de adaptação para o Brasil, como o Mayer-Salovey-Caruso Emotional Intelligence Test (MSCEIT; Jesus Jr. & Noronha, 2008) para avaliação segundo o modelo cognitivo, e o Trait Emotional Intelligence Questionnaire (TEIQue; Zuanazzi et al., 2022) para avaliação segundo o modelo de autoeficácia. Contudo, esses instrumentos estão disponíveis apenas para situação de pesquisa, não podendo ser utilizados para avaliação profissional.

Além desses, há testes psicológicos construídos especificamente para a realidade brasileira. O Inventário de Competências Emocionais (Bueno et al., 2015) utiliza o formato de autorrelato para avaliar a autopercepção das habilidades emocionais, embora de maneira mais próxima ao modelo cognitivo, focando na primeira e na quarta área. Nesse sentido, avalia percepção emocional por meio de dois fatores: percepção das emoções e expressividade emocional. Também avalia gerenciamento emocional por meio de três fatores: regulação de emoções de baixa potência, regulação de emoções de alta potência e regulação de emoções em outras pessoas. Contudo, até o momento, esse instrumento ainda está disponível apenas para pesquisas.

O único instrumento disponível para uso profissional (isto é, aprovado pelo Conselho Federal de Psicologia) é a Bateria Online de Inteligência Emocional (Bolie) (Miguel, 2021). Utilizando testes implícitos de desempenho e autorrelato, a Bolie integra áreas tanto do modelo cognitivo quanto do modelo de autoeficácia. Nesse sentido, os quatro testes avaliam compreensão das emoções, regulação emocional, sociabilidade, positividade, empatia e velocidade do raciocínio emocional.

Apesar de esses instrumentos usarem especificamente os modelos teóricos de IE, cabe ressaltar que outros testes se aproximam das áreas de IE a AE. Por exemplo, muitos inventários de autorrelato de personalidade incluem neuroticismo, que se aproxima da área de autocontrole do modelo de autoeficácia. Já alguns métodos projetivos incluem indicadores do controle cognitivo das emoções, que se aproxima da área de gerenciamento do modelo cognitivo.

Além disso, a avaliação psicológica não precisa ficar restrita aos testes, podendo (ou até devendo) utilizar outros métodos. Por exemplo, dinâmicas de grupo podem trazer uma apreciação qualitativa da capacidade de gerenciar as emoções em si e nos outros; observação de discrepâncias entre o relato e o comportamento podem ajudar a compreender o nível de autopercepção da pessoa.

Possibilidades de intervenção

A partir das informações coletadas com os métodos de avaliação, é possível traçar estratégias de intervenção que permitam o desenvolvimento das habilidades emocionais. Embora exista um corpo de evidências mostrando a eficácia de programas de treinamento em IE (Hodzic et al., 2018), é difícil estabelecer um roteiro detalhado do conteúdo dessas intervenções, assim como determinar sua duração. Isso se deve ao fato de que as práticas devem considerar as características da pessoa e seu contexto. Por exemplo, uma criança com transtorno do espectro do autismo com dificuldades para compreensão emocional terá uma intervenção diferente de outra criança com dificuldades na mesma área devido a interações violentas entre colegas da escola.

Não obstante, é possível encontrar linhas gerais para psicólogas e educadoras quanto à maneira de abordar aspectos emocionais. A seguir serão listados alguns dos principais aspectos que a literatura (Greenberg, 2001; Plutchik, 2000) considera para desenvolver as habilidades e autopercepções sobre a experiência emocional de uma pessoa ou grupo, sempre partindo da promoção de um ambiente em que se possa dialogar e expor os sentimentos.

As emoções informam. É importante compreender que as emoções não acontecem "do nada", mas são reações a eventos importantes que estão acontecendo. Esses eventos são percebidos conforme a história de vida de cada um, o que leva pessoas diferentes a terem reações emocionais diferentes para a mesma situação. Nesse sentido, as emoções informam a maneira como a pessoa percebe o mundo, o que está relacionado a características de personalidade. Por exemplo, a vivência frequente de tristeza indica percepção mais pessimista do mundo, enquanto a vivência frequente de raiva indica percepção de experiências injustas.

As emoções preparam para a ação. A ativação emocional ocorre predominantemente de maneira automática. Mesmo que as pessoas percebam que estão entrando em um estado emocional e escolham não o expressar, o organismo já se prepara para uma ação. Nesse sentido, a frequente supressão das emoções pode ter efeitos prejudiciais ao organismo, como a tensão resultante do medo ou ansiedade, a irritabilidade resultante da raiva, entre outros.

As emoções são percebidas. Assim como as pessoas percebem o que os outros estão sentindo, os outros também têm essa percepção. Porém, essa percepção leva em conta um contexto (a situação em que está ocorrendo), uma expressão (o que a pessoa está expressando, que pode não ser necessariamente o mesmo que está sentindo) e uma leitura (o nível de percepção emocional). Nesse sentido, nem sempre a comunicação desejada é a comunicação alcançada. Uma criança mais tímida e ansiosa pode ser percebida pelos outros apenas como "tranquila, na dela", em uma sala com maneiras tão variadas de se comportar.

As emoções nem sempre são adaptativas. A definição de emoções apresenta que a reação é uma forma de o organismo se adaptar ao que está acontecendo, mas isso não quer dizer que essa reação sempre será positiva. Explosões de raiva, brigas, retraimento e isolamento são alguns exemplos de formas que costumam ser prejudiciais à pessoa e à convivência social. Contudo, é importante que essas reações não sejam tratadas como "erradas" e algo a ser mudado imediatamente. Como visto antes, essa maneira de reagir diz respeito a como essa pessoa está percebendo o mundo, e pode estar se sentindo injustiçada, desvalorizada, malcompreendida etc. A intervenção deve então agir nos motivos dessa percepção, a fim de permitir outras formas de interação emocional com o mundo.

É importante refletir sobre as emoções. Aqui se está falando sobre o desenvolvimento da IE. Em vez de compreender as emoções como "algo a ser resolvido", um problema que precisa parar de acontecer, a transformação inicia por meio da compreensão de como as emoções funcionam, como visto nos quatro pontos anteriores. Nesse sentido, é necessário adotar uma postura de recepção aos estados emocionais, mesmo que no momento eles sejam desagradáveis. É por meio da reflexão (isto é, da metacognição) que se desenvolvem as áreas da IE e novas formas de interação social. Contudo, é importante que essa reflexão seja guiada por profissionais capacitados. Por exemplo, um adolescente que já se percebe como inadequado e isolado pode refletir e chegar à conclusão que se sente assim porque não oferece atrativos para participar do meio social, conformando-se com uma vida de retraimento e solidão.

As emoções facilitam a aprendizagem. Como visto anteriormente, os estados emocionais e de humor podem facilitar ou dificultar as tarefas. Estudar ansioso para uma prova é diferente de estudar relaxado e confiante. Nesse sentido, desenvolver habilidades emocionais implica gerenciar melhor o tempo dedicado ao estudo, na quantidade de conteúdo compreendido e tem impacto no rendimento escolar e acadêmico.

Considerações finais

É possível perceber que o conceito de IE é complexo, abarcando diversas habilidades. Além disso, atualmente há duas formas predominantes de compreensão desse conceito, sendo que um modelo teórico aborda as habilidades cognitivas, enquanto outro aborda a autopercepção sobre essas habilidades. Não obstante, ao invés de excludentes, esses dois modelos trazem informações complementares sobre o manejo da experiência emocional, contribuindo para uma avaliação mais completa. Nesse mesmo sentido, a utilização de métodos diversificados permite uma visão mais ampla do indivíduo e de sua relação com o meio a partir das vivências emocionais.

Sendo um construto tão complexo, apresentar uma fórmula única para intervenção acabaria incorrendo no erro de generalizar estratégias de gerenciamento emocional. Contudo, por meio da criação de um ambiente que seja receptivo às emoções, ao diálogo e à reflexão, é possível desenvolver as habilidades de IE levando em conta especificidades do indivíduo e do contexto.

Referências

Andrei, F., Siegling, A. B., Aloe, A. M., Baldaro, B., & Petrides, K. V. (2016). The incremental validity of the Trait Emotional Intelligence Questionnaire (TEIQue): A systematic review and meta-analysis. *Journal of Personality Assessment, 98*(3), 261-276. https://doi.org/10.1080/00223891.2015.1084630

Brackett, M. A., Rivers, S. E., Shiffman, S., Lerner, N., & Salovey, P. (2006). Relating emotional abilities to social functioning: A comparison of self-report and performance measures of emotional intelligence. *Journal of Personality and Social Psychology, 91*(4), 780-795. https://doi.org/10.1037/0022-3514.91.4.780

Bueno, J. M. H., Correia, F. M. L., Abacar, M., Gomes, Y. A., & Pereira Jr., F. S. (2015). Competências emocionais: Estudo de validação de um instrumento de medida. *Avaliação Psicológica, 14*(1), 153-163.

Goleman, D. (1995). *Inteligência emocional: A teoria revolucionária que redefine o que é ser inteligente.* Objetiva.

Greenberg, L. S. (2001). *Emotion-focused therapy: Coaching clients to work through their feelings.* American Psychological Association.

Hodzic, S., Scharfen, J., Ripoll, P., Holling, H., & Zenasni, F. (2018). How efficient are emotional intelligence trainings: A meta-analysis. *Emotion Review, 10*(2), 138-148. https://doi.org/10.1177/1754073917708613

Jesus Jr., A. G., & Noronha, A. P. P. (2008). Parâmetros psicométricos do Mayer Salovey Caruso Emotional Intelligence Test-MSCEIT. *Psic: Revista de Psicologia da Vetor Editora, 9*(2), 145-153.

Mayer, J. D. (2001). A field guide to emotional intelligence. In J. Ciarrochi, J. P. Forgas & J. D. Mayer (Eds.), *Emotional intelligence in everyday life: A scientific inquiry* (pp. 3-24). Psychology Press.

Mayer, J. D., Caruso, D. R., & Salovey, P. (2016). The ability model of emotional intelligence: Principles and updates. *Emotion Review, 8*(4), 290-300. https://doi.org/10.1177/1754073916639667

Miguel, F. K. (2015). Psicologia das emoções: Uma proposta integrativa para compreender a expressão emocional. *Psico-USF, 20*(1), 153-162. https://doi.org/10.1590/1413-82712015200114

Miguel, F. K. (2021). *BOLIE: Bateria Online de Inteligência Emocional.* Vetor.

Miguel, F. K., & Bueno, J. M. H. (2016). Inteligência emocional. In F. K. Miguel, J. M. H. Bueno, L. F. Carvalho, D. Bartholomeu & J. M. Montiel (Eds.), *Atualizações em avaliação e tratamento das emoções: As emoções e seu processamento normal e patológico* (Vol. 2, pp. 35-49). Vetor.

Niedenthal, P. M., Krauth-Gruber, S., & Ric, F. (2006). *Psychology of emotion: Interpersonal, experiential, and cognitive approaches.* Psychology Press.

Petrides, K. V., Mikolajczak, M., Mavroveli, S., Sanchez-Ruiz, M.-J., Furnham, A., & Pérez-González, J.-C. (2016). Developments in trait emotional intelligence research. *Emotion Review, 8*(4), 335-341. https://doi.org/10.1177/1754073916650493

Plutchik, R. (2000). *Emotions in the practice of psychotherapy: Clinical implications of affect theories.* American Psychological Association.

Plutchik, R. (2002). *Emotions and life: Perspectives from psychology, biology and evolution.* American Psychological Association.

Salovey, P., & Mayer, J. D. (1990). Emotional intelligence. *Imagination, Cognition and Personality, 9*(3), 185-221. https://doi.org/10.2190/DUGG-P24E-52WK-6CDG

Schneider, W. J., & McGrew, K. S. (2018). The Cattell-Horn-Carroll theory of cognitive abilities. In D. P. Flanagan & E. M. McDonough (Eds.), *Contemporary intellectual assessment: Theories, tests, and issues* (4a ed., pp. 73-163). Guilford Press.

Zuanazzi, A. C., Meyer, G. J., Petrides, K. V., & Miguel, F. K. (2022). Validity of the Trait Emotional Intelligence Questionnaire (TEIQue) in a Brazilian sample. *Frontiers in Psychology, 13*, 735934. https://doi.org/10.3389/fpsyg.2022.735934

31
Altas habilidades: manejos da avaliação e procedimentos interventivos

Tatiana de Cassia Nakano

> *Highlights*
> - A alta habilidade/superdotação é caracterizada pela presença de um potencial elevado em qualquer área;
> - A avaliação do fenômeno deve ser feita de forma ampla e incluir diferentes métodos e ferramentas;
> - Os superdotados apresentam direitos, garantidos por lei, dentro da educação especial;
> - O atendimento educacional individualizado visa promover o desenvolvimento do potencial elevado;
> - Diferentes possibilidades de intervenção podem ser oferecidas de acordo com o perfil apresentado.

Este capítulo apresenta o conceito de altas habilidades/superdotação (AH/SD), sua definição, tipos, principais características apresentadas pelos indivíduos com esse quadro, bem como informações acerca do processo de avaliação e intervenção. Visa, além de esclarecer aos leitores dúvidas sobre o fenômeno, desfazer mitos e concepções equivocadas comumente presentes na temática.

No Brasil, os estudantes com AH/SD são definidos como aqueles que apresentam potencial superior, isolado ou associado, nas áreas intelectual, acadêmica, criativa, de liderança e psicomotricidade, demonstrando também um alto nível de envolvimento e motivação para aprendizagem e execução de tarefas na sua área de interesse (Política Nacional de Educação Especial na Perspectiva da Educação Inclusiva, 2008). Tais estudantes são incluídos como público-alvo da educação especial, de modo a garantir direitos tal como o de receber atendimento educacional especializado. Se considerarmos as estimativas internacionais, segundo as quais cerca de 3 a 5% da população apresentam superdotação, poderemos ver a importância dessa temática, especialmente no contexto educacional, visto que, no Brasil, deveríamos ter, pelo menos, cerca de 600 mil alunos identificados entre os mais de 20 milhões matriculados na educação básica em 2019, levando em consideração a estimativa mais pessimista, envolvendo 3% dos alunos (Rangni et al., 2021).

A alta habilidade/superdotação (AH/SD) é um fenômeno que se manifesta em uma ou mais áreas específicas, incluindo, além dos aspectos cognitivos, aspectos sociais e emocionais, como também seus constituintes (Dai, 2020). Além disso, é importante reconhecer a influência contextual, visto que os dons e talentos tendem a surgir e serem reconhecidos dentro de um contexto sociocultural que valoriza e apoia essas habilidades. Desse modo, ainda de acordo com o autor, mostra-se resultado do desenvolvimento individual, interações com tarefas e ambientes sociais, de modo que uma grande variedade de trajetórias e caminhos de desenvolvimento pode ser encontrada dentro desse quadro.

Principais características dos alunos com AH/SD

O conhecimento das características das crianças com AH/SD é importante para compreender as diferentes manifestações desse fenômeno, assim como a implementação de ações voltadas às necessidades específicas de cada indivíduo (Costa et al., 2022). Fatores de origem cognitiva, emocional, social e de personalidade podem estar presentes nas AH/SD, juntamente com a diversidade de áreas em que esse potencial elevado pode se manifestar, de modo que não há um perfil único que descreva todos os superdotados, dada sua heterogeneidade (Campos et al., 2019; Renzulli & Reis, 2018). As características que cada indivíduo pode variar, conforme sua área de destaque, oportunidades, estimulação e experiências ao longo da vida (Negrini & Freitas, 2008), dependem do domínio em que a AH/SD se manifesta. Assim, elas podem se mostrar específicas ou ainda gerais.

Entre as características gerais que comumente descrevem os superdotados, podemos dizer que costumam fazer muitas perguntas, são muito curiosos, preferem discussões detalhadas, preferem a companhia de adultos, têm facilidade em fazer inferências e abstrações, gostam de aprender (Türkman, 2020), apresentam grande capacidade de observação, aprendizagem rápida, vocabulário amplo e avançado para a idade, leitura rápida e profunda, diversidade de interesses e projetos, autonomia, abertura a experiências, persistência etc. (Almeida et al., 2013). Em relação às características específicas, uma síntese é apresentada no Quadro 1, conforme a área em que a superdotação se manifesta.

Quadro 1. Domínios em que a AH/SD pode se manifestar

Domínio	Características
Intelectual	Fluência de pensamento, compreensão e memória elevadas, capacidade elevada de organização, percepção, raciocínio, análise, síntese e resolução de problemas, vocabulário avançado, facilidade em lidar com ideias abstratas, foco e concentração em temas do seu interesse, boa capacidade de observação, independência, gosto por tarefas desafiadoras, persistência.
Criativa	Curiosidade, resolução de problemas de forma diferente, originalidade, imaginação, desenvolvimento de novas ideias, senso de humor aguçado, elaboração de ideias de forma complexa e incomum, tolerância à ambiguidade, questionamento, fantasia.
Acadêmica	Nível aprofundado de conhecimento, facilidade em matérias escolares específicas, boa memória, atenção, gosto e motivação por disciplinas acadêmicas de seu interesse, bom rendimento escolar, aprendem rapidamente, aprendem com pouca repetição.
Artística	Habilidades superiores em áreas como pintura, escultura, música, teatro, literatura, valoriza a arte.
Emocional/social	Potencial elevado nas habilidades relacionadas à comunicação e ao relacionamento interpessoal, alta capacidade de compreender e expressar emoções, empatia, liderança em situações de grupo, apresentam sensibilidade em relação a outras pessoas, seguem sua intuição, são sociáveis, preocupam-se com questões relacionadas à justiça e equidade, geralmente são populares entre os alunos.
Psicomotora	Habilidade superior em aspectos relacionados à expressão e coordenação motora, especialmente em atividades físicas e esportes, agilidade nos movimentos, força, resistência e controle motor, usa o corpo para se expressar.
Liderança	Tende a organizar grupos, geralmente é escolhido pelos colegas para exercer a função de líder, é cooperativo, consegue convencer as pessoas com seus argumentos, aceita responsabilidades com facilidade, atua ativamente na resolução de conflitos.

Fonte: Associação Nacional de Estudo e Intervenção na Superdotação (s.d.) e Nakano e Campos (2019).

De forma geral, o que se verifica é a presença de melhor desempenho quando as crianças com AH/SD são comparadas com aquelas sem superdotação, em diferentes áreas: (1) funções executivas: habilidades visuais, auditivas, motoras, níveis de integração sensorial e tátil, atenção, memória de curto e longo prazos; (2) aspectos emocionais: maior autoestima, tomada de decisão, autoconceito; (3) aspectos cognitivos: inteligência fluida, raciocínio verbal, vocabulário amplo, interesse precoce pela leitura, raciocínio matemático, leitura, aprendizagem (Costa et al., 2022).

Possibilidades de avaliação

O objetivo principal da avaliação dos superdotados envolve a identificação dos seus potenciais e planejamento de um atendimento especializado (Wellisch & Brown, 2012), sendo recomendado que tal processo ocorra o mais precocemente possível (Mendonça et al., 2017). Busca-se conhecer as potencialidades e individualidades do sujeito, de modo que esse conhecimento possa ser utilizado na elaboração de um atendimento adequado que atenda às suas necessidades e interesses, almejando o desenvolvimento máximo do seu potencial (Nakano & Campos, 2019). Além disso, a avaliação acaba por atuar, de forma indireta, na prevenção de vulnerabilidades sociais e emocionais geralmente encontradas em superdotados que não têm as suas necessidades individuais atendidas (Prado & Fleith, 2017), de modo a promover um autoconceito positivo, mais motivação, qualidade de vida, bem-estar e saúde mental (Nakano, 2021).

A literatura tem recomendado que a identificação das AH/SD deve ser realizada de forma ampla, de modo a considerar diferentes aspectos: um caráter multidimensional (de forma a avaliar diferentes áreas e domínios em que o fenômeno pode se manifestar), fazer uso de múltiplos informantes (pais, professores e agentes educativos), métodos (ferramentas e instrumentos) e contextos (escola, casa e outros contextos) (Associação Nacional de Estudo e Intervenção na Superdotação [Aneis], s.d.). Desse modo, a revisão das práticas de identificação em diferentes países aponta para a utilização de uma variedade de ferramentas, tais quais testes psicológicos, observação, notas escolares, avaliação de professores (Sternberg, 2023), a fim de que o funcionamento do indivíduo, suas características e necessidades específicas possam ser conhecidas (Türkman, 2020). Para que tal objetivo seja alcançado e os potenciais possam ser maximizados, o autor reforça a importância da utilização de critérios e ferramentas adequadas para a identificação desses alunos.

É nesse contexto que o processo de avaliação das AH/SD tem sido desenvolvido dentro de uma dinâmica que compreende uma sequência de três fases. A primeira fase, chamada de *screening*, envolve uma abordagem com o propósito de descobrir os potenciais dos alunos (Gubbins et al., 2020). De acordo com os autores, essa fase, também chamada de nomeação, ou triagem, envolve a identificação daqueles alunos que apresentam potencial superior, fazendo-se uso de dados formais ou informais. Mais comumente envolve o uso de instrumentos de triagem, respondidos por pais, professores, pares ou pelo próprio sujeito (Alencar et al., 2018), os quais devem julgar a intensidade com que certas características tipicamente apresentadas por indivíduos com AH/SD descrevem o avaliando (Nakano, 2020, 2021).

No Brasil, em relação às escalas de rastreio, temos a Triagem de Indicadores de Altas Habilidades/Superdotação a ser respondida pelo professor (Nakano, 2021) e a Escala de Identificação das Características de Altas Habilidades/Superdotação, de autorrelato (Zaia & Nakano, 2023). Ambas têm seu uso aprovado pelo Conselho Federal de Psicologia, sendo a primeira de uso não restrito ao psicólogo.

Aqueles sujeitos, cujo resultado nessa triagem for sugestivo de indicadores de AH/SD, são encaminhados para uma avaliação diagnóstica mais aprofundada, compreendida como a segunda fase (Nakano et al., 2016). Nessa etapa, pesquisadores têm recomendado uma avaliação multidimensional, que inclua aspectos relacionados ao indivíduo (tais quais a avaliação de capacidades relacionadas à inteligência, criatividade, motivação, personalidade), mas, também, seus contextos de vida (práticas educativas, familiares, hábitos, interesses, atividades extracurriculares) (Almeida et al., 2017).

Como forma de contemplar todos esses aspectos, diversas ferramentas podem ser utilizadas, incluindo observação, entrevistas, avaliação de portfólios, nomeação por pais ou professores, notas escolares, questionários de interesse, cujas informações podem auxiliar na decisão acerca da presença de indicadores de AH/SD (Nakano & Campos, 2019). Tal avaliação é complementada por meio da aplicação de testes psicométricos voltados à medição de aspectos cognitivos e não cognitivos (inteligência, criatividade, personalidade, autoconceito, escalas de ajustamento social e emocional, interesses, funções executivas, habilidades sociais, aptidões, entre outros) (Heimann & Hennemann, 2022; Renzulli & Reis, 2018). Desse modo, a administração de uma bateria de testes é recomendada, dentro de um processo de avaliação psicológica, cujos resultados poderão confirmar a superdotação, descartar essa possibilidade ou ainda exigir procedimentos adicionais (Gubbens et al., 2020).

Nos processos de avaliação das AH/SD, os testes de inteligência são os mais comumente utilizados, sendo predominante a aplicação do Raven, Wisc-IV, Stanford Binet e Kaufman Assessment Battery for Children (Costa et al., 2022). É importante ressaltar que, entre os citados, somente os dois primeiros se encontram aprovados para uso profissional no Brasil. Usualmente, o critério para determinar a presença da superdotação envolve um desempenho elevado, igual ou superior a um percentil 95 ou dois desvios-padrão acima da média normativa (McIntosh et al., 2018).

Ao final dessa segunda etapa o resultado da avaliação pode confirmar, ou não, a presença da superdotação; sendo que, nos casos positivos, será possível compreender o indivíduo em termos de potencialidades e fragilidades (Almeida et al., 2016). Assim, após a identificação, dá-se início à terceira fase. Nela, os dados obtidos durante a segunda fase servirão de base para a elaboração de um plano de atendimento educacional especializado, de modo a guiar a elaboração de medidas educativas mais adequadas ao sujeito. Tal etapa é considerada a mais importante no processo de identificação. Assim, a terceira fase é composta pela elaboração, acompanhamento e avaliação dos efeitos dos programas e planos de intervenção oferecidos ao sujeito, após a confirmação do quadro, ressaltando-se que o processo de avaliação não se encerra no diagnóstico (Nakano & Campos, 2019).

É importante esclarecer que a avaliação assume um papel importante no desenvolvimento social, emocional e acadêmico dos superdotados. A ausência de identificação pode intensificar vulnerabilidades (Zaia & Nakano, 2023), as quais podem resultar em comportamentos sociais inadequados, autoconceito negativo, isolamento social, ansiedade, depressão, irritabilidade, problemas de conduta, perfeccionismo negativo e insegurança (Oliveira et al., 2021; Virgolim, 2021), falta de interesse no contexto escolar, baixo desempenho ou insucesso (Martins et al., 2016). Assim, a identificação visa minimizar os fatores de risco (Chagas-Ferreira & Sousa, 2018), especialmente se considerarmos que, na presença de um ambiente adequado e de suporte, esses indivíduos geralmente não apresentam diferenças em relação à população geral no que se refere a questões emocionais e possíveis dificuldades derivadas (Freitas et al., 2017). A partir do conhecimento do perfil do aluno e de suas necessidades específicas, o Programa Educacional Individualizado (PEI) deve ser elaborado e guiar as intervenções posteriores.

Programa Educacional Individualizado

Os planos para estudantes com AH/SD, no Programa Educacional Individualizado (PEI), envolvem atividades que proporcionam enriquecimento e experiências adicionais fornecidas ao aluno (Zanatta & Duarte, 2021). Conforme Silva et al. (2023), o PEI deve ser elaborado de modo a considerar as necessidades educacionais específicas, as potencialidades e disciplinas que serão priorizadas. A partir dessa síntese, o currículo será organizado de modo a estabelecer os objetivos, conteúdos, metodologias, estratégias e avaliação, muitas vezes a partir de um trabalho multidisciplinar que envolve o professor da sala regular, o professor da sala de AEE, a família e outros profissionais que atendem o aluno. O acompanhamento e a avaliação da aplicabilidade do PEI devem ser caracterizados como processuais, visto que envolvem diferentes etapas (Zanatta & Duarte, 2021).

A primeira delas, denominada de avaliação preliminar, visa a caracterização do aluno com AH/SD e o conhecimento de suas necessidades educativas específicas, tendo em vista que suas potencialidades já são conhecidas. A partir desses dados, a segunda etapa contempla o planejamento e a execução do plano de intervenção, o qual envolve os conteúdos educacionais e os objetivos esperados para aquele aluno. É importante ressaltar que essa etapa deve ser acompanhada e avaliada periodicamente, visando sua adequação e a identificação de possíveis ajustes que se fizerem necessários, além do planejamento das etapas posteriores (Zanatta & Duarte, 2021).

De acordo com as autoras, "o PEI se caracteriza como um instrumento assertivo, que lança mão de recursos efetivos e diferenciados para o aluno com AH/SD, buscando garantir acesso a um currículo enriquecido, capaz de atender às suas especificidades" (2021, p. 234). Esse planejamento visa guiar as práticas por meio de atividades diferenciadas que permitem aos alunos trabalhar em seu próprio nível individual, acompanhadas por alguma liberdade na escolha de atividades com base no seu interesse (Hunt & Yoshida-Ehrmann, 2016). Ao envolver planos de aula personalizados e aquisição mais rápida de conhecimento, o interesse, a motivação e a produtividade também são desenvolvidos (Matthews & Rhodes, 2020).

Possibilidades de intervenção

Como resultado da identificação, o aluno terá direito a um atendimento educacional especializado (AEE) que vise a promoção do seu desenvolvimento e potencial, além de acesso a serviços especializados. De acordo com a Resolução n. 4, de 2 de outubro de 2009 (2009), esse atendimento tem, como objetivo principal, suplementar ou complementar as práticas da sala de aula regular, promovendo a formação do aluno por meio de acesso a serviços, recursos e estratégias que eliminem possíveis barreiras ao desenvolvimento do seu processo de aprendizagem e participação social.

As políticas de inclusão visam, nesse sentido, melhorar a qualidade dos seus relacionamentos sociais, promover atitudes de compreensão e aceitação das diferenças por parte dos outros alunos, professores e funcionários, de modo que a escola esteja preparada para atender o superdotado em suas necessidades e particularidades (Oliveira et al., 2020). Entre as ações desenvolvidas no AEE, podem ser abrangidas orientações de familiares, formação de professores, articulação com a rede básica de saúde e entre membros da equipe escolar (Hirsh et al., 2022).

Tal atendimento deve ser feito por meio da construção e efetivação de um plano de ensino individualizado (PEI). Diversas são as possibilidades, destacando-se a aceleração, enriquecimento e grupos de habilidades. É importante ressaltar que, dentro do chamado AEE, as práticas mais comuns oferecidas no Brasil envolvem a complementação pedagógica ou suplementação de atividades em contextos regulares de ensino, especialmente sob a forma de enriquecimento (Pereira, 2014). Conforme a autora, tal prática envolve a "elaboração de ações planejadas e preparadas para propiciar amplitude de conhecimentos, investigação de temas de interesse e desenvolvimento de habilidades" (2014, p. 381). Uma síntese dessas modalidades é apresentada no Quadro 2.

Quadro 2. Modalidades do atendimento educacional especializado

Enriquecimento curricular	Pode ser oferecido de forma extracurricular (em contraturno escolar, visando oferecer oportunidades de desenvolvimento e aprofundamento nas áreas de destaque do estudante, especialmente conhecimentos que não são contemplados pelo currículo) ou intracurricular (por meio da flexibilização das formas de ensinar o estudante, modificação ou ampliação do currículo, considerando seu ritmo de aprendizado).
Aceleração	Visa um programa curricular mais rápido ou alcançado em idade mais precoce do que o esperado, ingresso antecipado em níveis escolares (fundamental, médio ou superior), avanço de séries, aceleração de disciplinas específicas (o aluno pode cursar disciplinas com potencial elevado em séries mais avançadas), plano de estudo compactado, programas extracurriculares. A aceleração tem que considerar as potencialidades, além da maturidade social e emocional do estudante, a fim de garantir um desempenho satisfatório nos anos seguintes (Pereira & Guimarães, 2007).
Aprendizagem colaborativa	Dá-se oportunidade aos alunos superdotados de ajudarem os colegas da turma que apresentam mais dificuldades, dentro de um ensino cooperativo.
Grupos de enriquecimento	Formado por grupos de estudantes que compartilham interesses semelhantes e se reúnem para desenvolver projetos baseados nesses interesses.

Fonte: Associação Nacional de Estudo e Intervenção na Superdotação (s.d.) e Silva et al. (2023).

Como se pode ver, a adequação curricular permite diversificar o conteúdo, priorizando algum tipo, definir os objetivos educacionais a serem alcançados, ampliar e aprofundar currículo, adequar técnicas e instrumentos didáticos, modificar procedimentos no processo de ensino e aprendizagem, oferecer atividades mais complexas e ampliar componentes curriculares conforme as necessidades dos alunos (Pereira, 2014). Esse tipo de enriquecimento deve ser desenvolvido a partir da elaboração de conteúdos desafiadores, de modo a considerar a forma como esses alunos aprendem e a maneira como lidam com o conhecimento (Martins et al., 2016).

Tal proposta pode ser oferecida tanto na escola em que o aluno está matriculado como também em centros de atendimento educacional especializado (Zwetsch et al., 2022). Usualmente, o enriquecimento curricular é oferecido nas salas de recursos multifuncionais, um espaço na escola onde são disponibilizados materiais didáticos, pedagógicos e tecnológicos por profissionais com formação específica para atuar junto a estudantes com necessidades educacionais especiais (Monteiro et al., 2022). Mendonça et al. (2023) ressaltam que o enriquecimento curricular tem eficácia no aprendizado de toda a escola, visto que os professores atuam de modo a ajudar os estudantes a compreenderem melhor suas habilidades, interesses e estilos de aprendizagem, desenvolvendo atividades que seguem alguns princípios: "precisam ser agradáveis, desafiadoras e de acordo com os interesses de cada um. Isso promove o engajamento e, consequentemente, elevam os níveis de desenvolvimento e aprendizagem da escola como um todo" (2023, p. 41). Esse tipo de intervenção é a mais comum no Brasil (Alencar et al., 2009).

Usualmente, o modelo de enriquecimento escolar proposto por Renzulli (2014) é utilizado no mundo todo e compreende três níveis: enriquecimento tipo I, composto por atividades exploratórias, destinadas a todos os estudantes e que visam expô-los a uma ampla variedade de tópicos que geralmente não fazem parte do currículo regular, incluindo visita a museus, bibliotecas, minicursos, filmes, palestras, inspirando-os dessa forma. O objetivo dessa etapa é estimular novos interesses que conduzirão às etapas II e III (Mendonça et al., 2023).

O tipo II visa o oferecimento de instrução mais avançada em uma área de interesse escolhida pelo estudante, comumente descoberta durante a participação nas atividades de enriquecimento tipo I. Nessa etapa são desenvolvidas habilidades para resolução de problemas reais, incentivando os alunos a aprenderem como fazer (Renzulli, 2014). Ao longo dessa etapa, os alunos passam da inspiração para a ação, incluindo a estimulação de criatividade e criticidade, necessárias para produção de soluções de problemas do mundo real (Mendonça et al., 2023).

Já no tipo III, as atividades são oferecidas a grupos menores, caracterizando-se por investigações de problemas do mundo real, ou aqueles para os quais ainda não existe uma solução (Mendonça et al., 2023). De acordo com as autoras, tal etapa inclui o desenvolvimento de projetos e produção de um novo conhecimento ou produto, cuja profundidade vai depender da motivação dos estudantes. Nesse nível, o estudante assume o papel de investigador e o professor se torna o mentor ou guia (Renzulli, 2014). Tal modelo foi projetado para incentivar a produtividade criativa dos alunos, expondo-os a diferentes tópicos, áreas de interesse e campos de estudo, visando um treinamento para aplicação de conteúdo avançado em temas de interesse (Renzulli & Reis, 2021).

Diante da diversidade de perfis de superdotados é importante esclarecer que essa heterogeneidade também deve ser considerada no momento de elaboração de planos individualizados de atendimento, de modo a oferecer oportunidades adequadas de aprendizagem e desenvolvimento (Dai, 2020). Diante dessa demanda, especialmente a psicologia e a educação devem atuar a fim de tornar a educação dos superdotados mais acessível às suas necessidades.

Nesse cenário, diferentes possibilidades podem ser encontradas no Brasil. Um exemplo importante é o Programa de Enriquecimento de Superdotados e Talentosos no Distrito Federal. Criado em 1975, o programa atende cerca de mil alunos dos ensinos fundamental e médio, os quais são identificados pelos professores a partir do modelo de Renzulli. O programa é oferecido nas salas de recursos dentro das escolas, duas vezes por semana, durante o horário escolar e envolve atividades com base nos talentos observados, em diferentes áreas (ciências, matemática, literatura, computação, música) (Wechsler et al., 2018). Além desse programa, o Centro de Desenvolvimento de Talentos (CDT) atende crianças indicadas por professores de escolas públicas, por meio de mentorias e planos individuais, além de outras organizações não governamentais, como o Instituto Rogério Steinberg e o Instituto Social para Motivar, Apoiar e Reconhecer Talentos (Ismart). Ambos oferecem bolsas de estudos em instituições privadas ou por meio de outras atividades educacionais para alunos de escola pública que obtêm destaque e são indicados por seus professores, visando melhorar o acesso a uma educação de alta qualidade (Wechsler & Fleith, 2017). Além disso, a Universidade Federal Fluminense e a Universidade Federal de Santa Maria oferecem diferentes tipos de programas educacionais para crianças superdotadas.

Em termos nacionais, os Núcleos de Atividades de Altas Habilidades/Superdotação (NAAH/S) foram criados como uma proposta de enriquecimento curricular específico para superdotados, nos 26 estados brasileiros e no Distrito Federal. Sua estrutura inclui atendimento a professores, alunos e apoio à família (Wechsler & Fleith, 2017). O NAAH/S de Mato Grosso, por exemplo, atende uma média de 500 alunos identificados e 173 frequentam o AEE em cidades da capital e do interior. Para os alunos que não conseguem se deslocar até essas cidades, o atendimento também é oferecido em salas de recursos multifuncionais (Drullis & Costa, 2022). O NAAH/S do Amazonas, por sua vez, oferece atividades voltadas ao enriquecimento curricular, mas lida com a falta de materiais, limitado espaço físico e reduzido número de profissionais de diferentes áreas de conhecimento (Oliveira et al., 2017). Desse modo, pode-se verificar que diferentes situações são encontradas, confirmando a percepção de Pérez e Freitas:

> Enquanto alguns (NAAH/S) desenvolvem um excelente trabalho, qualificando, identificando e inclusive atendendo a população de estudantes com AH/SD, mesmo em estados sem trajetória de pesquisa e de atendimento na área, outros estão simplesmente desativados ou ameaçados de extinção, inclusive em estados que têm significativa representatividade na área, no que se refere à produção científica ou pioneirismo no atendimento educacional (2014, p. 632).

Além das intervenções focadas na escola, outras orientações voltadas à escolha profissional também se mostram essenciais para auxiliá-los a tomar uma decisão de carreira eficaz e adequada às suas habilidades (Silva et al., 2022). Evita-se, assim, a escolha por carreiras que não estão conectadas às suas habilidades; podendo, inclusive, ser resultado de pressões sociais e familiares. Esse acompanhamento, oferecido sob a forma de mentoria, auxilia os alunos no desenvolvimento da personalidade e fortalecimento da autoestima, mediação de conflitos, habilidades de comunicação e cooperação (Jöstl et al., 2023).

Uma das dificuldades na área se dá pelo fato de que os programas de intervenção ainda estão focados, prioritariamente, no desenvolvimento de potenciais cognitivos e intelectual, pouco estimulando o desenvolvimento pessoal, social e emocional (Tsui & Yuen, 2020). Se considerarmos as vulnerabilidades sociais e emocionais que podem decorrer da ausência de um atendimento adequado, veremos que as intervenções junto a esse público podem favorecer o desenvolvimento de seus potenciais, qualidade de vida, fortalecimento de autoestima e autoconceito, relacionamento interpessoal e sucesso acadêmico (Oliveira et al., 2020).

Considerações finais

Como pôde ser visualizado ao longo do texto, as altas habilidades/superdotação é um tema que precisa ser melhor explorado, especialmente na área da educação e psicologia. O número de estudantes que atendem à condição de um potencial elevado e que poderia se beneficiar da identificação e consequente atendimento educacional especializado é grande e representa importante parcela de alunos brasileiros. Nesse contexto, a formação desses profissionais se mostra essencial, a fim de que os direitos previstos nas leis possam ser efetivamente colocados em prática a favor desse público-alvo da educação especial ainda pouco reconhecido. Juntamente com esclarecimentos à população em geral, um trabalho voltado à desmistificação das AH/SD pode beneficiar diversos estudantes que não têm conseguido manifestar todo o seu potencial devido a condições ambientais inadequadas.

Referências

Alencar, E. M. L. S., Fleith, D. S., & Carneiro, L. B. (2018). Gifted education in Brazil: historical background, current practices, and research trends. In B. Wallace, D. A. Sisk & J. Senior (Eds.), *The SAGE handbook of gifted and talented education* (pp. 432-445). Sage.

Alencar, E. M. L. S., Fleith, D. S., & Arancibia, V. (2009). Gifted education and research on giftedness in South America. In L. V. Shavinina (Ed.), *International handbook on giftedness* (pp. 1.491-1.506). Springer. https://doi.org/10.1007/978-1-4020-6162-2_77

Almeida, L. S., Araújo, A. M., Sainz-Gómez, M., & Prieto, M. D. (2016). Challenges in the identification of giftedness: Issues related to psychological assessment. *Anales de Psicología*, 32(3), 621-627.

Almeida, L. S., Costa-Lobo, C., Almeida, A. I. S., Rocha, R. S., & Piske, F. H. R. (2017). Processos cognitivos e de aprendizagem em crianças sobredotadas: Atenção dos pais e professores. In F. H. R. Piske, C. L. B. Vestena, J. M. Machado, A. O. M. Barby, T. Stoltz, S. Bahia & S. P. Freitas (Orgs.), *Processos afetivos e cognitivos de superdotados e talentosos* (pp. 15-39). Editora Prisma.

Almeida, L. S., Fleith, D. S., & Oliveira, E. P. (2013). *Sobredotação: respostas educativas*. Minhografe – Artes Gráficas.

Associação Nacional de Estudo e Intervenção na Superdotação (s.d). *Altas capacidades e sobredotação: compreender, identificar, atuar*. Aneis.

Campos, C. R., Zaia, P., Oliveira, K. S., & Nakano, T. C. (2019). Avaliação psicológica e intervenção: Um estudo de caso sobre altas habilidades/superdotação. *Revista Educação Especial*, 32, 1-20. http://dx.doi.org/10.5902/1984686X39550

Chagas-Ferreira, J. F., & Sousa, R. A. R. (2018). O desenvolvimento socioemocional de superdotados: descrevendo singularidades e identificando possibilidades de atendimento. In F. H. R. Piske, T. Stoltz, C. Costa-Lobo, A. Rocha & Vásquez-Justo, E. (Orgs.), *Educação de superdotados e talentosos: emoção e criatividade* (pp. 127-138). Juruá.

Costa, M. M., Bianchi, A. S., & Santos, M. M. O. (2022). Características de crianças com altas habilidades/superdotação. *Revista Brasileira de Educação Especial*, 28, e0121. https://doi.org/10.1590/1980-54702022v28e0121

Dai, D. Y. (2020). Assessing and accessing high human potential: A brief history of giftedness and what it means to school psychologists. *Psychology in the Schools*, 57(10), 1.514-1.527. http://doi.org/10.1002/pits.22346

Drullis, P. B. L., & Costa, J. V. (2022). O atendimento educacional especializado para altas habilidades/superdotação no NAAH/S-MS. *Revista Educação Inclusiva*, 7(2), 502-514. https://revista.uepb.edu.br/REIN/article/view/539/1279

Faveri, F. B. M., & Heinzle, M. R. S. (2019). Altas habilidades/superdotação: políticas visíveis na educação dos invisíveis. *Revista Educação Especial*, 32, 1-23.

Freitas, M. F. R. L., Schelini, P. W., & Pérez, R. (2017). Escala de identificação de dotação e talento: estrutura e consistência internas. *Psico-USF*, 22(3), 473-484. http://doi.org/10.1590/1413-82712017220308

Gubbins, E. J., Siegle, D., Peters, P. M., Carpenter, A. Y., Hamilton, R., McCoach, D. B., Puryear, J. S., Langley, S. D., & Long, D. (2020). Promising practices for improving identification of English learners for gifted and talented programs. *Journal for the Education of the Gifted*, 43(4), 336-369. https://doi.org/10.1177/0162353220955241

Heimann, P. C., & Hennemann, A. L. (2022). Instrumentos para identificação de alunos com altas habilidades/superdotação no contexto escolar. *Revista Científica Multidisciplinar Núcleo do Conhecimento*, 8(5), 137-149.

Hirsh, J. D. O., Martins, T. C., & Medeiros, R. V. (2022). Inter + Ação "tenho um aluno com AH/SD, o que posso fazer?" In T. Negrini, B. P. A. Fiorin & R. B. Goulart (Orgs.), *Altas habilidades/superdotação: reflexões e práticas educacionais* (pp. 247-254). Facos-UFSM.

Hunt, L., & Yoshida-Ehrmann, E. (2016). Linking schools of thought to schools of practice. *Gifted Child Today*, 39(3), 164-172.

Jöstl, G., Hinterplattner, S., & Rogi, S. (2023). Talent Development Programs for Secondary Schools: Implementation and Evaluation of a Model School. *Education Sciences*, 13(12). http://doi.org/10.3390/educsci13121172

Martins, B. A., Pedro, K. M., Ogeda, C. M. M., Silva, R. C., Koga, F. O., & Chacon, M. C. M. (2016). Altas habilidades/superdotação: estudos no Brasil. *Journal of Research in Special Educational Needs*, 16(1), 135-139. http://doi.org/10.1111/1471-3802.12275

Matthews, M. S., & Rhodes, H. A. (2020). Examining Identification Practices and Services for Young Advanced and Gifted Learners in Selected North Carolina School Districts. *Journal of Advanced Academics*, 31(4), 411-435. https://doi.org/10.1177/1932202X20908878

McIntosh, D. E., Dixon, F. A., & Pierson, E. E. (2018). Use of intelligence tests in the identification of giftedness. In D. P. Flanagan & E. M. McDonough (Eds.), *Contemporary intellectual assessment: Theories, tests, and issues* (pp. 587-607). The Guilford Press.

Mendonça, L. D., Capellini, V. L. M. F., & Rodrigues, O. M. P. R. (2023). Contribuições das atividades de enriquecimento curricular no desempenho cognitivo e acadêmico de estudantes com altas habilidades/superdotação. *Interação em Psicologia*, 27(1), 40-50. https://dx.doi.org/10.5380/riep.v27i1.78927

Mendonça, L. D., Rodrigues, O. M. P. R., & Capellini, V. L. M. F. (2017). Identificação inicial de alunos com altas habilidades ou superdotação: avaliação intelectual de desempenho escolar e indicação pelos professores. *Revista de Educação Especial*, 30(57), 203-217. https://doi.org/http://dx.doi.org/10.5902/1984686X24120

Monteiro, C. C., Batirolla, D. M., Paula, S. J. de, Gindri, G. T., & Sakaguti, P. M. Y. (2022). Trocando lentes: identificação de estudantes com altas habilidades/superdotação no município de Novo Hamburgo-RS. In T. Negrini, B. P. A. Fiorin & R. B. Goulart (Orgs.), *Altas habilidades/superdotação: reflexões e práticas educacionais* (pp. 140-146). Facos-UFSM.

Nakano, T. C., & Campos, C. R. (2019). Avaliação psicológica das altas habilidades/superdotação: problemas e desafios. In C. R. Campos & T. C. Nakano (Orgs.), *Avaliação Psicológica direcionada a populações específicas: técnicas, métodos e estratégias* (Vol. II, pp. 99-128). Vetor.

Nakano, T. C., Gozzoli, M. Z., Alves, R. J. R., Zaia, P., & Campos, C. R. (2016). Investigación de la eficacia de una escala de evaluación de altas habilidades-versión profesor. *REXE-Revista de Estudios y Experiencias en Educación*, 15(29), 83-94. http://doi.org/10.21703/rexe.20162983945

Nakano, T. C. (2020). Triagem de indicadores de altas habilidades/superdotação: desenvolvimento de instrumental. *Revista Diálogos e Perspectivas em Educação Especial*, 7(1), 71-86. https://doi.org/10.36311/2358-8845.2020.v7n1.06.p71

Nakano, T. C. (2021). *Triagem de indicadores de altas habilidades/superdotação: manual técnico*. Vetor.

Negrini, T., & Freitas, S. N. (2008). A identificação e a inclusão de alunos com características de altas habilidades/superdotação: discussões pertinentes. *Revista Educação Especial*, 32, 273-284.

Oliveira, A. P., Capellini, V. L. M. F., & Rodrigues, O. M. P. R. (2020). Altas habilidades/superdotação: intervenção em habilidades sociais com estudantes, pais/responsáveis e professoras. *Revista Brasileira de Educação Especial*, 26(1), 125-142. http://dx.doi.org/10.1590/s1413-65382620000100008

Oliveira, A. P., Capellini, V. L. M. F., Rodrigues, O. M. P. R., & Bolsono-Silva, A. T. (2021). Habilidades sociais e problemas de comportamento em crianças com altas habilidades/superdotação. *Psicologia: Ciência e Profissão*, 41, e219590.

Oliveira, G. P., Negrão, F. C., & Ramos, E. S. (2017). Atendimento educacional especializado para estudantes com altas habilidades/superdotação: um relato sobre a práxis do NAAH/S no Estado do Amazonas. In *Anais do Congresso Internacional de Educação* (pp. 1-17), Santa Maria, RS. http://revistas-old.fapas.edu.br/anaiscongressoie/article/view/941/805

Pereira, V. L. P. (2014). Superdotação e currículo escolar: potenciais superiores e seus desafios da perspectiva da educação inclusiva. In A. M. R. Virgolim & E. C. Konkiewitz (Orgs.), *Altas habilidades/superdotação, inteligência e criatividade* (pp. 373-388). Papirus.

Pérez, S. G. P. B., & Freitas, S. N. (2014). Políticas públicas para as altas habilidades/superdotação: incluir ainda é preciso. *Revista Educação Especial, 27*(50), 627-639. https://www.redalyc.org/pdf/3131/313132120006.pdf

Política Nacional de Educação Especial na Perspectiva da Educação Inclusiva. (2008). Brasília, DF. Recuperado de https://www.gov.br/mec/pt-br/pneepei

Rangni, R. A., Rossi, C. S., & Koga, F. O. (2021). Estudantes com altas habilidades ou superdotação: desdobramentos dos índices da sinopse estatística e dos microdados na Região Sudeste do Brasil. *Research, Society, and Development, 10*(4), e7710413856. http://doi.org/10.33448/rsd-v10i4.13856

Renzulli, J. S., & Reis, S. M. (2018). The three-ring conception of giftedness: A developmental approach for promoting creative productivity in young people. In *APA handbook of giftedness and talent* (pp. 185-199). American Psychological Association. https://doi.org/10.1037/0000038-012

Renzulli, J. S., & Reis, S. M. (2021). The three-ring conception of giftedness: a change in direction from being gifted to the development of gifted behaviors. In R. J. Sternberg & D. Ambrose (Eds.), *Conceptions of giftedness and talent* (pp. 335-356). Palgrave.

Resolução n. 4, de 2 de outubro de 2009. (2009). Institui diretrizes operacionais para o atendimento educacional especializado na educação básica, modalidade Educação Especial. Brasília, DF. Recuperado de https://www.gov.br/mec/pt-br/cne/resolucoes/resolucoes-ceb-2009

Silva, V. A. P., Costa, D. B., Farina, M., & Irigaray, T. Q. (2022). Intervenção em orientação profissional para adolescentes com e sem superdotação. *Revista Brasileira de Orientação Profissional, 23*(2), 203-214. http://doi.org/10.26707/1984-7270/2022v23n0209

Silva, A. R., Kraemer, G. M., Silva, L. G., Luz, R. V., & Silva e Silva, T. (2023). *A educação de alunos com altas habilidades ou superdotação: perspectivas, processos e práticas*. Editora UFRGS.

Sternberg, R. (2023). Individual, collective, and contextual aspects in the identification of giftedness. *Gifted Education International, 40*(1). http://doi.org/10.1177/02614294231156986

Tsui, J. Y. C., & Yuen, M. (2020). Career guidance for gifted students. In M. Yuen, W. Beamish & S. H. Solberg (Eds.), *Careers for students with special educational needs: perspectives on development and transitions from the Asia-Pacific region* (pp. 177-188). Springer.

Türkman, B. (2020). The evolution of the term of giftedness & theories to explain gifted characteristics. *Journal of Gifted Education and Creativity, 7*(1), 17-24. https://dergipark.org.tr/en/download/article-file/970337

Virgolim, A. (2021). As vulnerabilidades das habilidades e superdotação: questões sociocognitivas e afetivas. *Educar em Revista, 37*, e81543. https://doi.org/10.1590/0104-4060.81543

Wechsler, S. M., Blumen, S., & Bendelman, K. (2018). Challenges on the identification and development of giftedness in South America. In S. Pfeiffer (Org.), *APA handbook of giftedness and talent* (pp. 97-112). APA.

Wechsler, S. M., & Fleith, D. S. (2017). The scenario of gifted education in Brazil. *Cogent Education, 4*(1), 1332812. https://doi.org/10.1080/2331186X.2017.1332812

Wellisch, M., & Brown, J. (2012). An Integrated Identification and Intervention Model for Intellectually Gifted Children. *Journal of Advanced Academics, 23*(2), 145-167. https://doi.org/10.1177/1932202X12438877

Zaia, P., & Nakano, T. C. (2023). *Escala de Identificação das Características de Altas Habilidades/Superdotação – EICAS-AH/SD*. Vetor.

Zanatta, E. M., & Duarte, A. A. S. (2021). O plano de atendimento individualizado (PAI). In C. A. Rondini & V. L. Reis (Orgs.), *Altas habilidades/superdotação: instrumentais para identificação e atendimento do estudante dentro e fora da sala de aula comum*. CRV.

Zwetsch, P. S., Konig, F. R., & Vieira, N. J. W. (2022). Altas habilidades/superdotação: os tensionamentos de uma proposta de intervenção. In T. Negrini, B. P. A. Fiorin & R. B. Goulart (Orgs.), *Altas habilidades/superdotação: reflexões e práticas educacionais* (pp. 209-217). Facos-UFSM.

32
Transtorno do espectro autista: manejos da avaliação e procedimentos interventivos

Daniela Sacramento Zanini
Karina da Silva Oliveira
Camila Costa e Silva

> *Highlights*
> - O conceito de autismo, tal como se tem atualmente, é resultado de um processo complexo, marcado por transformações sociais e avanços científicos;
> - A avaliação para a identificação do quadro de transtorno do espectro autista (TEA) deve, acima de tudo, apontar para quem é a criança e seu funcionamento;
> - As diferentes estratégias de intervenção favorecem o manejo de aspectos psicológicos, emocionais, financeiros e até logísticos na organização da rotina da família e da criança diagnosticada com o TEA.

Nos últimos anos observou-se um aumento na identificação de indivíduos com o que atualmente designa-se como transtorno do espectro autista (TEA) (Fernandes et al., 2020). Esse aumento vem em conjunto com um aumento de interesse sobre o tema, recursos diagnósticos, sensibilidade científica e social, mas também produz uma série de consequências nem sempre positivas para os indivíduos e a sociedade. Isso porque o diagnóstico de TEA pode vir cercado de preconceitos, estigmatização ou mesmo patologizar formas de vida neurodivergentes. A fim de auxiliar na discussão do tema e atuação profissional, este capítulo tem por objetivo apresentar uma breve evolução do conceito e diagnóstico de autismo ao longo da história, apontando para o impacto social das transformações sofridas; os critérios diagnósticos do TEA na atualidade, assim como algumas ferramentas de auxílio da identificação e, por fim, as possíveis intervenções no campo da psicologia e educação.

Autismo: breve histórico e evolução do conceito e diagnóstico

A evolução do conceito de autismo ao longo da história é influenciada por transformações sociais, descobertas científicas e avanços na compreensão médica e psicológica das formas de vida e manifestações do sofrimento psíquico. Os critérios diagnósticos do autismo sofreram significativas modificações a partir da evolução do conceito, compreensão etiológica e nosológica do transtorno. Nesta seção discutiremos a evolução do conceito e da compreensão etiológica e nosológica a partir dos dois manuais de classificação mais utilizados internacionalmente, o Manual Diagnóstico e Estatístico de Transtornos Mentais (DSM) e a Classificação Internacional de Doenças e Problemas Relacionados à Saúde (CID). Embora nem sempre esses manuais apresentem convergência de nomenclatura e características atribuídas ao autismo, observa-se, nas diferentes edições de ambos, uma convergência nos pressupostos conceituais que embasam a classificação do transtorno (Fernandes et al., 2020).

O uso do termo autismo foi mencionado pela primeira vez por Eugene Bleuler, em 1911, ao descrever a fuga da realidade e o retraimento interior dos pacientes acometidos de esquizofrenia (Cunha, 2012). Em 1943 Kanner utilizou o termo ao se referir a crianças que apresentavam movimento antecipatório, dificuldade para aconchegar-se no colo, descontextualização no uso das palavras, ecolalia, inversão pronominal, limitação à atividade espontânea, distúrbios da alimentação, movimentos repetitivos, resistência à mudança. Kanner (1943) cunhou o termo Autismo Infantil Precoce para se referir a esse quadro clínico e atribuiu sua etiologia às relações estabelecidas entre a criança e os pais com manifestações em idades muito precoces. Assim, no primeiro Manual Estatístico das Doenças Mentais, desenvolvido em 1952 (DSM-I), o autismo foi considerado um sintoma da reação esquizofrênica tipo infantil (Associação Americana de Psicologia [APA], 1952) e; no DSM-II, publicado em 1968, o autismo permaneceu como sintoma da esquizofrenia do tipo infantil (APA, 1968). Dessa forma, o que se denominou como comportamento autístico era considerado um tipo de manifestação esquizofrênica infantil (Silva & Elias, 2020).

Em relação à CID, apenas na sexta edição, publicada em 1950, foram incluídos os transtornos mentais. Contudo, na CID-6, como nas duas primeiras edições do DSM, o autismo foi considerado dentro da categoria de perturbações esquizofrênicas. De fato, a associação entre autismo e esquizofrenia esteve presente nas diferentes edições da CID, incluindo sua nona edição publicada em 1979. Na CID-9, a nomenclatura usada era de Psicose infantil ou Síndrome de Kanner (Cunha, 2012).

Se durante as décadas de 1950 e 1960 a teoria psicanalítica exercia uma influência considerável na compreensão dos fenômenos psíquicos e, em relação ao autismo especificamente, o associava a relação parental e a psicodinâmica; nas décadas de 1970 e 1980 observa-se uma mudança de paradigma. Estudos desenvolvidos pelo psiquiatra inglês Michael Rutter apontaram quatro critérios importantes para identificação do autismo: atraso e desvio sociais; problemas de comunicação; comportamentos incomuns, movimentos estereotipados e maneirismos; com início antes dos 30 meses de idade. Influenciado por esse estudo ademais do avanço da indústria farmacêutica, do modelo de diagnóstico categórico e da medicina baseada em evidências com critérios descritivos e sintomas observáveis, a Associação Americana de Psicologia (APA) publica o DSM-III (APA, 1980), e nele passa a existir uma categoria nosológica denominada de Distúrbios Globais do Desenvolvimento (DGD), em que o distúrbio autista é descrito como um dos tipos.

No DSM-IV o autismo deixou de ser nomeado como distúrbio e passou à condição de transtorno, integrando a categoria nosológica dos Transtornos Globais do Desenvolvimento (TGD), assim como na CID-10. Entre os transtornos que compunham os TGDs no DSM-IV estavam: o Transtorno Autista, o Transtorno de Asperger, o Transtorno de Rett, o Transtorno Desintegrativo da Infância e o TGD sem outra especificação (Silva & Elias, 2020).

O século XXI surge marcado pelo interesse nos estudos acerca do transtorno mental. A primeira década do século XXI é marcada pela realização de diversas conferências que buscavam discutir diferentes aspectos dos transtornos mentais, inclusive seus critérios diagnósticos (Fernandes et al., 2020). Fruto dessas discussões surge o DSM-5 (APA, 2014), que apresentou uma significativa revisão das categorias diagnósticas em psicologia e psiquiatria.

Em linhas gerais, o DSM-5 mantém a recomendação de avaliação dos fatores psicossociais e ambientais relacionados aos transtornos, mas suprime o modelo multiaxial e a escala de Avaliação Global do Funcionamento (Fernandes et al., 2020). De forma específica, uma das mudanças mais notáveis do DSM-5 foi a reorganização dos transtornos anteriormente agrupados sob a classificação de Transtornos Globais do Desenvolvimento (TGD). Na versão anterior do manual (DSM-IV-TR), os TGDs compreendiam cinco categorias diagnósticas distintas: Transtorno Autista, Transtorno de Asperger, Transtorno de Rett, Transtorno Desintegrativo da Infância e Transtorno Global do Desenvolvimento sem Outra Especificação. O DSM-5 promoveu uma mudança nessa estrutura adotando uma abordagem mais específica e individualizada de cada um dos transtornos. Assim, o autismo passou a ser considerado um transtorno do neurodesenvolvimento e representar uma categoria separada, sendo denominada de transtorno do espectro autista (TEA). O TEA engloba um espectro maior de manifestações comportamentais, indo desde quadros que exigem pouco apoio até os que exigem apoio muito substancial. Os sintomas são descritos em um *continuum* único de prejuízos, com diferentes intensidades nos domínios de comunicação, interação social e comportamentos restritivos ou repetitivos. As mudanças tiveram como objetivo facilitar o diagnóstico por parte dos profissionais e simplificar a codificação para acesso aos serviços de saúde (Silva & Elias, 2020).

Em 2018, publica-se o CID-11 que mantém a terminologia (TEA) e aproxima sua descrição daquelas já feitas no DSM-5 (Fernandes et al., 2020). O DSM-5-TR não trouxe mudanças significativas no diagnóstico do TEA em relação ao DSM-5. Atualmente considera-se o TEA como um grupo heterogêneo de transtornos do neurodesenvolvimento caracterizados por problemas na comunicação e interação social, comportamentos repetitivos e interesses restritos (APA, 2023). O diagnóstico é feito considerando os níveis de suporte necessários: Nível 1 – Exigindo apoio; Nível 2 – Exigindo apoio substancial; Nível 3 – Exigindo apoio muito substancial. Nessa lógica, os critérios diagnósticos deixam de ser mais descritivos e passam a ser mais conceituais, demandando uma avaliação clínica mais qualificada.

No DSM-5-TR, a variabilidade do quadro é compreendida por meio de uso de especificadores em relação ao apoio exigido, comprometimento intelectual e/ou da linguagem, associação genética e/ou médica e presença de catatonia. Já na CID-11 são contempladas características clínicas individuais por meio de diferentes subtipos diagnósticos, que apresentam perfis de indivíduos com TEA, descrevendo-os em combinação, ou não, com o comprometimento da linguagem funcional e as competências intelectuais (Organização Mundial da Saúde [OMS], 2021).

De acordo com Oliveira e Trentini (2023), o transtorno do espectro autista (TEA) sem deficiência intelectual e com comprometimento leve ou ausente da linguagem funcional (CID 6A02.0) se caracteriza pela ausência ou leve comprometimento da linguagem funcional, com funcionamento intelectual e comportamento adaptativo dentro da faixa média. No TEA com deficiência intelectual e comprometimento leve ou ausente da linguagem funcional (CID 6A02.1), os critérios para TEA e transtornos das deficiências intelectuais (TDI) são atendidos, com ausência ou leve comprometimento da linguagem funcional. O TEA sem deficiência intelectual e com linguagem funcional prejudicada (CID 6A02.2) atende os critérios para TEA, com funcionamento intelectual médio, mas prejuízo acentuado na linguagem funcional. No TEA com deficiência intelectual e linguagem funcional prejudicada (CID 6A02.3), os critérios para TEA e TDI são atendidos, com prejuízo acentuado na linguagem funcional. No TEA com comprometimento intelectual e ausência de linguagem funcional (CID 6A02.5), há ausência completa de capacidade de utilizar a linguagem funcional. As categorias residuais (CID 6A02.Y e CID 6A02.Z) não têm descrições específicas na CID-11 (Oliveira & Trentini, 2023).

Avaliação de crianças com transtorno do espectro autista (TEA)

O processo de avaliação psicológica na infância é uma das práticas mais frequentemente solicitadas aos profissionais da psicologia, sobretudo aos que atuam junto à clínica (Oliveira et al., 2021). Entre os temas de investigação, aqueles mais requeridos são a identificação de potenciais e de prejuízos cognitivos, a compreensão de características cognitivas e de personalidade, a identificação de sintomatologia de quadros do neurodesenvolvimento, de transtornos de humor e outras possibilidades.

Dado os diferentes focos de processos avaliativos há, também, diferentes condutas que devem ser empregadas. Entretanto, independentemente do alvo da avaliação, é necessário que o profissional busque compreender a criança para além do (possível) diagnóstico. Isto é, em primeira instância a busca pelo processo avaliativo deve trazer luz sobre quem é a criança avaliada, quais são suas características e funcionamentos psicológicos, quais são seus potenciais e quais prejuízos funcionais e adaptativos se fazem presentes. Portanto, embora o diagnóstico seja parte do processo avaliativo, é importante destacar que seu papel no processo avaliativo é compreensivo, explicativo e de garantia de acesso aos direitos.

É importante considerar que a avaliação psicológica é um processo técnico e científico de coleta de dados que busca apresentar compreensões, empiricamente fundamentadas, sobre o funcionamento psicológico dos indivíduos e de grupos (Zanini et al., 2022). É mister, ainda, refletir sobre os componentes, isto é, as estratégias, os métodos e as técnicas que podem colaborar para a boa condução da avaliação. Dessa forma, em âmbito nacional, temos as orientações presentes na Resolução n. 31/2022, do Conselho Federal de Psicologia (CFP).

O CFP sugere a classificação das técnicas de avaliação psicológica em dois grupos. O primeiro é chamado de fontes fundamentais, composto pelas estratégias que devem embasar a compreensão e a tomada de decisão. Fazem parte desse grupo: os protocolos de observação, as entrevistas e os testes psicológicos que estejam devidamente avaliados, aprovados e discriminados na lista de testes disponíveis para uso profissional do Sistema de Avaliação de Testes Psicológicos (Satepsi). O segundo grupo, por sua vez, é identificado como fontes complementares. Fazem parte desse grupo técnicas, métodos e estratégias que favoreçam a compreensão ampliada do fenômeno psicológico avaliado, podendo apresentar interfaces com outras áreas do conhecimento e de atuação. São fontes complementares: os relatórios multidisciplinares e os testes não psicológicos que apresentem acúmulo de evidências empíricas que justifiquem o seu uso no processo avaliativo.

Para que a avaliação conduzida seja integrativa e processual é necessário que o profissional seja um "psicólogo válido" (Krug et al., 2016). Conforme apontado por Rigoni e Sá (2016) o termo "psicólogo válido" é empregado para indicar os profissionais que são ativamente engajados na qualidade de suas formações, que buscam o aprimoramento contínuo, atuando em consonância ao preceito da ética e competência (CFP, 2005), buscando a excelência na atuação profissional.

Oliveira e Campos (s.d.) apresentam sugestões de competências relevantes para esses profissionais, tais quais: (a) conhecimento aprofundado sobre o desenvolvimento, com importante foco para a compreensão dos marcos desenvolvimentais; (b) compreensão especializada sobre o funcionamento cognitivo, os processos afetivos, socioemocionais e desenvolvimento psicomotor; (c) compreender e analisar o funcionamento da criança, suas experiências e vivências com base em teoria psicológica, preferencialmente fundamentada em evidências; (d) ter conhecimentos especializados em conceitos e princípios da avaliação psicológica e da psicometria; (e) estar atualizado e buscar o aprimoramento contínuo quanto aos testes disponíveis e técnicas possíveis de serem empregadas; (f) compreender sua atuação enquanto parte do contexto protetivo da criança, reconhecendo a relevância de aspectos sociais, culturais, econômicos e de saúde envolvidos no processo avaliativo e nas conclusões possíveis do processo avaliativo. É importante refletir que essas competências são destacadas pelas autoras, porém não esgotam as habilidades requeridas para uma atuação com foco na excelência.

Assim, ao contextualizarmos as competências e as habilidades requeridas do profissional no processo de avaliação psicológica para a identificação do quadro TEA, é importante que este seja capaz de aplicar estratégias, métodos e técnicas e integrar as informações obtidas à luz da literatura especializada. Apresentando conclusões que apontem não somente para o diagnóstico, mas que, em consonância ao disposto na Resolução CFP n. 31/2022, fundamentem a tomada de decisão, isto é, que indique condutas prognósticas e interventivas que auxiliem tanto os pais, os familiares e os cuidadores quanto a própria criança (CFP, 2022).

Em termos práticos, a literatura sugere que o processo de avaliação diagnóstica seja organizado em oito etapas (Rigoni & Sá, 2016). A primeira refere-se à especificação dos motivos da demanda e/ou do encaminhamento. A partir disso, deve-se seguir para a segunda etapa, em que são definidos os objetivos e formuladas as hipóteses de investigação. Dadas essas questões, o profissional deverá planejar o processo avaliativo, selecionando os métodos, as técnicas e as estratégias possíveis. Essas ações são identificadas como a terceira etapa. A quarta etapa é a condução do processo avaliativo, em que ocorre a administração das técnicas selecionadas. Em seguida, a quinta etapa se volta ao levantamento dos dados quantitativos e qualitativos obtidos. A sexta etapa ocorre concomitantemente à quinta, pois refere-se à integração das informações obtidas. A sétima etapa explicita a habilidade de ser um "psicólogo válido", pois envolve a formulação de conclusões empiricamente fundamentadas, indicando o funcionamento global, os potenciais e prejuízos identificados. Por fim, o processo de avaliação diagnóstica se encerra com a construção do laudo e as entrevistas devolutivas.

Assim, tendo em vista a possibilidade da demanda de identificação de características do TEA, a primeira etapa do processo envolverá a compreensão dessa solicitação. A entrevista com os responsáveis pode ser caracterizada pela entrevista semidirigida, seguida da anamnese. Entre os temas relevantes que devem compor essas entrevistas, destaca-se as aquisições dos marcos desenvolvimentais, as habilidades e os prejuízos observados nas capacidades cognitivas, nas socioemocionais, na comunicação, na linguagem receptiva, na linguagem expressiva, na motricidade ampla e fina e no comportamento adaptativo (Romeira et al., 2021). De posse dessas informações, o profissional deverá verificar se os comportamentos relatados, os atrasos e/ou alcances dos marcos desenvolvimentais são melhor explicados (a) em função da expressão do TEA, (b) em função de aspectos contextuais, (c) em função de outro quadro diagnóstico e (d) ou se não se caracterizam como um quadro de TEA ou outro quadro diagnóstico. Assim, o profissional cumpre a segunda etapa que diz respeito à identificação de objetivos e a formulação de hipóteses.

Com base nos dados obtidos com os responsáveis (primeira etapa) e fundamentando-se nos objetivos e hipóteses elaborados (segunda etapa), o profissional deverá selecionar as estratégias por meio das quais conduzirá a investigação (terceira etapa). Nesse momento, o profissional deverá selecionar as fontes fundamentais e as fontes complementares que serão utilizadas. Para essa seleção, além das informações da queixa e das hipóteses, o profissional deverá considerar: a idade da criança avaliada, habilidades preservadas e adquiridas, ou, ainda, em prejuízo ou não alcançadas, verificar se existem testes psicológicos disponíveis para uso profissional e que contemplem as características da criança, verificar quais estratégias lúdicas podem contribuir no processo avaliativo, verificar quais profissionais já atuaram ou estão em processo de atuação com a criança a fim de buscar compreensões mais ampliadas, verificar quais testes não psicológicos podem contribuir para o aprofundamento dos dados.

Nessa terceira etapa é importante refletir que a qualidade das estratégias selecionadas impactará de forma significativa na qualidade dos dados que serão coletados e integrados. A depender da idade, não há testes psicológicos aprovados para uso profissional, por exemplo para crianças com idades inferiores a 2 anos e 6 meses (Oliveira & Campos, s.d.). Entretanto, isso não impede a condução do processo avaliativo, pois o profissional pode realizar entrevistas dirigidas, fundamentadas nos critérios diagnósticos do DSM-V, aplicar protocolos observacionais, aplicar testes não psicológicos, como o Inventário Dimensional de Avaliação do Desenvolvimento Infantil (Idadi) (Silva et al., 2020) e coletar dados com a criança por meio de estratégias lúdicas (Lins & Gomes, 2023; Silva et al., 2018). Cabe destacar que a seleção das técnicas deve contemplar, quando possível, a entrevista com outros informantes, para além dos pais e/ou responsáveis, como professores, profissionais de outras áreas da saúde, cuidadores, entre outros (Borges & Baptista, 2018).

As etapas seguintes, isto é, da quarta até a oitava, envolvem a condução do processo, a integração das informações, a formulação das conclusões, a elaboração do laudo e a condução da entrevista devolutiva (Rigoni & Sá, 2016). Essas etapas apresentam características muito particulares para cada avaliando, em cada momento, e devem ser conduzidas de forma ética, científica, respeitosa e assegurando a garantia dos direitos humanos da criança avaliada (Zaia et al., 2018). Por sua vez, o laudo deve relatar de forma fiel e digna o processo avaliativo finalizado, indicando as estratégias empregadas, as conclusões extraídas e realizando, de forma adequada, as interlocuções com a literatura atual e os achados empíricos que sustentam as conclusões. Ainda, é importante que o laudo tenha linguagem acessível para os familiares e/ou responsáveis, e que estes sejam capazes de compreender os achados, sendo informados sobre quais ações serão requeridas e necessárias em função das conclusões do diagnóstico (Oliveira et al., 2021). No que diz respeito ao laudo, há informações específicas, orientativas e normativas que constam na Resolução CFP n. 6 de 2019, e que devem ser consultadas a fim de que o documento seja elaborado em conformidade com as normativas atuais da profissão.

Possibilidades de intervenção em crianças com transtorno do espectro autista (TEA)

A notícia do diagnóstico desencadeia mudanças na família, que precisará manejar aspectos psicológicos, emocionais, financeiros e até logísticos na organização da rotina. Geralmente, os pais desconhecem o transtorno e o que fazer em tal situação. Assim, a primeira intervenção a ser feita é a psicoeducação. É uma intervenção psicossocial breve que propicia o entendimento do paciente e de sua família acerca do transtorno e do contexto biopsicossocial no qual a criança ou adolescente está inserido. O uso dessa técnica auxilia que as famílias busquem informações em fontes confiáveis e com embasamento científico, além de aumentar o engajamento no processo terapêutico das crianças (Lowenthal, 2021; Whitman, 2015).

Em casos de TEA, torna-se indispensável intervenções com a família. Além da psicoeducação, a família também pode ser coterapeuta no processo interventivo, também conhecido como treinamento de pais (TP). O principal objetivo é aprimorar as habilidades dos pais para lidar com os problemas de comportamento dos filhos e desenvolver estratégias para treinar habilidades específicas e aumentar o repertório comportamental da criança. O TP auxilia na generalização de habilidades treinadas com o terapeuta e promove o aumento de práticas parentais positivas e não coercitivas. Tais práticas parentais adequadas mostram-se importantíssimas no aumento da qualidade de vida da família à medida que desenvolvem a capacidade de enfrentamento dos pais (Júlio-Costa & Antunes, 2018).

Em relação às intervenções no contexto clínico, a área foi profundamente influenciada por mudanças sociais, políticas e pesquisas nas áreas de transtornos do neurodesenvolvimento durante as décadas de 1950, 1960 e 1970. Nesse contexto, Ivar Lovaas desenvolveu uma forma de modificação comportamental chamada "aprendizado por tentativas discretas", para uso com crianças com TEA. Ele descobriu que as crianças poderiam aprender uma ampla variedade de comportamentos adaptativos, incluindo cuidados consigo mesmas, linguagem e habilidades sociais e acadêmicas. Marcos importantes incluem a ênfase em: (1) definição dos objetivos de tratamento; (2) uso de lembretes sistemáticos para auxiliar no aprendizado dessas crianças; (3) emprego de procedimentos motivacionais/de reforço individualizados; (4) início de programação precoce; e (5) avaliação constante dos efeitos do tratamento. A característica mais importante talvez tenha sido seu foco no treinamento dos pais e professores para a oferta de um programa de intervenção nos ambientes dessas crianças (Whitman, 2015).

Existem inúmeros programas de treinamento voltados para diferentes demandas e faixas etárias, que podem ser divididos em modelos de tratamento abrangentes e práticas de intervenção focada. A primeira abordagem consiste em desenvolver habilidades nucleares relacionadas ao TEA ou em alcançar um amplo aprendizado, são exemplos de programas abrangentes: o Modelo Denver de Intervenção Precoce e o método TEACCH. Já as práticas de intervenção focada procuram intervir sobre um objetivo ou uma habilidade específica por vez. O uso de técnicas específicas de manejo de contingências e modelagem, bem como intervenções mediadas por pares ou implementadas por pais, tem se mostrado eficaz na modificação de comportamento. São exemplos de programas específicos: treino de tentativas discretas e treino de resposta pivô (Júlio-Costa & Antunes, 2018).

O Treino de Tentativas Discretas ou *Discrete Trial Training* (DTT) é um método baseado na abordagem da Análise do Comportamento Aplicada, ou *Applied Behavior Analysis* (ABA). Trata-se de um ensino sistemático, planejado e controlado no qual se treinam habilidades por meio de ensaios repetitivos. São manipulados os antecedentes e as consequências para atingir um comportamento-alvo e, assim, ensinar determinada habilidade. A técnica tem como base a aprendizagem sem erro. Isso é alcançado ao utilizar dicas que diminuem o nível de dificuldade da tarefa e facilitam a emissão da resposta (Cooper et al., 2013). O Treinamento de Resposta Pivô, do inglês *Pivot Response Training* (PRT), é um programa de intervenção naturalista que tem como base o ABA. Ele foi desenvolvido em 1970, com o objetivo principal de treinar as habilidades centrais ou pivôs que estão relacionadas aos problemas de comportamento observados no TEA. São eles: a capacidade de responder a múltiplas pistas, a motivação, a autogestão e a iniciação. Esse programa também enfatiza o papel fundamental dos pais no processo de intervenção. Tendo os pais como agentes, o treinamento acontece sistematicamente durante todo o dia, sendo que o tempo gasto é progressivamente reduzido até a criança alcançar a independência nas habilidades treinadas (Koegel et al., 1999). Existem diferenças entre o DTT e o PRT. Enquanto o DTT foca em comportamentos específicos, o PRT desenvolve áreas pivôs (alvo da intervenção). Além disso, no DTT as intervenções são feitas em ambientes controlados, como consultórios, enquanto que o PRT é aplicado no ambiente natural.

O Modelo Denver de Intervenção Precoce, ou *Early Start Denver Model*, foi desenvolvido pelos psicólogos Sally Rogers e Geraldine Dawson, e é voltado para crianças com TEA entre 12 a 60 meses. Considerado um programa abrangente, o modelo foca no desenvolvimento social e comunicativo de crianças pré-escolares e utiliza princípios gerais da abordagem ABA, como análise funcional e o PRT. Ele procura desenvolver inúmeras habilidades, como linguagem receptiva e expressiva, atenção compartilhada, imitação, competências sociais, motoras e cognitivas, além das habilidades de autocuidado. Podemos considerá-lo naturalista, pois o treinamento ocorre no ambiente natural da criança, mas também pode ser feito no consultório (Rogers & Dawson, 2014).

Eric Schopler e Gary Mesibov, por exemplo, prestaram importantes contribuições para o desenvolvimento de programas de intervenções. Esses pesquisadores tiveram influência sobre o desenvolvimento do modelo TEACCH de tratamento na década de 1960. O TEACCH, ou *Treatment and Education of Autistic and Related Communication Handicapped Children*, inicialmente, foi criado para atender crianças com TEA e dificuldades relacionadas à comunicação. A ênfase do programa é o ensino estruturado, utiliza suportes visuais para ajudar no processo e tem os pais como facilitadores. As habilidades são ensinadas de forma sistemática, e a rotina da criança é bem-estabelecida e organizada a fim de criar oportunidades para o bom desenvolvimento da criança com horários para comer, dormir, brincar, entre outras atividades necessárias para sua faixa etária (Júlio-Costa & Antunes, 2018).

DIR/*Floortime*, ou do inglês *Developmental, Individual Difference, Relationship-based Model/Floortime*, é uma técnica desenvolvida por Greenspan no início dos anos de 1990. Essa intervenção é chamada de *Floortime* porque é realizada no chão, em que o profissional ou familiar interage com a criança na mesma altura, o que permite o seu desenvolvimento. Ela tem como premissa que o adulto ajude a criança a expandir o seu círculo de comunicação, mantendo a interação com a criança de acordo com o seu nível de desenvolvimento e estimular suas habilidades. Seu objetivo é ajudar na regulação sensorial e interesse pelo mundo, nas relações humanas, na comunicação de duas vias, comunicação complexa e nos pensamentos emocionais, que ajudam no crescimento emocional e cognitivo (Lowenthal, 2021).

Os programas de Treinamento em Habilidades Sociais (THS) têm sido utilizados como mecanismo de inclusão de crianças e adolescentes, sendo indicados como intervenção complementar para pessoas com TEA. Os programas de THS devem contribuir para a ampliação do repertório de HS dos participantes, assim como para que essas habilidades sejam utilizadas com mais frequência, funcionalidade e fluência; promover a manutenção das habilidades aprendidas e a generalização para diversos ambientes e para interações sociais com diferentes interlocutores. Destaca-se que os programas de THS, além de promoverem ampliação no repertório de Habilidades Sociais (HS), trazem a redução de comportamentos desadaptativos (Oliveira & Quiterio, 2022).

As características do transtorno podem prejudicar a qualidade das relações sociais dos indivíduos com TEA, dado que esse público tem mais dificuldade de identificar demandas do contexto social, planejar e emitir comportamentos socialmente competentes. Vale lembrar que o ensino do repertório de HS, para lidar de forma satisfatória com as situações interpessoais, corresponde aos comportamentos emitidos pelos indivíduos durante as interações sociais que são valorizadas pela cultura na qual estão inseridos. Tal repertório não é inato e os déficits em HS podem ser superados por meio de aprendizagem. Isso requer intervenções educativas e/ou terapêuticas, como o THS, que, geralmente, é embasado nas abordagens comportamental, cognitiva e cognitivo-comportamental. Promover as HS de crianças e adolescentes com TEA contribui para que desenvolvam relacionamentos interpessoais satisfatórios favorecendo sua inclusão social e bem-estar próprio e de seus familiares (Oliveira & Quiterio, 2022).

Em relação ao processo de escolarização dos alunos com TEA, a literatura tem apontado a fragilidade com que se desenvolve esse processo. Entre as principais demandas, observa-se o pouco conhecimento do docente acerca do transtorno; as dificuldades dos professores em adequar metodologias coerentes com as necessidades dos alunos; a dinâmica do espaço escolar frente às dificuldades de interação e comunicação desses alunos; entre outros (Ramos et al., 2021). A Intervenção Mediada por Pares (IMP) mostra-se como uma alternativa, trata-se de uma intervenção que utiliza os pares típicos (colegas de classe) para promover a mediação junto à criança com autismo, auxiliando no desenvolvimento de habilidades. Sua implementação envolve etapas prévias ao início da intervenção, como a escolha e o treinamento dos pares, geralmente sendo realizado pelo professor de sala regular concomitante com o trabalho do educador especial. Por apresentar evidências significativas, diversos estudos demonstraram que essa intervenção auxilia no desenvolvimento e na promoção de habilidades sociais, ampliando a conversação, o contato visual e as trocas recíprocas, bem como têm mostrado indicativos de resultados satisfatórios relacionados a habilidades acadêmicas. Apesar de as pesquisas nacionais apontarem resultados práticos e promissores, ainda há escassez de estudos relacionados à efetividade da IMP no desenvolvimento da aprendizagem acadêmica dos alunos com autismo em escolas públicas brasileiras (Ramos et al., 2021).

Considerações finais

Tendo em vista o aumento de casos identificados de pessoas com transtorno do espectro autista, e considerando as especificidades desse quadro, este capítulo buscou apresentar reflexões sobre as compreensões e conjunturas históricas que promoveram o refinamento da expressão do TEA. Também buscamos apontar para princípios gerais da condução de processos avaliativos e interventivos. Cabe ponderar que, embora existam critérios diagnósticos, a singularidade de cada indivíduo com TEA deve ser considerada no planejamento, na condução e no manejo das atividades profissionais, sejam elas avaliativas ou interventivas. Por essa razão evitou-se apresentar protocolos específicos. Ainda, destacamos que tão importante quanto o diagnóstico, é olhar e compreender a criança de forma integral, em suas características individuais, em seus diferentes contextos.

Referências

Associação Americana de Psicologia. (1952). *Diagnostic and Statistical Manual: Mental Disorders DSM-I*. APA.

Associação Americana de Psicologia. (1968). *Diagnostic and Statistical Manual of Mental Disorders DSM-II*. APA.

Associação Americana de Psicologia. (2002). *DSM IV – TR Manual de Diagnóstico e Estatístico das Perturbações Mentais* (4a ed.). Artmed.

Associação Americana de Psicologia. (2014). *Manual Diagnóstico e Estatístico de Transtornos Mentais: DSM-5* (5a ed.). Artmed.

Associação Americana de Psicologia. (2023). *Manual Diagnóstico e Estatístico de Transtornos Mentais: DSM-5-TR* (5a ed. rev.). Artmed.

Borges, L., & Baptista, M. N. (2018). Avaliação psicológica e psicoterapia na infância. In M. R. C. Lins, M. Muniz & L. Moraes (Orgs.), *Avaliação psicológica infantil* (pp. 71-90). Hogrefe.

Conselho Federal de Psicologia. (2005). *Código de Ética Profissional do Psicólogo*. CFP.

Conselho Federal de Psicologia. (2019). *Resolução CFP n. 6. Orientações sobre elaboração de documentos escritos produzidos pela(o) psicóloga(o) no exercício profissional*. Brasília, DF. Recuperado de https://site.cfp.org.br/publicada-nova-resolucao-sobre-elaboracao-de-documentos-escritos/

Conselho Federal de Psicologia. (2022). *Resolução CFP n. 31/2022. Estabelece diretrizes para a realização de Avaliação Psicológica no exercício profissional da psicóloga e do psicólogo, regulamenta o Sistema de Avaliação de Testes Psicológicos – Satepsi e revoga a Resolução CFP n. 09/2018*. Brasília, DF. Recuperado de https://atosoficiais.com.br/cfp/resolucao-do-exercicio-profissional-n-31-2022-estabelece-diretrizes-para-a-realizacao-de-avaliacao-psicologica-no-exercicio-profissional-da-psicologa-e-do-psicologo-regulamenta-o-sistema-de-avaliacao-de-testes-psicologicos-satepsi-e-revoga-a-resolucao-cfp-no-09-2018?origin=instituicao

Cooper, J. O. H., Heward, T. E., & William, L. (2013). *Applied behavior analysis* (2a ed.). Pearson.

Cunha, E. (2012). *Autismo e inclusão: psicopedagogia e práticas educativas na escola e na família*. Wak.

Fernandes, C. S., Tomazelli, J., & Girianelli, V. R. (2020). Diagnóstico de autismo no século XXI: evolução dos domínios nas categorizações nosológicas. *Psicologia USP*, *31*, e200027. https://doi.org/10.1590/0103-6564e200027

Júlio-Costa, A., & Antunes, A. M. (2018). *Transtorno do espectro autista na prática clínica*. Pearson Clinical Brasil.

Kanner, L. (1943). Autistic disturbances of affective contact. *Nervous Child*, 2, 217-250.

Koegel, L. K., Koegel, R. L., Harrower, J. K., & Carter, C. M. (1999). Pivotal response intervention I: overview of approach. *Research and Practice for Persons with Severe Disabilities*, *24*(3), 174-185.

Krug, J. S., Trentini, C. M., & Bandeira, D. R. (2016). Conceituação de psicodiagnóstico na atualidade. In C. S. Hutz, D. R. Bandeira, C. M. Trentini & J. S. Krug (Orgs.), *Psicodiagnóstico* (pp. 16-20). Artmed.

Lins, M. R. C., & Gomes, L. M. C. F. (2023). *Recursos lúdicos na clínica infantojuvenil*. Sinopsys.

Lowenthal, R. (2021). *Como lidar com o autismo*. Hogrefe.

Oliveira, K. S., Campos, C. R., & Peixoto, E. M. (2021). Avaliação de multitraços e por multimétodos em crianças e adolescentes. In M. M. Alves, M. Muniz, D. S. Zanini & M. N. Baptista (Orgs.), *Avaliação psicológica na infância e adolescência* (pp. 131-150). Vozes.

Oliveira, M. V., & Quiterio, P. L. (2022). Programas de intervenção em habilidades sociais de crianças com transtorno do espectro autista: uma revisão de literatura. *Revista Educação Especial*, *35*, e43/1-27.

Oliveira, S. E. S., & Trentini, C. M. (2023). *Avanços em psicopatologia: avaliação e diagnóstico baseados na CID-11*. Artmed.

Organização Mundial da Saúde. (2021). *International classification of diseases for mortality and morbidity statistic* (11a ed). OMS. https://icd.who.int/en

Ramos, F. S., Bittencourt, D. D., Camargo, S. P. H., & Schmid, C. (2021). Intervenção mediada por pares no engajamento acadêmico de alunos com autismo. *Revista Brasileira de Educação Especial*, *27*, e0261.

Rigoni, M. S., & Sá, S. D. (2016). O processo psicodiagnóstico. In C. S. Hutz, D. R. Bandeira, C. M. Trentini & J. S. Krug (Orgs.), *Psicodiagnóstico* (pp. 27-34). Artmed.

Rogers, S. J., & Dawson, G. (2014). *Intervenção precoce em crianças com autismo: modelo Denver para a promoção da linguagem, da aprendizagem e da socialização*. Lidel Edições Técnicas.

Romeira, G. M., Schreiner, L. B., & Bosa, C. A. (2021). Avaliação psicológica de crianças com suspeita de TEA: perfil interativo dos avaliadores. *Avaliação Psicológica*, *20*(1), 43-51. http://dx.doi.org/10.15689/ap.2021.2001.19578.05

Silva, C. C., & Elias, L. C. S. (2020). Instrumentos de avaliação no transtorno do espectro autista: Uma revisão sistemática. *Avaliação Psicológica*, *19*(2), 189-197. https://dx.doi.org/10.15689/ap.2020.1902.09

Silva, M. A., Mendonça-Filho, E. J., & Bandeira, D. R. (2020). *Inventário dimensional de avaliação do desenvolvimento infantil: Livro de instruções*. Vetor Editora.

Silva, T. C., Naves, A. R. C. X., & Lins, M. R. C. (2018). Estratégias lúdicas na avaliação infantil. In M. R. C. Lins, M. Muniz & L. Moraes (Orgs.), *Avaliação Psicológica Infantil* (pp. 179-202). Hogrefe.

Whitman, T. L. (2015). *O desenvolvimento do autismo*. M.Books.

Zaia, P., Oliveira, K. S., & Nakano, T. C. (2018). Análise dos processos éticos publicados no Jornal do Conselho Federal de Psicologia. *Psicologia: Ciência e Profissão*, *38*(1), 8-21. https://doi.org/10.1590/1982-3703003532016

Zanini, D. S., Oliveira, K. S., Oliveira, K. L., & Henklain, M. H. O. (2022). Desafios da avaliação psicológica no Brasil: nova realidade, velhas questões. *Avaliação Psicológica*, *21*(4), 407-417. http://pepsic.bvsalud.org/scielo.php?script=sci_arttext&pid=S1677-04712022000400005&lng=pt. http://dx.doi.org/10.15689/ap.2022.2104.24162.04

33
Motivação para aprender: manejos de avaliação e procedimentos interventivos

José Aloyseo Bzuneck
Sueli Édi Rufini
Paula Mariza Zedu Alliprandini

> *Highlights*
> - Motivação do estudante é multidimensional e examinada em várias teorias;
> - Cada teoria motivacional explora construtos específicos;
> - Escalas de mensuração da motivação devem ter propriedades psicométricas adequadas;
> - Intervenções inspiradas nas teorias são eficazes e têm limitações.

Este capítulo tem como foco a motivação de estudantes enquanto fator crítico nos processos de aprendizagens e na sua autorregulação (Anderman, 2020). A principal razão para seu estudo tem origem em queixas de professores que relatam suspeitar estar ocorrendo falta de motivação em certos estudantes pela constatação reiterada de desempenho fraco e, mais ainda, pela observação de comportamentos como de não cumprir em tempo ou não completar tarefas, ou mesmo de não participar em classe, aparecendo com certo grau de desligamento. Entretanto, não basta a identificação de estudantes como motivados ou desmotivados. Além desse aspecto quantitativo, há que se considerar, qualitativamente, a possível presença preponderante de motivações mais pobres e até contraproducentes como, por exemplo, apenas para conseguirem nota ou evitarem serem considerados pouco inteligentes, objetivos facilmente associados ao uso de estratégias autoprejudiciais. Em todos esses casos, seja de motivação debilitada ou mais pobre, para que se previna o sub-rendimento acadêmico, surge a necessidade de intervenção remediadora e, para essa finalidade, o estado motivacional deve ser avaliado por instrumentos dotados de validade de construto e de validade de conteúdo.

Com essa preocupação em mente, a motivação nos contextos educativos, seja como um estado em situação específica ou até como uma disposição estável, não deve ser considerada uma entidade simples. Ao contrário, conforme revela toda a história das pesquisas nas últimas cinco décadas, motivação abriga vários componentes, ou seja, é multifatorial. Disso, nesse período, surgiram teorias motivacionais diversas, em que seus autores exploraram um ou mais construtos, contudo, com a comum abordagem sociocognitivista, por privilegiarem percepções e cognições dos estudantes e, ao mesmo tempo, as influências socioambientais. Além disso, tenha-se presente que todas as teorias compartilham as mesmas funções de serem descritivas, explanatórias, preditivas e com o potencial para promover intervenções (Anderman, 2020).

Neste capítulo serão examinadas, especificamente, as seguintes questões: Como os construtos motivacionais desenvolvidos em teorias selecionadas estão sendo medidos? Quais problemas e possíveis soluções têm sido mais apontados nessa tarefa? Além disso, à luz de cada uma dessas teorias, como têm sido delineadas propostas de intervenção remediadora? Wigfield e Koenka (2020), em seu amplo estudo comparativo e crítico de cinco teorias motivacionais de aplicação no contexto escolar, chegaram à conclusão de que, nos estudos conduzidos à luz de cada uma delas, procedimentos de intervenção tiveram como efeito melhoras na motivação e no desempenho dos estudantes.

Em resposta às questões anteriormente propostas acerca da mensuração dos respectivos construtos e das perspectivas de intervenções, serão expostas, a seguir, a teoria da autodeterminação, a teoria de metas de realização e, da teoria social cognitiva, as crenças de autoeficácia. Entre as diversas teorias motivacionais (Anderman 2020; Wigfield & Koenka, 2020), foram selecionadas essas três, além da necessidade de ater-se a limitações de espaço, com atenção aos critérios de (a) terem inspirado um volume considerável de pesquisas nas últimas décadas; (b) evidenciarem que, nos instrumentos, seus construtos tenham sido operacionalizado de forma adequada; e (c) porque foram empreendidas experiências de intervenção, com discussão dos resultados e propostas para os contextos educacionais.

Teoria da autodeterminação (TAD)

Ryan e Deci (2017, 2019) propuseram, nessa sua teoria – TAD –, que a motivação varia em função da multiplicidade de regulações, que correspondem a razões ou motivos diversos das pessoas para agirem. Em outras palavras, motivação varia qualitativamente expressa num *continuum*, em que é considerada, a princípio, a desmotivação, caracterizada pela total ausência de regulação. Em seguida, discriminam-se quatro tipos de motivação extrínseca: motivação extrínseca por regulação externa, por regulação introjetada, por regulação identificada e pela integrada. Na extremidade situa-se a forma mais autorregulada, que é a motivação intrínseca. Vale mencionar que, além de superar a simples polarização de motivação intrínseca-extrínseca, já que são discriminados quatro tipos de motivação extrínseca, a teoria é a única a propor desmotivação a ser também avaliada.

Possibilidades de avaliação

Vallerand et al. (1993) figuram como os pioneiros entre os inúmeros autores que demonstraram as propriedades psicométricas de uma escala construída para avaliar a motivação de estudantes, atendendo às categorias do *continuum* da autodeterminação. Mais recentemente, e com algumas especificidades, Litalien et al. (2017) chegaram a resultados similares. Em nosso meio, com o mesmo objetivo, Barbosa et al. (2019) e Inácio et al. (2021) merecem ser citados entre os pesquisadores que adaptaram escalas estrangeiras ou criaram novas. Nesse contexto, cabe esclarecer que a motivação de estudantes por regulação integrada não tem sido avaliada pela maioria dos autores em função da exigência de uma identidade pessoal formada pelos participantes.

Como característica de todos os instrumentos, nacionais e estrangeiros, o teor dos diversos itens que compunham cada subescala do *continuum* caracterizava-se por provocar respostas à questão: Por que veem à escola, por que estudam ou querem aprender? As respostas dadas pelos participantes têm incidido numa escala de cinco ou de sete pontos correspondentes aos graus possíveis de concordância com cada enunciado. Os itens tinham como referência aspectos da vida acadêmica em geral ou alguma área específica de aprendizagem. Entretanto, diversos autores (por exemplo, Barbosa et al., 2019; Mouratidis et al., 2021), inspirados na proposta de Ryan e Deci (2017), têm examinado, ao lado da desmotivação, apenas duas categorias abrangentes. A primeira é a motivação autônoma, formada pela combinação dos escores em motivação intrínseca e identificada e caracterizada por plena volição e autoendosso das ações, sendo de melhor qualidade pelos efeitos. Em contraste, a motivação controlada, composta das formas motivacionais extrínsecas de regulação externa e introjetada.

É importante mencionar que a teoria da autodeterminação é igualmente única por incluir no modelo que os estudantes, para desenvolverem formas de motivação mais autorreguladas, como a motivação autônoma, precisam perceber que no ambiente estão sendo atendidas três necessidades psicológicas básicas: de autonomia, competência e relacionamento (Ryan & Deci, 2017). Para os autores da teoria, essas três necessidades propiciam os nutrientes psicológicos do engajamento em aprendizagens e do bem-estar. Dessa forma, é defendida a sequência de eventos relacionados: apoio social – necessidades psicológicas atendidas – motivação autônoma – resultados positivos de aprendizagem. Escalas de autorrelato foram criadas com o objetivo de avaliar em que medida os estudantes percebem esse apoio social, em termos de atendimento das três necessidades (Barbosa et al., 2019; Hsu et al., 2019). Por outro lado, em estudos como o de Reeve e Cheon (2021), professores têm sido avaliados quanto ao seu estilo motivacional, caracterizado pelo grau em que cumprem essa função crítica.

Ryan e Deci (2019) assinalaram que, nas últimas décadas, centenas de estudos têm dado apoio aos postulados de sua teoria, comprovando reiteradamente seu valor prático, respectivamente, no que atina professores ou estudantes. As relações entre os tipos de motivação e as percepções do atendimento das necessidades psicológicas pelos alunos têm sido examinadas sob duas abordagens. A primeira é a centrada nas variáveis, em que são associados entre si os escores em cada variável, conforme fora adotada, por exemplo, por Hsu et al. (2019), que examinaram a percepção da satisfação das necessidades e sua relação com motivação autorregulada em ambientes de ensino a distância.

Em contraste, muitos autores, como Litalien et al. (2019), têm adotado a abordagem centrada na pessoa, pela qual são formados grupos distintos de alunos, ou perfis, em que são combinados tipos e graus diferentes de motivações, como ocorre normalmente com todo aluno. O método permite identificar, com base nessa combinação, o grupo ou grupos considerados de risco motivacional. No estudo de Litalien et al. (2019), por exemplo, formaram-se cinco perfis de combinações, entre os quais estava o de 25,4% de universitários com escores entre baixo e moderado em todos os tipos de motivação pela TAD e escores moderadamente altos em desmotivação. A identificação de estudantes como os desse grupo, caracterizados por desmotivação, juntamente com a motivação controlada, sugere a necessidade de intervenção, pela qual seus participantes desenvolvam a motivação autônoma, mais autorregulada e com melhores efeitos sobre o engajamento.

Possibilidades de intervenção

Os autores da TAD (Ryan & Deci, 2017) defendem ser por influências sociais que os estudantes chegam a interiorizar os valores que caracterizam a motivação autônoma. Nesse sentido, os professores serão o foco das intervenções, destinadas a que desenvolvam e adotem o estilo motivacional marcado pelo atendimento constante das necessidades psicológicas básicas de seus alunos. Detalhes de componentes dessas intervenções e seus efeitos comprovados constam de inúmeros estudos (por exemplo, Cheon & Reeve, 2015; Yu & Levesque-Bristol, 2020). Resumidamente, está bem documentado na literatura que, entre as ações a serem incorporadas pelos professores, para o desenvolvimento da autonomia em seus alunos, são eficazes as de permitir escolhas, acatar pontos de vista de seus estudantes, argumentando pela relevância de tarefas e conteúdo, entre outras. Já para alimentarem a necessidade de competência, os cuidados consistirão nomeadamente na prestação de *feedbacks* informativos, que enfatizem bons resultados e o progresso. Por fim, professores são orientados a, evitando um estilo impessoal e distante com seus alunos, procederem de modo que os estudantes se sintam acolhidos e merecedores de cuidados e atenção.

Teoria de metas de realização

A construção dessa teoria teve início na passagem dos anos de 1970 para 1980 e sua formulação mais acabada resultou da contribuição independente de autores diversos, como: Ames (1992) e Dweck (1986). Metas de realização (*achievement goals*) foram consideradas fatores motivacionais específicos, com o significado *do quê* estudantes estão buscando nos contextos de aprendizagem, ao mesmo tempo que representam razões ou *os porquês* do engajamento nessas atividades, compartilhando, dessa forma, a base da TAD. Assim, com mais precisão, é correto afirmar que um estudante *está orientado* para alguma meta de realização, uma vez que aqui não se trata do caso de *estabelecimento* de determinada meta específica a atingir, como passar no vestibular ou receber conceito A numa disciplina. A avaliação psicológica das metas de realização dos alunos, portanto, não tem como foco objetivos que se busquem atingir, mas os propósitos que orientam os processos de aprendizagem.

A compreensão do significado dessas metas para a motivação torna-se mais clara com a exposição de seus tipos. No início da história desse construto eram examinadas apenas a meta aprender, ou de domínio, e a meta *performance*, ou de capacidade relativa ou ego. Entretanto, em função de resultados de pesquisa, cada meta foi desdobrada em duas, fechando num total de quatro: de domínio-aproximação, domínio-evitação, *performance*-aproximação e *performance*-evitação. Em diversas pesquisas, tais metas, fatorialmente distintas, têm sido operacionalizadas nos questionários de autorrelato. Urdan e Kaplan (2020) mencionaram que alguns autores propuseram e adotaram, também como metas de realização, a orientação a metas extrínsecas e a meta de evitação do trabalho.

Segundo Pintrich (2000), o estudante orientado à meta domínio-aproximação tem como foco chegar ao domínio dos conteúdos, entendido como compreensão de profundidade e melhora e progresso nas aprendizagens. Já quem se orientar à meta domínio-evitação terá a preocupação de evitar mal-entendidos e falta de aprendizagem, com seu desempenho julgado tão somente em não fracassar na realização de tarefas. Estudantes voltados à meta *performance*, genericamente, estão preocupados com sua capacidade e com o ego. Mais precisamente, com a orientação à meta *performance*-aproximação, os estudantes têm como foco parecerem como dotados de boa inteligência ou em ser melhores do que os outros. Em contraste, pela *performance*-evitação, seu propósito é de não se mostrarem como incompetentes, menos capazes ou inferiores aos colegas.

Os efeitos motivacionais da orientação a cada uma dessas quatro metas ou à possível combinação estão bem documentados na literatura (por exemplo, Pintrich, 2000; Senko & Hulleman, 2013). A orientação à meta domínio-aproximação tem sido associada a uma constelação de efeitos cognitivos, afetivos e comportamentais mais adaptadores, que facilitam as aprendizagens. Com o foco prevalente nessa meta de aproximação, o estudante acata e enfrenta desafios com os quais se tornará mais competente, tem emoções positivas de satisfação e interesse e sabe atribuir erros ou fracassos não à falta de capacidade, e sim a outras causas controláveis. Em contraste, a meta *performance*-aproximação, quando medida em termos de *comparação social* (ser melhor que os outros), prediz uso de estratégias de profundidade, bom desempenho nas aulas e notas altas. Essa relação não foi constatada quando a medida dessa meta focalizava o desejo de *aparecer* como inteligente, pois, nesse caso, está relacionada com menos interesse pelas aprendizagens em si. Já as restantes duas metas, domínio-evitação e *performance*-evitação, estão em geral associadas a baixo interesse, ansiedade, confusão sobre como estudar e, por fim, desempenho mais fraco.

Vale acrescentar que estudantes podem perseguir simultaneamente mais de uma meta pela chamada perspectiva *de metas múltiplas* (Pintrich, 2000). Por exemplo, com a meta domínio-aproximação, revelarão melhor engajamento; e com a meta *performance*-aproximação, obterão melhores notas, sendo assim duplamente beneficiados. Daí, pela abordagem centrada na pessoa, em vários estudos identificaram-se grupos de estudantes com perfis distintos (Hong et al., 2020). No entanto, deve-se ter presente que os efeitos da combinação de metas distintas não são diretos ao dependerem de moderadores, como características dos alunos, de tarefas e de contextos.

Possibilidades de avaliação

Quanto à mensuração das diferentes metas de realização, Urdan e Kaplan (2020), ao evocarem as centenas de pesquisas que utilizaram esse referencial teórico, observaram que um dos motivos para essa proliferação de estudos foi a pronta acessibilidade aos dados mediante questionários de autorrelato. Entretanto, Urdan e Kaplan também apontaram problemas pendentes na construção de escalas, especificamente na operacionalização do conceito de metas. Por outro lado, como amostras de instrumentos bem construídos, Urdan e Kaplan (2020) relataram terem sido frequentemente utilizadas a escala de Elliot e Murayama e o The Patterns of Adaptive Learning Study [Estudo dos Padrões de Aprendizagem Adaptativa] (Pals), de Midgley e colaboradores. Em nosso meio, um instrumento então já existente e com boas propriedades psicométricas foi utilizado no estudo de Santos e Inácio (2020), que avaliaram, em escala tipo Likert, a meta de realização aprender e as duas metas de *performance*.

A teoria de metas de realização também se caracteriza como sociocognitivista, por adotar o componente tipicamente cognitivista de metas e, ao mesmo tempo, explicar que os estudantes incorporam metas preferenciais em função de influências ambientais. Kaplan et al. (2002), entre outros, adotaram o rótulo de *estrutura de metas* em sala de aula para indicar "as várias políticas e práticas em classe ou na escola que tornam salientes as metas ou de domínio ou de *performan*-

ce, assim como as mensagens explícitas e relacionadas com metas que os professores comunicam a seus alunos" (2002, p. 24). A estrutura de metas prevalentes em uma classe ou escola tem sido igualmente operacionalizada em pesquisas e avaliada com itens que exprimem, por parte dos estudantes, suas percepções do que os professores dizem, fazem ou deixam de fazer (Anderman et al., 2010). Em sua metanálise de estudos, Bardach et al. (2020) comprovaram relações significativas entre as percepções desse contexto escolar e as orientações a metas de realização, um dado que sinaliza a direção das intervenções para a remediação de estudantes que apresentarem orientações disfuncionais.

Possibilidades de intervenção

Urdan e Kaplan (2020) observaram que têm sido raras as pesquisas de intervenção destinadas a promoverem diretamente aos estudantes, nas condições reais de aprendizagem escolar, a orientação preferencial à meta aprender ou de domínio. Em contraste, alguns autores tiveram por objetivo promover mudanças na estrutura de sala de aula e até da própria escola, no sentido de criarem um clima favorável a essa orientação, juntamente com a atenuação das metas de *performance*. Os procedimentos incluíam práticas como a de dosar tarefas desafiadoras e de curto prazo para a classe, sem pressionar pelo término e sem comparação social nas avaliações. Todavia, segundo Urdan e Kaplan (2020), os resultados foram limitados, tendo como razão principal o surgimento de um conflito que afetaria todos os estudantes. Por um lado, a intervenção terá preconizado como mais valiosa a orientação para aprender e como é alimentada. Por outro lado, em seu meio familiar, no sistema escolar e até em sua cultura, os estudantes recebem mensagens insistentes de que, na prática, mais importante são notas altas, que enfatizam a *performance*, com a agravante de favorecerem competição e comparação social, com seus efeitos deletérios para grande parte de uma classe. É plausível a previsão de que essas últimas mensagens tenham mais influência no desenvolvimento das orientações motivacionais dos estudantes na direção oposta à que a teoria de metas de realização propôs como mais funcional.

Autoeficácia na teoria social cognitiva

Bandura (1997) introduziu na literatura psicológica o conceito de autoeficácia, compreendida como característica própria do ser humano como agente, que interage de forma recíproca com o ambiente e com o próprio comportamento. Isto é, sua teoria social cognitiva tem como base a perspectiva de agência humana, com o papel crítico da autoeficácia, definida como "crenças das pessoas em suas capacidades para organizar e executar cursos de ação necessários para alcançar tipos determinados de desempenho" (Bandura, 1997, p. 3). Autoeficácia, portanto, é uma forma de autopercepção de capacidade e, ao mesmo tempo, representa uma expectativa relacionada com o que se pode executar. Por essa razão, diante de cada desafio específico, esse construto tem importantes funções motivacionais em diversas áreas do funcionamento humano (Bandura, 1997; Zimmerman, 2000), ao lado de outros construtos, com os quais pode se associar.

No caso de estudantes, Schunk e DiBenedetto (2019), apoiados em Bandura (1997), detalharam que, com crenças mais robustas de autoeficácia para aprender e para a adoção de processos de autorregulação, eles envolvem-se em atividades cognitivas e comportamentais adaptadoras, estabelecem metas mais altas, persistem apesar das dificuldades e adotam estratégias eficazes de aprendizagem. Em contraste, com uma autoeficácia debilitada, estudantes tendem a não ser persistentes ou sequer iniciam a atividade exigida. Dessa forma, níveis mais elevados de autoeficácia são preditores motivacionais de ações bem-sucedidas. Considerável volume de pesquisas tem comprovado tais efeitos (Zimmerman, 2000). Nesse contexto, Usher et al. (2019) concluíram não ser suficiente que os estudantes desenvolvam habilidades e sua capacidade intelectual, sendo imprescindível que também acreditem serem capazes de executar as ações conducentes a objetivos almejados.

Em qualquer nível de escolaridade os estudantes buscam atingir metas valorizadas e, com a expectativa de que terão êxito, exercem ações conducentes. Todavia, ao enfrentar tarefas novas ou mais difíceis, cada estudante se põe de prontidão a examinar sua capacidade de colocar as ações necessárias naquele contexto, isto é, avaliam a própria autoeficácia. Bandura (1997) defendeu que, para o engajamento em ações, mais decisivas do que altas expectativas de resultados são as crenças de autoeficácia. Quando forem frágeis, ou assomarem dúvidas sobre a própria capacidade de executar as ações, chega a anular-se o potencial motivador das expectativas de resultados. Por isso, nos contextos educativos, faz-se necessária a identificação do grau da crença de autoeficácia para as atividades de aprendizagem ou de autorregulação, com o emprego de instrumentos adequados de avaliação, uma exigência frequentemente nem sempre bem atendida. Schunk e DiBenedetto (2019), entre outros, apontaram que, em muitas publicações de pesquisa sobre autoeficácia, seus autores têm se distanciado dos conceitos originais de Bandura, comprometendo a robustez da medida do construto. Exemplos podem ser conferidos em artigos como no de Honicke e Broadbent (2016) e, em nosso meio, Azzi et al. (2021) constataram que, de 24 estudos brasileiros, em 4 deles as escalas de autoeficácia continham itens que não atendiam aos pressupostos teóricos.

Possibilidades de avaliação

Na construção de escalas robustas de autoeficácia, Bandura (1997, 2006) pontuou não ser aceitável a adoção de uma medida de amplo espectro. Pelo contrário, para terem validade de construto, ou validade ecológica, as medidas deverão refletir mais de perto a especificidade de cada tarefa. Por exemplo, em atenção a essa diretriz, não basta que se solicite ao aluno o grau de sua crença de autoeficácia para matemática, ou para leitura. No primeiro caso, devem ser-lhe apresentados problemas específicos, como de aritmética, álgebra ou geometria; e qual atividade mental está sob investigação, seja de compreensão, solução ou cálculo, ou todas. Em leitura, a autoeficácia será medida em termos, por exemplo, ou de fluência ou de compreensão leitora, que são habilidades distintas, e sempre em relação a determinado tipo de texto ou disciplina.

Em segundo lugar, para Bandura (1997, 2006), os itens de uma escala devem atender ao conceito teórico de autoeficácia, o que implica que não se incorra no equívoco de avaliar autoconceito, autoestima, expectativas de sucesso ou de controle. Embora associáveis à autoeficácia, não são construtos equivalentes e, portanto, nas escalas não podem figurar como permutáveis, por não terem o mesmo significado psicológico. Em toda pesquisa, a medida de autoeficácia será robusta se estiver assegurada sua validade, tanto de construto como de conteúdo, ou seja, sem distorções conceituais. Assim, por exemplo, um item redigido como "Sou um(a) bom(boa) leitor(a)" não mede autoeficácia, e sim autoconceito, construto mais genérico. Equívoco similar aparece numa questão do tipo "Se eu me esforçar, vou tirar boas notas", que significa expectativa de resultado. Itens genuinamente destinados a avaliar a eficácia serão encabeçados por frases como "Consigo...", "Acho-me capaz de...", ou similares, seguidas das ações específicas do tópico em foco, propostas para serem exercidas.

Como último detalhe, Bandura (2006) propôs que, para uma avaliação adequada dos graus de confiança, nas escalas em formato Likert devem preferencialmente ser previstos dez pontos de respostas, embora em muitos estudos tenham sido adotadas apenas cinco ou sete alternativas. Para esse autor, escalas com pontos reduzidos de respostas muito provavelmente ocasionam perda de informações relevantes, com resultados menos confiáveis, uma vez que os participantes têm uma predisposição por evitar as posições extremas das escalas, ou seja, o "pouco" e o "muito".

Em síntese, na construção de escalas destinadas a medir autoeficácia de estudantes, para atenderem integralmente aos pressupostos teóricos de Bandura (1997, 2006), os itens devem: (a) apresentar estrita aderência ao conceito teórico; (b) em nível microanalítico, espelhar a especificidade de área e de tarefa; e (c) guardarem relação explícita com tarefas a executar, embora o estudante possa evocar, como apoio e referência, a percepção de algum desempenho anterior. O atendimento desses requisitos é condição particularmente crítica para as intervenções destinadas a recuperar crenças de autoeficácia de alunos, uma vez que o diagnóstico do problema não pode basear-se em mal-entendidos conceituais nas medidas.

Possibilidades de intervenção

Caso sejam identificados estudantes com crenças debilitadas de autoeficácia para determinado tipo de tarefa (como problemas matemáticos ou compreensão leitora, entre outros), a remediação, em processos de intervenção, será pelo recurso às fontes, que têm o potencial de alimentar a autoeficácia (Bandura, 1997), ou seja, basicamente com a persuasão social, a exploração de experiências vicárias e, mais do que tudo, pela promoção de experiências de êxito nas tarefas em foco. Diferentemente das intervenções inspiradas em outras teorias, os próprios estudantes serão o alvo das ações, em que os agentes serão normalmente os professores. Além da relação de diversas ações pedagógicas propostas sobre como explorarão essas fontes (Azzi & Casanova, 2020), um procedimento de eficácia comprovada em pesquisas para proporcionar experiências de domínio consiste em ensinar os alunos a estabelecerem preferencialmente metas próximas na execução de tarefas. Primeiro, porque metas de curto prazo tornam a tarefa como mais facilmente cumprida, o que favorece o julgamento de autoeficácia. Em segundo lugar, tais metas, por serem rapidamente atingíveis com sucesso, propiciam experiências de domínio, especialmente em função do *feedback* que receberem, com a mensagem pelo menos implícita de que ocorreu aumento real de competência. Na literatura, tem sido amplamente demonstrado que a autoeficácia assim como o próprio desenvolvimento de habilidades são mais fortes nos alunos que estabeleceram metas próximas do que aqueles que estabeleceram apenas metas de longo prazo (Pajares, 2006). Já para a recuperação da autoeficácia abalada em função de estados psicofisiológicos, são igualmente indicados procedimentos destinados à regulação de alta ansiedade, normalmente interpretável pelos estudantes como sinalizadora de autoeficácia reduzida (Bzuneck & Boruchovitch, 2020).

Considerações finais

As três teorias selecionadas para este capítulo revelaram componentes motivacionais críticos para todo estudante e, ao mesmo tempo, indicações para pesquisadores e educadores. A mensuração precisa de cada construto que as teorias consideraram que propicia o conhecimento cientificamente embasado de fatores relevantes que explicam o engajamento nas tarefas de aprendizagem. Adicionalmente, os dados revelados em pesquisas, conduzidas à luz das teorias, têm o potencial de indicarem como problemas motivacionais identificados serão objeto de intervenções psicoeducacionais eficazes.

Embora as três teorias aqui exploradas tenham um peso especial pelo seu histórico de pesquisas e de intervenções que suscitaram, cabe lembrar que outras teorias, como a das atribuições de causalidade, merecem ser exploradas com os mesmos objetivos, contribuindo significativamente para a compreensão desse construto complexo e multifacetado, que é a motivação nos contextos escolares. Entretanto, especificamente no aspecto de mensurações dos construtos motivacionais, normalmente por meio de escalas de autorrelato, os próprios autores das teorias expostas neste texto têm proposto serem necessárias novas linhas de pesquisas. Nesse sentido, foi defendida a adoção complementar de metodologias qualitativas, com as quais se identifiquem detalhes críticos não atingíveis pelas escalas em formato Likert, conforme têm sido criadas. Como métodos de avaliação microanalítica, com os quais se captem cognições e ações de estudantes durante a execução de tarefas específicas, têm sido recomendados os de relatos em diários, de protocolos de falar o que se pensa e de entrevistas. Com adoções metodológicas como essas, sugeridas na literatura, espera-se um aprofundamento e ampliação do conhecimento do que move os estudantes para o aprender, bem como dos problemas a serem enfrentados em intervenções.

Referências

Ames, C. A. (1992). Classroom goals, structures, and student motivation. *Journal of Educational Psychology, 84*(3), 261-271.

Anderman, E. M. (2020). Achievement motivation theory: Balancing precision and utility. *Contemporary Educational Psychology, 61*, 1-7. https://doi.org/10.1016/j.cedpsych.2020.101864

Anderman, E. M., Anderman, L. H., Yough, M. S., & Gimbert, B. G. (2010). Value-added models of assessment: implications for motivation and accountability. *Educational Psychologist, 45*(2), 123-137. https://doi.org/10.1080/00461521003703045

Azzi, R. G., & Casanova, D. C. G. (2020). *Conversas sobre crenças de autoeficácia para aprender: texto para professoras e professores*. Editora Letra 1.

Azzi, R. G., Maciel, A. C. M., & Casanova, D. G. C. (2021). Escalas de crenças de autoeficácia: um estudo a partir de periódicos nacionais de psicologia. *Revista TSC Em Foco, 16*, 20-32.

Bandura, A. (1997). *Self-efficacy: the exercise of control*. Freeman and Company.

Bandura, A. (2006). Guide for creating self-efficacy scales. In F. Pajares & T. Urdan (Eds.), *Self-efficacy beliefs of adolescents* (pp. 307-337). Information Age Publishing.

Barbosa, M. L. L., Balbinotti, M. A. A., Saldanha, R. P., Pedroso Diehl, A. B. R., & Balbinotti, C. A. A. (2019). Validade do modelo hierárquico da motivação intrínseca e extrínseca no esporte escolar. *Psico-USF, 24*(3), 529-540. https://doi.org/10.1590/1413-82712019240310

Bardach, L., Oczlon, S., Pietschnig, J., & Lüftenegger, M. (2020). Has achievement goal theory been right?

A meta-analysis of the relation between goal structures and personal achievement goals. *Journal of Educational Psychology*, *112*(6), 1197-1220. https://doi.org/10.1037/edu0000419

Bzuneck, J. A., & Boruchovitch, E. (2020). Autorregulação da motivação e das emoções: inter-relações, implicações e desafios. In L. M. B. Frison & E. Boruchovitch (Eds.), *Autorregulação da aprendizagem: cenários, desafios, perspectivas para o contexto educativo* (pp. 31-45). Vozes.

Cheon, S. H., & Reeve, J. (2015). A classroom-based intervention to help teachers decrease students' amotivation. *Contemporary Educational Psychology*, *40*, 99-111. https://doi.org/10.1016/j.cedpsych.2014.06.004

Dweck, C. S. (1986). Motivational processes affecting learning. *American Psychologist*, *41*(10), 1040-1048. https://doi.org/10.1037/0003-066X.41.10.1040

Hong, W., Bernacki, M. L., & Perera, H. N. (2020). A latent profile analysis of undergraduates' achievement motivations and metacognitive behaviors, and their relations to achievement in science. *Journal of Educational Psychology*, *112*(7), 1409-1430. https://doi.org/10.1037/edu0000445

Honicke, T., & Broadbent, J. (2016). The influence of academic self-efficacy on academic performance: a systematic review. *Educational Research Review*, *17*, 63-84. http://dx.doi.org/10.1016/j.edurev.2015.11.002

Hsu, H. C. K., Wang, C. V., & Levesque-Bristol, C. (2019). Reexamining the impact of self-determination theory on learning outcomes in the online learning environment. *Education and Information Technologies*, *24*(3), 2159-2174. http://dx.doi.org/10.1007/s10639-019-09863-w

Inacio, A. L. M., Schelini, P. W., & Noronha, A. P. P. (2021). Avaliação da motivação para aprender com base na teoria da autodeterminação. *Avaliação Psicológica*, *20*(4), 455-462. https://doi.org/10.15689/ap.2021.2004.21950.07

Kaplan, A., Middleton, M. J., Urdan, T., & Midgley, C. (2002). Achievement goals and goal structures. In C. Midgley (Ed.), *Goals, goal structures, and patterns of adaptive learning* (pp. 21-53). Erlbaum.

Litalien, D., Morin, A. J. S., Gagné, M., Vallerand, R. J., Losier, G. F., & Ryan, R. M. (2017). Evidence of a continuum structure of academic self-determination: a two-study test using a bifactor-ESEM representation of academic motivation. *Contemporary Educational Psychology*, *51*, 67-82. https://doi.org/10.1016/j.cedpsych.2017.06.010

Litalien, D., Gillet, N., Ratelle, C. F., Gagné, M., & Morin, A. J. S. (2019). Self-determined motivation profiles among undergraduate students: a robust test of profile similarity as a function of gender and age. *Learning and Individual Differences*, *70*, 39-52. https://doi.org/10.1016/j.lindif.2019.01.005

Mouratidis, A., Michou, A., Sayil, M., & Altan, S. (2021). It is autonomous, not controlled motivation that counts: Linear and curvilinear relations of autonomous and controlled motivation to school grades. *Learning and Instruction*, *73*, 1-14. https://doi.org/10.1016/j.learninstruc.2020.101433

Pajares, F. (2006). Self-efficacy during childhood and adolescence: implications for teachers and parents. In F. Pajares & T. Urdan (Eds.), *Self-efficacy beliefs of adolescents* (pp. 339-367). Information Age Publishing.

Pintrich, P. R. (2000). Multiple goals, multiple pathways: the role of goal orientation in learning and achievement. *Journal of Educational Psycjhology*, *92*(3), 544-555. https://doi.org/10.1037/0022-0663.92.3.544

Reeve, J., & Cheon, S. H. (2021). Autonomy-supportive teaching: its malleability, benefits, and potential to improve educational practice, *Educational Psychologist*, *56*(1), 54-77. https://doi.org/10.1080/00461520.2020.1862657

Ryan, R. M., & Deci, E. L. (2017). *Self-determination theory: basic psychological needs in motivation, development, and wellness*. Guilford Press.

Ryan, R. M., & Deci, E. L. (2019). Brick by Brick: the origins, development, and future of self-determination theory. In A. J. Elliot (Ed.), *Advances in motivation science* (pp. 111-156). Elsevier.

Santos, A. A. A., & Inácio, A. L. M. (2020). High school motivation: achievement goals and learning strategies. *Psicologia: Teoria e Prática*, *22*(2), 360-380. http://dx.doi.org/10.5935/1980-6906/psicologia.v22n2p360-380

Schunk, D. H., & DiBenedetto, M. K. (2019). Motivation and social cognitive theory. *Contemporary Educational Psychology*, *60*, 1-10. https://doi.org/10.1016/j.cedpsych.2019.101832

Senko, C., & Hulleman, C. S. (2013). The role of goal attainment expectancies in achievement goal pursuit. *Journal of Educational Psychology, 105*(2), 504-521. https://doi.org/10.1037/a0031136

Urdan, T., & Kaplan, A. (2020). The origins, evolution and future directions of achievement goal theory. *Contemporary Educational Psychology, 61*, 1-10. https://doi.org/10.1016/j.cedpsych.2020.101862

Usher, E. L., Li, C. R., Butz, A. R., & Rojas, J. P. (2019). Perseverant grit and self-efficacy: Are both essential for children's academic success? *Journal of Educational Psychology, 111*(5), 877-902. https://doi.org/10.1037/edu0000324

Vallerand, R. J., Pelletier, L. G., Blais, M. R., Briere, N. M., Senécal, C., & Vallieres, E. F. (1993). On the assessment of intrinsic, extrinsic, and amotivation in education: evidence on the validity of the academic motivation scale. *Educational and Psychological Measurement, 53*(1), 159-172. https://doi.org/10.1177/0013164493053001018

Wigfield, A., & Koenka, A. C. (2020). Where do we go from here in academic motivation theory and research? Some reflections and recommendations for future work. *Contemporary Educational Psychology, 61*, 1-9. https://doi.org/10.1016/j.cedpsych.2020.101872

Yu, S., & Levesque-Bristol, C. (2020). A cross-classified path analysis of the self-determination theory model on the situational, individual, and classroom levels in college education. *Contemporary Educational Psychology, 61*, 1-14. https://doi.org/10.1016/j.cedpsych.2020.101857

Zimmerman, B. J. (2000). Self-Efficacy: an essential motive to learn. *Contemporary Educational Psychology, 25*(1), 82-91.

34
Autorregulação da aprendizagem: avaliação e procedimentos interventivos

Evely Boruchovitch
Ana Margarida da Veiga Simão
Natália Moraes Góes
Danielle Ribeiro Ganda

> *Highlights*
> - A autorregulação da aprendizagem na perspectiva da teoria social cognitiva tem sido estudada mundialmente;
> - Estudantes autorregulados apresentam comportamentos mais adaptativos para aprendizagem;
> - A aprendizagem autorregulada, em linhas gerais, tem sido mensurada por instrumentos qualitativos e quantitativos;
> - Escalas de autorrelato, questionários, inventários, situações hipotéticas, medidas em tempo real, diários estruturados de aprendizagem, entre outras, têm predominado.

Nas últimas décadas a aprendizagem tem sido objeto de investigação e preocupação de muitos pesquisadores, sobretudo aqueles da área da psicologia da educação. Estudiosos defendem que estimular o desenvolvimento da autorregulação da aprendizagem é um caminho frutífero para minimizar os desafios relacionados à aprendizagem enfrentados pelos estudantes, desde a educação básica até o ensino superior (Schunk & Greene, 2018; Zimmerman, 2000).

A autorregulação da aprendizagem na perspectiva da teoria social cognitiva tem sido estudada mundialmente (Bandura, 1996; Boruchovitch et al., 2022a; Schunk & Greene, 2018; Zimmerman & Schunk, 2011). O construto pode ser definido como o autogerenciamento consciente, por parte do estudante, dos aspectos cognitivos, afetivos, motivacionais e comportamentais visando atingir uma determinada meta educacional (Zimmerman, 2013). Estudantes autorregulados apresentam comportamentos mais adaptativos para aprendizagem e revelam orientações motivacionais, crenças pessoais e relacionamento interpessoais que favorecem a aprendizagem de melhor qualidade (Malpique & Veiga Simão, 2019; Schunk & Greene, 2018; Zimmerman, 2013).

Este capítulo tem como objetivo retratar os esforços referentes à avaliação da aprendizagem autorregulada e relacionados à intervenção com o foco em promovê-la, nos diversos segmentos da escolarização formal, tendo como recorte as investigações feitas principalmente em dois grupos de pesquisa: o Grupo de Estudos e Pesquisas em Psicopedagogia (Gepesp), da Universidade Estadual de Campinas (Unicamp); e o Grupo de Estudos da Aprendizagem Autorregulatória (Peaar), inserido no Centro de Investigação em Ciência Psicológica da Universidade de Lisboa (CICPSI). Ambos os grupos adotam como referencial teórico predominantemente o modelo cíclico de Zimmerman (1998, 2000), fundamentado no conceito de autorregulação do comportamento de Bandura (1996). Uma descrição detalhada dos pressupostos do modelo de autorregulação da aprendizagem de Zimmerman e de suas variáveis-chave, como: estratégias de aprendizagem, crenças de autoeficácia, metas de realização, atribuições de causalidade, estratégias autoprejudiciais (cf. também capítulo 38 desta obra), entre outras, pode ser encontrada em suas obras (Zimmerman, 1998, 2000, 2013). Assim, algumas iniciativas dos dois grupos de pesquisa para avaliar a autorregulação da aprendizagem, bem como exemplos de programas e procedimentos interventivos para promovê-la, em linhas gerais, nos dois países são apresentados. Por fim, considerações finais são tecidas com ênfase nas implicações psicoeducacionais do construto em apreço para a melhoria do diagnóstico e o fortalecimento dos processos complexos e subjacentes ao aprender.

A avaliação da aprendizagem autorregulada

A aprendizagem autorregulada, em linhas gerais, tem sido mensurada por instrumentos qualitativos e quantitativos. Escalas de autorrelato, questionários, inventários, situações hipotéticas, medidas em tempo real, diários estruturados de aprendizagem, entre outros, têm predominado (Schunk & Greene, 2018; Zimmerman & Schunk, 2011). Como descrito por Boruchovitch et al. (2022a), tanto no Brasil como em Portugal, os estudos iniciais relacionados à perspectiva da aprendizagem autorregulada ocorreram nos anos de 1980 e 1990 e se centraram em torno de uma de suas variáveis-chave, as estratégias cognitivas e metacognitivas de aprendizagem. No Brasil, várias escalas do tipo Likert foram construídas, precedidas pelo desenvolvimento de instrumentos qualitativos. Extensas análises de conteúdo e a literatura da área serviram de base para a construção cuidadosa dos itens (Boruchovitch, 2006; Boruchovitch et al., 2022b; Cruvinel & Boruchovitch, 2010). Devido à limitação de espaço, os instrumentos serão apenas mencionados. Os anos não correspondem necessariamente aos anos de sua construção. São referentes aos artigos e capítulos de livros nos quais estão descritos em detalhes. Informações detalhadas sobre a história da elaboração desses instrumentos podem ser encontradas na lista de referências deste capítulo.

Inicialmente, houve no Brasil um enfoque na mensuração das dimensões cognitivas e metacognitivas da aprendizagem autorregulada. Assim, para avaliar as estratégias de aprendizagem de estudantes do ensino fundamental e superior, foram construídas e validadas, no Gepesp, em intercâmbio interinstitucional, as Escala de Avaliação das Estratégias de Aprendizagem para o Ensino Fundamental (EAVAP-EF) e a Escala de Estratégias de Aprendizagem de Universitários (EEA-U) (Boruchovitch & Santos, 2015). A EAVAP-EF conta com dados normativos e um manual para seu emprego, com exemplos de casos práticos detalhados que facilitam o uso e a interpretação desses dados (Oliveira et al., 2010).

No que concerne à dimensão motivacional da aprendizagem autorregulada, esforços realizados no Gepesp culminaram na construção e validação da Escala de Motivação para Aprender de Alunos do Ensino Fundamental (EMA-EF) (Boruchovitch et al., 2014; Neves & Boruchovitch 2014); e da Escala de Avaliação da Motivação para Aprender de Alunos Universitários (EMA-U) (Boruchovitch, 2008). De modo semelhante às escalas de estratégias de aprendizagem, a análise das propriedades psicométricas e fatoriais exploratórias evidenciaram a sua possibilidade de uso para o diagnóstico e intervenção. A

EMA-EF conta também com dados normativos e um manual para seu emprego, com exemplos de casos práticos detalhados que facilitam o uso e a interpretação dos dados (Boruchovitch et al., 2014). Ademais, no domínio específico da motivação para leitura, foram construídas e validadas a Escala de Motivação para a Leitura para Estudantes do Ensino Fundamental (Gomes & Boruchovitch, 2015) e Escala de Motivação para a Leitura para Adolescentes e Jovens (Gomes & Boruchovitch, 2015). Ainda, com estudos de validação realizados, cita-se a Escala de Atribuições de Causalidade de Estudantes do Ensino Fundamental (EAVAT-EF) (Boruchovitch & Santos, 2015) e a Escala de Estratégias Autoprejudiciais de Estudantes Universitários (EEAPREJ), também validada em amostras portuguesas (cf. também capítulo 38 desta obra), bem como o Inventário Brasileiro de Eficácia Coletiva de Professores (IBECP) (Bzuneck et al., 2014).

Para além dos instrumentos anteriormente mencionados, com estudos de validação realizados, estudos preliminares de construção e tradução de medidas para aferir as variáveis-chave da aprendizagem autorregulada durante a escolarização formal emergiram no Gepesp. A maior parte teve por base também estudos e instrumentos qualitativos prévios. No que diz respeito às iniciativas de construção, a Escala de Avaliação da Regulação Emocional para Estudantes do Ensino Fundamental (ERE-EF) (Cruvinel & Boruchovitch, 2010) e a Escala de Desregulação Emocional para Adultos, descrita em Bortoletto e Boruchovitch (2013), foram desenvolvidas para a mensuração da dimensão emocional. A Escala de Avaliação das Atribuições de Causalidade para Sucesso e Fracasso Acadêmico de Universitários, mencionada em Ganda e Boruchovitch (2016), foi construída, em intercâmbio interinstitucional, para avaliar a dimensão motivacional nesse segmento de escolarização. Especificamente orientado para professores em exercício desenvolveu-se a Escala de Atribuição de Causalidade para Sucesso e Fracasso de Professores (Kaulfuss & Boruchovitch, 2016).

As escalas Self-Efficacy for Learning Form, de Zimmerman e Kitsantas (2005), o Learning and Study Strategies Inventory (Lassi) for College Students (Weinstein et al., 2016) e Strategies for the Self-regulation of Motivation Scale (Wolters & Benzon, 2013) são alguns exemplos de instrumentos traduzidos para o português pela primeira autora do presente capítulo, em colaboração com colegas e estudantes de pós-graduação (Boruchovitch et al., 2019; Góes & Boruchovitch, 2022b). Realizou-se ainda, em colaboração com colegas, o exame das propriedades psicométricas do Depression Child Inventory (CDI) (Cruvinel, Boruchovitch & Santos, 2008). Em linhas gerais, o exame preliminar das propriedades psicométricas desses instrumentos ora construídos, ora traduzidos e examinados revelaram seu caráter promissor para a mensuração de variáveis-chave da autorregulação, de forma confiável. Todavia, muitas dessas últimas medidas relatadas ainda carecem de estudos mais aprofundados de validação para o emprego em nosso meio, alguns já em andamento.

Como os instrumentos qualitativos são essenciais para a construção de medidas e a mensuração dos processos e subprocessos autorregulatórios, também se investiu, no Gepesp, nessa direção. A Entrevista e Pranchas para Avaliação da Regulação Emocional de Alunos do Ensino Fundamental (ERE) (Cruvinel & Boruchovitch, 2010) e o Protocolo de Avaliação do Planejamento, Monitoramento e Regulação da Aprendizagem para Estudantes Universitários, descrito em Boruchovitch e Gomes (2019), são alguns exemplos desses instrumentos.

A complementaridade adequada e ajustada entre medidas quantitativas e qualitativas (abordagens multimétodos) e o recurso a medidas, que valorizem as realizações de tarefas *acadêmicas*/escolares de domínio específico e em tempo real, constituíram-se como o caminho a percorrer nas avaliações e investigações elaboradas pelo grupo do Programa de Estudos da Aprendizagem Autorregulatória (Peaar).

A autorregulação da aprendizagem é uma ação intencional, *planejada*, temporal, dinâmica e complexa (Lopes da Silva et al., 2004). Nessa *perspectiva*, e considerando que os instrumentos e as técnicas de avaliação devem ser ajustados aos contextos e devem captar as tentativas dos alunos de se autorregularem, desenvolveram-se instrumentos que medem a aprendizagem autorregulada como atividade, caracterizados por serem medidas mais complexas que recolhem informação sobre os estados e os processos empregados pelo aluno durante o tempo em que se autorregula numa *perspectiva* de avaliação dinâmica.

Atendendo à abordagem supracitada, optou-se por construir instrumentos de avaliação dinâmicos e pela triangulação metodológica em alguns estudos, combinando, integrando e confrontando os dados fornecidos pelos diversos instrumentos/técnicas. Por exemplo, numa investigação sobre os processos autorregulatórios em tarefas de pesquisa de informação na Web, foi utilizada a entrevista mediante tarefa (Veiga Simão & Flores, 2007; Silva & Veiga Simão, 2020), quer na fase de *planejamento*/ativação para a tarefa, quer na fase de avaliação/reação pós-realização da tarefa. Nessa última fase, a reflexão foi apoiada por imagens-vídeo recolhidas ao longo da tarefa, o que permitiu ao estudante, por meio da estimulação da recordação (Amado & Veiga Simão, 2014; Veiga Simão, 2012), rever o seu desempenho e refletir acerca dos pensamentos, sentimentos e decisões tomadas ao longo da resolução da tarefa solicitada. As vantagens da combinação da entrevista mediante tarefa com a metodologia da estimulação da recordação foi a de permitir a recordação de dados provenientes da observação do *visionamento* de registros em vídeos, o que providenciou informação sobre o processo (por exemplo, raciocínio estratégico) e o produto (por exemplo, desempenho na tarefa) da aprendizagem.

O método de Avaliação Dinâmica da Aprendizagem Autorregulada na Educação Pré-Escolar (Dasp), de Silva et al., (2022), recria uma situação de aprendizagem na etapa pré-escolar, com um formato de jogo e um protocolo de entrevista mediante tarefas adaptadas a crianças em idade pré-escolar. O método permite que os professores façam anotações das respostas das crianças de maneira precisa e sistemática, usando um protocolo do instrumento, lembrando bastante a rotina diária da atividade no pré-escolar, e inclui três partes: antes, durante e depois da resolução de uma tarefa, correspondendo assim às fases de antevisão, desempenho e autorreflexão (Zimmerman, 2013). Diferentes tipos de medidas de recolha de dados são utilizadas em cada fase, buscando capturar os processos de aprendizagem autorregulada (em inglês: *self-regulated learning* [SRL]), a partir de uma *perspectiva* dinâmica, cíclica e multidimensional. Assim, a recolha de dados multimétodos do Dasp pretende avaliar a complexidade das estratégias e processos do SRL de forma dinâmica. Estudos anteriores validaram a adequação do método para avaliar SRL na fase pré-escolar e descreveram-no detalhadamente (Silva Moreira et al., 2022; Silva Moreira & Veiga Simão, 2020). As tarefas a serem realizadas pelas crianças no método Dasp correspondem a autênticas tarefas baseadas no currículo, considerando *aspectos* específicos do desenvolvimento, em que as crianças identificam a situação como semelhante à sua vida diária, mobilizando estratégias e processos parecidos.

Na mesma linha de medidas têm sido construídas tarefas autorregulatórias (execução do exercício e respostas no processo autorregulatório) que se aplicam ao propósito da realização de tarefas escolares autênticas. Partiu-se do pressuposto de que os alunos aprendem a autorregular a sua aprendizagem por meio de atividades e tarefas que exijam uma aprendizagem ativa em que possam experimentar desafios por meio de ciclos de ação estratégica, monitorizando os seus objetivos ao longo de todo o processo. Por exemplo, na investigação de Ribeiro et al. (2023), elaboraram-se tarefas autorregulatórias compostas pelo próprio exercício e pelo questionamento do processo de autorregulação que permitem desenvolver instrumentos de avaliação/intervenção contextualizados. Assim, o aluno deveria *planejar* a execução do exercício "Para resolver o problema o que tenho de fazer?", executá-lo e, finalmente, avaliar o processo ("Explica como chegaste à tua resposta") e o produto da aprendizagem ("Como sei se a minha resposta está correta?"). Em seguida era solicitada uma transferência da resolução do exercício para o processo de aprendizagem "Em que aspectos escrever uma notícia/resolver este exercício de geometria é importante para a aprendizagem?"

O Diário de Aprendizagem Autorregulada Guiada (DAAG, ou Diary of Guided Self-regulated Learning [DOGS-RL]) foi desenvolvido para crianças do 4º ano de escolaridade, com base nas propriedades centrais da agência humana. O DAAG visa proporcionar às crianças oportunidades para refletirem sobre as suas intenções para aprender, as suas expectativas de aprendizagem, desempenho e resultados, bem como a sua atividade autorregulada dentro da sala de aula, permitindo-lhes autoexaminar o seu percurso ao aprendizado. O DAAG foi desenvolvido e validado por Ferreira et al. (2015a) e inclui duas perguntas iniciais de resposta aberta acerca das intenções para aprender e das antecipações de resultados de aprendizagem; uma parte quantitativa sobre a atividade de aprendizagem autorregulada (antevisão, desempenho e autorreflexão); e uma pergunta final de resposta aberta, no âmbito da autorreflexão/autoavaliação, que devem ser respondidas no fim de uma tarefa.

Os inquéritos por questionário representam uma metodologia de avaliação que implica que o respondente tenha de imaginar as situações, têm um caráter generalista e consideram a atuação do aprendente como invariável. Devem ser usados quando pretendemos ter uma visão global com fins preditivos relativamente a um grande número de alunos. Nessa linha de medida, o grupo de investigação Peaar avançou na construção de instrumentos em que se incluem, por exemplo, os questionários de autorrelato como: a Escala de Autorregulação da Motivação para a Aprendizagem (EAMA) (Paulino et al., 2015); o Inventário de Processos de Autorregulação da Aprendizagem (IPAA) (Barros & Veiga Simão, 2016; Barros et al., 2021); o Questionário de Estratégias de Autorregulação para Tarefas de Escrita Escolares (QEARTEE) (Malpique & Veiga Simão, 2015); o Children's Awareness Tool of Metacognition (CATOM) (Ferreira et al., 2015b); a Escala de Concepções e Práticas de Escrita (Veiga Simão et al., 2016); o Self-Regulated Learning with Moodle Inventory (SRL-MI) (Oliveira et al., 2022); o Inventário de Recursos e Atividades em Ambientes Moodle (Iraam) (Oliveira et al., 2020);

o Questionário de Estratégias de Autorregulação do Controlo do Desempenho (Lopes da Silva & Veiga Simão, 2012, citado por Matias, 2024); e o Questionário de Trabalho Colaborativo entre Pares (QTCP) (Veiga Simão & Ferreira, 2017, citado em Marques et al., 2019).

Procedimentos de intervenção em autorregulação de aprendizagem

Como intervir para promover a autorregulação da aprendizagem nos diversos segmentos da escolarização tem sido preocupação constante do Gepesp e do Programa de Estudos da Aprendizagem Autorregulatória (Peaar), os instrumentos quantitativos e qualitativos desenvolvidos nesses dois grupos de pesquisa têm se constituído em medidas utilizadas para a avaliação da eficácia dos programas de intervenção, em geral administradas antes e depois dos procedimentos interventivos.

Programas de intervenção para a promoção autorregulada da escrita (Costa & Boruchovitch, 2009) e da compreensão autorregulada da leitura (Gomes & Boruchovitch, 2011) de estudantes do ensino fundamental e de programas para estudantes de cursos de formação de professores (Arcoverde et al., 2020; Ganda & Boruchovitch, 2018) e professores em exercício (Góes & Boruchovitch, 2022a; Machado & Boruchovitch, 2021) são exemplos de programas que foram desenvolvidos no Gepesp. Os programas de intervenção seguiram as recomendações da literatura, que enfatiza a importância de se apoiar conjuntamente os aspectos cognitivos, metacognitivos, motivacionais e afetivos dos participantes (Dembo & Seli 2020; Schunk & Greene, 2018). No tocante à formação inicial e continuada de professores, há um investimento, sobretudo, em um trabalho em dupla vertente – o fortalecimento dos processos autorregulatórios do professor ou futuro professor como estudante e como profissional (Boruchovitch & Gomes, 2019). Como características essenciais dos programas desenvolvidos no Gepesp, as sessões de intervenção seguem a mesma dinâmica, sejam elas desenvolvidas por infusão curricular ou justaposição, realiza-se um trabalho com a temática da autorregulação da aprendizagem e as variáveis a ela associadas não só de forma teórica, mas também e, sobretudo, de forma autorreflexiva. A sessão se inicia com atividades autorreflexivas sobre o tema a ser trabalhado. Na sequência, os resultados das atividades são discutidos e compartilhados; os fundamentos teóricos da temática e as evidências de pesquisa sobre a variável abordada são introduzidos. Acresce-se que, no final de cada sessão, são inseridas diversas questões metacognitivas e autorreflexivas para os participantes refletirem sobre o seu processo de aprendizagem em casa e/ou em sala, para se autoanalisarem, bem como para aplicarem o conteúdo aprendido em si. Os programas de intervenção desenvolvidos tiveram foco em domínios específicos do conhecimento, tais quais: a leitura e a escrita, assim como na promoção mais ampla de um conjunto de processos autorregulatórios. De modo geral, os resultados foram muito promissores, atestando a eficácia dos programas no aumento das habilidades e estratégias autorregulatórias dos envolvidos (Arcorverde et al., 2020; Ganda & Boruchovitch, 2018; Góes & Boruchovitch, 2022a; Gomes & Boruchovitch, 2011; Machado & Boruchovitch, 2021).

No âmbito do Programa de Estudos da Aprendizagem Autorregulatória (Peaar), considerando a autorregulação da aprendizagem como um processo de desenvolvimento dinâmico que ocorre dentro da sala de aula e em outros contextos de aprendizagem, desenvolveram-se diversos projetos enquanto ela ocorre. Nesses projetos, o professor surge como uma peça fundamental no desenvolvimento de modelos e de práticas orientadas para esse campo. Compreendendo que o contexto e as relações interpessoais são fundamentais para o sucesso académico, uma vez que o aluno regula a sua aprendizagem não só por meio de processos mentais, mas também com ajuda da interação social, foram desenvolvidas intervenções com a inclusão de estratégias de autorregulação e/ou de regulação socialmente partilhada no próprio currículo das diversas disciplinas e pela sua prática continuada dentro da sala de aula (Marques et al., 2019; Matias, 2024; Silva Moreira et al., 2024; Veiga Simão et al., 2017, 2022).

Têm sido desenvolvidos projetos com recursos educativos orientados para a criação, implementação e avaliação de intervenções, envolvendo uma metodologia de investigação-ação em contextos socioeducativos, com vista à promoção da autorregulação da aprendizagem. Considerando o poder persuasivo das narrativas, as histórias tornam-se um recurso valioso para promover a aprendizagem de estratégias de autorregulação, e criaram-se histórias em que os personagens ensinam estratégias de autorregulação (Silva Moreira et al., 2024; Veiga Simão et al., 2017). Em conformidade, elaboraram-se também intervenções diferenciadas com recursos tecnológicos para crianças do 1º ciclo do ensino básico. Foi desenvolvido um método de aprendizagem na plataforma Moodle, com animação digital que aciona os processos autorregulatórios à medida que os alunos os utilizam, e que registra as ações dos alunos ao longo do processo com rastreamentos pelo próprio computador (Ferreira et al., 2017). A aprendizagem baseada em jogos digitais tem sido objeto de atenção do grupo Peaar em vários domínios, incluindo a matemática, para a melhoria da eficácia e eficiência da aprendizagem em ambientes de aprendizagem motivadores e lúdicos. A *Festarola* é um jogo digital sério concebido para promover estratégias de resolução de problemas, mapeando as diferentes atividades para as fases de regulação da aprendizagem na resolução de problemas em matemática e, ao mesmo tempo, para promover a autorregulação e a regulação partilhada de aprendizagem por meio de decisões de grupo e atividades individuais (Rodrigues et al., 2020). O jogo foi testado com crianças entre os 8 e os 11 anos. Elas interagiram com o jogo na sala de aula ao longo de várias sessões, permitindo assim a avaliação de cada fase separadamente. Os resultados positivos indicaram que o jogo estimula e desenvolve com sucesso não só a resolução de problemas, mas também o trabalho colaborativo e outras competências necessárias ao longo vida.

A necessidade de formação especializada no domínio da psicologia da educação é particularmente premente no atual panorama português diante da exigência na preparação dos professores para fazerem frente aos novos desafios colocados à escola por uma sociedade em mudança. Salienta-se as potencialidades da escrita de narrativas de formação ou pedagógicas que proporcionam o desenvolvimento de competências de autorregulação nos professores (Veiga Simão, 2016).

As investigações conduzidas por Cadório e Veiga Simão (2013), Malpique e Veiga Simão (2019), Piscalho e Veiga Simão (2014), Ribeiro et al. (2023) e por Silva Moreira et al. (2024) colocaram os professores numa dupla vertente, aprendentes e ensinantes, possibilitando que desenvolvessem em si e promovessem nos seus alunos processos de autorregulação da aprendizagem. Os professores implementaram a intervenção nos alunos e, simultaneamente, participaram de uma ação de formação que seguiu uma arquitetura processual autorregulatória, numa lógica em um contexto de trabalho que aborde problemas reais do cenário educativo (Cadório & Veiga Simão, 2013). Em um outro trabalho, Piscalho e Veiga Simão (2014) desenvolveram uma metodologia "observar, refletir e narrar em ciclos estratégicos de ação autorregulada" procurando influir sobre a prática dos/as docentes para que promovam a autorregulação da aprendizagem das crianças dos 5 aos 7 anos, favorecendo a continuidade educativa.

Os resultados das diversas intervenções supracitadas fornecem orientações para os professores desenvolverem ambientes de aprendizagem que se constituem oportunidades para os alunos autorregularem as suas aprendizagens e para a adaptação de práticas pedagógicas, de modo a atender às necessidades dos alunos.

Considerações finais

Este capítulo teve como recorte algumas das iniciativas para mensurar variáveis e construtos-chave associados à aprendizagem autorregulada de dois grupos de pesquisa (Gepesp-Unicamp e Peaar-CICPSI), bem como seus esforços para fomentá-las nos diversos segmentos da escolarização formal. Ressalta-se que nesses grupos as iniciativas transcendem as ora retratadas. Ademais, esses grupos, em hipótese alguma, concentram a totalidade das inesgotáveis possibilidades de medir de forma válida e confiável a autorregulação da aprendizagem e desenvolver programas de intervenção para fomentá-la. Assim, as autoras deste capítulo desejam e esperam que o seu conteúdo instigue os leitores a novas buscas e maior aprofundamento da temática. As fontes aqui citadas podem se constituir num importante ponto de partida, visto que, por limitações de espaço, detalhamentos não foram possíveis. Apontam ainda como desafios para o avanço do conhecimento na área de avaliação e intervenção psicoeducacional: a necessidade do aumento de pesquisas orientadas a análises confirmatórias dos instrumentos, nos diversos segmentos da escolarização; maior investimento em medidas que transcendam as de autorrelato e que consigam obter uma visão mais integrada da autorregulação da aprendizagem, em suas múltiplas dimensões e em situações reais; ampliação de medidas orientadas ao exame específico dos processos autorregulatórios; melhoria da formação de psicólogos, psicopedagogos e professores em avaliação psicoeducacional e ênfase maior em pesquisas que combinem medidas qualitativas com quantitativas, combinação essa altamente recomendável quando se trata de um construto complexo e multidimensional como é a autorregulação da aprendizagem.

Referências

Amado, J., & Veiga-Simão, M. (2014). Pensar em voz alta, autoscopia e estimulação da recordação. In J. Amado (Eds.), *Manual de investigação qualitativa em Educação* (pp. 237-246). Imprensa Universitária de Coimbra.

Arcoverde, A. R. S. R., Boruchovitch, E., Acee, T. W., & Góes, N. M. (2020). Self-regulated learning of Brazilian students in a teacher education program in Piaui: the impact of a self-regulation intervention program. *Frontiers in Education*, *1*, 1-15.

Bandura, A. (1996). Regulation of cognitive processes through perceived self-efficacy. In G. H. Jennings & D. Belanger (Eds.), *Passages beyond the gate: A Jungian approach to understanding the nature of American psychology at the dawn of the Nova millennium* (pp. 96-107). Simon & Schuster.

Barros, A., & Veiga Simão, A. M. (2016). Autorregulação da aprendizagem e traços de personalidade em estudantes universitários. In F. H. Veiga (Coord.), *Atas do II congresso internacional envolvimento dos alunos na escola: perspetivas da psicologia e educação motivação para o desempenho académico* (Vol. 63, pp. 1024-1036). Instituto de Educação, Universidade de Lisboa.

Barros, A., Veiga Simão, A. M., & Frison, L. (2021). Self-regulation of learning and conscientiousness in Portuguese and Brazilian samples. *Current Psychology*, 41, 7835-7842.

Bortoletto, D., & Boruchovitch, E. (2013). Learning strategies and emotional regulation of pedagogy students. *Paidéia*, 23, 235-242.

Boruchovitch, E. (2006). Avaliação psicoeducacional: Desenvolvimento de instrumentos à luz da psicologia cognitiva baseada na teoria do processamento da informação. *Avaliação Psicológica*, 5(2), 145-152.

Boruchovitch, E. (2008). Escala de motivação para aprender de universitários (EMA-U): propriedades psicométricas. *Avaliação Psicológica*, 7, 127-134.

Boruchovitch, E., & Gomes, M. A. M. (2019). *Aprendizagem autorregulada: Como promovê-la no contexto educativo?* Vozes.

Boruchovitch, E., Góes, N. M., Felicori, C. M., & Acee, T. W. (2019). Translation and adaptation of the learning and study strategies Inventory - LASSI 3rd Edition for use in Brazil: methodological considerations. *Educação em Análise*, 4(1), 6-20.

Boruchovitch, E., Rufini, S. E., Ganda, D. R., Miranda, L. C., & Almeida, L. S. (2022). Self-handicapping strategies in educational context: construction and validation of the Brazilian Self-Handicapping Strategies Scale (EEAPREJ). *Psicologia Reflexão e Crítica*, 35(8), 1-14.

Boruchovitch, E., Santos, A. A. A., & Neves, E. R. C. (2014). *Estudos psicométricos sobre a escala de avaliação da motivação para aprender de alunos do Ensino Fundamental. EMA-EF*. Pearson.

Boruchovitch, E., & Santos, A. A. A. (2015). Psychometric studies of learning strategies scale for college students. *Paidéia*, 25, 19-27.

Bzuneck, J. A., Boruchovitch, E., & Rufini, S. E. (2014). Eficácia coletiva de professores: evidências de validade de construto de um questionário. *Avaliação Psicológica*, 13(3), 427-436.

Cadório, L., & Veiga Simão, A. M. (2013). *Mudanças nas conceções e práticas dos professores*. Edições Vieira da Silva.

Costa, E. R., & Boruchovitch, E. (2009). As estratégias de aprendizagem e a produção de textos narrativos. *Psicologia: Reflexão e Crítica*, 22, 173-180.

Cruvinel, M., & Boruchovitch, E. (2010). Regulação emocional de estudantes: a construção de um instrumento qualitativo. *Psicologia em Estudo*, 15(3), 537-545.

Cruvinel, M., Boruchovitch, E., & Santos, A. A. A. (2008). Inventário de Depressão Infantil (CDI): análise dos parâmetros psicométricos. *Fractal: Revista de Psicologia*, 20(2), 473-490.

Dembo, M. H., & Seli, H. (2020). *Motivation and learning strategies for college success: A focus on self-regulated learning* (6a ed.). Routledge.

Ferreira, P. C., Veiga Simão, A. M., & Lopes da Silva, A. (2015a). Does training in how to regulate one's learning affect how students report self-regulated learning in diary tasks? *Metacognition and Learning*, 10(2), 199-230.

Ferreira, P. C., Veiga Simão, A. M., & Lopes da Silva, A. (2015b). The unidimensionality and overestimation of metacognitive awareness in children: validating the CATOM. *Anales de Psicología*, 31(3), 890-900.

Ferreira, P. C., Veiga Simão, A. M., & Lopes da Silva, A. (2017). How and with what accuracy do children report self-regulated learning in contemporary EFL instructional settings? *European Journal of Psychology of Education*, 32(4), 589-615.

Ganda, D. R., & Boruchovitch, E. (2016). As atribuições de causalidade e as estratégias autoprejudiciais de alunos do Curso de Pedagogia. *Psico-USF*, 21(2), 331-340.

Ganda, D. R., & Boruchovitch, E. (2018). Promoting self-regulated learning of Brazilian preservice student teachers: Results of an intervention program. *Frontiers in Education*, 3, 1-12.

Góes, N. M., & Boruchovitch, E. (2022a). Positive effects of an intervention program to strengthen the learning strategies of Brazilian High School teachers. *Pró-Posições*, 33, 1-26.

Góes, N. M., & Boruchovitch, E. (2022b). Strategies for regulating motivation and motivation to learn of High School students. *Estudos de psicologia*, 39, e210046.

Gomes, M. A. M., & Boruchovitch, E. (2011). Aprendizagem autorregulada da leitura: resultados positivos de uma intervenção psicopedagógica. *Psicologia: Teoria e Pesquisa*, 27, 33-42.

Gomes, M. A. M., & Boruchovitch, E. (2015). Escala de motivação para a leitura para estudantes do Ensino Fundamental – Construção e validação. *Psicologia: Reflexão e Crítica*, 28, 68-76.

Kaulfuss, M. A., & Boruchovitch, E. (2016). As atribuições causais de professores para o sucesso e fracasso em ensinar. *Psicologia Escolar e Educacional*, 20, 321-328.

Lopes da Silva, A., Duarte, A., Sá, I., & Veiga-Simão, M. (2004). *Aprendizagem autorregulada pelo estudante – Perspectivas psicológicas e educacionais*. Porto Editora.

Machado, A. C., & Boruchovitch, E. (2021). Teacher education: effects of a self-reflective intervention program on socio-cognitive theories of motivation. *Pro-Posições*, 32, 1-26.

Malpique, A. A., & Veiga Simão, A. M. (2015). Assessing self-regulated strategies for school writing: Cross-cultural validation of a triadic measure. *Journal of Psychoeducational Assessment*, 33(2), 141-153.

Malpique, A., & Veiga Simão, A. M. (2019). "Does it work?": Adapting evidence-based practices to teach argumentative writing. *Journal of Writing Research*, 10(3), 527-567.

Marques, J., Oliveira, S., Costa Ferreira, P., & Veiga Simão, A. M. (2019). Trabalho colaborativo no 1º ciclo: Suporte percebido e regulação partilhada. *Cadernos de Pesquisa*, 49(171), 204-223.

Matias, A. (2024). *Contraste mental com intenções de implementação: uma estratégia autorregulatória para superar obstáculos e promover a aprendizagem.* [Tese de Doutorado]. Faculdade de Psicologia da Universidade de Lisboa.

Neves, E. R. C., & Boruchovitch, E. (2014) *Escala de avaliação da motivação para aprender de alunos do ensino fundamental*. Pearson.

Oliveira, K. L., Boruchovitch, E., & Santos. A. A. A. (2010). *Escala de avaliação de estratégias de aprendizagem para o ensino fundamental – EAVAP-EF*. Casa do Psicólogo.

Oliveira, P., Veiga Simão, A. M., & Ferreira, P. C. (2020). A autorregulação percebida como preditora da utilização de recursos no Moodle. *Cadernos de Pesquisa*, 50(176), 1-14.

Oliveira, P., Veiga-Simão, A. M., Costa Ferreira, P., & Ferreira, A. (2022). Perceiving learning regulation with Moodle: Implications for guidance. *Revista Española de Orientación y Psicopedagogía*, 33(1), 87-107.

Paulino, P., Sá, I., & Lopes da Silva, A. (2015). Autorregulação da motivação: crenças e estratégias de alunos portugueses do 7º ao 9º ano de escolaridade. *Psicologia: Reflexão e Crítica*, 28, 574-582.

Piscalho, I., & Veiga Simão, A. M. (2014). Promoção da autorregulação da aprendizagem das crianças: proposta de instrumento de apoio à prática pedagógica. *Nuances: Estudos sobre Educação*, 2(3), 170-190.

Ribeiro, E., Veiga Simão, A. M., & Barros, A. (2023). Ambientes formativos de aprendizagem autorregulada. In I. Martinez & F. H. Veiga (Coord.), *Engagement de los alunos en la escuela: perspectivas sociales y psicológicos* (pp. 333-343). Ediciones de la Universidad de Castilla-La Mancha.

Rodrigues, R., Ferreira, P. C., Prada, R., Paulino, P., & Veiga Simão, A. M. (2020). Developing children's regulation of learning in problem-solving with a serious game. IEEE *Computer Graphics and Applications*, 40(5), 26-40.

Schunk, D. H., & Greene, J. A. (2018). Historical, contemporary, and future perspectives on self-regulated learning and performance. In D. H. Schunk & J. A. Greene (Eds.), *Handbook of self-regulation of learning and performance* (2a ed., pp. 1-15). Routledge.

Silva Moreira, J., & Veiga Simão, A. M. (2020). Entrevista com tarefas autênticas na educação infantil: Avaliação da aprendizagem autorregulada. In L.

Frison & E. Boruchovitch (Org.), *Autorregulação da aprendizagem: cenários, desafios, perspectivas para o contexto educativo* (pp. 146-168). Vozes.

Silva Moreira, J., Ferreira, P. C., & Veiga Simão, A. M. V. (2022). Dynamic assessment of self-regulated learning in preschool. *Heliyon*, 8(8), e10035.

Silva Moreira, J., Ferreira, P., & Veiga Simão, A. M. (2024). Fostering self-regulated learning in preschool through dynamic assessment methodologies. *PLOS ONE*, 19(3), e0298759. https://doi.org/10.1371/journal.pone.0298759

Veiga Simão, A. M. (2012). O valor da estimulação da recordação no desenvolvimento de práticas docentes reflexivas. In M. H. Abrahão & L. M. Frison (Eds.), *Práticas docentes e práticas de (auto)formação* (pp. 107-132). EDUFRN.

Veiga Simão, A. M. (2016). Narrativas de formação: potenciar experiências críticas e autorregulatórias. In F. Monteiro, A. Nacarato & H. Fontoura (Org.), *Narrativas docentes, memórias e formação* (pp. 69-82). Editora CRV.

Veiga Simão, A. M., & Flores, A. (2007). Using interviews to enhance learning in teacher education. In *Proceedings of the 52nd ICET World Assembly ICET*. San Diego, CA.

Veiga Simão, A. M., Agostinho, A. L., Moreira, J. S., Marques, J., Silva, R., Cabaço, S., Malpique, A. (2017). *CriaTivo: Promoção de estratégias de autorregulação na escrita*. Faculdade de Psicologia.

Veiga Simão, A. M., Malpique, A., Frison, L., & Marques, A. (2016). Teaching writing to middle school students in Portugal and in Brazil: An exploratory study. *Reading and Writing Na Interdisciplinary Journal*, 29(5), 955-979.

Veiga Simão, A. M., Oliveira, S., Silva-Moreira, J., & Temudo, M. I. (2022). Assessing the efficacy and social validity of CriaTivo, a curriculum-based intervention to promote self-regulation of writing in Portuguese elementary education. *Sage Open*, 12(3).

Weinstein, C. E., Palmer, D. R., & Acee, T. W. (2016). *LASSI: Learning and Study Strategies Inventory* (3a ed.). H & H Publishing.

Wolters, C. A., & Benzon, M. B. (2013). Assessing and predicting college students' use of strategies for the self-regulation. *The Journal of Experimental Education*, 81(2), 199-221.

Zimmerman, B. J. (1998). Developing self-fulfilling cycles of academic regulation: An analysis of exemplary instructional models. In D. H. Schunk & B. J. Zimmerman (Orgs.), *Self-regulated learning: from teaching to self-reflective practice* (pp. 1-19). The Guilford Press.

Zimmerman, B. J. (2000). Attaining self-regulation: A social cognitive perspective. In M. Boekaerts, P. R. Pintrich & M. Zeidner (Eds.), *Handbook of self-regulation* (pp. 13-39). Academic Press.

Zimmerman, B. J. (2013). From cognitive modeling to self-regulation: A social cognitive career path. *Educational Psychologist*, 48(3), 135-147.

Zimmerman, B. J., & Kitsantas, A. (2005). The hidden dimension of personal competence: Self-regulated learning and practice. In A. J. Elliot & C. S. Dweck (Eds.), *Handbook of competence and motivation* (pp. 509-526). Guilford Publications.

Zimmerman, B. J., & Schunk, D. H. (2011). *Handbook of self-regulation of learning and performance*. Taylor & Francis.

35
Crenças de autoeficácia: manejos da avaliação e procedimentos interventivos

Roberta Gurgel Azzi
Roberto Tadeu Iaochite
Daniela Couto Guerreiro Casanova

> *Highlights*
> - As crenças de autoeficácia integram a teoria social cognitiva desenvolvida por Albert Bandura;
> - As crenças de autoeficácia referem-se a julgamentos avaliativos sobre as capacidades pessoais para exercer controle sobre eventos que afetam a vida da pessoa;
> - Em termos dos procedimentos de avaliação mais frequentemente utilizados nas medidas escalares, as pessoas são solicitadas a julgar sua capacidade para enfrentar desafios de contexto específico apresentados nos instrumentos de avaliação.

Este capítulo, como proposto pelos organizadores, tratará das crenças de autoeficácia, estratégias de avaliação e procedimentos interventivos. Entretanto, antes de adentrar as considerações sobre avaliação dessas crenças, vamos situar o tema no interior da teoria social cognitiva, desenhada por Albert Bandura, na qual a explicitação das crenças de autoeficácia tem origem e residência. Em Bandura (2008), texto em que descreve sobre a evolução de sua teoria, duas passagens de interesse para este capítulo estão abaixo destacadas:

> No desenvolvimento e avaliação do tratamento de domínio orientado, concentramo-nos em três processos fundamentais: o poder do tratamento para promover mudanças psicossociais, a generalidade ou alcance das mudanças efetuadas e sua durabilidade ou manutenção. Após demonstrar o poder desse modo de tratamento em cada uma dessas dimensões avaliativas, explorei a possibilidade de uma outra função – o poder de um tratamento de criar resiliência em experiências adversas. O processo de aumentar a resiliência baseia-se no seguinte raciocínio: a capacidade de uma experiência adversa de restabelecer as disfunções depende amplamente do padrão de experiências em que se insere, em vez de depender unicamente de suas propriedades. Muitas experiências neutras ou positivas podem neutralizar o impacto negativo de um evento adverso e impedir a disseminação dos efeitos negativos (2008, p. 31).

O autor também aponta que preparou: "um programa de pesquisa multifacetado para adquirir uma compreensão mais profunda da natureza e do funcionamento desse sistema de crenças. Para orientar essa nova missão, a teoria abordava os principais aspectos da autoeficácia percebida" (Bandura, 2008, p. 32).

Ainda que pareça um texto denso demais para um capítulo temático introdutório sobre crenças de autoeficácia, a inserção apresentada aqui traz pistas importantes para entendermos a sua origem e importância. Um primeiro ponto que vale mencionar é que, no texto acima, Bandura (2008) reporta indiretamente à época em que estava trabalhando seu modelo de intervenção terapêutica denominado de modelação guiada para o tratamento de fobias (Bandura & Adams, 1977, por exemplo). E sinaliza a importância das crenças das pessoas em sua capacidade de enfrentamento de situações desafiadoras, de generalização e de resiliência. Menciona, ainda, o desenvolvimento de programa de pesquisa para melhor entender o papel das crenças, com atenção para as crenças de autoeficácia. Mas há um aspecto importante embutido no trecho relatado acima, que é o contexto que envolvia a situação da avaliação dessas crenças. Ou, como ressalta Cervone (2023), a teoria social cognitiva oferece um quadro referencial para entender as pessoas em contextos, é uma teoria da personalidade. A esse respeito, em Bandura (2011) encontramos esta passagem:

> É necessária uma teoria da personalidade para explicar como os fatores intrapessoais contribuem para o desenvolvimento e a adoção de um comportamento consciente, agradável, receptivo e socialmente extrovertido. Num capítulo sobre uma "Teoria Social Cognitiva da Personalidade", argumentei que os determinantes da personalidade residem em fatores intrapessoais e processos psicossociais e não em agrupamentos comportamentais (2011, p. 358).

A centralidade das crenças de autoeficácia se dá em razão de seu papel para a ação intencional, o qual contribui em três direções importantes: na tomada de decisões e nas ações que decorrem dessas, incluindo enfrentamento (ou não) dos desafios e a persistência (ou não) diante do fracasso; na mediação entre os mecanismos psicológicos e o desempenho propriamente dito; e no estabelecimento de objetivos diante dos desafios e do comprometimento com eles (Cervone et al., 2006).

Outro aspecto importante a ser destacado neste início de capítulo pode ser percebido no subtítulo do livro de Bandura dedicado às crenças de autoeficácia (Bandura, 1997), *Self-Efficacy – The exercise of control*. Nesse livro, a teoria da autoeficácia ganha foco quando Bandura discorre sobre sua natureza, os processos que subsidiam a explicação das crenças na constituição e na mudança comportamental, e apresenta resultados de pesquisas em vários campos do conhecimento que encontraram consistentemente resultados que revelam o papel preditivo da crença, um processo cognitivo que desenha a mudança comportamental. Vale dizer que entre os capítulos do livro há um dedicado às crenças de eficácia coletiva, cuja lógica de explicação é semelhante à das crenças pessoais. Todavia, neste texto focaremos nas crenças pessoais de autoeficácia, conforme indicado no título deste capítulo.

Nesta pequena introdução sinalizamos ser a teoria social cognitiva uma teoria da personalidade, e procuramos situar as crenças de autoeficácia em seu interior. Na sequência, essas crenças serão abordadas. Antes, um alerta importante. Considerando a obra na qual este texto se insere e, também, a experiência e atuação dos autores, os exemplos a serem inseridos são relativos a práticas educativas.

As crenças de autoeficácia e processos de avaliação

As crenças de autoeficácia, consideradas um aspecto do pensamento e de autojulgamento, referem-se às capacidades percebidas quanto às possibilidades de ações frente aos eventos e/ou situações que afetam nossas vidas. Segundo Bandura (2023), essas crenças são definidas como "julgamentos pessoais sobre suas capacidades para executar cursos de ações requeridos para realizar certos tipos de *performances*" (2023, p. 53). Para se caracterizar como crença de autoeficácia, segundo Bandura (2023), os julgamentos devem ser "relativos a uma possibilidade de ação que uma pessoa pode fazer em uma situação corrente ou em prospectiva, não intenções sobre o que se faria" (2023, p. 53). Essas crenças contribuem para o exercício da agência humana, não de modo independente, mas junto com outros aspectos cognitivos, afetivos, comportamentais e ambientais.

As crenças de autoeficácia não devem ser confundidas com habilidades. Isso porque uma pessoa pode ter a habilidade para realizar algo e não se sentir capaz de colocá-la em prática; por outro lado, pode não ter a habilidade necessária para tal tarefa e perceber-se capaz de desenvolver tal habilidade a fim de realizar uma ação almejada. Tais crenças são construídas ao longo da vida, podendo oscilar quanto ao nível ou intensidade percebida, dependendo do modo como dada vivência é interpretada. A construção dessas crenças é feita a partir da interpretação de informações advindas das chamadas fontes de construção de autoeficácia: *performance* realizada; experiência vicária; persuasão verbal; e respostas emocionais e estados somáticos. As informações advindas da *performance* realizada costumam ser as mais importantes para o fortalecimento, ou não, das crenças de autoeficácia. Usualmente, essa fonte é composta por momentos de aprendizagem a partir de modelos de ações, oportunidades para praticar o aprendido e realização do aprendido de modo independente. Por meio da experiência vicária, as pessoas podem fortalecer suas crenças de autoeficácia interpretando o observado em modelos semelhantes a si mesmo, de modo presencial ou midiático. A persuasão verbal configura-se como uma fonte de autoeficácia à medida que emite, por meio da fala, julgamentos positivos que visem convencer dada pessoa de que ela é capaz de executar uma tarefa específica. A valia dessa informação depende da confiabilidade do emissor verbal, de modo que, quando a pessoa confia no emissor, ela pode acreditar na mensagem por ele emitida. No entanto, cabe comentar que essa fonte é menos eficaz do que as anteriormente mencionadas e, caso a mensagem enviada caia em contradição com aquilo que foi alcançado pelo receptor, essa fonte perde seu poder, podendo contribuir para diminuir a crença de autoeficácia percebida. Respostas emocionais e estados somáticos também podem interferir no julgamento da autoeficácia, dependendo do modo como as pessoas os interpretam. O sono e o cansaço físico, bem como a fome ou a presença de outras indisposições físicas, podem interferir na percepção de autoeficácia, diminuindo-a. Isso porque as respostas emocionais e os estados somáticos podem ser interpretados de maneiras diferentes, dependendo da situação em que são vivenciados. Bandura (2023) comenta que a aceleração do batimento cardíaco durante a realização de esportes provavelmente será interpretada de modo distinto se ocorrer antes de uma prova, por exemplo. Ao longo da obra de Bandura é possível encontrar pequenas variações na nomeação dessas fontes de informação da crença de autoeficácia, dado que neste texto se privilegiou a publicação mais recente. Tais fontes de informação listadas assim de modo separado são importantes referenciais teóricos, mas usualmente combinados quando se planeja uma intervenção.

As crenças de autoeficácia têm como função auxiliar processos psicológicos como os processos cognitivos, seletivos, motivacionais e afetivos (Bandura, 2023). Quanto aos processos cognitivos, essas crenças podem afetar os padrões de pensamento, influenciando os cenários cognitivos imaginados de modo antecedente às realizações de ações e ao estabelecimento de objetivos. Crenças mais robustas tendem a possibilitar cenários cognitivos mais positivos, e com tendências ao sucesso diante da resolução de problemas diversos. Importante destacar que tal simulação cognitiva não é definida apenas por essas crenças de autoeficácia, mas pelo conjunto mais amplo de crenças atuando em conjunto com aspectos motivacionais e o processamento de informações, contribuindo, assim, para regular as ações pessoais.

Os processos seletivos são parcialmente afetados pelas crenças de autoeficácia das pessoas. Usualmente, as pessoas tendem a evitar ambientes e atividades que não se julgam capazes de vivenciar com êxito e a selecionar domínios de ações sobre os quais se percebem capazes de executar. Por meio da influência dessas crenças nos processos seletivos, pode-se contribuir para a formulação dos caminhos de vida das pessoas. Crenças de autoeficácia mais fortes tendem a ser associadas à maior resiliência frente aos desafios e problemas que podem surgir, sendo as mais frágeis associadas à maior vulnerabilidade, à desistência e ao questionamento sobre a adequação pessoal à dada situação e/ou atividade.

As crenças de autoeficácia são importantes contributos para os processos motivacionais. Percepções mais fortes são positivamente associadas ao nível de motivação das pessoas frente às atividades e/ou desafios pelos quais decidem se involucrar, de modo que, quanto mais forte a crença, maior o esforço e a persistência a fim de alcançar o êxito. Nesse aspecto, a principal contribuição da autoeficácia é impulsionar as pessoas a voltarem a tentar, a persistir após erros ou fracassos, dado que esses são praticamente inevitáveis para o desenvolvimento de novas habilidades e/ou para alcançar a realização de sonhos e objetivos pessoais, acadêmicos e profissionais, entre outros. É interessante comentar que um julgamento de autoeficácia um pouco mais forte do que o real nível de habilidade que dada pessoa possui pode ser positivo para motivá-la a se engajar e a se esforçar, a fim de concretizar a realização da atividade e ou objetivo, de modo que julgamentos de autoeficácia realísticos podem limitar o desenvolvimento de novas habilidades ou a obtenção de novas conquistas (Bandura, 2023).

Quanto aos processos afetivos, sabe-se que as crenças de autoeficácia podem afetar indiretamente, e junto com outros aspectos emocionais, a escolha de atividades e ambientes em que uma pessoa se involucrará. Autoeficácia mais forte está associada à menor percepção de estresse e desânimo frente às situações ameaçadoras ou difíceis, aspecto que pode afetar a maneira como se pensa e seleciona as atividades e ambientes. Nos processos afetivos a autoeficácia se destaca por duas contribuições principais: mediando o modo como as pessoas percebem as dificuldades, se são capazes de lidar ou não com isso; e mediando a regulação dos pensamentos ruminantes, de modo a evitar que pensamentos perturbadores negativos se instalem. Percepções de autoeficácia mais fortes tendem a estar associadas à percepção de que se pode lidar com as dificuldades e a evitação da instalação de pensamentos perturbadores, evitando ansiedade e depressão, por exemplo (Bandura, 2023).

Por meio desses processos, as crenças de autoeficácia contribuem para o desempenho e o bem-estar pessoal em diversos domínios de ações (Bandura, 2023). Há pessoas que se percebem fortemente capazes para atividades esportivas, mas não para atividades matemáticas, por exemplo. Entre essas, há esportistas que se percebem capazes para jogar futebol, mas não tênis. Em síntese, essas crenças em questão operam em conjunto com outras, regulando o comportamento humano por meio de processos cognitivos, motivacionais, afetivos e seletivos. Conhecer como as crenças de autoeficácia se constituem é fundamental para que se possa, quando for o caso, planejar, estruturar e implementar estratégias que as fortaleçam.

Avaliação das crenças de autoeficácia

O caminho para a avaliação das crenças de autoeficácia mais comumente utilizado é o da microanálise com o uso de medidas escalares (Bandura, 2023). Em linhas gerais, os procedimentos de avaliação têm início ao se atentar para as definições teóricas desse construto e, posteriormente, considerar os aspectos psicométricos envolvidos na avaliação. Definir qual domínio será analisado constitui-se como a primeira decisão a ser tomada. A seguir é necessário atender à generalidade de dado domínio, ou seja, garantir que as tarefas e/ou aspectos que caracterizam o domínio a ser analisado sejam contempladas no instrumento.

Incluir itens que deem condições para se identificar o nível da confiança pessoal no domínio indicado é uma recomendação importante, de maneira que os itens devem ser elaborados considerando desafios ou dificuldades que servem para calibrar essa percepção sobre a própria confiança. Esses desafios devem ser apresentados de modo ascendente – mais fácil para o mais difícil, a fim de evitar desvios que elevem a média obtida via escalas (Bandura, 2023, 2006; Polydoro et al., 2010). Para obter informações sobre a força da percepção de autoeficácia é recomendado utilizar formato Likert de 10 ou 100 pontos, de modo a oferecer uma escala de respostas pela qual o sujeito possa reconhecer a possibilidade que melhor se adapta à sua percepção (Bandura, 2006; Bong, 2006; Polydoro et al., 2010). No entanto, o uso de escalas menores com possibilidades ímpares de respostas, como cinco ou sete pontos, pode ser uma alternativa que viabilize captar as percepções, principalmente quando se utilizam outros instrumentos em conjunto. Dado que as pessoas refletem utilizando sentenças linguísticas, para a redação dos itens é importante considerar que estes devem ser escritos na primeira pessoa do singular e com conteúdo que remeta à percepção de capacidade, a fim de obter um resultado em um evento que seja possivelmente relativo ao presente ou ao futuro (Azzi et al., 2021). A título de ilustração, seguem alguns itens retirados da escala de autoeficácia para matemática (adaptada de Azzi & Casanova, 2021):

1. Quanto você se considera capaz de resolver problemas de soma?
1 Nada   2   3   4   5 mais ou menos   6   7   8 muito capaz   9   10
2. Quanto você se considera capaz de resolver problemas de divisão?
1 Nada   2   3   4   5 mais ou menos   6   7   8 muito capaz   9   10
3. Quanto você se considera capaz de resolver operações de multiplicação com dois dígitos?
1 Nada   2   3   4   5 mais ou menos   6   7   8 muito capaz   9   10

Como pode ser observado, os exemplos se referem ao domínio autoeficácia para matemática (Azzi & Casanova, 2021) e contemplam as recomendações para a construção de escalas destinadas a mensurar tais crenças anteriormente citadas (Bandura, 2006; Bong, 2006; Polydoro et al., 2010). Estão direcionados a obterem percepções pessoais, possibilitam condições de se verificar a força da crença por meio da escala Likert de 10 pontos, bem como o nível de desafio a que se referem as percepções, quando, por exemplo, expõe-se um item sobre resolução de problemas de soma e outros de divisão e multiplicação. A generalidade está exemplificada pelos três itens que se referem a atividades específicas do domínio, mas seria possível referenciar mais atividades, como: realizar as tarefas de casa de matemática, prestar atenção na explicação do professor de matemática, entre outras.

Conforme observado na literatura, as crenças de autoeficácia têm sido avaliadas majoritariamente por meio de escalas (Cervone et al., 2004). No Brasil é possível encontrar escalas validadas psicometricamente para diversos domínios de autoeficácia: gestão escolar, docência, academia, autorregulação, matemática, escrita, regulação emocional, carreira, entre outros (Azzi et al., 2021). No entanto, avaliar essas percepções por meio de instrumentos qualitativos também é uma opção válida (Cervone et al., 2004). Nesse caso, por meio da análise do discurso, necessita-se buscar percepções que deem conta de identificar os mesmos aspectos citados anteriormente (generalidade, nível e força) e se concentrar para diferenciar autopercepções de análises pessoais advindas de outros indivíduos (por exemplo: meus professores pensam que eu sou capaz de...)., embora tais percepções possam ser importantes para elucidar o mecanismo de fonte de construção das crenças de autoeficácia por meio da persuasão social.

Outra estratégia que pode ser utilizada é o *"think aloud"* [*pensamento em voz alta*]. Cervone et al. (2004) comentam que, apesar de ainda incipiente, essa estratégia poderia contribuir para ampliar a compreensão sobre como as percepções de autoeficácia são construídas pelas pessoas, considerando suas características dinâmicas. Para tanto, é pedido ao participante que comente oralmente seus pensamentos e sentimentos sobre um estímulo visual, por exemplo um vídeo que aborde uma situação social relevante. Pesquisadores treinados, que desconhecem o estímulo visual oferecido aos participantes, fazem a codificação do discurso para evitar vieses de interpretação. Segundo Cervone et al. (2004), essa estratégia seria mais vantajosa do que o uso de questionários de autorrelato, pois: os itens que influenciam a percepção de autoeficácia seriam obtidos diretamente das pessoas e não a partir da interpretação destas sobre os itens dos questionários; além disso, tal estratégia capta as respostas cognitivas durante o momento em que essas ocorrem, em situações controladas, e não em pensamento retrospectivos; e, por fim, os dados codificados podem revelar a idiossincrasia dos conteúdos cognitivos e as diferenças que fundamentam as organizações cognitivas das pessoas.

Buscar identificar as percepções de autoeficácia por meio de instrumentos quantitativos e qualitativos conjuntamente seria o cenário ideal tanto para casos individuais, como processo diagnóstico, quanto para a elaboração de pesquisas com amostras amplas. Casanova et al. (2019) desenvolveram um estudo com gestores escolares paulistas, no qual utilizaram no primeiro momento de coleta de dados uma escala de autoeficácia de gestores escolares e no segundo momento um questionário aberto, de modo que, por meio de análises descritas e análise de conteúdo, obtiveram uma ampla informação sobre as crenças de autoeficácia relacionada às atividades do cotidiano escolar, barreiras e facilidades que pareciam influenciar tais percepções. Ainda considerando o domínio da autoeficácia de gestores escolares, Casanova e Russo (2018) verificaram, por meio de método misto, com uso de escalas e questionário aberto analisado por meio de análise de conteúdo, a relação entre a crença de autoeficácia e o cumprimento da meta do Índice de Desenvolvimento da Educação do Estado de São Paulo (Idesp). Esse é o caminho que também está sendo explorado em projeto em andamento desenvolvido por Iaochite et al. (2022). A pesquisa investiga as crenças de autoeficácia de estudantes do ensino médio, em áreas como escrita, leitura e matemática, utilizando o modelo de avaliação Knowledge-and-Appraisal Personality Architecture (Kapa) (Cervone, 2004). Essa é a primeira investigação no cenário brasileiro com abordagem de método misto baseada no modelo mencionado. Estudantes de quatro escolas públicas de São Paulo participam por meio de autorrelatos e escalas de autoeficácia. Os dados são coletados por um aplicativo baseado no modelo teórico e são analisados usando softwares estatísticos e abordagens qualitativas, incluindo inteligência artificial. O estudo visa proporcionar novos *insights* sobre autoeficácia, enfatizando uma avaliação intraindividual, possibilitando oferecer diretrizes para os estudantes e para as escolas no planejamento de estratégias de ensino e de aprendizagem diante do desempenho acadêmico. Resultados preliminares têm demonstrado alinhamento com os referenciais que fundamentam o projeto (Iaochite et al., 2023).

Em suma, avaliar crenças de autoeficácia exige análise detalhada, desde entender e aplicar a teoria na construção de ferramentas de avaliação até conhecer padrões da metodologia escolhida para coletar dados que cumpram os objetivos da mensuração. Persistem incertezas sobre a medição e criação de instrumentos para avaliar crenças de autoeficácia, incluindo atentar para domínios gerais ou específicos e em que medida – intensidade ou força, nível e generalidade. No que diz respeito aos domínios, Bandura (1997) afirma que medidas mais gerais obscurecem o que está sendo medido tanto quanto diminuem a força preditiva da crença, pois índices gerais de eficácia pessoal estabelecem pouca ou nenhuma relação com as crenças de eficácia relacionadas aos domínios de uma atividade ou comportamento em particular.

Também há debate sobre abordagens metodológicas – sejam elas quantitativas, qualitativas ou mistas – e detalhes como pontuação em escalas, alinhamento do domínio com contextos relevantes, e critérios de validade e confiabilidade em avaliações qualitativas (Iaochite, 2022). Ainda que as crenças de autoeficácia possam ser acessadas por mais de uma maneira, a literatura revela que estudos de natureza quantitativa que exploram instrumentos que mensuram a autoeficácia nos mais diversos domínios têm sido predominantes (ver, por exemplo, Costa & Assis, 2019).

Cervone (2000, p. 32) afirmou que "autoeficácia não deve ser pensada como uma entidade estática que as pessoas 'têm', mas como um processo cognitivo dinâmico que as pessoas 'fazem'". Segundo o autor, o processo cognitivo considera que as pessoas pesam ativamente (avaliam) a relação entre suas habilidades percebidas e as demandas das tarefas ao pensar sobre suas capacidades de desempenho. As pontuações de teste são normalmente um reflexo da tendência média de um grupo para demonstrar certas experiências ou comportamentos. No entanto, ao focar nessa média, o avaliador acaba ignorando as nuanças do comportamento que variam conforme a situação; a pontuação apenas reflete a inclinação comum para sentimentos como ansiedade ou para ações motivadas, mas não fornece detalhes sobre as circunstâncias específicas nas quais uma pessoa pode sentir-se mais ou menos ansiosa, ou mais ou menos inclinada a agir de forma motivada (Cervone et al., 2006). Ao integrar processos cognitivos na avaliação, o modelo Kapa (Cervone, 2004) enriquece o entendimento de como as crenças de autoeficácia são formadas e como elas influenciam diretamente o comportamento. A seguir, apresentamos alguns exemplos de pesquisa-intervenção.

Breve discussão de intervenção

Adentrando o item sobre intervenções, visando o fortalecimento de crenças de autoeficácia em contexto, destacamos diálogo ocorrido em evento de 2007, em que Bandura recebeu o Prêmio Everett M. Rogers:

> Participante de público não identificado: Dr. Bandura, sou um estudante que está trabalhando em uma dissertação e minha pergunta é: O que podemos fazer do ensino fundamental ao ensino médio para promover a compreensão e o desempenho acadêmico dos alunos, aumentando sua autoeficácia?
>
> Albert Bandura: Temos uma enorme quantidade de pesquisas sobre o que são as características de eficácia nas escolas. O problema é que não temos nenhuma pesquisa sobre como você traduz esse conhecimento na criação e reestruturação de práticas educacionais. Então, você está descrevendo as quatro maneiras pelas quais podemos construir eficácia, e aqui temos o benefício de ter uma tremenda quantidade de evidências de pesquisa sobre em que condições eles trabalham.

> Se você observar quais são as características das escolas eficazes, em primeiro lugar, você tem um diretor que está interessado em educação, em vez de ser um disciplinador. Os professores acreditam que as crianças têm a habilidade de dominar o assunto e transmitem a elas sua crença em sua capacidade. Eles definem padrões desafiadores para elas, e elas têm avaliações – não notas – no final de um trimestre ou no final de um ano, avaliações contínuas para ver se as crianças estão ficando para trás ou não, e você tem que fazer a reinstrução no momento em que as crianças estão com dificuldades. Você tem uma escola que está totalmente empenhada em promover o desenvolvimento das crianças. (Annenberg School for Communication, 2007, p. 18-19).

A resposta de Bandura evidencia o que podemos chamar de desafios relativos ao fortalecimento de crenças de autoeficácia em ambiente educacional. E, indiretamente, joga luz a uma lacuna no cenário educacional que há muito vem sendo discutida, e ainda com timidez fomentada com políticas que buscam diminuí-la, ou seja, a separação da pesquisa das práticas cotidianas. Há alguns programas que estimulam a aproximação das universidades (onde predominantemente reside a pesquisa científica) com a realidade da educação básica, algumas instituições de fomento, como a Fundação de Amparo à Pesquisa do Estado de São Paulo (Fapesp), por exemplo, já apoiam a diminuição da lacuna mencionada. Outro aspecto que merece menção é que em geral pesquisas são usualmente relatadas em artigos, enquanto relatos de intervenção não seguem com frequência a mesma prática. Um entrelaçamento mais próximo entre estratégias de pesquisa e intervenção parece ser o caminho de promoção do fortalecimento de crenças de estudantes, docentes e gestores.

No contexto educacional brasileiro, ainda não são muitas as intervenções relatadas cujas crenças de autoeficácia foram investigadas. Costa e Assis (2019) fizeram uma revisão sistemática de teses e dissertações sobre essas crenças e educação apresentadas para defesa no período de 2007-2017. Analisaram 92 trabalhos, sendo 30 teses e 62 dissertações, oriundas de 33 universidades brasileiras. Entre as considerações a partir dos resultados, destacam as autoras a necessidade de intervenções e estudos desenvolvimentais que contemplem crenças de autoeficácia. Mas vejamos algumas iniciativas de pesquisa e intervenção que investigaram essas crenças.

Graciola (2015) conduziu uma pesquisa sobre os efeitos de uma intervenção que visava promover a autoeficácia de carreira. Por meio do livro *O futuro está logo ali, Elpídio – Entre nesta conversa sobre pensar o que vem adiante*, foi feita uma intervenção com 166 estudantes da 2ª série do ensino médio. Com delineamento quase-experimental e uso das escalas de autoeficácia ocupacional de formação e autoeficácia na tomada de decisão, essa pesquisa verificou que os estudantes que não participaram da intervenção demonstraram diminuição das crenças de autoeficácia entre o pré-teste e o pós-teste em todas as categorias analisadas; já o grupo de estudantes que participou da intervenção manteve suas percepções na maior parte das categorias analisadas. Os resultados dessa pesquisa evidenciam que o livro usado como recurso interventivo pode contribuir para o desenvolvimento de projetos de vida dos estudantes do ensino médio, especificamente sobre o planejamento de carreira.

Schmid (2015), utilizando delineamento quase-experimental, analisou o impacto de um curso de formação continuada nas crenças de autoeficácia computacional docente acerca do uso das mídias digitais em sala de aula. A investigação foi feita com 85 professores do ensino fundamental II e ensino médio. Sobre as crenças de autoeficácia, a "comparação entre grupos revelou que o grupo que participou do curso não teve suas crenças alteradas após sua conclusão" (2015, p. 107). Oferece a autora uma hipótese para os resultados obtidos quando menciona "que aqueles que se dispuseram a aprender a respeito do uso de tecnologias no ensino tinham, *a priori*, confiança maior nas suas capacidades de organizar as ações necessárias para lidar com as ferramentas. Baixas crenças de autoeficácia podem ter afastado os professores do curso, já que sua oferta era aberta para todos os interessados" (2015, p. 107).

Brazil (2017) buscou averiguar as variáveis que influenciam o processo de leitura musical de alunos de violão de uma turma de aulas coletivas. Sobre as crenças de autoeficácia diz o autor:

> Através da utilização de uma escala de medição de crença de autoeficácia desenvolvida para esta pesquisa foi possível verificar que os índices de confiança para a realização da atividade de leitura na pauta foram significativamente maiores na medição realizada no final do processo do que na realizada nas aulas iniciais. Isso mostra que a escolha das estratégias foi acertada e que elas podem realmente exercer um papel significativo como elemento motivacional em processos de ensino onde se objetiva trabalhar com leitura musical na notação tradicional (2017, p. 231).

Dodt et al. (2013) relatam pesquisa que investigou a crença de autoeficácia de puérperas em amamentar, antes e após uma intervenção educativa. Elaboraram estudo quantitativo junto a cem puérperas de uma maternidade pública de Fortaleza, Ceará. Desenvolveram medidas de autoeficácia antes e após aplicação do álbum seriado "Eu posso amamentar o meu filho". Segundo os autores, o álbum é composto por duas partes: oito ilustrações no verso, ficando expostas para a puérpera; e as sete fichas-roteiro no anteverso, voltadas para o profissional. Foi constatado aumento dos escores da escala após a utilização da intervenção educativa, e entre as conclusões, mencionou-se que a tecnologia educativa implementada para as puérperas foi eficaz no aumento da autoeficácia materna em amamentar.

Vicentim e Custódio (2021) desenvolveram uma pesquisa qualitativa com 28 estudantes da primeira série do ensino médio, que teve como objetivo analisar as contribuições de uma estratégia de tratamento de erros para o fortalecimento das crenças de autoeficácia de estudantes na disciplina de Física. A estratégia foi desenvolvida em horário reservado pela escola para atividades de recuperação de estudos. Como procedimentos de coleta de dados foram usados gravação em áudio e vídeo e realizadas entrevistas após o final da intervenção junto aos alunos. A análise dos dados dos encontros apontou que a estratégia promoveu diversas oportunidades de experiências de domínio, de experiências vicárias, de persuasão social e estados fisiológicos e emocionais, que influenciaram as crenças de autoeficácia dos estudantes na resolução de problemas de física. Por intermédio de entrevistas nas quais os estudantes foram confrontados com suas produções e refletiram sobre as ações individuais e do grupo ao qual pertenciam, foi verificado, ao final da pesquisa, que os estudantes tiveram suas crenças de autoeficácia fortalecidas.

Considerações finais

Como o leitor terá percebido, o espaço deste capítulo é insuficiente para apresentar e debater o conjunto de aspectos, domínios e estudos que se seguiram aos clássicos artigos de Bandura sobre crenças de autoeficácia publicados em 1977 (Bandura, 1977; Bandura & Adams, 1977). Todavia, é nossa expectativa como autores que o texto apresentado tenha oferecido um voo panorâmico sobre pontos importantes quando se adentra o universo sociocognitivo no qual essas crenças estão inseridas. Nesse que está sendo chamado de voo panorâmico, pontos de referência podem ser identificados: origem, inserção, conceituação, processos envolvidos, avaliação e intervenção, incluindo um pequeno debate sobre os desafios que avaliação-intervenção apresentam.

Para encerrar, é preciso mencionar que a crença de autoeficácia é um dos aspectos da Teoria Social Cognitiva que mais tem sido investigado (Azzi & Russo, 2020), incluindo aqui estudos que não se pautam pelo arcabouço da sociocognição. Entretanto, muito ainda há a conquistar, seja em caminhos teórico-metodológicos, como no plano da intervenção fundamentada e iluminada pela articulação entre pesquisa e práticas educativas, para ficarmos no campo dos exemplos aqui compartilhados. Os desafios ainda são muitos e exigem olhares que contemplem a formação de pesquisadores, de profissionais, bem como de políticas indutoras e de fomento que possibilitem o desenvolvimento em médio e longo prazos de intervenções fundamentadas em pesquisa e práticas que iluminem desenhos de pesquisa.

Agradecimentos

Agradecemos à Fundação de Amparo à Pesquisa do Estado de São Paulo – Fapesp – Projeto 2022/04585-2.

Referências

Annenberg School for Communication, Norman Lear Center (2007, setembro 19). *2007 Everett M. Rogers Colloquium: A presentation by the winner of the 2007 Everett M. Rogers Award for Achievement in Entertainment-Education.*

Azzi, R. G., & Casanova, D. C. G. (2021). Relato do método de uma pesquisa sobre crenças de autoeficácia de estudantes. *TSC em foco, 15,* 22-36. https://editoraletra1.com.br/epub/tsc/15/

Azzi, R. G., Maciel, A. C. M., & Casanova, D. C. G. (2021). Escalas de crenças de autoeficácia: um estudo a partir de periódicos nacionais de psicologia. *TSC em foco, 16,* 20-31. https://editoraletra1.com.br/epub/tsc/16/

Azzi, R. G., & Russo, G. A. (2020). Teoria social cognitiva e as ciências sociais no Brasil. In R. C. Rita de Cássia Fazi & J. A. Jair Araújo de Lima (Eds.), *Campo das ciências sociais* (pp. 154-167). Vozes.

Bandura, A. (1997). *Self-efficacy: The exercise of control.* Freeman.

Bandura, A. (1977). Self-efficacy: Toward a unifying theory of behavioral change. *Psychological Review, 84,* 191-215.

Bandura, A. (2006). A guide for constructing self-efficacy scales. In F. Pajares & T. Urdan (Eds.), *Self-efficacy beliefs of adolescents* (pp. 307-337). Information Age Publishing.

Bandura, A. (2008). A evolução da Teoria Social Cognitiva. In A. Bandura, R. G. Azzi & S. Polydoro (Eds.), *Teoria social cognitiva: conceitos básicos* (pp. 15-43). Artmed.

Bandura, A. (2011). Social cognitive theory. In P. A. M. van Lange, A. W. Kruglanski & E. T. Higgins (Eds.), *Handbook of social psychological theories* (pp. 349-373). Sage.

Bandura, A. (2023). *Social cognitive theory – An agentic perspective on human nature.* Wiley.

Bandura, A., & Adams, N. E. (1977). Analysis of self-efficacy theory of behavioral change. *Cognitive Therapy and Research, 1,* 287-308.

Bong, M. (2006). Asking the right question: how confident are you that you could successfully perform these tasks? In F. Pajares & T. Urdan (Eds.), *Self-efficacy beliefs of adolescents* (pp. 287-305). Information Age Publishing.

Brazil, M. A. (2017). *Leitura musical para iniciantes em aulas coletivas de violão: uma visão através da teoria da autoeficácia.* [Tese de doutorado]. Universidade Federal da Bahia. https://repositorio.ufba.br/bitstream/ri/25384/1/Marcelo%20Brazil%20-%20Tese%20-%20Final.pdf

Casanova, D. C. G., Azzi, R. G., & Russo, M. H. (2019). Autoeficácia de diretores escolares: alguns aspectos que interferem em suas crenças. In D. Casanova, R. G. Azzi & M. H. Russo (Eds.), *Crenças de eficácia e gestão escolar* (pp. 57-68). Letra 1.

Casanova, D. C. G., & Russo, M. H. (2018). Crenças de eficácia de gestores escolares e as metas do Idesp. *EccoS Revista Científica, 45,* 157-175.

Cervone, D. (2023). Foreword. In A. Bandura (Eds.), *Social cognitive theory – An agentic perspective on human nature* (pp. xi-xxii). Wiley.

Cervone, D. (2000). Thinking about self-efficacy. *Behavior Modification, 24,* 30-56.

Cervone, D., Artistico, D., & Berry, J. (2006). Self-efficacy processes in adult development. In C. Hoare (Ed.), *The Oxford Handbook of adult development and learning* (pp. 169-195). Oxford University Press.

Cervone, D., Mor, N., Orom, H., Scott, W., & Shadel, W. (2004). Self-efficacy beliefs and the architecture of personality: On knowledge, appraisal, and self-regulation. In R. Baumeister & K. Vohs (Eds.), *Handbook of self-regulation: Research, theory, and applications* (pp. 188-210). Guilford Press.

Costa, E. R., & Assis, M. P. de. (2019). Crenças de autoeficácia na educação: revisão sistemática do período 2007-2017. *Revista e-Curriculum, 17*(4), 1909-1929. https://doi.org/10.23925/1809-3876.2019v17i4p1909-1929

Dodt, R. C., Ferreira, A. V., Nascimento, L. A., Macedo, A. C., Joventino, E. S., & Ximenes, L. B. (2013). Influência de estratégia de educação em saúde mediada por álbum seriado sobre a autoeficácia materna para amamentar. *Texto & Contexto Enfermagem, 22,* 610-618. https://www.scielo.br/j/tce/a/6x6p8XSbTHn9VDPVR68sdFN/?format=pdf&lang=pt

Graciola, M. A. D. (2015). *Autoeficácia ocupacional e de decisão de carreira: análise de uma intervenção em estudantes do ensino médio público*. [Tese de doutorado]. Universidade Estadual de Campinas. https://repositorio.unicamp.br/Acervo/Detalhe/950987

Iaochite, R. T. (2022). *Autoeficácia docente no contexto do estágio supervisionado em Educação Física: uma revisão crítica da literatura*. [Tese de Livre-docência]. Universidade Estadual Paulista "Júlio de Mesquita Filho".

Iaochite, R. T., Azzi, R. G., & Cervone, D. (2022). *Crenças de autoeficácia para os domínios da escrita, da leitura, da matemática e da aprendizagem autorregulada de estudantes do Ensino Médio*. Projeto Fapesp em Andamento (Processo 22/04585-2).

Iaochite, R. T., Cervone, D., & Azzi, R. G. (2023). Understanding the STEM student: Holistic strategies from social cognitive theory and the KAPA model of personality architecture. *STEM Education Review, 1*, 1-10. https://www.hksmp.com/journals/stemer/article/view/465

Polydoro, S. A., Azzi, R. G., & Vieira, D. (2010). Orientações de construção e aplicações de escalas na avaliação de crenças de autoeficácia. In A. A. A. Santos, E. Boruchovith, E. Nascimento & F. F. Sisto (Eds.), *Perspectivas em avaliação psicológica* (pp. 189-210). Casa do Psicólogo.

Vicentim, C. F., & Custódio, J. F. (2021). Fortalecimento de crenças de autoeficácia de estudantes com atividades didáticas de tratamento de erros na disciplina de Física. Alexandria: *Revista de Educação em Ciência e Tecnologia, 14*(1), 451-477. https://periodicos.ufsc.br/index.php/alexandria/article/view/72883/46136

Schmid, M. B. dos S. (2015). *Autoeficácia de professores: Análise de um modelo de intervenção para o uso das tecnologias digitais da informação e da comunicação*. [Dissertação de mestrado]. Universidade Estadual de Londrina.

36
Perspectiva de tempo futuro e engajamento na universidade: manejos da avaliação e procedimentos interventivos

Francielle Pereira Nascimento
Katya Luciane de Oliveira
José Aloyseo Bzuneck

> *Highlights*
> - As perspectivas de tempo futuro (PTF) e o engajamento são temas significativos no ensino superior;
> - As PTF têm relação com o construto da motivação;
> - Uma PTF ideal é aquela que consegue o equilíbrio entre as orientações temporais – passado, presente e futuro –, e que possibilita o sujeito transitar de maneira flexível no tempo durante as variadas situações da vida.

Este texto situa-se no campo de investigação da psicologia da educação e indica possibilidades de avaliação e procedimentos interventivos com estudantes na universidade em relação à perspectiva de tempo futuro (PTF) e engajamento nos estudos. Ele se apresenta também como debate sobre o ensino superior, cujo acesso se ampliou nas últimas décadas no Brasil com significativa expressividade.

Segundo Almeida et al. (2012) e Nascimento (2022), esse fato se deu mediante a alguns fatores. Entre eles, a relevância de uma formação em nível superior quando vislumbradas, por meio dela, novas possibilidades de desenvolvimento econômico e profissional na vida dos indivíduos. Outro fator apoia-se na expectativa de crescimento do próprio país ao ter uma população com nível mais elevado de formação escolar.

As políticas públicas objetivadas por meio de programas de acesso e permanência como, por exemplo, Sistema de Seleção Unificada (Sisu) e o Programa Universidade para Todos (Prouni), foram iniciativas que corroboraram esse cenário a partir do início do século XXI. Tal fato evidenciou debates acadêmicos e sociais sobre acesso, qualidade e permanência no ensino superior, bem como a formação e atuação dos professores atuantes nas instituições de ensino superior (IES) e as ações das próprias instituições para atender às novas demandas e à diversidade de ingressantes (Nascimento, 2022).

Os dados do último censo realizado, tendo como base o ano de 2020, mostram que no Brasil havia um total de 2.457 IES, sendo 2.153 privadas e 304 públicas. Sobre a oferta de curso, verifica-se que houve um aumento em relação aos anos anteriores, totalizando 41.953 e mais de 8 milhões e 600 mil matrículas nos cursos superiores (Instituto Nacional de Estudos e Pesquisas Educacionais Anísio Teixeira, 2020).

A referida expansão suscita necessidades investigativas nesse contexto em relação a diferentes variáveis que o compõe, como o ensino, a aprendizagem, o acesso e permanência, a motivação, a satisfação acadêmica, as perspectivas futuras dos jovens e adultos que cursam uma graduação e o engajamento nos estudos (Nascimento et al., 2024). As duas últimas variáveis citadas são foco deste texto, que tem como objetivo discutir as relações entre perspectiva de tempo futuro e engajamento no ensino superior, bem como as possibilidades de manejo da avaliação e de intervenções.

A fim de alcançar o objetivo proposto, o texto foi dividido em três tópicos. O primeiro apresenta o conceito da PTF e de engajamento nos estudos em suas definições e aproximações com a vida universitária. O segundo discute as possibilidades de manejo de avaliação e de intervenções a partir dos dois construtos. E, por fim, as considerações finais evidenciam as implicações educacionais do referido estudo para a área da psicologia da educação.

Perspectiva de tempo futuro

A perspectiva de tempo futuro é uma teoria de base epistêmica cognitivista contemporânea que foi elaborada a partir da década de 1930 por Lewin. Posteriormente foi desenvolvida por Lens, seu principal precursor, na década de 1980, e aprimorada por colaboradores como Husman (Husman & Lens, 1999) e Nuttin (2014). E, atualmente, a PTF tem sido foco de diversos estudos internacionais como: Eren (2017), Gutiérrez-Braojos (2015), King (2016), Nascimento (2022), Nascimento et al. (2024) e Phan (2015).

Lens (1993) define a PTF como a integração do futuro cronológico no momento presente da vida do indivíduo. Para o autor, consiste na perspectiva ou representação mental em relação a algo mais ou menos distante, entretanto, não coincide com o tempo real compartilhado por todos, visto que engloba necessidades individuais futuras que estão ligadas ao planejamento de ações no presente.

Para Husman et al. (2016), a conceituação tradicional do PTF também é entendida como construções psicológicas hierarquicamente organizadas que definem diferenças individuais nas percepções do futuro em diferentes níveis de especificidade. Nesse sentido, o tempo pode ser considerado um fenômeno psicológico individual, uma vez que planejar objetivos, metas e agir para alcançá-los são processos movidos a partir de características pessoais e também de aspectos contextuais de cada indivíduo.

Lens (1993) descreve três níveis da perspectiva futura (PF): extenso, restrito e alongado. Trata-se da relação que os adolescentes, ou jovens, fazem entre o tempo presente e seus objetivos a curto, médio ou longo prazo. A PF extensa é aquela que possibilita ao indivíduo o estabelecimento de objetivos a longo prazo. Em contrapartida, os indivíduos que estipulam objetivos para um futuro próximo são dotados de uma PF restrita, ou seja, limitada ao tempo cronológico de curto prazo. Por fim, a PF alongada é característica daqueles que conseguem esperar o tempo que é necessário para alcançar seus objetivos, adiando suas necessidades imediatas e, ainda assim, se manterem orientados por elas. Husman e Shell (2006) afirmam que o valor da instrumentalidade de cada ação ou tarefa que compõe a PT pode ter alcance restrito, alongado ou extenso.

Conforme salienta Lens (1993), indivíduos com PF extensa ou alongada são mais capazes de não só planejar como também agir em busca de um objetivo futuro, pois possuem maior grau de satisfação, perseverança e esforço na execução de uma tarefa necessária. A partir dessas premissas, verifica-se que a PTF tem relação com o construto da motivação (Nascimento, 2022), visto que a motivação consiste tendência do indivíduo em direção a algo, ou seja, o seu agir tensionado na busca por algo, e essa busca depende da relação que ele tem com o seu objetivo em questão (Nuttin, 2014).

O estudo de De Volder e Lens (1982) contribui para a constatação de que a motivação compõe a PTF. Os autores verificaram que estudantes mais motivados atribuíram maior valor a metas futuras quando comparados aos menos motivados. Esse valor instrumental também impactou nos trabalhos acadêmicos, pois os estudantes mais motivados demonstraram valorizar mais suas tarefas como meios para alcançar metas próximas e futuras. Sendo assim, conforme De Volder e Lens (1982), a motivação em função da PTF contempla dois componentes: o aspecto dinâmico, ou valência, e o aspecto cognitivo.

O aspecto dinâmico é formado pela capacidade de se atribuir um valor às metas futuras, enquanto o cognitivo envolve a percepção de instrumentalidade das ações presentes (De Volder & Lens, 1982). Por isso, Simons et al. (2004) afirmam que a perspectiva temporal futura é um conceito cognitivo-motivacional, pois os estudantes com uma PTF alongada podem ter uma motivação diferente da que tem a restrita, uma vez que os objetivos futuros são vivenciados de maneira distinta por cada um.

Estudantes são orientados por diferentes metas, sejam intrínsecas, extrínsecas, imediatas ou futuras. Nuttin (2014) afirma que possuir uma perspectiva futura robusta é de extrema importância para que os indivíduos realizem suas tarefas do presente com maior envolvimento e engajamento, atribuindo maior valor a elas e relacionando-as com seu objetivo do futuro.

Diante disso, o próximo tópico visa apresentar o conceito de engajamento em suas relações com a PTF a partir da literatura e de resultados de estudos já elaborados sobre o tema.

Engajamento nos estudos na universidade

O segundo construto deste texto é o engajamento nos estudos. Apontado por Gutierrez et al. (2019) como o esforço empregado pelo estudante em determinada tarefa. Engajamento ou envolvimento nos estudos é considerado como a intensidade comportamental e a qualidade motivacional que um indivíduo emprega à determinada tarefa. Trata-se de um conceito utilizado constantemente pelos estudiosos do construto da motivação e está presente na literatura desde os anos de 1960, indicando os efeitos da motivação no aluno.

Vitória et al. (2018) apontam que a problemática sobre o engajamento do universitário diz respeito tanto aos processos de ensino e aprendizagem quanto aos aspectos institucionais, visto que as investigações consideram o vínculo e identificação do estudante nas IES ao debater suas aprendizagens. Nessa perspectiva, Gutierrez et al. (2019) defende que o envolvimento dos estudantes nas atividades acadêmicas é essencial para o bom desempenho e continuidade no curso.

Kerpelman e Mosher (2004) afirmam que o engajamento acadêmico está relacionado, em alguma medida, às perspectivas temporais, pois os pensamentos e aspirações que os alunos têm sobre o futuro implicam seu envolvimento para os estudos no tempo presente. Tal assertiva reafirma como o engajamento também está associado, inclusive, à motivação. Os alunos terão sua motivação afetada na medida em que encontrarem relação entre os comportamentos atuais com suas metas futuras; logo, o engajamento e a motivação do aluno, em parte, dependem do que ele almeja para o próprio futuro (Nascimento, 2022).

Para Appleton et al. (2020) o engajamento é como a energia em ação diante de determinada tarefa, portanto, um construto multidimensional ou metaconstruto. Foram definidos quatro tipos: o comportamental, o cognitivo, o afetivo/emocional (Appleton et al., 2020) e, posteriormente, o engajamento agente (Veiga, 2013).

O engajamento comportamental é definido por Appleton et al. (2020) e Veiga (2013) como o envolvimento nas diferentes atividades típicas da vida escolar e por atitudes positivas em relação ao cumprimento de normas e adesão às regras e combinados da sala de aula e das tarefas. O engajamento cognitivo caracteriza o investimento pessoal nas tarefas de aprendizagem, com qualidade próxima da motivação intrínseca. O engajamento emocional ou afetivo consiste nas reações afetivas às atividades acadêmicas, ou seja, ele revela a intensidade da proximidade dos estudantes nas relações interpessoais do espaço educativo, demonstrando o quanto o aluno sente que faz parte daquela comunidade. O engajamento agente, segundo Veiga (2013), é aquele em que o aluno se coloca como agente central da ação e, assim, toma iniciativa em relação às suas aprendizagens.

Para Schunk et al. (2014) o engajamento acadêmico é uma característica dos alunos motivados a aprender, com comportamentos como: percepção da contribuição do envolvimento para sua aprendizagem, atenção durante as aulas, realização de anotações sobre o conteúdo, monitoramento do próprio nível de compreensão e pedido de auxílio. Nesse sentido, Harris (2011) pontua que esse é o engajamento ideal para a promoção da aprendizagem em termos cognitivos, pois inclui fatores da aprendizagem autorregulada.

O engajamento nos estudos e a motivação para a aprendizagem, em parte, dependem do que se espera para o futuro. Portanto, ressalta-se o conceito de valor de instrumentalidade ou valor de utilidade de certo comportamento, que inclui o conceito de ligação ou conexão: os comportamentos presentes devem ser vistos como ligados à meta futura, em termos de instrumento para atingi-la. De acordo com Simons et al. (2004), um indivíduo tende a ser mais motivado para um objetivo futuro quando há a combinação entre a valorização e a percepção da ligação entre o objetivo e seus comportamentos atuais.

Manejos da avaliação e intervenção: reflexões necessárias

A PTF faz parte de um conjunto de construtos que influenciam na qualidade das aprendizagens e do desempenho nos estudos na universidade, como foi apresentado no tópico anterior. Ela se configura como construto possível de ser avaliado no contexto universitário e, assim, mensurado em seu conteúdo. Os dados obtidos por meio das verificações mostram caminhos para intervenções no sentido de potencializar seus efeitos positivos nesse espaço em relação à vida acadêmica.

Coscioni et al. (2020), ao elaborarem uma revisão das teorias sobre a PTF, afirmaram que elas possuem diferentes terminologias, definições conceituais, elementos constitutivos e métodos de avaliação. Segundo os autores, elas se configuram como abordagens temáticas e atemáticas, cuja diferença está no conteúdo associado à PTF durante a investigação. As abordagens temáticas investigam a PTF a partir do seu conteúdo, ou seja, o seu objeto de estudo são as antecipações do futuro psicológico no presente, incluindo as representações cognitivas e os esquemas afetivos e dinâmicos.

Nascimento et al. (2024) fizeram um levantamento das investigações que avaliaram a PTF nas universidades entre 2010 a 2020 e encontraram nove estudos internacionais, sendo oito correlacionais e um de validação do instrumento. Dos nove correlacionais, sete deles utilizaram o modelo de Perspectiva de Tempo Futuro, de Zimbardo e Boyd (1999).

Trata-se de um modelo que pertence à categoria de abordagens temáticas elaborado por Zimbardo e Boyd (1999) a partir da escala Time Perspective Inventory (ZTPI). De acordo com Coscioni et al. (2020), o método de avaliação nessa abordagem temática é considerado dedutivo, uma vez que definidos por escalas psicométricas por meio de questões objetivas de escala Likert, e o enfoque é sobre um viés cognitivo que gera diferentes modos de orientações ao passado, presente e futuro.

A PTF é definida por Zimbardo e Boyd (1999) como "um processo inconsciente por meio do qual o fluxo ininterrupto de experiências pessoais e sociais é nomeado em categorias temporais, ou quadros temporais que ajudam a dar ordem, coerência e significado a esses eventos" (1999, p. 1.271). O referido modelo define que a PTF é composta por cinco dimensões temporais: passado-negativo, passado-positivo, presente-hedonista, presente-fatalista e tempo-futuro e é avaliado pelo Questionário ZTPI, composto por 56 questões em escala tipo Likert de 5 pontos.

Para Zimbardo e Boyd (1999, 2014) uma dimensão temporal pode ser dominante para determinados sujeitos de maneira positiva ou negativa, real ou distorcida, mas que afeta na interpretação e na resposta a determinadas demandas que necessitam de tomada de decisão. Os autores definem que a dimensão passado-negativo é uma visão negativa e pessimista em relação ao passado, podendo até ser aversiva. Pode ser resultado de consequências traumáticas ou da reconstrução negativa de eventos passados, ou os dois elementos. A dimensão passado-positivo é o oposto. Os indivíduos orientados por ela também revivem experiências anteriores, contudo, permeadas por sentimentos positivos. A dimensão presente-fatalista caracteriza-se pela atitude predominantemente despreparada e desesperançada para o futuro, com ausência de percepção de que as atitudes do presente acarretam consequências futuras (Zimbardo & Boyd, 1999, 2014).

A dimensão presente-hedonista é definida pela orientação para o prazer momentâneo, sem preocupação com consequências. São orientados, dessa forma, indivíduos que vivem para o momento e que chegam a assumir riscos e comportamentos hedonistas na busca por prazer. A dimensão tempo-futuro define-se pela crença nas metas futuras e pela recompensa e, por isso, se associa ao foco no futuro e nas consequências dos comportamentos do tempo presente. Sujeitos orientados por essa dimensão acreditam que seus comportamentos do presente, se regulados e bem orientados, aumentam a probabilidade de uma meta futura a ser alcançada, isso resulta num valor dos objetivos.

Uma PTF ideal é aquela que consegue o equilíbrio entre as orientações temporais – passado, presente e futuro –, e que possibilita o sujeito transitar de maneira flexível no tempo durante as variadas situações da vida (Zimbardo & Boyd, 1999, 2014). Esse equilíbrio seria uma relação na qual os comportamentos do presente fossem influenciados por metas futuras a curto, médio ou longo prazo, de maneira que o indivíduo compreendesse a relação temporal entre atitudes do hoje para com o amanhã. E que experiências negativas do passado não tivessem tanto impacto no comportamento atual diante de metas futuras (Nascimento, 2022).

No estudo de Nascimento (2022) foram apontadas as pesquisas internacionais mais recentes que utilizaram o modelo de Zimbardo e Boyd (1999) para a avaliar a PTF: Eren (2017), Gutiérrez-Braojos (2015), King (2016), Phan (2015) e Usart e Romero (2014), e no cenário brasileiro a pesquisa de Alcará e Guimarães (2010). Nos referidos estudos, a PTF foi correlacionada com outros construtos, como identidade profissional, orientação de metas, engajamento nos estudos, autoeficácia, estratégias de aprendizagem, escolha de carreira e o senso de responsabilidade pessoal. E, recentemente, o estudo brasileiro de Nascimento et al. (2024) evidenciou a identificação da PTF em suas relações com a satisfação acadêmica de universitários.

Verifica-se que a PTF é pouco explorada em investigações brasileiras quando comparada ao cenário internacional. Nas pesquisas de Nascimento (2022) e Nascimento et al. (2024) foi utilizado o Questionário ZTPI de Zimbardo e Boyd (1999) e correlações significativas foram encontradas entre PTF e satisfação acadêmica, assim como dados relevantes de caráter avaliativo sobre engajamentos nos estudos e PTF de universitários brasileiros de diferentes cursos e etapas da graduação.

Para a avaliação do primeiro construto mencionado, verifica-se na literatura internacional resultados relevantes sobre a Escala de Engajamento Escolar (EAE-E4D), de Veiga (2013). É um instrumento de origem portuguesa elaborado com alunos da educação básica num primeiro momento. Contudo, foi sugerido para o ensino superior e, assim, utilizado com amostras de universitários portugueses nos estudos de Covas e Veiga (2017) e Fernandes et al. (2016); e no contexto brasileiro, na pesquisa de Nascimento (2022).

Adaptada por Veiga (2013) para o português brasileiro, a EAE-4D é uma escala quadridimensional composta por 20 itens de escala tipo Likert de 6 pontos. Suas dimensões são engajamento: comportamental, afetivo, agente e cognitivo.

Nos estudos de Covas e Veiga (2017) e Fernandes et al. (2016), ambos com amostras de universitários portugueses, os valores em relação à consistência interna da EAE-E4D foram satisfatórios e os quatro fatores de engajamento foram confirmados. Os autores consideraram que a utilização da EAE-E4D é igualmente adequada para avaliar o engajamento no ensino superior.

Na pesquisa brasileira de Nascimento (2022) foram identificados apenas três fatores do engajamento: cognitivo, comportamental e agente, não obtendo confirmação do engajamento emocional. Assim, a autora propõe a necessidade de pesquisas com outras amostras universitárias brasileiras a fim de testar o instrumento em outros contextos, ou ainda a proposição de modificações no instrumento conforme as especificidades brasileiras.

Em relação à avaliação dos dois construtos em suas correlações, o estudo de King (2016) evidenciou que a PTF e o passado positivo foram associados positivamente com engajamento e negativamente com a insatisfação, e que o engajamento previu positivamente o desempenho acadêmico, enquanto o descontentamento o previa negativamente. Os dados indicaram que o passado positivo foi relacionado positivamente aos resultados adaptativos, como engajamento e conquista, assim como o passado negativo mostrou uma má adaptação, sendo positivamente associado ao descontentamento.

Nascimento (2022), ao buscar a relação entre PTF, engajamento nos estudos e satisfação acadêmica com universitários brasileiros, a partir da ZTPI e da EAE-4ED, não encontrou correlações significativas entre as dimensões da PTF e do engajamento. Por outro lado, correlações significativas foram obtidas entre PTF e satisfação acadêmica, e entre satisfação acadêmica e engajamento nos estudos.

Ao considerar as evidências que enfatizam a importância tanto da PTF quanto do engajamento para as aprendizagens e o bom desempenho acadêmico, é necessário propor procedimentos interventivos. Nascimento (2022) enfatiza que a promoção da permanência na universidade com boas aprendizagens e desempenho dependem de intervenções em nível institucional, metodológico, interpessoal, entre outros.

Para que o estudante seja orientado por uma PTF direcionada para o futuro com envolvimento nos estudos no tempo presente, ele deve encontrar significado a curto, médio e longo prazos, ou seja, é importante o desenvolvimento do valor de instrumentalidade sobre os seus comportamentos, realizando as atividades imediatas, tendo como ponto de chegada as aspirações futuras (Miller & Brickman, 2004).

Martins e Ribeiro (2017), Gutierrez et al. (2019) e Vitória et al. (2018) afirmam que uma contribuição com o engajamento dos estudantes nas demandas acadêmicas consiste nas atividades desenvolvidas pelas próprias instituições. Segundo os autores, as IES devem promover atividades acadêmicas variadas, tanto em sala de aula como fora dela, na busca pelo envolvimento, interesse e motivação. Vitória et al. (2018) enfatizam a relevância de atividades que façam sentido (*sense-making*), que envolvam o protagonismo do estudante e a troca entre pares. Os autores tecem uma crítica ao constatarem a escassez de pesquisas brasileiras que identificam e intervêm no engajamento na universidade.

Nascimento (2022) e Nascimento et al. (2024) chamam a atenção para o papel das IES no sentido de promover intervenções voltadas para todos os períodos – inicial, intermediário, concluinte – da graduação, a fim de contribuir com o engajamento e com a construção do presente como uma perspectiva de passado positivo no futuro. Esses pressupostos indicam um ensino superior para além do acesso à universidade ou da democratização das matrículas, mas direciona para uma universidade permeada por aprendizagem de qualidade, experiências engajadoras e comprometidas com o futuro.

Considerações finais

Na literatura apresentada neste texto, os componentes da vida universitária são considerados estruturas multifacetadas, complexas e que necessitam investigação, a fim de que esse local de formação acadêmica e profissional ofereça boas condições não só de acesso, mas de permanência, aprendizagem, bom desempenho e sucesso nos estudos. Entre eles tem-se a PFT e o engajamento acadêmico, que foram definidos como componentes desse processo.

A PTF se caracteriza como um construto subjetivo, o qual busca compreender qual dimensão do tempo (passado-presente-futuro) orienta os comportamentos atuais dos indivíduos e em qual qualidade. Já o engajamento nos estudos consiste em um fator necessário para a aprendizagem, que visa um extenso panorama futuro, alongado e com perspectivas de metas por parte dos alunos, isso porque se trata também de qualidade motivacional empregada nas atividades que envolvem a aprendizagem.

Como instrumento avaliativo da PTF, destaca-se o inventário de perspectiva de tempo futuro (ZTPI), de Zimbardo e Boyd (1999), consolidado internacionalmente e testado recentemente no Brasil como um modelo de abordagem temática capaz de contribuir com propostas de intervenção na universidade, visando impactos positivos nas orientações temporais dos universitários. Assim como a proposição da avaliação do engajamento nos estudos por meio da escala EAE-4ED, de Veiga (2013), testada internacionalmente no ensino superior e com indicações para testes em outras amostras.

Cabe ressaltar que se trata de modelos de PTF e de engajamento indicados pela literatura e que vão ao encontro, em seu conteúdo e método de avaliação, de possibilidades de intervenções que considerem o novo cenário na universidade brasileira frente às demandas. Defende-se neste debate que as intervenções tanto em relação à orientação temporal futura quanto ao engajamento nos estudos sejam planejadas conforme as necessidades estudantis diante das demandas de um contexto multifacetado e desafiador. Portanto, trata-se de propostas interventivas não somente individuais, metodológicas ou sobre planejar e fazer docente, mas sobretudo proposições institucionais.

Referências

Alcará, A. R., & Guimarães, S. É. R. (2010). Orientações motivacionais de alunos do curso de biblioteconomia. *Psicologia Escolar e Educacional*, (14), 211-220. https://doi.org/10.1590/S1413-85572010000200004

Almeida, L., Marinho-Araujo, C. M., Amaral, A., & Dias, D. (2012). Democratização do acesso e do sucesso no ensino superior: uma reflexão a partir das realidades de Portugal e do Brasil. *Avaliação: Revista da Avaliação da Educação Superior*, 17, 899-920. https://doi.org/10.1590/S1414-40772012000300014

Appleton, L. (2020). Academic libraries and student engagement: A literature review. *New Review of Academic Librarianship*, 26(2-4), 189-213. https://doi.org/10.1080/13614533.2020.1784762

Coscioni, V., Teixeira, M. A. P., Damásio, B. F., Dell'Aglio, D. D., & Paixão, M. P. (2020). Perspectiva temporal futura: Teorias, construtos e instrumentos. *Revista Brasileira de Orientação Profissional*, 21(2) 215-232. https://doi.org/10.26707/1984-7270/2020v21n208

Covas, F., & Veiga, F. H. (2017). Envolvimento dos estudantes no ensino superior: Um estudo com a Escala EAE-EaD. *Revista de Estudios e Investigación en Psicología y Educación*, (1), 121-126. https://doi.org/10.17979/reipe.2017.0.01.2416

De Volder, M. L., & Lens, W. (1982). Academic achievement and future time perspective as a Cognitive-motivational concept. *Journal of Personality and Social Psychology*, 42(3), 566. https://doi.org/10.1037/0022-3514.42.3.566

Eren, A. (2017). Aspirações profissionais entre professores em formação: responsabilidade pessoal, perspectivas de tempo e satisfação com a escolha de carreira. *The Australian Educational Researcher*, 44, 275-297. https://doi.org/10.1007/s13384-017-0234-y

Fernandes, H. R., Caldeira, S. N., Silva, O., & Veiga, F. H. (2016). Envolvimento dos alunos no ensino superior: Um estudo com a escala Envolvimento dos alunos na escola: Uma escala quadridimensional (EAE-E4D). In Veiga, H. F (Ed.), *Envolvimento dos alunos na escola: Perspetivas da psicologia e educação motivação para o desempenho acadêmico* (pp. 47-61). Instituto de Educação da Universidade de Lisboa (IEUL).

Gutiérrez-Braojos, C. (2015). Future time orientation and learning conceptions: effects on metacognitive strategies, self-efficacy beliefs, study effort and academic achievement. *Educational Psychology*, 35(2), 192-212. https://doi.org/10.1080/01443410.2013.858101

Gutiérrez, M., Tomás, J. M., Gómez, A., & Moll, A. (2019). Clima motivacional, satisfacción, compromiso y éxito académico en estudiantes angoleños y dominicanos. *Psicologia Escolar e Educacional*, 23, e188764. https://doi.org/10.1590/2175-35392019018764

Harris, L. (2011). Secondary teachers' conceptions of student engagement: Engagement in learning or in schooling? *Teaching and Teacher Education*, 27(2), 376-386. https://doi.org/10.1016/j.tate.2010.09.006

Husman, J., Hilpert, J. C., & Brem, S. K. (2016). Future time perspective connectedness to a career: the contextual effects of classroom knowledge building. *Psychologica Belgica*, 56(3), 210-225. http://dx.doi.org/10.5334/pb.282

Husman, J., & Lens, W. (1999). The role of the future in student motivation. *Education Psychologist*, 34(2), 113-125. https://doi.org/10.1207/s15326985ep3402_4

Husman, J., & Shell, D. F. (2008). Crenças e percepções sobre o futuro: uma medida da perspectiva do tempo futuro. *Aprendizagem e Diferenças Individuais*, 18(2), 166-175. https://doi.org/10.1016/j.lindif.2007.08.001

Instituto Nacional de Estudos e Pesquisas Educacionais Anísio Teixeira. (2020). *Censo da Educação Superior 2020: Notas estatísticas*. Inep. https://www.gov.br/inep/pt-br/assuntos/noticias/censo-da-educacao-superior/resultados-do-censo-da-educacao-superior-2020-disponiveis

Kerpelman, J. L., & Mosher, L. S. (2004). Rural African American adolescents' future orientation: The importance of self-efficacy, control and responsibility, and identity development. *Identity*, 4(2), 187-208. https://doi.org/10.1207/s1532706xid0402_5

King, R. B. (2016). Does your approach to time matter for your learning? The role of time perspectives on engagement and achievement. *Educational Psychology*, 36(7), 1.264-1.284. https://doi.org/10.1080/01443410.2015.1045835

Lens, W. (1993). La signification motivationnelle de la perspective future. *Revue québécoise de psychologie*, 14(1), 69-83. https://eduq.info/xmlui/handle/11515/493

Martins, L. M. D., & Ribeiro, J. L. D. (2017). Engajamento do estudante no ensino superior como indicador de avaliação. *Avaliação: Revista da Avaliação da Educação Superior*, 22, 223-247. https://doi.org/10.1590/S1414-40772017000100012

Miller, R. B., & Brickman, S. J. (2004). A model of future-oriented motivation and self-regulation. *Educational Psychology Review*, (16), 9-13.

Nascimento, F. P. (2022). *Perspectiva de tempo futuro, satisfação acadêmica e engajamento de estudantes universitários*. [Tese de Doutorado]. Universidade Estadual de Londrina.

Nascimento, F. P., de Oliveira, K. L., & Bzuneck, J. A. (2025). Perspectiva de tempo futuro e a satisfação acadêmica: identificação e relações no Ensino Superior. *Revista Internacional de Educação Superior*, 11, e025036-e025036. https://doi.org/10.20396/riesup.v11i00.8674339

Nuttin, J. (2014). *Future time perspective and motivation: Theory and research method*. Psychology Press.

Phan, H. P. (2015). The impact of FTP on commitment to career choices: situating within a social cognitive perspective. *Higher Education Research & Development*, 34(2), 368-382. https://doi.org/10.1080/07294360.2014.958069

Schunk, D. H., Pintrich, P. R., & Meece, J. L. (2014). *Motivation in education: Theory, research, and applications* (4a ed.). Pearson.

Simons, J., Vansteenkiste, M., Lens, W., & Lacante, M. (2004). Placing motivation and future time perspective theory in a temporal perspective. *Educational Psychology Review*, 16, 121-139. https://doi.org/10.1023/B:EDPR.0000026609.94841.2f

Usart, M., & Romero, M. (2014). Spanish Zimbardo time perspective inventory construction and validity among higher education students. *Eletronic Journal of Research in Educational Psychology*, 12(33), 483-508. https://doi.org/10.25115/ejrep.33.13127

Veiga, F. H. (2013). Envolvimento dos alunos na escola: Elaboração de uma nova escala de avaliação. *International Journal of Developmental and Educational Psychology*, 1, 441-450. https://repositorio.ul.pt/bitstream/10451/10032/4/EAE-E4D%20Escala%202013.pdf

Veiga, F. H., Burden, R., Appleton, J., Taveira, M. D. C., & Galvão, D. (2014). Student's engagement in school: conceptualization and relations with personal variables and academic performance. *Revista de Psicología y Educación*, 9(1), 29-47. https://www.revistadepsicologiayeducacion.es/pdf/100.pdf

Vitória, M. I. C., Casartelli, A., Rigo, R. M., & Costa, P. T. (2018). Engajamento acadêmico: desafios para a permanência do estudante na Educação Superior. *Educação*, *41*(2), 262-269. https://doi.org/10.15448/1981-2582.2018.2.27960

Zimbardo, P. G., & Boyd, J. N. (1999). Putting time in perspective: A valid, reliable individual-differences metric. *Journal of Personality and Social Psychology*, *77*(6), 1.271-1.288. https://doi.org/10.1037/0022-3514.77.6.1271

Zimbardo, P. G., & Boyd, J. N. (2014). Putting time in perspective: A valid, reliable individual-differences metric. In M. Stolarski, N. Fieulaine & W. van Beek (Eds.), *Time perspective theory; review, research and application: Essays in honor of Philip G. Zimbardo* (pp. 17-55). Springer. https://doi.org/10.1007/978-3-319-07368-2_2

37
Estratégias de aprendizagem: manejos da avaliação e procedimentos interventivos

Patrícia Waltz Schelini

> **Highlights**
> - Gerenciar o próprio processo de aprendizagem é fundamental em qualquer ambiente;
> - O gerenciamento da aprendizagem é o que se entende como autorregulação;
> - Estudantes autorregulados apresentam bom repertório de estratégias de aprendizagem;
> - Estratégias auxiliam no aprender de modo eficiente e no envolvimento com atividades.

Autorregulação e estratégias de aprendizagem

O aprender se associa a uma série de aspectos educacionais e psicológicos, envolvendo características cognitivas, motivacionais, emocionais e socioambientais. A capacidade do aluno de gerenciar seu próprio processo de aprendizagem parece fundamental ao longo de toda a sua vida acadêmica, independentemente do ambiente de aprendizagem ser presencial ou online, tão comum no período pós-pandêmico (Araka et al., 2020). Esse gerenciamento corresponde ao que se entende como autorregulação, de tal modo que estudantes autorregulados são aqueles que apresentam um bom repertório de estratégias de aprendizagem, que permitem o alcance das metas estabelecidas (Góes & Boruchovitch, 2022).

A aprendizagem autorregulada é a capacidade de um estudante em se responsabilizar e assumir um papel ativo em sua própria aprendizagem. Envolve aspectos cognitivos, metacognitivos, motivacionais, afetivos, comportamentais e sociais (Casiraghi et al., 2020) e diz respeito a como os alunos estão cientes de suas forças e fraquezas, das estratégias que usam para aprender e para manter ou aumentar a motivação (Muijs & Bokhove, 2020). Portanto, a autorregulação da aprendizagem possibilita o planejamento, monitoramento e avaliação do processo de estudo, além do uso de estratégias de aprendizagem adequadas para diferentes situações e da consciência sobre habilidades já desenvolvidas.

As estratégias de aprendizagem fazem parte do processo de autorregulação e podem ser entendidas como ações ou procedimentos que os alunos usam para facilitar a aquisição, o armazenamento e o uso da informação, auxiliando no rendimento acadêmico (Martins & Santos, 2018). De modo geral, auxiliam no aprender de forma eficiente e no envolvimento com as atividades propostas (Anthonysamy et al., 2020).

Em relação aos tipos de estratégias, tem havido várias propostas de categorização: (1) estratégias cognitivas e metacognitivas (Dembo, 1994); (2) cognitivas, metacognitivas e gestão de recursos (Mckeachie et al., 1990); (3) engajamento cognitivo (significado idêntico a estratégias cognitivas), conhecimento metacognitivo (incluído no rol das estratégias metacognitivas), gestão de recursos e crenças motivacionais (Anthonysamy et al., 2020).

As estratégias cognitivas auxiliam na aquisição, processamento e armazenamento de informações/estímulos. Alguns exemplos são: sublinhar palavras ou frases, elaborar perguntas e respostas sobre a temática estudada, fazer resumos, criar mapas conceituais, repetir mentalmente as informações, relacionar o conhecimento prévio com novas informações para facilitar a memorização (Anthonysamy et al., 2020; Ganda & Boruchovitch, 2018).

Para a menção e compreensão das estratégias metacognitivas, não é possível deixar de considerar o conceito de metacognição. Os estudos sobre metacognição, iniciados com Flavell, enfatizam os conceitos de conhecimento metacognitivo e habilidades de regulação (monitoramento e o controle metacognitivos).

O conhecimento metacognitivo corresponde às crenças de um indivíduo sobre suas habilidades e dos outros e sobre os aspectos que influenciam uma realização de natureza cognitiva (Rhodes, 2019). Inclui o conhecimento das variáveis: pessoa, tarefa e estratégia. O conhecimento metacognitivo da variável pessoa é voltado a crenças sobre diferenças intraindividuais (exemplo: o indivíduo sabe que é melhor em atividades de leitura do que em cálculo); diferenças interindividuais (o aluno percebe ter melhor desempenho em tarefas de escrita do que um colega de escola); e cognição universal: crenças adquiridas ao longo do desenvolvimento que podem ser generalizadas, como aprender que, dependendo de quanto tempo se passou, as palavras de uma língua podem ser esquecidas (Flavell, 1979). O conhecimento sobre a tarefa inclui todas as informações disponíveis sobre uma atividade, que pode ser familiar ou não, interessante ou desinteressante, superficial ou complexa. A variável estratégia diz respeito às maneiras e ações mais eficazes que o indivíduo conhece para atingir certos objetivos. Essa última variável corresponde justamente às estratégias metacognitivas.

O monitoramento metacognitivo é entendido como uma habilidade dos indivíduos observarem e avaliarem seus próprios processos cognitivos, o que permite perceber quando não se entende algo, quando se está fazendo um progresso muito lento ou, ao contrário, quando tudo parece estar correndo bem. O monitoramento faz com que o desempenho cognitivo seja analisado, de modo a haver, ou não, a necessidade de adaptação desse desempenho às exigências das tarefas (Deffendi et al., s.d.; Morphew, 2020). As informações obtidas via monitoramento orientam a escolha de estratégias, processo entendido como controle metacognitivo (Son & Schwartz, 2002). O controle metacognitivo pode levar à interrupção de uma atividade cognitiva, sua continuidade ou modificação.

As estratégias do tipo metacognitivo se associam ao planejamento, monitoramento e regulação do pensamento (Casiraghi et al., 2020). Elas envolvem o conhecimento do estudante sobre si mesmo (seus interesses, pontos fortes e fracos em termos de habilidades), o conhecimento sobre a tarefa (dificuldades e exigências da tarefa acadêmica) e o conhecimento de estratégias de aprendizagem, considerando quais, quando e como utilizá-las (Dembo, 1994). São exemplos de estratégias: organizar a rotina de estudos, incluindo tarefas diárias; fazer um plano para as atividades da semana; analisar se um assunto está sendo compreendido durante a leitura de um texto (Ganda & Boruchovitch, 2018); verificar, durante a realização de uma tarefa, se o objetivo poderá ser atendido; pedir ajuda a um colega após identificar que não conseguirá fazer algo. De modo geral, podem ser categorizadas em três tipos de estratégias: (1) de planejamento, voltadas à elaboração de objetivos de estudo (exemplo: folhear um texto para estabelecer a dificuldade da leitura, se é familiar ou não, qual o tempo aproximado para concluí-la); (2) de monitoramento, associadas ao acompanhamento e análise do próprio desempenho, atenção e estados afetivo-motivacionais; e (3) de regulação, que possibilitam a mudança de comportamentos de estudo quando necessário, tais quais: alterar o ritmo de leitura, reler trechos considerados mais difíceis (Casiraghi et al., 2020).

As estratégias de gestão de recursos se relacionam aos componentes comportamentais e ambientais, incluindo: gestão do tempo e esforço; organização do ambiente de estudo; pedidos de ajuda a professores e colegas; consulta a recursos externos, como ferramentas online de busca de informações ou livros (Casiraghi et al., 2020).

Em um ambiente de aprendizagem híbrida (presencial e remota), por exemplo, estudantes têm flexibilidade de tempo e lugares diferentes para estudar e realizar tarefas. Nesse tipo de aprendizagem, as estratégias de gestão são essenciais na regulação do tempo e dos aspectos ambientais, de modo que o(a) estudante pode agendar dois horários semanais para assistir vídeos de aulas, reservar outro horário para ler artigos e fazer tarefas. O gerenciamento de tempo envolve a consciência dos prazos e a priorização de tarefas de aprendizagem. A regulação do esforço é a capacidade de perseverar ao enfrentar desafios acadêmicos e compreender que, diante de uma tarefa muito simples para o(a) estudante, ele(a) não precisará fazer uso de muito tempo e esforço para finalizá-la. Assim, um(a) aluno(a) gerencia seu esforço quando continua a estudar mesmo que o material de aprendizagem seja desinteressante ou difícil, ou continua a explorar um determinado software para uma tarefa. O uso dessa estratégia para regular o esforço reflete o compromisso com a conclusão de um objetivo (Anthonysamy et al., 2020).

A estratégia de pedir ajuda aos pares e professores incentiva os(as) alunos(as) a aprender uns com os outros ao explicarem suas ideias e apresentarem suas dúvidas. Estudantes que usam tal estratégia ilustram uma coesão social entre eles(as) e seus pares, o que pode possibilitar um melhor desempenho, maior satisfação e envolvimento do aluno, o que sugere que o apoio acadêmico é parte crucial da aprendizagem (Gharghani et al., 2019).

Finalmente, as estratégias de crenças motivacionais são aquelas que auxiliam o realizar ancorado na confiança e na expectativa da obtenção de bons resultados, estando, assim, associadas à ideia de autoeficácia. Além disso, incluem crenças voltadas ao valor e importância da realização de uma tarefa e à orientação para metas. Exemplos de estratégias de crenças motivacionais são: utilizar a concepção de que o indivíduo tem habilidades que o auxiliarão na execução de uma tarefa; elaborar e manter a crença de que uma disciplina será útil de alguma forma (a lidar com o ensino superior, a entender informações de outra disciplina, a se sair bem em um processo seletivo); manter a crença no valor de uma tarefa porque sua execução poderá ser benéfica ao próprio indivíduo ou à comunidade; elaborar metas e orientar a aprendizagem a partir delas, inclusive criando padrões de comparação, que serão usados para analisar o início e o fim de um processo de aprendizagem (Anthonysamy et al., 2020).

De acordo com Hattie e Donoghue (2016), a eficácia das estratégias dependerá da fase da aprendizagem em que serão utilizadas. Assim, estratégias serão diferentes quando um(a) aluno(a) está adquirindo pela primeira vez o conhecimento em comparação com o momento em que está incorporando ou consolidando o aprendizado. Na fase inicial de aprendizagem, os(as) alunos(as) se deparam com uma grande variedade de estímulos, fatos e informações que estão relativamente isoladas conceitualmente. Nessa fase há o uso de estratégias cognitivas para que as informações sejam compreendidas e para que as ideias sejam relacionadas. Em uma fase posterior, o(a) estudante faz uso de estratégias para efetivamente estabelecer relações entre as informações anteriormente isoladas. Na fase final de aprendizagem, as estratégias devem permitir que a estrutura do conhecimento seja bem integrada; além disso, o(a) aluno(a) passa a atuar de forma mais autônoma.

As estratégias também serão diferentemente eficazes conforme a intenção da aprendizagem, ou seja, se será superficial, profunda ou se envolverá a transferência de habilidades e conhecimentos para novas situações ou tarefas (Hattie & Donoghue, 2016). A aprendizagem superficial refere-se mais ao conteúdo, à profunda relação entre as ideias e a transferência na aplicação da aprendizagem a novos problemas e situações. Na aprendizagem superficial, os alunos precisam usar estratégias para a aquisição e armazenamento de informações (como o resumir e sublinhar) e, na profunda, para integrar ideias com esquemas anteriores ou modificar esquemas anteriores para integrar novas ideias e formas de pensar, fazendo uso de estratégias cognitivas, metacognitivas e de gestão de recursos. Assim, primeiramente as estratégias servem à obtenção de ideias: ação muitas vezes preterida pelos que defendem que as estratégias sejam usadas no desenvolvimento do chamado pensamento mais profundo (Hattie & Donoghue, 2016).

A transferência da aprendizagem decorre da identificação de semelhanças e diferenças entre as tarefas anteriores e a nova. Essa transferência pode ser positiva, como quando um(a) aluno(a) se lembra de uma aprendizagem e de uma estratégia e as aplica de forma eficaz em uma situação nova e semelhante; ou negativa, quando há a aplicação de uma estratégia usada com sucesso em uma nova situação em que tal estratégia não é adequada. Estudantes com dificuldades para aprender podem utilizar algumas estratégias, como copiar e sublinhar, aplicando-as sem considerar as exigências de novas tarefas (Hattie & Donoghue, 2016).

Em oposição às estratégias de aprendizagem, há aquelas que dificultam o adequado desempenho acadêmico, são as chamadas autoprejudiciais, que incluem comportamentos observados antes e durante a execução de uma tarefa, indicativos de culpa por um possível fracasso. Alguns desses comportamentos são: reclamações sobre o excesso de compromissos e pouco tempo disponível que teriam levado à dificuldade de estudar; procrastinação; faltar ou não prestar atenção nas aulas e não ler os materiais recomendados (Ganda & Boruchovitch, 2018).

Avaliação das estratégias de aprendizagem

Em relação à avaliação das estratégias de aprendizagem, todas as técnicas clássicas são passíveis de uso: observação, entrevista, escala e questionário de autorrelato e o protocolo de pensar em voz alta. Os métodos observacionais diretos permitem o registro de comportamentos e interações sociais que possibilitam identificar estratégias, como: a aproximação de um colega ou professor para solicitar ajuda, levantar a mão, grifar, buscar outros materiais. A observação é menos dependente de verbalizações, sendo adequada na análise de crianças ou indivíduos com capacidades linguísticas limitadas. As entrevistas geralmente abordam as estratégias utilizadas para resolver tarefas e crenças sobre o aprendizado. Nos protocolos de pensar em voz alta, pede-se que os participantes relatem seus pensamentos enquanto realizam uma atividade. Mas, entre todas as técnicas, destaca-se a tendência pelo uso das medidas de autorrelato, em que o próprio participante deve fornecer as respostas (Muijs & Bokhove, 2020). Variadas medidas de autorrelato serão descritas a seguir, algumas delas voltadas à aprendizagem autorregulada, mas com itens elaborados para avaliar as estratégias.

O Motivated Strategies for Learning Questionnaire [Questionário de Estratégias de Motivação para Aprendizagem] (MSLQ), elaborado por Pintrich et al. (1991), destina-se à avaliação da aprendizagem autorregulada, com itens voltados às estratégias. É composto por 81 afirmações, sendo que o participante deve indicar uma opção de resposta em uma escala de 1 a 7 (de "nada verdadeiro para mim" a "muito verdadeiro para mim"). O total de itens destina-se à avaliação de 15 constructos, divididos em duas seções: motivação e estratégias de aprendizagem. No Brasil, o relato inicial de tradução e uso foi feito por Ruiz (2005), que aplicou o questionário em graduandos da área de administração. Gomes (2014) também traduziu o MSLQ e o aplicou em alunos de graduação de administração e contabilidade, de forma a investigar os fatores que o compõem.

Uma segunda medida de autorrelato é o Learning and Study Strategies Inventory [Inventário de Estratégias de Aprendizado e Estudo] (Lassi) que, desenvolvido por Weinstein e Palmer (2002), inclui 77 itens para avaliar universitários em termos das estratégias de aprendizagem, aptidões de estudo e atitudes. É apresentado em três versões: College Version of Lassi, High School Version LASSI e a Spanish Version of College LASSI, para estudantes de língua espanhola. No Brasil, Bartalo (2006) elaborou estudos destinados à adaptação e validação da Lassi.

O Online Self-Regulated Learning Questionnaire [Questionário de Aprendizagem Autorregulada Online] (OSLQ) (Barnard et al., 2009) destina-se à avaliação da aprendizagem autorregulada de universitários em ambientes de aprendizagem online ou híbrido. Inclui 24 itens distribuídos em 6 dimensões: estabelecimento de metas, estruturação do ambiente, estratégias para realização de tarefas, gerenciamento do tempo, procura por ajuda e autoavaliação. No Brasil, Rufini et al. (2021) estudaram suas evidências de validade, tendo como participantes alunos(as) de um curso online de pedagogia.

Duas autoras brasileiras elaboraram a Escala de Estratégias de Aprendizagem para Universitários (EEA-U) (Boruchovitch & Santos, 2015). A escala é composta por 35 itens que, organizados em escala do tipo Likert, avaliam três dimensões: autorregulação cognitiva e metacognitiva (23 itens voltados às estratégias cognitivas e metacognitivas), autorregulação dos recursos internos e contextuais (inclui itens sobre estratégias orientadas para o controle e o manejo de estados internos e variáveis contextuais que interferem na autorregulação da aprendizagem) e autorregulação social (itens referentes às estratégias voltadas às formas de aprender que envolvem a interação com o outro).

A Escala de Estratégia de Ensino, de Aprendizagem e Motivação para Aprender em Ambientes Virtuais de Aprendizagem (EEAM-AVA) (Beluce & Oliveira, 2016) é um instrumento brasileiro formado por 45 itens relativos às estratégias de ensino (10 itens), às estratégias de aprendizagem (10 itens) e à motivação para aprender (25 itens) em ambientes virtuais de aprendizagem. Os itens visam mensurar a frequência com que os(as) estudantes identificam as estratégias de ensino eficientes empregadas pelo(a) docente/tutor, as estratégias de aprendizagem que utilizam e a sua motivação para aprender.

Outros dois instrumentos aplicáveis em universitários são: Escala de Estratégias de Aprendizagem para Universitários (EEA-U/EaD) (Santos & Boruchovitch, 2017) e Escala de Estratégias de Aprendizagem em Contexto Universitário Híbrido (EEA-H) (Martins & Zerbini, 2014). A EEA-U/EaD é composta por 35 itens que, respondidos em escala do tipo Likert de 4 pontos, avaliam como universitários(as) estudam e se preparam para uma avaliação. A EEA-U/EaD incluiu três dimensões: autorregulação cognitiva e metacognitiva, autorregulação dos recursos internos e contextuais e autorregulação social. A EEA-H avalia as estratégias de aprendizagem empregadas pelos(as) alunos(as) em cursos a distância e híbridos ou semipresenciais, sendo composta por 29 itens, respondidos em forma de escala do tipo Likert de 11 pontos. A EEA-H incluiu quatro fatores: controle da emoção, estratégias cognitivas, estratégias autorregulatórias e busca de ajuda interpessoal.

Em relação a alunos do ensino fundamental, há a Escala de Avaliação das Estratégias de Aprendizagem para o Ensino Fundamental (EAVAP-EF) (Oliveira et al., 2010) para avaliar o repertório de estratégias de aprendizagem dos alunos e a frequência com que relatam usá-las. Um total de 31 itens, em escala Likert de 3 pontos, compõem o instrumento. A EAVAP-EF inclui três dimensões: estratégias cognitivas, estratégias metacognitivas e ausência de estratégias metacognitivas disfuncionais.

A identificação do repertório e da frequência com que as estratégias de aprendizagem são utilizadas por estudantes dos mais variados anos escolares pode facilitar intervenções voltadas a eles(as) e também aos seus professores(as), que poderão atuar na mediação da mudança de estratégias ineficazes ou no uso de novas. A seguir são descritas possibilidades de intervenção em relação às estratégias de aprendizagem.

Possibilidades de intervenção

A capacidade de usar estratégias de aprendizagem não é inata, de modo que esforços devem ocorrer para que os indivíduos aprendam a usá-las, variá-las e aplicá-las em diversos contextos (Góes & Boruchovitch, 2022). Como ressaltam Casiraghi, Boruchovitch e Almeida (2020), é importante que sejam disponibilizados aos alunos(as) o conhecimento e a prática de várias estratégias de aprendizagem para que eles(as) elejam o uso de uma ou outra a partir do conhecimento que dispõem sobre como aprendem e sobre a natureza das tarefas (conhecimento metacognitivo). Assim, os(as) estudantes precisam conhecer diversas estratégias para que consigam selecioná-las de acordo com suas características pessoais (Casiraghi et al., 2020).

Existe um forte corpo de evidências indicando que ensinar os(as) alunos(as) a usar estratégias de aprendizagem eficazes pode melhorar o desempenho acadêmico (Lawson et al., 2019). Hattie e Donoghue (2016) recomendam que as estratégias sejam desenvolvidas por professores, por exemplo, incorporando-as ao ensino, em vez da realização de encontros ou programas separados do conteúdo que está sendo ensinado. Isso por considerarem difícil o desenvolvimento de estratégias genéricas aplicáveis a muitas atividades.

Têm sido implementados alguns programas voltados a professores com o objetivo de promover as estratégias de aprendizagem de estudantes. Um exemplo vem dos Estados Unidos, por meio do "Desenvolvimento de Estratégias Autorreguladas", que visa as estratégias de escrita dos estudantes (Lawson et al., 2019). É possível citar também um trabalho brasileiro bastante atual, elaborado por Góes e Boruchovitch (2022) para fortalecer estratégias de aprendizagem de professores do ensino médio.

O programa brasileiro é chamado "Curso Teórico-Autorreflexivo: Estratégias de Aprendizagem e sua Aplicação no Contexto Educacional" e objetiva ensinar os(as) professores(as) a utilizarem estratégias de aprendizagem cognitivas e metacognitivas para que possam ensiná-las aos seus alunos(as) (Góes & Boruchovitch, 2022). A duração é de sete encontros, com três horas cada, sendo ensinado um tipo de estratégia de aprendizagem diferente em cada ocasião. Tal estratégia é primeiramente definida, seus benefícios são apresentados e a forma de utilizá-la é descrita. Em seguida, é usada nos professores que desempenham o papel de estudantes. Depois da aplicação da estratégia ela é discutida e é apresentada aos professores uma proposta de atividade que poderia ser feita com seus alunos. Por fim, os professores relatam, no diário estruturado de aprendizagem, o que aprenderam no encontro. Góes e Boruchovitch (2022) afirmam que o(a) professor(a) precisa compreender e estar de acordo com os benefícios do uso de determinadas estratégias de aprendizagem para que as ensine aos seus alunos(as), daí o fato de eles serem muitas vezes eleitos para participar de cursos ou programas.

Considerações finais

A associação entre o uso de estratégias de aprendizagem e a eficácia no ambiente acadêmico é um consenso no meio psicoeducacional (Casiraghi et al., 2020). A sociedade tende a requerer estudantes cada vez mais ativos e que consigam refletir sobre as suas aprendizagens e sobre os conhecimentos: características que descrevem indivíduos autorregulados.

Aprendizes autorregulados monitoram seus objetos de estudo e avaliam se as estratégias que utilizam são ou não eficazes, usando novas sempre que necessário, de forma a aprender mais e melhor. Com o objetivo de avaliar o tipo e a frequência de estratégias utilizadas, as medidas de autorrelato, observações, entrevistas e o protocolo do pensar em voz alta podem ser aplicados por psicólogos e educadores.

A partir ou de maneira conjunta à avaliação, aprendizes podem ser estimulados no desenvolvimento e aplicação de novas estratégias, de forma que se tornem cada vez mais independentes e capazes de generalizar o uso das estratégias para atividades ou situações semelhantes. A mediação que objetiva o aprendizado de novas estratégias geralmente é feita por um professor ou tutor, de tal forma que os programas de intervenção criados por pesquisadores podem se voltar justamente para eles. Professores e tutores atuam, assim, como importantes multiplicadores de estratégias de aprendizagem.

Apesar de muito relevantes aos vários tipos de aprendizado, as estratégias não garantem o êxito acadêmico ou a eficácia no desempenho de uma tarefa. A aprendizagem acadêmica é complexa, dependente de habilidades cognitivas, metacognitivas, aspectos socioemocionais, metodologias de ensino e de todo o ambiente escolar. Espera-se que as informações discutidas neste capítulo colaborem nas reflexões que permeiam o ensino, as ações docentes e discentes, sempre visando práticas que estimulem o protagonismo do aluno em sua vida escolar.

Referências

Anthonysamy, L., Koo, C., & Hew, S. H. (2020). Self-regulated learning strategies and non-academic outcomes in higher education blended learning environments: A one decade review. *Education and Information Technologies*, 25, 3677-3704. https://doi.org/10.1007/s10639-020-10134-2

Araka, E., Maina, E., Gitonga, R., & Okobo, R. (2020). Research trends in measurement and intervention tools for self-regulated learning and e-learning environments – systematic review (2008-2018). *Research and Practice in Technology Enhanced Learning*, 15(6), 1-21. https://doi.org/10.1186/s41039-020-00129-5

Barnard, L., Lan, W., To, Y., Paton, V., & Lai, S.-L. (2009). Measuring self-regulation in online and blended learning environments. *Internet and Higher Education*, 12(1), 1-6. https://doi.org/10.1016/j.iheduc.2008.10.005

Bartalo, L. (2006). *Mensuração de estratégias de estudo e aprendizagem de alunos universitários: Learning and Study Strategies Inventory (LASSI) – adaptação e validação para o Brasil*. [Tese de Doutorado]. Universidade Estadual Paulista Júlio de Mesquita Filho.

Beluce, A. C., & Oliveira, K. L. (2016). Escala de estratégias e motivação para aprendizagem em ambientes virtuais. *Revista Brasileira de Educação*, 21(66), 593-610. http://dx.doi.org/10.1590/S1413-24782016216631

Boruchovitch, E., & Santos, A. A. A. (2015). Psychometric studies of the learning strategies scale for university students. *Paidéia*, 25(60), 19-27. https://doi.org/10.1590/1982-43272560201504

Casiraghi, B., Boruchovitch, E., & Almeida, L. (2020). Crenças de autoeficácia, estratégias de aprendizagem e o sucesso acadêmico no ensino superior. *Revista E-Psi*, 9(1), 27-38. Recuperado de https://revistaepsi.com/artigo/2020-ano9-volume1-artigo2/

Deffendi, L. T., Schelini, P. W., Andrade, L. R., & Foresto, E. P. (s.d.). Conhecimento e monitoramento metacognitivos em tarefas que envolvem a criatividade. *Psicologia em Estudo On-line*. (No prelo).

Dembo, M. H. (1994). *Applying educational psychology*. Longman Publishing Group.

Flavell, J. J. (1979). Metacognition and cognitive monitoring: A new area of cognitive developmental inquiry. *American Psychologist*, 34(10), 906-911. https://doi.org/10.1037/0003-066X.34.10.906

Ganda, D. R., & Boruchovitch, E. (2018). A autorregulação da aprendizagem: principais conceitos e modelos teóricos. *Psicologia da Educação*, 46, 71-80. http://pepsic.bvsalud.org/scielo.php?script=sci_arttext&pid=S1414-69752018000100008&lng=pt&tlng=pt

Gharghani, A. A., Gharghani, M. A., & Hayat, A. A. (2019). Correlation of motivational beliefs and cognitive and metacognitive strategies with academic achievement of students of Shiraz University of Medical Sciences. *Strides in Development of Medical Education*, 15(1), 1-8. https://doi.org/10.5812/sdme.81169.

Góes, N. M., & Boruchovitch, E. (2022). Efeitos positivos de um programa de intervenção para o fortalecimento das estratégias de aprendizagem de professores do ensino médio brasileiro. *Proposições*, 33, 1-28. http://dx.doi.org/10.1590/1980-6248-2020-0100

Gomes, M. A. S. (2014). Análise dos fatores originais do instrumento MSLQ com base em alunos de instituições privadas brasileiras. *Revista Análise*, 21, 18-44. Recuperado de https://revistas.anchieta.br/index.php/Revistanalise/article/view/481

Hattie, J. A. C., & Donoghue, G. M. (2016). Learning Strategies: a synthesis and conceptual model. *Science of Learning*, 1, 1-13. https://doi.org/10.1038/npjscilearn.2016.13

Lawson, M. J., Vosniadou, S., Van Deur, P., Wyra, M., & Jeffries, D. (2019). Teachers' and students' belief systems about the self-regulation of learning. *Educational Psychology Review*, *31*, 223-251. https://doi.org/10.1007/s10648-018-9453-7

Martins, L. B., & Zerbini, T. (2014). Escala de estratégias de aprendizagem: Evidências de validade em contexto universitário híbrido. *Psico-USF*, *19*(2), 317-328. http://dx.doi.org/10.1590/1413-82712014019002007

Martins, R. M. M., & Santos, A. A. A. (2018). Estratégias de aprendizagem e autoeficácia acadêmica em universitários ingressantes: estudo correlacional. *Psicologia Escolar e Educacional*, *23*, 1-7. https://doi.org/10.1590/2175-35392019016346

Mckeachie, W. J., Pintrich, P., Lin, Y. G., Smith, D. A. F., & Sharma, R. (1990). *Teaching and learning in the college classroom: A review of the research literature* (2a ed.). National Center for Research to Improve Postsecondary Learning.

Morphew, J. W. (2020). Changes in metacognitive monitoring accuracy in an introductory physics course. *Metacognition Learning*, *16*, 89-111. https://doi.org/10.1007/s11409-020-09239-3

Muijs, D., & Bokhove, C. (2020). *Metacognition and self-regulation: Evidence review*. Education Endowment Foundation. Recuperado de https://educationendowmentfoundation.org.uk/evidence-summaries/evidence-reviews/metacognition-and-self-regulation-review/

Oliveira, K. L., Boruchovitch, E., & Santos, A. A. A. (2010). *Escala de avaliação de estratégias de aprendizagem para o ensino fundamental – EAVAP-EF Manual*. Casa do Psicólogo.

Pintrich, P. R., Smith, D. A. F., Garcia, T., & McKeachie, W. J. (1991). *A manual for the use of the Motivated Strategies for Learning Questionnaire (MSLQ)*. University of Michigan, National Center for Research to Improve Postsecondary Teaching and Learning.

Rhodes, M. G. (2019). Metacognition. *Teaching of Psychology*, *1*, 1-8. http://dx.doi.org/10.1177/0098628319834381

Rufini, S. E., Fernandes, J. G., Bianchini, L. G. B., & Alliprandini, P. M. Z. (2021). Versão Brasileira do Online Self-Regulated Learning Questionnaire (OSLQ): Evidências de Validade. *Psicologia: Teoria e Pesquisa*, *37*, 1-12. https://doi.org/10.1590/0102.3772e37547

Ruiz, V. M. (2005). *Aprendizagem em universitários: variáveis motivacionais*. [Tese de Doutorado]. Pontifícia Universidade Católica de Campinas.

Santos, A. A. A., & Boruchovitch. E. (2017). *Escala de avaliação de estratégias de aprendizagem – Adaptada para universitários de cursos a distância*. Universidade São Francisco.

Wenstein, C. E., & Palmer, D. R. (2002). *LASSI: user's manual for those administering the learning and study strategies inventory* (2a ed.). H & H Publishing.

38
Estratégias autoprejudiciais à aprendizagem: procedimentos de avaliação e medidas de intervenção

Lúcia C. Miranda
Evely Boruchovitch
Leandro S. Almeida

> *Highlights*
> - Definem-se as estratégias autoprejudiciais (*self-handicapping*) enquanto construto da psicologia e educação e a importância desse construto para abordar questões relacionadas ao desempenho acadêmico dos alunos;
> - Enfatiza-se a importância da avaliação das estratégias autoprejudiciais como base para identificar e planejar intervenções direcionadas às necessidades dos alunos;
> - Reflete-se sobre medidas e programas de intervenção para reduzir o recurso às estratégias autoprejudiciais pelos alunos como forma de melhorar a sua aprendizagem bem-sucedida e o sucesso acadêmico.

As estratégias autoprejudiciais (*self-handicapping*) mantêm crescente interesse nas áreas da psicologia e da educação. A palavra foi usada pela primeira vez pelos psicólogos norte-americanos Berglas e Jones (1978), sendo traduzida para o português como "autoprejudiciais" (Zanatto, 2007). Genericamente, as estratégias autoprejudiciais, quando aplicadas ao contexto educativo, se referem à adoção de comportamentos, por parte dos alunos, que fragilizam o seu desempenho, mesmo quando têm potencial cognitivo e competências para obter melhores resultados (Boruchovitch et al., 2022; Miranda & Almeida, 2021; Schwinger et al., 2022). Compreender por que e como os alunos criam dificuldades e entraves ao seu desempenho acadêmico é essencial para desenvolver abordagens educacionais mais eficazes no sentido da promoção de uma aprendizagem bem-sucedida.

Neste capítulo procura-se integrar informação relativa à definição, avaliação e intervenção no campo das estratégias autoprejudiciais. Assume-se que a avaliação e, sobretudo, a qualidade dos procedimentos de avaliação desempenham um papel importante tanto na identificação das estratégias autoprejudiciais usadas pelos alunos como na planificação de intervenções ajustadas às necessidades desses alunos e à avaliação da eficácia das intervenções. Assim, este trabalho começa por apresentar as bases teóricas e a tipologia das estratégias autoprejudiciais, bem como os principais fatores que podem influenciar o seu aparecimento e manutenção. Na segunda parte destacam-se três instrumentos de autorrelato usados para a sua avaliação, com foco maior para a Escala de Estratégias Autoprejudiciais à Aprendizagem (Eapa). Por último, são apresentadas orientações para a construção e implementação de medidas e programas de intervenção na área das estratégias autoprejudiciais, tendo em vista promover o sucesso acadêmico e bem-estar dos alunos.

O conceito: componentes para a sua compreensão

Como já mencionado, as estratégias autoprejudiciais se referem a qualquer ação ou escolha relacionada com situações de desempenho que aumente a oportunidade de externalizar ou desculpar o fracasso e aceitar o crédito pelo sucesso (Berglas & Jones, 1978). Um exemplo paradigmático desse comportamento é evidenciado por alunos que duvidam do seu potencial para atingirem um bom resultado num exame, e optam por não se dedicarem ao estudo antes da avaliação. Assim, quando os resultados forem divulgados e se revelarem insatisfatórios, conseguem justificar o fraco desempenho devido à falta de preparação para o exame, em vez de correrem o risco de serem considerados pelos demais como tendo menores capacidades intelectuais ou falta de competências acadêmicas (Berglas & Jones, 1978; Boruchovitch et al., 2022; Miranda & Almeida, 2021). Por outro lado, no caso de um resultado positivo, o aluno poderá enfatizar para os outros o contributo direto da sua habilidade (ou outra característica pessoal). Nessas circunstâncias, o bom resultado traduz boas habilidades pessoais e a superação das adversidades, sobretudo porque nem se preparou para o exame (Miranda & Almeida, 2021; Schwinger et al., 2022).

Importante refletir sobre a emergência e o significado pessoal da adoção das estratégias autoprejudiciais. A literatura disponível aponta que o uso dessas estratégias pelos alunos se baseia no fato de eles anteciparem, com elevada probabilidade, o insucesso na tarefa e de assumirem que a causa desse resultado menos positivo decorre de fatores intrínsecos, como falta de capacidade ou déficit nas competências pessoais (Török et al., 2018). Nesse sentido, o conceito de estratégias autoprejudiciais recupera, em parte, o papel das atribuições causais na explicação de dificuldades de aprendizagem e de rendimento acadêmico (Weiner, 1985), a que aludiremos posteriormente.

Embora Berglas e Jones (1978) tenham introduzido pela primeira vez o conceito de *self-handicapping* na literatura, em termos históricos é possível encontrar raízes do conceito nos trabalhos de Adler (1914). Conforme o autor (1914), o uso dessas estratégias resulta de uma tendência para procurar argumentos justificativos para evitar a responsabilidade por dificuldades e fracassos percebidos, servindo, por conseguinte, como mecanismo de proteção ou de compensação, ajudando a pessoa a proteger a autoestima ao fornecer-lhe uma justificativa para sentimentos de inferioridade.

Uma outra perspectiva teórica relevante para considerar a abrangência desse conceito está presente nos trabalhos de Atkinson (1964) sobre a teoria da motivação para a realização. Essa teoria postula que a motivação para executar uma tarefa é influenciada por dois fatores fundamentais: a expectativa de sucesso e o valor atribuído à sua realização. Nessa linha de pensamento, Atkinson (1964) explora a relação entre a aversão ao fracasso e a escolha de tarefas. Na sua teoria, pessoas com elevado medo de falhar podem optar por desafios extremamente fáceis ou difíceis, a fim de evitar o risco, percebido como fracasso, e a avaliação precisa das suas habilidades. Isso indica que indivíduos altamente motivados podem abordar tarefas com base na sua aversão ao fracasso e nas suas preferências quanto ao nível de dificuldade. Assim, pessoas motivadas a evitar o fracasso podem escolher tarefas consideradas muito fáceis ou muito difíceis, a fim de evitar informações diagnósticas precisas sobre as suas próprias capacidades. Quando alguém não tem certeza sobre as suas capacidades em relação a uma determinada tarefa, pode recorrer a estratégias autoprejudiciais como forma de autodefesa. Portanto, ao introduzir deliberadamente obstáculos ou desvantagens, é possível aumentar a probabilidade de justificar um desempenho aquém das expectativas, enquanto se diminui a importância inicialmente atribuída à tarefa (Boruchovitch et al., 2022; Schwinger et al., 2022; Török et al., 2018).

Na área da psicologia educacional, a teoria do valor próprio de Covington (1992) desempenha um papel fundamental em algumas investigações realizadas. Essa teoria sugere que as escolas frequentemente operam com o que é conhecido como um "sistema de pontuação de soma zero", em que os prêmios e o reconhecimento do desempenho em sala de aula são limitados. Nessa dinâmica, quando um aluno alcança o sucesso, outros podem se sentir pressionados a enfrentar o fracasso (Covington & Omelich, 1979). O autor ilustra o esforço realizado como uma faca de dois gumes: por um lado, os alunos se sentem compelidos a fazer esforços para evitar punições do professor e os sentimentos de culpa; por outro lado, o esforço carrega o risco de humilhação e vergonha quando resulta em fracasso, permitindo que outros concluam pela falta de habilidades. Consequentemente, muitas vezes os alunos encontram-se perante um dilema: recusam-se a fazer esforços, expondo-se a punições e julgamentos, ou fazem esforços, arriscando-se a serem vistos como alunos com fracas habilidades. Como resultado desse dilema, a generalidade dos alunos está motivada a proteger a sua imagem e, nesse caso, as estratégias autoprejudiciais fornecem um meio eficaz para alcançar esse objetivo.

As estratégias autoprejudiciais podem ser melhor compreendidas quando se faz uma referência ao constructo da autoestima em meio acadêmico. Avaliando por iniciativa própria ou *feedback* dos outros os seus níveis de capacidade e de desempenho, os alunos desenvolvem um sentimento interno de autoestima. A autoestima é, portanto, uma dimensão vital das necessidades de autoaceitação e desempenha um papel significativo na forma como as pessoas se percebem e como satisfazem as suas necessidades psicológicas fundamentais (Mena & Miranda, 2021). Podemos, então, referir que essa teoria parte de duas suposições amplamente aceitas: (i) a sociedade, muitas vezes, associa a habilidade de uma pessoa, revelada por meio das suas conquistas, com o seu valor intrínseco; (ii) o impulso motivacional fundamental por trás do comportamento humano é o autodesenvolvimento, levando as pessoas a procurar maximizar o sucesso (evidenciando as suas boas capacidades) e a evitar o fracasso (evitando demonstrar falta de habilidades) sempre que possível. Nesse contexto, o uso de estratégias autoprejudiciais fornece um meio eficaz para lidar com as complexidades desse sistema de recompensas e punições nas escolas, permitindo que os alunos consigam realizar a gestão da pressão de forma a proteger a sua autoestima (Covington & Omelich, 1979).

Em síntese, regressando às teorias atribucionais, enfatiza-se que as estratégias autoprejudiciais ocorreriam antes do desempenho, ao contrário da atribuição causal que ocorre após o desempenho (Boruchovitch et al., 2022), e o "viés de autovalorização ubíqua" (*ubiquitous self-serving bias*; Weary-Bradley, 1978) ajudaria a explicar a tendência natural para modificar as atribuições consoante o desempenho obtido. Assim, a tendência a interpretar os eventos de maneira a favorecer a autoimagem, atribuindo sucessos a características internas positivas (como habilidade) e os fracassos a fatores externos (como sorte, esforço ou dificuldades), independentemente da realidade objetiva das situações, seria mais plausível nas pessoas com maior preocupação com a sua imagem e que apresentariam, naturalmente, uma tendência a distorcer e a modificar as suas atribuições de desempenho, de forma a preservar a própria autoestima (Boruchovitch et al., 2022; Mena & Miranda, 2021), levantando a questão da dinâmica entre a necessidade de autenticidade e a preservação do eu. Nesse caso, em situações nas quais a avaliação possa desafiar a autoimagem, as estratégias autoprejudiciais servem como mecanismo de autodefesa psicológica (McCrea & Flamm, 2012). Por outro lado, essa proteção da autoestima pode ter consequências paradoxais, já que a "autossabotagem" pode também levar a baixos resultados ou baixas expectativas (Boruchovitch et al., 2022; Mena & Miranda, 2021). Em resumo, certos alunos tornam a estrutura causal dos seus desempenhos ambígua, aparentemente em conflito com o desejo por informações precisas que dificultam o alcance de um desempenho bem-sucedido, conforme referido por Jones e Berglas (1978). A "autossabotagem" proativa e antecipatória permite uma situação de "ganha-ganha", pois o fracasso subsequente pode ser atribuído a causas específicas, controláveis e instáveis, enquanto o sucesso pode ser explicado pelas boas habilidades que, numa avaliação final, superaram até mesmo os fatores adversos (McCrea & Flamm, 2012).

Um dos temas atuais na pesquisa sobre estratégias autoprejudiciais procura a resposta à questão de saber se essas estratégias são mais internas, por exemplo determinadas por traços de personalidade, ou contextuais, isto é, dependentes das circunstâncias e contextos em que ocorrem (Schwinger et al., 2022; Török et al., 2018). A investigação começou com a observação inicial de diferenças interindividuais por Berglas e Jones (1978), impulsionando a perspectiva de que as estratégias autoprejudiciais poderiam ser um traço de personalidade (Clark & MacCann, 2016; Ross et al., 2002). Nessa linha, o uso de estratégias autoprejudiciais estaria positivamente relacionado com o traço de neuroticismo e negativamente relacionado com a conscienciosidade (Bobo et al., 2013; Ross et al., 2002).

Em alternativa, vários estudos destacam a relação entre o uso de estratégias autoprejudiciais e fatores situacionais específicos (Clarke & MacCann, 2016; Shepperd & Arkin, 1989), identificando alguns desses fatores que desencadeiam ou ampliam a probabilidade de engajamento em comportamentos autoprejudiciais. Estudos diferenciais feitos apontam oscilações no uso de estratégias autoprejudiciais em função do gênero, da situação educacional dos pais, do relacionamento entre pais e filhos, do *feedback* dos professores e de outras pessoas significativas, dos ambientes competitivos, da cultura organizacional ou familiar, ou da área de estudo (Mena & Miranda, 2021; Midgley & Urdan, 1995; Mohabod & Sheikholeslami, 2015). Independentemente do foco explicativo interno ou externo, alguns resultados indicam que o uso das estratégias autoprejudiciais em ambientes escolares se apresenta associado, de forma estatisticamente significativa, com o insucesso na aprendizagem (Mena & Miranda, 2021; Miranda & Almeida, 2021; Vargas et al., 2018; Urdan, 2004).

Alguns investigadores fazem uma distinção entre estratégias autoprejudiciais comportamentais e estratégias autoprejudiciais reivindicadas (Ferradás et al., 2017; Leary & Shepperd, 1986; Mena & Miranda, 2021). Essa distinção está relacionada com os tipos de obstáculos que a pessoa cria ou adquire antes de um evento de avaliação. Assim, as estratégias autoprejudiciais comportamentais são usadas para descrever obstáculos criados pela ação ou inação da pessoa como, por exemplo, não fazer esforço antes de uma prova de avaliação (Ferrari & Tice, 2000), usar drogas (Berglas & Jones, 1978), não aproveitar os fatores que possam ajudar a melhorar o desempenho ou selecionar ambientes que inibam o desempenho (Boruchovitch et al., 2022; Mena & Miranda, 2021; Schwinger et al., 2022). As estratégias autoprejudiciais do tipo reivindicado são usadas para descrever obstáculos que a pessoa alega existir como, por exemplo, doença (Smith et al., 1982), timidez e ansiedade (Leary & Shepperd, 1986). Alguns pesquisadores também argumentaram que as estratégias autoprejudiciais do tipo reivindicado podem não levar ao mau desempenho, mas apenas aumentar a probabilidade da sua ocorrência devido a uma série de mecanismos psicológicos e sociais que podem entrar em jogo (Leary & Shepperd, 1986). Por exemplo, a pessoa, ao alegar obstáculos ou dificuldades, pode aliviar a pressão psicológica, reduzindo a ansiedade antes da tarefa. Esse alívio pode permitir uma concentração melhor na tarefa, favorecendo o desempenho. Ou, então, pode receber apoio e compreensão dos outros que, por sua vez, pode também contribuir para lidar melhor com o desafio e melhorar o desempenho. Nesse cenário, podem ser oferecidos incentivos, ajudas ou recursos adicionais, o que também pode contribuir para um melhor desempenho. A alegação de obstáculos pode até desviar as expectativas dos outros em relação ao desempenho da pessoa, especialmente quando há uma grande pressão para um resultado excepcional. Reduzir essas expectativas pode aliviar o estresse associado à avaliação, acarretando paradoxalmente um melhor desempenho, uma vez que a pessoa não está sob tanta pressão. Adicionalmente, a alegação de obstáculos pode funcionar como uma forma de autoafirmação social. Ao expressar vulnerabilidade ou humildade, o aluno pode ser melhor aceito pelos outros, fortalecendo, assim, as suas relações sociais e, consequentemente, trazendo efeitos positivos. Surpreendentemente, o uso de estratégias autoprejudiciais reivindicadas pode até ter um efeito positivo no desempenho, graças ao chamado "efeito placebo". A crença de que um obstáculo pode afetar negativamente o desempenho pode criar um efeito placebo, tornando esse impacto uma realidade. Além disso, a crença na superação do obstáculo também pode levar a um melhor desempenho. Em resumo, embora as estratégias autoprejudiciais do tipo reivindicado possam parecer contraditórias, pois criam obstáculos para o desempenho, a sua dinâmica é complexa e envolve fatores psicológicos e sociais que podem resultar em consequências imprevisíveis (Leary & Shepperd, 1986).

Avaliação das estratégias autoprejudiciais

Atualmente, a avaliação das estratégias autoprejudiciais costuma ocorrer por meio de escalas de autorrelato. No entanto, nos estágios iniciais da pesquisa sobre esse tema, essas medidas complementaram os estudos experimentais (Clarke, 2018). No contexto das escalas de autorrelato, destacam-se duas em particular: a Self-handicapping Scale (SHS) (Jones & Rhodewalt, 1982) e a Academic Self-handicapping Scale (ASHS) (Midgley & Urdan, 1995; Urdan et al., 1998). Além dessas, apresentaremos uma mais recentemente desenvolvida, a Escala de Estratégias Autoprejudiciais à Aprendizagem (Boruchovitch et al., 2022), havendo ainda várias escalas de avaliação da procrastinação que, pela sua especificidade, não descrevemos aqui.

Escala de Self-handicapping (SHS)

A SHS original (Jones & Rhodewalt, 1982; Rhodewalt, 1990) é composta por 25 itens, avaliados numa escala do tipo Likert de 6 pontos. De acordo com os autores, o propósito dessa escala é avaliar a tendência das pessoas para usarem comportamentos de *autossabotagem*, tais quais falta de esforço (por exemplo, "item 11 – Sair-me-ia muito melhor se tentasse mais"), doença (por exemplo, "item 4 – Suponho que me sinto 'indisposto' com mais frequência do que a maioria das pessoas") e procrastinação (por exemplo, "item 2 – Tenho tendência a deixar as coisas para o último momento"), em conjunto com outros desempenhos avaliativos e preocupações sobre as realizações pessoais.

A estrutura fatorial nem sempre é confirmada nas pesquisas feitas (Clarke, 2018). Rhodewalt (1984) conduziu um estudo sobre a estrutura fatorial dos itens, tendo extraído sete fatores que explicavam 52,3% da variância total dos itens. Tomando uma versão reduzida com 10 itens, Strube (1986) propõe um único fator, obtendo uma consistência interna (α = 0,70), desde logo, sugerindo alguma heterogeneidade dos itens. Rhodewalt (1990) defende a utilização de uma versão com 14 itens distribuídos por dois fatores: "propensão para dar desculpas" e "preocupação com esforço ou motivação". Nessa versão, a consistência interna situou-se em 0,70, embora não tenham sido fornecidos valores separados para os dois fatores.

Martin e Brawley (1999) conduziram análises fatoriais confirmatórias do modelo de dois fatores, tomando os 14 itens da versão de Rhodewalt (1990) em três amostras separadas. A consistência interna por meio do coeficiente alpha para o fator "propensão para dar desculpas" situou-se entre 0,68 e 0,70; e para o fator "preocupação com o esforço ou motivação" entre 0,38 e 0,49. Igualmente os índices de ajuste do modelo de dois fatores foram baixos, sugerindo o não ajuste desse modelo. Apesar dessas dificuldades psicométricas, a SHS foi adaptada para diversas línguas, apresentando a escala propriedades psicométricas adequadas, corroborando sua validade estrutural e preditiva (Rhodewalt, 1990). Contudo, devido à baixa confiabilidade do fator comportamental, a escala passou a ser utilizada predominantemente como uma medida unidimensional na maioria das investigações (Clarke, 2018).

Entretanto, algumas críticas à SHS incluem a sua capacidade limitada para distinguir claramente a autossabotagem de processos atribucionais (como a procura por desculpas para o fracasso) e, por outro lado, pesquisadores consideram que a escala avalia um comportamento defensivo indiferenciado, em vez de uma tendência específica de autossabotagem (Schwinger et al., 2014, 2022; Török et al., 2018). Segundo Rhodewalt (1990), essas críticas podem ser entendidas pelo fato de a escala, na sua construção, ter mais objetivos educacionais e não preocupações psicométricas, o que justificará a sua ampla utilização para avaliar as estratégias autoprejudiciais em contextos educativos.

Escala de Autossabotagem Acadêmica (EAAA)

Midgley e Urdan (1995) e Migley e colaboradores (1998) propõem que as medidas de autossabotagem devem conter três elementos-chave para descrever adequadamente o construto: (i) o conteúdo dos itens deve refletir que a autossabotagem ocorre antes de um evento avaliativo para distinguir a autossabotagem das atribuições pós-evento; (ii) o comportamento de autossabotagem precisa ser explícito, ou seja, prejudicar efetivamente o desempenho; (iii) o motivo de autoapresentação para o comportamento de autossabotagem também deve ser explícito, ou seja, deve ficar claro que o comportamento ocorre para influenciar as avaliações dos outros.

Midgley e Urdan (1995) consideram que os itens devem, necessariamente, abordar três aspectos: o comportamento autossabotador, as razões que o justificam e a cronologia, desculpando-se previamente à ocorrência do insucesso, de forma a descartar posteriormente a capacidade como uma possível explicação. Exemplo de um item: "Alguns estudantes deixam para fazer o trabalho escolar no último minuto, para que, caso o trabalho não seja bem-sucedido, possam alegar essa razão. Até que ponto isto se aplica a si?" Por outro lado, os itens descrevem um comportamento com potencial de autossabotagem, sem questionar as razões ou a cronologia em relação à situação de avaliação (por exemplo, "costumo adiar as coisas até ao último momento").

Escala de Estratégias Autoprejudiciais à Aprendizagem (EEAPREJ)

A EEAPREJ foi construída para a avaliação do uso de estratégias autoprejudiciais de alunos universitários no contexto acadêmico brasileiro e português (Boruchovitch & Ganda, 2009; Boruchovitch et al., 2022). A escala é composta por 19 itens relativos ao uso de estratégias autoprejudiciais em situações acadêmicas. Os itens foram redigidos com base na literatura da área e nas respostas a uma situação hipotética. A redação de cada item contemplou os três aspectos sugeridos por Midgley e Urdan (1995): o comportamento autoprejudicial, as razões que o justificam e a cronologia. As opções de respostas estão distribuídas em quatro possibilidades, variando de 1 (Não tem nada a ver comigo) até 4 (Me descreve realmente bem). O escore total pode variar de 19 a 76 pontos. Quanto maior a pontuação, mais frequente é o uso de estratégias autoprejudiciais pelos alunos em contexto acadêmico. Como exemplos de itens dessa escala, podem ser citados: "alguns alunos ficam mexendo no celular durante as aulas. Caso não tenham um bom resultado, dizem que foi porque não entenderam a explicação do professor"; "alguns alunos deixam para estudar às vésperas da prova. Caso se saiam mal, dizem que não tiveram tempo suficiente para estudar toda a matéria". Estudo realizado com uma amostra de 834 estudantes universitários, de diversos cursos de licenciatura provenientes de várias universidades brasileiras, apontou para uma estrutura unifatorial (Boruchovitch et al., 2022). Essa escala também foi aplicada em estudos com amostras de universitários portugueses, atestando suas propriedades psicométricas satisfatórias (Miranda et al., 2017; Vargas et al., 2018).

Ao terminar o tópico da avaliação das estratégias autoprejudiciais, uma das limitações decorre dessa avaliação ser feita por meio de medidas de autorrelato, acreditando os seus autores que as pessoas estão conscientes das formas específicas e das motivações por detrás de seu comportamento de autossabotagem. Essa crença, no entanto, tem justificado o desacordo de vários autores (McCrea & Flamm, 2012; Thürmer et al., 2013). Por exemplo, os questionários podem não ser suficientemente sensíveis para identificar autossabotadores que sejam discretos, seletivos ou que apresentem autodecepção (Rhodewalt, 1990). Essa percepção tem levado a uma crescente preferência por métodos alternativos, como experimentos (Coudevylle et al., 2014) ou entrevistas (Ferrand et al., 2006). Seria, por exemplo, interessante utilizar observações diretas do comportamento ou registros para descrever a autossabotagem comportamental, podendo esse método ser complementado mediante o preenchimento de uma lista de desculpas para avaliar o autorrelato.

Medidas de intervenção

Contributos da psicologia positiva enfatizam o papel central do empoderamento na promoção do desenvolvimento e bem-estar dos alunos (Seligman et al., 2009). Nessa altura, escola e professores devem dar particular atenção à tonalidade das emoções vivenciadas pelos alunos, assumindo-se o papel das emoções positivas no desenvolvimento pessoal e social dos alunos (Frederikson, 2001). As percepções de competência ou autoeficácia decorrem dos contextos de aprendizagem, em particular do *feedback* externo oferecido pelos professores e outras pessoas importantes para os alunos. Algum cuidado, por isso, deve ser prestado ao *feedback* que se dá a um aluno a propósito do seu desempenho e sua capacidade acadêmica. Esse retorno acabará por moldar a determinação do aluno pela sua aprendizagem, os níveis de desempenho alcançados e a significação pessoal dada aos mesmos resultados.

Considerando que as estratégias autoprejudiciais podem se associar a formas de reagir em defesa do "eu" diante de contextos negativamente percebidos pelos alunos, devem os contextos escolares favorecer ambientes de aprendizagem mais assentes na promoção da cooperação do que na competição entre os alunos. Por outro lado, se a autoeficácia evidencia o sentido de agência, então os contextos devem favorecer o empoderamento, a autonomia e a autorregulação dos alunos (Polydoro & Azzi, 2008).

Assim, no sentido de contrariar a emergência e consolidação de estratégias autoprejudiciais por parte dos alunos, algumas medidas ou práticas podem ser implementadas em contexto escolar. Desde logo, importa aumentar a consciência dos alunos das suas atividades e responsabilidades acadêmicas e, sobretudo, do seu papel social enquanto estudante. Em função da avaliação da situação e das necessidades, as orientações podem ser escalonadas desde pistas relativamente simples (elaborar um plano semanal das principais atividades; destacar as datas dos exames e de entrega de trabalhos) até outras mais complexas (dividir o tempo disponível pelas atividades e trabalhos a realizar; criar a rotina diária ou semanal de reconhecimento dos avanços; equilibrar as tarefas acadêmicas com as atividades pessoais e sociais relevantes para o bem-estar). Tendencialmente o aluno possui algum conhecimento sobre as suas estratégias de estudo mais eficientes, qualidade do estudo em função das horas do dia, locais mais adequados ou onde aprende mais e melhor (em casa, na biblioteca) e em quais contextos (sozinho, em pequenos grupos). A autorregulação da aprendizagem em termos de tarefas, horários ou contextos é muito relevante para a qualidade das aprendizagens, contribuindo para reduzir a necessidade de recursos às estratégias autoprejudiciais.

A frequência às aulas é necessária, por razões diversas, para a aprendizagem. A assiduidade e pontualidade podem ser estimuladas com os alunos com problemas nesse propósito. A ausência complica nomeadamente quando a matéria é mais complexa ou quando dúvidas persistem. A interação com os professores e os colegas na sala de aula pode ajudar na aprendizagem. Ademais, não se deve ir para uma aula sem saber a matéria da aula anterior. É essencial ainda que alunos sejam orientados sobre faltas e, quando têm que faltar a alguma aula, precisam ter colegas identificados que lhes facultem as informações mais importantes. Muitas vezes, textos de apoio e sumários das aulas estão disponibilizados nas plataformas eletrônicas da instituição para cada curso, podendo os alunos ser incentivados e ajudados na sua consulta frequente.

Se as estratégias autoprejudiciais ocorrem em alunos tendencialmente mais deprimidos e com a percepção de um elevado controle interno e externo, importa que os ambientes educativos, em particular as situações de aprendizagem em grupo-turma, como as que ocorrem frequentemente em ambiente escolar, não reforcem tais características. Por vezes, alunos perfeccionistas apresentam tais características, sendo importante ajudá-los a fixar expectativas mais realistas e sistemas atribucionais e de reforço mais favoráveis ao bem-estar, à abertura a novas experiências e resiliência diante das dificuldades e dos baixos desempenhos.

Tendencialmente, as estratégias autoprejudiciais implementadas, mesmo não sendo as mais eficazes, acabam por se instalar, reforçar e consolidar. Os alunos com estratégias autoprejudiciais, com o tempo, acabam por estudar menos do que os colegas, faltam mais às aulas, obtêm piores desempenhos acadêmicos e podem optar por comportamentos de isolamento social (aliás, acabam por ser menos escolhidos pelos outros colegas) e comportamentos menos favoráveis à sua saúde e bem-estar (consumo de substâncias, menos atividades físicas). Por exemplo, a experiência subjetiva do fracasso deve ser corretamente vivenciada; se todos falhamos então porque apontar ou destacar o fracasso de um aluno? Seguramente essa atitude negativa não favorece a emocionalidade positiva na sua vida escolar nem ajuda a autoestima no nível da sua realização acadêmica. Algumas medidas por parte dos professores podem ser interessantes: ajudar o aluno a colocar objetivos e não a se escusar de o fazer, acompanhá-lo de perto nas suas atividades e evitar a instalação de comportamentos de procrastinação; contrabalancear situações de êxito com outras de fracasso, assegurando percepções de controle; modificar os padrões atribucionais, quando desadequados, por exemplo atribuir o sucesso a causas externas e voláteis e atribuir os insucessos à falta de capacidades que em definitivo nunca se irão adquirir; levar o aluno a assumir responsabilidade, entender as dificuldades e enfrentá-las diretamente de modo a superá-las; ou ajudar os alunos a analisar os insucessos e a saborear os êxitos.

Considerações finais

As estratégias autoprejudiciais moldam as expectativas e os comportamentos dos alunos, acabando a sua ocorrência por não favorecer a aprendizagem e o rendimento acadêmico. A adoção dessas estratégias pode ter origem em outras características da personalidade do aluno e em variáveis do contexto escolar, por exemplo o clima sociorrelacional competitivo em sala de aula. Conhecedores de tais estratégias nos seus fundamentos e implicações, podem os professores e educadores agir de forma a não aumentar a sua ocorrência e consolidação por parte de certos alunos.

Embora a literatura sobre intervenção em estratégias autoprejudiciais seja escassa (Javidan et al., 2018), evidências mostram que o engajamento do aluno nesse tipo de comportamento tende a diminuir quando há o aumento das crenças de autoeficácia e o fortalecimento dos processos autorregulatórios, de modo geral. É fato que alunos mais autorregulados na aprendizagem possuem crenças mais favoráveis à aprendizagem e são menos propensos a empregarem essas estratégias (Javidan et al., 2018). Assim, intervenções voltadas para a melhoria da motivação, das crenças de autoeficácia e do aumento do conhecimento das estratégias cognitivas, e sobretudo das metacognitivas, podem contribuir para a redução do uso das estratégias autoprejudiciais.

Conclui-se pela importância do delineamento de intervenções orientadas ao empoderamento dos alunos e fortalecimento dos seus processos autorregulatórios, desde os anos iniciais da escolarização. Para além das pesquisas experimentais ou quase-experimentais, os professores devem ser instruídos a se beneficiarem dos resultados dos estudos dessa temática e fazerem de suas salas de aula contextos acolhedores e promotores da aprendizagem, evitando possíveis climas ameaçadores. Um trabalho de natureza preventiva no dia a dia de sala de aula ajudará o aluno a ter consciência de suas dificuldades e a desenvolver estratégias de enfrentamento para superá-las. A atenção a essas orientações, por parte de educadores e professores, muito colaborará para impedir o ciclo vicioso que engloba o engajamento em comportamentos autoprejudiciais e a sua consolidação. A utilização de escalas com boas propriedades psicométricas, como as descritas no presente capítulo, e outros instrumentos de medida, como observação de comportamento, podem auxiliar no diagnóstico de necessidades e na avaliação da eficácia das intervenções.

Referências

Adler, A. (1914-1920). The problem of distancing one self. In H. T. Stein (Ed.), *The collected clinical works of Alfred Adler, journal articles: 1914-1920* (pp. 51-57). https://books.google.pt/books?id=obrvtQEACAAJ&pg=PA51&hl=pt-PT&source=gbs_toc_r&cad=2#v=onepage&q&f=false

Atkinson, J. W. (1964). An introduction to motivation. In D. McClelland (Ed.), *The University Series in Psychology*. D. Van Nostrand Company.

Berglas, S., & Jones, E. E. (1978). Drug choice as a self-handicapping strategy in response to noncontingent success. *Journal of Personality and Social Psychology*, 36(4), 405-417.

Bobo, J. L., Whitaker, K. C., & Strunk, K. K. (2013). Personality and student self-handicapping: A cross-validated regression approach. *Personality and Individual Differences*, 55, 619-621. doi:10.1016/j.paid.2013.04.010

Boruchovitch, E., & Ganda, D. R. (2009). Escala de estratégias autoprejudiciais para alunos universitários. [Manuscrito Não Publicado]. Universidade Estadual de Campinas.

Boruchovitch, E., Rufini, S. E., Ganda, D. R., Miranda, L. C., & Almeida, L. S. (2022). Self-handicapping strategies in educational context: construction and validation of the Brazilian self-handicapping strategies scale (EEAPREJ). *Psicologia: Reflexão e Crítica*, 35, Article 8. https://doi.org/10.1186/s41155-022-00210-6

Clarke, I. E. (2018). *Individual differences in self-handicapping modelled as a two-factor construct*. [Tese de Doutorado]. The University of Sydney.

Clarke, I. E., & MacCann, C. (2016). Internal and external aspects of self-handicapping reflect the distinction between motivations and behaviours: Evidence from the Self-handicapping Scale. *Personality and Individual Differences*, 100, 6-11. https://doi.org/10.1016/j.paid.2016.03.080

Coudevylle, G. R., Gernigon, C., Martin Ginis, K. A., & Famose, J. P. (2014). Les strategies: d'auto-handicap: Fondements théoriques, déterminants et caractéristiques. *Psychologie Française*, 60(15), 263-283.

Covington, M. V. (1992). Making the grade: A self-worth perspective on motivation and school reform. Cambridge University Press.

Covington, M. V., & Omelich, C. L. (1979). Effort: the double-edged sword in school achievement. *Journal of Educational Psychology*, 71(2), 169-182.

Ferradás, M., Freire, C., & Núñez, J. C. (2017). Self-protection profiles of worth and academic goals in university students. *European Journal of Psychology of Education*, 32(4), 669-686.

Ferrand, C., Tetard, S., & Fontayne, P. (2006). Self-handicapping in rock climbing: A qualitative approach. *Journal of Applied Sport Psychology*, 18, 271-280.

Ferrari, J. R., & Tice, D. M. (2000). Procrastination as a self-handicap for men and women: A task avoidance strategy in a laboratory setting. *Journal of Research in Personality*, 34, 73-83.

Fredrickson, B. L. (2001). The role of positive emotions in positive psychology: The broaden-and-build theory of positive emotions. *American Psychologist*, 56, 218-226.

Javidan, S., Khanzadeh, A. H., & Abolghasemi, A. (2018). Effectiveness of meta-cognitive skills training on self-handicapping and self-efficacy of students. *Iranian Rehabilitation Journal*, 16(1), 69-76. http://irj.uswr.ac.ir/article-1-773-en.html

Jones, E. E., & Berglas, S. (1978). Control of attributions about the self through self-handicapping strategies. The appeal of alcohol and the role of underachievement. *Personality and Social Psychology Bulletin*, 4(2), 200-206.

Jones, E. E., & Rhodewalt, F. (1982). *The Self-handicapping Scale*. Department of Psychology, University of Utah.

Leary, M. R., & Shepperd, J. A. (1986). Behavioral self-handicaps versus self-reported handicaps: A conceptual note. *Journal of Personality and Social Psychology*, 51(6), 1265-1268. http://dx.doi.org/10.1037/0022-3514.51.6.1265

Martin, K. A., & Brawley, L. R. (1999). Is the self-handicapping scale reliable in nonacademic achievement domains? *Personality and Individual Differences*, 27, 901-911.

McCrea, S. M., & Flamm, A. (2012). Dysfunctional anticipatory thoughts and the self-handicapping strategy. *European Journal of Social Psychology*, 42(1), 72-81. https://doi.org/10.1002/ejsp.845

Mena, R. O. S., & Miranda, L. R. C. (2021). Estratégias de self-handicapping, autoestima e autoeficácia em alunos do ensino superior. In S. A. N. Mascarenhas & V. F. Pinto (Eds.), *Ensino, cidadania e inclusão: Ecos do século XXI* (pp. 445-475). Alexa Cultural.

Midgley, C., & Urdan, T. (1995). Predictors of middle school students' use of *self-handicapping* strategies. *The Journal of Early Adolescence*, 15(4), 389-411. https://doi.org/10.1177/0272431695015004001

Miranda, L. C., & Almeida, L. S. (2021). Aprendizagem autorregulada: o papel das estratégias autoprejudiciais. In L. M. Frison & E. Boruchovitch (Eds.), *Autorregulação da aprendizagem: cenários, desafios, perspectivas para o contexto educativo* (pp. 62-84). Vozes.

Miranda, L., Boruchovitch, E., & Ganda, D. (2017). Contributo para a validação da escala de estratégias autoprejudiciais em alunos do ensino secundário português. *Revista Amazónica*, 9(2), 8-22.

Mohabod, M., & Sheikholeslami, R. (2015). The self-handicapping based on family processes: meditational effect of academic self-efficacy. *Developmental Pschology: Journal of Iranian Psychologists*, 11(44), 391-404.

Polydoro, S. A. J., & Azzi, R. G. (2009). Autorregulação da aprendizagem na perspetiva da teoria sociocognitiva: Introduzindo modelos de investigação e intervenção. *Psicologia da Educação*, 29, 75-94.

Rhodewalt, F. (1984). *Self-handicapping scale: Convergent and discriminant validity*. University of Utah.

Rhodewalt, F. (1990). Self-handicappers: Individual differences in the preference for anticipatory self-protective acts. In R. Higgins, C. R. Snyder & S. Berglas (Eds.), *Self-handicapping: The paradox that isn't* (pp. 69-106). Plenum Press.

Ross, S. R., Canada, K. E., & Rausch, M. K. (2002). Self-handicapping and the five factor model of personality: Mediation between neuroticism and conscientiousness. *Personality and Individual Differences*, 32(7), 1173-1184. https://doi.org/10.1016/S0191-8869(01)00079-4

Schwinger, M., Trautner, M., Pütz, N., Fabianek, S., Lemmer, G., Lauermann, F., & Wirthwein, L. (2022). Why do students use strategies that hurt their chances of academic success? A meta-analysis of antecedents of academic self-handicapping. *Journal of Educational Psychology*, 114(3), 576-596. https://doi.org/10.1037/edu0000706

Schwinger, M., Wirthwein, L., Lemmer, G., & Steinmayr, R. (2014). Academic selfhandicapping and achievement: A meta-analysis. *Journal of Educational Psychology*, *106*(3), 744-761. http://dx.doi.org/10.1037/a0035832

Seligman, M., Ernst, R. M., Gillham, J., Reivich, K., & Linkins, M. (2009). Positive education: Positive psychology and classroom interventions. *Oxford Review of Education*, *35*(5), 293-311.

Shepperd, J. A., & Arkin, R. M. (1989). Determinants of self-handicapping: task importance and the effects of pre-existing handicaps on self-generated handicaps. *Personality and Social Psychology Bulletin*, *15*, 101-112.

Smith, T. W., Snyder, C. R., & Handelsman, M. M. (1982). On the self-serving function of an academic wooden leg: Test Anxiety as a self-handicapping strategy. *Journal of Personality and Social Psychology*, *42*, 314-321.

Strube, M. J. (1986). An analysis of the self-handicapping scale. *Basic and Applied Social Psychology*, *7*(3), 211-224.

Thürmer, J. L., McCrea, S. M., & Gollwitzer, P. M. (2013). Regulating self-defensiveness: If-Then plans prevent claiming and creating performance handicaps. *Motivation and Emotion*, *37*, 712-725.

Török, L., Szabó, Z. P., & Tóth, L. (2018). A critical review of the literature on academic self-handicapping: theory, manifestations, prevention and measurement. *Social Psychology of Education*, *21*(5), 1175-1202. https://doi.org/10.1007/s11218-018-9460-z

Urdan, T. (2004). Predictors of academic self-handicapping and achievement: Examining achievement goals, classroom goal structures, and culture. *Journal of Educational Psychology*, *96*(2), 251-264. https://doi.org/10.1037/0022-0663.96.2.251

Urdan, T., Midgley, C., & Anderman, E. M. (1998). The role of classroom goal structure in students' use of *self-handicapping* strategies. *American Educational Research Journal*, *35*(1), 101-122. https://doi.org/10.3102/00028312035001101

Vargas, J. G., Miranda., L., Boruchovitch, E., & Almeida, L. S. (2018). Validação da escala de estratégias autoprejudiciais: um estudo com alunos do ensino superior português. *Revista de Psicologia, Educação e Cultura*, *22*(1), 348-363.

Weary-Bradley, G. (1978). Self-serving biases in the attribution process. A re-examination of the fact or fiction question. *Journal of Personality and Social Psychology*, *36*, 56-71.

Weiner, B. (1985). An attributional theory of achievement motivation and emotion. *Psychological Review*, *92*(4), 548.

Zanatto, R. (2007). *Perfil motivacional de alunos de arquitetura: um estudo exploratório*. [Dissertação de Mestrado]. Universidade Estadual de Londrina.

39
Estilos intelectuais: manejos da avaliação e procedimentos

Amanda Lays Monteiro Inácio

> *Highlights*
> - Os estilos intelectuais e sua influência na aprendizagem vêm sendo investigados por mais de meio século na literatura científica;
> - Os estilos intelectuais apresentam certa maleabilidade quando comparados com fatores como a inteligência e a personalidade, podendo ser desenvolvidos ao longo da vida, conforme a interação entre o sujeito e o ambiente;
> - A compreensão dos estilos intelectuais no contexto escolar evidencia as diferentes formas como cada indivíduo aprende, a fim de promover um melhor desempenho dos estudantes e o entendimento por parte dos professores acerca da relevância do uso de diferentes estilos e do quanto isso pode beneficiar a aprendizagem.

Este capítulo tem por objetivo apresentar e discutir o conceito de estilos intelectuais e sua forma de avaliação no contexto educacional, contemplando o estado da arte e as implicações práticas do construto para estudantes e docentes das diferentes modalidades de ensino. Para tal, encontra-se dividido nos seguintes tópicos: Aspectos históricos e conceituais, A teoria do autogoverno mental proposta de Zhang e Sternberg (2005) e o estado da arte, Medida de avaliação dos estilos intelectuais, Aplicações práticas e Considerações finais.

Espera-se que a estrutura disposta e os conteúdos elucubrados possibilitem a compreensão do leitor sobre a história dos estilos intelectuais, sua forma de avaliação e importância aos processos cognitivos e de aprendizagem. Sem a pretensão de esgotar a temática, sua finalidade consiste em apropriar o leitor sobre esse importante construto, a fim de que sejam elaboradas mais pesquisas com a temática e que os estilos sejam empregados em avaliações futuras no âmbito psicoeducacional, enquanto um instrumento com indicadores de evidências de validade para a realidade brasileira.

Aspectos históricos e conceituais

Os estilos intelectuais e sua influência nos processos de aprendizagem vêm sendo investigados por mais de meio século na literatura científica. No entanto, até recentemente as pesquisas sobre o tema eram caracterizadas por certa desordem causada principalmente pela divergência acerca da origem do termo "estilos" na psicologia cognitiva. Entre as principais dificuldades sobre a discrepância entre as terminologias utilizadas destaca-se a ausência de uma linguagem comum em que os pesquisadores e psicólogos pudessem se comunicar, bem como a ausência de padronização dos métodos e instrumentos utilizados (Fan et al., 2018; Zhang, 2011). Diante disso, pode-se dizer que o campo dos estilos intelectuais não possui um histórico e embasamento filosófico unificado, tendo em sua origem a contribuição de diferentes autores e perspectivas (Zhang & Sternberg, 2005).

Zhang e Sternberg (2005) mencionam que, entre os autores que contribuíram com esse campo, destacam-se Vernon com seus estudos na literatura grega em 1973; James em 1890, partindo das diferenças individuais entre os indivíduos; Allport em 1937, ao utilizar expressões como "estilos de vida", a fim de identificar tipos de personalidades ou comportamentos; e ainda Jung no ano de 1923, embasado pela teoria dos tipos de personalidade. Partindo das contribuições desses autores, o campo dos estilos teve uma diversidade de teorias e modelos principalmente entre as décadas de 1950 até 1970, tendo após esse período ocorrido uma diminuição nas pesquisas em razão da discrepância entre os conceitos. No entanto, nas últimas décadas vem ressurgindo o interesse em aprofundar os estudos acerca dos estilos, sendo objetivo dos pesquisadores a integração dos modelos anteriores existentes e ainda pesquisas empíricas com o intuito de investigar possíveis relações entre os diferentes modelos de estilos.

O termo "estilos intelectuais" (também chamado de estilos, por brevidade) foi proposto inicialmente por Zhang e Sternberg em 2005, por ser o mais completo teoricamente. Atualmente, encontra-se empregado como um termo "guarda-chuva" que engloba as demais variações como, por exemplo, estilos de aprendizagem, estilos de pensamento, estilos de mente, estilos cognitivos, estilos de ensino, entre outros (Fan, 2016; Fan; Zhang, 2014). Embora existam discrepâncias na compreensão do que é estilo cognitivo, autores como Felder e Spurlin (2005) definem o estilo cognitivo como referente à preferência do indivíduo quanto ao processamento da informação. As investigações de Zhang e Sternberg (2005) também convergem para o conceito de que essa preferência de processamento e efetivação das tarefas pode ser considerada como estilo intelectual, ou ainda como estilo cognitivo.

De acordo com Zhang e Sternberg (2005), em graus variados, os estilos intelectuais apresentam características cognitivas, afetivas, fisiológicas, psicológicas e sociológicas. A primeira característica se refere à necessidade de um processo cognitivo envolvido no processamento da informação. A segunda é considerada afetiva por ser parcialmente determinada pela forma como o indivíduo se sente ao realizar determinada tarefa. Do mesmo modo, pode ser considerada parcialmente fisiológica pelo fato de ser influenciada pela forma como os nossos sentidos captam a informação, sendo esta a terceira característica referente aos estilos intelectuais. A quarta característica diz respeito à utilização de determinado estilo ser influenciado parcialmente pela forma como a personalidade interage com o ambiente e, por fim, a característica sociológica pressupõe que a utilização do estilo é afetada, também, por questões sociais.

Conforme mencionado, a diversidade de teorias contribuiu para um estado caótico das pesquisas envolvendo estilos, o que acarretou redução da quantidade e também da qualidade dos estudos acerca do tema. No entanto, o ressurgimento do interesse sobre essa temática nas últimas décadas ocasionou em diferentes modelos integrativos na literatura, conforme exposto a seguir.

Zhang (2011) apresenta seis modelos que abarcam o conceito de estilos ao longo da história. O primeiro deles é o apoiado por Curry em 1983, denominado modelo de cebola dos estilos de aprendizagem. Na sequência, encontra-se Miller no ano de 1987, com o modelo dos processos cognitivos; Riding e Cheema, em 1991, com o modelo integrador de estilos cognitivos; e Grigorenko e Sternberg, em 1995, com o modelo de estilos sob enfoque da cognição, personalidade e atividade. Zhang e Sternberg surgem em 2005 com a *Theory of Mental Self-Government* [Teoria do Autogoverno Mental] e, por fim, Sadler-Smith em 2009 propõe o modelo duplo de estilo cognitivo.

No modelo de Curry do ano de 1983 o pressuposto é de que nove das principais medidas de estilos de aprendizagem podem ser organizadas em três camadas que se assemelham às de uma cebola. Essas camadas apresentam graus de mobilidade, sendo que a mais interna diz respeito a dimensões da personalidade do indivíduo, podendo ser considerada a menos suscetível a modificações. A camada intermediária se refere ao processamento da informação e a camada mais externa diz respeito a preferências em relação à instrução quanto à aprendizagem (Zhang, 2011).

O modelo proposto por Miller, em 1987, é considerado como o modelo dos processos cognitivos. Assim, esses processos abrangeriam as diferenças individuais diante do processamento da informação, sendo composto por três elementos básicos: percepção, memória e pensamento. Entende-se ainda que os estilos cognitivos são subordinados a uma dimensão estilística em que cada um desses processos contribui individualmente no processamento cognitivo (Zhang & Sternberg, 2005).

O modelo de Riding e Cheema do ano de 1991 se baseia nas descrições, correlações, métodos de avaliação e efeito de mais de trinta estilos. Esses podem ser agrupados em duas dimensões: holístico-analítico e verbal-hipotético. A primeira delas consiste no fato do indivíduo processar informações em sua totalidade, ou em partes; e a segunda se refere a representações das informações que se dão por meio de pensamentos verbais ou imagens mentais (Zhang & Sternberg, 2005; Zhang, 2011).

O modelo de Grigorenko e Sternberg de 1995 se mostra mais integrativo quando comparado aos demais citados anteriormente. Os autores analisam os estilos sob as perspectivas (1) focada na cognição (estilos entendidos como habilidades), (2) focada na personalidade (estilos compreendidos com aproximação aos traços de personalidade) e (3) focada na atividade (estilos concebidos como mediadores de aprendizagem, envolvendo métodos de ensino) (Zhang, 2011).

Por sua vez, o modelo de 2009, proposto por Sadler-Smith, sugere dois modos básicos de processamento da informação que podem ser empregados no processo de tomada de decisão, são eles: estilos intuitivo e analítico. O primeiro pode ser considerado cognitivamente menos exigente, mais afetivo, imagético, rápido na operação e de formação lenta; enquanto o segundo seria o contrário, cognitivamente mais exigente, conscientemente disponível, não afetivo, simbólico, lento em operação, mas executado de forma rápida. Esse modelo duplo de estilo cognitivo apresenta ligação com o campo dos estilos e da psicologia cognitiva. No entanto, por ainda ser um modelo recente, deve ser operacionalizado (Zhang, 2011).

Cada um dos cinco modelos de estilos integrativos propostos apresenta características únicas e, de modo geral, buscam relacioná-las com outras áreas do conhecimento. O modelo proposto por Zhang e Sternberg no ano de 2005, a *Theory of Mental Self-Government* (Teoria do Autogoverno Mental), é considerado como o mais completo. Isso porque pode ser empregado em contextos que ultrapassam a esfera acadêmica, como o contexto organizacional, por exemplo. Os autores definem os estilos intelectuais tanto em relação à característica do processamento cognitivo quanto à preferência por determinadas tarefas. Dessa forma, o estilo intelectual não pode ser considerado como uma capacidade intelectual, mas sim uma maneira de fazer uso das capacidades intelectuais. Sendo assim, as pessoas diferem na medida em que preferem fazer uso de um ou outro estilo no processo de aprendizagem (Fan, 2016).

A teoria do autogoverno mental proposta de Zhang e Sternberg (2005) e o estado da arte

Usando metaforicamente o termo "governo", Sternberg (1990) sustentou que, assim como há muitas formas de governar uma sociedade, também existem muitas maneiras de administrar nossas atividades, o que pode ser denominado como estilo intelectual. Com base nessa perspectiva, são descritos treze estilos que estão distribuídos em cinco dimensões, sendo elas: três funções (legislativo, executivo e judiciário), quatro formas (monárquico, hierárquico, oligárquico e anárquico), dois níveis (global e local), dois espaços (interno e externo) e duas tendências ou inclinações de governo (conservador e liberal) (Zhang, 2011; Fan & Zhang, 2014).

A primeira dimensão, denominada função, no estilo legislativo diz respeito à preferência por escolher as próprias atividades e trabalhar em tarefas que exijam estratégias criativas. No executivo, pelo contrário, a pessoa prefere seguir regras e executar ações conforme estabelecido, pôr em prática ideias de outros, ser direcionado a seguir ordens em seu cotidiano e, ao resolver problemas, frequentemente utiliza regras preexistentes. Já o indivíduo no estilo judicial tem preferência por avaliar, comparar, criticar, analisar e julgar as situações e o desempenho dos demais (Fan & Zhang, 2014).

Na dimensão denominada forma, o modelo de estilo monárquico se refere a pessoas motivadas predominantemente por um único objetivo ou maneira de realizar determinada tarefa, sendo menos flexíveis. O modelo hierárquico estabelece graus de prioridade na realização das tarefas e tende a ser mais flexível. Por sua vez, o modelo oligárquico reconhece o mesmo nível de importância a todas as atividades. Já o modelo anárquico não possui critérios de escolha na realização das tarefas, exigindo pouca reflexão. No que tange aos níveis, terceira dimensão, o modelo global diz respeito a pessoas que preferem situações gerais e abstratas, muitas vezes ignorando os detalhes. Por outro lado, o modelo local se atenta aos detalhes e tende a ser mais pragmático e concreto (Zhang & Sternberg, 2005).

Em relação aos espaços, quarta dimensão, o modelo interno faz alusão a pessoas que preferem trabalhar sozinhas e possuem atenção voltada à tarefa, enquanto o modelo externo abrange pessoas extrovertidas com predomínio pelo trabalho em grupo e com contato social. Por fim, na quinta dimensão, denominada tendência, pessoas no modelo liberal gostam de transcender regras e procedimentos, preferindo situações novas, que não lhes são familiares, enquanto o modelo conservador se refere a pessoas que preferem seguir as regras e procedimentos, evitando situações de mudança. Destaca-se que apesar de cada sujeito poder fazer uso de um estilo predominante, podem existir características em menor proporção dos demais estilos no mesmo sujeito (Sternberg, 1990; Zhang, 2015; Zhang & Sternberg, 2005).

Os estilos são ainda amplamente classificados por Zhang e Sternberg (2005) mediante três tipos. O tipo I envolve o estilo legislativo, judicial, global, liberal e hierárquico. Já o tipo II abrange o estilo executivo, local, conservador e monárquico, e o tipo III envolve o estilo oligárquico, anárquico, interno e externo. No tipo I, ou cognitivo, os estilos têm características como elevados de complexidade cognitiva e criatividade. Já o tipo II sugere uma tendência ao cumprimento de regras e níveis de complexidade cognitiva mais baixos. No nível III, ou focado na atividade, podem se revelar características dos tipos I e II, dependendo das exigências da tarefa. A Tabela 1 apresentará na sequência as dimensões, estilos intelectuais, tipos e suas respectivas características.

Tabela 1. Descrição das dimensões, estilos intelectuais, tipos e suas características

Dimensão	Estilo	Tipo	Característica
Funções	Legislativo	I	Preferência por escolher suas próprias atividades e trabalhar com estratégias criativas.
	Executivo	II	Preferência por tarefas com instruções claras e regras fixas.
	Judicial	I	Preferência por tarefas que permitam avaliar o desempenho dos demais.
Formas	Hierárquico	I	Preferência em dar atenção a várias tarefas que são priorizadas segundo sua importância.
	Monárquico	II	Preferência por trabalhar em atividades que exijam foco em uma tarefa por vez.
	Oligárquico	III	Preferência por trabalhar em várias tarefas ao mesmo tempo, sem estabelecer prioridades.
	Anárquico	III	Preferência por trabalhar em tarefas consideradas flexíveis.
Níveis	Global	I	Preferência por situações gerais e abstratas, muitas vezes ignorando os detalhes dispostos em uma tarefa.
	Local	II	Preferência por ideias concretas e tarefas que exijam trabalhar com detalhes.
Espaços	Interno	III	Preferência por tarefas em que se possa trabalhar individualmente.
	Externo	III	Preferência por tarefas em que se possa trabalhar em grupos.
Tendências	Liberal	I	Preferência por tarefas que envolvam coisas novas.
	Conservador	II	Preferência por tarefas que estabeleçam regras e procedimentos fixos.

Fonte: elaborado pela autora.

Pesquisas com estilos intelectuais se mostram importantes conforme trazem dados de confiabilidade acerca do tema e possibilitam descobertas com implicações significativas para o ensino e aprendizagem. Diante disso, pode-se inferir que o campo de estudo ainda é pouco explorado no Brasil, sobretudo quando comparado com a realidade de outros países.

Nacionalmente, as pesquisas são mais proeminentes em amostras com o ensino superior. A título de exemplo, Oliveira et al. (2018a) analisaram os estilos intelectuais e a adaptação acadêmica em 628 estudantes dos estados de São Paulo, Paraná e Rio Grande do Sul e verificaram que a pontuação mais elevada foi em planejamento de carreira e no estilo hierárquico (aquele em que há a preferência em dar atenção a várias tarefas que são priorizadas segundo sua importância). Já Oliveira et al. (2019) buscaram investigar os estilos, as estratégias de aprendizagem e a adaptação acadêmica em 396 estudantes de graduação do Sul e Sudeste do Brasil. As autoras identificaram a prevalência do estilo hierárquico, maior emprego de estratégias de autorregulação social, e ainda que os estudantes se encontram melhor adaptados ao planejamento de carreira.

Ainda, Oliveira e Inácio (2020) averiguaram os estilos intelectuais, o desempenho acadêmico e a adaptação ao planejamento de carreira de 316 estudantes do ensino superior e de três universidades de três estados brasileiros. Houve destaque para o estilo hierárquico, o que parece ser um padrão, haja vista os estudos anteriormente citados que também indicam essa prevalência. Tal fato faz sentido ao identificarmos que o ensino superior tem como característica a realização de inúmeras atividades, necessitando do estudante certo grau de hierarquia e priorização.

No ensino médio, Inácio et al. (2020) buscaram averiguar a compreensão de leitura e sua relação com os estilos intelectuais e o desempenho acadêmico em 288 alunos de instituições públicas dos estados de São Paulo e do Paraná. Os resultados indicaram certas lacunas na formação dos estudantes em relação à compreensão de leitura e a preferência por estilos com características como criatividade e maior complexidade cognitiva.

Por fim, no ensino fundamental, Oliveira et al. (2016) investigaram as diferenças nos estilos intelectuais, considerando o ano escolar de 370 participantes de escolas públicas. Foi verificado que aqueles provenientes do 2º ao 4º ano têm preferência por atividades que envolvem maior criatividade (legislativo) e regras fixas e procedimentos preestabelecidos, evitando situações novas e ambíguas (executivo/conservador). Do 5º ao 7º ano, os estilos que mais se sobressaíram foram aqueles que envolvem o julgamento de situações de forma crítica (judicial), abstração de ideias (global), maior capacidade de atenção aos detalhes (local) e predileção por atividades que envolvam situações desconhecidas (liberal).

Nota-se, mediante as pesquisas apresentadas, uma associação dos estilos intelectuais com outros construtos importantes ao contexto psicoeducacional, como a compreensão de leitura, o desempenho escolar, a motivação para aprender, criatividade, entre outros. Além disso, vale reiterar que poucas são as pesquisas nacionais que abarcam a temática, sendo que internacionalmente o tema também é mais prevalentemente abordado com estudantes do ensino superior, mas muitos estudos são encontrados com professores atuantes e em situação de formação continuada. Com base nos dados apresentados, na sequência será abordada a medida de avaliação dos estilos intelectuais, o instrumento denominado Inventário de Estilos Intelectuais – revisado II.

Medida de avaliação dos estilos intelectuais

O TSI-R2 é um instrumento estadunidense que apresenta evidências de validade para aquela realidade cultural, tendo apresentado coeficientes de alfa de Cronbach que variam de 0,70 a 0,80 para o ensino médio e para o ensino superior. Proposto inicialmente por Sternberg e Wagner (1992), fora revisado por Sternberg et al. (2003) e, depois, por Sternberg et al. (2007). Quanto a sua estrutura, ele contempla 65 itens dispostos em 13 dimensões com 5 itens cada, sendo as alternativas de resposta dispostas em escala do tipo Likert de 7 pontos: "De jeito nenhum" (1 ponto), "Não muito bem" (2 pontos), "Um pouco" (3 pontos), "Bem de alguma forma" (4 pontos), "Bem" (5 pontos), "Muito bem" (6 pontos) e "Extremamente bem" (7 pontos).

A versão brasileira foi desenvolvida mediante a tradução, adaptação e averiguação das evidências de validade do *Thinking Styles Inventory -*

Revised II (TSI-R2) (Oliveira et al., 2018b), a qual indicou uma adequação da escala em relação à análise dos itens, sendo que a avaliação de juízes se mostrou positiva, permitindo alcançar índices de concordância considerados adequados. Nessa ocasião, o instrumento passou a ser denominado de Inventário de Estilos Intelectuais – Revisado II. A seguir, será apresentado na Tabela 2 um exemplo de item para cada uma das 13 dimensões.

Tabela 2. Exemplos de itens do Inventário de Estilos Intelectuais – Revisado II

Dimensão	Item	Descrição
Legislativo	5	Quando encontro um problema, eu uso minhas próprias ideias e estratégias para resolvê-lo.
Executivo	11	Eu gosto de atividades que eu posso fazer sem seguir modelos.
Judicial	51	Eu prefiro tarefas ou problemas onde eu posso classificar os planos e métodos de outros.
Global	48	Eu gosto de trabalhar em atividades que lidem com problemas gerais e não em detalhes pequenos.
Local	1	Eu prefiro lidar com problemas que exijam que eu preste atenção a muitos detalhes.
Liberal	45	Eu gosto de desafiar ideias antigas ou formas de fazer coisas e procurar outras melhores.
Conservador	13	Prefiro seguir regras ou maneiras prontas de fazer as coisas.
Hierárquico	56	Quando começo algo, eu gosto de fazer uma lista de coisas para fazer e ordenar as coisas pela importância.
Monárquico	43	Eu tendo a dar atenção total em uma coisa de cada vez.
Oligárquico	29	Prefiro trabalhar em um projeto ou tarefa que é aceitável e aprovado pelos meus colegas.
Anárquico	21	Ao trabalhar em uma tarefa, eu tendo a fazer todos os tipos de coisas, independentemente da importância delas para a atividade que será realizada.
Interno	63	Prefiro situações em que posso realizar minhas próprias ideias, sem depender de outros.
Externo	17	Em uma atividade escolar, eu gosto de combinar as minhas próprias ideias com as dos outros.

Fonte: elaborado pela autora

Aplicações práticas

Conforme mencionado por Zhang e Sternberg (2005), os estilos intelectuais são importantes no contexto escolar, considerando: (1) as diferentes formas como cada indivíduo aprende; (2) o uso de diferentes modalidades de estilo em sala de aula, a fim de promover um melhor desempenho dos estudantes; (3) a compreensão por parte dos professores acerca da relevância do uso de diferentes estilos e do quanto podem modificar a aprendizagem no contexto escolar. Com base nisso, Gomes, Marques e Golino (2014) reiteram os benefícios que o uso dos estilos pode trazer para a educação, sendo um dos principais a melhora do rendimento acadêmico, promovida quando o aluno realiza atividades segundo seu próprio estilo, e ainda diante da compatibilidade de estilos entre professor e aluno.

Ainda que apresentem características constantes, os estilos intelectuais apresentam certa condição de maleabilidade quando comparados com fatores como a inteligência e a personalidade, podendo ser desenvolvidos ao longo da vida, conforme a interação entre o sujeito e o ambiente (Fan et al., 2018; Fan et al., 2021;). Diante disso, evidencia-se a possibilidade de que, por meio das características pessoais do aluno, do ambiente escolar e do estilo intelectual do professor, seja feito um direcionamento dos estilos dos estudantes, com o propósito de favorecer os processos de aprendizagem (Fan, 2016; Zhang, 2015).

Compreender como se dão os estilos intelectuais nos processos de aprendizagem possibilita que o estudante elucubre sobre seus pontos positivos e dificuldades no contexto acadêmico, buscando, desse modo, soluções alternativas. Assim, ao considerar a maleabilidade dos estilos, tem-se que, reconhecendo o seu próprio estilo e o quanto este favorece seus processos de aprendizagem, o aluno poderá decidir pela continuidade em seu emprego ou por modificações possíveis. Com isso, espera-se que ele próprio possa analisar seu estilo e modificá-lo, quando necessário, se considerar que há outro que viabilize a apreensão do conhecimento de forma mais satisfatória (Fan et al., 2021; Oliveira et al., 2018a; Zhang, 2015).

Além do mais, conhecer o próprio estilo intelectual tende a auxiliar o estudante na busca por soluções para as dificuldades encontradas no âmbito acadêmico, não apenas de forma individual, mas também institucionalmente. A título de exemplo, tem-se que as instituições de ensino superior, por meio de serviços de apoio ao estudante, poderiam mapear os estilos de seus alunos e ensiná-los a fazer uso destes, potencializando suas características pessoais e a individualidade no modo como cada sujeito aprende (Oliveira et al., 2018a).

Coloca-se como relevante analisar também o fato de que os estilos intelectuais são mediados pelos aspectos ambientais. Isso significa dizer que a depender do tipo de curso escolhido e das exigências inerentes às atividades do curso, o estilo do aluno pode necessitar de um esforço maior de adaptação. Menciona-se, como exemplo, o fato de um estudante que prefere aprender por meio de atividades mais subjetivas, com decisões tomadas em grupo, e que pode encontrar mais dificuldade em se adaptar ao seu curso, se nele a execução das atividades for mais fechada e com tomada de decisões de forma mais individualizada (Oliveira et al., 2018a).

Considerações finais

Este capítulo objetivou apresentar e discutir o conceito de estilos intelectuais e sua forma de avaliação no contexto educacional, contemplando nacionalmente o estado da arte e as implicações práticas do construto nas diferentes modalidades de ensino. Diante do exposto, verifica-se que a temática ainda é exponencial no contexto brasileiro, com potencial de contribuir para o desenvolvimento da área da avaliação psicológica direcionada à mensuração de processos cognitivos e de aprendizagem.

Enquanto uma medida já empregada em âmbito mundial, esta possui relevância ao estudante, mas também na prática docente e na estruturação pedagógica da própria instituição de ensino, seja de ensino básico, como também de ensino superior. Com isso, espera-se que este estudo potencialize não apenas o emprego dos estilos intelectuais no âmbito acadêmico, mas a continuidade de seus estudos juntamente com outros construtos psicoeducacionais que se mostram relevantes aos processos de ensino e aprendizagem.

Referências

Fan, J. (2016). The role of thinking styles in career decision-making self-efficacy among university students. *Thinking Skills and Creativity, 20*, 63-73. https://doi.org/10.1016/j.tsc.2016.03.00

Fan, J., & Zhang, L. F. (2014). The role of perceived parenting styles in thinking styles. *Learning and Individual Differences, 32*, 204-211. https://doi.org/10.1016/j.lindif.2014.03.004

Fan, J., Zhang, L., & Chen, C. (2018). Thinking styles: Distinct from personality? *Personality and Individual Differences, 15*(125), 50-55. https://doi.org/10.1016/j.paid.2017.12.026

Fan, J., Zhang, L., & Hong, Y. (2021). The malleability of thinking styles over one year. *Educational Psychology, 41*(6), 675-677. https://doi.org/10.1080/01443410.2019.1684449

Felder, R. M., & Spurlin, J. E. (2005). Applications, reliability, and validity of the index of learning styles. *International Journal of Engineering Education, 21*(1), 103-112. https://serc.carleton.edu/files/NAGTWorkshops/earlycareer/teaching/felder_spurlin.pdf

Gomes, C. M. A., Marques, E. L. L., & Golino, H. F. (2014). Validade incremental dos estilos legislativo, executivo e judiciário em relação ao rendimento escolar. *Revista Eletrônica de Psicologia, Educação e Saúde, 3*(2), 31-46. http://revistaepsi.com/wp-content/uploads/artigos/2013/Ano3-Volume2-Artigo3.pdf

Inácio, A. L. M., Oliveira, K. L., Santos, A. A. A., Silva, A. O. G., & Oliveira, G. T. (2020). Reading comprehension, school performance, and intellectual styles in public high school. *Trends in Psychology, 28*, 270-286. https://doi.org/10.9788/s43076-019-00005-2

Oliveira, K. L., & Inácio, A. L. M. (2020). Estilos intelectuais, desempenho escolar e adaptação ao planejamento de carreira no ensino superior. *Educação: Teoria e Prática, 30*(63), 1-16. http://dx.doi.org/10.18675/1981-8106.v30.n.63.s14681

Oliveira, K. L., Inácio, A. L. M., & Buriolla, H. L. (2016). Diferenças considerando ano escolar no ensino fundamental: um estudo com estilos intelectuais. *Argumentos Pró-Educação, 1*(3), 408-422. https://doi.org/10.24280/ape.v1i3.143

Oliveira, K. L., Inácio, A. L. M., Silva, A. O. G., Mariano, M. L. S., & Franco, S. A. P. (2019). Estilos intelectuais, estratégias de aprendizagem e adaptação acadêmica no ensino superior brasileiro: intellectual styles, learning strategies and academic adjustment in Brazilian higher education. *Revista Portuguesa de Educação, 32*(2), 134-149. https://doi.org/10.21814/rpe.14268

Oliveira, K. L., Santos, A. A. A., & Inácio, A. L. M. (2018a). Adaptação acadêmica e estilos intelectuais no ensino superior. *Estudos Interdisciplinares em Psicologia, 9*(3, Supl. 1), 73-89. https://doi.org/10.5433/2236-6407.2018v9n3suplp73

Oliveira, K. L., Santos, A. A. A., & Inácio, A. L. M. (2018b). Tradução, adaptação e evidências de validade do thinking styles inventory – Revised II (Tsi-R2) no Brasil. *Avaliação Psicológica, 17*(1), 121-130. https://dx.doi.org/10.15689/ap.2017.1701.13.13637

Sternberg, R. J. (1990). Thinking styles: keys to understanding student performance. *Phi Delta Kappa International, 71*(5), 366-371. https://www.jstor.org/stable/20404156

Sternberg, R. J., & Wagner, R. K. (1992). *Thinking Styles Inventory*. Yale University.

Sternberg, R. J., Wagner, R. K., & Zhang, L. F. (2003). *Thinking styles inventory-revised I*. Yale University.

Sternberg, R. J., Wagner, R. K., & Zhang, L. F. (2007). *Thinking styles inventory-revised II*. Unpublished manual. Tufts University.

Zhang, L. F. (2011). The developing field of intellectual styles: Four recent endeavors. *Learning and Individual Differences, 21*(3), 311-318. https://doi.org/10.1016/j.lindif.2010.11.018

Zhang, L. F. (2015). Fostering successful intellectual styles for creativity. *Asia Pacific Educational Review, 16*, 183-192. https://doi.org/10.1007/s12564-015-9378-5

Zhang, L., & Sternberg, R. J. (2005). A threefold model of intellectual styles. Educational Psychology Review, 17(1), 1-53. https://doi.org/10.1007/s10648-005-1635-4

40
Compreensão de leitura: manejos da avaliação e processamentos interventivos

Márcia Maria Peruzzi Elia da Mota
Neide de Brito Cunha

> *Highlights*
> • Apresenta as teorias de compreensão de leitura;
> • Apresenta as principais considerações a serem levadas em conta na avaliação da compreensão de leitura;
> • Discute algumas possibilidades de intervenção em compreensão leitora.

A compreensão de leitura é uma das habilidades mais importantes aprendidas na escola. Sem compreender um texto, dificilmente uma criança progredirá na sua escolarização. Para se obter um bom desempenho acadêmico, disciplinas como história, geografia e biologia, por exemplo, exigem a compreensão de leitura. Assim, entender os processos cognitivos envolvidos permite que se possa pensar em avaliações mais consistentes de leitura e que se possa pensar em intervenções mais eficazes. Neste capítulo, discutiremos as principais teorias de compreensão de leitura e como ela se relaciona com as formas de avaliação e propostas de intervenção.

Teorias sobre compreensão de leitura

Uma das teorias mais influentes da compreensão leitora, a visão simples da leitura, propõe que a tal compreensão é o produto da decodificação de palavras *versus* compreensão linguística (Gough & Tunmer, 1986). Segundo esse modelo, para que se possa entender um texto de forma adequada é necessário reconhecer as palavras, mas também utilizar seu conhecimento sobre a compreensão da fala para compreendê-lo. Esses dois aspectos, nessa teoria, têm pesos iguais e são responsáveis pela boa compreensão leitora. Ao mesmo tempo, se um dos aspectos apresentar problemas haverá uma compreensão pobre.

Um segundo modelo, hoje mais citado na literatura, é a arquitetura de sistemas de leitura (Perfett et al., 2005; Perfetti & Stafura, 2014). Enquanto o Modelo de Gough e Tunmer (1986) foi criticado por ser vago ao definir o que seria compreensão linguística, o Modelo de Perfetti e colaboradores (2005), que inicialmente foi chamado de Modelo da Qualidade Lexical, foi criticado por colocar muita ênfase na leitura de palavras como habilidade necessária para se compreender a leitura. O modelo foi, então, reformulado.

Na versão mais recente do modelo, Perfetti e Stafura (2014) ainda destacam a necessidade de uma compreensão rápida e fluente de leitura para que se possa liberar espaço de armazenamento cognitivo para que processos de mais alto nível possam entrar em funcionamento e proporcionar uma boa compreensão. Assim, os autores sugerem um sistema de conhecimento linguístico e um sistema de representação lexical de alta qualidade. O sistema linguístico engloba diversos aspectos do processamento da linguagem necessário para a compreensão leitora, como a integração de informações sintático-semânticas do texto, de conhecimentos prévios, processos inferenciais e conhecimento de mundo.

Embora os dois modelos apresentem propostas diferentes, concordam que para a boa compreensão leitora é necessário reconhecer as palavras com rapidez, fluência e precisão. Também, sugerem que ler palavras não é suficiente para que se possa compreender um texto escrito. É importante que se tenha domínio também do sistema linguístico que se quer utilizar. Decorre do exposto que a avaliação da compreensão de leitura deve envolver os aspectos cognitivos apontados. No próximo tópico, discutiremos em mais detalhe a avaliação da compreensão de leitura.

Possibilidades de avaliação de compreensão de leitura

A leitura é uma ciência cujos elementos que a compõem são construtos complexos e, nesse sentido, os testes que pretendam avaliá-la precisam respeitar determinados parâmetros e critérios para que se obtenham resultados confiáveis e interpretações válidas. Desse modo, a construção de um instrumento de avaliação de compreensão de leitura deve focar em alguns elementos-chave, como descritos a seguir.

Primeiramente, é preciso estabelecer o objetivo da avaliação, que pode ser a observação do produto ou do processo ou de ambos. Na observação do processo é preciso considerar: o tipo de conhecimento que será avaliado, declarativo, procedimental ou condicional; a dimensão, se serão os processos cognitivos e as habilidades da compreensão leitora, como o nível de complexidade da compreensão, o estágio de desenvolvimento da leitura; os recursos, como individual ou em grupo, em papel ou digital; o nível linguístico, fonológico, léxico-semântico, morfossintático – tanto frasal como interfrasal, textual, discursivo ou pragmático. Ainda quanto aos níveis, podem ser da palavra e seus elementos ou do texto, chegando até ao discurso e ao intertexto. No entanto, quando se trata da *compreensão de leitura*, sempre há um grau de significação, de produção de sentidos, mesmo que nos níveis mais básicos. Além disso, a compreensão leitora implica também metaconhecimentos, além da possibilidade de análise e manipulação do próprio conhecimento (Oakhill et al., 2017; Souza et al., 2019).

Neste capítulo discutiremos a avaliação da compreensão de leitura, mas é importante lembrar que para isso se faz necessário avaliar a leitura de palavras também. Tanto o Modelo de Perfetti e Stafura (2014) quanto o anterior a ele, de Gough e Tunmer (1986), apontam para a necessidade de um bom reconhecimento de palavras para se compreender a leitura.

A compreensão de leitura tem sido investigada por diversos testes. No Brasil, o Teste de *Cloze* foi um dos mais utilizados, segundo um levantamento de literatura feito por Dias et al. em 2016. O Teste de *Cloze* é uma medida de fácil aplicação e correção (Santos, 2005). Ele requer da criança, ou do adolescente, que preencha uma palavra que está faltando num pequeno texto ou em sentenças. A correção pode ser *verbatim*, que exige que se pontue apenas as palavras que estão corretamente escritas e não aceita sinônimos; ou mais flexível, aceitando sinônimos com a utilização de um dicionário.

Mehta et al. (2005) fizeram uma crítica ao Teste de *Cloze* por ser muito dependente de habilidades fonológicas e da habilidade de escrita.

Keenan et al. (2008), por exemplo, mostraram que a decodificação contribuía de forma única, com cerca de 30% da variância nos escores do Teste de *Cloze*, enquanto a contribuição específica à compreensão linguística foi de apenas 7%. Outro dado levantado é que, para as crianças mais jovens ou com menos habilidade de leitura, a decodificação teve uma influência maior do que para as crianças mais velhas. A contribuição da leitura de palavras acaba sendo desproporcional para o sucesso nessa tarefa quando comparada com a compreensão linguística.

Apesar das críticas aos Testes de *Cloze*, a utilização desse tipo de instrumento traz muitas vantagens. Já citamos que é um teste de fácil aplicação e rápido. Além disso, Dias et al. (2016) mostraram em uma revisão da literatura que houve prevalência de instrumentos baseados na Técnica de *Cloze* para algumas populações. Esses instrumentos foram os únicos relatados na avaliação de adolescentes no ensino médio e de universitários. Segundo Dias et al. (2016), esse fato é consistente, visto que, nesses níveis de escolaridade, espera-se que as habilidades mais básicas de reconhecimento de palavras já estejam consolidadas.

Outro teste que é de fácil aplicação é o de múltipla escolha. Os testes de múltipla escolha envolvem o reconhecimento do que foi lido num texto. A criança e/ou testando(a) tem que decidir qual a opção, entre várias, que melhor responde a uma pergunta sobre o texto. Keenan e Betjemann (2006), no entanto, chamam a atenção para o fato de que um problema possível com os testes de múltipla escolha é que podem ser respondidos sem que as crianças tenham de fato lido os textos. As crianças podem simplesmente escolher uma resposta aleatoriamente. Variar a posição das respostas corretas e utilizar um número de itens que diminua a escolha por chance – de três a cinco itens, de acordo com a idade das pessoas testadas – pode atenuar esse problema.

Por fim, discutiremos os testes de recordação. Na recordação, o leitor tem que recuperar na memória o que foi lido, mas diferentemente do que ocorre nos testes de múltipla escolha, em que todas as informações estão presentes nas opções de resposta e o examinando(a) só tem que escolher a melhor opção, no teste de recordação é necessário produzir uma resposta (Corso et al., 2012), que precisa ser elaborada a partir dos processos de compreensão que discutimos acima nas teorias sobre a compreensão de leitura.

A desvantagem desse tipo de teste está na forma de aferi-lo. Há potenciais dificuldades de correção objetiva das ideias recordadas. Uma forma de tornar esses testes mais objetivos é usar as estratégias do teste *Qualitative Reading Inventory* (QRI) (Leslie & Caldwell, 2001, citado por Kendeou et al., 2012). Esse teste possui uma lista de ideias, que é usada como medida de comparação com aquelas efetivamente avaliadas pelo testando. Possui uma segunda medida que é formada pelo escore obtido pelas respostas a perguntas com respostas breves. O fato de já haver uma lista de ideias previamente estabelecidas facilita a correção dessa primeira etapa do teste, tornando-a mais objetiva. As perguntas breves também diminuem as subjetividades das respostas na segunda parte.

Os testes de recordação parecem ser os que mostram mais equilíbrio entre a compreensão linguística e reconhecimento de palavras. Kendeou et al. (2008), utilizando *Qualitative Reading Inventory*, conseguiram uma contribuição independentemente da decodificação e da compreensão linguística para compreensão leitora. A variância atribuída à decodificação foi de 5% para recordação de ideias, de 7% para as perguntas e a compreensão linguística foi de 14% e 17%, respectivamente. Assim, o teste de recordação demonstrou ser menos dependente da decodificação. Além disso, houve poucas variações na proporção da variância de cada um desses componentes com a idade e a habilidade de leitura dos estudantes.

Testes de recordação e múltipla escolha foram usados em amostras nacionais (Corso & Salles, 2009; Corso et al., 2012). Da mesma forma ocorreu com o Teste de *Cloze* (Santos, 2005; Mota, 2009). Cabe ressaltar, porém, que estudos que investiguem aspectos cognitivos subjacentes a esses testes e os relacionem com os modelos teóricos sobre compreensão de leitura ainda são necessários. Para que possamos pensar em intervenções realmente eficazes, identificar quais os aspectos do processamento da leitura que precisam ser trabalhados são de extrema importância, da mesma forma, para se pensar na eficácia de instrumentos de avaliação de leitura, é preciso ter clareza de quais processos cognitivos esses testes estão avaliando.

Possibilidades de intervenção

As pesquisas de intervenção podem acontecer de maneira experimental, controlada ou em sala de aula. As que ocorrem em situações controladas são feitas por meio de interações individuais ou em grupos pequenos. Já as que ocorrem no contexto de sala de aula têm a participação de alunos que compõem salas inteiras, que estão em funcionamento independentemente da pesquisa. Desse modo, segundo Spinillo e Lautert (2008), as interações estabelecidas são múltiplas e variadas por se tratar de um ambiente institucional, visto que nele estão envolvidas relações determinadas pelos papéis sociais entre professores e alunos. Nesse sentido, há maior complexidade na aplicação de controle metodológico, graças à dificuldade em formar grupos equivalentes.

Além desse fator, há de se considerar que, em pesquisas de intervenção, geralmente existe o princípio metodológico da adoção de dois grupos, o experimental e o de controle. Os participantes submetidos à intervenção proposta pelo tema a ser estudado compõem o grupo experimental, enquanto o grupo controle não participa de qualquer tratamento. Nesse sentido, é preciso sempre voltar aos grupos de controle para que possam usufruir da intervenção. Levando em consideração esses aspectos, foram levantadas para este capítulo algumas pesquisas de intervenção em compreensão leitora que indicam os aspectos apontados no decorrer deste texto.

Por exemplo, Silva e Godoy (2020) revisaram e apresentaram os principais resultados de pesquisas brasileiras, desenvolvidas entre 2008 e 2018, que investigaram a relação entre o processamento fonológico e a aprendizagem de leitura por meio de intervenções baseadas nas habilidades de consciência fonológica em crianças durante o processo de alfabetização. A análise dos dados foi constituída por etapas, incluindo apenas os estudos que adotaram programas de intervenção em que as amostras correspondiam de alguma forma a crianças com dificuldades na aprendizagem em leitura. O processamento fonológico é fundamental para decodificação, que por sua vez contribui para leitura de palavras.

Nas pesquisas apresentadas nesse estudo, as intervenções ocorreram tanto em situações controladas quanto em salas de aula, dependendo do desenho traçado para melhor responder aos objetivos propostos. Foi possível identificar que, independentemente do contexto escolhido, os resultados foram positivos na aplicabilidade dos treinamentos tanto nos realizados individualmente, em pequenos grupos, quanto naqueles realizados em sala de aula. As autoras verificaram também que a avaliação das habilidades de consciência fonológica nas crianças em processo de alfabetização, faixa etária compreendida em grande parte das pesquisas analisadas, constituiu-se numa importante ferramenta no auxílio do planejamento de atividades escolares, no desenvolvimento de programas pedagógicos nessa área e na identificação precoce de crianças com risco de dislexia.

Nesse estudo ficaram claros os princípios básicos para aprendizagem de leitura cujo foco está no processo de correspondência entre grafema-fonema, no reconhecimento de palavras escritas e na consciência fonêmica. Desse modo, as autoras recomendaram que, para o desenvolvimento de uma intervenção, o entendimento das causas do transtorno deve ser o ponto de partida, assim como o reconhecimento do conjunto de indicadores preditivos, importantes para a aprendizagem da linguagem escrita, para fornecer aos professores um direcionamento a respeito de quais conteúdos utilizar em um programa de ensino.

As autoras concluíram que o baixo desempenho em leitura está associado ao desenvolvimento insuficiente das habilidades de consciência fonológica e que uma intervenção pedagógica baseada no estímulo dessas habilidades e no ensino explícito das correspondências entre grafemas e fonemas pode minimizar ou superar as dificuldades de aprendizagem de algumas crianças. Além disso, o estímulo e o ensino explícito dessas habilidades são uma importante ferramenta para a detecção de indicadores precoces de risco para dislexia.

Ferraz e Santos (2021) elaboraram uma revisão integrativa para investigar a estrutura de intervenções bem-sucedidas no desenvolvimento da autorregulação para aprendizagem, a fim de otimizar a compreensão da leitura pelos alunos da educação básica. Foram encontrados somente treze artigos elegíveis, sendo que as autoras não delimitaram um período de busca. As amostras das intervenções reportadas eram compostas por alunos do 3º ao 6º ano de escolas estadunidenses, alemãs e eslovenas. As intervenções eram do tipo instrucional, com foco no desenvolvimento de estratégias de autorregulação para desenvolver a compreensão de leitura. Os estudos indicaram que participar das intervenções elevava o desempenho dos alunos nessa habilidade cognitivo-linguística.

Para além, dos aspectos cognitivos-linguísticos, Corso et al. (2023), em seu artigo de revisão integrativa, examinaram um conjunto de metanálises de estudos de intervenção em compreensão de leitura, com o objetivo de verificar os tipos de instrução analisados, sua efetividade e os principais aspectos que impactaram esse efeito, entre eles as estratégias de ensino. Entre os resultados encontrados, destacaram-se: que o ensino de estratégias favorece todos os perfis de alunos, sem ou com dificuldades, ou sob risco; que há estratégias mais recomendadas que outras, como o estabelecimento prévio do objetivo da leitura, que facilita o monitoramento; a realização de perguntas sobre o texto durante a leitura, pelo professor e pelos alunos; e o uso de atividades de escrita sobre o texto. Foi apontado um efeito moderador importante de quem aplica a instrução: a efetividade diminui quando é o professor quem aplica. Assim sendo, a complexidade da aplicação e o preparo que ela requer indicam o quão importante é para a elaboração de programas em compreensão de leitura a formação dos professores que irão implementá-lo.

Exemplo prático

O estudo de Corso et al. (2023), uma revisão integrativa que examinou um conjunto de metanálises de estudos de intervenção em compreensão de leitura, com o objetivo de verificar os tipos de instrução analisados, sua efetividade e os principais aspectos que impactaram nesse efeito, encontrou os seguintes aspectos a serem considerados para a instrução nessa habilidade. As autoras concluíram que as metanálises consultadas ofereceram evidências a favor de que programas educacionais de favorecimento da compreensão de leitura contemplem os seguintes aspectos em programas educacionais que favoreçam a compreensão de leitura:

- Incluam amplamente estratégias de compreensão. Capazes de ensinar os alunos a se mostrarem ativos e críticos diante do texto, elas favorecem o desenvolvimento da habilidade de compreensão em todos os perfis de alunos, sem ou com dificuldades, ou ainda sob risco de desenvolvê-las;

- Adotem especificamente as estratégias mais efetivas. Antes da leitura: estabelecer o seu objetivo, pois, sabendo o que se quer aprender com o texto, os alunos podem melhor monitorar a própria compreensão. Durante a leitura: solicitar que passagens sejam reformuladas, explicadas ou traduzidas com outras palavras, e fazer perguntas sobre o texto, tanto o professor quanto o aluno;

- Ensinem sobre as diferentes estruturas de texto expositivo e solicitem a identificação delas durante a leitura. Palavras sinalizadoras podem ser usadas para guiar a compreensão durante a leitura e serem úteis na elaboração de um resumo posterior (estratégias depois da leitura);

- Incluam amplamente atividades de escrita, recurso potente para auxiliar o aluno a compreender o que leu, seja escrevendo respostas elaboradas a perguntas sobre o texto, seja tomando notas ou redigindo resumos. O uso da escrita se presta especialmente para estratégias depois da leitura;

- Associem às propostas de resumo o ensino de organizadores gráficos, como tabelas, que são estratégias visuais muito eficazes.

Em todas as atividades destacadas, as autoras apontaram o papel do professor como decisivo para a efetividade das propostas para explicar a estratégia e demonstrar para a classe inteira ou para pequenos grupos. Por vezes, o professor deve se engajar junto com os alunos em um diálogo sobre o texto lido, como no exemplo da estratégia de fazer perguntas. Para tanto, tão importante quanto a elaboração do programa é a formação dos professores que irão implementá-lo, e essa formação precisa incluir o estudo do tema da compreensão de leitura e instrumentalizar o futuro professor para o ensino da habilidade.

Relato de prática

A intervenção feita por Santos et al. (2017) objetivou verificar os efeitos de um programa de intervenção sobre habilidades linguísticas, a saber, a compreensão de leitura, a grafia, o reconhecimento de palavras e a consciência metatextual. Participaram do programa 103 alunos do 6º ano do ensino fundamental, separados em grupo experimental (GE) e de controle (GC). Os instrumentos utilizados foram: Testes de Cloze com níveis de dificuldade graduais, a Escala de Avaliação da Escrita (Eave) (Sisto, 2005); Escala de Reconhecimento de Palavras (Erep) (Sisto, 2006); e Questionário de Avaliação da Consciência Metatextual (QACM) (Santos & Cunha, 2012).

O grupo experimental participou de dez sessões, usando a técnica de Cloze gradual em textos de diferentes gêneros textuais, aplicados de dois em dois. Os textos foram retirados de programas do governo (Ler e Escrever e Programa de Formação de Professores Alfabetizadores [Profa]) ou criados ou adaptados especialmente para a pesquisa.

O esquema do programa de intervenção envolveu o Cloze gradual e a consciência metatextual, da seguinte maneira:

1ª sessão – Adivinha + Piada - Três alternativas para cada espaço em branco

2ª sessão – Poesia + Parlenda - Três alternativas para cada espaço em branco

3ª sessão – Receita + Regras de jogo - Pontilhado com a 1ª letra

4ª sessão – História + História em quadrinho - Pontilhada com 1ª letra

5ª sessão – Diário + Entrevista - Pontilhado sem 1ª letra

6ª sessão – Carta + E-mail - Pontilhado sem 1ª letra

7ª sessão – Anúncio + Notícia - Linha contínua com 1ª letra

8ª sessão – Verbete + Convite - Linha contínua com 1ª letra

9ª sessão – Resenha + Crônica - Linha contínua com 5ª palavra

10ª sessão – Textos narrativos - Linha contínua

A análise geral sobre os resultados obtidos na pesquisa indicou um impacto positivo do modelo de intervenção proposto na amostra de estudantes que participaram do grupo experimental.

Os dados revelaram uma diferença significativa entre as pontuações médias no pré e pós-testes em termos do Cloze. À medida que a compreensão da leitura dos alunos do grupo experimental melhorou, o reconhecimento de palavras também melhorou. Esses dados apoiaram a ideia de que ações de intervenção focadas na leitura eram válidas e pareceram ter efeitos positivos no processo educacional. O mesmo não aconteceu para a variável escrita, medida pela grafia correta das palavras. Outra descoberta que causou estranhamento foi o fato de que, ao comparar o pré e medidas pós-teste da variável consciência metatextual, medida pelo reconhecimento do gênero textual, não houve significância estatística. Considerando o conceito de Spinillo e Simões (2003), de que a consciência metatextual representa a capacidade de analisar o texto, mantendo um monitoramento intencional para melhor entender o tema, talvez essas atividades desenvolvidas não tenham sido suficientes para alcançar o desenvolvimento necessário para esse propósito.

As autoras argumentaram que, quando a dificuldade de compreensão da leitura é identificada precocemente, ações de intervenção podem ser concebidas para remediar e superar a situação. Esse estudo demonstrou, por um lado, como as intervenções que utilizam o Cloze gradual podem ajudar a melhorar a leitura das crianças na sala de aula e quão fácil pode ser usado como recurso para a prática educativa. Por outro lado, ilustrou que os gêneros textuais podem ser reconhecidos de maneira lúdica, embora esteja claro que são necessárias mais sessões para repetir cada um deles, pois foram apresentados apenas uma vez durante o programa inteiro. As autoras sugeriram que em pesquisas futuras possam ser investigadas as duas variáveis independentes Cloze e consciência metatextual, assim como a verificação do efeito de cada uma independentemente.

Apesar da consciência de que intervenções como essa não podem resolver os problemas fundamentais da educação brasileira, é importante mostrar que são de baixo custo e de fácil aplicação, sendo acessível aos professores do ensino fundamental. Portanto, podem ser de interesse dos profissionais que trabalham no contexto escolar e fora dele.

Considerações finais

A compreensão de leitura é um construto multidimensional que envolve processos cognitivos complexos. Teorias sobre a compreensão leitora apontam para a complexidade desse processo, porém a avaliação da compreensão de leitura raramente leva em consideração essa complexidade (Mota, 2015). Ainda hoje, há uma tendência a se tratar a compreensão de leitura como um construto unidimensional e os testes como equivalentes. Na pesquisa científica, observa-se a descrição das características psicométricas dos testes relatados, mas a razão para escolha dos testes raramente é apresentada (Kendeou et al., 2012). Não é raro, na decisão sobre qual teste escolher para aferir a compreensão de leitura, optar-se por critérios de praticidade e não dos aspectos cognitivos envolvidos na avaliação. Esse fato pode levar a resultados de pesquisas, por vezes, enviesados. Na clínica psicopedagógica é ainda mais importante que a escolha da avaliação seja determinada por critérios de conteúdo dos testes a serem utilizados. É possível que a escolha de uma medida apenas não seja suficiente. O desempenho pobre ou regular num teste de compreensão pode não se repetir em outro e pode indicar o comprometimento de diferentes habilidades.

Em suma, além das características psicométricas e de caráter prático, como o tempo e a facilidade na aplicação, a escolha dos testes para a avaliação da compreensão de leitura requer um entendimento dos processos cognitivos subjacentes ao teste. Só assim poderemos ter avaliações mais confiáveis e produzir intervenções mais eficazes.

Referências

Corso, H. V., & Salles, J. F. (2009). Relação entre leitura de palavras isoladas e compreensão de leitura textual em crianças. *Letras de Hoje, 44*(3), 28-35.

Corso, H., Sperb, T. M., & Salles, J. (2012). Desenvolvimento de instrumento de compreensão leitora a partir de reconto e questionário. *Revista Neuropsicología Latinoamericana, 4*(2), 22-32.

Corso, H. V., Nunes, D. M., & Assis, E. F. D. (2023). Instrução em compreensão de leitura na sala de aula: o que podemos aprender com metanálises? *Educação em Revista, 39*, e25098.

Dias, N. M., León, C. B. R., Pazeto, T. C. B., Martins, G. L. L., Pereira, A. P. P., & Seabra, A. G. (2016). Avaliação da leitura no Brasil: revisão da literatura no recorte 2009-2013. *Psicologia: Teoria e Prática, 18*(1), 113-128.

Ferraz, A. S., & Santos, A. A. A. (2021). Self-regulation for learning intervention in reading comprehension: an integrative review. *Estudos de Psicologia, 38*, e190179.

Keenan, J. M., & Betjemann, R. S. (2006). Comprehending the gray oral reading test without readingit: Why comprehension tests should not include passage-independent items. *Scientific Studies of Reading, 10*, 363-380.

Keenan, J. M., Betjemann, R. S., & Olson, R. K. (2008). Reading comprehension tests vary in the skills they assess: Differential dependence on decoding and oral comprehension. *Scientific Studies of Reading, 12*(3), 281-300.

Kendeou, P., Bohn-Gettler, C., White, M., & van den Broek, P. (2008). Children's inference generation across different media. *Journal of Research in Reading, 31*, 259-272.

Kendeou, P., Papadopoulos. T. C., & Spanoudis, G. (2012). Demands of reading comprehension tests in young readers. *Learning and Instruction, 22*(5), 354-367.

Gough, P. B., & Tunmer, W. E. (1986). Decoding, reading, and reading disability. *Remedial and Special Education, 7*, 6-10.

Mehta, P. D., Foorman, B. R., Branum-Martin, L., & Taylor, W. P. (2005). Literacy as a unidimensional multilevel construct: Validation, sources of influence, and implications in a longitudinal study in grades 1 to 4. *Scientific Studies of Reading, 9*(2), 85-116.

Mota, M. M. P. E. (2015). Um olhar crítico sobre os testes de compreensão de leitura. *Avaliação Psicológica, 14*(3), 347-351.

Mota, M. M. P. E., Lisboa, R., Dias, J., Gontijo, R., Paiva, N., Mansur-Lisboa, S., & Santos, A. A. A. (2009). Relação entre consciência morfológica e leitura contextual medida pelo teste de Cloze. *Psicologia: Reflexão e Crítica, 22*(2), 223-229.

Oakhill, J., Cain, K., & Elbro, C. (2017). *Compreensão de leitura: teoria e prática* (A. Sobral, Trad.). Hogrefe.

Perfetti, C. A., Landi, N., & Oakhill, J. (2005). The acquisition of reading comprehension skill. In M. J. Snowling & C. Hulme (Eds.), *The science of reading: A handbook* (pp. 227-247). Blackwell Publishing.

Perfetti, C. A., & Stafura, J. (2014). Word knowledge in a theory of reading comprehension. *Scientific Studies of Reading, 18*(1), 22-37.

Santos, A. (2005). O *Teste de Cloze como instrumento de diagnóstico e de desenvolvimento da compreensão em leitura*. [Relatório Técnico Não Publicado]. Universidade São Francisco.

Santos, A. A. A., & Cunha, N. B. (2012). Consciência metatextual: Evidências de validade para instrumento de medida. *Psico-USF, 17*(2), 233-241.

Santos, A. A. A., Cunha, N. B., Oliveira, K. L., & Osés, P. C. C. (2017). Effectiveness of an intervention program for linguistics skill development. *Paidéia, 27*(67), 37-45.

Silva, G. F., & Godoy, D. M. A. (2020). Estudos de intervenção em consciência fonológica e dislexia: revisão sistemática da literatura. *Revista de Educação PUC-Campinas, 25*, e204921.

Sisto, F. F. (2005). *Escala de Avaliação da Escrita (EAVE)*. [Writing Assessment Scale]. [Relatório Técnico]. Universidade São Francisco.

Sisto, F. F. (2006). Estudo do funcionamento diferencial de itens para avaliar o reconhecimento de palavras. *Avaliação Psicológica, 5*(1), 1-10.

Souza, A. C., Seimetz-Rodrigues, C., & Weirich, H. C. (2019). Ensinar a estudar ensinando a ler: potências dos roteiros de leitura. In A. C. Souza, C. Seimetz-Rodrigues, C. Finger-Kratochvil, L. Baretta & A. C. P. Back. (Org.), *Diálogos linguísticos para a leitura e a escrita* (pp. 164-200). Insular.

Spinillo, A. G., & Lautert, S. L. (2008). Pesquisa-intervenção em psicologia do desenvolvimento cognitivo: princípios metodológicos, contribuição teórica e aplicada. In L. R. Castro & V. L. Besset (Orgs.), *Pesquisa-intervenção na infância e juventude* (pp. 294-317). Editora Faperj.

Spinillo, A. G., & Simões, P. U. (2003). O desenvolvimento da consciência metatextual em crianças: Questões conceituais, metodológicas e resultados de pesquisas. *Psicologia: Reflexão e Crítica, 16*(3), 537-546.

41
Motivação para a leitura: manejos da avaliação e procedimentos interventivos

Maria Aparecida Mezzalira Gomes
Evely Boruchovitch

> *Highlights*
> - Motivação para a leitura – Fatores envolvidos;
> - Metacognição e estratégias de leitura para facilitar a compreensão;
> - A motivação para ler e a compreensão leitora;
> - Compreensão autorregulada em leitura;
> - Avaliação da motivação leitora – Procedimentos interventivos.

A complexidade da sociedade atual exige dos cidadãos competências e habilidades diversas, sem as quais terão dificuldade em se integrar plenamente e participarem ativamente das atividades sociais. Apesar da escolaridade básica ter sido ampliada, no Brasil, nas últimas décadas, ainda se constata uma enorme defasagem entre o desempenho dos estudantes brasileiros nas avaliações internacionais. O Programa Internacional de Avaliação de Estudantes (Pisa) (2022) mostrou um decréscimo na pontuação dos estudantes. Nosso país se manteve no mesmo nível de desempenho das edições anteriores, ficando entre o 44ª e a 57ª posição no *ranking*, abaixo dos níveis do Chile e do Uruguai, além disso, a grande maioria dos participantes não ultrapassou o nível 2 em leitura. De acordo com o Ministério de Educação e Cultura e do Instituto Nacional de Estudos e Pesquisas Educacionais Anísio Teixeira (2023), apenas 2% dos brasileiros atingiram alto desempenho em leitura – nível 5 ou superior.

O Pisa, em 2018, constatou que houve um aumento de 40% para 50% de estudantes cuja motivação para ler é pouco expressiva, pois leem apenas quando obrigados (Organização para a Cooperação e Desenvolvimento Econômico [OCDE], 2019). Pesquisas têm constatado um decréscimo da motivação para com a leitura ao longo da escolaridade e que apenas pouco mais de 50% dos estudantes se envolvem efetivamente nessa atividade (Gomes & Boruchovitch, 2014a). No entanto, ler e escrever são aprendizagens básicas desde os primeiros anos de escolarização porque são habilidades necessárias para as aprendizagens em todas as disciplinas. Ademais, a leitura é considerada uma ferramenta indispensável para a compreensão do mundo em que se vive e para o exercício de inúmeras tarefas e funções da vida prática.

Este capítulo tem, pois, como objetivo refletir sobre o valor da leitura; a diversidade de níveis e de estilos motivacionais para ler; as possibilidades de apresentar formas e instrumentos disponíveis aos docentes, coordenadores e psicopedagogos para avaliar o envolvimento; as capacidades e dificuldades dos estudantes durante a aprendizagem e durante os procedimentos de ler; os possíveis obstáculos à compreensão daquilo que leem e a adoção de medidas adequadas e efetivas de intervenção.

Motivação para a leitura

O processo de leitura, assim como todo aprendizado, envolve aspectos cognitivos, metacognitivos, motivacionais, afetivos e comportamentais (Boruchovitch & Gomes, 2019). No início do processo de escolarização a criança depende totalmente do professor, o qual planeja e dirige as atividades de sala de aula, de modo a envolver os alunos. A percepção das crianças acerca do processo é diminuta e suas reações dependem muito da liderança do professor e do clima social, afetivo e motivacional que se estabelece.

Aos poucos a percepção das diferenças entre o lar e a escola se torna mais nítida e as atividades escolares se tornam mais complexas, com o objetivo de promover as habilidades necessárias para que a criança se desenvolva nas diferentes dimensões e se torne capaz de acompanhar demandas ulteriores de escolarização. Desde os primeiros meses, entre outras características, se manifestam diferenças individuais quanto à disposição para as atividades, assim como as preferências e interesses pessoais. A curiosidade, a iniciativa e a prontidão para agir, a atenção, concentração e esforço despendidos, a independência relativamente ao professor, a socialização são os primeiros indícios da motivação para aprender. Isso significa que dependência inicial está sendo substituída, graças ao apoio e à orientação, por uma interdependência, sempre útil, necessária, crescente, ao longo do processo de escolarização e, depois, menos intensa, que permite ao estudante assumir, deliberada e progressivamente, a responsabilidade pelos seus processos de aprendizagem e ao que defendemos, ou seja, a aprendizagem autorregulada, necessária e eficaz não apenas durante o processo de escolarização, mas ao longo de toda a vida (Bakhtiar & Hadwin, 2022; Boruchovitch & Gomes, 2019; Zimmerman, 2013). Segundo Pellisson e Boruchovitch (2022), a motivação influencia o desempenho dos estudantes e a capacidade de regulá-la pode auxiliar os alunos a se manterem empenhados nas atividades acadêmicas. Para regular a motivação é possível usar diferentes procedimentos ou estratégias, como ensinam Kim et al. (2020), que reconhecem a complexidade e as dificuldades de autorregulação quando existem múltiplos objetivos acadêmicos e não acadêmicos.

A motivação, componente afetivoemocional do comportamento, inclui a ativação, direção e manutenção da conduta diante de um objetivo determinado. A ação determinada para uma meta é, portanto, o que caracteriza a sua utilidade, funcionalidade e adequação. Essa realidade deve orientar a prática de leitura na escola e na vida (Zimmerman, 2013).

No início da escolaridade, a criança aprende a ler e adquire a fluência em leitura. Trata-se de um processo predominantemente ascendente (*bottom up*) que requer análise dos grafemas, das relações entre som e letra, do reconhecimento das palavras e frases, em busca do sentido daquilo que está sendo lido. Com a competência leitora ampliada, os processos de ler se modificam e, progressivamente, tornam-se descendentes (*top down*), isto é, partem do tema e do assunto tratado em busca do sentido e recorrem aos processos ascendentes apenas quando necessário, ao encontrar uma palavra desconhecida, por exemplo, ou quando se tratar de um texto muito difícil para o seu nível de competência.

Ao longo do processo da escolarização, o estudante entrará em contato com diversos tipos de textos: narrativos, descritivos, dissertativos, entre outros, com estruturas e conteúdos também diversos, em virtude dos objetivos de aprendizagem nas diferentes disciplinas. O leitor fluente pode utilizar ora um, ora outro processo, ascendente ou descendente, isto é, eles passam a funcionar de modo complementar: numa ação e interação, ao iniciar a leitura ele esquadrinha o texto, questiona-se acerca do conteúdo, acessa seus conhecimentos prévios, realiza previsões e inferências. No decorrer da leitura, se necessário, para de ler e analisa a frase ou parágrafo até superar a dificuldade antes de prosseguir. Ao final, resume e interpreta o texto conforme sua visão de mundo e integra o sentido assim constituído aos seus conhecimentos anteriores (Gomes & Boruchovitch, 2016). O objetivo da leitura é, portanto, o sentido; e, se esse não for encontrado, a atenção ficará dispersa e, provavelmente, o texto será descartado. A curiosidade e o interesse são, com efeito, essenciais para a permanência da motivação desde as suas primeiras experiências de leitura.

As diferenças individuais entre os alunos se manifestam em diversos aspectos e não apenas quanto à facilidade ou dificuldade em aprender nas diferentes matérias ou quanto ao rendimento global (Kim et al., 2020). Há diferentes preferências e interesses quanto aos conteúdos de cada disciplina, quanto ao relacionamento com professores e colegas e outras diferenças menos evidentes quanto aos hábitos de estudo, organização dos materiais, entre outros. Relativamente à motivação para a leitura, essas diferenças preferenciais se manifestam acerca dos tipos de textos, gênero literário, estilos dos autores. São esses aspectos que determinam as escolhas individuais e deverão ser levadas em conta pelos professores nas aulas de leitura.

Desde os anos escolares existem leitores que espontaneamente buscam a leitura. São altamente motivados e ávidos por ler, ao contrário daqueles que leem apenas por necessidade ou obrigação (Gomes & Boruchovitch, 2015). Outros leem por desafio, curiosidade, prazer, reconhecimento social ou competição (Wigfield & Guthrie, 1997). Tradicionalmente os primeiros são aqueles leitores com motivação intrínseca (MI) porque sentem prazer na leitura e a prática dos demais caracteriza a motivação extrínseca (ME), cujas leituras ocorrem por necessidade, para obter algo externo: nota boa, reconhecimento dos professores ou colegas, pressão dos pais, entre outros motivos. A falta de energia para empreender o esforço necessário pode manifestar falta de motivação e prenunciar baixos resultados para as ações de ler e de aprender.

A pesquisa científica a respeito da motivação humana ganhou impulso a partir da segunda metade do século XX, já as pesquisas acerca da motivação para a leitura se destacam apenas nas últimas décadas. Guthrie et al. (2012) definem a motivação para a leitura em uma perspectiva de "engajamento" e compromisso, e consideram o leitor motivado como aquele que lê por prazer e tem intenção de ler para aprender. Esse leitor usa estratégias e conhecimentos anteriores para gerar compreensões novas e participa em interações sociais significativas de leitura.

Atualmente são muitas as teorias acerca da motivação, entre elas, a *Self-Determination Theory* [Teoria da Autodeterminação] (SDT) (Ryan & Deci, 2020), que explica o dinamismo do comportamento humano a partir de três necessidades inatas: autonomia, afiliação e senso de competência. Essa teoria defende um *continuum* motivacional constituído por desmotivação, quatro formas de motivação extrínseca (ME) e a motivação intrínseca (MI) (Gomes & Boruchovitch, 2016). De acordo com a SDT, a motivação extrínseca pode ser compatível com um rendimento escolar satisfatório, principalmente nas formas que mais se aproximam da MI para a leitura (Ryan & Deci, 2020).

Existe, pois, um *continuum* motivacional dependente do nível de autonomia e competência, dos seus relacionamentos interpessoais e da autodeterminação do leitor, presente em cada contexto ou situação. No contexto da leitura, esse *continuum* foi assim exemplificado por Gomes e Boruchovitch (2016): (a) "Não gosto de ler" (*desmotivação*); (b) "Leio na escola para ganhar boa nota" (ME *por regulação externa*); (c) "Leio para mostrar aos colegas que sou bom em leitura" (ME introjetada); (d) "Leio para aprender assuntos do meu interesse" (ME identificada); (e) "Leio para me atualizar mesmo fora da escola" (ME integrada); (f) "Leio por prazer" (MI). A ME identificada já demonstra certo grau de autonomia e autodeterminação, pois revela a internalização de valores culturais e a ME integrada pressupõe que esses valores se tornam pessoais e são incorporados ao *self*. Nesses casos, o comportamento motivado e as experiências pessoais refletem maior senso de escolha, com menos conflitos internos e maior compromisso.

De acordo com a SDT, a motivação se apresenta em diferentes níveis da pessoa. Assim, a motivação global é mais estável e integrada à identidade; já no nível contextual, a motivação corresponde aos diversos domínios da atividade humana (lazer, educação, trabalho e outros). A SDT considera ainda o nível situacional, que pode ser variável num mesmo contexto como, por exemplo, a motivação de um mesmo aluno que pode ser diversa dependendo da idade, do tipo de texto e ou autor, da sua dificuldade em cada disciplina escolar e, da mesma forma, a cada tipo de motivação correspondem determinados efeitos e consequências (Gillet et al., 2012).

Motivação, leitura, metacognição e estratégias de leitura

Pesquisadores apontam a existência de processos de controle executivo ou habilidades metacognitivas que podem ser intencionalmente utilizados para regular a cognição, o processamento da informação, a motivação e os afetos, os procedimentos utilizados pelo educando, entre outros fatores que interferem na aprendizagem de qualidade (Bakhtiar & Hadwin, 2022; Boruchovitch & Gomes, 2019). De fato, trata-se de poderosa ferramenta capaz de maximizar o processo cognitivo: é a metacognição, isto é, "o conhecimento e cognição sobre o fenômeno cognitivo". Também o processo de leitura se beneficia da metacognição porque o conhecimento metacognitivo pode se referir a pessoas, tarefas e estratégias e, muito do que se diz sobre metacognição, na verdade, se refere ao conhecimento, ao monitoramento e à regulação metacognitiva. No caso da leitura, a metacognição age desde a seleção da fonte da leitura, durante o ato de ler monitora a compreensão e, ao final, auxilia o leitor a resumir e integrar as novas informações.

Desde a idade de 5 a 7 anos, existe alguma manifestação de atividade metacognitiva na criança, porém é necessário desenvolvê-la. A consciência metacognitiva ocorre, frequentemente, durante a execução de um projeto pessoal, seja na forma de monitoramento de ações realizadas para o alcance de uma determinada meta, seja pelo exame e avaliação do próprio desempenho. No processo de leitura a metacognição inclui o autoconhecimento relativo às próprias possibilidades e limitações, isto é, o indivíduo escolhe o texto num determinado idioma e de acordo com o tema e dificuldade apropriados. A regulação metacognitiva faz parte do processo metacognitivo que planeja, dirige e controla o processamento cognitivo. Pesquisadores afirmam que a metacognição é um poderoso preditor de aprendizado, isto é, quanto maior a capacidade metacognitiva do aluno, melhor desempenho ele tende a ter em sua aprendizagem e mais profunda é a sua capacidade de processar as informações durante a leitura (Boruchovitch & Gomes, 2019; Flavell, 1979).

De acordo com Gomes e Boruchovitch (2015), leitores motivados e capazes de processar metacognitivamente a leitura: identificam as informações essenciais das secundárias sobre o assunto; dialogam e geram questões sobre o texto que estão lendo; procuram respondê-las e organizam sínteses parciais dessas ideias principais; permanecem engajados na tarefa de ler e superam as dificuldades e o cansaço; releem quando necessário e pedem ajuda se precisarem; fazem um resumo e elaboram uma representação gráfica do conteúdo lido após a leitura.

Muitos estudantes, quando indagados, mencionam algumas dessas práticas e estratégias, porém, a maioria dos leitores não as conhecem e as dificuldades de compreender durante a leitura persistem mesmo com o avanço na escolaridade, sendo um problema frequente também entre universitários (Solé, 1998). Esses procedimentos são estratégias de leitura para facilitar a análise e a compreensão de textos. O importante é que podem ser ensinados e aprendidos. O emprego das estratégias de leitura é, portanto, importante alavanca para que os sujeitos leitores possam adquirir, manter, integrar e/ou utilizar a informação. Existem estratégias cognitivas de ensaio, elaboração, organização e monitoramento. Em leitura são muito utilizadas as anotações escritas, sublinhar a ideia principal de um texto, resumi-las. As estratégias metacognitivas são procedimentos que o leitor emprega para planejar, monitorar e regular o próprio pensamento e ação como, por exemplo, selecionar os textos, escolher um ambiente adequado, reler parte do texto quando perceber alguma dificuldade na compreensão. Relativamente às estratégias metacognitivas, pode-se destacar o estabelecimento de objetivos e metas para a leitura, o planejamento, o monitoramento para acompanhar se os objetivos estão sendo atingidos; a prevenção e a correção de erros (evitar distrações, rever quando não se compreende o que foi lido).

Filderman et al. (2022) descrevem os efeitos positivos e significativos de estudos de intervenção em compreensão para estudantes do ensino fundamental, com dificuldades, quando associados ao ensino das estratégias de leitura e ao conhecimento prévio, ainda que os efeitos fossem significativamente baixos quando associados a melhorias de aprendizagem. Na fase de desenvolvimento da atividade de ler, estratégias cognitivas e metacognitivas são, pois, úteis e necessárias (Gomes & Boruchovitch, 2016). É importante ressaltar ainda o monitoramento da atenção e da compreensão, o controle de pensamentos, sentimentos e crenças, para que se possa afastar o que interfere no processo (Ganda & Boruchovitch, 2015). Gomes e Boruchovitch (2015) e Guthrie et al. (2012) afirmam que o uso de estratégias durante a leitura demanda mais tempo do leitor porque ele pensa muitas vezes naquilo que está lendo, porém é isso que garante a revisão, ampliação e permanência daquilo que foi aprendido ao longo da leitura de um texto ou livro.

Isso mostra que a utilização de estratégias está relacionada também às dimensões motivacional e afetivoemocional, e que a atividade metacognitiva durante a leitura inclui a regulação emocional com o uso de estratégias afetivoemocionais (Boruchovitch & Gomes, 2019), tais quais a manutenção de pensamentos, sentimentos e crenças favoráveis, por meio da construção de imagens mentais positivas, e o afastamento do medo do fracasso, das atribuições de causalidade inadequadas relativas às próprias capacidades, sentimentos de incompetência, dúvidas quanto às suas possibilidades de aprendizagem ou de dificuldades insuperáveis quanto ao entendimento do texto (Ferradás et al., 2017).

Por outro lado, as autocrenças positivas, um maior nível e qualidade motivacional, sentimentos e emoções positivas, levam o estudante a investir mais esforço e persistência na consecução de objetivos e metas. As estratégias afetivas são, portanto, aquelas que se referem à eliminação de sentimentos desagradáveis que não condizem com a leitura, por exemplo, o controle da ansiedade, o domínio das emoções e do próprio comportamento para garantir a manutenção da motivação, da atenção e da concentração e apreensão das informações e a constituição do sentido (Boruchovitch & Gomes, 2019).

Alguns autores identificaram estratégias prejudiciais à leitura e à aprendizagem (Ganda & Boruchovitch, 2015). Entre elas: verbalizações negativas diante de um desafio ou tarefa, acerca da própria capacidade com o objetivo de desculpar-se por um possível fracasso; adiar ou deixar de cumprir a atividade alegando falta de tempo, distrair-se ou agir conscientemente de forma inconveniente, tais quais reclamações, queixas, autodepreciação, abuso de álcool ou outras drogas ilícitas.

A motivação para ler e a compreensão leitora

Fala-se muito da necessidade de ler com compreensão, mas não é fácil definir esse processo. Mais fácil é analisar o que se obtém por meio da leitura, isto é, o que está relacionado aos objetivos visados pelos leitores. Pode-se afirmar que o processo de leitura foi bem-sucedido quando, após o ato de ler, houve uma organização e elaboração mental sobre o conteúdo lido e a integração desse quadro mental recém-adquirido aos conhecimentos anteriormente presentes no leitor (Guthrie et al., 2012; Hacker, 1998). É possível reconhecer bons leitores e amantes da leitura pelo repertório de conhecimentos que manifestam quando participam de conversas e debates. Além de discorrerem acerca de diferentes temas, conseguem distinguir e analisar diferentes tendências e teorias sobre diversos assuntos e formularem uma opinião pessoal acerca do tema.

Para compreender o texto é preciso que o leitor se questione: Por que vou ler esse texto? Que tipo de texto é esse? Conhecer a tipologia textual é um passo importante para a compreensão. De fato, muitas características do texto se remetem à sua tipologia. No caso de um texto narrativo, por exemplo: Quem fez o quê? Onde? Quando? Como? Quanto? Quais são as implicações? Se for um texto descritivo: De que se trata? Como é? Onde se encontra?... etc. Outros aspectos relevantes são o autor e a época em que foi escrito.

Além disso, não é suficiente conhecer as estratégias de leitura. A compreensão autorregulada da leitura implica uso frequente das estratégias cognitivas, metacognitivas e afetivoemocionais, além das estratégias de leitura. Antes da leitura é preciso formular objetivos para o ato de ler; segue-se a pré-leitura, esquadrinhando rapidamente o texto e, depois, elabora-se o planejamento adequado às demandas do mesmo. Para isso deve-se ativar os conhecimentos prévios, prever, antecipar, autoquestionar-se. Durante a leitura é importante testar as hipóteses iniciais, sublinhar as ideias principais, reler quando há distrações, fazer inferências. Depois da leitura deve-se novamente autoquestionar-se, problematizar, rever o texto, elaborar e resumir as ideias, organizar e representar as informações (Boruchovitch & Gomes, 2019).

Os leitores competentes e autorregulados conseguem evitar as estratégias autoprejudiciais, regular a atenção e manter a regulação afetivoemocional. São capazes igualmente de uma autoavaliação reflexiva: O que esse texto quis me dizer? (elaboração de um quadro mental). O que desejo guardar do que li e compreendi? (integração dos novos conhecimentos aos conhecimentos prévios).

A leitura competente e autorregulada é importante para um bom rendimento escolar, e pode ser que muitas das dificuldades escolares dos alunos possam estar associadas a deficiências na compreensão dos conteúdos lidos. Faz-se necessário, pois, que pais e educadores atentem para a relevância de se desenvolver um trabalho preventivo no sentido da formação do leitor independente, crítico e reflexivo (McCormick et al., 1989).

Avaliação da motivação para a leitura e possibilidades de intervenção

É possível e necessário conhecer a disposição dos estudantes relativamente à leitura. Medidas simples podem facilitar essa observação: (a) o registro da frequência dos alunos à biblioteca (se houver), ou da retirada de livros da biblioteca de classe; (b) o desempenho de cada um nas atividades de leitura, a qualidade dos resumos ou dos relatórios de leitura que forem solicitados. Para uma avaliação mais profunda e qualitativa existem instrumentos criados com essa finalidade.

Wigfield e Guthrie (1997) desenvolveram o *Motivation for Reading Questionaire*, um instrumento de pesquisa com o objetivo de avaliar onze dimensões da motivação para a leitura, que deram origem a uma escala com boa consistência interna. Trata-se de um instrumento internacional, que analisa as seguintes categorias: autoeficácia, desafio, evitação do trabalho, curiosidade, envolvimento, identificação, competição e motivação social. É muito utilizado em pesquisas para verificar as relações entre a motivação e o desempenho em leitura (Baker & Wigfield, 1999).

Existem outros instrumentos na literatura estrangeira utilizados atualmente por pesquisadores da área, ainda que se atenham a aspectos específicos da motivação para ler. Um deles é o *Elementary Reading Attitude Survey* (Eras), desenvolvido e validado por McKenna et al. (1995); o *Motivation to Read Profile* (MRP) foi desenvolvido por Gambrell et al. (1996), com o objetivo de descrever o "perfil do leitor" em termos de autopercepção e valor atribuído à leitura. Nessa mesma direção, fundamentados nos estudos acerca da importância do senso de autoeficácia, Melnick et al. (2009) elaboraram e validaram a *Reader Self-Perception Scale* (RSPS 2) para estudantes da escola elementar. Esses estudos relacionam-se com a motivação para ler, pois abordam dimensões relevantes tais quais frequência, preferências e hábitos de leitura, valor atribuído a essa atividade, assim como atitudes que leitores assumem quando leem em diferentes contextos e situações.

Para suprir a falta de um instrumento adequado em nosso país, Gomes e Boruchovitch (2014b, 2015, 2016) criaram e descreveram os passos relativos à construção e validação de duas escalas (Escala de Motivação para a Leitura – EML 1 e Escala de Motivação para a Leitura para adolescentes e Jovens – EML AJ). O objetivo foi avaliar a motivação em leitura tendo como fundamento teórico à SDT e, então, apresentaram as análises preliminares de suas propriedades psicométricas. A primeira (EML 1) foi destinada aos estudantes do 3º ao 5º ano do ensino fundamental. Os itens emergentes foram desmotivação, ME controlada, ME autônoma e MI intrínseca. A consistência interna da escala total, aferida pelo Alpha de Cronbach (α), foi de α = 0,83 e dos quatro fatores foram respectivamente α = 0,87; α = 0,83; α = 0,86; α = 0,80. Da segunda escala (EML AJ), com 83 itens, na análise fatorial exploratória emergiram seis fatores coerentes com o *continuum* motivacional descrito pela SDT, com consistência interna (α) entre α = 0,97 e α = 0,76.

A EML1 e a EML AJ poderão ser úteis aos educadores na prática educativa e psicopedagógica em atividades diagnósticas, de prevenção e de intervenção. Outros estudos possibilitarão que sejam investigadas as relações entre a motivação para a leitura e a compreensão leitora. Da mesma forma, poderão ser investigadas correlações com outras variáveis de interesse, tais quais o desempenho escolar, a utilização de estratégias de aprendizagem cognitivas, metacognitivas e específicas de leitura, para que sejam elucidadas as possíveis relações existentes entre a motivação para ler e outros constructos relevantes para o processo educacional.

Promover a leitura significa desenvolver interesses, atitudes positivas para com a leitura e motivação para ler. Para isso é necessário que crianças e adultos vejam a leitura como um valor, uma necessidade, fonte de conhecimento e entretenimento. Sobretudo que desenvolvam um vínculo afetivo com o ato de ler. Pais e educadores deverão estar conscientes que: (1) desde a primeira infância, as práticas de leitura no lar e na escola desempenham um papel fundamental para o desenvolvimento da motivação para a leitura; (2) os interesses e curiosidades manifestados pelas crianças deverão sugerir os temas mais indicados para as primeiras histórias e livros; (3) pais e educadores deverão observar e se interessar pelas leituras de crianças e adolescentes e conversar com eles acerca disso (Boruchovitch & Gomes, 2019).

Uma observação importante é que quando houver atitudes de afastamento e evitação para com os livros, esse fato pode denotar a falta de acesso inicial, atitudes indiferentes ou até mesmo negativas dos adultos próximos (reais ou percebidos), relativamente à leitura (Graham, 2020). Outro fator desmotivador pode ser a convivência com colegas que se sobressaem nessas atividades, gerando assim insegurança, medo do fracasso, sentimentos de inferioridade, prejudicando o desempenho. Da mesma forma, escolhas inadequadas do professor, com exigências acima das capacidades dos estudantes, textos desinteressantes e não desafiadores podem reforçar essa aversão.

É importante considerar que um mesmo estudante pode manifestar prazer na leitura de determinados temas ou autores (MI) e empreender esforço para superar a falta de interesse em outro contexto ou situação, quando precisa ler um livro para realizar um trabalho escolar, de outro assunto ou autor fora do seu campo de interesses (ME). Nesses casos, o professor deverá sempre ter o cuidado de justificar a sua escolha e dar à tarefa um sentido de desafio positivo a ser enfrentado pelos alunos. Textos longos e difíceis podem ser superados quando existe a motivação para aprender, mais ampla que a motivação para ler. O leitor terá de demonstrar compromisso e engajamento, autonomia e determinação, tendo em vista atingir suas metas de realização em curto, médio ou longo prazo (Ryan & Deci, 2020).

Observar e tentar compreender as crianças e os jovens com suas disposições e motivos, desenvolver seus interesses e atitudes positivas, suas capacidades e potencialidades, é necessário e útil para a sua formação. Além disso, educadores deverão compreender os fatores motivacionais que influenciam as decisões dos estudantes acerca das suas tarefas: o que deverão fazer ou ler, quanto tempo e esforço serão despendidos (Souvignier & Mokhlesgerami, 2006). Para isso, será também necessário fortalecer e nutrir os fatores que influenciam esses processos: senso de competência e autoeficácia, autonomia e autodeterminação, metas de realização, criar vínculos a partir de um contexto (Ryan & Deci, 2020). A motivação dos estudantes, para aprender e para ler, é também influenciada por fatores circunstanciais como o clima da sala de aula, ou ainda por fatores mais profundos, como o nível motivacional e os estilos motivacionais de pais e professores, pela sua participação na vida escolar, a estrutura física e social existente, o apoio emocional recebido.

O ideal é que os professores sejam também bons leitores e conheçam as estratégias necessárias para a compreensão leitora (Souvignier & Mokhlesgerami, 2006). E mais importante é que, para promover a leitura e auxiliar os alunos de todas as idades a se tornarem bons leitores, os educadores os ensinem a adotarem os procedimentos necessários para superar as dificuldades. Existem ações preventivas e formativas, possíveis e necessárias. Nessa perspectiva, desde a educação infantil a motivação e as atividades conscientes devem ser estimuladas, a fim de que as crianças, ao se desenvolverem, se tornem autônomas e autorreguladas. Para isso é necessário um equilíbrio entre atividades espontâneas e dirigidas para ampliar o repertório de ações positivas para a aprendizagem e o desenvolvimento. Existem diversas atividades lúdicas que poderão contribuir nesse sentido, tais quais "a hora da conversa"; a "hora do conto"; a manipulação de livros de pano ou de plástico, de figuras, de diferentes personagens em bonecos, isso tudo estimula a criatividade e permite a verbalização das primeiras histórias inventadas pelos educandos após a criação de cenas com bonecos ou desenhadas em papel. Existe igualmente uma diversidade de materiais visuais para estimular a criação de histórias pelas crianças: seja pela sequência de situações, seja pela representação de personagens reais ou imaginários.

Em turmas mais avançadas na escolarização a leitura deverá ser sempre uma atividade privilegiada, não como atividade obrigatória, porém como ação prazerosa para ser exercida individualmente, em duplas ou em pequenos grupos. Assim, por exemplo, entre outras atividades: a leitura compartilhada de leituras espontâneas narradas ou representadas aos colegas; a "venda" de um texto ou livro lido e oferecido à turma em atividade coletiva de interação positiva entre pares e com toda a turma.

A avaliação da compreensão é possível e necessária, porém preferencialmente dissociada das atividades de estimulação para o ato de ler. Como tarefa escolar, é importante destacar que o professor deverá estar atento às reações dos estudantes nessas dinâmicas e que promova atividades de avaliação coletiva em que haverá necessidade de interação e compreensão mútua e que, eventualmente, seja gerado um questionamento se não houver a compreensão.

Considerações finais

Ao longo deste capítulo mostrou-se a relevância do construto motivação para leitura na aprendizagem. Salientou-se também o papel do lar e da escola (e não apenas do professor de português) na formação de leitores motivados, competentes e críticos. Discorreu-se sobre instrumentos de medida para mensurar a motivação da leitura ao longo da escolarização. Estratégias e atividades orientadas à sua promoção foram sugeridas. É, pois, necessário que os pais acompanhem a vida escolar dos seus filhos, incentivando seu progresso, participando das reuniões e dialogando com os professores quando necessário. Por outro lado, os gestores escolares, assim como os docentes, devem atuar no sentido de cultivar um ambiente saudável e o sentimento de participação e de pertencimento dos alunos na instituição escolar. É importante observar o desempenho e a integração de todos em sala de aula, assim como evitar o *bullying* entre colegas (Boruchovitch & Gomes, 2019).

Cabe ainda destacar a responsabilidade dos cursos de formação de professores no desenvolvimento das competências e práticas necessárias para que os docentes desempenhem bem suas atribuições (Boekaerts & Cascallar, 2006). As disciplinas de psicologia educacional, presentes nos cursos de formação de professores, são fundamentais para a formação de professores conscientes da importância que os processos e as variáveis psicológicas exercem na aprendizagem profunda e de qualidade.

Referências

Bakhtiar, A., & Hadwin, A. F. (2022). Motivation from a self-regulated learning perspective: Application to school psychology. *Canadian Journal of School Psychology*, 37(1), 93-116. https://doi.org/10.1177/08295735211054699

Baker, L., & Wigfield, A. (1999). Dimensions of children's motivation for reading and their relations to reading activity and reading achievement. *Reading Research Quarterly*, 34(4), 452-477. http://www.jstor.org/stable/748216

Boekaerts, M., & Cascallar, E. (2006). How far have we moved toward the integration of theory and practice in self-regulation? *Education Psychology*, 18, 199-210. http://dx.doi.org/ 10.1007/s10648-006-9013-4

Boruchovitch, E., & Gomes, M. A. M. (2019). *Aprendizagem autorregulada: Como promovê-la no contexto educativo?* Vozes.

Ferradás, M. M., Freire, C., Núñez, J. C., Piñeiro, I., & Rosário, P. (2017). Motivacional profiles in university students: Its relationship with self-handicapping and defensive pessimism strategies. *Learning and Individual Differences*, 56, 128-135. https://doi.org/10.1016/j.lindif.2016.10.018

Filderman, M. J., Austin, C. R., Boucher, A. N., O'Donnell, K., & Swanson, E. A. (2022). A Meta-analysis of the effects of reading comprehension interventions on the reading comprehension outcomes of struggling readers in third through 12th grades. *Exceptional Children*, 88(2) 163-184. https://doi.org/10.1177/00144029211050860

Flavell, J. H. (1979). Metacognition and cognitive monitoring: A new area of cognitive-developmental inquiry. *American Psychologist*, 34(10), 906-911. http://dx.doi.org/10.1037/0003-066X.34.10.906

Gambrell, L. B., Palmer, B. M., Codling, R. M., & Mazzoni, S. A. (1996). Assessing motivation to read. *The Reading Teacher*, 49(7), 1-34.

Ganda, D. R., & Boruchovitch, E. (2015). Self-handicapping strategies for learning of preservice teachers. *Revista Estudos de Psicologia*, 32(2), 417-425. https://doi.org/10.1590/0103-166X2015000300007

Gillet, N., Vallerand, R. J., & Lafrenière, M. A. K. (2012). Intrinsic and extrinsic school motivation as a function of age: The mediating role of autonomy support. *Social Psychology of Education*, 15, 77-95. https://doi.org/10.1007/s11218-011-9170-2

Gomes, M. A. M., & Boruchovitch, E. (2014a). Promovendo a motivação para a leitura: Contribuições para pais, professores e educadores. In G. C. Oliveira, L. D. T. Fini, E. Boruchovitch & R. P. Brenelli (Orgs.), *Educar crianças, grandes desafios: Como enfrentar?* (pp. 132-149). Vozes.

Gomes, M. A. M., & Boruchovitch, E. (2014b). Motivación para leer y comprensión lectora de estudiantes brasileños. *Educatio Siglo XXI*, 32(2), 119-138. https://doi.org/10.6018/j/202191

Gomes, M. A. M., & Boruchovitch, E. (2015). Escala de motivação para a leitura para estudantes do ensino fundamental: Construção e validação. *Psicologia: Reflexão e Crítica*, *28*(1), 68-76. https://doi.org/10.1590/1678-7153.201528108

Gomes, M. A. M., & Boruchovitch, E. (2016). Escala de motivação para a leitura para adolescentes e jovens: Propriedades psicométricas. *Psicologia: Teoria e Pesquisa*, *32*(2), 1-9. http://dx.doi.org/10.1590/0102-3772e32227

Graham, S. (2020). An attributional theory of motivation. *Contemporary Educational Psychology*, *61*(1). https://doi.org/10.1016/j.cedpsych.2020.101861

Guthrie, J. T., Wigfield, A., & You, W. (2012). Instructional contexts for engagement and achievement in reading. In S. Christensen, A. Reschly & C. Wylie (Eds.), *Handbook of research on student engagement* (pp. 601-634). Springer Science.

Hacker, D. J. (1998). Self-regulated comprehension during normal reading. In J. D. Hacker, J. Dunlosky & A. C. Graesser (Orgs.), *Metacognition in educational theory and practice* (pp. 165-91). Routledge.

Instituto Nacional de Estudos e Pesquisas Educacionais Anísio Teixeira. (2023). *Notas sobre o Brasil no Pisa 2022*. Brasília, DF. Recuperado de https://www.gov.br/inep/pt-br/assuntos/noticias/acoes-internacionais/divulgados-os-resultados-do-pisa-2022#:~:text=Leitura%20%E2%80%93%20O%20Brasil%20teve%20o,e%20do%20Peru%20(408).

Kim, Y., Brady, A. C., & Wolters, C. A. (2020). College students' regulation of cognition, motivation, behavior, and context: Distinct or overlapping processes? *Learning and Individual Differences*, *80*. https://doi.org/10.1016/j.lindif.2020.101872

McCormick, C. B., Miller, G., & Pressley, M. (1989). *Cognitive strategy research from basic research to educational applications*. Springer.

McKenna, M. C., Kear, D. J., & Ellsworth, R. A. (1995). Children's attitudes toward reading: A national survey. *Reading Research Quarterly*, *30*(4), 934-956. https://doi.org/10.2307/748205

Melnick, S. A., Henk, W. A., & Marinak, B. A. (2009). *Validation of a reader self-perception scale (RSPS2) for use in grades 7 and above Proceedings*. Paper 11. NERA Conference Proceedings, Rocky Hill, CT. Recuperado de http://digitalcommons.uconn.edu/nera_2009/11

Organização para a Cooperação e Desenvolvimento Econômico. (2019). *Résultats du PISA 2018: Savoirs et savoir-faire des élèves* (Vol. I).

Pellisson, S., & Boruchovitch, E. (2023). Estratégias de regulação da motivação de universitários: uma revisão sistemática de literatura. *Revista Educação em Questão*, *60*(66). https://doi.org/10.21680/1981-1802.2022v60n66ID29926

Ryan, R. M., & Deci, E. L. (2020). Intrinsic and extrinsic motivation from a self-determination theory perspective: Definitions, theory, practices, and future directions. *Contemporary Educational Psychology*, *61*, 1-11. https://doi.org/10.1016/j.cedpsych.2020.101860

Solé, I. (1998). *Estratégias de leitura*. Artes Médicas.

Souvignier, E., & Mokhlesgerami, J. (2006). Using self-regulation as a framework for implementing strategy instruction to foster reading comprehension. *Learning and Instruction*, *16*, 57-71. https://doi.org/10.1016/j.learninstruc.2005.12.006

Wigfield, A., & Guthrie, J. T. (1997). Relations of children's motivation for reading to the amount and breadth of their reading. *Journal of Educational Psychology*, *89*, 420-432.

Zimmerman, B. J. (2013). From cognitive modeling to self-regulation: a social cognitive career path. *Educational Psychology*, *48*, 135-147. https://doi.org/10.1080/00461520.2013.79467

42
Desempenho acadêmico: práticas de avaliação e procedimentos de intervenção

Gina C. Lemos
Isaura Pedro
Vera Monteiro
Natalie Nóbrega Santos

Highlights
- O desempenho acadêmico é um construto multidimensional;
- Práticas de avaliação formativa e sumativa podem apoiar a aprendizagem;
- Existem intervenções de baixo custo que podem ter um impacto significativo no desempenho acadêmico;
- O *feedback* centrado na tarefa favorece a autorregulação da aprendizagem;
- O envolvimento parental favorece a aprendizagem sobretudo nos anos escolares iniciais.

Atribuir um significado àquilo que resulta de um procedimento de medida – processo comumente designado por validação de construto – é reconhecido como *a* tarefa por excelência no desenvolvimento de uma medida educativa ou psicológica, quer se trate de um teste de desempenho, de um inventário de interesses ou de uma escala de personalidade (Stenner et al., 2022). O construto a que este capítulo se dedica refere-se ao desempenho acadêmico, cuja definição depende, naturalmente, dos indicadores e dos procedimentos de recolha e de interpretação de dados utilizados para medi-lo. Numa leitura mais estrita do termo, corresponde aos resultados obtidos em testes e, nesse sentido, percebe-se que por vezes seja utilizado de forma intermutável com qualidade educativa ao descrever a evolução de um sistema educativo ou ao comparar a situação de uma escola ou grupo de escolas (Organização das Nações Unidas para a Educação, a Ciência e a Cultura [Unesco], 2021). Porém, importa reconhecer a ampla variedade de resultados educativos que o desempenho acadêmico abrange e a diversidade de domínios de aprendizagem desse multifacetado construto (Steinmayr et al., 2020). Por conseguinte, o desempenho acadêmico pode ser compreendido a partir de diferentes perspectivas, desde: a realização acadêmica que se prende diretamente com o nível de conhecimento, competências e aptidões adquiridas em disciplinas específicas; o desenvolvimento cognitivo mais focado nas capacidades cognitivas (por exemplo, raciocínio, resolução de problemas, pensamento crítico, pensamento criativo); a aprendizagem de competências pessoais e socioemocionais (por exemplo, autoconceito, autoestima, resiliência, autorregulação, metacognição, adaptabilidade); aspectos comportamentais e motivacionais que podem contribuir para a aprendizagem (por exemplo, assiduidade, pontualidade, envolvimento, cumprimento de regras, atitudes, interesses); e aspectos intimamente relacionados ao contexto socioeconômico e cultural do indivíduo (por exemplo, acesso a recursos, apoio parental) (Hattie, 2009; Organização para Cooperação e Desenvolvimento Econômico [OCDE], 2018). Este capítulo considera o construto desempenho acadêmico como multidimensional.

Não será por acaso que, além da relevância que assume para um indivíduo, o desempenho acadêmico reveste-se de extrema importância para a riqueza de uma nação e sua prosperidade. A forte associação entre o desempenho acadêmico de uma sociedade e o desenvolvimento socioeconômico de um país é uma das razões para a elaboração de estudos internacionais sobre esse tópico, como o Pisa (Programa para Avaliação Internacional de Estudantes), administrado pela OCDE. Os resultados desses estudos fornecem informações sobre diferentes indicadores do desempenho acadêmico de uma nação, que permitem uma análise criteriosa de pontos fortes e fragilidades do sistema educativo e sustentam a tomada de decisões políticas educativas (Steinmayr et al., 2020).

A investigação dedicada ao desempenho acadêmico é ampla e tem sido bastante profícua. Nesse âmbito, salientam-se duas correntes da literatura científica tradicionalmente opostas: os estudos de política educativa, focados na construção de oportunidades educativas e promoção da inclusão e equidade na educação (por exemplo, Unesco, 2021) e os estudos aplicados da psicologia do desenvolvimento, da psicologia da educação e da educação especial, centrados nas características pessoais das crianças e na sua interação com os contextos sociais de desenvolvimento e aprendizagem, que as tornam mais suscetíveis de se beneficiarem de oportunidades educativas (Bronfenbrenner, 2005). O estudo dos preditores ou determinantes do desempenho acadêmico assume particular destaque, sendo as sínteses de investigação como as revisões e as metanálises consideradas pontos de partida para a melhoria dos processos educativos (Walberg, 1986) e a base para a renovação das sociedades (Unesco, 2021).

Ensinar e aprender assumem-se como duas faces de um mesmo propósito, o de assegurar o bom desempenho acadêmico e o de desenvolvimento pessoal e social de cada aluno. Nesse sentido, torna-se crítico dar visibilidade a esses dois processos e ao modo como se interligam. Hattie (2009) propõe clarificar os inúmeros fatores que influenciam os processos de ensino e aprendizagem e identificar os que mais e melhor contribuem para o desempenho acadêmico, realizando uma metanálise que parte das evidências de 800 estudos empíricos. Apresenta uma panorâmica dos diferentes fatores que mais impactam no desempenho acadêmico de acordo com pressupostos teóricos, distinguindo entre fatores associados ao aluno, ao contexto familiar, à escola, ao professor, ao currículo e às metodologias de ensino.

Quando analisamos o aluno e o modo como a sua singularidade se repercute no desempenho acadêmico, relembramos que o aluno transporta consigo para a sala de aula conhecimentos e competências que são inerentes ao seu histórico escolar e às suas vivências familiares e ambientais. Essas aquisições vão modelar as suas crenças e expectativas e, nesse sentido, são fortemente potenciadoras ou inibidoras do acesso às oportunidades criadas pela escola. O valor atribuído pelo aluno à tarefa da aprendizagem e a sua abertura a novas experiências são igualmente bons preditores do seu envolvimento, autonomia e gestão da sua condição e reputação como aprendiz.

A influência do contexto familiar do aluno no desempenho acadêmico está associada a fatores como: o nível sociocultural da figura materna, o domínio da língua materna em que se processa o ensino/aprendizagem do aluno, as expectativas ou aspirações dos pais em relação ao desempenho acadêmico e o seu envolvimento nas atividades da escola e da vida escolar dos filhos (Hattie, 2009).

O professor e a qualidade do ensino, tal como é percebido pelo aluno, são igualmente fatores relevantes na análise dos determinantes do desempenho acadêmico. Hattie (2009) salienta como componentes diferenciadoras da ação do professor, as suas expectativas diante da progressão do aluno e a capacidade de mudança de todos os alunos. Destaca o valor de um olhar sobre as concepções de ensino/aprendizagem, sobre a avaliação e desempenho acadêmico, bem como sobre o clima de sala de aula – um clima caloroso e de acolhimento, em que o erro não só seja tolerado, como desejado.

Hattie (2009) refere como fator que influencia o desempenho acadêmico o desenvolvimento de um currículo em que a definição dos objetivos envolva um equilíbrio entre cenários de maior e menor aprofundamento, a necessidade de assegurar um sentido para as aprendizagens e estratégias que promovam deliberadamente programas ativos e competências específicas e de nível superior.

No que se refere às metodologias de ensino, o autor sugere ser necessário dar especial atenção aos objetivos de aprendizagem e aos critérios de sucesso, bem como à definição de tarefas desafiadoras. A esse respeito, o professor exerce um papel crítico. Por um lado, porque quanto mais claros são os objetivos traçados pelo professor, mais provável é o aluno empenhar-se nas tarefas necessárias para alcançar esses objetivos. Por outro, quanto mais o aluno tem a percepção dos critérios de sucesso, mais fácil é ele entender quais as ações específicas exigidas para satisfazer esses critérios. E ainda, quanto maior for a qualidade do *feedback* do professor – isto é, o conjunto de informações disponibilizado pelo professor relativo à distância entre o desempenho atual e o desempenho desejado – mais atributos positivos da aprendizagem são desenvolvidos, sendo diferenciador na qualidade dos resultados acadêmicos obtidos pelo aluno.

Uma matriz útil para a análise de desempenhos acadêmicos, linguísticos e sociais é apresentada por Byrnes e colaboradores: o modelo de oportunidade-propensão (O-P) (Byrnes & Miller, 2007; Byrnes et al., 2018). Num esforço de conciliação das correntes científicas tradicionalmente opostas, e decorrente de um extenso e rigoroso trabalho de revisão de literatura e pesquisas empíricas, o modelo é proposto com a finalidade última de contribuir para a qualidade da aprendizagem e para a eficiência e eficácia das intervenções educativas (Byrnes, 2020).

O modelo O-P considera que o desempenho (por exemplo, acadêmico) elevado é mais provável, por um lado, quando são proporcionadas múltiplas oportunidades para o aluno adquirir conhecimentos e desenvolver competências naquele domínio específico e, por outro, quando o aluno está mais propenso (isto é, mais disposto) e mais capaz de tirar proveito dessas oportunidades (Byrnes & Miller, 2007). Tal como ilustra a Figura 1, os os preditores de desempenho organizam-se em três categorias para explicar um determinado resultado, num determinado momento.

Figura 1. Modelo original oportunidade-propensão

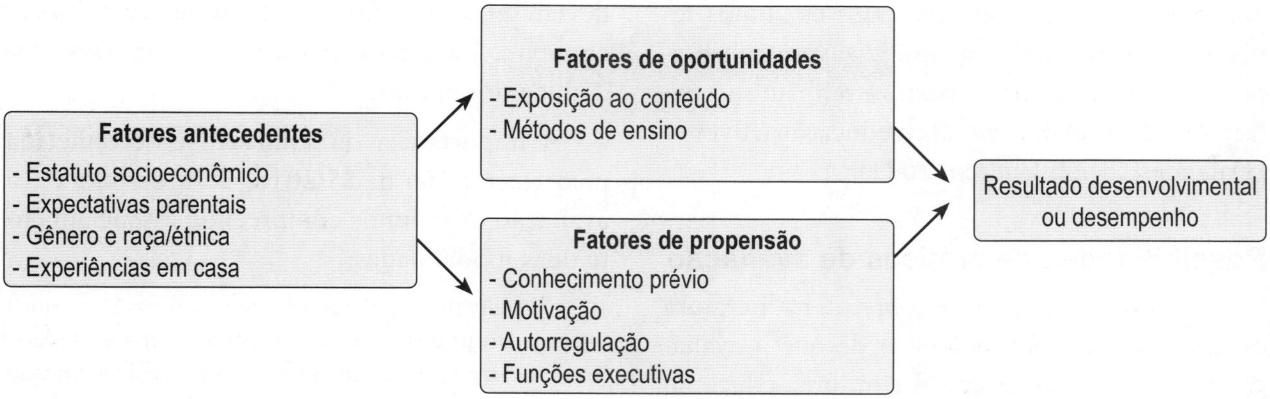

Fatores antecedentes
- Estatuto socioeconômico
- Expectativas parentais
- Gênero e raça/étnica
- Experiências em casa

Fatores de oportunidades
- Exposição ao conteúdo
- Métodos de ensino

Fatores de propensão
- Conhecimento prévio
- Motivação
- Autorregulação
- Funções executivas

Resultado desenvolvimental ou desempenho

Fonte: Byrnes e Miller (2007, p. 602).

Os *fatores de oportunidade* referem-se a aspectos que promovem a aquisição de competências, de que são exemplos a exposição ao conteúdo (*o que* é ensinado), os métodos de ensino (*como* é ensinado), o envolvimento familiar (por exemplo, o suporte relativo às tarefas escolares e ao processo de aprendizagem, e a comunicação sobre assuntos da escola), ou o papel do *feedback* do professor no processo de aprendizagem.

Os *fatores de propensão* dizem respeito às características do aluno que o tornam mais suscetível a adquirir competências nesses contextos, tais quais conhecimentos prévios, motivação, percepções de competência, autorregulação. Essas duas categorias de fatores são assumidas como condições necessárias à promoção de conhecimento e ao desenvolvimento de competências, na medida em que não basta o aluno ser exposto de forma eficaz aos conteúdos (condição de oportunidade), mas também estar disposto e apto a beneficiar-se dessas oportunidades de aprendizagem (condição de propensão).

Os *fatores antecedentes* como a idade, o *background* socioeconômico e cultural da família e as experiências em casa – que aparecem em primeiro na linha do tempo por atuarem mais cedo e por não terem um efeito direto no desempenho, mas sim mediado – podem explicar a emergência de oportunidades e propensões.

Nas seções seguintes, apresentam-se exemplos de possibilidades de avaliação e de intervenção focadas em fatores de oportunidade que foram selecionados para integrar este capítulo por haver forte evidência científica que corrobora o baixo custo da sua implementação e o elevado retorno ou significativo impacto no desempenho acadêmico (Education Endowment Foundation [EEF], 2021). Leia-se que, na atual "era da medida" (Biesta, 2020), é preciso questionarmo-nos "se (ainda) estamos a medir o que está a ser valorizado, ou se chegamos a uma situação em que muitos apenas valorizam o que está a ser medido e consideram este último simplesmente como um indicador válido da qualidade da educação" (2020, p. 9). A nossa intenção com a partilha de possibilidades de avaliação e de intervenção é diametralmente oposta à da "erosão interna" da educação (Biesta, 2020). Que essas práticas de avaliação e procedimentos de intervenção, cientificamente alicerçadas, sejam acolhidas como exemplos passíveis de contribuir para o que, de fato, valorizamos: a realização do potencial de cada um no respeito pleno por um sistema de educação inclusivo, em que todos os alunos tenham acesso (à escola e à aprendizagem), participem (tomam e sintam-se parte) e tenham sucesso (acadêmico, social, pessoal) na educação (Alves & Fernandes, 2022; Unesco, 2021).

Possibilidades de práticas de avaliação

Um dos aspectos que se sobressai na literatura especializada em educação é o de que a avaliação é um elemento essencial para uma educação eficaz. A sua relevância tem sido bastante documentada (Brown, 2008; Monteiro et al., 2021). Na realidade, se os alunos aprendessem tudo o que lhes é ensinado, não haveria necessidade de recorrer à avaliação, bastava o professor informar sobre as competências que ensinou a cada aluno. Contudo, a relação entre ensino e aprendizagem é complexa e nem sempre os alunos aprendem o que lhes é ensinado, pelo que há necessidade de desenvolver processos de aquisição e interpretação da informação recolhida junto dos alunos para poder extrair conclusões sobre o seu desempenho acadêmico (Black & Wiliam, 2018).

Um elemento que deve ser levado em conta nas pesquisas feitas sobre o tema é o de que a avaliação deve ser entendida num contexto amplo. Os professores e as escolas são condicionados pela cultura, pelas expectativas políticas e públicas da educação e pelas normas das várias instituições em que operam. Desse modo, é necessário considerar o que queremos avaliar, os recursos disponíveis e a viabilidade de mudança dentro das regras de uma determinada comunidade. Como poderemos avaliar o desempenho acadêmico? Quais métodos e instrumentos podem ser utilizados nessa avaliação? Quais as suas funções? Como interpretar a informação recolhida? Quais decisões tomar com base nessa interpretação? Essas são algumas questões que devem ser levantadas quando, num determinado contexto, queremos avaliar o desempenho acadêmico dos alunos.

A importância da avaliação é reconhecida pelo Decreto-lei n. 55/2018, de 6 de julho, e a avaliação dos alunos compreende essencialmente duas modalidades:

> Avaliação formativa tem um caráter contínuo e sistemático, recorre a uma variedade de instrumentos de recolha de informação adequados à diversidade da aprendizagem e às circunstâncias em que essa ocorre, permitindo ao professor, ao aluno, ao encarregado de educação e outros indivíduos ou entidades legalmente autorizadas obter informação sobre o desenvolvimento da aprendizagem, com vista ao ajustamento de processos e estratégias; Avaliação sumativa traduz-se na formulação de um juízo global sobre a aprendizagem realizada pelos alunos, tendo como objetivos a classificação e a certificação (2018, p. 2.937).

Brookhart et al. (2020) afirmam que o objetivo primordial da classificação da avaliação sumativa é a comunicação sobre o desempenho dos alunos de modo que professores, alunos, pais e outros interessados possam compreendê-la e utilizá-la de forma clara. Por outro lado, consideram que a classificação precisa de ser reformulada. Desse modo, fazem algumas recomendações sobre como melhorar as práticas de avaliação sumativa dos professores. Apontam para oito princípios: (1) esclarecer o propósito da avaliação: para a maioria das escolas, a classificação tem como principal propósito comunicar o desempenho atual dos alunos em relação aos objetivos de aprendizagem relativos ao currículo, mas as escolas nem sempre explicitam esse objetivo a todos os envolvidos; (2) estabelecer objetivos explícitos: isto permite ao professor planificar o ensino e a avaliação conforme esses objetivos e, ao aluno, regular a sua própria aprendizagem. Acrescentam que o desempenho relacionado com objetivos das áreas socioemocionais nunca deve ser classificado, pelo que o *feedback* nesse âmbito deve ser exclusivamente descritivo; (3) a classificação deve ter por base uma diversidade de evidências sobre as aprendizagens dos alunos, devendo essa ser exata e objetiva; (4) as classificações devem refletir o desempenho real/atual de um aluno e não de um período mais ou menos longo; (5) utilizar critérios estabelecidos e alinhados com objetivos de aprendizagem específicos: a utilização de rubricas (isto é, ferramenta que inclui um conjunto coerente de critérios alinhados com os objetivos de aprendizagem por meio de descrições de patamares de qualidade para cada um deles) permite uma maior homogeneidade nas avaliações entre diferentes professores; (6) estabelecer oportunidades para aprender, incluindo o *feedback*: devem ser criadas oportunidades para o aluno receber e praticar o *feedback* antes do trabalho ser classificado; (7) a avaliação do desempenho escolar relacionado aos objetivos cognitivos de aprendizagem deve ser feita com um instrumento de avaliação próprio para o efeito e deve ser separado da avaliação dos objetivos comportamentais e socioemocionais, que devem ser avaliados com escalas diferentes e não devem ser classificados; (8) usar escalas com poucos pontos (1 a 5 ao invés de 0-100), pois isso reduz a subjetividade interavaliadores. Um professor poderá usar percentagens para avaliar um teste, mas no momento de comunicar o desempenho do aluno deve fazê-lo por meio de uma escala com poucas categorias.

Por seu turno, quando falamos de práticas de avaliação formativa, Biggs (1998) defende que, para que a aprendizagem seja efetiva, profunda, o currículo, os métodos de ensino e os procedimentos de avaliação têm de estar alinhados entre si. Acrescenta ainda que esse alinhamento deve estar sustentado num paradigma construtivista, em que o aluno tem um papel ativo na construção da sua própria aprendizagem. Por outro lado, Black e Wiliam (2018) sugerem que os múltiplos contextos em que a avaliação formativa ocorre devem ser considerados. Por conseguinte, as atividades de aprendizagem diferem conforme os conteúdos a aprender e a disciplina, o papel dos alunos e do professor, e a dinâmica das suas interações numa determinada disciplina é provavelmente também diferente. A par dessas variáveis, outras devem ser consideradas, como as características específicas da escola e da comunidade em que se está inserido. Assim sendo, numa abordagem sistêmica do ensino, Thompson e Wiliam (2008) sugerem que a avaliação para a aprendizagem pode ser conceitualizada por meio de cinco estratégias-chave: (1) clarificar, partilhar e compreender as intenções de aprendizagem e os critérios de sucesso (professor e alunos); (2) criar debates, perguntas e tarefas efetivas na sala de aula que provoquem evidências de aprendizagem (professor); (3) fornecer *feedback* informativo, dialógico, que faça os alunos progredirem (professor); (4) ativar os alunos como recursos de instrução uns para os outros (alunos); e (5) ativar os alunos como construtores da sua própria aprendizagem. Para elucidar as estratégias 4 e 5, tomemos como exemplo uma tarefa que requer seleção e utilização de competências matemáticas na resolução de um problema com um contexto cotidiano. Os alunos podem começar por trabalhar em colaboração para desenvolver a compreensão do problema e confrontarem-se com diferentes estratégias de resolução e, em seguida, o professor poderá propor-lhes uma tarefa diferente com exigências semelhantes, que devem resolver sozinhos (Black & Wiliam, 2018).

Wiliam (2010) considera que os professores, num sistema concebido e utilizado principalmente para servir objetivos sumativos, são capazes de contribuir com práticas avaliativas para apoiar a aprendizagem. Refere esse autor que qualquer avaliação que forneça provas com potencial para melhorar a tomada de decisões de ensino pode ser formativa, quer essas decisões sejam tomadas por professores, pares ou pelos próprios alunos. Acrescenta que, se a avaliação apenas serve para certificar se as aprendizagens foram ou não bem-sucedidas, falamos de avaliação sumativa. Mas se o professor utilizar essa informação para melhorar as aprendizagens dos seus alunos, por exemplo rever matérias em que tenham tido dificuldade ou dar novamente a matéria recorrendo a outras estratégias, ela passa a ter um potencial formativo. Contudo, esse autor considera que as avaliações mais benéficas em termos de aprendizagens para os alunos são aquelas que não só identificam os alunos que estão com dificuldades (monitorização), as dificuldades específicas (diagnóstico) e os passos a dar no processo de ensino-aprendizagem, no futuro, que poderão conduzir a uma melhoria das aprendizagens.

Black e Wiliam (2018) propõem um exemplo elucidativo de como pode haver sinergia entre a avaliação formativa e sumativa. Imagine um professor que propôs um teste aos seus alunos para avaliar a capacidade de encontrar a maior ou a menor fração de um determinado conjunto. Se o propósito da avaliação for apenas conhecer os resultados dos alunos nesse teste, essa função é de certificação de aprendizagens. Contudo, permite que o professor identifique os alunos que dominam essa aprendizagem suficientemente bem para avançar para outra, e aqueles que precisam de mais ajuda. Supondo agora que o professor resolve organizar uma aula adicional para esses alunos que apresentaram dificuldades, ou se lhes fornece materiais de aprendizagem didáticos específicos para poderem ultrapassar as suas fragilidades, o teste passou a ter um potencial formativo porque os resultados permitiram ao professor tomar decisões em termos de melhoria das aprendizagens. Se não tivesse aquela informação recolhida por meio do teste, provavelmente não tomaria aquelas decisões. Desse modo, um teste cuidadosamente construído pode fornecer informação precisa ao professor (de diagnóstico) por meio das respostas dos alunos. Por exemplo, o professor pode verificar que a maioria dos alunos que obtiveram resultados baixos tiveram muito mais sucesso nos itens que incluíam um número de frações unitárias do que naqueles que não incluíam frações unitárias. Essa informação permite ao professor e ao aluno identificar uma dificuldade específica de aprendizagem e, assim, avançar para uma intervenção pedagógica nas frações não unitárias, sem a necessidade de retomar toda a matéria sobre frações. Se, para além disso, o professor puder verificar, a partir das respostas, que muitos dos alunos estão usando uma estratégia simplista, segundo a qual a fração menor é a que tem o denominador maior e a fração maior é a que tem o denominador menor (estratégia que é válida para as frações unitárias), então isso fornece informação ao professor da natureza das dificuldades dos alunos e, a partir disso, ele pode recorrer a estratégias mais dirigidas e melhorar o desempenho acadêmico dos alunos.

Possibilidades de procedimentos de intervenção

Quando os professores se deparam com alunos que apresentam dificuldades no desempenho acadêmico, eles dispõem de uma panóplia de intervenções que podem implementar para promover o seu sucesso escolar ao ativar diversos fatores de oportunidade que fomentem a aquisição de competências. De acordo com a base de dados *Visible Learning Meta*[x] (VLM[x], 2023), sustentada no conjunto de metanálises feitas pela equipe de Hattie (2009), e de acordo com o *kit* de ferramentas de ensino e aprendizagem da EEF (2021), entre as intervenções que apresentam uma evidência mais robusta do seu potencial para melhorar o desempenho dos alunos com menores custos para as escolas estão o *feedback* e o envolvimento familiar e parental.

O *feedback* é tradicionalmente considerado como um conjunto de informações que o aluno recebe de um agente (professor, colega, livro, computador, ou experiência própria), relativamente a diferentes aspectos da sua aprendizagem, com o objetivo de reduzir a discrepância entre aquilo que o aluno sabe e aquilo que é suposto saber (VLM[x], 2023). Esse tipo de intervenção tem um elevado impacto positivo para acelerar o sucesso dos alunos ($d = 0.51$) conforme os resultados de nove metanálises que incluíram 1005 estudos (VLM[x], 2023). Contudo, constata-se uma grande variabilidade no seu impacto no desempenho acadêmico do aluno. O potencial efeito positivo do *feedback* depende do tipo de informação disponibilizado ao aluno (Hattie, 2009). O *feedback* centrado na pessoa (por exemplo, elogios) pode não ter o efeito positivo desejado, sendo mais eficaz para o aluno a identificação do que não está correto, as causas dessas incorreções e os procedimentos para evitar esses erros. O objetivo é assim direcionar o *feedback* para a tarefa da aprendizagem, no sentido de o aluno poder alcançar os próprios objetivos.

Atualmente o *feedback* é considerado um processo dialógico de comunicação, que ocorre usualmente entre professor e aluno, em que a aprendizagem é não só socialmente construída como também autorregulada pelo estudante (Brown & Zhao, 2023; Carless, 2016). Efetivamente, o aluno precisa compreender e utilizar o *feedback* para poder melhorar a sua aprendizagem e o seu desempenho, sendo essas ações fundamentais nos processos de autorregulação (Brown & Zhao, 2023). Nesse sentido, o *feedback* que apoia a aprendizagem dos alunos também deveria promover a sua autorregulação (Brown & Zhao, 2023; Carless, 2016; Monteiro et al., 2019), e existem evidências de que o *feedback*, quando envolve estratégias metacognitivas e de autorregulação, pode ter um elevado impacto na aprendizagem de alunos com dificuldades acadêmicas (EEF, 2021).

De acordo com o modelo conceitual de Hattie (2009), para cumprir a sua função de promoção da autorregulação, o *feedback* deve dar resposta a três questões centrais. A primeira, "para onde vou?", informa o aluno sobre os objetivos de aprendizagem que precisa dominar, quais os critérios de sucesso da tarefa que está a realizar (*Feed-up*). A segunda, "como vou até lá?", informa o aluno do seu nível atual de desempenho em comparação com os critérios de sucesso (*Feedback*). A última pergunta, "para onde ir a seguir?", é talvez a mais importante, porque descreve as estratégias de aprendizagem ou de autorregulação da aprendizagem que o aluno precisa definir e implementar para atingir os objetivos de aprendizagem (*Feed-forward*). Essa última questão desempenha um papel de otimização do processo de *feedback* da aprendizagem e é responsável por um maior envolvimento do aluno e pela sua melhor autorregulação nesse processo. A esse respeito, a partilha de critérios de realização – isto é, dos procedimentos necessários para realizar a tarefa – poderá ser relevante, porque permite aos alunos saber os passos concretos necessários para cumprir os objetivos de aprendizagem com sucesso (Santos & Pinto, 2014). É também a oportunidade de deixar que o aluno partilhe as suas ideias, dialogando e analisando em conjunto quais as estratégias de aprendizagem que adotou para realizar a tarefa e como podem ser usadas novas estratégias, porventura, mais eficazes. Portanto, por meio do *feedback*, o professor pode oferecer ao aluno diversas estratégias que o apoiem na reflexão da sua própria aprendizagem e que lhe permita planejar, monitorar e avaliar a própria aprendizagem (Brown & Zhao, 2023).

A partilha dos critérios de avaliação, sejam de sucesso, sejam de realização, parece ser relevante tanto para oferecer ao professor oportunidade de dar *feedback* oportuno e atempado como também para os alunos refletirem sobre a sua aprendizagem. Por exemplo, no estudo feito por Santos e Pinto (2014), professores do 1º e do 2º ciclo desenvolveram com os alunos os critérios de elaboração de uma tarefa. Para tal, fizeram a tarefa em conjunto para que os alunos se apercebessem de cada uma das etapas necessárias para a execução da tarefa. Depois criaram uma planilha que permitia aos alunos autoavaliarem o seu desempenho em cada uma das fases de resolução da tarefa. Assim, enquanto desenvolviam as tarefas, os alunos podiam avaliar o seu desempenho em cada uma das fases. Os professores, acompanhavam as avaliações dos alunos, e rapidamente conseguiam identificar as dificuldades e oferecer pistas ou esclarecimentos que ajudavam a ultrapassá-las. O trabalho em torno dos critérios de realização permitiu aos alunos dar significado àquilo que era esperado deles e a guiá-los no processo, melhorando a aprendizagem (Santos & Pinto, 2014).

Outra intervenção efetiva na promoção do sucesso é o envolvimento dos encarregados de educação nas atividades da escola e na vida das crianças, assim como a valorização da escola no meio familiar (EEF, 2021; VLM[x], 2023).

A chave do envolvimento parental é melhorar a qualidade e quantidade de oportunidades de aprendizagem que ocorrem no contexto familiar (EEF, 2021), sendo a comunicação considerada o elemento central, indispensável para a construção de parcerias entre escola e família (Mata et al., 2022). De acordo com os resultados de 20 metanálises com 1.576 estudos, o envolvimento parental tem um elevado potencial para acelerar as aprendizagens dos alunos (d = 0.42, VLM[x], 2023). Os efeitos são especialmente positivos nos primeiros anos de escolaridade e na aprendizagem da leitura e da escrita (EEF, 2021). Deve incluir aspectos como: a formação e ajuda às famílias na promoção de condições que promovam as aprendizagens; uma comunicação constante de informações sobre os programas educativos, assim como dos progressos e dificuldades dos alunos; a promoção de competências educativas dos pais para oferecer apoio nas aprendizagens em casa; e o envolvimento na tomada de decisão do progresso dos filhos e nas atividades da comunidade educativa (Epstein, 2011).

A participação e o envolvimento da família traduz-se em práticas e atitudes diversas, com maior ou menor grau de intencionalidade por parte dos pais (Hoover-Dempsey et al., 2005) e de visibilidade para os professores e a escola (Silva, 2003). Entendemos, assim, o envolvimento parental como um construto multidimensional que envolve atitudes e práticas dos pais na mobilização e disponibilização aos filhos de recursos necessários à sua vida escolar (Grolnick & Slowiaczek, 1994). Os autores, propõem três dimensões relativas ao envolvimento parental, a dimensão pessoal que se traduz na disponibilidade dos pais para escutar e dialogar com os filhos sobre as suas experiências escolares; a dimensão comportamental que remete a um apoio efetivo no suporte às tarefas escolares e às solicitações dos professores e da escola. Por fim, a dimensão cultural que implica, por parte da família, uma mediação dos recursos culturais socialmente disponíveis. Essas dimensões vão influenciar os sentimentos e o grau de importância atribuído pelos filhos à escola, às aprendizagens e às tarefas escolares. Por sua vez, o tipo de relação que se estabelece entre o aluno e a sua família quanto ao processo de aprendizagem pode ter uma valência afetiva positiva ou, pelo contrário, vir associada a relações tensas e de conflito. Essas dimensões emocionais vão influenciar a orientação motivacional do aluno para aprender, repercutindo-se nas expectativas, na abertura às novas experiências e no envolvimento do aluno nas aprendizagens (Mata et al., 2018).

Em linha com a abordagem multidimensional do envolvimento parental, Pedro (2010) avalia a frequência das práticas desenvolvidas pelos pais em função de quatro dimensões de análise e das quais apresentamos exemplos com alguns dos itens da escala utilizada: (1) apoio às tarefas da escolaridade, por exemplo: ajudar o filho/a a resolver dificuldades na realização dos trabalhos de casa, ajudar a esclarecer dúvidas das matérias da escola, conversar sobre as matérias que deram na aula; (2) comunicação sobre a escolaridade: procurar saber se o filho/a se sente bem na escola, conversar sobre as dificuldades dele/a na escola, comentar notícias que veem na televisão; (3) mediação cultural: conversar com os amigos da escola do seu filho/a, partilhar com o seu filho/a experiências agradáveis a propósito da escola, falar sobre as mudanças de hábitos e costumes na sociedade; e (4) participação em atividades escolares e extraescolares: participar das atividades culturais e desportivas que a escola organiza, participar das atividades organizadas pela associação de pais, acompanhar o filho nas atividades desportivas.

Envolver todas as famílias significa aceitar que nem todas participam de igual forma e que, nessa medida, é importante diversificar essas práticas a fim de responderem às diferentes necessidades e vontades.

Considerações finais

A melhoria dos processos educativos depende de práticas de avaliação e de intervenção no desempenho acadêmico fortemente alicerçadas na evidência científica. Neste capítulo destacamos como a avaliação formativa e a avaliação sumativa podem ser feitas para apoiar a aprendizagem e elevar o desempenho acadêmico e como o *feedback* do professor e o envolvimento da família podem contribuir para esse propósito. Outros fatores que sugerimos para aprofundamento de quem abraça esse desígnio tanto pelo elevado impacto médio que tem no progresso do desempenho acadêmico (por exemplo, ao longo de um ano letivo) quanto pelo baixo custo associado à sua implementação são, por exemplo, a metacognição e a autorregulação (sete meses adicionais de progresso), o método fônico explícito e sistemático na aprendizagem da leitura (cinco meses adicionais) e a tutoria entre pares (cinco meses adicionais) (EEF, 2023).

Agradecimentos

A primeira autora conta com o apoio do CIEd - Centro de Investigação em Educação do Instituto de Educação da Universidade do Minho (UID/01661), através de fundos nacionais da FCT/MCTES-PT, nomeadamente do Programa Plurianual de Financiamento de Unidades de I&D https://doi.org/10.54499/UIDB/01661/2020. A terceira e a quarta autoras contaram com o apoio da Fundação para Ciência e a Tecnologia (FCT), através dos financiamentos DOI: 10.54499/UIDB/04853/2020 e DOI: 10.54499/UIDP/04853/2020, outorgados ao Centro de Investigação em Educação do Instituto Superior de Psicologia Aplicada (CIE-ISPA).

Referências

Alves, I., & Fernandes, D. (2022). Public policies in Portuguese education: The path to inclusion for all. In R. Tierney, F. Rizvi & K. Ercikan (Eds.), *International Encyclopedia of Education* (pp. 397-403). Elsevier.

Biesta, G. J. J. (2020). Perfect education, but not for everyone: On society's need for inequality and the rise of surrogate education. *Zeitschrift für Pädagogik*, 66(1), 8-14. https://doi.org/10.25656/01:25777

Biggs, J. (1998). Assessment and classroom learning: A role for summative assessment? *Assessment in Education*, 5(1), 103-11. https://doi.org/10.1080/0969595980050106

Black, P., & Wiliam, D. (2018). Classroom assessment and pedagogy. *Assessment in Education: Principles, Policy & Practice*, 25(6), 551-575. https://doi.org/10.1080/0969594X.2018.1441807

Bronfenbrenner, U. (2005). *Making human beings human: Bioecological perspectives on human development*. Sage.

Brookhart, S., Guskey, T., McTighe, J., & Wiliam, D. (2020). Eight essential principles for improving grading. *Educational, School, and Counseling Psychology Faculty Publications*, 78(1), 50. https://uknowledge.uky.edu/edp_facpub/50

Brown, G. (2008). *Conceptions of assessment: Understanding what assessment means to teachers and students*. Nova Science Publishers.

Brown, G. T. L., & Zhao, A. (2023). In defense of psychometric measurement: A systematic review of contemporary self-report feedback inventories. *Educational Psychologist*, 58(3), 178-192. https://doi.org/10.1080/00461520.2023.2208670

Byrnes, J. P. (2020). The potential utility of an opportunity-propensity framework for understanding individual and group differences in developmental outcomes: A retrospective progress report. *Developmental Review*, 56, 100911. https://doi.org/10.1016/j.dr.2020.100911

Byrnes, J. P., & Miller, D. C. (2007). The relative importance of predictors of math and science achievement: An opportunity-propensity analysis. *Contemporary Educational Psychology*, 32, 599-629. https://doi.org/10.1016/j.cedpsych.2006.09.002

Byrnes, J. P., Miller-Cotto, D., & Wang, A. (2018). Children as mediators of their own cognitive development: The case of learning science in kindergarten and first grade. *Journal of Cognition and Development*, 19(3), 248-277. https://doi.org/10.1080/15248372.2018.1470975

Carless, D. (2016). Feedback as dialogue. In M. A. Peters (Ed.), *Encyclopedia of educational philosophy and theory* (pp. 1-6). Springer.

Decreto-lei n. 55/2018, de 6 de julho. (2018). Estabelece o currículo dos ensinos básico e secundário e os princípios orientadores da avaliação das aprendizagens. *Diário da República*, Série I(129). Brasília, DF. Recuperado de https://diariodarepublica.pt/dr/detalhe/decreto-lei/55-2018-115652962

Education Endowment Foundation. (2021). *Teaching and learning toolkit*. Recuperado de https://educationendowmentfoundation.org.uk/education-evidence/teaching-learning-toolkit

Epstein, J. L. (2011). *School, family, and community partnerships: Preparing educators and improving schools* (2a ed.). Westview Press.

Grolnick, W. S., & Slowiaczek, M. L. (1994). Parents' involvement in children's schooling: A multidimensional conceptualization and motivational model. *Child Development*, 65(1), 237-252. https://doi.org/10.2307/1131378

Hattie, J. (2009). *Visible learning: A synthesis of over 800 meta-analyses relating to achievement*. Routledge.

Hoover-Dempsey, K. V., Walker, J. M. T., Sandler, H. M., Whetsel, D., Green, C. L., Wilkins, A. S., & Closson, K. (2005). Why do parents become involved? Research findings and implications. *The Elementary School Journal*, 106(2), 105-130. https://doi.org/10.1086/499194

Mata, L., Pacheco, P., Brito, A. T., Pereira, M., & Cabral, S. (2022). Envolvimento das famílias no processo educativo: Perspetivas de futuros profissionais. *Revista Portuguesa de Educação*, 35(2), 263-290. http://doi.org/10.21814/rpe.24634

Mata, L., Pedro, I., & Peixoto, F. J. (2018). Parental support, student motivational orientation, achievement: The impact of emotions. *International Journal on Emotional Education*, 10(2), 77-92.

Monteiro, V., Mata, L., & Santos, N. N. (2021). Assessment conceptions and practices: Perspectives of primary school teachers and students. *Frontiers in Education*, 6, 631185. https://doi.org/10.3389/feduc.2021.631185

Monteiro, V., Mata, L., Santos, N., Sanches, C., & Gomes, M. (2019). Classroom talk: The ubiquity of feedback. *Frontiers in Education*, 4. https://doi.org/10.3389/feduc.2019.00140

Organização das Nações Unidas para a Educação, a Ciência e a Cultura. (2021). *Reimagining our futures together: A new social contract for education*. Unesco.

Organização para Cooperação e Desenvolvimento Econômico. (2018). *OECD Future of education and skills 2030*. OECD Publishing.

Pedro, I. (2010). *Funções parentais no processo educativo e de escolarização dos filhos*. [Tese de Doutorado]. Universidade do Porto.

Santos, L., & Pinto, J. (2014). The development of self-regulation through assessment criteria. *Procedia – Social and Behavioral Sciences*, 112, 907-915. https://doi.org/10.1016/j.sbspro.2014.01.1248

Silva, P. (2003). Escola – *Família, uma relação armadilhada – Interculturalidade e relações de poder*. Edições Afrontamento.

Steinmayr, R., Meißner, A., Weidinger, A. F., & Wirthwein, L. (2020). *Academic achievement*. Oxford Bibliographies. https://doi.org/10.1093/OBO/9780199756810-0108

Stenner, A. J., Smith, M., & Burdick, D. S. (2023). Toward a theory of construct definition. In W. P. Jr. Fisher & P. J. Massengill (Eds.), *Explanatory models, unit standards, and personalized learning in educational measurement* (pp. 43-55). Springer. https://doi.org/10.1007/978-981-19-3747-7_4

Thompson, M., & Wiliam, D. (2008). Tight but loose: A conceptual framework for scaling up school reforms. In E. C. Wylie (Ed.), *Tight but loose: Scaling up teacher professional development in diverse contexts* (pp. 1-44). Educational Testing Service.

Visible Learning Meta[x]. (2023). *Global research database*. Corwin Visible Learning Plus. Recuperado de https://www.visiblelearningmetax.com/Influences

Walberg, H. J. (1986). Syntheses of research on teaching. In M. C. Wittrock (Ed.), *Handbook of research on teaching* (pp. 214-229). Macmillan.

Wiliam, D. (2010). An integrative summary of the research literature and implications for a new theory of formative assessment. In H. L. Andrade & G. J. Cizek (Eds.), *Handbook of formative assessment* (pp. 18-40). Taylor & Francis.

43
Bullying, *cyberbullying* e assédio moral: manejos da avaliação e procedimentos interventivos

Katya Luciane de Oliveira
Andrea Carvalho Beluce
Aline Oliveira Gomes da Silva

> *Highlights*
> - A prática de violência é algo que adentra os muros da escola e muitas vezes esse contexto é palco de inúmeras tragédias;
> - Há papéis definidos (vítima, agressor, observador) no *bullying*, *cyberbullying* e no assédio moral;
> - Um ambiente de convivência saudável deve abolir práticas violentas que atentem contra a saúde mental ou física das pessoas;
> - Discutir sobre *bullying*, *cyberbullying* e assédio moral são formas de avançar na direção de manejos que incluam modos de enfrentamento e quebras do ciclo da violência.

Este capítulo tem por foco tecer uma linha de discussão na qual abarque por um lado aspectos teóricos e práticos da avaliação e intervenção de ações de *bullying*, *cyberbullying* e assédio moral nos ambientes escolar/acadêmico. De início, linhas históricas sobre o desenvolvimento e a compreensão dos construtos serão traçadas, para então se chegar à especificidade da ocorrência dessas ações violentas no contexto escolar/acadêmico. Serão tratados os manejos avaliativos e os interventivos, com vistas a propor formas de identificação e atuação para que educadores e psicólogos possam funcionar como agentes interferentes que não permitem a perpetuação da violência, mas agem prepositivamente na quebra do ciclo da violência.

Bullying no contexto escolar

Foi no final da década de 1970 que Dan Olweus trouxe discussões estruturadas a respeito daquela violência que seria mundialmente conhecida como *bullying*. No ano de 1978, Olweus, a partir de estudos conduzidos por ele na Noruega, observou que não havia um padrão definido do qual uma pessoa pudesse se tornar vítima de episódios de *bullying*, passando a sofrer com frequência agressões de colegas (Olweus, 1978). Ao caminhar um pouco mais com a literatura, Middelton-Moz e Zawadski (2007) observaram que as vítimas podem ser escolhidas em razão de suas características físicas, tal qual o modo como a pessoa se veste e também a sua situação socioeconômica. Uma outra contribuição de Olweus (1993) foi que ele sistematizou os papéis exercidos pelos indivíduos em uma ocorrência de *bullying*, quais sejam, agressor, vítima e testemunha. Mais tarde, o termo testemunha passou a ser mais empregado como observador.

Autores como Royo-García et al. (2020), embora destaquem que o *bullying* possa ser praticado entre pessoas de um mesmo nível hierárquico de poder/força (como idade, classe social, escolaridade, entre outros), não sugerem que há um perfil fechado de agressores ou vítimas. Outros autores como Farias (2018) e Felippe et al. (2022), que defendem a inexistência de um perfil fixo de pessoas que sofrem desse tipo de violência, propõem que o agressor, muitas vezes, se revela em uma situação na qual tem uma relação desigual de poder, seja pela via hierárquica, seja pela força física. A vítima se vê em uma situação em que é submetida, de forma frequente, a episódios de intimidação, ameaça, agressão, humilhação e importunação. Também há episódios de assédio sexual e moral ou ainda há ações coercitivas nas quais a vítima se vê obrigada a fazer algo contra sua vontade.

No Brasil, a prática de *bullying* está tipificada como crime e prevista na Lei n. 13.185 (2015), em que o *bullying* pode ser definido como ação que envolve violência física ou psicológica realizada de forma sistemática e com intencionalidade, baseada em intimidação, humilhação e discriminação. Apesar disso, há muitos episódios de *bullying* que são realizados em diversos contextos, especialmente no contexto escolar entre os alunos.

O estudo de Pereira et al. (2022) indica que na Lei n. 13.185 estão elucidadas quais ações são consideradas *bullying* e os autores também apresentam a tipificação de tal prática, conforme o Código Penal brasileiro. Nessa direção, como consta na lei, são consideradas violentas ações: (1) verbais (por exemplo, insultar, criar apelidos pejorativos, xingar); (2) físicas (por exemplo, socar, chutar, beliscar); (3) materiais (por exemplo, destruir pertences, furtar, roubar); (4) psicológicas (por exemplo, amedrontar, intimidar, perseguir, manipular, chantagear); (5) sociais (por exemplo, ignorar, isolar, excluir de atividades); (6) morais (por exemplo, difamar, caluniar, disseminar rumores); (7) sexuais (por exemplo, importunar, assediar, induzir a ato de natureza sexual e/ou abusar sexualmente).

Como a escola é um ambiente no qual os adolescentes e jovens passam boa parte do tempo diário, é nesse contexto que o *bullying* e outras formas de violência, conforme serão tratados neste capítulo, se fazem presentes. Nessa direção, Felippe et al. (2023) abordam que na escola a prática do *bullying* é recorrente e está capilarizada nas relações entre os alunos.

Para Oliveira et al. (2023), apesar de haver muitas formas de *bullying*, conforme previsto em lei, aquela que mais desperta preocupação da comunidade escolar e sociedade são as agressões físicas (tapas, empurrões, rasteiras, puxões de cabelo e de orelhas, socos e pontapés, entre outros). Mas há ataques verbais (xingamentos) e psicológicos (pressões e ameaças), que muitas vezes são difíceis de comprovar com evidências concretas e, portanto, difíceis de coibir e de encerrar o ciclo da violência. Em alguns casos, essas agressões se passam por brincadeiras, o que dificulta ainda mais sua identificação, pois nesse caso há uma aceitação social para que ela ocorra.

Sob essa perspectiva é possível dizer que o *bullying* é uma violência que é praticada há gerações. Sua manutenção depende de um pacto de aceitação e silêncio do qual alimenta o intento agressor e deprecia a saúde mental da vítima. Educadores, psicólogos e toda a comunidade escolar devem se responsabilizar de modo a atuarem para que essa prática tão devastadora seja de fato enfrentada.

Cyberbullying no contexto escolar

O *cyberbullying*, ou *bullying* virtual, é uma prática agressiva/intimidadora realizada em meio online, com o uso de dispositivos tecnológicos conectados à internet (Balakrishnan, 2018). Oculto pelo anonimato, o agressor virtual não precisa dispor de força física ou agilidade, necessitando somente de um equipamento conectado (computadores, *tablets*, *smartphones*) e da vontade de hostilizar/intimidar. Esse tipo de intimidação interpessoal fomentada por um desequilíbrio de poder entre os envolvidos, sustenta-se na abrangência da audiência alcançada pelas informações veiculadas pela internet e na dificuldade de reconhecimento do perpetrador, fazendo com que a vítima do *cyberbullying* se sinta ainda mais vulnerável e desprotegida do que aquela que vivencia as agressões cometidas presencialmente (Yang et al., 2021).

O anonimato confere ao intimidador a possibilidade de evitar as reações da vítima ao ser hostilizada, bem como ter que se responsabilizar pelas consequências do seu comportamento. Estudos indicam que em muitas situações caracterizadas como *cyberbullying* é comum descobrir que o assédio foi cometido por alguém conhecido como, por exemplo, um (a) ex-namorado; (b) um colega de turma ou, ainda; (c) alguém que a vítima considerava como próximo ou em alta estima (Beluce et al., 2022; Yang et al., 2021).

Há diferentes tipos de manifestação de assédio em meio online. Para fins de estudo e compreensão do *cyberbullying*, pesquisadores como Willard (2006, 2007) e Smith e Steffgen (2013) categorizaram os tipos de *cyberbullying*, considerando os conteúdos das mensagens publicadas/enviadas e/ou os comportamentos desempenhados pelos envolvidos, a saber: *flaming*, difamação, *outing*, *trickery* (trapaça), assédio online, usurpação de identidade, exclusão e *cyberstalking*.

O *flaming* é descrito como o envio de mensagens com linguagem vulgar, rude ou agressiva, com o intuito de humilhar, ofender e, ainda, motivar outros a adotarem o mesmo comportamento contra a vítima. A difamação se dá com a postagem/envio de conteúdos, a fim de causar dano à reputação da vítima. Com objetivos semelhantes, todavia com estratégias difamatórias específicas, são observadas as práticas de *trickery* e *outing*. O *trickery* é marcado pela divulgação de informações pessoais que, em algum momento, foram compartilhadas secretamente com o aggressor; já no *outing* há a publicação de conteúdos aos quais o perpetrador teve acesso sem a autorização ou o consentimento da vítima. O assédio online é caracterizado pelo envio insistente de mensagens desagradáveis ou insultantes e a exclusão ocorre a partir de ações orquestradas pelo agressor para bloquear ou excluir/isolar socialmente a vítima de um determinado grupo. Por seu turno, no *cyberstalking*, a vítima é ferozmente aterrorizada pelo intimidador, que envia mensagens ameaçadoras e/ou agressivas de forma contínua e persistente (Willard, 2006; Smith & Steffgen, 2013).

Nos últimos anos, pesquisadores identificaram ainda as categorias *sexting*, *trolling* (Smith & Steffgen, 2013) e *revenge porn* (O'Connor et al., 2018; Rao et al., 2018) advindas de práticas de *cyberbullying* que surgiram com a evolução das tecnologias digitais de informação e comunicação (TDICs). O *sexting* é o envio ou a publicação de conteúdos de natureza sexual de forma explícita ou sugestiva de si mesmo ou de outras pessoas realizada pelo agressor e sem o consentimento da vítima. A trolagem ou *trolling* é compreendida como uma tentativa deliberada de provocar, debochar, irritar com a expectativa de causar conflito, angústia e humilhação à vítima. Por fim, o *revenge porn* (pornografia por vingança) é reconhecido como a divulgação desautorizada de imagens ou de vídeos reveladores ou sexualmente explícitos, no caso, efetuada comumente por um ex-parceiro(a) sexual a fim de infligir à vítima constrangimento, vergonha e angústia.

Para fins de elucidação quanto à gravidade das repercussões do *cyberbullying*, notadamente na vida de crianças e adolescentes, alguns casos foram expostos no estudo de Hamuddin et al. (2022). Entre tais situações, destaca-se o caso de Tyler Clementi, um jovem de 18 anos de idade que sofreu com a divulgação de conteúdos postados sem autorização por um colega de quarto da universidade. Após sofrer intensamente com a ampla repercussão de um vídeo publicado em que aparecia beijando outro rapaz, o estudante sucumbiu ao suicídio. Esse também foi o último ato cometido pelas adolescentes Hope Stiwell (13 anos) e Jessica Logan (18 anos), para fugir das consequências devastadoras que sofreram após os seus ex-namorados publicarem na internet fotos em que apareciam nuas (Hamuddin et al., 2022). Como é relatado pelos pesquisadores, muitos casos resultam em evasão escolar, isolamento, depressão, ansiedade, ideação suicida e, nos cenários mais extremos, suicídio.

A prática do *cyberbullying* está presente principalmente entre os jovens estudantes e é observada desde o ensino fundamental até o superior (Chao & Yu, 2017). Na literatura, os seguintes papéis são comumente identificados em situações caracterizadas como *cyberbullying*: o agressor, a vítima, retaliador e observador/espectador (Beluce, 2019; Beluce et al., 2023; Clark & Bussey, 2020). O agressor é descrito como aquele indivíduo que se percebe superior aos demais e, portanto, possui o direito de hostilizar ou intimidar aqueles que julga diferente ou inferior, ou seja, a vítima. O retaliador é alguém que em algum momento sofreu *bullying* e buscou na internet meios para revidar a ofensa ou intimidação. Nessa situação, a vítima do retaliador é o sujeito que anteriormente o agrediu ou o intimidou. Os espectadores são os observadores do assédio perpetrado pelo agressor. Há o espectador apoiador do *bullying*, identificado como aquele que assiste às agressões sem oferecer ajuda e, ainda, há o espectador que procura por uma solução, intervindo em favor e auxílio da vítima.

Haja vista as graves repercussões à saúde física, emocional e psicológica das vítimas do *cyberbullying*, pesquisadores (Ansary, 2020; Costa et al., 2021) salientam a urgência em implementar medidas voltadas à prevenção e/ou ao combate desse fenômeno e, para tanto, enfatizam a necessidade da identificação dos envolvidos. Nesse sentido, entre as principais estratégias de enfrentamento do *cyberbullying*, destaca-se o uso de instrumentos de medida confiáveis para mensuração e identificação dos papéis do *cyberbullying*, que possibilita a psicólogos, professores e psicopedagogos adotar ações rápidas e precisas para contenção da intimidação evidenciada (Beluce et al., 2023).

Identificada a prática *cyberbullying*, algumas ações são urgentes e devem ser efetivadas com rapidez. Entre essas, Watts et al. (2017) salientam que reportar a agressão é uma das ações mais eficazes. Adicionalmente, pesquisadores também recomendam a adoção de estratégias, a saber: relatar o abuso aos professores e/ou à gestão da instituição de ensino; buscar por apoio social, como amigos e colegas próximos; copiar e salvar o conteúdo intimidador; comunicar o ocorrido ao site ou plataforma; bloquear a comunicação; e, quando necessário, denunciar à polícia e acionar as medidas legais cabíveis (Ansary, 2020; Beluce, 2019; Heiman et al., 2019).

Como visto, embora as práticas descritas nos diferentes tipos de *cyberbullying* citados ocorram em contexto virtual, estudos evidenciaram que as suas consequências à saúde psicológica, cognitiva e emocional são reais, potencialmente negativas e, por vezes, irreparáveis (Rao et al., 2018; Hamuddin et al., 2022; O'Connor et al., 2018). É relevante pontuar que essa prática pode se arrastar por tempo e locais muitas vezes impensáveis para a vítima, que permanece revivendo e sofrendo interminavelmente o assédio virtual. Por isso, é preponderante aos estudantes, pais, professores, psicólogos, profissionais da saúde, conhecer, identificar, prevenir e combater o *cyberbullying*. A atitude de banalizar ou ignorar o *cyberbullying* há tempos deixou de ser uma mera postura de ausência, omissão ou falta de empatia pelo próximo. Medidas que busquem uma postura ativa contra essa forma cruel de violência nas instituições de ensino podem contribuir efetivamente para garantir a segurança, promover o desenvolvimento cognitivo e emocional, preservar a saúde e, em certos casos extremos, até mesmo salvaguardar a vida do aluno (Ansary, 2022; Beluce et al., 2023; Kowalski et al., 2020).

Embora ainda com a necessidade de urgentes ajustes e complementações (Souza, 2022) para assegurar efetiva justiça à vítima do assédio online, é pertinente destacar que, assim como o *bullying* tradicional, o *cyberbullying* também está contemplado na legislação brasileira. Comportamentos ofensivos ou agressivos feitos em meio online, resultando em danos à honra e/ou à liberdade pessoal, estão previstos na Lei n. 13.185 (2015), que institui o Programa de Combate à Intimidação Sistemática. Assim, é possível e crucial denunciar esse tipo de assédio. Para tanto, conforme relatam Beluce (2019) e Oliveira et al. (2023), identificada a violência, tanto a vítima como pais e/ou professores podem e devem procurar o Núcleo de Combate aos Crimes Cibernéticos do seu estado ou realizar a denúncia online acessando a Central Nacional de Denúncias de Crimes Cibernéticos[23].

Assédio moral no contexto escolar e acadêmico

O assédio moral é uma forma de violência que ocorre com frequência em ambientes de trabalho e instituições que apresentem organização hierárquica. Como as escolas e as instituições de ensino superior possuem tal organização, essa violência acaba ocorrendo nesses ambientes. Pode ocorrer entre funcionários e estudantes, estudantes e professores, professores e funcionários. É caracterizado por ataques às vítimas feitos por um agressor que normalmente está em posição hierárquica superior à da vítima. Destaca-se que, quando a instituição é pública, o professor se encontra em posição hierárquica superior ao aluno; nas instituições privadas, por vezes, essa lógica pode se inverter, haja vista que no âmbito privado o aluno pode ser visto como cliente e, assim, exercer poder sobre os professores e funcionários que não contam com estabilidade profissional como no caso das instituições públicas. Isso, porém, não impede que funcionários e professores assediem moralmente os estudantes, posto que o assédio moral é um fenômeno complexo delineado pelas configurações da instituição e cada instituição privada tem as suas particularidades.

Nas instituições públicas de ensino superior, a constante competitividade, que se acirra cada vez mais por conta da diminuição dos recursos para o financiamento de atividades de ensino, pesquisa e extensão, e as relações entre os indivíduos que ocupam esses espaços tendem a se

---

23. Cf. https://www.safernet.org.br/site/institucional/projetos/cnd

tornar mais conflituosas e o assédio moral pode se constituir como uma violência disseminada na relação entre professores e alunos, haja vista que os professores tendem a estar em relação vertical de poder para com os estudantes, e estes, por sua vez, precisam do auxílio e da validação dos docentes para conseguirem desenvolver diversas atividades fundamentais para o desenvolvimento de sua carreira acadêmica/profissional.

Conforme aponta Caran et al (2010), as instituições de ensino superior têm uma configuração que possibilita ainda mais a ocorrência de assédio, posto que além dos cargos ocasionais de chefia que os professores tendem a ocupar no decorrer da carreira, tais quais os cargos de coordenação, direção departamental, chefia de área, direção de centro de estudos, chefia de campus universitário, pró-reitoria, entre outros; há ainda as divisões no que tange à titulação na área, ou fora da área, tais quais especialização, mestrado, doutorado, pós-doutorado e livre-docência, bem como as divisões relacionadas ao tempo de carreira, variando conforme a instituição, por exemplo: cargos de professor substituto, professor auxiliar, professor titular, entre outros.

O assédio moral passou a ser mais pesquisado a partir da publicação do livro *Assédio moral: a violência perversa do cotidiano*, da pesquisadora Marie-France Hirigoyen. Ainda na referida obra, a pesquisadora destaca que os agressores costumam ser pessoas perversas que tendem a se cercar de pessoas que valorizam o comportamento de hierarquização, ou seja, que respeitam as regras e as ordens de seus superiores, mesmo que para isso precisem causar malefícios e sofrimento a terceiros e a si. Para exemplificar, a autora cita os ensaios do psicólogo social Stanley Milgram, que concluiu, por meio de seus experimentos com participantes, que "pessoas comuns, desprovidas de qualquer hostilidade, podem, simplesmente, para levar a cabo tarefas, tornar-se agentes de um atroz processo de destruição" (citado por Hirigoyen, 2002, p. 86).

Sendo assim, um líder perverso consegue se cercar de pessoas, sejam seus subordinados ou não, que acatem suas ordens sem quaisquer questionamentos, independentemente dos impactos negativos que esses atos possam ter. Na universidade, o professor ocupa o lugar de líder, seja na sala de aula, em grupos de pesquisa, em projetos de extensão, entre outros. Por si só essa configuração já atrai os alunos para perto do professor, este é visto como um mentor, um orientador, um direcionador, até uma possível figura moral. Aqui cabe destacar que não só no ensino superior, mas em todas as etapas educacionais, o professor tende a ser visto assim pelos alunos, por isso seus atos e orientações tendem a ser tão importantes.

Isso não significa que o professor única e exclusivamente possa manipular, direcionar, alienar e obrigar os alunos a seguirem uma ideologia, mas significa que a depender do contexto ele tem poder suficiente para exercer influência sobre as configurações do grupo e nas próprias relações entre os alunos, principalmente se o professor em questão se enquadrar no comportamento de líder agressor/perverso. A partir dos padrões apontados anteriormente sobre como os líderes perversos se portam a fim de selecionar uma vítima para demonstrar seu poder ou para ter em quem descontar suas insatisfações, pelo padrão de comportamento que as pessoas que tendem a se agrupar em torno desses líderes costumam adotar e pelo fato dos universitários tenderem a ser jovens, o contexto universitário se constitui em um ambiente potencialmente propício para que pessoas perversas, em cargos de destaque, cometam assédio moral.

Conforme aponta Hirigoyen (2002, p. 86) "há, realmente, indivíduos que têm necessidade de uma autoridade superior para chegar a um certo equilíbrio. Os perversos recuperam em proveito próprio essa docilidade e a utilizam para infligir sofrimento aos outros". Considerando a falta de experiência de boa parte dos jovens no que tange às disputas de poder do cotidiano, às manobras perversas e à tendência de quererem desempenhar bem suas atividades ou de orgulharem seus mentores ou as pessoas pelas quais possuem admiração, estes podem vir a sofrer assédio moral e não denunciar, podem também ser levados a cumprir ordens e/ou prejudicar colegas para realizarem suas práticas a contento e/ou agrado do professor/chefe/pessoa perverso que solicitou que tais ordens fossem seguidas. Esse tipo de violência acaba muitas vezes sendo validado na esfera social e as pessoas tendem a não o perceber de imediato, posto que os confundem com comportamentos meritocráticos.

Possibilidades de avaliação

A avaliação e a intervenção no caso do bullying, cyberbullying e assédio moral necessitam de uma observação minuciosa de sua ocorrência. Sua avaliação pode ser algo material, quando há elementos concretos que se deram e, portanto, facilitadores da identificação, mas muitas vezes a pessoa que sofre a violência sequer tem coragem de revelar seu agressor ou o quanto essa violência lhe afeta negativamente. Também há um aspecto legal que pode ser encaminhado junto à vítima, qual seja, formalizar medidas jurídicas, visando apuração e punibilidade do agressor ou grupo de agressores.

No caso do bullying, há poucas escalas já criadas no contexto nacional, entre as quais pode-se citar os estudos de Medeiros et al. (2015), que indicam medidas de bullying estudadas no contexto nacional. No Sistema de Avaliação de Testes Psicológicos (Satepsi), não há até a presente data instrumento aprovado para tal finalidade. Há um instrumento comercializado que trata de uma escala de avaliação do bullying escolar. Contudo, ainda que existam instrumentos ou pode-se empregar questões norteadoras construídas com base na literatura científica que auxiliam na entrevista para um possível rastreio, pode-se dizer que o diagnóstico é clínico/escolar, ou seja, depende de como a vítima se sente atingida pela agressão a qual foi submetida, também há que se determinar a frequência e a gravidade das ações. Isso pode variar de pessoa para pessoa; e os impactos, ainda que tenham potencial devastador, podem, se forem identificados precocemente, ter um bom prognóstico de recuperação.

Assim como ocorre com os instrumentos para a avaliação do cyberbullying, há uma carência de escalas para mensuração disso no Brasil. Segundo as pesquisas de Beluce (2019) e Costa et al. (2021), observa-se que a maior parte dos estudos aplicou e adequou escalas voltadas para o bullying e/ou instrumentos destinados à mensuração dessa prática no contexto internacional. Há, no entanto, a Escala de Avaliação de Cyberbullying (EAC) (Beluce, 2019; Beluce et al., 2023), voltada para avaliação dessa prática entre os estudantes brasileiros que estão especificamente nos ensinos médio e universitário. Conforme as análises estatísticas feitas por seus desenvolvedores (Beluce, 2019; Beluce et al., 2023), a EAC demonstrou ser um instrumento válido e eficiente tanto para a identificação dos perfis envolvidos quanto para a avaliação desse fenômeno no cenário nacional. Os pesquisadores relatam em seus estudos que se encontram em andamento as análises para a verificação das propriedades psicométricas de uma escala que avalie também o *cyberbullying* entre os alunos do ensino fundamental.

Em relação à avaliação do assédio moral, não há instrumentos para sua avaliação no contexto escolar e acadêmico. Essa violência tem sido bastante pesquisada no contexto laboral formal, mas no contexto escolar e acadêmico ainda não foram elaboradas muitas pesquisas sobre o tema. Entretanto, é possível adaptar escalas criadas para o contexto laboral para serem utilizadas nas investigações sobre assédio moral que ocorrem com estudantes como, por exemplo, as escalas desenvolvidas nas pesquisas de Rueda et al (2015), que foram feitas para o contexto laboral brasileiro; e as escalas desenvolvidas por João (2012) e por Gomes (2010), que foram desenvolvidas para o contexto laboral português.

Merece destaque o fato de que o assédio moral pode ocorrer de inúmeras formas. Diante disso, as escalas que investigam essa violência acabam se constituindo em instrumentos longos, haja vista que distintas dimensões como, por exemplo, assédio sexual, ataques à autoestima, práticas difamatórias, entre outras, são contempladas nos itens que compõem as escalas para que ocorra o mapeamento das ocorrências de assédio moral. Esse mapeamento é relevante, posto que ajuda a caracterizar a natureza das ações sofridas pelos estudantes, as possíveis consequências e as possíveis intervenções para o enfrentamento dessa violência.

Um bom protocolo de identificação é o educador e a família ficarem atentos para conseguirem distinguir entre o que é uma brincadeira (ainda que envolva grosseria) e o que é uma ação agressiva e tipificada em lei. Há que distinguir o quanto esses episódios agressivos têm afetado a vida da pessoa, e como isso afeta também outras esferas tais quais: relações familiares, amizades fora da escola, entre outros contextos. Ao menor sinal de que uma pessoa está sofrendo *bullying*, *cyberbullying* ou assédio moral, o professor, a coordenação ou a direção escolar deve agir de modo a já imprimir um fator interferente para que o ciclo se rompa e essa pessoa seja ajudada e os agressores orientados ou, a depender do caso, respondam de forma adequada pelas agressões impetradas. De um ponto de vista geral, a escola pode fazer sondagens periódicas nas quais, com questionários informativos simples, podem levantar e averiguar se seus alunos têm sido vítimas dessas violências. Uma ação direta e atenta pode fazer diferença na atuação de rompimento do ciclo da violência. Um diagnóstico escolar periódico auxiliará a coordenação pedagógica a calibrar formas de se trabalhar e intervir de modo a tornar esse assunto algo a ser trabalhado no cotidiano escolar, de tal forma que ações de violências se tornem cada vez mais incomuns nesse contexto.

Possibilidades de intervenção

Em uma situação na qual atendemos uma aluna da 2ª série do ensino médio, ela relatou que era na escola (ensino fundamental I) que sofria *bullying* por causa de sua aparência, já que na época era muito magra e também usava óculos. Iniciou com xingamentos e mais tarde algumas alunas passaram a praticar episódios de puxões de cabelo e empurrões. As agressões foram crescendo até o ponto de cortarem seu cabelo, ocasião em que contou para a mãe. A mãe pediu providências na escola e as meninas agressoras foram repreendidas e a frequência das agressões físicas pararam, mas xingamentos não. No ensino médio, as agressões continuaram, mas agora também usavam as mídias sociais e grupos de WhatsApp para perpetrarem as agressões. Relata que uma vez criaram um boato no qual ela havia "paquerado" o namorado de outra amiga, esse boato lhe rendeu uma represália com agressões físicas por parte dessa outra menina e mais tarde a própria menina descobriu que foi um perfil falso (*fake*) dela que ficava importunando seu namorado. Mas a menina nunca se desculpou com ela. Recentemente a mãe procurou a direção da escola, pois ela relata que não aguentou mais sofrer calada, a direção pouco fez, então a mãe resolveu denunciar criminalmente as agressões. Relata que isso tem atrapalhado sua vida funcional, a ponto de não querer mais sair ou ir à escola.

Na avaliação, inicialmente levantamos o motivo da queixa e procuramos determinar uma linha histórica dos episódios de violência. Também buscamos mapear o quanto a autoestima e a potência para o enfrentamento foram abaladas, no caso a aluna se sentia incapaz de reverter a situação, apresentando uma baixa autoestima. Aspectos da saúde mental também foram averiguados, o que foi possível constatar sintomas de depressão e ansiedade moderados. Com a família realizamos entrevistas para podermos averiguar o quanto havia suporte familiar e podermos determinar o quanto a violência sofrida havia afetado a vida funcional cotidiana da jovem fora da escola. Na escola conversamos com professores, colegas próximas da aluna e coordenação. A coordenação foi orientada à realização de atividades que trabalhassem empatia, civilidade, urbanidade, cooperação, autoestima, também se prestou informações por meio de palestra sobre *bullying* e *cyberbullying* das quais também se elucidou a tipificação legislativa e penal da prática dessas violências.

Essas ações precisaram de um manejo mais macro, envolvendo escola, professores e alunos, já que para esse caso em questão era necessário um envolvimento da comunidade escolar. Um manejo local por meio da queixa (somente a aluna/vítima) não surtiria um efeito em cadeia a ponto de quebrar o ciclo da violência. Nessa perspectiva macro, a comunidade escolar foi envolvida, sendo "chamada" a também se responsabilizar pelas violências cometidas dentro de seus muros. Durante a palestra, vários alunos se manifestaram também se dizendo vítimas de *bullying* ou *cyberbullying*, aliás imagino o incômodo que deve ter sido para os "agressores", pois agora aquela comunidade escolar estava mais atenta e vigilante para se proteger e, inclusive, tomar medida legais caso as ações violentas não cessassem.

Diante do exposto, ao se debruçar no processo de avaliação, intervenção e implicação da comunidade escolar, houve mudanças positivas no cenário e os episódios de violências diminuíram drasticamente. Por um lado, pode ser porque esses estudantes, "supostos agressores", compreenderam conceitos de empatia, civilidade, entre outros; por outro lado, pode ser que os então "agressores" tenham se sentido desprovidos de poder à medida que muitos que estavam ali não compactuavam com a violência, muitos repudiaram as ações violentas e outros tantos aprenderam quais medida legais cabíveis nesses casos. Procuramos acreditar na primeira situação, pois todo ser humano é dotado de potencial reflexivo e, portanto, esperamos que tenham levado esse aprendizado para a vida.

Considerações finais

Este capítulo procurou problematizar o *bullying*, *cyberbullying* e assédio moral, trazendo informações importantes acerca dos construtos e também formas de avaliação e intervenção. A prática profissional do psicólogo e dos educadores em instituições escolares pode funcionar como fator interferente em ciclos da violência.

O manejo junto à comunidade escolar surte mais efeito do que uma ação local ao aluno que foi vítima de violência.

Embora a literatura científica seja incipiente com as formas de avaliação e manejo nesses casos de ações violentas, a prática profissional ainda precisa caminhar na construção de se desenvolver protocolos de atendimento que envolvam educadores e que impliquem a comunidade escolar nesse processo. Aqueles que têm sua atuação voltada para essa realidade sabem o quanto esse campo prático de atuar contra as violências dentro da escola, muitas vezes, é árido de informações que permitam um manejo adequado para cada indivíduo atendido e para a comunidade como um todo. Mas, apesar dos percalços, devemos seguir confiantes na construção de uma realidade na qual a escola seja um campo aberto ao aprendizado e não um campo violento de batalhas.

Financiamento

Conselho Nacional de Desenvolvimento Científico e Tecnológico (CNPq).

Referências

Ansary, N. S. (2020). *Cyberbullying*: Concepts, theories, and correlates informing evidence-based best practices for prevention. *Aggression and Violent Behavior, 50*, 101343. https://doi.org/10.1016/j.avb.2019.101343

Balakrishnan, V. (2018). Actions, emotional reactions and *cyberbullying*-From the lens of bullies, victims, bully-victims and bystanders among Malaysian young adults. *Telematics and Informatics, 35*(5), 1190-1200. https://doi.org/10.1016/j.tele.2018.02.002

Beluce, A. (2019). *Estudantes e as tecnologias digitais: relações entre cyberbullying e motivação para aprender*. [Tese de Doutorado]. Universidade Estadual de Londrina. http://www.bibliotecadigital.uel.br/document/?code=vtls000230793

Beluce, A. C., Oliveira, K. L., & Almeida, L. S. (2022). A prática do *cyberbullying* nos ensinos médio e universitário: revisão de literatura. *Atos de Pesquisa em Educação, 17*(1), 9346. https://doi.org/10.7867/1809-03542022e9346

Beluce, A. C., Oliveira, K. L. D., Ferraz, A. S., & Almeida, L. D. S. (2023). *Cyberbullying* and motivation to learn with digital technologies: Identification and correlation. *Psicologia: Teoria e Pesquisa, 39*, e39nspe07. https://doi.org/10.1590/0102.3772e39nspe07.en

Caran, V. C. S., Secco, I. A. D. O., Barbosa, D. A., & Robazzi, M. L. D. C. C. (2010). Assédio moral entre docentes de instituição pública de ensino superior do Brasil. *Acta Paulista de Enfermagem, 23*, 737-744.

Chao, C.-M., & Yu, T.-K. (2017). Associations among different internet access time, gender and *cyberbullying* behaviors in Taiwan's adolescents. *Frontiers in Psychology, 8*. https://doi:10.3389/fpsyg.2017.01104

Clark, M., & Bussey, K. (2020). The role of self-efficacy in defending *cyberbullying* victims. *Computers in Human Behavior, 109*, 106340. https://doi.org/10.1016/j.chb.2020.106340

Costa, M. R. P., Tomczyk, Ł., Teixeira, M. C. T. V., & Martins, V. F. (2021). *Cyberbullying*: The state of the art on studies using psychometric instruments in Brazil. In *16th Iberian Conference on Information Systems and Technologies* (CISTI) (pp. 1-6), Chaves, Portugal.

Farias, F. R. M. (2018). *A construção pública da denúncia de estudantes contra professores na FACED/UFC: Assédio?* [Dissertação de Mestrado]. Universidade Federal do Ceará, Fortaleza.

Felippe, G. M., Oliveira, K. L., & Beluce, A. C. (2022). O processo de humanização e emancipação frente ao *bullying*. *Revista Ibero-Americana de Estudos em Educação, 17*, 0860-0869. https://doi.org/10.21723/riaee.v17iesp.1.16325

Felippe, G. M., Souza, J. P., Oliveira, K. L., & Almeida, L. (2023). Violência digital: *Cyberbullying* em escolares infantojuvenis. In A. K. Andrade, F. F. Carvalhaes e R. Bianchi (Eds.), *Infâncias e adolescências nas tramas das políticas públicas* (pp. 228-251). Eduel.

Gomes, M. D. L. P. P. (2010). *O assédio moral nas organizações do distrito de Setúbal*: o porquê do silêncio dos trabalhadores? [Tese de Doutorado]. Escola Superior de Ciências Empresarias.

Hamuddin, B., Syahdan, S., Rahman, F., Rianita, D., & Derin, T. (2022). *Do they truly intend to harm their friends? The motives beyond cyberbullying among university students* (pp. 775-788). IGI Global.

Heiman, T., Olenik-Shemesh, D., & Frank, G. (2019). Patterns of coping with *cyberbullying*: emotional, behavioral, and strategic coping reactions among middle school students. *Violence and Victims, 34*(1), 28-45. https://doi.org/10.1891/0886-6708.34.1.28

Hirigoyen, M. F. (2002). *Assédio moral: a violência perversa no cotidiano*. Bertrand Brasil.

João, A. L. S. (2012). Estudo de validação da escala LIPT-60 nos enfermeiros portugueses. *International Journal of Developmental and Educational Psychology, 4*(1), 335-343.

Kowalski, R. M., & McCord, A. (2020). Perspectives on *cyberbullying* and traditional *bullying*: same or different? In L. Green, D. Holloway, K. Stevenson, T. Leaver & L. Haddon (Eds.), *The Routledge Companion to Digital Media and Children* (pp. 460-468). Routledge.

Lei n. 13.185/2015, de 6 de novembro de 2015. (2015). Institui o Programa de Combate à Intimidação Sistemática – Bullying. Brasília, DF. Recuperado de https://www.planalto.gov.br/ccivil_03/_ato2015-2018/2015/lei/l13185.htm

Medeiros, E. D., Gouveia, V. V., Monteiro, R. P., Silva, P. G. N., Lopes, B. J., Medeiros, P. C. B., & Silva, É. S. (2015). Escala de Comportamentos de *Bullying* (ECB): Elaboração e evidências psicométricas. *Psico-USF, 20*(3), 385-397. https://doi.org/10.1590/1413-82712015200302

Middelton, J., & Zawadski, M. (2007). *Bullying: Estratégias de sobrevivência para crianças e adultos*. Artmed.

O'Connor, K., Drouin, M., Davis, J., & Thompson, H. (2018). *Cyberbullying*, revenge porn and the mid-sized university: Victim characteristics, prevalence and students' knowledge of university policy and reporting procedures. *Higher Education Quarterly, 72*(4), 344-359. https://doi.org/10.1111/hequ.12171

Oliveira, K. L., Beluce, A. C., & Barroso, S. (2023). *Bullying* e *cyberbullying* no ensino superior. In A. Osti, C. Fior, C. Canal & L. Almeida. (Eds.), *Mudanças e missões do ensino superior e problemas e ações* (pp. 1-22). São Carlos: Pedro & João.

Olweus, D. (1978). *Aggression in the schools: bullies and whipping boys*. Hemisphere Publishing.

Olweus, D. (1993). *Bullying at school: What we know and what we can do*. Lackwell.

Pereira, E. A., Fernandes, G., & Dell'Aglio, D. D. (2022). O *bullying* escolar na legislação brasileira: uma análise documental. *Educação e Pesquisa, 48*, e249984. https://doi.org/10.1590/S1678-4634202248249984por

Rao, T. S., Bansal, D., & Chandran, S. (2018). *Cyberbullying*: A virtual offense with real consequences. *Indian Journal of Psychiatry, 60*(1), 3. https://doi.org/10.4103/psychiatry.IndianJPsychiatry_147_18

Royo-García, P., Laorden-Gutiérreza, C., Giménez-Hernándeza, M., & García, C. S. (2020). Existe el *bullying* en la universidad: aproximación a esta realidad con una muestra española de estudiantes de grado. *Edetania, 57*, 85-109. https://doi.org/10.46583/edetania_2020.57.510

Rueda, F. J. M., Baptista, M. N., & Cardoso, H. F. (2015). Construção e estudos psicométricos iniciais da Escala Laboral de Assédio Moral (ELAM). *Avaliação Psicológica, 14*(1), 33-40.

Smith, P. K., & Steffgen, G. (Eds.). (2013). *Cyberbullying through the new media: Findings from an international network*. Psychology Press. https://doi.org/10.4324/9780203799079

Souza, C. (2022). Ineficácia da Lei n. 13.185/2015 frente à violência psicológica praticada contra as vítimas do *bullying* escolar. *Cadernos de Educação, 21*(42), 29-48.

Watts, L. K., Wagner, J., Velasquez, B., & Behrens, P. I. (2017). *Cyberbullying* in higher education: A literature review. *Computers in Human Behavior, 69*, 268-274. https://doi.org/10.1016/j.chb.2016.12.038

Willard, N. E. (2006). *Cyberbullying* and cyberthreats. Eugene, or: Center for safe and responsible internet use. *Malaysian Journal of Youth Studies, 134*.

Yang, B., Wang, B., Sun, N., Xu, F., Wang, L., Chen, J., & Sun, C. (2021). The consequences of *cyberbullying* and traditional *bullying* victimization among adolescents: Gender differences in psychological symptoms, self-harm and suicidality. *Psychiatry Research, 306*, 114219. https://doi.org/10.1016/j.psychres.2021.114219

44
Suicídio: manejos da avaliação e procedimentos interventivos

Makilim Nunes Baptista
Sabrina Martins Barroso
Andrés Eduardo Aguirre Antúnez
Marina Kleinschmidt Leal Santos

Highlights
- A etiologia do suicídio é multifatorial, engloba fatores da "natureza" e do "ambiente";
- Ter dois diagnósticos psiquiátricos aumenta em 3,5 vezes a chance de tentar suicídio;
- Avaliar o comportamento suicida é fundamental para embasar decisões de intervenção;
- Prevenir tentativas de suicídio é mandatório em todos os contextos da psicologia;
- Haver profissionais de saúde mental nas escolas é importante para prevenção do suicídio.

Este capítulo tem como objetivo explorar a temática do comportamento suicida em ambientes escolares. Inicialmente serão abordadas informações sobre ideação e tentativas de suicídio, no sentido de expor a importância desse fenômeno em ambientes educacionais, bem como de apresentar sua etiologia e prevalência, especificamente no Brasil.

Em seguida, o processo de avaliação será abordado, destacando a importância de analisar o fenômeno em si, bem como os fatores de risco e de proteção adjacentes. Também são destacadas escalas que avaliam a ideação suicida e tentativas anteriores. Por último, diversos programas de prevenção serão explorados, a partir de suas especificidades e abrangências, no sentido de mostrar o quão heterogêneas podem ser as intervenções e seus objetivos.

Suicídio: avaliação e prevenção em ambientes escolares

O suicídio é um desafio de extrema relevância para a saúde pública, destacado pela Organização Mundial da Saúde como prioridade em sua agenda desde o relatório *Preventing Suicide: a global imperative* (Organização Mundial da Saúde [OMS], 2014a). Dados do *Global Burden of Disease* (2019) posicionam o suicídio como a terceira maior causa de mortes entre jovens de 10 a 24 anos. Os transtornos mentais, ansiedade e depressão também estão entre as dez maiores causas de morte para essa faixa etária (Vos et al., 2020).

Esse cenário se mantém no Brasil. Os índices de suicídio entre os jovens atingem níveis alarmantes, consolidando-se como uma das principais causas de morte por ano (Ministério da Saúde, 2022). O Boletim Epidemiológico de 2022 identificou 6.588 casos de suicídio, entre 2016 e 2021, na população adolescente brasileira entre 10 e 19 anos de idade. Observou-se, ainda, que a maioria dos casos era do sexo masculino (Ministério da Saúde, 2022).

O Boletim Epidemiológico de 2022 também alerta para a crescente taxa de mortalidade por suicídio nessa faixa etária, com um aumento de 49,3% em adolescentes de 15 a 19 anos, chegando a 6,6 por 100 mil, e de 45% entre adolescentes de 10 a 14 anos, chegando a 1,33 por 100 mil (Ministério da Saúde, 2022). Essa tendência também foi vista em países do Leste Asiático e América Central, ao passo que a taxa geral de suicídio na adolescência tenha declinado na Europa. Os casos de transtornos mentais se mantêm equilibrados, possivelmente como resultado dos esforços para maior acessibilidade aos tratamentos de saúde mental (Roh et al., 2018; Kolves & De Leo, 2014).

Comportamentos suicidas não são diagnósticos propriamente, porém, o Manual Diagnóstico e Estatístico de Transtornos Mentais (DSM-5-TR) (2022) enfatiza a importância dos clínicos estarem atentos a nuanças relacionadas a tais comportamentos. Esses e alguns outros conceitos de interesse são agrupados no termo "Violência autoprovocada" e diferenciados segundo intenção e sucesso da ação (Associação Americana de Psicologia [APA], 2022).

A ideação suicida engloba a visão de que o ato de tirar a própria vida é uma opção para escapar do sofrimento (ideação passiva), incluindo possíveis planos com a intenção de morrer (ideação ativa). Como ela antecede os demais eventos, a ideação pode ser considerada um importante indicador do risco de suicídio. Já a autoagressão se configura como qualquer ato que tenha a intenção de causar dano a si mesmo, mas sem a intenção de morrer. A tentativa de suicídio envolve um ato de autoagressão com o fim de tirar a própria vida, utilizando um meio que tem a intenção de ser letal, mas que porventura não resultou em óbito. E o suicídio é o ato de tirar intencionalmente a própria vida, com um desfecho fatal (APA, 2022). O DSM-5-TR (2022) aponta, ainda, formas de linguagem adequadas para se referir a cada condição, diferenciando, inclusive, entre "episódio atual", "histórico" e "tratamento ativo", ou não (APA, 2022).

Como o fenômeno é multifatorial, a etiologia do suicídio engloba tanto fatores da "natureza" quanto do "ambiente", termos que podem ser traduzidos como "biologia" e "cultura", respectivamente. Existem fatores de ambos os meios associados ao maior risco de comportamento suicida tanto na juventude quanto na vida adulta.

O período de desenvolvimento da infância e adolescência também deve ser ponto de reflexão. Dependendo da faixa etária, o plano de suicídio pode ser mais ou menos elaborado. Além disso, o próprio conceito de morte pode variar dependendo da idade e maturidade da criança. Em adolescentes, um fator complicador é a impulsividade, que pode se contrapor ao ponto de alerta do plano de suicídio e intensificar a necessidade de restringir o acesso aos meios que o indivíduo pode utilizar para tirar a própria vida ou se machucar. Os estudos na área mostram que o abuso de substâncias, ter passado por vivências traumáticas e facilidade de acesso a armas de fogo são importantes fatores de risco para suicídio na faixa etária de 14 a 25 anos (Goldstein et al., 2022).

Comorbidades psiquiátricas também estão associadas a comportamentos suicidas, sendo relatadas em 80% dos casos de tentativa de suicídio (Bachmann, 2018). O transtorno mais comum é a depressão unipolar ou bipolar, mas também é notável o abuso e dependência de substâncias psicoativas e a esquizofrenia. De acordo com Kuczynski (2014), indivíduos com dois diagnósticos psiquiátricos aumentam em 3,5 vezes o risco de tentativa, em comparação aos indivíduos sem comorbidades psiquiátricas. Outros fatores associados ao risco aumentado para suicídio incluem situações de violência intra ou extrafamiliar, ter passado por experiências adversas, como abusos físicos, exposição à violência, discriminação no ambiente escolar e o abuso de substâncias (OMS, 2014b).

Além disso, estudos mostram que as vítimas de *bullying* também apresentam riscos elevados para suicídio, assim como as pessoas que vivem em isolamento social e possuem pouco suporte social de amigos e parentes (Brunstei et al., 2010). Dessa forma, na adolescência, deve-se ter especial atenção para o uso e os comportamentos de risco nas redes sociais. É nesse período que o uso das mídias sociais se torna especialmente relevante, podendo ter impacto tanto positivo quanto negativo. Enquanto as redes sociais podem promover a disseminação de ideias, comunidade e expressão, também são um meio que contém possível humilhação, assédio, comparação de imagem, entre outros, podendo aumentar o risco para tentativas de suicídio (Comitê Estadual de Promoção da Vida e Prevenção do Suicídio do Estado do Rio Grande do Sul & Comissão da Criança e do/a Adolescente, 2019).

A Organização Mundial da Saúde enfatiza a necessidade de ações eficazes para prevenir o suicídio globalmente. Portanto, urge a implementação de estratégias de prevenção eficazes. A prevenção, nesses casos, deve ser um conjunto de ações que atingem a raiz multifatorial do problema e incluem conscientização na população, identificação de fatores de risco, tratamentos psicológicos e apoio social para grupos de risco, educadores e escolas, além da redução de acesso a meios letais (Schneider, 2009; OMS, 2014b).

O reconhecimento de transtornos mentais e a intervenção precoce são fundamentais para a prevenção do suicídio, assim como o acesso a serviços capacitados para atendimento adequado. Por isso, é importante estar atento a sinais de alerta, além dos fatores de risco já mencionados. Eles incluem diminuição de autocuidado, diminuição do rendimento escolar, perda de interesse em atividades, mudanças no vestuário para cobrir partes do corpo e mudanças de humor (du Roscoät et al., 2016).

Há momentos de maior risco também já identificados. As tentativas de suicídio são fortemente influenciadas por comportamento impulsivo e elevada desesperança sobre o futuro ou sobre a mudança da situação atual, mas costumam precisar de gatilhos ambientais ou sociais para ocorrer (Koerner et al., 2022). Alguns fatores de risco para as tentativas de suicídio já foram identificados e incluem o período após o término de uma relação amorosa ou separação conjugal, perda de emprego ou declínio abrupto no *status* econômico pessoal ou familiar, vivenciar uma rejeição afetiva ou temer que se torne público algo que fez, ou seja, algo que é considerado socialmente inaceitável. Entre os jovens, piora acentuada no rendimento escolar, falhar em algum processo seletivo importante (como o Exame Nacional do Ensino Médio (Enem), por exemplo) e ser vítima de *bullying* podem assumir esse papel.

Além desses, estão incluídos como fatores de risco: passar por uma gravidez indesejada, em especial durante a adolescência; vivenciar graves perturbações na família; surtos relacionados a diagnósticos de transtorno mental e ter passado por internação psiquiátrica atual ou recente (Bertolone, 2010).

Em contraponto, ter um emprego estável, conviver com crianças em casa, contar com uma rede de suporte social, ter crenças religiosas, perceber sentido na própria vida, ter maior nível de resiliência e usar mais estratégias de enfrentamento foram identificados como fatores de proteção contra tentar acabar com a própria vida. Somam-se a esses fatores protetivos, não ter diagnósticos psiquiátricos e estar em psicoterapia (Bertolone, 2010).

Toda a prevenção no contexto do suicídio tem início no cuidado com a saúde mental. Em se tratando da infância, o ambiente ou contexto em que a criança está inserida merece destaque (OMS, 2014b; Vos et al., 2020; Comitê Estadual de Promoção da Vida e Prevenção do Suicídio do Estado do Rio Grande do Sul & Comissão da Criança e do/a Adolescente, 2019). Assim, as escolas, que são protagonistas, precisam se tornar ambientes de educação para além das informações contidas em livros. Elas são ambientes importantes para promover a saúde mental e proteger alunos de situações como *bullying*, humilhação online, isolamento, pressão pelo rendimento escolar e das diversas formas de violência. Para isso, é crítico criar um ambiente de acolhimento e escuta.

Conversar sobre saúde mental pode ser instaurado na cultura da escola e dos próprios jovens, sendo um ponto de atenção durante o ano inteiro e não só no "Setembro Amarelo". Dessa forma se abre espaço para conversas sobre suicídio e saúde mental, possibilitando não só a conscientização e tratamento precoce, mas também o pedido de ajuda e, então, o acolhimento. O Setembro Amarelo surgiu como um período destinado a combater o suicídio, após a morte do jovem Mike Emme, nos Estados Unidos, em 1990, incorporado ao calendário da Associação Brasileira de Psiquiatria, em 2013.

Processo de avaliação em risco de suicídio

Inicialmente, é importante citar que os processos avaliativos são fundamentais para detectar o comportamento suicida (ideação, passiva, ativa, tentativas anteriores e o próprio suicídio). Avaliar é muito mais do que mensurar/medir o fenômeno estudado por intermédio de escalas ou inventários. Aliás, é de suma importância conhecer todas as variáveis envolvidas no comportamento suicida, inclusive os fatores de risco e/ou protetivos, já que simplesmente saber a prevalência do fenômeno não garante informação suficiente para pensar em programas de prevenção e de intervenção. No entanto, do ponto de vista de uma avaliação coletiva, as escalas podem ser de imensa importância para rastrear o comportamento suicida, desde que possuam diversas evidências de validade, sensibilidade e especificidade, além de confiabilidade adequada (Runeson et al., 2017).

De fato, o comportamento suicida é de difícil previsibilidade, sendo necessários estudos preditivos de coorte, por exemplo, para avaliar se as escalas realmente possuem a capacidade de predizer novas tentativas, utilizando, inclusive, análises estatísticas mais robustas (Kessler et al., 2020). E, como salientam Hom et al. (2016), itens únicos de avaliação de comportamento suicida ou escalas com poucas informações (poucos itens) parecem não ser adequados para captar o fenômeno de maneira a fornecer informações mais abrangentes.

Fatores de riscos diversos também devem ser levados em consideração no processo avaliativo do comportamento suicida. Bilsen (2018), por exemplo, recomenda que problemas mentais e transtornos anteriores e atuais, tentativas passadas de suicídio, características específicas de personalidade, carga genética e processos familiares podem se combinar, de maneira complexa, com estressores psicossociais, exposição a modelos inspiradores e disponibilidade de meios para cometer suicídio. Complementando essas variáveis, Gvion e Levi-Belz (2018) apontaram que dor mental, dificuldades de comunicação, impulsividade na tomada de decisões e agressividade também são importantes fatores de risco a serem avaliados. Importante citar que fatores de risco podem ser diferentes para ideação suicida e tentativas de suicídio (Nock et al., 2016).

Horwitz et al. (2015) destacam que a gravidade da ideação suicida (intencionalidade e métodos utilizados), bem como sua intensidade (frequência e controlabilidade dos pensamentos), além da história de tentativas ao longo da vida, podem ser considerados preditores independentes de risco para futuras tentativas. Sendo assim, é importante que essas variáveis sejam avaliadas preliminarmente em um processo de rastreamento. Outros fatores importantes também já foram identificados. Por exemplo, uma das teorias bastante aceitas atualmente sobre ideação para a ação foi desenvolvida por Klonsky e May (2015), sendo conhecida como teoria dos "Três Passos para o Suicídio" ou em inglês: *Three Steps Theory* (3ST).

A 3ST postula que no primeiro passo as pessoas podem desenvolver pensamento/sentimentos de dor psicológica e desesperança associados à ideação suicida, quando vivem em desconexão e possuem poucos vínculos com objetivos de vida (trabalho, projetos, funções, interesses diversos) e dificuldades para estabelecer relacionamentos profundos com outras pessoas, características do segundo passo. No terceiro passo, a pessoa desenvolve, além do acúmulo dos dois passos anteriores, a capacidade para a tentativa de suicídio, ou seja, desenvolve habituação com a dor, diminuição do medo e ideia da morte, habituação com experiências negativas de vida, além de poder adquirir informações sobre métodos para o suicídio. Assim, a 3ST tenta também levar em considerações o caminho em que ocorreria a passagem de uma ideação passiva para o ato de tirar a própria vida em si.

Atualmente, ao consultar o Sistema de Avaliação de Testes Psicológicos (Satepsi) (Conselho Federal de Psicologia [CFP], 2023), existem 153 testes aprovados e, desses, somente dois estão ligados diretamente à avaliação do comportamento suicida: o *Beck Suicide Scale* (BSS) (Escala de Ideação Suicida), desenvolvido por Beck e Steer (1991), atualmente validado (Carvalho & Valim, 2023) e baseado no referencial cognitivo; e a Escala de Riscos de Suicídio (Risc), para pessoas entre 18 e 74 anos (Baptista & Leopoldino, s.d.), baseada na teoria de ideação para ação (3ST).

O BSS possui 21 questões em escala tipo Likert de 3 pontos, avaliando a presença de pensamentos intrusivos de morte, a frequência e a intensidade desses pensamentos, o desejo de morrer, a existência de planos e intenções suicidas. A depender das respostas dadas, o avaliado pode parar ou continuar respondendo os itens até o final da escala. Já a Risc avalia dimensões tais quais desesperança, falta de conectividade, impulsividade, autolesão e capacidade adquirida para o suicídio. Ou seja, amplia as dimensões teóricas propostas pela teoria 3ST, oferecendo uma medida mais ampla.

Em relação à Risc, interessante citar que diversas evidências de validade foram conferidas à escala, bem como estudos de sensibilidade e especificidade, baseados tanto na teoria clássica dos testes quanto na teoria de resposta ao item. Outro diferencial da Risc, além de ter sido construída baseada em uma teoria e totalmente desenvolvida no Brasil, se refere às normas, ou seja, é possível obter normas baseadas em critérios externos por intermédio de pensamentos suicidas anteriores, bem como tentativas anteriores e normas baseadas em uma análise de caminhos (*path analysis*), considerada uma análise estatística robusta.

O relatório que a Risc fornece acaba sendo bastante completo, já que, além das estatísticas descritivas, também é possível analisar a capacidade preditiva entre as dimensões, sendo que a desesperança explicaria a falta de conectividade, que explicaria a autolesão, capacidade adquirida e impulsividade, que, por fim, explicariam a ideação e as tentativas de suicídio passadas. Ainda é possível consultar um relatório qualitativo com dicas clínicas importantes no processo de avaliação psicológica.

Importante citar que a maioria das escalas de depressão aprovadas pelo Satepsi também contam com itens que avaliam a ideação suicida, já que o episódio depressivo maior, bipolaridade e alguns transtornos de personalidade são frequentemente associados ao desenvolvimento de comportamento suicida. Por esse motivo, é sempre recomendável avaliar tais patologias junto ao fenômeno do comportamento suicida. No entanto, tais escalas não fornecem informações aprofundadas do fenômeno, apesar de algumas delas estarem bastante associadas e/ou serem preditivas ao comportamento suicida (por exemplo, Escala de Desesperança de Beck, Escalas Baptista de Depressão, HUMOR-IJ – Bateria de Escalas de Sintomas Internalizantes Infantojuvenil).

Também é importante avaliar os diversos fatores de risco e contingências pelas quais a pessoa vem passando, inclusive história pregressa de ideação e tentativas. Conforme aponta Baptista (2018), o processo de avaliação do comportamento suicida é fundamental para que o clínico possa embasar suas decisões de intervenção.

Prevenção e intervenções

Além de conseguir avaliar, prevenir as tentativas de suicídio é ação mandatória em todos os contextos de atuação da psicologia. Essa é uma questão delicada, exigindo uma avaliação detalhada do quadro e respeito pela dor e desespero de quem cogita ou tenta esse comportamento. Por ser multicausal, ao trabalhar com a possibilidade de suicídio, o profissional precisa ponderar sobre determinantes sociais, o contexto atual de vida, vivências traumáticas, existência de quadros psicopatológicos e crenças pessoais e religiosas, tanto as próprias quanto a dos envolvidos.

Os programas de prevenção de comportamento suicida passam pela identificação precoce de ideação suicida, psicoeducar sobre o suicídio, desenvolver estratégias para regulação emocional, ampliar a rede de suporte social e oferecer acompanhamento psicológico e psiquiátrico para os casos mais urgentes (Baptista et al., 2022; Goldstein et al., 2022). Tais programas seguem algumas diretrizes em comum e podem ser implementados em diversos contextos. As intervenções feitas em contextos clínico e escolar já foram identificadas como mais relevantes para ações de prevenção e intervenção precoce para o suicídio (Lins et al., 2021).

Os programas vão variar em formato, tempo de duração, público atendido e se utilizam ou não tecnologias de informação e comunicação (TICs), mas todos passam pela tentativa de identificação precoce do risco de suicídio, oferta de atendimento em saúde mental ou encaminhamento para órgão que possa oferecer esse acompanhamento, ampliação das informações sobre aspectos de saúde mental e dos serviços de saúde disponíveis para auxiliar em caso de sofrimento ou transtorno mental, redução do estigma sobre adoecimento mental e procura por ajuda e identificação de redes de apoio social (Associação Brasileira de Psiquiatria, 2014; OMS, 2014b).

Há vários programas de prevenção ao suicídio. Os mais adotados em contexto internacional baseiam-se no referencial do Modelo de Avaliação Esquemático do Suicídio, proposto por Johnson et al. (2008) e em intervenções de referencial cognitivo-comportamental. Esses programas avaliam o risco de que a ideia de suicídio surja como uma possibilidade para fazer tentar parar o sofrimento atual e se a pessoa consegue visualizar como atentaria contra a própria vida (ideação suicida). Além disso, avaliam o risco de uma tentativa real de autoextermínio e fornecem acompanhamento para tentar evitá-la. Caso a morte não possa ser evitada, oferecem cuidados referentes ao luto para familiares e colegas que conviviam com a pessoa que se suicidou.

A investigação da ideação e risco para o suicídio levanta informações sobre o histórico de tentativas de suicídio, existência de transtornos mentais (anteriormente diagnosticados ou não), abuso de substâncias, isolamento social, vivências de *bullying* e acesso a meios letais. Os profissionais também tentam identificar pensamentos disfuncionais sobre morte e o morrer, esquemas desadaptativos de desamparo, planejamento do comportamento suicida e sintomas depressivos e de desesperança (Bornheimer et al., 2022), além de levar em consideração o auto e o heteroestigma para a busca de tratamento e/ou auxílio de profissionais de saúde ou serviços de apoio e intervenção, já que qualquer tipo de preconceito relacionado à saúde mental pode impedir a procura de auxílio (Vogel et al., 2017). Apesar de sua adoção ser mais comum em serviços de saúde, os profissionais de saúde mental nas escolas podem ser treinados para identificar esses fatores e os contextos clínico e escolar já foram identificados como mais relevantes para ações de prevenção e intervenção precoce para o suicídio (Lins et al., 2021).

Em contexto clínico há alguns procedimentos já estabelecidos para o profissional adotar quando o cliente apresenta ideação suicida (por exemplo, focar nesse aspecto como urgente e prioritário, verificar planejamento do ato de suicídio, fazer contrato de vida). Quando o risco à vida é iminente, o psicólogo pode, inclusive, quebrar o sigilo profissional se julgar necessário, alertando responsáveis ou autoridades, pois a primeira diretriz ética sempre será: proteja a vida (Lins et al., 2021). E os programas de prevenção do suicídio nesse contexto tendem a ser realizados em serviços de saúde, com duração média de 24 encontros, feitos presencialmente. Contudo, O'Toole et al. (2019) alertam que as pessoas com maior risco de voltar a cometer tentativas de suicídio tendem a desistir na metade das intervenções, sendo a décima primeira e décima segunda sessões pontos críticos para tal abandono e merecendo mais atenção por parte dos profissionais. Outro ponto já observado é que os aplicativos desenvolvidos até o momento como propostas de intervenção digital assíncrona para prevenção do suicídio não têm mostrado os resultados desejados, sendo o trabalho presencial ou síncrono mais efetivo (Bornheimer et al., 2022).

Caso os programas de identificação sejam criados ou adaptados para uso em contexto educacional, Olson et al. (2021) indicam a importância de incluir um módulo sobre literacia para saúde como forma de preparar os profissionais para identificar corretamente sinais e sintomas. Programas como o *Mental Health First Aid* (Primeiros Socorros em Saúde Mental), desenvolvido nos Estados Unidos, treinam os participantes sobre os transtornos mentais comuns, comportamentos de risco e como fazer o encaminhamento de jovens para cuidados em saúde mental. Esse treino inclui aspectos sobre como abordar a questão da saúde mental, quais os dispositivos disponíveis na região para encaminhar o caso, cuidados especiais a serem tomados com a família, entre outros (Bornheimer et al., 2022).

Os profissionais que atuam no contexto educacional também são incentivados a focar esforços para incluir no ambiente escolar módulos para treinamento de habilidades socioemocionais, como resiliência, empatia e capacidade de enfrentamento (Lins, 2021), e a realizarem intervenções pós-tentativa de suicídio ou quando um dos colegas de fato morre em decorrência de suicídio.

Baptista et al. (2022) identificaram oito programas para prevenção de suicídio realizados em contexto escolar: Question, Persuade, Refer Suicide Prevention Program; Surviving the Teens Suicide Prevention and Depression Awareness Program; Suicide Prevention Program; Support, Appreciate, Listen Team' (Salt); Based Suicide Prevention Peer Education Program on Peer Educators; Psycho-Educational Prevention Program; Adolescent Suicide Awareness Program (Asap) e Programa Baseado em Questionário com Questões abertas. Desses, o safeTALK (Kinchin et al., 2019) e o Question, Persuade, Refer Suicide Prevention Program (Johnson & Parsons, 2012) têm estudos de efetividade feitos em diferentes países para uso em contexto educacional e o Signs of Suicide (Aseltine Jr. et al., 2007) para contextos clínicos. Quando o contexto é educacional, algumas intervenções focadas na prevenção do suicídio também já foram desenvolvidas. Tais intervenções focam especialmente na faixa etária de 14 a 25 anos, considerada em maior risco para o suicídio. Todos esses programas dão destaque à capacitação dos profissionais, pais e dos próprios estudantes para identificar comportamentos de risco, sinais de ideação suicida e a forma de fazer o encaminhamento do caso aos profissionais adequados. Muitos incluem, ainda, a criação de momentos para exposição de medos e sentimentos, de forma a tornar as relações mais próximas e criar uma maior oportunidade para aqueles que sentirem a necessidade de buscar por ajuda.

E alguns programas focais para uso com estudantes já identificados como em maior risco para cometer suicídio, por exemplo o Surviving the Teens Program (King et al., 2011). Esse é um programa de dois dias de encontros, com atividades predefinidas, focadas em desenvolver comportamentos de busca por ajuda diante de situações problemáticas, ampliar redes de suporte social e a qualidade do suporte, ampliar o repertório de estratégias de enfrentamento para os problemas, bem como reduzir comportamentos de risco, como uso ilícito de drogas e álcool, automutilação, entre outros.

Diferentemente do contexto clínico, as intervenções nas escolas variam amplamente em termos de tempo, havendo intervenções de psicoeducação feitas em um único encontro em programas permanentes (Baptista et al., 2022). A existência de profissionais de saúde mental, tais quais psicólogos e conselheiros, nas escolas tem se mostrado um fator importante para prevenção do suicídio (Kinchin et al., 2019). Isso ocorre, em parte, porque tais profissionais estão treinados para reconhecimento precoce dos casos de maior risco, mas, também, pela oferta de suporte rápido. As instituições que contam com profissionais de saúde tendem, ainda, a manter programas de promoção de saúde focados na redução dos sintomas depressivos e de enfrentamento de luto, o que contribui para redução das tentativas de suicídio (Lins, 2021).

Há outras propostas de intervenção focadas nas comunidades e vizinhanças de grupos em maior vulnerabilidade social ou com risco aumentado já identificado (por exemplo, próximas a locais em que frequentemente ocorrem suicídios). Esses programas também focam na identificação precoce dos comportamentos de risco e nas opções de encaminhamento disponíveis, diante da identificação de casos. Exemplos de programas comunitários para prevenção do suicídio são o *Sources of Strength* (Wyman et al., 2010) e o *Gatekeeper Suicide Prevention Program* (Tompkins & Witt, 2009).

Considerações finais

O comportamento suicida é um fenômeno multifacetado e complexo em termos de sua etiologia e tem sido observada alta prevalência de tentativas de suicídio em pessoas em idade escolar. O suicídio também apresenta diversos fatores de risco, muitos deles gerados e/ou cronificados no próprio ambiente educacional.

A avaliação constante do comportamento suicida em todos os níveis, desde o Fundamental I até a pós-graduação, é de suma importância para detectar casos que possam ser acompanhados e, assim, evitar problemas de maior monta no futuro. Todos os personagens, após avaliação, devem fazer parte do tratamento, desde a direção e professores até profissionais de saúde e família/amigos.

É de suma importância um movimento coordenado em políticas públicas de saúde e educacionais, a fim de encarar essa problemática tão deletéria nas sociedades modernas. Alguns dos programas já desenvolvidos, principalmente nos Estados Unidos e na Europa, podem servir de modelos para diversos tipos de intervenção, variando em termos de tempo, abrangência e especificidades, mas deverão ser adaptados à realidade brasileira.

Referências

Aseltine Jr., R. H., & DeMartino, R. (2004). An outcome evaluation of the SOS Suicide Prevention Program. *American Journal of Public Health*, 94(3), 446-451. https://doi.org/10.2105/ajph.94.3.446

Associação Americana de Psicologia. (2022). *Diagnostic and statistical manual of mental disorders* (5a ed., text rev.). APA. https://doi.org/10.1176/appi.books.9780890425787

Associação Brasileira de Psiquiatria. (2014). *Suicídio: informando para prevenir*. Editora Conselho Federal de Medicina. Recuperado de https://www.ufpb.br/cras/contents/documentos/cartilha-sobre-suicidio.pdf

Bachmann, S. (2018). Epidemiology of suicide and the psychiatric perspective. *International Journal of Environmental Research and Public Health*, 15(7), 1425. https://doi.org/10.3390/ijerph15071425

Baptista, M. N., Cunha, F. A., Batista, H. H. V., & Cremasco, G. S. (2022). Programas de prevenção ao suicídio: Revisão integrativa da literatura. *Psicologia: Teoria e Prática*, 24(2), ePTPPA14095.

Baptista, M. N., & Leopoldino, G. A. (s.d.). Escala de Riscos para Suicídio (RISC). Vetor Editora. (No prelo).

Bertolote, J. M., de Mello-Santos, C., & Botega, N. J. (2010). Detecção do risco de suicídio nos serviços de emergência psiquiátrica. *Brazilian Journal of Psychiatry*, 32(Suppl 2), S87-95. https://doi.org/10.1590/S1516-44462010000600005

Bilsen, J. (2018). Suicide and youth: risk factors. *Frontiers in Psychiatry*, 9, 540. https://doi.org/10.3389/fpsyt.2018.00540

Bornheimer, L. A., Verdugo, J. L., Holzworth, J., Im, V., Smith, F. N., Sliwa, H., Taylor, S. F., King, C. A., Florence, T., Tarrier, N., & Himle, J. A. (2022). Modifying a cognitive behavioral suicide prevention treatment for adults with schizophrenia spectrum disorders in community mental health. *Psychiatry Research*, 311, 114505. https://doi.org/10.1016/j.psychres.2022.114505

Carvalho, L. F., & Valim, C. C. D. (2023). *Escala de ideação suicida*. Hogrefe.

Comitê Estadual de Promoção da Vida e Prevenção do Suicídio do Estado do Rio Grande do Sul & Comissão da Criança e do/a Adolescente. (2019). *Guia Intersetorial de Prevenção do Comportamento Suicida em Crianças e Adolescentes*. Recuperado de https://saude.rs.gov.br/upload/arquivos/carga20190837/26173730-guia-intersetorial-de-prevencao-do-comportamento-suicida-em-criancas-e-adolescentes-2019.pdf

Conselho Federal de Psicologia. (2023). *Sistema de Avaliação de Testes Psicológicos – Satepsi*. Brasília, DF. Recuperado de https://satepsi.cfp.org.br/

du Roscoät, E., Legleye, S., Guignard, R., Husky, M., & Beck, F. (2016). Risk factors for suicide attempts and hospitalizations in a sample of 39,542 French adolescents. *Journal of Affective Disorders*, *190*, 517-521. https://doi.org/10.1016/j.jad.2015.10.049

Goldstein, E. D., Prater, L. C., & Wickizer, T. M. (2022). Preventing adolescent and young adult suicide: do states with greater mental health treatment capacity have lower suicide rates? *Journal of Adolescent Health*, *70*, 83-90. https://doi.org/10.1016/j.jadohealth.2021.06.020

Gvion, Y., & Levi-Belz, Y. (2018). Serious suicide attempts: Systematic review of psychological risk factors. *Frontiers in Psychiatry*, *9*, 56. https://doi.org/10.3389/fpsyt.2018.00056

Hom, M. A., Joiner, T. E., Jr., & Bernert, R. A. (2016). Limitations of a single-item assessment of suicide attempt history: Implications for standardized suicide risk assessment. *Psychological Assessment*, *28*(8), 1026-1030. https://doi.org/10.1037/pas0000241

Horwitz, A. G., Czyz, E. K., & & King, C. A. (2015). Predicting future suicide attempts among adolescent and emerging adult psychiatric emergency patients. *Journal of Clinical Child & Adolescent Psychology*, *44*(5), 751-761. https://doi.org/10.1080/15374416.2014.910789

Johnson, J., Gooding, P., & Tarrier, N. (2008). Suicide risk in schizophrenia: explanatory models and clinical implications, The Schematic Appraisal Model of Suicide (SAMS). *Psychol Psychother*, *81*(Pt 1), 55-77. https://doi.org/10.1348/147608307X244996

Johnson, L. A., & Parsons, M. E. (2012). Adolescent suicide prevention in a school setting: Use of a gatekeeper program. *NASN School Nurse*, *27*(6), 312-317. https://doi.org/10.1177/1942602x12454459

Kessler, R. C., Bossarte, R. M., Luedtke, A., Zaslavsky, A. M., & Zubizarreta, J. R. (2020). Suicide prediction models: a critical review of recent research with recommendations for the way forward. *Mol Psychiatry*, *25*, 168-179. https://doi.org/10.1038/s41380-019-0531-0

Kinchin, I., Russell, A. M. T., Petrie, D., Mifsud, A., Manning, L., & Doran, C. M. (2019). Program evaluation and decision analytic modelling of universal suicide prevention training (safeTALK) in secondary schools. *Applied Health Economics and Health Policy*, *18*(2), 311-324. https://doi.org/10.1007/s40258-019-00505-3

King, K. A., Strunk, C. M., & Sorter, M. T. (2011). Preliminary effectiveness of Surviving the Teens® Suicide Prevention and Depression Awareness Program on adolescents' suicidality and self-ef-ficacy in performing help--seeking behaviors. *Journal of School Health*, *81*(9), 581-590. https://doi.org/10.1111/j.1746-1561.2011.00630.x

Klomek, A. B., Sourander, A., & Gould, M. (2010). The association of suicide and bullying in childhood to young adulthood: a review of cross-sectional and longitudinal research findings. *Canadian Journal of Psychiatry*, *55*(5), 282-288. https://doi.org/10.1177/070674371005500503

Klonsky, E. D., & May, A. M. (2015). A New Theory of Suicide Rooted in the "Ideation-to-Action" Framework. *International Association for Cognitive Psychotherapy*, *8*(2), 114- 129. https://doi.org/10.1521/ijct.2015.8.2.114

Koerner, K., Dimeff, L. A., & Rizvi, S. L. (2022). Visão geral da DBT. In K. Koerner, L. A. Dimeff & S. L. Rizvi (Eds.), *Terapia comportamental dialética na prática clínica: aplicações em diferentes transtornos e cenários*. Artmed.

Kolves, K., & De Leo, D. (2014). Suicide rates in children aged 10–14 years worldwide: changes in the past two decades. *The British Journal of Psychiatry*, *205*(4), 283-285. https://doi.org/10.1192/bjp.bp.114.144402

Kuczynski, E. (2014). Suicídio na infância e adolescência. *Psicologia USP*, *25*(3), 246-252. https://doi.org/10.1590/ 0103-6564D20140005

Lins, T. V. G., Marchetti, R. L., & Neto, J. G. (2021). Semiologia e abordagem do comportamento suicida. In R. F. Damiano, A. C. Luciano, I. D'A. G. Cruz &

H. Tavares (Eds.), *Compreendendo o suicídio* (pp. 232-239). Editora Manole.

Ministério da Saúde. Suicídio em adolescentes no Brasil, 2016 a 2021. (2022). *Boletim Epide-miológico*, *53*(37), 17-27. Recuperado de https://www.gov.br/saude/pt-br/centrais-de-conteudo/publicacoes/boletins/epidemiologicos/edicoes/2022/boletim-epidemiologico-vol-53-no37/view

Nock, M. K., Kessler, R. C., & Franklin, J. C. (2016). Risk factors for suicide ideation differ from those for the transition to suicide attempt: The importance of creativity, rigor, and urgency in suicide research. *Clinical Psychology: Science and Practice*, *23*(1), 31-34. https://doi.org/10.1037/h0101734

Olson, J. R., Lucy, M., Kellogg, M. A., Schmitz, K., Berntson, T., Stuber, J., & Bruns, E. J. (2021). What happens when training goes virtual? Adapting training and technical assistance for the school mental health workforce in response to COVID-19. *School Mental Health*, *13*(1), 160-173. https://doi.org/10.1007/s12310-020-09401-x

Roh, B. R., Jung, E. H., & Hong, H. J. (2018). A comparative study of suicide rates among 10–19-year--olds in 29 OECD countries. *Psychiatry Investigation*, *15*(4), 376. https://doi.org/10.30773/pi.2017.08.02

Runeson, B., Odeberg, J., Pettersson, A., Edbom, T., Jildevik Adamsson, I., & Waern, M. (2017). Instruments for the assessment of suicide risk: A systematic review evaluating the certainty of the evidence. *PLOS ONE*, *12*(7), e0180292. https://doi.org/10.1371/journal.pone.0180292

Schneider, B. (2009). Substance use disorders and risk for completed suicide. *Archives of Suicide Research*,*13*(4),303-316.https://doi.org/10.1080/13811110903263191

Tompkins, T. L., & Witt, J. (2009). The short-term effectiveness of a suicide prevention gatekeeper training program in a college setting with residence life advisers. *The Journal of Primary Prevention*, *30*, 131-149. https://doi.org/10.1007/s10935-009-0171-2

Vogel, D. L., Strass, H. A., Heath, P. J., Al-Darmaki, F. R., Armstrong, P. I., Baptista, M. N., Brenner, R. E., Gonçalves, M., Lannin, D. G., Liao, H.-Y., Mackenzie, C. S., Mak, W. W. S., Rubin, M., Topkaya, N., Wade, N. G., Wang, Y.-F., & Zlati, A. (2017). Stigma of seeking psychological services: Examining college students across ten countries/regions. *The Counseling Psychologist*, *45*(2), 170-192. https://doi.org/10.1177/0011000016671411

Vos, T., Lim, Abbafati, S. S. Abbas, C., Abbasi, K. M. Abbasifard, M., Abbasi-Kangevari, M., Abbastabar, M., Abd-Allah, H., Abdelalim, F., Abdollahi, A., Abdollahpour, M., Abolhassani, I., Aboyans, H., Abrams, V., Abreu, E. M., Abrigo, L. G., Abu-Raddad, M. R., Abushouk, L. J., & Murray, A. I., C. J. (2020). Global burden of 369 diseases and injuries in 204 countries and territories, 1990-2019: A systematic analysis for the global burden of disease study 2019. *The Lancet*, *396*(10258), 1204-1222. https://doi.org/10.1016/s0140-6736(20)30925-9

Organização Mundial da Saúde. (2014a). *Preventing suicide: a global imperative*. OMS. Recuperado de https://www.who.int/publications/i/item/9789241564779

Organização Mundial da Saúde. (2014b). *Preventing suicide*. OMS. Recuperado de https://apps.who.int/iris/rest/bitstreams/1174021/retrieve

Wyman, P. A., Brown, C. H., LoMurray, M., Schmeelk-Cone, K., Petrova, M., Yu, Q., Walsh, E., Tu, X., & Wang, W. (2010). An outcome evaluation of the sources of strength suicide prevention program delivered by adolescent peer leaders in high schools. *American Journal of Public Health*, 100(9), 1653-1661. https://doi.org/ 10.2105/AJPH.2009.190025

45
Afetividade: manejos da avaliação e procedimentos interventivos

Sérgio Antônio da Silva Leite

> *Highlights*
> - Este texto foca as possíveis relações entre afetividade e avaliação escolar;
> - Discutem-se os modelos tradicional e diagnóstico da avaliação escolar;
> - Apresenta-se uma síntese sobre o papel da afetividade na mediação pedagógica;
> - Analisam-se os impactos afetivos dos modelos de avaliação;
> - Apresentam-se dois exemplos de avaliação escolar considerada diagnóstica.

A avaliação escolar, como uma dimensão fundamental do processo de mediação pedagógica, desenvolvida pelo professor em sala de aula, produz inevitavelmente efeitos afetivos nas relações que se estabelecem entre o sujeito/aluno e o objeto/conteúdo escolar. Essa é uma das relações centrais que se pretende demonstrar neste capítulo. Tradicionalmente, o processo de avaliação escolar tem se caracterizado como aversivo e autoritário, sendo seus efeitos vistos como um dos determinantes do processo de exclusão escolar, que atinge os setores mais pobres e marginalizados da sociedade. Tal característica do processo de avaliação tradicional centra-se no fato de que os resultados de uma prova escrita, por exemplo, geralmente são revertidos contra o aluno, principalmente quando não consegue atingir o desempenho esperado pelo professor. Dias (2023) defende que:

> [...] a avaliação tem importante influência no processo de ensino-aprendizagem e, quando realizada de maneira adequada, permite ao professor e ao aluno reorganizarem o processo... a fim de obterem sucesso. Mas quando a avaliação é tomada como mecanismo de controle, seleção ou punição, ao contrário, os impactos são muito negativos (2023, p. 102).

Nesse sentido, assume-se que a avaliação escolar deve ser planejada e desenvolvida sempre a favor do aluno e do seu processo de ensino-aprendizagem, pois o resultado interfere nos vínculos cognitivos e afetivos que se estabelecerão entre o sujeito e o objeto do conhecimento. Além disso, uma mediação pedagógica adequada, desenvolvida pelo professor, afeta a autoestima dos estudantes, favorecendo a autonomia e fortalecendo a confiança em suas capacidades e decisões.

Defende-se neste texto a necessidade de resgatar a avaliação como uma *função diagnóstica*, conforme propõe Luckesi (1984, 2011). A avaliação diagnóstica visa uma concepção de ensino-aprendizagem e não, somente, de aprendizagem. Diferentemente de grande parte das práticas de avaliação atuais, a avaliação diagnóstica tem como foco todo o processo de ensino-aprendizagem e não apenas o aluno. Por meio da função diagnóstica, a avaliação é planejada e desenvolvida como uma situação de reflexão, no sentido de buscar não só o avanço cognitivo dos alunos, mas propiciar as condições afetivas que contribuam para o estabelecimento de vínculos positivos entre eles e os conteúdos escolares. Somente como diagnóstica, a avaliação pode auxiliar o progresso e o crescimento do aluno.

Sobre o modelo tradicional de avaliação

A questão da avaliação escolar, analisada neste texto, está centrada no processo que ocorre em sala de aula, planejado pelo professor, geralmente reduzido à atividade da prova escrita, ainda muito utilizada nos diversos níveis, em especial no ensino superior. Observando-se as atividades desenvolvidas, pode-se identificar um *modelo tradicional de avaliação*, secular, ainda dominante, baseado na ideia de que a aprendizagem é um processo de transmissão que ocorre entre quem tem o domínio dos conteúdos – o professor – e quem ainda não tem – o aluno. Tal prática se dá dentro de um modelo teórico de compreensão que vê a educação como um mecanismo de conservação e reprodução da sociedade. Nesse sentido, o autoritarismo é o elemento necessário para a garantia desse *modelo social*; daí a prática da avaliação manifestar-se também como autoritária.

A avaliação da aprendizagem escolar, no Brasil, portanto, reflete uma pedagogia que está a serviço de um modelo social dominante, identificado como *modelo liberal conservador*, nascido com a Revolução Francesa. As pedagogias hegemônicas, que surgiram após esse momento histórico, estão a serviço desse modelo e, consequentemente, a avaliação educacional, em específico, também está.

De acordo com Luckesi (1984), o modelo liberal conservador produziu três pedagogias distintas, mas com um objetivo em comum: manter o *status quo* da sociedade, em todos os seus aspectos. A *pedagogia tradicional* centra-se no intelecto, na transmissão do conteúdo e na pessoa do professor. A *pedagogia renovada* ou *escolanovista* centra-se nos sentimentos, na espontaneidade da produção do conhecimento e no educando com suas diferenças individuais. E a *pedagogia tecnicista* centra-se na exacerbação dos meios técnicos de transmissão e apreensão dos conteúdos e no princípio do rendimento (Luckesi, 1984, p. 7).

A prática tradicional da avaliação escolar estipulou, como função do ato de avaliar, a classificação e o ranqueamento, que visa separar *os bons dos maus alunos*. O julgamento passa a ter a função estática de classificar um ser humano histórico num padrão determinado. Ele poderá ser definitivamente classificado como inferior, médio ou superior. Com a função classificatória, a avaliação não auxilia o progresso e o crescimento do aluno.

Na prática pedagógica, a ênfase da avaliação com função classificatória trouxe muitas consequências negativas, entre elas o preconceito e o estigma. Como afirma Luckesi (1984, p. 10): "O educando, como sujeito humano, é histórico; contudo, julgado e classificado, ele ficará, para o resto da vida, do ponto de vista do modelo escolar vigente, estigmatizado".

Aprofundando na descrição das práticas de avaliação, poderemos notar que esse fato se revela com maior intensidade no processo de atribuição de médias de aprovação ou de reprovação. Essa é a forma de traduzir o modelo liberal conservador de sociedade. Apesar de a lei garantir igualdade para todos, na escola encontraram-se formas para garantir as diferenças individuais do ponto de vista da sociedade liberal (Kager, 2006, p. 144). A avaliação assumida como classificatória torna-se, assim, instrumento autoritário e frenador do desenvolvimento, possibilitando a uns o acesso ao saber e, a outros, a estagnação e até a evasão dos meios do saber. A partir dessa função, a avaliação desempenha o papel disciplinador nas mãos do professor, além de um instrumento de exclusão.

Ainda outras manifestações do papel autoritário da avaliação, no modelo domesticador da educação, podem ser identificadas. A comunicação é um exemplo. O que se pede num teste pode não ser claro, e até mesmo ambíguo; mas o professor, com a sua autoridade, terá sempre a razão.

Outro uso autoritário da avaliação é a sua transformação em mecanismo disciplinador de condutas sociais. Uma prática frequente no meio escolar é a utilização do poder e do veredicto da avaliação para ameaçar os alunos. Como aponta Luckesi (1984, p. 12), "De instrumento diagnóstico para o crescimento, a avaliação passa a ser um instrumento que ameaça e disciplina os alunos pelo medo". Por estar no bojo de uma pedagogia que traduz as aspirações de uma sociedade conservadora, a avaliação escolar tradicional exacerba a autoridade e oprime o educando, impedindo o seu crescimento e transformação.

Segundo Freitas (2003, p. 42-45), "A utilização da avaliação... cria o campo necessário para que se exercitem relações sociais de dominação e submissão ao professor e à ordem. Aqui começa a ser jogado o destino dos alunos, para o sucesso ou para o fracasso".

Estando a atual prática da avaliação educacional escolar a serviço de um entendimento teórico conservador da sociedade e da educação, faz-se necessário situá-la num outro contexto pedagógico para que a avaliação escolar esteja a serviço de uma pedagogia que se preocupe com a educação como mecanismo de transformação social.

Sobre o modelo de avaliação diagnóstica

Ainda segundo Luckesi (1984, p. 8), no contexto da prática do modelo tradicional, desenvolveu-se uma opção por um outro modelo social, em que a igualdade e a liberdade deveriam ser, de fato, colocadas em prática. Assim, um entendimento socializante da sociedade humana foi se formando e uma nova pedagogia foi nascendo para esse modelo social. Esse autor aponta três modelos pedagógicos que se desenvolveram em um sentido oposto ao dos modelos pedagógicos conservadores: "pedagogia libertadora, pedagogia libertária e pedagogia dos conteúdos socioculturais".

A *pedagogia libertadora* de Paulo Freire é marcada pela ideia de que a transformação virá pela emancipação das classes populares por meio do processo de conscientização cultural e política. A *pedagogia libertária*, representada pelos antiautoritários e autogestionários, centra-se na ideia de que a escola deve ser um instrumento de conscientização e organização política dos educandos. E, por último, a *pedagogia dos conteúdos socioculturais*, representada pelas ideias de Dermeval Saviani, centrada na igualdade de oportunidades no processo de educação e na compreensão de que a prática educacional se faz pela transmissão e assimilação dos conteúdos de conhecimento sistematizados pela humanidade.

Esses dois grupos de pedagogias – o *tradicional* e o *novo modelo social* – podem ser divididos entre aquelas que, de um lado, têm por objetivo a domesticação dos educandos e, de outro, aquelas que pretendem a humanização dos educandos. O primeiro grupo está preocupado com a conservação da sociedade; já o segundo pretende transformá-la.

Consequentemente, cada um desses dois grupos apresenta práticas diferentes de avaliação da aprendizagem escolar. A prática da avaliação escolar dentro do modelo liberal conservador terá que ser, obrigatoriamente, autoritária para o enquadramento dos indivíduos nos parâmetros de equilíbrio social. Já a prática da avaliação nas pedagogias preocupadas com a transformação visa ao estabelecimento da autonomia do educando para a participação democrática de todos. A avaliação aqui deverá manifestar-se como um mecanismo de *diagnóstico da situação*, tendo em vista o avanço e o crescimento, e não a estagnação disciplinadora, o que somente será possível por meio de uma perspectiva diagnóstica.

Uma definição de avaliação citada pelos autores da área, sem dúvida, é a de Luckesi (1984, p. 9), a qual é apresentada nas suas diversas obras: "A avaliação é um julgamento de valor sobre manifestações relevantes da realidade, tendo em vista uma tomada de decisão".

De acordo com o autor, é necessário reconhecer, em primeiro lugar, que a avaliação é um juízo de valor, pois o objeto avaliado será tanto mais satisfatório quanto mais se aproximar do ideal estabelecido, e vice-versa. Assim, uma prática de avaliar não pode ser entendida como a simples realização de uma prova; implica emissão de um juízo de valor a partir de critérios preestabelecidos.

Em segundo lugar, esse julgamento deve ser feito com base nos caracteres relevantes da realidade do objeto da avaliação. O juízo emergirá dos indicadores da realidade que delimitam a qualidade efetivamente esperada do objeto. No caso da sala de aula, os caracteres relevantes da realidade referem-se ao desempenho do aluno a partir de alguma atividade.

Em terceiro lugar, a avaliação conduz a uma tomada de decisão. O julgamento de valor desemboca num posicionamento de *acolhimento*, o que significa obrigatoriamente uma tomada de posição sobre o objeto avaliado e uma tomada de decisão quando se trata de um processo, como é o caso do processo de ensino-aprendizagem. Na prática, esse terceiro aspecto é o que garante o caráter diagnóstico: O que fazer quando o aluno atinge/não atinge os critérios esperados?

Nesse sentido, entende-se que, do ponto de vista pedagógico, não há razão alguma que justifique a reprovação. Ela se constitui como um fenômeno historicamente relacionado com a ideologia liberal, segundo a qual, se o estudante não aprende, seu insucesso é exclusivamente responsabilidade sua ou, mais que isso, é decorrência de seu descuido ou má vontade. Tal crença é consequência direta do *individualismo*, princípio central da ideologia liberal. Para Luckesi (2011, p. 428), "a reprovação, em si, não faz sentido em nenhuma prática educativa, desde que o objetivo seja a aprendizagem e o desenvolvimento do estudante... Oferecer ensino aos educandos e reprová-los são atos contraditórios".

Afetividade e suas relações com o processo de avaliação escolar

A questão da afetividade será abordada a partir do trabalho de pesquisa desenvolvida pelos membros do Grupo do Afeto – parte integrante do grupo de pesquisa (ALLE/AULA), da Faculdade de Educação da Universidade Estadual de Campinas (Unicamp), sob orientação do autor – por meio de suas publicações (Leite, 2006, 2013, 2018, 2023). Inspirados nas ideias de Wallon e Vigotski e, mais recentemente, em Espinosa, os autores do grupo desenvolveram inúmeras pesquisas focando o papel da afetividade nas práticas pedagógicas desenvolvidas pelos professores e seus impactos nas relações que se estabelecem entre o sujeito/aluno e o objeto do conhecimento/conteúdos escolares.

Segue-se uma síntese das ideias sobre a questão da afetividade nas práticas pedagógicas, desenvolvidas pelo grupo nas duas últimas décadas:

- A aprendizagem é um processo que ocorre a partir das relações que se estabelecem entre sujeito e o objeto do conhecimento. Como ensina Piaget, o conhecimento é construído a partir da ação do sujeito sobre os diversos objetos e práticas da cultura, sendo que nesse processo, ele, o sujeito, é considerado ativo/interativo. Isso significa que, conforme o sujeito age, ele elabora ideias, hipóteses, estabelece relações, produz análises e sínteses e, eventualmente, também emite juízos de valor. O conhecimento, portanto, não é transmitido, como postula o modelo tradicional, em que o sujeito é visto como um ser passivo e o conhecimento entendido como fruto do processo de transmissão. Ao contrário, o conhecimento é construído na relação professor/aluno/objeto;

- A relação sujeito/objeto, no entanto, é sempre mediada por algum agente cultural, como ensina Vigotski, sendo que tais agentes podem ser tanto pessoas físicas quanto produtos culturais, como um texto produzido por alguém. Isso implica reconhecer que a qualidade da relação que será estabelecida entre o sujeito e o objeto depende, em grande parte, da maneira como a mediação concretamente ocorre, ou seja, depende da qualidade do processo de mediação. Na sala de aula, o professor é, sem dúvida, o principal mediador entre os alunos e os conteúdos a serem apropriados; mas deve-se reconhecer que há outros mediadores importantes na sala como o material pedagógico, os colegas presentes, o ambiente da sala, recursos etc.;

- A principal contribuição do Grupo do Afeto tem sido demonstrar que as relações que se estabelecem entre o sujeito, o objeto e o agente mediador são, também, marcadamente afetivas, não se limitando apenas à dimensão cognitiva. Ou seja, tais relações produzem, inevitavelmente, repercussões subjetivas, de caráter afetivo, sobretudo no sujeito que vivencia, concretamente, o processo de mediação desenvolvido pelo agente mediador. Do ponto de vista educacional, interessa identificar os impactos afetivos que se estabelecem entre o sujeito/aluno e o objeto do conhecimento/conteúdo escolar;

- Assume-se, portanto, que a relação que se estabelece entre o sujeito e o objeto é, também, de natureza afetiva, sendo que a qualidade da mediação desenvolvida é o principal determinante dessa relação que se estabelecerá, envolvendo, simultaneamente, as dimensões cognitiva e afetiva. Assim, em sala de aula, o tipo de relação que vai se estabelecer entre o aluno e os diversos conteúdos abordados também é de natureza afetiva, podendo, portanto, ser marcada por uma relação positiva ou negativa, dependendo da qualidade da mediação pedagógica feita. Os dados das pesquisas sugerem que uma história de mediação positiva pode produzir, a curto prazo, um *movimento de aproximação* entre o aluno e objeto, de natureza afetiva; o contrário também vale: uma história de relação afetiva negativa pode produzir um *movimento de afastamento* entre o sujeito e o objeto. No caso da escola, o aluno pode até ser aprovado para a série seguinte, mas se as condições oferecidas geraram basicamente impactos afetivos negativos durante o processo de ensino-aprendizagem, o movimento de afastamento entre o aluno e o conteúdo será inevitável.

Nesse sentido, reitera-se que a dimensão afetiva não pode mais ficar ausente das análises e propostas sobre as práticas pedagógicas desenvolvidas nos diversos níveis de ensino. Por essa razão, o conceito já apresentado de ensino-aprendizagem exige que esse mais se limite à dimensão cognitiva, pois é a afetividade que vai possibilitar o envolvimento visceral do sujeito com o respectivo objeto. O modelo tradicional de ensino ilustra claramente a relação acima exposta: quando se cuida apenas da dimensão cognitiva, o ensino torna-se conteudista, o aluno estuda para evitar efeitos aversivos – geralmente, da avaliação – o professor avalia apenas para dar nota, não há efetivamente compromisso com a aprendizagem; enfim, é o que se entende por *ensino burocrático*.

Nesse quadro, uma das principais tarefas da pesquisa é descrever e analisar as práticas pedagógicas desenvolvidas em sala de aula e seus impactos cognitivos e afetivos na relação que se estabelece entre o sujeito e o objeto do conhecimento. Interessa, principalmente, conhecer os processos de mediação pedagógica desenvolvidos por professores, em sala de aula, em todos os níveis, que promovem, principalmente, o movimento de aproximação afetiva entre o aluno e a área de ensino em questão. Foi o caminho escolhido pelo Grupo do Afeto: o conceito de mediação pedagógica não se refere a processos mágicos ou metafóricos, mas a relações concretamente estabelecidas e vivenciadas em sala de aula, as quais podem ser acessadas pelo olhar do pesquisador, por meio de estratégias metodológicas adequadas às características do fenômeno estudado.

Com esses referenciais, o grupo chegou a uma figura que ficou conhecida como *Professor Inesquecível*: um professor cujas práticas pedagógicas possibilitam aos alunos apropriarem-se dos conteúdos abordados e, simultaneamente, estabelecerem uma relação afetiva positiva com os mesmos, ou seja, um movimento de aproximação afetiva, hoje reconhecida como uma condição fundamental para que ocorra o processo de ensino-aprendizagem. São raros esses professores nas escolas, mas quem teve o privilégio de ser aluno de um deles certamente teve sua vida marcada positivamente em relação à área.

Os dados produzidos pelas pesquisas sobre a mediação pedagógica, desenvolvida pelo Professor Inesquecível, demonstram que os seus referidos alunos entrevistados foram profundamente afetados: (a) pela paixão que o professor demonstra em relação ao seu objeto de ensino, a qual é percebida claramente pelos alunos; (b) pelo grande conhecimento que o professor tem sobre a área, fato que também é reconhecido pelos alunos; (c) pelas decisões e práticas pedagógicas concretamente desenvolvidas pelo professor em sala de aula, de forma sempre coerente com o compromisso de garantir a aprendizagem dos conteúdos pelos alunos.

Com relação ao último ponto – práticas pedagógicas desenvolvidas em sala de aula – algumas observações merecem destaque:

- O Professor Inesquecível procura garantir que seus alunos identifiquem a *relevância e a função dos objetivos e conteúdos* que são/serão abordados;
- O Professor Inesquecível inicia o ensino de algum conteúdo específico a partir do conhecimento que o aluno já demonstra sobre o tema; é frequente a realização de uma avaliação, formal ou informal, sobre os conhecimentos e habilidades considerados *pré-requisitos* para que os alunos possam iniciar, com sucesso, o programa em questão. Caso ocorram defasagens de conhecimentos por parte dos alunos, o professor procura garanti-los;

- O Professor Inesquecível procura *organizar os conteúdos* a serem desenvolvidos de forma a garantir que os alunos progridam com sucesso em cada etapa do programa. Tal organização parece obedecer à organização epistemológica da área em questão, o que facilita o processo de apropriação pelos alunos. Frequentemente, o processo de ensino-aprendizagem pode ocorrer por meio de unidades adequadamente planejadas, de forma a dosar os conteúdos, garantindo o nível crescente de dificuldade envolvida;

- O Professor Inesquecível desenvolve *atividades* em sala de aula, escolhidas em função de sua eficiência e de possibilitar o envolvimento dos alunos no processo. Destaca-se a preocupação com a motivação dos alunos, a clareza das instruções, a presença contínua do *feedback* adequado e a manutenção de um clima afetivo positivo em sala de aula;

- O Professor Inesquecível diversifica o *material utilizado* em sala de aula, não se fixando em uma única fonte; os alunos são estimulados a consultar diversas fontes;

- O Professor Inesquecível altera continuamente a *organização física* da sala de aula em função dos objetivos e atividades de momento;

- Com relação às *práticas de avaliação*, o Professor Inesquecível procura utilizá-las mais como um instrumento de aprendizagem do que como uma simples estratégia para atribuir uma nota aos alunos. Além de serem atividades coerentes com o que foi trabalhado em sala de aula, os possíveis resultados negativos ou problemas observados sempre são retomados em sala, geralmente com ajuda de outras práticas mais adequadas, diferentes das anteriores, antes que uma nova avaliação seja feita. Assim, o processo de avaliação é desenvolvido como um importante instrumento utilizado visando ao sucesso da aprendizagem do aluno.

Pesquisa feita pelos membros do Grupo do Afeto (Leite & Kager, 2009) focou os efeitos aversivos do processo de avaliação com alunos no final do ensino médio. Os dados foram coletados por meio das *entrevistas recorrentes* (Leite, 2023, p. 23), a partir do que foram construídos *núcleos de significação* (Aguiar & Ozella, 2006, p. 222). Vários núcleos foram identificados, mas o mais relevante, para o presente caso, é o núcleo das *marcas aversivas*: foi organizado a partir dos relatos verbais dos alunos relacionados aos efeitos aversivos das práticas de avaliação vivenciadas, que impactaram a vida escolar, presente e futura, dos mesmos.

Dentro desse núcleo, foram identificados cinco subnúcleos, que se seguem: (1) medo e ansiedade: efeitos que marcaram a vida escolar dos sujeitos entrevistados, gerados pelo dia de avaliação; (2) sentimento de incapacidade: refere-se a um sentimento que contribui para a baixa autoestima do aluno; (3) perda de motivação para estudar: refere-se à perda de interesse pela disciplina, ao desânimo, como consequência do insucesso diante do tipo de avaliação adotada; (4) frustração e exclusão: refere-se a tais sensações por repetirem o ano letivo, após vivenciarem a experiência negativa com avaliação; (5) deterioração da relação sujeito-objeto: alunos que vivenciaram experiências negativas com avaliação, desenvolveram aversão pela disciplina em que essas práticas eram adotadas – eventualmente, aversão é generalizada pela escola.

Na discussão final dessa pesquisa, Leite e Kager (2009) destacam quatro dos principais efeitos do processo de avaliação tradicional que merecem destaque:

1. *Deterioração da relação sujeito-objeto*: são notáveis os efeitos aversivos da avaliação tradicional, dificultando sobremaneira o processo de vinculação entre sujeito e objeto. Fica evidente que o processo de mediação do professor, com relação à avaliação, no caso, não foi bem-sucedido, uma vez que promoveu um movimento de afastamento vivenciado pelo sujeito na relação com o objeto;

2. *Avaliação como uma produção de estigmas*: na prática pedagógica, a avaliação classificatória tradicional produz muitas consequências negativas, entre elas o preconceito e o estigma do aluno. É possível inferir, a partir das verbalizações dos sujeitos, que esses sentimentos de incapacidade e de frustração, que marcam essa situação, não se restringiram apenas ao momento em que as práticas de avaliação aversivas foram vivenciadas: ao contrário, acompanham e marcam os alunos durante toda a vida escolar;

3. *Avaliação como um instrumento de poder nas mãos do professor*: a avaliação passa a desempenhar um papel disciplinador nas mãos do professor. Daí decorrem manifestações constantes do autoritarismo. Como exemplo, os sujeitos dessa pesquisa retratam a situação da avaliação como uma armadilha criada pelos professores, conforme cobram intencionalmente na prova conhecimentos mais complexos, que não se relacionam com as práticas desenvolvidas na sala de aula. A relação professor-aluno torna-se, muitas vezes, inamistosa pela relação de poder que se instaura em seu interior – no caso, marcada por um sentimento de desconfiança para com o aluno, assumido aprioristicamente. Outro uso autoritário da avaliação é a sua transformação em mecanismo disciplinador de condutas sociais. Uma prática frequente no meio escolar é a utilização do poder e do veredicto da avaliação para ameaçar os alunos;

4. *O processo de avaliação em função do vestibular*: conforme os relatos dos sujeitos, o fato de as escolas desenvolverem as práticas pedagógicas explicitamente com base no vestibular também contribuiu com a potencialização da aversão. Isso porque os alunos sentem-se limitados e pressionados, visto que eles devem aprender muitos conteúdos em um espaço de tempo predeterminado e restrito.

Possibilidades de avaliação e de intervenção

Neste tópico, serão apresentados, sucintamente, dois exemplos de processos de avaliação desenvolvidos pelo autor, que podem ser interpretados como tentativas de construir alternativas ao modelo tradicional classificatório. O primeiro refere-se ao caso da *disciplina ED-707* e o segundo ao curso *Planejamento das Condições de Ensino*. Ambos são apresentados abaixo.

O caso da disciplina ED-707 – Desenvolvimento e Aprendizagem

A disciplina *ED-707 Desenvolvimento e Aprendizagem* faz parte do currículo do programa de pós-graduação da Faculdade de Educação da Unicamp, sendo oferecida, pelo autor, anual e ininterruptamente, de 1988 a 2020. É direcionada aos alunos que ingressam na pós-graduação de qualquer programa da universidade, em especial aos orientandos dos docentes do Departamento de Psicologia Educacional daquela faculdade. Não se constitui como disciplina obrigatória. As informações aqui apresentadas foram baseadas no trabalho de pesquisa desenvolvido por Leite et al. (2023).

Os objetivos da disciplina visam possibilitar ao aluno condições para descrever e analisar os conceitos de desenvolvimento e aprendizagem, à luz de três teorias psicológicas: behaviorismo, psicogênese piagetiana e abordagem histórico-cultural. É oferecida no primeiro semestre, com vinte vagas para alunos regulares e cinco para alunos ouvintes, com duração prevista de quinze semanas. Portanto, é esperado que o aluno se aproprie das ideias centrais e dos principais conceitos envolvidos em cada teoria. Além disso, cada temática teórica é abordada de forma que o aluno estabeleça, na fase final do processo, as possíveis contribuições de cada abordagem para a área educacional, em especial o trabalho desenvolvido em sala pelos docentes.

A estrutura e a organização da disciplina podem ser assim resumidas:

(a) Duas semanas iniciais de leitura e discussão sobre a origem histórica da ciência e, em especial, da psicologia, sendo esta caracterizada como uma área marcada pela diversidade, ou seja, não há consenso quanto ao objeto, objetivo e método entre as diversas abordagens;

(b) Quatro semanas direcionadas para leitura e discussão de cada uma das três teorias, assim organizadas: na primeira semana, aula magna dialogada ministrada pelo professor, em que se apresentam as ideias centrais e conceitos gerais, acompanhados por um vídeo; nas segunda e terceira semana, leitura e discussão para aprofundamento, por meio de textos básicos acompanhados de roteiro de leitura, discussão em pequenos grupos e síntese em grupão coordenado pelo professor; na quarta semana, leitura e discussão sobre as possíveis vinculações entre a teoria e as práticas pedagógicas em sala de aula;

(c) Avaliação: após as atividades acima descritas, o aluno elabora um trabalho escrito com uma síntese de cada teoria e as relações com o processo educacional, de acordo com sua compreensão. Esses trabalhos são corrigidos detalhadamente pelo professor, o qual fornece *feedback* escrito e, caso algum aluno não tenha alcançado os critérios mínimos exigidos, total ou parcialmente, é orientado a elaborar uma *reescrita do texto*, que também pode ser total ou parcial. Essa deve ser entregue na aula seguinte, sendo igualmente corrigida pelo professor.

(d) 15ª semana: ocorre a apresentação e a discussão de um filme relacionado com os processos de desenvolvimento e aprendizagem, em que os alunos discutem, baseando-se nas teorias em questão. A última atividade corresponde a uma avaliação escrita, em que os alunos emitem suas opiniões sobre o curso em geral, e cada um dos aspectos que o compõem.

Durante sua longa duração, inscreveram-se na disciplina cerca de 584 alunos, dos quais 46 (7,88%) não iniciaram o curso por ausência, 25 (4,28%) evadiram-se durante o semestre e 513 (87,84%) concluíram. Desses, 57 (11,11%) eram ouvintes, 355 (69,20%) eram oriundos do programa da Faculdade de Educação e 101 (19,69%) eram de outros programas da universidade. Todos os concluintes foram aprovados, sendo 229 (74,59%) com conceito A, 63 (20,52%) com conceito B e 15 (4,89%) com conceito C. Não houve reprovação alguma.

Com relação ao procedimento de avaliação utilizado no curso, relacionado ao tema deste texto, os seguintes pontos foram identificados a partir das respostas avaliativas dos alunos. Observou-se que 20% dos alunos avaliaram o processo como *muito bom* e 80% como *ótimo*. Questionados sobre os motivos dessa avaliação positiva, 76% destacaram os seguintes aspectos do processo de avaliação: professor corrige minuciosamente e comenta, atividades ajudaram a entender as teorias, procedimento ajuda a produzir conhecimento, ajudou a sistematizar, era um exercício síntese que reorganiza mentalmente as ideias, é uma prática rara na pós-graduação, avaliação distribuída durante o semestre, processo foi fundamental. Nas entrevistas de avaliação com os alunos ficou evidente o impacto afetivo positivo das experiências com o processo de avaliação durante o curso.

Com relação ao *feedback* escrito fornecido pelo professor, bem como ao exercício da reescrita, cerca de 92% consideraram *ótimo*. Destacaram a correção detalhada do professor, a reescrita como uma forma de aprimoramento, um processo que soluciona dúvidas, ajuda a repensar, possibilita ajustes no processo de ensino-aprendizagem, demonstra que o professor não está preocupado com a nota em si, auxilia na escrita da tese, permite ao aluno aprender melhor e compreender a avaliação como um processo.

O caso do curso Planejamento das Condições de Ensino

Em julho de 2013, o autor foi convidado pela reitora da Unicamp para coordenar o EA2, Espaço de Apoio ao Ensino e Aprendizagem, órgão vinculado à Pró-reitoria de Graduação com o objetivo de propor e desenvolver políticas visando ao aprimoramento das condições de ensino de graduação em toda a universidade. Vários projetos foram desenvolvidos pelo grupo reunido pelo autor para desenvolver o trabalho. A maioria visava possibilitar aos docentes da universidade acesso à formação pedagógica, uma vez que dados disponíveis indicavam tal necessidade. A gestão do grupo no EA2 foi de 2013 a 2017, sendo seu relatório de atividades elaborado no final (Unicamp, 2017). Compuseram o grupo as professoras-doutoras Maria Teresa Moreira Rodrigues, Mara Regina Leme de Sordi e Beatriz Jansen Ferreira.

Um dos projetos, planejado e desenvolvido pelo autor, foi o curso Planejamento das Condições de Ensino, direcionado aos professores da universidade com o objetivo de habilitá-los a planejarem os programas de ensino de suas respectivas disciplinas, nas mais diversas áreas, à luz das novas concepções de ensino-aprendizagem das teorias interacionistas.

O curso foi oferecido a partir de 2014, semestralmente, até o período da pandemia em 2020, para grupos em torno de vinte docentes. Cada participante deveria replanejar a sua respectiva disciplina de ensino da graduação na sua unidade de ensino. Em síntese, o curso apresentava a seguinte organização: Os conteúdos foram organizados em cinco grandes unidades, baseando-se nos trabalhos do Grupo do Afeto sobre o Professor Inesquecível. Tais dados permitiram identificar algumas decisões que todo professor deve assumir para planejar e desenvolver seu curso. Cada unidade do curso abordava uma das *cinco decisões*. No final de cada unidade, os participantes deveriam elaborar as tarefas de planejamento correspondentes, as quais eram discutidas coletivamente em sala de aula, na etapa seguinte.

Segue uma descrição sucinta dos conteúdos de cada unidade desenvolvida:

(a) *Onde chegar*: a questão da definição dos objetivos de ensino envolve as dimensões *relevância e clareza*. A escolha dos objetivos é uma decisão que reflete valores, crenças e concepções por parte de quem escolhe, seja um grupo de educadores, um órgão público ou um professor isoladamente. A relação afetiva relacionada aos objetivos refere-se ao fato de que dificilmente um aluno se envolverá com um objetivo, e respectivos conteúdos, se não identificar a relevância dos mesmos para sua vida, sua profissão ou para a sociedade em que vive. Tarefa 1: Definição do/s objetivo/s do programa de ensino;

(b) *De onde partir*: envolve a questão do conhecimento prévio do repertório, pré-requisito que os alunos deveriam apresentar para iniciar o referido programa. Para tanto, apresenta-se a *avaliação diagnóstica* como um instrumento para identificação desse repertório. A ausência total ou parcial do mesmo aumenta a chance de insucesso dos alunos já no início do programa, com inegáveis implicações afetivas nas relações que serão estabelecidas entre eles e os conteúdos em questão. Após a avaliação diagnóstica, caberá ao professor identificar as possíveis defasagens dos seus alunos e propor alternativas para sua superação. Tarefa 2: Identificação dos pré-requisitos e elaboração da avaliação diagnóstica;

(c) *Quais conteúdos abordar*: envolve a questão da análise do objetivo terminal como estratégia para identificar a lógica da organização dos conteúdos a serem abordados, bem como os critérios para sua organização. Todo objetivo terminal envolve uma organização de conhecimento que deve ser identificada pelo professor, com todos os conceitos, princípios, relações e práticas que estão presentes no respectivo objetivo. Tais conteúdos deverão ser organizados em *unidades de ensino*, respeitando tal organização, de forma a aumentar as chances de sucesso do aluno no processo de apropriação desses conteúdos. Tarefa 3: Organização das unidades de ensino do programa com os respectivos objetivos e conteúdos;

(d) *Como trabalhar em sala de aula:* envolve a questão da escolha das *atividades e procedimentos de ensino* que serão desenvolvidos em cada unidade. Relaciona-se com as relações que, efetivamente, ocorrerão em sala de aula – aula expositiva, leitura de texto, discussão em grupo, pesquisa de campo etc. Enfim, são as relações observáveis, geralmente com efeitos imediatos na própria situação, que devem ser adequadas aos objetivos propostos. Aqui, é inegável a implicação afetiva de cada atividade planejada e desenvolvida. Atividades bem planejadas e desenvolvidas aumentam as chances do aprendizado com sucesso por parte do aluno e a consequente relação afetiva de aproximação entre o mesmo e os conteúdos envolvidos. Deve-se relembrar que as atividades se referem às formas como as relações face a face ocorrerão em sala de aula: tom de voz, olhar, contato físico, proximidade, conteúdos de fala, disposição corporal etc. Apresentam um grande potencial determinante para futuras relações de aproximação afetiva. Tarefa 4: Planejamento dos procedimentos e atividades de ensino em cada unidade do programa;

(e) *Como avaliar*: envolve a discussão do conceito de avaliação, incluindo a superação do modelo tradicional e a elaboração de uma nova proposta de avaliação como um instrumento, cujos resultados sempre serão utilizados a favor do processo de ensino-aprendizagem dos alunos. Ao contrário, como já visto, a avaliação torna-se desastrosa quando seus resultados são utilizados contra o aluno. Aqui, novamente o conceito de avaliação diagnóstica é retomado como uma importante tarefa do professor: o que fazer quando o aluno não atinge os critérios esperados? Pela proposta aqui já expressa, os resultados da avaliação devem ser utilizados sempre a favor do processo de ensino-aprendizagem do aluno: se a aprendizagem não ocorreu, então as condições de ensino devem ser revistas, resgatando-se, assim, a relação dialética que deve existir entre os dois processos – ensino e aprendizagem são processos interdependentes e como tal devem ser vistos. A avaliação diagnóstica torna-se um importante instrumento pedagógico no sentido de se estabelecer uma relação de aproximação afetiva entre o sujeito/aluno e o objeto/conteúdo. Tarefa 5: Planejamento do processo de avaliação de cada unidade do programa, segundo a concepção diagnóstica.

Considerações finais

Como síntese, vale retomar as ideias centrais apresentadas e defendidas neste texto: (a) o processo de ensino-aprendizagem é construído na relação que se estabelece entre sujeito/aluno – objeto/conteúdo – mediador/professor; (b) nessa relação, o aluno é um ser ativo e interativo no processo, dado que abstrai elementos do objeto e reflete sobre o mesmo, construindo ideias que permitam explicar/entender o novo; (c) as relações entre sujeito-objeto-mediação não se dão apenas na dimensão racional ou cognitiva, mas são profundamente marcadas pelos impactos afetivos, presentes, inevitavelmente, na situação; (d) pode-se afirmar que a qualidade da mediação é um dos principais determinantes do processo de aproximação/afastamento afetivo entre o aluno e os conteúdos abordados em sala de aula; (e) o processo de avaliação escolar é importante parte integrante das práticas pedagógicas e também apresenta um forte potencial de determinação das relações afetivas entre sujeito e objeto; (f) defende-se a ideia de que a principal razão, ética e educacional, para se avaliar um aluno é que o resultado da avaliação sempre seja utilizado a favor do processo de ensino-aprendizagem do próprio aluno.

Diante das ideias acima apresentadas, pode-se concluir que, como consequência, fica proibido *culpabilizar* o aluno por possíveis dificuldades no processo de ensino-aprendizagem. Cabe, portanto, ao professor, rever as condições de ensino sempre que o aluno demonstrar que ainda está em processo de aquisição do conhecimento.

Referências

Aguiar, W. M. J., & Ozella, S. (2006). Núcleos de significação como instrumento para a apreensão da constituição dos sentidos. *Psicologia: Ciência e Profissão*, 26(2), 222-245.

Dias, N. M. (2023). *Impactos afetivos da exclusão em estudantes das ciências exatas de graduação da Unicamp*. [Dissertação de Mestrado]. Universidade Estadual de Campinas.

Freitas, L. C. (2003). *Ciclos, seriação e avaliação: confrontos de lógicas*. Moderna.

Kager, S. (2006). As dimensões afetivas no processo de avaliação. In S. A. S. Leite (Ed.), *Afetividade e práticas pedagógicas* (pp. 113-146). Casa do Psicólogo.

Leite, S. A. S., & Kager, S. (2009). Efeitos aversivos das práticas de avaliação da aprendizagem. *Revista Ensaio – Avaliação e Políticas Públicas em Educação*, 62(17), 109-134.

Leite, S. A. S., Dias, N. M., & Gasparini, I. L. (2023). Aspectos afetivos na história da disciplina ED-707 - Desenvolvimento e aprendizagem. In S. A. S. L. Leite (Ed.), *Afetividade e o planejamento do ensino* (pp. 51-108). Mercado de Letras.

Leite, S. A. S. (Ed.). (2006). *Afetividade e práticas pedagógicas*. Casa do Psicólogo.

Leite, S. A. S. (Ed.). (2013). *Afetividade na educação de jovens e adultos*. Cortez.

Leite, S. A. S. (Ed.) (2018). *Afetividade – as marcas do professor inesquecível*. Mercado de Letras.

Leite, S. A. S. (Ed.) (2023). *Afetividade e o planejamento do ensino*. Mercado de Letras.

Luckesi, C. C. (1984). Avaliação educacional escolar: para além do autoritarismo. *Tecnologia Educacional*, *61*, 6-15.

Luckesi, C. C. (2011). *Avaliação da aprendizagem – Componente do ato pedagógico*. Cortez.

Universidade Estadual de Campinas. (2017). *EA2 – Espaço de Apoio ao Ensino e Aprendizagem. Relatório de Atividades do EA2 na gestão 2013-2017*. Recuperado de https://www.ea2.unicamp.br/download/relatorio-de-gestao-2013-2017/

46
Habilidades sociais: manejos da avaliação e procedimentos interventivos

Adriana Benevides Soares
Marcia Cristina Monteiro
Humberto Claudio Passeri Medeiros

> *Highlights*
> - Habilidades sociais: comportamentos interacionais das relações interpessoais que podem ter componentes linguísticos e não linguísticos;
> - Treinamento de habilidades sociais: recurso eficiente para as mudanças almejadas no contexto educacional;
> - Competência social: conceito avaliativo referente ao desempenho da pessoa em situações interpessoais.

As habilidades sociais (HS) são essenciais na construção de relacionamentos pessoais e profissionais. São as habilidades que usamos todos os dias para interagir e nos comunicar com outras pessoas. Elas incluem comunicação verbal e não verbal, como fala, gestos, expressão facial e linguagem corporal. Uma pessoa apresenta um repertório satisfatório de HS se tiver conhecimento de como se comportar em situações sociais, atingindo seus objetivos e preservando, ou melhorando, as relações interpessoais (Del Prette & Del Prette, 2019; Rani, 2019).

As HS são vitais para permitir que um indivíduo tenha e mantenha interações positivas com outras pessoas. Algumas habilidades, entre outras, são cruciais para fazer e manter amizades, expressar opiniões, pedir mudanças de comportamentos, tecer críticas, resolver conflitos e também para que os indivíduos possam ser empáticos, pois isso lhes permite responder de uma forma compreensiva e em perspectiva à demanda de seus interlocutores (Rani, 2019; Del Prette & Del Prette, 2019).

O ensino explícito de HS, com muitas oportunidades de prática, pode ajudar os indivíduos a adquirirem habilidades necessárias para lidar com as situações sociais. Este capítulo apresenta o campo e as definições do conceito de HS, instrumentos de avaliação e exemplos de intervenção.

Habilidades sociais

Os objetivos e realizações de vida de uma pessoa são influenciados pelo seu comportamento na sociedade. O relacionamento com outras pessoas depende das interações entre os indivíduos, grupos e instituições, sendo o bem-estar a meta almejada que tem como base fatores como: relações entre pares, ajustamento social, estrutura familiar, HS, entre outros aspectos (Rani, 2019). Ademais, ressalta-se que a forma como nos comunicamos é considerada um aspecto crucial para se alcançar êxito nas tarefas sociais. Para certas atividades, a depender da situação e de quem é ou são os interlocutores, o modo como se fala ou se apresenta ao outro pode trazer consequências favoráveis ou desfavoráveis. A variante linguística é uma possibilidade de se expressar, própria de uma cultura, nível social e pode ser matizada em relação à pronúncia, à gramática e à escolha das palavras. A variante paralinguística (não verbal): gestos, olhares, sorrisos, entre outros, é um importante componente da comunicação interpessoal e dos comportamentos socialmente competentes (Gonçalves Neto et al., 2018).

Assim, pode-se afirmar que as habilidades sociais são a espinha dorsal da competência social de um indivíduo, auxiliando a pessoa a adquirir novas experiências e a aprimorar suas capacidades para melhorar seu desempenho em uma variedade de contextos. Um repertório bem-elaborado de HS pode ser bastante útil para o funcionamento interpessoal bem-sucedido. A aprendizagem dessas habilidades ajuda a tomar decisões, fazer escolhas adequadas e se comportar em diversas situações (Rani, 2019).

Nesse sentido, e apesar da construção de um repertório socialmente habilidoso acontecer por meio de interações com diferentes grupos (família, colegas e outros grupos), conjuntamente podem ocorrem dificuldades no processo de aprendizagem desses comportamentos, o que pode levar a déficits nos repertórios de habilidades sociais e, por consequência, ao comprometimento da competência social (Freitas et al., 2022). Segundo Z. Del Prette e A. Del Prette (2019), as HS são definidas enquanto comportamentos culturalmente aprendidos e que possibilitam desempenhos sociais satisfatórios. Trata-se de um conceito descritivo expresso por um conjunto de comportamentos valorizados culturalmente, com enorme probabilidade de beneficiar o indivíduo e o seu grupo, e que pode contribuir com o desempenho competente nas relações interpessoais. A competência social é um conceito avaliativo referente ao desempenho da pessoa em situações interpessoais, atendendo a questões do próprio indivíduo, da situação em questão, da cultura e da ética (Del Prette & Del Prette, 2019, 2022).

Dessa forma, as HS são essenciais para o desenvolvimento interpessoal e desempenham um papel crucial no crescimento e na interação social das crianças (Burke et al., 2023; Salimi & Fauziah, 2023), adolescentes (Milani et al., 2019) e adultos (Tanaka et al., 2023). Um repertório elaborado de habilidades sociais pode facilitar que crianças façam amigos, compartilhem com os colegas e cooperem em ambientes sociais. Na adolescência pode facilitar as abordagens afetivas e sexuais, assim como comportamentos acadêmicos e de estudo. Na vida adulta as HS requeridas vão considerar novos contextos relacionais ampliados como a universidade, os ambientes laborais e a constituição de famílias principalmente. Pode contribuir no desempenho socialmente competente, para relações sociais saudáveis e positivas, para a satisfação pessoal e para melhoria da qualidade de vida (Leite et al., 2021). Ademais, a promoção de HS pode também proporcionar melhor competência social, resultando em maior adaptabilidade (Maleki et al., 2019).

No sentido contrário, um repertório pouco elaborado em HS pode resultar em problemas comportamentais, emocionais e até em transtornos psicológicos. Pode-se entender como problemas de comportamento aqueles que envolvem episódios de irritabilidade, agressão física ou verbal, provocações, rebeldia, entre outros, estes são considerados externalizantes; já os de preocupação excessiva, retraimento social, tristeza, insegurança e desinteresse, são considerados como internalizantes (Oliveira et al., 2021).

As classes de HS são interdependentes e complementares, de modo a contemplarem as principais demandas interpessoais (Del Prette &

Del Prette, 2019). Ademais, são comportamentos que capacitam a pessoa a interagir com o outro de modo que as suas necessidades sejam satisfeitas e satisfaçam as expectativas dos interlocutores. Para tal é preciso saber desempenhar diversos papéis sociais, que podem ser ensinados, treinados e adequadamente executados, proporcionando uma melhor harmonização consigo e com os demais (Pasche et al., 2019).

Possibilidades de avaliação

A avaliação em psicologia é uma esfera que agrupa um conjunto de conhecimentos, práticas, técnicas, instrumentos e treinamentos. Avaliar aspectos subjetivos mensurados quantitativamente, como as HS, envolve identificação/classificação ou intervenção/programa de treinamento (Bortolatto et al., 2022). As avaliações, especificamente, de HS têm tradicionalmente se concentrado na identificação de deficiências sociais individuais e na avaliação dos resultados do treinamento. Uma variedade de métodos para avaliar as HS tem sido utilizada (Dogan & Kaya-Tosun, 2022).

Uma das técnicas mais comumente empregadas são as avaliações de outros (classificações e relatos de colegas, professores e pais) por meio de escalas ou inventários. Os instrumentos exigem que uma série de critérios especificados sejam respondidos, além de fornecer informações sobre os comportamentos sociais individuais. Muitas dessas escalas são padronizadas e permitem uma comparação com grupos normativos da mesma idade (Burke et al., 2023; Dogan & Kaya-Tosun, 2022).

Em termos de inventários e escalas de HS em geral, pode-se destacar o Cuestionario de Habilidades Sociales (Chaso) (Caballo & Salazar, 2017) e o Inventário de Habilidades Sociais 2 (IHS2) (Del Prette & Del Prette, 2012), derivado do (IHS) (Del Prette & Del Prette, 2001), que foi amplamente utilizado em estudos e pesquisas para o público adulto, porém validado para estudantes universitários. Também para os estudantes universitários o Questionário de Habilidades Sociais (QHC) (Bolsoni-Silva & Loureiro, 2015) tem sido aplicado. Para o universo infantil, o que mais tem sido referenciado é o Sistema de Avaliação de Habilidades Sociais (SSRS) (Gresham & Elliott, 1990), adaptado por Del Prette et al. (2015); além do Sistema Multimídia de Habilidades Sociais para Crianças (SMHSC) e do Inventário Multimídia de Habilidades Sociais para Crianças (IMHSC) (Del Prette & Del Prette, 2005). Para os adolescentes, o Inventário de Habilidades Sociais para Adolescentes (IHSA) (Del Prette & Del Prette, 2009). No que se refere a públicos específicos como professores, pais e casais, tem-se, respectivamente, o Inventário de Habilidades Sociais Educativas – Versão Professor (IHSEProf) (Del Prette & Del Prette, 2013), os Questionários de Respostas Socialmente Habilidosas Versão para Professores (SSRQ-Pr) (Bolsoni-Silva, 2011), o Roteiro de Entrevista de Habilidades Sociais Educativas de Professores (RE-HSE-Pr) (Bolsoni-Silva et al., 2016), o Questionário de Respostas Socialmente Habilidosas para pais (QRSH-Pais) (Bolsoni-Silva et al., 2009), o Roteiro de Entrevista de Habilidades Sociais Educativas e Parentais (RE-HSE-P) (Bolsoni-Silva et al., 2010) e o Inventário de Habilidades Sociais Conjugais (IHSC) (Villa & Del Prette, 2012). Ressalta-se que instrumentos para medir HS específicas como a empatia (Falcone et al., 2008) e a assertividade (Pasquali & Gouveia, 2012) e para públicos específicos tais como os da educação especial têm sido mais escassos. É possível identificar o Inventário de

Habilidades Sociais para Alunos sem Fala Articulada (Quiterio et al., 2020), porém constata-se carência de medidas para esse público, sendo importante avançar em pesquisas nesse campo. Muitos desses inventários e novas escalas estão sendo desenvolvidos para aplicação aberta em plataformas online para atender à necessidade de compreender um público mais diversificado e abrangente e também novos contextos.

Costa et al. (2021), em estudo de revisão integrativa sobre os principais instrumentos que mensuram HS, agruparam o uso dos instrumentos em três categorias: IHS para aqueles utilizados em adultos, incluindo dependentes químicos, cuidadores de crianças, pais de crianças com deficiência intelectual; SSRS para as crianças, majoritariamente do ensino fundamental, IHS e Inventário de Comportamentos Sociais Acadêmicos (ICSA) de Soares et al. (2011) para adolescentes e estudantes universitários e IHS para internos de medicina e residentes médicos e multiprofissionais. Os autores identificaram no geral quinze artigos que atenderam a critérios de inclusão, sendo que nove utilizaram o IHS e dois o ICSA.

Além dos inventários e escalas, as nomeações e classificações de pais e professores compreendem uma avaliação adicional das HS. No caso dos docentes, pede-se que forneçam uma lista de alunos que demonstrem uma característica comportamental específica em maior ou menor grau em comparação com os colegas. Outra técnica é o autorrelato, que fornece informações sobre as percepções subjetivas em relação às próprias HS e exige expor pensamentos e opiniões sobre os comportamentos e relacionamentos. O respondente pode ser ainda solicitado a relatar como lida com diversas situações ou interações sociais. Embora possam fornecer informações únicas sobre as percepções de uma pessoa sobre seu comportamento social, a natureza subjetiva dessa técnica impede a validade relacionada ao critério e, como tal, não é frequentemente usada como um procedimento independente.

A observação comportamental direta é outro método de avaliar. Usando um sistema de codificação observacional, que define categorias específicas de comportamentos, os observadores podem realizar registros durante um período de tempo. Quando conduzida num ambiente naturalista, a observação comportamental permite uma compreensão do repertório de HS, identificando a frequência e a variedade, bem como uma análise da função do comportamento no ambiente (Dogan & Kaya-Tosun, 2022; Salimi & Fauziah, 2023).

Cada uma das técnicas de avaliação mencionadas fornece informações exclusivas sobre certas HS. No entanto, são técnicas que tendem a enfatizar variáveis intraindividuais (o conhecimento e desempenho em vários comportamentos sociais), dando pouca atenção aos fatores contextuais que impactam no funcionamento social. Como resultado, são avaliações que fornecem informações sobre vários comportamentos que uma pessoa apresenta e não apresenta. Supõe-se frequentemente que, com base nas informações, as intervenções podem ser desenvolvidas, observando os excessos e déficits no repertório comportamental e ensinando ajustes apropriados. Mesmo que novos comportamentos possam ser ensinados, muitos podem não funcionar na rede social do indivíduo. Apesar de pais, professores e gestores poderem fornecer informações úteis, essas fontes geralmente não são questionadas sobre a relevância e o significado no ambiente social. Pouca informação é fornecida sobre as habilidades específicas que são importantes para a pessoa aprender a conviver com os outros e aumentar seu *status* na rede social (Dogan & Kaya-Tosun, 2022).

Uma abordagem do ambiente social é relevante para determinar os tipos de HS que são significativas na rede social do indivíduo e a utilização de uma abordagem multimodal para avaliação também é defendida (Bortolatto, 2022; Dogan & Kaya-Tosun, 2022). Assim, segundo os autores, a avaliação das HS é mais precisa quando são utilizados múltiplos informantes, procedimentos e instrumentos, caracterizando uma abordagem multimodal.

Possibilidades de intervenção

No campo das HS, os treinamentos são apontados como recursos eficientes para as mudanças almejadas no contexto educacional. Nos ambientes de interação, como no relacionamento familiar, escolar e entre amigos, pode ser adquirido um repertório socialmente habilidoso sem treinamento formal; contudo, comumente podem ocorrer falhas nesse processo de aprendizagem, ocasionando déficits relevantes em HS. Assim, compreendendo que o relacionamento interpessoal é um aspecto de relevância no desenvolvimento social do sujeito, o treinamento de habilidades sociais (THS) pode ser uma ferramenta valiosa para minimizar esses efeitos, eliminando a possibilidade de ser apenas intuitivo esse domínio e passando a ser um dos fatores protetivos ao desenvolvimento humano (Lessa et al., 2022; Pereira-Guizzo et al., 2018).

Os programas de THS empregam princípios, objetivos e conceitos que produzem procedimentos e técnicas tanto para avaliar quanto para identificar classes de habilidades sociais deficitárias em determinados contextos, objetivando intervir e superá-los. Diante das demandas interpessoais nos diferentes contextos, as deficiências nas HS podem ter impacto sobre a vida pessoal, acadêmica e profissional e na saúde mental (Lessa et al., 2022). Diversos estudos têm usado essa estratégia em contextos escolares, do trabalho, da saúde, entre outros.

O Programa de Treinamento de Habilidades Sociais e Educativas (Promove) (Bolsoni-Silva & Fogaça, 2018; Falcão & Bolsoni-Silva, 2016; Ferraz & Bolsoni-Silva, 2023; Moretto & Bolsoni-Silva; 2021; Victuri & Bolsoni-Silva, 2022) é um exemplo de THS estruturado e prevê a utilização de diferentes ferramentas para o treinamento de habilidades em públicos diversos. Os programas objetivam ensinar habilidades sociais, as quais aumentam a probabilidade de obter reforçadores naturais. O procedimento completo inclui medidas de linha de base, pré-teste, pós-teste e seguimento, valendo-se de relatos e de observações diretas (Victuri & Bolsoni-Silva, 2022).

No contexto escolarizado, diversos atores têm sido alvos da aprendizagem de HS. Em um THS com alunos do ensino fundamental I, Souza et al. (2018, 2019, 2021, 2022) buscaram evidências de aquisição de HS a partir de THS e da manutenção daquelas por meio de estudo de *follow-up*. As pesquisadoras contaram com a participação de pais e professores como informantes dos ganhos, manutenção e déficits de HS dos estudantes. Participaram dez crianças matriculadas em uma turma do 5º ano de uma escola municipal no Rio de Janeiro, em área de vulnerabilidade social. Os discentes tinham idades entre 10 a 13 anos ($M = 10,4$ anos; $DP = 1,0$ anos) e 60% eram do sexo feminino. A análise dos dados ocorreu por meio do Método JT. Os resultados mostraram que todos os alunos se beneficiaram do treinamento e os ganhos nos aspectos cognitivos e comportamentais se mantiveram estáveis ao longo do tempo.

Lima et al. (2019) elaboraram um THS com universitários nos períodos iniciais das graduações para verificar a relação entre as HS, as vivências acadêmicas e os comportamentos sociais acadêmicos. Participaram onze universitários de instituições públicas e privadas, de ambos os sexos e com idades entre 18 e 25 anos. O THS foi feito em doze sessões semanais com duração de 120 minutos cada e abordou temas associados à rotina acadêmica como falar em público, lidar com autoridade, lidar com críticas, fazer elogios, entre outros. Foram utilizados como instrumentos o Inventário de Habilidades Sociais (IHS), o Questionário de Vivências Acadêmicas na sua versão reduzida (QVA-r) e o Inventário de Comportamentos Sociais Acadêmicos (ICSA), aplicados antes e depois do treinamento. Os resultados apontaram que todos os participantes tiveram benefícios quanto à obtenção de HS e que existe associação positiva entre HS, vivências acadêmicas e comportamentos sociais acadêmicos.

Rodrigues et al. (2022) fizeram um estudo com o objetivo de avaliar os efeitos do Treinamento de Habilidades Sociais Educativas para Professores em situações de difícil relacionamento interpessoal em sala de aula. Participaram doze professores do ensino fundamental, de 25 a 35 anos ($M = 29,5$; $DP = 3,0$), que lecionavam em instituições privadas. Foram feitas dez sessões com duração de até noventa minutos. Os participantes responderam a instrumentos que mensuravam o grau de desconforto emocional e à probabilidade de ocorrência de habilidades sociais educativas em dois momentos. A análise dos dados foi feita pelo Método JT e os resultados sinalizaram que todos os participantes apresentaram melhoras clínicas positivas em ambas às dimensões, havendo a exceção de um único participante.

No campo do trabalho, Branco e de Andrade (2020) avaliaram a efetividade de um THS na melhoria da qualidade de vida de um grupo de trabalhadores do setor de atendimento ao cliente. Os resultados se mostraram efetivos na ampliação do repertório de habilidades sociais, comparando os resultados na fase pré-teste e pós-teste, assim como mostrou que há associação positiva entre habilidades sociais e melhoria da qualidade de vida.

No campo da saúde mental, Limberger et al. (2017) realizaram pesquisa com o objetivo de identificar estudos empíricos sobre o THS para usuários de drogas em tratamento, analisando o modelo de intervenção, principais benefícios e limitações da implementação com esse público. Os resultados apontaram que o THS vem sendo realizado de forma complementar a outras técnicas, mostrando-se benéfico na ampliação do repertório de habilidades sociais em usuários de drogas.

Considerações finais

A realização pessoal ao longo da vida não se baseia apenas no desempenho acadêmico ou mesmo no sucesso pessoal ou profissional, mas também na sua capacidade de interagir satisfatoriamente com outras pessoas. O conceito de HS é multidimensional e tem associação com características sociodemográficas; são específicas do contexto e da situação e diferem dependendo das interações sociais. As habilidades sociais necessárias para o exercício comportamental adequado na escola, por exemplo, diferem das exigidas em casa ou na comunidade.

A construção de um repertório de habilidades focadas em se relacionar e interagir com outras pessoas deve ocorrer por meio de instrução explícita da habilidade identificada para melhorar as interações em uma variedade de contextos. Assim, considerando o tempo passado em determinados ambientes, uma parcela considerável dos processos de interação ocorre dentro dos contextos, sendo atribuição dos diferentes atores (pais, professores, gestores) priorizar a aprendizagem de HS.

No âmbito escolar, por exemplo, os docentes e demais atores da comunidade educacional são fundamentais na identificação de comportamentos sociais que interferem no desempenho dos estudantes, para promover habilidades e comportamentos sociais positivos dentro e fora da sala de aula. Embora os professores sejam os especialistas na cultura escolar, é importante que avaliem os comportamentos sociais considerados apropriados dentro do contexto (por exemplo, o ambiente em que um comportamento ocorre), em vez do comportamento ser compreendido como disposicional de um indivíduo.

Ensinar habilidades sociais é uma parte crítica da preparação do sujeito para um futuro de relações interpessoais bem-sucedidas. As HS ensinadas, tanto no âmbito familiar, escolar quanto laboral, são parte da aprendizagem social e emocional e têm a mesma relevância dos conteúdos dos componentes curriculares, por exemplo. O domínio dessas competências sociais ao longo do tempo cria benefícios que acompanham a pessoa ao longo da sua vida acadêmica e do mundo do trabalho.

Assim, tecnologias de ensino de HS podem ajudar o indivíduo a pensar antes de agir, a compreender as perspectivas das outras pessoas, a comunicar de forma eficaz e a utilizar estratégias para gerir a impulsividade ou a agressão. As pessoas que adquirem competências sociais e autocontrole têm menores probabilidades de apresentarem comportamentos inadequados. As HS podem ser ministradas por meio de treinamentos universais, visando a todos em um determinado contexto, ou de treinamentos que funcionem de forma direcionada com aqueles que poderiam se beneficiar de mais apoio. Os treinamentos podem ser ministrados nas instituições de ensino, por exemplo, em aulas estruturadas, e podem variar em intensidade, desde uma única sessão ou mais longos, dinamizados por professores com o apoio de profissionais especializados.

Referências

Bolsoni-Silva, A. T., Falcão, A. P., & Cognetti, N. P. (2021). Intervenções na escola: Promove-Crianças e Promove-Professores. *Educação em Foco, 24*, 291-316. https://revista.uemg.br/index.php/educacaoemfoco/article/view/5107

Bolsoni-Silva, A. T., & Fogaça, F. F. S. (2018). *Promove-Pais – Treinamento de habilidades sociais educativas: Guia teórico e prático.* Hogrefe.

Bolsoni-Silva, A. T., & Loureiro, S. R. (2015). *QHC – Questionário de habilidades sociais, comportamentos e contextos para universitários. Manual de Aplicação.* Hogrefe.

Bolsoni-Silva, A. T., & Loureiro, S. R. (2010). Validação do Roteiro de Entrevista de Habilidades Sociais Educativas Parentais (RE-HSE-P). *Avaliação Psicológica, 9*(1), 63-75. http://pepsic.bvsalud.org/scielo.php?script=sci_arttext&pid=S1677-04712010000100008&lng=pt&tlng=pt

Bolsoni-Silva, A. T., Loureiro, S. R., & Marturano, E. M. (2016). *Roteiro de Entrevista de Habilidades Sociais Educativas Parentais – Manual Técnico – RE-HSE-P.* Hogrefe.

Bolsoni-Silva, A. T., Marturano, E. M., & Loureiro, S. R. (2011). Estudos de confiabilidade e validade do questionário de respostas socialmente habilidosas versão para pais – QRSH-Pais. *Psicologia: Reflexão e Crítica, 24*(2) 227-235. https://doi.org/10.1590/S0102-79722011000200003

Bortolatto, M. de O., Kronbauer, J., Rodrigues, G., Limberger, J., Menezes, C. B., A., Ilana, & Lopes, F.

M. (2022). Avaliação de habilidades sociais em universitários. *Revista Psicopedagogia*, *39*(118), 83-96. https://dx.doi.org/10.51207/2179-4057.20220007

Branco, P. R., & Andrade, E. A. de. (2020). Efetividade do treinamento em habilidades sociais na qualidade de vida de trabalhadores: uma estratégia de promoção da saúde. *Revista Eletrônica Acervo Saúde*, *12*(10), 1-8. https://doi.org/10.25248/reas.e4038.2020

Burke, N., Brezack, N., Meyer, M., & Woodward, A. (2023). Children's social network size is related to their perspective-taking skills. *Frontiers in Developmental Psychology*, *1*, 1-8. https://doi.org/10.3389/fdpys.2023.1221056

Caballo, V. E., & Salazar, I. C. (2017). Equipo de Investigacion CISO-A España. Desarrollo y validación de um nuevo instrumento para La evaluación de las habilidades sociales: el "Cuestionario de Habilidades Sociales" (CHASO). *Behavioral Psychology/Psicología Conductual*, *25*(1), 5-24.

Costa Filho, C. W. L., Sanders, L. L. O., Oliveira, A. L. B. de, Jucá, D. G., Souza Júnior, F. E. A. de., Aguiar, R. G. P. de, Machado, M. G. de O., Souza, A. M. F. de, Santos, C. D. dos., Azevedo, A. L. de., Oliveira, L. C. S. de., Palhano, S. R. A., Barbosa, S. B. B. A., Maia, M. M. de O., & Peixoto Júnior, A. A. (2021). Main instruments used to measure social skills in different contexts: integrative review. *Research, Society and Development*, *10*(17), 1-12. https://doi.org/10.33448/rsd-v10i17.24508

Del Prette, A., & Del Prette, Z. A. P. (2001). *Psicologia das relações interpessoais: Vivências para o trabalho em grupo* (6a ed.). Vozes.

Del Prette, Z. A. P., & Del Prette, A. (2005). *Sistema Multimídia de Habilidades Sociais para Crianças (SMHSC) e o Inventário Multimídia de Habilidades Sociais para Crianças*. Casa do Psicólogo.

Del Prette, A., & Del Prette, Z. A. P. (2009). *Inventário de Habilidades Sociais para Adolescentes: Manual de aplicação, apuração e interpretação*. Casa do Psicólogo.

Del Prette, Z. A. P., & Del Prette, A. (2012). *Inventário de Habilidades Sociais 2*. Pearson.

Del Prette, Z. A. P., & Del Prette, A. (2013). *Inventário de Habilidades Sociais Educativas – Versão Professor (IHSEProf): Dados psicométricos preliminares*. Relatório não publicado. (Disponível com os autores).

Del Prette, Z. A. P., & Del Prette, A. (2019). Studies on social skills and social competence in Brazil: A History in construction. In S. Koller (Org.), *Psychology in Brazil* (pp. 41-66). Springer.

Del Prette, Z. A. P., & Del Prette, A. (2022). Social competence at school: Effectiveness of a teaching at distance program for teachers. *Paideia*, *32*, 1-10. https://doi.org/10.1590/1982-4327e3239

Del Prette, Z. A. P., Del Prette, A., Silva, L. C., & Bandeira, M. (2015). *Inventário de Habilidades Sociais, Problemas de Comportamento e Competência Acadêmica para Crianças*. Pearson.

Dogan, B., & Kaya-Tosun, D. (2022). An effective method in improving social skills: Literature circles. *International Journal of Educational Methodology*, *6*(1), 199-206. https://ijem.com//an-effective-method-in-improving-social-skills-literature-circles

Falcão, A. P., & Bolsoni-Silva, A. T. (2016). *Promove--Crianças – Treinamento de habilidades sociais*. Hogrefe.

Falcone, E. M. de O., Ferreira, M. C., Luz, R. C. M., Fernandes, C. S., Faria, C. A., D'Augustin, J. F., Sardinha, A., & Pinho, V. D. (2008). Inventário de Empatia (I.E.): desenvolvimento e validação de uma medida brasileira. *Avaliação Psicológica*, *7*(3), 321-334. http://pepsic.bvsalud.org/scielo.php?script=sci_arttext&pid=S1677-04712008000300006&lng=pt&tlng=pt

Ferraz, F. I. A. L., & Bolsoni-Silva, A. T. (2023). Efeitos do programa Promove-Casais para a conjugalidade, parentalidade, saúde mental e comportamentos infantis. *Ciencias Psicológicas*, *17*(1), 1-18. http://www.scielo.edu.uy/scielo.php?script=sci_arttext&pid=S1688-42212023000101217

Freitas, L. C., Girotto, J. M., Del Prette, Z. A. P., & Del Prette, A. (2022). Caracterização do campo das habilidades sociais e tendências de pesquisa para um mundo em transformação. *Latin American Journal of Business Management*, *13*(1), 3-9. https://www.lajbm.com.br/index.php/journal/article/view/691

Gonçalves Neto, J. U. U., Del Prette, Z. A. P., & Del Prette, A. (2018). O lugar das variantes linguísticas no Treinamento de Habilidades Sociais. *Acta Comportamentalia*, 27(2), 145-159. https://www.revistas.unam.mx/index.php/acom/issue/view/5230

Gresham, F. M., & Elliott, S. N. (1990). Social skills rating system manual. Circle Pines.

Leite, S. V., França, L. H. de F. P., & Leite, S. B. F. (2021). The influence of social support and social skills on the academic performance of younger individuals and older adult college students. *Estudos De Psicologia*, 38, 1-14. https://doi.org/10.1590/1982-0275202138e190146

Lessa, T. C. R., Prette, A. D., & Prette, Z. A. P. D. (2022). Treinamento de habilidades sociais em alunos de graduação: Uma revisão sistemática. *Psicologia Escolar e Educacional*, 26, 1-10. https://doi.org/10.1590/2175-35392022236195

Lima, C. de A., Soares, A. B., & Souza, M. S. de. (2019). Treinamento de habilidades sociais para universitários em situações consideradas difíceis no contexto acadêmico. *Psicologia Clínica*, 31(1), 95-121. https://dx.doi.org/10.33208/PC1980-5438v0031n01A05

Limberger, J., Trintin-Rodrigues, V., Hartmann, B., & Andretta, I. (2017). Treinamento em habilidades sociais para usuários de drogas: revisão sistemática da literatura. *Contextos Clínicos*, 10(1), 99-109. https://dx.doi.org/10.4013/ctc.2017.101.08

Maleki, M., Mardani, A., Mitra Chehrzad, M., Dianatinasab, M., & Vaismoradi, M. (2019). Social Skills in Children at Home and in Preschool. *Behavior Science*, 9(7), 1-15. https://dx.doi.org/10.3390/bs9070074

Milani, V. E. S., Piovezan, N. M., Muner, L. C., & Batista, H. H. V. (2019). *Pluralidades em Saúde Mental*, 8(1), 149-162. https://revistapsicofae.fae.edu/psico/article/view/240

Moretto, L. A., & Bolsoni-Silva, A. T. (2021). Efeitos do Promove-Universitários em estudantes de universidade pública e privada. *Revista Brasileira de Terapia Comportamental e Cognitiva*, 23, 1-24. https://doi.org/10.31505/rbtcc.v23i1.1328

Oliveira, A. P. de., Capellini, V. L. M. F., Rodrigues, O. M. P. R., & Bolsoni-Silva, A. T. (2021). Habilidades sociais e problemas de comportamento de crianças com altas habilidades/superdotação. *Psicologia: Ciência e Profissão*, 41, 1-17. https://doi.org/10.1590/1982-3703003219590

Quiterio, P. L., Nunes, L. R. d'Oliveira de P., & Gerk, E. (2020). Estudo preliminar: construção do inventário de habilidades sociais para alunos sem fala articulada. *Revista Educação Especial*, 33, 1-26. https://doi.org/10.5902/1984686X42602

Pasche, A. Dias, Vidal, J. L., Schott, F., Barbosa, T. P., & Vasconcellos, S. J. L. (2019). Treinamento de Habilidades Sociais no Contexto Escolar – Um Relato de Experiência. *Revista de Psicologia da IMED*, 11(2), 166-179. https://dx.doi.org/10.18256/2175-5027.2019.v11i2.2850

Pasquali, L., & Gouveia, V. V. (2012). Escala de assertividade Rathus – Ras: Adaptação brasileira. *Psicologia: Teoria e Pesquisa*, 6(3), 233-249. https://periodicos.unb.br/index.php/revistaptp/article/view/17096

Pereira-Guizzo, C. de S., Del Prette, A., Del Prette, Z. A. P., & Leme, V. B. R. (2018). Social skills program for adolescents in preparing for work. *Psicologia Escolar e Educacional*, 22(3), 573-581. https://doi.org/10.1590/2175-35392018035449

Rani, R. (2019). Importance of social skills for adolescents. *Journal of Emerging Technologies and Innovative Research*, 6(3), 1-6. https://doi.org/10.13140/RG.2.2.28711.50084

Rodrigues, P. V. S., Soares, A. B., & Santos, Z. de A. (2022). Efeitos de um treinamento de habilidades sociais educativas para professores. *Contextos Clínicos*, 15(1), 227-247. https://doi.org/10.4013/ctc.2022.151.11

Salimi, M., & Fauziah, M. (2023). Social Skills in Early Childhood and Primary Schools: A Systematic Review. *Journal Ilmiah Peuradeun*, 11(2), 441-474. https://doi.org/10.26811/peuradeun.v11i2.930

Santos, Z. A., Soares, A. B., & Mourão, L. (2020). Escala de habilidades sociais para situações de difícil manejo em psicologia clínica. *Avaliação Psicológica*, 19(3), 232-242. https://dx.doi.org/10.15689/ap.2020.1903.15832.02

Soares, A. B., Mourão, L., & Mello, T. V. S. (2011). Estudo para a construção de um instrumento de comportamentos acadêmico-sociais para estudantes universitários. *Estudos e Pesquisas em Psicologia*, 11(2) 488-506. http://pepsic.bvsalud.org/scielo.php?script=sci_arttext&pid=S1808-42812011000200008&lng=pt&tlng=pt.

Souza, M. S., Soares, A. B., & Freitas, C. P. P. (2018). Efeitos de um treinamento de habilidades sociais no comportamento e desempenho acadêmico. *Avaliação Psicológica*, *17*(4), 417-427. http://dx.doi.org/10.15689/ap.2018.1704.2.02

Souza, M. S., Soares, A. B., & Freitas, C. P. P. (2019). Treinamento de Habilidades Sociais (THS) para alunos em situação de vulnerabilidade social. *Revista de Psicologia: Teoria e Prática*, *21*, 159-181. http://pepsic.bvsalud.org/scielo.php?script=sci_abstract&pid=S1516-36872019000300005

Souza, M. S. de, Soares, A. B., & Freitas, C. P. P. (2021). Avaliação e acompanhamento de um Treinamento de Habilidades Sociais (THS) em crianças do ensino fundamental. *Psicologia Clínica*, *33*(1), 95-118. https://dx.doi.org/10.33208/PC1980-5438v0033n01A05

Souza, M. S., Soares, A. B., & Freitas, C. P. P. (2022). Social Emotional Learning (SEL) program among fifth graders, three and six months later. *Revista Colombiana de Psicologia*, *31*, 35-48. https://dx.doi.org/10.15446/rcp.v31n1.83042

Tanaka, H., Saga, T., Iwauchi, K., Honda, M., Morimoto, T., Matsuda, Y., Uratani, M., Okazaki, K., & Nakamura, S. (2023). The validation of automated social skills training in members of the general population over 4 weeks: Comparative study. *Journal of Medical Internet Research*, *7*, 1-10. https://doi.org/10.2196/44857

Victuri, A. A., & Bolsoni-Silva, A. T. (2022). Effects of Promove Saúde da Mulher on anxiety, depression, social skills and satisfaction: a single-subject design. *Psicologia: Reflexão e Crítica*, *35*(21), 1-16. https://doi.org/10.1186/s41155-022-00226-y

Vieira, A. S., Rossa, I., Beneton, E. R., Ledur, B., Andretta, I. (2022). Habilidades sociais e características do trabalho de gestores. *Revista Administração em Diálogo*, *24*(3), 108-124. https://doi.org/10.23925/2178-0080.2022v24i3.56504

Villa, M. B., & Del Prette, Z. A. P. (2012). *Inventário de Habilidades Sociais Conjugais IHSC*. Casa do Psicólogo.

47
Autoconceito e autoestima: manejos da avaliação e procedimentos interventivos

Francisco Peixoto
Joana Pipa

> *Highlights*
> - O autoconceito é um constructo central em psicologia e educação;
> - O autoconceito é um constructo multidimensional e que se desenvolve ao longo da vida;
> - A autoestima remete a uma avaliação global de satisfação consigo próprio;
> - Instrumentos de avaliação do autoconceito e autoestima apresentam múltiplas dimensões;
> - Intervenções devem focar-se em dimensões específicas do autoconceito.

O estudo das representações sobre si mesmo é uma área rica em pesquisa na psicologia, com termos como autoconceito e autoestima frequentemente utilizados. Uma pesquisa na *Web of Science*, entre 2000 e 2023, utilizando os termos *self-concept* ou *self-esteem* encontra 58.667 artigos com esses dois termos como tópico. A grande quantidade de trabalhos nessa área resulta em uma confusão terminológica, a qual pode ser atribuída à falta de distinção entre os conceitos e à utilização indiscriminada desses termos em estudos. A diferenciação conceitual entre autoconceito e autoestima é essencial para uma compreensão clara dos processos em que esses constructos estão envolvidos.

Algumas definições enfatizam a natureza cognitiva do autoconceito, relacionando-o com as percepções e crenças sobre si mesmo em dimensões específicas, enquanto a autoestima pode ser caracterizada por atitudes globais e sentimentos de valor em relação ao *self* (Xue, 2022). A operacionalização desses conceitos em escalas de avaliação destaca diferenças na abordagem, sendo o autoconceito global frequentemente obtido pela soma de avaliações em domínios específicos, enquanto a autoestima é derivada de autoavaliações globais (Harter, 2012d).

Estudos empíricos corroboram a distinção entre autoconceito e autoestima, evidenciando que as componentes específicas do autoconceito influenciam reações cognitivas, enquanto a autoestima global afeta predominantemente as respostas afetivas (Dutton & Brown, 1997). A investigação indica, igualmente, que a autoestima está mais relacionada ao bem-estar psicológico (Tan et al., 2023), enquanto os autoconceitos específicos têm maior relevância para variáveis comportamentais, como o desempenho acadêmico (Marsh, 2023; Wu et al., 2021).

Desse modo, podemos considerar o autoconceito e a autoestima como constructos psicológicos distintos, cada um contribuindo de maneira única para a avaliação do *self*. A distinção conceitual entre esses termos é crucial para uma pesquisa mais precisa e uma compreensão aprofundada das representações individuais.

Neste capítulo aprofundaremos esses dois constructos, assinalando as suas características, a sua relação, formas de avaliação e estratégias de intervenção. O capítulo está organizado da seguinte forma: em primeiro lugar definimos e caracterizamos o autoconceito e a autoestima, seguindo-se uma breve discussão sobre a relação entre os dois constructos; em seguida apresentamos os instrumentos mais comuns de avaliação desses constructos; e, por fim, apresentamos algumas sugestões de intervenção no autoconceito e na autoestima.

Características do autoconceito

O autoconceito, muitas vezes considerado como variável mediadora, desempenha um papel crucial em diversos contextos, como o acadêmico, desportivo e profissional (Fabriz et al., 2021; Gasparotto et al., 2018; Marsh, 2023; Marsh et al., 2015; Pipa & Peixoto, 2014). Esse constructo hipotético, definido como as percepções individuais sobre si mesmo, tornou-se objeto de estudo com crescente ênfase nas suas propriedades estruturais a partir do final da década de 70 do século passado, com a publicação do artigo pioneiro de Shavelson e colaboradores (1976). Nesse artigo seminal, os autores propunham um modelo multidimensional do autoconceito organizado hierarquicamente. Estudos subsequentes utilizando análises fatoriais e análises multitraço-multimétodo, assim como estudos de intervenção, vieram confirmar a multidimensionalidade do autoconceito (Arens & Morin, 2016; Molina et al., 2011; Monteiro, 1998).

O modelo de Shavelson et al. (1976) propunha uma organização hierárquica do autoconceito com o autoconceito global no topo, subdividido em autoconceito acadêmico e autoconceito não acadêmico. Esses, por seu turno, se separariam em termos mais específicos, com o autoconceito acadêmico a ramificar-se em autoconceitos relacionados a disciplinas escolares (por exemplo, autoconceito matemático e autoconceito a língua materna), enquanto o não acadêmico envolveria os autoconceitos social, emocional e físico. Investigações posteriores permitiram constatar que a estrutura hierárquica parecia ser menos clara e mais complexa do que a proposta por Shavelson et al. (1976). Por exemplo, Marsh e colaboradores (Marsh, 1990a, 1990b; Marsh & O'Neill, 1984), por meio das investigações feitas, evidenciaram a ausência de correlações (ou correlações muito fracas) entre o autoconceito matemático e o autoconceito a língua materna, levando-os a propor um modelo hierárquico que diferenciava os autoconceitos a língua materna e matemático como dimensões de ordem superior: o modelo de Marsh/Shavelson (Marsh & Shavelson, 1985). Esse modelo foi extensivamente explorado (Marsh & Ayotte, 2003; Peixoto & Almeida, 2011), com grande parte dos estudos a suportarem-no. Tal modelo tem implicações para a avaliação do autoconceito, nomeadamente no que concerne ao autoconceito acadêmico, ao enfatizar a importância desse autoconceito ser avaliado, não apenas por uma escala que reflita a avaliação global da competência acadêmica, mas por escalas que, pelo menos, permitam a autoavaliação em relação à competência matemática e a língua materna.

Apesar de na pesquisa sobre a estrutura hierárquica do autoconceito predominarem os estudos sobre o autoconceito acadêmico, eles não se limitam a essa faceta de ordem superior. Alguma investigação debruçou-se sobre a existência de uma estrutura hierárquica em outras áreas, como o autoconceito social (Leung et al., 2015), o físico (Hagger et al., 2005) e o artístico (Vispoel, 1995).

O modelo de Marsh/Shavelson tem sido dominante na pesquisa sobre o autoconceito acadêmico, mas Brunner e colaboradores (Brunner et al., 2010) propuseram um modelo alternativo: o Modelo Marsh-Shavelson aninhado/bifatorial (Figura 1B) de modo a resolver o problema da separação do autoconceito acadêmico em dois autoconceitos acadêmicos de ordem superior. Esse modelo propõe que cada item da escala seria afetado simultaneamente pelo autoconceito acadêmico global e pela faceta específica para a qual o item remete. Por exemplo, no item: "Alguns jovens conseguem resolver problemas de matemática muito rapidamente", a resposta seria afetada, simultaneamente, pela percepção de competência a matemática e pelo autoconceito acadêmico global, enquanto, de acordo com o modelo hierárquico (Figura 1A), o efeito do autoconceito acadêmico seria sempre por meio do autoconceito específico respectivo (neste caso o autoconceito matemático). Desse modo, o modelo Marsh-Shavelson aninhado/bifatorial permitiria não só a obtenção de pontuações para os autoconceitos acadêmicos específicos, mas também para o autoconceito acadêmico global. A aplicação desse modelo a escalas existentes tem-se revelado promissor, com os modelos bifatoriais a suplantarem os modelos hierárquicos em termos de ajustamento aos dados (Arens et al., 2021; Brunner et al., 2010; Peixoto et al., 2017).

Figura 1. Representação gráfica do modelo hierárquico

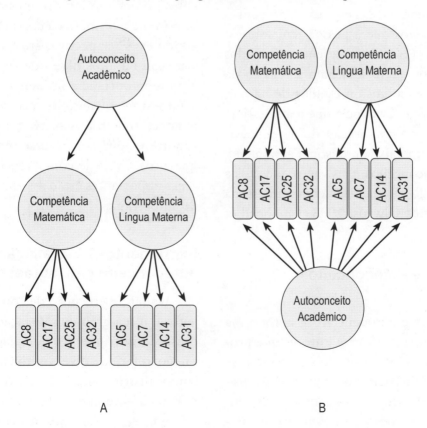

A   B

Fonte: baseado em Shavelson et al. (1976) e no Modelo Marsh-Shavelson Aninhado/Bifatorial.

Características da autoestima

A autoestima pode ser considerada como uma autoavaliação de cariz predominantemente fenomenológica da satisfação pessoal. Relaciona-se com o sentimento de valor pessoal, traduzindo até que ponto a pessoa gosta de si própria. Desse modo, é comumente categorizada como alta ou baixa, resultando de uma autoavaliação global, desvinculada de contextos específicos. Subjacente a essa concepção de globalidade está a ideia da autoestima como uma estrutura unidimensional (Andrews, 1998; Čerešník, et al., 2022; Hattie, 1992).

Para além da estrutura unidimensional, a autoestima é descrita como a componente afetiva do *self* (Dutton & Brown, 1997; Harter, 2012d), relacionando-se com os sentimentos positivos e negativos que a pessoa tem sobre si própria. Harter (2012d) apresenta resultados de alguns estudos que evidenciam a relação da autoestima com os afetos ou estados de humor. Alguma investigação evidencia que a autoestima pode influenciar a estruturação do autoconceito. Indivíduos com baixa autoestima geralmente apresentam autoconceitos mais vagos, incertos e menos estáveis do que aqueles com autoestima elevada (Alsaker & Olweus, 1993; Campbell et al., 1996).

A relação entre autoconceito e autoestima

A relação entre autoconceito e autoestima tem sido explorada por vários autores que procuram entender como esses dois conceitos se interconectam e influenciam o bem-estar psicológico dos indivíduos. Enquanto alguns incluem a autoestima como uma componente afetiva do autoconceito, outros argumentam que ela resulta da relação entre as autoavaliações e a importância atribuída a diferentes facetas do autoconceito. Relacionados com a primeira concepção estão os estudos e instrumentos desenvolvidos por Marsh, incluindo um conjunto de afirmações que remetem a uma satisfação global do indivíduo consigo próprio (Marsh, 1990a, 1990b).

Em uma outra perspectiva estão autores que consideram que a autoestima não resulta do somatório das diferentes facetas do autoconceito (Andrews, 1998; Harter 2012d). Harter (2012d), por exemplo, propõe que a autoestima está relacionada com a discrepância entre a percepção de competência nas áreas do autoconceito que são importantes para o sujeito e a importância atribuída a essas mesmas áreas. Segundo essa perspectiva, áreas em que uma pessoa aspira a altos níveis de realização e atribui grande importância influenciam positivamente a autoestima quando há sucesso e negativamente em caso de fracasso. Harter (2012d) fornece suporte empírico para esse modelo, indicando que altos níveis de competência percebidos em áreas importantes estão associados a altos níveis de autoestima.

Instrumentos de avaliação do autoconceito e da autoestima

Avaliar a percepção de competência dos sujeitos e o seu grau de satisfação consigo requer o uso de instrumentos adequados. Na literatura são referidas diversas formas de avaliação, como instrumentos de autorrelato, Q-sorts, desenhos, diferenciais semânticos, entre outros (Hapsari et al., 2023; Keith & Bracken, 1996).

Do conjunto desses tipos de instrumentos, os de autorrelato são os mais comumente utilizados tanto em investigação como em contexto escolar/clínico (Hapsari et al., 2023; Keith & Bracken, 1996).

De entre os vários instrumentos de avaliação do autoconceito e da autoestima, as escalas desenvolvidas por Harter et al. e por Marsh et al. apresentam uma utilização amplamente generalizada a diferentes faixas etárias e contextos, principalmente pela sua estrutura multidimensional e a sua validade e fiabilidade (Arens & Morin, 2016; Ferreira et al., 2022; Hipsari et al., 2023; Peixoto & Almeida, 2011; Peixoto et al., 2017). Seguidamente apresentamos os instrumentos dos referidos autores, como adaptações estabelecidas em outros contextos. A Tabela 1, adaptada de Hispari et al. (2023), apresenta uma visão geral das dimensões avaliadas nos diferentes instrumentos apresentados, organizada conforme as respectivas faixas etárias.

Harter e a sua equipe desenvolveram diversos instrumentos: os *Self-Perception Profiles* (SPP), que pretendiam caracterizar o autoconceito e a autoestima em diferentes faixas etárias. A *Pictorial Scale of Perceived Competence and Social Acceptance for Young Chidren* (PS-YC) (Harter & Pike, 1984), que se destina a crianças em idade pré-escolar e no início da escolaridade (1º e 2º ano), apresentando a particularidade de ser uma escala pictórica, uma vez que crianças dessas idades ainda não estariam aptas para ler. Por sua vez, o *Self-Perception Profile for Children* (SPPC) (2012b) pretende avaliar o autoconceito e a autoestima de crianças entre os 8 e 15 anos (3º ao 8º ano). Destinado a faixas etárias mais avançadas, foram desenvolvidos o *Self-Perception Profile for Adolescents* (SPPA) (Harter, 2012a), para adolescentes entre os 15 e 18 anos (8º e 12º ano); e o *Self-Perception Profile for College Students* (SPPCS) (Harter, 2012c), para alunos do ensino superior. Esta última escala emerge do reconhecimento de que os alunos universitários se encontram num "limbo" entre serem ainda adolescentes e apresentarem já algumas responsabilidades referentes à idade adulta (Harter, 2012c), sendo, por isso, necessário um instrumento que reflita essa complexidade e dimensões que estarão presentes na vida desses alunos.

Uma característica distintiva das Escalas de Harter assenta no tipo de formato utilizado, em que os diferentes itens descrevem dois sujeitos/conjunto de sujeitos contrastantes e com um dos quais o sujeito avaliado pode se identificar com maior ou menor grau (por exemplo, "Algumas crianças acham que são tão inteligentes como outras crianças da sua idade", mas "Outras crianças não têm a certeza e duvidam que sejam tão inteligentes"; Alves-Martins et al., 1995). Adicionalmente, as Escalas de Harter apresentam uma escala de relevância, procurando avaliar a importância que crianças e jovens atribuem aos diferentes domínios do autoconceito (Harter, 2012d). A partir das respostas a essas duas escalas será, assim, possível identificar se há alguma discrepância entre a competência percebida nos domínios considerados relevantes para o sujeito e a importância atribuída a esses mesmos domínios (Harter, 2012d) e, por conseguinte, apurar eventuais ameaças à autoestima e adotar medidas de intervenção adequadas.

Tabela 1. Dimensões consideradas nas diferentes escalas de autoconceito e autoestima

	Crianças e Pré-adolescentes				Adolescentes			Universitários	
	PS-YC	SPPC	SDQ-I	EAAPA	SPPA	SDQ-II	EAAA	SPPCS	SDQ-III
Competência cognitiva	X								
Competência escolar/acadêmica		X	X	X	X	X	X	X	X
Capacidade intelectual								X	
Competência a língua materna			X	X		X	X		X
Competência a matemática			X	X		X	X		X
Competência para o trabalho					X			X	
Comportamento		X		X	X		X		
Competência física/atlética	X	X	X	X	X	X	X	X	X
Aparência física		X	X	X	X	X	X	X	X
Aceitação entre pares/social | Competência Social	X	X	X	X	X			X	X
Relações entre pares (mesmo sexo)						X			X
Relações entre pares (sexo oposto)						X			X
Amizades íntimas					X		X	X	
Atração romântica					X		X		
Relações românticas								X	
Aceitação materna	X								
Relações familiares			X			X		X	X
Moralidade								X	
Honestidade/confiança						X			X
Humor								X	
Criatividade/Resolução de problemas								X	X
Estado emocional						X			X
Religioso/espiritual									X
Autoconceito global			X			X			X
Autoestima		X		X	X		X	X	

Nota. PS-YC = Pictorial Scale-Young Children, SPPC = Self-Perception Profile for Children, SDQ-I = Self-Description Questionnaire-I, EAAPA = Escala de Autoconceito e de Autoestima para Pré-adolescentes; SPPA = Self-Perception Profile for Adolescents, SDQ-II = Self-Description Questionnaire-II, EAAA = Escala de Autoconceito e de Autoestima para Adolescentes, SPPCS = Self-Perception Profile for College Students, SDQ-III = Self-Description Questionnaire-III.

Fonte: elaborado pelos autores.

Os instrumentos de Harter foram validados e testados em diferentes populações, como é o caso da validação para a população portuguesa das escalas para crianças (Valentini et al., 2010) e para adolescentes (Bandeira et al., 2008), ou da validação portuguesa da escala para estudantes universitários (Barros, 2012). Adicionalmente, Peixoto et al. desenvolveram duas escalas de autoconceito e de autoestima (EAA) a partir das Escalas de Harter: uma para pré-adolescentes (Eaapa) (Peixoto et al., 2017) e outra para adolescentes (Peixoto & Almeida, 2011). Como se pode verificar na Tabela 1, esses instrumentos apresentam algumas diferenças relativamente aos instrumentos de Harter, nomeadamente na concepção da organização do autoconceito subjacente (hierárquica ou bifatorial), no formato dos itens (apenas uma única afirmação) e pela adição de duas dimensões para avaliar facetas específicas do autoconceito acadêmico.

Paralelamente, Marsh e colegas desenvolveram uma série de instrumentos destinados a avaliar o autoconceito e a autoestima – os *Self-Description Questionnaire* (SDQ) (Marsh, 1990a, 1990b; Marsh & O'Neill, 1984). O SDQ-I destina-se a crianças entre os 8 e os 12 anos (4º ao 6º ano), ainda que possa também ser utilizado para crianças mais novas, com as devidas adaptações, nomeadamente por meio da leitura dos itens por um adulto durante a administração (Marsh, 1990b). O SDQ-II foi desenvolvido para avaliar o autoconceito e a autoestima de adolescentes (7º ao 10º ano), enquanto o SDQ-III (Marsh & O'Neill, 1984) se destina a alunos no final da adolescência (10º ao 12º ano) ou a frequentar o ensino universitário. Em termos do formato, as escalas são muito semelhantes, variando apenas no número de itens e respectivas dimensões, bem como na complexidade e número de opções da escala de resposta. Em cada uma das escalas é apresentado um conjunto de afirmações (por exemplo, "Tenho boas notas na maioria das disciplinas escolares"; Marsh, 1990a), em que se solicita aos sujeitos que respondam o quão se identificam com cada afirmação. A escala de resposta é diferente consoante a faixa etária a que se destina, variando entre cinco e oito pontos, de *completamente falso* a *completamente verdadeiro*.

Em suma, tanto os SPP, as EAA, quanto os SDQ, inspirando-se no trabalho de Shavelson et al. (1976), refletem a ideia de que o autoconceito é um constructo multidimensional, multiplicando-se, assim, por diferentes dimensões e domínios. Essa ideia é claramente visível na Tabela 1, por meio da multiplicidade de dimensões avaliadas nas diferentes escalas. Ainda que, por vezes, a nomeação das dimensões difira entre os autores, bem como o número de dimensões consideradas, todas as escalas apresentam uma série de domínios que remetem ao autoconceito acadêmico e ao autoconceito não acadêmico. Adicionalmente, variando novamente na sua concepção (Harter, 2012d; Marsh, 1990a, 1990b), as escalas apresentam uma dimensão de avaliação de autoestima ou de autoconceito global. De notar, ainda assim que na faixa etária mais precoce (isto é, pré-escolar e início de escolaridade), a dimensão de autoestima não é avaliada, uma vez que Harter (2012d) considera que antes dos 8 anos as crianças não conseguem verbalizar julgamentos globais de si.

Por fim, será importante mencionar que a estrutura do autoconceito será permeável à individualidade de cada sujeito, manifestando tantas facetas quanto os contextos em que os sujeitos se inserem (Pipa & Peixoto, 2014). Nesse sentido, diversos investigadores propuseram instrumentos específicos para avaliar componentes específicas do autoconceito e, em particular, junto de populações específicas, como alunos atletas ou alunos do ensino artístico (Marsh et al., 2015; Pipa & Peixoto, 2014). A esse respeito foram desenvolvidas escalas de avaliação de autoconceito físico (Dreiskamper et al., 2022; Marsh et al., 2015) e de autoconceito artístico (Pipa & Peixoto, 2014; Vispoel, 1995).

Procedimentos de intervenção no autoconceito e na autoestima

Considerando o autoconceito enquanto um constructo multidimensional e obedecendo a uma estrutura hierárquica, intervenções focadas no aumento/fortalecimento do autoconceito e da autoestima deverão ser individualizadas e obedecer a essas características (Manning et al., 2007; O'Mara et al., 2010). Segundo Harter (2012d) e partindo do racional previamente mencionado em que a autoestima resultará de uma avaliação da diferença entre a percepção de competência nos domínios relevantes para o sujeito e a importância que atribui a esses mesmos domínios, podemos definir três tipos de estratégias de promoção do autoconceito e da autoestima: (a) aumentar as percepção de competência nos domínios em que o sujeito se compreende como menos competente; (b) diminuir a importância atribuída aos domínios em que a percepção de competência é baixa; e (c) investir em áreas em que o sujeito tem maior competência, mas que valoriza menos. Em seguida ilustramos a aplicação dessas estratégias por meio de um caso prático.

A Júlia é uma aluna do 8º ano e tem, gradualmente, apresentado alguns problemas de comportamento, bem como um decréscimo das suas notas, estando em risco de repetir o ano. Os seus professores encaminharam-na para os serviços de psicologia, que lhe aplicaram a EAAA (Peixoto & Almeida, 2011). Da resposta à escala, pôde verificar-se que Júlia apresentava níveis baixos de autoconceito acadêmico, de aceitação social, de aparência física e níveis elevados de competência atlética. A aluna apresentava ainda uma baixa autoestima. Adicionalmente, a aluna atribuía elevada importância à dimensão da aparência física e níveis médios de importância atribuída a dimensões do autoconceito acadêmico, de aceitação social e de competência atlética.

Tendo em conta o perfil de autoconceito e de autoestima da aluna, a primeira estratégia passaria por intervir diretamente nas competências em que se considera menos competente e que considera de importância para si. Sabendo-se que Júlia tem tirado notas baixas e manifestado algumas dificuldades na disciplina de Português, será importante desenvolver um conjunto de estratégias para melhorar essa competência, como programas de literacia, tutorias, apoio adicional em sala de aula, entre outras (Manning et al., 2007; Monteiro, 2012; O'Mara et al., 2010). De fato, a revisão de O'Mara et al. (2010) demonstra que intervenções individualizadas e diretamente relacionadas com o aumento de competências específicas tem um maior efeito no autoconceito dos alunos.

A segunda estratégia mencionada sugere que, por exemplo, a aluna diminua a importância atribuída a dimensões em que se considera menos competente, como a dimensão acadêmica, ou as dimensões sociais e de aparência física. Ora, essa estratégia de desinvestimento em áreas ameaçadoras para a autoestima será em grande parte dos casos desaconselhada, pois tanto do ponto de vista acadêmico como do ponto de vista social poderá ser dificilmente justificável e/ou não ser viável. Nesse caso específico, será contraproducente e inclusive pouco pedagógico e ético sugerir que a aluna diminua a importância atribuída às disciplinas escolares. Por outro lado, tratando-se de uma aluna adolescente e tendo em conta a importância que essa dimensão tem nessas faixas etárias, seria, novamente, desajustado sugerir que não considerasse o aspecto da aparência física como importante, tendo em consideração a pressão social nessa faixa etária relativamente a esse aspecto. Nesse sentido, sugerimos algum cuidado na implementação dessa estratégia, considerando-se previamente a natureza das dimensões tidas como importantes para os sujeitos, bem como contextualizar importância atribuída à luz das etapas do desenvolvimento.

A terceira estratégia implica o investimento em áreas em que o sujeito é competente, ainda que não lhes atribua grande importância. No caso da Júlia, tal estratégia passaria, por exemplo, pelo investimento em atividades de natureza esportiva, uma vez que apresenta elevada percepção de competência, ainda que os níveis de importância não sejam elevados.

Em suma, as estratégias aqui apresentadas permitirão aumentar a autoestima dos sujeitos por meio da promoção do autoconceito em dimensões específicas (Harter, 2012d; Manning, 2007; O'Mara et al., 2010). Essas intervenções têm subjacente a multidimensionalidade do autoconceito e a necessidade de se delinear estratégias que incidam em dimensões de competência específicas, em vez de se aplicarem programas de intervenção predefinidos e focados em facetas mais gerais (Manning, 2007; O'Mara et al., 2010). Adicionalmente, salienta-se que para efeitos de intervenção será também essencial o uso de instrumentos que reflitam a multidimensionalidade do autoconceito (O'Mara et al., 2010), como é o caso dos instrumentos anteriormente apresentados.

Considerações finais

Neste capítulo debruçamo-nos sobre dois constructos centrais na área da psicologia, e bastante valorizados particularmente na área de psicologia da educação. Ao longo deste capítulo definimos os constructos, apresentamos as suas características, bem como identificamos formas de avaliação e estratégias de intervenção que visam promover a percepção de competências dos sujeitos e a sua autoestima. A definição, com as características do autoconceito e autoestima aqui apresentadas, reforça a ideia de que o autoconceito é um constructo complexo, com uma natureza multidimensional que vai se diversificando à medida que os sujeitos avançam na idade. Por outro lado, a autoestima se apresenta como um constructo diferenciado do autoconceito, remetendo a uma avaliação global de satisfação do sujeito consigo próprio. Considerando essas características dos constructos, os instrumentos de avaliação do autoconceito e da autoestima devem refletir a sua natureza multidimensional, no caso do primeiro, e apresentar uma dimensão diferenciada de autoestima. Nesse sentido, apresentamos alguns instrumentos bem-estabelecidos em contexto de investigação e de intervenção que vão ao encontro dessas concepções. Por fim, alinhado com essas ideias, apresentamos um conjunto de estratégias de intervenção. Recomendamos que intervenções focadas na promoção do autoconceito e da autoestima se foquem em dimensões específicas de competência, para que os resultados tenham maior eficácia na promoção de um autoconceito e de uma autoestima favoráveis.

Financiamento

Este capítulo contou com o apoio da Fundação para Ciência e a Tecnologia (FCT), através dos financiamentos https://doi.org/10.54499/UIDB/04853/2020 e https://doi.org/10.54499/UIDP/04853/2020, atribuídos ao Centro de Investigação em Educação do Instituto Superior de Psicologia Aplicada (CIE-ISPA).

Referências

Alsaker, F. D., & Olweus, D. (1993). Global self-evaluations and perceived instability of self in early adolescence: A cohort longitudinal study. *Scandinavian Journal of Psychology, 34*, 47-63. https://doi.org/10.1111/j.1467-9450.1993.tb01100.x

Alves-Martins, M., Peixoto, F., Mata, L., & Monteiro, V. (1995). Escala de autoconceito para crianças e pré-adolescentes de Susan Harter. In L. S. Almeida, M. R. Simões & M. M. Gonçalves (Eds.), *Provas psicológicas em Portugal* (pp. 79-89). Apport.

Andrews, B. (1998). Self-esteem, *The Psychologist, 11*, 339-342. https://psycnet.apa.org/record/1999-00706-003

Arens, A. K., Jansen, M., Preckel, F., Schmidt, I., & Brunner, M. (2021). The structure of academic self-concept: A methodological review and empirical illustration of central models. *Review of Educational Research, 91*(1), 34-72. https://doi.org/10.3102/0034654320972186

Arens, A. K., & Morin, A. J. S. (2016). Examination of the structure and grade-related differentiation of multidimensional self-concept instruments for children using ESEM. *Journal of Experimental Education, 84*(2), 330-355. https://doi.org/10.1080/00220973.2014.999187

Bandeira, D. R., Arteche, A. X., & Reppold, C. T. (2008). Escala de autopercepção de Harter para adolescentes: Um estudo de validação. *Psicologia: Teoria e Pesquisa, 24*, 341-345. https://doi.org/10.1590/S0102-37722008000300010

Barros, A. F. (2012). Características psicométricas da adaptação Portuguesa do Perfil de Autopercepção para Estudantes Universitários-SPPCS. *Revista Iberoamericana de Diagnóstico y Evaluación Psicológica, 33*, 93-110. https://www.aidep.org/sites/default/files/2019-01/r33art5.pdf

Brunner, M., Keller, U., Dierendonck, C., Reichert, M., Ugen, S., Fischbach, A., & Martin, R. (2010). The structure of academic self-concepts revisited: The nested Marsh/Shavelson model. *Journal of Educational Psychology, 102*, 964-981. https://doi.org/10.1037/a0019644

Campbell, J. D., Trapnell, P. D., Heine, S. J., Katz, I. M., Lavalle, L. F., & Lehman, D. R. (1996). Self-concept clarity: Measurement, personality correlates, and cultural boundaries. *Journal of Personality and Social Psychology, 70*, 141-156. https://doi.org/10.1037/0022-3514.70.1.141

Čerešník, M., Dolejš, M., Čerešníková, M., & Tomšik, R. (2022). Psychometric analysis of Rosenberg's Self-Esteem Scale. A specific application of the scale on adolescents aged 11-19. *TEM Journal, 11*(4), 1.732-1.741. https://doi.org/10.18421/TEM114-39

Dreiskämper, D., Tietjens, M., & Schott, N. (2022). The physical self-concept across childhood: Measurement development and meaning for physical activity. *Psychology of Sport and Exercise, 61*, 102187. https://doi.org/10.1016/j.psychsport.2022.102187

Dutton, K. A., & Brown, J. D. (1997). Global self-esteem and specific self-views as determinants of people's reactions to success and failure. *Journal of Personality and Social Psychology, 73*, 139-148. https://doi.org/10.1037/0022-3514.73.1.139

Fabriz, S., Hansen, M., Heckmann, C., Mordel, J., Mendzheritskaya, J., Stehle, S., Schulze-Vorberg, L., Ulrich, I., & Horz, H. (2021). How a professional development programme for university teachers impacts their teaching-related self-efficacy, self-concept, and subjective knowledge. *Higher Education Research & Development, 40*(4), 738-752. https://doi.org/10.1080/07294360.2020.1787957

Gasparotto, G. S., Szeremeta, T. P., Vagetti, G. C., Stoltz, T., & Oliveira, V. (2018). O autoconceito de estudantes de ensino médio e sua relação com desempenho acadêmico: Uma revisão sistemática. *Revista Portuguesa de Educação, 31*, 21-37. https://doi.org/10.21814/rpe.13013

Hagger, M. S., Biddle, S. J. H., & Wang, C. K. J. (2005). Physical self-concept in adolescence: Generalizability of a multidimensional, hierarchical model across gender and grade. *Educational and Psychological Measurement, 65*(2), 297-322. https://doi.org/10.1177/0013164404272484

Harter, S. (2012a). *Self-perception profile for adolescents: Manual and questionnaires*. University of Denver.

Harter, S. (2012b). *Self-perception profile for children: Manual and questionnaires*. University of Denver.

Harter, S. (2012c). *Self-perception profile for college students: Manual and questionnaires*. University of Denver.

Harter, S. (2012d). *The construction of the self: Developmental and sociocultural foundations* (2a ed.). The Guilford Press.

Harter, S., & Pike, R. (1984). The pictorial scale of perceived competence and social acceptance for young children. *Child Development, 55*, 1969-1982. https://doi.org/10.2307/1129772

Hattie, J. (1992). *Self-concept*. Lawrence Erlbaum Associates. https://psycnet.apa.org/record/1991-98900-000

Leung, K. C., Marsh, H., Yeung, A. S., & Abduljabbar, A. S. (2015). Validity of social, moral and emotional facets of self-description questionnaire. *Journal of Experimental Education, 83*, 1-23. https://doi.org/10.1080/00220973.2013.876229

Manning, M. (2007). *Self-concept and self-esteem in adolescents*. National Association of School Psychologists.

Marsh, H. W. (1990a). *Self-description Questionnaire-I (SDQ-I): Manual*. University of Western Sydney.

Marsh, H. W. (1990b). *Self-description Questionnaire-II (SDQ-II): Manual*. University of Western Sydney.

Marsh, H. W. (2023). Extending the reciprocal effects model of math self-concept and achievement: Long-term implications for end-of-high-school, age-26 outcomes, and long-term expectations. *Journal of Educational Psychology, 115*(2), 193-211. https://doi.org/10.1037/edu0000750

Marsh, H. W., & Ayotte, V. (2003). Do multiple dimensions of self-concept become more differentiated with age? The differential distinctiveness hypothesis. *Journal of Educational Psychology, 95*, 687-706. https://doi.org/10.1037/0022-0663.95.4.687

Marsh, H. W., & O'Neill, R. (1984). Self-Description Questionnaire III: The construct validity of multidimensional self-concept ratings by late adolescents. *Journal of Educational Measurement, 21*, 153-174. https://doi.org/10.1111/j.1745-3984.1984.tb00227.x

Marsh, H. W., Morin, A. J. S., & Parker, P. D. (2015). Physical self-concept changes in a selective sport high school: A longitudinal cohort-sequence analysis of the big-fish-little-pond effect. *Journal of Sport & Exercise Psychology, 37*(2), 150-163. https://doi.org/10.1123/jsep.2014-0224

Marsh, H. W., & Shavelson, R. J. (1985). Self-concept: its multifaceted, hierarchical structure. *Educational Psychologist, 20*, 107-123. https://doi.org/10.1207/s15326985ep2003_1

Mata, L., Monteiro, V., & Peixoto, F. (2008). Escala de autoconceito para crianças em idade pré-escolar e 1º/2º ano de escolaridade de Harter & Pike (1981, 1984). In A. P. Machado, C. Machado, L. S. Almeida, M. Gonçalves, S. Martins & V. Ramalho (Eds.), *Actas da XIII Conferência Internacional Avaliação Psicológica: Formas e Contextos* (pp. 1-9). Apport. Recuperado de https://cie.ispa.pt/ficheiros/areas_utilizador/user23/mata_et_al_2008_escala_de_autoconceito_para_criancas_em_idade_pre_escola.pdf

Molina, M. F., Raimundi, M. J., López, C., Cataldi, S., & Bugallo, L. (2011). Adaptación del perfil de autopercepciones para niños para su uso en la ciudad de Buenos Aires. *Revista Iberoamericana de Diagnóstico y Evaluación Psicológica, 32*(2), 53-78. https://riconicet.gov.ar/handle/11336/193502

Monteiro, V. (1998). Interacções sociais assimétricas: Benefícios afectivos. In L. S. Almeida, M. J. Gomes, P. B. Albuquerque & S. G. Caires (Eds.), *Actas do IV Congresso Galaico-Português de Psicopedagogia* (pp. 140-143). Universidade do Minho.

Monteiro, V. (2012). Promoção do autoconceito e autoestima através de um programa de leitura a par. *Psicologia: Reflexão e Crítica, 25*, 147-155. https://doi.org/10.1590/S0102-79722012000100018

O'Mara, A., Marsh, H. W., Craven, R. G., & Debus, R. L. (2010). Do self-concept interventions make a difference? A synergistic blend of construct validation and meta-analysis. *Educational Psychologist, 41*, 181-206, http://doi.org/10.1207/s15326985ep4103_4

Peixoto, F., & Almeida, L. S. (2011). A organização do autoconceito: Análise da estrutura hierárquica em adolescentes. *Psicologia: Reflexão e Crítica, 24*, 533-541. http://doi.org/10.1590/S0102-79722011000300014

Peixoto, F., Mata, L., Monteiro, V., Sanches, C., Ribeiro, R., & Pipa, J. (2017). Validação da Escala de Autoconceito e Autoestima para Pré-adolescentes (EAAPA) e análise da estrutura organizativa do autoconceito. *Revista Iberoamericana de Diagnóstico y Evaluación Psicológica*, 43, 71-87. https://doi.org/10.21865/RIDEP43_71

Pipa, J., & Peixoto, F. (2014). Tipo de ensino e autoconceito artístico de adolescentes. *Estudos de Psicologia*, 31, 159-167. https://doi.org/10.1590/0103-166X201400020000

Shavelson, R. J., Hubner, J. J., & Stanton, G. C. (1976). Self-concept: Validation of construct interpretations. *Review of Educational Research*, 46(3), 407-441. https://doi.org/10.3102/00346543046003407

Tan, Q., Zhu, N., Zhang, L., & Kong, F. (2023). Disentangling the relations between self-esteem and subjective well-being in emerging adults: A two-wave longitudinal study. *Journal of Happiness Studies: An Interdisciplinary Forum on Subjective Well-Being*, 24(7), 2177-2199. https://doi.org/10.1007/s10902-023-00675-x

Valentini, N. C., Villwock, G., Vieira, L. F., Vieira, J. L. L., & Barbosa, M. L. L. (2010). Validação brasileira da escala de autopercepção de Harter para crianças. *Psicologia: Reflexão e Crítica*, 23, 411-419. https://doi.org/10.1590/S0102-79722010000300001

Xue, Y. (2022). A theoretical review on the interplay of EFL/ESL teachers' career adaptability, self-esteem, and social support. *Frontiers in Psychology*, 13, 915610. https://doi.org/10.3389/fpsyg.2022.915610

48
Criatividade: manejos da avaliação e procedimentos interventivos

Denise de Souza Fleith
Ema P. Oliveira
Cleyton Hércules Gontijo

> *Highlights*
> - Criatividade é uma habilidade fundamental para lidar com os desafios contemporâneos;
> - Criatividade é um processo que envolve interação de fatores individuais e ambientais;
> - Criatividade é uma habilidade que pode ser encorajada, estimulada e desenvolvida;
> - A avaliação da criatividade contribui para subsidiar procedimentos de intervenção;
> - Avaliar e promover criatividade devem envolver práticas baseadas em evidências.

Criatividade tem sido considerada uma habilidade essencial para lidar com os desafios que o século XXI nos impõe (Ananiadou & Claro, 2009; *Partnership for 21st Century Skills*, 2009). Isso significa preparar os(as) estudantes para desenvolverem competências "transformadoras", tais quais pensar de maneira inovadora, criar novos valores, conciliar tensões e dilemas e assumir responsabilidades (Organização para Cooperação e Desenvolvimento Econômico [OCDE], 2019a). Inclusive, habilidades relacionadas à criatividade, como resolução de problemas, flexibilidade, inovação e aprendizagem ativa, têm sido apontadas como necessárias ao(à) profissional do futuro, conforme destacado pelo Fórum Econômico Mundial (2020). Também no cenário educacional, tem se observado uma preocupação em prover condições que favoreçam o desenvolvimento da criatividade. Exemplo disso é a iniciativa recente do Programa Internacional de Avaliação de Estudantes (Pisa) de incluir o pensamento criativo como uma habilidade a ser avaliada (OCDE, 2019b), reforçando a importância do pensamento divergente, da geração de ideias múltiplas e originais e do desenvolvimento de estratégias para lidar com ideias aparentemente antagônicas. Dados oriundos dessa avaliação poderão, por exemplo, encorajar pesquisadores(as) a investirem mais em estudos acerca de como promover a criatividade no contexto escolar, motivar legisladores a propor políticas públicas e diretrizes educacionais em prol da criatividade e incentivar docentes a implementarem práticas pedagógicas ancoradas em evidências.

São várias as razões para se avaliar a criatividade. Entre elas, destacam-se auxiliar professores(as), pedagogos(as) e psicólogos(as) a descobrirem talentos e potencialidades, ajudar a remover a criatividade do domínio do misterioso e inacessível, ampliar a compreensão das habilidades humanas, bem como fornecer uma linguagem comum para comunicação entre profissionais a respeito da natureza do fenômeno criativo (Treffinger, 2003). Além disso, resultados oriundos da avaliação da criatividade podem ajudar a equipe escolar na avaliação dos efeitos de materiais instrucionais, currículos e programas escolares, além de orientar docentes na implementação de práticas educacionais favoráveis à expressão das habilidades criativas (Lucas, 2016). Não temos dúvida de que sem oportunidades e condições que promovam a criatividade, os(as) estudantes terão menos possibilidades de desenvolverem seus talentos, de acreditarem no seu potencial e se envolverem na busca de ideias e produtos inovadores. Vale salientar que o envolvimento em atividades que demandam criatividade pode contribuir para a promoção da autoimagem positiva, do bem-estar subjetivo e da motivação para aprender (Alencar et al., 2016; Oliveira et al., 2016). Portanto, investir no desenvolvimento da criatividade resulta em benefícios tanto para o indivíduo quanto para a sociedade.

Ao longo dos anos, muitas técnicas, exercícios e estratégias têm sido elaboradas com vistas a encorajar o pensamento criativo. Resultados de estudos indicam impacto positivo de intervenção, apoiando a premissa de que é possível e desejável ensinar a pessoa a pensar criativamente (Gonçalves & Fleith, 2015; Ma, 2006). O que as pesquisas também revelam é que os(as) profissionais, em especial aqueles que atuam nas escolas, reconhecem a importância da criatividade, mas não sabem como colocá-la em prática em seus ambientes de trabalho (Fleith, 2000; Renzulli et al., 2022). O objetivo deste capítulo é examinar manejos da avaliação e procedimentos interventivos relacionados à criatividade, focalizando no contexto escolar. Na primeira seção apresentamos um breve panorama das concepções contemporâneas acerca do fenômeno. Em seguida, discutimos possibilidades de avaliação da criatividade. Na terceira seção analisamos propostas de intervenção com vistas a estimular habilidades criativas. Na última seção são feitas as considerações finais, destacando-se a relevância dos processos de avaliação e intervenção em criatividade.

Concepções de criatividade

Tendências recentes no estudo da criatividade têm salientado a importância de se considerar o papel de variáveis do contexto sócio-histórico-cultural na produção e expressão criativas (Neves-Pereira & Fleith, 2020b). Para Csikszentmihalyi (1996), por exemplo, "é mais fácil desenvolver a criatividade das pessoas mudando as condições do ambiente, do que tentando fazê-las pensar de modo criativo" (1996, p. 1). Nesse sentido, para se compreender por que, quando e como novas ideias são produzidas, é necessário considerar tanto variáveis internas quanto variáveis externas ao indivíduo. O modelo sistêmico de criatividade, proposto por Csikszentmihaly (1996), por exemplo, concebe-a como um "processo de mudança simbólica realizado por um agente humano em um contexto social e com a participação de outras pessoas que vão analisar o ato criativo, inserindo-o, ou não, na cultura" (Neves-Pereira & Fleith, 2020a, p. 93). Ou seja, trata-se de um fenômeno sistêmico, que emerge das interações entre indivíduo, audiência e contexto social.

Na teoria do investimento em criatividade (Sternberg & Lubart, 1991), criatividade envolve a inter-relação de inteligência, conhecimento, estilos de pensamento, personalidade, motivação e ambiente que resulta na produção de algo novo e apropriado. Segundo os autores, as pessoas podem ter todos os recursos internos necessários para criar. Contudo, se o ambiente não favorecer e não recompensar ideias criativas, o potencial criativo dificilmente se desenvolverá. No modelo componencial da criatividade (Amabile, 1996), fatores cognitivos, motivacionais (especialmente a motivação intrínseca), sociais e de personalidade são considerados ingredientes necessários para expressão das habilidades criativas. Embora o modelo focalize predominantemente em componentes individuais, o ambiente social exerce grande influência sobre cada um deles. A psicologia cultural da criatividade nos oferece um novo olhar sobre o fenômeno da criatividade (Glaveanu & Neves-Pereira, 2020). Nessa abordagem, criatividade é considerada um processo em desenvolvimento, simbólico, fundamentalmente social e colaborativo. As ações criativas são contextuais e parte da vida cotidiana (em contraste com as criações revolucionárias, características dos grandes gênios). Assim, "criar significa agir no e sobre o mundo de maneira a gerar novidades significativas que possam transformar a pessoa que as cria e o seu contexto de forma que sejam apreciadas como criativas pelos envolvidos" (2020, p. 152). As concepções apresentadas reconhecem o papel ativo do indivíduo no processo criativo ao trazer sua bagagem, história de vida e características pessoais e introduzir novas combinações e variações. Entretanto, não se pode ignorar a influência dos fatores sociais, culturais e históricos na produção criativa e na avaliação do trabalho criativo.

Possibilidades de avaliação da criatividade

Como referido anteriormente, a criatividade tem sido considerada uma habilidade fundamental no processo educativo, influenciando o desenvolvimento cognitivo, social e emocional dos(as) estudantes. A investigação científica tem mostrado que esse construto está associado a níveis mais elevados de motivação para a aprendizagem, melhores competências psicossociais, maior eficácia na resolução de problemas e na interpretação de processos científicos, entre outros aspectos importantes para um funcionamento positivo do ser humano e para um desempenho de nível superior em qualquer domínio específico de atividade (Russ et al., 2022). Importa, assim, investir na formação dos(das) profissionais que atuam nesse contexto, de modo a dotá-los(as) de conhecimento e competências, tendo em vista a promoção da criatividade dos(das) estudantes. Isso implica, desde logo, implementar boas práticas de avaliação, o que pode constituir uma tarefa desafiadora (Alencar et al., 2010).

Tendo em conta a natureza multifacetada e dinâmica da criatividade, bem como a influência que nela exercem múltiplos fatores individuais (cognitivos, motivacionais, sociais e de personalidade) e ambientais, importa que a sua avaliação seja multimodal, reunindo diferentes fontes de informação, áreas e contextos de atividade, meios e técnicas diversificados e adequados. A revisão da literatura revela várias propostas de classificação das diversas modalidades de avaliação da criatividade (Lubart, 2007; Morais, 2001; Treffinger et al., 2013), tais quais: (a) avaliação formal (testes padronizados) ou informal (observação do comportamento em contexto naturalista); (b) recolha de informação mais subjetiva (autoavaliação de características de personalidade; nomeação por pares ou professores) ou objetiva (medidas de fluência ideacional e de originalidade); (c) informação quantitativa (testes padronizados e escalas) ou qualitativa (entrevistas, histórias de vida); (d) criatividade latente (medidas de potencial criativo) ou manifesta (inventários biográficos); (e) foco no processo criativo (testes de pensamento divergente ou metafórico, provas de *insight* ou associações remotas), no produto (técnica de avaliação consensual), na pessoa (questionários sobre características pessoais específicas) ou no ambiente (questionários sobre clima de sala de aula); (f) avaliação global da criatividade ou de aspectos mais específicos. Em seguida, apresentaremos alguns dos instrumentos mais referenciados na avaliação da criatividade, de algum dos seus processos, ou de características individuais e ambientais tipicamente associadas, destacando aqueles que têm sido mais utilizados no Brasil ou em Portugal.

Vários testes padronizados e provas de desempenho têm sido desenvolvidos com o objetivo de avaliar processos (meta)cognitivos potenciadores da produção criativa, tais quais a descoberta de problemas (por exemplo, prova de descoberta de problemas; Morais, 2001), a resolução de problemas de *insight* (por exemplo, prova de resolução de problemas por *insight*; Morais, 2001), a flexibilidade ideacional, o pensamento divergente, entre outros. Nesse âmbito, os testes de pensamento divergente têm sido claramente os mais usados e investigados. Um deles é o Teste de Pensamento Criativo de Torrance (TTCT) (Torrance, 1966), tendo sido validado no Brasil (Wechsler, 2006b) e em Portugal (Azevedo & Morais, 2012). Essas medidas incluem vários parâmetros de avaliação, a maioria englobando critérios como fluência (número de respostas relevantes perante um determinado estímulo), flexibilidade (número de categorias diferentes em que as respostas podem ser classificadas), originalidade (raridade das respostas, sendo a pontuação a atribuir calculada com base num levantamento prévio da sua frequência, numa amostra de validação); e elaboração (número de detalhes utilizados para melhorar a produção de cada resposta).

O TTCT (Torrance, 1966) se organiza em duas formas paralelas, cada uma com seis testes verbais e três figurais, conforme a última edição. No componente verbal, três tarefas iniciam-se com a apresentação de um desenho, sobre o qual o examinando deve: escrever o maior número possível de perguntas sobre o que está acontecendo na figura; identificar causas possíveis para a ação representada; listar possíveis consequências decorrentes dessa ação. Nos restantes testes verbais, solicita-se que o indivíduo: proponha modificações num brinquedo, de modo a torná-lo mais atraente e interessante para crianças; liste o máximo de usos inusitados para um determinado objeto comum; identifique consequências possíveis para um determinado acontecimento, hipotético e improvável. No componente figural, todos os testes implicam realizar desenhos a partir de determinados estímulos e criar os respectivos títulos, valorizando-se as ideias invulgares (e não a precisão dos desenhos).

Outras tipologias de instrumentos têm sido desenvolvidas para avaliar a criatividade individual, com base na identificação de características comuns nas pessoas mais criativas. Tipicamente, assumem a forma de inventários, questionários ou escalas e centram-se em aspectos motivacionais, emocionais, biográficos, de personalidade, de interesses e atitudes ou de estilos cognitivos. Podem ser medidas de autorrelato ou nomeações feitas por professores(as), supervisores(as) e pares. Um deles é o Inventário de Barreiras à Criatividade Pessoal (Alencar, 2010), em que 66 itens avaliam quatro dimensões: inibição/timidez, falta de tempo/oportunidade, repressão social e falta de motivação. Há também instrumentos disponíveis para a avaliação psicológica da personalidade, sendo que alguns deles incluem dimensões/traços relevantes para a criatividade, tais como a "abertura", incluindo aspectos como imaginação fértil, preferência pela variedade em detrimento da rotina ou gosto em apreciar produções artísticas. Um dos mais utilizados é o

NEO-PI-R (Lima & Simões, 2000). As Escalas para Avaliação das Características Comportamentais de Alunos com Habilidades Superiores (Renzulli et al., 2002), utilizadas no Brasil e em Portugal no processo de sinalização de alunos para programas de atendimento ao superdotado, e a Bateria de Instrumentos para a Sinalização de Alunos Sobredotados e Talentosos (BISAS/T) (Almeida et al., 2002) servem para os(as) professores(as) avaliarem estudantes em diferentes áreas, sendo uma delas a criatividade (os itens incluem aspectos como habilidade para gerar um grande número de ideias ou soluções para problemas ou perguntas; grande curiosidade sobre muitas coisas; gosto pelo risco; respostas incomuns, únicas; entre outros). O instrumento Estilo de Pensar e Criar (Wechsler, 2006a) avalia dois estilos principais de criar (o cauteloso-reflexivo e o inconformista-transformador), um estilo principal de pensar (lógico-objetivo) e dois estilos secundários de criar (emocional-intuitivo e relacional-divergente). Entre os cem itens que compõem o instrumento, com um formato de resposta de tipo Likert, são exemplos: "gosto de trabalhar seguindo instruções"; "sou uma pessoa conformista"; "sou uma pessoa aberta a novas ideias". Por fim, os inventários biográficos incluem uma grande variedade de aspectos relativos a atividades, acontecimentos, interesses e produções criativas ao longo da vida, passatempos, interesses, história educacional e familiar (Alencar et al., 2010). Nessa linha, os contextos de vida em que os indivíduos cresceram consideram-se potenciais influências no desenvolvimento de sua criatividade.

A avaliação de produtos criativos, com recurso à Técnica de Avaliação Consensual (CAT) (Amabile, 1982), é uma estratégia bastante recomendada, ainda que menos investigada. Trata-se de envolver um painel de especialistas que avaliam a criatividade dos produtos criados por um grupo de pessoas, sendo o painel selecionado em função da área de atividade, ou domínio específico de conhecimento, em que tais produtos se enquadram. No contexto acadêmico, pode-se pensar em produtos criados pelos(as) estudantes, tais quais um poema, um desenho, uma música, um vídeo, um utensílio científico ou tecnológico etc. A tarefa deve ser aberta, de modo a permitir maior flexibilidade e novidade nas respostas e o produto a avaliar deve ser concreto e pouco dependente de conhecimentos específicos. Um dos fatores mais importantes é a seleção de juízes(as) com experiência no domínio avaliado. Os(As) juízes(as) devem trabalhar de forma autônoma, sem trocar impressões entre si, fazendo apreciações conforme a própria experiência e percepção sobre o que é mais ou menos criativo. Assim, considera-se a subjetividade e a preferência individual dos(as) juízes(as), reconhecendo que todos têm uma visão própria do que é criativo, mas procede-se também a uma análise do grau de concordância entre eles(as), de modo a garantir um nível adequado de confiabilidade.

Em linha com as abordagens mais recentes descritas no início deste capítulo, focadas no papel de variáveis do contexto sócio-histórico-cultural no desenvolvimento e expressão da criatividade, para além da avaliação de pessoas e produtos, no contexto escolar importa também avaliar o clima para a criatividade em sala de aula. Um dos instrumentos disponíveis no Brasil e em Portugal mais utilizados nos primeiros níveis de escolaridade é a Escala sobre o Clima para a Criatividade em Sala de Aula (Fleith, 2010; Morais et al., 2019). Os itens têm um formato de resposta Likert, mas o seu número difere nas versões de cada país (25 e 22 itens). São exemplos de itens: "Em sala de aula... as minhas ideias são bem-vindas"; "o professor se importa com o que eu tenho a dizer"; "uso a minha imaginação". Para níveis de ensino mais avançados há, por exemplo, o Inventário de Práticas Docentes para a Criatividade na Educação Superior (Alencar & Fleith, 2010), que avalia fatores como incentivo a novas ideias, clima para expressão de ideias, avaliação e metodologia de ensino e interesse pela aprendizagem do aluno. A avaliação da criatividade, embora desafiadora, considerando a natureza multifacetada e complexa do construto, bem como a interação entre dimensões pessoais e variáveis contextuais no seu desenvolvimento e manifestação, possibilita identificar potencialidades e nortear caminhos a serem seguidos para sua promoção, especialmente no âmbito escolar.

Possibilidades de intervenção em criatividade

Pesquisas revelam que o uso de técnicas, exercícios e estratégias no ambiente educacional favorecem o aumento da criatividade entre estudantes, pois a prática, o incentivo e o treinamento levam ao aumento do grau de criatividade (Scott et al., 2004; Zahra et al., 2013). Uma vez que o potencial para criar existe em todas as pessoas, ele pode ser identificado e promovido por meio de processos formativos (Gonçalves & Fleith, 2015; Ma, 2006).

No contexto educacional, o estímulo à criatividade envolve investir em processos de formação de professores(as) que visem capacitá-los(as) para a aplicação adequada das atividades, pois, conforme observa Runco (2007), eles(as) podem apoiar o potencial criativo de seus estudantes, sendo um modelo de atitude criativa, resolvendo problemas de forma original, comunicando valores que fomentam uma mentalidade criativa. Mas também podem inibi-los, por exemplo, com práticas pedagógicas que focam na aquisição e repetição de conceitos e procedimentos (Alencar et al., 2016).

Beghetto (2017), à luz dos modelos teóricos sobre saberes necessários para a docência, introduziu três tipos de conhecimentos pedagógicos necessários para o ensino criativo:

1. Conhecimento pedagógico no domínio criativo (conhecimento pedagógico para ensinar definições, conceitos-chave, linhas de pesquisa sobre criatividade a um grupo de estudantes em um certo contexto);

2. Conhecimento pedagógico de aprimoramento criativo (conhecimento pedagógico para fomentar atitudes, crenças, pensamentos e ações criativas em contextos específicos);

3. Conhecimento pedagógico criativo no domínio (conhecimento pedagógico necessário para estimular a prática pedagógica criativa por parte do(a) professor(a) por meio da utilização de técnicas de criatividade para ensinar um determinado assunto para um grupo de estudantes).

Sob essa perspectiva, reforça-se o papel dos(as) professores(as) no uso de ferramentas de estímulo à criatividade dos(as) estudantes em todas as etapas de escolarização. Mas não é suficiente o domínio dessas ferramentas, é importante que docentes desenvolvam atitudes promotoras da criatividade (Alencar et al., 2016; Fleith & Morais, 2007), tais quais:

1. Motivar seus(suas) estudantes a dominar o conhecimento factual para que eles(as) tenham uma base sólida para o pensamento divergente;

2. Não julgar as ideias dos(das) estudantes até que elas tenham sido cuidadosamente trabalhadas e claramente formuladas;

3. Dar ao(à) estudante a oportunidade de escolha, levando em consideração seus interesses e habilidades;

4. Cultivar o senso de humor em sala de aula;

5. Dar tempo ao(à) estudante para pensar e desenvolver suas ideias;

6. Prover oportunidades para que o(a) estudante se conscientize de seu potencial criativo;

7. Encorajar o(a) estudante a aprender de forma independente;

8. Ajudar os(as) estudantes a aprenderem com a frustração e o fracasso de tal forma que tenham coragem para experimentar o novo e o incomum;

9. Criar um ambiente de respeito e aceitação, no qual todos(as) possam aprender e compartilhar suas ideias sem medo de serem criticados.

Também é importante desenvolver estratégias de ensino favoráveis à criatividade, como as apresentadas a seguir (Fleith & Morais, 2017):

1. Relacionar os objetivos do conteúdo às experiências do(a) estudante;

2. Apresentar indivíduos criativos como modelos;

3. Fornecer ao(à) estudante *feedback* informativo sobre seu desempenho, sinalizando pontos fortes e o que precisa ser aperfeiçoado no trabalho do(a) discente;

4. Variar as tarefas propostas aos(às) estudantes, as técnicas instrucionais e formas de avaliação;

5. Oferecer oportunidades ao(à) estudante para trabalhar com uma diversidade de materiais e sob diferentes condições;

6. Envolver os(as) estudantes na avaliação do próprio trabalho e na aprendizagem por meio dos próprios erros;

7. Levar os(as) estudantes a perceberem lacunas e contradições no conhecimento;

8. Abordar problemas do mundo real;

9. Identificar e discutir problemas ainda não solucionados em distintas áreas;

10. Desenvolver objetivos afetivos tais quais promoção do autoconceito positivo, liderança, empatia etc.

Entre as atividades que podem contribuir para o desenvolvimento da criatividade, destacam-se aquelas que encorajam o(a) estudante a produzir muitas ideias, analisar criticamente um acontecimento, gerar múltiplas hipóteses, imaginar outros pontos de vista, definir problemas (e não apenas solucioná-los), defender suas ideias e organizar o conhecimento em novas configurações. Também são salientadas atividades que exijam do(a) estudante a quebra de rotina e o uso dos cinco sentidos (Alencar et al., 2016; Fleith & Morais, 2017).

A familiaridade com técnicas destinadas a aprimorar o pensamento criativo favorece aos(às) estudantes desenvolver um conjunto de ferramentas para usar em seus processos de produção de ideias, rompendo com bloqueios mentais e sentimentos de incapacidade de criar; assim, podem usar estratégias deliberadas para canalizar os seus pensamentos em novas direções. Vale ressaltar, entretanto, que o(a) professor(a) pode identificar quais são as melhores atividades para os seus alunos, como elas podem ser adaptadas e quais áreas da vida dos(as) estudantes podem oferecer as melhores oportunidades de transferência, pois as condições contextuais exercem influências no desenvolvimento do potencial criativo.

No que diz respeito às técnicas de criatividade, autores(as) as classificam sob diferentes perspectivas, agrupando-as conforme as finalidades que atribuem a elas. Dacey e Conklin

(2004), por exemplo, apresentaram as técnicas de criatividade considerando que algumas são mais apropriadas para favorecer determinadas características do pensamento criativo, tais quais fluência (pensar em muitas ideias, como *brainstorming*, Scamper, lista de atributos), flexibilidade (pensar em diferentes categorias ou pontos de vista, como condensação, sinética, pensamento metafórico), originalidade (pensar em ideias incomuns, como visualização, usos alternativos e dramatização) e elaboração (adicionar detalhes para melhorar as ideias, como minimizar e maximizar, detectar padrões e substituir).

Por outro lado, Bianchi (2008) agrupa as técnicas de criatividade de outra maneira, segundo as suas finalidades para: a definição do problema (incluindo análise do problema e dos aspectos associados à sua clara definição: quebrando suposições, planejamento de trás para frente, exame de limite, redefinição múltipla, cinco Ws e H – em português: Quem? Por quê? O quê? Onde? Quando? Como?); a geração de ideias (estimulando o processo divergente de apresentar ideias: *brainstorming*, imagens faladas); a seleção de ideias (estimulando o processo convergente de reduzir as muitas ideias em soluções realistas: votação anônima, mapeamento de consenso, defensor de ideias, pontos colantes); e processos (esquemas e técnicas que analisam o processo geral do início ao fim: resolução criativa de problemas (CPS), escrita livre, modelo de pensamento produtivo, modelo recíproco, sinética etc.). Como visto, as técnicas de criatividade podem ser analisadas a partir de diferentes finalidades, o que reforça a necessidade dos(as) professores(as) de, segundo a perspectiva de Beghetto (2017), desenvolverem o conhecimento pedagógico no domínio criativo e em seu aprimoramento. Dessa forma, não ficarão restritos a uma determinada categorização das técnicas e poderão explorá-las conforme a sua realidade contextual, a especificidade das disciplinas curriculares e a *performance* dos seus(suas) estudantes nas atividades desenvolvidas anteriormente.

Para além desses conhecimentos, independentemente da técnica escolhida, é importante observar três regras básicas ao aplicá-la com os(as) estudantes: (a) ausência de críticas, a fim de proporcionar um clima agradável e estimulante para os(as) participantes; (b) geração em cadeia, que se refere ao fato de que as ideias apresentadas podem e devem ser utilizadas para gerar novas ideias; e (c) mutação e combinação, uma forma de combinar as ideias geradas ou mesmo aprimorá-las (Dacey & Conklin, 2004). A seguir, algumas técnicas de criatividade serão brevemente descritas (Alencar et al., 2016; Fleith & Morais, 2017).

As técnicas *brainstorming* (expressão das ideias oralmente), *braindrawing* (expressão das ideias por desenho) e *brainwriting* (expressão das ideias por escrito) são semelhantes em sua concepção, diferindo apenas na modalidade de registro das ideias geradas. A base delas é a geração de muitas ideias em atividades grupais, de modo que não haja julgamentos *a priori*. Todos devem contribuir apresentando as ideias que tiverem acerca da atividade em desenvolvimento. Em seguida, todos se envolvem no julgamento das ideias apresentadas buscando aquela que melhor possa levar à solução da tarefa. Essa técnica pode ser bastante útil quando desejamos favorecer o desenvolvimento da habilidade de pensar livremente para gerar muitas ideias.

Outra técnica de criatividade é a lista de atributos que envolve a identificação de características ou atributos ideais em um processo de particionamento do produto ou de análise em unidades menores, o que ajuda a vê-lo, compreendê-lo, reinventá-lo ou utilizá-lo de forma mais eficaz. Três passos caracterizam essa técnica: (a) listar os atributos identificados; (b) modificar atributos de diferentes maneiras; (c) transferir os atributos modificados para outras situações. Os(As) estudantes podem ser encorajados a usar a listagem de atributos no planejamento de seus projetos escolares ou pessoais. Para ter sucesso nisso, num primeiro momento, talvez precisem de ajuda para aprender a identificar os atributos importantes de um produto ou situação. À medida que se tornam adeptos(as) da identificação de componentes-chave, podem começar a considerar os efeitos da mudança de cada um(a) deles(as), primeiro examinando as mudanças planejadas por outros(as) e, mais tarde, instigando-os(as) à mudança. O *checklist* é uma técnica semelhante à lista de atributos; porém, são fornecidos os atributos para os(as) participantes analisarem o objeto em estudo e verificar se ele apresenta ou não os atributos que compõem a lista.

A técnica Scamper envolve uma variedade de possibilidades para explorar as ideias. O nome da técnica é um acrônimo, em que cada letra representa uma ação no processo criativo: S – Substituir ("O que eu poderia usar em vez disso?" ou "Quais outros ingredientes, materiais ou componentes eu poderia usar?"), C – Combinar ("Como posso combinar peças ou ideias? Há duas coisas que eu posso misturar em vez de inventar algo novo?"), A – Adaptar ("O que mais é assim?" ou "Poderíamos mudar ou imitar outra coisa?"), M – Modificar ("Poderíamos mudar ligeiramente uma ideia, prática ou produto atual e ter sucesso?" ou "Como eu poderia torná-lo maior, mais forte, mais exagerado ou mais frequente?"), P – Colocar para outros usos (do inglês *put to other uses*: "Como posso usar isso de uma nova maneira?"), E – Eliminar ("O que pode ser omitido ou eliminado? Todas as peças são necessárias? É necessário resolver este problema?") e R – Reverter ("Posso usar uma sequência diferente? Posso trocar peças? Eu poderia fazer o oposto? O que aconteceria se eu virasse de cabeça para baixo, de trás para frente ou do avesso?"). Com essa técnica podemos incentivar os alunos a fazerem "variações" em algum(ns) elemento(s) do problema em estudo. Destaca-se que não é necessário usar todos os elementos da técnica em uma mesma atividade, podendo ser selecionadas as ações mais pertinentes para o alcance dos objetivos propostos. A técnica das relações forçadas visa promover associações entre atributos e qualidades de dois objetos que têm pouco ou até mesmo nada em comum. Em geral, você seleciona um objeto inicial e este deve ser contrastado com um segundo objeto "estranho", tentando, assim, adaptar os atributos dos dois para gerar um novo objeto.

Scott et al. (2004) chamam a atenção para o fato de que as intervenções a favor do desenvolvimento da criatividade não devem ser estruturadas como mera aplicação de técnicas, pois o fenômeno da criatividade requer um tratamento sistêmico, envolvendo aspectos sociais, culturais, emocionais e motivacionais. Nesse sentido, no âmbito escolar, faz-se necessário um planejamento sistemático e com intencionalidade das atividades que serão desenvolvidas junto aos(às) estudantes para favorecer o afloramento da criatividade.

Considerações finais

É inquestionável o papel da criatividade no mundo globalizado, permeado por inúmeros desafios sociais, culturais, econômicos e educacionais. A pandemia de covid-19 nos ensinou que mudanças inesperadas podem ocorrer de uma hora para outra e que precisamos estar preparados para lidar com elas. O cenário escolar constitui um ambiente fértil para a promoção das habilidades criativas. Neste capítulo destacamos o porquê e como o potencial criativo deve e pode ser avaliado. Também apresentamos possibilidades de intervenção estimuladoras da criatividade, salientando-se atitudes do(a) professor(a), estratégias e atividades. Criatividade não é sinônimo de inspiração ou dom divino (Alencar et al., 2016). Ao contrário, o ato criativo requer investimento, preparação e acesso a oportunidades de aprendizagem enriquecedoras e diversificadas. Esperamos que este capítulo contribua para engajar profissionais da educação e da psicologia, docentes e estudantes em ações que despertem e estimulem sua criatividade.

Referências

Alencar, E. M. L. S. (2010). Inventário de barreiras à criatividade pessoal. In E. M. L. S. Alencar, M. F. Bruno-Faria & D. S. Fleith (Eds.), *Medidas de criatividade* (pp. 35-54). Artmed.

Alencar, E. M. L. S., Braga, N. P., & Marinho, C. D. (2016). *Como desenvolver o potencial criador*. Vozes.

Alencar, E. M. L. S., & Fleith, D. S. (2010). Inventário de práticas docentes para criatividade na educação superior. In E. M. L. S. Alencar, M. F. Bruno-Faria & D. S. Fleith (Eds.), *Medidas de criatividade* (pp. 71-89). Artmed.

Alencar, E. M. L. S., Fleith, D. S., & Bruno-Faria, M. F. (2010). A medida da criatividade: possibilidades e desafios. In E. M. L. S. Alencar, M. F. Bruno-Faria & D. S. Fleith (Eds.), *Medidas de criatividade: Teoria e prática* (pp. 11-34). Artmed.

Almeida, L. S., Oliveira, E. P., & Melo, A. S. (2002). *Bateria de Instrumentos para a Sinalização de Alunos Sobredotados e Talentosos (BISAS/T)*. Universidade do Minho.

Amabile, T. M. (1982). The social psychology of creativity: A consensual assessment technique. *Journal of Personality and Social Psychology, 43*(5), 997-1.013. https://doi.org/10.1037/0022-3514.43.5.997

Amabile, T. M. (1996). *Creativity in context*. Westview Press.

Ananiadou, K., & Claro, M. (2009). *21st century skills and competences for new millennium learners in OECD countries*. OCDE. https://dx.doi.org/10.1787/218525261154

Azevedo, M. I., & Morais, M. F. (2012). Avaliação da criatividade como condição para o seu desenvolvimento: Um estudo português do Teste de Pensamento Criativo de Torrance em contexto escolar. *REICE: Revista Iberoamericana sobre Calidad, Eficacia y Cambio en Educacion, 10*(2), 41-55. https://doi.org/10.15366/reice2012.10.2.003

Beghetto, R. A. (2017). Creativity in teaching. In J. C. Kaufman, V. P. Glăveanu & J. Baer (Eds.), *The Cambridge handbook of creativity across domains* (pp. 549-564). Cambridge University Press.

Bianchi, G. (2008). *Métodos para estímulo à criatividade e sua aplicação em arquitetura*. [Dissertação de mestrado não publicada]. Universidade Estadual de Campinas.

Csikszentmihalyi, M. (1996). *Creativity*. HarperCollins.

Dacey, J., & Conklin, W. (2004). *Creativity and the standards*. Shell Education.

Fleith, D. S. (2000). Teacher and student perceptions of creativity in the classroom environment. *Roeper Review, 22*(3), 148-153. https://doi.org/10.1080/02783190009554022

Fleith, D. S. (2010). Avaliação do clima para criatividade em sala de aula. In E. M. L. S. Alencar, M. F. Bruno-Faria & D. S. Fleith (Eds.), *Medidas de criatividade* (pp. 55-70). Artmed.

Fleith, D. S., & Morais, M. F. (2017). Desenvolvimento e promoção da criatividade. In L. S. Almeida (Ed.), *Criatividade e pensamento crítico: Conceito, avaliação e desenvolvimento* (pp. 45-73). CERPSI.

Fórum Econômico Mundial. (2020, outubro 21). *These are the top 10 job skills of tomorrow – and how long it takes to learn them*. Recuperado de https://www.weforum.org/agenda/2020/10/top-10-workskills-of-tomorrow-how-long-it-takes-to-learn-them/

Glaveanu, V. P., & Neves-Pereira, M. S. (2020). Psicologia cultural da criatividade. In M. S. Neves-Pereira & D. S. Fleith (Eds.), *Teorias da criatividade* (pp. 141-168). Alínea.

Gonçalves, F. C., & Fleith, D. S. (2015). Proposta de intervenção de estímulo à criatividade no contexto escolar e familiar. In M. F. Morais, L. C. Miranda & S. M. Wechsler (Eds.), *Criatividade – Aplicações práticas em contextos internacionais* (pp. 181-209). Vetor.

Lima, M. P., & Simões, A. (2000). *NEO-PI-R Manual Profissional*. CEGOC.

Lubart, T. (2007). *Psicologia da criatividade*. Artmed.

Lucas, B. (2016). A five-dimension model of creativity and its assessment in schools. *Applied Measurement in Education*, 29(4), 278-290. https://dx.doi.org/10.1080/08957347.2016.1209206

Ma, H. H. (2006). A synthetic analysis of the effectiveness of single components and packages in creativity training programs. *Creativity Research Journal*, 18(4), 435-446. https://doi.org/10.1207/s15326934crj1804_3

Morais, M. F. (2001). *Definição e avaliação da criatividade*. Universidade do Minho.

Morais, M. F., Viana, F. L., Fleith, D. S., & Dias, C. (2019). Climate Scale for Creativity in the Classroom: Evidence of factorial validity in the Portuguese context. *Trends in Psychology*, 27(4), 837-849. http://dx.doi.org/10.9788/tp2019.4-02

Neves-Pereira, M. S., & Fleith, D. S. (2020a). O modelo sistêmico da criatividade de Mihalyi Csikszentmihalyi. In M. S. Neves-Pereira & D. S. Fleith (Eds.), *Teorias da criatividade* (pp. 87-108). Alínea.

Neves-Pereira, M. S., & Fleith, D. S. (Eds.). (2020b). *Teorias da criatividade*. Alínea.

Oliveira, K. S., Nakano, T. C., & Wechsler, S. M. (2016). Criatividade e saúde mental: Uma revisão da produção científica da última década. *Temas em Psicologia*, 24(4), 4-16. http://dx.doi.org/10.9788/TP2016.4-16

Organização para Cooperação e Desenvolvimento Econômico. (2019a). *OECD future of education and skills 2030. OECD learning compass 2030. A series of concept notes*. OCDE. Recuperado de https://www.oecd.org/education/2030-project/contact/OECD_Learning_Compass_2030_Concept_Note_Series.pdf

Organização para Cooperação e Desenvolvimento Econômico. (2019b). *PISA 2021 creative thinking framework*. OCDE. Recuperado de https://www.oecd.org/pisa/publications/PISA-2021-creative-thinking-framework.pdf

Partnership for 21st Century Skills. (2009). *P21 framework definitions*. Recuperado de http://www.21stcenturyskills.org

Renzulli, J. S., Beghetto, R., & Brandon, L. (2022). Development of an instrument to measure opportunities for imagination, creativity, and innovation (ICC) in schools. *Gifted Education International*, 38(2), 174-193. https://doi.org/10.1177/02614294211042333

Renzulli, J. S., Smith, L. H., White, A. J., Callahan, C. M., Hartman, R. K., & Westberg, K. L. (2002). *Scales for Rating the Behavioral Characteristics of Superior Students*. Creative Learning Press.

Runco, M. A. (2007). *Creativity: Theories and themes: Research, development, and practice*. Elsevier Academic Press.

Russ, S. W., Hoffmann, J. D., & Kaufman, J. C. (2022). *The Cambridge handbook of lifespan development of creativity*. Cambridge University Press.

Scott, G., Leritz, L. E., & Mumford, M. D. (2004). The effectiveness of creativity training: A quantitative review. *Creativity Research Journal*, 16(4), 361-388. https://doi.org/10.1207/s15326934crj1604_1

Sternberg, R. J., & Lubart, T. I. (1991). An investment theory of creativity and its development. *Human Development*, 34(1), 1-31. https://www.jstor.org/stable/26767348

Torrance, E. P. (1966). *Torrance tests of creative thinking: Norms-technical manual*. Personnel Press.

Treffinger, D. J. (2003). Assessment and measurement in creativity and creative problem solving. In J. Houtz (Ed.), *The educational psychology of creativity* (pp. 59-93). Hampton Press.

Treffinger, D. J., Schoonover, P. F., & Selby, E. C. (2013). *Educating for creativity & innovation: A comprehensive guide for research-based practice*. Prufrock.

Zahra, P., Yusooff, F., & Hasim, M. S. (2013). Effectiveness of training creativity on preschool students. *Procedia – Social and Behavioral Sciences*, 102(1), 643-647. https://doi.org/10.1016/j.sbspro.2013.10.782

Wechsler, S. M. (2006b). *Estilos de criar e pensar*. Impressão Digital do Brasil.

Wechsler, S. M. (2006a). Validity of the Torrance Tests of Creative Thinking to the Brazilian culture. *Creativity Research Journal*, 18(1), 15-25. http://doi.org/10.1207/s15326934crj1801_3

49
Processos de atenção e de memória: manejos da avaliação e procedimentos interventivos

Rauni Jandé Roama-Alves
Carlos Eduardo Nórte
Patrícia Abreu Pinheiro Crenitte

> *Highlights*
> - A atenção e a memória são habilidades fundamentais no processo de aprendizagem, e sua alteração é uma área de atuação da(o) psicóloga(o);
> - A avaliação e intervenção sobre a atenção e a memória permeiam pressupostos da psicologia cognitiva e da neuropsicologia;
> - O domínio de metodologias de avaliação e de intervenção sobre a atenção e a memória permite a atuação em casos de transtornos do neurodesenvolvimento e de transtornos neurodegenerativos.

Os processos atencionais e mnemônicos desempenham papéis cruciais na educação e em processos clínicos psicológicos que os demandam, sendo fundamentais para o sucesso escolar, bem como para reabilitação de quadros importantes, tais quais o transtorno de déficit de atenção e hiperatividade e a Doença de Alzheimer. Essas funções cognitivas permitem ao indivíduo filtrar informações relevantes do ambiente e retê-las de modo a impactar um aprendizado eficaz. O conhecimento e manejo dessas funções por parte do estudante, do professor e da equipe multidisciplinar contribuem para a construção de habilidades que serão aplicadas ao longo da vida, preparando o aluno e/ou paciente para inúmeros desafios do cotidiano. Dessa forma, este capítulo buscou apresentar alguns arcabouços teóricos desses processos, assim como algumas estratégias de avaliação e de intervenção que possam ser administradas aos contextos educacionais e clínicos.

Arcabouços teóricos

Os modelos teóricos da atenção

Os modelos iniciais desenvolvidos para explicar os fenômenos de atenção podem ser remetidos à psicologia cognitiva. Estavam inicialmente focados naquilo que hoje identificamos como atenção seletiva, ou melhor, na habilidade de suprimir estímulos distratores. Pode-se ter como marco a década de 1950 e seus estudos sobre o efeito festa de coquetel, ou *cocktail party effect*, cunhado por Cherry (1953). Tal efeito refere-se à habilidade humana de se concentrar em uma conversa específica, mesmo em ambientes ruidosos e cheios de múltiplos estímulos sonoros. Esse fenômeno destaca a capacidade do cérebro humano de direcionar a atenção de forma seletiva, permitindo que uma pessoa se envolva em uma conversa particular, enquanto simultaneamente ignora ou minimiza outros estímulos sonoros ao seu redor.

Todavia, é na neuropsicologia cognitiva que o estudo da atenção teve grande parte de seu progresso. Outras abordagens teóricas como a comportamental, a psicanálise, a Gestalt e até mesmo a psicologia cognitiva, distanciaram-se das práticas neurológicas. A neuropsicologia, então, assumiu o papel de avaliar e acompanhar pacientes com prejuízos atencionais decorrentes de lesões e demências por meio de técnicas de avaliação no leito hospitalar.

Um de seus grandes expoentes foi Alexander Luria, que produzia dados de pesquisas e teorias desde os anos de 1930 (Proctor, 2020). A habilidade da atenção assumiu um papel central na abordagem neuropsicológica desenvolvida por ele. Influenciado por uma perspectiva holística e contextualizada, Luria dedicou-se a entender a complexidade das funções cerebrais e cognitivas em seu contexto natural. Para ele, a atenção não era uma entidade isolada, mas um componente interconectado de sistemas neuropsicológicos mais amplos (Luria, 1970).

Por sua vez, Posner e seus colaboradores, durante as décadas de 1970 e 1980, propuseram um modelo específico para o funcionamento neuropsicológico da atenção. Esse modelo, conhecido como o modelo de atenção espacial, propõe que a atenção não seja um processo unitário, mas um sistema dividido em três redes funcionais distintas: alerta, orientação e execução. A rede de alerta está associada à manutenção de um estado de vigilância, a rede de orientação direciona a atenção para estímulos específicos no ambiente e a rede de execução está envolvida no processamento e resposta aos estímulos selecionados. Posner (1992) argumentou que essas redes correspondem a regiões anatômicas específicas do cérebro, destacando a interconexão entre a neuroanatomia e os processos atencionais (Witkowski & Witkowski, 2020).

A rede de alerta é associada principalmente à região do tronco cerebral. A rede de orientação tem suas bases em estruturas cerebrais como o córtex parietal e as áreas associadas ao controle de movimentos oculares. A rede de execução tem conexões com áreas corticais frontais, especialmente o córtex pré-frontal (Witkowski & Witkowski, 2020).

Baddeley (2021), renomado neuropsicólogo, tornou-se conhecido por seus estudos sobre a memória de trabalho. Destacou a importância das funções executivas no processamento cognitivo, incluindo a atenção. Segundo o autor, a memória de trabalho consiste em um sistema que armazena e manipula temporariamente informações relevantes para a realização de tarefas cognitivas. As funções executivas desempenhariam um papel central nesse modelo, pois exerceriam controle e coordenação sobre processos mentais, incluindo a atenção seletiva. As regiões corticais frontais, especialmente o córtex pré-frontal, estariam mais fortemente envolvidas com todas essas habilidades (Baddeley, 2021).

Baddeley (2021) concebe as funções executivas como responsáveis por supervisionar e regular a atenção e permitirem aos indivíduos direcionarem e manterem seu foco em estímulos relevantes enquanto inibem distratores. Portanto, a atenção, para Baddeley (2021), é uma faceta integral das funções executivas e interage diretamente com outros componentes da memória de trabalho. Em suma, o trabalho do autor destaca a integração intrínseca entre as funções executivas e a atenção, e fornece uma perspectiva abrangente sobre como esses processos colaboram na regulação do pensamento e do comportamento (Baddeley, 2021).

De todo modo, atualmente, em neuropsicologia pode-se dizer que há certo consenso de que a atenção pode ser de diversos tipos, como alternada, dividida, sustentada e seletiva (Oberauer, 2019). A atenção alternada refere-se à habilidade de mudar o foco entre diferentes tarefas de maneira eficiente, permitindo uma transição suave entre atividades. A atenção dividida envolve a capacidade de distribuir a atenção simultaneamente entre duas ou mais tarefas, uma competência crucial para lidar com múltiplas demandas cognitivas ao mesmo tempo. A atenção sustentada é essencial para manter o foco em uma única tarefa ao longo do tempo, sem se deixar distrair, sendo particularmente relevante em situações que exigem concentração prolongada, como estudo ou trabalho intenso. Já a atenção seletiva refere-se à habilidade de concentrar a atenção em estímulos específicos, enquanto ignora informações irrelevantes, sendo vital para filtrar e processar seletivamente o que é mais relevante em um determinado contexto, como ler em ambientes barulhentos.

Esses diferentes tipos de atenção são cruciais para o desempenho eficaz nas atividades diárias e na resolução de tarefas complexas. Distúrbios ou dificuldades em qualquer um desses aspectos pode ter implicações significativas na funcionalidade cognitiva e são frequentemente observados em condições neuropsicológicas, destacando a importância da compreensão e avaliação cuidadosa da atenção em contextos clínicos e de pesquisa.

A psicopatologia da atenção

O transtorno do déficit de atenção e hiperatividade (TDAH) é uma condição neuropsicológica caracterizada por padrões persistentes de desatenção, hiperatividade e impulsividade que interferem significativamente nas atividades diárias e no funcionamento acadêmico e social. Em termos de alterações atencionais, indivíduos com TDAH frequentemente apresentam dificuldades na atenção sustentada, em que há dificuldades para manter o foco em tarefas por períodos prolongados. A atenção seletiva também é afetada, resultando em uma capacidade reduzida de filtrar estímulos irrelevantes e concentrar-se nas informações mais pertinentes. Além disso, a atenção dividida pode ser comprometida, tornando desafiador para essas pessoas lidar eficientemente com múltiplas tarefas simultâneas. A compreensão das alterações atencionais associadas ao TDAH é crucial na avaliação e intervenção clínica, visando melhorar a qualidade de vida e a funcionalidade desses indivíduos em diversos contextos (LeRoy et al., 2019).

Outras condições neuropsicológicas também podem ocasionar alterações atencionais, como outros transtornos do neurodesenvolvimento para além do TDAH, a bipolaridade, o *delirium*, a heminegligência e a esquizofrenia. Em casos de transtorno bipolar, as alterações atencionais desempenham um papel significativo. Durante episódios de mania, os indivíduos podem experimentar uma atenção excessivamente ampla, tornando-se facilmente distraídos por uma variedade de estímulos. Por outro lado, durante episódios depressivos, a atenção pode se concentrar excessivamente em pensamentos negativos, dificultando a capacidade de se concentrar em tarefas cotidianas (King et al., 2019). Já no *delirium*, que é caracterizado por um estado agudo de confusão mental, as alterações atencionais são proeminentes. Os indivíduos afetados frequentemente apresentam dificuldade em manter a atenção e podem exibir desorientação, desorganização do pensamento e agitação. A atenção sustentada é particularmente comprometida, o que se reflete na incapacidade de manter o foco em uma única tarefa (Tieges et al., 2018).

Em casos de heminegligência, um sintoma comum em lesões cerebrais, as alterações atencionais manifestam-se pela negligência de estímulos provenientes de um lado do corpo ou do ambiente. Indivíduos com heminegligência podem ignorar completamente objetos ou pessoas presentes no lado afetado. Essa condição destaca como a atenção espacial é fundamental para a percepção adequada do ambiente e enfatiza a importância de estratégias de reabilitação que visem melhorar a atenção a estímulos negligenciados (Spaccavento et al., 2019). Por sua vez, na esquizofrenia, as alterações atencionais são multifacetadas. Indivíduos com esquizofrenia frequentemente apresentam dificuldades na atenção seletiva, o que pode contribuir para a experiência de alucinações e delírios. Além disso, a atenção sustentada pode estar comprometida, afetando a capacidade de se envolver em tarefas por períodos prolongados (Kanchanatawan et al., 2018).

Nos transtornos do neurodesenvolvimento, como o Transtorno do Espectro Autista (TEA) e a dislexia, as alterações atencionais desempenham um papel central. No TEA, por exemplo, há frequentemente uma atenção focalizada em detalhes específicos, mas uma dificuldade em integrar informações de maneira global (Braconnier & Siper, 2021). Na dislexia, as dificuldades na atenção seletiva para os aspectos fonológicos da linguagem podem contribuir para as dificuldades na leitura (Pestun et al., 2019). Compreender as alterações atencionais nesses transtornos do neurodesenvolvimento é crucial para um diagnóstico preciso e para a implementação de intervenções específicas que visem melhorar as habilidades atencionais e, por conseguinte, o funcionamento global desses indivíduos em suas atividades cotidianas e educacionais.

Os modelos teóricos de memória

A memória humana, do ponto de vista científico, é um processo complexo e multifacetado que envolve a codificação, armazenamento e recuperação de informações ao longo do tempo. O processo de codificação da memória envolve a conversão de informações sensoriais percebidas pelo indivíduo em uma forma que possa ser armazenada no cérebro. Essa conversão pode ocorrer em diferentes modalidades sensoriais, como visual, auditiva, tátil, entre outras. Durante a codificação, o cérebro interpreta e organiza as informações, atribuindo significado a elas. A eficácia da codificação pode ser influenciada por vários fatores, como a atenção dedicada à informação, à relevância emocional e à associação com conhecimentos prévios (Baddeley et al., 2011).

Segundo Corrêa (2010), após a codificação, as informações são armazenadas em diferentes áreas do cérebro, principalmente no hipocampo e no córtex cerebral. A memória de curto prazo, que retém informações por um curto período, está frequentemente associada a mudanças temporárias nas sinapses. Por outro lado, a memória de longo prazo envolve alterações mais duradouras e estruturais nas conexões sinápticas. O processo de consolidação é crucial para transferir informações da memória de curto prazo para a memória de longo prazo. A repetição, a prática e a relevância emocional são fatores que podem influenciar esse processo de consolidação.

A recuperação de informações é o processo pelo qual o cérebro acessa e resgata as informações armazenadas quando necessário. Esse processo pode ser influenciado por diversos fatores, incluindo a eficácia da codificação e consolidação, além do contexto em que a informação foi originalmente aprendida. Fatores emocionais, ambientais e motivacionais também desempenham um papel na recuperação (Baddeley et al., 2011).

Esses processos mnésicos – codificação, armazenamento e recuperação – são interligados e representam o ciclo dinâmico da memória humana. O seu entendimento é essencial para explorar as complexidades da mente e desenvolver estratégias para melhorar a aprendizagem. Porém, para além dos processos mnésicos supracitados, os modelos de memória são estruturas conceituais que buscam representar o funcionamento do sistema de memória.

Um dos modelos mais conhecidos é o de Atkinson e Shiffrin, proposto na década de 1960 (Izquierdo, 2018). Esse modelo divide a memória em três estágios principais: (a) sensório, responsável por processar informações sensoriais brevemente; (b) memória de curto prazo, na qual ocorre a retenção temporária de informações; (c) memória de longo prazo, na qual as informações são armazenadas por períodos mais extensos.

Segundo Tulving (2002), uma distinção importante na tipologia da memória de longo prazo é entre a memória declarativa e não declarativa. A memória declarativa pode ser subdividida em episódica, que se refere à capacidade de lembrar eventos específicos e experiências pessoais; e semântica, que está relacionada ao conhecimento geral sobre o mundo e conceitos. Por outro lado, a memória não declarativa engloba conhecimentos e habilidades que são adquiridos de maneira não implícita, como a memória procedural e as habilidades motoras. Essa divisão destaca diferentes processos e sistemas neurais subjacentes a esses tipos de memória.

Outro modelo relevante é também o de memória de trabalho de Baddeley et al. (2011), citado no subtópico anterior. Para além da atenção, destaca-se a existência de diferentes componentes na memória de curto prazo envolvidos na manipulação da informação. Esse sistema cognitivo temporário permite, por exemplo, que os alunos retenham e manipulem informações durante a elaboração de tarefas complexas, como resolução de problemas, compreensão de textos e participação ativa em sala de aula. A capacidade de lembrar informações recentes, integrá-las ao conhecimento existente e aplicá-las de maneira contextualizada é crucial para o desenvolvimento cognitivo e para a construção de um entendimento profundo dos conceitos. A memória de trabalho também influencia diretamente habilidades como a leitura, a escrita e a matemática, fornecendo a base necessária para a aquisição e aplicação de conhecimentos ao longo do percurso educacional. Portanto, estratégias de ensino que visam fortalecer e aprimorar a memória de trabalho podem ter impactos positivos significativos no processo de aprendizagem dos estudantes.

A compreensão desses modelos é importante para o desenvolvimento de estratégias educacionais eficazes, diagnóstico de dificuldades de memória e avanços em pesquisas que buscam ampliar o entendimento sobre o papel da memória humana na educação. A exploração desses modelos e tipos amplia nosso conhecimento sobre como a mente humana processa, armazena e utiliza informações ao longo da vida.

A psicopatologia da memória

As alterações psicopatológicas de memória podem ter um impacto significativo na educação, afetando diversos aspectos do processo de aprendizagem e do desempenho acadêmico. O grau do impacto dependerá da natureza e da intensidade da condição que está causando as alterações na memória (Dalgalarrondo, 2018).

Os impactos mais comuns envolvem dificuldades na retenção de informações e problemas na compreensão rápida de informações fornecidas pelos professores. Além disso, tarefas que exigem a memorização de fatos, fórmulas ou vocabulário podem representar um desafio significativo. Outro fator a ser considerado são as dificuldades em evocar informações em testes e avaliações. Por sua vez, alterações na memória de trabalho podem afetar a capacidade do aluno de realizar tarefas que exigem a manipulação temporária de informações, como resolver problemas matemáticos ou compreender textos complexos (Fonseca et al., 2020).

A psicopatologia da memória pode ainda envolver termos corriqueiramente utilizados em âmbitos psicológicos e psiquiátricos, como hiperminésia, amnésia, ilusões mnêmicas, alucinações mnêmicas, fabulações, criptomnésias e ecmnésias. A hiperminésia é um estado incomum em que a capacidade de lembrar detalhes específicos é aumentada, muitas vezes resultando em uma recordação excessivamente vívida e detalhada de eventos passados. Por outro lado, a amnésia representa uma falha na memória, podendo ser temporária ou permanente, e é associada a dificuldades em lembrar eventos ou informações (Kaschel & Kazén, 2018).

Ilusões mnêmicas, alucinações mnêmicas e fabulações são fenômenos nos quais a percepção e a recordação da realidade são distorcidas. Ilusões mnêmicas envolvem interpretações equivocadas de eventos passados, enquanto alucinações mnêmicas são experiências perceptuais falsas relacionadas a memórias. Fabulações são a criação de histórias falsas para preencher lacunas na memória. Condições nosológicas que representam essas alterações podem ser a Síndrome de Korsakoff, que está associada ao consumo crônico de álcool e deficiências nutricionais, e a esquizofrenia (Sant'Anna et al., 2022).

Criptomnésias e ecmnésias são fenômenos nos quais há confusão entre eventos passados e presentes. Criptomnésias referem-se à inclusão involuntária de memórias passadas como se fossem novas, enquanto ecmnésias são o oposto, caracterizadas pela sensação de que eventos presentes já foram experimentados no passado. A primeira relaciona-se à Doença de Alzheimer, uma forma comum de demência. Seu diagnóstico é frequentemente baseado em critérios clínicos e neuropsicológicos, com ênfase na observação de um declínio progressivo e notável na memória e em pelo menos uma outra função cognitiva, como linguagem ou habilidades visuoespaciais. A presença de prejuízo funcional que interfere nas atividades diárias normais é outro componente crítico do diagnóstico (Sant'Anna et al., 2022).

Possibilidades de avaliação

A avaliação atencional

Um dos modelos mais utilizados e estudados em neuropsicologia para avaliação da atenção refere-se aos testes de cancelamento. É projetado para medir a capacidade de um indivíduo em identificar e marcar alvos específicos dentro de um conjunto de estímulos. O participante é apresentado a uma folha ou lista contendo uma série de estímulos, como letras, números ou símbolos, e é instruído a cancelar ou marcar uma categoria específica, enquanto ignora outras. No Brasil, pode-se citar alguns exemplos de instrumentos baseados nesse princípio: Teste de Atenção Concentrada (Teaco-FF) (Rueda, 2009); Teste de Atenção Dividida (Teadi) e Teste de Atenção Alternada (Tealt) (Rueda, 2010); Bateria Psicológica para Avaliação da Atenção (BPA) (Rueda, 2013).

Outro modelo de avaliação é por meio do teste de trilhas, também conhecido como *Trail*

Making Test (TMT), ferramenta importante na avaliação neuropsicológica da atenção, especialmente da atenção alternada e da flexibilidade cognitiva. Esse teste é frequentemente usado para avaliar a capacidade do indivíduo em conectar pontos ou números em uma ordem específica, medindo assim sua habilidade de alternar entre diferentes categorias de estímulos de forma rápida e precisa. O TMT consiste em duas partes principais: na Parte A, o participante é instruído a conectar números em ordem crescente o mais rápido possível, enquanto, na Parte B, a tarefa é mais complexa, exigindo que o indivíduo alterne entre números e letras em uma ordem específica. O desempenho é avaliado com base no tempo necessário para a conclusão de cada parte e na precisão durante a execução. No Brasil, pode-se citar alguns exemplares de instrumentos baseados nesse princípio: Teste de Trilhas: Partes A e B (Montiel & Seabra, 2012); Teste de Trilhas para Pré-escolares (Trevisan & Seabra, 2012).

O Teste de Stroop é uma outra ferramenta importante na avaliação neuropsicológica da atenção, em particular na avaliação da atenção seletiva e inibição cognitiva. O paradigma é projetado para medir a capacidade do indivíduo em inibir respostas automáticas e se concentrar seletivamente em informações relevantes. O teste geralmente consiste em três partes principais. Na Parte 1 (Word), o participante é instruído a ler rapidamente palavras coloridas impressas em tinta de uma cor específica. Na Parte 2 (Color), a tarefa é identificar rapidamente a cor da tinta em que as palavras são impressas, ignorando o significado das palavras. Na Parte 3 (Word-Color), o desafio é nomear a cor da tinta, ignorando o significado da palavra impressa. O desempenho é avaliado com base no tempo que o participante leva para completar cada parte e na precisão das respostas. A discrepância entre a leitura das palavras e a identificação das cores nas partes mistas (Word-Color) reflete a interferência da atenção seletiva. No Brasil, estudos de validade e normas sobre tal paradigma ainda têm sido realizados (Martins et al., 2023).

Por fim, o teste de repetição de dígitos é também uma ferramenta interessante na avaliação da atenção. Projetado para medir a capacidade de um indivíduo em manter e manipular informações auditivas em sua memória de trabalho, esse teste fornece *insights* valiosos sobre a atenção sustentada e a capacidade de processamento auditivo. Durante o teste, o participante é desafiado a repetir sequências de dígitos apresentadas em uma ordem específica, avaliando assim a habilidade de focar a atenção de forma contínua e precisa. A complexidade do teste, que varia em termos de comprimento e inversão das sequências, permite uma avaliação abrangente da memória de trabalho auditiva. Dificuldades no desempenho nesse teste podem indicar possíveis déficits na atenção sustentada, processamento auditivo ou na capacidade de retenção temporária de informações, proporcionando aos profissionais de saúde mental informações cruciais para diagnóstico e intervenção personalizados. No Brasil, pode-se citar alguns exemplos de instrumentos baseados nesse princípio: Subteste Dígitos das Escalas Wechsler para Crianças e Adultos (WISC e WAIS) (Wechsler, 2004, 2013).

A avaliação da memória

A avaliação neuropsicológica da memória desempenha um papel fundamental na compreensão das funções cognitivas e na identificação de possíveis alterações neurológicas e psicológicas. Por meio de técnicas específicas, tal avaliação permite uma análise detalhada dos diferentes componentes da memória. É interessante ressaltar que a avaliação da memória na educação é uma ferramenta valiosa para formar práticas pedagógicas mais eficazes, pois permite identificar precocemente dificuldades e criar ambientes educacionais que atendam às necessidades individuais dos alunos. Isso contribui para a promoção de uma educação mais inclusiva e orientada (Kaschel & Kazén, 2018).

Entre as metodologias possíveis está a observação qualitativa. Como exemplo, observações diretas do desempenho do aluno em sala de aula podem revelar padrões de comportamento relacionados à memória. Isso inclui a capacidade de recordar informações apresentadas recentemente, a facilidade em seguir instruções e a habilidade de lembrar-se de tarefas atribuídas. Além disso, a identificação de comportamentos que podem sugerir dificuldades de memória, como distração frequente, dificuldade em seguir sequências lógicas ou repetição constante de perguntas também podem ser indicativos de dificuldades mnemônicas. Entrevistas e questionários realizados com o próprio paciente, aluno, professores e familiares para obter informações sobre o histórico de memória também são de muita relevância. Questionários estruturados podem abordar diferentes aspectos da memória, desde eventos cotidianos até o desempenho acadêmico (Crawford et al., 2018).

Os testes padronizados permitem estimar o funcionamento da memória a partir do desempenho do estudante em situações controladas, cujos resultados podem ser comparados com um grupo normativo. Entre os inúmeros instrumentos existentes, pode-se citar o Teste de Aprendizagem Auditivo-Verbal de Rey (RAVLT), Figura Complexa de Rey, Memória de Faces e a Tarefa de Dígitos descrita no subtópico anterior, que a depender do referencial teórico pode ser usada tanto para interpretação do desempenho em atenção como da memória de curto prazo ou da memória de trabalho. O RAVLT é uma ferramenta amplamente utilizada na avaliação neuropsicológica da memória auditiva e verbal. Consiste em apresentar uma lista de palavras a um participante, que é solicitado a reproduzi-las imediatamente após cada apresentação e, posteriormente, após um intervalo de tempo. Esse teste fornece informações sobre a memória de curto prazo, memória de longo prazo e capacidade de aprendizado, sendo particularmente útil na detecção de disfunções associadas a condições neuropsiquiátricas, como o comprometimento cognitivo leve e a Doença de Alzheimer (Putcha et al., 2019).

A Figura Complexa de Rey é um instrumento de avaliação usado para examinar a memória visual e a capacidade de reprodução de figuras complexas. O participante é solicitado a copiar uma figura complexa e, em seguida, reproduzi-la de memória após um intervalo de tempo. Esse teste oferece *insights* sobre a memória visual de curto e longo prazo, além de habilidades visuoespaciais. É frequentemente utilizado em avaliações neuropsicológicas para identificar possíveis disfunções associadas a lesões cerebrais, demências ou outros distúrbios cognitivos (Tsatali et al., 2022).

O Teste de Memória de Faces é uma ferramenta valiosa na avaliação neuropsicológica que se concentra na capacidade do indivíduo de reconhecer e recordar rostos. Normalmente, aos avaliados é apresentada uma série de faces por um curto período de tempo e, posteriormente, são solicitados a identificar ou recordar essas faces entre uma mistura de outras. Esse teste proporciona *insights* sobre a memória visual e a habilidade de reconhecimento facial, sendo particularmente útil na detecção de disfunções relacionadas a condições neuropsiquiátricas, como a prosopagnosia (incapacidade de reconhecer rostos) e outras alterações da memória associadas a lesões cerebrais ou distúrbios cognitivos (Vasconcelos et al., 2016).

Possibilidades de intervenção

A reabilitação neuropsicológica da atenção e da memória é um campo dinâmico que visa melhorar ou compensar déficits decorrentes de lesões cerebrais, distúrbios neuropsiquiátricos ou outros problemas neurológicos. Uma abordagem comum na reabilitação é o treinamento cognitivo, que envolve a prática sistemática de exercícios projetados para aprimorar habilidades específicas, como a atenção sustentada, seletiva, alternada, memória de trabalho, entre outras. Esses exercícios frequentemente se adaptam às necessidades individuais do paciente, utilizando tarefas desafiadoras para promover a plasticidade cerebral e a recuperação funcional (Wilson & Betteridge, 2019).

As estratégias de intervenção podem incluir o ensino de técnicas de memorização, como o uso de mnemônicos, associação de palavras-chave e métodos de organização estruturados. Além disso, práticas de reforço, revisão regular e a criação de ambientes de aprendizado favoráveis à concentração e atenção são fundamentais para melhorar a retenção e a recordação de informações (Wilson & Betteridge, 2019). Estratégias metacognitivas podem ser ensinadas para capacitar os alunos a regularem o próprio processo de aprendizagem. Isso inclui técnicas de gerenciamento de tempo, planejamento de estudos e autoavaliação, permitindo que os alunos se tornem mais conscientes de como aprendem e desenvolvem estratégias personalizadas para melhorar a própria memória (Grigorenko et al., 2020).

Entre as atividades construídas, estudadas e comercializadas no Brasil, pode-se citar o Programa de Intervenção em Autorregulação e Funções Executivas (PIAFEx) (Dias & Seabra, 2013). Construído para crianças pré-escolares e para aplicação em sala de aula, o programa é constituído por atividades que estimulam a atenção por meio de funções motoras em tarefas de baralhos com estímulo-alvo e a brincadeira "O mestre mandou". Há também o Programa de Estimulação Neuropsicológica da Cognição em Escolares: Ênfase nas Funções Executivas (PENcE) (Cardoso & Fonseca, 2016), composto das atividades de estimulação denominadas de "À procura do alvo" (atenção visual seletiva e dividida) e "Controlando a vontade" (atenção seletiva visual). Tem-se também o Programa de Capacitação de Educadores em Neuropsicologia da Aprendizagem com Ênfase em Funções Executivas e Atenção (Cena) (Pureza & Fonseca, 2016), com as atividades de "Ligando caminhos" (atenção visual alternada), "Atividade de cancelamento" (atenção visual seletiva), "Ora sim, ora não" (atenção visual seletiva) e "Se ligue no que fala" (atenção visual e auditiva seletiva).

Além do treinamento cognitivo, estratégias compensatórias desempenham um papel essencial na reabilitação da atenção e da memória. Isso envolve ajudar os indivíduos a desenvolverem métodos e técnicas que facilitem o gerenciamento eficaz dessas habilidades em situações do dia a dia. O que pode incluir o uso de lembretes visuais, organização do ambiente, técnicas de planejamento e priorização de tarefas para otimizar o desempenho cognitivo (Cardoso & Fonseca, 2019).

A adaptação curricular também é uma estratégia eficaz de intervenção. Como estratégia, pode-se utilizar a quebra de informações complexas em partes menores, a apresentação de informações visuais e a incorporação de atividades práticas no ensino para melhorar a codificação e a retenção de informações. A tecnologia também desempenha um papel importante, com o uso de aplicativos educacionais, jogos interativos e plataformas online para fornecer suporte adicional aos alunos.

A intervenção multidisciplinar é muitas vezes crucial na reabilitação neuropsicológica da atenção e da memória em âmbitos clínicos. Profissionais, como neuropsicólogos, terapeutas ocupacionais e fonoaudiólogos, podem trabalhar em conjunto para criar estratégias personalizadas que abordem os desafios específicos de cada indivíduo. A reabilitação não apenas visa a restauração das funções cognitivas, mas também a melhoria da qualidade de vida e da independência nas atividades diárias dos pacientes.

A colaboração entre educadores, psicopedagogos e profissionais de saúde é essencial para o desenvolvimento e implementação eficaz de estratégias de avaliação e intervenção em contexto educacional. Essa abordagem multidisciplinar permite a identificação precoce de dificuldades de memória e atenção, a criação de planos de intervenção personalizados e o acompanhamento contínuo para garantir o progresso e o sucesso dos alunos.

Considerações finais

A avaliação e intervenção sobre a memória e a atenção são domínios fundamentais ao psicólogo que vise trabalhar com áreas a elas relacionadas, como a inclusão escolar e os processos de reabilitação neuropsicológica em quadros de transtornos do neurodesenvolvimento e/ou neurodegenerativos. A compreensão de seus pressupostos teóricos, o conhecimento sobre as técnicas e as atualizações sobre as investigações científicas são também fundamentais e foram abordadas de forma breve neste capítulo. Especialmente ao considerarmos o papel dos processos atencionais e mnemônicos na educação, não estamos apenas considerando o sucesso acadêmico imediato, mas também o apoio à aprendizagem ao longo da vida. Isso é especialmente relevante em um mundo em constante mudança, no qual a habilidade de aprender e adaptar-se é crucial.

Referências

Baddeley, A. D. (2021). Developing the concept of working memory: The role of neuropsychology. *Archives of Clinical Neuropsychology, 36*(6), 861-873. https://doi.org/10.1093/arclin/acab060

Baddeley, A., & Anderson, C. M., & W. Eysenck, M. (2011). *Memória*. Artmed.

Braconnier, M. L., & Siper, P. M. (2021). Neuropsychological assessment in autism spectrum disorder. *Current Psychiatry Reports, 23*, 1-9. https://doi.org/10.1007/s11920-021-01277-1

Cardoso, C. O., & Fonseca, R. P. (2016). *Programa de estimulação neuropsicológica da cognição em escolares: Ênfase nas funções executivas*. Booktoy.

Cardoso, C. O., & Fonseca, R. P. (2019). Intervenção neuropsicológica infantil. In C. O. Cardoso & N. M. Dias (Eds.), *Intervenção neuropsicológica infantil: Da intervenção precoce-preventiva à reabilitação* (pp. 69-96). Pearson.

Cherry, E. C. (1953). Some experiments on the recognition of speech, with one and with two ears. *The Journal of The Acoustical Society of America, 25*(5), 975-979. https://doi.org/10.1121/1.1907229

Corrêa, A. C. D. O. (2010). *Memória, aprendizagem e esquecimento: a memória através das neurociências cognitivas*. Atheneu.

Crawford, J. R., Parker, D. M., & McKinlay, W. W. (Eds.). (2018). *A handbook of neuropsychological assessment* (Vol. 3). Routledge.

Dalgalarrondo, P. (2018). *Psicopatologia e semiologia dos transtornos mentais*. Artmed.

Dias, N. M., & Seabra, A. G. (2013). *Programa de Intervenção em Autorregulação e Funções Executivas – PIAFEx*. Memnon.

Fonseca, R. P., Seabra, A G., & Miranda, M. C. (2020). *Neuropsicologia escolar – Coleção Neuropsicologia na Prática Clínica*. Pearson.

Grigorenko, E. L., Compton, D. L., Fuchs, L. S., Wagner, R. K., Willcutt, E. G., & Fletcher, J. M. (2020). Understanding, educating, and supporting children with specific learning disabilities: 50 years of science and practice. *American Psychologist*, 75(1), 37. https://doi.org/10.1037/amp0000452

Izquierdo, I. (2018). *Memória*. Artmed.

Kanchanatawan, B., Thika, S., Anderson, G., Galecki, P., & Maes, M. (2018). Affective symptoms in schizophrenia are strongly associated with neurocognitive deficits indicating disorders in executive functions, visual memory, attention and social cognition. *Progress in Neuro-Psychopharmacology and Biological Psychiatry*, 80, 168-176. https://doi.org/10.1016/j.pnpbp.2017.06.031

Kaschel, R., & Kazén, M. (2018). Memory rehabilitation for older adults: preserving independent living/Rehabilitación de la memoria para adultos mayores: preservación de la autonomía de vida. *Estudios de Psicología*, 39(2-3), 378-406. https://doi.org/10.1080/02109395.2018.1493844

King, S., Stone, J. M., Cleare, A., & Young, A. H. (2019). A systematic review on neuropsychological function in bipolar disorders type I and II and subthreshold bipolar disorders-something to think about. *CNS Spectrums*, 24(1), 127-143. https://doi.org/10.1017/S1092852918001463

LeRoy, A., Jacova, C., & Young, C. (2019). Neuropsychological performance patterns of adult ADHD subtypes. *Journal of Attention Disorders*, 23(10), 1.136-1.147. https://doi.org/10.1177/1087054718773927

Luria, A. R. (1970). The functional organization of the brain. *Scientific American*, 222(3), 66-79. https://doi.org/10.1038/scientificamerican0370-66

Martins, M. E. O., Tosi, C. M. G., Luz, B. P., Toresan, L. H., de Carvalho, C. F., & Dias, N. M. (2023). O paradigma de Stroop nos estudos brasileiros: uma revisão de escopo. *Revista Psicologia: Teoria e Prática*, 25(2), ePTPCP14766-ePTPCP14766. https://doi.org/10.5935/1980-6906/ePTPCP14766.en

Montiel, J. M., & Seabra, A. G. (2012). Teste de trilhas: Partes A e B. In A. G. Seabra & N. M. Dias (Eds.), *Avaliação neuropsicológica cognitiva: Atenção e funções executivas* (pp. 79-85). Memnon.

Oberauer, K. (2019). Working memory and attention – A conceptual analysis and review. *Journal of cognition*, 2(1), 36. https://doi.org/10.5334/joc.58

Pestun, M. S. V., Roama-Alves, R. J., & Ciasca, S. M. (2019). Neuropsychological and educational profile of children with dyscalculia and dyslexia: a comparative study. *Psico-USF*, 24, 645-659. https://doi.org/10.1590/1413-82712019240404

Posner, M. I. (1992). Attention as a cognitive and neural system. *Current Directions in Psychological Science*, 1(1), 11-14. https://doi.org/10.1111/1467-8721.ep1076775

Proctor, H. (2020). *Psychologies in revolution: Alexander Luria's' romantic science'and Soviet social history*. Palgrave Macmillan.

Pureza, J. R., & Fonseca, R. P. (2016). *Cena – Programa de capacitação de educadores em neuropsicologia da aprendizagem com ênfase em funções executivas e atenção*. Booktoy.

Putcha, D., Brickhouse, M., Wolk, D. A., Dickerson, B. C., & Alzheimer's Disease Neuroimaging Initiative. (2019). Fractionating the Rey auditory verbal learning test: Distinct roles of large-scale cortical networks in prodromal Alzheimer's disease. *Neuropsychologia*, 129, 83-92. https://doi.org/10.1016/j.neuropsychologia.2019.03.015

Rueda, F. J. M. (2010). *Teste de Atenção Dividida (TEADI) e Teste de Atenção Alternada (TEALT)*. Vetor.

Rueda, F. J. M. (2013). *Bateria Psicológica para Avaliação da Atenção (BPA)*. Vetor.

Rueda, F. J. M., & Sisto, F. F. (2009). *Teste de Atenção Concentrada – TEACO-FF*. Vetor.

Sant'Anna, A., McCarroll, C. J., & Michaelian, K. (Eds.). (2022). *Current controversies in philosophy of memory*. Taylor & Francis.

Spaccavento, S., Marinelli, C. V., Nardulli, R., Macchitella, L., Bivona, U., Piccardi, L., Zoccolotti, P., & Angelelli, P. (2019). Attention deficits in stroke patients: the role of lesion characteristics, time from stroke, and concomitant neuropsychological deficits. *Behavioural Neurology*, *2019*(1), 1-12. https://doi.org/10.1155/2019/7835710

Tieges, Z., Evans, J. J., Neufeld, K. J., & MacLullich, A. M. (2018). The neuropsychology of delirium: advancing the science of delirium assessment. *International Journal of Geriatric Psychiatry*, *33*(11), 1501-1511. https://doi.org/10.1002/gps.4711

Trevisan, B. T., & Seabra, A. G. (2012). Teste de trilhas para pré-escolares. In A. G. Seabra & N. M. Dias (Eds.), *Avaliação neuropsicológica cognitiva: Atenção e funções executivas* (pp. 92-100). Memnon.

Tsatali, M., Avdikou, K., Gialaouzidis, M., Minopoulou, D., Emmanouel, A., Kouroundi, E., & Tsolaki, M. (2022). The discriminant validity of Rey Complex Figure Test (RCFT) in subjective cognitive decline, mild cognitive impairment (multiple domain) and Alzheimer's disease dementia (ADD; mild stage) in Greek older adults. *Applied Neuropsychology: Adult*, *31*(4), 1-10. https://doi.org/10.1080/23279095.2022.2037089

Tulving, E. (2002). Episodic memory: From mind to brain. *Annual Review of Psychology*, *53*(1), 1-25. https://doi.org/10.1146/annurev.psych.53.100901.135114

Vasconcelos, A. G., Piovani, C., Nascimento, E., & Alvarenga, M. A. S. (2016). *Memória de faces*. Edites.

Wechsler, D. (2004). WAIS III – *Escala de inteligência Wechsler para adultos – Manual para avaliação e administração*. Casa do Psicólogo.

Wechsler, D. (2013). *Escala de Inteligência Wechsler para Crianças: WISC-IV. Manual de instruções para aplicação e avaliação* (Adaptação e padronização brasileira: Rueda, F. J. M., Noronha, A. P. P., Sisto, F. F., Santos, A. A. A., & Castro, N. R. C. 4a ed.). Casa do Psicólogo.

Wilson, B. A., & Betteridge, S. (2019). *Essentials of neuropsychological rehabilitation*. Guilford Publications.

Witkowski, T., & Witkowski, T. (2020). Michael I. Posner: Cognitive neuroscience, attention networks and training the brain. *Shaping Psychology: Perspectives on Legacy, Controversy and the Future of the Field*, 45-59. https://doi.org/10.1007/978-3-030-50003-0_4

50
Escolha profissional/de carreira: manejos da avaliação e procedimentos interventivos

Luciana Mourão
Luara Carvalho
Elisa Amorim-Ribeiro
Hugo Sandall

> *Highlights*
> - A escolha profissional depende de elementos com pesos distintos para cada pessoa;
> - É preciso ponderar aspirações individuais e demandas do mercado de trabalho;
> - Mudanças sociais e tecnológicas ampliam a complexidade da escolha profissional;
> - Projetos de vida e âncoras de carreira são componentes da escolha profissional;
> - Uma autoavaliação profunda é o primeiro passo rumo à escolha consciente de carreira.

A escolha profissional ou escolha de carreira (termos tratados neste capítulo como sinônimos) representa uma das decisões mais significativas e impactantes na vida. Os elevados índices de evasão no ensino superior, no Brasil e no exterior, e a insatisfação com o curso de graduação reforçam a relevância do processo de escolha profissional (Basso et al., 2013; Tessaro & Schmidt, 2017). Embora seja frequente que esse processo ocorra na adolescência ou no início da juventude, ele também pode ocorrer em outros momentos, seja para definir a subárea de atuação profissional, seja para fazer uma transição de carreira.

Em qualquer fase, o processo de escolha é complexo, pois envolve a consideração integrada das características da pessoa – habilidades, valores e interesses pessoais; das circunstâncias contextuais –, educacionais, do mercado de trabalho, socioeconômicas e histórico-políticas; além do capital cultural, econômico e simbólico associado a cada carreira (Murgo et al., 2020; Tessaro & Schmidt, 2017). Na adolescência – período crítico no desenvolvimento do autoconceito e da autoestima –, há elevada demanda de tomadas de decisão para a vida adulta (Terruggi et al., 2019). Assim, especialmente nessa fase, a avaliação e os procedimentos interventivos articulam transversalmente psicologia e educação e oferecem uma abordagem estruturada para o processo de escolha profissional.

Nessa e em outras fases da vida, os processos interventivos para escolha de carreira estão alicerçados em priorizar aspirações e potenciais, por meio de uma avaliação precisa de habilidades, interesses e valores pessoais, em conjunto com uma análise das demandas do mercado de trabalho e de suas tendências futuras. Essa visão do processo de escolha profissional é orientada pela teoria sistêmica, que enfatiza as conexões entre a parte e o todo, priorizando as relações e a mútua influência entre indivíduo e contexto. Tessaro e Schmidt (2017) apresentam um conjunto de técnicas que podem ser adaptadas para utilizar o paradigma sistêmico nas avaliações e intervenções de escolha de carreira.

Assim, este capítulo, organizado em seis seções, visa explorar e discutir diferentes aspectos da escolha profissional/de carreira, concentrando-se nos manejos da avaliação e nos procedimentos interventivos. A primeira seção contempla a construção de projeto de vida e sua importância na escolha de carreira. A seguir, abordamos as demandas do mercado de trabalho e suas mutações, que oferecem contorno aos processos de decisão profissional. A terceira seção aborda a teoria da escolha vocacional de Holland (1973) e a teoria das âncoras de carreira, de Schein (1996). Na parte voltada para a prática, há uma seção sobre possibilidades de avaliação e outra sobre intervenção de escolha de carreira com apresentação de um caso prático. Por fim, encerramos o capítulo retomando algumas reflexões.

Projeto de vida

Nesta seção enfatizaremos a adolescência no contexto das sociedades ocidentais, ao refletir sobre o projeto de vida e sua interface com a escolha profissional e as decisões de carreira. A construção de projetos de vida está associada ao desenvolvimento de atitudes positivas e à promoção de realização e satisfação pessoal, bem como à redução de comportamentos autodestrutivos (Gobbo et al., 2019). O construto projeto de vida abrange as crenças e percepções das pessoas sobre aquilo que desejam ser e concretizar, considerando sua condição histórico-cultural. Envolve uma busca por realizações significativas para si e para a sociedade, constituindo um processo dinâmico de ações intencionais e construção de planos capazes de mobilizar ações e repercutir na vida futura (Coscioni, 2021).

As pesquisas em projeto de vida têm buscado compreender o papel das dinâmicas familiar e escolar no processo de construção desses projetos. Outro enfoque tem sido o de caracterizar os projetos de vida de adolescentes em contextos de vulnerabilidade, a exemplo de adolescentes em situação de medidas socioeducativas e contextos rurais. Embora envolva domínios diversos, os projetos de vida estão alicerçados no tripé educação/trabalho/família. O lugar do trabalho como estratégia para assunção da independência financeira e constituição identitária ressalta esse domínio como predominante nos projetos de vida dos adolescentes. Muitas vezes, metas associadas a outros conteúdos, como constituição de família, aparecem condicionadas temporalmente à realização das metas profissionais (Zonta, 2007).

Assim, estudos e intervenções em projeto de vida buscam analisar como as características pessoais, a história de vida e o contexto da pessoa contribuem para delinear aspirações. A possibilidade de mobilizar um conjunto de ações e construir planos precisa ser precedida da análise e compreensão de si, do que foi vivido, das possibilidades disponíveis no momento presente, junto a projeções sobre o futuro diante dos cenários atuais.

Nesse sentido, podemos identificar condições de risco e proteção que favorecem ou constrangem processos de construção e implementação do projeto de vida. Características pessoais como empatia e comportamento pró-social (Dellazana-Zanon & de Lucca Freitas, 2016), autopercepção positiva, autoconhecimento (Becker et al., 2012), proatividade, inteligência e determinação (Coscioni et al., 2018) são elementos contributivos. No âmbito relacional e contextual, podemos elencar o suporte familiar, sentimento de pertencimento a uma família ou comunidade, relações duradouras com amigos e professores (Becker et al., 2012), religiosidade (Pini & Valore, 2017), vinculação territorial (Pizzinato et al., 2016) e permanência na escola (Venturini & Piccinini, 2014).

Sobre aspectos desfavoráveis, a literatura descreve características pessoais como autoconceito rebaixado ou hipervalorizado (Zonta, 2007), impulsividade, necessidade de aprovação dos demais e dificuldade em prever consequências (Coscioni et al., 2018). No âmbito contextual, a família pode representar elevado potencial de risco em situações de conflito, abuso e violência doméstica (Miura et al., 2020). Condições macrocontextuais como desigualdade social e econômica (Coscioni et al., 2018), ausência de políticas educacionais e sociais (Miura et al., 2020) e exposição à violência (Pini & Valore, 2017), configuram aspectos dificultadores do projeto de vida.

Ainda sobre fatores de risco, passar por experiências de adultização precoce, como assumir obrigações familiares, gravidez na adolescência e casamento podem ser prejudiciais (Pini & Valore, 2017; Miura et al., 2020). No domínio do trabalho e da profissão, a falta de conhecimento sobre carreiras, a idealização de profissões (Becker et al., 2012) e a preocupação em percorrer carreiras estáveis (Zonta, 2007) podem limitar as escolhas. A vivência de dificuldades financeiras ao longo da vida pode ser tanto favorável, como desfavorável ao projeto de vida (Dellazana-Zanon & de Lucca Freitas, 2016).

As demandas do mercado de trabalho e suas constantes mutações

Como discutido previamente, a escolha de carreira abrange uma variedade de decisões como profissão, formação educacional, cursos, e interesses a explorar. Mesmo em situações com limitada autonomia de escolha, algum nível de decisão está presente. A qualidade dessas escolhas é influenciada pela habilidade de ponderar informações internas e externas. Logo, angariar subsídios variados torna-se estratégico para assegurar a qualidade e a segurança da direção escolhida (Lent et al., 2022).

A escolha profissional deve alinhar habilidades e interesses individuais com demandas do mercado de trabalho. Além de processos internos, é crucial desenvolver a capacidade de levantar dados, selecionar informações pertinentes e reconhecer tendências em mercados em constante mutação, habilitando profissionais a direcionarem suas carreiras (Müller et al., 2022). A literatura de orientação de carreira destaca a importância de adotar práticas que proporcionem conhecimento sobre o mercado de trabalho. É produzido por habilidades que o profissional pode desenvolver espontaneamente ou que podem ser estimuladas para favorecer a trajetória. Habilidades de sondagem constituem comportamentos proativos com elevado potencial para o desenvolvimento profissional (Lent et al., 2022).

Esses comportamentos proativos para autogestão da carreira envolvem consumir e analisar conteúdos obtidos por exploração direta, redes de relacionamento, entrevistas e indicações variando em fontes e métodos conforme interesses, profissão ou especialização. Alternativas podem ser exploradas ampliando a rede de relacionamentos por meio da busca ativa de pessoas por redes sociais ou recomendação solicitada. Outra dimensão é a experimentação, seja em estágios, voluntariado em projetos e comunidades de prática, ou modelando profissionais de referência. Tais ações contribuem para a construção de um cenário tangível para a tomada de decisões na carreira (Green et al., 2020).

Sondar o mercado de trabalho proporciona uma compreensão das possibilidades profissionais e pode contribuir com a aquisição de competências relevantes, como a exploração ativa de oportunidades. Ao buscar diferentes caminhos, o estudante se depara com expectativas relacionadas a entrevistas, modelos de currículo e plataformas de cadastro de candidaturas. Esse processo pode contribuir para a inserção em organizações de trabalho, e também para lidar com a frustração de eventuais fracassos.

Algumas intervenções de carreira baseiam-se na aquisição de comportamentos para desenvolver a sustentabilidade na trajetória profissional. Tais comportamentos incluem: (a) manter atualizadas as habilidades relevantes; (b) buscar suporte na rede de relacionamento, manejando necessidades e dúvidas; (c) reciclar atividades de exploração e decisão, incrementando ferramentas e recursos; (d) mapear meios de preparação para mudanças na carreira; (e) buscar ativamente treinamentos; (f) verificar periodicamente oportunidades; e (g) identificar barreiras e estratégias para superá-las (Lent et al., 2022).

Além de compreender a dinâmica do mercado de trabalho, é importante questioná-lo atentando para vieses cognitivos. O ambiente e as experiências impactam a visão de mundo, exigindo reavaliações que influenciam escolhas atuais e futuras. Revisões sistemáticas do plano de carreira desenvolvem capacidade crítica e aprimoram a tomada de decisões (Lent et al., 2022). Ademais, assumir o protagonismo no processo de escolha favorece a assertividade e a resiliência, habilidades essenciais nos ambientes laborais (Müller et al., 2022).

Construir rotinas de autoavaliação, explorar oportunidades e sondar tendências devem tornar-se habituais no cenário contemporâneo em que mudanças são constantes. A formação de hábitos requer reconhecer a relevância de um conjunto de comportamentos úteis e repeti-los com regularidade. Comportamentos como a exploração de textos publicados sobre um tema emergente na profissão podem ocorrer diante de gatilhos simples como um lembrete cíclico registrado na agenda (Green et al., 2020; Orbell & Verplanken, 2020).

Adicionalmente, a inteligência artificial (IA) tem sido incorporada em diversas áreas com potencial para aplicar sua alta capacidade de processamento da informação modelada sobre a inteligência humana, incluindo a produção de textos (por exemplo, ChatGPT) e outras mídias. A popularização da IA impulsiona a demanda por novas competências e exige dos profissionais proatividade em atualizarem-se e das instituições educacionais que incorporem tais competências em seus cursos. Além de transformar a forma como trabalhamos, a IA impõe redesenhos de carreiras e da educação das futuras gerações. Em paralelo aos investimentos em letramento em IA e ao aumento de disciplinas ofertadas, um importante debate ético tem emergido (Zhang et al., 2023). A IA tem demonstrado potencial para contribuir com a escolha profissional e a compreensão das demandas do mercado de trabalho.

Interesses profissionais e âncoras de carreira

Quando se fala de escolha profissional, é preciso mencionar o modelo teórico de interesses profissionais desenvolvido por John Holland (1973), conhecido como Modelo Riasec. Ele propõe que a personalidade e os interesses vocacionais estão intimamente interligados e oferece uma tipologia que ajuda a refletir sobre as escolhas de carreira. Tal modelo continua sendo um dos mais utilizados na área (Wang & Wanberg, 2017).

O Modelo Riasec é uma estrutura que classifica carreiras em seis tipos principais, cujas iniciais constituem o nome do modelo. São eles: (a) Realista – indivíduos práticos e com habilidades nas mãos, como engenheiros, técnicos e cirurgiões; (b) Investigativo – pessoas curiosas e apaixonadas por resolver problemas, como cientistas e pesquisadores; (c) Artístico – indivíduos criativos e expressivos, como artistas e *designers*; (d) Social – aqueles orientados para ajudar os outros, como professores e psicólogos; (e) Empreendedor – líderes natos e orientados para negócios, como empresários e vendedores; e (f) Convencional ou Conservador – pessoas organizadas e eficientes, como contadores e secretárias.

Assim, cada pessoa possui uma combinação única desses tipos que influencia suas preferências de carreira. O Modelo Riasec não identifica as competências da pessoa, mas sim seus interesses e, consequentemente, o tipo de ambiente no qual ela sinta pertencimento. Portanto, não diz respeito ao talento, mas àquilo que motiva a pessoa. O pressuposto é de que o tipo realista apresenta características distintas de pessoas do tipo social, e cada um desses tipos está associado a diferentes estilos de trabalho e ambientes. A lógica é de que quando uma pessoa encontra um ambiente de trabalho que se alinha com seu tipo predominante, ela tende a se sentir mais satisfeita, engajada e conectada com seus colegas, o que pode contribuir para a realização em sua carreira (Holland, 1973).

Além do Riasec, há também o modelo das âncoras de carreira, que dizem respeito às competências, aos motivos e aos valores que orientam as decisões de carreira. Elas foram desenvolvidas, nos anos de 1970, pelo psicólogo social Edgar Schein, a partir de um estudo longitudinal de oito anos, examinando a história de trabalho e as razões das decisões relativas à carreira de alunos do Massachusetts Institute of Technology (MIT). Analisando a trajetória desse grupo, Schein (1974) apresentou as cinco primeiras âncoras de carreira; mas, com base em estudos posteriores (Schein, 1996), acrescentou três outras possíveis âncoras. Assim, o modelo final ficou com oito âncoras de carreiras que descrevem diferentes perfis de pessoas, considerando o que elas buscam em termos de vida profissional, seus valores e competências. Vejamos como Schein (1996) definiu cada uma dessas âncoras de carreira.

A primeira foi denominada de Segurança/Estabilidade. Pessoas com esse tipo de âncora estão preocupadas em encontrar um emprego/ocupação que as torne economicamente seguras e estáveis. Para elas, o conteúdo da tarefa a realizar é menos importante do que as vantagens de um bom programa de benefícios e um plano de aposentadoria estruturado. Pessoas com tal perfil se alinham com empregos públicos e outras opções de carreira estável.

A segunda recebeu o nome de Autonomia/Independência. Pessoas identificadas com essa âncora desejam, acima de tudo, estar no controle de suas vidas profissionais. Elas não se sentem confortáveis com rotinas, regras, uniformes, horários de trabalho, bem como outras formas de controle organizacional. Elas anseiam por carreiras nas quais tenham liberdade para tomar decisões, definir sua forma de trabalho e assumir protagonismo em sua trajetória.

A terceira âncora de carreira foi nomeada Competência Técnica/Funcional. A autopercepção de pessoas com essa âncora é construída em torno de talentos e habilidades específicas. Elas preferem áreas de especialização, ocupando posições técnicas ou de consultoria. As trajetórias de quem se identifica com esse perfil devem levar em conta uma escolha de profissão que tenha conhecimentos singulares e que se afastem do senso comum.

A quarta recebeu o título de Competência Gerencial Geral. Pessoas com essa âncora de carreira valorizam a capacidade de liderar e têm metas voltadas para o alcance efetivo dos objetivos organizacionais. Quem se identifica com essa âncora valoriza a possibilidade de exercer liderança sobre outros profissionais da mesma área ou de equipes multiprofissionais.

A quinta, por sua vez, ficou conhecida como Criatividade Empreendedora. A motivação central de pessoas com essa âncora é produzir algo próprio e se expressar por meio dos resultados de seu trabalho e do uso de sua criatividade. Elas se identificam com carreiras em que possam buscar oportunidades, assumir riscos e desenvolver atividades inovadoras.

A sexta foi denominada de Serviço/Dedicação a uma causa. Pessoas com essa âncora de carreira são distintas das anteriores, pois sua preocupação não gira em torno de seus interesses pessoais, mas sim daquilo que enxergam como benéfico para outras pessoas. Essas carreiras são, portanto, estruturadas em prol de uma causa, de um ideal ou de um valor.

A sétima foi nomeada como Desafio Puro. Para as pessoas que se identificam com ela, o sucesso significa superar obstáculos. Elas são motivadas a resolver problemas e enfrentar oponentes. Quem tem essa âncora de carreira gosta de ser desafiado e quer profissões que se distanciem da rotina, da estabilidade e das regras preestabelecidas.

Por fim, a oitava e última âncora de carreira prevista por Schein (1996) é o Estilo de Vida, que reflete desejo de flexibilidade no emprego e de integração das necessidades individuais e familiares com a ocupação, mesmo que isso demande sacrificar resultados da trajetória profissional. Com o crescimento do teletrabalho, muitas pessoas que se identificam com essa âncora de carreira passaram a buscar opções profissionais que lhe permitam flexibilidade de horário e mesmo de cidade para morar para terem mais tempo para dedicar-se a outras esferas de vida como a família, o lazer ou a comunidade.

Esse modelo foi revisto, no sentido de que as pessoas apresentam múltiplas âncoras com diferentes intensidades (Feldman & Bolino, 1996). O uso das âncoras de carreira pode ajudar as pessoas a decifrarem suas prioridades e a partir delas fazerem escolhas profissionais, ou negociarem a gestão de suas carreiras com as organizações em que trabalham. Operacionalmente, a identificação de tal tipologia é feita a partir do Inventário das Âncoras de Carreira (Schein, 1996), com oitenta itens respondidos a partir de uma escala de frequência de seis pontos. Em conjunto com elementos da história da pessoa e dos aspectos sociais e culturais de sua origem, a tipologia das âncoras de carreira pode oferecer uma orientação complementar para o processo de tomada de decisão profissional.

Possibilidades de avaliação

As decisões de carreira incluem-se na categoria de afetos marcantes nas trajetórias das pessoas e sua investigação tem mobilizado esforços para uma melhor compreensão do construto. Proporcionando diferentes estratégias de avaliação e intervenção, que entrelaçam aspectos psicológicos e educacionais. Assim, avaliar as causas da indecisão profissional estão entre os primeiros passos do processo de aconselhamento de carreira e orientação profissional (Levin et al., 2024).

A avaliação relativa aos processos de escolha de carreira apresenta métodos contemporâneos, desde instrumentos de avaliação psicológica, a exemplo de inventários de personalidade, até os direcionados para a escolha de carreira, como os baseados na teoria da escolha vocacional de Holland. Ressaltamos que a avaliação não se reduz ao uso de testes psicológicos, e compreende um processo amplo de coleta de informação, com vistas a conhecer o indivíduo, identificar o problema e auxiliar na tomada de decisões.

Nesse ínterim, o manejo da avaliação da escolha de carreira demanda raciocínio científico e clínico, limitado no tempo (início, meio e fim), aplicação de diferentes técnicas, bem como feito à luz de pressupostos teóricos e resoluções específicas. Assim, diferente da proposta do antigo "teste vocacional", tem caráter mais compreensivo que diagnóstico, e objetiva auxiliar no processo do autoconhecimento, constituindo para o orientando fonte de repertório verbal para se expressar em um contexto narrativo (Savickas & Baker, 2005).

A Tabela 1 exemplifica instrumentos constantes no Sistema de Avaliação de Testes Psicológicos (Satepsi) para avaliação e procedimentos interventivos para escolha profissional. Tal sistema foi desenvolvido pelo Conselho Federal de Psicologia do Brasil para avaliar a qualidade técnico-científica de instrumentos psicológicos para uso profissional.

Tabela 1. Alguns instrumentos que podem ser implementados na orientação para escolha profissional

Instrumentos	Objetivo	Principais características
Avaliação dos Interesses Profissionais (Bandeira & Levenfus, 2009)	Avaliar os interesses profissionais	200 frases que referem atividades laborais de 10 campos e diferencia interesses reais de relativos A: 15 a 39 anos, I/C N; Co: N
Escala de Autoeficácia para Escolha Profissional (Ambiel & Noronha, 2012)	Avaliar a crença de pessoas na própria capacidade de engajar-se em atividades relativas à escolha profissional	Mensura crenças, valores, atitudes, escolha profissional A: 14 a 21 anos, I/C N; Co: In/N
Escala de Maturidade para a Escolha Profissional - 2ª edição (Neiva, 2012)	Avaliar a maturidade para a escolha profissional e quais dos aspectos que a compõem estão mais e menos desenvolvidos	Mensura determinação, responsabilidade, independência, autoconhecimento, conhecimento da realidade educativa e socioprofissional A: 14 a 18 anos, I/C In/N/O; Co: In/N
Questionário de Busca Autodirigida (Primi et al., 2010)*	Avaliar o interesse por atividades profissionais, competências, carreiras profissionais que gostariam de seguir e autoavaliação das habilidades	Mensura interesses, motivações, necessidades, expectativas A: 13 a 68 anos, I/C N; Co: N

Nota. A = Aplicação; Co = Correção; I = Individual; C = Coletiva; N = Não informatizado; In = Informatizado, O = online (remoto). *Esta escala tem uma nova versão que se encontra em processo para publicação.

Fonte: Sistema de Avaliação de Testes Psicológicos[24].

---

24. Cf.: https://satepsi.cfp.org.br/

Além desses, psicólogos utilizam testes de personalidade e de atenção, bem como testes dirigidos para o contexto de trabalho. Nesse grupo há uma lista extensa de testes que avaliam construtos como autoeficácia no trabalho, vulnerabilidade ao estresse, *burnout*, empregabilidade, perfil motivacional no contexto organizacional, entre outros. Há também testes voltados para o período do ensino superior como a avaliação de habilidades sociais, comportamentos e contextos para universitários. Para além dos instrumentos apresentados, os processos de avaliação para a escolha de carreira envolvem simulações e projetos práticos que permitam às pessoas identificarem suas habilidades, valores e aptidões profissionais.

Outra ferramenta que pode ser útil no processo avaliativo são as entrevistas e dinâmicas de grupo, uma vez que elas possibilitam avaliar habilidades interpessoais e comportamentais tanto na modalidade individual quanto em pequenos grupos. Alguns exemplos são: (a) entrevistas com profissionais da área de interesse; (b) busca de informações sobre o mercado por meio de pesquisas, visitas a locais, participação em eventos e *networking*; (c) lista de atividades semanais para identificação periódica de progressos e resultados; (d) técnica da pizza da estrutura de vida, que auxilia no gerenciamento de tempo e dedicação aos múltiplos papéis de vida; (e) atividade gosto e faço, que facilita o conhecimento de si em relação às escolhas profissionais e de trabalho, identificando preferências, valores e sentidos.

Tomado em conjunto, o processo de escolha profissional busca alinhamento entre as habilidades e interesses do indivíduo e os elementos do contexto em que se vive, como as demandas do mercado e as oportunidades que se apresentam. Assim, a utilização do instrumento para avaliação é um meio e não o fim do processo de orientação profissional.

Possibilidades de intervenção

Existem diversos protocolos interventivos para a escolha profissional. O orientador escolhe o que mais se adapta aos objetivos propostos para o desenho da intervenção, considerando modalidades presenciais, online ou uma combinação de ambas. Além disso, ele pode optar por sessões individuais, em grupos homogêneos, em grupos heterogêneos ou combinar diferentes formatos. A quantidade de sessões, o tempo de cada sessão e o espaçamento entre elas variam de acordo com o protocolo adotado.

Inicialmente, o orientador deve recorrer à proposta científica e narrativa para ouvir e compreender os motivos que levaram o orientando a buscar atendimento para sanar seu dilema de escolha de carreira. Ademais, o profissional deve buscar informações em diversas fontes, incluindo não apenas os indivíduos que estão no processo de escolha, mas também as influências de seus familiares, do ambiente educacional, dos recursos disponíveis, das barreiras existentes e do contexto.

A seleção dos instrumentos no processo de intervenção deve basear-se em evidências e intencionalidade. O orientador deve ter entendimento de por que está utilizando determinado instrumento, conhecer o construto que está sendo avaliado e o orientando ciente do que está sendo investigado. Então, uma avaliação bem-feita fornece informações essenciais sobre características e interesses individuais, que devem estar no centro dos processos.

Outro aspecto fundamental para um resultado positivo é a adoção de um modelo teórico com evidências científicas como base para a condução da intervenção. A partir desse pressuposto, o orientador utiliza um conjunto de técnicas para auxiliar o sujeito em sua escolha profissional, podendo ser ferramentas exclusivas do psicólogo, de uso livre ou uma combinação de ambas. As atividades também se diferenciam, podendo contar com supervisão do orientador em tempo real, atividades independentes sem a necessidade de supervisão direta, instruções gravadas por meio de vídeos com interações por um site de aconselhamento de carreira, ou uma combinação de um ou mais formatos.

Os métodos interventivos é outro ponto que merece destaque. Pode haver adoção de um grupo-controle para comparação dos resultados, inclusão de sessão de *follow-up*, inclusão de sessões preparatórias antes do início ou atividades paralelas durante o processo, adoção de *workshops*, adição de *feedback* do orientador, ou, ainda, inclusão de técnicas específicas como a dos ingredientes críticos para intervenções de carreira eficazes (Brown et al., 2003).

Estudos evidenciam a utilidade da inclusão dos ingredientes nos processos interventivos (Carvalho et al., 2023; Green et al., 2020; Santilli et al., 2019). São eles, o uso de exercícios escritos, que exigem a definição de objetivos e projetos futuros; a disponibilização de atenção individualizada para o recebimento de *feedbacks*; a construção de oportunidades para o conhecimento de informações sobre o mundo do trabalho; a exposição dos participantes a modelos de pessoas que lidaram com questões de carreira similares; a construção de redes de apoio para projetos e decisões (Brown et al., 2003).

Outra estratégia é a utilização dos exercícios autobiográficos para o planejamento de vida/carreira do *Workbook Minha História de Carreira* (Savickas & Hartung, 2012). Está ancorado no paradigma *Life Design* e possui objetivos como ampliar autoconhecimento, identificar interesses, explorar atividades profissionais, facilitar narrativa sobre as histórias de vida e construir plano de ação. Há evidências de sua eficácia como ferramenta de aconselhamento de carreira em intervenções (Carvalho et al., 2023; Santilli et al., 2019).

No próximo tópico, apresentamos um caso prático que engloba processos avaliativos e de intervenção no campo. O aconselhamento de carreira foi elaborado na modalidade individual, em sete sessões online, com uma pessoa que já havia iniciado um curso de graduação, mas que não seguiu com seu projeto inicial, optando por fazer, alguns anos depois, uma nova escolha de carreira.

Procedimentos interventivos: caso prático

Ana iniciou sua jornada de reflexão logo na primeira sessão, onde ponderou sobre os caminhos trilhados e discutiu perspectivas futuras. No decorrer do processo, realizou um exercício escrito sobre suas metas para os próximos cinco anos (primeiro ingrediente crítico) e recebeu *feedback* personalizado do orientador (segundo ingrediente crítico). Ao explorar suas experiências, Ana compartilhou que começou a trabalhar aos 15 anos, colaborando com a mãe na organização de eventos. Aos 16, diante da separação dos pais, assumiu um papel administrativo em um salão de beleza para auxiliar no sustento familiar.

Apesar de ter concluído um curso técnico em administração, Ana ainda nutria dúvidas sobre sua trajetória profissional. Aos 18 anos surgiu a oportunidade de ser secretária na empresa de eventos que fornecia materiais para a mãe. Após ser dispensada, Ana rapidamente encontrou emprego em uma área administrativa de uma empresa parceira. Paralelamente, iniciou o curso de turismo em uma universidade privada, com sonhos de viajar, contando com o financiamento de seu salário e da pensão paterna. Contudo, a instabilidade financeira causada pelo atraso na pensão paterna gerou estresse, e uma carta do pai detalhando gastos com ela causou profunda angústia. Ana optou por não mais receber o dinheiro do pai e interrompeu o curso de turismo, sentindo-se insatisfeita com sua escolha profissional. Trabalhando intensamente durante a semana e como recepcionista nos finais de semana, Ana, aos 27 anos, enfrentou uma grave depressão que afetou sua vida e casamento.

Após um processo de psicoterapia, Ana fez um curso de banho/tosa de *pets*, expressando seu amor pelos animais. Aos 29 anos, atuando como tosadora, sentia falta de perspectiva e de estabilidade financeira na profissão. Buscou orientação de carreira para ajudar na tomada de decisão, expressando o desejo de abrir um negócio próprio, conciliando trabalho e futura maternidade. No decorrer das sessões, Ana ampliou suas opções e explorou interesses. Inspirada por figuras como uma mulher batalhadora, a personagem Meredith Grey, de *Grey's Anatomy*, e o personagem Doug Funnie, expandiu sua visão e identificou novos caminhos.

Ao compreender seus interesses, habilidades e contexto econômico, Ana reconheceu a necessidade de informações para atuar na área desejada. Investiu em pesquisas, visitou locais, participou de eventos, conheceu pessoas da área e ampliou sua rede de contatos (terceiro e quarto ingredientes críticos). Especializou-se e tornou-se sócia de um *pet shop* local, buscando apoio na construção de sua rede de suporte (quinto ingrediente crítico).

Com suas preferências, contexto social e informações profissionais consolidadas, Ana decidiu prestar o Exame Nacional do Ensino Médio (Enem) para ingressar em medicina veterinária. Vislumbrando um futuro conjunto, seu companheiro buscou informações sobre a área jurídica para cães. Ana, ao finalizar o processo de orientação em 2020, retornou em 2021 para uma nova sessão, quando recebeu uma bolsa para medicina veterinária em uma universidade privada. Em 2023, buscou um estágio de férias e, em 2024, estava no quinto período do curso, participando ativamente de atividades extracurriculares.

É bem provável que as interpretações de sucesso de Ana e suas experiências no banho e tosa tenham contribuído para que ela aumentasse suas crenças de autoeficácia nesse contexto. Ela tomou sua professora de banho e tosa como modelo e se identificava com o desejo de ajudar os animais. A admiração pelo trabalho da professora contribuiu para o desenvolvimento das crenças de que, assim como ela, alcançaria o sucesso profissional. Assim, as estratégias escolhidas durante a orientação de carreira a ajudaram a tomar decisões e desenvolver seu projeto de vida.

Considerações finais

A tomada de decisão não é tarefa fácil e torna-se mais desafiadora em momentos de transição, quando surgem sentimentos como medo, incerteza e insegurança sobre o futuro. A esfera profissional tem grande centralidade na vida, seja em grau de importância, seja no tempo dedicado a ela. Mesmo em períodos de desenvolvimento em que não estamos, ou não deveríamos estar trabalhando, estamos dedicando a maior parte do tempo à formação educacional, que tem como ênfase lançar as bases de preparação para o trabalho. A adolescência é um período do ciclo de vida concebido como fase de transição para a vida adulta. Nessa fase, a pessoa é instigada a refletir sobre seu futuro, ingressando em processos de construção de um projeto de vida.

Nessa etapa da adolescência e início da juventude é frequente que sejam feitos testes voltados para a escolha de carreira. Embora tais testes possam trazer informações importantes para o processo de tomada de decisão acerca do futuro, as intervenções de escolha de carreira devem ser bem mais amplas e levar em conta a complexidade desse processo. Uma avaliação profunda e assentada no autoconhecimento é o primeiro passo rumo à escolha consciente de carreira.

A partir dessa perspectiva, a avaliação pode ser feita levando em conta testes de personalidade, avaliações de aptidões e análises de competências, e incluir não só os indivíduos que estão tomando a decisão, mas também seus familiares e a escola. Essas avaliações trazem informações imprescindíveis sobre características e interesses individuais, que devem estar no centro dos processos de escolha. Tais avaliações podem ser conduzidas à luz das intervenções de carreira, em que sejam consideradas também uma análise do mercado de trabalho e de suas tendências atuais e futuras. Nesse sentido, a escolha profissional deve buscar um alinhamento entre as habilidades e interesses do indivíduo e os elementos do contexto (demandas do mercado de trabalho e oportunidades laborais).

As avaliações para a escolha de carreira podem ocorrer com base em procedimentos interventivos, orientando ações e metas profissionais.

E vão além da tradicional orientação para a escolha profissional, podendo compreender um acompanhamento inicial da carreira a partir de um processo de aconselhamento. Os programas de orientação profissional também podem oferecer suporte na interpretação dos resultados das avaliações, proporcionando uma visão clara das opções disponíveis.

Ademais, esse processo de escolha profissional precisa considerar a transversalidade da psicologia e da educação, ambas áreas relevantes para a escolha de carreira. Por um lado, a psicologia contribui para a compreensão profunda do eu, dos motivadores intrínsecos e da forma singular de lidar com as emoções em um processo de tomada de decisões. Por outro, a educação oferece ferramentas para o desenvolvimento contínuo, para a identificação de oportunidades e para a construção de habilidades práticas necessárias ao sucesso profissional.

A relevância desse diálogo entre psicologia e educação encontra respaldo na necessidade de proporcionar aos indivíduos a autonomia para tomar decisões de carreira que considerem simultaneamente suas identidades, aspirações, competências já desenvolvidas e aquelas que ainda precisam ser aprimoradas. Isso contribui para uma trajetória profissional sustentável e permite a construção de uma abordagem holística para as decisões de carreira e de projetos de vida, que envolvem uma multiplicidade de possibilidades e a consequente necessidade de se fazer escolhas.

Referências

Ambiel, R. A. M., & Noronha, A. P. (2012). *Escala de autoeficácia para escolha profissional: Manual técnico*. Casa do Psicólogo.

Bandeira, D. R., & Levenfus, R. S. (2009). *Avaliação dos interesses profissionais (AIP): Manual técnico*. Vetor.

Basso, C., Graf, L. P., Lima, F. C., Schmidt, B., & Bardagi, M. P. (2013). Organização de tempo e métodos de estudo: Oficinas com estudantes universitários. *Revista Brasileira de Orientação Profissional, 14*(2), 277-288.

Becker, A. P. S., Bobato, S. T., & Schulz, M. L. C. (2012). Meu lugar no mundo: Relato de experiência com jovens em orientação profissional. *Revista Brasileira de Orientação Profissional, 13*(2), 253-264.

Brown, S., Krane, N., Brecheisen, J., Castelino, P., Budsin, I., Miller, M., & Edens, L. (2003). Critical ingredients of career choice interventions: more analyses and new hypotheses. *Journal of Vocational Behavior, 62*, 411-428. https://doi.org/10.1016/S0001-8791(02)00052-0

Carvalho, L., Mourão, L., & Freitas, C. (2023). Career counseling for college students: Assessment of an online and group intervention. *Journal of Vocational Behavior, 140*, 103820. https://doi.org/10.1016/j.jvb.2022.103820

Coscioni, V. (2021). Teoria compreensiva dos projetos de vida: Contribuições para a educação básica. *Revista Brasileira de Orientação Profissional, 22*(2), 241-253.

Coscioni, V., Pinto Marques, M., Rosa, E. M., & Koller, S. H. (2018). Proyectos de vida de adolescentes en medida socioeducativa de internamiento. *Ciencias Psicológicas, 12*(1), 109-120. https://doi.org/10.22235/cp.v12i1.1601

Dellazzana-Zanon, L. L., & de Lucca Freitas, L. B. (2016). Uma revisão de literatura sobre a definição de projeto de vida na adolescência. *Interação em Psicologia, 19*(2), 281-292. https://pesquisa.bvsalud.org/portal/resource/pt/biblio-1017170

Feldman, D. C., & Bolino, M. C. (1996). Careers within careers: Reconceptualising the nature of career anchors and their consequences. *Human Resource Management Review, 6*(2), 89-112. https://doi.org/10.1016/S1053-4822(96)90014-5

Gobbo, J. P., Nakano, T. C., & Dellazzana-Zanon, L. L. (2019). Escala de projetos de vida para adolescentes: evidências de validade de conteúdo. *Estudos Interdisciplinares em Psicologia, 10*(1), 20-40. https://doi.org/10.5433/2236-6407.2019v10n1p20

Green, Z. A., Noor, U., & Hashemi, M. N. (2020). Furthering proactivity and career adaptability among university students: Test of intervention. *Journal of Career Assessment, 28*(3), 402-424. https://doi.org/10.1177/1069072719870739

Holland, J. L. (1973). *Making vocational choices: A theory of careers*. Prentice Hall.

Lent, R. W., Morris, T. R., Wang, R. J., Moturu, B. P., Cygrymus, E. R., & Yeung, J. G. (2022). Test of a social cognitive model of proactive career behavior. *Journal of Career Assessment, 30*(4), 756-775. https://doi.org/10.1177/10690727221080948

Levin, N., Lipshits-Braziler, Y., & Gati, I. (2024). Patterns of career decision-making difficulties in 16 countries: A person-centered investigation. *Journal of Counseling Psychology, 71*(1), 34-47. https://dx.doi.org/10.1037/cou0000704

Miura, P. O., Silva, A. C. D. S., Lima, E. F. D. O., Galdino, E. B. T., Santos, K. A. M., Menezes, S. K. D. O., & Costa, G. C. (2023). Gravidez na adolescência e as experiências da vida escolar. *Psicologia Escolar e Educacional, 27*, e238700. https://doi.org/10.1590/2175-35392023-238700

Müller, C., Scheffer, A., Macke, J., & Vaclavik, M. C. (2022). Towards career sustainability: A systematic review to guide future research. *BAR – Brazilian Administration Review, 19*(4), e220108. https://doi.org/10.1590/1807-7692bar2022220108

Murgo, C. S., Barros, L. D. O., & Sena, B. C. S. (2020). Vocational interests and professional choice self-efficacy of adolescents and youngsters. *Estudos de Psicologia, 37*, e190013. https://doi.org/10.1590/1982-0275202037e190013

Neiva, K. M. (2012). *Escala de Maturidade para a Escolha Profissional (EMEP): Manual técnico* (2a ed.). Vetor.

Orbell, S., & Verplanken, B. (2020). Changing behavior using habit theory. In M. S. Hagger, L. D. Cameron, K. Hamilton, N. Hankonen & T. Lintunen (Orgs.), *The handbook of behavior change* (pp. 178-192). Cambridge University Press.

Pini, V. A. S., & Valore, L. A. (2017). O desamparo na construção do futuro de jovens em programas de assistência social. *Revista Pesquisas e Práticas Psicossociais, 12*(1), 103-119. http://seer.ufsj.edu.br/revista_ppp/article/view/1908/1281

Pizzinato, A., Hamann, C., Maracci-Cardoso, J. G., & Cezar, M. M. (2016). Jovens mulheres do âmbito rural: gênero, projetos de vida e território em fotocomposições. *Psicologia & Sociedade, 28*, 473-483. http://dx.doi.org/10.1590/1807-03102016v28n3p473

Primi, R., Mansão, C., Muniz, M., & Nunes, M. (2010). *Questionário de Busca Autodirigida (SDS): Manual técnico da versão brasileira*. Casa do Psicólogo.

Santilli, S., Nota, L., & Hartung, P. J. (2019). Efficacy of a group career construction with early adolescent youth. *Journal of Vocational Behavior, 111*, 49-58. https://doi.org/10.1016/j.jvb.2018.06.007

Savickas, M. L., & Baker, D. B. (2005). The history of vocational psychology: Antecedents, origin, and early development. In W. B. Walsh & M. L. Savickas (Eds.), *Handbook of vocational psychology: Theory, research, and practice* (pp. 15-50). Lawrence Erlbaum Associates Publishers.

Savickas, M., & Hartung, P. (2012). *My career story: An autobiographical workbook for life-career success*. Department of Family and Community Medicine.

Schein, E. H. (1974). *Career anchors and career paths: A panel study of management school graduates*. MIT Sloan School of Management. (Technical Report, n. 1). Recuperado de https://dspace.mit.edu/bitstream/handle/1721.1/1878/SWP-0707-02815445.pdf

Schein, E. H. (1996). Career anchors revisited: Implications for career development in the 21st century. *Academy of Management Perspectives, 10*, 80-88.

Terruggi, T. P. L., Cardoso, H. F., & Camargo, M. L. (2019). Escolha profissional na adolescência: A família como variável influenciadora. *Pensando Famílias, 23*(2), 162-176.

Tessaro, D., & Schmidt, B. (2017). Escolha profissional: teoria e intervenções sistêmicas voltadas ao adolescente e à família. *Pensando Famílias, 21*(1), 92-104.

Venturini, A. P. C., & Piccinini, C. A. (2014). Percepção de adolescentes não pais sobre projetos de vida e sobre a paternidade adolescente. *Psicologia & Sociedade, 26*, 172-182. https://doi.org/10.1590/S0102-71822014000500018

Wang, M., & Wanberg, C. R. (2017). 100 years of applied psychology research on individual careers: From career management to retirement. *Journal of Applied Psychology, 102*(3), 546-563. https://doi.org/10.1037/apl0000143

Zhang, H., Lee, I., Ali, S., DiPaola, D., Cheng, Y., & Breazeal, C. (2023). Integrating ethics and career futures with technical learning to promote AI literacy for middle school students: An exploratory study. *International Journal of Artificial Intelligence in Education, 33*(2), 290-324. https://doi.org/10.1007/s40593-022-00293-3

Zonta, G. A. (2007). A construção do projeto de vida do aluno da rede pública de educação. *Psicologia Argumento, 25*(50), 261-268. http://doi.org/10.7213/rpa.v25i50.19777

51
Depressão em contextos educativos: manejo da avaliação e procedimentos interventivos

Makilim Nunes Baptista
Bruno Bonfá-Araujo
Ricardo Franco de Lima
Altemir José Gonçalves Barbosa

> *Highlights*
> - A etiologia dos transtornos mentais é multicausal e complexa, de maneira que diferentes fatores podem estar associados à manifestação de sintomas em algum momento da vida;
> - Em todos os níveis educacionais, é vital que discentes, docentes e responsáveis estejam cientes dos sinais desses transtornos e busquem auxílio nos diferentes dispositivos existentes, uma vez que se sabe que a identificação precoce, o apoio emocional e o acesso a serviços de saúde mental são essenciais para lidar com essas condições;
> - Ao unir pesquisa e "prática", ciência e profissão, as práticas baseadas em evidências asseguram que as ações adotadas para prevenir depressão de estudantes no ambiente educacional sejam relevantes e válidas.

Este capítulo discorre sobre psicopatologias no ambiente escolar, mais especificamente sobre os transtornos depressivos em ambientes escolares, independentemente da faixa etária e do nível de escolaridade. Inicialmente, a definição e dados epidemiológicos serão expressos, passando para a necessidade de avaliação e possibilidades de intervenção. Espera-se que, ao final deste capítulo, o leitor tenha informações suficientes para lidar da melhor forma possível com essa problemática tão prevalente nas instituições de ensino.

Do ponto de vista epidemiológico e mundial, na metanálise conduzida por Polanczyk et al. (2015), 41 estudos elaborados em 27 países foram examinados para determinar a prevalência de transtornos mentais. Constatou-se que a prevalência global foi de 13,4%, sendo que os transtornos mais comuns foram: transtornos de ansiedade (6,5%) e transtornos disruptivos (5,7%), seguidos por transtorno desafiador de oposição (3,6%), TDAH (transtorno de déficit de atenção e hiperatividade; 3,4%), TD (transtorno do desenvolvimento, 2,6%), transtorno de conduta (2,1%) e transtorno depressivo maior (1,3%). No Brasil, Petresco et al. (2014) analisaram a distribuição de transtornos psiquiátricos por sexo, nível socioeconômico e comorbidades em um estudo de coorte em Pelotas, Rio Grande do Sul. Foram analisados os dados de 3.585 crianças com idade média de 6,8 anos. Cerca de 13,2% ($N = 475$) das crianças apresentavam algum transtorno psiquiátrico, sendo mais frequente nos meninos (14,7%) do que nas meninas (11,7%). Os transtornos mais frequentes foram: transtorno de ansiedade (8,8%), fobias específicas (5,4%), transtorno de ansiedade de separação (3,2%), TDAH (2,6%), transtorno desafiador de oposição/conduta (2,6%) e depressão (1,3%). As comorbidades ocorreram em 17% dos casos. Os autores também observaram associação entre a desvantagem socioeconômica e maior prevalência do transtorno psiquiátrico.

De fato, em países de baixa renda, apesar do aumento na busca por tratamento para transtornos mentais, as intervenções ainda não atingem padrões minimamente adequados para as pessoas que mais necessitam (Institute for Health Metrics and Evaluation, 2022).

Recentemente, a pandemia de covid-19 representou um período histórico no qual muitos fatores determinantes de resultados adversos em saúde mental foram agravados. Pesquisas epidemiológicas sugerem que os efeitos psicológicos diretos dessa crise em saúde e seus impactos em longo prazo nas circunstâncias econômicas e sociais da população podem aumentar a prevalência de transtornos mentais (Institute for Health Metrics and Evaluation, 2022). No Brasil, estudos evidenciaram impactos significativos na aprendizagem e na saúde mental de crianças e adolescentes, sobretudo naqueles com baixo nível socioeconômico (Fonseca et al., 2023).

A etiologia dos transtornos mentais é multicausal e complexa, de maneira que diferentes fatores podem estar associados à manifestação de sintomas em algum momento da vida. Modelos de risco demonstram a associação entre fatores de risco e protetivos. Os fatores de risco são aqueles que aumentam a vulnerabilidade biológica e/ou psicológica e, consequentemente, a probabilidade de manifestação de um determinado transtorno. Entre eles, destacam-se: vulnerabilidade genética, problemas de saúde física, estado nutricional, saúde física e mental de figuras parentais, privação emocional, exposição a substâncias, violência, conflitos armados e guerras, deslocamento forçado, *status* de imigrante, desastres naturais, desigualdade de gênero, punição física severa, abuso ou negligência (Kieling et al., 2011). Por outro lado, os fatores protetivos são aqueles que diminuem a probabilidade de ocorrência de problemas de saúde mental, auxiliando na proteção e na promoção do bem-estar psicológico dos indivíduos. São exemplos de fatores protetivos: repertório individual de enfrentamento e resiliência; rede de apoio familiar e social; ambiente familiar adequado; saúde física (por exemplo, alimentação, sono e atividades físicas); oportunidades educacionais, culturais e de desenvolvimento pessoal; e oportunidade de acesso a serviços de saúde mental. Apesar dos inúmeros desafios e barreiras, há consenso de que as estratégias de prevenção, identificação e intervenção precoces constituem ações fundamentais no que se refere à saúde mental infantojuvenil (Kieling et al., 2011). Entre os diversos transtornos mentais, neste capítulo serão destacados os transtornos depressivos, suas manifestações no ambiente escolar, estratégias de identificação e intervenção.

Transtornos depressivos na infância e adolescência

Os transtornos depressivos (TD) são caracterizados pelo humor depressivo e/ou anedonia (perda de prazer), associados a outros sintomas cognitivos, comportamentais ou neurovegetativos (Organização Mundial da Saúde [OMS], 2023). De acordo com a Classificação Internacional de Doenças (CID-11) (OMS, 2023), eles representam um dos vários tipos de transtornos de humor e podem ser subdivididos em: transtorno depressivo com episódio único, transtorno depressivo recorrente e transtorno misto de ansiedade e depressão. A classificação correspondente no Manual Diagnóstico e Estatístico dos Transtornos Mentais (DSM-5-TR) é do Transtorno Depressivo Maior (TDM) (Associação Americana de Psiquiatria [APA], 2023), um dos diversos tipos de TD.

É importante ressaltar que há especificidades para a apresentação clínica desses sintomas na infância e adolescência. Em crianças são mais comuns os sintomas de tristeza, irritabilidade, tédio, falta de habilidades em se divertir, aparência triste, choro fácil, fadiga, isolamento, baixa autoestima, rebaixamento do desempenho escolar, ansiedade de separação, medos específicos, desejos e fantasias sobre a morte. Em adolescentes, destacam-se os sintomas de irritabilidade e instabilidade do humor, humor deprimido, perda de energia, desmotivação e desinteresse significativos, lentidão psicomotora, desesperança e pensamentos de culpa, isolamento, dificuldades de concentração, prejuízo no desempenho escolar, baixa autoestima, problemas de comportamento, ideias e tentativas de suicídio (Bahls, 2002b).

Estudos nacionais têm demonstrado que, no contexto escolar, é possível identificar indivíduos com uma variedade de sintomas depressivos e seus impactos cognitivos e no desempenho acadêmico. No estudo de Bahls (2002a) foram avaliados sintomas depressivos em uma amostra de 463 estudantes do ensino fundamental e médio (idade entre 10 e 17 anos) de uma escola pública de Curitiba, Paraná. Um total de 20,3% dos participantes apresentou sintomas depressivos significativos, sobretudo as meninas. Além disso, os sintomas exibiram aumento ao longo da idade, com pico dos 12 aos 15 anos. Lima et al. (2020) compararam as queixas de problemas comportamentais e sintomas depressivos entre um grupo de indivíduos com o diagnóstico de dislexia ($N = 31$) e outro com indivíduos proficientes em leitura ($N = 30$). Os resultados mostraram que o grupo com dislexia exibiu escores mais altos de ansiedade, depressão, retraimento, problemas de comportamento, agressividade, problemas sociais, problemas atencionais e de pensamento, conforme o relato dos pais. Adicionalmente apresentou, por meio de autorrelato, sintomas depressivos mais significativos, principalmente autoavaliação negativa, culpa, ideação suicida, preocupação, comparação do seu desempenho com os seus pares, dificuldade no sono, fadiga e problemas na interação com colegas na escola. Os autores discutem que a dislexia, enquanto transtorno que compromete a linguagem escrita e, consequentemente, a aprendizagem na escola, pode ser acompanhada de repercussões afetivo-emocionais que devem ser consideradas no processo avaliativo e interventivo.

O TDAH é comumente associado a transtornos externalizantes (Kuja-Halkola et al., 2015). No entanto, esse transtorno pode aumentar a probabilidade de envolvimento em situações de *bullying*, o que, por sua vez, modera a relação entre os sintomas do TDAH e os depressivos (Simmons & Antshel, 2021). Sintomas depressivos também são comuns em crianças e adolescentes com Transtorno do Espectro autista (TEA) de alto funcionamento. Nesse caso, a vulnerabilidade para uma possível comorbidade com os TD por estar associada com o pior funcionamento social e o uso de estratégias mal-adaptativas de enfrentamento psicológico. A literatura também evidencia o uso de estratégias evitativas como forma de regulação emocional, ou seja, para lidar com o estresse e com os sintomas depressivos. Aparentemente, pode haver uma diferença de gênero, sendo que as meninas com TEA podem ser mais suscetíveis aos sintomas depressivos do que os meninos, no período da adolescência (Solomon et al., 2012).

Assim sendo, contextos escolares e educacionais, de creches até instituições de ensino superior, são um terreno fértil para o desenvolvimento e/ou agravamento de diferentes psicopatologias. Tais condições são afetadas por uma intrincada interação de fatores que podem incluir desde pressão acadêmica e interações sociais até competição e expectativas exageradas, além de afetarem crianças, adolescentes e adultos de maneiras diversas, estando presentes em diferentes níveis de gravidade e com impacto no funcionamento acadêmico e emocional.

Procedimentos avaliativos

O processo avaliativo das psicopatologias em ambiente educacional é uma abordagem multidisciplinar que envolve profissionais de diferentes áreas, como psicologia, psiquiatria da infância e adolescência, educação, entre outras. A avaliação deve começar com a identificação de sinais e sintomas indicativos das condições, assim professores e outros educadores desempenham um papel fulcral na observação e na comunicação de comportamentos inicialmente preocupantes. Em seguida, psicólogos devem conduzir entrevistas clínicas para coletar informações sobre o histórico médico, psicossocial e familiar do discente, além de realizar avaliações psicológicas de cunho específico. Ao serem identificados casos complexos, deve ser necessária uma avaliação multidisciplinar. O contexto educacional dos discentes também deve ser avaliado, uma vez que desempenha um papel fundamental na apresentação dos sintomas e na resposta ao tratamento. Com base no processo avaliativo, um diagnóstico pode ser estabelecido e deve ser formado um plano de tratamento individualizado, incluindo terapia, intervenções comportamentais e medicação, quando prudente (Rith-Najarian et al., 2019). Em seguida, o progresso do discente deve ser monitorado ao longo do tempo, com ajustes no plano de tratamento conforme necessário. A educação e a sensibilização sobre as psicopatologias são enfatizadas para reduzir o estigma e promover um ambiente de apoio adequado. Um modelo de plano avaliativo é apresentado na Tabela 1.

Considerando a Tabela 1, existem alguns instrumentos (de uso exclusivo de psicólogos(as), ou não) que podem ser usados durante a etapa de avaliação, visando caracterizar o estado mental de estudantes e correlatos. Diversas são as escalas capazes de auxiliar no processo avaliativo, lembrando que a avaliação é muito maior do que a utilização de instrumentos isoladamente, já que multimétodos devem ser aplicados no processo, podendo haver informações de outros profissionais, observações sistematizadas, utilização de entrevistas e de escalas diversas, entre outros. Alerta-se que não basta apenas avaliar a presença de sintomas psicopatológicos, é necessário, também, adotar instrumentos que permitam identificar os fatores de risco e de proteção dos estudantes, já que o desenvolvimento de uma psicopatologia envolve aspectos biológicos/genéticos, psicológicos e sociais.

Inicialmente é mencionada uma família de escalas que avaliam sintomatologia de depressão, ou seja, a família de escalas Baptista de Depressão "EBADEP", sendo possível encontrar versões para quase todo o ciclo etário, ou seja, a EBADEP-IJ, versão infantojuvenil (indicada para a faixa de idade de 7 a 18 anos) (Baptista, 2023) e a EBADEP-A, versão adulto (de 17 a 81 anos) (Baptista, 2012), além de uma versão específica para idosos também (EBADEP-ID). Todas as versões oferecem, em seus manuais, dicas importantes sobre o processo de avaliação de sintomas de depressão, bem como, nas versões mais atuais, há saídas de resultados quantitativos e qualitativos no relatório eletrônico. Atualmente acabam de sair duas versões da Escala de Desregulação Emocional, indicada para avaliar a tristeza, ou seja, a Escala de Desregulação Emocional Adulto (EDE-A; 18 a 59 anos) e infantojuvenil (EDE-IJ; 10 a 17 anos; Baptista et al., 2023).

Ainda nessa linha, no ano de 2024 será lançada uma outra escala bastante útil para avaliar um fenômeno que vem crescendo no Brasil, ou seja, a ideação suicida, na versão da Escala de Riscos de Suicídio (Risc) (de 18 a 74 anos) (Baptista & Leopoldino, s.d.), que avalia o risco de suicídio pela teoria de ideação para ação. A escala avalia múltiplas dimensões, como desesperança, falta de conectividade, impulsividade, autolesão e capacidade adquirida para o suicídio. Para crianças e adolescentes, uma bateria de avaliação de problemas internalizantes será lançada também em 2024, intitulada de Humor, que terá escalas que avaliam sintomas de depressão, desamparo, solidão/isolamento social, autoeficácia, autoconceito e autoconceito escolar (8 a 19 anos) (Baptista et al., 2024).

Além dessa, há as escalas de avaliação de suporte social (EPSUS-A e EPSUS AD) em adultos (18 a 62 anos) e adolescentes (12 a 17 anos) (Baptista & Cardoso, 2018; Cardoso & Baptista, 2016), e familiar (de 11 a 60 anos), no caso: o Inventário de Percepção de Suporte Familiar (IPSF) (Baptista, 2009). Essas escalas avaliam as relações sociais com os pares (amigos) e entre a família. Outras estão sendo desenvolvidas para o futuro, inclusive versões das já existentes para outras faixas etárias, o que pode ser útil na complementação do processo de avaliação psicológica nas diversas fases da vida.

Tabela 1. Procedimento Avaliativo de Psicopatologias em Ambientes Educacionais

Etapa	Procedimentos
Identificação de Sintomas	O processo avaliativo fornece suporte para identificar as necessidades individuais dos discentes, permitindo que educadoras(es) e profissionais de saúde mental compreendam os desafios específicos enfrentados por cada um. Muitas vezes, são apresentados sintomas que afetam o funcionamento do discente. Esses sintomas podem incluir perda de interesse em atividades antes apreciadas, alterações no sono e no apetite, fadiga e dificuldade de concentração.
Observação pelos Educadores	Professoras(es) e educadoras(es) desempenham um papel fundamental na observação de mudanças no comportamento e no desempenho acadêmico de discentes. Deve-se consultá-las a fim de notar a diminuição do envolvimento nas aulas, falta de motivação, aumento das faltas e atrasos, e dificuldade de concentração.
Comunicação e Conscientização	A comunicação entre professores, responsáveis e discentes deve ser o passo seguinte. Quando educadoras(es) identificam sinais e sintomas, deve-se comunicar suas preocupações aos responsáveis e equipe educacional. A conscientização sobre a saúde mental pode ser promovida por meio de programas e palestras que visam ajudar a reduzir o estigma associado a tais psicopatologias e incentivam os discentes a procurar ajuda.
Avaliação Clínica	Quando os sintomas são persistentes e afetam expressivamente o funcionamento do discente, é necessário buscar uma avaliação clínica por um profissional de saúde mental, como psicóloga(o) ou psiquiatra. Isso envolve entrevistas clínicas para determinar a gravidade dos sintomas e a história médica e psicossocial do discente.
Plano de Tratamento	Com base no processo avaliativo, um plano de tratamento individualizado é desenvolvido. Isso pode incluir terapia, medicação (quando apropriado) e intervenções de apoio social e familiar.
Acompanhamento e Monitoramento	O progresso do discente é monitorado ao longo do tempo. As educadoras(es), os responsáveis e os profissionais de saúde mental trabalham juntos para garantir que o discente esteja seguindo o tratamento e que os ajustes necessários sejam feitos conforme respostas apresentadas.
Educação e Sensibilização	Programas de educação sobre saúde mental e conscientização sobre psicopatologias devem ser implementados nas instituições educacionais para promover o entendimento e reduzir o estigma associado às doenças. Isso ajuda a criar um ambiente de apoio para os discentes.
Suporte Social e Familiar	O suporte da família e dos amigos desempenha um papel fundamental no processo de recuperação. O estabelecimento de uma rede de apoio emocional é importante para ajudar discentes a enfrentarem o processo psicopatológico.

Fonte: elaborado pelos autores.

Procedimentos interventivos

Lidar com transtornos psiquiátricos em contextos de educação formal (escolas, universidades etc.) é uma tarefa histórica de psicólogos escolares, docentes e outros profissionais de educação e saúde. Essa empreitada é um dos desafios que contribuíram para a origem e o desenvolvimento da psicologia como ciência e profissão. Apesar de também afetar negativamente a vida de professores (Baptista et al., 2019; Ozamiz-Etxebarria et al., 2021) e demais educadores, nesta seção a atenção está voltada especificamente para os estudantes.

Como alertado anteriormente, depressão compromete a aprendizagem e o desenvolvimento de estudantes da educação infantil à pós-graduação (Ludwig-Walz et al., 2022). Trata-se de um problema de saúde mental que afeta estudantes em praticamente todos os países do planeta. Discentes de, por exemplo, diferentes grupos étnico-raciais (BlackDeer et al., 2023), com identidade de gênero e sexualidade diversas (BlackDeer et al., 2023; Gower et al., 2022) e de contextos urbanos e rurais (Gao et al., 2020; Marimuthu et al., 2022) sofrem com TD, ainda que, por vezes, de modo bastante distinto. Há evidências de que esse transtorno psiquiátrico se associa a uma série de variáveis educacionais negativas, como baixo desempenho escolar (BlackDeer et al., 2023; Gao et al., 2020), evasão (Wickersham et al., 2021), absenteísmo (Finning et al., 2019), baixo engajamento escolar (Bang et al., 2020) e *bullying* (Gower et al., 2022).

É preciso reiterar que a prevalência de depressão entre pessoas em idade escolar e universitários, que já era altamente preocupante pré-pandemia de covid-19, aumentou substancialmente durante essa crise em saúde (Ludwig-Walz et al., 2022). No Brasil, não há evidências de que ela sequer retrocederá aos níveis anteriores, uma vez que praticamente nada tem sido feito para tanto. Menciona-se, como exemplo disso, o fato de a presença de psicólogos escolares em escolas públicas, que é obrigatória por lei (Lei 13.935, de 11 de dezembro de 2019), ainda enfrentar barreiras expressivas transcorridos aproximadamente três anos do prazo para os sistemas de ensino cumprirem as disposições legais. Uma vez que há fartas evidências sobre o papel deletério que a depressão exerce na vida de estudantes em geral, este capítulo analisa a prevenção – primária, secundária e terciária – desse transtorno psiquiátrico em ambientes de educação formal.

Ao unir pesquisa e "prática", ciência e profissão, as práticas baseadas em evidências asseguram que as ações adotadas para prevenir depressão de estudantes no ambiente educacional são relevantes e válidas. As decisões são tomadas em colaboração com a comunidade escolar, inclusive os estudantes com depressão, com base em dados relevantes e considerando os prováveis custos, benefícios e recursos e opções disponíveis. O objetivo final é adotar princípios empiricamente fundamentados que possam ser usados para melhorar a educação e a saúde desses discentes. Com base em Burns (2021), a Tabela 2 apresenta um conjunto de questões que devem ser respondidas afirmativamente se a meta for, de fato, prevenir depressão em estudantes no ambiente educacional. As ações estão organizadas de acordo com os níveis de prevenção e incluem programas gerais para todos os discentes e específicos para aqueles já diagnosticados com transtorno depressivo.

Tabela 2. Ações para prevenir depressão de estudantes em instituições educacionais

Nível	Ações
Prevenção Primária	Minha escola tem atividades e intervenções que promovem exercício físico, alimentação saudável, boa higiene do sono e conexão social?
	Minha escola possui programas de aprendizagem social e emocional baseados em evidências?
	Na minha escola há programas de melhoria do clima escolar baseados em avaliações objetivas e regulares dessa característica institucional?
Prevenção Secundária	Na minha escola existem programas de prevenção da depressão baseados em evidências?
	Minha escola prioriza programas de prevenção da depressão específicos e segmentados em detrimento de programas universais?
	A minha escola tem um programa *antibullying* claramente articulado e eficaz?
Prevenção Terciária	Os professores da minha escola conseguem reconhecer os sintomas de depressão nos estudantes e sabem quando e como encaminhá-los para o serviço de saúde mental escolar?
	Minha escola conta com um programa de acompanhamento de saúde mental para identificar estudantes com sintomas depressivos?
	A minha escola colabora estreitamente com a rede de serviços de saúde mental disponíveis na comunidade local, incluindo o encaminhamento de estudantes deprimidos para uma intervenção psicossocial adequada?
	O serviço de saúde mental da minha escola é capaz de propiciar tratamento baseado em evidências (individual, em grupo ou mediado pelo computador) para estudantes que não têm acesso a serviços da rede de saúde mental?
	Minha escola disponibiliza uma equipe de apoio para cada estudante com depressão?
Prevenção Terciária	Minha escola elabora um plano individual de ensino para cada estudante com depressão que identifica a natureza de suas necessidades educacionais especiais e quais adaptações curriculares (metodologia, avaliações etc.) devem ser feitas?
	Minha escola assegura que o plano individual de ensino seja comunicado e seguido por cada membro da equipe que desempenha uma função educacional junto ao estudante?
	Os estudantes deprimidos da minha escola sabem quando, onde e como obter ajuda na escola em momentos de sofrimento significativo?
	A minha escola tem uma política clara e prática de acompanhamento e orientação em relação ao uso de medicação?

Fonte: baseado em Burns (2021).

Como prevenção primária, são mencionadas ações que se destinam a todos discentes, tais quais a promoção de exercício físico e higiene do sono, uma vez que essas atividades se associam negativamente com depressão quando feitas de modo adequado. São mencionados, também, programas com foco em aspectos psicossociais que contam com evidências que corroboram correlações negativas com TD entre discentes, como o clima escolar adequado (Nie et al., 2020).

No nível secundário, a atenção também recai em ações para o corpo discente em geral, mas a necessidade de elaborar programas específicos e segmentados com foco em sintomatologia depressiva é salientada. Revisões sistemáticas e metanálises (Zbukvic et al., 2023) têm evidenciado que esses programas: (a) são eficazes, quando comparados com nenhuma intervenção, para diminuir os sintomas depressivos globais, bem como os efeitos secundários de depressão, ansiedade e comportamentos de internalização; (b) apresentam eficácia para aumentar o enfrentamento, as atribuições cognitivas e a autoestima; (c) tendem a ser eficazes independentemente da duração, do estabelecimento de trabalhos de casa (tarefas), do envolvimento de componentes parentais, do nível escolar (apesar de apresentarem melhores resultados com adolescentes do que com crianças), da localização geográfica e das medidas de depressão; (d) geram efeitos que permaneceram significativos ao longo do tempo, ainda que tendam a diminuir ou se extinguir em médio e longo prazos; (e) apresentam magnitude de efeito maior quando se trata de programas específicos e segmentados, ainda que programas globais também apresentem resultados positivos, e (f) são mais eficazes quando baseados em terapias cognitivo-comportamentais, e apresentam resultados mais positivos quando elaborados por especialistas, inclusive externos à escola, em terapias cognitivo-comportamentais do que ao serem implementados pela equipe escolar (docentes etc.).

Com relação ao nível terciário, há que se destacar, além do já mencionado anteriormente, incluindo a Tabela 2, a necessidade de um serviço de saúde mental na escola capaz de rastrear, avaliar e atender estudantes deprimidos. Reitera-se que nem mesmo psicólogos escolares e assistentes sociais, que têm seu espaço em escolas públicas assegurados por lei (Lei 13.935, de 11 de dezembro de 2019), geralmente estão presentes nessas instituições. Nas escolas privadas o cenário parece não ser tão diferente. Também cumpre reiterar a necessidade de se envolver o corpo docente na prevenção terciária de depressão em discentes. Professores são fundamentais para, por exemplo, rastrear estudantes deprimidos e elaborar planos individuais de ensino. São, evidentemente, indispensáveis no atendimento das necessidades educacionais especiais desses estudantes.

Ainda que as tecnologias de informação e comunicação (TICs) tenham sido uma menção isolada na prevenção terciária, mais precisamente tratamentos mediados por computador, assinala-se que elas já exercem um papel bem mais amplo do que o mencionado por Burns (2021). De fato, as TICs podem contribuir em praticamente todas as ações preventivas, do nível primário ao terciário. Programas digitais mais amplos com foco em prevenir depressão em estudantes têm sido implantados e bem-avaliados na Austrália, por exemplo (Beames et al., 2023).

Considerações finais

Psicopatologias podem ser bastante comuns em ambientes escolares, desde idades mais tenras até a pós-graduação. Diversos são os problemas mentais e/ou sintomas subclínicos que podem alterar a relação do estudante com a instituição de ensino, associando-se, por exemplo, ao baixo desempenho e à desmotivação. Entre as principais psicopatologias, a depressão aparece como uma das mais prevalentes. É multicausal e de difícil diagnóstico. Sendo assim, compreensão, avaliação e intervenção adequadas junto a estudantes deprimidos nas instituições de ensino é fundamental para que se evite consequências mais sérias tanto para o discente quanto para a família, o corpo docente e a própria instituição. Nesse sentido, é indispensável o conhecimento prévio sobre as características sintomatológicas e epidemiológicas, bem como sobre os principais fatores de risco e de proteção de TD, sua adequada avaliação e, consequentemente, prevenção (primária, secundária e terciária) em todos os níveis educacionais em articulação com o sistema de saúde.

Referências

Associação Americana de Psiquiatria. (2023). *DSM-5-TR: Manual Diagnóstico e Estatístico de Transtornos Mentais* (5a ed.). Artes Médicas.

Bahls, S. C. (2002a). Epidemiology of depressive symptoms in adolescents of a public school in Curitiba, Brazil. *Brazilian Journal of Psychiatry*, 24(2), 63-67. https://doi.org/10.1590/S1516-44462002000200005

Bahls, S. C. (2002b). Aspectos clínicos da depressão em crianças e adolescentes: clinical features. *Jornal de Pediatria*, 78(5), 359-366. https://doi.org/10.1590/S0021-75572002000500004

Bang, H., Won, D., & Park, S. (2020). School engagement, self-esteem, and depression of adolescents: The role of sport participation and volunteering activity and gender differences. *Children and Youth Services Review*, 113, 105012. https://doi.org/10.1016/j.childyouth.2020.105012

Baptista, M. N., & Cardoso, H. F. (2018). *Escala de Percepção de Suporte Social – Versão adolescente (EPSUS-Ad)*. Hogrefe.

Baptista, M. N. (2009). *Inventário de Percepção de Suporte Familiar*. Vetor Editora.

Baptista, M. N. (2012). *Escala Baptista de Depressão – Versão adulto*. Vetor Editora.

Baptista, M. N. (2023). *Escala Baptista de Depressão – Versão infantojuvenil*. Vetor Editora.

Baptista, M. N., & Leopoldino, G. A. (s.d.). *Escala de Riscos para Suicídio (RISC)*. Vetor Editora. (No prelo).

Baptista, M. N., Borges, L., & Hauck-Filho, N. (2024). *HUMOR – Bateria de Escalas de Sintomas Internalizantes infantojuvenil (HUMOR-IJ)*. Hogrefe.

Baptista, M. N., Noronha, A. P. P., & Bonfá-Araujo, B. (2023). *Escala de Desregulação emocional – Versão adultos e Escala de Desregulação – Versão infantojuvenil*. Vetor Editora.

Baptista, M. N., Soares, T. F. P., Raad, A. J., & Santos, L. M. (2019). Burnout, estresse, depressão e suporte laboral em professores universitários. *Revista Psicologia: Organizações e Trabalho*, 19(1), 564-570. https://doi.org/10.17652/rpot/2019.1.15417

Beames, J. R., Werner-Seidler, A., Hodgins, M., Brown, L., Fujimoto, H., Bartholomew, A., Maston, K., Huckvale, K., Zbukvic, I., Torok, M., Christensen, H., Batterham, P. J., Calear, A. L., Lingam, R., & Boydell, K. M. (2023). Implementing a digital depression prevention program in Australian secondary schools: Cross-sectional qualitative study. *JMIR Pediatrics and Parenting*, 6, e42349. https://doi.org/10.2196/42349

BlackDeer, A. A., Wolf, D. A. P. S., Maguin, E., & Beeler-Stinn, S. (2023). Depression and anxiety among college students: Understanding the impact on grade average and differences in gender and ethnicity. *Journal of American College Health*, 71(4), 1091-1102. https://doi.org/10.1080/07448481.2021.1920954

Burns, J. R. (2021). Towards best practice in school management of students with depressive disorders. *Journal of Psychologists and Counsellors in Schools*, 31(2), 246-259. https://doi.org/10.1017/jgc.2021.4

Cardoso, H. F., & Baptista, M. N. (2016). *Escala de Percepção de Suporte Social – Versão adulto (EPSUS-A)*. Hogrefe.

Finning, K., Ukoumunne, O. C., Ford, T., Danielsson-Waters, E., Shaw, L., Romero De Jager, I., Stentiford, L., & Moore, D. A. (2019). The association between child and adolescent depression and poor attendance at school: A systematic review and meta-analysis. *Journal of Affective Disorders*, 245, 928-938. https://doi.org/10.1016/j.jad.2018.11.055

Fonseca, R. P., Guinle, V. A., Fiorioli, V., Dalfovo, N. P., Uebel, M. G. P., & Enéas, L. V. (2023). Impactos desenvolvimentais de saúde mental e aprendizagem em crianças, adolescentes, pais e professores pós-fechamento das escolas: uma revisão sistemática. *Debates em Psiquiatria*, 12, 1-87. https://revistardp.org.br/revista/article/view/416

Gao, Y., Hu, D., Peng, E., Abbey, C., Ma, Y., Wu, C.-I., Chang, C.-Y., Hung, W.-T., & Rozelle, S. (2020). Depressive symptoms and the link with academic performance among rural Taiwanese children. *International Journal of Environmental Research and Public Health*, 17(8), 2778. https://doi.org/10.3390/ijerph17082778

Gower, A. L., Rider, G. N., Brown, C., & Eisenberg, M. E. (2022). Diverse sexual and gender identity, bullying, and depression among adolescents. *Pediatrics*, *149*(4), e2021053000. https://doi.org/10.1542/peds.2021-053000

Institute for Health Metrics and Evaluation. (2022). Global, regional, and national burden of 12 mental disorders in 204 countries and territories, 1990–2019: a systematic analysis for the Global Burden of Disease Study 2019. *The Lancet*, *396*(10258), 1241-1257.

Kieling, C., Baker-Henningham, H., Belfer, M., Conti, G., Ertem, I., Omigbodun, O., Rohde, L. A., Srinath, S., Ulkuer, N., & Rahman, A. (2011). Child and adolescent mental health worldwide: evidence for action. *The Lancet*, *378*(9801), 1515-1525. https://doi.org/10.1016/S0140-6736(11)60827-1

Kuja-Halkola, R., Lichtenstein, P., D'Onofrio, B. M., & Larsson, H. (2015). Codevelopment of ADHD and externalizing behavior from childhood to adulthood. *Journal of Child Psychology and Psychiatry, and Allied Disciplines*, *56*(6), 640-647. https://doi.org/10.1111/jcpp.12340

Lei 13.935, de 11 de dezembro de 2019. (2019). Dispõe sobre a prestação de serviços de psicologia e de serviço social nas redes públicas de educação básica. Brasília, DF. Recuperado de http://www.planalto.gov.br/ccivil_03/_ato2019-2022/2019/lei/L13935.htm

Lima, R. A., De Barros, M. V. G., Bezerra, J., Dos Santos, S. J., Monducci, E., Rodriguez-Ayllon, M., & Soares, F. C. (2022). Universal school-based intervention targeting depressive symptoms in adolescents: A cluster randomized trial. *Scandinavian Journal of Medicine & Science in Sports*, *32*(3), 622-631. https://doi.org/10.1111/sms.14115

Lima, R. F., Salgado-Azoni, C. A., Dell'Agli, B. A. V., Baptista, M. N., & Ciasca, S. M. (2020). Behavior problems and depressive symptoms in Developmental Dyslexia: Risk assessment in Brazilian students. *Clinical Neuropsychiatry*, *17*(3), 141-148. https://doi.org/10.36131/cnfioritieditore20200301

Ludwig-Walz, H., Dannheim, I., Pfadenhauer, L. M., Fegert, J. M., & Bujard, M. (2022). Increase of depression among children and adolescents after the onset of the covid-19 pandemic in Europe: A systematic review and meta-analysis. *Child and Adolescent Psychiatry and Mental Health*, *16*(1), 109. https://doi.org/10.1186/s13034-022-00546-y

Marimuthu, J., P., L., & Grace, D. L. (2022). Prevalence of anxiety and depression among students appearing for NEET examination in a rural and urban area of Tamil Nadu: A cross-sectional analytical study. *International Journal of Community Medicine and Public Health*, *9*(3), 1501. https://doi.org/10.18203/2394-6040.ijcmph20220719

Nie, Q., Yang, C., Teng, Z., Furlong, M. J., Pan, Y., Guo, C., & Zhang, D. (2020). Longitudinal association between school climate and depressive symptoms: The mediating role of psychological suzhi. *School Psychology*, *35*(4), 267-276. https://doi.org/10.1037/spq0000374

Organização Mundial da Saúde. (2023). *International Classification of Diseases 11th Revision. The global standard for* diagnostic *health*. OMS. Recuperado de https://icd.who.int/en

Ozamiz-Etxebarria, N., Idoiaga Mondragon, N., Bueno-Notivol, J., Pérez-Moreno, M., & Santabárbara, J. (2021). Prevalence of anxiety, depression, and stress among teachers during the covid-19 pandemic: A rapid systematic review with meta-analysis. *Brain Sciences*, *11*(9), 1172. https://doi.org/10.3390/brainsci11091172

Petresco, S., Anselmi, L., Santos, I. S., Barros, A. J., Fleitlich-Bilyk, B., Barros, F. C., & Matijasevich, A. (2014). Prevalence and comorbidity of psychiatric disorders among 6-year-old children: 2004 Pelotas Birth Cohort. *Social Psychiatry and Psychiatric Epidemiology*, *49*(6), 975-983. https://doi.org/10.1007/s00127-014-0826-z

Polanczyk, G. V., Salum, G. A., Sugaya, L. S., Caye, A., & Rohde, L. A. (2015). Annual research review: A meta-analysis of the worldwide prevalence of mental disorders in children and adolescents. *Journal of Child Psychology and Psychiatry*, *56*(3), 345-65. https://doi:10.1111/jcpp.12381

Rith-Najarian, L. R., Boustani, M. M., & Chorpita, B. F. (2019). A systematic review of prevention programs targeting depression, anxiety, and stress in university students. *Journal of Affective Disorders*, *257*, 568-584. https://doi.org/10.1016/j.jad.2019.06.035

Simmons, J. A., & Antshel, K. M. (2021). Bullying and depression in youth with ADHD: A systematic review. *Child & Youth Care Forum*, *50*(3), 379-414. https://doi.org/10.1007/s10566-020-09586-x

Solomon, M., Miller, M., Taylor, S. L., Hinshaw, S. P., & Carter, C. C. (2012). Autism symptoms and internalizing psychopathology in girls and boys with autism spectrum disorders. *Journal of Autism and Developmental Disorder*, *42*, 48-59 https://doi.org/10.1007/s10803-011-1215-z

Wickersham, A., Sugg, H. V. R., Epstein, S., Stewart, R., Ford, T., & Downs, J. (2021). Systematic review and meta-analysis: The association between child and adolescent depression and later educational attainment. *Journal of the American Academy of Child & Adolescent Psychiatry*, *60*(1), 105-118. https://doi.org/10.1016/j.jaac.2020.10.008

Zbukvic, I., McKay, S., Cooke, S., Anderson, R., Pilkington, V., McGillivray, L., Bailey, A., Purcell, R., & Tye, M. (2023). Evidence for targeted and universal secondary school-based programs for anxiety and depression: An overview of systematic reviews. *Adolescent Research Review*, *257*, 568-584. https://doi.org/10.1007/s40894-023-00211-1

52
Bem-estar subjetivo e otimismo: manejo da avaliação e procedimentos interventivos

Ana Paula Porto Noronha
Caroline Tozzi Reppold
Ana Paula Ozório Cavallaro

> *Highlights*
> - Bem-estar subjetivo (BES) é a avaliação que as pessoas fazem de suas vidas;
> - BES é composto por um componente cognitivo (satisfação de vida) e um emocional (afetos);
> - BES e otimismo devem ser estimulados em contextos escolares;
> - O otimismo tem um impacto positivo no contexto educacional;
> - Indivíduos mais otimistas promovem estratégias eficazes de enfrentamento.

Uma das propostas avaliativas mais promissoras no campo educacional é o Programa Internacional de Avaliação de Estudantes (Pisa), um estudo internacional feito a cada três anos pela Organização para a Cooperação e Desenvolvimento Econômico (OCDE), com estudantes na faixa etária de 15 anos, de diferentes países. Conforme a proposta do Pisa (Organização para a Cooperação e Desenvolvimento Econômico [OCDE], 2021), ao avaliar o desempenho de estudantes e discutir os fatores que o facilitam, deve-se considerar não apenas o conhecimento em leitura, matemática e ciências, mas também as avaliações do bem-estar dos alunos. Nos dados coletados em 2018, os resultados indicaram que, em média, os adolescentes brasileiros evidenciaram estar satisfeitos com sua vida, atingindo uma média de 7,1 pontos em uma escala tipo Likert de 10 pontos. Esses resultados demonstraram uma leve queda (-0,53) em relação à média dos escores obtidos em 2015 e, possivelmente, sejam superiores aos dados pós-pandemia de covid-19, quando, em geral, os índices de saúde mental e bem-estar da população mundial pioraram (OCDE, 2021).

Contudo, uma avaliação de bem-estar integral requer um olhar sobre outros aspectos para além da satisfação com a vida, sendo um deles a vivência de afetos. Nesse quesito, os dados do Pisa 2018 mostram que, em geral, os estudantes brasileiros descrevem-se como felizes com suas vidas, ainda que muitos sugerem, em outros momentos, vivenciar situações adversas. Cerca de 80% a 90% relatam se sentir felizes, empolgados, alegres e animados às vezes ou sempre; 65% relatam sentir orgulho de si com alta frequência. Em contrapartida, 40% dos discentes alegam se sentir assustados, tristes e infelizes às vezes ou sempre. Esses dados são equivalentes aos encontrados nos países da OCDE (OCDE, 2021).

Além disso, os dados do Pisa indicam também que o medo do fracasso entre os alunos brasileiros é mais alto do que a média dos 36 países que compõem a organização. No caso das meninas, o medo do fracasso é maior em comparação aos meninos (0,16, para meninas, e -0,10, para meninos). Curiosamente, observa-se que esse índice é também um preditor de desempenho acadêmico melhor para as meninas (OCDE, 2019). Ao tratar sobre expectativas e aspirações, outro dado do Pisa chama atenção: 73% dos pais brasileiros esperam que seus filhos concluam o ensino superior, em comparação a 63% nos países da OCDE. Esses índices impressionam, visto que a taxa de matrícula na educação superior brasileira é muito menor do que nos demais países da organização.

A pergunta que o leitor deve estar se fazendo nesse momento é: Por que bem-estar subjetivo e otimismo devem ser investigados em contextos escolares? A esse respeito, estudiosos da área (Schiavon et al., 2020; Seligman et al., 2009) discutem que é no período da infância e adolescência, quando o indivíduo passa grande parte do seu dia na escola, que tal discussão se faz imprescindível, inclusive no sentido de estudar os construtos contextualmente, tendo em vista que a escola é promotora de saúde mental.

Alinhavos teóricos

Bem-estar subjetivo (BES) e otimismo, embora sejam conceitos estudados desde as décadas de 1960 e 1970, sob a égide de diferentes referenciais teóricos, ganharam notoriedade e se tornaram objetos de investigações científicas mais especialmente com o advento do movimento da psicologia positiva (PP) no final da década de 1990. O movimento, liderado por pesquisadores da América do Norte, chamou atenção para a importância de investigações sobre construtos protetivos da saúde mental, de modo que o fortalecimento de características e estados positivos nos indivíduos poderia promover o desenvolvimento saudável, o engajamento e aumentar as chances de realização pessoal (Niemiec, 2020).

Para tanto, Martin Seligman, teórico precursor da psicologia positiva, inicialmente fomentou o estudo de dois construtos fundamentais para a área: o bem-estar e o otimismo. O bem-estar subjetivo, modelo adotado neste capítulo, tem uma estrutura tripartite, e é composto por um componente cognitivo, denominado satisfação com a vida; e um componente emocional, denominado afetos positivos e afetos negativos (Diener et al., 2018). Por sua vez, otimismo é compreendido como as expectativas do indivíduo em relação ao futuro, de modo a permitir acreditar que os eventos futuros serão positivos (Carver et al., 2010). Este capítulo se destina a conceituar tais construtos psicológicos e discorrer sobre propostas de avaliação e manejo no contexto educacional.

Em que medida o BES deve ser pauta dos currículos escolares?

Nos últimos anos, foi enfatizada a necessidade de se perguntar às pessoas sobre a percepção geral de seu bem-estar subjetivo. A esse respeito, Dierner et al. (1985), ao proporem a construção de uma escala para mensurar a satisfação com a vida, observaram que era necessário o exercício de compreender com as pessoas as suas percepções de bem-estar, a fim de que esse processo se integrasse na vida dos indivíduos nos contextos familiares, organizacionais, entre outros. Ou seja, o BES representava uma avaliação que as pessoas faziam da própria vida, dos pensamentos e sentimentos em relação a si (Carver & Scheier, 2021; Diener et al., 2018).

Em recente revisão de escopo, Papastergiou et al. (2023) concluíram que, no que se refere às medidas de BES, os indicadores de satisfação com a vida e de afetos foram os mais presentes na literatura. O que corrobora o fortalecimento do BES na literatura científica nas últimas décadas, inclusive no Brasil (Reppold et al., 2019). Entre as relações observadas, identificou-se o *coping*, resiliência, lazer e apoio social como preditores do bem-estar (Ferreira et al., 2023; Reddy, 2023; Yotsidi et al., 2023). De uma outra perspectiva, também foi possível verificar que o BES é um facilitador de melhores indicadores de saúde física, capacidade de resolução de problemas, engajamento, regulação emocional e otimismo (Reppold et al., 2019; Seligman, 2019; Tout et al., 2023).

No contexto escolar, o BES tem sido objeto de investigação das relações com resultados positivos da escola, em estudos internacionais, especialmente em temas como: assiduidade, desempenho acadêmico, autoeficácia ou envolvimento em sala de aula (McNeven et al., 2023; Kaiser et al., 2020). Em estudos nacionais, pesquisadores evidenciam que o BES está associado à maior socialização com os pares, à adaptabilidade à escola, à competência acadêmica e à autoeficácia (Dias-Viana & Noronha, 2022; Kaiser et al., 2020; Reppold & Hutz, 2021; Reppold et al., 2022). No entanto, é necessário ressaltar a ausência de evidências suficientes de como o BES pode ser incrementado nos contextos educacionais com vistas à melhoria, o que demanda uma discussão aprofundada sobre a cientificidade de algumas das práticas de intervenção positiva implementadas nos contextos educacionais (Reppold et al., 2019; Reppold et al., 2022).

Deveria haver no conceito de educação a ideia de que é possível desenvolver seus recursos positivos, de modo que isso impacte favoravelmente nos desfechos educacionais, como o desempenho acadêmico, sucesso e bons relacionamentos pessoais? À medida que as instituições educacionais valorizam apenas as questões acadêmicas, deixam de contribuir com a promoção de afetos positivos (em detrimento dos negativos) e com a avaliação de suas vidas (Ambrosetti et al., 2023; Chu et al., 2023). Nesse cenário, o BES tem sido reconhecido como uma dimensão essencial da qualidade do ensino, ou seja, intervenções com foco na promoção do bem-estar devem ser estimuladas nas escolas (McNeven et al., 2023).

Faz-se relevante refletir sobre o bem-estar subjetivo dos cidadãos, especialmente de crianças e adolescentes, tendo em vista a significância social deles (Cavallaro et al., 2023). Ao compreender as necessidades e respeitar os direitos de jovens, a construção de futuro mais próximo é, se não garantida, pelo menos aventada (Zadworna et al., 2023). Dados recentes de investigação sobre o bem-estar subjetivo geral de crianças e adolescentes europeus indicaram que o BES está entre 7,8 e 10 na pesquisa feita entre 2017 e 2018, sendo autoimagem, relacionamento com os pais, humor e emoções, ambiente escolar e fatores socioeconômicos variáveis determinantes (Organização Mundial da Saúde [OMS], 2020).

Wu e Becker (2023) realizaram um estudo longitudinal com uma ampla amostra de estudantes alemães. Os achados revelaram que a satisfação com a vida e com a escola diminuíram significativamente ao longo do ensino médio (níveis de ensino traduzidos para o sistema educacional brasileiro), embora a satisfação com a escola tenha apresentado leve aumento do ensino fundamental II para o ensino médio (EM). Os autores discutem que o EM traz consequências negativas para o desenvolvimento psicossocial e bem-estar subjetivo dos estudantes, pois não oferece oportunidades adequadas para atender às necessidades psicológicas básicas relacionadas à competência, relacionamentos e autonomia.

Em uma análise de literatura, alguns autores identificaram conceitos que podem particularmente auxiliar resultados positivos. São eles: (a) o entendimento de que o desenvolvimento do BES e o acadêmico são complementares; (b) a necessidade de completar a reestruturação da cultura escolar e de suas práticas que permitam abordagens eficazes de promoção do BES; (c) a gestão deve ter condições de coordenar as ações necessárias para a efetivação do plano de ação e (d) importância de contextualizar e personalizar as ações propostas (McNeven et al., 2023; Reppold et al., 2019).

A promoção do BES nas instituições educacionais tende a ser mais profícua quando existe o apoio familiar. Dado que o suporte familiar e a supervisão dos pais contribuem para minimizar o efeito negativo da ansiedade frente aos desafios, como o impacto da lição de casa sobre o bem-estar subjetivo (Chu et al., 2023). Por exemplo, o estudo de Ambrosetti et al. (2023) demonstra que o BES está positivamente associado ao desempenho escolar, e que, exercendo papel mediador, o apoio familiar é altamente relevante para o desempenho de alunos imigrantes em comparação com estudantes nativos.

Avaliação do bem-estar

A literatura diverge em relação aos modos de avaliar o bem-estar (Oliveira et al., 2023). Contudo, como já mencionado, uma das abordagens mais frequentes é a avaliação do bem-estar subjetivo, que contempla uma medida de satisfação com a vida e uma medida de afetos. Internacionalmente, os instrumentos considerados padrão-ouro para avaliação desses construtos são respectivamente a (1) Escala de Satisfação de Vida (ESV), elaborada originalmente por Diener et al. (1985), a versão brasileira da ESV foi adaptada inicialmente para o Brasil pelo Laboratório de Mensuração, coordenado pelo Professor Claudio Hutz. Esse instrumento avalia de forma unidimensional a perspectiva cognitiva do bem-estar por intermédio de cinco itens que são respondidos por meio de uma escala tipo Likert de 7 pontos. Seus estudos de adaptação demonstraram boas estimativas de precisão, evidências de validade e normas preliminares (Hutz et al., 2014), que também seguem sendo atualizadas por outros pesquisadores; e (2) Escala de Afetos Positivos e Negativos (Panas), desenvolvida por Watson et al. (1988), é organizada por meio de uma lista de vinte palavras que expressam emoções, sendo que dez descrevem afetos positivos e dez afetos negativos. É respondida por meio de uma escala Likert de 5 pontos, que descreve o quanto a pessoa sentiu as emoções descritas nas últimas semanas. No contexto brasileiro, a escala foi adaptada inicialmente para uso em adultos por Zanon e Hutz, em 2014, apresentando estudos que demonstraram boa precisão, evidências de validade fatorial e normas preliminares (Zanon & Hutz, 2014) que seguem sendo atualizadas por outros pesquisadores.

Papel do otimismo sobre o bem-estar, a saúde e a aprendizagem

Já dizia a sabedoria popular que otimistas são pessoas que esperam que coisas boas aconteçam a elas, enquanto os pessimistas esperam que coisas ruins aconteçam. Décadas de pesquisa científica vêm corroborar isso (Schiavon et al., 2017; Segerstrom et al., 2017). Como a ciência psicológica define o otimismo? Há duas abordagens teóricas que contemplam o entendimento do construto: o otimismo disposicional e o otimismo aprendido. Na abordagem do otimismo disposicional, ele é entendido como um traço da personalidade, portanto, relativamente estável, que reflete uma tendência generalizada de se esperar bons resultados em contextos importantes da vida (Scheier et al., 1994, 2021). É considerado uma construção cognitiva que também se relaciona com a motivação. Assim, as pessoas otimistas, mesmo diante de adversidades e obstáculos, perseveram em seus esforços porque acreditam que seus objetivos serão atingidos, enquanto os pessimistas se desviam do esforço (Carver et al., 2010, 2021; Segerstrom et al., 2017).

Nessa perspectiva, considera-se os modelos de motivação de valor de expectativa de comportamento humano nos quais há dois elementos que são essenciais para a definição de expectativas: o propósito e o sentido de confiança. As pessoas procuram envolver seus esforços para alcançar os objetivos que consideram importantes; quanto mais importante for o propósito ou objetivo, maior o valor e maior a motivação para agir. Ligado a isso está o sentido de confiança de que é possível atingir uma meta; assim, a pessoa precisa ter confiança suficiente para agir e continuar agindo. Quando alguém está confiante sobre um evento futuro, contínuos esforços são feitos para atingi-lo, mesmo quando enfrentam grandes adversidades. Portanto, quanto maior a importância do objetivo, mais a pessoa vai se engajar para atingir a sua meta, esperando por resultados positivos (Carver et al., 2010).

No otimismo aprendido, entende-se que o construto possa ser representado pela forma como o indivíduo compreende e explica determinados eventos. Ou seja, a diferenciação entre os pessimistas e otimistas ocorre pela forma como compreendem e explicam a causa dos eventos bons ou ruins que aconteceram com eles (Peterson & Steen, 2002). Se o indivíduo enxerga as falhas do passado refletindo causas estáveis (que estão em sua vida e provavelmente continuarão), mais falhas serão esperadas. O pessimista interpreta os acontecimentos ruins como fatos que não podem ser alterados, além disso, entende como "sorte" quando algo bom ocorre. O otimista, por sua vez, enxerga as falhas passadas como reflexo de causas instáveis e, portanto, vislumbra um futuro mais positivo, porque a causa pode não estar mais presente. A partir desse conceito, pressupõe-se que o otimismo pode ser aprendido mediante as experiências de sucesso e de fracasso vivenciadas ao longo da vida (Forgeard & Seligman, 2012).

A literatura indica que alguns fatores podem impactar nos níveis de otimismo apresentados em um indivíduo, a saber: fatores genéticos (Mosing et al., 2010), ambientais (Thomson et al., 2015) e estilos parentais (Renaud et al., 2019). Para resumir, entendemos que o otimismo é uma versão ampla e generalizada de expectativas positivas e de confiança em relação ao futuro, isto é, a confiança em relação à vida. O otimismo incorpora uma crença de que um presente estressante pode mudar para se tornar melhor no futuro (Carver & Scheier, 2021; Segerstrom et al., 2017). Mas qual a relação desse construto com outras variáveis? Qual é seu impacto nos diferentes domínios da vida?

Otimismo e demais variáveis e domínios

O otimismo é eficaz em inúmeros domínios e contextos, tendo um impacto positivo em diversas variáveis positivas (Carver & Scheier, 2014, 2021; Malouff & Schutte, 2017; Scheier & Carver, 2018). A seguir serão pontuados alguns achados científicos nos mais diferentes contextos e diversas variáveis.

O otimismo está fortemente ligado a melhores resultados de saúde (Scheier & Carver, 2018; Segerstrom et al., 2017). Pesquisas indicam que indivíduos otimistas tendem a adotar comportamentos mais saudáveis, como praticar exercícios regularmente, manter uma dieta equilibrada e seguir orientações médicas (Segerstrom et al., 2017). Durante a pandemia de covid-19, as pessoas mais otimistas seguiram de forma mais eficaz as diretrizes de saúde pública, demonstrando uma atitude proativa, maior engajamento e maior bem-estar subjetivo (Cavallaro et al., 2023; Katim et al., 2023).

O otimismo também funciona como um fator de proteção contra os efeitos prejudiciais à saúde mental, como estresse, depressão e ansiedade. Estudos mostram que pessoas otimistas têm menores níveis de hormônios do estresse, inflamação reduzida e uma resposta imunológica mais forte (Segerstrom et al., 2017). Outros estudos têm consistentemente mostrado uma relação inversa entre otimismo e sintomas de angústia psicológica (Scheier et al., 1985). Indivíduos otimistas apresentam menores taxas de depressão, experimentam menos ansiedade e relatam maior satisfação com a vida (Carver & Scheier, 2014).

Em contextos educacionais e profissionais, foco deste capítulo, o otimismo desempenha um papel importante (Seligman et al., 2009). Indivíduos otimistas são mais propensos a estabelecer metas desafiadoras, persistir diante de contratempos e apresentar níveis mais elevados de motivação, podendo alcançar, dessa forma, resultados mais positivos (Segerstrom et al., 2017). Essa expectativa futura otimista melhora tanto o desempenho acadêmico quanto a satisfação no trabalho devido não somente à forma positiva de ver as situações futuras, mas também ao maior engajamento e resiliência em continuar perseverando mesmo diante das dificuldades (Carver & Scheier, 2014).

Ainda em relação ao contexto educacional, compreende-se que o otimismo contribui para os relacionamentos interpessoais (Carver & Scheier, 2014). Os otimistas têm melhores interações e relações sociais parcialmente porque se dedicam mais a elas, assim como se engajam em tarefas prioritárias de suas vidas. Indivíduos otimistas tendem a perceber maior suporte social (Vollmann et al., 2011) e têm uma rede de relacionamentos mais significativa (Segerstrom, 2007). Eles demonstram melhores habilidades sociais e são mais habilidosos em resolver conflitos, resultando em relacionamentos mais saudáveis e gratificantes (Smith et al., 2013). Estudo com recém-casados mostrou em otimistas maior nível de bem-estar conjugal e maior engajamento na resolução de problemas de maneira construtiva (Smith et al., 2013).

Além disso, ao enfrentar adversidades, os otimistas demonstram maior resiliência. Sua visão lhes permite reinterpretar desafios como temporários e superáveis, promovendo estratégias eficazes de enfrentamento. Essa resiliência ajuda a superar contratempos e a se adaptar a circunstâncias (Carver & Scheier, 2021). Otimistas tendem a apresentar um maior nível de autorregulação diante de situações de estresse, ajustam-se melhor às transições da vida e são mais propensos a aceitar ou renunciar uma situação que parece ser incontrolável (Carver & Scheier, 2014, 2021).

Destaca-se que, apesar dos inúmeros benefícios do otimismo, em situações extremas o otimismo irrealista pode ocasionar malefícios. O otimismo irrealista é uma tendência para acreditar na maior probabilidade de experimentar eventos positivos e menos eventos negativos do que as outras pessoas. Dessa forma há uma subestimação do risco pessoal para alguns eventos e de superestimação do risco pessoal para outros (Jefferson et al., 2017).

O otimismo irrealista funciona como uma espécie de excesso de confiança, um pensamento desejoso, uma ilusão que altera a vulnerabilidade percebida, um erro de julgamento, semelhante ao "pensamento mágico das crianças". Contudo, mesmo nessa situação, em alguns casos as crenças otimistas irrealistas podem ter função adaptativa, mantendo os níveis de bem-estar psicológico, pois tende a reduzir os níveis de estresse e sintomas de ansiedade. Há que se ressaltar que o indivíduo com otimismo disposicional não nega a realidade pela qual está passando, mas sim enxerga maneiras de atravessar as dificuldades e vislumbrar um futuro melhor do que aquele vivenciado (Carver et al., 2010).

O otimismo, sendo um traço de personalidade, tem caráter de estabilidade (Bastianello et al., 2014; Carver & Scheier, 2021); entretanto, estudos têm apontado que intervenções para aumentá-lo podem auxiliar no maior endosso do construto (Malouff & Schutte, 2017). Malouff e Schutte (2017) analisaram 29 estudos, com uma amostra total de 3.319 participantes, e os resultados indicaram um tamanho de efeito de g = 0,41, apontando que, por meio de intervenções, é possível aumentar o otimismo. Entretanto, foi identificado que diversos fatores poderiam influenciar o tamanho do efeito, sendo um deles a própria escala utilizada. Dessa forma, faz-se necessário que a avaliação do construto seja feita a partir de escalas com qualidades psicométricas adequadas, de forma a servirem de controle fidedigno acerca da eficiência de tais intervenções.

Instrumentos de avaliação do otimismo

Diante do exposto, faz-se necessário que instrumentos para avaliar o otimismo passem por investigações empíricas, considerando não somente suas qualidades psicométricas, mas também sua adaptabilidade para diferentes populações e particularidades de cada povo. Acerca dessa questão há uma controvérsia na literatura. Enquanto alguns autores defendem que o construto é unidimensional, outros afirmam que ele é bidimensional, conforme apresentado no início desta seção (Carver & Scheier, 2014; Ottati & Noronha, 2017).

Para mensurar o construto, uma das mais importantes medidas disponíveis é o *Life Orientation Test* (LOT), elaborado por Scheier e Carver (1985). O objetivo desse teste consiste em avaliar as expectativas das pessoas em relação ao futuro, por meio de uma escala que mensura seu otimismo e pessimismo. Quando elaboraram o instrumento, os autores acreditavam que essas diferenças de expectativas quanto ao futuro pudessem impactar, de forma relevante, diversas esferas da vida, como a saúde física, as estratégias de enfrentamento e a forma como as pessoas regulam suas ações. Estudos conduzidos comprovaram as hipóteses desses autores, demonstrando empiricamente que a forma otimista ou pessimista de abordar o mundo se revela como um fator impactante na vida das pessoas, diferenciando-as na forma como lidam com as adversidades, como perseveram em seus objetivos, como apresentam maior bem-estar subjetivo e alcançam níveis mais altos de resiliência, saúde física, entre outros desfechos favoráveis (Carver et al., 2010, Malouff & Schutte, 2017; Shanaham et al., 2021).

Outro instrumento disponível é o Teste de Orientação da Vida Revisado (LOT-R). Trata-se de um instrumento destinado à avaliação do otimismo disposicional, que foi criado por Scheier, Carver e Bridges, em 1994, e adaptado para o Brasil por Bastianello et al. (2014). A versão nacional é constituída por onze itens de autorrelato, dos quais quatro são distrativos. Os estudos psicométricos publicados até então revelam que a versão brasileira apresenta bons indicadores de precisão e evidências de validade baseadas em estruturas internas.

Procedimentos interventivos

A intervenção em psicologia positiva tem sido um campo de estudo e aplicação profícuo, vinculado ao movimento científico e apoiado em seus pressupostos teóricos. Tal como proposto por Lyubomirsky e Layous (2013), intervenções consistem em uma série de tarefas organizadas e planejadas para comporem uma estrutura que estimule o melhor desempenho dos participantes. O objetivo das intervenções é promover comportamentos, emoções e/ou pensamentos mais adaptativos para promover o bem-estar. Sob essa perspectiva, destina-se a buscar recursos do indivíduo e maximizá-los, com vistas a compreender como os mecanismos podem impactar na saúde dos indivíduos, tanto a física quanto a mental, na adaptação, na realização, no engajamento e nos relacionamentos interpessoais saudáveis (Seligman et al., 2019).

Intervenções no otimismo têm gerado resultados positivos, como é o caso da proposta de Littman-Ovadia e Nir (2013). Esses autores aplicaram uma intervenção em adultos e, no pós-teste e seguimento, identificaram uma redução significativa no pessimismo, nos afetos negativos e na exaustão emocional. Diariamente, os participantes eram convidados a pensar em três acontecimentos esperados para o dia seguinte. Deveriam, além disso, identificar os sentimentos associados aos eventos por sete dias seguidos; portanto, uma intervenção breve. Os grupos – controle e experimental – não se diferenciaram quanto ao otimismo medido na linha de base, mas o otimismo foi maximizado pelo grupo experimental. No pré e pós-teste, assim como no seguimento, foram aplicadas escalas de avaliação de afetos positivos e negativos, satisfação com a vida e uma medida de *burnout*.

Considerações finais

Este capítulo teve como objetivo apresentar os conceitos de bem-estar subjetivo e otimismo, destacando sua importância no contexto educacional. O Programa Internacional de Avaliação de Estudantes (Pisa) e outras fontes de dados sugerem que é necessário incluir medidas de bem-estar na avaliação do desempenho acadêmico, para além disso considerar o otimismo, dado que são componentes essenciais para o desenvolvimento saudável e para o sucesso escolar. A pesquisa científica, especialmente no campo da psicologia positiva, reforça que é importante considerar o bem-estar como uma dimensão a ser incluída no contexto educacional, ou seja, o BES não deve ser compreendido como um recurso secundário, haja vista que promove o desenvolvimento acadêmico, social e emocional dos alunos. Em complemento, o otimismo também demonstra impactos positivos em diferentes domínios, inclusive na saúde mental e no desempenho acadêmico.

No contexto educacional, ainda é essencial que educadores, pais e gestores estejam na mesma direção ao se engajarem em um diálogo contínuo sobre como melhorar os aspectos sociais, acadêmicos e emocionais no ambiente escolar, assim como reconhecerem o papel do bem-estar subjetivo e otimismo. O investimento no campo educacional não apenas contribui para a preparação dos jovens para o sucesso acadêmico, mas também para uma vida saudável e significativa. Por fim, espera-se que este capítulo estimule pesquisadores e profissionais da área a continuarem explorando maneiras de implementar e avaliar intervenções que promovam o fortalecimento desses construtos, visto que a educação alinhada à promoção do bem-estar e ao otimismo pode ser considerada uma ferramenta essencial para a construção de uma sociedade saudável e resiliente.

Referências

Ambrosetti, E., Bettin, G., Cela, E., & Paparusso, A. (2023). Subjective well-being and school outcomes among children of immigrants and natives in Italy. *Population, Space, and Place*, 29(4), e39. https://doi.org/10.1002/psp.2639

Bastianello, M. R., Pacico, J. C., & Hutz, C. H. (2014). Optimism, self-esteem and personality: Adaptation and validation of the Brazilian version of the Revised Life Orientation Test (LOT-R). *Psico-USF*, 19(3), 523-531. https://doi:10.1590/1413-82712014019003014

Carver, C. S., & Scheier, M. F. (2014). Dispositional optimism. *Trends in Cognitive Sciences*, 18(6), 293-299. https://doi.org/10.1016/j.tics.2014.02.003

Carver, C. S., & Scheier, M. F. (2021). Optimism. In F. Maggino (Eds.), *Encyclopedia of quality of life and well-being research* (pp. 1-6). Springer.

Carver, C. S., Scheier, M. F., & Segerstrom, S. C. (2010). Optimism. *Clinical Psychology Review*, 30(7), 879-889. https://doi.org/10.1016/j.cpr.2010.01.006

Cavallaro, A. P. O., Couto, L. M. F., & Noronha, A. P. P. (2023). Character strengths, subjective well-being and self-esteem: Factorial invariance between secondary and technical education. *Revista Iberoamericana de Diagnóstico y Evaluación Psicológica*, 69(3), 77-87. https://doi.org/10.21865/RIDEP69.3.07

Cavallaro, A. P. O., Friedenreich, G., Prandini, S., & Noronha, A. P. P. (2023). ¿Ayuda el optimismo y el bienestar subjetivo en el afrontamiento del COVID-19? *Ciencias Psicológicas*, 17(2), e-2861. https://doi.org/10.22235/cp.v17i2.2861

Chu, M., Fang, Z., Lee, C., Hu, Y., Li, X., Chen, S., Chen, T., Chen, X., & Chiang, Y. (2023). Collaboration between School and home to improve subjective wellbeing: A new Chinese children's subjective wellbeing scale. *Child Indicators Research*, 16, 1527-1552. https://doi.org/10.1007/s12187-023-10018-0

Dias-Viana, J. L., & Noronha, A. P. P. (2022). Bem-estar subjetivo de estudantes: Variáveis escolares associadas e medidas de avaliação. *Estudos e Pesquisas em Psicologia*, 2(2), 729-751. https://doi.org/10.12957/epp.2022.68648

Diener, E., Emmons, R. A., Larsen, R. J., & Griffin, S. (1985). The satisfaction with life scale. *Journal of Personality Assessment*, 49(1), 71-75. https://doi.org/10.1207/s15327752jpa4901_13

Diener, E., Oishi, S., & Tay, L. (2018). Advances in subjective well-being research. *Nature Human Behaviour*, 2, 253-260. https://doi.org/10.1038/s41562-018-0307-6

Ferreira, M. J., Sofia, R., Carreno, D. F., Eisenbeck, N., & Cruz, J. F. (2023). Positivity and coping as key to well-being and psychological adjustment during the pandemic of COVID-19: A follow-up study in Portugal. *Applied Psychology: Health and Well-Being*, 15(4), 1750-1771. https://doi.org/10.1111/aphw.12462

Forgeard, M. J. C., & Seligman, M. E. P. (2012). Seeing the glass half full: A review of the causes and consequences of optimism. *Pratiques Psychologiques*, 18(2), 107-120. https://doi.org/10.1016/j.prps.2012.02.002

Hutz, C. S., Zanon, C., & Bardagi, M. (2014). Satisfação de vida. In C. S. Hutz (Ed.), *Avaliação em psicologia positiva* (pp. 43-47). Artmed.

Jefferson, A., Bortolotti, L., & Kuzmanovic, B. (2017). What is unrealistic optimism? *Consciousness and Cognition*, 50, 3-11. https://doi:10.1016/j.concog.2016.10.005

Kaiser, V., Reppold, C. T., Hutz, C. S., & Almeida, L. S. (2020). Contributions of positive psychology in self-regulated learning: A study with Brazilian undergraduate students. *Frontiers in Psychology*, 10, 2980. https://doi.org/10.3389/fpsyg.2019.02980

Katim, H., Satiadarma, M., & Wati, L. (2023). The relationship between optimism and subjective well-being in covid-19 pandemic context. *International Journal of Application on Social Science and

Humanities, *1*(2), 1.389-1.395. https://doi.org/10.24912/ijassh.v1i2.26392

Littman-Ovadia, H., & Nir, D. (2013). Looking forward to tomorrow: The buffering effect of a daily optimism intervention. *The Journal of Positive Psychology*, *9*(2), 122-136. https://doi.org/10.1080/17439760.2013.853202

Malouff, J. M., & Schutte, N. S. (2017). Can psychological interventions increase optimism? A meta-analysis. *The Journal of Positive Psychology*, *12*(6), 594-604. https://doi.org/10.1080/17439760.2016.1221122

McNeven, S., Main, K., & McKay, L. (2023). Wellbeing and school improvement: A scoping review. *Leadership and Policy in Schools*, *23*(2), 1-19. https://doi.org/10.1080/15700763.2023.2183512

Mosing, M. A., Pederson, N. L., Martin, N. G., & Wright, M. J. (2010). Sex differences in the genetic architecture of optimism and health and their interrelation: A study of Australian and Swedish twins. *Twin Research in Human Genetics*, *13*(4), 322-329. https://doi.org.10.1375/twin.13.4.322

Niemiec, R. M. (2020). Six functions of character strengths for thriving at times of adversity and opportunity: A theoretical perspective. *Applied Research in Quality of Life*, *15*, 551-572. https://doi.org/10.1007/s11482-018-9692-2

Oliveira, K. S., Reppold, C. T., Peixoto, E., & Zanini, D. (2023). *Avaliação em psicologia positiva*. Vozes.

Organização Mundial da Saúde. (2020). *Spotlight on adolescent health and well-being, Findings from the 2017/2018 health behaviour in school-aged children (HBSC) survey in Europe and Canada international report*. OMS.

Organização para a Cooperação e Desenvolvimento Econômico. (2019). *Pisa 2018 Results (Volume III): What School Life Means for Students' Lives*. OCDE. https://dx.doi.org/10.1787/acd78851-en

Organização para a Cooperação e Desenvolvimento Econômico. (2021). *Education in Brazil: An International Perspective*. OCDE. https://doi.org/10.1787/60a667f7-en

Ottati, F., & Noronha, A. P. P. (2017). Factor structure of the Life Orientation Test-Revised (LOT-R). *Acta Colombiana de Psicología*, *20*(1), 32-39. https://doi.org/10.14718/ACP.2017.20.1.3

Papastergiou, E., Latinopoulos, D., Evdou, M., & Kalogeresis, A. (2023). Exploring associations between subjective well-being and non-market values when used in the evaluation of urban green spaces: A scoping review. *Land*, *12*(3), 700. https://doi.org/10.3390/land12030700

Peterson, C., & Steen, T. A. (2002). Optimistic explanatory style. In C. R. Snyder & S. J. Lopez (Eds.), *Handbook of positive psychology* (pp. 244-256). Oxford University Press.

Reddy, N. Y. (2023). Perceived wellbeing, happiness, and related challenges among Indian college students. *Psychology Study*, *68*, 70-81. https://doi.org/10.1007/s12646-022-00705-3

Renaud, J., Barker, E. T., Hendricks, C., Putnick, D. L., & Bornstein, M. H. (2019). The developmental origins and future implications of dispositional optimism in the transition to adulthood. *International Journal of Behavioral Development*, *43*(3), 221-230. https://doi:10.1177/0165025418820629

Reppold, C. T., D'Azevedo, L. S., Tocchetto, B. S., Diaz, G. B., Kato, S. K., & Hutz, C. S. (2019). Avanços da psicologia positiva no Brasil. *Psicologia para América Latina*, (32), 133-141.

Reppold, C. T., & Hutz, C. S. (2021). *Intervenções em psicologia positiva no contexto escolar e educacional*. Vetor.

Reppold, C. T., Kaiser, V., D'Azevedo, L., & Almeida, L. (2019). Intervenções em psicologia positiva na área da saúde: O que os ensaios clínicos informam sobre a efetividade dessas intervenções? In C. Hutz & C. T. Reppold (Eds.), *Intervenções em Psicologia Positiva aplicadas à saúde* (pp. 11-42). Leader.

Reppold, C. T., Serafini, A. J., & Tocchetto, B. (2022). *Habilidades para a vida: Práticas da psicologia positiva para promoção de bem-estar e prevenção em saúde mental para além da pandemia*. UFCSPA.

Reppold, C. T., Zanini, D. S., Campos, D. C., Faria, M. R. G. V., & Tocchetto, B. S. (2019). Felicidade como produto: Um olhar crítico sobre a ciência da Psicologia Positiva. *Avaliação Psicológica*, *18*(4), 333-342. https://dx.doi.org/10.15689/ap.2019.1804.18777.01

Scheier, M. F., & Carver, C. S. (1985). Optimism, coping, and health: Assessment and implications of generalized outcome expectancies. *Health Psychology*, *4*(3), 219-247. https://doi.org/10.1037/0278-6133.4.3.219

Scheier, M. F., & Carver, C. S. (2018). Dispositional optimism and physical health: A long look back, a quick look forward. *American Psychologist*, *73*(9), 1082-1094. https://doi:10.1037/amp000038

Scheier, M. F., Carver, C. S., & Bridges, M. W. (1994). Distinguishing optimism from neuroticism (and trait anxiety, self-mastery, and self-esteem): A reevaluation of the Life Orientation Test. *Journal of Personality and Social Psychology*, *67*(6), 1.063-1.078.

Scheier, M. F., Swanson, J. D., Barlow, M. A., Greenhouse, J. B., Wrosch, C., & Tindle, H. A. (2021). Optimism versus pessimism as predictors of physical health: A comprehensive reanalysis of dispositional optimism research. *The American Psychologist*, *76*(3), 529-548. https://doi.org/10.1037/amp0000666

Schiavon, C. C., Marchetti, E., Gurgel, L. G., Busnello, F. M., & Reppold, C. T. (2017). Optimism and hope in chronic disease: A systematic review. *Frontiers in Psychology*, *7*, 2022. https://doi.org/10.3389/fpsyg.2016.02022

Schiavon, C. C., Teixeira, L. P., Gurgel, L. G., Magalhães, C. R., & Reppold, C. T. (2020). Positive Education: Innovation in educational interventions based on Positive Psychology. *Psicologia: Teoria e Pesquisa*, *36*, e3632. https://doi.org/10.1590/0102.3772e3632

Segerstrom, S. C., Carver, C. S., & Scheier, M. F. (2017). Optimism. In M. Robinson & M. Eid (Eds.), *The happy mind: Cognitive contributions to well-being* (pp. 195-212). Springer.

Segerstrom, S. C. (2007). Optimism and resources: Effects on each other and on health over 10 years. *Journal of Research in Personality*, *41*(4), 772-786. https://doi.org/10.1016/j.jrp.2006.09.004

Seligman, M. E. P. (2019). Positive Psychology: A personal history. *Annual Review of Clinical Psychology*, *15*, 1-23. https://doi.org/10.1146/annurev-clinpsy-050718-095653

Seligman, M. E. P., Ernst, R. M., Gillham, J., Reivich, K., & Linkins, M. (2009) Positive education: Positive psychology and classroom interventions. *Oxford Review of Education*, *35*, 293-311 https://doi.org/10.1080/03054980902934563

Smith, T. W., Ruiz, J. M., Cundiff, J. M., Baron, K. G., & Nealey-Moore, J. B. (2013). Optimism and pessimism in social context: An interpersonal perspective on resilience and risk. *Journal of Research in Personality*, *47*(5), 553-562. https://doi.org/10.1016/j.jrp.2013.04.006

Thomson, K. C., Schonert-Reichl, K. A., & Oberle, E. (2015). Optimism in early adolescence: Relations to individual characteristics and ecological assets in families, schools, and neighborhoods. *Journal of Happiness Studies*, *16*(4), 889-913. https://doi:10.1007/s10902-014-9539-y

Tout, A. F., Jessop, D. C., & Miles, E. (2023). Investigating the combined and unique contributions of positive psychological traits to sleep and exploring emotion regulation as a common mediator. *Journal of Behavioral Medicine*, *47*(2), 1-13. https://doi.org/10.1007/s10865-023-00436-4

Vollmann, M., Antoniw, K., Hartung, F., & Renner, B. (2011). Social support as mediator of the stress buffering effect of optimism: The importance of differentiating the recipients' and providers' Perspective. *European Journal of Personality*, *25*(2), 146-154. https://doi.org/10.1002/per.803

Watson, D., Clark, L. A., & Tellegen, A. (1988). Development and validation of brief measures of positive and negative affect: The PANAS scales. *Journal of Personality and Social Psychology*, *54*(6), 1.063-1.070. https://doi.org/10.1037/0022-3514.54.6.1063

Wu, Y., & Becker, M. (2023). Association between school contexts and the development of subjective well-being during adolescence: A context-sensitive longitudinal study of life satisfaction and school satisfaction. *Journal of Youth and Adolescence*, *52*, 1.039-1.057. https://doi.org/10.1007/s10964-022-01727-w

Yotsidi, V., Nikolatou, E. K., Kourkoutas, E., & Kougioumtzis, G. A. (2023). Mental distress and well-being of university students amid COVID-19 pandemic: Findings from an online integrative intervention for psychology trainees. *Frontiers in Psychology*, *14*, 1171225. https://doi.org/10.3389/fpsyg.2023.1171225

Zadworna, M., Kossakowska, K., & Renshaw, T. L. (2023). Measuring subjective wellbeing in a school contexto: A polish version of the student subjective welbeing questionnaire. *School Mental Health*, *15*, 231-246. https://doi.org/10.1007/s12310-022-09546-x

Zanon, C., & Hutz, C. S. (2014). Escala de Afetos Positivos e Negativos (PANAS). In Hutz, C. S. (Eds.), *Avaliação em psicologia positiva* (pp. 63-67). Artmed.

53
Abuso sexual infantojuvenil: estratégias práticas de avaliação e intervenção para o ambiente escolar

Maycoln Leôni Martins Teodoro
Patrícia de Cássia Carvalho-Campos

> *Highlights*
> - O abuso sexual infantojuvenil afeta o desenvolvimento físico, psicológico e social das vítimas, com consequências a curto e longo prazos;
> - Dados brasileiros revelam subnotificação dos casos de abuso sexual infantojuvenil, agravada pela pandemia de covid-19;
> - O ambiente escolar é um espaço estratégico para a prevenção primária do abuso sexual infantojuvenil;
> - A resistência cultural à educação sexual e a falta de capacitação específica para educadores são barreiras para implementação de programas de prevenção do abuso sexual infantojuvenil nas escolas;
> - Políticas públicas robustas e integradas promovem a prevenção do abuso sexual infantojuvenil, assegurando a proteção integral e a garantia dos direitos de todas as crianças e adolescentes.

Este capítulo aborda o abuso sexual infantojuvenil (ASI) enquanto problema social e de saúde pública que afeta crianças e adolescentes em diversos contextos culturais e socioeconômicos. Inicialmente, contextualiza-se o fenômeno, discutindo as definições do ASI, as características e impactos físicos, psicológicos e sociais, que podem comprometer o desenvolvimento da vítima tanto no curto quanto no longo prazo. Além disso, são apresentados dados sobre a prevalência do ASI no Brasil, destacando a subnotificação dos casos e os efeitos agravantes da pandemia de covid-19 na dinâmica dessas ocorrências.

Na sequência, destaca-se a importância da prevenção do ASI no contexto escolar, enfatizando o papel das escolas na proteção de crianças e adolescentes. São detalhados diferentes níveis de prevenção, com foco em programas educativos que visam desenvolver habilidades autoprotetivas e construir uma rede de proteção. Finaliza-se ressaltando a necessidade de políticas públicas robustas que, além de incentivar a prevenção do abuso sexual, assegurem a efetiva proteção integral e a garantia e defesa de direito de todas as crianças e adolescentes.

Abuso sexual infantojuvenil: contextualização da temática

O abuso sexual infantojuvenil (ASI) é um grave problema social e de saúde pública que afeta as vítimas, suas famílias, comunidades e a sociedade em geral. Em termos individuais, compromete o desenvolvimento físico e psicossocial. Socialmente, gera altos custos com tratamentos médicos e psicológicos, além do acompanhamento e encarceramento dos agressores e o suporte psicossocial necessário para as famílias e comunidades envolvidas (Fang et al., 2012; Krug et al., 2002; Pereda et al., 2009; Tunc et al., 2018; Organização Mundial da Saúde [OMS], 2014; Wurtele, 2009).

As definições de ASI variam conforme o contexto cultural e histórico. De forma geral, envolve o uso de crianças ou adolescentes em atividades sexuais por adultos ou pares mais velhos, em que há uma diferença de idade, poder ou tamanho que impossibilita o consentimento consciente da vítima. As ações podem ocorrer com ou sem o uso de violência e incluem carícias, manipulação dos genitais, voyeurismo, exibicionismo, aliciamento sexual, linguagem ou gestos sugestivos, pornografia e o ato sexual com ou sem penetração (Sanderson, 2005).

Os agressores geralmente são pessoas de confiança e convivência próxima da vítima, como familiares ou conhecidos. Em alguns casos, são figuras de autoridade, como professores ou treinadores esportivos; e em outros, são indivíduos desconhecidos, como vizinhos ou comerciantes locais (Sanderson, 2005).

As consequências do ASI podem ser observadas tanto a curto quanto a longo prazo. No curto prazo, as vítimas podem apresentar comportamento sexualizado inadequado, ansiedade, transtorno de estresse pós-traumático (TEPT), depressão, isolamento social, problemas escolares, entre outros. No longo prazo, as vítimas podem desenvolver depressão, suicídio, transtornos alimentares, distúrbios psiquiátricos e até o fenômeno da multigeracionalidade, em que vítimas se tornam agressores (Habigzang & Caminha, 2004; Habigzang et al., 2006; Williams, 2009).

A gravidade dessas consequências é influenciada por fatores intrínsecos, como temperamento e resiliência; e fatores extrínsecos, como suporte familiar, rede de apoio social e políticas públicas. Elementos como o grau de parentesco entre agressor e vítima, a duração e frequência do abuso, o uso de violência e o apoio recebido pela vítima são determinantes na manifestação dos sintomas (Habigzang et al., 2006; Sanderson, 2005).

Abuso sexual infantojuvenil: indicadores brasileiros

De acordo com o Painel de Dados da Ouvidoria Nacional de Direitos Humanos, até novembro de 2023, foram registradas 28.680 denúncias de violência sexual (física e psíquica) contra crianças e adolescentes no Brasil, com uma média de 2.607 casos por mês (Ministério dos Direitos Humanos e da Cidadania, 2023). Considerando os dados da Ouvidoria Nacional de Direitos Humanos, juntamente com o antigo Ministério da Mulher, da Família e dos Direitos Humanos e o Ministério do Desenvolvimento Social, entre 2011 e novembro de 2023, foram registradas 295.446 denúncias de violência sexual contra crianças e adolescentes no país (Ministério da Mulher, da Família e dos Direitos Humanos, 2022; Ministério do Desenvolvimento Social, 2018; Ministério dos Direitos Humanos e da Cidadania, 2023).

O período de janeiro de 2020 a maio de 2023 coincide com a pandemia de covid-19, o que impactou significativamente o registro dessas denúncias. No primeiro semestre de 2020, a Ouvidoria do Ministério da Mulher, da Família e dos Direitos Humanos registrou 11.747 denúncias, enquanto no mesmo período de 2021 esse número aumentou para 15.779, um aumento de 134% (Ministério da Mulher, da Família e dos Direitos Humanos, 2022). Essa variação reflete os efeitos do isolamento social, que agravou as situações de violência contra crianças e adolescentes.

A maioria dos casos de ASI ocorre na residência da vítima (meninas 72,4% e meninos 65,9%), com caráter repetitivo (meninas 35,0% e meninos 34,4%), sendo o agressor geralmente um familiar (meninas 40,4% e meninos 44,3%) ou amigo/conhecido (42,6%) (Ministério da Saúde, 2023). Durante o isolamento social, o convívio prolongado entre vítimas e agressores, sem o acompanhamento de membros da comunidade ou da rede de apoio, como a escola, resultou em uma queda nas denúncias no início da pandemia (primeiro semestre de 2020) e um aumento com o retorno das aulas presenciais (primeiro semestre de 2021).

Apesar do número significativo de denúncias, estudos realizados pelo Fundo das Nações Unidas para a Infância (Unicef), em parceria com o Fórum Brasileiro de Segurança, indicam que os dados não refletem a realidade. Estima-se que, para cada caso registrado, outros nove não entram nas estatísticas governamentais; e a cada hora, cinco crianças e adolescentes são vítimas de violência sexual no Brasil (Fundo das Nações Unidas para a Infância [Unicef], 2021). Isso evidencia que o ASI é um fenômeno social subnotificado.

Conhecer o perfil das vítimas de ASI no Brasil é fundamental. Entre as crianças de 0 a 9 anos, o perfil típico é: sexo feminino (75,29%); faixa etária entre 5 a 9 anos (meninas 53,6% e meninos 60,1%); maioria parda (42,1%) e preta (7,0%); sem deficiência ou transtorno (meninas 83,0% e meninos 79,6%); residentes na Região Sudeste (meninas 43,0% e meninos 45,7%). Entre os adolescentes de 10 a 19 anos, o perfil é: sexo feminino (92,7%); faixa etária entre 10 e 14 anos (meninas 67,8% e meninos 73,4%); maioria preta e parda (meninas 60,3% e meninos 53,0%); sem deficiência ou transtorno (meninas 82,2% e meninos 68,4%); residentes na Região Sudeste (meninas 32,5% e meninos 43,5%) (Ministério da Saúde, 2023).

Programas escolares de prevenção do abuso sexual infantojuvenil

Revisão sistemática da literatura revelou que, desde a década de 1980, programas educacionais em escolas têm sido a principal estratégia de intervenção para prevenir o abuso sexual de crianças e adolescentes (Walsh et al., 2015). As escolas se destacam como espaços estratégicos para esse tipo de prevenção, pois permitem transmitir informações essenciais sobre abuso sexual infantojuvenil (ASI), implementar ações preventivas eficazes, desenvolver métodos de detecção e manejo de casos, além de alcançar um grande número de crianças com baixo custo.

O estudo apontou dois achados importantes. Primeiro, as crianças e adolescentes que participaram desses programas aumentaram suas competências e habilidades em comportamentos de autoproteção e mostraram maior disposição para denunciar o abuso em comparação com aqueles que não participaram. Segundo, os conhecimentos adquiridos pelos participantes foram mantidos de forma significativa entre um e seis meses após a intervenção (Walsh et al., 2015).

Esses programas de prevenção geralmente ensinam uma sequência simples de comportamentos autoprotetivos, dividida em quatro etapas: (1) reconhecer aproximações inadequadas de adultos; (2) identificar e resistir a riscos, dizendo "não"; (3) reagir rapidamente para sair da situação; e (4) buscar ajuda de uma pessoa de confiança (Padilha, 2007; Wurtele, 2008).

A revisão também revelou que a maioria dos programas de prevenção feitos entre 1981 e 2017 ocorreu nos Estados Unidos, Canadá, Nova Zelândia e Reino Unido (Del Campo & Fávero, 2020). Nos Estados Unidos, esses programas têm sido implementados desde a década de 1980, abrangendo crianças e adolescentes de todas as idades, inclusive pré-escolares. Apesar das dificuldades de acompanhamento e avaliação a longo prazo, o país continua a investir nesses programas devido ao declínio significativo nos índices de ASI ao longo dos anos (Brino & Williams, 2003; Gibson & Leitenberg, 2000; Kenny & Wurtele, 2012; Wurtele, 2008).

Além disso, a prevenção primária do ASI nos Estados Unidos tornou-se uma ação garantida por lei com a "Lei de Erin", que exige a implementação de programas de prevenção em todas as escolas públicas de cada estado. A lei, já aprovada em 38 dos 50 estados, determina que esses programas ensinem técnicas apropriadas para que as crianças reconheçam o abuso sexual e relatem a um adulto de confiança. Também prevê a capacitação dos funcionários escolares e a orientação para pais e responsáveis sobre os sinais de alerta de abuso sexual infantil, além de fornecer recursos de apoio às vítimas e suas famílias (Erin, 2023).

A experiência internacional demonstra que investimentos em pesquisas e ações de prevenção primária do ASI têm sido eficazes. Países que implementaram programas escolares de prevenção entre as décadas de 1980 e 1990 apresentaram, nas décadas seguintes, um declínio substancial nos casos de ASI. Nos Estados Unidos, a redução foi de 40%, enquanto no Canadá foi de 49%. Dados do Out of the Shadows Index, publicados em 2019, indicam que Reino Unido, Suécia, Canadá, Austrália e Estados Unidos estão entre os cinco países com melhor desempenho no combate ao ASI, evidenciando a viabilidade e eficácia das ações educativas de prevenção primária a longo prazo (Fallon et al., 2015, 2019; Jones et al., 2001; Trocmé et al., 2002).

Prevenção do abuso sexual infantojuvenil no contexto escolar: modelo de intervenção

O ambiente escolar é, por sua própria natureza, um espaço estratégico para a implementação de programas de prevenção primária do abuso sexual infantojuvenil (ASI). No entanto, a eficácia desses programas depende de um planejamento cuidadoso e da estruturação adequada das ações, que devem envolver a colaboração ativa de todos os membros da comunidade escolar. A participação de alunos, pais, professores, profissionais de saúde, assistentes sociais e outros especialistas é essencial para criar um ambiente de proteção integral para crianças e adolescentes.

A literatura recomenda a criação de módulos educacionais que abordem temas relevantes de forma progressiva, respeitando as especificidades de cada faixa etária. Esses módulos devem ser claros e acessíveis, garantindo que crianças e adolescentes compreendam os conceitos e consigam aplicá-los em seu cotidiano. Entre os temas a serem trabalhados, destacam-se a identificação de situações de risco, a promoção de comportamentos de autoproteção, a importância da denúncia e da busca por ajuda, além do desenvolvimento de habilidades socioemocionais. O objetivo é capacitar crianças e adolescentes para reconhecerem e reagirem de forma adequada em situações de violência, promovendo assim sua autonomia e segurança (Wurtele, 2007; Walsh et al., 2015; Brown, 2017).

A formação de professores e a orientação de pais também são elementos fundamentais nos programas de prevenção do ASI. Os adultos de referência precisam estar capacitados para reconhecer sinais de abuso e oferecer o suporte necessário às vítimas. Treinamentos e *workshops* são estratégias eficazes para desenvolver os conhecimentos e ferramentas necessários, permitindo que educadores e familiares abordem o tema de forma adequada e criem um ambiente de apoio e confiança essencial para a prevenção e intervenção precoce (Wurtele, 2007; Walsh et al., 2015; Brown, 2017).

Além das intervenções estruturadas, a prevenção do ASI pode ser integrada de forma transversal ao currículo escolar. Incorporar esses conteúdos em disciplinas como Ciências, Educação Física e Estudos Sociais permite que o tema seja abordado de maneira contínua e contextualizada, adaptando-se às diversas realidades culturais e sociais das comunidades escolares. Essa abordagem não apenas reforça a compreensão dos alunos, mas também promove uma cultura de respeito e proteção dentro do ambiente educacional.

Entretanto, a implementação desses programas no Brasil enfrenta desafios significativos. A resistência cultural à educação sexual, a falta de capacitação específica para educadores e a ausência de políticas públicas integradas são barreiras que dificultam a expansão e o monitoramento eficaz dessas iniciativas. Superar essas barreiras exige um esforço conjunto do poder público, que deve incluir políticas educacionais mais inclusivas, maior investimento na formação continuada dos professores e a criação de materiais didáticos que sejam culturalmente sensíveis e adaptados ao contexto brasileiro (Rodrigues & Mello, 2024).

Em resumo, a prevenção do ASI no contexto escolar é uma intervenção essencial para proteger crianças e adolescentes. Contudo, para que essas iniciativas sejam bem-sucedidas, é fundamental que sejam planejadas e implementadas com atenção às realidades culturais e sociais de cada comunidade. Além disso, é imprescindível que as políticas públicas apoiem e incentivem a adoção de programas de prevenção em todas as escolas, garantindo que todos os estudantes tenham acesso às ferramentas necessárias para se protegerem contra o abuso sexual.

Possibilidades de avaliação

Para realizar a avaliação podem ser utilizadas entrevistas estruturadas, observações comportamentais e, sempre que possível, a aplicação de instrumentos psicológicos específicos. A entrevista é amplamente utilizada, pois permite uma compreensão detalhada das experiências da vítima e de sua rede de suporte social (Pelisoli & Dell'Aglio, 2015).

Um dos desafios mais significativos na avaliação de ASI é garantir que a abordagem utilizada seja não invasiva e que evite a revitimização da criança ou adolescente. Por isso, os profissionais responsáveis devem estar preparados para lidar com respostas emocionais intensas e adaptar suas técnicas para minimizar o desconforto da vítima (Almeida-Prado & Féres-Carneiro, 2005).

Além disso, é essencial analisar o contexto em que o abuso ocorreu, incluindo a dinâmica territorial, as relações familiares e a comunidade escolar, para identificar padrões que possam indicar fatores de risco ou proteção. Essa compreensão contextualizada permite o desenvolvimento de intervenções eficazes, que visem tanto à recuperação da vítima quanto à prevenção de novos casos de ASI na comunidade (Borsa & Segabinazzi, 2017).

Passo a passo para avaliação

Este roteiro foi elaborado para guiar profissionais na realização de acolhimento e avaliação semiestruturada em casos de ASI. A proposta é realizar uma abordagem que seja ao mesmo tempo segura, ética e eficaz, permitindo o acolhimento adequado da vítima.

Quadro 1. Procedimentos para avaliação e acolhimento em casos de abuso sexual infantojuvenil

Etapa	Objetivo	Atividades
Preparação prévia	Preparar o ambiente e revisar o caso antes da avaliação.	Escolher um local seguro e acolhedor, revisar informações do caso.
Primeiro encontro	Estabelecimento de vínculo e avaliação inicial.	Acolher a criança ou adolescente, explicar o processo de avaliação, observar comportamentos não verbais.
Coleta de dados	Coletar dados sobre o abuso.	Realizar entrevista semiestruturada, explorar o relato gradualmente.
Avaliação	Utilizar instrumentos específicos na avaliação.	Aplicar escalas e inventários para avaliação de abuso sexual.
Acolhimento e *feedback*	Encerrar o processo de avaliação de forma adequada.	Demonstrar empatia, reforçar apoio disponível, concluir com atividade leve.
Análise e relatório	Analisar dados e elaborar relatório.	Compilar informações, avaliar vulnerabilidades e resiliência, redigir relatório detalhado.
Encaminhamento e intervenção	Sugerir intervenções e encaminhamentos.	Propor terapias e encaminhamentos, recomendar acompanhamento regular.
Considerações finais	Garantir ética e colaboração interdisciplinar.	Reforçar ética e confidencialidade, promover colaboração com outros profissionais.

Fonte: elaborado pelos autores.

Possibilidades de intervenção

A prevenção do ASI no contexto escolar é um desafio que exige a participação integrada de diversos atores sociais. Crianças e adolescentes, professores, pais e a comunidade desempenham papéis fundamentais na criação de um ambiente seguro e protetivo. As intervenções nesse campo devem ser cuidadosamente planejadas, abordando tanto a educação direta dos alunos quanto a capacitação dos adultos responsáveis por seu cuidado e proteção. A seguir, propõe-se um guia norteador para a implementação de um programa de prevenção do ASI, direcionado aos diferentes públicos-alvo.

Programa de Prevenção ASI para Crianças e Adolescentes

Objetivo geral: Capacitar crianças e adolescentes para reconhecerem situações de risco e desenvolverem habilidades de autoproteção.

Quadro 2. Programa de Prevenção de Abuso Sexual Infantojuvenil para Crianças e Adolescentes: Atividades e objetivos por etapa

Etapa	Objetivo	Atividades
Sensibilização inicial	Introduzir o tema de forma lúdica e acessível.	Contar histórias, exibir vídeos educativos e realizar dramatizações que abordem respeito aos limites pessoais e confiança em adultos de referência.
Conhecendo o corpo e os limites	Ensinar sobre partes do corpo e toques seguros.	Utilizar materiais visuais interativos, como bonecos e desenhos, e realizar jogos para distinguir toques seguros e inseguros.
Reconhecimento de situações de risco	Ajudar a identificar comportamentos inadequados.	Conduzir discussões guiadas e realizar atividades de *role-play* para simular situações de risco e praticar respostas seguras.
Desenvolvimento de habilidades de autoproteção	Ensinar como dizer "não" e buscar ajuda.	Realizar dramatizações e jogos interativos para praticar a autoproteção e como reagir em situações de risco.
Prática e reforço	Revisar e praticar os conceitos aprendidos.	Realizar *quizzes*, dramatizações e discussões em grupo para reforçar o aprendizado.
Avaliação e *feedback*	Avaliar conhecimento e confiança.	Aplicar questionários e autoavaliações para medir o entendimento dos alunos e sua confiança em lidar com situações de risco.

Fonte: elaborado pelos autores.

Programa de Prevenção ASI para Professores

Objetivo geral: Fomar professores e profissionais da comunidade escolar para identificar, prevenir e intervir adequadamente em casos de abuso sexual infantojuvenil.

Quadro 3. Programa de Prevenção de Abuso Sexual Infantojuvenil para Professores: Atividades e objetivos por etapa

Etapa	Objetivo	Atividades
Capacitação inicial	Introduzir conceitos básicos sobre abuso sexual infantojuvenil.	*Workshops* interativos sobre conceitos básicos e estudos de caso para identificar sinais de abuso.
Desenvolvimento de habilidades de detecção	Aprimorar a observação e identificação de sinais de abuso.	Análise de casos reais/simulados e rodas de conversa para compartilhar percepções e boas práticas.
Procedimentos de intervenção	Orientar sobre os passos a seguir após a revelação de um caso de abuso.	*Workshops* detalhados sobre procedimentos de denúncia e *role-plays* para simular o encaminhamento de casos.
Ambientes seguros	Promover um ambiente de sala de aula que encoraje a comunicação aberta.	Atividades crítico-reflexivas e rodas de conversa para criar um ambiente seguro e acolhedor para os alunos.
Acompanhamento e suporte contínuo	Oferecer suporte contínuo e espaço para discussão de casos.	Circuitos formativos e grupos de apoio entre professores para discutir casos e implementar estratégias de prevenção.

Fonte: elaborado pelos autores.

Programa de Prevenção ASI para Pais

Objetivo geral: Criar um espaço de suporte contínuo, promover a troca de experiências e fortalecer a implementação de estratégias de prevenção ao abuso sexual infantil no ambiente familiar.

Quadro 4. Programa de Prevenção de Abuso Sexual Infantojuvenil para Pais: Atividades e objetivos por etapa

Etapa	Objetivo	Atividades
Sensibilização e conscientização	Informar sobre o abuso sexual infantil e a importância da prevenção.	Palestra inicial e sessão de perguntas e respostas para esclarecer dúvidas e fornecer informações relevantes.
Educação sobre prevenção	Ensinar os pais a abordarem o tema com seus filhos.	*Workshop* de comunicação e distribuição de material didático para reforçar o aprendizado em casa.
Fortalecimento da comunicação familiar	Melhorar a comunicação entre pais e filhos sobre temas delicados.	Técnicas de comunicação assertiva e dinâmicas de grupo para incentivar o diálogo familiar sobre emoções e sentimentos.
Participação na escola	Envolver os pais nas atividades escolares relacionadas à prevenção.	Eventos de conscientização na escola e encontros regulares entre pais e professores para discutir o progresso dos programas.
Acompanhamento e apoio	Fornecer suporte contínuo aos pais.	Reuniões regulares e grupos de apoio para discutir preocupações e compartilhar experiências na prevenção do abuso.

Fonte: elaborado pelos autores.

Programa de Prevenção ASI para Comunidade Escolar

Objetivo geral: Mobilizar, capacitar e fortalecer a comunidade escolar para garantir a proteção integral de crianças e adolescentes contra o abuso sexual.

Quadro 5. Programa de Prevenção de Abuso Sexual Infantojuvenil para Comunidade Escolar: Atividades e objetivos por etapa

Etapa	Objetivo	Atividade
Mobilização comunitária	Sensibilizar a comunidade sobre o abuso sexual infantil.	Campanha de conscientização com folhetos, cartazes, eventos e *stands* informativos em locais de grande circulação.
Capacitação de líderes comunitários	Preparar líderes comunitários para identificar e responder a casos de abuso.	*Workshops* para líderes e simulação de intervenção para prática de abordagem e apoio às vítimas.
Criação de redes de apoio	Formar grupos de apoio para vítimas e suas famílias.	Sessões de formação e reuniões regulares para discutir progressos e desafios no apoio mútuo.
Parcerias com organizações locais	Estabelecer colaborações com ONGs e outras instituições.	Desenvolvimento de atividades educativas e campanhas conjuntas para prevenção do abuso sexual infantojuvenil.
Monitoramento e avaliação	Avaliar a eficácia das intervenções comunitárias.	Avaliações periódicas e relatórios de progresso com recomendações para futuras ações.

Fonte: elaborado pelos autores.

Considerações finais

O ASI é um problema social e de saúde pública que compromete o desenvolvimento físico e psicossocial da vítima e impacta os cofres públicos. A pandemia de covid-19 agravou essa situação no Brasil, pois o isolamento social aumentou o tempo de convívio entre vítima e agressor e diminuiu o acesso da vítima à rede de proteção, variáveis que levaram ao aumento do número de denúncias de violência sexual.

Intervenções educativas, a partir de metodologias baseadas em evidências, podem contribuir para a prevenção desse fenômeno. Entre as estratégias mais usadas estão os programas para aprendizagem de comportamentos/habilidades de autoproteção. Entretanto, no Brasil, há uma escassez de metodologias de intervenção para prevenção do ASI em nível primário. Desse modo, o avanço dessa temática pode contribuir para o planejamento e avanço de políticas públicas brasileiras de educação, saúde e assistência social voltadas à proteção de crianças e adolescentes.

Referências

Almeida-Prado, M. C. C., & Féres-Carneiro, T. (2005). Abuso sexual e traumatismo psíquico. *Interações*, *10*(20), 11-34. http://pepsic.bvsalud.org/scielo.php?script=sci_arttext&pid=S1413-29072005000200002&lng=pt&tlng=pt

Borsa, J. C., & Segabinazzi, J. D. (2017). A formação em avaliação psicológica no Brasil. In M. R. C. Lins & J. C. Borsa (Orgs.), *Avaliação psicológica: aspectos teóricos e práticos* (pp. 198-209). Vozes.

Brino, R. F., & Williams, L. C. A. (2003). Concepções da professora acerca do abuso sexual infantil. *Cadernos de Pesquisa*, *119*, 113-128. https://doi.org/10.1590/S0100-15742003000200006

Brown, D. M. (2017). Evaluation of safer, smarter kids: Child sexual abuse prevention curriculum for kindergartners. *Child & Adolescent Social Work Journal*, *34*(3), 213-222. https://doi.org/10.1007/s10560-016-0458-0

Childhood Brasil. (2006). *Refazendo laços de proteção: Ações de prevenção ao abuso e à exploração sexual comercial de crianças e adolescentes*. Instituto WCF-Brasil. Recuperado de https://ch-wordpress.s3.amazonaws.com/uploads/2022/12/refazendo-lacos-de-protecao.pdf

Del Campo, A., & Fávero, M. (2020). Effectiveness of programs for the prevention of child sexual abuse: A comprehensive review of evaluation studies. *European Psychologist*, *25*(1), 1-15. https://doi.org/10.1027/1016-9040/a000379

Erin's Law. (2022). *Erin's Law: Every child in every school*. Recuperado de https://www.erinslaw.org/

Fallon, B., Joh-Carnella, N., Trocmé, N., Chabot, M., Esposito, T., Nosrati-Inanlou, M., & Collin-Vézina, D. (2019). An examination of trends in child sexual abuse investigations in Ontario over time. *Child Abuse & sNeglect*, *88*, 389-399. https://doi.org/10.1016/j.chiabu.2018.12.012

Fallon, B., Van Wert, M., Trocmé, N., MacLaurin, B., Sinha, V., Lefebvre, R., Allan, K., Black, T., Lee, B., Rha, W., Smith, C., & Goel, S. (2015). *Ontario incidence study of reported child abuse and neglect*. Welfare Research Portal. Recuperado de https://hdl.handle.net/1807/107002

Fang, X., Brown, D. S., Florence, C. S., & Mercy, J. A. (2012). The economic burden of child maltreatment in the United States and implications for prevention. *Child Abuse & Neglect*, *36*(2), 156-165. https://doi.org/10.1016/j.chiabu.2011.10.006

Fundo das Nações Unidas para a Infância. (2021). *Panorama da violência letal e sexual contra crianças e adolescentes no Brasil*. Fórum Brasileiro de Segurança. Recuperado de https://www.unicef.org/brazil/media/16421/file/panorama-violencia-letal-sexual-contra-criancas-adolescentes-no-brasil.pdf

Gibson, L., & Leitenberg, H. (2000). Child sexual abuse prevention programs: Do they decrease the occurrence of child sexual abuse? *Child Abuse & Neglect*, *24*, 1.115-1.125. https://doi.org/10.1016/S0145-2134(00)00179-4

Habigzang, L. F., & Caminha, R. M. (2004). *Abuso sexual contra crianças e adolescentes: Conceituação e intervenção clínica*. Casa do Psicólogo.

Habigzang, L. F., Azevedo, G. A., Koller, S. H., & Machado, P. X. (2006). Fatores de risco e de proteção na rede de atendimento a crianças e adolescentes vítimas de violência sexual. *Psicologia: Reflexão e Crítica*, *19*(3), 379-386. https://doi.org/10.1590/S0102-79722006000300006

Habigzang, L. F., Corte, F. D., Hatzenberger, R., Stroeher, F., & Koller, S. H. (2008). Avaliação psicológica em casos de abuso sexual na infância e adolescência. *Psicologia: Reflexão e Crítica*, *21*(2), 338-344. https://doi.org/10.1590/S0102-79722008000200021

Jones, L. M., Finkelhor, D., & Kopiec, K. (2001). Why is sexual abuse declining? A survey of state child protection administration. *Child Abuse & Neglect*, *25*(9), 1.139-1.158. https://doi.org/10.1016/S0145-2134(01)00263-0

Kenny, M. C., & Wurtele, S. K. (2012). Preventing childhood sexual abuse: An ecological approach (Introduction to Special Issue). *Journal of Child Sexual Abuse*, *21*, 361-367. https://doi.org/10.1080/10538712.2012.675567

Krug, E. G., Dahlberg, L. L., Mercy, J. A., Zwi, A. B., & Lozano, R. (2002). *World report on violence and health*. World Health Organization. Recuperado de https://www.who.int/publications/i/item/9241545615

Ministério da Mulher, da Família e dos Direitos Humanos. (2022). *Painel de dados da Ouvidoria Nacional de Direitos Humanos*. Brasília, DF. Recuperado de https://www.gov.br/mdh/pt-br/ondh/painel-de-dados

Ministério da Saúde. (2023). *Boletim epidemiológico* (Vol. 54, No. 8). Secretaria de Vigilância em Saúde. Brasília, DF. Recuperado de https://www.gov.br/saude/pt-br/centrais-de-conteudo/publicacoes/boletins/epidemiologicos/edicoes/2023/boletim-epidemiologico-volume-54-no-08

Ministério dos Direitos Humanos e da Cidadania. (2023). *Painel de dados da Ouvidoria Nacional de Direitos Humanos*. Ouvidoria Nacional de Direitos Humanos. Brasília, DF. Recuperado de https://www.gov.br/mdh/pt-br/ondh/painel-de-dados

Organização Mundial da Saúde. (2014). *Global status report on violence prevention*. OMS. Recuperado de https://www.who.int/publications/i/item/WHO-NMH-NVI-14.2

Padilha, M. G. S. (2007). *Prevenção primária de abuso sexual: Avaliação da eficácia de um programa com adolescentes e pré-adolescentes em ambiente escolar*. [Tese de Doutorado]. Universidade Federal de São Carlos. https://repositorio.ufscar.br/handle/ufscar/2835

Pelisoli, C. L., & Dell'Aglio, D. D. (2015). Práticas de profissionais de psicologia em situações de abuso sexual. *Arquivos Brasileiros de Psicologia*, *67*(1), 51-67.

Pereda, N., Guilera, G., Forns, M., & Gómez-Benito, J. (2009). The prevalence of child sexual abuse in community and student samples: A meta-analysis. *Clinical Psychology Review*, *29*, 328-338. https://doi.org/10.1016/j.cpr.2009.02.007

Rodrigues, R. M., & Mello, R. R. de. (2024). Escolas no combate à violência sexual contra crianças e adolescentes: Análise bibliográfica de ações preventivas. *Ensaio: Avaliação e Políticas Públicas em Educação*, *32*(123), e0244004. https://doi.org/10.1590/S0104-40362024003204004

Sanderson, C. (2005). *Abuso sexual em crianças: Fortalecendo pais e professores para proteger crianças de abusos sexuais*. M.Books.

Tunc, G. C., Gorak, G., Ozyazicioglu, N., Ak, B., Isil, O., & Vural, P. (2018). Preventing child sexual abuse: Body safety training for young children in Turkey. *Journal of Child Sexual Abuse*, *27*(4), 347-364. https://doi.org/10.1080/10538712.2018.1477001

Walsh, K., Zwi, K., Woolfenden, S., & Shlonsky, A. (2015). School-based education programmes for the prevention of child sexual abuse. *Cochrane Database of Systematic Reviews*, *11*(1), 1-180. https://doi.org/10.1002/14651858.cd004380.pub3

Williams, L. C. A. (2009). Introdução ao estudo do abuso sexual infantil e análise do fenômeno no município de São Carlos. In L. C. A. Williams & E. A. C. Araujo (Orgs.), *Prevenção do abuso sexual infantil* (pp. 21-40). Juruá.

Williams, L. C. A., Padilha, M. G. S., & Brino, R. F. (2013). Programas de prevenção de abuso sexual. In A. P. Serafim, D. M. Barros & F. Saffi (Orgs.), *Temas em psiquiatria forense e psicologia jurídica* (pp. 231-248). Vetor.

Wurtele, S. K. (2007). *Teaching young children personal body safety: The Body Safety training workbook*. Recuperado de https://www.cebc4cw.org/program/body-safety-training-workbook/detailed

Wurtele, S. K. (2008). Behavioral approaches to educating young children and their parents about child sexual abuse prevention. *The Journal of Behavior Analysis of Offender and Victim Treatment and Prevention*, *1*, 52-64. https://doi.org/10.1037/h0100434

Wurtele, S. K. (2009). Preventing sexual abuse of children in the twenty-first century: Preparing for challenges and opportunities. *Journal of Child Sexual Abuse*, *18*, 1-18. https://doi.org/10.1080/10538710802584650

54
Perfeccionismo em crianças e adolescentes: estratégias de avaliação e procedimentos interventivos no contexto escolar

Marcela Mansur-Alves
Maria del Carmen Bento Teixeira

Highlights
- A infância e a adolescência são importantes fases para a compreensão dos fatores que contribuem para o aumento do perfeccionismo;
- Altos níveis de perfeccionismo estão relacionados à baixa autoestima, procrastinação e quadros clínicos diversos;
- A avaliação do perfeccionismo realizada pode auxiliar na detecção precoce de padrões disfuncionais associados a esse traço e às suas manifestações;
- Os programas de prevenção universais são vistos como as melhores estratégias para redução do perfeccionismo e minimização do seu impacto entre o público infantojuvenil.

Entendendo o perfeccionismo em crianças e adolescentes

O perfeccionismo (P) pode ser compreendido como a tendência a estabelecer padrões pessoais rígidos e elevados, acompanhados por uma avaliação excessivamente crítica do próprio comportamento e uma busca por uma vida sem falhas (Smith et al., 2022). O perfeccionismo tem sido entendido como uma disposição da personalidade, que se desenvolve a partir de interações entre algumas características individuais, tais quais elevada conscienciosidade e altos níveis de emocionalidade negativa; e determinados aspectos do ambiente social, por exemplo, o estilo de criação parental, as características e necessidades das próprias figuras parentais e o contexto sociocultural mais macro (Hewitt et al., 2017). Nesse sentido, enquanto a infância parece ser uma fase importante para entender o desenvolvimento do funcionamento perfeccionista, é na adolescência, durante o processo de formação da identidade, que o perfeccionismo se consolida (Hewitt et al., 2017).

Além disso, o corpo de conhecimento produzido nos últimos trinta anos aponta para a natureza multidimensional do perfeccionismo (Smith et al., 2022). Isso significa dizer que esse fenômeno envolve vários componentes tanto intra quanto inter-relacionais. Diante de tal complexidade, diferentes modelos emergiram na tentativa de propor uma estrutura conceitual e de mensuração para o perfeccionismo. Os modelos mais citados e as medidas mais usadas surgiram nesse momento, entre os anos de 1990 e 2000, tais como o modelo multidimensional de Frost et al. (1990) e de Hewitt e Flett (1991). O primeiro propõe a organização do perfeccionismo em seis dimensões, sendo três delas mais fortemente associadas aos aspectos nucleares desse fenômeno (padrões pessoais, preocupação com erros e dúvida sobre ações) e outras três focadas nos antecedentes desenvolvimentais (críticas e expectativas parentais) e nos aspectos associados ao perfeccionismo, mas não definidores (por exemplo, organização). Por outro lado, Hewitt e Flett (1991) propuseram um modelo inicialmente composto por três dimensões: o perfeccionismo auto-orientado (PAO: pressão interna por perfeição), o socialmente prescrito (PSP: percepção subjetiva pela perfeição vinda de familiares, amigos e outros) e o orientado ao outro (pressão por perfeição que a pessoa direciona aos outros em seu entorno). O modelo de Hewitt e Flett (1991) ressalta os componentes intrapessoais e interpessoais do perfeccionismo. Mais recentemente, esses mesmos autores propuseram uma ampliação do modelo original a fim de contemplar outros aspectos e componentes frequentemente observados em indivíduos perfeccionistas, tais quais as cognições perfeccionistas e a autoapresentação perfeccionista (Hewitt et al., 2017). Esse novo modelo, chamado de modelo compreensivo do comportamento perfeccionista, ressalta que um entendimento mais amplo do funcionamento perfeccionista envolveria a análise de três níveis, a saber: o nível do traço perfeccionista, que envolve os componentes mais estáveis e nucleares; o nível relacional, que estaria associado à forma como o perfeccionismo se apresenta e se manifesta nas interações sociais; e o nível intrapessoal, que envolveria as cognições autodirigidas presentes em perfeccionistas, tais quais as dúvidas e preocupações com erros, falhas ou ações (Hewitt et al., 2017).

Independentemente do modelo considerado, é certo que o perfeccionismo está associado tanto a desfechos positivos quanto negativos. Altos padrões pessoais podem ter consequências positivas, por exemplo elevada motivação e desempenho (Stoeber & Rambow, 2007). Contudo, a rigidez excessiva desses padrões elevados, a autocrítica severa, persistente, as preocupações constantes com erros e tentativas de evitação de fracassos são aspectos do perfeccionismo geralmente associados a desfechos negativos. Os resultados obtidos em vários estudos, utilizando diferentes modelos, mostraram que esse fenômeno se associa ao desajustamento e perturbação psicológica (baixa autoestima, procrastinação, baixa produtividade) e aos sintomas e quadros clínicos (Lin & Guo, 2024; Araújo et al., 2023), tais quais ansiedade, depressão e suicídio (Levine et al., 2019; Asseraf & Vaillancourt, 2015); anorexia e bulimia nervosa (Ralph-Nearman et al., 2024; Bento et al., 2010). Tais desfechos negativos associados a níveis elevados de perfeccionismo estão presentes não apenas em adultos, mas também na infância e na adolescência (Şahin et al., 2022; Gavino et al., 2019; Hong et al., 2017).

Embora a investigação inicial sobre o perfeccionismo tenha vindo de estudos com adultos, conforme dito anteriormente, o funcionamento perfeccionista vai se constituindo durante a infância e adolescência (Bissoli, 2014; Uz-Baş & Siyez, 2010; Teixeira & Sena, 2022). Alguns autores verificaram que o perfeccionismo auto-orientado emerge pelo sétimo ano e o socialmente prescrito pelo décimo ano; e que ambos os traços permanecem estáveis (ou até aumentam, no caso do PSP) ao longo da adolescência (Endleman et al., 2022). Outros estudos destacam que o perfeccionismo parece ser particularmente saliente na adolescência, considerando o desenvolvimento das capacidades metacognitivas e de autoconsciência durante esse período e a consciência acerca das expectativas de desempenho e bons resultados, além daquelas atreladas aos padrões socioculturais (Sand et al., 2021). Estudos recentes têm apontado para o crescimento acelerado dos níveis de perfeccionismo entre os jovens (Curran & Hill, 2019). Nesse sentido, faz-se importante considerar a relevância de um acompanhamento da presença deste traço e suas manifestações em crianças e adolescentes, permitindo uma avaliação e detecção precoce, o que poderia, porventura, contribuir para a elaboração de estratégias preventivas e interventivas mais diretivas (Dupuis et al., 2024; Flett & Hewitt, 2014; Nehmy & Wade, 2015; O'Brein et al., 2024; Therriault et al., 2023). As próximas duas seções deste capítulo apresentarão algumas estratégias de avaliação e intervenção para o perfeccionismo em crianças e adolescentes.

Estratégias de avaliação do perfeccionismo na população infantojuvenil

A maior parte da investigação sobre o perfeccionismo tem sido realizada na população universitária e adulta (Hewitt et al., 2002; Morris & Lomax, 2014). Recentemente, alguns autores analisaram instrumentos utilizados para avaliar tal fenômeno (Leone & Wade, 2018; García-Fernández et al., 2016; Alves et al., 2021), verificando que já há uma quantidade generosa para avaliar o perfeccionismo nos adultos. No entanto, em idades precoces, a falta de investigação é justificada pela escassez de instrumentos de avaliação (García-Fernández et al., 2016). A seguir, nos debruçaremos sobre os instrumentos de avaliação psicológica mais usados na investigação desse traço na população infantojuvenil.

Frost Multidimensional Perfectionism Scale (FMPS)

Os autores, no início da década de 1990, que estudaram o perfeccionismo afirmavam que esse traço tinha como ponto central a presença de padrões excessivamente elevados (Hewit et al., 1991; Frost et al., 1990b). Frost et al. (1990) afirmaram que esses padrões eram acompanhados por uma autoavaliação criticamente rigorosa, muitas vezes expressa pela forma de duvidar das próprias ações e de preocupar-se excessivamente em cometer erros. Também postularam que os perfeccionistas são excessivamente sensíveis a críticas e expectativas dos pais, e tendem a preocupar-se com uma necessidade excessiva de ordem e organização (Frost et al., 1990a).

A FMPS, na sua versão original, é composta por 35 questões de resposta tipo Likert, com 5 opções de resposta (de "concordo plenamente" a "discordo plenamente"), e avalia as dimensões do perfeccionismo mal-adaptativo, nomeadamente, a preocupação com os erros, dúvidas sobre as ações, expectativas dos pais e críticas dos pais; e as dimensões adaptativas do perfeccionismo: padrões pessoais e organização (Parker & Stumpf, 1995). Embora considerado controverso por alguns autores, que consideram inadequada a junção das dimensões adaptativas com as mal-adaptativas do perfeccionismo (Stöber & Joormann, 2001); na versão original, a pontuação total de perfeccionismo é obtida por meio da soma de todas as subescalas, exceto a dimensão organização, porque essa subescala não revelou correlações com as restantes dimensões da escala na versão original (Frost et al., 1990).

Essa escala tem sido amplamente utilizada na população não clínica tanto juvenil quanto adulta (Hawkins et al., 2006) em vários países e idiomas (Coreia et al., 2017; Gavino et al., 2019; Piotrowski & Bojanowska, 2021). A ampla validação não tem confirmado a mesma estrutura fatorial da versão original, observando-se estudos que verificaram uma estrutura fatorial de três fatores (Purdon et al.,1999) e de quatro fatores (Harvey et al., 2004; Stumpf & Parker, 2000). Recentemente foi criada uma versão breve da FMPS para a população adulta (Burgess et al., 2016), com adequadas qualidades psicométricas; no entanto, ainda não se conhece nenhuma versão para ser aplicada à população infantojuvenil. Em 2021, Wadsworth et al. avaliaram as propriedades psicométricas da versão parental da FMPS, a qual revelou adequadas propriedades psicométricas para avaliar o perfeccionismo das crianças por meio dos pais. No que concerne à utilização da FMPS na população de língua portuguesa, essa escala já se encontra validada para ser utilizada na população adulta no Brasil (Mansur-Alves et al., 2022) e em Portugal, tanto para a população infantojuvenil (Coreia et al., 2017) quanto para a população adulta (Amaral et al., 2013), revelando todas elas adequadas propriedades psicométricas em ambos os países.

Child-Adolescent Perfectionism Scale (Caps)

No mesmo período do surgimento da FMPS, Hewitt et al. (1991) criaram a Multidimensional Perfectionism Scale (MPS), que analisa o perfeccionismo em adultos por meio da avaliação das dimensões perfeccionismo auto-orientado (PAO), perfeccionismo socialmente prescrito (PSP) e perfeccionismo orientado para os outros (POO) (Hewitt & Flett, 1991). A partir da MPS, os mesmos autores desenvolveram a Child-Adolescent Perfectionism Scale (Caps), que é muito semelhante à primeira. Na sua versão original, a Caps é composta por 22 questões de resposta tipo Likert, com 5 opções de resposta (de "completamente verdadeiro" a "completamente falso"), e avalia as dimensões do perfeccionismo auto-orientado (PAO) e socialmente prescrito (PSP), considerando que essas dimensões são ambas formas mal-adaptativas do perfeccionismo. A dimensão orientada para os outros (POO) não foi incluída devido à falta de informações sobre quando os jovens perfeccionistas começam a esperar a perfeição dos outros (Flett et al., 2016). Para alguns autores, essa é a escala mais utilizada para avaliar esse traço em crianças (Leone & Wade, 2018).

A Caps já é validada em muitos países da Europa, América e Ásia (Uz-Baş & Siyez, 2010; Ossa-Cornejo et al., 2019; Vecchione & Vacca, 2021; Vicent et al., 2019; Yang et al., 2015). Embora a estrutura de dois fatores seja a que predomina globalmente, existem alguns autores que defendem a estrutura fatorial de três fatores, em que o PAO é melhor caracterizado com as subdimensões: esforço (para ser perfeito) e autocrítica (McCreary et al., 2004). Nesse sentido, em 2015, Yang et al. testaram na China uma estrutura de quatro fatores contendo dezesseis itens, em que as dimensões estruturais (PAO e PSP) eram divididas conforme o comportamento positivo e negativo (Yang et al., 2015).

A Caps já foi validada no Brasil (Araújo et al., 2023) e em Portugal (Bento et al., 2014). Em 2020, foi criada a versão abreviada (Short Form [SF]) da Caps, que contém nove itens (Bento et al., 2020), com a mesma estrutura fatorial da Caps versão original e mantendo as mesmas qualidades psicométricas da Caps de 22 itens (Bento et al., 2014). Essa versão mais curta já foi validada em outros países (Marcellina & Lubis, 2022; Yıldırım & Balcı-Çelik, 2022). Recentemente, foi criada a Caps Parent Report (PR), que permite a avaliação do perfeccionismo em crianças de idade pré-escolar (pré-leitoras) por meio da informação obtida dos pais. Essa escala contém nove itens e mantém a estrutura bidimensional da Caps e da Caps-SF (Bento et al., 2020). A Caps-SF e a Caps-PR foram criadas em língua portuguesa (Bento et al., 2020).

Almost Perfect Scale-Revised (APS-R)

A Almost Perfect Scale-Revised (APS-R) surgiu a partir da criteriosa análise e refinamento da

Almost Perfect Scale (Slaney et al., 2001). A escala inicial foi criada pela necessidade de avaliar o perfeccionismo (tanto nos aspectos positivos como negativos), principalmente no que dizia respeito às suas implicações clínicas. A APS-R é a escala mais usada na população adulta para medir as variáveis que definem a construção multidimensional do perfeccionismo (Leone & Wade, 2018). A APS-R contém 23 itens de resposta tipo Likert, com 7 opções de resposta (de "concordo plenamente" a "discordo plenamente"), e avalia três dimensões: as duas primeiras medindo o perfeccionismo adaptativo: padrões elevados (a tendência de estabelecer padrões elevados para si mesmo) e ordem (preferência pela organização e ordem); e a terceira dimensão, medindo o perfeccionismo mal-adaptativo: discrepância (tendência para perceber uma divergência entre os padrões e o desempenho real) (Slaney et al., 2001).

A APS-R foi progressivamente utilizada em populações mais jovens, nomeadamente crianças mais velhas e adolescentes, apresentando nessas idades qualidades psicométricas aceitáveis a boas, e semelhantes às observadas pelos autores da escala original (Vandiver & Worrell, 2002; Gilman & Ashby, 2003; Rice et al., 2011; Sastre-Riba, et al., 2016; Gilman et al. 2011). Nessas idades, embora tenha sido proposta uma versão com quatro subgrupos, nomeadamente, perfeccionistas adaptativos, perfeccionistas mal-adaptativos, e outros dois subgrupos dentro dos não perfeccionistas (com um deles apresentando semelhanças com os perfeccionistas mal-adaptativos), os mesmos autores aconselharam a manter o uso da escala com a estrutura de três fatores (Rice et al., 2011).

Em 2014, Rice et al. desenvolveram a versão abreviada da APS-R, que contém oito itens que avaliam as dimensões do perfeccionismo padrão (elevadas expectativas de desempenho) e a discrepância (atitudes autocríticas associadas à avaliação do desempenho). Essa versão mais curta é psicometricamente válida para avaliar o perfeccionismo em adultos (Rice, et al., 2014) e foi recentemente validada em vários países, nomeadamente na Alemanha e Itália (Stricker et al., 2023; S. P. M. Rice et al., 2020). A APS-R já se encontra validada em português do Brasil e de Portugal para ser utilizada na população adulta (Soares et al., 2022). Tais versões ainda não foram estudadas em populações mais jovens em ambos os países.

Adaptative/Desadaptative Perfeccionism Scale (AMPS)

Criada para ser aplicada especificamente à população pediátrica, a escala é constituída por 27 itens de autorresposta. Mede quatro dimensões do perfeccionismo: sensibilidade a erros, autoestima, compulsividade e necessidade de admiração. É utilizada uma escala de resposta de quatro pontos, que varia de "concordo plenamente" a "discordo plenamente". As pontuações mais elevadas indicam mais perfeccionismo (Rice & Preusser, 2002). A idade não foi significativamente correlacionada com as subescalas da AMPS e não surgiram diferenças significativas entre as pontuações por gênero (Rice & Preusser, 2002; Rice et al., 2004). Estudos mais recentes conduzidos pelos autores do questionário revelaram que a capacidade da AMPS para medir o perfeccionismo é incerta e precisa de maior investigação (Rice et al., 2007; Rice et al., 2011).

Possibilidades de intervenção no contexto escolar

Quando se fala da necessidade de elaboração de estratégias de prevenção do perfeccionismo são três os principais motivos que entram em jogo. Em primeiro lugar, como apresentado anteriormente, o perfeccionismo está em constante aumento e a prevalência de altos níveis de perfeccionismo em crianças e adolescentes é algo que chama a atenção (Curran & Hill, 2019; Flett & Hewitt, 2014). Cerca de um em cada quatro adolescentes experienciam níveis elevados de autocriticismo quando bons resultados não são alcançados; assim como alguns estudos vêm apontando que aproximadamente 30% dos adolescentes apresentam níveis desadaptativos de perfeccionismo (Chan, 2009; Hawkins et al., 2006; Sironic & Reeve, 2015). Em segundo lugar, infelizmente, pessoas perfeccionistas têm dificuldade de procurar ajuda como reflexo de um estilo de apresentação em que a procura de ajuda é vista como sinônimo de fracasso (Flett & Hewitt, 2014). Mesmo em intenso sofrimento, os perfeccionistas optam por não apresentar aos outros as suas "imperfeições". Por fim, a alta associação entre níveis elevados de perfeccionismo e sintomas de depressão, ansiedade e tendências suicidas é algo que por si só justificaria o desenvolvimento de estratégias preventivas para esse traço (Hewitt et al., 2002; Levine et al., 2019; Li & Guo, 2024).

Intervenções cognitivo-comportamentais que tenham como alvo o perfeccionismo de forma mais direta, em populações clínicas, têm demonstrado resultados positivos tanto na redução dos níveis dos esforços perfeccionistas (tamanho de efeito pequeno a moderado) quanto dos níveis de preocupações perfeccionistas (tamanho de efeito moderado a elevado) (Shafran et al., 2023). A grande maioria desses resultados se refere a populações adultas, ao passo que programas de intervenção direcionados à redução desses níveis em crianças e adolescentes são escassos (Morris & Lomax, 2014). Em geral, quando se trata do desenvolvimento de programas de intervenção para crianças e adolescentes, dois tipos de programas são considerados: (a) os programas de prevenção que incluem crianças e adolescentes que tenham fatores de risco para um quadro clínico ou aqueles que já vêm apresentando alguns sintomas (esses são a maioria); e (b) programas universais, cujo foco é a implementação de estratégias preventivas de adoecimento ou promotoras de bem-estar para todos os participantes, independentemente de apresentarem fatores de risco ou algum grau de sintomatologia (Nehmy & Wade, 2015). Os programas de prevenção universais parecem ser mais interessantes do ponto de vista das abordagens transdiagnósticas atualmente empregadas na clínica psicológica, ao mesmo tempo que seriam mais abrangentes, ou seja, conseguiriam alcançar um maior número de jovens (Nehmy & Wade, 2015). Até o momento em que este capítulo foi escrito, apenas quatro intervenções preventivas universais para crianças e adolescentes especificamente direcionadas para lidar com o perfeccionismo tinham sido levadas a cabo. Todos os quatro estudos feitos demonstraram reduções significativas nos níveis de perfeccionismo, com efeitos sendo mantidos entre um período de quatro a doze semanas (Fairweather-Schmidt & Wade, 2015; Nehmy & Wade, 2015; Wekas & Wade, 2017; Wilksch et al., 2008).

Quais as principais características e recomendações para o desenvolvimento de programas de prevenção universal direcionados ao perfeccionismo? Como características mais gerais, tais programas tendem a estar baseados em princípios das abordagens cognitivo-comportamentais, serem breves (uma vez que tendem a ocorrer no contexto escolar, nas salas de aula) e consistirem de atividades interativas e que demandem participação ativa dos envolvidos. Por exemplo, algumas dessas atividades envolvem a discussão dos conteúdos em grupos pequenos ou com a turma toda, *role-plays*, exercícios individuais de cunho reflexivo, uso de vídeos e outros materiais audiovisuais para aumentar o engajamento. No que se refere aos conteúdos e temas abordados, alguns deles, tais como uma psicoeducação sobre o perfeccionismo e seus prós e contras, a importância de se cometer erros e o valor dos fracassos, a diferença entre o perfeccionismo e a busca por excelência, a importância de se comemorar os resultados positivos e o desenvolvimento de competências para lidar com o pensamento autocrítico e desenvolver a autocompaixão, são transversais e comuns a programas direcionados a crianças e adolescentes. No entanto, alguns conteúdos são mais específicos para programas direcionados aos adolescentes como, por exemplo, o papel das mídias sociais na promoção do perfeccionismo, a relação com problemas de imagem e autoestima, e estratégias para lidar com a procrastinação, aprendendo e ampliando os valores pessoais. Flett e Hewitt (2014) defendem, ainda, que como esse traço pode se desenvolver como um mecanismo compensatório de controle e previsibilidade em crianças que vivenciam múltiplos eventos estressores e um ambiente desestruturado em suas famílias, é necessário considerar o desenvolvimento de estratégias para lidar com o estresse. Essas estratégias são úteis também para crianças com figuras parentais excessivamente críticas e com padrões demasiadamente elevados.

Faz-se, ainda, importante considerar que os programas de prevenção universais para o perfeccionismo precisam engajar as famílias e a própria escola. No que concerne à participação das famílias, é sabido que as figuras parentais têm um papel crucial no desenvolvimento desse traço nas crianças por meio do ambiente familiar criado por eles (Flett e Hewitt, 2014). Figuras parentais excessivamente demandantes, controladoras e críticas precisam aprender a equilibrar as suas tendências autoritárias e potencialmente destrutivas considerando o papel destas na trajetória desenvolvimental perfeccionista. Nesse sentido, o desenvolvimento de competências parentais mais positivas que incluem respostas apropriadas frente a erros e experiências de fracasso e, também, a promoção de mensagens vitais a seus filhos, como a necessidade de autocompaixão e de que ninguém é perfeito, parecem vitais nesses programas.

Para além das figuras parentais, a própria mudança na cultura escolar é considerada fator de proteção ao perfeccionismo e de promoção de saúde. Uma cultura escolar focada apenas no resultado, na competição e na comparação entre pares, que mira em notas sempre elevadas nos processos avaliativos, que é autoritária e pouco colaborativa, fornece um ambiente propício à manutenção de tendências perfeccionistas (Grugan & Hill, 2020). Falar na redução das expectativas irrealistas de desempenho e na ressignificação dos fracassos em tais ambientes é quase uma heresia. Portanto, o trabalho dos profissionais de saúde na construção de programas de intervenção universais deve se atentar para a inclusão dos professores na construção de um clima escolar mais excelentista e não perfeccionista. Os professores têm um papel essencial na criação de um ambiente em que o erro é encarado como parte do processo de aprendizagem; em que o crescimento pessoal e intelectual deve ser visto como parte do processo; em que os professores auxiliam os estudantes a escolher, planejar e alcançar resultados e metas realistas, e não perfeitas (Nugent, 2000). Portanto, entende-se que os programas de intervenção/prevenção universais tenham como foco as crianças e os adolescentes, mas que não deixem de incluir as figuras parentais e os professores como parte fundamental da mudança.

Considerações finais

Este capítulo pretendeu trazer uma introdução às manifestações do perfeccionismo na infância e na adolescência. Complementarmente, buscou-se apresentar as estratégias mais utilizadas para avaliação desse traço nessa faixa etária, bem como explorar algumas possibilidades de intervenção. Como característica multidimensional da personalidade, o perfeccionismo se apresenta por meio de muitas facetas. Essas múltiplas facetas se associam diferencialmente a desfechos positivos e negativos de vida. No entanto, é consenso que, em sua maioria, altos níveis de perfeccionismo são prejudiciais. Seu aumento progressivo entre jovens tem preocupado pesquisadores e demais envolvidos com a temática, uma vez que elevados níveis têm inúmeras consequências adversas nessa população. Como parte fundamental da compreensão desse traço entre crianças e adolescentes, as estratégias avaliativas mais comumente usadas que são as escalas de autorrelato permitem estimar pontuações em diferentes aspectos do perfeccionismo, tais quais padrões pessoais, perfeccionismo auto-orientado, perfeccionismo socialmente prescrito e preocupações com erros, por exemplo.

Entender essas diferentes apresentações é parte vital do processo de construção de programas de intervenção desenhados para redução dos níveis de perfeccionismo. Esses programas se caracterizam por serem universais, envolverem abordagens ativas ao lidar com o problema e sinalizarem a relevância da participação das figuras parentais e do contexto escolar. Embora apontando para resultados favoráveis na diminuição do perfeccionismo, as intervenções direcionadas a crianças e adolescentes são sub-representadas na literatura e, ainda, carecem de mais evidências que suportem seus benefícios para esse grupo. No Brasil, por exemplo, não há estudos publicados ou experiências relatadas de desenvolvimento de programas de intervenção para perfeccionismo em que o público-alvo seja infantojuvenil. Esperamos que este capítulo possa contribuir como pontapé inicial para fomentar a criação e o teste de eficácia de tais programas.

Referências

Alves, G., Santos, D., Tosta, F., Silva, S., Marques, B., & Sampaio, A. (2021). Instruments to assess and measure perfectionism: A systematic review. *Journal of the American Academy of Child & Adolescent Psychiatry*, 60(10), 263. https://doi.org/10.1016/j.jaac.2021.09.249

Amaral, A. P. M., Soares, M. J., Pereira, A. T., Bos, S. C., Marques, M., Valente, J., & Macedo, A. (2013). Frost multidimensional perfectionism scale: The Portuguese version. *Archives of Clinical Psychiatry*, 40(4), 144-149. https://doi.org/10.1590/S0101-60832013000400004

Araújo, A. L. de C., Martins, P. S. R., Alvarenga, M. A. S., & Mansur-Alves, M. (2023). Adaptation and validity evidence of the Child-Adolescent Perfectionism Scale to Brazilian Portuguese. *Psicologia – Teoria e Prática*, 25(1), e15444. https://doi.org/10.5935/1980-6906/eptppa15444.en

Asseraf, M., & Vaillancourt, T. (2015). Longitudinal links between perfectionism and depression in children. *Journal of Abnormal Child Psychology*, 43(5), 895-908. https://doi.org/10.1007/s10802-014-9947-9

Bento, C., Pereira, A. T., Saraiva, J. M., & Macedo, A. (2014). Children and adolescent perfectionism scale: Validation in a Portuguese adolescent sample. *Psicologia: Reflexao e Critica*, 27(2), 307-316. https://doi.org/10.1590/1678-7153.201427203

Bento, C., Pereira, A. T., Azevedo, J., Saraiva, J., Flett, G. L., Hewitt, P. L., & Macedo, A. (2020). Development and validation of a short form of the Child-Adolescent Perfectionism Scale. *Journal of*

Psychoeducational Assessment, 38(1), 20-32. https://doi.org/10.1177/0734282919879834

Bissoli, M. de F. (2014). Desenvolvimento da personalidade da criança: O papel da educação infantil. *Psicologia em Estudo, 19*(4), 587-597. https://doi.org/10.1590/1413-73722163602

Burgess, A. M., Frost, R. O., & DiBartolo, P. M. (2016). Development and validation of the Frost Multidimensional Perfectionism Scale-Brief. *Journal of Psychoeducational Assessment, 34*(7), 620-633. https://doi.org/10.1177/0734282916651359

Chan, D. W. (2009). Dimensionality and typology of perfectionism: The use of the Frost Multidimensional Perfectionism Scale with Chinese gifted students in Hong Kong. *Gifted Child Quarterly, 53*(3), 174-187. https://doi.org/10.1177/0016986209334963

Coreia, M. E., Rosado, A., & Serpa, S. (2017). Psychometric properties of the Portuguese version of the Frost Multidimensional Perfectionism Scale. *International Journal of Psychological Research, 10*(1), 8-17. https://doi.org/10.21500/20112084.2109

Curran, T., & Hill, A. P. (2019). Perfectionism is increasing over time: A meta-analysis of birth cohort differences from 1989 to 2016. *Psychological Bulletin, 145*(4), 410. https://psycnet.apa.org/doi/10.1037/bul0000138

Endleman, S., Brittain, H., & Vaillancourt, T. (2022). The longitudinal associations between perfectionism and academic achievement across adolescence. *International Journal of Behavioral Development, 46*(2), 91-100. https://doi.org/10.1177/01650254211037400

Fairweather-Schmidt, A. K., & Wade, T. D. (2015). Piloting a perfectionism intervention for preadolescent children. *Behaviour Research and Therapy, 73*, 67-73. https://doi.org/10.1016/j.brat.2015.07.004

Flett, G. L., & Hewitt, P. L. (2014). A proposed framework for preventing perfectionism and promoting resilience and mental health among vulnerable children and adolescents. *Psychology in the Schools, 51*(9), 899-912. https://doi.org/10.1002/pits.21792

Flett, G. L., Hewitt, P. L., Besser, A., Su, C., Vaillancourt, T., Boucher, D., & Gale, O. (2016). The Child-Adolescent Perfectionism Scale. *Journal of Psychoeducational Assessment, 34*(7), 634-652. https://doi.org/10.1177/0734282916651381

Frost, R. O., Marten, P., Lahart, C., & Rosenblate, R. (1990a). The dimensions of perfectionism. *Cognitive Therapy and Research, 14*(5), 449-468. https://doi.org/10.1007/BF01172967

Frost, R. O., Marten, P., Lahart, C., & Rosenblate, R. (1990b). The dimensions of perfectionism. *Cognitive Therapy and Research, 14*(5), 449-468. https://doi.org/10.1007/BF01172967

García-Fernández, J. M., Inglés, C. J., Vicent, M., Gonzálvez, C., Gómez-Núñez, M. I., & Poveda-Serra, P. (2016a). Perfeccionismo durante la infancia y la adolescencia: Análisis bibliométrico y temático (2004-2014). *Revista Iberoamericana de Psicología y Salud, 7*(2), 71-80. https://doi.org/10.1016/j.rips.2016.02.001

García-Fernández, J. M., Inglés, C. J., Vicent, M., Gonzálvez, C., Gómez-Núñez, M. I., & Poveda-Serra, P. (2016b). Perfectionism during childhood and adolescence: Bibliometric and thematic analysis (2004-2014). *Revista Iberoamericana de Psicología y Salud, 7*(2), 71-80. https://doi.org/10.1016/j.rips.2016.02.001

Gavino, A., Nogueira, R., Pérez-Costillas, L., & Godoy, A. (2019). Psychometric properties of the Frost Multidimensional Perfectionism Scale in Spanish children and adolescents. *Assessment, 26*(3), 533-548. https://doi.org/10.1177/1073191117740204

Gilman, R., Adams, R., & Nounopoulos, A. (2011). The interpersonal relationships and social perceptions of adolescent perfectionists. *Journal of Research on Adolescence, 21*(2), 505-511. https://doi.org/10.1111/j.1532-7795.2010.00689.x

Gilman, R., & Ashby, J. S. (2003). Multidimensional perfectionism in a sample of middle school students: An exploratory investigation. *Psychology in the Schools, 40*(4), 397-407. https://doi.org/10.1002/pits.10125

Harvey, B., Pallant, J., & Harvey, D. (2004). An evaluation of the factor structure of the Frost Multidimensional Perfectionism Scale. *Educational and Psychological Measurement, 64*(6), 1007-1018. https://doi.org/10.1177/0013164404264842

Hawkins, C. C., Watt, H. M. G., & Sinclair, K. E. (2006). Psychometric properties of the Frost Multidimensional Perfectionism Scale with Australian adolescent girls. *Educational and Psychological Measurement, 66*(6), 1.001-1.022. https://doi.org/10.1177/0013164405285909

Hewitt, P. L., Caelian, C. F., Flett, G. L., Sherry, S. B., Collins, L., & Flynn, C. A. (2002). Perfectionism in children: Associations with depression, anxiety, and anger. *Personality and Individual Differences*, *32*(6), 1.049-1.061. https://doi.org/10.1016/S0191-8869(01)00109-X

Hewitt, P. L., & Flett, G. L. (1991). Perfectionism in the self and social contexts: Conceptualization, assessment, and association with psychopathology. *Journal of Personality and Social Psychology*, *60*(3), 456-470. http://citeseerx.ist.psu.edu/viewdoc/download?doi=10.1.1.320.1494&rep=rep1&type=pdf

Hewitt, P. L., Flett, G. L., & Mikail, S. F. (2017). *Perfectionism: A relational approach to conceptualization, assessment, and treatment*. Guilford Publications.

Hewitt, P. L., Flett, G. L., Turnbull-Donovan, W., & Mikail, S. E. (1991). The Multidimensional Perfectionism Scale: Reliability, validity, and psychometric properties in psychiatric samples. *Journal of Consulting and Clinical Psychology*, *59*(3), 464-468. http://hewittlab.sites.olt.ubc.ca/files/2014/11/Hewitt-et-al.-1991-The-Multidimensional-Perfectionism-Scale-Reliability-validity-and-psychometric-properties-in-psychiatric-sample.pdf

Hill, A. P., & Grugan, M. (2020). Introducing perfectionistic climate. *Perspectives on Early Childhood Psychology and Education*, *4*(2), 263-276.

Hong, R. Y., Lee, S. S. M., Chng, R. Y., Zhou, Y., Tsai, F.-F., & Tan, S. H. (2017). Developmental trajectories of maladaptive perfectionism in middle childhood. *Journal of Personality*, *85*(3), 409-422. https://doi.org/10.1111/jopy.12249

Leone, E. M., & Wade, T. D. (2018). Measuring perfectionism in children: A systematic review of the mental health literature. *European Child and Adolescent Psychiatry*, *27*(5), 553-567. https://doi.org/10.1007/s00787-017-1078-8

Levine, S. L., Werner, K. M., Milyavskaya, M., & Green-Demers, I. (2019). Perfectionism in adolescents: Self-critical perfectionism as a predictor of depressive symptoms across the school year. *Journal of Social and Clinical Psychology*, *38*(1), 70-86. https://doi.org/10.1521/jscp.2019.38.1.70

Lin, J., & Guo, W. (2024). The research on risk factors for adolescents' mental health. *Behavioral Sciences*, *14*(4), 263. https://doi.org/10.3390/bs14040263

Mansur-Alves, M., Soares, F. H. dos R., Rodrigues, W. de S., Braga, A. C. G., Soares, R. R. B., Neufeld, C. B., & Saldanha-Silva, R. (2022). Propriedades psicométricas da Frost Multidimensional Perfectionism Scale para adultos brasileiros. *Avaliação Psicológica*, *21*(2), 163-174. https://doi.org/10.15689/ap.2022.2102.18646.04

Marcellina, S., & Lubis, F. Y. (2022). Indonesian adaptation and validation of the Child-Adolescent Perfectionism Scale – Short Form (CAPS-SF). *Journal Pengukuran Psikologi Dan Pendidikan Indonesia*, *11*(1), 37-49. https://doi.org/10.15408/jp3i.v11i1.24272

McCreary, B. T., Joiner, T. E., Schmidt, N. B., & Ialongo, N. S. (2004). The structure and correlates of perfectionism in African American children. *Journal of Clinical Child and Adolescent Psychology*, *33*(2), 313-324. https://doi.org/10.1207/s15374424jccp3302_13

Morris, L., & Lomax, C. (2014). Review: Assessment, development, and treatment of childhood perfectionism: A systematic review. *Child and Adolescent Mental Health*, *19*(4), 225-234. https://doi.org/10.1111/camh.12067

Nehmy, T. J., & Wade, T. D. (2015). Reducing the onset of negative affect in adolescents: Evaluation of a perfectionism program in a universal prevention setting. *Behaviour Research and Therapy*, *67*, 55-63. https://doi.org/10.1016/j.brat.2015.02.007

Nugent, S. A. (2000). Perfectionism: Its manifestations and classroom-based interventions. *Journal of Secondary Gifted Education*, *11*(4), 215-221. https://doi.org/10.4219/jsge-2000-630

O'Brien, A., Anderson, R., Mazzucchelli, T. G., Ure, S., & Egan, S. J. (2024). A pilot feasibility and acceptability trial of an internet indicated prevention program for perfectionism to reduce eating disorder symptoms in adolescents. *Eating and Weight Disorders*, *29*(1), 27. https://doi.org/10.1007/s40519-024-01654-8

Ossa-Cornejo, C., López-Fuentes, M., Martín, N. L. S., Palma-Luengo, M., & Pérez-Norambuena, J. S. (2019). Psychometric characteristics of the child-adolescent perfectionism scale (CAPS) in elementary school students of Chile. *Ciencias Psicológicas*, *13*(2), 215-225. https://doi.org/10.22235/cp.v13i2.1880

Parker, W. D., & Stumpf, H. (1995). An examination of the Multidimensional Perfectionism Scale with a sample of academically talented children. *Journal of Psychoeducational Assessment*, 13(4), 372-383. https://doi.org/10.1177/073428299501300404

Piotrowski, K., & Bojanowska, A. (2021). Factor structure and psychometric properties of a Polish adaptation of the Frost Multidimensional Perfectionism Scale. *Current Psychology*, 40(6), 2691-2701. https://doi.org/10.1007/s12144-019-00198-w

Purdon, C., Antony, M. M., & Swinson, R. P. (1999). Psychometric properties of the Frost Multidimensional Perfectionism Scale in a clinical anxiety disorders sample. *Journal of Clinical Psychology*, 55(10), 1.271-1.286. https://doi.org/10.1002/(SICI)1097-4679(199910)55:10<1271::AID-JCLP8>3.0.CO;2-A

Rice, K. G., Ashby, J. S., & Gilman, R. (2011). Classifying adolescent perfectionists. *Psychological Assessment*, 23(3), 563-577. https://doi.org/10.1037/a0022482

Rice, K. G., Leever, B. A., Noggle, C. A., & Lapsley, D. K. (2007). Perfectionism and depressive symptoms in early adolescence. *Psychology in the Schools*, 44(2), 139-156. https://doi.org/10.1002/pits.20212

Rice, K. G., & Preusser, K. J. (2002). The adaptive/maladaptive perfectionism scale. *Measurement and Evaluation in Counseling and Development*, 34(4), 210-222. https://doi.org/10.1080/07481756.2002.12069038

Rice, K. G., Richardson, C. M. E., & Tueller, S. (2014). The short form of the revised almost perfect scale. *Journal of Personality Assessment*, 96(3), 368-379. https://doi.org/10.1080/00223891.2013.838172

Rice, S. P. M., Loscalzo, Y., Giannini, M., & Rice, K. G. (2020). Perfectionism in Italy and the USA: Measurement invariance and implications for cross-cultural assessment. *European Journal of Psychological Assessment*, 36(1), 115-125. https://doi.org/10.1027/1015-5759/a000476

Rosa, S. M. (2022). Características psicométricas da versão reduzida da escala quase perfeita numa amostra de jovens adultos portugueses. Recuperado de https://search.ebscohost.com/login.aspx?direct=true&AuthType=ip,shib&db=edsrca&AN=rcaap.com.ualg.sapientia.ualg.pt.10400.1.18227&lang=pt-pt&site=eds-live&scope=site

Şahin, E. E., Altinok, A., & Duy, B. (2022). Grandiose narcissism and trait anxiety among adolescents: The mediating role of perfectionism when self-esteem is controlled. *Anales de Psicología*, 38(3), 365-374. https://doi.org/10.6018/analesps.495161

Sand, L., Bøe, T., Shafran, R., Stormark, K. M., & Hysing, M. (2021). Perfectionism in adolescence: Associations with gender, age, and socioeconomic status in a Norwegian sample. *Frontiers in Public Health*, 9, 688811. https://doi.org/10.3389/fpubh.2021.688811

Sastre-Riba, S., Pérez-Albéniz, A., & Fonseca-Pedrero, E. (2016). Assessing perfectionism in children and adolescents: Psychometric properties of the Almost Perfect Scale Revised. *Learning and Individual Differences*, 49, 386-392. https://doi.org/10.1016/j.lindif.2016.06.022

Shafran, R., Egan, S. J., & Wade, T. D. (2023). Coming of age: A reflection of the first 21 years of cognitive behaviour therapy for perfectionism. *Behaviour Research and Therapy*, 161, 104258. https://doi.org/10.1016/j.brat.2023.104258

Sironic, A., & Reeve, R. A. (2015). A combined analysis of the Frost Multidimensional Perfectionism Scale (FMPS), Child and Adolescent Perfectionism Scale (CAPS), and Almost Perfect Scale Revised (APS-R): Different perfectionist profiles in adolescent high school students. Psychological Assessment, 27, 1471-1483. https://doi.org/10.1037/pas0000137

Slaney, R. B., Rice, K. G., Mobley, M., Trippi, J., & Ashby, J. S. (2001). The revised almost perfect scale. *Measurement and Evaluation in Counseling and Development*, 34(3), 130-145. https://doi.org/10.1080/07481756.2002.12069030

Smith, M. M., Sherry, S. B., Ge, S. Y., Hewitt, P. L., Flett, G. L., & Baggley, D. L. (2022). Multidimensional perfectionism turns 30: A review of known knowns and known unknowns. *Canadian Psychology/Psychologie Canadienne*, 63(1), 16. https://psycnet.apa.org/doi/10.1037/cap0000288

Soares, F. H. dos R., Carvalho, A. V. de, Keegan, E., Neufeld, C. B., & Mansur-Alves, M. (2020). Adaptação e validação da Escala de Perfeccionismo Almost Perfect Scale-Revised para o Português Brasileiro. *Revista Avaliação Psicológica*, 19(3), 317-329. https://doi.org/10.15689/ap.2020.1903.17282.09

Stöber, J., & Joormann, J. (2001). A short form of the worry domains questionnaire: Construction and factorial validation. *Personality and Individual Differences*, *31*(4), 591-598. https://doi.org/10.1016/S0191-8869(00)00163-X

Stoeber, J., & Rambow, A. (2007). Perfectionism in adolescent school students: Relations with motivation, achievement, and well-being. *Personality and individual differences*, *42*(7), 1.379-1.389. https://doi.org/10.1016/j.paid.2006.10.015

Stricker, J., Simonsmeier, B. A., Buecker, S., Simacek, T., & Wang, K. (2023). Relations of the German Almost Perfect Scale-Revised and Short Almost Perfect Scale with the Big Five personality facets. *Current Psychology*, *42*(27), 16926-16937. https://doi.org/10.1007/s12144-022-03386-3

Stumpf, H., & Parker, W. D. (2000). A hierarchical structural analysis of perfectionism and its relation to other personality characteristics. *Personality and Individual Differences*, *28*(5), 837-852. https://doi.org/10.1016/S0191-8869(99)00141-5

Teixeira, R. de S., & Sena, J. M. de. (2022). Educação infantil e o desenvolvimento da personalidade da criança. *Revista Ibero-Americana de Humanidades, Ciências e Educação*, *8*(10), 164-182. https://doi.org/10.51891/rease.v8i10.7453

Uz-Baş, A., & Siyez, D. M. (2010). Adaptation of the Child and Adolescent Perfectionism Scale to Turkish: The validity and reliability study. *Elementary Education Online*, *9*(3), 898-915.

Vaillancourt, T., & Haltigan, J. D. (2018). Joint trajectories of depression and perfectionism across adolescence and childhood risk factors. *Development and Psychopathology*, *30*(2), 461-477. https://doi.org/10.1017/S0954579417000979

Vandiver, B. J., & Worrell, F. C. (2002). The reliability and validity of scores on the Almost Perfect Scale–Revised with academically talented middle school students. *Journal of Secondary Gifted Education*, *13*(3), 124-134. https://doi.org/10.4219/jsge-2002-372

Vecchione, M., & Vacca, M. (2021). An Italian adaptation of the Child-Adolescent Perfectionism Scale: Testing measurement invariance across grade levels and exploring associations with academic achievement. *PLOS ONE*, *16*(8), e0255814. https://doi.org/10.1371/journal.pone.0255814

Vekas, E. J., & Wade, T. D. (2017). The impact of a universal intervention targeting perfectionism in children: An exploratory controlled trial. *British Journal of Clinical Psychology*, *56*(4), 458-473. https://doi.org/10.1111/bjc.12152

Vicent, M., Inglés, C. J., Sanmartín, R., Gonzálvez, C., Delgado, B., & García-Fernández, J. M. (2019). Spanish validation of the child and adolescent perfectionism scale: Factorial invariance and latent means differences across sex and age. *Brain Sciences*, *9*(11), 310. https://doi.org/10.3390/brainsci9110310

Wilksch, S. M., Durbridge, M. R., & Wade, T. D. (2008). A preliminary controlled comparison of programs designed to reduce risk of eating disorders targeting perfectionism and media literacy. *Journal of the American Academy of Child & Adolescent Psychiatry*, *47*, 939-947. https://doi.org/10.1097/CHI.0b013e3181799f4a

Yang, H., Hong, C., Tao, X., & Zhu, L. (2015). Revising the Child and Adolescent Perfectionism Scale: A test of the four-factor structure in a Chinese sample. *Measurement and Evaluation in Counseling and Development*, *48*(3), 215-231. https://doi.org/10.1177/0748175615578733

Yıldırım, O., & Balcı-Çelik, S. (2022). Child-adolescent perfectionism scale-short form: The Turkish adaptation, validity, and reliability study. *Inonu University Journal of the Faculty of Education*, *23*(1), 1-19. https://doi.org/10.17679/inuefd.858685

55
Exaustão para o trabalho em professores: manejos da avaliação e procedimentos interventivos

Hugo Ferrari Cardoso

> *Highlights*
> - Contexto educacional possui diversas variáveis que podem acarretar tensões;
> - *Burnout* como uma síndrome que leva o indivíduo à exaustão;
> - Diversos são os estressores que podem levar o trabalhador, em curto, médio e longo prazos, à exaustão;
> - EBBurn, a qual faz parte da lista de testes psicológicos reconhecidos pelo CFP;
> - Importância das ações interventivas terem o foco para a prevenção dos sintomas de *burnout*.

É inegável a importância que a sociedade, na atual conjuntura, atribui ao trabalho. Trata-se de um papel considerado central para grande parte dos adultos e até mesmo idosos, sendo que, em certa medida, pode-se dizer que o trabalho é uma variável importante para a organização de vida dos indivíduos, seja em relação a recursos financeiros, sociais e até mesmo como fator que norteia o planejamento das atividades de vida (Zanelli & Kanan, 2019; Rodrigues et al., 2020).

Diversas foram/são as mudanças percebidas no mundo do trabalho ao longo dos tempos, independentemente da área de atuação desses profissionais (Pereira et al., 2020). Em especial, com a pandemia de covid-19, rápidas adequações foram necessárias, inclusive no que tange à atuação de professores, os quais tiveram que ajustar a forma de trabalho para o ensino emergencial remoto em todas as áreas da educação, assim como o distanciamento físico de alunos, familiares e demais membros do contexto educacional e o trabalho em *home office*, muitas vezes sem o adequado preparo, em termos de domínio das novas ferramentas de trabalho impostas (como videoaulas, lives, dentre outras), além da falta de um espaço de trabalho adequado na própria casa, muitas vezes tendo que arcar com custos operacionais de internet, energia elétrica etc.

Ao se analisar a literatura científica sobre adoecimento no trabalho e, em especial sobre riscos psicossociais, parece haver o consenso para o fato de que inadequadas condições de trabalho tendem a gerar menor produtividade e percepção de satisfação no trabalho. Esse conjunto de variáveis pode acarretar em curto, médio ou mesmo em longo prazo, danos físicos e/ou psicológicos aos trabalhadores (Chagas, 2015; Cox & Griffiths, 2005; Fischer, 2012; International Labour Organization [ILO], 2016; Leka & Cox, 2008). No que tange ao contexto de atuação de docentes, Pinel-Martínez et al. (2019) destacaram que essa categoria profissional é um dos grupos mais afetados por estressores ocupacionais, pois há constante necessidade de se adaptarem às mudanças tecnológicas, sociais e educativas, visando a melhor didática e processos de ensino e aprendizagem aos alunos.

Outros estressores podem ser observados por intermédio do estudo de Moreira e Rodrigues (2018). Para os autores, o contexto educacional apresenta diversas variáveis que podem acarretar tensões, como as relações interpessoais trabalhistas entre os próprios docentes, entre docentes e gestão institucional, a constante necessidade de aperfeiçoamento profissional, carência de recursos materiais para o adequado desenvolvimento das atividades educacionais, baixa remuneração, sobrecarga de trabalho, precária percepção de suporte social e laboral, além de pouca valorização do trabalho por parte da sociedade. Pinel-Martínez et al. (2019) também sinalizaram para o fato de que o docente na atualidade necessita ter não somente competências técnicas e comportamentais associadas à condução de aulas (processos de ensino e aprendizagem), mas também possuir competências relacionadas à gestão de atividades administrativas na instituição em que atua. Esses diversos estressores podem contribuir para o desenvolvimento de transtornos mentais, como depressão, ansiedade e a síndrome de *burnout*, assim como o absenteísmo, afastamentos e rotatividade.

Por meio de dados recentes do Ministério da Previdência Social (Ministério do Trabalho, 2022), constata-se que em cerca de 60% dos casos de afastamento do trabalho a exaustão mental é um fator presente. No Brasil (Ministério da Saúde, 1999), há mais de duas décadas, por intermédio da Portaria n. 1.339, reconhece-se o *burnout* como uma síndrome de esgotamento emocional associada a variáveis laborais. A Organização Mundial da Saúde (OMS), já na Classificação Internacional de Doenças em sua décima edição (CID-10) (Organização Mundial da Saúde [OMS], 1993), categorizava o *burnout* como pertencente ao grupo Z73 (Problemas relacionados com a organização de seu modo de vida). Porém foi a partir de 2022 que a OMS, com a publicação da 11ª edição da CID (OMS, 2022), passou a reconhecer o *burnout* como uma síndrome que leva o indivíduo à exaustão e é resultante do estresse crônico no local de trabalho que não foi administrado adequadamente (recebendo a classificação sob o código QD85). A esse respeito, a categoria docente é frequentemente estudada como potencial para a manifestação de sintomatologia de *burnout*. Nesse sentido, este capítulo terá como objetivo apresentar informações sobre a síndrome de *burnout* em professores, abordando conceitos, dimensões, antecedentes e consequências, bem como formas de avaliação e intervenção.

Burnout: definições, variáveis associadas e relação com o trabalho dos professores

O *burnout* é considerado como uma síndrome associada à exaustão emocional que pode acarretar diversos prejuízos físicos e psicológicos. Essa exaustão tende a ser um produto decorrente da ineficácia do indivíduo em lidar com os estressores persistentes presentes em seu ambiente laboral. Historicamente, profissionais ligados à área da saúde, educação e segurança pública foram estudados com maior afinco no que tange aos indicadores de *burnout*, porém a síndrome não se restringe a esses contextos de trabalho (Juarez-Garcia et al., 2014; Abraham et al., 2020).

De forma geral, diversos são os estressores que podem levar o trabalhador, em curto, médio e longo prazos, à exaustão, entre esses destaca-se a sobrecarga, precárias condições de trabalho, relacionamento interpessoal, bem como questões materiais ligadas à remuneração e benefícios (Dall'Ora et al., 2020; Maslach et al., 2001). No que tange especificamente à categoria docente, García-Arroyo et al. (2019) e Souza et al. (2023) fazem uma divisão em nível institucional e especificamente ao contexto de sala de aula. Do nível institucional é possível constatar a gradativa precarização das condições materiais ao longo dos tempos, considerando a educação infantil até o ensino superior, com infraestrutura deficitária, materiais insuficientes, políticas inadequadas ligadas à remuneração, benefícios e planos de carreira. Já em relação à sala de aula, alguns estressores persistentes seriam os comportamentos inadequados e desafiantes dos alunos, excesso de atribuições em sala de aula, o aumento do número de alunos por sala de aula, entre outros.

Existem alguns modelos para se analisar o *burnout* documentados na literatura científica, sendo um dos mais conhecidos e referenciados o de Christina Maslach, psicóloga norte-americana que, na década de 1980, apresentou suas ideias sobre a síndrome. Para a autora e seus colaboradores (Leiter & Maslach, 1988; Maslach, 1982; Maslach & Leiter, 1997), o *burnout* deve ser analisado por intermédio de um modelo psicossocial composto por três dimensões (exaustão emocional, despersonalização e a baixa realização profissional).

A dimensão exaustão emocional é considerada um produto da presença e intensidade dos estressores ocupacionais no cotidiano do trabalhador. Devido a não mais possuir estratégias para o enfrentamento, o trabalhador começa a apresentar sintomas de exaustão emocional, como carência de energia e entusiasmo para continuar a realizar as atividades de trabalho, consideradas anteriormente prazerosas. A segunda dimensão, despersonalização, é consequência da exaustão emocional, em que o indivíduo tende a se distanciar de situações geradoras de estresse, não se envolvendo da mesma forma que antes nas atividades laborais e no relacionamento interpessoal. A terceira dimensão, baixa realização profissional, é considerada consequência das duas primeiras dimensões, momento no qual o trabalhador tende a se perceber como incompetente e inadequado para a realização de atividades que até então eram desempenhadas. A partir disso, Maslach e colaboradores elaboraram um instrumento para a mensuração de indicadores de *burnout*, o Maslach Burnout Inventory (MBI), o qual possui estudos de adaptação para diversos países (incluindo o Brasil) e será mais bem descrito no próximo tópico deste capítulo (Leiter & Maslach, 1988; Maslach, 1982; Maslach & Leiter, 1997).

O *burnout* tem se mostrado como um fenômeno mundial associado ao trabalho. A esse respeito, por intermédio de um estudo de revisão da literatura científica sobre *burnout* em professores, García-Arroyo et al. (2019) examinaram a intensidade dos fatores da síndrome a partir da análise de artigos publicados nas bases de dados PsycINFO, *Academic Search Premier, E-Journals*, ERIC, MEDLINE, *Teacher Reference Center, Psychology and Behavioral Sciences Collection* e PsycARTIGOS, publicados entre 2006 e 2018. No total, foram analisados 156 artigos, totalizando mais de 78 mil professores, provenientes de 36 países (África do Sul, Alemanha, Austrália, Bélgica, Brasil, Canadá, China, Chipre, Colômbia, Coreia do Sul, Equador, Espanha, Estados Unidos, Finlândia, França, Grécia, Holanda, Índia, Irã, Israel, Itália, Jordânia, Lituânia, Malásia, México, Namíbia, Nova Zelândia, Noruega, Polônia, Portugal, Reino Unido, Romênia, Síria, Suécia, Suíça e Turquia).

Todos os estudos recuperados utilizaram o MBI como forma de mensuração dos indicadores de *burnout* e, a partir dessa informação, os autores apresentaram os países com maiores pontuações nas dimensões da síndrome. No caso da exaustão emocional, indicadores mais elevados foram constatados em amostras de professores provenientes da África do Sul, China, Chipre e Coreia do Sul, ao passo que os menores foram em estudos com amostras de professores do México e da Bélgica. No fator despersonalização, Polônia e França apresentaram as maiores pontuações, já México, Equador, Bélgica e Suíça as menores. Por fim, na dimensão associada à redução da realização profissional, pontuações mais elevadas foram constatadas em estudos com professores provenientes do Equador, Suécia e Grécia, ao passo que Itália, Colômbia e Noruega tiveram as pontuações mais baixas (García-Arroyo et al., 2019).

A presença de indicadores de *burnout* geralmente está relacionada a diversas consequências negativas para o trabalhador e a organização. De forma geral é possível verificar como possíveis consequências do *burnout* a grande dificuldade desse trabalhador manter relações interpessoais de forma adequada, uma maior intenção de desligamento do trabalho, bem como absenteísmo e solicitações de afastamentos, diminuição da produtividade, da motivação e engajamento no trabalho (Liu et al., 2018; Madigan & Kim, 2021; Wen et al., 2020).

Especificamente em relação à categoria docente, Ghanizadeh e Jahedizadeh (2015), García-Carmona et al. (2019) e Madigan et al. (2023) destacaram algumas consequências do *burnout* tanto para os docentes quanto para as instituições de ensino. Em relação aos docentes, o *burnout* pode trazer consequências negativas para diversos âmbitos, como questões físicas (fadiga, distúrbios do sono, problemas gastrointestinais, cardiovasculares, entre outros), psicológicas (baixa satisfação com o trabalho e com a carreira, frustração, aumento de irritabilidade e inquietação, dificuldades em manter relações interpessoais, sentimento de incompetência no trabalho, entre outros) e comportamentais (abuso de álcool e outras drogas como forma de suportar o trabalho). No que tange às instituições de ensino, professores em *burnout* tendem a ter maior intenção de deixar seus cargos, há significativo aumento de atrasos e faltas no trabalho, bem como gradativa diminuição do engajamento para as atividades educacionais, o que pode acarretar prejuízos no processo de aprendizagem dos alunos, entre outras consequências.

Como visto, o *burnout* é considerado uma síndrome de esgotamento emocional associada à presença e persistência de estressores ocupacionais que não foram adequadamente administrados/enfrentados. Com base na CID-11 (OMS, 2022), o *burnout* deve ser avaliado considerando as três dimensões ora apresentadas e que fazem parte do modelo psicossocial preconizado por Maslach e colaboradores. Entretanto, ainda há poucos recursos avaliativos para a síndrome, bem como debates científicos sobre o diagnóstico e, também, precárias são as possibilidades interventivas no contexto educacional diante da ocorrência desses indicadores. Nesse sentido, nos próximos tópicos deste capítulo serão abordadas as formas de avaliação e intervenções sobre as questões ligadas à síndrome do esgotamento emocional em professores.

Procedimentos avaliativos do *burnout* em professores

A avaliação do *burnout* no Brasil tem sido considerada um desafio aos profissionais de saúde mental, principalmente em virtude da escassez de procedimentos padronizados de mensuração. Em uma pesquisa de análise das publicações científicas empíricas sobre *burnout*, entre 2006 e 2015, nas bases de dados PePSIC e SciELO, Cardoso et al. (2017) encontraram 141 artigos, dos quais em 64 os indicadores de *burnout* foram mensurados por meio do MBI, o qual avalia o construto em trabalhadores de forma geral. Em seguida, os instrumentos utilizados em maiores frequências foram o Maslach Burnout Inventory – Human Services Survey (MBI-HSS), versão essa direcionada a trabalhadores da área da saúde; o Maslach Burnout Inventory – Student Survey (MBI-SS), voltado para mensuração dos sintomas em estudantes; o Questionário de Avaliação para a Síndrome de Burnout (CESQT), que avalia *burnout* em trabalhadores de forma geral; e Maslach Burnout Inventory – Educators Survey (MBI-ES), o qual mensura os indicadores de *burnout* em educadores, com grande utilização em professores.

No que tange especificamente ao grupo de professores, Pinel-Martínez et al. (2019) elaboraram uma revisão da literatura sobre *burnout* em docentes espanhóis, no período entre 2007 e 2017, nas bases de dados *Dialnet*, *Web of Science* e *Science Direct*. Após os critérios de inclusão, 35 artigos foram analisados, sendo os professores o grupo amostral mais investigado, mais especificamente, docentes que atuavam no ensino secundário (correspondente ao ensino médio no sistema educacional brasileiro). Dos instrumentos mais utilizados para a avaliação do *burnout*, MBI e o MBI-ES foram os de maior frequência.

García-Carmona et al. (2019) realizaram um estudo de revisão sistemática da literatura com amostras de professores do ensino secundário nas bases de dados *ProQuest* e ERIC, e 45 artigos foram analisados. Foram encontrados estudos entre 1993 e 2017, sendo que o MBI-ES foi o instrumento mais utilizado (em 29 artigos). Já em outro estudo recentemente publicado, Madigan et al. (2023) encontraram 21 artigos (com amostra total de 5.267 professores), a partir das bases de dados PsycINFO, *PsycArticles*, *Education Abstracts*, *Educational Administration Abstracts*, MEDLINE, PubMed, *Web of Science* e *ProQuest Dissertations and Theses*. Foram analisados 12 estudos publicados entre 1982 e 2021, dos quais constatou-se que o instrumento mais utilizado também foi o MBI. Em menor frequência, apareceram o MBI-ES, o CESQT e o *Oldenburg Burnout Inventory* (OLBI).

Tendo em vista que o MBI é o instrumento mais utilizado por pesquisadores em um contexto mundial para a mensuração do *burnout* e que há também uma versão direcionada a professores (MBI-ES), a seguir os dois instrumentos serão mais bem apresentados. Logo após, também será apresentado o único instrumento nacional (até o presente momento) para avaliação dos indicadores de *burnout*, que se configura como um teste psicológico no contexto brasileiro, o qual pode contribuir significativamente na prática profissional do/a psicólogo/a que atua em saúde mental e, mais especificamente, no contexto educacional. É importante destacar que os três instrumentos aqui relatados mensuram exclusivamente os sintomas da síndrome de *burnout*, e não suas variáveis antecedentes e consequências do fenômeno.

O MBI (Malach & Jackson, 1981) foi elaborado a partir da teoria de psicossocial do *burnout* proposta por Maslach e colaboradores e considera a avaliação do mesmo por intermédio de três fatores, exaustão emocional, despersonalização e baixa realização profissional (anteriormente apresentados). É considerado um instrumento mundialmente conhecido para a avaliação do fenômeno psicológico e apresenta estudos de adaptação para diversos países. No Brasil, a partir da adaptação feita por Tamayo (1997), encontra-se o MBI composto por 22 itens, os quais avaliam os três fatores supracitados e respondidos por intermédio de uma escala Likert, em que quanto maior a pontuação, maior a intensidade do sintoma de *burnout*. Alguns itens podem ser destacados: "Sinto que estou trabalhando demais neste emprego"; "Sinto que influencio positivamente a vida dos outros por meio do meu trabalho"; "Tenho me tornado mais insensível com as pessoas desde que exerço este trabalho".

Para avaliar especificamente o público de professores, Maslach e Jackson (1986) desenvolveram o MBI-ES, seguindo o mesmo referencial teórico, porém com itens voltados para a mensuração do *burnout* em professores. No Brasil, Carlotto e Câmara (2004) realizaram um estudo de adaptação para o MBI-ES, o qual ficou composto por 22 itens, respondidos por intermédio de uma escala Likert, em que quanto maior a pontuação, maior a intensidade do sintoma de *burnout*. Quanto a alguns exemplos de itens: "Preocupa-me o fato de que este trabalho esteja me endurecendo emocionalmente"; "Sinto que os alunos me culpam por alguns de seus problemas"; "Lido de forma eficaz com os problemas dos alunos".

Ambos os instrumentos apresentados, embora apresentem qualidades psicométricas evidenciadas no contexto brasileiro, não se configuram como testes psicológicos para uso profissional por profissionais da psicologia. A esse respeito, é possível destacar que a avaliação psicológica da síndrome no Brasil carece de procedimentos de mensuração no que tange a fontes fundamentais de informação (Conselho Federal de Psicologia [CFP], 2022). Em 2023, dois autores brasileiros publicaram a Escala Brasileira de Burnout (EBBurn), a qual faz parte da lista de testes psicológicos reconhecidos pelo CFP, por meio do Sistema de Avaliação de Testes Psicológicos (Satepsi) (Cardoso & Baptista, 2023; Sistema de Avaliação de Testes Psicológicos [Satepsi], 2024).

Os itens da EBBurn também foram desenvolvidos com base na teoria de *burnout* de Maslach e colaboradores. É composta por 26 itens, respondidos por intermédio de uma escala de tipo Likert de quatro pontos (Nunca; Poucas vezes; Muitas vezes; Sempre), em que quanto maior a pontuação obtida, maior a sintomatologia de *burnout*. O teste apresenta dois fatores, quais sejam, exaustão/frustração profissional (o qual aglutinou itens referentes à exaustão emocional e à baixa realização profissional) e despersonalização/distanciamento (itens que avaliam o quanto os trabalhadores se interessam por auxiliar e manter relações positivas com os demais trabalhadores, lideranças e clientes atendidos em seu dia a dia profissional). A EBBurn pode ser aplicada por psicólogos em trabalhadores com idades entre 18 e 68 anos, de forma individual ou coletiva, com aplicação presencial ou remota. Alguns itens podem ser destacados: "Sinto-me esgotado"; "Sinto-me frustrado"; "Sinto-me importante no desempenho de minhas tarefas" (Cardoso et al., 2022).

Como já fora mencionado, a síndrome de *burnout* acarreta grandes prejuízos físicos e psicológicos para o trabalhador, sendo que, em grande parte das vezes, ao ser diagnosticado pela equipe de saúde responsável por tal, ele é afastado do trabalho, sem que haja efetiva intervenção. Assim como há certa carência de instrumentos para melhor detecção dos indicadores da síndrome, isso também se aplica no que se refere às intervenções sobre o assunto. A seguir, o leitor encontrará possibilidades de intervenções documentadas na literatura científica.

Intervenção do *burnout* em professores

Ao refletir sobre possíveis intervenções acerca dos indicadores de *burnout* em professores, é necessário antes compreender os principais estressores ou mesmo antecedentes da síndrome. Longe de se culpabilizar o professor acometido pelo *burnout*, como se ele fosse o "responsável" pelo desenvolvimento da síndrome, a ideia aqui é mostrar que o contexto educacional no qual esse se encontra inserido necessita de intervenções de caráter preventivo. É importante destacar que o ideal é que instituições de ensino, juntamente com poder público, compreendam a importância de intervenções em relação ao *burnout* como sendo vistas de forma preventiva. Em outras palavras, torna-se necessária a intervenção em relação a possíveis estressores que podem gerar adoecimentos nessa categoria profissional, em vez de, a partir de um diagnóstico da síndrome, passar a se pensar em intervenções.

Como forma de se investigar os possíveis agentes que levam ao *burnout* docente, Ghanizadeh e Jahedizadeh (2015) realizaram uma análise da literatura dos estudos publicados na Elsevier, Sage, Taylor & Francis, Wiley e Springer, entre 1986 e 2014, considerando desde o ensino infantil até à universidade. Ao todo foram recuperados trinta estudos, dos quais os autores fizeram a análise acerca dos principais fatores antecedentes às dimensões do *burnout*. Tais informações são úteis, pois os gestores das instituições educacionais poderão se beneficiar dessa análise, visando possíveis intervenções preventivas do *burnout*.

Quanto à exaustão emocional, fatores que podem potencializar essa dimensão são a baixa autoeficácia docente para conduzir suas atividades laborais, desrespeito e comportamentos inadequados de alunos em sala de aula, sobrecarga de trabalho e baixa autonomia para tomada de decisões. Na despersonalização, baixa percepção de eficácia no trabalho também se mostrou uma variável preditora para o aumento do distanciamento do docente em suas relações no trabalho (com alunos, demais docentes, gestores e familiares que ele precisa atender), bem como elevada carga de trabalho. Em relação à dimensão baixa realização profissional, novamente baixa autoeficácia no trabalho foi considerada preditora, assim como dificuldades em manter relacionamentos interpessoais no trabalho, baixa autoestima e comportamentos inadequados dos alunos (Ghanizadeh & Jahedizadeh, 2015).

Grande parte dos estudos desenvolvidos é de natureza transversal, e muito se fala da importância de conduzir investigações longitudinais como forma de melhor evidenciar o fenômeno estudado e suas possíveis influências nas vidas dos indivíduos. Nesse sentido, Mijakoski et al. (2022) analisaram a literatura científica sobre estudos longitudinais de *burnout* em professores nas bases de dados MEDLINE, PsycINFO e Embase entre os anos de 1990 e 2021. Foram encontrados 33 estudos longitudinais que sugeriam certa sintomatologia de *burnout* em docentes ao longo de um ano (com cerca de duas coletas de dados, uma a cada semestre). Os preditores para o *burnout* foram organizados em categorias, quais sejam: suporte (incluindo-se aqui a baixa percepção de apoio social e laboral dos demais professores, gestores educacionais e comunidade); conflito (com demais docentes, pais ou responsáveis e alunos); características individuais (baixa percepção de autoeficácia no trabalho, maior pontuação em fator neuroticismo – característica da personalidade pela da teoria dos cinco grandes fatores – e baixo repertório de enfrentamento de estressores ocupacionais); e contexto organizacional (sobrecarga de trabalho e baixa autonomia para tomada de decisão).

Acerca de intervenções realizadas no que tange ao *burnout* em professores, Iancu et al. (2018) publicaram uma importante contribuição em que aglutinaram intervenções realizadas com a categoria docente, bem como possíveis resultados obtidos. Os autores sinalizam para a relevância dos programas interventivos terem como objetivos duas frentes, ou seja, tanto para propostas que promovam ações diretas sobre as causas do *burnout*, bem como programas que envolvam a abordagem indireta da síndrome, com foco para técnicas cujos objetivos estejam relacionados ao alívio de tensão e do esgotamento emocional. No estudo desses autores são apresentadas propostas de programas interventivos relacionados à psicologia da saúde ocupacional para gerenciamento do estresse ocupacional, à atenção plena (*mindfulness*) e relaxamento, ao desenvolvimento de habilidades socioemocionais e profissionais, assim como a programas com foco na psicoeducação.

No gerenciamento de estresse ocupacional por intermédio de abordagens psicológicas geralmente são conduzidos *workshops* e atendimentos grupais com foco no estresse ocupacional, visando a diminuição e maior colaboração entre professores. Em geral, trabalhos grupais são feitos de modo que os docentes possam compreender os estressores presentes no cotidiano e buscarem estratégias para enfrentá-los. Programas interventivos baseados em técnicas de atenção plena (*mindfulness*) e técnicas de relaxamento também têm se mostrado importantes no processo de detecção de estressores potenciais para o *burnout* e no enfrentamento de tais situações que possam acarretar exaustão emocional. Esses programas têm como foco a diminuição de indicadores de esgotamento emocional, já que por meio do *mindfulness* e técnicas de relaxamento é possível se desenvolver a consciência dos antecedentes do estresse ocupacional, das sensações corporais incômodas que acompanham esse fenômeno, além de gerar um conjunto de estratégias para o enfrentamento dessas situações (Iancu et al., 2018).

Intervenções com foco no desenvolvimento de habilidades socioemocionais e competências profissionais em professores, principalmente na relação com alunos, também são consideradas preventivas frente ao *burnout*. Como no contexto de sala de aula há diversos estressores, ser capaz de apresentar comportamentos relacionados ao fornecimento de suporte aos alunos, gerir seus comportamentos desafiantes e fornecer modelos e instruções diretas para uma aprendizagem social e emocional eficaz aos alunos se mostra um recurso extremamente importante para amenizar os preditores de *burnout*.

Já na abordagem psicoeducacional com professores, o foco das intervenções consiste em aumentar o conhecimento acerca do fenômeno no contexto educacional, ou seja, fazer com que os professores compreendam os riscos e estressores potenciais para o desenvolvimento de *burnout* e possíveis formas para enfrentar essa questão (Iancu et al., 2018).

Madigan et al. (2023) ressaltam a importância de um olhar mais ampliado para se abordar o *burnout*, que não somente um específico (e, por vezes, culpabilizador), focado nos professores. Para maior efetividade na diminuição de agentes estressores é necessário que as instituições educacionais promovam ações complementares, como a adequada distribuição do número de alunos por sala de aula, redução de sobrecarga e da pressão no trabalho, bem como ações que visem a mediação de conflitos, seja na relação entre professores, seja na relação com alunos e familiares. Em esfera ainda mais ampla, é necessário que políticas públicas tenham direcionamento para a promoção de saúde mental e de bem-estar entre os docentes.

Considerações finais

Este capítulo buscou abordar uma temática bastante cara no que tange à saúde mental de professores, a síndrome do esgotamento emocional em virtude do trabalho, também nomeada como síndrome de *burnout*. Como visto, trata-se de um fenômeno presente em todos os contextos de trabalho, sendo que professores e profissionais da saúde estão mais sujeitos a isso, devido à alta incidência de sintomas nesses dois grupos, em comparação com os outros grupos ocupacionais investigados pela literatura científica. Além disso, foi possível conhecer alguns métodos de avaliação, com destaque para a complexidade diagnóstica e, ainda, a carência de instrumentos padronizados para a mensuração de indicadores de *burnout*. No Brasil, conforme visto e à luz do que preconiza o Conselho Federal de Psicologia (CFP), a mensuração de indicadores de *burnout* é feita com maior frequência por intermédio de entrevistas e observação de comportamentos, tendo a partir de 2023 a aprovação do primeiro teste psicológico para mensurar tais indicadores da síndrome, a EBBurn. Os demais instrumentos relatados (MBI e MBI-ES), embora sejam ferramentas consolidadas mundialmente no âmbito científico, não deverão ser utilizadas como fontes fundamentais de informação em um processo de avaliação psicológica, uma vez que, nesse momento, não se configuram como testes psicológicos aprovados pelo CFP.

Acerca do processo interventivo do *burnout* em professores, foram apresentadas algumas iniciativas que, a partir de estudos longitudinais, mostraram resultados importantes, como gerenciamento do estresse ocupacional, intervenções por meio de técnicas de atenção plena (*mindfulness*) e relaxamento, desenvolvimento de habilidades socioemocionais e profissionais, assim como programas com foco na psicoeducação. É importante que o leitor desta obra esteja atento que a redução de indicadores de *burnout* não é algo simples e rápido, já que a própria literatura científica indica que em grande parte dos estudos foram mensurados os indicadores em um período de cerca de um ano, o que parece insuficiente em termos de melhorias efetivas nesse cenário.

Uma vez que o foco aqui está relacionado à saúde mental no contexto de trabalho de professores, e tendo em vista os estudos apresentados, novamente ressalta-se a importância das ações interventivas como foco para a prevenção dos sintomas de *burnout* em professores, com programas contínuos de diminuição dos estressores ocupacionais, bem como trabalhos individuais e grupais que possibilitem maior desenvolvimento de competências técnicas e comportamentais, com ênfase para o gradativo desenvolvimento da percepção do suporte (social e laboral) e crenças de autoeficácia no trabalho.

Por fim, o *burnout* no contexto educacional deve ser visto de forma macro, ou seja, não é responsabilidade/culpa do professor o desenvolvimento da síndrome. Embora intervenções em nível micro (com os docentes) tenham se mostrado relevantes no bem-estar desses profissionais, tanto a instituição educacional quanto o poder público precisam estar alinhados no que tange à promoção de saúde mental nesses espaços ocupacionais.

Referências

Abrham, C. M., Zheng, K., & Poghosyan, L. (2020). Predictors and outcomes of burnout among primary care providers in the United States: a systematic review. *Medical Care Research and Review*, 77(5), 387-401. https://doi.org/10.1177/1077558719888427

Cardoso, H. F., & Baptista, M. N. (2023). *Escala Brasileira de Burnout – EBBurn. Livro de instruções.* Vetor Editora.

Cardoso, H. F., Baptista, M. N., Sousa, D. F. A., & Goulart Jr., E. (2017). Síndrome de *burnout*: análise da literatura nacional entre 2006 e 2015. *Revista Psicologia Organizações e Trabalho, 17*(2), 121-128. http://dx.doi.org/10.17652/rpot/2017.2.12796

Cardoso, H. F., Valentini, F., Hauck-Filho, N., & Baptista, M. N. (2022). Escala Brasileira de Burnout (EBB): estrutura interna e controle de aquiescência. *Psicologia: Teoria e Pesquisa, 38*(e38517), 1-9. https://doi.org/10.1590/0102.3772e38517.pt

Carlotto, M. S., & Câmara, S. G. (2004). Análise fatorial do Malasch Burnout Inventory (MBI) em uma amostra de professores de instituições particulares. *Psicologia em Estudo, 9*(3), 499-505. https://www.scielo.br/j/pe/a/sqhs5pPk4QBspW3DKXrmxnP/

Chagas, D. (2015). Riscos psicossociais no trabalho: causas e consequências. *International Journal of Developmental and Educational Psychology, 1*(2), 439-446. https://doi.org/10.17060/ijodaep.2015.n1.v2.24

Conselho Federal de Psicologia. (2022). *Resolução n. 31, de 15 de dezembro de 2022: Estabelece diretrizes para a realização de Avaliação Psicológica no exercício profissional da psicóloga e do psicólogo, regulamenta o Sistema de Avaliação de Testes Psicológicos – Satepsi.* Brasília, DF. Recuperado de https://atosoficiais.com.br/cfp/resolucao-do-exercicio-profissional-n-31-2022-estabelece-diretrizes-para-a-realizacao-de-avaliacao-psicologica-no-exercicio-profissional-da-psicologa-e-do-psicologo-regulamenta-o-sistema-de-avaliacao-de-testes-psicologicos-satepsi-e-revoga-a-resolucao-cfp-no-09-2018?origin=instituicao.

Cox, T., & Griffiths, A. (2005). Monitoring the changing organization of work: a commentary. *Sozial-und Präventivmedizin, 47,* 354-355. https://doi.org/10.1007/s00038-003-0028-z

Dall'Ora, C., Ball, J., Reinius, M., & Griffiths, P. (2020). Burnout in nursing: a theoretical review. *Health Human Resources, 18*(41), 1-17. https://doi.org/10.1186/s12960-020-00469-9

Fischer, F. M. (2012). Relevância dos fatores psicossociais do trabalho na saúde do trabalhador. *Revista de Saúde Pública, 46*(3), 401-406. https://doi.org/10.1590/S0034-89102012000300001

García-Arroyo, J. A., Segovia, A. O., & Peiró, J. M. (2019). Meta-analytical review of teacher burnout across 36 societies: the role of national learning assessments and gender egalitarianism. *Psychology & Health, 34*(6), 733-753. https://doi.org/10.1080/08870446.2019.1568013

García-Carmona, M., Marín, M. D., & Aguayo, R. (2019). Burnout syndrome in secondary school teachers: A systematic review and meta-analysis. *Social Psychology of Education: An International Journal, 22*(1), 189-208. https://doi.org/10.1007/s11218-018-9471-9

Ghanizadeh, A., & Jahedizadeh, S. (2015). Teacher burnout: A review of sources and ramifications. *British Journal of Education, Society & Behavioural Science, 6*(1), 24-39. http://dx.doi.org/10.9734/BJESBS/2015/15162

Iancu, A. E., Rusu, A., Măroiu, C., Păcurar, R., & Maricuțoiu, L. P. (2018). The effectiveness of interventions aimed at reducing teacher burnout: A meta-analysis. *Educational Psychology Review, 30*(2), 373-396. https://doi.org/10.1007/s10648-017-9420-8

International Labour Organization. (2016). *Workplace stress: a colective challenge.* Recuperado de http://www.ilo.org/wcmsp5/groups/public/---ed_protect/---protrav/---safework/documents/publication/wcms_466547.pdf.

Juarez-García, A., Idrovo, A. J., Camacho-Ávila, A., & Placencia-Reyes, O. (2014). Síndrome de burnout en población mexicana: una revisión sistemática. *Salud Mental, 37,* 159-176.

Leiter, P. M., & Maslach, C. (1988). The impact of interpersonal environment on burnout and organizational commitment. *Journal of Organizational Behavior, 9*(4), 297-308. https://doi.org/10.1002/job.4030090402

Leka, S., & Cox, T. (2008). *The European Framework for Psychosocial Risk Management: PRIMA-EF.* World Health Organization. Recuperado de https://www.researchgate.net/publication/284500204_The_European_framework_for_psychosocial_risk_management_PRIMA-EF

Liu, W., Zhao, S., Shi, L., Zhang, Z., Liu, X., Li, L., Duan, X., Li, G., Lou, F., Jia, X., Fan, L., Sun, T., & Ni, X. (2018). Workplace violence, job satisfaction, burnout, perceived organizational support and their effects on turnover intention among Chinese nurses in tertiary hospitals: a cross-sectional study. *BMJ Open, 8*(e019525), 1-11. https://doi.org/10.1136/bmjopen-2017-019525

Madigan, D. J., & Kim, L. E. (2021). Towards an understanding of teacher attrition: a meta-analysis of burnout, job satisfaction, and teacher's intentions to quit. *Teaching and Teacher Education*, *105*(103425), 1-14. https://doi.org/10.1016/j.tate.2021.103425

Madigan, D. J., Kim, L. E., Glandorf, H. L., & Kavanagh, O. (2023). Teacher burnout and physical health: A systematic review. *International Journal of Educational Research*, *119* (102173), 1-12. https://doi.org/10.1016/j.ijer.2023.102173

Maslach, C. (1982). *Burnout: the cost of caring*. Prentice-Hall.

Maslach, C., & Jackson, S. E. (1981). The measurement of experienced Burnout. *Journal of Ocuppational Behavior*, *2*, 99-113. https://doi.org/10.1002/job.4030020205

Maslach, C., & Jackson, S. E. (1986). *Maslach Burnout Inventory* (2a ed.). Consulting Psychologist Press.

Maslach, C., Leiter, M. (1997). *The truth about burnout: how organizations cause personal stress and what to do about it*. Jossey-Bass.

Maslach, C., Schaufeli, W. B., & Leiter, M. P. (2001). Job burnout. *Annual Review of Psychology*, *52*(1), 397-422. https://doi.org/10.1146/annurev.psych.52.1.397

Mijakoski, D., Cheptea, D., Marca, S. C., Shoman, Y., Caglayan, C., Bugge, M. D., Gnesi, M., Godderis, L., Kiran, S., McElvenny, D. M., et al. (2022). Determinants of burnout among teachers: A systematic review of longitudinal studies. *International Journal of Environmental Research and Public Health*, *19*(9), 1-48. https://doi.org/10.3390/ijerph19095776

Ministério do Trabalho e Previdência. (2022). *Auxílios por incapacidade temporária acidentários e previdenciários concedidos segundo os códigos da Classificação Internacional de Doenças – CID-10*. Brasília, DF. Recuperado de https://www.gov.br/trabalho-e-previdencia/pt-br/assuntos/previdencia-social/saude-e-

Moreira, D. Z., & Rodrigues, M. B. (2018). Saúde mental e trabalho docente. *Estudos de Psicologia*, *23*(3), 236-247. https://dx.doi.org/10.22491/1678-4669.20180023.

Organização Mundial da Saúde. (1993). *Classificação de Transtornos mentais e de comportamento da CID-10. Descrições clínicas e diretrizes diagnósticas*. Artes Médicas.

Organização Mundial da Saúde. (2022). *Classificação Internacional de Doenças - 11ª Revisão*. Recuperado de https://www.who.int/classifications/classification-of-diseases.

Pereira, A. C. L., Souza, H. A., Lucca, S. R., & Iguti, A. M. (2020). Fatores de riscos psicossociais no trabalho: limitações para uma abordagem integral da saúde mental relacionada ao trabalho. *Revista Brasileira de Saúde Ocupacional*, *45*(18), 1-9. https://doi.org/10.1590/2317-6369000035118

Pinel-Martínez, C., Pérez-Fuentes, M. D. C., & Carrión-Martínez, J. J. (2019). Investigación sobre el burnout en docentes españoles: una revisión sobre factores asociados e instrumentos de evaluación. *Bórdon*, *71*(1), 115-131. https://doi.org/10.13042/Bordon.2019.62122

Rodrigues, C. M. L., Faiad, C., & Facas, E. P. (2020). Fatores de risco e riscos psicossociais no trabalho: Definição e implicações. *Psicologia: Teoria e Pesquisa*, *36*(spe), 1-9. https://doi.org/10.1590/0102.3772e36nspe19

Sistema de Avaliação de Testes Psicológicos. (2024). *Lista dos testes favoráveis*. Recuperado de https://satepsi.cfp.org.br/testesFavoraveis.cfm.

Souza, M. C. L., Carballo, F. P., & Lucca, R. (2023). Fatores psicossociais e síndrome de burnout em professores da educação básica. *Psicologia Escolar e Educacional*, *27*(e235165), 1-8. http://dx.doi.org/10.1590/2175-35392023-235165.

Tamayo, R. M. (1997). *Relação entre a síndrome de burnout e os valores organizacionais no pessoal de enfermagem de dois hospitais públicos*. [Dissertação de Mestrado]. Universidade de Brasília.

Wen, B., Zhou, X., Hu, Y., & Zhang, X. (2020). Role stress and turnover intention of front-line hotel employees: the roles of burnout and service climate. *Frontiers in Psychology*, *11*(36), 1-13. https://doi.org/10.3389/fpsyg.2020.00036

Zanelli, J. C., & Kanan, L. A. (2019). Organizações saudáveis e não saudáveis: Relevância dos fatores psicossociais. In J. C. Zanelli & L. A. Kanan (Eds.), *Fatores de risco, proteção psicossocial e trabalho: Organizações que emancipam ou que matam* (2a ed.). Uniplac.

56
Adaptação acadêmica: manejos da avaliação e procedimentos interventivos

Adriana Benevides Soares
Marcia Cristina Monteiro

> *Highlights*
> - Adaptação acadêmica ao ajustamento do estudante à instituição de ensino, abrangendo crenças, valores e recursos intra e interpessoais;
> - Estudantes são mais exigidos em termos de novos vínculos e exigências frequentes;
> - Avaliação envolve métodos e técnicas de investigação.

Adaptar-se envolve transformar as relações em novas condições às vezes desconhecidas. Ao ingressar na universidade, muitas são as mudanças que podem causar desestabilidade e discrepâncias entre as características do aluno e o novo contexto, podendo promover inúmeras dificuldades, principalmente nos períodos ou anos iniciais (Monteiro & Soares, 2023; Orlov et al., 2018), quando os estudantes são mais exigidos em termos de novos vínculos e demandas frequentes.

Dessa forma, a adaptação acadêmica, foco deste capítulo, é um processo multideterminado e refere-se ao ajustamento do estudante à instituição de ensino, abrangendo crenças, valores e recursos intra e interpessoais exigidos ao longo da graduação. Entende-se que a adaptação acadêmica consiste na forma como os universitários interagem e incorporam as vivências proporcionadas pela inserção no ambiente estudantil e como lidam com transições nos aspectos social, vocacional e pessoal (Lima et al., 2019), especialmente no primeiro ano de ingresso na universidade, considerado particularmente crítico devido a desconformidades entre as expectativas que o aluno tem e a realidade encontrada após o ingresso no ensino superior. Assim, o desapontamento com os conteúdos dos componentes curriculares, a decepção com a didática docente e as dificuldades em relacionar a teoria com a prática profissional constituem-se em importantes fontes de dificuldades durante o primeiro ano (Soares et al., 2006). Dessa forma, serão apresentados construtos relacionados ao desenvolvimento de condições psicológicas necessárias para a compreensão do conceito, exemplificando avaliação e intervenção por meio de estudos empíricos.

O modelo de universidade com a função de produção, armazenamento e difusão do conhecimento científico e tecnológico, assim como a formação das elites (Diogo et al., 2016), tem início no século XIX. Segundo Diogo e colaboradores, nesse período a instituição universitária funcionava como um filtro que possibilitava a preparação daqueles que iriam assumir a direção do Estado e das empresas. A industrialização e a internacionalização crescentes no século XX e XXI, conforme destaca Teixeira (2012), possibilitaram a promoção da universalização da educação superior como um direito de cidadania em diversos países.

No Brasil, o acesso ao ensino superior ocorreu de forma mais tardia, segundo Teixeira (2012). Até 2013, apenas 16% dos jovens brasileiros entre 18 e 24 anos estavam cursando graduações (Conselho Nacional de Educação [CNE] & Organização para a Educação, a Ciência e a Cultura das Nações Unidas [Unesco], 2013), número ainda distante da meta 12 estabelecida pelo Plano Nacional de Educação (PNE) para até 2024. A meta refere-se ao aumento da taxa bruta de matrícula no ensino superior para 50% da população, taxa líquida de matrículas para 33% da população entre 18 e 24 anos, e ampliação em 40% das novas matrículas no ensino público. Segundo o Ministério da Educação (MEC) (2022), apesar do crescimento observado, o percentual permanece distante do estabelecido no PNE (Desafios da Educação, 2022).

Embora os números estejam aquém do previsto, investimentos no ensino superior têm sido fortalecidos com o aumento do número de matrículas, expansão de *campi* universitários, fortalecimento da pesquisa e ampliação da mobilidade estudantil. Os programas de acesso à educação superior, como o Programa Universidade Para Todos (Prouni), o Fundo de Financiamento Estudantil (Fies), o Programa de Apoio a Planos de Reestruturação e Expansão das Universidades Federais (Reuni) e as políticas de cotas vêm demonstrando relevância na inserção universitária de uma camada menos favorecida da população (Relatório do 3º Ciclo de Monitoramento das Metas do Plano Nacional de Educação, 2020).

Em decorrência, grande parte dos estudantes que acessam a educação superior não apresentam mais o perfil de aluno recém-saído do ensino médio (Mariuzzo, 2023). Segundo a Sinopse da Educação Superior 2022 sobre o número de ingressantes nas categorias privada e pública, há predominância de matrículas no período noturno presencial, representando, respectivamente, 2.076.517 matrículas nas instituições públicas e 7.367.080 nas privadas (Ministério da Educação e Cultura [MEC] & Instituto Nacional de Estudos e Pesquisas Anísio Teixeira [Inep], 2022).

Há heterogeneidade de alunos que hoje ascendem ao ensino superior. Muitos são de primeira geração, o que pode refletir em experiências estudantis anteriores que não proporcionem a esse alunado um repertório de respostas eficientes e suficientes. Assim, diante de situações acadêmicas iniciais mais complexas, como a gestão do quantitativo de conteúdos e de avaliações, de dificuldades na maior flexibilidade de organização dos estudos e da rotina acadêmica, o que exige do estudante maior autonomia e responsabilidade na gestão da vida universitária (Tomás & Silveira, 2021), muitos discentes vivenciam esse contexto como um desafio de difícil manejo.

Todos esses aspectos são acrescidos pelo déficit em habilidades consideradas essenciais, como capacidade de leitura, escrita e interpretação textual (Silva et al., 2022), que contribuem para um baixo desempenho acadêmico. Marinho e Signorini (2022) ressaltam que entre as dificuldades de escrita há preponderância de aspectos relacionados ao planejamento e elaboração de texto dissertativo-argumentativo, com destaque para o uso da pontuação. Nas dificuldades de leitura, há predominância da dificuldade de compreensão, desde o vocabulário até textos menos familiares, além da falta de atenção na hora de ler.

Nesse contexto de diferentes exigências cognitivas, o estudante também lida com o manejo das relações com pares, diferentes docentes e pessoal de apoio administrativo, na gestão da vida cotidiana, considerando que muitos já constituíram suas próprias famílias; e das demandas financeiras, como no caso de alunos que se deslocam de outros estados e municípios da federação para estudar. Assim, a adaptação do estudante à educação superior não pode ser concebida como um construto indivisível, mas constituído de diferentes aspectos e sustentado por conceitos teóricos rigorosamente descritos.

Em termos de modelos teóricos, as abordagens tradicionais de Tinto (1993) e Astin (1999) focam na interação entre o estudante e a instituição. Para Tinto (1993), integração inclui além dos aspectos acadêmicos, os sociais e institucionais e o comprometimento com metas. A teoria de desenvolvimento estudantil de Astin (1999) gira em torno do envolvimento do aluno, que é definido como a energia que o estudante dedica à experiência acadêmica. O ponto em comum reside no fato de que ao ingressar no ensino superior o estudante traz consigo certas características pessoais (personalidade, motivação, habilidades de estudo), que mudam e podem até ser desafiadas na interação com o novo ambiente educacional. A interação bem-sucedida com esse novo contexto, como ter relações positivas com professores e colegas e ser capaz de lidar com o aumento da complexidade e quantidade do conteúdo de aprendizagem, determina se o aluno está ou não satisfeito com a vivência do primeiro ano, apresentando bom desempenho e se persiste no segundo ano (Astin, 1999; Pascarella & Terenzini, 2005; Sevinç & Gizir, 2014). A interação bem-sucedida entre um aluno do primeiro ano e as características e demandas acadêmicas do ambiente universitário pode ser resumida pelo conceito de ajustamento acadêmico. A literatura mostrou consistentemente o papel fundamental desse ajustamento na previsão do desempenho (Barros & Peixoto, 2022) e na persistência (Espinosa et al., 2023) no ensino superior.

O Modelo Multidimensional de Ajustamento de jovens ao contexto Universitário (MMAU) (Soares et al., 2006) destaca a relevância das dimensões do desenvolvimento e da aprendizagem no ajustamento à universidade. Concebe que as características dos estudantes, como idade, sexo, classe econômica, experiência acadêmica e aspectos comportamentais e cognitivos se relacionam direta ou indiretamente às características acadêmicas, como médias obtidas para ingresso e opção de curso. Ressalta ainda que as consequências diretas são mais intensas na influência dos aspectos psicossociais (expectativas de envolvimento e autonomia) no momento de ingresso do estudante à universidade, influenciando em variáveis intermediárias presentes no modelo (envolvimento acadêmico, ambiente de aprendizagem, bem-estar e satisfação). Os autores estabelecem relação direta entre os aspectos sociodemográficos e de comportamento de envolvimento acadêmico com o tipo de graduação e entre a percepção da qualidade do ambiente de aprendizagem oportunizado no curso e o nível de bem-estar e satisfação dos estudantes. Mais recentemente, Faria e Almeida (2020) avançaram no modelo e compreendem que o processo de transição e adaptação ao ensino superior contribui com a alternativa de prevenção da evasão, garantindo o direito de o estudante iniciar e concluir os estudos com qualidade, com o devido suporte acadêmico, social e político disponível nas instituições de educação superior.

Nessa concepção multideterminada de adaptação acadêmica e conforme mencionado, há determinantes vinculados ao estudante que agravam o processo de adaptação à universidade e, se devidamente compreendidos, podem ser melhor administrados. Entre esses, ressalta-se a gestão do tempo, a procrastinação, a saúde mental, os métodos de estudos e as habilidades relacionais.

A gestão do tempo é um desses determinantes. Gerir o tempo consiste em utilizar um conjunto de hábitos e comportamentos com a finalidade de aproveitar o tempo de forma eficiente, melhorar a produtividade e reduzir e evitar o estresse (Adams & Blair, 2019). A adoção de práticas eficazes possibilita gerir as horas direcionando as tarefas tanto acadêmicas quanto para descanso e lazer. Araújo et al. (2016) afirmam que a gestão do tempo está entre as dificuldades mais comuns apontadas pelos universitários ao ingressarem no ensino superior, e se mostra como um dos desafios mais relatados nesse período. A literatura sobre o tema sinaliza que o conhecimento sobre gestão do tempo, aliado à oferta de técnicas para o desenvolvimento dessa habilidade, está associado à melhoria do desempenho acadêmico, uma vez que potencializa a autonomia dos alunos (Trentepohl et al., 2022; Wolters & Brady, 2020).

Outro determinante que está relacionado à gestão do tempo refere-se à procrastinação. No campo acadêmico, a procrastinação pode ser definida como um comportamento que envolve sempre, ou quase sempre, adiar o início ou a conclusão de tarefas ou sempre ou quase sempre experimentar níveis problemáticos de ansiedade associados a tal adiamento (Araya-Castillo et al., 2023; Fonseca & Soares, 2023). À luz das consequências negativas que a procrastinação pode ter para o desempenho acadêmico e para o bem-estar, parece importante que setores institucionais de acolhimento e suporte ao estudante desenvolvam atividades que possam rastrear casos de procrastinação graves para oferecer intervenções adequadas.

Outros estão associados a aspectos de saúde mental dos estudantes. É mister destacar que a transição entre a vida escolar e a universitária é, para muitos jovens, a conquista de sua própria independência, mas também é um período crítico de adaptação composto por vivências que exigem responsabilidade e sociabilidade. Índices de adoecimento da comunidade estudantil são crescentes e o investimento em programas e ações voltados para a saúde mental vem intensificando o debate, os serviços e as intervenções (Gomes et al., 2023). Estudos com universitários registram o aumento alarmante de sintomas de estresse, ansiedade e depressão, e sugerem que o excesso de atividades acadêmicas, associado à falta de tempo livre e de redes de apoio, são geradores de estresse nesse público (Jardim & Soares, 2023b; Soares et al., 2020; Soares et al., 2021).

Também a sobrecarga de tarefas, tais quais avaliações, seminários, entre outras, exige do estudante o emprego de métodos de ensino eficazes. O desempenho acadêmico parece exercer um papel fundamental na relação do aluno com a universidade, principalmente ao comparar-se com colegas e perceber-se como insatisfatório. A desmotivação favorece um menor envolvimento e empenho, bem como pode gerar insegurança com relação às suas competências (Carlton, 2022). A aprendizagem de métodos de estudo adequados pode refletir em menos estresse, na melhor gestão do tempo, minimizando inclusive a procrastinação.

Por fim, os processos cognitivos e relacionais que envolvem a rotina universitária estão intimamente imbricados. As relações que os estudantes cultivam na faculdade com professores, funcionários e colegas são fundamentais para o sentimento de pertencimento tão necessário a boas vivências interpessoais. Esses fatores são importantes para a aprendizagem e o bem-estar na universidade, já que contribuem também com a realização profissional e pessoal após a conclusão da graduação (Soares & Del Prette, 2015, 2013).

Dessa forma, escrutinar as dimensões que compõem a adaptação acadêmica e variáveis associadas envolve avanços em pesquisas com diferentes delineamentos. Em termos de pesquisa quantitativa, instrumentos de medida desempenham um importante papel na pesquisa, na prática clínica e na avaliação de saúde, visto que fornecem evidências de como as propriedades de medida foram avaliadas, auxiliando o pesquisador na escolha da melhor ferramenta.

Possibilidades de avaliação

Diante das questões abordadas, compreende-se que a educação é um espaço de construção e ampliação do conhecimento, bem como de relações interpessoais e de outras particularidades da vida. É um campo amplo de investigação com diversidade de objetos de estudo. No que concerne à educação superior, diferentes aspectos mostram a relevância de compreender e estruturar avaliações efetivas sobre o que realmente afeta os alunos em suas relações interpessoais, nas dificuldades de aprendizagem, na evasão e no ajustamento à realidade universitária (Oliveira et al., 2018).

Nessa perspectiva, a avaliação psicológica é um processo de coleta de dados, cuja execução envolve métodos e técnicas de investigação. Almeida et al. (1999), diante do fato de não encontrarem instrumentos de avaliação que envolviam as dimensões pessoais e contextuais dos discentes, construíram e validaram o Questionário de Vivências Acadêmicas (QVA). O questionário foi elaborado para investigar um conjunto de variáveis psicossociais partindo de características dos sujeitos e as suas concepções na universidade. Os autores, em função do modelo teórico inicialmente proposto (Soares et al., 2006), chegaram à conclusão de que a adaptação à universidade envolve as dimensões de: estudos (hábito de estudar, dedicação ao estudo, gestão de tempo), carreira (relação com a graduação e o futuro na carreira), pessoal (bem-estar emocional e físico, otimismo), interpessoal (construção de novos vínculos, interação com pares) e institucional (sentimento sobre a escolha da instituição). Posteriormente, os autores elaboraram uma revisão do instrumento e uma versão reduzida do QVA, o Questionário de Vivências Acadêmicas-reduzido (QVA-r).

Em termos do uso de instrumentos no cenário nacional, Soares et al. (2016) fizeram uma análise bibliométrica de artigos relacionados à adaptação acadêmica. Os autores concluíram que dos 32 artigos que atendiam aos critérios de inclusão e foram integralmente analisados, a maioria dos estudos foi quantitativa (23) e o instrumento mais utilizado (10) foi o Questionário de Vivências Acadêmicas reduzido (QVA-r).

Em relação aos avanços do QVA e QVA-r, Araújo et al. (2014) construíram o Questionário de Adaptação ao Ensino Superior (QAES), que objetivou a reestruturação do QVA e QVA-r. Originalmente o QVA criado em 1999 possuía 170 itens, o QAES foi estruturado de modo a integrar as versões anteriores e, com isso, implementar atualizações sobre novos estudos da adaptação ao ensino superior. Os autores buscaram considerar a alteração nos componentes curriculares, propostas de novas graduações, novas perspectivas culturais e econômicas, além do aumento de ingressantes nas instituições universitárias.

O emprego do QVA-r é evidenciado em diversos estudos empíricos. Monteiro e Soares (2023) avaliaram o impacto das variáveis habilidades sociais, resolução de problemas sociais, automonitoria, autoeficácia e *coping* na adaptação acadêmica em estudantes de instituições de ensino superior públicas e privadas. Participaram 637 universitários de ambos os sexos, sendo 36,5% (115) homens de instituições públicas e 22,3% (72) de instituições privadas, com idade entre 18 e 38 anos ($M = 24{,}7$; $DP = 6{,}3$) e pertencentes a diferentes cursos de graduação. Foram utilizados o Inventário de Resolução de Problemas Sociais, o Inventário de Habilidades Sociais, a Escala de Automonitoria, a Escala de Autoeficácia Acadêmica de Estudantes do Ensino Superior, o Inventário de Estratégias de *Coping* e o Questionário de Vivências Acadêmicas-reduzido. Os principais resultados mostraram que a autoeficácia na gestão acadêmica (40,9%) e a autoafirmação na expressão de afeto positivo (13,7%) apresentaram maior impacto para os estudantes de instituições públicas e privadas, podendo contribuir com possíveis intervenções no processo de adaptação ao ensino superior.

Em estudo de Soares et al. (2021) foram relacionados: expectativas acadêmicas, motivação, habilidades sociais e adaptação acadêmica, e verificado o impacto das três primeiras variáveis na adaptação à universidade. Participaram 320 estudantes de diferentes graduações e utilizou-se a Escala de Motivação, o Inventário de Habilidades Sociais, a Escala Expectativas Acadêmicas e o Questionário de Vivências Acadêmicas-reduzido. A coleta de dados ocorreu em sala de aula e a análise se deu por meio da correlação de Pearson e regressão linear múltipla. Os principais resultados mostraram relação preditiva das variáveis no escore total da adaptação acadêmica. Compreende-se que expectativas atendidas em um contexto de aprendizagem enriquecedor, assim como o desenvolvimento de habilidades sociais, propiciam uma melhor adaptação acadêmica e o crescimento profissional e pessoal. O estudo evidenciou que as expectativas permitem apontar os fatores determinantes do processo de adaptação ao ensino superior. Assim, a ampliação da produção de conhecimento no que concerne à avaliação psicológica dos processos de adaptação à universidade possibilitam consubstanciar intervenções eficientes nessa modalidade de ensino.

Estudo mais recente traz a versão para o ensino remoto do QAES. Pereira-Neto et al. (2021) realizaram uma pesquisa com o objetivo de trazer evidências de validade do Questionário de Adaptação ao Ensino Superior Remoto (QAES-R) por ocasião da pandemia de covid-19. A análise fatorial exploratória, por meio do método de componentes principais, permitiu agrupar os itens seguindo a estrutura das cinco dimensões da versão original: institucional, interpessoal, estudo, pessoal-emocional e planejamento de carreira. Os indicadores de precisão e validade mostraram-se adequados à utilização do instrumento, assinalando as consequências da vivência da covid-19 e do ensino remoto emergencial nos níveis de adaptação dos estudantes ao ensino superior.

Possibilidades de intervenção

A importância de estudos sobre adaptação acadêmica, por meio da expansão e dos proveitos obtidos pelo conhecimento teórico sobre o tema aliado às técnicas de mensuração, vem permitindo expressar em termos quantitativos diferentes questões sobre o conceito. Ao entrar na universidade, o processo de adaptação do estudante exigirá a construção de novas interações com diferentes atores da comunidade acadêmica, além de precisar lidar com as exigências inerentes a esse ambiente. Vários são os desafios e dificuldades que muitos alunos enfrentam no processo de adaptação ao ensino superior, mobilizando, assim, a necessidade de avançar em pesquisas sobre intervenções que contribuam com a integração a esse novo nível de escolarização.

Em estudo sobre um programa de adaptação acadêmica no ensino superior, Barbosa et al. (2018) partem do princípio de que as demandas dos estudantes advêm de quatro vertentes: acadêmica, carreira, saúde física, psíquica ou emocional e questões específicas de violência, gênero, assédio e exclusão. Para tal, as autoras estruturaram oficinas com o objetivo de auxiliar os voluntários a identificarem os aspectos que promoviam a insatisfação e problemas de adaptação acadêmica, bem como auxiliar na construção de estratégias para melhorar a adaptação e a satisfação. Em linhas gerais, os resultados apontaram que os participantes conseguiram desenvolver importantes recursos psicossociais para o enfrentamento de situações que se apresentavam como desafiadoras no processo de adaptação acadêmica, melhorando a capacidade de resolução de problemas típicos dessa fase da vida.

Em termos de intervenções com variáveis relacionadas à adaptação à universidade, pode-se identificar oficinas que ajudem a melhorar a gestão do tempo (Soares et al., 2023a, 2023c), o manejo da ansiedade (Soares et al., 2020, 2021, 2023d), métodos de estudo (Soares et al., 2021) e a promoção de habilidades relacionais (Soares & Del Prette, 2013, 2015). Todas têm um objetivo maior que é o de superar obstáculos de adaptação dos estudantes, visando um melhor ajustamento à universidade.

Nesse cenário, aprender estratégias para gerir o tempo na rotina acadêmica é uma habilidade que fornece, a quem a utiliza, ferramentas para lidar com a diversidade de tarefas, compromissos e superar a procrastinação. Entende-se que a má gestão do tempo pode acarretar desequilíbrio diante das inúmeras responsabilidades do cotidiano no ensino superior. Planejamento, organização e metas podem melhor nortear a vida acadêmica. Com o objetivo de promover a aprendizagem de estratégias para gerenciar o tempo, Soares et al. (2023a, 2023c) elaboram duas oficinas remotas para isso. Participaram 17 universitários, sendo que 12 participantes apresentaram melhoras; e entre esses, dois tiveram mudanças muito relevantes. Os resultados indicaram a importância de se implementar ações que ensinem os estudantes a administrar de forma eficiente o tempo, visando o sucesso nas tarefas acadêmicas e uma melhor adaptação à universidade.

O ensino superior é um dos contextos no qual fatores ansiogênicos e estressores podem estar presentes. Ramos et al. (2018) elaboraram um estudo para avaliar os níveis de estresse e de ansiedade antes e após a participação de universitários em oficinas de controle de ansiedade e de enfrentamento do estresse. As oficinas contaram com oito sessões de duas horas de duração cada. Foram utilizados instrumentos para mensurar os níveis de estresse e ansiedade antes e após a intervenção. Os resultados alcançados mostraram que as oficinas foram positivamente avaliadas em função do autoconhecimento e autocontrole desenvolvidos, assim como pelo apoio social recebido pelos participantes. Os autores discutem as implicações dos resultados para a oferta de ações interventivas voltadas ao manejo e autorregulação das emoções na população universitária.

Em termos de métodos de estudo, sabe-se que a transição do ensino médio para o rigor dos estudos universitários pode ser cansativa para muitos estudantes. Métodos de estudo eficazes funcionam porque envolvem múltiplas formas de aprendizagem. Ser capaz de repetir informações memorizadas não é o mesmo que realmente retê-las. Parsons (2020) desenvolveu uma intervenção com dez passos para os estudantes melhor conduzirem seus estudos, como se planejar e cumprir, pedir ajuda, estudar em grupo, descobrir seu estilo de aprendizado, saber dar pausas na rotina acadêmica, se autorrecompensar pelas metas atingidas. Esses passos são exemplos dos procedimentos de intervenção implementados em cursos de verão em uma renomada universidade americana.

Habilidades e competências relacionadas à qualidade da interação e do relacionamento social entre estudantes também têm sido cada vez mais reconhecidas como essenciais no ensino superior. Lopes et al. (2021) desenvolveram estudo sobre a eficiência de um programa que combinou habilidades sociais e aprendizagem ativa. O treinamento foi feito com alunos do curso de engenharia de produção e consistiu de quinze sessões com duração de duas horas e três sessões para avaliação do repertório de habilidades sociais dos alunos. O treinamento envolveu habilidades sociais de comunicação como iniciar, manter e terminar uma conversa, expressar sentimentos positivos, falar sobre as próprias emoções e sentimentos, expressar carinho e assertividade, lidar com críticas, expressar descontentamento, entre outros. Os resultados alcançados sinalizaram mudanças relevantes quanto à interação social e trabalho em equipe.

Considerações finais

Muitas são as mudanças que ocorrem na vida discente durante o ingresso e ao longo da graduação. Ao entrar na universidade, o estudante vivencia situações como a nova rotina de estudo, de deslocamento, de inclusão em um novo ambiente social, na gestão de diversas tarefas como seminários, avaliações e eventos extracurriculares. A necessidade de adaptação às condições educativas, à nova atividade coletiva e profissional, exige a mobilização de recursos internos (repertório de habilidades sociais, capacidade de gerenciar o tempo, entre outros) e externos do discente, como suporte familiar e institucional.

A adaptação acadêmica é o processo e resultado da adaptação do aluno ao ambiente educacional, incluindo o sistema de relações interpessoais, das atividades educativas e do espaço educacional, que se caracteriza pela experiência de um equilíbrio dinâmico entre o estudante e o ambiente universitário. Tem sido estudada em sua interligação com o desempenho acadêmico e a adaptação pessoal-emocional, autocontrole, natureza das relações dentro do ambiente estudantil, características da situação familiar, entre outras variáveis que são componentes importantes desse contexto.

Assim, os avanços sobre o tema têm possibilitado promover ações mais eficientes no que concerne ao ingresso e permanência do aluno com qualidade na formação, contribuindo com o bem-estar dos graduandos. Entretanto, muito ainda se precisa avançar como, por exemplo, na adaptação acadêmica de alunos internacionais em universidades anfitriãs em todo o mundo devido ao aumento da mobilidade estudantil e na adaptação acadêmica de minorias (raciais, gênero, neurodiversos, entre outros). Apesar das ações afirmativas serem um caminho para a integração de estudantes à universidade, precisa-se abordar recortes específicos para garantir a permanência do maior número de alunos na universidade com qualidade na formação, o que permite caracterizar e definir a relação entre adaptação e recursos pessoais internos, bem como a associação entre adaptação, saúde psicológica e física geral.

Referências

Adams, R. V., & Blair, E. (2019). Impact of time management behaviors on undergraduate engineering students' performance. *Sage Open*, 9(1), 1-11. https://doi.org/10.1177/2158244018824506

Almeida, L. S., Ferreira, J. A. G., & Soares, A. P. C. (1999). Questionário de Vivências Académicas: Construção e validação de uma versão reduzida (QVA-r). *Revista Portuguesa de Pedagogia*, XXXIII(3), 181-207. https://repositorium.sdum.uminho.pt/bitstream/1822/12080/1/Almeida,%20Ferreira%20%26%20Soares,%201999.pdf

Araújo, A., Almeida, L. S., Ferreira, J., Santos, A., Noronha, A., & Zanon, C. (2014). Questionário de Adaptação ao Ensino Superior (QAES): Construção e validação de um novo questionário. *Psicologia, Educação e Cultura*, 18(1), 131-145. https://www.researchgate.net/publication/268148778

Araújo, A. M., Santos, A. A. dos, Noronha, A. P., Zanon, C., Ferreira, J. A., Casanova, J. R., & Almeida, L. S. (2016). Dificuldades antecipadas de adaptação ao ensino superior: um estudo com alunos do primeiro ano. *Revista de Estudios e Investigación en Psicología y Educación*, 3(2), 102-111. https://doi.org/10.17979/reipe.2016.3.2.1846

Araya-Castillo, L., Burgos, M., González, P., Rivera, Y., Barrientos, N., Yáñez, J. V., Ganga-Contreras, F., & Sáez, W. (2023). Procrastination in university students: A proposal of a theoretical model. *Behavioral Sciences*, 13(2), 1-14. https://doi.org/10.3390/bs13020128

Astin, A. (1999). Student involvement: a developmental theory for higher education. *Journal of College Student Development*, 40(5), 518-529. https://www.middlesex.mass.edu/ace/downloads/astininv.pdf

Barbosa, M. M. F., Oliveira, M. C. de, Melo-Silva, L. L., & Taveira, M. do C. (2018). Delineamento e avaliação de um programa de adaptação acadêmica no ensino superior. *Revista Brasileira de Orientação Profissional*, 19(1), 61-74. https://dx.doi.org/1026707/1984-7270/2019v19n1p61

Barros, R. N. de., & Peixoto, A. de L. A. (2022). Integração ao ensino superior e saúde mental: um estudo em uma universidade pública federal brasileira. *Avaliação: Revista da Avaliação da Educação Superior*, 27(3), 609-631. https://doi.org/10.1590/S1414-40772022000300012

Carlton, G. (2022). *The 11 best study tips for college*. Recuperado de https://www.bestcolleges.com/blog/the-best-study-tips-for-college/

Conselho Nacional de Educação. Organização das Nações Unidas para a Educação, a Ciência e a Cultura. (2013). *Panorama e diagnóstico da oferta e qualidade da educação superior brasileira*. Brasília, DF. Recuperado de http://portal.mec.gov.br/index.php?option=com_docman&view=download&alias=13944-produto-1-senso-educ-superior-pdf&Itemid=30192

Desafios da Educação. (2022). Recuperado de https://desafiosdaeducacao.com.br/metas-pne-ensino-superior/#:~:text=A%20meta%2012%20do%20Plano,novas%20matr%C3%ADculas%20no%20ensino%20p%C3%BAblico.

Diogo, M. F., Raymundo, L. S., Wilhelm, F. A., de Andrade, S. P. C., Lorenzo, F. M., Rost, F. T., & Bardagi, M. P. (2016). Percepções de coordenadores de curso superior sobre evasão, reprovações e estratégias preventivas. *Avaliação*, 21(1), 125-151. https://doi.org/10.1590/S1414-40772016000100007

Dotta, C. C., Queluz, F. N., & de Souza, V. N. (2018). Avaliação de uma intervenção no treino assertivo e resolução de problemas em universitários. *Mudanças-Psicologia da Saúde*, 26(2), 51-60. https://doi.org/10.15603/2176-1019/mud.v26n2p51-60

Espinosa, T., Heidemann, L. A., Calsing, I. W., & Moraes, K. (2023). Um estudo quantitativo sobre a intenção de persistência de estudantes de licenciatura em física de uma universidade pública brasileira embasado no Modelo da Motivação da Persistência de Vincent Tinto. *Revista Brasileira de Ensino de Física*, 45, 1-9. https://doi.org/10.1590/1806-9126-RBEF-2022-0259

Faria, A. A. G. B. T., & Almeida, L. S. (2020). Adaptação acadêmica de estudantes do 1º ano: Promovendo o sucesso e a permanência na universidade. *Revista Internacional de Educação Superior*, 7, 1-17. https://doi.org.10.20396/riesup.v7i0.8659797

Gomes, L. M. L. D. S., Leitão, H. D. A. L., Santos, K. M. C., & Zanotti, S. V. (2023). Saúde mental na universidade: ações e intervenções voltadas para os estudantes. *Educação em Revista*, 39, 1-17. https://doi.org/10.1590/0102-469840310

Jardim, M. E. M., & Soares, A. B. (2023). Self-efficacy and social skills: Mediators of the Relationship between Stress and Academic Adaptation. *Paideia*, *33*, e3339.

Lima, C. A., Soares, A. B., & Souza, M. S. (2019). Treinamento de habilidades sociais para universitários em situações consideradas difíceis no contexto acadêmico. *Psicologia Clínica*, *31*(1), 95-121. https://doi.org.10.33208/PC1980-5438v0031n01A05

Lopes, D. C., Gerolamo, M. C., Musetti, M. A., & Amaral, D. C. (2021). Social skills in higher education: how to combine active learning and social skills training program. *Production*, *31*, 1-13. https://doi.org/10.1590/0103-6513.20200103

Marinho, H. N., & Signorini, I. (2022). Percepção de dificuldades de leitura e escrita por ingressantes universitários que não passaram pelo vestibular. *DELTA: Documentação de Estudos em Lingüística Teórica e Aplicada*, *38*(4), 1-29. https://doi.org/10.1590/1678-460X202259479

Mariuzzo, P. (2023). Novas cores e contornos na universidade – o perfil do estudante universitário brasileiro: país avança na inclusão de estudantes no ensino superior, mas políticas públicas precisam de aperfeiçoamentos, especialmente as de permanência. *Ciência e Cultura*, *75*(1), 1-6. https://dx.doi.org/10.5935/2317-6660.20230012

Ministério da Educação e Cultura. Instituto Nacional de Estudos e Pesquisas Anísio Teixeira. (2022). Sinopse da Educação Superior. Recuperado de https://www.gov.br/inep/pt-br/acesso-a-informacao/dados-abertos/sinopses-estatisticas/educacao-superior-graduacao

Monteiro, M. C., & Soares, A. B. (2023). Adaptação acadêmica em universitários. *Psicologia: Ciência e Profissão*, *43*, 1-13. https://doi.org/10.1590/1982-3703003244065

Oliveira, K. L., Santos, A. A. A., & Inácio, A. L. M. (2018). Adaptação acadêmica e estilos intelectuais no ensino superior. *Estudos Interdisciplinares em Psicologia*, *9*(3), 1-17. https://doi.org/10.5433/2236-6407.2018v9n3suplp73

Orlov, A. A., Pazukhina, S. V., Yakushin, A. V., & Ponomareva, T. M. (2018). A study of first-year students' adaptation difficulties as the basis to promotetheir personal development in university education. *Psychology in Russia*, *11*(1), 71-84. https://doi.org/10.11621/PIR.2018.010

Parsons, C. (2022). Top 10 study tips to study like a Harvard student. Recuperado de https://summer.harvard.edu/blog/top-10-study-tips-to-study-like-a-harvard-student/

Pascarella, E., & Terenzini, P. T. (2005). *How college affects students*. A third decade of research. Jossey-Bass.

Pereira-Neto, L. L., Faria, A. A. G. B. T., & Almeida, L. S. (2021). Questionário de Adaptação ao Ensino Superior Remoto (QAES-R): Estudo de Validação. *Revista E-Psi*, *10*(1), 19-37. https://artigos.revistaepsi.com/2021/Ano10-Volume1-Artigo2.pdf

Ramos, F. P., Kuster, N. S., Ramalhete, J. N. L., & Nascimento, C. P. D. (2019). Oficina de Controle de Ansiedade e Enfrentamento do Estresse com Universitários. *PSI UNISC*, *3*(1), 121-140. https://doi.org/10.17058/PSIUNISC.V3I1.12621

Relatório do 3º Ciclo de Monitoramento das Metas do Plano Nacional de Educação. (2020). Recuperado de https://pne.mec.gov.br/publicacoes

Sevinç, S., & Gizir, C. A. (2014). Factors negatively affecting university adjustment from the views of first-year university students: the case of Mersin University. *Educational Sciences: Theory & Practice*, *14*(4), 1.301-1.308. https://files.eric.ed.gov/fulltext/EJ1045063.pdf

Silva, M. G., Quintino, F. P. de A., Reis, J. G., & Weigel, V. A. C. de M. (2022). As dificuldades de leitura e interpretação de textos no ambiente universitário/The difficulties of reading and interpreting texts in the university environment. *Brazilian Journal of Development*, *8*(2), 12328-12337. https://doi.org/10.34117/bjdv8n2-258

Soares, A. P., Almeida, L. S., Diniz, A. M., & Guisande, M. A. (2006). Modelo multidimensional de ajustamento de jovens ao contexto universitário (MMAU): Estudo com estudantes de ciências e tecnologias *versus* ciências sociais e humanas. *Análise Psicológica*, *1*(XXIV), 15-27. https://doi.org/10.14417/ap.150

Soares, A. B., Alves, P. R. S. S., Jardim, M. E. M., Medeiros, C. A. C., & Ribeiro, R. (2023a). Gestión del tempo en la rutina universitaria: Resultados de una intervención. *Ciencias Psicológicas*, *17*, 1-13. https://doi.org/10.22235/cp.v17i2.2845

Soares, A. B., & Del Prette, Z. A. P. (2013). *Guia teórico prático para superar dificuldades interpessoais na universidade*. Appris.

Soares, A. B., & Del Prette, Z. A. P. (2015). Habilidades sociais e adaptação à universidade: convergências e divergências dos constructos. *Análise Psicológica*, *33*, 139-151. https://doi.org/10.14417/ap.911

Soares, A. B., dos Santos, A. A. A., Jardim, M. E. M., & Queluz, F. N. F. R. (2023b). Evidências de validade da escala de apoio social para estudantes universitários. *Revista Iberoamericana de Diagnóstico y Evaluación Psicológica*, *67*, 157-170. https://doi.org/10.21865/RIDEP67.1.12

Soares, A. B., Monteiro, M. C., Maia, F. A., Buscacio, R. C. Z., Rodrigues, P. V. S., Medeiros, H. C. P., & de Souza Nogueira Barros, R. (2016). Revisão sistemática da bibliografia sobre vivências acadêmicas em estudantes universitários no Brasil. *Psicologia Educação e Cultura*, *20*(1), 119-137. https://psycnet.apa.org/record/2016-42012-007

Soares, A. B., Monteiro, M. C., Souza, M. S. de., Maia, F. A., Medeiros, H. C. P., & Barros, R. de S. N. (2019). Situações interpessoais difíceis: Relações entre habilidades sociais e *coping* na adaptação acadêmica. *Psicologia: Ciência e Profissão*, *39*, 1-13. https://doi.org/10.1590/1982-3703003183912

Soares, A. B., Monteiro, M. C., Medeiros, H. C. P., Maia, F. de A., & Barros, R. de S. N. (2021). Adaptação acadêmica à universidade: relações entre motivação, expectativas e habilidades sociais. *Psicologia Escolar e Educacional*, *25*, 1-8. https://doi.org/10.1590/2175-35392021226072

Soares, A. B., Monteiro, M. C. L., & Santos, Z. A. (2021). Revisão sistemática da literatura sobre ansiedade em estudantes do ensino superior. *Contextos Clínicos*, *13*, 992-1012. http://pepsic.bvsalud.org/scielo.php?script=sci_arttext&pid=S1983-34822020000300014&lng=pt&tlng=pt.

Soares, A. B., Ribeiro, R., Alves, P. R. S. S., Jardim, M. E. M., & Medeiros, C. A. C. (2023c). Time management: what do University students think about it? *Revista de Estudios e Investigación en Psicología y Educación*, *10*, 1-14.

Soares, A. B., Ribeiro, R., Alves, P. R. S. S., Medeiros, C. A. C., Jardim, M. E., & Brito, A. D. (2023d). Ansiedade no ambiente acadêmico: Concepções de estudantes universitários, *Revista Brasileira de Orientação Profissional*, *24*(2), 205-215.

Soares, A. B., Rocha, D. P. P., Jardim, M. E. M., Fonseca, R. G. (2020). *Aprendendo a lidar com a ansiedade no ambiente acadêmico*. Recuperado de https://www.researchgate.net/publication/345311858_Aprendendo_a_lidar_com_a_Ansiedade_no_Ambiente_Academico

Teixeira, A. (2012). A função social das instituições federais de ensino superior. Encontro da carreira – Debates e perspectivas. *Carreira*, *1*, 10-17. https://www.researchgate.net/publication/269734616_Adaptacao_a_universidade_em_estudantes_universitarios_um_estudo_correlacional

Tinto, V. (1993). *Leaving college: rethinking the causes and cures of student attrition* (2a ed.). The University of Chicago Press.

Tomás, M. C., & Silveira, L. S. (2021). Expansão do ensino superior no Brasil: diversificação institucional e do corpo discente. *Revista Brasileira de Sociologia*, *9*(23), 149-177. https://doi.org/10.20336/rbs.781

Trentepohl, S., Waldeyer, J., Fleischer, J., Roelle, J., Leutner, D., & Wirth, J. (2022). How did it get so late so soon? The effects of time management knowledge and practice on students' time management skills and academic performance. *Sustainability*, *14*(9), 50-97. https://doi.org/10.3390/su14095097

Wolters, C. A., & Brady, A. C. (2020). College students' time management: A self-regulated learning perspective. *Educational Psychology Review*, *33*, 1319-1351. https://doi.org/10.1007/s10648-020-09519-z

57
Abandono acadêmico de estudantes do ensino superior: manejos de avaliação e procedimentos interventivos

Joana R. Casanova

> *Highlights*
> - O abandono acadêmico tem maior incidência no 1º ano do ensino superior;
> - O abandono acadêmico resulta de um processo de desvinculação gradual;
> - A intervenção pode ocorrer em diferentes modalidades e áreas, sendo mais eficaz quanto mais preventiva do que remediativa.

O ensino superior enquanto contexto transformador

Ao longo das últimas décadas tem havido uma tendência global de expansão do ensino superior (ES) em muitos países pelo mundo, em grande medida devido à crescente exigência de qualificações, ao desenvolvimento econômico dos países, ao alargamento do acesso dos estudantes a esse nível de ensino, às próprias transformações tecnológicas e, ainda, devido ao maior reconhecimento da importância da educação. O ensino superior tem assim um grande potencial transformador, oferecendo oportunidades para o desenvolvimento pessoal, social e profissional dos estudantes, nomeadamente por meio da aquisição de competências técnicas, científicas e profissionais (Harman, 2017). Acresce que, para os estudantes provenientes de contextos socioeconômicos desfavorecidos, o ES é frequentemente entendido como uma forma de ampliar as perspectivas de carreira e emprego, ascendendo socialmente e melhorando as condições de vida (Banks & Dohy, 2019).

Nesse sentido, os Objetivos de Desenvolvimento Sustentável (ODS), definidos pela Organização das Nações Unidas (ONU), destacam o papel científico e social do ES em três pontos específicos: 4 – Educação; 8 – Trabalho digno e crescimento econômico; e 10 – Reduzir as desigualdades. É imperativo promover a inclusão social, econômica e política de todos (ODS-10.2) e garantir a igualdade de oportunidades (ODS-10.3), proporcionar oportunidades de aprendizagem ao longo da vida (ODS-4.3), reduzir a proporção de jovens que não estão empregados em educação ou formação (ODS-8.5) e alcançar emprego pleno e trabalho decente para todos (ODS-8.6), aumentando o número de pessoas com habilidades relevantes para o emprego; assim como a assunção de estilos de vida mais saudáveis, promovendo sociedades mais democráticas baseadas no respeito aos direitos humanos e na promoção de uma cultura de não violência (ODS-4.7) (Organização das Nações Unidas [ONU], 2020).

Para estudantes e suas famílias, o abandono do ensino superior representa um problema social relevante que justifica análise aprofundada e medidas de redução da sua ocorrência. São esses, aliás, os dois focos deste capítulo centrado na evasão do ES. Para o efeito, e desde já, importa clarificar o conceito de abandono.

Clarificando o conceito de abandono acadêmico

Falar de abandono do ensino superior implica considerar e diferenciar fenômenos próximos que aparecem na literatura com recurso a termos como: *evasão, pausa, retenção, permanência, persistência, progressão*, entre outros. Considerando as tendências das últimas décadas e a multiplicidade de trajetórias dos estudantes que ingressam no ensino superior, podemos assumir, em teoria, que todos os estudantes poderão, eventualmente um dia, estar em situação de abandono do ensino superior. Importa, por isso, que se esclareça qual o ponto de vista assumido, podendo ser o do estudante, o da instituição de ensino superior, ou até do sistema educativo.

Rumberger (2011) propõe analisar as situações de abandono, considerando a perspectiva dos estudantes e da sua formação ao longo da vida, levando em conta a evasão enquanto *situação-estado atual*, enquanto *evento* e enquanto *processo*.

O abandono enquanto situação-estado atual refere-se aos estudantes que pararam a sua formação superior e que não se encontram na graduação. Isso pressupõe que, também em teoria, todos os estudantes em situação de abandono poderão, um dia, retomar a sua formação. Essas situações podem dever-se a inúmeros motivos, como a constituição de família, o início de uma atividade profissional; questões contextuais, como tamanho das turmas, características dos pares; ou até circunstâncias sociais e ou políticas, como a pandemia ou ocorrência ou proximidade a conflitos armados. Seriam, assim, situações temporárias e passíveis de retomar. Tendo em conta o ritmo, a volatilidade e a exigência da vida contemporânea, assumir que as trajetórias dos estudantes são cada vez menos lineares pode ser uma perspectiva mais empoderadora para os estudantes que param os estudos e mais realista e comprometida por parte das instituições. Considerar essas situações como passíveis de serem revertidas implica que o sistema e as instituições de ensino superior assumam estratégias e políticas que promovam e facilitem a retomada dos estudos.

O abandono também pode ser entendido enquanto um *evento na vida* do estudante, podendo ter um momento marcado no tempo, com o comportamento ativo do aluno, por exemplo, com a formalização do cancelamento da matrícula nos serviços da instituição, ou pode ser mais passivo e ocorrer com a não rematrícula no ano letivo seguinte. Atualmente, em Portugal, os estudantes que decidam parar os seus estudos devem formalizar a sua saída junto dos serviços, de forma a não acumularem em dívida valores de propinas/mensalidades e poderem, quando eventualmente decidirem retomar, fazê-lo sem terem essa barreira.

Considerando o *abandono enquanto processo* que apresenta a influência de diferentes fatores, não ocorre subitamente e aparece frequentemente associado a uma desvinculação progressiva do estudante em relação à instituição, ao curso e aos colegas, acompanhada de dificuldades acadêmicas ou sociais ao longo do percurso acadêmico (Casanova et al., 2019; Tinto, 2012).

De uma forma geral, as pesquisas que analisam estudantes em situação de abandono privilegiam variáveis sociodemográficas e características pessoais dos alunos. Nos casos do abandono enquanto fenômeno, a análise incide nas variáveis contextuais preditoras da ocorrência, características da instituição, métodos de ensino e de avaliação, dinâmica das aulas, ou da cidade. Já nos casos de abandono enquanto processo, importa considerar todo o conjunto de variáveis e as suas implicações futuras.

Da garantia do acesso às situações de abandono acadêmico

A expansão do ensino superior nas últimas décadas refletiu o aumento do ingresso de alunos mais diversos e provenientes de grupos étnicos e socioculturais que até então estavam afastados dessa possibilidade. No entanto, essa democratização do acesso ainda não assegura as condições de sucesso e conclusão da formação para todos. Estudantes menos maduros e menos preparados academicamente enfrentam várias dificuldades ao lidar com as exigências. A investigação mostra que os mais velhos, que ingressam após vários anos no mercado de trabalho, estudantes de grupos socioeconômicos desfavorecidos ou de primeira geração, migrantes ou pertencentes a grupos étnicos minoritários, entre outros, apresentam diversas dificuldades (Adabaş & Kaygin, 2016; Tight, 2019). Na realidade portuguesa, verificamos que alunos de grupos socioeconômicos mais vulneráveis estão mais representados em instituições de ensino superior politécnicas e nos cursos nas áreas das ciências sociais e humanas (Engrácia & Baptista, 2018; Organização para Cooperação e Desenvolvimento Econômico [OCDE], 2019). A diferenciação socioeconômica que se verifica já no acesso continua a impactar ao longo da trajetória dos estudantes, apresentando taxas mais elevadas de insucesso e de abandono. Pelas suas implicações pessoais e sociais, o insucesso e abandono afetam o estudante, as instituições e a sociedade como um todo (Casanova et al., 2018; Duque et al., 2013), justificando uma análise alargada das suas causas.

O abandono acadêmico: fenômeno multideterminado

Vincent Tinto (1975) apresentou o modelo de abandono acadêmico, amplamente utilizado internacionalmente para explicar tal fenômeno, considerando a integração social e acadêmica na universidade. Trata-se de uma abordagem holística que considera professores, equipe e relações entre pares como variáveis relevantes no processo de tomada de decisão de abandono por parte do aluno. Pela abrangência do modelo proposto, a teoria de Tinto tem sido relevante nos inúmeros estudos feitos internacionalmente na área da permanência e abandono.

A investigação na área evidencia que o abandono dos estudantes pode estar relacionado a características pessoais (projetos pessoais, de carreira, competências e motivações), familiares (estudantes de primeira geração, situação sociocultural e socioeconômica das famílias, situações de doença, dependentes), percursos acadêmicos anteriores (qualidade da preparação acadêmica, classificações escolares e escolhas vocacionais) e contextuais (organização curricular, metodologias de ensino e de avaliação, tamanho e qualidade das instituições) (Casanova et al., 2021; Lindblom-Ylänne et al., 2017).

Sendo a transição para o ensino superior um momento crítico da vida do estudante, este terá de mobilizar recursos pessoais e sociais ou criar novas interações e rede de suporte para poder adaptar-se e persistir (Tinto, 2012). No entanto, nem sempre os alunos apresentam níveis de autonomia suficientes para enfrentar esse novo contexto (Kuh et al., 2011; Pascarella & Terenzini, 2005). Esses níveis de autonomia podem ser desenvolvidos e fortalecidos com algum suporte para gerir as responsabilidades e aumentando a sua percepção de eficácia relativamente a atividades acadêmicas. O contexto de sala de aula será o contexto primordial para conhecer e acompanhar tais níveis de autonomia (Tinto, 2012). Os professores podem promover a autonomia e agência dos estudantes, favorecendo seus comportamentos de aprendizagem ativa (Ryan & Deci, 2000). A criação de ambientes ativos de aprendizagem facilita o suporte dos professores aos estudantes, mas também entre pares, constituindo uma forma de apoio perante situações de dificuldades, promovendo e desenvolvendo a resiliência (Reppold et al., 2019; Wilson et al., 2019).

O suporte por parte dos professores impacta as emoções relacionadas com as atividades acadêmicas, aumentando as emoções positivas, como a abertura à aprendizagem, percepção de competência e a esperança, diminuindo, assim, as emoções negativas, como a ansiedade e o medo de falhar. Nesse sentido, os professores afetos às aulas dos estudantes recém-chegados ao ensino superior acabam por ser decisivos para garantir a permanência e o sucesso desses alunos. Relacionamentos amigáveis incluem, assim, o apoio social, emocional e de avaliação dos professores, permitindo que os estudantes aumentem o envolvimento acadêmico e desenvolvam emoções positivas, como satisfação, bem-estar psicológico e satisfação acadêmica (Casanova et al., 2021; Respondek et al., 2017).

Outro fator-chave a considerar na predição do abandono acadêmico é o desempenho, especialmente nos estudantes do 1º ano (Casanova et al., 2018; Mujica et al., 2019; Pascarella & Terenzini, 2005). O primeiro semestre, sobretudo, permitirá aos alunos analisar as próprias competências, o nível de eficácia nas disciplinas que frequentam, ponderar os custos e benefícios. Por vezes, são surpreendidos pelos planos curriculares, pela organização dos cursos ou pelos métodos de ensino e de avaliação, podendo surgir ou avolumar as dúvidas e a intenção de abandono (Casanova et al., 2018). Por isso, as estratégias de aprendizagem e as características pessoais, como expectativas, autoeficácia e a motivação, são habitualmente incluídas nos programas para promover o sucesso acadêmico e a retenção dos alunos (Diniz et al., 2018; Kuh et al., 2011).

Mais recentemente, com a pandemia de covid-19, verificamos sérias preocupações relativas à adaptação socioemocional e à saúde mental dos estudantes, especialmente devido à incerteza em relação à doença, aos recursos nacionais e locais e à saúde física e mental pessoal e de suas famílias (Wang & Zhao, 2020). Essa incerteza alimentou sentimentos de medo e falta de controle sobre a vida, já que a brutalidade da pandemia afetou todos os países, incluindo os altamente desenvolvidos. Mesmo antes da pandemia, os investigadores alertavam para a alta prevalência de sintomas de angústia psicológica em universitários, com sintomas de ansiedade em mais de 40% e de depressão em mais de 25% (Cvetkovski et al., 2018). Os anos posteriores à pandemia têm sido essenciais para a recuperação das aprendizagens e das competências menos consolidadas, mas também para os processos de reparação e recuperação do bem-estar, sentimento de confiança e segurança pessoal, em nível individual e comunitário.

Possibilidades de avaliação

A investigação e a intervenção em torno do abandono do ensino superior justificam a existência de instrumentos de avaliação da sua natureza. Dois grupos de instrumentos podem ser aqui mencionados: as escalas centradas na avaliação dos motivos ou determinantes do abandono e as escalas centradas no risco de abandono, estas últimas já numa lógica de prevenção das taxas de ocorrência (Tabela 1). Assim, sendo o abandono do ensino superior um processo multideterminado, caracterizado por um processo gradual de aproximação a uma decisão que se entende, naquele momento, como inevitável, existe a possibilidade de detectá-lo precocemente.

Em relação às escalas de motivos de abandono, podemos ilustrar com a Escala de Motivos para Evasão do Ensino Superior (M-ES) (Ambiel, 2015) e o Questionário Transcultural de Motivos de Abandono do Ensino Superior (QMA_ES) (Almeida et al., 2019).

A Escala de Motivos para Evasão do Ensino Superior (M-ES) (Ambiel, 2015) avalia os motivos que podem influenciar a decisão de desistir do curso. A escala é composta por 65 itens, com uma escala de resposta tipo Likert, que varia entre: 1 - Muito fraco e 5 - Muito forte. Os itens avaliam sete dimensões de motivos de abandono: (a) motivos institucionais (14 itens), englobando a qualidade do corpo docente, relacionamento com os alunos e ausência de serviços de apoio; (b) motivos pessoais (10 itens), relacionados com a incerteza a respeito de estar no curso certo e a situações relacionadas à família; (c) motivos financeiros (12 itens), relacionados com a necessidade de conciliar estudos e trabalho, no pagamento da mensalidade ou outras despesas familiares; (d) motivos relacionados com a carreira (9 itens), que versam preocupações ou constatações a respeito da carreira futura e mercado de trabalho; (e) motivos relacionados com o desempenho acadêmico (6 itens); (f) motivos interpessoais (10 itens), relacionados com dificuldades de relacionamento com colegas; e (g) motivos relacionados com a autonomia (5 itens), como as responsabilidades de morar fora da casa da família. O total de variância dos itens explicada pelos sete fatores situou-se em 54,3%, e os coeficientes α de *Cronbach* desses fatores variaram entre .79 e .93.

No que se refere ao Questionário Transcultural de Motivos de Abandono do Ensino Superior (QMA_ES) (Almeida et al., 2019), esse decorre de um estudo feito com pesquisadores de Portugal, Espanha e Brasil, junto de 1.162 estudantes universitários do 1º ano desses países. O questionário integra 32 itens que se reportam a situações de dificuldade ou de mal-estar que, eventualmente, podem levar ao abandono dos estudos. Sendo os itens do tipo Likert, perante cada item os respondentes manifestam a importância atribuída a essas situações, numa escala que varia entre: 1 - Nada importante e 5 - Muito importante. Os itens avaliam seis dimensões de motivos de abandono, nomeadamente: (a) sociais (6 itens), relacionados com a interação e integração social; (b) acadêmicos (5 itens), relacionados com o desempenho e rendimento acadêmico (5 itens); (c) relacionados com os professores (6 itens, apenas identificada para Portugal e Espanha), os métodos e o relacionamento com os docentes; (d) saúde e bem-estar (5 itens), como a alimentação e sono; (e) institucionais (5 itens), como as características das instituições; e (f) financeiros (5 itens), relacionados com dificuldades para pagar despesas inerentes ao ensino superior. Os fatores identificaram em cada país uma boa percentagem da variância dos itens, oscilando entre 59% (Brasil) e 63% (Portugal). Por sua vez, registraram-se bons níveis de consistência interna dos itens, sendo que os valores de α de *Cronbach* obtidos para cada dimensão em cada país são superiores a .70, variando entre .74 e .91, sendo de repetir que a dimensão relativa aos comportamentos, atitudes ou falta de apoio por parte dos professores não foi identificada no Brasil, podendo essa situação estar associada ao fato da amostra ser proveniente de instituições privadas.

Em relação às escalas centradas no risco de abandono, podemos mencionar o Questionário de Intenção Precoce de Abandono da Universidade (EUDIQ-R) (Bernardo et al., 2022) e o Instrumento de *Screening* de Risco de Abandono (Casanova et al., 2021).

O Questionário de Intenção Precoce de Abandono da Universidade (*Early University Dropout Intentions Questionnaire* [EUDIQ-R]) visa medir a intenção de abandono de estudantes do 1º ano do ensino superior. A avaliação para o contexto espanhol contou com 1.921 estudantes. As dimensões do questionário são: (a) autorregulação (6 itens), referente às percepções sobre a aprendizagem autorregulada; (b) adaptação social (3 itens), referente às percepções dos participantes sobre a própria integração social, às suas relações com colegas de turma; e (c) satisfação (4 itens), referente à satisfação dos estudantes com a escolha do curso, expectativas e sentimento de aprender algo relevante. A consistência interna da escala global apresenta α de *Cronbach* = .82 e ω *Mc Donald* = .82; a escala de satisfação apresenta α de *Cronbach* = .81 e ω de *Mc Donald* = .81, a escala de adaptação social, por sua vez, apresenta α de *Cronbach* = .87 e ω de *Mc Donald* = .87; e, por fim, a escala de autorregulação α de *Cronbach* = .80 e ω de *Mc Donald* = .80.

O Instrumento de *Screening* de Risco de Abandono (Casanova et al., 2021) surge da necessidade de dispor de um instrumento a ser usado em larga escala para a avaliação precoce de estudantes em risco de abandono acadêmico. O instrumento integra três escalas referentes a três constructos relevantes na predição do fenômeno, escalas essas que podem, também, ser usadas separadamente. O instrumento integra 12 itens que representam situações comumente mencionadas na literatura sobre exaustão, esgotamento, satisfação e intenção de abandono (Duque et al., 2013). Os itens devem ser respondidos numa escala de concordância tipo Likert de 5 pontos, variando entre: 1 - Discordo totalmente e 5 - Concordo totalmente. As três escalas são: (a) satisfação com a formação (4 itens); (b) exaustão acadêmica (4 itens); e (c) intenção de abandono (4 itens). Na sua construção, os resultados da análise fatorial confirmatória apresentam um bom ajuste quanto à distribuição dos itens pelas três dimensões, tendo-se encontrado níveis adequados de consistência interna dos itens: escala satisfação com a formação (α de *Cronbach* = .81 e ω *Mc Donald* = .80), escala exaustão acadêmica (α de *Cronbach* = .83 e ω de *Mc Donald* = .83), e escala intenção de abandono (α de *Cronbach* = .76 e ω de *Mc Donald* = .75).

Independentemente dos instrumentos de avaliação, a investigação em torno dos motivos e do risco de insucesso e de abandono do ES pode assumir diferentes modalidades metodológicas. Por exemplo, considerando os primeiros anos de frequência do ensino superior como o período crítico, a avaliação pode ocorrer em uma lógica longitudinal, caracterizada pela análise de diferentes variáveis ao longo do tempo ou em diferentes momentos: (i) Avaliação no momento da matrícula. Considerar dados pessoais como: idade, sexo, reprovações prévias, frequência de orientação vocacional, opção do curso e da instituição frequentada, estatuto trabalhador-estudante; dados sociofamiliares como: as habilitações acadêmicas dos pais, ser estudante de primeira geração, ser estudante deslocado. (ii) Avaliação após 6 a 8 semanas. Por ser o período crítico de adaptação a um novo contexto, considerar dados relativos à adaptação acadêmica como, por exemplo, vivências acadêmicas, autoeficácia, satisfação com a formação, exaustão acadêmica; (iii) Avaliação ao final do 1º semestre. Considerar o rendimento acadêmico no 1º semestre, nomeadamente o número de disciplinas concluídas com sucesso e a média obtida, assim como a intenção de abandono; (iv) Avaliação ao final do 1º ano. Considerar o rendimento acadêmico no 1º ano, nomeadamente o número de disciplinas concluídas com sucesso e a média obtida, a progressão no curso ou a situação de abandono, considerando o mês do abandono,

Tabela 1. Exemplos de instrumentos de avaliação na área do abandono do ensino superior

Instrumentos de Avaliação	Dimensões	Nº Itens	Exemplo dos itens
Escala de Motivos para Evasão do Ensino Superior (Ambiel, 2015)	Institucionais	14	Baixa qualidade do corpo docente.
	Pessoais	10	Ter caso de doença grave na família.
	Financeiros	12	Não ter tempo para atividades extracurriculares.
	Carreira	9	O curso poderá não ajudar a conseguir um bom emprego.
	Desempenho acadêmico	6	Ter desempenho baixo em algumas disciplinas.
	Interpessoais	10	Perceber que as pessoas pensam de uma forma muito diferente de mim.
	Autonomia	5	Assumir responsabilidades de morar sozinho.
Questionário Transcultural de Motivos de Abandono do Ensino Superior (QMA_ES) (Almeida et al., 2019)	Sociais	6	Não me identifico com os colegas do meu curso ou instituição.
	Acadêmicos	5	Tenho dificuldade em entender certas matérias das disciplinas.
	Professores	6	Não existe *feedback* dos professores sobre a aprendizagem dos alunos.
	Saúde e bem-estar	5	Não faço tanto exercício como desejaria.
	Institucionais	5	Os serviços da minha instituição funcionam de forma deficitária.
	Financeiros	5	Preciso de um emprego a tempo parcial ou a tempo inteiro para suportar os meus gastos.
Questionário de Intenção Precoce de Abandono da Universidade (Bernardo et al., 2022)	Autorregulação	6	Habitualmente, utilizo estratégias de autorregulação nos meus estudos e aprendizagem.
	Integração social	3	Sinto que me integrei bem com os meus colegas de turma.
	Satisfação	4	Estou satisfeito/a com a minha escolha de curso.
Instrumento de *Screening* de Risco de Abandono do Ensino Superior (Casanova et al., 2021)	Satisfação com a formação	4	Estou satisfeito/a com a formação que estou recebendo nesta universidade.
	Exaustão acadêmica	4	Sinto-me exausto/a devido às atividades do meu curso.
	Intenção de abandono	4	Tenho pensado em deixar o ensino superior.

Fonte: elaborado pela autora.

razões, anulação ou não inscrição: (v) Avaliação após abandono. Considera-se o processo de abandono, nomeadamente o processo de desvinculação e tomada de decisão, razões do abandono, condições para a retomada do ES.

Possibilidades de intervenção

Sendo o abandono um indicador de qualidade do ensino superior e das suas instituições, é crucial que os resultados da investigação na área influenciem as políticas e práticas institucionais. Considerando o abandono como um processo dinâmico e progressivo de tomada de decisões, a intervenção deve ser necessariamente abrangente. Pelo caráter multideterminado, a intervenção pode assumir três modalidades ou funções: promocional, preventiva e remediativa.

A *função promocional* envolve ações que contribuem para as condições de sucesso dos estudantes em diversas áreas de vida, como a social, emocional e acadêmica, visando o ajustamento psicossocial e a persistência, não apenas a permanência. Um exemplo são os programas de tutoria ou mentoria, *workshops* para a promoção da saúde, literacia financeira ou desenvolvimento de competências específicas. Os programas destinados a estudantes do ensino secundário podem também ter essa função, contribuindo para o desenvolvimento de expectativas acadêmicas mais realistas, facilitando a transição para o ensino superior.

A *função preventiva* consiste em ações baseadas nos determinantes e trajetórias de insucesso e abandono, focando no processo de desvinculação gradual e na tomada de decisão de abandono. A eficácia dessas ações depende da análise específica de um contexto particular, podendo incluir medidas administrativas, como a monitorização dos percursos acadêmicos dos estudantes, a identificação de estudantes em situações de maior risco de insucesso ou exclusão social e a implementação de medidas de acompanhamento dos estudantes que previnam o abandono tardio (no final do curso) por já conseguirem aceder ao mercado de trabalho, mesmo sem a habilitação acadêmica obtida.

A *função remediativa* compreende ações que oferecem alternativas para não abandonar ou que possibilitam o reingresso. Por exemplo, sinalizar estudantes sem assiduidade, ou que não realizam as avaliações iniciais, encaminhando para os órgãos ou serviços institucionais que melhor possam apoiar o estudante.

Tabela 2. Áreas de intervenção no abandono acadêmico

Áreas de intervenção	Exemplos
Institucional	Implementação de medidas específicas de intervenção no abandono nos eixos e estratégias institucionais, medidas de monitorização de percursos acadêmicos dos estudantes, simplificação de processos administrativos, reforço das medidas de apoio social e formação de docentes.
Estudo e Aprendizagem	Atendimentos tutoriais, aulas compensatórias, maior equilíbrio entre teoria e prática, promoção de formas cooperativas de aprendizagem, enriquecimento curricular e avaliação contínua.
Desenvolvimento Vocacional e Gestão de Carreira	*Workshops*, palestras, estágios ao longo do curso, gabinetes de empregabilidade, ações com diplomados, interação com a sociedade.
Desenvolvimento Psicossocial	Atividades de convívio e socialização, culturais ou artísticas, que promovam o desenvolvimento global, o desenvolvimento de competências transversais, a adaptabilidade, o sentido de pertença.
Saúde e Bem-Estar	Ações que promovem a adoção de estilos de vida saudável, serviços de apoio médico e psicológico, ações que visam à construção de um espaço de convivência salutar, seguro e promotor de saúde mental.

Fonte: elaborado pela autora.

As estratégias para promoção do sucesso, prevenção e remediação do abandono podem ser definidas em diferentes níveis ou enfoques (cf. Tabela 2). Elas reconhecem a complexidade do abandono como resultado de circunstâncias pessoais e institucionais em um determinado momento sociopolítico (Casanova et al., 2019).

Nesse sentido, a intervenção no abandono acadêmico pode (e deve) ser abordada de maneira multifacetada, considerando a variedade de fatores envolvidos e adaptando-se a cada contexto específico. É, ainda assim, indispensável que as intervenções estejam alinhadas, ou integradas, nos planos estratégicos das instituições. Por diversas vezes, as iniciativas surgem no âmbito de projetos, com maior ou menor abrangência e financiamento, e estão inicialmente alocadas a pessoas específicas. De forma a potenciar esses projetos e a sua formalização em políticas institucionais, é importante que se assegure a continuidade das medidas que se mostram sustentáveis e com impacto e eficácia, prevenindo o fim da sua implementação devido à saída da pessoa responsável, fim do financiamento, mudanças na administração ou outros motivos.

Prevenção do abandono: Um relato de intervenção

Apresenta-se um exemplo de um programa de apoio implementado junto de estudantes do 1º ano nos cursos de educação de uma universidade pública no norte de Portugal (Casanova et al., 2022). O programa de intervenção foi implementado durante o período da pandemia e teve como objetivo geral promover a adaptação, o sucesso e a persistência acadêmica desses alunos. O programa foi concretizado em colaboração com o Conselho Pedagógico, um órgão de gestão acadêmica que inclui docentes e representantes dos alunos. As sessões foram dinamizadas por uma psicóloga, investigadora na área do abandono do ensino superior, e ocorreram no contexto de sala de aula, com duração de cerca de uma hora. Os objetivos específicos consistiram em: (i) facilitar as interações entre os estudantes; (ii) facilitar a identificação pelos estudantes dos desafios e oportunidades para aprendizagem e bem-estar; (iii) analisar a satisfação acadêmica, o envolvimento na aprendizagem e na relação com colegas e professores; e (iv) analisar experiências acadêmicas como aulas e aprendizagem, primeiros resultados no desempenho acadêmico, satisfação ou intenção de desistência.

Numa primeira etapa, sob o tema: Ser estudante do ensino superior: a importância de um bom começo, foram propostas várias atividades para facilitar a identificação de desafios e oportunidades de aprendizagem e bem-estar no ensino superior. Numa segunda etapa, sob o tema: Ser estudante do ensino superior em tempos de pandemia: sucesso acadêmico e realização, abordou-se a satisfação acadêmica, o envolvimento na aprendizagem e a relação com colegas e professores nas primeiras semanas no ensino superior. Numa terceira etapa: Ser estudante do ensino superior: como está a correr, analisou-se as experiências acadêmicas, como aulas e aprendizagem, os primeiros resultados acadêmicos, a satisfação e a intenção de abandono após os primeiros exames.

Todas as atividades propostas aos estudantes implicavam a participação ativa, também com recurso das ferramentas digitais. A participação por intermédio de meios digitais permitiu tornar as contribuições de cada um, ainda que anônimas, visíveis para todos na turma. Essa partilha e reflexão conjunta foi ponto de partida para nomear, normalizar algumas emoções e percepções dos estudantes tanto as positivas quanto as negativas. De maneira conjunta, a pesquisadora e os estudantes construíram esses momentos com algumas informações sobre o que a literatura científica e os dados institucionais dos anos anteriores indicaram acerca desse período na universidade.

Relativamente aos resultados, pode-se dizer, de forma global, que os estudantes descrevem as suas experiências de adaptação ao ensino superior, manifestando as dificuldades e exigências sentidas. Mais frequentemente, usam palavras como "confuso" e "estressante" para mencionar aspectos negativos; e palavras como "conquista", "sonho", ou "entusiasmo" para os aspectos positivos. Como recursos pessoais e sociais, os estudantes destacam a importância de partilhar pensamentos e sentimentos com os pares, a sua adaptação aos colegas de curso e as interações positivas por meio de novos laços de amizade. Como pontos de maior preocupação e dificuldade, os alunos apresentam dificuldades em organizar as tarefas e o tempo de forma a concluir as atividades dentro do prazo, o ritmo das aulas e manter o estudo em dia ao longo do semestre. Os resultados obtidos por meio do Instrumento de *Screening* de Risco de Abandono permitiram verificar que os estudantes que participaram das sessões estavam satisfeitos com a formação superior que estavam recebendo. No entanto, manifestaram níveis de exaustão devido à quantidade, profundidade e extensão das atividades acadêmicas. Numa avaliação das sessões do programa, os alunos mostraram entusiasmo e manifestaram elevados níveis de satisfação com os conteúdos, as atividades das sessões e a duração, exprimindo a relevância de se considerar algum tempo letivo para a reflexão acerca das experiências individuais de cada estudante.

Considerações finais

Este capítulo apresenta os desafios associados ao abandono do ensino superior, destacando a necessidade de abordagens multidimensionais e multiníveis para prevenir ou remediar o fenômeno. A compreensão aprofundada desse problema é crucial para o desenvolvimento de estratégias eficazes que promovam a retenção e a conclusão dos cursos. Entendendo o abandono acadêmico como um processo de desvinculação gradual dos estudantes, bem como a identificação precoce de risco, permite às instituições implementar estratégias que previnam a ocorrência do abandono. Estudos sobre as características da população estudantil e o recurso a instrumentos de avaliação adequados são essenciais e facilitados pelos avanços ocorridos nas últimas décadas em termos de recursos digitais de recolha e de softwares de análise de dados. Para os sistemas e para as instituições educativas, a análise em larga escala pode ser fundamental, a fim de conhecer tendências, perfis e apoiar a tomada de decisão informada e atempada. Essa abordagem permite uma conduta baseada em dados agregados, possibilitando apoiar medidas que beneficiem grupos de estudantes. Também, estudos qualitativos podem contribuir para um conhecimento mais aprofundado dos processos de desenvolvimento, adaptação e tomada de decisão dos alunos.

Independentemente da ação e dos objetivos específicos da avaliação, o aspecto central será a intencionalidade dessa análise e o compromisso ético de dar continuidade (entenda-se, resposta) às necessidades ou pontos de preocupação identificados no decorrer dos procedimentos de avaliação. A implementação institucional de programas que promovam o sucesso, o envolvimento e a persistência acadêmica é bastante desafiadora devido à diversidade de estudantes e suas necessidades. Tais programas devem ser informados por um conhecimento aprofundado das características e experiências dos alunos, assim como dos recursos disponíveis e do valor atribuído pelos estudantes às iniciativas. Um programa de intervenção bem-sucedido leva tempo e deve respeitar as características socioculturais da instituição e da comunidade em que ocorre, sempre com o objetivo principal de atender às necessidades reais (Tinto, 2012).

Em conclusão, o ensino superior é um contexto desafiador, mas também provisor, seja pelas oportunidades de desenvolvimento pessoal, social e profissional que oferece, seja pelo contributo para a construção de sociedades mais inclusivas, preparadas e competentes, sobretudo com oportunidades de acesso a melhores e mais dignas condições de vida.

Referências

Adabaş, A., & Kaygin, H. (2016). Lifelong learning key competence levels of graduate students. *Universal Journal of Educational Research*, *4*(12A), 31-38. https://doi.org/10.13189/ujer.2016.041305

Almeida, L., Casanova, J. R., Bernardo, A. B., Cervero, A., Santos, A. A. A., & Ambiel, R. A. M. (2019). Construção de um questionário transcultural de motivos de abandono do ensino superior. *Avaliação Psicológica*, *18*(2), 201-209. https://doi.org/10.15689/ap.2019.1802.17694.11

Ambiel, R. A. M. (2015). Construção da escala de motivos para evasão do ensino superior. *Revista Avaliação Psicológica*, *14*(1), 41-52. https://doi.org/10.15689/ap.2015.1401.05

Araújo, A. M. (2017). Sucesso no ensino superior: Uma revisão e conceptualização. *Revista de Estudos e Investigación en Psicología y Educación*, *4*(2), 132-141. https://doi.org/10.17979/reipe.2017.4.2.3207

Banks, T., & Dohy, J. (2019). Mitigating barriers to persistence: A review of efforts to improve retention and graduation rates for students of color in higher education. *Higher Education Studies*, *9*(1), 118. https://doi.org/10.5539/hes.v9n1p118

Bernardo, A. B., Esteban, M., Cervero, A., Tuero, E., & Herrero, F. J. (2022). Validation of the Early University Dropout Intentions Questionnaire (EUDIQ-R). *Journal of Higher Education Theory and Practice*, *22*(10), 17-29. https://doi.org/10.33423/jhetp.22i10.5384

Casanova, J. R., Bernardo, A., & Almeida, L. S. (2019). Abandono no ensino superior: Variáveis pessoais e contextuais no processo de decisão. In L. S. Almeida (Ed.), *Estudantes do Ensino Superior: Desafios e oportunidades* (pp. 233-256). Adipsieduc.

Casanova, J. R., Cervero, A., Núñez, J. C., Almeida, L. S., & Bernardo, A. (2018). Factors that determine the persistence and dropout of university students. *Psicothema*, *30*(4), 408–414. https://doi.org/10.7334/psicothema2018.155

Casanova, J. R., Gomes, A., Moreira, M. A., & Almeida, L. S. (2022). Promoting success and persistence in pandemic times: An experience with first-year students. *Frontiers in Psychology*, *13*. https://doi.org/10.3389/fpsyg.2022.815584

Casanova, J. R., Gomes, C. M. A., Bernardo, A. B., Núñez, J. C., & Almeida, L. S. (2021). Dimensionality and reliability of a screening instrument for students at-risk of dropping out from Higher Education. *Studies in Educational Evaluation*, *68*, 100957. https://doi.org/10.1016/j.stueduc.2020.100957

Casanova, J. R., Vasconcelos, R., Bernardo, A. B., & Almeida, L. S. (2021). University dropout in engineering: Motives and student trajectories. *Psicothema*, *33*(4), 595-601. https://doi.org/10.7334/psicothema2020.363

Cvetkovski, S., Jorm, A. F., & Mackinnon, A. J. (2018). Student psychological distress and degree dropout or completion: A discrete-time, competing risks survival analysis. *Higher Education Research and Development*, *37*(3), 484-498. https://doi.org/10.1080/07294360.2017.1404557

Diniz, A. M., Alfonso, S., Araújo, A. M., Deaño, M. D., Costa, A. R., Conde, Â., & Almeida, L. S. (2018). Gender differences in first-year college students' academic expectations. *Studies in Higher Education*, *43*(4), 689-701. https://doi.org/10.1080/03075079.2016.1196350

Duque, L. C., Duque, J. C., & Suriñach, J. (2013). Learning outcomes and dropout intentions: An analytical model for Spanish universities. *Educational Studies*, *39*(3), 261-284. https://doi.org/10.1080/03055698.2012.724353

Engrácia, P., & Baptista, J. O. (2018). *Percursos no enino superior: Situação após quatro anos dos alunos inscritos em licenciaturas de três anos*. DGEEC.

Harman, K. (2017). Democracy, emancipation and widening participation in the UK: Changing the "distribution of the sensible". *Studies in the Education of Adults*, 49(1), 92-108. https://doi.org/10.1080/02660830.2017.1283757

Kuh, G. D., Kinzie, J., Schuh, J. H., & Whitt, E. J. (2011). *Student success in college: Creating conditions that matter*. John Wiley & Sons.

Lindblom-Ylänne, S., Haarala-Muhonen, A., Postareff, L., & Hailikari, T. (2017). Exploration of individual study paths of successful first-year students: an interview study. *European Journal of Psychology of Education*, 32(4), 687-701. https://doi.org/10.1007/S10212-016-0315-8

Mujica, A. D., Villalobos, M. V. P., Bernardo Gutiérrez, A. B., Fernández-Castañón, A. C., & González-Pienda, J. A. (2019). Affective and cognitive variables involved in structural prediction of university dropout. *Psicothema*, 31(4), 429-436. https://doi.org/10.7334/psicothema2019.124

Organização das Nações Unidas. (2020). *Transforming our World: The 2030 Agenda for Sustainable Development*. Recuperado de https://doi.org/10.1201/b20466-7

Organização para a Cooperação e Desenvolvimento Econômico. (2019). *Education at a Glance 2019: OECD Indicators*. OCDE. https://doi.org/10.1787/f8d7880d-en

Pascarella, E. T., & Terenzini, P. T. (2005). *How college affects students: A third decade of research* (Vol. 2). Jossey-Bass.

Reppold, C., Kaiser, V., Zanon, C., Hutz, C., Casanova, J. R., & Almeida, L. S. (2019). Escala de Satisfação com a Vida: Evidências de validade e precisão junto de universitários portugueses. *Revista de Estudios e Investigación en Psicología y Educación*, 6(1), 15-23. https://doi.org/10.17979/reipe.2019.6.1.4617

Respondek, L., Seufert, T., Stupnisky, R., & Nett, U. E. (2017). Perceived academic control and academic emotions predict undergraduate university student success: Examining effects on dropout intention and achievement. *Frontiers in Psychology*, 8, 1-18. https://doi.org/10.3389/fpsyg.2017.00243

Rumberger, R. W. (2011). *Dropping out: Why students drop out of high school and what can be done about it*. Harvard University Press.

Ryan, R. M., & Deci, E. L. (2000). Self-determination theory and the facilitation of intrinsic motivation, social development, and well-being. *American Psychologist*, 55(1), 68-78. https://doi.org/10.1037/0003-066X.55.1.68

Tight, M. (2019). Student retention and engagement in higher education. *Journal of Further and Higher Education*, 1-16. https://doi.org/10.1080/0309877X.2019.1576860

Tinto, V. (1975). Dropout from higher education: A theoretical synthesis of recent research. *Review of Educational Research*, 45, 89-125.

Tinto, V. (2012). *Completing college: Rethinking institutional action*. The University of Chicago Press.

Wang, C., & Zhao, H. (2020). The Impact of COVID-19 on Anxiety in Chinese University Students. *Frontiers in Psychology*, 11, 1168. https://doi.org/10.3389/fpsyg.2020.01168

Wilson, C. A., Babcock, S. E., & Saklofske, D. H. (2019). Sinking or swimming in an academic pool: A Study of resiliency and student success in first-year undergraduates. *Canadian Journal of Higher Education*, 49(1), 60-84. https://doi.org/10.7202/1060824ar

58
Qualidade de vida: manejos da avaliação e procedimentos interventivos

Sabrina Martins Barroso

Highlights
- Qualidade de vida é uma percepção subjetiva e multicausal;
- Existem escalas para avaliar qualidade de vida, mas não pontos de corte definidos;
- Propostas interventivas focam em espaço físico, formas de ensino e relações pessoais.

O que faz uma vida ser boa? Como é uma vida feliz? Essas perguntas têm inúmeras respostas possíveis baseadas em critérios subjetivos, o que pode dificultar a compreensão sobre o que é qualidade de vida, de fato. Mas esse é um construto cada vez mais importante, por isso este capítulo abordará como a qualidade de vida é cientificamente compreendida e como se manifesta em contexto educacional. Serão inicialmente apresentados alguns determinantes para a qualidade de vida e seus impactos educacionais e gerais. Formas de avaliá-la serão apresentadas, assim como pontos pertinentes para criar propostas para intervenção.

Os escandinavos são percebidos como um dos povos mais felizes do mundo e lideram os *rankings* globais de qualidade de vida. Eles contam com um bom sistema de saúde e segurança, boas escolas, renda e um regime de trabalho de seis horas diárias, ao longo de quatro ou cinco dias úteis semanais. Isso poderia explicar sua felicidade; mas, segundo a interpretação da população escandinava, seus motivos para sentirem-se felizes vêm de uma filosofia de vida largamente difundida na região, chamada *lagom* que, de forma simplificada, significa viver sem excessos, de maneira integrada e sustentável (Bragdo et al., 2023). Essa filosofia incentiva estar focado integralmente nas experiências, consumir o necessário e valorizar mais as relações do que as posses. É a essa forma mais integrada de vida que eles atribuem os índices de felicidade relatados em sua população.

Seria inocente acreditar que, sem os fatores objetivos iniciais (garantias quanto à alimentação, saúde e segurança), a filosofia de vida *lagom* pudesse garantir a felicidade da população. Mas ela acrescenta dois pontos importantes para se pensar o tema: cultura e expectativas pessoais. Aprendemos o que é qualidade de vida com nossos pares, da mesma forma que aprendemos sobre sucesso, realização e convivência social. Se uma cultura valoriza independência e acúmulo de riqueza, conseguir tais coisas passará a ser importante para seus integrantes e esse valor estará no imaginário do que é necessário para ser feliz. A competição passará a ser valorizada, pois nem todos poderão acumular de igual forma e, por vezes, verei rivais entre pessoas com objetivos similares. Por outra vertente, se a cultura valoriza colaboração e formação de vínculos significativos, essa será a métrica para que uma população defina seu plano de felicidade e conduza muitas de suas ações. Nesse cenário, as parcerias são incentivadas, para que as melhores qualidades de cada indivíduo complementem a dos demais em prol de algo coletivo.

Segundo a Organização Mundial da Saúde (OMS) (1998), qualidade de vida é uma percepção individual sobre a inserção na vida, cultura e valores em que uma pessoa vive, bem como em relação aos seus objetivos, expectativas, padrões e preocupações. E, para a OMS, é possível avaliá-la com instrumentos que verificam aspectos físicos, psicológicos, níveis de independência, relacionamentos sociais, ambiente e crenças pessoais/religiosidade/espiritualidade (Organização Mundial da Saúde [OMS], 1998). Outra forma de mensurar a qualidade de vida baseia-se no poder de compra, possibilidade de comprar uma casa própria, tempo de permanência no trânsito para locomoção entre locais e nos indicadores de poluição do país, custo de vida, segurança, oferecimento de cuidados de saúde e de cuidados climáticos (Numbeo, 2023). Mas todos os índices são sobre percepções acerca da qualidade de vida, deixando claro que esse é um construto subjetivo.

Crescer em um país economicamente estável, que garante direitos básicos à alimentação, segurança, saúde e educação certamente contribui para a qualidade de vida de uma população, mas estudos mostram que algo mais é necessário. A cultura tem um grande peso nessa percepção e esse é o ponto nodal no qual a educação entra nessa discussão.

Como fisicamente construímos nossas escolas (seus espaços arquitetônicos), que papéis atribuímos aos integrantes dos ambientes educacionais – estudantes, professores, técnicos, auxiliares –, como definimos o que deve ser ensinado e o que entenderemos por aprendizagem, tudo passa por aspectos sócio-histórico-culturais que refletem os valores de um país. Esses mesmos aspectos serão as peças que comporão a qualidade de vida das pessoas ao longo do processo educacional e, posteriormente, ao longo de toda a vida.

O atual modelo educacional brasileiro é conteudista, focado grandemente em memorização e padronização da forma de avaliar o aprendizado (Silva, 2020). Ele também fomenta a competitividade entre os estudantes, pois acredita que essa posição favoreça seu engajamento. Em um país que apenas nos últimos anos passou a ter maioria de pessoas alfabetizadas e com uma parcela ainda inferior a 30% da população com nível universitário (Instituto Brasileiro de Geografia e Estatística [IBGE], 2023), a massificação do ensino e a adoção de medidas majoritariamente objetivas de avaliação podem ser estratégias úteis, já que permitem que mais pessoas recebam "a mesma" educação. Mas, a cada dia, torna-se mais gritante que a saúde mental e a qualidade de vida dos estudantes são negativamente impactadas por relações menos afetivas e pela necessidade de enquadramento a um sistema que não foi pensado para abraçar diferenças individuais.

Estudos em todos os níveis educacionais relatam sintomas ansiosos e depressivos nos alunos e professores tanto no Brasil quanto internacionalmente. Entre os estudantes, investiga-se a presença de sintomas de depressão e ansiedade, em especial os universitários de cursos de medicina e enfermagem (Barroso et al., 2023; Freitas et al., 2023). A qualidade de vida dos pós-graduandos também tem mostrado impactos negativos e trazido preocupações (Cesar et al., 2021). Mas não focar tanto nos alunos mais jovens não significa que eles estão bem.

Pesquisas sobre os estudantes dos níveis iniciais e os mais jovens relatam boa qualidade de vida, bem como indicam que essa também é a percepção de seus pais. Contudo, mostram piora à medida que as crianças se aproximam da adolescência, havendo especial perda no caso das meninas (Calzada-Rodríguez et al., 2023). Os estudantes das últimas séries do primeiro grau e os estudantes do segundo grau (ou seus equivalentes internacionais) passam a relatar pior qualidade de vida, sendo os 13/14 anos uma idade particularmente importante (Calzada-Rodríguez et al., 2023). Essa piora é atribuída por alguns autores devido ao aumento de responsabilidades, tentativa de independência do modo de vida dos pais e preocupações com o futuro (Fernandes & Lemos, 2022).

Mas outras explicações passam pela forma como algumas relações são alteradas para valorar apenas resultados concretos e a comparação com o desempenho dos demais. E, embora a qualidade de vida seja menos avaliada nessa população, as relações entre sintomatologia, aumento dos diagnósticos psiquiátricos e a evasão escolar podem ser medidas indiretas de que precisamos rever alguns aspectos educacionais e culturais urgentemente (Fernandes et al., 2023).

Entre os professores há mais investigações sobre *burnout* e depressão do que sobre qualidade de vida. Essa realidade, por si só, já é um reflexo de como nossa cultura percebe profissionais. Se adoecem e se afastam, há um problema; se não estão felizes e integrados, mas seguem funcionais, há pontos mais urgentes para investigar. Mas os trabalhos existentes mostram níveis medianos de qualidade de vida entre professores, com melhor autoavaliação do domínio relacional (Guimarães et al., 2020). Índices mais baixos de qualidade de vida têm sido associados a piores condições de trabalho, pior percepção sobre a própria saúde e falta de motivação para o ofício.

Perceber a importância da qualidade de vida é um passo importante. Contudo, para que qualquer intervenção possa ser pensada, é necessário entender a situação e, para isso, é necessário avaliar a qualidade de vida.

Possibilidades de avaliação

A busca por uma educação de qualidade não se resume ao desenvolvimento acadêmico, mas também à promoção do bem-estar e da qualidade de vida. Avaliar a qualidade de vida é mostrar preocupação com a forma como subjetivamente uma pessoa incorpora e se sente pertencendo aos valores sociais vigentes em sua região e momento histórico. No caso da avaliação em crianças e adolescentes, saber sobre sua qualidade de vida é importante para entender seu comportamento presente e impactos possíveis sobre seu futuro. Os estudos mostram maior risco para depressão, desajustamento social e pior bem-estar subjetivo em adultos que foram avaliados com baixa qualidade de vida durante a infância (Haraldstad et al., 2019). Essa indicação não reduz a relevância de entender como adultos significam sua integração aos valores culturais, apenas demonstra o erro de ignorar a qualidade de vida em outras etapas de vida.

Apesar de ser um conceito subjetivo, é bastante frequente que a qualidade de vida seja avaliada por meio de instrumentos objetivos, em especial escalas, por isso se fala em "percepção da qualidade de vida" e não da sua medida concreta. Os instrumentos mais usados são os criados pela Organização Mundial da Saúde (OMS, 1998), a saber: o World Health Organization Quality of Life (WHOQOL), com 100 itens, e sua versão breve World Health Organization Quality of Life Bref (WHOQOL-bref), com 26 itens. Posteriormente, foram disponibilizadas versões específicas para pessoas idosas e soropositivas para HIV. Houve uma comissão formada para criar tais instrumentos e eles contam com validação para dezenas de países, o que aumenta a possibilidade de comparação dos resultados observados. Mas, pelas características teóricas da qualidade de vida, esses instrumentos não oferecem classificação em níveis como ruim, média e boa, por exemplo, apenas indicam que valores mais altos representam melhor qualidade de vida.

Isso não significa que sejam os únicos instrumentos disponíveis. No Sistema de Avaliação de Testes Psicológicos (Satepsi) (Conselho Federal de Psicologia [CFP], s.d.), recomenda-se para o uso por psicólogos brasileiros o Questionário de Qualidade de Vida SF-36 e o Escala de Qualidade de Vida da Pessoa Idosa. Além disso, há outros instrumentos, adotados internacionalmente, que podem ser considerados para contexto de pesquisa no Brasil. Entre eles destaca-se a Health Self-perception and Pediatric Quality of Life Inventory (PedsQL 4.0) (Varni et al., 2001), escala para avaliar a qualidade de vida em crianças e adolescentes. Esse instrumento avalia quatro domínios: o físico, emocional, social e escolar. E o Kidscreen10 (Ravens-Sieberer, 2010), que avalia a qualidade de vida de crianças e adolescentes nos contextos de família, grupo de pares e escola, nas dimensões cognitiva e afetiva-emocional. Há, ainda, o HRQoL Questionaire, adotado para avaliação de adultos (Ascef et al., 2017). Para populações específicas, o Questionnaire for Children with Cerebral Palsy (CP QOL-CHILD) também se encontra validado (Braccialli et al., 2018).

Além das escalas, pode-se fazer uma avaliação qualitativa da qualidade de vida por meio de entrevista e observação. Nesse caso, perguntar sobre quão integrada a pessoa se sente, em que se identifica com seus pares e cultura, quão aceita se percebe pelos demais, bem como o que sente falta e espera alcançar, pode ajudar a ter uma noção sobre a qualidade de vida. Além disso, observar adesão a padrões sociais e da moda (roupas, penteado, bens de consumo) e a subgrupos culturais pode trazer mais informações, ajudando a criar um quadro mais completo sobre a qualidade de vida para aquela pessoa.

Possibilidades de intervenção

Vários aspectos que impactam a qualidade de vida precisam de mudanças em condições socioeconômicas e sociais para serem alteradas. Isso significa que políticas públicas inclusivas e de combate às desigualdades sociais podem contribuir para a melhoria da qualidade de vida geral da população.

Mas os profissionais de psicologia podem contribuir para melhorar a realidade das pessoas com quem atuam, seja psicoeducando, avaliando ou participando de intervenções mais diretas. Na sequência serão detalhados alguns pontos possíveis para intervenção já identificados e que podem compor um plano local de busca por melhor qualidade de vida.

Sobre os espaços físicos e saúde geral

No ambiente educacional, as intervenções existentes passam tanto pela modificação do ambiente quanto pelas relações e pela forma como a pessoa maneja seu tempo e suas percepções de valores. Dada a forma como o ensino é concebido, na maior parte dos países, as escolas são preparadas para posicionamento das carteiras estudantis em filas e poucos espaços para convivência. O atual modelo já foi uma evolução do modelo de "púlpito" adotado no passado, mas ainda deixa largas margens para melhorias, já que alguns projetos arquitetônicos mostraram como tais ambientes podem favorecer (ou não) processos psicológicos e o bem-estar de seus frequentadores (Oliveira, 2020).

A presença de espaços arborizados, jardins e bosques auxiliam no processo de bem-estar e combate ao estresse. Como está cada vez mais comum que as famílias vivam em apartamentos ou casas pequenas, e que esses espaços não tenham áreas de convivência, a existência de espaços verdes no ambiente educacional pode se mostrar uma alternativa duplamente interessante. Incluir atividades ao ar livre e visitas a parques na rotina escolar também contribui, sobretudo por ampliar o contato com a natureza e criar oportunidades para aprendizagem ativa.

A organização espacial das escolas pode, ainda, fazer parte dos programas de intervenção focados na qualidade de vida de outras formas, a saber: (1) ergonomia; (2) criação de espaços de convivência; (3) "pessoalização" dos ambientes educacionais; (4) incorporação do cuidado do espaço como vivência coletiva.

Adaptar o ambiente escolar a necessidades de seus integrantes é uma das formas mais efetivas de mostrar a eles respeito e consideração. Todos permanecem por longos períodos em uma mesma cadeira/carteira, portanto, esse móvel precisa ser ergonomicamente pensado para proteção física e conforto. O mesmo vale para iluminação, acesso à água e banheiros, e até mesmo para guardar o material escolar. Os estudantes canhotos precisam ter facilidade para encontrar carteiras que lhes permitam escrever sem contorcer-se. Os estudantes cadeirantes precisam de espaços que fomentem sua autonomia. Os muito altos ou os baixos, itens que tragam conforto. Aqueles com maior hiperatividade precisam de um local em que possam alongar-se ou fazer pequenas caminhadas, tanto quanto precisam de autorização para fazê-las e compreensão sobre os motivos que as tornam necessárias.

A ideia geral aqui é que embora as escolas sejam ambientes padronizados, não podem fazer com que a métrica média seja a única existente, e que as pessoas que não se encaixarem sintam-se rejeitadas ou precisem demandar diariamente esforços extras apenas para terem os mesmos direitos dos demais. A cada ano, mais pessoas com características que fogem ao perfil desse "estudante médio" são inseridas no contexto educacional e, para que sejam integradas e tenham uma boa qualidade de vida, suas necessidades físicas e de conforto devem ser pensadas.

Muitas escolas e universidades já incluem atividades físicas em seu currículo e os estudos mostram o potencial desse tipo de atividade para reduzir sintomas depressivos, ansiosos e promover o bem-estar (Estevam et al., 2021). Caso sejam pensadas segundo as preferências dos estudantes, as atividades físicas e esportivas podem ser fontes importantes de melhoria de qualidade de vida. Essas práticas auxiliam na saúde física, no equilíbrio emocional e podem ser o motivo da integração dos estudantes para um fim, como, por exemplo, torcer em um campeonato.

Os cuidados que devem ser tomados são os de não fomentar apenas competitividade, em detrimento de companheirismo, e de conseguir funções valorizadas para todos, não apenas para os participantes com maior destreza física. Atividades como confeccionar os uniformes, torcer pelos colegas e auxiliar nos preparativos devem ser igualmente pensadas, pois podem ampliar o senso de eficácia e participação daqueles que não se destacam fisicamente. Em competições há, ainda, a oportunidade de trabalhar a regulação emocional e atitudes positivas diante da vitória e da derrota.

A oferta de alimentação balanceada, com maior inclusão de frutas e alimentos naturais, reduzindo ultraprocessados, também é uma medida a ser adotada quando o foco é a qualidade de vida. A realidade das escolas brasileiras é muito diversa, mas, sempre que possível, dificultar o acesso a açúcar e ultraprocessados deve ser uma medida adotada, dados os benefícios que isso acarreta para a saúde. Além disso, quando possível, pode-se pensar em incluir a observação, plantio e recolha de frutas e verduras como parte das atividades educacionais. Esse tipo de medida torna o aprendizado mais ativo e lúdico, com potencial para melhorar o aprendizado tanto quanto para melhorar o bem-estar.

Outro ponto a ser pensado são locais que favoreçam o descanso ativo e a convivência. Os espaços para convivência, como bancos sob árvores, mesas para partilhar refeições e ambientes de descanso livre, aumentam a chance de interação entre os estudantes. Tal interação, por sua vez, tem sido relacionada com aumento do bem-estar subjetivo, segurança alimentar, redução da solidão e melhoria da qualidade de vida (Savoie-Roskos et al., 2023). Sentir-se integrado com os colegas e poder contar com eles em um momento de necessidade são fontes importantes de bem-estar, em especial durante os anos escolares. Espaços coletivos, que não são de uso obrigatório, nem estão sempre associados a tarefas, tendem a ser mais utilizados para atividades recreacionais livres e interações sociais positivas.

O senso de pertencimento também pode ser impulsionado com a inclusão de itens opcionais, escolhidos pelos integrantes da escola, nas salas de aula e corredores. Quadros, plantas e outros itens podem ser escolhidos e alterados periodicamente, auxiliando o processo de dinamização do ambiente e criando um espaço percebido como seguro e afetivo.

O próprio uniforme escolar foca no pertencimento, permitindo o rápido reconhecimento de algo em comum com outros. Contudo, seu caráter obrigatório mitiga o potencial para utilizá-lo em programas de melhoria de qualidade de vida. Ainda assim, exceções existem. O uniforme negro, com gravata e capa da Universidade de Coimbra não é de uso obrigatório, mas uma parcela significativa dos estudantes dessa instituição adere voluntariamente a ele, pelo senso de pertencimento e para receber o reconhecimento que esse adereço confere. Por ser tradicional na cidade onde a universidade se situa, as pessoas os reconhecem como universitários, conferindo algum nível de *status* social aos estudantes enquanto o utilizam. Similarmente, cria-se uma camaradagem implícita entre as pessoas que estão com o uniforme, de forma que, mesmo que não se conheçam pessoalmente, têm mais chances de iniciar uma conversa ou se ajudar mutuamente.

Quando esses pontos estão presentes (todos ou alguns), a escola é percebida como um espaço de todos e atividades coletivas, focadas em sua manutenção ou reestilização do ambiente podem ser implantadas. De acordo com a faixa etária de cada estudante e com o conteúdo letivo, algumas tarefas como molhar as plantas da escola, criar adesivos e cartazes informando sobre onde depositar o lixo, participar de campanhas para arrecadação de fundos para um objetivo comum e várias outras estratégias podem ser inseridas na rotina escolar. Dependendo de como a proposta é feita para os estudantes, tais atividades viram fontes de integração e não uma nova cobrança imposta sobre eles, sendo valorizadas e ampliando a percepção de poder pessoal nas transformações sociais.

Sobre o ensinar

O respeito deve se fazer presente também no processo de ensino-aprendizagem. A adoção de metodologias ativas de ensino favorece o envolvimento com o processo de aprendizagem e melhora a percepção sobre o fato de se estar no ambiente educacional (Versuti et al., 2021). Focar no processo de construção de conhecimento, resolução de problemas e desenvolvimento de projetos interdisciplinares tende a receber uma reação mais positiva e participativa do que o uso de métodos tradicionais.

Além disso, a valorização da argumentação e do pensamento crítico precisa ser parte permanente do processo formativo. A flexibilidade de métodos avaliativos pode ser outra importante ferramenta. Pessoas apresentam formas distintas de processar informações e relacioná-las, se as instituições de ensino permitem utilizar tais características individuais de forma ativa, o processo de conhecer será enriquecido. As discussões de pessoas com diferentes percepções e pontos de vista podem, ainda, auxiliar no processo de desenvolvimento da empatia e respeito à diversidade.

O mesmo vale para as avaliações. Mensurar o aprendizado é parte integrante do modelo de ensino, mas as formas como tal medida deve ser feita podem ser flexibilizadas. Se uma turma fica muito ansiosa diante de uma prova com questões objetivas, é possível propor o desenvolvimento de outra tarefa, que deixe claro o que guardaram sobre o tema estudado? Adotar formas avaliativas que valorizem o progresso individual e a zona de desenvolvimento proximal, em que é perceptível que o estudante esteja no processo de adquirir a habilidade ou conhecimento, também pode ser uma alternativa. Permitir que os alunos mostrem seu aprendizado de outra forma pode trazer desafios aos profissionais, mas mostra na prática o tipo de respeito inclusivo tão presente nos discursos atuais sobre educação e inclusão.

Cabe explicitar, entretanto, que essa proposta não significa perda do rigor ou da qualidade de ensino, mas sim flexibilizar algumas práticas arraigadas e fazer ajustes para promover uma forma afetiva de interação, que favoreça a construção conjunta de conhecimento e respeite as peculiaridades dos envolvidos. Quando há uma relação fraterna e de confiança entre profissionais e estudantes, há maior retenção de conteúdo, melhor percepção sobre a escola e redução no índice de abandono escolar.

Sobre as relações e a saúde mental

Focar na relação requer uma mudança de padrão de olhar. No ambiente educacional, bem como no laboral, o foco do olhar frequentemente está sobre o erro, sobre o que falta e sobre a meta final. Essa percepção é fria e faz com que a nota seja vista como um *feedback* suficiente e os erros sejam destacados com maior frequência do que os acertos ou avanços. Trabalhar a relação ao longo do processo de aprendizagem diz muito mais sobre fornecer *feedback* construtivo, sobre a percepção da evolução individual e os pontos fortes, tanto quanto (ou bem mais, se possível), do que apenas um *feedback* punitivo.

Em uma tentativa de mudar a frieza que, por vezes, acerca as instituições de ensino, começou-se a discutir sobre saúde mental e a qualidade de vida dos estudantes, mas muitos adotaram uma abordagem quase clínica ao fazê-lo. Cientes da importância do tema, mas sem preparação para essa demanda, docentes e técnicos assumiram a obrigação de acolher qualquer demanda emocional dos estudantes e aceitá-la como justificativa para exceções a qualquer regra. Esse outro lado do pêndulo, além de sobrecarregar os docentes com demandas para as quais não recebem formação, invade a intimidade da pessoa com um diagnóstico e a sustenta na posição de vítima do referido diagnóstico.

Nenhuma dessas posturas favorece, de fato, a qualidade de vida, pois ambas – a frieza e a clínica – mantêm a atenção no aspecto negativo, a saber: o conhecimento não adquirido e o erro ou as limitações e perdas geradas por um diagnóstico. Validar as demandas de uma pessoa ao longo do processo formativo passa por criar espaços seguros para que se mostrem e tentem criar relações próprias com o conhecimento. Para que compartilhem problemas advindos de um diagnóstico ou de qualquer outra fonte, se existirem, mas entender que podem ser um problema para um estudante e não para outro. Entender que pode haver sofrimento e necessidades de intervenção, mas que o papel de escola é acolher, ajustar-se, dentro de seu papel e possibilidades, e ajudar a encontrar o melhor tratamento, mas nunca "clientizar" a relação.

As intervenções sobre qualidade de vida têm mostrado que fornecer explicações compreensíveis sobre os transtornos mentais e oferecer espaços para acolhimento de pessoas em sofrimento auxilia. Psicoeducar sobre as características e diversidade de manifestações dos transtornos mentais ajuda na identificação precoce de casos e oferta de tratamento, minimizando sofrimento evitável. Além disso, a existência de psicólogos no ambiente educacional já mostrou potencial para melhorar a percepção sobre os cuidados com os estudantes e as relações (Silva et al., 2023). Caso existam serviços de acolhimento, aconselhamento e plantão psicológico, para receber e encaminhar os casos de urgência, boa parte das demandas emocionais serão manejadas antes de se agravarem ou tornarem-se crônicas.

Alguns dos pontos elencados anteriormente dependem da existência de verbas ou decisões de órgãos superiores, podendo precisar de adaptação para a maioria das realidades. É similar ao que ocorre com a criação dos programas de auxílio financeiro educacional, sabe-se da sua utilidade, mas nem sempre é possível implementá-lo. Contudo, algumas medidas de promoção de saúde podem ser executadas com menor custo de resposta.

Inserir programas de aclimatação para os novos estudantes, explicando sobre os locais mais relevantes do ambiente educacional, processos importantes e ajudando-os a conhecer colegas e amigos em potencial é uma medida possível. Há várias formas de implementar ideias assim, desde organizar comissões para esse fim, quanto contar com a participação de veteranos para isso. E, desde que o afeto seja o fio condutor, todas mostram igual efetividade.

Pode-se, ainda, inserir momentos focados no desenvolvimento de habilidades sociais, regulação emocional, *mindfulness* e técnicas de relaxamento. Por vezes, o isolamento, comportamentos agressivos ou sensação de não pertencimento e mesmo algumas dificuldades de aprendizado derivam de déficits nessas habilidades, por isso, medidas que as desenvolvam podem colaborar para a qualidade de vida. A inclusão dessas temáticas entre os conteúdos programados já ocorre em alguns contextos e pode se dar por meio da criação de novas disciplinas ou de forma mais holística, como prática presente em todas as disciplinas trabalhadas e nas rotinas e cerimônias das instituições.

A outra medida retoma o cuidado com o espaço físico que permita a todos sentirem-se parte da comunidade educacional, mas agora aplicada às relações. É necessário desenvolver uma cultura institucional inclusiva e sensível às diversidades étnicas, de gênero e culturais, que perpasse todos os níveis das relações. Respeito universal, que passe pela forma como as pessoas preferem ser chamadas, pela criação de regras claras de convívio que não aceitem discriminação de qualquer ordem e pelo processo psicoeducativo sobre diferenças não significarem inferioridade. Mas, além disso, deve-se explicar a todos os motivos para tal mobilização, conscientizando para o impacto que ações e mudanças de comportamentos automatizados podem gerar na vida coletiva.

A criação ou incentivo a grupos de apoio também é uma estratégia útil. Tais grupos podem promover a troca de experiências entre pessoas com diversos pontos em comum em sua realidade. Podem, ainda, auxiliar na construção de redes de suporte entre os estudantes.

Adaptando ideias para a realidade local

Muitos dos pontos abordados neste capítulo podem parecer interessantes ou inacessíveis para alguns contextos, por isso é sempre necessário pensar em como adaptá-los à realidade local. Dessa forma, o primeiro passo a fazer é uma avaliação da situação. Pode ser útil, nessa etapa, adotar um questionário sem identificação do respondente, contendo questões objetivas, com gradações (escalas tipo Likert) sobre aspectos de saúde (existência de diagnósticos, autopercepção), de hábitos (sono, alimentação, atividade física, *hobbies*, lazer) e dos estudantes, docentes e demais funcionários. Incluindo os pontos que percebem como fortes e fracos na instituição de ensino e sobre como percebem a própria qualidade de vida. Pode ser pertinente, também, incluir alguma medida sobre os níveis de ansiedade, estresse e depressão dos estudantes, para verificar a necessidade de ações mais emergenciais nesse sentido.

Em outro pilar, é importante levantar as métricas de desempenho acadêmico e conversar com os professores sobre dificuldades específicas próprias e percebidas nos estudantes. Após isso, é interessante triangular essas informações, buscando identificar os aspectos mais urgentes de intervenção e aqueles que irão compor um plano de longo prazo para a mudança da cultura institucional e valorização da qualidade de vida.

De posse da primeira versão do plano, pode-se criar metas gerais e por segmento. Com frequência, as metas que envolvem o espaço físico passam por humanizá-lo e torná-lo mais acessível. As metas quanto aos docentes passam pela valorização do seu trabalho e auxílio na construção de uma rotina mais equilibrada entre trabalho e vida pessoal. As metas para os estudantes envolvem gestão do tempo, habilidades sociais e enfrentamento do estresse. As relativas ao processo de ensino envolvem adotar práticas pedagógicas mais ativas e flexibilizar avaliações. E, por fim, as metas institucionais envolvem criar uma cultura mais colaborativa, afetiva e respeitosa, bem como menos burocrática.

Em seguida, buscam-se os meios de transformação da realidade. Essa etapa envolve levantamento de fontes de financiamento, criação de parcerias com profissionais para realização de práticas vivenciais sobre as necessidades identificadas em cada segmento e capacitação para a equipe educacional executar técnicas de relaxamento e *mindfulness* de forma autônoma, para que se possa integrar tais práticas no cotidiano escolar. Outro tipo de parceria interessante pode ser com profissionais e serviços para orientar acerca dos encaminhamentos das demandas sociais ou de saúde mental. Por vezes as escolas não sabem como acionar a rede de saúde, ou os possíveis direitos de seus integrantes; e, portanto, orientações claras, adaptadas para pessoas que não estudam/trabalham com esses temas, podem ser importantes.

Como todo plano interventivo, devem ser estabelecidas formas de monitoramento regular do progresso e períodos para reavaliação das metas e ajustes no programa, conforme necessário. Aqui, a existência de índices quantitativos (reaplicação do questionário inicial e comparação dos resultados) e qualitativos (*feedback* dos integrantes de diferentes segmentos, por meio de entrevistas individuais ou grupos focais) ajuda a compreender o panorama de forma mais completa.

Considerações finais

Valorizar a qualidade de vida é assumir uma visão mais holística do viver e do ensinar. Como percepção subjetiva, baseada em experiências sociais e pessoais, a qualidade de vida envolve o exemplo observável, as ações cotidianas e os valores cultivados em dado momento e local histórico.

Alguns impactos positivos de desenvolver a qualidade de vida em contexto educacional são conhecidos e a criação de programas com esse objetivo é possível. Mas essa tarefa é tão coletiva quanto o conceito de qualidade de vida em si. Há diversas frentes a serem trabalhadas, desde crenças individuais sobre valores e merecimento até a forma como entendemos o aprendizado, os espaços coletivos e a felicidade. Atentar para tais aspectos e o que valorizamos e desejamos passar para as futuras gerações é o primeiro passo, os seguintes precisarão ser pensados como parte de uma cultura e sociedade. Há opções e esperança, faz-se necessário haver decisão e ação para colocarmos em prática as medidas que poderão melhorar a percepção da qualidade de vida no Brasil.

Referências

Ascef, B. de O., Haddad, J. P. A., Álvares, J., Guerra Junior, A. A., Costa, E. A., Acurcio, F. de A., Guibu, I. A., Costa, K. S., Karnikowski, M. G. de O., Soeiro, O. M., Leite, S. N., & Silveira, M. R. (2017). Health-related quality of life of patients of Brazilian primary health care. *Revista de Saúde Pública*, *51*, 22s. https://doi.org/10.11606/S1518-8787.2017051007134

Barroso, S. M., Sousa, A. A. S., & Rosendo, L. S. (2023). Impacto da solidão na qualidade de vida de universitários de Minas Gerais. *Psicologia Ciência e Profissão*, *43*, e243909. https://doi.org/10.1590/1982-3703003243909

Braccialli, L. M. P., Braccialli, A. C., Silva, M. Z., Gonçalves, A. G., & Sankako, A. N. (2018). Validation of the Brazilian version of the CP QOL-child for primary care givers proxy. *Physiother Research International*, *1*(3), 1-5. https://doi.org/10.15761/PRR.1000113

Bragdo, M. B., Tuszyńska, L., & Żeber-Dzikowska, I. (2023). Concept of sustainable development in local philosophies of Scandinavian countries. *Studia Ecologiae Et Bioethicae*, *21*(3), 69-81. https://doi.org/10.21697/seb.2023.19

Calzada-Rodríguez, J. I., Denche-Zamorano, Á. M., Pérez-Gómez, J., Mendoza-Muñoz, M., Carlos-Vivas, J., Barrios-Fernandez, S., & Adsuar, J. C. (2021). Health-related quality of life and frequency of physical activity in Spanish students aged 8-14. *International Journal of Environmental Research and Public Health*, *18*, 9418. https://doi.org/ 10.3390/ijerph18179418

Cesar, F. C. R., Oliveira, L. M. de A. C., Ribeiro, L. C. M., Alves, A. G., Moraes, K. L., & Barbosa, M. A. (2021). Quality of life of master's and doctoral students in health. *Revista Brasileira de Enfermagem*, *74*(4), e20201116. https://doi.org/10.1590/0034-7167-2020-1116

Conselho Federal de Psicologia. (s.d.). *Sistema de Avaliação dos Testes Psicológicos*. Brasília, DF. Recuperado de https://satepsi.cfp.org.br/

Estevam, T. N. C., Soares, L. L., Leite, L. B., & Pussieldi, G. de A. (2021). Associação entre o nível de atividade física e qualidade de vida de estudantes. *Revista Brasileira de Prescrição e Fisiologia do Exercício*, *14*(90), 243-249.

Fernandes, G. N. A., & Lemos, S. M. A. (2022). Quality of life and self-perceived health of adolescents in Middle School. *Codas*, *34*(6), e20210046. https://doi.org/10.1590/2317-1782/20212021046

Fernandes, M., Mendonça, C. R., & Silva, T. M. V. (2023). Relationship between depression and quality of life among students: a systematic review and meta-analysis. *Scientific Reports*, *13*, 6715. https://doi.org/10.1038/s41598-023-33584-3

Freitas, P. H. B., Meireles, A. L., Ribeiro, I. K. da S., Abreu, M. N. S., Paula, W., & Cardoso, C. S. (2023). Síntomas de depresión, ansiedad y estrés en estudiantes del área de la salud e impacto en la calidad de vida. *Revista Latino-americana de Enfermagem*, *31*, e3884. https://doi.org/10.1590/1518-8345.6315.3884

Guimarães, J. R. S., Folle, A., & Nascimento, R. K. (2020). Qualidade de vida de professores: análise da produção científica. *Otrivivência*, *32*(61), 1-21. https://doi.org/10.5007/2175-8042.2020e62063

Haraldstad, K., Wahl, A., Andenæs, R., Andersen, J. R., Andersen, M. H., Beisland, E., Borge, C. R., Engebretsen, E., Eisemann, M., Halvorsrud, L., Hanssen, T. A., Haugstvedt, A., Haugland, T., Johansen, V. A., Larsen, M. H., Løvereide, L., Løyland, B., Kvarme, L. G., Moons, P., Norekvål, T. M., Ribu, L., Rohde, G. E., Urstad, K. H., Helseth, S., & LIVSFORSK network. (2019). A Systematic Review of Quality of Life. *Research in Medicine and Health Sciences*, *28*(10), 2.641-2.650. https://doi.org/10.1007/s11136-019-02214-9

Instituto Brasileiro de Geografia e Estatística. (2023). *Pesquisa Nacional por Amostra de Domicílios Contínua. Educação. Relatório Anual 2022*. Recuperado de https://www.ibge.gov.br/estatisticas/sociais/trabalho/17270-pnad-continua.html

Numbeo. (2023). *Banco de dados mundial em qualidade de vida*. Recuperado de https://pt.numbeo.com/qualidade-de-vida/p%C3%A1gina-inicial

Oliveira, M. B. (2020). *Espaço diverso: Arquitetura para pessoas*. [Dissertação de Mestrado]. Universidade do Minho. https://repositorium.sdum.uminho.pt/bitstream/1822/65574/1/Disserta%C3%A7%C3%A3o_Espa%C3%A7o%20Diverso_Manuela%20Oliveira.pdf

Organização Mundial da Saúde. (1998). *WHOQOL User Manual*. OMS. Recuperado de https://www.who.int/tools/whoqol

Ravens-Sieberer, U., Erhart, M., Rajmil, L., Herdman, M., Auquier, P., Bruil, J., Power, M., Duer, W., Abel, T., Czemy, L., Mazur, J., Czimbalmos, A., Tountas, Y., Hagquist, C., Kilroe, J., & European KIDSCREEN Group. (2010). Reliability, construct and criterion validity of the KIDSCREEN-10 score: a short measure for children and adolescents' well-being and health-related quality of life. *Quality of Life Research*, *19*(10), 1487-1500. https://doi.org/10.1007/s11136-010-9706-5

Savoie-Roskos, M. R., Hood, L. B., & Hagedorn-Hatfield, R. L. (2023). Creating a culture that supports food security and health equity at higher education institutions. *Public Health Nutrition*, *26*(3), 503-509. https://doi.org/ 10.1017/S1368980022002294

Silva, M. R. (2020). Ampliação da obrigatoriedade escolar no Brasil: O que aconteceu com o Ensino Médio? *Ensaio: Avaliação e Políticas Públicas em Educação*, *28*(107), 274-291. https://doi.org/10.1590/S0104-40362019002701953

Silva, I. R., Lima, M. E. S. M., & Souza, A. F. (2023). Psicologia e educação básica: a importância da inserção de psicólogos em instituições públicas de ensino médio como uma intervenção acessível e adequada para jovens e adolescentes em vulnerabilidade. *Revista Brasileira do Ensino Médio*, *6*, 11-30.

Varni, J. W., Seid, M., Kurtin, P. S. (2001). PedsQL™ 4.0: reliability and validity of the Pediatric Quality of Life Inventory™ Version 4.0 Generic Core Scales in healthy and patient populations. *Medical Care*, *39*(8), 800-812. http://dx.doi.org/10.1097/00005650-200108000-00006

Versuti, F. M., Mulle, R. L. D., Padovan-Neto, F. E., & Incrocci, R. M. (2021). Metodologias ativas e a autorregulação da aprendizagem: reflexões em tempos de pandemia. *Linhas Críticas*, *27*, e39024. https://doi.org/10.26512/lc27202139024

59
Aprendizagem na envelhecência: manejos da avaliação e procedimentos interventivos

Tatiana Quarti Irigaray
Irani de Lima Argimon
Heloísa Gonçalves Ferreira
Camila Rosa de Oliveira

> *Highlights*
> - A aprendizagem ao longo da vida é um dos pilares para o envelhecimento ativo;
> - A reserva cognitiva é uma forma de avaliação da aprendizagem na envelhecência;
> - As trocas de experiências e a interação interpessoal são fundamentais no processo de se sentir ativo e participante;
> - Reabilitação cognitiva é eficaz na promoção de diferentes habilidades cognitivas.

A aprendizagem ao longo da vida constitui um dos pilares para o envelhecimento ativo, juntamente com oportunidades de acesso à saúde, segurança e participação (Organização Mundial da Saúde [OMS], 2002). Além disso, no Estatuto da Pessoa Idosa (Senado Federal, 2022), o direito à educação, a partir das condições particulares de cada pessoa idosa, também é assegurado. No entanto, considerando as distintas trajetórias de vida e a heterogeneidade da etapa da velhice, nem sempre os processos de aprendizagem são maximizados ou mesmo disponibilizados, impactando na qualidade de vida da pessoa que envelhece.

Existem diversas abordagens conceituais que se propõem a compreender e a investigar os processos de aprendizagem ao longo da vida. No entanto, a partir da segunda metade do século XX, sobretudo nos anos de 1990, fortaleceu-se a ideia de que a educação e a aprendizagem são processos contínuos, não necessariamente demarcados por sistemas formais, e que ocorrem durante todo o ciclo vital (Cachioni & Flauzino, 2022). Nessa perspectiva, Delors (1996) propõe que a aprendizagem, ao longo de toda a vida (*learning throughout life*), compreende o acesso ao conhecimento do início ao fim da vida, permitindo a adaptação da pessoa a um mundo constantemente em mudança. Logo, a educação, enquanto processos de aprendizagem continuada, aponta para as necessidades da pessoa se adaptar a mudanças que ocorrem em si e nos contextos em que vive, levando-se em conta o mundo atual, onde são observadas rápidas inovações na sociedade (Doll, 2022).

Cachioni e Flauzino (2022) sinalizam para a importância de promover uma cultura educacional universal, que contemple todas as faixas etárias e classes sociais, em que as pessoas possam aprender de acordo com suas necessidades, condições e interesses pessoais, em qualquer momento e em qualquer lugar. Essa cultura educacional deve integrar a aprendizagem formal (que ocorre em instituições e centros de ensino, de forma organizada, estruturada e intencional); a não formal (de caráter mais flexível, não necessariamente em centros de ensino, mas acontecendo de forma organizada, estruturada e intencional); e a informal (que ocorre de forma desestruturada, não intencional, de maneira espontânea e aleatória na vida cotidiana).

A escolaridade é um importante indicador para a manutenção das capacidades cognitivas e melhores condições de vida na velhice, mas não somente. Como os processos de aprendizagem também são influenciados por diversos outros fatores, é importante levar em consideração a classe social, ambientes de moradia, gênero, raça, oportunidades de trabalho, acesso aos serviços de saúde e atividades de lazer, para melhor compreensão do engajamento em atividades de aprendizagem ao longo da vida e na etapa da velhice (Doll, 2022).

As experiências de aprendizagem das pessoas, bem como seu estilo de vida e perfil sociodemográfico, aparecem relacionadas às habilidades intelectuais na etapa da velhice. É o que demonstram os resultados de estudos longitudinais descritos por Schaie (2021). Tais pesquisas possibilitaram a identificação de quatro perfis distintos de pessoas idosas, com relação às suas habilidades intelectuais. Houve o "perfil mediano" (com *status* social mediano, famílias intactas, envolvimento mediano com o ambiente), que manteve um bom desempenho nos testes para avaliar habilidades intelectuais num período de 14 anos de estudo; o "perfil de indivíduos privilegiados" (com *status* social alto, com estilos de vida que permitiram manter e continuar a aprendizagem de coisas novas), que apresentaram desempenho ainda melhor nos testes para avaliar as capacidades intelectuais, e que até exibiram aumento nos níveis de algumas dessas habilidades ao longo do estudo; o "perfil dos espectadores" (com *status* social mediano, famílias intactas, participação passiva em atividades sociais e declínio no interesse em se envolver em situações de aprendizagem), que exibiu um declínio nas habilidades intelectuais; e, por fim, o "perfil mulheres idosas isoladas" (pobres, infelizes, divorciadas ou viúvas, isoladas por escolha ou força das circunstâncias), que demonstraram os maiores declínios nas habilidades intelectuais. Esses resultados revelam a existência de importantes recortes de gênero, classe social e estilo de vida para compreender o engajamento em atividades de aprendizagem ao longo da vida e seus impactos para a manutenção das capacidades intelectuais na velhice.

Dessa forma, este capítulo tem por objetivo discorrer brevemente sobre fatores psicossociais relacionados à aprendizagem ao longo da vida, bem como descrever adaptações importantes para métodos de avaliação da aprendizagem em pessoas idosas. Por fim, serão apresentados dados sobre eficácia de intervenções cognitivas para favorecer os processos de aprendizagem e cognição em pessoas idosas, ilustradas a partir de um relato de caso.

Possibilidades de avaliação da aprendizagem na envelhecência

Uma das possibilidades de avaliação da aprendizagem em pessoas idosas é por meio da reserva cognitiva. Supõe-se que a aprendizagem engloba a reserva cognitiva e vice-versa. Tal reserva envolve os processos cerebrais cognitivos, que são influenciados tanto por aspectos genéticos quanto por experiências ocorridas ao longo da vida, sendo, portanto, mutáveis (Stern et al., 2018).

A reserva cognitiva é um constructo hipotético, caracterizado por um conjunto de recursos cognitivos que uma pessoa adquire ao longo da vida, que pode auxiliar a retardar os prejuízos cognitivos decorrentes do processo neurodegenerativo do envelhecimento típico e de um quadro demencial e pode desacelerar o progresso de doenças neurodegenerativas (Stern, 2009). Além disso, pode ser descrita por meio de dois modelos: o passivo e o ativo.

O modelo passivo é definido pela integridade das estruturas cerebrais, como tamanho do cérebro e número de sinapses, e também pode ser chamado de reserva cerebral. Esse modelo proporciona ao indivíduo resiliência contra o envelhecimento cerebral típico e de patologias. Por outro lado, o modelo ativo caracteriza-se pela intenção do indivíduo de realizar atividades que diminuam os efeitos dos prejuízos cognitivos decorrentes do envelhecimento típico (Stern et al., 2018).

O modelo ativo de reserva cognitiva pode ser definido como a capacidade do cérebro de tolerar determinada quantidade de lesões sem apresentar sintomatologia, minimizando manifestações clínicas de um possível processo de neurodegeneração. É um recurso que auxilia o indivíduo a retardar as perdas cognitivas que ocorrem no processo de envelhecimento típico (Stern, 2017). O modelo ativo ajuda a explicar a discrepância entre indivíduos que apresentam a mesma patologia cerebral e demonstram manifestações clínicas diferentes (Barulli et al., 2013), mesmo com o mesmo volume cerebral (Stern, 2017). Os dois modelos são complementares e interdependentes, uma vez que, ao realizar atividades cognitivamente estimulantes (modelo ativo), ocorre o aumento do volume cerebral e das conexões neurais (modelo passivo de reserva cognitiva) (Gleich et al., 2017; Gong et al., 2017).

Vários fatores, presentes ao longo da vida, podem explicar a diferença na reserva cognitiva das pessoas (Stern 2016). No entanto, ainda não há um consenso sobre quais componentes estão envolvidos com o modelo ativo (Stern et al., 2018). A escolaridade, ocupação profissional, nível de inteligência e participação em atividades de lazer são fatores contribuintes do modelo ativo de reserva cognitiva (Stern 2002). Outras atividades como viajar, atividade física regular, nível de escolaridade dos pais, não morar sozinho, realizar atividades cognitivamente estimulantes (como leitura, escrita, tocar um instrumento musical, aprender outro idioma, uso de aparelhos eletrônicos, palavras-cruzadas e quebra-cabeças) e interagir socialmente também fazem parte do modelo ativo (Farina et al., 2018, 2020; Leon et al., 2014; Nucci et al., 2012; Scarmeas et al., 2009). Por outro lado, variáveis como idade, gênero e humor (propensão ao tédio, depressão, solidão e ansiedade) impactam negativamente na reserva cognitiva (Conroy et al., 2010; Farina et al., 2018, 2020; Opdebeeck et al., 2015; Scarmeas et al., 2009).

De acordo com os componentes do modelo ativo de reserva cognitiva, pode-se inferir que a aprendizagem tem uma função importante. Dessa forma, quanto mais atividades de aprendizagem, que são cognitivamente estimulantes para o indivíduo, maior sua reserva cognitiva, o que pode auxiliar a retardar o aparecimento de declínio cognitivo. Pessoas idosas com menor reserva cognitiva têm menos recursos cognitivos e, por isso, têm uma maior ativação cerebral das redes neurais, mas menos eficientes na execução de tarefas cognitivas. Já pessoas com níveis mais elevados de reserva cognitiva podem ser mais capazes de usar redes neurais alternativas quando apresentam alterações cerebrais, a fim de manter a função cognitiva (Barulli & Stern, 2013).

A reserva cognitiva parece relacionada a um melhor desempenho de pessoas idosas em alguns componentes cognitivos, especialmente nas funções executivas. Simon et al. (2015) verificaram que pessoas idosas com maiores níveis de reserva cognitiva, medida por meio da escolaridade, atividade profissional e estilo de vida ativo, apresentaram melhor desempenho nos componentes inibição, alternância e monitoramento do funcionamento executivo.

Uma das formas de avaliação da reserva cognitiva se dá pela Escala de Reserva Cognitiva (ERC), versão em português, que foi adaptada por Landenberger et al. (2021). A ERC foi originalmente elaborada na Espanha, buscando obter uma medida de reserva cognitiva a partir das experiências de vida das pessoas, com base no modelo ativo de reserva de Stern (2013) (León-Estrada et al., 2011).

A escala é composta por 24 itens, relativos a atividades cognitivamente estimulantes, subdivididos em quatro categorias: (1) atividades de vida diária; (2) formação-informação; (3) passatempos-interesses e (4) vida social. Cada item é respondido de acordo com uma escala Likert de zero a quatro pontos, conforme a frequência com que a pessoa idosa faz cada uma das atividades em três diferentes estágios de sua vida: juventude (18-39 anos), adultez (40-59 anos) e maturidade (a partir de 60 anos). Cada um dos itens deve ser respondido de duas a três vezes, repetidamente, conforme estágio de vida do participante. Para escore total da ERC, a soma das pontuações na escala Likert é dividida pelo número de estágios de vida respondidos, totalizando um máximo de 96 pontos (Landenberger et al., 2021).

A versão original da ERC apresenta adequadas propriedades psicométricas, com alfa de Cronbach de .0,77 e .0,80 (León-estrada et al., 2014; León-estrada et al., 2017). A escala também foi adaptada para a população italiana, apresentando adequada consistência interna (α = .0,73) (Altieri et al., 2018). A versão da ERC, traduzida e validada para o contexto brasileiro, apresenta parâmetros psicométricos adequados, com coeficientes de alfa de Cronbach de .0,94 para amostra total (Landenberger et al., 2021). A seguir, apresenta-se a versão em português da ERC para pessoas idosas (Landenberger et al., 2021).

Exemplo prático

Realizou-se um estudo (Farina et al., 2020) para verificar quais os fatores que contribuíam para a reserva cognitiva de pessoas idosas (modelo ativo) em um intervalo de quatro anos. Nesse estudo, a reserva cognitiva foi medida por meio do desempenho de pessoas idosas em testes que avaliavam as funções cognitivas. As variáveis examinadas foram: idade, profissão, tempo de aposentadoria, nível de escolaridade dos pais e do participante, leitura, palavras-cruzadas, uso de aparelhos eletrônicos, aprendizado de outro idioma, atividade física, histórico de demência na família, morar com alguém e sintomas de ansiedade e depressão.

Participaram 108 pessoas com 60 anos ou mais, que foram avaliadas em 2013 (Etapa I). Na Etapa II, em 2017, os participantes da primeira etapa foram contatados por telefone e convidados para uma reavaliação. A amostra final da Etapa II foi composta por 64 pessoas idosas. Os resultados mostraram que a utilização de aparelhos eletrônicos, a aprendizagem de outra língua, fazer palavras-cruzadas, os anos de estudo e morar com alguém faziam parte da reserva cognitiva dos participantes, contribuindo de forma positiva. Por outro lado, sintomas de ansiedade e a idade tiveram um impacto negativo (Farina et al., 2020). Assim, quanto maior a idade e mais sintomas de ansiedade, menor a reserva cognitiva.

Figura 1. Imagem da ERC

(Adaptado por Toais L Kudioss e Iram 1. L Argimon, 2018, au1ofizado pela autora Lola Roldán Tapia)

Idade: _____ Sexo: _____
Anos de educação formal (ex. desde 1º ano Ensino Fundamental até 3º ano Ensino Médio= 11 anos): _____
Titulação máxima obtida (ex. Ensino médio, Graduação, Curso técnico, Mestrado etc.): _____
Profissão exercida durante maior tempo (Ex.: Professor de Ensino Médio): _____

A Escala de Reserva Cognitiva pretende medir o quanto o seu estilo de vida tem sido ativo. Abaixo, segue uma lista de atividades relacionadas a três estágios de sua vida (Juventude, Adultez e Maturidade).

Para responder com que frequência você realizava e realiza cada uma das seguintes atividades em cada estágio de sua vida, considere o código de respostas ao lado:

- 0 = Nunca
- 1 = Anualmente (uma ou algumas vezes no ano)
- 2 = Mensalmente (uma ou algumas vezes no mis.)
- 3 = Semanalmente (até três vezes na semana)
- 4 = Mais de três vezes na semana

Pergunta: Com que frequência eu realizava e/ou realizo cada uma das seguintes atividades?

	JUVENTUDE (18-39 ANOS)	ADULTEZ (40-59 ANOS)	MATURIDADE (60 ANOS OU MAIS)
Exemplo: Ter controle sobre meus assuntos pessoais	0 1 2 3 4	0 1 2 3 4	0 1 2 3 4

ATIVIDADES DA VIDA DIÁRIA

1. Ter controle sobre meus assuntos pessoais (ex.: administrar medicamentos, agendar consultas médicas, escolher roupa para vestir a cada dia, fazer reservas em hotéis etc.)
2. Ter controle sobre os gastos da minha casa (ex.: pagar contas, hipoteca, investimentos etc.)
3. Realizar tarefas domésticas (ex. fazer comida, limpar o pó, arrumar a casa, usar a máquina de lavar, fazer compras etc.)
4. Usar tecnologias de forma básica (ex.: atender ao telefone/celular, ligar a televisão, mudar os canais etc.)

FORMAÇÃO – INFORMAÇÃO

5. Realizar cursos, oficinas ou similares (ex.: de informática, de idiomas, curso técnicooU formação profissional etc.)
6. Falar, ler ou escrever outro idioma ou dialeto
7. Manter-se informado/a (ex.: escutar rádio, ver as noticies nos telejornais, ler jornais, noticias online etc.)
8. Utilizar tecnologias do momento e usã~as de uma forme mais complexa (ex.: escrever mensagens de texto no celular, navegar na Internet, fazer compras ou reservas online etc.)

PASSATEMPOS - INTERESSES

9. Leitura por prazer (ex.: jornais, revistas, livros, internet)
10. Uso de passatempos (ex.: palavras cruzadas, sopa de letras, cruz:adinhas etc.), jogos ele1rônicos e/ou de tabuleiro (cartas, damas, dominó, xadrez etc.)
11. Escrever por prazer (ex.: cartas, blog, diário pessoal, poesia etc.)
12. Escutar música ou ver televisão (noticiários, filmes, seriados, concursos, entrevistas etc.)
13. Tocar algum instrumento musical (ex.: violão, flauta etc.)
14. Colecionar objetos (ex.: selos, moedas, cartões postais etc.)
15. Viajar ou realizar passeios ativamente (ex.: tirar fotos, visitar monumentos, mostrar interesse pela cultura do lugar e os costumes etc.)
16. Participar de eventos culturais (ex.: exposições, teatro, cinema, visitar museus, ir a concertos musicais)
17. Realizar atividades manuais e/ou jardinagem {ex.: trabalhos em madeira, coStura, crochê, poda de plantas, artesanato etc.).
18. Cozinhar por prazer (ex.: fazer novas receitas, leslar outras formas de cozinhar os alimentos, etc.).
19. Pintura e,lou fotografia (ex.: pintar quadros, tirar fotografias dos lugares que visitou, retoques digitais etc.)
20. Ir às compras de forma ativa (ex.: comparar preços, testar novos produtos, memorizar a lista de compras,etc.)
21. Fazer ati vidade flsica (ex.: aeróbica, corrida, futebol, caminhadas etc.)

VIDA SOCIAL

22. Visitar e/ou ser visitado/a por familiares, amigos, vizinhos, etc. (ex.: reuniões sociais, refeições etc.)
23. Participar de atividades re ligiosas, de convivência, de voluntariado etc.
24. Interagir com pessoas de outras idades

Fonte: captura feita pelos autores.

Nesse estudo (Farina et al., 2020), a realização de atividades cognitivamente estimulantes, como fazer palavras-cruzadas, a aprendizagem de outra língua e a utilização de dispositivos eletrônicos, contribuiu para um melhor funcionamento cognitivo no período de quatro anos. De acordo com a teoria da reserva cognitiva, pessoas idosas que continuam fazendo atividades cognitivamente estimulantes, que levam a aprendizagens, iniciam o declínio cognitivo mais tarde (Zhu et al., 2017).

A realização de palavras-cruzadas é uma competência aprendida, relacionada com a educação, consequentemente, fazer palavras-cruzadas é uma forma de avaliar a proficiência numa competência específica aprendida e, por essa razão, pode reduzir o risco de declínio cognitivo e contribuir para a reserva cognitiva (Pillai et al., 2011). O uso de dispositivos eletrônicos também foi identificado como um componente que favorece a reserva cognitiva, uma vez que pode contribuir para a ativação de regiões cerebrais, podendo promover maior plasticidade neural e funcional (Pessini et al., 2018).

A aprendizagem de outra língua também foi apontada como um elemento que favorece a reserva cognitiva. Observou-se que o bilinguismo tem um impacto na estrutura cerebral na medida em que as pessoas precisam selecionar ou se comunicar em uma língua, o que envolve as funções executivas, como inibição e flexibilidade cognitiva (Dasha et al., 2017; Reyes et al., 2018).

Morar com alguém foi outro fator identificado como um elemento que favorece a reserva cognitiva de pessoas idosas. Pode-se inferir que essas pessoas desse grupo em questão têm uma maior interação social e, consequentemente, menor risco de desenvolver uma demência (Kuiper et al., 2015). A escolaridade também foi um fator contribuinte para a reserva cognitiva. Assim, quanto mais anos de estudo, melhor o desempenho cognitivo das pessoas idosas. No entanto, Zahodne et al. (2011) afirmam que, embora um melhor desempenho cognitivo esteja associado aos anos de estudo, a taxa de declínio cognitivo durante o envelhecimento é independente da educação. Essa afirmação sugere que o declínio cognitivo não depende da educação, mas sim do que o indivíduo faz com a sua vida, o quanto está envolvido em atividades de aprendizagens e estimulantes cognitivamente.

Dessa forma, sugere-se que na avaliação da aprendizagem de pessoas idosas sejam investigados os seguintes aspectos: idade, escolaridade, atividade profissional, atividades de lazer, atividade física, nível de escolaridade dos pais, coabitação, interação social, presença de sintomas de depressão, solidão e ansiedade e a realização de atividades estimulantes cognitivamente (leitura, escrita, tocar um instrumento musical, viajar, aprender outro idioma/estudar, uso de aparelhos eletrônicos/tecnologias, palavras-cruzadas e quebra-cabeças). Sugere-se que seja verificada a realização dessas atividades ao longo da vida e, especialmente, na fase da envelhecência, investigando-se a frequência e regularidade.

Possibilidades de intervenção cognitiva

A literatura nacional e internacional tem avançado no campo de propostas de intervenções cognitivas para favorecer os processos de aprendizagem e de cognição em pessoas idosas (Gavelin et al., 2020; Sanjuán et al., 2020; Santos & Flores-Mendoza, 2017). Nesse contexto, destaca-se a reabilitação cognitiva que busca, por meio de técnicas e atividades, estimular habilidades como atenção, memória e funções executivas para que se alcance (ou se mantenha) o maior nível possível de funcionalidade e qualidade de vida (Sohlberg & Mateer, 2001). Além disso, não se desconsidera o impacto das emoções nos contextos de intervenção, bem como a contribuição da família e de cuidadores nesse processo (Mendes et al., 2022).

Pesquisas demonstram que a reabilitação cognitiva sugere ser eficaz para a melhora das habilidades cognitivas em pessoas idosas neurologicamente preservadas ou com transtornos neurocognitivos, como a Doença de Alzheimer (Sanjuán et al., 2020). Em uma metanálise feita por Gavelin et al. (2020), por exemplo, verificou-se que as intervenções cognitivas apresentaram eficácia na cognição de pessoas idosas neurologicamente preservadas, com declínio cognitivo leve e com demência, embora a magnitude dos efeitos tenha sido pequena. Os autores sugerem que há escassez de evidências de maior qualidade entre os estudos e significativa heterogeneidade dos resultados encontrados. Há, ainda, poucos estudos que investigam o efeito em longo prazo dessas intervenções, bem como grande variação das características das amostras e dos próprios protocolos de tratamento (Mendes et al., 2022; Sanjuán et al., 2020).

Especificamente no Brasil, Santos e Flores-Mendoza (2017) revisaram 23 estudos que conduziram intervenções cognitivas com pessoas idosas. Os autores identificaram nos estudos selecionados que não houve uniformidade quanto ao número de sessões e de participantes. No número de sessões, por exemplo, houve variação de 2 a 48 encontros, com maior prevalência de intervenções acima de cinco sessões. Já quanto ao número de participantes, foram relatados entre 5 a 112, com pessoas idosas advindas da comunidade, instituições de longa permanência ou com declínio cognitivo leve. A maior parte das pesquisas apresentou modalidade coletiva para as intervenções, com foco em processos de memória (como memória de trabalho e episódica). Entre os principais resultados, em relação à eficácia das intervenções, aproximadamente 48% dos estudos demonstraram melhora da capacidade cognitiva, verificada por meio de comparação entre o desempenho cognitivo do grupo de pessoas idosas que recebeu intervenção e o grupo-controle.

No desenvolvimento da reabilitação cognitiva, deve-se considerar as características sociodemográficas e socioprofissionais da pessoa idosa, resultados da avaliação neuropsicológica e demais dados clínicos atuais e anteriores, bem como da percepção subjetiva dos déficits ou das dificuldades (da pessoa idosa e dos seus familiares) e como esses fatores repercutem em sua vida. É imprescindível também construir objetivos terapêuticos de curto, médio e longo prazos que sejam condizentes com a realidade e interesse da pessoa (Sohlberg & Mateer, 2001).

Em relação ao campo da pesquisa, Simon et al. (2020), a partir de um levantamento feito com especialistas em intervenções não farmacológicas na área da Doença de Alzheimer, sugerem recomendações para o desenvolvimento de intervenções cognitivas de modo a garantir maior eficácia dos protocolos: as tarefas ou atividades da intervenção devem ser adaptativas quanto à sua dificuldade; aos participantes deve ser dada a oportunidade de identificar e resolver barreiras quanto à execução das atividades e adesão; prover suporte emocional; avaliar e revisar as metas do tratamento periodicamente; fornecer instruções para cada método utilizado na intervenção; fornecer *feedback* sobre o desempenho e as tarefas ou atividades da intervenção devem focar nas habilidades cognitivas que demonstram maior prejuízo.

Entre os recursos terapêuticos das intervenções cognitivas em pessoas idosas é possível a utilização de diferentes tecnologias, tais quais o uso de programas computacionais (Irazoki et al., 2020). Embora os recursos tecnológicos potencializem os resultados do tratamento, é importante destacar que grande parte das pessoas idosas não demonstra letramento digital, o qual refere-se às habilidades e competências necessárias para uso de computadores, *smartphones* e aplicativos, por exemplo (Bernardo, 2022; Flauzino et al., 2020). Nesse sentido, intervenções que façam uso desse tipo de ferramenta precisam reservar um período de treinamento e de familiarização para o uso desses recursos. Há ainda pesquisas que buscam verificar a eficácia de intervenções que promovam o letramento digital em pessoas idosas.

O estudo de Krug et al. (2017), por exemplo, investigou se grupos cognitivos cooperativos, que ocorriam a partir da interação mediada por ferramentas digitais, auxiliariam a compensar déficits cognitivos. Os grupos foram compostos por pessoas idosas com queixas cognitivas e com capacidade funcional preservada. Foram feitas 20 sessões de 90 minutos cada, conduzidas por estudantes de graduação, em que realizavam atividades como utilizar o mouse, ver e modificar fotos, jogar, enviar e-mails, participar de redes sociais, entre outras ações. Ao final das sessões, o grupo dos participantes discutia sobre o processo de aprendizagem das ferramentas, bem como dificuldades, e como elas estavam relacionadas às suas atividades diárias. Vale ressaltar que, ao final, as pessoas idosas que participaram dos grupos cognitivos cooperativos, em comparação ao grupo-controle, apresentaram melhora na habilidade cognitiva geral.

Exemplo prático

O Sr. Aguiar (nome fictício) tem 70 anos de idade, é formado em direito e está aposentado há aproximadamente cinco anos. Atualmente vive com a sua esposa, Sra. Margarida (nome fictício), de 71 anos de idade, formada em arquitetura e também aposentada. O Sr. Aguiar há alguns anos queixava-se de dificuldades para lembrar de compromissos, bem como para ajudar em atividades domésticas (como cozinhar e limpar a casa), as quais intensificaram-se nos últimos meses. Desde que se aposentou, não conseguiu encontrar atividades que considerasse interessantes para inserir em sua rotina. Preocupado, buscou um neurologista, o qual o encaminhou para avaliação neuropsicológica. Ao final do processo de avaliação, identificou-se que o Sr. Aguiar apresentava moderada dificuldade de atenção concentrada e para reter informações novas, embora não houvesse ainda impacto significativo em sua capacidade funcional. A avaliação ainda destacou sintomas significativos de ansiedade e de depressão, os quais poderiam estar intensificando as queixas apresentadas por ele. Dessa forma, o Sr. Aguiar foi encaminhado para reabilitação cognitiva e para psicoterapia.

Os profissionais que acompanharam o Sr. Aguiar estabeleceram, junto com ele, um programa de intervenção que tinha como foco tanto as queixas cognitivas quanto as emocionais. Enquanto as sessões com a neuropsicóloga potencializariam as funções cognitivas; a psicoterapeuta, cuja abordagem teórica era cognitivo-comportamental, abarcaria os sintomas depressivos e de ansiedade, desenvolvimento de propósito de vida e habilidades sociais. A Tabela 1 apresenta um breve resumo das intervenções utilizadas.

Tabela 1. Resumo das intervenções neuropsicológica e psicoterapêutica

Habilidade principal	Intervenção neuropsicológica		Intervenção psicoterapêutica	
	Técnica		Foco	Técnica
Atenção concentrada	Exercícios de cancelamento em diferentes modalidades		Assertividade	*Role-playing*
Memória	Associação, repetição e categorização		Identificação de interesse	Levantamento de atividades prazerosas e metas de vida
	Modificação ambiental		Ansiedade	Relaxamento muscular
	Uso de dispositivos externos (treinamento de agenda no *smartphone* e de assistentes virtuais)		Resolução de problemas	*SMART* e balança decisional

Fonte: elaborado pelas autoras.

A intervenção ainda contou com uma etapa de psicoeducação sobre os processos cognitivos tanto para o Sr. Aguiar quanto para a sua esposa, Margarida, de modo que pudessem compreender o impacto que déficits nessas habilidades poderiam ocasionar na rotina e na qualidade de vida. Ainda, a Sra. Margarida recebia sessões específicas para apresentar e treinar técnicas de redução de controle da ansiedade e do estresse, resolução de problemas, bem como suporte emocional. O Sr. Aguiar finalizou o programa de intervenção em um ano e referiu melhora nas habilidades atencionais e mnemônicas, além de redução dos sintomas ansiosos e depressivos. Em comparação com a avaliação neuropsicológica realizada inicialmente, ao final do programa verificou-se aumento dos escores nos instrumentos cognitivos, bem como ausência de sintomas depressivos e de ansiedade. Sugeriu-se a continuidade do uso das técnicas cognitivas em sua rotina diária, bem como a continuidade do acompanhamento psicoterápico.

Considerações finais

A aprendizagem para a pessoa idosa envolve o reconhecimento das dimensões biológicas, psicológicas, culturais, sociais, políticas e históricas, que juntas se combinam e influenciam os processos de aprendizagem ao longo da vida. Essa premissa está em acordo com o paradigma *lifespan* (Baltes, 1980), que assume que o desenvolvimento humano ocorre ao longo de toda a vida, nas dimensões física, cognitiva e socioemocional, influenciado por diversos fatores que se combinam de forma complexa e geram trajetórias distintas e heterogêneas. Nessa perspectiva, perdas e ganhos são esperados para cada etapa da vida, existindo eventos de ordem biológica e social normativos à etapa da velhice, tais quais o declínio cognitivo e funcional, além de mudanças nas relações e nos papéis sociais. No entanto, devido à plasticidade cerebral, o indivíduo conta com a possibilidade de buscar recursos internos e externos para se adaptar a esses eventos, e assim aprender novos repertórios para maximizar ganhos e compensar perdas normativas dessa etapa da vida (Lindenberger & Lövdén, 2019).

Referências

Baltes, P. B., Reese, H. W., & Lipsitt. (1980). Lifespan Developmental Psychology. *Annual Review of Psychology*, *31*, 65-110. https://doi.org/10.1146/annurev.ps.31.020180.000433

Barulli, D., & Stern, Y. (2013). Efficiency, capacity, compensation, maintenance, plasticity: emerging concepts in cognitive reserve. *Trends in Cognitive Sciences*, *17*(10), 502-509. https://doi: 10.1016/j.tics.2013.08.012

Bernardo, L. D. (2022). As pessoas idosas e as novas tecnologias: Desafios para a construção de soluções que promovam a inclusão digital. *Revista Brasileira de Geriatria e Gerontologia*, *25*(4), e230142. https://doi.org/10.1590/1981-22562022025.230142.pt

Cachioni, M., & Flauzino, K. L. (2022). Aprendizagem ao longo da vida. In E. V. de Freitas & L. Py (Eds.), *Tratado de Geriatria e Gerontologia* (5a ed. pp. 1.370-1.379). Guanabara Koogan.

Conroy, R. M., Golden, J., Jeffares, I., O'Neill, D., & McGee, H. (2010). Boredom-proneness, loneliness, social engagement and depression and their association with cognitive function in older people: a population study. *Psychology, Health & Medicine*, *15*(4), 463-473. https://doi.org/10.1080/13548506.2010.487103

Dasha, T., Ghazi-Saidic, L., Berroira, P., Adrover-Roige, D., Benalif, H., & Ansaldoa, A. I. (2017). Is the bilingual brain better equipped for aging? *Cachiers de L'Ilob*, *8*, 117-130. https://doi: 10.18192/olbiwp.v8i0.1887

Delors, J. (1996). *Learning: the treasure within; report to UNESCO of the International Commission on Education for the Twenty-first Century (highlights)*. Unesco Publishing. Recuperado de https://unesdoc.unesco.org/ark:/48223/pf0000109590

Doll, J. (2022). A educação no processo de envelhecimento. In E. V. de Freitas & L. Py (Eds.), *Tratado de Geriatria e Gerontologia* (5a ed. pp. 1.362-1.369). Guanabara Koogan.

Farina, M., Paloski, L. H., de Oliveira, C. R., de Lima Argimon, I. I., & Irigaray, T. Q. (2018). Cognitive reserve in elderly and its connection with cognitive performance: a systematic review. *Ageing International*, *43*(4), 496-507. https://doi.org/10.1007/s12126-017-9295-5

Farina, M., Polidoro Lima, M., Machado, W. D. L., Moret-Tatay, C., Fernandes Lopes, R. M., Argimon, I. I. D. L., & Irigaray, T. Q. (2020). Components of an indirect cognitive reserve: a longitudinal assessment of community-dwelling older adults. *Aging, Neuropsychology, and Cognition*, *28*(6), 907-920. https://doi: 10.1080/13825585.2020.1839377

Flauzino, K. L., Pimentel, M. G. C., Batistoni, S. S. T., Zaine, I., Vieira, L. O. B., Rodrigues, K. R. H., & Cachioni, M. (2020). Letramento digital para idosos: Percepções sobre o ensino-aprendizagem. *Educação & Realidade*, *45*(4), e104913. https://doi.org/10.1590/2175-6236104913

Gavelin, H. M., Lampit, A., Hallock, H., Sabatés, J., & Bahar-Fuchs, A. (2020). Cognition-oriented treatments for older adults: a systematic overview of systematic reviews. *Neuropsychology Review*, *30*(2), 167-193. https://doi.org/10.1007/s11065-020-09434-8

Gleich, T., Lorenz, R. C., Gallinat, J., & Kühn, S. (2017). Functional changes in the reward circuit in response to gaming-related cues after training with a commercial video game. *Neuroimage*, *152*, 467-475. https://doi.org/10.1016/j.neuroimage.2017.03.032

Gong, L., Yin, Y., He, C., Ye, Q., Bai, F., Yuan, Y., Zhang, H., Luxian, L., Zhang, H., Chunming, X., & Zhang, Z. (2017). Disrupted reward circuits is associated with cognitive deficits and depression severity in major depressive disorder. *Journal of Psychiatric Research*, *84*, 9-17. https://doi.org/10.1016/j.jpsychires.2016.09.016

Irazoki, E., Contreras-Somoza, L. M., Toribio-Guzmán, J. M., Jenaro-Río, C., van der Roest, H., & Franco-Martín, M. A. (2020). Technologies for cognitive training and cognitive rehabilitation for people with mild cognitive impairment and dementia. A systematic review. *Frontiers in Psychology*, *11*, 648. https://doi.org/10.3389/fpsyg.2020.00648

Krug, R. R., Silva, A. Q. A., Schneider, I. J. C., Ramos, L. R., d'Orsi, E., & Xavier, A. J. (2017). Cognitive cooperation groups mediated by computers and internet present significant improvement of cognitive *status* in older adults with memory complaints: A controlled prospective study. *Arquivos de Neuropsiquiatria, 75*(4), 228-233. https://doi.org/10.1590/0004-282X20170021

Kuiper, J. S., Zuidersma, M., Voshaar, R. C. O., Zuidema, S. U., van den Heuvel, E. R., Stolk, R. P., & Smidt, N. (2015). Social relationships and risk of dementia: a systematic review and meta-analysis of longitudinal cohort studies. *Ageing Research Reviews, 22*, 39-57. https://doi: 10.1016/j.arr.2015.04.006

Landenberger, T., Machado, W., Oliveira, C. R., & Argimon, I. I. L. (2021). Escala de Reserva cognitiva: Adaptação e primeiras evidências de validade. *Psicologia, Saúde & Doenças, 22*(2), 753-767. http://dx.doi.org/10.15309/21psd220233

Leon, I., García-García, J., & Roldan-Tapia, L. (2014). Estimating cognitive reserve in healthy adults using the Cognitive Reserve Scale. *PLOS ONE, 9*(7), e102632. https://doi.org/10.1371/journal.pone.0102632

León-Estrada, I., García-Garcia, J., & Roldán-Tapia, L. (2011). Construcción de la escala de reserva cognitiva en población española: estudio piloto. *Revista de Neurología, 52*(11), 653-660. https://pesquisa.bvsalud.org/portal/resource/pt/ibc-89250

Lindenberger, U., & Lövdén, M. (2019). Brain plasticity in human lifespan development: the exploration–selection–refinement model. *Annual Review of Developmental Psychology, 1*, 197-222. https://doi.org/10.1146/annurev-devpsych-121318-085229

Mendes, L., Oliveira, J., Barbosa, F., & Castelo-Branco, M. (2022). A conceptual view of cognitive intervention in older adults with and without cognitive decline – A systemic review. *Frontiers in Aging, 3*, 844725. https://doi.org/10.3389/fragi.2022.844725

Nucci, M., Mapelli, D., & Mondini, S. (2012). Cognitive Reserve Index questionnaire (CRIq): a new instrument for measuring cognitive reserve. *Aging Clinical Experimental Research, 24*(3). https://doi.org/10.3275/7800

Opdebeeck, C., Nelis, S. M., Quinn, C., & Clare, L. (2015). How does cognitive reserve impact on the relationships between mood, rumination, and cognitive function in later life? *Aging & Mental Health* (ahead-of-print), 1-8. https://doi.org/10.1080/13607863.2014.962005

Organização Mundial da Saúde. (2002). *Active ageing: a policy framework*. OMS. Recuperado de https://extranet.who.int/agefriendlyworld/wp-content/uploads/2014/06/WHO-Active-Ageing-Framework.pdf

Pessini, R. A., de Menezes Reis, R., César, H. V., & Gamez, L. (2018). Análise da plasticidade neuronal com o uso de jogos eletrônicos. *Journal of Health Informatics, 10*(1). https://jhi.sbis.org.br/index.php/jhi-sbis/article/view/539

Pillai, J. A., Hall, C. B., Dickson, D. W., Buschke, H., Lipton, R. B., & Verghese, J. (2011). Association of crossword puzzle participation with memory decline in persons who develop dementia. *Journal of the International Neuropsychological Society, 17*(6), 1.006-1.013. https://doi: 10.1017/S1355617711001111

Reyes, A., Paul, B. M., Marshall, A., Chang, Y. A., Bahrami, N., Kansal, L., Iragui, V. J., Tecoma, E. S., Gollan, T. H., & McDonald, C. R. (2018). Does bilingualism increase brain or cognitive reserve in patients with temporal lobe epilepsy? *Epilepsia, 59*(5), 1037-1047. https://doi: 10.1111/epi.14072

Sanjuán, M., Navarro, E., & Calero, M. D. (2020). Effectiveness of cognitive interventions in older adults: A review. *European Journal of Investigation in Health, Psychology and Education, 10*(3), 876-898. https://doi.org/10.3390/ejihpe10030063

Santos, M., & Flores-Mendoza, C. (2017). Treino cognitivo para idosos: Uma revisão sistemática dos estudos nacionais. *Psico-USF, 22*(2), 337-349. https://doi.org/10.1590/1413-82712017220212

Scarmeas, N., Luchsinger, J. A., Schupf, N., Brickman, A. M., Cosentino, S., Tang, M. X., & Stern, Y. (2009). Physical activity, diet, and risk of Alzheimer disease. *Jama, 302*(6), 627-637. https://doi.org/10.1001/jama.2009.1144

Schaie, K. W. (2021). History of adult cognitive aging research. In K. W. Schaie & S. L. Willis (Eds.), *Handbook of the psychology of aging* (9a ed., pp. 3-18). Elsevier.

Senado Federal. (2022). *Estatuto da Pessoa Idosa* (6a ed.). Coordenação de Edições Técnicas.

Simon, J., Gilsoul, J., & Collette, F. (2015). *The executive functioning in normal aging: Impact of the cognitive reserve*. [Pôster]. http://hdl.handle.net/2268/185655

Simon, S. S., Castellani, M., Belleville, S., Dwolatzky, T., Hampstead, B. M., & Bahar-Fuchs, A. (2020). The design, evaluation, and reporting on non-pharmacological, cognition-oriented treatments for older adults: Results of a survey of experts. *Alzheimer's and Dementia*, 6(1), e12024. https://doi.org/10.1002/trc2.12024

Sohlberg, M. M., & Mateer, C. A. (2001). *Cognitive rehabilitation: An integrated neuropsychological approach* (2a ed.). Guilford Press.

Stern, Y. (2002). What is cognitive reserve? Theory and research application of the reserve concept. *Journal of the International Neuropsychological Society*, 8, 448-460.

Stern, Y. (2009). Cognitive reserve. *Neuropsychologia*, 47(10), 2015-2028. https://doi.org/10.1016/j.neuropsychologia.2009.03.004

Stern, Y. (2013). Cognitive reserve: implications for assessment and intervention. *Folia Phoniatrica et Logopaedica*, 65(2), 49-54. https://doi.org/10.1159/000353443

Stern, Y. (2016). An approach to studying the neural correlates of reserve. *Brain Imaging and Behavior*, 1-7. https://doi.org/10.1007/s11682-016-9566-x

Stern, Y. (2017). An approach to studying the neural correlates of reserve. *Brain Imaging and Behavior*, 11(2), 410-416. https://doi.org/10.1007/s11682-016-9566-x

Stern, Y., Arenaza-Urquijo, E. M., Bartrés-Faz, D., Belleville, S., Cantilon, M., Chetelat, G., & Okonkwo, O. (2018). Whitepaper: Defining and investigating cognitive reserve, brain reserve, and brain maintenance. *Alzheimer's & Dementia*, 16(9), 1.305-1.311. https://doi.org/10.1016/j.jalz.2018.07.219

Zahodne, L. B., Glymour, M. M., Sparks, C., Bontempo, D., Dixon, R. A., MacDonald, S. W., & Manly, J. J. (2011). Education does not slow cognitive decline with aging: 12-year evidence from the Victoria Longitudinal Study. *Journal of the International Neuropsychological Society*, 17(6), 1.039-1.046. https://doi: 10.1017/S1355617711001044

Zhu, X., Qiu, C., Zeng, Y., & Li, J. (2017). Leisure activities, education, and cognitive impairment in Chinese older adults: a population-based longitudinal study. *International Psychogeriatrics*, 29(5), 727-739. https://doi: 10.1017/S1041610216001769

60
Contributos da psicologia da educação: pensando um futuro mais humano a construir

Leandro S. Almeida
Katya Luciane de Oliveira
Acácia Aparecida Angeli dos Santos
Evely Boruchovitch

> *Highlights*
> - Garantir o acesso à educação inclusiva, de qualidade e promover oportunidades de aprendizagem, ao longo da vida, para todos;
> - A educação deve contribuir para o desenvolvimento dos povos e a manutenção da paz;
> - Educação precisa ser implementada como uma oportunidade de formação e transformação humana;
> - Os Objetivos para o Desenvolvimento Sustentável (ODS) desafiam a escola a ser um lugar de transformação pessoal, social e cultural.

Ao longo dos capítulos deste livro, autores convidados ajudaram a atualizar o âmbito de investigação e intervenção da psicologia da educação ou educacional. Percorrendo o desenvolvimento, a aprendizagem e o comportamento humano, os capítulos isolaram construtos a definir, a avaliar e a promover, destacando o contexto educativo como enquadramento da sua análise. Mais do que sumarizar os contributos de tais capítulos, pensamos como organizadores deste livro refletir sobre a modernidade e seu devir, indagando sobre os contributos da psicologia da educação para um mundo mais humano.

Sem pretensões de exaustão ou aprofundamento, sentimos a sociedade dos nossos dias numa encruzilhada, parecendo faltar líderes carismáticos e sensatos para nos arrebatar de um certo abismo em que se foi e continua caindo. Fenômenos de violência e exclusão, inclusive de guerras, vão se instalando, faltando engenho e vontade para lhes pôr cobro. Importando um pensar positivo, e a crença de que a esperança terá que ser a última a morrer, queremos apontar as virtualidades da psicologia da educação num cenário de mudanças que urge implementar.

Os avanços menos regulados da tecnologia

Diversos e grandes desafios se colocam à humanidade. Se a revolução tecnológica foi algo desejado e positivamente assumido pela generalidade dos povos, a sua evolução deixa hoje a maioria das pessoas perplexas e receosas. De algum modo, perdemos o controle da situação, e nessas circunstâncias as dúvidas superam as certezas, a angústia supera a esperança. Pode a psicologia da educação apoiar o movimento transnacional hoje em criação para que a catástrofe não ocorra?

Comecemos por descrever alguns contornos exemplificativos da catástrofe anunciada em que vivemos e que, a cada dia, se aprofunda.

Podemos analisar dois efeitos recentes do avanço tecnológico não controlado: a proliferação de informações enganosas e notícias falsas e a preponderância da inteligência artificial na organização do nosso comportamento e realização. Na sociedade da informação, sobretudo informação gerada por tecnologia e propagada nas redes sociais instituídas, imperam as notícias falsas ou a informação acrítica. No presente, metade da população dos Estados Unidos (Liedke & Matsa, 2022), por exemplo, utiliza a informação e forma a sua opinião com base naquilo que circula nas redes sociais (Facebook, YouTube, Twitter, Instagram e TikTok, entre outras de menor expressão). Por outro lado, estima-se que as pessoas em todo o mundo passam em média 2,5 horas por dia nas redes (Ali & Ajlabs, 2023), decorrendo daí os seus processos de individualização e socialização.

O grande problema é que a informação circulante e consumida não tem filtro e, pior que isso, não representa de forma equilibrada os vários pontos de vista. O perigo decorre do uso de algoritmos pelas redes sociais para criarem nichos de informação conforme seus utilizadores, passando estes a viverem num espaço isolado, próprio e confortável de "informação à sua medida" e prescindindo de crítica, pois as informações fornecidas vão ao encontro das próprias crenças e desejos (Bakshy et al., 2015). Com efeito, os sistemas inteligentes instalados (inteligência artificial) conseguem traçar o perfil dos usuários e proporcionar a informação que melhor serve às suas necessidades. Em consequência, aumenta-se exponencialmente a desinformação e a adesão acrítica das pessoas, sobretudo quando a inteligência artificial consegue fazer coincidir o que se fornece com aquilo em que se acredita e quer ver, nomeadamente quando imagens e vídeos falsos são criados e disponibilizados, já que nessa altura a crença na veracidade do conteúdo aumenta exponencialmente.

Diante do avolumar dos problemas, a educação tem um importante papel, buscando na psicologia – enquanto ciência do comportamento – um poderoso aliado. É fundamental ajudar as pessoas a desenvolver, desde os bancos da escola, o seu pensamento crítico e resiliência diante da mediocridade e passividade instaladas. É essencial que a escola ajude a ver o outro lado da realidade e a estruturar formas de pensar e de ser mais apostadas no esforço e na verdade do que na passividade, ficção e mentira. O exercício da cidadania passa pela capacidade crítica de pensar e atuar, sendo esse requisito cada vez mais necessário e dependente das instituições educativas. As franjas da sociedade ainda não "corrompidas" devem organizar-se politicamente no sentido de criarem correntes de opinião comprometidas com a necessidade da escola e dos seus profissionais, em que necessariamente entram os professores, mas não só, apoiando-os para resistirem à mediocridade que se instala.

Os Objetivos de Desenvolvimento Sustentável (ODS)

A Assembleia Geral das Nações Unidas, reunida em 2015, com a presença de 193 estados-membros, aprovou um conjunto de 17 objetivos desdobrados em diversas ações globais em prol do desenvolvimento sustentável das pessoas e nações, em um nível planetário, a que chamou Transformando Nosso Mundo: A Agenda 2030 para o Desenvolvimento Sustentável ou, designado de forma breve, Agenda 2030. Esse desenvolvimento pretendido, decorrente de um equilíbrio necessário entre as dimensões econômica, social e ambiental, deverá conduzir até 2030 à erradicação progressiva da pobreza, à proteção ambiental e às melhores condições de vida para todos, assumidos como os três objetivos centrais da Agenda.

Tomando o documento, não só a educação é um dos 17 objetivos globais do desenvolvimento sustentável (ODS 4 – Garantir o acesso à educação inclusiva, de qualidade e promover oportunidades de aprendizagem, ao longo da vida, para todos), como facilmente depreendemos que maior e melhor educação é condição necessária para se atingirem os demais 16 objetivos do tratado. Aliás, subdividindo o objetivo 4, o documento da Organização das Nações Unidas aponta para as seguintes ações e resultados a atingir até 2030 no campo da educação: (i) garantir que todas as crianças completem o ensino primário e secundário equitativo e de qualidade, que conduza a resultados de aprendizagem relevantes e eficazes; (ii) garantir que todas as crianças tenham acesso a um desenvolvimento de qualidade na primeira infância, em termos de cuidados e educação pré-escolar, preparando-as para o sucesso escolar no ensino fundamental; (iii) assegurar a igualdade de acesso para todos os homens e mulheres à educação técnica, profissional e superior de qualidade, a preços acessíveis, incluindo universidade; (iv) aumentar substancialmente o número de jovens e adultos com qualificação elevada e competências técnicas e profissionais que assegurem o emprego, trabalho decente e empreendedorismo; (v) eliminar as disparidades de gênero na educação e garantir a igualdade de acesso a todos os níveis de educação e formação profissional para os mais vulneráveis, incluindo as pessoas com deficiência, minorias étnicas e pessoas em situação de vulnerabilidade; (vi) garantir que todos os jovens e a generalidade dos adultos, homens e mulheres, estejam alfabetizados e tenham adquirido um conhecimento básico nas ciências e matemáticas; e (vii) garantir que todos os alunos adquiram conhecimentos e habilidades necessárias para promover o desenvolvimento sustentável, nomeadamente por meio de uma educação que promova uma cultura de paz e de não violência, a cidadania global e a valorização da diversidade cultural. Nesse aspecto, podemos recuperar a alínea 2 do artigo 16 da Declaração Universal dos Direitos Humanos (1948), que afirma:

> A educação será orientada no sentido do pleno desenvolvimento da personalidade humana e do fortalecimento do respeito pelos direitos humanos e pelas liberdades fundamentais. A educação promoverá a compreensão, a tolerância e a amizade entre as nações e grupos raciais ou religiosos, e deve contribuir para a manutenção da paz.

Então a pergunta pode ser o que é que a educação, a psicologia ou a psicologia da educação têm a ver com esse movimento? Como podem participar ou comprometer-se com os ODS?

Facilmente reconheceremos que apostar na educação é apostar no desenvolvimento, em nível individual, das comunidades e da sociedade global. Num mundo cada vez mais globalizado, a educação equitativa, inclusiva e de qualidade torna-nos mais competitivos, mas também mais interdependentes e cooperantes no atingir de objetivos e valores universais. A pandemia recente levou-nos a reconhecer que uma crise sanitária mundial não se resolve circunscrevendo a solução a um país ou bloco de países; a resposta segura nessa e em outras áreas pressupõe uma intervenção global, e só com mais e melhor educação seremos capazes de entender e pugnar por tal interdependência.

A psicologia, atenta às pessoas, aos seus grupos e aos seus contextos, facilmente se reconhece como decisiva para a qualidade da educação nos seus processos, estratégias, aprendizagens formais e informais. Mais ainda, quando se afirma hoje uma psicologia positiva, acreditamos que todos temos algumas potencialidades e fortalezas, que estas mesmas potencialidades podem ser desenvolvidas em nível individual e coletivo, e que o seu desenvolvimento nos ajuda a enfrentar as crises com maior resiliência, a aprender a ser e a estar com os outros, e a evitar fatores de risco ao nosso bem-estar e realização individual e coletiva. Posto isso, uma discussão sobre os aspectos éticos que sustentam a prática profissional do psicólogo precede um fazer sustentável e comprometido com a justiça social, conforme discutiremos a seguir.

Aspectos éticos para uma psicologia da educação sustentável

Iniciaremos essa discussão com a seguinte questão: Quais projetos de investigação e quais programas de intervenção poderão contribuir para uma educação mais inclusiva e a serviço do desenvolvimento e do bem-estar das pessoas e das comunidades, promovendo os valores da não violência e não exclusão, de dignidade e liberdade, de solidariedade e aceitação da diversidade cultural?

A despeito dessa questão inquietante, há que primeiro se atentar em discutir como a prática profissional do psicólogo está sustentada em alicerces que podem produzir fazeres mais integrativos e menos psicologizantes e, portanto, mais sustentáveis na busca de uma educação inclusiva e de qualidade para todos. Assim, daremos continuidade ao presente capítulo, desenvolvendo aspectos da preservação dos direitos universais humanos, conforme citamos anteriormente, fazendo uma alusão a uma educação voltada à paz. Esses direitos universais aparecem sob uma ótica global/geral em documentos como a Declaração Universal dos Direitos Humanos (1948) e a Declaração de Salamanca (1994).

Na Declaração Universal dos Direitos Humanos, além do trecho destacado anteriormente, é possível notar em seus artigos I e II os direitos primordiais. Para tanto, o documento preconiza que:

> Todas as pessoas nascem livres e iguais em dignidade e direitos. São dotadas de razão e consciência e devem agir em relação umas às outras com espírito de fraternidade. Toda pessoa tem capacidade para gozar os direitos e as liberdades estabelecidas nesta Declaração, sem distinção de qualquer espécie, seja de raça, cor, sexo, língua, religião, opinião política ou de outra natureza, origem nacional ou social, riqueza, nascimento, ou qualquer outra condição (Organização das Nações Unidas [ONU], 1948).

No que se refere à educação, a Declaração Universal dos Direitos Humanos, em seu artigo 26, explicita que:

> Todo ser humano tem direito à instrução. A instrução será gratuita, pelo menos nos graus elementares e fundamentais. A instrução elementar será obrigatória. A instrução técnico-profissional será acessível a todos, bem como a instrução superior, esta baseada no mérito. A instrução será orientada no sentido do pleno desenvolvimento da personalidade humana e do fortalecimento do respeito pelos direitos do ser humano e pelas liberdades fundamentais (ONU, 1948).

A especificidade da educação como direito fundamental é ainda reafirmada na Declaração de Salamanca (1994), quando define que:

> [...] cada criança tem o direito fundamental à educação e deve ter a oportunidade de conseguir e manter um nível aceitável de aprendizagem, cada criança tem características, interesses, capacidades e necessidades de aprendizagem que lhe são próprias, os sistemas de educação devem ser planeados e os programas educativos implementados tendo em vista a vasta diversidade destas características e necessidades.

No caso específico da psicologia, a Associação Americana de Psicologia (APA), desde 1954, tem produzido padrões éticos gerais que norteiam a prática psicológica de modo sistêmico em diversos países, incluindo-se Brasil e Portugal. Importante mencionar que outras associações internacionais como a American Educational Research Association, o National Council on Measurement in Education, o International Association of Apploied Psychology e a International Union of Psychological Science também têm produzido diretrizes éticas para a prática psicológica.

Como a APA é uma entidade de reconhecimento mundial, é importante destacar que, em 2017, foi publicado o *Ethical principles of psychologists and code of conduct*, e nele são vertidos fundamentos que devem nortear toda a prática psicológica, com a intenção de promover princípios que protegem a justiça social. Entre tais princípios estão a *beneficência* e a não *maleficência* (durante a prática profissional, os psicólogos devem buscar salvaguardar o bem-estar e os direitos daqueles com quem interagem profissionalmente; havendo conflitos deve resolvê-los de uma forma responsável que evite ou minimize os danos). Como o psicólogo pode ter uma prática sustentável, com vistas à modernidade, mas sem perder de vista o quanto sua prática de fato é beneficente?

Um outro princípio é o da *confiança* e da *responsabilidade*. Nele os psicólogos devem estabelecer relações nas quais estão conscientes de suas responsabilidades para com a comunidade/sociedade em que atua, estabelecendo vínculo de confiança com aqueles com quem trabalha. De forma sequencial, vem o princípio da *integridade*, no qual o psicólogo deve promover a honestidade na pesquisa, no ensino e na prática da psicologia. Os psicólogos não podem roubar, trapacear, deturpar negativamente os fatos ou realizarem quaisquer outras ações que sejam desonestas e que não demonstrem uma conduta ilibada. Uma prática sustentável envolve um fazer responsável e íntegro. Na escola, o fazer psicológico se sustenta na responsabilidade com o outro, em seu processo formativo e na transformação por meio da ação psicoeducacional. Nessa mesma linha, pode-se afirmar que o fazer psicológico na escola exige responsabilização com o futuro sustentável do aluno, da escola, da comunidade escolar e da sociedade.

Por fim, estão os princípios da *justiça* e os princípios pelo *respeito ao direito e à dignidade das pessoas*. O primeiro garante o direito à igualdade quanto a qualidade nos processos, procedimentos e serviços psicológicos. Os psicólogos não podem produzir práticas injustas ou contribuir para a sua ocorrência. Da mesma forma, devem respeitar a dignidade e o valor de todas as pessoas, assim como os direitos dos indivíduos; em particular, o direito à privacidade. Devem também respeitar as diferenças culturais e individuais, sejam elas quais forem, atuando de forma a exterminar a desigualdade, as intolerâncias ou quaisquer outras práticas excludentes.

Ao debruçar sobre os ODS é possível vislumbrar que as metas propostas na Agenda 2030, apesar de serem plausíveis, serão tangíveis? A plausibilidade implicaria compromisso governamental. Em termos práticos, teria de haver um esforço global para que as muitas disparidades socioculturais pudessem ser olhadas e assistidas em suas especificidades. Os capítulos que se propuseram a trazer contributos teóricos da primeira parte desta obra procuraram discutir essa realidade escolar/acadêmica, especialmente trazendo diálogos pertinentes e atuais, bem como propostas de ação. Já para se atingir ou tornar essa agenda tangível, seria necessária uma implicação movimentada pelos atores desse sistema (escola), quais sejam, alunos (crianças/adolescentes/adultos), professores, equipe pedagógica e, com destaque, pedagogos e psicólogos com competências e reconhecimento para realizarem ações instrumentais a serviço da inovação e das mudanças.

Ao iniciarmos esta seção, colocamos uma questão: Quais projetos de investigação e quais programas de intervenção poderão contribuir para uma educação mais inclusiva e uma educação a serviço do desenvolvimento e do bem-estar das pessoas e das comunidades, promovendo os valores da não violência e não exclusão, da dignidade e liberdade, da solidariedade e aceitação da diversidade cultural?

Agora há substância para que essa questão possa ser respondida, ou seja, é possível promover a plausibilidade (cobrando setores da sociedade e os órgãos governamentais) e também é possível alcançar resultados da agenda ODS com profissionais que estabeleçam um lastro com a justiça social, por meio do compromisso ético-profissional. Entende-se que a ética e a justiça social perpassam esse cenário mundial que convoca os psicólogos e os profissionais da educação a refletirem sobre o quanto os ODS são tangíveis e começam na minha/sua/nossa prática profissional. Não consideramos os ODS intangíveis, ao contrário, são norteadores importantes de nossas práticas dentro dos muros escolares e fora deles. Buscando, por um lado, nas instâncias governamentais e reguladoras (âmbito macro), formas de garantir condições materiais para alcançá-los; e, por outro, compreendendo (âmbito micro) que os ODS são importantes para que possamos intrinsecamente personalizar e organizar nossa prática profissional, de modo a tornar a educação realmente um direito universal.

Considerações finais

O propósito deste capítulo foi o de fazer algumas ponderações sobre os caminhos que a nossa sociedade tem percorrido. Mais ainda, pretendeu sopesar sobre quais seriam as melhores alternativas para formar seres humanos que se confrontarão com grandes adversidades prospectadas para os anos vindouros. Entre elas, enfrentarão aquelas decorrentes das mudanças climáticas, por exemplo, e serão compelidos a lidar com acontecimentos bizarros, envolvendo afrontas e disputas, que facilmente se transformarão em desavenças e confrontos entre povos? O que é esperado dos psicólogos educacionais para o planejamento do futuro e para preparar os jovens para atuarem como próceres diante de uma conjuntura tão incerta e desafiadora?

Os muitos fenômenos que permeiam o cenário escolar/acadêmico foram desvelados ao longo deste compêndio. Acreditamos que permitirão ao leitor uma análise sobre como psicólogos e educadores podem, a partir de suas práticas, nos fortalecer e, juntos, nos sentirmos mais capazes para melhorar a realidade escolar/acadêmica, ora tão díficil e atravessada pelo agravamento das desiguldades educacionais e sociais. Por essa razão, espera-se que o desafio para o futuro sustentável, comprometido com a agenda das Nações Unidas, possa ser apreciado nos outros 59 capítulos construídos e que eles inspirem o leitor a ter novas ideias ou a colocar em prática as ideias trazidas como propostas interventivas para realizar a mudança que "queremos ver".

O futuro depende do compromisso e da mobilização do maior número possível de intervenientes. Também esse esforço nos faz retomar a questão: Quais projetos de investigação e quais programas de intervenção poderão contribuir para uma educação mais inclusiva e uma educação a serviço do desenvolvimento e do bem-estar das pessoas e das comunidades, promovendo os valores da não violência e não exclusão, da dignidade e liberdade, da solidariedade e aceitação da diversidade cultural?

Se os capítulos teóricos da primeira parte desta obra tenderam a discutir aspectos escolares e acadêmicos e seu entorno, os capítulos da segunda parte respondem a outra parte da questão apresentada. O bloco de capítulos que constitui a segunda parte desta obra mostrou formas diversas de se atuar no contexto escolar/acadêmico. Esses capítulos trouxeram importantes reflexões acerca dos manejos de avaliação e da intervenção. A psicologia da educação precisa modernizar as suas práticas e colocá-las a serviço do movimento de inovação e mobilização dos intervenientes e alvos dos processos educativos em prol de uma educação mais inclusiva e de qualidade para todos!

Financiamento

Conselho Nacional de Desenvolvimento Científico e Tecnológico (CNPq).

Referências

Ali, M., & Ajlabs (2023, junho 30). *How many years does a typical user spend on social media?* Aljazeera. https://www.aljazeera.com/news/2023/6/30/how-many-years-does-a-typical-user-spend-on-social-media

American Psychologial Association. (2017). *Ethical principles of psychologists and code of conduct*. Recuperado de https://www.apa.org/ethics/code/ethics-code-2017.pdf

Bakshy, E., Messing, S., & Adamic, L. (2015). Exposure to ideologically diverse news and opinion on Facebook. *Science, 348*(6239), 1.130-1.132. https://doi.org/10.1126/science.aaa1160

Declaração de Salamanca. (1994). *Princípios, política e práticas na área das necessidades educativas especiais*. Organização das Nações Unidas para a Educação. Recuperado de https://unesdoc.unesco.org/ark:/48223/pf0000139394

Declaração Universal dos Direitos Humanos. (1948). *Assembleia Geral das Nações Unidas em Paris*. Recuperado de https://nacoesunidas.org/direitoshumanos/declaracao/

Liedke, J., & Matsa, K. E. (2022, setembro 20). *Social media and news fact sheet*. Pew Research Center. https://www.pewresearch.org/journalism/fact-sheet/social-media-and-news-fact-sheet/

Organização das Nações Unidas. (2024). *Objetivo do Desenvolvimento Sustentável – ODS*. Recuperado de https://brasil.un.org/pt-br/sdgs

Índice

A

Abandono académico 641, 642, 643, 644, 646, 648, 650
Abordagem(ens)
    centrada na pessoa 378, 380
    dimensional 187
    individualizantes 104
    tipológica 187, 188
Academic Self-handicapping Scale (ASHS) 433
Accountability 238, 241, 242, 244, 245
Acessibilidade 34, 122, 129, 208, 210, 211, 231, 232, 247, 248, 249, 250, 251, 252, 253, 256, 309, 380, 494
Acolhimento 20, 28, 45, 46, 47, 61, 134, 291, 300, 472, 496, 507, 601, 602, 633, 660
Aculturação 291, 292, 294, 295, 296
Adaptação
    académica 58, 163, 164, 165, 167, 445, 630, 632, 634, 635, 636, 637, 646
    ao ensino superior 163, 164, 632, 634, 635, 649
Adolescência 23, 43, 129, 130, 185, 188, 324, 494, 495, 518, 533, 562, 563, 564, 571, 572, 576, 577, 578, 587, 607, 608, 614, 655
Afeto(s)
    negativos 26, 587, 589, 593
    parental 187, 188, 189
    positivo(s) 587, 588, 589, 593, 635
Agência humana 381, 391, 400
Agroecologia 285
Alta(s) habilidade(s) 29, 86, 131, 206, 209, 210, 230, 247, 354, 361. *Cf. tb.* Superdotação
Altas habilidades 29, 86, 131, 206, 209, 210, 230, 247, 354, 361
Aluno(s) 15, 18, 27, 29, 30, 37, 39, 40, 41, 43, 47, 48, 49, 57, 60, 61, 85, 88, 93, 94, 98, 103, 104, 105, 106, 107, 110, 127, 155, 181, 197, 209, 217, 218, 223, 228, 229, 230, 232, 234, 235, 250, 252, 254, 271, 285, 286, 310, 358, 359, 378, 382, 390, 391, 393, 412, 413, 420, 421, 422, 423, 427, 430, 431, 433, 436, 437, 438, 447, 448, 455, 462, 471, 472, 473, 474, 475, 476, 477, 478, 479, 486, 491, 504, 505, 507, 508, 509, 510, 511, 512, 513, 514, 515, 544, 550, 555, 557, 630, 631, 632, 633, 637, 642, 643, 680, 685

Ansiedade 25, 26, 39, 48, 58, 86, 129, 130, 131, 166, 168, 188, 198, 203, 291, 294, 349, 351, 357, 380, 384, 401, 405, 433, 464, 485, 490, 493, 510, 575, 576, 577, 582, 589, 591, 592, 598, 608, 612, 620, 633, 636, 644, 654, 661, 666, 667, 669, 671, 672
Apoio(s) 59, 121, 127, 132, 182, 247, 253, 255
    ao estudante 56, 59, 61, 62, 448
    psicológico 130, 131, 134
Aprendizagem(ens) 15, 17, 18, 23, 26, 30, 34, 37, 39, 40, 41, 45, 47, 49, 50, 51, 56, 57, 60, 61, 62, 63, 68, 75, 80, 84, 85, 86, 91, 92, 93, 94, 95, 96, 97, 98, 99, 102, 103, 104, 105, 106, 107, 109, 110, 111, 114, 115, 116, 120, 122, 127, 128, 130, 131, 132, 133, 134, 135, 136, 139, 140, 141, 143, 144, 146, 150, 151, 152, 153, 155, 156, 157, 161, 162, 163, 164, 165, 166, 167, 168, 169, 170, 174, 178, 186, 190, 196, 197, 198, 209, 211, 212, 220, 223, 225, 226, 230, 231, 233, 234, 235, 238, 239, 240, 242, 243, 244, 245, 247, 249, 251, 252, 253, 254, 255, 256, 260, 261, 270, 271, 272, 273, 274, 275, 277, 278, 279, 284, 285, 286, 287, 291, 310, 313, 319, 321, 323, 324, 325, 326, 327, 328, 346, 352, 354, 355, 356, 358, 359, 360, 372, 373, 376, 378, 379, 380, 381, 382, 384, 387, 388, 389, 390, 391, 392, 393, 394, 400, 404, 410, 412, 413, 415, 416, 420, 421, 422, 423, 424, 425, 426, 427, 429, 430, 431, 432, 433, 435, 436, 437, 438, 439, 441, 442, 443, 444, 445, 447, 448, 453, 454, 459, 460, 462, 463, 464, 466, 467, 468, 470, 471, 472, 473, 474, 475, 476, 477, 478, 479, 504, 505, 506, 507, 508, 509, 510, 512, 513, 515, 518, 521, 523, 539, 541, 544, 545, 548, 550, 554, 558, 559, 576, 577, 580, 581, 589, 605, 613, 619, 620, 622, 626, 632, 633, 634, 635, 636, 637, 641, 644, 646, 647, 648, 649, 654, 657, 659, 664, 665, 666, 667, 669, 671, 672, 676, 678, 679
    dificuldades de 37, 49, 91, 93, 96, 98, 106, 115, 116, 128, 140, 141, 150, 151, 152, 153, 155, 156, 157, 161, 162, 163, 164, 165, 166, 167, 168, 169, 170, 197, 271, 272, 273, 430, 454, 634
    estratégias de 57, 143, 144, 388, 415, 420, 421, 423, 424, 425, 426, 445, 466, 477, 478, 644
    socioemocional 154
Aproximação 19, 46, 116, 165, 228, 230, 276, 278, 279, 306, 311, 313, 379, 380, 405, 424, 508, 509, 514, 515, 644

Aptidão(ões) 71, 162, 321, 323, 324, 357, 424, 470, 569, 572

Arte-Diagnóstico Familiar (ADF) 195, 196, 199, 202, 683

Aspectos
  ambientais 150, 422, 448
  históricos 13, 35, 441
  sócio-históricos 13

Assédio moral 482, 486, 487, 488, 489, 490

Atendimento educacional especializado 206, 209, 212, 230, 231, 234, 354, 357, 358, 359, 362

Atribuições causais 145, 430

Atribuições de causalidade
  interpessoais 166
  intrapessoais 165

Atuação profissional 82, 83, 86, 122, 162, 244, 245, 270, 271, 277, 365, 368, 562

Autismo 209, 351, 365, 366, 367, 373. *Cf. tb.*

Autista(s) 105, 273, 365, 366, 367, 368, 371, 374, 577, 686

Autocontrole 108, 143, 349, 351, 523, 636, 637

Autodefesa 431, 432

Autoeficácia 57, 58, 128, 143, 144, 153, 190, 327, 328, 349, 350, 351, 377, 381, 382, 383, 384, 388, 398, 399, 400, 401, 402, 403, 404, 405, 406, 407, 415, 422, 436, 437, 438, 465, 467, 569, 571, 579, 588, 625, 627, 634, 635, 644, 646
  crença(s) de 57, 144, 377, 382, 383, 388, 398, 399, 400, 401, 402, 403, 404, 405, 406, 407, 437, 438, 571, 627
  emocional (AE) 349, 350, 351

Autoestima 42, 144, 156, 186, 202, 211, 295, 349, 355, 361, 382, 430, 431, 432, 437, 470, 489, 490, 504, 510, 527, 528, 530, 531, 532, 533, 534, 535, 562, 577, 582, 607, 608, 611, 613, 625

Autoritário(s) 185, 186, 188, 504, 505, 506, 511

Autorizado(s) 184, 185, 186, 188, 190, 191

Autorregulação 26, 63, 95, 97, 132, 143, 167, 186, 325, 376, 381, 382, 387, 389, 391, 393, 403, 425, 445, 454, 460, 473, 479, 591, 636, 646, 647
  da/para a aprendizagem 57, 62, 167, 387, 388, 390, 392, 393, 394, 420, 424, 436, 454, 470, 477

Autossabotagem 432, 434, 435, 436

Avaliação
  da/de linguagem 173, 175, 176, 177, 178, 180
  da/para a aprendizagem 141, 233, 238, 239, 240, 243, 244, 387, 388, 424, 475, 505, 506, 664, 665, 669
  de programas 191, 238
  educacional 42, 170, 216, 219, 220, 222, 224, 226, 238, 239, 240, 241, 242, 243, 244, 245, 505, 506
  familiar/da família 195, 196, 197, 199
  formal 177, 541
  informal 178
  institucional 238
  psicoeducacional 34, 36, 37, 41, 42, 43, 84, 228, 229, 232, 233, 234, 235, 247, 249, 253, 254, 255, 394
  psicológica 22, 23, 24, 25, 29, 30, 31, 34, 35, 36, 37, 40, 41, 42, 78, 79, 80, 81, 82, 83, 84, 85, 86, 87, 88, 107, 108, 109, 110, 122, 161, 163, 167, 168, 169, 170, 196, 228, 351, 357, 368, 369, 379, 448, 498, 542, 568, 579, 609, 624, 627, 634, 635

B

Baixo desempenho acadêmico 161, 167, 168, 169, 631

Bandura 143, 381, 382, 383, 387, 398, 399, 400, 401, 402, 403, 404, 405, 407

Bem-estar 24, 27, 30, 31, 46, 62, 86, 131, 141, 144, 164, 165, 191, 320, 328, 349, 356, 373, 378, 401, 429, 436, 437, 517, 586, 589, 594, 612, 626, 627, 632, 633, 634, 637, 645, 647, 649, 657, 679, 680, 681, 682
  psicológico 129, 527, 530, 576, 592, 644
  subjetivo 540, 587, 588, 589, 591, 592, 593, 655, 658

Brasil 13, 14, 16, 17, 19, 22, 23, 24, 25, 34, 37, 45, 48, 51, 57, 59, 62, 78, 79, 81, 82, 99, 114, 119, 140, 156, 191, 195, 206, 208, 209, 210, 211, 212, 225, 229, 230, 233, 238, 241, 242, 262, 271, 273, 279, 283, 287, 288, 291, 292, 293, 296, 297, 298, 299, 300, 350, 354, 356, 357, 359, 360, 388, 403, 410, 417, 424, 445, 451, 459, 483, 488, 493, 497, 505, 542, 543, 555, 556, 558, 562, 568, 575, 576, 579, 580, 588, 589, 593, 597, 598, 599, 601, 605, 610, 611, 614, 620, 621, 622, 624, 627, 631, 645, 654, 656, 662, 670, 680

Brasileira(as)/Brasileiro(os) 16, 17, 24, 36, 37, 48, 49, 56, 61, 62, 63, 79, 91, 93, 94, 96, 103, 114, 115, 116, 118, 119, 120, 121, 169, 170, 206, 207, 208, 252, 260, 271, 273, 282, 292, 293, 296, 298, 299, 306, 309, 311, 347, 350, 404, 406, 415, 417, 425, 426, 435, 441, 446, 448, 457, 483, 486, 489, 493, 501, 587, 588, 589, 593, 601, 623, 624, 654, 667

Bullying 42, 45, 53, 150, 153, 155, 468, 482, 483, 485, 486, 488, 489, 490, 495, 496, 499, 577, 580

C

Cabral 212, 253

Calidad
  de aprendizaje 331, 338
  de la educación 331

Campesino(s) 287

Capacidade(s) 35, 38, 39, 40, 48, 49, 62, 70, 96, 102, 108, 109, 110, 140, 143, 145, 146, 152, 154, 161, 164, 179, 198, 216, 221, 222, 223, 230, 243, 254, 270, 279, 299, 307, 308, 319, 320, 321, 322, 323, 324, 327, 347, 348, 349, 351, 355, 368, 371, 372, 379, 380, 381, 382, 398, 399, 402, 405, 412, 420, 422, 425, 430, 431, 434, 435, 436, 443, 446, 456, 460, 462, 463, 464, 472, 476, 496, 497, 498, 500, 522, 550, 552, 553, 554, 555, 556, 557, 564, 565, 567, 568, 579, 588, 611, 631, 636, 637, 666, 670, 671, 677, 679

Capacitismo 206, 211, 213, 232

Características contextuais 152, 155

Cartografia(s) 258, 259, 262, 263, 265

Cattell-Horn-Carroll (CHC) 98, 321, 326

Choque cultural 294, 295

Código de Ética Profissional do Psicólogo/da Psicologia 22, 27, 30, 34, 35, 37, 80

Coeficiente intelectual. *Cf.* Quociente de Inteligência (QI)

Colaborativo 19, 52, 54, 134, 253, 393, 541

Competencias
  en los estudiantes 331
  intelectuales 333, 334

Competência(s) 34, 81, 85, 86, 144, 151, 190, 198, 243, 325, 326, 328, 368, 378, 379, 383, 436, 460, 461, 462, 467, 473, 528, 529, 530, 531, 534, 535, 552, 588, 644, 669
  social(ais) 15, 176, 185, 186, 372, 518, 523
  socioemocionais 25, 47, 150, 153, 154, 155

Componentes motivacionais 384

Compreensão de/da leitura 446, 450, 451, 452, 453, 454, 455, 456, 457

Compreensão emocional 347, 348, 351

Compromisso social 78, 134, 245, 258, 267, 270, 271, 272, 305, 306, 311

Comunalidades 13

Conhecimento(s) 13, 14, 17, 35, 36, 38, 40, 41, 42, 45, 46, 47, 52, 56, 59, 62, 63, 64, 68, 71, 72, 74, 78, 81, 83, 84, 85, 86, 87, 88, 91, 92, 98, 104, 106, 108, 111, 115, 116, 122, 130, 131, 140, 141, 144, 145, 146, 152, 163, 165, 169, 170, 173, 174, 189, 191, 195, 196, 198, 199, 200, 201, 207, 210, 212, 223, 224, 228, 229, 232, 233, 234, 235, 238, 244, 245, 247, 251, 259, 260, 264, 267, 283, 284, 288, 291, 299, 300, 310, 312, 320, 321, 328, 348, 354, 355, 356, 358, 359, 360, 361, 368, 369, 373, 384, 392, 394, 399, 405, 423, 436, 438, 443, 448, 450, 451, 463, 466, 470, 473, 504, 505, 506, 507, 508, 509, 513, 514, 515, 517, 520, 540, 541, 543, 544, 545, 546, 550, 554, 559, 564, 568, 569, 570, 582, 586, 603, 607, 626, 630, 633, 634, 635, 650, 659, 660, 664, 678
  metacognitivo 420, 421, 425, 462

Consciência metacognitiva 96, 462

Construto(s) 146, 164, 165, 349, 350, 352, 376, 379, 381, 382, 383, 384, 387, 388, 394, 402, 410, 412, 413, 415, 416, 429, 434, 441, 448, 457, 467, 470, 471, 478, 541, 544, 563, 567, 569, 589, 590, 592, 623, 632, 653, 654

Contexto(s)
  educativo(s) 19, 22, 23, 34, 376, 382, 429, 434, 575, 676
  escolar(es) 13, 15, 18, 19, 23, 25, 29, 34, 36, 41, 42, 46, 47, 53, 78, 80, 82, 84, 85, 86, 87, 88, 91, 94, 102, 104, 109, 150, 151, 157, 173, 178, 180, 181, 195, 196, 197, 204, 228, 233, 234, 235, 253, 274, 277, 299, 305, 312, 313, 357, 377, 381, 384, 436, 437, 441, 447, 457, 482, 483, 486, 489, 500, 521, 531, 539, 540, 543, 577, 586, 587, 588, 597, 600, 601, 602, 607, 609, 611, 612, 613, 614, 615, 617, 682
  contemporâneos 16

Controlo 392

Cotidiano escolar 52, 85, 146, 253, 271, 404, 489, 661

Crédito pelo sucesso 430

Crenças
  de autoeficácia 57, 144, 377, 382, 383, 388, 398, 399, 400, 401, 402, 403, 404, 405, 406, 407, 437, 438, 571, 627

Crença(s) de autoeficácia 382, 399, 400, 404, 406, 407

Criança(s) 25, 28, 30, 38, 39, 41, 47, 48, 49, 69, 70, 71, 72, 73, 74, 75, 76, 88, 91, 92, 93, 94, 95, 98, 103, 107, 108, 109, 111, 115, 140, 151, 152, 155, 173, 174, 175, 176, 177, 178, 179, 180, 181, 185, 186, 188, 189, 191, 195, 196, 197, 198, 199, 201, 203, 204, 205, 218, 271, 272, 273, 274, 275, 278, 279, 286, 287, 289, 312, 313, 327, 351, 352, 365, 366, 368, 369, 370, 371, 372, 373, 374, 450, 451, 452, 460, 462, 494, 496, 601, 602, 679

Criatividade 76, 132, 225, 232, 326, 357, 360, 445, 446, 467, 539, 540, 541, 542, 543, 544, 545, 546, 547, 548, 567

Critérios diagnósticos 365, 366, 367, 370, 374

Cuantificar la eficacia del aprendizaje 336

Cuir 266, 267

Cultura(s)/Cultural(ais) 16, 63, 119, 156, 216, 459, 470, 631, 683

Cultura síria 297

Cyberbullying 156, 482, 483, 484, 485, 486, 488, 489, 490

D

Decolonialidade 258

Deep learning 216, 219, 226

Deficiência
  intelectual 209, 272, 367, 520
  visual 131, 228, 229, 231, 232, 233, 234, 235, 237, 251, 255

Demanda(s) 27, 29, 30, 37, 42, 48, 50, 52, 80, 83, 86, 87, 88, 93, 123, 163, 195, 196, 199, 200, 201, 202, 205, 234, 252, 270, 271, 274, 279, 295, 305, 306, 328, 360, 369, 463, 517, 562, 565, 568, 588, 659
   compartilhada 195, 197, 203
   familiar compartilhada 195, 197, 199, 201, 203, 205
   por mandato 195, 196, 197, 199, 200

Depressão 26, 130, 156, 188, 274, 349, 357, 401, 485, 490, 493, 494, 498, 571, 575, 576, 577, 578, 579, 580, 581, 582, 591, 598, 608, 612, 620, 633, 644, 654, 655, 661, 666, 667, 669, 671

Desafios éticos 22, 23, 26

Desculpar o fracasso 430

Desempenho acadêmico 51, 60, 94, 130, 141, 142, 143, 144, 153, 161, 164, 165, 166, 167, 168, 169, 170, 184, 186, 223, 404, 405, 415, 416, 423, 425, 429, 446, 450, 470, 471, 472, 473, 474, 476, 477, 479, 522, 527, 554, 557, 577, 579, 587, 588, 591, 593, 631, 633, 637, 645, 649, 661

Desempenho(s) 25, 38, 39, 40, 48, 51, 60, 87, 93, 94, 104, 130, 133, 139, 141, 142, 143, 144, 145, 151, 153, 161, 162, 164, 165, 166, 167, 168, 169, 170, 184, 186, 216, 218, 221, 222, 223, 241, 244, 245, 248, 274, 275, 323, 324, 325, 326, 328, 350, 351, 355, 357, 359, 376, 377, 379, 380, 381, 383, 390, 391, 399, 401, 404, 405, 412, 413, 415, 416, 421, 422, 423, 425, 426, 429, 430, 431, 432, 433, 435, 436, 441, 444, 445, 446, 447, 450, 454, 457, 459, 460, 462, 465, 466, 468, 470, 471, 472, 473, 474, 475, 476, 477, 478, 479, 504, 507, 517, 518, 520, 522, 523, 527, 541, 545, 552, 554, 556, 557, 558, 577, 579, 580, 582, 586, 587, 588, 589, 591, 593, 600, 608, 611, 613, 624, 631, 632, 633, 637, 644, 645, 647, 649, 655, 661, 665, 666, 667, 669, 670, 683

Desenvolvimento
   humano 41, 69, 70, 71, 74, 76, 81, 108, 109, 111, 122, 139, 140, 157, 271, 277, 309, 328, 521, 672
   linguístico/da linguagem 151, 173, 174, 175, 177, 180, 181

Desmotivação 144, 377, 378, 461, 462, 466, 577, 582, 633

Diferença(s) 59, 133, 142, 188, 217, 218, 221, 240, 247, 258, 261, 263, 295, 307, 328, 413, 456, 489, 534, 577, 598, 613, 666

Dificuldade(s) de aprendizagem.
   Cf. Aprendizagem, dificuldades de

Dimensão(ões)
   educativa(s) 184, 187, 189, 190
   motivacional 388, 389, 463

Dimensional 184, 187, 219

Direito(s)
   humanos 53, 78, 80, 84, 88, 122, 291, 300, 312, 370, 641, 678
   social(ais) 116, 305, 306, 307, 308, 309, 310, 312, 313

Domínio-aproximação 379, 380

Domínio-evitação 379, 380

Domínio(s) 14, 15, 16, 36, 48, 49, 91, 92, 93, 99, 150, 152, 161, 173, 184, 186, 191, 234, 254, 323, 355, 356, 367, 379, 380, 381, 383, 389, 390, 392, 393, 398, 401, 402, 403, 404, 407, 451, 462, 464, 470, 472, 505, 521, 523, 527, 531, 533, 534, 539, 541, 543, 544, 546, 550, 559, 563, 564, 590, 593, 619, 655, 656

E

Educação 15, 16, 18, 59, 63, 84, 119, 121, 142, 169, 170, 207, 209, 210, 216, 228, 229, 247, 248, 253, 271, 272, 276, 278, 282, 288, 291, 299, 308, 309, 312, 328, 390, 404, 459, 470, 479, 507, 511, 512, 535, 544, 579, 601, 604, 631, 641, 676
   básica 14, 17, 24, 27, 41, 45, 47, 48, 88, 102, 104, 105, 111, 114, 120, 122, 131, 143, 150, 152, 156, 163, 168, 181, 212, 230, 231, 238, 239, 240, 242, 244, 245, 248, 250, 251, 271, 275, 313, 354, 387, 405, 415, 454
   especial 27, 86, 92, 98, 122, 181, 228, 229, 230, 231, 247, 248, 249, 255, 354, 362, 471, 519
   formal 17, 23, 41, 580, 668
   psicologia da. *Cf.* Psicologia, da educação
   superior 208

Educación Superior 331

Efeitos afetivos 504

Embedding(s) 220

Emoção(ões) 18, 58, 95, 96, 154, 155, 165, 168, 189, 202, 322, 346, 347, 348, 349, 350, 351, 352, 355, 380, 425, 436, 464, 572, 588, 589, 593, 604, 636, 637, 644, 649, 670

Emocionalidade 349, 437, 607

Empatia 36, 52, 53, 110, 146, 154, 348, 349, 351, 355, 486, 490, 500, 519, 545, 563, 602, 659

Engajamento(s) 134, 141, 153, 225, 360, 371, 378, 379, 380, 382, 384, 410, 411, 412, 413, 415, 416, 417, 419, 420, 432, 437, 438, 461, 466, 580, 587, 588, 591, 593, 613, 622, 654, 665

Enriquecimento 91, 92, 93, 94, 273, 327, 358, 359, 360, 361, 648

Enriquecimento curricular 359, 360, 361, 648

Enseñanza superior 331, 333, 334

Ensino
   e aprendizagem 17, 49, 61, 63, 103, 122, 140, 144, 161, 211, 231, 240, 242, 244, 261, 359, 412, 445, 448, 471, 474, 477, 515, 619, 620
   híbrido 166, 167, 242, 244
   remoto 26, 166, 244, 312, 635
   superior (ES) 126, 127, 128, 129, 131, 134, 135, 206, 208, 210, 211, 623, 624, 641, 647

Índice

Ensino-aprendizagem 23, 51, 86, 91, 92, 102, 103, 105, 106, 107, 109, 110, 120, 127, 131, 132, 133, 136, 153, 155, 174, 178, 212, 220, 235, 291, 476, 504, 507, 508, 509, 510, 513, 515, 659

Entrevista Familiar Estruturada (EFE) 195, 196, 199, 201, 203

Envolvimento familiar 473, 477

Equipe(s)
    escolar(es) 28, 29, 30, 45, 52, 53, 232, 359, 539, 582
    multidisciplinar(es) 22, 24, 26, 27, 36, 87, 181, 209, 212, 235, 550
    multiprofissional(ais) 17, 22, 86, 120, 121, 122, 123, 168, 248, 273, 567

Escala(s) 119, 142, 170, 175, 187, 189, 220, 223, 239, 242, 323, 350, 356, 357, 366, 377, 380, 382, 383, 384, 388, 389, 402, 403, 404, 406, 407, 414, 415, 417, 423, 424, 425, 438, 446, 447, 465, 466, 470, 475, 479, 488, 489, 493, 496, 497, 498, 519, 520, 527, 528, 529, 531, 532, 533, 534, 541, 542, 567, 568, 578, 579, 586, 587, 589, 592, 593, 602, 609, 610, 611, 624, 644, 645, 646, 650, 653, 655, 656, 661, 667, 684
    de autorrelato 384, 433, 614
    de estratégias autoprejudiciais à aprendizagem 429, 433, 435
    de *Self-handicapping* (SHS) 434

Escolarização 23, 24, 46, 47, 86, 104, 105, 107, 109, 115, 116, 120, 122, 150, 151, 228, 231, 275, 299, 323, 324, 373, 387, 389, 392, 394, 438, 450, 459, 460, 467, 468, 544, 635

Escola(s) 13, 14, 15, 16, 17, 18, 19, 22, 23, 24, 25, 26, 27, 28, 29, 30, 31, 34, 36, 37, 38, 40, 41, 42, 43, 45, 46, 47, 50, 51, 52, 53, 54, 71, 73, 74, 76, 78, 79, 84, 85, 87, 88, 91, 92, 94, 98, 99, 102, 103, 104, 105, 106, 107, 108, 110, 114, 115, 116, 117, 119, 120, 122, 123, 140, 141, 142, 145, 153, 154, 167, 177, 179, 195, 196, 197, 198, 199, 200, 201, 203, 204, 205, 208, 228, 229, 230, 235, 247, 249, 251, 252, 253, 255, 271, 272, 273, 276, 277, 278, 279, 283, 284, 288, 291, 292, 305, 306, 308, 309, 310, 312, 313, 351, 356, 359, 360, 361, 373, 377, 380, 381, 393, 404, 405, 407, 421, 431, 436, 446, 450, 454, 460, 462, 465, 466, 467, 470, 471, 472, 473, 474, 475, 477, 478, 479, 482, 483, 486, 489, 490, 491, 493, 495, 496, 499, 500, 505, 506, 508, 509, 510, 511, 521, 522, 540, 564, 572, 577, 580, 581, 582, 587, 588, 597, 599, 600, 601, 604, 613, 653, 654, 656, 657, 658, 659, 660, 661, 676, 677, 680, 681
    da zona rural 285, 287
    do campo 282, 286, 287, 289

Especialidade em avaliação psicológica 35, 36, 42, 78, 80, 85, 86, 88

Especificidade(s) 13, 15, 19, 36, 37, 41, 43, 48, 51, 53, 57, 68, 71, 82, 85, 88, 103, 131, 134, 189, 197, 199, 229, 232, 243, 271, 291, 292, 296, 307, 309, 312, 326, 352, 358, 374, 377, 382, 383, 411, 415, 433, 482, 493, 496, 497, 501, 546, 577, 600, 679, 680

Estilhaço(s) 258, 259, 261, 263, 265, 267, 269

Estilo(s)
    autoritário 186
    autorizado 186
    educativo(s) 184, 185, 186, 187, 188, 189, 190, 191
    intelectual(ais) 441, 442, 443, 444, 445, 446, 447, 448
    parentais 186, 590

Estratégia(s)
    autoprejudiciais 143, 144, 145, 376, 388, 429, 430, 431, 432, 433, 434, 435, 436, 437, 438, 465
    cognitivas 96, 167, 388, 420, 421, 423, 424, 425, 438, 463, 464
    de aprendizagem. *Cf.* Aprendizagem, estratégias de metacognitivas 96, 421, 425, 463, 477

Estressores ocupacionais 619, 621, 622, 625, 627

Estrutura de metas 380, 381

Estudante(s) 23, 24, 26, 27, 28, 29, 30, 31, 37, 42, 45, 46, 48, 51, 52, 56, 57, 58, 59, 60, 61, 62, 63, 64, 95, 96, 97, 98, 102, 103, 105, 106, 107, 108, 109, 110, 111, 114, 115, 118, 119, 120, 122, 126, 127, 128, 129, 130, 131, 132, 133, 134, 135, 136, 139, 140, 141, 142, 143, 144, 145, 146, 153, 154, 155, 156, 161, 162, 163, 164, 165, 166, 167, 168, 169, 170, 181, 198, 206, 207, 208, 209, 210, 211, 212, 213, 218, 223, 224, 225, 228, 229, 231, 232, 233, 235, 237, 247, 248, 249, 251, 252, 253, 254, 255, 256, 260, 264, 265, 266, 271, 275, 278, 284, 295, 305, 310, 312, 313, 354, 358, 359, 360, 361, 362, 376, 377, 378, 379, 380, 381, 382, 383, 384, 387, 388, 389, 390, 392, 404, 405, 406, 407, 410, 412, 413, 416, 420, 421, 422, 423, 424, 425, 426, 435, 436, 441, 445, 446, 447, 448, 453, 456, 459, 460, 463, 464, 465, 466, 467, 477, 485, 486, 487, 488, 489, 490, 500, 504, 507, 519, 520, 521, 523, 533, 539, 540, 541, 543, 544, 545, 546, 547, 548, 550, 554, 557, 565, 575, 577, 578, 580, 581, 582, 586, 588, 589, 601, 613, 623, 630, 631, 632, 633, 634, 635, 636, 637, 641, 642, 643, 644, 645, 646, 647, 648, 649, 650, 651, 654, 655, 657, 658, 659, 660, 661, 671, 683
    com deficiência 131, 206, 208, 211, 228, 229, 231, 232, 233, 235, 237, 249, 253
    com necessidades educativas especiais (NEE) 206, 207, 208, 209, 210, 211, 212, 213
    com necessidades especiais de educação (NEEd) 209

Ética(s) 22, 26, 27, 28, 29, 31, 42, 46, 47, 49, 50, 80, 81, 82, 85, 88, 135, 154, 168, 225, 228, 261, 267, 368, 370, 499, 515, 518, 601, 602, 680, 681, 683

Evaluación
  cognitiva 332
  eficaces 332, 333
  empírica 336, 337

Evasão 58, 62, 118, 153, 163, 164, 165, 229, 241, 485, 505, 562, 580, 632, 634, 641, 642, 655

Evasão acadêmica 163, 164, 165

Evitação do trabalho 379, 465

Exigência(s) 29, 48, 51, 82, 127, 128, 130, 131, 144, 150, 151, 168, 185, 188, 190, 240, 319, 377, 382, 393, 421, 423, 445, 448, 466, 475, 630, 631, 635, 641, 642, 643, 650

Experiência vicária 400

F

Facilitação do pensamento 347

Falácia ecológica 292

Fator g 321, 323, 324

Feedback(s) 132, 220, 223, 225, 226, 326, 383, 431, 432, 436, 470, 472, 473, 475, 477, 478, 479, 510, 512, 513, 545, 570, 602, 603, 647, 659, 662, 670

Fonte(s)
  complementar(es) 30, 38, 83, 168, 368, 370
  de construção 400, 403
  fundamentais 34, 37, 40, 85, 168, 368, 370, 624, 627

Força 18, 72, 94, 186, 187, 242, 254, 266, 276, 289, 321, 355, 402, 403, 404, 482, 483, 484, 665
  epistemofílica 198, 200

Formação
  de professores. *Cf.* Professores, formação de
  humana 106, 110, 111, 313

Fracasso(s) 115, 139, 141, 145, 146, 165, 242, 259, 260, 261, 263, 266, 380, 399, 401, 423, 430, 431, 432, 434, 437, 463, 464, 466, 506, 530, 545, 565, 586, 590, 608, 612, 613
  escolar 45, 105, 107, 115, 140, 271, 273, 276

Função(ões)
  cognitiva(s) 93, 323, 324, 325, 326, 327, 550, 555, 556, 559, 666, 667, 671
  executivas 93, 94, 95, 96, 97, 98, 168, 325, 355, 357, 551, 667, 669, 670
  Psicológicas Superiores (FPS) 106, 110, 254

Fundeb 17, 19, 121

Futuro sustentável 680, 681

G

Garantia de direito(s) 24, 233, 305, 307, 312, 313

Generalidade 127, 326, 398, 402, 403, 404, 431, 676, 678

Gênero 57, 75, 92, 99, 107, 119, 135, 142, 258, 259, 260, 261, 262, 263, 264, 265, 267, 271, 300, 312, 432, 456, 461, 576, 577, 580, 611, 636, 637, 661, 665, 666, 678

Gerenciamento emocional 348, 350, 352

Gestão do tempo 128, 422, 632, 633, 636, 661

Grupo(s)
  do Afeto 507, 508, 509, 510, 513, 684
  minoritários 63, 207

H

Habilidade(s) 29, 30, 39, 40, 46, 48, 58, 62, 81, 94, 95, 96, 97, 98, 103, 107, 118, 131, 136, 143, 144, 145, 151, 154, 162, 166, 167, 206, 209, 210, 223, 230, 238, 245, 247, 250, 251, 254, 275, 277, 284, 320, 321, 323, 324, 331, 332, 333, 334, 335, 336, 337, 343, 347, 348, 349, 350, 351, 352, 354, 355, 359, 360, 361, 369, 370, 371, 372, 373, 382, 383, 392, 400, 401, 404, 405, 420, 421, 422, 423, 427, 430, 431, 432, 443, 450, 451, 452, 453, 454, 455, 457, 459, 460, 462, 500, 509, 520, 522, 539, 540, 541, 543, 545, 546, 548, 550, 551, 552, 553, 554, 555, 556, 557, 558, 559, 562, 564, 565, 566, 567, 568, 569, 571, 572, 577, 591, 597, 599, 600, 603, 605, 626, 627, 631, 632, 633, 636, 641, 659, 664, 665, 669, 670, 672, 678, 683
  sociais 26, 61, 86, 153, 168, 322, 357, 371, 373, 517, 518, 521, 522, 523, 569, 591, 634, 635, 637, 660, 661, 671, 686

Heterorregulação 95

Humanização 68, 69, 71, 73, 75, 77, 107, 110, 111, 117, 123, 506

I

Idade pré-escolar 71, 177, 181, 185, 390, 531, 610

Ideação 485, 493, 494, 496, 497, 498, 499, 500, 577, 579

Identidade(s) cultural(ais) 291, 292, 294, 295

Identificação 24, 25, 26, 40, 49, 52, 94, 96, 98, 109, 130, 155, 157, 165, 166, 168, 173, 174, 175, 177, 178, 181, 184, 185, 187, 197, 218, 233, 250, 256, 293, 294, 295, 324, 347, 356, 357, 358, 362, 365, 366, 368, 369, 370, 376, 378, 382, 412, 415, 423, 425, 429, 454, 455, 465, 477, 482, 483, 485, 488, 489, 495, 498, 499, 501, 514, 519, 523, 542, 546, 547, 556, 557, 559, 567, 569, 572, 575, 576, 578, 600, 603, 648, 649, 650, 660, 661, 665

Identificar deficiencias 334

Impulso(s) 25, 120, 196, 199, 348, 431, 461
  epistemofílico 198, 200, 202

Inclusão 17, 24, 26, 28, 34, 46, 64, 86, 96, 99, 122, 129, 134, 135, 139, 146, 206, 207, 208, 209, 210, 211, 212, 230, 231, 233, 240, 247, 248, 249, 250, 251, 252, 253, 263, 299, 300, 311, 312, 320, 326, 358, 373, 393, 471, 520, 555, 559, 570, 613, 623, 634, 637, 641, 658, 659, 660

Individualismo 296, 297, 507

Infância(s) 18, 23, 28, 41, 43, 46, 68, 69, 70, 71, 72, 73, 74, 75, 76, 77, 96, 97, 98, 151, 152, 199, 206, 283, 306, 324, 326, 368, 466, 494, 496, 576, 577, 578, 587, 607, 608, 614, 655, 678

Influências ambientais 150, 152, 380

Ingressantes 57, 58, 62, 161, 163, 209, 410, 631, 634

Inovação 131, 132, 133, 136, 539, 681, 682

Instrumentos
    qualitativos 387, 388, 389, 403
    quantitativos 392, 403

Inteligência
    artificial 62, 64, 127, 216, 217, 220, 221, 222, 243, 244, 328, 404, 565, 677
    cristalizada 321, 323
    emocional 154, 346, 347, 348
    escalas de 323
    fluida 321, 323, 327, 356
    testes de. *Cf.* Testes, de inteligência

Interação(ões) 15, 23, 28, 40, 45, 46, 47, 51, 72, 95, 109, 110, 111, 117, 130, 134, 144, 151, 155, 156, 157, 166, 179, 187, 188, 211, 212, 217, 218, 225, 248, 250, 271, 272, 273, 277, 278, 294, 295, 296, 297, 327, 346, 349, 351, 352, 354, 367, 373, 393, 424, 436, 441, 447, 453, 461, 467, 471, 475, 517, 518, 520, 521, 522, 523, 539, 540, 544, 570, 577, 578, 591, 607, 608, 632, 634, 635, 637, 643, 645, 648, 649, 650, 658, 659, 664, 669, 671

Interdisciplinaridade(s) 27, 275

Interseccionalidade(s) 92, 258, 262, 263, 267

Intervenção(ões) 14, 15, 18, 20, 23, 25, 26, 35, 49, 52, 56, 60, 61, 62, 63, 64, 81, 84, 85, 86, 87, 91, 92, 93, 94, 95, 96, 97, 98, 99, 103, 104, 108, 110, 114, 115, 118, 127, 128, 129, 130, 131, 132, 134, 135, 136, 142, 152, 154, 156, 157, 166, 167, 173, 174, 175, 177, 178, 179, 181, 182, 184, 190, 191, 196, 197, 199, 208, 211, 216, 222, 224, 225, 235, 238, 262, 275, 276, 305, 307, 308, 310, 311, 319, 324, 326, 346, 347, 351, 352, 354, 357, 358, 360, 361, 365, 371, 372, 373, 376, 377, 378, 379, 381, 383, 384, 387, 388, 391, 392, 393, 394, 398, 400, 405, 406, 407, 411, 413, 416, 417, 425, 426, 429, 431, 433, 435, 436, 437, 438, 439, 450, 453, 454, 455, 456, 457, 459, 463, 465, 466, 470, 472, 473, 476, 477, 478, 479, 482, 488, 489, 490, 493, 495, 496, 498, 499, 500, 501, 511, 517, 519, 520, 521, 522, 528, 531, 534, 535, 539, 540, 544, 547, 548, 550, 552, 553, 556, 558, 559, 563, 565, 567, 569, 570, 572, 575, 576, 578, 579, 581, 582, 588, 592, 593, 594, 597, 599, 600, 601, 602, 603, 604, 605, 609, 611, 612, 613, 614, 620, 622, 624, 625, 626, 627, 630, 633, 635, 636, 637, 641, 644, 647, 648, 649, 650, 653, 655, 656, 657, 660, 661, 665, 669, 670, 671, 672, 676, 678, 679, 681, 682
    psicoeducacional(ais) 384, 394
    psicológica(s) 14, 52, 81, 86, 87, 128, 129, 130, 131, 132, 134, 136, 311, 347

Inventário(s) 350, 351, 387, 388, 417, 470, 496, 519, 520, 541, 542, 543, 568, 602

Irritabilidade 351, 357, 518, 577, 622

Isolamento 38, 130, 153, 155, 156, 204, 250, 352, 357, 437, 485, 495, 496, 499, 577, 579, 598, 605, 660

J

Justiça social 88, 99, 145, 170, 284, 307, 679, 680, 681

L

Lei 13.935/2019 46, 580, 582

Linguagem 30, 35, 46, 68, 70, 71, 72, 74, 75, 93, 94, 117, 151, 173, 174, 175, 176, 177, 178, 179, 180, 181, 182, 188, 216, 219, 223, 224, 226, 248, 254, 321, 322, 324, 347, 367, 368, 369, 370, 371, 372, 441, 451, 454, 484, 494, 517, 539, 553, 555, 577, 598, 685
    espontânea 175, 177, 178, 179

Linguística(s) 168, 173, 174, 177, 178, 179, 267, 300, 402, 424, 450, 452, 453, 454, 455, 517, 686

Literacia matemática 152

Literatura 42, 56, 57, 58, 61, 62, 68, 69, 71, 73, 75, 76, 77, 98, 105, 111, 128, 155, 156, 184, 188, 190, 206, 238, 239, 259, 260, 276, 295, 320, 321, 342, 346, 348, 351, 355, 356, 360, 369, 370, 373, 379, 380, 381, 383, 384, 388, 392, 403, 404, 412, 415, 416, 417, 430, 435, 437, 441, 442, 450, 451, 452, 465, 471, 472, 474, 482, 485, 488, 491, 530, 541, 564, 577, 587, 588, 589, 590, 592, 599, 600, 614, 619, 621, 623, 624, 625, 627, 632, 633, 642, 646, 649, 669

Livro(s) 42, 69, 71, 74, 75, 76, 82, 151, 154, 179, 251, 278, 388, 422, 465, 466, 467, 496, 668

M

Machine learning 216, 217, 218, 219, 220, 222, 223, 224

Mecanismo de autodefesa psicológica 432

Mediação pedagógica 504, 508, 509

Medicalização 42, 104, 105, 119, 142

Medida(s)
    de autorrelato 190, 424, 426, 435, 542
    escalares 398, 402

Memória 38, 39, 68, 72, 73, 76, 94, 106, 144, 168, 254, 261, 321, 322, 324, 325, 326, 327, 355, 452, 550, 551, 553, 554, 555, 556, 557, 558, 559, 670

Mensuração 141, 239, 244, 350, 376, 377, 380, 384, 388, 389, 404, 448, 485, 488, 607, 621, 622, 623, 624, 627, 635

Mestiza(s) 260, 267

Metacognição 352, 421, 462, 470, 479

Meta(s)
   aprender ou de domínio 379, 381
   de realização 165, 377, 379, 380, 381, 388, 466, 467
   performance 165, 379, 380

Método instrumental 108, 254

Migração 291, 292, 294, 295, 296

Modelo tradicional 505, 506, 508, 509, 511, 514

Mosaico(s) 258, 259, 261, 263, 265, 267, 269

Motivação
   autônoma 378
   controlada 378
   extrínseca (ME) 461, 466
   intrínseca-extrínseca 377
   intrínseca (MI) 461, 462, 466

Movimento dos Trabalhadores Rurais sem Terra (MST) 282, 283, 284, 285, 287, 288, 289

Multifatorial 80, 244, 245, 321, 323, 376, 493, 494, 495

N

Necessidades
   educacionais 45, 53, 118, 230, 231, 358, 359, 581, 582
   educativas especiais (NEE) 24, 128, 206, 230
   especiais 53, 63, 173, 181, 230
   psicológicas básicas 378, 379, 588

Neoformação 108

Neoformação(ões) 108, 109, 255

Neurodesenvolvimento 25, 29, 93, 152, 210, 367, 368, 371, 550, 552, 553, 559

Neuropsicologia 91, 92, 93, 94, 97, 98, 99, 550, 551, 555
   clínica 92
   escolar 91, 92, 93, 94, 97, 98, 99

Nível microanalítico 383

O

Orientação
   educacional 27, 56, 57, 59, 60, 61, 63, 65, 67
   pedagógica 56

P

Papel do psicólogo. *Cf.* Psicólogo, papel do

Paralinguística 518, 686

Parceria 45, 62, 114, 119, 123, 156, 265, 599, 661

Patologização 104, 105, 110, 197

Pedagogia 271, 685

Pedagogia libertadora 506

Pensamiento
   autónomo 331
   crítico 331, 332, 333, 334, 335, 336, 341, 342, 343

Percepção(ões) 29, 38, 47, 50, 58, 62, 64, 72, 73, 80, 106, 117, 131, 136, 139, 144, 164, 165, 166, 167, 185, 189, 190, 199, 275, 278, 285, 287, 288, 294, 295, 321, 322, 326, 328, 346, 347, 349, 350, 351, 352, 355, 361, 376, 378, 381, 383, 400, 401, 402, 403, 404, 406, 411, 412, 413, 414, 435, 436, 437, 460, 472, 473, 520, 527, 528, 529, 530, 534, 535, 543, 553, 555, 563, 587, 603, 608, 619, 620, 625, 627, 632, 644, 646, 649, 653, 654, 655, 656, 658, 659, 660, 662, 670
   emocional 347, 350, 352

Performance-evitação 165, 379, 380

Performance realizada 400

Performance-aproximação 165, 379, 380

Permanência 26, 31, 57, 59, 60, 61, 62, 63, 134, 145, 164, 176, 207, 210, 212, 234, 235, 252, 410, 416, 461, 463, 564, 637, 642, 643, 644, 648, 654, 670

Permissivo(s) 185, 186

Personalidade 23, 37, 39, 69, 70, 71, 73, 74, 81, 108, 111, 117, 128, 135, 346, 347, 348, 349, 350, 351, 355, 357, 361, 368, 399, 432, 437, 441, 442, 443, 447, 470, 496, 498, 540, 541, 542, 565, 568, 569, 572, 590, 592, 607, 614, 625, 632, 678, 679

Perspectiva(s)
   de metas múltiplas 380
   de tempo futuro (PTF) 410, 411, 412, 413, 414, 415, 416, 417, 419, 685

Persuasão verbal 400

Pertencimento(s) 26, 47, 62, 204, 212, 264, 270, 271, 272, 273, 274, 275, 277, 278, 279, 281, 291, 349, 468, 563, 566, 633, 658, 660

Perturbações de/da linguagem 173, 174, 175, 179, 180, 181, 182

Pesquisa psicoeducacional 228, 229, 231, 232, 233, 234, 235, 237

Pessoa(s) com Deficiência 57, 131, 134, 211, 228, 229, 231, 232, 233, 234, 247, 250, 251, 252, 255, 256, 312, 678

Plano de ensino individualizado (PEI) 358, 359

Política(s)
   educacional 13, 54, 238, 240, 241, 242, 305, 313
   educativa(s) 14, 471
   pública(s) 24, 41, 45, 46, 51, 52, 53, 54, 56, 62, 93, 116, 119, 122, 210, 231, 233, 238, 240, 252, 270, 289, 296, 300, 305, 306, 307, 308, 309, 310, 311, 312, 313, 315, 327, 410, 501, 539, 597, 598, 601, 605, 626, 656

Prática(s)
  educativa(s) 188, 456, 466, 507
  parentais 189, 371

Práxis
  antirracista e afirmativa 272
  educacional 275
  humanizadora 275, 279
  psicológica 270, 271, 272, 273, 279
  transformadora 276

Prevenção 26, 54, 136, 184, 261, 262, 300, 356, 463, 466, 485, 493, 495, 496, 498, 499, 500, 501, 576, 580, 581, 582, 597, 599, 600, 601, 602, 603, 604, 605, 607, 611, 612, 613, 619, 627, 632, 644, 648

Problema central de la evaluación 337

Processamento de linguagem natural 216, 219, 223, 226

Processo(s)
  avaliativo(s) 25, 35, 78, 80, 81, 85, 94, 133, 146, 169, 175, 232, 240, 245, 253, 255, 368, 369, 370, 374, 496, 569, 570, 577, 578, 579, 613
  cognitivos 25, 93, 96, 139, 143, 221, 272, 278, 321, 322, 324, 325, 400, 402, 405, 421, 441, 442, 443, 448, 450, 451, 453, 457, 633, 672
  de aprendizagem 50, 63, 86, 92, 114, 120, 122, 130, 153, 156, 157, 270, 277, 379, 390, 441, 447, 448, 460, 664, 665, 669, 672
  motivacionais 401
  seletivo(s) 168, 285, 401, 422, 495

Procrastinação 423, 433, 434, 437, 607, 608, 613, 632, 633, 636

Professor-aluno 60, 61, 127, 252, 310, 511

Professor(es) 13, 19, 45, 46, 47, 48, 49, 50, 51, 54, 60, 61, 76, 81, 88, 95, 96, 103, 109, 110, 127, 130, 132, 134, 135, 141, 162, 164, 181, 234, 243, 244, 252, 255, 260, 264, 265, 288, 310, 327, 356, 358, 360, 373, 392, 393, 403, 424, 426, 431, 435, 447, 454, 455, 460, 466, 467, 471, 472, 473, 474, 475, 476, 477, 478, 479, 486, 487, 488, 489, 504, 505, 506, 508, 509, 511, 512, 513, 514, 515, 544, 545, 548, 550, 625, 627
  formação de 15, 48, 49, 50, 51, 54, 56, 103, 104, 120, 210, 231, 238, 244, 312, 359, 392, 468, 544, 600

Professor-estudante 132

Programa(s)
  de instrucción 332, 335
  de intervenção de linguagem 173, 174
  de treinamento 351, 371
  Educacional Individualizado (PEI) 358, 359
  parentais 184, 190, 191

Projeto de vida 563, 564, 571, 572

Propensão 434, 472, 473, 666

Propriedades psicométricas 376, 377, 380, 388, 389, 434, 435, 438, 465, 489, 610, 667

Protocolo(s) do/de pensar em voz alta 423, 424, 426

Psicoeducação 371, 500, 613, 626, 627, 672

Psicoeducacional 13, 17, 34, 36, 37, 40, 41, 42, 43, 84, 122, 228, 229, 231, 232, 233, 234, 235, 237, 247, 249, 253, 254, 255, 394, 426, 441, 446, 626, 680

Psicologia
  da educação 140, 206, 207, 210, 387, 393, 410, 411, 471, 535, 676, 678, 679, 682
  educacional 511
  escolar 16, 19, 23, 24, 25, 45, 46, 51, 78, 79, 80, 81, 84, 85, 86, 87, 88, 92, 104, 107, 114, 115, 116, 119, 120, 121, 122, 123, 247, 249, 270, 271, 272, 273, 275, 277, 279, 281, 282, 305, 306, 307, 309, 310, 311, 312, 313, 315
  histórico-cultural 103, 106, 107, 109, 110, 117, 118, 123

Psicológico(a)/Psicológicos(as) 14, 17, 19, 22, 23, 24, 25, 27, 28, 29, 30, 31, 34, 35, 36, 37, 40, 41, 42, 49, 52, 56, 58, 59, 62, 78, 79, 80, 81, 82, 83, 84, 85, 86, 87, 88, 93, 102, 103, 106, 107, 108, 109, 110, 117, 118, 122, 127, 128, 129, 130, 131, 132, 134, 135, 136, 141, 143, 153, 157, 161, 163, 164, 165, 167, 168, 169, 170, 184, 186, 188, 189, 196, 211, 221, 222, 224, 228, 229, 233, 248, 253, 254, 255, 270, 271, 272, 273, 275, 278, 279, 291, 293, 294, 295, 297, 299, 300, 305, 306, 311, 323, 346, 347, 349, 350, 351, 356, 357, 365, 368, 369, 370, 371, 378, 379, 381, 382, 399, 400, 411, 413, 420, 431, 432, 433, 448, 468, 470, 483, 485, 486, 495, 497, 498, 512, 518, 527, 530, 542, 550, 555, 556, 567, 568, 576, 577, 578, 579, 587, 588, 589, 591, 592, 597, 601, 608, 609, 612, 619, 620, 622, 623, 624, 626, 627, 630, 634, 635, 637, 644, 648, 654, 657, 660, 672, 680, 683, 684, 685

Psicólogo(a)/Psicólogos(as)
  da/de educação 206, 208, 211, 213
  escolar 15, 16, 19, 23, 25, 31, 45, 51, 53, 54, 80, 85, 86, 87, 105, 110, 121, 134
  papel do 18, 25, 45, 112, 127
  ser 22, 88

Psicopatologias 81, 575, 577, 578, 579, 582

Psicoterapia 195, 196, 197, 198, 199, 201, 202, 203, 204, 205, 496, 571, 671

Psiquismo 69, 72, 107, 110, 111, 118, 196

Q

Qualidade
  das relações interpessoais 150, 153, 157, 168, 350
  de vida 87, 142, 145, 250, 287, 350, 356, 361, 371, 518, 522, 552, 559, 653, 654, 655, 656, 657, 658, 659, 660, 661, 662, 664, 670, 672

Qualitativo(s)/Qualitativa(s) 41, 54, 70, 72, 73, 107, 108, 164, 165, 221, 243, 244, 252, 312, 325, 351, 369, 384, 387, 388, 389, 390, 392, 394, 403, 404, 407, 465, 498, 541, 557, 578, 650, 656, 662, 684

Questão social 307, 311

Questionário(s) 133, 189, 218, 224, 357, 379, 380, 387, 388, 391, 403, 404, 423, 424, 435, 489, 541, 542, 557, 603, 611, 634, 645, 646, 661, 662

Quociente de Inteligência (QI) 38, 39, 320, 323, 325, 326

R

Racismo(s) 129, 260, 273, 274, 275, 276, 277, 279, 299, 300

Rede de proteção 53, 122, 309, 597, 605

Reforma agrária 283

Refugiado(s) 293, 295, 299

Refugiados sírios 292, 293

Regulação emocional 57, 95, 96, 97, 151, 168, 189, 348, 351, 403, 463, 498, 577, 588, 657, 660

Remediação 91, 93, 96, 381, 383, 648

Rendimento acadêmico 139, 140, 141, 142, 143, 144, 145, 153, 154, 168, 376, 420, 430, 437, 645, 646

Resolução
  CFP 35, 78, 83, 86, 168, 369, 370
  CNE 51, 81, 103

Responsabilização 103, 140, 165, 241, 242, 271, 311, 680

Responsividade 38, 185, 190

Riscos psicossociais 619

Rotina familiar 151

S

Satisfação com a graduação 57

Self-handicapping Scale (SHS) 433, 434

Ser psicólogo. *Cf.* Psicólogo, ser

Serviço(s)
  de apoio ao estudante 56, 59, 61, 448
  de apoio psicológico 134
  de psicologia 27, 102, 104, 114, 120, 127, 128, 129, 133, 134, 135, 136, 534

Sintoma(s) 23, 25, 26, 130, 153, 195, 196, 197, 198, 199, 201, 203, 205, 350, 366, 367, 490, 499, 500, 553, 575, 576, 577, 578, 579, 581, 582, 591, 592, 598, 608, 612, 619, 621, 623, 624, 627, 633, 644, 654, 657, 667, 669, 671, 672
  da criança 195

Síria(s)/Sírio(s) 292, 293, 296, 297, 298, 683

Sistema
  educacional 299
  educacional português 14
  educativo 145, 334, 470, 471, 642
  escolar 15, 381
  funcional 93

Situação(ões) hipotética(s) 387, 388, 435

Sociabilidade 308, 349, 351, 633

Sociocognitivista 376, 380

Sucesso(s) 47, 56, 57, 58, 62, 63, 108, 110, 128, 139, 140, 141, 142, 143, 144, 145, 146, 164, 169, 174, 191, 207, 242, 261, 262, 263, 293, 312, 361, 382, 383, 393, 401, 416, 423, 429, 430, 431, 432, 437, 452, 472, 474, 475, 476, 477, 478, 494, 504, 506, 509, 510, 514, 522, 530, 547, 550, 559, 567, 571, 572, 588, 590, 593, 594, 636, 643, 644, 646, 648, 649, 650, 653, 678

Suicídio 86, 274, 275, 485, 493, 494, 495, 496, 497, 498, 499, 500, 501, 577, 579, 598, 608

Sujeito(s) de direitos 309, 311

Superdotação 29, 131, 206, 209, 210, 230, 247, 251, 354, 355, 357, 361. *Cf. tb.* Alta(s) habilidade(s)

T

Tecnologias da informação e comunicação 238, 242, 312

Tela(s) 78, 150, 155, 156, 157, 166, 232, 686

Teoria(s)
  da autodeterminação 377, 378
  da identidade social (TIS) 294
  da personalidade 399
  de metas de realização 377, 380, 381
  histórico-cultural 71, 114, 117, 118
  motivacional(ais) 376, 377
  social cognitiva 143, 377, 381, 387, 398, 399

Teste(s)
  de inteligência 324, 325, 327, 357
  ou escalas de inteligência 323
  psicológico(s) 25, 35, 41, 79, 81, 82, 228, 350, 356, 368, 370, 568, 619, 623, 624, 627

Tipológica 184, 187, 188

Trajetória(s) 23, 45, 56, 57, 63, 74, 102, 104, 134, 169, 184, 191, 258, 262, 263, 264, 270, 271, 275, 278, 354, 564, 565, 566, 567, 570, 572, 613, 642, 643, 648, 664, 672
  escolar(es) 270, 271, 275, 278

Transição de carreira 562

Transtorno do espectro autista (TEA) 105, 273, 365, 367, 368, 369, 370, 371, 372, 373, 374, 553, 577. *Cf. tb.* Autismo

Treinamento
  de/dos pais 153, 371
  de habilidades sociais. *Cf.* Habilidades sociais, treinamento de

Treino cognitivo 327, 328, 686

U

Universidade(s) 13, 15, 16, 34, 37, 48, 57, 58, 59, 60, 61, 62, 119, 127, 129, 207, 208, 209, 211, 212, 229, 234, 242, 252, 259, 260, 261, 263, 264, 267, 285, 287, 288, 405, 406, 410, 411, 412, 413, 414, 415, 416, 417, 419, 435, 446, 485, 487, 511, 512, 513, 518, 571, 580, 625, 630, 632, 633, 634, 635, 636, 637, 643, 647, 649, 657, 658, 678

Uso
  de telas 155, 156
  excessivo 105, 150, 155, 156, 157, 260

V

Validación de la prueba 341, 342

Validade ecológica 94, 326, 382

Variante
  linguística 517
  paralinguística 518

Vínculo orgânico 284

Vivência 52, 73, 75, 131, 152, 164, 165, 198, 229, 264, 265, 266, 285, 312, 351, 400, 564, 586, 632, 635, 657

Vulnerabilidade(s) 26, 37, 57, 153, 186, 195, 196, 198, 289, 299, 300, 308, 310, 327, 356, 357, 361, 401, 433, 500, 521, 563, 569, 576, 577, 592, 602, 678

Sobre os autores

Acácia Aparecida Angeli dos Santos – Psicóloga, com mestrado em Psicologia Clínica pela Pontifícia Universidade Católica de Campinas (PUC-Campinas) e doutorado pela Universidade de São Paulo (USP). Professora aposentada da Universidade São Francisco (USF). Bolsista produtividade em pesquisa 1A do CNPq até 2023. https://orcid.org/0000-0002-8599-7465 – E-mail: acacia.angeli@gmail.com

Adriana Benevides Soares – Doutora em Psicologia pela Universidade de Paris XI. Professora titular da Universidade do Estado do Rio de Janeiro (Uerj) e da Universidade Salgado de Oliveira. Pesquisadora 1 do CNPq e Cientista do Nosso Estado pela Fundação Carlos Chagas Filho de Amparo à Pesquisa do Estado do Rio de Janeiro (Faperj). https://orcid.org/0000-0001-8057-682 – E-mail: adribenevides@gmail.com

Adriana Satico Ferraz – Doutora em Psicologia (linha de atuação: avaliação psicológica e educacional) pela Universidade São Francisco (USF). Professora titular do Programa de Mestrado em Psicologia do Centro Universitário de Brasília (Ceub) e coordenadora de curso no Centro Universitário Belas Artes de São Paulo. https://orcid.org/0000-0002-9856-0094 – E-mail: adrianasatico.as@gmail.com

Adriane Martins Soares Pelissoni – Doutora em Educação pela Faculdade de Educação da Universidade Estadual de Campinas (Unicamp). É coordenadora de carreiras, egressos e vida estudantil na Diretoria Executiva de Apoio e Permanência Estudantil (Deape) da Unicamp. https://orcid.org/0000-0002-8850-5569 – E-mail: adrianep@unicamp.br

Alexandra Ayach Anache – Professora titular da Faculdade de Ciências Humanas da Universidade Federal de Mato Grosso do Sul. Doutora em Psicologia Escolar e do Desenvolvimento Humano pela Universidade de São Paulo. Coordena o grupo de pesquisa Desenvolvimento Humano e Educação Especial. https://orcid.org/0000-0002-7937-4448 – E-mail: alexandra.anache@ufms.br

Aline Oliveira Gomes da Silva – Doutoranda em Educação pela Universidade Estadual de Londrina (UEL). Professora dos anos iniciais do ensino fundamental da Prefeitura Municipal de Londrina. https://orcid.org/0000-0001-5992-3334 – E-mail: aline1814321@gmail.com

Aline Riboli Marasca – Psicóloga, mestre e doutoranda em Psicologia no Programa de Pós-Graduação em Psicologia da Universidade Federal do Rio Grande do Sul (UFRGS). Especialista em avaliação psicológica pelo Conselho Federal de Psicologia (CFP). Atua em processos de avaliação psicológica clínica. Professora de cursos de graduação e pós-graduação nas áreas de avaliação psicológica, desenvolvimento humano e psicopatologia. https://orcid.org/0000-0002-9928-3148. – E-mail: aline.marasca@gmail.com

Altemir José Gonçalves Barbosa – Psicólogo, mestre em Psicologia Escolar e doutor em Psicologia. Professor do Departamento de Psicologia e do Programa de Pós-Graduação em Psicologia da Universidade Federal de Juiz de Fora (UFJF). https://orcid.org/0000-0003-0106-7592 – E-mail: altgonc@gmail.com

Amanda Lays Monteiro Inácio – Psicóloga. Doutora pelo Programa de Pós-Graduação stricto sensu em Psicologia da Universidade São Francisco (USF). Mestre em Educação pelo Programa de Mestrado e Doutorado em Educação da Universidade Estadual de Londrina (UEL). Professora assistente do Departamento de Psicologia Clínica da Universidade Estadual Paulista e professora do Programa de Pós-Graduação em Psicologia (PPG-Psico) da mesma instituição. http://orcid.org/0000-0003-1892-6242 – E-mail: amandalmonteiroo@gmail.com

Ana Carina Stelko-Pereira – Doutora em Psicologia pela Universidade Federal de São Carlos. Pós-doutorado em Psicologia pela Universidade São Francisco. Professora do Departamento de Teoria e Fundamentos da Educação e do Programa de Pós-Graduação em Educação da Universidade Federal do Paraná. Coordenadora do Observatório do Clima Institucional e da Prevenção da Violência em Contextos Educacionais. https://orcid.org/0000-0002-8089-132X – E-mail: anastelko@gmail.com

Ana Margarida da Veiga Simão – Professora catedrática. PhD em Ciências da Educação e Agregação em Psicologia da Educação. http://orcid.org/0000-0003-3652-5573 – E-mail: amsimao@psicologia.ulisboa.pt

Ana Paula Munarim Ruz Lemos – Doutoranda em Educação pela Universidade Estadual Paulista (Unesp), de Marília. Mestre em Educação pela Unesp, de Marília. Pedagoga formada pela Unesp, de Marília. https://orcid.org/0009-0007-4090-9795 – E-mail: ana.lemos@unesp.br

Ana Paula Ozório Cavallaro – Pedagoga e doutoranda em Psicologia pelo Programa de Pós-Graduação stricto sensu em Psicologia da Universidade São Francisco (USF). Bolsista Capes. https://orcid.org/0000-0002-5482-8028 – E-mail: anapaula_cavallaro@yahoo.com.br

Ana Paula Porto Noronha – Psicóloga e docente do Programa de Pós-Graduação stricto sensu em Psicologia da Universidade São Francisco (USF). Bolsista produtividade em pesquisa 1A do CNPq. Coordena o Laboratório de Avaliação de Características Positivas (LabC+). – https://orcid.org/0000-0001-6821-0299 – E-mail: ana.noronha8@gmail.com

Ana Pereira Antunes – Doutora em Psicologia, área de especialização em Psicologia da Educação, pela Universidade do Minho, Portugal. Professora auxiliar e presidente do Conselho Pedagógico Universitário da Universidade da Madeira, Portugal. Membro integrado do Centro Universitário de Investigação em Psicologia e membro colaborador do Centro de Investigação em Estudos da Criança da Universidade do Minho. https://orcid.org/0000-0002-3336-7867 – E-mail: aantunes@uma.pt

Anabela Cruz-Santos – Doutora em Estudos da Criança, especialidade em Educação Especial pela Universidade do Minho, Portugal. Membro integrado do Centro de Investigação em Estudos da Criança (Ciec), do Instituto de Educação da Universidade do Minho, Portugal. http://orcid.org/0000-0002-9985-8466 – E-mail: acs@ie.uminho.pt

Andrea Carvalho Beluce – Doutora em Educação pela Universidade Estadual de Londrina (UEL). Graduada em Pedagogia pela UEL. Atualmente é diretora-geral da Escola de Governo de Londrina e coordenadora do polo da Universidade Aberta do Brasil de Londrina. https://orcid.org/0000-0002-7581-7045 – E-mail: andreabeluce@gmail.com

Andrea Seixas Magalhães – Doutora em Psicologia Clínica pela Pontifícia Universidade Católica do Rio de Janeiro (PUC-Rio). Professora associada do Departamento de Psicologia da PUC-Rio e do Curso de Especialização em Psicoterapia de Família e Casal da PUC-Rio. http://orcid.org/0000-0003-2992-9844 – E-mail: andreasm@puc-rio.br

Andréia Osti – Professora livre-docente em Educação. Doutora em Psicologia, Desenvolvimento Humano e Educação pela Faculdade de Educação da Universidade Estadual de Campinas (Unicamp). Professora permanente no Programa de Pós-Graduação em Educação da Universidade Estadual Paulista. http://orcid.org/0000-0002-7605-2347 – E-mail: andreia.osti@unesp.br

Andrés Eduardo Aguirre Antúnez – Professor associado (livre-docente) do Departamento de Psicologia Clínica do Instituto de Psicologia da Universidade de São Paulo (USP). Professor subsidiário do Instituto de Psiquiatria da Faculdade de Medicina da Universidade de São Paulo (FMUSP) (desde 06/11/2020). Coordenador do Laboratório de Saúde Mental Multimétodo (LabSamm USP). https://orcid.org/0000-0001-5317-4459 – E-mail: antunez@usp.br

Andreza Schiavoni – Doutora em Psicologia, Desenvolvimento Humano e Educação pela Universidade Estadual de Campinas. Pós-doutorado em Psicologia pela Universidade São Francisco. Professora do Departamento de Educação da Universidade Estadual de Londrina. https://orcid.org/0000-0003-2560-7733 – E-mail: andrezaschiavoni@uel.br

Antônio Germano Magalhães Junior – Doutor em Educação pela Faculdade de Educação da Universidade Federal do Ceará. Professor do Programa de Pós-Graduação em Educação da Universidade Estadual do Ceará. https://orcid.org/0000-0002-0988-4207 – E-mail: germano.junior@uece.br

Argentil O. Amaral – Doutorado em Ciências da Educação (Psicologia da Educação) pelo Instituto de Educação da Universidade do Minho, Portugal. Professor associado da Faculdade de Educação da Universidade Licungo, Moçambique. https://orcid.org/0000-0002-2131-504X – E-mail: aamaral@unilicungo.ac.mz

Bruna Casiraghi – Pós-doutora em Educação pela Universidade Estadual de Campinas (Unicamp). Doutorada em Psicologia da Educação pela Universidade do Minho. Mestre pela Pontifícia Universidade Católica de São Paulo (PUC-SP). Psicóloga especialista em Psicopedagogia. Docente e coordenadora adjunta do mestrado em Ensino em Ciências da Saúde e Meio Ambiente do Centro Universitário de Volta Redonda (UniFOA). Membro do CIPsp e da Associação para o Desenvolvimento da Investigação em Psicologia da Educação (Adipsieduc). https://orcid.org/0000-0001-8114-3772 – E-mail: Bruna@sasiragh.com.br

Bruno Bonfá-Araujo – Psicólogo, doutor em Psicologia pela Universidade São Francisco (USF) e especialista em Neurociências pela Universidade Federal de São Paulo (Unifesp). Pós-doutorando na University of Western Ontario, Canadá. https://orcid.org/0000-0003-0702-9992 – E-mail: brunobonffa@outlook.com

Camila Costa e Silva – Doutoranda em Psicologia pela Pontifícia Universidade Católica de Goiás (PUC-Goiás). Mestre em Psicologia pela PUC-Goiás e especialista em terapia cognitiva comportamental pela Pontifícia Universidade Católica do Rio Grande do Sul (PUCRS). https://orcid.org/0000-0003-0001-8609 – E-mail: camilacosta1802@gmail.com

Camila Rosa de Oliveira – Doutora em Gerontologia Biomédica pela Pontifícia Universidade Católica do Rio Grande do Sul (PUCRS). Professora do Departamento de Ciências Biomédicas e da Saúde da Universidade do Estado de Minas Gerais (UEMG). Professora do Programa de Pós-Graduação em Psicologia da Atitus Educação. Bolsista produtividade do CNPq, nível 1D. https://orcid.org/0000-0003-2115-604X – E-mail: camila.oliveira@atitus.edu.br

Carlos Eduardo Nórte – Doutor em Saúde Mental pelo Instituto de Psiquiatria da Universidade Federal do Rio de Janeiro (UFRJ). Professor adjunto do Instituto de Psicologia da Universidade do Estado Rio de Janeiro (Uerj) e Professor associado ao Programa de Pós-Graduação em Psicologia Social. https://orcid.org/0000-0002-4068-5126 – E-mail: caduls@gmail.com

Carlos Saiz – Profesor de Pensamiento Crítico en la Facultad de Psicología, de la Universidad de Salamanca. España. https://www.pensamiento-critico.com/cv/curriculum-vitae-carlos-saiz-sanchez – E-mail: csaiz@usal.es

Caroline Leôncio – Doutora em Psicologia pela Universidade Federal do Rio Grande do Norte (UFRN). Neuropsicóloga do Instituto de Ensino e Pesquisa Albert Santos Dumont (IS). Pesquisadora associada do Laboratório de Pesquisa e Extensão em Neuropsicologia (Lapen-UFRN). https://orcid.org/0000-0001-5557-0770 – E-mail: carolineleonciof@gmail.com

Caroline Tozzi Reppold – Psicóloga e professora titular da Universidade Federal de Ciências da Saúde de Porto Alegre (UFCSPA), onde leciona e orienta na graduação em Psicologia e nos Programas de Pós-Graduação em Ciências da Saúde, Ciências de Reabilitação e Psicologia e Saúde. Coordenadora do Laboratório de Pesquisa em Avaliação Psicológica da UFCSPA. Bolsista Produtividade 1C do CNPq. https://orcid.org/0000-0002-0236-2553 – E-mail: reppold@ufcspa.edu.br

Cassiana Saraiva Quintão – Doutora em Psicologia pela Universidade Federal de São Carlos (UFSCar). Mestra em Educação Especial pela UFSCar. Graduada em Psicologia pelo Centro Universitário do Leste de Minas Gerais (Unileste). https://orcid.org/0000-0002-5981-6712 – E-mail: cassianaquintao@gmail.com

Clarissa Marceli Trentini – Psicóloga. Doutora em Ciências Médicas, com especialidade em Psiquiatria. Professora titular do Programa de Pós-Graduação em Psicologia da Universidade Federal do Rio Grande do Sul (UFRGS). Coordenadora do Núcleo de Estudos em Avaliação Psicológica e Psicopatologia (Neapp). Bolsista Produtividade do CNPq 1B. https://orcid.org/0000-0002-2607-7132. – E-mail: clarissatrentini@gmail.com

Cláudia Patrocinio Pedroza Canal – Doutora em Psicologia, pela Universidade Federal do Espírito Santo (Ufes). Professora associada no Departamento de Psicologia Social e do Desenvolvimento da Ufes. Integrante do Laboratório de Estudos sobre o Desenvolvimento Humano da Ufes. https://orcid.org/0000-0003-2342-1302 – E-mail: claudia.pedroza@ufes.br

Cláudio Vaz Torres – Doutor em Psicologia social pela Universidade da Califórnia, San Diego, Estados

Unidos. Professor associado do Programa de Pós-Graduação em Ciência do Comportamento da Universidade de Brasília (UnB). https://orcid.org/0000-0002-3727-7391 – E-mail: claudio.v.torres@gmail.com

Cleyton Hércules Gontijo – Doutor em Psicologia pela Universidade de Brasília (UnB). Professor do Departamento de Matemática e do Programa de Pós-Graduação em Educação da Faculdade de Educação da Universidade de Brasília. http://orcid.org/0000-0001-6730-8243 – E-mail: cleyton@unb.br

Cristiane Faiad – Doutora em Psicologia pela Universidade de Brasília (UnB). Professora adjunta do Departamento de Psicologia Clínica, vinculado ao Programa de Pós-Graduação em Psicologia Clínica e Cultura da UnB. https://orcid.org/0000-0002-8012-8893 – E-mail: crisfaiad@gmail.com

Cyntia Graziella Guizelim Simões Girotto – Livre-docente em Leitura e Escrita pela Universidade Estadual Paulista (Unesp) (2016). Pós-doutorado em Leitura e Literatura Infantil pela Universidade de Passo Fundo (2015). Doutora em Educação pela Unesp (1999). Mestre em Educação pela Universidade Federal de São Carlos (1995). https://orcid.org/0000-0003-0620-4613 – E-mail: cyntia.girotto@unesp.br

Daniel Mendes da Silva Filho – Graduado em Letras pela Universidade Federal de Mato Grosso do Sul (UFMS) e em Pedagogia pela Universidade Metropolitana de Santos (Unimes). Mestre em Educação pela UFMS e doutorando pela UFMS. Professor efetivo nos municípios de Corumbá e Ladário. Trabalha como assessor técnico-pedagógico na Secretaria Municipal de Educação de Corumbá. https://orcid.org/0000-0001-9460-1103 – E-mail: prof.danielmendes2016@gmail.com

Daniela Couto Guerreiro Casanova – Pedagoga. Doutora em Educação pela Universidade Estadual de Campinas (Unicamp). Pós-doutorado em Políticas Educacionais. Pesquisadora associada ao Núcleo de Estudos e Pesquisas em Teoria Social Cognitiva e Práticas Educativas do Departamento de Educação da Universidade Estadual Paulista (Unesp). http://orcid.org/0000-0002-7155-1681 – E-mail: danielaguerreiro18@gmail.com

Daniela Sacramento Zanini – Doutora em Psicologia pela Universidade de Barcelona, Espanha. Pós-doutorado em Psicologia pela Universidade de Barcelona (2008) e pela Universidade do Porto (2020). Professora do Programa de Pós-Graduação, Mestrado e Doutorado em Psicologia da Pontifícia Universidade Católica de Goiás (PUC-Goiás). Bolsista Produtividade CNPq/Nível 2. http://orcid.org/0000-0002-6818-7508 – E-mail: dazanin@yahoo.com

Danielle Ribeiro Ganda – Doutora e mestre em Educação pela Faculdade de Educação da Universidade Estadual de Campinas (Unicamp). Atualmente trabalha no setor administrativo da Secretaria Municipal de Educação em Uberlândia, Minas Gerais. https://orcid.org/0000-0002-4537-5143 – E-mail: daninhaganda@gmail.com

Débora Cristina Fonseca – Professora livre-docente em Psicologia Social e Educacional. Doutora em Psicologia Social pela Pontifícia Universidade Católica de São Paulo (PUC-SP). Professora permanente do Programa de Pós-Graduação da Universidade Estadual Paulista (Unesp), de Rio Claro e do Programa de Pós-Graduação da Universidade Federal de São Carlos. http://orcid.org/0000-0001-8427-5973 – E-mail: debora.fonseca@unesp.br

Denise de Souza Fleith – PhD em Psicologia Educacional pela University of Connecticut. Professora titular e pesquisadora sênior no Programa de Pós-Graduação em Psicologia do Desenvolvimento e Escolar do Instituto de Psicologia da Universidade de Brasília. Bolsista Produtividade CNPq/Nível 1A. http://orcid.org/0000-0001-7512-8023 – E-mail: fleith@unb.br

Denise Ruschel Bandeira – Psicóloga. Doutora em Psicologia, professora titular do Programa de Pós-Graduação em Psicologia da Universidade Federal do Rio Grande do Sul (UFRGS). Coordenadora do Grupo de Estudos, Aplicação e Pesquisa em Avaliação Psicológica (Geapap). Bolsista Produtividade do CNPq 1B. https://orcid.org/0000-0001-9867-2718. – E-mail: bandeira@ufrgs.br

Edson Rodrigo de Azevedo – Mestre em Educação e Docência pela Universidade Estadual Paulista (Unesp), de Bauru. Doutorando em Educação pela Unesp, de Marília. Coordenador pedagógico na Secretaria Municipal de Educação de São José do Rio Preto, São Paulo. https://orcid.org/0000-0002-4532-4186 – E-mail: rodrigoazevedo.educacao@gmail.com

Elisa Amorim-Ribeiro – Doutora em Psicologia pela Universidade Federal da Bahia (UFBA). Professora titular do Programa de Pós-Graduação em Psicologia da Universidade Salgado de Oliveira. Coordenadora do Interage – Núcleo de Estudos em Análise de Redes, Processos Psicossociais e Trabalho. https://orcid.org/0000-0002-4550-454X – E-mail: ribeiro.emba@gmail.com

Ema P. Oliveira – Doutora em Psicologia (especialidade Psicologia da Educação) pela Universidade do Minho, Portugal. Professora auxiliar no Departamento de Psicologia e Educação da Universidade da Beira Interior e pesquisadora no Centro de Investigação em Educação e Psicologia da Universidade de Évora. https://orcid.org/0000-0003-3341-1757 – E-mail: ema@ubi.pt

Evely Boruchovitch – Psicóloga e professora titular do Departamento de Psicologia Educacional da Faculdade de Educação da Universidade Estadual de Campinas (Unicamp). Bolsista de Produtividade do CNPq 1B. http://orcid.org/ 0000-0001-7597-6487 – E-mail: evely@unicamp.br

Fabiano Koich Miguel – Doutor em Psicologia, com ênfase em Avaliação Psicológica pela Universidade São Francisco (USF). Professor adjunto da Universidade Federal de São Carlos (UFSCar), com atividades na graduação e pós-graduação. https://orcid.org/0000-0003-2498-692X – E-mail: fabianokm@gmail.com

Fabíola Batista Gomes Firbida – Mestrado em Psicologia pela Universidade Estadual de Maringá (UEM). Doutorado em Psicologia pela Universidade Estadual de São Paulo (Unesp). Pós-doutorado em Psicologia pela UEM. Professora do Centro Universitário Integrado de Campo Mourão. https://orcid.org/0000-0003-0444-009X – E-mail: fabiolafirbida@gmail.com

Felipe Valentini – Doutor em Psicologia Social, do Trabalho e das Organizações pela Universidade de Brasília (UnB). Professor e coordenador do Programa de Pós-Graduação stricto sensu em Psicologia da Universidade São Francisco (USF). Minhas pesquisas envolvem modelos psicométricos e métodos quantitativos para estimação de vieses de grupo (invariância) e de resposta (*overclaiming*, aquiescência, desejabilidade social e halo) em avaliações psicológicas e educacionais. https://orcid.org/0000-0002-0198-0958 – E-mail: valentini.felipe@gmail.com

Flávia Fernandes de Carvalhaes – Escritora de cartas, doutora e mestre em Psicologia. Docente dos Programas de Pós-Graduação em Psicologia da Universidade Estadual de Londrina (UEL). Membro dos Coletivos Entretons e DECO. https://orcid.org/0000-0003-1879-7989 – E-mail: fcarvalhaes@uel.br

Francielle Pereira Nascimento – Doutora e mestre em Educação pela Universidade Estadual de Londrina (UEL). Graduada em Pedagogia (UEL). Professora da rede municipal de Londrina e docente colaboradora do Departamento de Educação da UEL. – https://orcid.org/0000-0001-9202-9713. – E-mail: franciellepn10@gmail.com

Francisco Peixoto – Doutorado em Psicologia, especialidade em Psicologia da Educação pela Universidade do Minho. Professor associado do Instituto Universitário (Ispa). Leciona unidades curriculares de psicologia da educação, aprendizagem, motivação e metodologias de investigação. É coordenador do Centro de Investigação em Educação (CIE-Ispa). https://orcid.org/0000-0001-7193-2284 – E-mail: fpeixoto@ispa.pt

Gina C. Lemos – Doutorada em Psicologia e Psicologia da Educação pela Universidade do Minho, Portugal. Investigadora integrada no Centro de Investigação em Educação da Universidade do Minho. Professora adjunta convidada na Escola Superior de Educação do Instituto Politécnico de Setúbal. – Ciência ID: 861B-A790-8C9B – https://orcid.org/0000-0002-5975-2739 – E-mail: gina.lemos@ese.ips.pt

Heloísa Gonçalves Ferreira – Doutora em Psicologia – Comportamento e Cognição – pela Universidade Federal de São Carlos (UFSCar). Professora efetiva do Programa de Pós-Graduação em Psicologia Social da Universidade do Estado do Rio de Janeiro (Uerj). Líder do grupo de estudos e pesquisa sobre envelhecimento. https://orcid.org/0000-0002-3545-9378 – E-mail: helogf@gmail.com

Hugo Ferrari Cardoso – Mestre, doutor e pós-doutor em Psicologia pela Universidade São Francisco (USF). Professor de graduação e de pós-graduação em Psicologia do Desenvolvimento e Aprendizagem na Universidade Estadual Paulista (Unesp). Bolsista Produtividade CNPq/Nível 2. https://orcid.org/0000-0003-1960-2936 – E-mail: hugo.cardoso@unesp.br

Hugo Sandall – Doutor em Psicologia pela Universidade Salgado de Oliveira. Mestre pela Universidade de Brasília (UnB) e Psicólogo pela Universidade Federal Fluminense (UFF). Presidente da Associação Brasileira de Psicologia Organizacional e do Trabalho 2024-2026. Consultor de empresas, criador do Performapa e de escalas de medidas do comportamento organizacional. https://orcid.org/0000-0002-6500-2678 – E-mail: hugosandall@id.uff.br

Humberto Claudio Passeri Medeiros – Doutor em Psicologia pela Universidade Salgado de Oliveira. Coordenador pedagógico e professor na Fundação de Apoio à Escola Técnica do Estado do Rio de Janeiro. https://orcid.org/0000-0002-1091-8136 – E-mail: hcpasseri@gmail.com

Irani de Lima Argimon – Doutora em Psicologia Clínica pela Pontifícia Universidade Católica do Rio Grande do Sul (PUCRS). Bolsista produtividade do CNPq, nível 1C. Professora titular dos cursos de graduação e pós-graduação em Psicologia e Gerontologia na PUCRS. Coordenadora GT Pesquisa e Avaliação Psicológica ANPEPP. https://orcid.org/0000-0003-4984-0345 – E-mail argimoni@pucrs.br

Isaura Pedro – Doutorada em Psicologia pela Faculdade de Psicologia e Ciências da Educação da Universidade do Porto, Portugal. Professora adjunta na Escola Superior de Educação do Instituto Politécnico de Setúbal. – Ciência ID: 451B-4578-1F33 – https://orcid.org/0000-0002-2340-5858 – E-mail: isaura.pedro@ese.ips.pt

Izabel Hazin – Professora titular do Programa de Pós-Graduação em Psicologia da Universidade Federal do Rio Grande do Norte (UFRN). Coordenadora do Laboratório de Pesquisa e Extensão em Neuropsicologia (Lapen-UFRN). Bolsista de Produtividade 1D do CNPq. https://orcid.org/0000-0002-8035-9528 – E-mail: izabel.hazin@gmail.com

Jacsiane Pieniak – Doutorado e mestrado pelo Programa de Pós-Graduação em Psicologia da Universidade Estadual de Maringá (UEM). Especialista em Atendimento Educacional Especializado pela UEM. Graduada em Psicologia pela Universidade Paranaense (Unipar) e Pedagogia pela Universidade Estadual do Oeste do Paraná (Unioeste). Possui experiência como psicóloga responsável técnica de serviço-escola e é professora na Unipar. http://orcid.org/0000-0002-4082-6398 – E-mail: jacsiane@gmail.com

Jaqueline Portella Giordani – Psicóloga, mestre e doutora em Psicologia pelo Programa de Pós-Graduação em Psicologia da Universidade Federal do Rio Grande do Sul (UFRGS). Especialista em psicologia escolar e educacional pelo Conselho Federal de Psicologia (CFP) e formação em terapia cognitivo-comportamental e terapia do esquema. Psicóloga no Centro Interdisciplinar de Pesquisa e Atenção à Saúde da UFRGS. https://orcid.org/0000-0002-0231-2812. – E-mail: jaquelinegiordani@gmail.com

Jefferson Olivatto da Silva – Docente do Programa de Pós-Graduação em Psicologia da Universidade Estadual de Londrina (UEL) e do Programa de Pós-Graduação em Educação da Universidade Estadual do Centro-Oeste, Paraná. Membro da Comissão Étnico-Racial do CRPPR e do GT – Psicologia e Povos Originários da Ulapsi. https://orcid.org/0000-0001-6542-1461 – E-mail: jeffolivattosilva@uel.br

Joana Pipa – Doutorada em Psicologia, especialidade em Psicologia da Educação pelo Instituto Universitário (Ispa). Investigadora do Centro de Investigação em Educação (CIE-Ispa) e docente do Ispa-Instituto Universitário, onde leciona unidades curriculares de psicologia da educação e metodologias de investigação. https://orcid.org/0000-0001-7150-145X – E-mail: jpipa@ispa.pt

Joana R. Casanova – Doutora em Ciências da Educação, especialidade em Psicologia da Educação pela Universidade do Minho, Portugal. Mestre em Psicologia Clínica e da Saúde. Licenciada em Psicologia. Investigadora integrada no Centro de Investigação em Educação (CIEd), da Universidade do Minho, com colaboração docente no Departamento de Psicologia da Educação e Educação Especial, no Instituto de Educação, Universidade do Minho, Portugal. Psicóloga, membro efetivo da Ordem dos Psicólogos Portugueses. https://orcid.org/0000-0003-0652-3438 – E-mail: joanacasanova@ie.uminho.pt

José Airton de Freitas Pontes Junior – Doutor em Educação pela Faculdade de Educação da Universidade Federal do Ceará. Professor do Programa de Pós-Graduação em Educação da Universidade Estadual do Ceará. Bolsista Produtividade CNPq. https://orcid.org/0000-0003-2045-2461 – E-mail: jose.airton@uece.br

José Aloyseo Bzuneck – Pós-doutor em Educação pela Universidade Estadual de Campinas (Unicamp). Doutor e mestre em Psicologia Escolar e do Desenvolvimento

Humano pela Universidade de São Paulo (USP). Graduado em Filosofia pela Pontifícia Universidade Católica do Rio Grande do Sul (PUCRS). Professor sênior do Programa de Pós-Graduação em Educação da Universidade Estadual de Londrina (PPEdu/UEL). http://orcid.org/0000-0003-3641-8284 – E-mail: bzuneck35@gmail.com

Jovana Cestille – Graduada em Serviço Social pela Universidade Estadual de Londrina. Especialista em Arte pela Universidade do Estado de Santa Catarina (Udesc). Mestre em Tecnologia e Sociedade pela Universidade Tecnológica Federal do Paraná UTFPR. – E-mail: jocestille@gmail.com

Júlio Aragão – Pós-Doutor em Educação pela Universidade do Minho, Portugal. Doutor em Saúde Coletiva pela Universidade do Estado do Rio de Janeiro (Uerj), mestre pela Fundação Oswaldo Cruz (Fiocruz), e médico pelo Centro Universitário de Volta Redonda (UniFOA), onde é docente no Curso de Medicina (1996) e no mestrado em Ensino em Ciências da Saúde e Meio Ambiente desde 2008. https://orcid.org/0000-0002-8210-6348 – E-mail: jaragaum@gmail.com

Karina da Silva Oliveira – Doutora em Psicologia pela Pontifícia Universidade Católica de Campinas (PUC-Campinas). Pós-doutorado em Psicologia pela Universidade São Francisco (USF). Professora do Departamento de Psicologia e do Programa de Pós-Graduação em Psicologia: Cognição e Comportamento, da Universidade Federal de Minas Gerais (UFMG). https://orcid.org/0000-0002-5301-7012 – E-mail: oliveira.karinadasilva@gmail.com

Katya Luciane de Oliveira – Professora associada do Programa de Mestrado em Psicologia e do Programa de Mestrado e Doutorado em Educação da Universidade Estadual de Londrina (UEL). Bolsista Produtividade CNPq/Nível 2. http://orcid.org/0000-0002-2030-500X – E-mail: katyauel@gmail.com

Laura Aragão – Professora associada do Departamento de Psicologia da Universidade Federal do Rio Grande do Norte (UFRN). Vice-coordenadora do Laboratório de Pesquisa e Extensão em Neuropsicologia (Lapen-UFRN). https://orcid.org/0000-0002-2033-9015 – E-mail: lauraclaragao@gmail.com

Leandro Araujo de Sousa – Doutor em Educação pela Faculdade de Educação da Universidade Federal do Ceará. Professor do Instituto Federal de Educação, Ciência e Tecnologia do Ceará. https://orcid.org/0000-0002-0482-2699 – E-mail: leandro.sousa@ifce.edu.br

Leandro S. Almeida – Psicólogo e professor catedrático de Psicologia da Educação na Escola de Psicologia da Universidade do Minho, Portugal. http://orcid.org/0000-0002-0651-7014 – E-mail: leandro@psi.uminho.pt

Luara Carvalho – Orientadora profissional e de carreira. Doutora em Psicologia pela Universidade Salgado de Oliveira, no Rio de Janeiro. Bolsista Capes com estágio pós-doutoral pela Pontifícia Universidade Católica de Campinas (PUC-Campinas). Coordenadora da graduação em Psicologia e professora e no Programa de Pós-Graduação lato sensu da Universidade Salgado de Oliveira. http://orcid.org/0000-0003-3852-3133 – E-mail: luaracarvalhomotta@gmail.com

Lúcia C. Miranda – Psicóloga, licenciada em Psicologia e mestre em Psicologia da Educação pela Universidade de Coimbra, Portugal. Doutora e pós-doutorada em Psicologia da Educação pela Universidade do Minho, Portugal. Membro do Centro de Investigación en Psicopedagogía e Investigaciones Psicopedagógicas (CIPSP, Argentina). https://orcid.org/0000-0002-0652-0811 – E-mail: lrcmiranda@gmail.com

Luciana Mourão – Doutora em Psicologia pela Universidade de Brasília (UnB). Professora titular do Programa de Pós-Graduação em Psicologia da Universidade Salgado de Oliveira. Coordenadora do Aprimora – Núcleo de Estudos em Trajetória e Desenvolvimento Profissional. Bolsista Produtividade (CNPq/1C) e Cientista do Nosso Estado pela Fundação Carlos Chagas Filho de Amparo à Pesquisa do Estado do Rio de Janeiro (Faperj). https://orcid.org/0000-0002-8230-3763 – E-mail: mourao.luciana@gmail.com

Makilim Nunes Baptista – Doutorado pela Universidade Federal de São Paulo (Unifesp) (2001) e pós-doutoramento pela Universidade do Algarve, Portugal (2022). Docente do Programa de Pós-Graduação stricto sensu em Psicologia da Pontifícia Universidade Católica de Campinas (PUC-Campinas). https://orcid.org/0000-0001-6519-254X – E-mail: makilim01@gmail.com

Marcela Mansur-Alves – Professora adjunta do Departamento de Psicologia da Universidade Federal de Minas Gerais (UFMG). Bolsista Produtividade em Pesquisa (PQ2, CNPq). http://orcid.org/0000-0002-3961-3475 – E-mail: marmansura@gmail.com

Marcia Cristina Monteiro – Doutora em Psicologia pela Universidade Salgado de Oliveira. Professora da Universidade Salgado de Oliveira. Orientadora Educacional na Fundação de Apoio à Escola Técnica do Estado do Rio de Janeiro. https://orcid.org/0000-0003-2892-1808 – E-mail: marcialauriapsi@outlook.com

Márcia Maria Peruzzi Elia da Mota – Doutora em Psicologia pela Universidade de Oxford. Professora da Pós-Graduação em Psicologia Social na Universidade do Estado do Rio de Janeiro (Uerj) e da Pós-Graduação em Psicologia na Universidade Salgado de Oliveira. Bolsista do CNPq, nível 2. Cientista do Nosso Estado pela Fundação Carlos Chagas Filho de Amparo à Pesquisa do Estado do Rio de Janeiro (Faperj). https://orcid.org/0000-0002-8343-064 – E-mail: marcia.mota@institutodepsicologiauerj.gov

Maria Aparecida Mezzalira Gomes – Especialista em Psicopedagogia, doutora e pós-doutora em Educação pela Faculdade de Educação da Universidade Estadual de Campinas (Unicamp), com Bolsa do CNPq. Docente em Educação aposentada. Membro Integrante do Grupo de Estudos e Pesquisa em Exercício Físico, Saúde e Performance (Gepesp). https://orcid.org/0000-0002-8083-8991 – E-mail: cidgom@uol.com.br

Maria del Carmen Bento Teixeira – Professora Auxiliar da Faculdade de Medicina da Universidade de Coimbra, Portugal (FMUC), colaborando no ensino pré-graduado no estágio de saúde infantil e regente da opcional medicina da adolescência da FMUC. – E-mail: carmenbento@sapo.pt

Maria Fernanda Cunha – Pedagoga com especialização em Psicopedagogia Clínica e Institucional. Mestra em Educação, na Área de Concentração Educação Escolar pelo Programa de Pós-Graduação stricto sensu da Universidade Estadual de Londrina (UEL). Doutora em Educação pelo Programa de Pós-Graduação stricto sensu da UEL. – E-mail: mfernanda_cunha@yahoo.com.br

Mariana Sousa – Doutora em Psicologia pela Faculdade de Psicologia e de Ciências da Educação da Universidade do Porto. Professora auxiliar na Universidade Lusíada Porto. Membro integrado do Centro de Investigação em Psicologia para o Desenvolvimento. http://orcid.org/0000-0002-4624-6589 – E-mail: marianasousa@por.ulusiada.pt

Marilda Aparecida Dantas Graciola – Doutora em Educação pela Faculdade de Educação da Universidade Estadual de Campinas (Unicamp). É supervisora do apoio à permanência pedagógica na Diretoria Executiva de Apoio e Permanência Estudantil (Deape) da Unicamp. https://orcid.org/0000-0001-6858-6421 – E-mail: marildag@unicamp.br

Marilda Gonçalves Dias Facci – Doutorado em Educação Escolar pela Universidade Estadual Paulista (Unesp), de Araraquara. Pós-doutorado em Educação pela Universidade Federal de Santa Maria (UFMS) e em Psicologia Escolar e Desenvolvimento Humano pelo Instituto de Psicologia da Universidade de São Paulo (IP-USP). Presidente da Associação Brasileira de Psicologia Escolar e Educacional (Abrapee) e professora sênior do programa de pós-graduação em psicologia da Universidade Estadual de Maringá (UEM). http://orcid.org/0000-0001-7443-490X – E-mail: marildafacci@gmail.com

Marina Kleinschmidt Leal Santos – Doutoranda em Psicologia Clínica pelo Instituto de Psicologia da Universidade de São Paulo. Mestre em Ciência em Clinical Mental Health Counseling pela Johns Hopkins. Bolsista da Fundação Coordenação de Aperfeiçoamento de Pessoal de Nível Superior (Capes). https://orcid.org/0000-0002-6148-6230 – E-mail: marinaklein@usp.br

Maycoln Leôni Martins Teodoro – Professor associado do Departamento de Psicologia e do Programa de Pós-Graduação em Psicologia: Cognição e Comportamento (CogCom), da Universidade Federal de Minas Gerais (UFMG). Atual presidente da Sociedade Brasileira de Psicologia (SBP, 2024-2026). Bolsista Produtividade CNPq/Nível 1C. https://orcid.org/0000-0002-3021-8567 – E-mail: mlmteodoro@hotmail.com

Michelle Cristine da Silva Toti – Doutora em Educação, na linha de Psicologia Educacional, pela Faculdade de Educação da Universidade Estadual de Campinas (Unicamp). É pedagoga na Pró-reitoria de Assuntos Comunitários e Estudantis da Universidade Federal de Alfenas (Unifal). https://orcid.org/0000-0003-0270-9649 – E-mail: michelle.toti@unifal-mg.edu.br

Monalisa Muniz – Psicóloga, mestre e doutora em Avaliação Psicológica. Professora do curso de graduação em Psicologia e da pós-graduação em Psicologia da Universidade Federal de São Carlos (UFSCar). http://

orcid.org/0000-0003-1628-6296 – E-mail: monamuniz@ufscar.br

Natália Moraes Góes – Doutora em Educação pela faculdade de educação da Universidade Estadual de Campinas (Unicamp). Professora assistente do Departamento de Educação e Desenvolvimento Humano da Universidade Estadual Paulista Júlio de Mesquita Filho (Unesp). https://orcid.org/0000-0003-2557-0934 – E-mail: natalia.goes@unesp.br

Natalie Nóbrega Santos – Doutorada em Educação, com especialização em Psicologia e Educação. É investigadora no Centro de Investigação em Educação do Instituto Universitário (CIE-Ispa). – Ciência ID: BE1A-8E3B-2BD0 – https://orcid.org/0000-0002-4973-9311 – E-mail: nsantos@ispa.pt

Neide de Brito Cunha – Doutora em Psicologia – área educacional – pela Universidade São Francisco (USF). Professora da Fatec Bragança Paulista. https://orcid.org/0000-0003-4945-4495 – E-mail: neidedebritocunha@gmail.com

Orlanda Cruz – Doutora em Psicologia pela Faculdade de Psicologia e de Ciências da Educação da Universidade do Porto (FPCEUP). Professora associada na FPCEUP. Membro integrado do Centro de Psicologia da Universidade do Porto, Portugal. http://orcid.org/0000-0002-3646-5067 – E-mail: orlanda@fpce.up.pt

Patrícia Abreu Pinheiro Crenitte – Doutorado e pós-doutorado em Ciências Médicas pela Universidade Estadual de Campinas (Unicamp). Docente em RDIDP na categoria de professor associado do Departamento de Fonoaudiologia da Faculdade de Odontologia de Bauru da Universidade de São Paulo (FOB-USP) e professora da pós-graduação, nível mestrado e doutorado do Departamento de Fonoaudiologia da FOB-USP. https://orcid.org/0000-0003-3117-4575 – E-mail: vp.crenitte@uol.com.br

Patrícia de Cássia Carvalho-Campos – Doutoranda no Programa de Pós-Graduação em Psicologia: Cognição e Comportamento (CogCom), da Universidade Federal de Minas Gerais (UFMG). Psicóloga na Subsecretaria de Assistência Social da Prefeitura de Belo Horizonte. https://orcid.org/0000-0002-1042-200X – E-mail: carvalhopc@yahoo.com.br

Patrícia Waltz Schelini – Doutora em Psicologia pela Pontifícia Universidade Católica de Campinas (PUC-Campinas), pós-doutora em Educação pela Universidade do Minho, Portugal. Professora associada do Departamento de Psicologia e do Programa de Pós-Graduação em Psicologia da Universidade Federal de São Carlos (UFSCar). Bolsista Produtividade CNPq. http://orcid.org/0000-0002-7326-7086 – E-mail: patriciaws01@gmail.com

Paula Mariza Zedu Alliprandini – Pós-doutora em Psicologia pela Cornell University. Doutora e mestre em Psicobiologia pela Faculdade de Ciências e Letras de Ribeirão Preto da Universidade de São Paulo (FFCLRP-USP). Professora do Departamento de Educação e do Programa de Pós-Graduação em Educação da Universidade Estadual de Londrina. http://orcid.org/0000-0003-4677-4258 – E-mail: paulaalliprandini@uel.br

Rafael Bianchi Silva – Professor dos Programas de Pós-Graduação em Psicologia da Universidade Estadual de Londrina e Universidade Estadual de Maringá. Doutor em Educação pela Universidade Estadual Paulista (Unesp), de Marília. http://orcid.org/ 0000-0002-1170-7920 – E-mail: rafael.bianchi@uel.br

Rauni Jandé Roama-Alves – Doutor em Psicologia pela Pontifícia Universidade Católica de Campinas (PUC-Campinas). Professor adjunto do Departamento de Psicologia da Universidade Federal de Mato Grosso (UFMT) em nível de graduação e de pós-graduação stricto sensu. https://orcid.org/0000-0002-1982-1488 – E-mail: rauniroama@gmail.com

Rebeca Nonato Machado – Doutora em Psicologia Clínica pela Pontifícia Universidade Católica do Rio de Janeiro (PUC-Rio). Professora adjunta do Departamento de Psicologia da PUC-Rio. Professora do curso de especialização em Psicoterapia de Família e Casal (CCE/PUC-Rio). https://orcid.org/0000-0002-9465-1570 – E-mail: rebecamachado@puc-rio.br

Reginaldo Moreira – Poeta existencial das ficções políticas. Estranho corpo exilado à procura de pontes. Jornalista, gerontólogo, cozinheiro, virginiano (ascendente em peixes), docente da graduação e pós-graduação em Comunicação da Universidade Estadual de Londrina. Pesquisador da DECO, Entretons e Observatório Nacional de Políticas Públicas e Educação em Saúde. https://orcid.org/0000-0003-4058-0938 – E-mail: regismoreira@uel.br

Renata Mello – Doutora em Teoria Psicanalítica pela Universidade Federal do Rio de Janeiro (UFRJ), com período sanduíche na Université Paris Diderot (Paris 7). Professora agregada do Departamento de Psicologia da PUC-Rio e do curso de especialização em Psicoterapia de Família e Casal (CCE/PUC-Rio). https://orcid.org/0000-0002-1881-8690 – E-mail: renatamello@gmail.com

Ricardo Franco de Lima – Psicólogo, especialista em Neuropsicologia. Doutor em Ciências Médicas pela Universidade Estadual de Campinas (Unicamp). Docente do Curso de Psicologia e colaborador do Programa de Pós-Graduação stricto sensu em Psicologia da Universidade São Francisco (USF). https://orcid.org/0000-0003-1022-2849 – E-mail: ricardolima01@yahoo.com.br

Ricardo Primi – Doutorado em Psicologia Escolar e do Desenvolvimento Humano pela Universidade de São Paulo, com parte desenvolvida na Universidade de Yale, nos Estados Unidos. Professor associado da Universidade São Francisco (USF). É membro do comitê científico da EduLab21, do Instituto Ayrton Senna (IAS). https://orcid.org/0000-0003-4227-6745 – E-mail: ricardo.primi@usf.edu.br

Roberta Gurgel Azzi – Psicóloga. Doutora em Educação pela Universidade Estadual de Campinas (Unicamp). Professora livre-docente aposentada da Faculdade de Educação da Unicamp. Pesquisadora associada ao Núcleo de Estudos e Pesquisas em Teoria Social Cognitiva e Práticas Educativas do Departamento de Educação da Universidade Estadual Paulista (Unesp). http://orcid.org/0000-0003-0971-7852 – E-mail: betazzi@uol.com.br

Roberto Tadeu Iaochite – Educador físico. Doutor em Educação pela Universidade Estadual de Campinas (Unicamp). Professor associado da Universidade Estadual Paulista (Unesp), de Rio Claro. Pós-doutorado na Universidade São Francisco (USF). Coordenador do Grupo de Pesquisa Teoria Social Cognitiva e Práticas Educativas. Autor e pesquisador no referencial da teoria social cognitiva. http://orcid.org/0000-0003-1476-6253 – E-mail: roberto.iaochite@unesp.br

Ronildo Teixeira Coutinho – Doutorando em Psicologia pelo Programa de Pós-Graduação em Psicologia da Universidade Federal do Rio Grande do Norte (UFRN). Membro do Laboratório de Pesquisa e Extensão em Neuropsicologia (Lapen-UFRN). https://orcid.org/0000-0003-3151-0516 – E-mail: ronildocoutinhopsicologia@gmail.com

Roseli Fernandes Lins Caldas – Docente no curso de graduação em Psicologia da Universidade Presbiteriana Mackenzie. Presidente anterior da Associação Brasileira de Psicologia Escolar e Educacional (gestão 2020-2022) e membro da Diretoria da Associação Brasileira de Psicologia Escolar e Educacional. https://orcid.org/0000-0002-4806-8675 – E-mail: roseli.caldas@mackenzie.br

Sabrina Martins Barroso – Professora associada da Universidade Federal do Triângulo Mineiro (UFTM). Líder do Grupo de Pesquisa Núcleo de Avaliação Psicológica e Investigações em Saúde (Napis). Bolsista de Produtividade CNPq, nível 1D. http://orcid.org/0000-0003-1759-9681 – E-mail: smb.uftm@gmail.com

Sérgio Antônio da Silva Leite – Psicólogo, doutor em Psicologia pela Universidade de São Paulo (USP). Professor titular aposentado colaborador na Faculdade de Educação (FE) da Universidade Estadual de Campinas (Unicamp). Coordena o Grupo do Afeto, parte integrante do grupo de pesquisa ALLE/AULA, na FE-Unicamp. https//orcid.org/0000-0003-2998-7112 – E-mail: sasleite@uol.com.br

Sérgio Eduardo Silva de Oliveira – Doutor em Psicologia pela Universidade Federal do Rio Grande do Sul (UFRGS). Professor adjunto do Programa de Pós-Graduação em Psicologia Clínica e Cultura da Universidade de Brasília (UnB). https://orcid.org/0000-0003-2109-4862 – E-mail: sergioeduards.oliveira@gmail.com

Silvia F. Rivas – Profesora de Pensamiento Crítico en la Facultad de Psicología, de la Universidad de Salamanca. España. https://www.pensamiento-critico.com/cv/curriculum-vitae-silvia-fernandez-rivas – E-mail: silviaferivas@usal.es

Soely Aparecida Jorge Polydoro – Doutora em Educação pela Faculdade de Educação da Universidade Estadual de Campinas (Unicamp). É docente na Faculdade de Educação da Unicamp. https://orcid.org/0000-0003-4823-3228 – E-mail: soelypolydoro@gmail.com

Sueli Édi Rufini – Doutora em Educação pela Universidade Estadual de Campinas (Unicamp). Mestra em Educação pela Universidade Estadual de Londrina (UEL). Professora sênior do Programa de Pós-Graduação em Educação da Universidade Estadual de Londrina. http://orcid.org/0000-0001-7006-1907 – E-mail: rufinisueli@gmail.com

Tatiana de Cassia Nakano – Doutora em Psicologia pela Pontifícia Universidade Católica de Campinas (PUC-Campinas). Docente do Programa de Pós-Graduação stricto sensu em Psicologia da PUC-Campinas. Bolsista produtividade CNPq/Nível 2. https://orcid.org/0000-0002-5720-8940 – E-mail: tatiananakano@hotmail.com

Tatiana Quarti Irigaray – Doutora em Gerontologia Biomédica pela Pontifícia Universidade Católica do Rio Grande do Sul (PUCRS). Professora do Programa de Pós-Graduação em Psicologia da Escola de Ciências da Saúde da Pontifícia Universidade Católica do Rio Grande do Sul. Bolsista produtividade do CNPq, nível 1D. https://orcid.org/0000-0002-6824-5448 – E-mail: tatiana.irigaray@pucrs.br

Terezinha Féres-Carneiro – Doutora em Psicologia Clínica pela Pontifícia Universidade Católica de São Paulo (PUC-SP). Pós-doutorado em Psicoterapia de Casal e Família pela Universidade Paris 5 (Sorbonne). Professora emérita e coordenadora do Curso de Especialização em Psicoterapia de Família e Casal da Pontifícia Universidade Católica do Rio de Janeiro (PUC-Rio). Bolsista produtividade CNPq/Nível 1A. http://orcid.org/0000-0002-0564-7810 – E-mail: teferca@puc-rio.br

Thatiana Helena de Lima – Doutora em Psicologia pela Universidade São Francisco (USF). Professora adjunta do Instituto de Psicologia da Universidade Federal da Bahia (UFBA). https://orcid.org/0000-0001-9832-854 – E-mail: thatianahlima@gmail.com

Vera Monteiro – Doutorada em Psicologia da Educação. É investigadora no Centro de Investigação em Educação do Instituto Universitário (CIE-Ispa), onde também é docente. Ciência ID: 7D1B-2801-98DC – https://orcid.org/0000-0002-4250-7040 – E-mail: veram@ispa.pt

Víthor Rosa Franco – Doutor em Psicologia Social, do Trabalho e das Organizações pela Universidade de Brasília (UnB). Professor auxiliar e vice-coordenador do Programa de Pós-Graduação stricto sensu em Psicologia da Universidade São Francisco (USF). Minhas pesquisas envolvem o desenvolvimento e aplicação de métodos quantitativos e computacionais em avaliação psicológica. https://orcid.org/0000-0002-8929-3238 – E-mail: vithorfranco@gmail.com

Wiliam Siqueira Peres – Professor aposentado do Curso de Psicologia e do Programa de Pós-Graduação em Psicologia da Universidade Estadual Paulista (Unesp), de Assis. Membro do Psicuqueer – Grupo de Estudos e Pesquisas sobre Psicologia, Culturas e Coletivos Queer. https://orcid.org/0000-0002-5968-4203 – E-mail: pereswiliam@gmail.com

Conecte-se conosco:

 facebook.com/editoravozes

 @editoravozes

 @editora_vozes

 youtube.com/editoravozes

 +55 24 2233-9033

www.vozes.com.br

Conheça nossas lojas:
www.livrariavozes.com.br

Belo Horizonte – Brasília – Campinas – Cuiabá – Curitiba
Fortaleza – Juiz de Fora – Petrópolis – Recife – São Paulo

 Vozes de Bolso

EDITORA VOZES LTDA.
Rua Frei Luís, 100 – Centro – Cep 25689-900 – Petrópolis, RJ
Tel.: (24) 2233-9000 – E-mail: vendas@vozes.com.br